JN356279

2026

공인노무사

노동법 기출문제

한권으로 끝내기

1차시험 | 필수과목

시대에듀

끝까지 책임진다! 시대에듀!

QR코드를 통해 도서 출간 이후 발견된 오류나 개정법령, 변경된 시험 정보, 최신기출문제, 도서 업데이트 자료 등이 있는지 확인해 보세요!
시대에듀 합격 스마트 앱을 통해서도 알려 드리고 있으니 구글 플레이나 앱 스토어에서 다운받아 사용하세요.
또한, 파본 도서인 경우에는 구입하신 곳에서 교환해 드립니다.

편집진행 안효상 · 이재성 · 김민지 | **표지디자인** 박종우 | **본문디자인** 하한우 · 표미영

공인노무사
노동법 기출문제
한권으로 끝내기
1차시험 | 필수과목

머리말

사회가 고도화됨에 따라 노사관계 및 노동이슈가 증가하고 있고, 개별적 노사관계는 물론 집단적 노사관계에 이르기까지 분쟁의 해결이라는 측면에서 공인노무사의 역할은 더욱 증대되고 있다. 이에 따라 최근 고용노동부는 공인노무사의 인력수급을 적정화하기 위하여 2018년부터 공인노무사시험 합격인원을 기존보다 50명 더 늘리기로 하였다.

공인노무사시험은 격년제로 시행되었으나, 1998년부터는 매년 1회 치러지고 있으며, 2024년부터는 1차시험이 과목당 40문항으로 문제수가 증가되었다. 1차시험은 5지 택일형 객관식, 2차시험은 논문형 주관식으로 진행되고, 1·2차시험 합격자에 한하여 전문지식과 응용능력 등을 확인하기 위한 3차시험(면접)이 실시된다.

전 과목의 평균이 60점 이상이면 합격하는 1차시험 준비의 키워드는 '효율성'으로, 보다 어려운 2차시험 준비를 철저히 하기 위하여 단시간에 효율적으로 학습할 필요가 있는데, 본 교재는 이를 위한 기출문제집으로서 꼭 필요한 내용만을 담은 해설을 수록하였다.

Always with you

사람의 인연은 길에서 우연하게 만나거나 함께 살아가는 것만을 의미하지는 않습니다.
책을 펴내는 출판사와 그 책을 읽는 독자의 만남도 소중한 인연입니다.
시대에듀는 항상 독자의 마음을 헤아리기 위해 노력하고 있습니다. 늘 독자와 함께하겠습니다.

「2026 시대에듀 EBS 공인노무사 1차 노동법 기출문제 한권으로 끝내기」의 특징은 다음과 같다.

첫 번째 최신 개정법령과 최근 기출문제의 출제경향을 완벽하게 반영하였다.

두 번째 빈출되는 기출지문이 많은 공인노무사시험의 특성상 공인노무사뿐만 아니라 국가직 7급·9급 공무원 및 사법시험의 기출문제까지 수록하여 문제해결능력을 습득할 수 있도록 하였다.

세 번째 EBS 교수진의 철저한 검수를 통하여 교재상의 오류를 없애고 최신 학계동향을 정확하게 반영하였으므로, 출제가능성이 높은 주제를 빠짐없이 학습할 수 있다.

본 교재가 공인노무사시험을 준비하는 수험생 여러분에게 합격을 위한 좋은 안내서가 되기를 바라며, 여러분의 합격을 기원한다.

편저자 올림

합격의 공식

자격증 • 공무원 • 금융/보험 • 면허증 • 언어/외국어 • 검정고시/독학사 • 기업체/취업
이 시대의 모든 합격! 시대에듀에서 합격하세요!
www.youtube.com ➜ 시대에듀 ➜ 구독

이 책의 구성과 특징

제1절 노동법의 개념

001 노동법의 기본원리와 이념에 관한 설명으로 옳은 것은? 08 사시

CHECK O△X

① 개인주의와 자유주의를 바탕으로 한 사적 자치의 원리를 기본이념으로 하고 있다.
② 근로자의 인간다운 생활의 실현을 기본이념으로 하고 있다.
③ 소유권 존중의 원칙과 계약자유의 원칙은 일정한 제약을 받지만 과실책임의 원칙은 수정되지 아니한다.
④ 집단적 자치의 원리는 개인의 인격과 존엄성을 침해할 수 있으므로 노동법의 기본원리가 될 수 없다.
⑤ 헌법은 근로조건의 기준에 대하여 국가경제의 경쟁능력을 해치지 아니하는 범위 내에서 보장된다는 공공이익 존중의 원리를 명시하고 있다.

▶ 타직렬 기출문제 수록

공인노무사뿐만 아니라 국가직 7급 · 9급 공무원 및 사법시험의 기출문제까지 수록하여 문제해결능력을 습득할 수 있도록 하였다.

최신유형

037 근로기준법상 직장 내 괴롭힘에 관한 설명으로 옳은 것은? 25 노무

CHECK O△X

① 사용자 또는 근로자는 직장에서의 지위 또는 관계 등의 우위를 이용하여 사용자 또는 다른 근로자에게 신체적 · 정신적 고통을 주는 행위를 하여서는 아니 된다.
② 누구든지 직장 내 괴롭힘 발생 사실을 알게 된 경우 그 사실을 사용자에게 신고하여야 한다.
③ 사용자는 조사기간 동안 피해근로자를 보호하기 위하여 행위자를 배치전환 하여야 한다.
④ 사용자는 조사결과 직장 내 괴롭힘 발생사실이 확인된 때에는 피해근로자의 의견을 들어 지체 없이 행위자에 대하여 징계, 근무장소의 변경 등의 조치를 하여야 한다.
⑤ 직장 내 괴롭힘 발생 사실을 조사한 사람은 조사와 관련된 내용을 사용자에게 보고할 수 없다.

확인 CHECK!를 통해 개인별 문항난이도 설정!

해설

① (×) 사용자 또는 근로자는 직장에서의 지위 또는 관계 등의 우위를 이용하여 업무상 적정범위를 넘어 다른 근로자에게 신체적 · 정신적 고통을 주거나 근무환경을 악화시키는 행위를 하여서는 아니 된다(근기법 제76조의2).
② (×) 누구든지 직장 내 괴롭힘 발생 사실을 알게 된 경우 그 사실을 사용자에게 신고할 수 있다(근기법 제76조의3 제1항).

▶ 최신유형

공인노무사의 최신기출을 통하여, 출제경향을 확인하며, 학습할 수 있도록 하였다.

▶ 법령개정에 따른 기출문제 수정

수정이 요구되는 문제는 최신 개정법령을 반영하여 수록하였다.

해설

① (×) 사용자 또는 근로자는 직장에서의 지위 또는 관계 등의 우위를 이용하여 업무상 적정범위를 넘어 다른 근로자에게 신체적 · 정신적 고통을 주거나 근무환경을 악화시키는 행위를 하여서는 아니 된다(근기법 제76조의2).
② (×) 누구든지 직장 내 괴롭힘 발생 사실을 알게 된 경우 그 사실을 사용자에게 신고할 수 있다(근기법 제76조의3 제1항).
③ (×) 사용자는 조사 기간 동안 직장 내 괴롭힘과 관련하여 피해를 입은 근로자 또는 피해를 입었다고 주장하는 근로자를 보호하기 위하여 필요한 경우 해당 피해근로자등에 대하여 근무장소의 변경, 유급휴가 명령 등 적절한 조치를 하여야 한다(근기법 제76조의3 제3항 전문). 배치전환은 근로자에 대한 조사 결과 직장 내 괴롭힘 발생 사실이 확인된 경우, 피해근로자가 요청에 의하여 사용자가 하여야 할 적절한 조치의 하나로 인정된다(근기법 제76조의3 제4항 참조).
④ (O) 사용자는 조사 결과 직장 내 괴롭힘 발생 사실이 확인된 때에는 지체 없이 행위자에 대하여 징계, 근무장소의 변경 등 필요한 조치를 하여야 한다. 이 경우 사용자는 징계 등의 조치를 하기 전에 그 조치에 대하여 피해근로자의 의견을 들어야 한다(근기법 제76조의3 제5항).
⑤ (×) 직장 내 괴롭힘 발생 사실을 조사한 사람, 조사 내용을 보고받은 사람 및 그 밖에 조사 과정에 참여한 사람은 해당 조사 과정에서 알게 된 비밀을 피해근로자등의 의사에 반하여 다른 사람에게 누설하여서는 아니 된다. 다만, 조사와 관련된 내용을 사용자에게 보고하거나 관계 기관의 요청에 따라 필요한 정보를 제공하는 경우는 제외한다(근기법 제76조의3 제7항).

답 ④

▶ 상세한 해설

가능한 한 모든 지문에 해설을 자세하게 실었으며 중요한 부분은 밑줄로 강조하여 학습의 효율을 높였다.

신고증의 교부(노조법 제12조)

② 행정관청은 설립신고서 또는 규약이 기재사항의 누락등으로 보완이 필요한 경우에는 대통령령이 정하는 바에 따라 20일 이내의 기간을 정하여 보완을 요구하여야 한다. 이 경우 보완된 설립신고서 또는 규약을 접수한 때에는 3일 이내에 신고증을 교부하여야 한다.

③ 행정관청은 설립하고자 하는 노동조합이 다음 각 호의 1에 해당하는 경우에는 설립신고서를 반려하여야 한다.

1. 제2조 제4호 각 목의 1에 해당하는 경우
2. 제2항의 규정에 의하여 보완을 요구하였음에도 불구하고 그 기간 내에 보완을 하지 아니하는 경우

④ 노동조합이 신고증을 교부받은 경우에는 설립신고서가 접수된 때에 설립된 것으로 본다.

정의(노조법 제2조)

이 법에서 사용하는 용어의 정의는 다음과 같다.

4. "노동조합"이라 함은 근로자가 주체가 되어 자주적으로 단결하여 근로조건의 유지·개선 기타 근로자의 경제적·사회적 지위의 향상을 도모함을 목적으로 조직하는 단체 또는 그 연합단체를 말한다. 다만, 다음 각 목의 1에 해당하는 경우에는 노동조합으로 보지 아니한다.
   가. 사용자 또는 항상 그의 이익을 대표하여 행동하는 자의 참가를 허용하는 경우
   나. 경비의 주된 부분을 사용자로부터 원조받는 경우
   다. 공제·수양 기타 복리사업만을 목적으로 하는 경우
   라. 근로자가 아닌 자의 가입을 허용하는 경우
   마. 주로 정치운동을 목적으로 하는 경우

▶ 법령박스

주요법령은 법령박스를 통하여 해당 조문을 전부 수록하였다.

④ (×) 종전 판례의 취지를 고려할 때 지역별 노동조합이 일시적으로 실업 상태에 있는 자를 구성원으로 포함시키고 있는 경우는 위법하지 아니하므로 행정관청은 설립신고서를 반려하여야 한다고 볼 수 없고, 이는 2021.1.5. 노조법 제2조 제4호 라목이 개정되어 구직자·실업자·퇴직자(해고자)가 산업별·직종별·지역별 노동조합뿐만 아니라 기업별 노동조합에도 가입할 수 있게 된 현재의 경우에도 마찬가지라고 보아야 한다.

> 노조법 제2조 제1호 및 제4호 라목 본문에서 말하는 '근로자'에는 특정한 사용자에게 고용되어 현실적으로 취업하고 있는 자뿐만 아니라, 일시적으로 실업상태에 있는 자나 구직 중인 자도 노동3권을 보장할 필요성이 있는 한 그 범위에 포함되고, 따라서 지역별 노동조합의 성격을 가진 원고가 그 구성원으로 '구직 중인 여성노동자'를 포함시키고 있다 하더라도, '구직 중인 여성노동자' 역시 노조법상의 근로자에 해당하므로, 구직 중인 여성노동자는 근로자가 아니라는 이유로 피고(서울특별시장)가 원고의 노동조합설립신고를 반려한 이 사건 처분은 위법하다(대판 2004.2.27. 2001두8568).

⑤ (×) 행정관청은 설립하고자 하는 노동조합이 항상 사용자의 이익을 대표하여 행동하는 자의 참가를 허용하는 경우에는 설립신고서를 반려하여야 한다(노조법 제12조 제3항, 제2조 제4호 가목).

답 ②

▶ 판례박스

문제와 연계된 판례를 수록하여 바로 확인할 수 있도록 하였으며, 이를 통해 2차시험 사례해결 능력의 기초를 배양할 수 있도록 구성하였다.

일러두기 **인용약어** | 본문에 언급되는 법률명 중 약어로 더 많이 사용하거나 긴 것들은 다음과 같이 표시하였다.

노동법 Ⅰ

『근로기준법』 ⋯ 근기법
『파견근로자 보호 등에 관한 법률』 ⋯ 파견법
『기간제 및 단시간근로자 보호 등에 관한 법률』 ⋯ 기단법
『산업안전보건법』 ⋯ 산안법
『직업안정법』 ⋯ 직안법
『남녀고용평등과 일 · 가정 양립 지원에 관한 법률』 ⋯ 고평법
『최저임금법』 ⋯ 최임법
『근로자퇴직급여 보장법』 ⋯ 근퇴법
『임금채권보장법』 ⋯ 임채법
『근로복지기본법』 ⋯ 근복법
『외국인근로자의 고용 등에 관한 법률』 ⋯ 외고법

노동법 Ⅱ

『노동조합 및 노동관계조정법』 ⋯ 노조법
『근로자참여 및 협력증진에 관한 법률』 ⋯ 근참법
『노동위원회법』 ⋯ 노위법
『공무원의 노동조합 설립 및 운영 등에 관한 법률』 ⋯ 공노법
『교원의 노동조합 설립 및 운영 등에 관한 법률』 ⋯ 교노법

자격시험 소개

★ 2025년 제34회 시험공고 기준

◉ 공인노무사란?

⋯→ 노동관계법령 및 인사노무관리 분야에 대한 전문적인 지식과 경험을 제공함으로써 사업 또는 사업장의 노동관계업무의 원활한 운영을 도모하며, 노사관계를 자율적이고 합리적으로 개선시키는 전문인력을 말한다.

◉ 주요업무

❶ 공인노무사는 다음의 직무를 수행한다.

(1) 노동관계법령에 따라 관계기관에 대하여 행하는 신고 · 신청 · 보고 · 진술 · 청구(이의신청 · 심사청구 및 심판청구를 포함한다) 및 권리구제 등의 대행 또는 대리
(2) 노동관계법령에 따른 서류의 작성과 확인
(3) 노동관계법령과 노무관리에 관한 상담 · 지도
(4) 「근로기준법」을 적용받는 사업이나 사업장에 대한 노무관리진단
(5) 「노동조합 및 노동관계조정법」에서 정한 사적(私的) 조정이나 중재
(6) 사회보험관계법령에 따라 관계기관에 대하여 행하는 신고 · 신청 · 보고 · 진술 · 청구(이의신청 · 심사청구 및 심판청구를 포함한다) 및 권리구제 등의 대행 또는 대리

❷ "노무관리진단"이란 사업 또는 사업장의 노사당사자 한쪽 또는 양쪽의 의뢰를 받아 그 사업 또는 사업장의 인사 · 노무관리 · 노사관계 등에 관한 사항을 분석 · 진단하고, 그 결과에 대하여 합리적인 개선방안을 제시하는 일련의 행위를 말한다.

◉ 응시자격

❶ 공인노무사법 제4조 각 호의 결격사유에 해당하지 아니하는 사람

다음의 어느 하나에 해당하는 사람은 공인노무사가 될 수 없다.
① 미성년자
② 피성년후견인 또는 피한정후견인
③ 파산선고를 받은 사람으로서 복권(復權)되지 아니한 사람
④ 공무원으로서 징계처분에 따라 파면된 사람으로서 3년이 지나지 아니한 사람
⑤ 금고(禁錮) 이상의 실형을 선고받고 그 집행이 끝나거나(집행이 끝난 것으로 보는 경우를 포함한다) 집행이 면제된 날부터 3년이 지나지 아니한 사람
⑥ 금고 이상의 형의 집행유예를 선고받고 그 유예기간이 끝난 날부터 1년이 지나지 아니한 사람
⑦ 금고 이상의 형의 선고유예기간 중에 있는 사람
⑧ 징계에 따라 영구등록취소된 사람

❷ 2차시험은 당해 연도 1차시험 합격자 또는 전년도 1차시험 합격자
❸ 3차시험은 당해 연도 2차시험 합격자 또는 전년도 2차시험 합격자

◉ 시험일정

구 분	인터넷 원서접수	시험일자	시행지역	합격자 발표
2026년 제35회 1차	2026년 4월 중	2026년 5월 중	서울, 부산, 대구, 인천, 광주, 대전	2026년 6월 중
2026년 제35회 2차	2026년 7월 중	2026년 8월 중		2026년 11월 중
2026년 제35회 3차		2026년 11월 중	서 울	2026년 12월 중

※ 시험에 응시하려는 사람은 응시원서와 함께 영어능력검정시험 성적표를 제출하여야 한다.

◉ 시험시간

구 분	교 시	시험과목	문항수	시험시간	시험방법
1차시험	1	1. 노동법 Ⅰ 2. 노동법 Ⅱ	과목당 40문항 (총 200문항)	80분 (09:30~10:30)	객관식 (5지 택일형)
	2	3. 민 법 4. 사회보험법 5. 영어(영어능력검정시험 성적으로 대체) 6. 경제학원론 · 경영학개론 중 1과목		120분 (11:20~13:20)	
2차시험	1 2	1. 노동법	4문항	교시당 75분 (09:30~10:45) (11:15~12:30)	주관식 (논문형)
	3	2. 인사노무관리론	과목당 3문항	과목당 100분 (13:50~15:30) (09:30~11:10) (11:40~13:20)	
	4 5	3. 행정쟁송법 4. 경영조직론 · 노동경제학 · 민사소송법 중 1과목			
3차시험	1. 국가관 · 사명감 등 정신자세 3. 예의 · 품행 및 성실성	2. 전문지식과 응용능력 4. 의사발표의 정확성과 논리성		1인당 10분 내외	면 접

◉ 합격기준

구 분	합격자 결정
1차시험	영어과목을 제외한 나머지 과목에서 과목당 100점을 만점으로 하여 각 과목의 점수가 40점 이상이고, 전 과목 평균점수가 60점 이상인 사람
2차시험	• 과목당 만점의 40% 이상, 전 과목 총점의 60% 이상을 득점한 사람을 합격자로 결정 • 각 과목의 점수가 40% 이상이고, 전 과목 평균점수가 60% 이상을 득점한 사람의 수가 최소합격인원보다 적은 경우에는 최소합격인원의 범위에서 모든 과목의 점수가 40% 이상을 득점한 사람 중에서 전 과목 평균점수가 높은 순서로 합격자를 결정
3차시험	• 평정요소마다 "상"(3점), "중"(2점), "하"(1점)로 구분하고, 총 12점 만점으로 채점하여 각 시험위원이 채점한 평점의 평균이 "중"(8점) 이상인 사람 • 위원의 과반수가 어느 하나의 같은 평정요소를 "하"로 평정하였을 때에는 불합격

◉ 영어능력검정시험

시험명	토플(TOEFL)		토익 (TOEIC)	텝스 (TEPS)	지텔프 (G-TELP)	플렉스 (FLEX)	아이엘츠 (IELTS)
	PBT	IBT					
일반응시자	530	71	700	340	65(Level 2)	625	4.5
청각장애인	352	–	350	204	43(Level 2)	375	–

자격시험 검정현황

◉ 공인노무사 수험인원 및 합격자현황

구 분	1차시험				2차시험				3차시험			
	대 상	응 시	합 격	합격률	대 상	응 시	합 격	합격률	대 상	응 시	합 격	합격률
제28회('19)	6,211	5,269	2,494	**47.3%**	3,750	3,231	303	**9.4%**	303	303	303	**100%**
제29회('20)	7,549	6,203	3,439	**55.4%**	4,386	3,871	343	**8.9%**	343	343	343	**100%**
제30회('21)	7,654	6,692	3,413	**51.0%**	5,042	4,514	322	**7.1%**	322	322	320	**99.4%**
제31회('22)	8,261	7,002	4,221	**60.3%**	5,745	5,128	549	**10.7%**	551	551	551	**100%**
제32회('23)	10,225	8,611	3,019	**35.1%**	5,327	4,724	395	**8.4%**	395	395	395	**100%**
제33회('24)	11,646	9,602	2,150	**22.4%**	4,052	3,682	330	**8.9%**	330	329	329	**100%**
제34회('25)	12,410	10,238	5,054	**49.4%**	인쇄일 현재 2025년 제34회 2차 · 3차 검정현황 미발표							

◉ 검정현황(그래프)

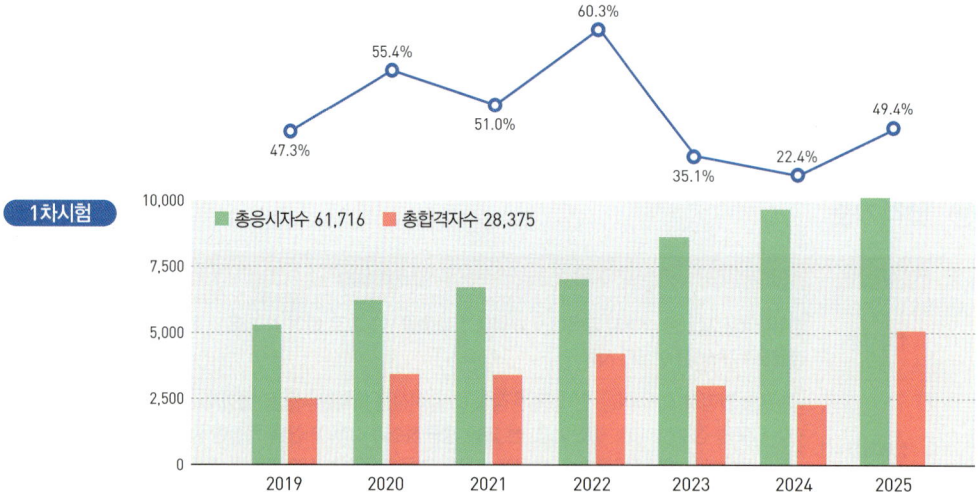

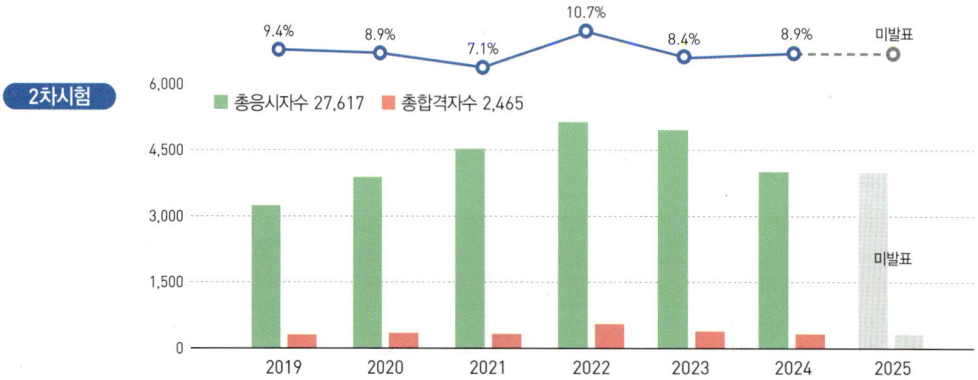

최신 개정법령 소개

❖ 본 교재에 반영한 최신 개정법령은 아래와 같다.

노동법 Ⅰ		
구 분	법 령	시행일자
근로기준법	근기법	2025.10.23.
	근기법 시행령	2025.10.23.
	근기법 시행규칙	2025.02.23.
파견근로자 보호 등에 관한 법률	파견법	2020.12.08.
	파견법 시행령	2025.06.21.
	파견법 시행규칙	2024.06.12.
기간제 및 단시간근로자 보호 등에 관한 법률	기단법	2021.05.18.
	기단법 시행령	2021.04.08.
	기단법 시행규칙	2007.07.01.
산업안전보건법	산안법	2025.07.22.
	산안법 시행령	2025.06.21.
	산안법 시행규칙	2026.01.01.
직업안정법	직안법	2024.07.24.
	직안법 시행령	2024.12.31.
	직안법 시행규칙	2024.06.12.
남녀고용평등과 일 · 가정 양립 지원에 관한 법률	고평법	2025.02.23.
	고평법 시행령	2025.02.23.
	고평법 시행규칙	2025.02.23.
최저임금법	최임법	2020.05.26.
	최임법 시행령	2019.01.01.
	최임법 시행규칙	2019.01.01.
근로자퇴직급여 보장법	근퇴법	2022.07.12.
	근퇴법 시행령	2024.05.28.
	근퇴법 시행규칙	2022.07.12.
임금채권보장법	임채법	2024.08.07.
	임채법 시행령	2024.08.07.
	임채법 시행규칙	2024.08.07.
근로복지기본법	근복법	2023.06.11.
	근복법 시행령	2025.04.08.
	근복법 시행규칙	2025.04.14.
외국인근로자의 고용 등에 관한 법률	외고법	2022.12.11.
	외고법 시행령	2023.02.03.
	외고법 시행규칙	2025.06.02.

노동법 Ⅱ		
구 분	법 령	시행일자
노동조합 및 노동관계조정법	노조법	2021.07.06.
	노조법 시행령	2025.01.31.
	노조법 시행규칙	2024.01.01.
근로자참여 및 협력증진에 관한 법률	근참법	2022.12.11.
	근참법 시행령	2022.12.11.
	근참법 시행규칙	2023.06.08.
노동위원회법	노위법	2022.05.19.
	노위법 시행령	2024.12.27.
	노위법 시행규칙	2015.07.21.
공무원의 노동조합 설립 및 운영 등에 관한 법률	공노법	2023.12.11.
	공노법 시행령	2023.12.11.
	공노법 시행규칙	2024.01.01.
교원의 노동조합 설립 및 운영 등에 관한 법률	교노법	2023.12.11.
	교노법 시행령	2023.12.11.
	교노법 시행규칙	2021.07.06.

최근 7개년 출제경향

◉ 노동법 Ⅰ

▶ 회별 최다 출제항목 : 기타 법령(13.4문), 근로기준법 개설(3.4문), 휴게·휴일·휴가 및 여성과 연소근로자의 보호(3.0문) 순이다.

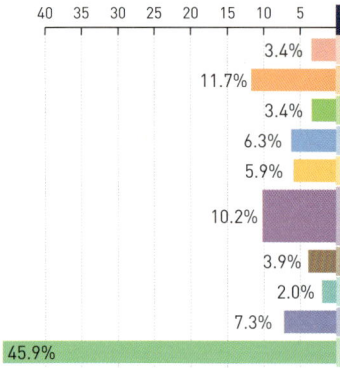

	구 분	2019	2020	2021	2022	2023	2024	2025	누 계	출제비율	회별출제
Ch01	총 설	1	1	1	1	1	1	1	7	3.4%	1.0
Ch02	근로기준법 개설	2	5	3	3	4	4	3	24	11.7%	3.4
Ch03	근로관계의 성립	3	-	1	1	1	1	-	7	3.4%	1.0
Ch04	임 금	1	2	2	2	1	2	3	13	6.3%	1.9
Ch05	근로시간	1	1	1	3	1	2	3	12	5.9%	1.7
Ch06	휴게 · 휴일 · 휴가 및 여성과 연소근로자의 보호	2	3	3	2	4	3	4	21	10.2%	3.0
Ch07	취업규칙 및 기숙사	1	1	1	1	1	2	1	8	3.9%	1.1
Ch08	근로관계의 변경	-	1	-	1	-	2	-	4	2.0%	0.6
Ch09	근로관계의 종료	4	1	3	1	-	2	4	15	7.3%	2.1
Ch10	기타 법령	10	10	10	10	12	21	21	94	45.9%	13.4

◉ 노동법 Ⅱ

▶ 회별 최다 출제항목 : 단결권(5.7문), 단체교섭권(5.3문), 단체행동권(4문) 순이다.

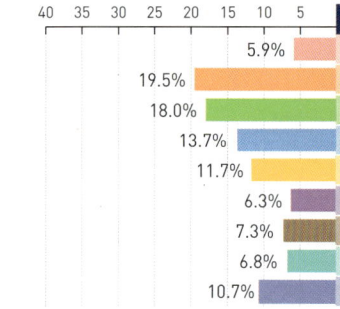

	구 분	2019	2020	2021	2022	2023	2024	2025	누 계	출제비율	회별출제
Ch01	총 설	3	2	1	1	1	2	2	12	5.9%	1.7
Ch02	단결권	5	5	5	4	6	6	9	40	19.5%	5.7
Ch03	단체교섭권	6	4	5	6	6	5	5	37	18.0%	5.3
Ch04	단체행동권	4	4	5	4	3	4	4	28	13.7%	4.0
Ch05	노동쟁의조정제도	2	4	3	3	2	5	5	24	11.7%	3.4
Ch06	부당노동행위구제제도	1	2	2	3	1	2	2	13	6.3%	1.9
Ch07	노사협의회	1	1	1	1	2	4	5	15	7.3%	2.1
Ch08	노동위원회	1	1	1	1	2	4	4	14	6.8%	2.0
Ch09	기타 법령	2	2	2	2	2	8	4	22	10.7%	3.1

◉ 민법

▶ 회별 최다 출제항목 : 권리의 변동(7문), 계약각론(3.7문), 채권의 효력(3.6문) 순이다.

		구 분	2019	2020	2021	2022	2023	2024	2025	누 계	출제비율	회별출제
제1편 민법총칙	Ch01	민법 서론	-	-	-	-	-	-	-	-	-	-
	Ch02	권리 일반	1	-	-	1	-	-	1	3	1.5%	0.4
	Ch03	권리의 주체	2	3	2	2	2	3	3	17	8.3%	2.4
	Ch04	권리의 객체	1	1	1	1	1	1	1	7	3.4%	1.0
	Ch05	권리의 변동	7	6	7	6	7	9	7	49	23.9%	7.0
	Ch06	기 간	-	-	1	1	1	-	1	4	2.0%	0.6
	Ch07	소멸시효	1	1	1	1	1	2	2	9	4.4%	1.3
제2편 채권총론	Ch01	채권법 서론	-	-	-	-	-	-	-	-	-	-
	Ch02	채권의 목적	-	1	-	1	-	-	1	3	1.5%	0.4
	Ch03	채권의 효력	4	4	4	1	4	5	3	25	12.2%	3.6
	Ch04	다수당사자의 채권관계	-	1	1	1	1	1	2	7	3.4%	1.0
	Ch05	채권양도와 채무인수	2	1	1	1	-	2	2	9	4.4%	1.3
	Ch06	채권의 소멸	-	1	-	2	-	2	3	8	3.9%	1.1
제3편 채권각론	Ch01	계약총론	2	1	3	3	3	5	6	23	11.2%	3.3
	Ch02	계약각론	3	3	2	2	3	7	6	26	12.7%	3.7
	Ch03	법정채권관계	2	2	2	2	2	3	2	15	7.3%	2.1

이 책의 목차

PART 1 노동법 Ⅰ

CHAPTER 01 총 설 ····· 4
CHAPTER 02 근로기준법 개설 ····· 16
CHAPTER 03 근로관계의 성립 ····· 53
CHAPTER 04 임 금 ····· 67
CHAPTER 05 근로시간 ····· 95
CHAPTER 06 휴게·휴일·휴가 및 여성과 연소근로자의 보호 ····· 120
CHAPTER 07 취업규칙 및 기숙사 ····· 158
CHAPTER 08 근로관계의 변경 ····· 179
CHAPTER 09 근로관계의 종료 ····· 203
CHAPTER 10 형벌 및 과태료 ····· 245
CHAPTER 11 기타 법령 ····· 251
CHAPTER 12 종합문제 ····· 402

PART 2 노동법 Ⅱ

CHAPTER 01 총 설 ····· 408
CHAPTER 02 단결권 ····· 419
CHAPTER 03 단체교섭권 ····· 477
CHAPTER 04 단체행동권 ····· 551
CHAPTER 05 노동쟁의조정제도 ····· 597
CHAPTER 06 부당노동행위구제제도 ····· 619
CHAPTER 07 형벌 및 과태료 ····· 650
CHAPTER 08 노사협의회 ····· 655
CHAPTER 09 노동위원회 ····· 669
CHAPTER 10 기타 법령 ····· 683
CHAPTER 11 종합문제 ····· 705

사회보험법

▶ 회별 최다 출제항목 : 고용보험법(7.3문), 산업재해보상보험법(7문), 징수법(5.1문) 순이다.

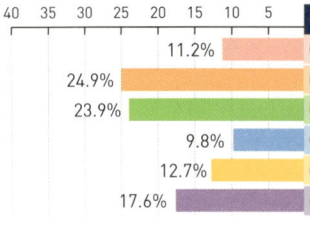

	구 분	2019	2020	2021	2022	2023	2024	2025	누 계	출제비율	회별출제
Ch01	사회보장기본법	4	3	3	4	3	3	3	23	11.2%	3.3
Ch02	고용보험법	5	7	6	6	7	10	10	51	24.9%	7.3
Ch03	산업재해보상보험법	6	6	6	6	6	10	9	49	23.9%	7.0
Ch04	국민연금법	2	2	2	2	2	5	5	20	9.8%	2.9
Ch05	국민건강보험법	3	2	2	2	4	6	7	26	12.7%	3.7
Ch06	징수법	5	5	6	5	3	6	6	36	17.6%	5.1

경제학원론

▶ 회별 최다 출제항목 : 인플레이션과 실업(4.7문), 시장이론(3.7문), 생산요소시장과 소득분배(3.6문) 순이다.

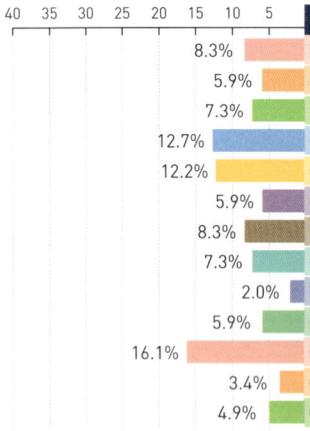

	구 분	2019	2020	2021	2022	2023	2024	2025	누 계	출제비율	회별출제
Ch01	수요와 공급	3	2	1	2	2	4	3	17	8.3%	2.4
Ch02	소비자이론	2	2	1	1	1	1	4	12	5.9%	1.7
Ch03	생산자이론	3	1	1	1	3	4	2	15	7.3%	2.1
Ch04	시장이론	2	3	6	2	3	6	4	26	12.7%	3.7
Ch05	생산요소시장과 소득분배	3	3	3	5	3	3	5	25	12.2%	3.6
Ch06	시장과 효율성	2	2	3	2	-	-	3	12	5.9%	1.7
Ch07	국민소득결정이론	1	3	3	3	1	3	3	17	8.3%	2.4
Ch08	거시경제의 균형	3	2	2	1	2	3	2	15	7.3%	2.1
Ch09	거시경제안정화정책	1	1	1	1	-	-	-	4	2.0%	0.6
Ch10	미시적 기초	-	2	1	1	2	1	5	12	5.9%	1.7
Ch11	인플레이션과 실업	3	3	2	5	6	7	7	33	16.1%	4.7
Ch12	경기변동과 경제성장	-	-	1	-	1	5	-	7	3.4%	1.0
Ch13	국제경제학	2	1	-	1	1	3	2	10	4.9%	1.4

경영학개론

▶ 회별 최다 출제항목 : 조직구조와 조직행위(5문), 마케팅(4문), 재무관리(3.9문) 순이다.

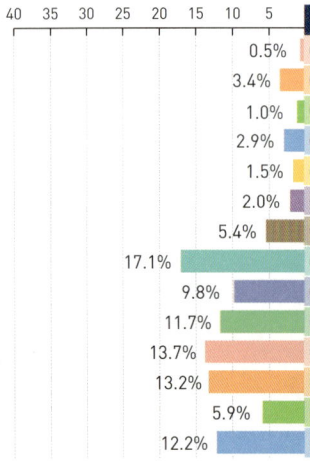

	구 분	2019	2020	2021	2022	2023	2024	2025	누 계	출제비율	회별출제
Ch01	경영의 기초	-	1	-	-	-	-	-	1	0.5%	0.1
Ch02	경영의 역사	1	-	2	1	-	3	-	7	3.4%	1.0
Ch03	경영환경	-	-	-	-	1	1	-	2	1.0%	0.3
Ch04	기업형태 및 기업집중	1	1	1	-	1	-	2	6	2.9%	0.9
Ch05	경영목표와 의사결정	1	-	1	-	1	-	-	3	1.5%	0.4
Ch06	경영관리론	-	-	-	1	1	1	1	4	2.0%	0.6
Ch07	전략수립과 전략실행	1	2	1	2	1	1	3	11	5.4%	1.6
Ch08	조직구조와 조직행위	4	6	4	3	6	7	5	35	17.1%	5.0
Ch09	인사관리와 노사관계관리	4	1	3	3	-	5	4	20	9.8%	2.9
Ch10	생산관리	-	2	2	3	4	6	7	24	11.7%	3.4
Ch11	마케팅	4	3	3	4	3	5	6	28	13.7%	4.0
Ch12	재무관리	3	3	4	4	1	6	6	27	13.2%	3.9
Ch13	경영정보시스템	2	3	1	2	2	2	-	12	5.9%	1.7
Ch14	회계학	4	3	3	2	4	3	6	25	12.2%	3.6

공인노무사 1차

노동법 기출문제

한권으로 끝내기

CHAPTER 01 총 설
CHAPTER 02 근로기준법 개설
CHAPTER 03 근로관계의 성립
CHAPTER 04 임 금
CHAPTER 05 근로시간
CHAPTER 06 휴게·휴일·휴가 및 여성과 연소근로자의 보호
CHAPTER 07 취업규칙 및 기숙사
CHAPTER 08 근로관계의 변경
CHAPTER 09 근로관계의 종료
CHAPTER 10 형벌 및 과태료
CHAPTER 11 기타 법령
CHAPTER 12 종합문제

PART 1

노동법 I

CHAPTER

01 총 설

제1절 노동법의 개념

001 노동법의 기본원리와 이념에 관한 설명으로 옳은 것은? 08 사시

CHECK ○△×

① 개인주의와 자유주의를 바탕으로 한 사적 자치의 원리를 기본이념으로 하고 있다.

② 근로자의 인간다운 생활의 실현을 기본이념으로 하고 있다.

③ 소유권 존중의 원칙과 계약자유의 원칙은 일정한 제약을 받지만 과실책임의 원칙은 수정되지 아니한다.

④ 집단적 자치의 원리는 개인의 인격과 존엄성을 침해할 수 있으므로 노동법의 기본원리가 될 수 없다.

⑤ 헌법은 근로조건의 기준에 대하여 국가경제의 경쟁능력을 해치지 아니하는 범위 내에서 보장된다는 공공이익 존중의 원리를 명시하고 있다.

해설

① (×) · ② (○) 노동법은 시민법상 사적 자치의 원리를 수정하여 인간다운 생활의 실현의 원리를 강조하면서 등장하였으므로 사적 자치의 원리를 기본이념으로 볼 수 없다.

③ (×) 노동법은 과실책임의 원리를 수정하여 무과실책임의 원리를 수용하였고 그 대표적인 예로는 산업재해보상보험법을 생각할 수 있다.

④ (×) 노동법은 집단적 자치를 기본원리로 하여 집단적 노사관계에서뿐만 아니라 개별적 노사관계에서도 이를 바탕으로 하는 규율을 하고 있다.

⑤ (×) 현행 헌법상 공공이익 존중의 원리에 대한 명문 규정은 존재하지 아니한다.

답 ❷

제2절 노동법의 특수성

제3절 노동법의 경향

002 우리나라가 비준한 국제노동기구(ILO)의 협약을 모두 고른 것은? 24 노무

CHECK ○△×

ㄱ. 취업최저연령에 관한 협약(제138호)
ㄴ. 산업안전보건과 작업환경에 관한 협약(제155호)
ㄷ. 결사의 자유 및 단결권 보호에 관한 협약(제87호)
ㄹ. 단결권 및 단체교섭권 원칙의 적용에 관한 협약(제98호)

① ㄱ, ㄴ
② ㄱ, ㄴ, ㄷ
③ ㄱ, ㄷ, ㄹ
④ ㄴ, ㄷ, ㄹ
⑤ ㄱ, ㄴ, ㄷ, ㄹ

해설

ㄱ. 취업최저연령에 관한 협약(제138호)은 1999년 1월, ㄴ. 산업안전보건과 작업환경에 관한 협약(제155호)은 2008년 2월, ㄷ. 결사의 자유 및 단결권 보호에 관한 협약(제87호) 및 ㄹ. 단결권 및 단체교섭권 원칙의 적용에 관한 협약(제98호)은 2021년 4월(ILO에의 비준서 기탁)에 각각 우리나라의 비준을 얻었다.

답 ⑤

003 국제노동기구(ILO)의 핵심협약에 해당하지 않는 것은? 16 노무

CHECK ○△×

① 취업의 최저연령에 관한 협약(제138호)
② 석면 사용 안전에 관한 협약(제162호)
③ 가혹한 형태의 아동노동철폐에 관한 협약(제182호)
④ 결사의 자유 및 단결권의 보호에 관한 협약(제87호)
⑤ 강제노동 폐지에 관한 협약(제105호)

해설

① (○), ② (×), ③ (○), ④ (○), ⑤ (○)
석면사용 안전에 관한 협약(제162호)은 ILO의 기본협약에 해당하지 아니한다.

국제노동기구(ILO)의 기본협약
- 강제근로의 폐지에 관한 협약(비준 X)
- 결사의 자유 및 단결권 보호에 관한 협약(비준 X → ○)
- 단결권 및 단체교섭에 대한 원칙 적용에 관한 협약(비준 X → ○)
- 강제근로에 관한 협약(비준 X → ○)
- 동일가치노동에 대한 남녀노동자 동일보수에 관한 협약
- 고용 및 직업상 차별대우에 관한 협약
- 취업최저연령에 관한 협약
- 가혹한 형태의 아동노동 폐지에 관한 협약

답 ②

004 한국이 비준하고 있는 국제노동기구(ILO)의 협약이 아닌 것은?

19 노무

CHECK ○△×

① 강제근로의 폐지에 관한 협약(제105호)
② 최저임금결정제도 협약(제26호)
③ 차별(고용과 직업) 협약(제111호)
④ 최저연령 협약(제138호)
⑤ 근로감독 협약(제81호)

해설

① (×), ② (○), ③ (○), ④ (○), ⑤ (○)
헌법 제6조 제1항에 의하여 우리나라가 체결·비준한 ILO협약이나 일반적으로 승인된 국제법규는 국내법과 같은 효력이 있다. 우리나라는 ILO 기본협약 중 강제근로의 폐지에 관한 협약(제105호)을 제외하고 지금까지 비준되지 않았던 강제근로에 관한 협약(제29호), 결사의 자유 및 단결권 보호에 관한 협약(제87호), 단결권 및 단체교섭권의 원칙의 적용에 관한 협약(제98호)에 대한 비준동의안 등을 비준하였다. 제29호, 제87호, 제98호 협약 등은 비준동의안이 2021.2.26. 국회본회의를 통과하여 정부가 비준서를 ILO에 기탁한 시점부터 1년(2022.4.20.)이 지나 발효되었으므로, 국내법과 같은 효력을 가진다.

답 ❶

005 국제노동기구(ILO) 협약 중 우리나라가 비준한 핵심협약을 모두 고른 것은?

14 노무

CHECK ○△×

ㄱ. 강제노동 폐지에 관한 협약(제105호)
ㄴ. 석면사용 안전에 관한 협약(제162호)
ㄷ. 동일가치 노동에 대한 남녀근로자의 동일보수에 관한 협약(제100호)
ㄹ. 고용 및 직업상 차별금지에 관한 협약(제111호)
ㅁ. 취업의 최저연령에 관한 협약(제138호)

① ㄱ, ㄴ, ㄷ
② ㄱ, ㄴ, ㅁ
③ ㄱ, ㄹ, ㅁ
④ ㄴ, ㄷ, ㄹ
⑤ ㄷ, ㄹ, ㅁ

해설

ㄷ, ㄹ, ㅁ.이 우리나라가 비준한 기본협약에 해당한다. ㄱ. 강제노동 폐지에 관한 협약(제105호)은 우리나라가 비준하지 아니하였고 ㄴ. 석면사용 안전에 관한 협약(제162호)은 비준하였으나 기본협약에는 해당하지 아니한다.

답 ❺

제4절 노동법의 법원

006 근로기준법의 법원(法源)에 대한 설명으로 옳지 않은 것은? 24 국가직 9급

CHECK ○△×

① 근로기준법에서 정하는 기준에 미치지 못하는 근로조건을 정한 근로계약은 그 부분에 한정하여 무효로 한다. 이 경우 무효로 된 부분은 근로기준법에서 정한 기준에 따른다.
② 취업규칙은 법령이나 해당 사업 또는 사업장에 대하여 적용되는 단체협약과 어긋나서는 아니 된다.
③ 취업규칙에서 정한 기준에 미달하는 근로조건을 정한 근로계약은 그 부분에 관하여는 무효로 한다. 이 경우 무효로 된 부분은 근로기준법에 정한 기준에 따른다.
④ 근로자에게 불리한 내용으로 변경된 취업규칙은 집단적 동의를 받았다고 하더라도, 근로자의 개별적 동의가 없는 한 변경된 취업규칙보다 유리한 근로계약의 내용이 우선하여 적용된다.

해설

① (O) 근기법 제15조
② (O) 근기법 제96조 제1항
③ (×) 취업규칙에서 정한 기준에 미달하는 근로조건을 정한 근로계약은 그 부분에 관하여는 무효로 한다. 이 경우 무효로 된 부분은 취업규칙에 정한 기준에 따른다(근기법 제97조).
④ (O) 근로자에게 불리한 내용으로 변경된 취업규칙은 집단적 동의를 받았다고 하더라도 그보다 유리한 근로조건을 정한 기존의 개별 근로계약 부분에 우선하는 효력을 갖는다고 할 수 없다. 이 경우에도 근로계약의 내용은 유효하게 존속하고, 변경된 취업규칙의 기준에 의하여 유리한 근로계약의 내용을 변경할 수 없으며, 근로자의 개별적 동의가 없는 한 취업규칙보다 유리한 근로계약의 내용이 우선하여 적용된다(대판 2022.1.13. 2020다232136).

답 ③

최신유형

007 노동법의 법원(法源)에 관한 설명으로 옳지 않은 것은?(다툼이 있으면 판례에 따름) 25 노무

CHECK ○△×

① 근로자들의 집단적 동의를 받아 불리하게 변경된 취업규칙은 그보다 유리한 근로조건을 따로 정한 기존의 개별 근로계약부분에 우선하는 효력을 갖는다.
② 취업규칙은 법령에 어긋나서는 아니 된다.
③ 취업규칙에서 정한 기준에 미달하는 근로조건을 정한 근로계약은 그 부분에 관하여는 무효로 한다.
④ 취업규칙은 「근로기준법」이 근로자 보호의 목적으로 그 작성을 강제하고 이에 법규범성을 부여한 것이다.
⑤ 「근로기준법」에서 정하는 기준에 미치지 못하는 근로조건을 정한 근로계약은 그 부분에 한정하여 무효로 한다.

해설

① (×) 근로자에게 불리한 내용으로 변경된 취업규칙은 집단적 동의를 받았다고 하더라도 그보다 유리한 근로조건을 정한 기존의 개별 근로계약 부분에 우선하는 효력을 갖는다고 할 수 없다. 이 경우에도 근로계약의 내용은 유효하게 존속하고, 변경된 취업규칙의 기준에 의하여 유리한 근로계약의 내용을 변경할 수 없으며, 근로자의 개별적 동의가 없는 한 취업규칙보다 유리한 근로계약의 내용이 우선하여 적용된다(대판 2022.1.13. 2020다232136).
② (O) 취업규칙은 법령이나 해당 사업 또는 사업장에 대하여 적용되는 단체협약과 어긋나서는 아니 된다(근기법 제96조 제1항).

③ (○) 취업규칙에서 정한 기준에 미달하는 근로조건을 정한 근로계약은 그 부분에 관하여는 무효로 한다. 이 경우 무효로 된 부분은 취업규칙에 정한 기준에 따른다(근기법 제97조).

④ (○) 근로기준법이 사용자에게 취업규칙의 작성을 강제하고 이에 법규범성을 부여한 것은 종속적 노동관계의 현실에 입각하여 실질적으로 불평등한 근로자의 권익을 보호, 강화하여 그들의 기본적 생활을 향상시키려는 목적에서라고 보아, 취업규칙의 변경에 의하여 기존 근로조건의 내용을 근로자에게 불리하게 변경하려면 종전 취업규칙의 적용을 받고 있던 근로자들의 집단적 의사결정 방법에 의한 동의를 요한다(대판 2023.5.11. 2017다35588[전합]).

⑤ (○) 근기법 제15조 제1항

답 ❶

008 노동법의 법원(法源) 등에 관한 설명으로 옳은 것은?(다툼이 있으면 판례에 따름)

21 노무

CHECK ○△×

① 취업규칙은 노동법의 법원(法源)으로 인정되지 않는다.

② 단체협약은 노동법의 법원(法源)으로 인정되지 않는다.

③ 고용노동부 예규가 그 성질과 내용이 행정기관 내부의 사무처리지침에 불과한 경우에는 법원을 구속하지 않는다.

④ ILO 제100호 협약(동등보수에 관한 협약)은 국내법과 동일한 효력을 갖지 않는다.

⑤ 노동관행이 기업사회에서 일반적으로 근로관계를 규율하는 규범적인 사실로서 명확히 승인되더라도 근로계약의 내용으로 인정되지 않는다.

해설

① (×) 취업규칙은 사업장에서 사용자가 근로자에게 적용하는 근로조건 및 복무규율 등에 관하여 일방적으로 작성한 것으로, 대체로 법원성이 인정된다.

② (×) 단체협약은 노동법의 법원으로 인정된다.

③ (○) 업무상 재해 인정기준에 관한 노동부[현 고용노동부(註)] 예규는 그 규정의 성질과 내용이 행정기관 내부의 사무처리준칙을 규정한 데 불과한 것이어서 국민이나 법원을 구속하는 것이 아니라고 할 것이다(대판 1990.9.25. 90누2727).

④ (×) ILO 제100호 동등보수에 관한 협약은 우리나라가 비준한 ILO협약 중 하나이므로, 국내법과 동일한 효력을 갖는다.

⑤ (×) 기업 내부에 존재하는 특정 관행이 근로계약의 내용을 이루고 있다고 하기 위해서는 그러한 관행이 기업사회에서 일반적으로 근로관계를 규율하는 규범적인 사실로서 명확히 승인되거나 기업의 구성원에 의하여 일반적으로 아무도 이의를 제기하지 아니한 채 당연한 것으로 받아들여져서 기업 내에서 사실상의 제도로서 확립되어 있다고 할 수 있을 정도의 규범의식에 의하여 지지되고 있어야 한다(대판 2014.2.27. 2011다109531). 즉, 사용자 또는 근로자가 특정 관행을 계속적으로 반복하여 왔고, 이를 사용자가 승인하거나 근로자가 묵시적으로 동의함으로써 기대나 예견이 가능할 정도라면, 그 관행은 법원으로서 인정된다고 보아야 한다.

답 ❸

009 노동법의 법원(法源)에 관한 설명 중 옳지 않은 것은?(다툼이 있는 경우 판례에 의함) 16 사시

CHECK ○△×

① 근로기준법에서 정한 기준에 미치지 못하는 근로조건을 정한 근로계약은 그 부분에 한하여 무효로 한다.
② 기업 내에서 사실상의 제도로 확립되어 있다고 할 수 있을 정도의 규범의식에 의하여 지지되는 노동관행은 근로계약의 내용이 될 수 있다.
③ 취업규칙에서 정한 기준에 미달하는 근로조건을 정한 근로계약은 그 부분에 관하여는 무효로 한다.
④ 단체협약에 정한 근로조건에 관한 기준에 위반하는 취업규칙 또는 근로계약의 부분은 무효로 한다.
⑤ 국제노동기구(ILO)의 협약은 체결·비준되더라도 법원(法源)이 될 수 없다.

해설

① (○) 근기법 제15조 제1항
② (○) 기업 내부에 존재하는 특정 관행이 근로계약의 내용을 이루고 있다고 하기 위해서는 그러한 관행이 기업사회에서 일반적으로 근로관계를 규율하는 규범적인 사실로서 명확히 승인되거나 기업의 구성원에 의하여 일반적으로 아무도 이의를 제기하지 아니한 채 당연한 것으로 받아들여져서 기업 내에서 사실상의 제도로서 확립되어 있다고 할 수 있을 정도의 규범의식에 의하여 지지되고 있어야 한다(대판 2014.2.27. 2011다109531).
③ (○) 근기법 제97조 전문
④ (○) 단체협약에 정한 근로조건 기타 근로자의 대우에 관한 기준에 위반하는 취업규칙 또는 근로계약의 부분은 무효로 한다(노조법 제33조 제1항).
⑤ (×) 헌법에 의하여 체결·공포된 조약과 일반적으로 승인된 국제법규는 국내법과 같은 효력을 가지므로(헌법 제6조 제1항), 국제노동기구(ILO)의 협약이 체결·비준되었다면 법원(法源)이 될 수 있다.

답 ⑤

010 노동법의 법원(法源)에 관한 설명으로 옳은 것은?(다툼이 있으면 판례에 따름) 20 노무

CHECK ○△×

① 근로관계당사자의 권리와 의무를 규율하는 취업규칙은 노동법의 법원에 해당한다.
② 국제노동기구(ILO)의 강제근로의 폐지에 관한 협약(제105호)은 노동법의 법원에 해당한다.
③ 노동사건에 관련한 대법원 전원합의체 판결은 노동법의 법원에 해당한다.
④ 노동관계법령에 대한 법제처의 유권해석은 노동법의 법원에 해당한다.
⑤ 사용자와 개별근로자가 체결한 근로계약은 노동법의 법원에 해당하지 않는다.

해설

① (○) 노동법의 법원으로서는 일반성을 요소로 하는 노동법령뿐만 아니라, 단체협약, 취업규칙, 근로계약 등도 법원으로 인정된다.
② (×) 헌법 제6조 제1항에 의하여 우리나라가 체결·비준한 ILO협약이나 일반적으로 승인된 국제법규는 국내법과 같은 효력이 있다. 우리나라는 ILO 기본협약 중 강제근로의 폐지에 관한 협약(제105호)을 제외하고 지금까지 비준되지 않았던 강제근로에 관한 협약(제29호), 결사의 자유 및 단결권 보호에 관한 협약(제87호), 단결권 및 단체교섭권의 원칙의 적용에 관한 협약(제98호)에 대한 비준동의안 등을 비준하였다. 제29호, 제87호, 제98호 협약 등은 비준동의안이 2021.2.26. 국회본회의를 통과하여 정부가 비준서를 ILO에 기탁한 시점부터 1년(2022.4.20.)이 지나 발효되었으므로, 국내법과 같은 효력을 가진다. 그러나 강제근로의 폐지에 관한 협약(제105호)은 비준되지 아니하였으므로 노동법의 법원성은 부정된다고 보는 것이 타당하다.

③ (×) 대륙법계를 취하는 우리나라의 노동사건에 관한 판결은 원칙적으로 노동법의 법원으로서 인정되지 아니한다.
④ (×) 업무상 재해 인정기준에 관한 노동부[현 고용노동부(註)] 예규는 행정기관 내부의 사무처리준칙에 불과하므로, 대외적 구속력이 없다는 판례(대판 1990.9.25. 90누2727)의 취지를 고려하면, 행정청은 최종적 권위가 있는 법해석을 할 수 없기 때문에 법제처의 유권해석은 노동법의 법원에 해당하지 아니한다고 판단된다.
⑤ (×) 사용자와 개별근로자가 체결한 근로계약을 통하여 양자 사이의 중요한 권리·의무를 규정하게 되므로 근로계약은 근로관계에 대한 직접적인 법원이 된다.

답 ❶

011 노동법의 법원(法源)에 관한 설명으로 옳지 않은 것은?(다툼이 있으면 판례에 따름) 23 노무

CHECK ○△×

① 헌법에 따라 체결·공포된 조약은 국내법과 같은 효력을 가지므로 노동법의 법원이 된다.
② 노동조합규약은 일종의 자치적 법규범으로서 소속조합원에 대하여 법적 효력을 가진다.
③ 고용노동부의 행정해석은 고용노동부의 그 소속기관의 내부적 업무처리 지침에 불과하여 노동법의 법원이 아니다.
④ 노동관행은 그 자체로서는 법적 구속력을 가지지 않지만, 일정한 요건을 갖춘 경우에는 법원으로 인정된다.
⑤ 근로자와 사용자가 개별적으로 체결한 근로계약은 노동법의 법원이 아니다.

해설

① (○) 헌법에 의하여 체결·공포된 조약은 국내법과 같은 효력을 가진다(헌법 제6조 제1항). 따라서 우리나라가 체결·비준한 국제노동기구(ILO)의 협약들은 노동법의 법원이 된다.
② (○) 노동조합규약은 노동조합의 조직 및 활동, 운영에 관하여 조합원이 자율적으로 정한 일종의 자치적 법규범으로서, 조합 내 조합원을 구속하는 한도 내에서 법적 효력을 가진다.
③ (○) 업무상 재해 인정기준에 관한 노동부[현 고용노동부(註)] 예규는 행정기관 내부의 사무처리준칙에 불과하므로 대외적 구속력이 없다는 판례(대판 1990.9.25. 90누2727)의 취지를 고려하면, 고용노동부의 행정해석은 통일적인 업무처리를 위한 내부적 업무처리 지침에 불과하여 일반 국민을 구속하는 법적 구속력이 있다고 보기 어려우므로 노동법의 법원에 해당하지 아니한다고 판단된다.
④ (○) 노동관행은 그 자체로 특별한 법적 효력이 없으므로 원칙적으로 법원으로 인정되지 않는다. 다만, 기업의 내부에 존재하는 특정의 관행이 기업사회에서 일반적으로 근로관계를 규율하는 규범적인 사실로서 명확히 승인되거나 기업의 구성원에 의하여 일반적으로 아무도 이의를 제기하지 아니한 채 당연한 것으로 받아들여져서 기업 내에서 사실상의 제도로서 확립되어 있다고 할 수 있을 정도의 규범의식에 의하여 지지되고 있는 경우에는 근로계약의 내용을 이루고 있다고 볼 수 있고(대판 2002.4.23. 2000다50701), 이러한 경우에는 노동관행이 법원으로 인정된다고 할 것이다.
⑤ (×) 근로자와 사용자가 개별적으로 체결한 근로계약은 그 적용을 받는 당사자의 권리·의무를 규율하고 있으므로, 법원성이 인정된다고 이해하여야 한다.

답 ❺

012 노동법 법원(法源)의 상충 등에 관한 설명으로 옳은 것을 모두 고른 것은?

22 노무

CHECK ○△×

ㄱ. 근로계약에서 정한 근로조건이 근로기준법에서 정하는 기준에 미치지 못하는 경우에는 그 근로계약을 무효로 한다.
ㄴ. 취업규칙에서 정한 기준에 미달하는 근로조건을 정한 근로계약은 그 부분에 관하여는 무효로 하며 무효로 된 부분은 취업규칙에 정한 기준에 따른다.
ㄷ. 취업규칙은 근로기준법과 어긋나서는 아니 된다.
ㄹ. 취업규칙은 해당 사업 또는 사업장에 대하여 적용되는 단체협약과 어긋나서는 아니 된다.

① ㄱ, ㄴ
② ㄷ, ㄹ
③ ㄱ, ㄴ, ㄹ
④ ㄴ, ㄷ, ㄹ
⑤ ㄱ, ㄴ, ㄷ, ㄹ

해설

ㄱ. (×) 이 법에서 정하는 기준에 미치지 못하는 근로조건을 정한 근로계약은 그 부분에 한정하여 무효로 한다(근기법 제15조 제1항).
ㄴ. (○) 근기법 제97조
ㄷ. (○), ㄹ. (○) 취업규칙은 법령이나 해당 사업 또는 사업장에 대하여 적용되는 단체협약과 어긋나서는 아니 된다(근기법 제96조 제1항).

답 ④

013 근로기준법에 대한 설명으로 옳지 않은 것은?

19 국가직 9급

CHECK ○△×

① 근로기준법에서 정하는 근로조건은 최저기준이므로 근로관계 당사자는 이 기준을 이유로 근로조건을 낮출 수 없다.
② 고용노동부장관은 근로기준법에 어긋나는 근로계약의 변경을 명할 수 있다.
③ 취업규칙에서 근로자에 대하여 감급(減給)의 제재를 정할 경우에 그 감액은 1회의 금액이 평균임금의 1일분의 2분의 1을, 총액이 1임금지급기의 임금 총액의 10분의 1을 초과하지 못한다.
④ 취업규칙에서 정한 기준에 미달하는 근로조건을 정한 근로계약은 그 부분에 관하여는 무효로 한다.

해설

① (○) 근기법 제3조
② (×) 근기법 제15조, 제96조 제2항 참조

이 법을 위반한 근로계약(근기법 제15조)
① 이 법에서 정하는 기준에 미치지 못하는 근로조건을 정한 근로계약은 그 부분에 한정하여 무효로 한다.
② 제1항에 따라 무효로 된 부분은 이 법에서 정한 기준에 따른다.

단체협약의 준수(근기법 제96조)
② 고용노동부장관은 법령이나 단체협약에 어긋나는 취업규칙의 변경을 명할 수 있다.

③ (O) 근기법 제95조

④ (O) 취업규칙에서 정한 기준에 미달하는 근로조건을 정한 근로계약은 그 부분에 관하여는 무효로 한다. 이 경우 무효로 된 부분은 취업규칙에 정한 기준에 따른다(근기법 제97조).

답 ❷

014 노동법의 법원(法源)에 관한 설명으로 옳지 않은 것은?(다툼이 있는 경우에는 판례에 의함)

CHECK ○△×

15 노무

① 해외연수 근로자가 퇴직할 당시 인사규정이 근로자에게 더 유리하게 개정되었다면 아직 면제기간이 진행 중이던 근로자의 해외연수비용 상환의무를 면제받는 의무복무기간은, 개정된 인사규정에 소급적용을 배제하는 별도의 규정이 없는 한, 유리하게 개정된 인사규정이 적용된다.

② 고용노동부장관은 법령이나 단체협약에 어긋나는 취업규칙의 변경을 명할 수 있다.

③ 근로기준법 시행령은 법률에 위임이 없다 하더라도 법률이 규정한 개인의 권리, 의무의 내용을 변경·보충하거나 새로운 내용을 규정할 수 있다.

④ 고용노동부의 업무지침이나 예규 등이 그 성질과 내용이 행정기관 내부의 사무처리지침에 불과한 경우에는 대외적인 구속력은 없다.

⑤ 우리나라가 비준한 국제노동기구(ILO)의 협약은 국내법적 효력이 인정된다.

해설

① (O) 대판 1994.5.10. 93다30181

② (O) 근기법 제96조 제2항

③ (X) 일반적으로 법률의 시행령은 모법인 법률에 의하여 위임받은 사항이나, 법률이 규정한 범위 내에서 법률을 현실적으로 집행하는 데 필요한 세부적인 사항만을 규정할 수 있을 뿐, 법률의 위임 없이 법률이 규정한 개인의 권리·의무에 관한 내용을 변경·보충하거나 법률에서 규정하지 아니한 새로운 내용을 규정할 수 없는 것이다(대판 1999.2.11. 98도2816[전합]).

④ (O) 업무상 재해 인정기준에 관한 노동부[현 고용노동부(註)] 예규는 그 규정의 성질과 내용이 행정기관 내부의 사무처리준칙을 규정한 데 불과한 것이어서 국민이나 법원을 구속하는 것이 아니라고 할 것이다(대판 1990.9.25. 90누2727).

⑤ (O) 헌법 제6조 제1항에 의하여 우리나라가 체결·비준한 ILO협약이나 일반적으로 승인된 국제법규는 국내법과 같은 효력이 있다. 구체적으로 살피건대 우리나라는 ILO 기본협약 중 강제근로의 폐지에 관한 협약(제105호)을 제외하고 지금까지 비준되지 않았던 강제근로에 관한 협약(제29호), 결사의 자유 및 단결권 보호에 관한 협약(제87호), 단결권 및 단체교섭권의 원칙의 적용에 관한 협약(제98호)에 대한 비준동의안 등을 비준하였다. 제29호, 제87호, 제98호 협약 등은 비준동의안이 2021.2.26. 국회본회의를 통과하여 정부가 비준서를 ILO에 기탁한 시점부터 1년(2022.4.20.)이 지나 발효되었으므로, 국내법과 같은 효력을 가진다.

답 ❸

015 우리나라 노동법의 법원(法源)에 관한 설명으로 옳지 않은 것은?(다툼이 있으면 판례에 따름)

CHECK ○△×

17 노무

① 판례는 법원으로 인정되지 않는다.

② 기업의 내부에 존재하는 특정 관행이 기업 사회에서 일반적으로 근로관계를 규율하는 규범적인 사실로서 명확히 승인된 경우 그 특정 관행은 근로계약의 내용을 이루고 있다고 인정되어 법원으로 인정된다.

③ 민법은 법원으로 인정된다.

④ 국제노동기구(ILO)의 강제근로의 폐지에 관한 협약(제105호)은 노동법의 법원에 해당한다.

⑤ 고용노동부의 행정해석은 법원으로 인정되지 않는다.

해설

① (○) 대륙법계를 취하는 우리나라에서 판례는 원칙적으로 노동법의 법원으로서 인정되지 아니한다.

② (○) 노동관행은 그 자체로 특별한 법적 효력이 없으므로 원칙적으로 법원으로 인정되지 않는다. 다만, 기업의 내부에 존재하는 특정의 관행이 기업사회에서 일반적으로 근로관계를 규율하는 규범적인 사실로서 명확히 승인되거나 기업의 구성원에 의하여 일반적으로 아무도 이의를 제기하지 아니한 채 당연한 것으로 받아들여져서 기업 내에서 사실상의 제도로서 확립되어 있다고 할 수 있을 정도의 규범의식에 의하여 지지되고 있는 경우에는 근로계약의 내용을 이루고 있다고 볼 수 있고(대판 2014.2.27. 2011다109531), 이러한 경우에는 노동관행이 법원으로 인정된다고 할 것이다.

③ (○) 노동관계법규 외에 민사법 등도 노동관계에 관한 기초적 또는 보충적 규정으로서 노동법의 법원이 된다.

④ (×) 헌법 제6조 제1항에 의하여 우리나라가 체결·비준한 ILO협약이나 일반적으로 승인된 국제법규는 국내법과 같은 효력이 있다. 우리나라는 ILO 기본협약 중 강제근로의 폐지에 관한 협약(제105호)을 제외하고 지금까지 비준되지 않았던 강제근로에 관한 협약(제29호), 결사의 자유 및 단결권 보호에 관한 협약(제87호), 단결권 및 단체교섭권의 원칙의 적용에 관한 협약(제98호)에 대한 비준동의안 등을 비준하였다. 제29호, 제87호, 제98호 협약 등은 비준동의안이 2021.2.26. 국회본회의를 통과하여 정부가 비준서를 ILO에 기탁한 시점부터 1년(2022.4.20.)이 지나 발효되었으므로, 국내법과 같은 효력을 가진다. 그러나 강제근로의 폐지에 관한 협약(제105호)은 비준되지 아니하였으므로 노동법의 법원성은 부정된다고 보는 것이 타당하다.

⑤ (○) 업무상 재해 인정기준에 관한 노동부[현 고용노동부(註)] 예규는 행정기관 내부의 사무처리준칙에 불과하므로 대외적 구속력이 없다는 판례(대판 1990.9.25. 90누2727)의 취지를 고려하면, 고용노동부의 행정해석은 통일적인 업무처리를 위한 내부적 업무처리 지침에 불과하여 일반 국민을 구속하는 법적 구속력이 있다고 보기 어려우므로 노동법의 법원에 해당하지 아니한다고 판단된다.

답 ④

016 노동관계법에 관한 헌법재판소의 결정으로 옳지 않은 것은?

15 노무

CHECK ○△×

① 헌법 제32조 제3항은 "근로조건의 기준은 인간의 존엄성을 보장하도록 법률로 정한다"고 규정하고 있는바, 인간의 존엄에 상응하는 근로조건의 기준이 무엇인지를 구체적으로 정하는 것은 일차적으로 입법자의 형성의 자유에 속한다.

② 근로자가 퇴직급여를 청구할 수 있는 권리도 헌법상 바로 도출되는 것이 아니라 근로자퇴직급여보장법 등 관련 법률이 구체적으로 정하는 바에 따라 비로소 인정될 수 있는 것이다.

③ 근로의 권리는 "일할 자리에 관한 권리"만이 아니라 "일할 환경에 관한 권리"도 함께 내포하고 있는바, 후자는 생존권적 기본권의 성격을 갖고 있으므로 외국인근로자에게는 근로의 권리에 관한 기본권주체성이 인정되지 않는다.

④ 해고예고제도는 근로관계의 존속이라는 근로자 보호의 본질적 부분과 관련되는 것이 아니므로, 해고예고제도를 둘 것인지 여부, 그 내용 등에 대해서는 상대적으로 넓은 입법 형성의 여지가 있다.

⑤ 근로자공급사업은 성질상 사인이 영리를 목적으로 운영할 경우 근로자에 대한 중간착취, 강제근로, 인권침해, 인신매매 등의 부작용이 초래될 가능성이 매우 크므로 고용노동부장관의 허가를 받은 자만이 근로자공급사업을 할 수 있도록 제한하는 것을 직업 선택의 자유의 본질적인 내용을 침해하는 것으로 볼 수는 없다.

해설

① (O) 헌법 제32조 제3항은 "근로조건의 기준은 인간의 존엄성을 보장하도록 법률로 정한다"고 규정하고 있는바, 인간의 존엄에 상응하는 근로조건의 기준이 무엇인지를 구체적으로 정하는 것은 일차적으로 입법자의 형성의 자유에 속한다고 할 것이다(헌재 1999.9.16. 98헌마310).

② (O) 근로자가 퇴직급여를 청구할 수 있는 권리도 헌법상 바로 도출되는 것이 아니라 퇴직급여법 등 관련 법률이 구체적으로 정하는 바에 따라 비로소 인정될 수 있는 것이므로 계속근로기간 1년 미만인 근로자가 퇴직급여를 청구할 수 있는 권리가 헌법 제32조 제1항에 의하여 보장된다고 보기는 어렵다(헌재 2011.7.28. 2009헌마408).

③ (×) 헌법재판소는 인간의 존엄성을 보장하기 위하여 최소한의 근로조건을 요구할 수 있는 권리(일할 환경에 관한 권리)는 자유권적 기본권의 성격도 아울러 가지므로 이러한 경우 외국인근로자에게도 그 기본권주체성을 인정함이 타당하다고 하여 외국인산업기술연수생도 근로의 권리의 주체가 된다고 하였다(헌재 2007.8.30. 2004헌마670).

④ (O) 해고예고제도는 해고 자체를 금지하는 제도는 아니며, 대법원 판례 또한 예고의무를 위반한 해고도 유효하다고 보므로 해고 자체의 효력과도 무관한 제도이다. 즉 해고예고제도는 근로관계의 존속이라는 근로자 보호의 본질적 부분과 관련되는 것이 아니므로, 해고예고제도를 둘 것인지 여부, 그 내용 등에 대해서는 상대적으로 넓은 입법 형성의 여지가 있다(헌재 2001.7.19. 99헌마663).

⑤ (O) 근로자공급사업은 성질상 사인이 영리를 목적으로 운영할 경우 근로자의 안전 및 보건상의 위험, 근로조건의 저하, 공중도덕상 유해한 직종에의 유입, 미성년자에 대한 착취, 근로자에 대한 중간착취, 강제근로, 인권침해, 약취·유인, 인신매매 등의 부작용이 초래될 가능성이 매우 크므로 노동부장관의 허가를 받은 자만이 근로자공급사업을 할 수 있도록 제한하는 것은 그 목적의 정당성, 방법의 적절성, 피해의 최소성, 법익의 균형성 등에 비추어 볼 때 합리적인 제한이라고 할 것이고, 과잉 금지의 원칙에 위배되어 직업 선택의 본질적인 내용을 침해하는 것으로 볼 수는 없다(헌재 1998.11.26. 97헌바31).

답 ❸

017 우리나라 노동법의 법원(法源)에 관한 설명으로 옳지 않은 것은?(다툼이 있으면 판례에 따름)

CHECK ○△×

18 노무

① 고용노동부의 업무지침 등이 그 성질과 내용이 행정기관 내부의 사무처리지침에 불과한 경우에는 대외적인 구속력은 없다.
② 국제노동기구(ILO)의 강제근로의 폐지에 관한 협약(제105호)은 노동법의 법원에 해당한다.
③ 노동사건에 대한 판례는 노동법의 법원으로 인정되지 않는다.
④ 단체협약은 노동법의 법원으로 인정된다.
⑤ 노동조합규약은 일종의 자치적 법규범으로서 소속 조합원에 대하여 법적 효력을 가진다.

해설

① (○) 업무상 재해 인정기준에 관한 노동부[현 고용노동부(註)] 예규는 행정기관 내부의 사무처리준칙에 불과하므로 대외적 구속력이 없다는 판례(대판 1990.9.25. 90누2727)의 취지를 고려하면, 고용노동부의 업무처리 지침 등이 사무처리준칙에 불과하다면 일반 국민을 구속하는 법적 구속력이 있다고 보기 어렵다.

② (×) 헌법 제6조 제1항에 의하여 우리나라가 체결·비준한 ILO협약이나 일반적으로 승인된 국제법규는 국내법과 같은 효력이 있다. 우리나라는 ILO 기본협약 중 강제근로의 폐지에 관한 협약(제105호)을 제외하고 지금까지 비준되지 않았던 강제근로에 관한 협약(제29호), 결사의 자유 및 단결권 보호에 관한 협약(제87호), 단결권 및 단체교섭권의 원칙의 적용에 관한 협약(제98호)에 대한 비준동의안 등을 비준하였다. 제29호, 제87호, 제98호 협약 등은 비준동의안이 2021.2.26. 국회본회의를 통과하여 정부가 비준서를 ILO에 기탁한 시점부터 1년(2022.4.20.)이 지나 발효되었으므로, 국내법과 같은 효력을 가진다. 그러나 강제근로의 폐지에 관한 협약(제105호)은 비준되지 아니하였으므로 노동법의 법원성은 부정된다고 보는 것이 타당하다.

③ (○) 대륙법계를 취하는 우리나라의 노동사건에 관한 판례는 원칙적으로 노동법의 법원으로서 인정되지 아니한다.

④ (○) 노동법상의 법원으로서는 일반성을 요소로 하는 노동법령뿐만 아니라, 단체협약, 취업규칙, 근로계약등도 법원으로 인정된다.

⑤ (○) 노동조합은 근로자들이 자신들의 이익을 옹호하기 위하여 자주적으로 결성한 임의단체로서 그 내부 운영에 있어서 조합규약 및 다수결에 의한 자치가 보장되므로, 노동조합이 자체적으로 마련한 선거관리규정은 조합 민주주의를 실현하기 위한 강행법규에 적합한 범위 내에서는 일종의 자치적 법규범으로서 국가법질서 내에서 법적 효력을 가진다(대판 1998.2.27. 97다43567).

답 ❷

CHAPTER

02 근로기준법 개설

제1절 근로의 권리

001 헌법 제32조에 명시된 내용으로 옳은 것은? 24 노무

CHECK ○△×

① 국가는 근로의 의무의 내용과 조건을 민주주의원칙에 따라 법률로 정한다.
② 사용자는 적정임금의 보장에 노력하여야 한다.
③ 전몰군경은 법률이 정하는 바에 의하여 우선적으로 근로의 기회를 부여받는다.
④ 근로의 권리는 인간의 존엄성을 보장하도록 법률로 정한다.
⑤ 미성년자의 근로는 고용·임금 및 근로조건에 있어서 부당한 차별을 받지 아니한다.

해설

① (○) 헌법 제32조 제2항 후문
② (×) 국가는 사회적·경제적 방법으로 근로자의 고용의 증진과 적정임금의 보장에 노력하여야 하며, 법률이 정하는 바에 의하여 최저임금제를 시행하여야 한다(헌법 제32조 제1항 후문).
③ (×) 국가유공자·상이군경 및 전몰군경의 유가족은 법률이 정하는 바에 의하여 우선적으로 근로의 기회를 부여받는다(헌법 제32조 제6항).
④ (×) 근로조건의 기준은 인간의 존엄성을 보장하도록 법률로 정한다(헌법 제32조 제3항).
⑤ (×) 여자의 근로는 특별한 보호를 받으며, 고용·임금 및 근로조건에 있어서 부당한 차별을 받지 아니한다(헌법 제32조 제4항).

답 ①

최신유형

002 헌법상 근로의 권리와 의무에 관한 설명으로 옳은 것은?(다툼이 있으면 판례에 따름) 25 노무

CHECK ○△×

① 근로의 권리에는 일할 환경에 관한 권리는 포함되지 않는다.
② 모든 국민은 강제적인 근로의 의무를 진다.
③ 국가는 사회적·경제적 방법으로 근로자의 고용의 증진과 적정임금의 보장에 노력하여야 한다.
④ 근로자는 국가에 대해 직접적인 직장존속보장청구권을 가지고 있으므로 국가는 근로관계의 당연승계를 보장하는 입법을 반드시 하여야 할 헌법상의 의무가 있다.
⑤ 연소자인 여자의 근로에 대하여만 특별한 보호를 받는다.

해설

① (×) 근로의 권리는 "일할 자리에 관한 권리"만이 아니라 "일할 환경에 관한 권리"도 함께 내포하고 있는바, 후자는 인간의 존엄성에 대한 침해를 방어하기 위한 자유권적 기본권의 성격도 갖고 있어, 건강한 작업환경, 일에 대한 정당한 보수, 합리적인 근로조건의 보장 등을 요구할 수 있는 권리 등을 포함한다(헌재 2007.8.30. 2004헌마670).

② (×) 헌법 제32조 제2항 전문은 "모든 국민은 근로의 의무를 진다."고 규정하고 있으나, 근로의 의무의 법적 성격에 대하여는 법적인 의무가 아니라 윤리적 의무로 이해하는 견해가 학설의 일반적인 태도이다.

③ (○) 국가는 사회적·경제적 방법으로 근로자의 고용의 증진과 적정임금의 보장에 노력하여야 하며, 법률이 정하는 바에 의하여 최저임금제를 시행하여야 한다(헌법 제32조 제1항 후문).

④ (×) 헌법 제15조의 직업의 자유 또는 헌법 제32조의 근로의 권리, 사회국가원리 등에 근거하여 실업방지 및 부당한 해고로부터 근로자를 보호하여야 할 국가의 의무를 도출할 수는 있을 것이나, 국가에 대한 직접적인 직장존속보장청구권을 근로자에게 인정할 헌법상의 근거는 없다. 이와 같이 우리 헌법상 국가에 대한 직접적인 직장존속보장청구권을 인정할 근거는 없으므로 근로관계의 당연승계를 보장하는 입법을 반드시 하여야 할 헌법상의 의무를 인정할 수 없다(헌재 2002.11.28. 2001헌바50).

⑤ (×) 여자의 근로는 특별한 보호를 받으며, 고용·임금 및 근로조건에 있어서 부당한 차별을 받지 아니한다. 연소자의 근로는 특별한 보호를 받는다(헌법 제32조 제4항, 제5항).

답 ❸

003 헌법상 근로의 권리와 의무에 관한 설명으로 옳지 않은 것은?

22 노무

CHECK ○△×

① 법인은 헌법상 근로의 권리의 주체가 될 수 없다.

② 근로조건의 기준은 인간의 존엄성을 보장하도록 법률로 정한다.

③ 근로의 권리는 공공복리를 위하여 필요한 경우에 한하여 법률로써 제한할 수 있다.

④ 국가유공자·상이군경 및 전몰군경의 유가족은 법률이 정하는 바에 의하여 우선적으로 근로의 의무를 이행하여야 한다.

⑤ 여자의 근로는 특별한 보호를 받으며, 고용·임금 및 근로조건에 있어서 부당한 차별을 받지 아니한다.

해설

① (○), ② (○), ③ (○), ④ (×), ⑤ (○)

국가유공자·상이군경 및 전몰군경의 유가족은 법률이 정하는 바에 의하여 우선적으로 근로의 기회를 부여받는다(헌법 제32조 제6항).

헌법 제32조

① 모든 국민은 근로의 권리를 가진다. 국가는 사회적·경제적 방법으로 근로자의 고용의 증진과 적정임금의 보장에 노력하여야 하며, 법률이 정하는 바에 의하여 최저임금제를 시행하여야 한다.

② 모든 국민은 근로의 의무를 진다. 국가는 근로의 의무의 내용과 조건을 민주주의원칙에 따라 법률로 정한다.

③ 근로조건의 기준은 인간의 존엄성을 보장하도록 법률로 정한다.

④ 여자의 근로는 특별한 보호를 받으며, 고용·임금 및 근로조건에 있어서 부당한 차별을 받지 아니한다.

⑤ 연소자의 근로는 특별한 보호를 받는다.

⑥ 국가유공자·상이군경 및 전몰군경의 유가족은 법률이 정하는 바에 의하여 우선적으로 근로의 기회를 부여받는다.

헌법 제37조

② 국민의 모든 자유와 권리는 국가안전보장·질서유지 또는 공공복리를 위하여 필요한 경우에 한하여 법률로써 제한할 수 있으며, 제한하는 경우에도 자유와 권리의 본질적인 내용을 침해할 수 없다.

답 ❹

004 헌법 제32조에 명시된 내용으로 옳은 것을 모두 고른 것은?

21 노무

CHECK ○△×

ㄱ. 근로조건의 기준은 인간의 존엄성을 보장하도록 법률로 정한다.
ㄴ. 국가는 사회적·경제적 방법으로 근로자의 고용의 증진과 최저임금의 보장에 노력하여야 한다.
ㄷ. 국가는 여자의 복지와 권익의 향상을 위하여 노력하여야 한다.
ㄹ. 국가는 근로의 의무의 내용과 조건을 민주주의원칙에 따라 법률로 정한다.

① ㄱ
② ㄱ, ㄹ
③ ㄴ, ㄷ
④ ㄴ, ㄷ, ㄹ
⑤ ㄱ, ㄴ, ㄷ, ㄹ

해설

ㄱ. (○) 헌법 제32조 제3항
ㄴ. (×) 국가는 사회적·경제적 방법으로 근로자의 고용의 증진과 적정임금의 보장에 노력하여야 한다(헌법 제32조 제1항).
ㄷ. (×) 국가는 여자의 복지와 권익의 향상을 위하여 노력하여야 한다(헌법 제34조 제3항).
ㄹ. (○) 헌법 제32조 제2항

답 ❷

005 헌법 제32조에서 명시된 내용이 아닌 것은?

14 노무

CHECK ○△×

① 국가는 근로의 의무의 내용과 조건을 민주주의원칙에 따라 법률로 정한다.
② 장애인의 근로는 특별한 보호를 받는다.
③ 국가는 법률이 정하는 바에 의하여 최저임금제를 시행하여야 한다.
④ 국가는 사회적·경제적 방법으로 근로자의 고용의 증진과 적정임금의 보장에 노력하여야 한다.
⑤ 근로조건의 기준은 인간의 존엄성을 보장하도록 법률로 정한다.

해설

① (○), ② (×), ③ (○), ④ (○), ⑤ (○)
헌법 제32조에는 장애인의 근로를 특별히 보호하는 규정은 명시되어 있지 않다.

답 ❷

006 헌법 제32조(근로의 권리)에 명시된 내용으로 옳지 않은 것은?

20 노무

CHECK ○△×

① 모든 국민은 근로의 권리를 가지며 근로의 의무를 진다.
② 여자 및 연소자의 근로는 특별한 보호를 받는다.
③ 신체장애자는 우선적으로 근로의 기회를 부여받는다.
④ 근로조건의 기준은 인간의 존엄성을 보장하도록 법률로 정한다.
⑤ 국가는 법률이 정하는 바에 의하여 최저임금제를 시행하여야 한다.

해설

① (○), ② (○), ③ (×), ④ (○), ⑤ (○)
신체장애자는 헌법 제32조 제6항에서 정하는 우선적으로 근로의 기회를 부여받는 대상에 포함되지 아니한다.

답 ❸

007 헌법 제32조에 명시적으로 규정된 내용은?

23 노무

CHECK ○△×

① 국가는 법률이 정하는 바에 의하여 적정임금제를 시행하여야 한다.
② 국가는 사회적·경제적 방법으로 근로자의 고용을 보장하여야 한다.
③ 장애인의 근로는 특별한 보호를 받으며, 고용·임금 및 근로조건에 있어서 부당한 차별을 받지 아니한다.
④ 국가는 근로의 의무의 내용과 조건을 민주주의원칙에 따라 법률로 정한다.
⑤ 국가는 전몰군경의 유가족이 우선적으로 근로의 기회를 부여받도록 노력하여야 한다.

해설

① (×) 국가는 사회적·경제적 방법으로 근로자의 고용의 증진과 적정임금의 보장에 노력하여야 하며, 법률이 정하는 바에 의하여 최저임금제를 시행하여야 한다(헌법 제32조 제1항 후문).
② (×) 국가는 사회적·경제적 방법으로 근로자의 고용의 증진과 적정임금의 보장에 노력하여야 하며, 법률이 정하는 바에 의하여 최저임금제를 시행하여야 한다(헌법 제32조 제1항 전문).
③ (×) 여자의 근로는 특별한 보호를 받으며, 고용·임금 및 근로조건에 있어서 부당한 차별을 받지 아니한다고(헌법 제32조 제4항) 규정하고 있을 뿐, 장애인의 근로에 대한 규정은 존재하지 아니한다.
④ (○) 헌법 제32조 제2항 후문
⑤ (×) 국가유공자·상이군경 및 전몰군경의 유가족은 법률이 정하는 바에 의하여 우선적으로 근로의 기회를 부여받는다(헌법 제32조 제6항).

헌법 제32조
① 모든 국민은 근로의 권리를 가진다. 국가는 사회적·경제적 방법으로 근로자의 고용의 증진과 적정임금의 보장에 노력하여야 하며, 법률이 정하는 바에 의하여 최저임금제를 시행하여야 한다.
② 모든 국민은 근로의 의무를 진다. 국가는 근로의 의무의 내용과 조건을 민주주의원칙에 따라 법률로 정한다.
③ 근로조건의 기준은 인간의 존엄성을 보장하도록 법률로 정한다.
④ 여자의 근로는 특별한 보호를 받으며, 고용·임금 및 근로조건에 있어서 부당한 차별을 받지 아니한다.
⑤ 연소자의 근로는 특별한 보호를 받는다.
⑥ 국가유공자·상이군경 및 전몰군경의 유가족은 법률이 정하는 바에 의하여 우선적으로 근로의 기회를 부여받는다.

답 ❹

008 헌법 제32조에 명시된 내용이 아닌 것은?

16 노무

CHECK ○△×

① 국가는 사회적·경제적 방법으로 근로자의 고용의 증진과 최저임금의 보장에 노력하여야 한다.
② 연소자의 근로는 특별한 보호를 받는다.
③ 근로조건의 기준은 인간의 존엄성을 보장하도록 법률로 정한다.
④ 국가는 근로의 의무의 내용과 조건을 민주주의원칙에 따라 법률로 정한다.
⑤ 여자의 근로는 특별한 보호를 받는다.

해설

① (×), ② (○), ③ (○), ④ (○), ⑤ (○)
국가는 사회적·경제적 방법으로 근로자의 고용의 증진과 적정임금의 보장에 노력하여야 한다(헌법 제32조 제1항 후문).

답 ❶

009 헌법 제32조의 내용으로 옳지 않은 것은?

17 노무

CHECK ○△×

① 모든 국민은 근로의 권리를 가지며 근로의 의무를 지지 아니한다.
② 근로조건의 기준은 인간의 존엄성을 보장하도록 법률로 정한다.
③ 국가는 법률이 정하는 바에 의하여 최저임금제를 시행하여야 한다.
④ 여자의 근로는 특별한 보호를 받으며, 고용·임금 및 근로조건에 있어서 부당한 차별을 받지 아니한다.
⑤ 전몰군경의 유가족은 법률이 정하는 바에 의하여 우선적으로 근로의 기회를 부여받는다.

해설

① (×), ② (○), ③ (○), ④ (○), ⑤ (○)
모든 국민은 근로의 권리와 의무를 가진다(헌법 제32조 제1항·제2항).

답 ❶

010 헌법 제32조에 관한 내용으로 옳지 않은 것은?

19 노무

CHECK ○△×

① 국가는 법률이 정하는 바에 의하여 최저임금제를 시행하여야 한다.
② 여자의 근로는 특별한 보호를 받으며, 고용·임금 및 근로조건에 있어서 부당한 차별을 받지 아니한다.
③ 국가는 근로의 권리의 내용과 조건을 민주주의원칙에 따라 법률로 정하여야 한다.
④ 연소자의 근로는 특별한 보호를 받는다.
⑤ 국가유공자·상이군경 및 전몰군경의 유가족은 법률이 정하는 바에 의하여 우선적으로 근로의 기회를 부여받는다.

해설

① (○), ② (○), ③ (×), ④ (○), ⑤ (○)
국가는 근로의 의무의 내용과 조건을 민주주의원칙에 따라 법률로 정한다(헌법 제32조 제2항 후문).

답 ❸

011 헌법상 근로의 권리에 관한 설명으로 옳지 않은 것은?(다툼이 있으면 판례에 따름)

18 노무

CHECK ○△×

① 헌법은 근로의 권리주체를 국민으로 규정하고 있다.
② 근로조건의 기준은 인간의 존엄성을 보장하도록 법률로 정한다.
③ 국가에 대한 직접적인 직장존속보장청구권은 헌법상 근로의 권리에서 도출된다.
④ 국가는 사회적·경제적 방법으로 근로자의 고용의 증진과 적정임금의 보장에 노력하여야 한다.
⑤ 국가유공자·상이군경 및 전몰군경의 유가족은 법률이 정하는 바에 의하여 우선적으로 근로의 기회를 부여받는다.

해설

① (○), ② (○), ③ (×), ④ (○), ⑤ (○)
헌법 제15조의 직업의 자유 또는 헌법 제32조의 근로의 권리, 사회국가원리 등에 근거하여 실업 방지 및 부당한 해고로부터 근로자를 보호하여야 할 국가의 의무를 도출할 수는 있을 것이나, 국가에 대한 직접적인 직장존속보장청구권을 근로자에게 인정할 헌법상의 근거는 없다(헌재 2002.11.28. 2001헌바50).

헌법 제32조

① 모든 국민은 근로의 권리를 가진다. 국가는 사회적·경제적 방법으로 근로자의 고용의 증진과 적정임금의 보장에 노력하여야 하며, 법률이 정하는 바에 의하여 최저임금제를 시행하여야 한다.
② 모든 국민은 근로의 의무를 진다. 국가는 근로의 의무의 내용과 조건을 민주주의원칙에 따라 법률로 정한다.
③ 근로조건의 기준은 인간의 존엄성을 보장하도록 법률로 정한다.
④ 여자의 근로는 특별한 보호를 받으며, 고용·임금 및 근로조건에 있어서 부당한 차별을 받지 아니한다.
⑤ 연소자의 근로는 특별한 보호를 받는다.
⑥ 국가유공자·상이군경 및 전몰군경의 유가족은 법률이 정하는 바에 의하여 우선적으로 근로의 기회를 부여받는다.

답 ❸

제2절 개별적 근로관계법과 근로기준법

제3절 근로기준법의 적용범위

012 근로기준법령상 적용범위에 관한 설명으로 옳지 않은 것은?(다툼이 있으면 판례에 따름)

CHECK ○△×

24 노무

① 가사(家事) 사용인에 대하여는 적용하지 아니한다.
② 상시 5명인 이상의 근로자를 사용하는 사업이라면 그 사업이 1회적이라도 근로기준법의 적용대상이다.
③ 근로조건의 명시(제17조)는 상시 4명 이하의 근로자를 사용하는 사업에 적용한다.
④ 근로기준법상 사업은 그 사업의 종류를 한정하지 아니하고 영리사업이어야 한다.
⑤ 연차 유급휴가(제60조)는 상시 4명 이하의 근로자를 사용하는 사업에 적용하지 않는다.

해설

① (O) 이 법은 상시 5명 이상의 근로자를 사용하는 모든 사업 또는 사업장에 적용한다. 다만, 동거하는 친족만을 사용하는 사업 또는 사업장과 가사(家事) 사용인에 대하여는 적용하지 아니한다(근기법 제11조 제1항 단서).
② (O) 대판 2007.10.26. 2005도9218
③ (O) 근기법 시행령 [별표 1]에 의하면 근로조건의 명시(제17조)는 상시 4명 이하의 근로자를 사용하는 사업에 적용된다.
④ (X) 근로기준법의 적용범위를 규정한 근로기준법 제11조는 상시 5인 이상의 근로자를 사용하는 모든 사업 또는 사업장에 적용한다고 규정하고 있는바, 여기서 말하는 사업장인지 여부는 하나의 활동주체가 유기적 관련 아래 사회적 활동으로서 계속적으로 행하는 모든 작업이 이루어지는 단위 장소 또는 장소적으로 구획된 사업체의 일부분에 해당되는지에 달려있으므로, 그 사업의 종류를 한정하지 아니하고 영리사업인지 여부도 불문하며, 1회적이거나 그 사업기간이 일시적이라 하여 근로기준법의 적용대상이 아니라 할 수 없고, 근로자를 정의한 같은 법 제2조 제1항 제1호에서도 직업의 종류를 한정하고 있지 아니하므로, 정치단체도 위 각 조문의 사업이나 사업장 또는 직업에 해당된다 할 것이다(대판 2007.10.26. 2005도9218).
⑤ (O) 근기법 시행령 [별표 1]에 의하면 연차유급휴가(제60조)는 상시 4명 이하의 근로자는 사용하는 사업 또는 사업장에 적용되지 아니한다.

답 ④

013 근로기준법령상 적용 범위에 대한 설명으로 옳은 것은?

CHECK ○△×

23 국가직 9급

① 근로기준법은 가사 사용인에 대하여 적용한다.
② 근로기준법은 동거하는 친족만을 사용하는 사업 또는 사업장에 대하여 적용한다.
③ 상시 4명 이하의 근로자를 사용하는 사업 또는 사업장에 대해서는 근로기준법 제10조(공민권 행사의 보장)를 적용한다.
④ 근로기준법과 이 법에 따른 대통령령은 국가, 특별시·광역시·도, 시·군·구, 읍·면·동, 그 밖에 이에 준하는 것에 대하여 적용하지 아니한다.

해설

① (×), ② (×) 근기법은 상시 5명 이상의 근로자를 사용하는 모든 사업 또는 사업장에 적용한다. 다만, 동거하는 친족만을 사용하는 사업 또는 사업장과 가사(家事) 사용인에 대하여는 적용하지 아니한다(근기법 제11조 제1항).

③ (○) 근기법 시행령 [별표 1]에 의하면 근기법 제10조(공민권 행사의 보장)는 상시 4명 이하의 근로자를 사용하는 사업 또는 사업장에 적용된다.

④ (×) 근기법과 이 법에 따른 대통령령은 국가, 특별시·광역시·도, 시·군·구, 읍·면·동, 그 밖에 이에 준하는 것에 대하여도 적용된다(근기법 제12조).

답 ❸

014 CHECK ○△×

근로기준법의 적용 범위와 관련하여, 상시 사용하는 근로자 수를 산정할 때에 근로자의 연인원에 포함되지 않는 자는? 23 국가직 9급

① 기간제 및 단시간근로자 보호 등에 관한 법률 제2조 제1호에 따른 기간제근로자

② 기간제 및 단시간근로자 보호 등에 관한 법률에 따른 단시간근로자

③ 파견근로자 보호 등에 관한 법률 제2조 제5호에 따른 파견근로자

④ 해당 사업 또는 사업장에 동거하는 친족과 함께 사용하는 통상 근로자가 1명이라도 있으면 동거하는 친족인 근로자

해설

① (○), ② (○), ③ (×), ④ (○)

① 기간제 및 단시간근로자 보호 등에 관한 법률 제2조 제1호에 따른 기간제근로자, ② 기간제 및 단시간근로자 보호 등에 관한 법률에 따른 단시간근로자, ④ 해당 사업 또는 사업장에 동거하는 친족과 함께 사용하는 통상 근로자가 1명이라도 있으면 동거하는 친족인 근로자 등은 근기법 제11조 제3항, 동법 시행령 제7조의2 제4항에서 정한 상시 사용하는 근로자수를 산정하기 위한 연인원에 포함되나, ③ 파견근로자 보호 등에 관한 법률 제2조 제5호에 따른 파견근로자는 그러하지 아니하다.

상시 사용하는 근로자 수의 산정 방법(근기법 시행령 제7조의2)

① 법 제11조 제3항에 따른 "상시 사용하는 근로자 수"는 해당 사업 또는 사업장에서 법 적용 사유(휴업수당 지급, 근로시간 적용 등 법 또는 이 영의 적용 여부를 판단하여야 하는 사유를 말한다. 이하 이 조에서 같다) 발생일 전 1개월(사업이 성립한 날부터 1개월 미만인 경우에는 그 사업이 성립한 날 이후의 기간을 말한다. 이하 "산정기간"이라 한다) 동안 사용한 근로자의 연인원을 같은 기간 중의 가동 일수로 나누어 산정한다.

④ 제1항의 연인원에는 「파견근로자보호 등에 관한 법률」 제2조 제5호에 따른 파견근로자를 제외한 다음 각 호의 근로자 모두를 포함한다.

1. 해당 사업 또는 사업장에서 사용하는 통상 근로자, 「기간제 및 단시간근로자 보호 등에 관한 법률」 제2조 제1호에 따른 기간제근로자, 단시간근로자 등 고용형태를 불문하고 하나의 사업 또는 사업장에서 근로하는 모든 근로자
2. 해당 사업 또는 사업장에 동거하는 친족과 함께 제1호에 해당하는 근로자가 1명이라도 있으면 동거하는 친족인 근로자

답 ❸

015 근로기준법령상 상시 4명 이하의 근로자를 사용하는 사업 또는 사업장에 적용되는 규정은?

CHECK ○△×

24 국가직 7급

① 법령 주요 내용 등의 게시(근로기준법 제14조)
② 해고의 예고(근로기준법 제26조)
③ 해고사유 등의 서면통지(근로기준법 제27조)
④ 연장·야간 및 휴일 근로에 대한 가산임금(근로기준법 제56조)

해설

해고의 예고(근기법 제26조) 규정은 근기법 시행령 [별표 1]에 의하여 상시 4명 이하의 근로자를 사용하는 사업 또는 사업장에 적용된다.

답 ❷

016 근로기준법 제23조(해고 등의 제한) 제1항이 적용되는 사업장을 모두 고른 것은?(다툼이 있으면 판례에 따름)

CHECK ○△×

23 노무

ㄱ. 상시 5명의 동거하는 친족만을 사용하는 사업장
ㄴ. 상시 1명의 공무원이 아닌 근로자를 사용하는 지방자치단체
ㄷ. 상시 3명의 근로자를 사용하는 건설업체
ㄹ. 상시 5명의 유치원 교사를 채용하여 사용하는 종교단체

① ㄱ, ㄴ
② ㄱ, ㄷ
③ ㄴ, ㄷ
④ ㄴ, ㄹ
⑤ ㄴ, ㄷ, ㄹ

해설

ㄱ. (×) 동거하는 친족만을 사용하는 사업 또는 사업장에서는 근기법이 적용되지 아니하므로(근기법 제11조 제1항 단서), 상시 5명의 동거하는 친족만을 사용하는 사업장에서는 근기법 제23조(해고 등의 제한) 제1항이 적용되지 아니한다.

ㄴ. (○) 근로기준법 제12조에 의하면 근로기준법이 국가에도 적용된다고 규정하고 있으므로 근로자와 국가 사이에 고용관계가 인정된다면 국가소속 역의 일용잡부로 근무하는 사람이 그 근로자 한 사람뿐이라고 하더라도 근로기준법의 적용이 배제되는 것은 아니다(대판 1987.6.9. 85다카2473). 판례의 취지를 고려할 때 지방자치단체의 경우에는 상시 근로자의 수와 관계없이 근기법이 적용된다고 할 수 있어, 상시 1명의 공무원이 아닌 근로자를 사용하는 지방자치단체에게도 근기법 제23조(해고 등의 제한) 제1항이 적용된다.

ㄷ. (×), ㄹ. (○) 상시 4명 이하의 근로자를 사용하는 사업 또는 사업장에는 근기법 제23조(해고 등의 제한) 제1항이 적용되지 아니한다. 따라서 ㄷ. 상시 3명의 근로자를 사용하는 건설업체 등에는 근기법 제23조(해고 등의 제한) 제1항이 적용되지 아니하나, ㄹ. 상시 5명의 유치원 교사를 채용하여 사용하는 종교단체의 경우에는 적용된다.

답 ❹

017 근로기준법령상 상시 4명 이하의 근로자를 사용하는 사업장에 적용되는 것만을 모두 고른 것은?

CHECK ○△×

18 국가직 9급

ㄱ. 법령 요지 등의 게시(근로기준법 제14조)
ㄴ. 근로조건의 명시(근로기준법 제17조)
ㄷ. 휴업수당(근로기준법 제46조)
ㄹ. 휴일(근로기준법 제55조)

① ㄱ, ㄴ
② ㄱ, ㄷ
③ ㄴ, ㄷ
④ ㄴ, ㄹ

해설

근로조건의 명시(근기법 제17조), 휴일(근기법 제55조)에 대한 규정이 상시 4명 이하의 근로자를 사용하는 사업장에 적용된다.

답 ④

018 근로기준법령상 상시 4명 이하의 근로자를 사용하는 사업 또는 사업장에 적용하는 법 규정을 모두 고른 것은?

CHECK ○△×

16 노무

ㄱ. 근로기준법 제9조(중간착취의 배제)
ㄴ. 근로기준법 제18조(단시간근로자의 근로조건)
ㄷ. 근로기준법 제21조(전차금 상계의 금지)
ㄹ. 근로기준법 제60조(연차유급휴가)
ㅁ. 근로기준법 제72조(갱내근로의 금지)

① ㄱ, ㄷ
② ㄴ, ㄹ
③ ㄱ, ㄴ, ㅁ
④ ㄱ, ㄴ, ㄷ, ㅁ
⑤ ㄴ, ㄷ, ㄹ, ㅁ

해설

ㄱ, ㄴ, ㄷ, ㅁ이 상시 4명 이하의 근로자를 사용하는 사업 또는 사업장에 적용되는 규정이다.

상시 4명 이하의 근로자를 사용하는 사업 또는 사업장에 적용하는 법규정(근기법 시행령 [별표 1])

구 분	적용 법규정
제1장 총 칙	• 적용 법규정 : 목적(제1조), 정의(제2조), 근로조건의 기준(제3조), 근로조건의 결정(제4조), 근로조건의 준수(제5조), 균등한 처우(제6조), 강제근로의 금지(제7조), 폭행의 금지(제8조), 중간착취의 배제(제9조), 공민권 행사의 보장(제10조), 적용범위(제11조, 제12조), 보고·출석의 의무(제13조) • 제14조는 적용되지 아니하므로, 사용자는 근기법 및 동법 시행령의 주요내용과 취업규칙을 사업장에 게시하지 아니하여도 무방하다.

제2장 근로계약	• 적용 법규정 : 근기법을 위반한 근로계약(제15조), 근로조건의 명시(제17조), 단시간근로자의 근로조건(제18조), 근로조건 위반에 대한 손배청구와 해제(제19조 제1항), 위약예정의 금지(제20조), 전차금 상계의 금지(제21조), 강제저금의 금지(제22조), 해고시기의 제한(제23조 제2항), 해고의 예고(제26조), 금품청산(제36조), 미지급임금에 대한 지연이자(제37조), 임금채권의 우선변제(제38조), 사용증명서(제39조), 취업방해의 금지(제40조), 근로자의 명부(제41조), 계약서류의 보존(제42조) • 제16조는 적용되지 아니하므로, 근로계약기간은 1년을 초과하여도 무방하다. • 제19조 제2항은 적용되지 아니하므로, 명시된 근로조건이 사실과 다른 경우에 근로자는 노동위원회에 손해배상신청을 할 수 없고, 근로계약이 해제되었을 경우에 사용자는 취업을 목적으로 거주를 변경한 근로자에게 귀향여비를 지급할 의무가 없다. • 제23조 제1항은 적용되지 아니하므로, 사용자는 정당한 이유의 존재 여부와 관계없이 해고·휴직·정직·전직·감봉 기타 징벌을 할 수 있다. • 그 밖에 적용되지 아니하는 규정 : 경영상 이유에 의한 해고의 제한(제24조), 우선재고용 등(제25조), 해고사유 등의 서면통지(제27조), 부당해고등의 구제신청(제28조), 조사 등(제29조), 구제명령 등(제30조), 구제명령 등의 확정(제31조), 구제명령 등의 효력(제32조), 이행강제금(제33조)
제3장 임 금	• 적용 법규정 : 임금지급(제43조), 체불사업주 명단공개(제43조의2), 임금등 체불자료의 제공(제43조의3), 도급사업에 대한 임금지급(제44조), 건설업에서의 임금지급연대책임(제44조의2), 건설업의 공사도급에 있어서의 임금에 관한 특례(제44조의3), 비상시 지급(제45조), 도급근로자(제47조), 임금대장(제48조), 임금의 시효(제49조) • 제46조는 적용되지 아니하므로, 사용자는 휴업수당을 지급할 의무가 없다.
제4장 근로시간과 휴식	• 적용 법규정 : 휴게(제54조), 1주 평균 1회 이상 유급휴일 보장(제55조 제1항), 근로시간, 휴게·휴일규정의 적용제외규정(제63조) • 대부분의 근로시간제도(근로시간제, 가산임금, 연차휴가, 보상휴가제 등)는 적용되지 아니한다.
제5장 여성과 소년	• 적용 법규정 : 최저연령과 취직인허증(제64조), 유해·위험사업에 사용금지, 임산부 등의 사용금지직종(제65조 제1항·제3항, 임산부와 18세 미만인 자로 한정), 연소자증명서(제66조), 근로계약(제67조), 임금의 청구(제68조), 근로시간(제69조), 야간근로와 휴일근로의 제한(제70조 제2항·제3항, 임산부와 18세 미만인 자로 한정), 시간외근로(제71조), 갱내근로의 금지(제72조), 임산부의 보호(제74조) • 제65조 제2항은 적용되지 아니하므로, 사용자는 임산부가 아닌 18세 이상의 여성을 임신 또는 출산에 관한 기능에 유해·위험한 사업에 사용할 수 있다. • 제70조 제1항은 적용되지 아니하므로, 사용자는 18세 이상의 여성을 오후 10시부터 오전 6시까지의 시간 및 휴일에 근로시키려는 경우, 그 근로자의 동의를 받을 필요 없다. • 생리휴가(제73조)와 육아시간(제75조)의 규정도 적용되지 아니한다.
제6장 안전과 보건	적용 법규정 : 안전과 보건(제76조)
제8장 재해보상	적용 법규정 : 요양보상(제78조), 휴업보상(제79조), 장해보상(제80조), 휴업보상과 장해보상의 예외(제81조), 유족보상(제82조), 장례비(제83조), 일시보상(제84조), 분할보상(제85조), 보상청구권(제86조), 다른 손해배상과의 관계(제87조), 고용노동부장관의 심사와 중재(제88조), 노동위원회의 심사와 중재(제89조), 도급사업에 대한 예외(제90조), 서류의 보존(제91조), 시효(제92조)
제11장 근로감독관 등	적용 법규정 : 감독기관(제101조), 근로감독관의 권한(제102조), 근로감독관의 의무(제103조), 감독기관에 대한 신고(제104조), 사법경찰권행사자의 제한(제105조), 권한의 위임(제106조)
제12장 벌 칙	적용 법규정 : 벌칙(제107조, 제108조, 제109조, 제110조, 제111조, 제113조, 제114조), 고발(제112조), 양벌규정(제115조), 과태료(제116조)(제1장부터 제6장, 제8장, 제11장의 규정 중 상시 4명 이하 근로자를 사용하는 사업 또는 사업장에 적용되는 규정을 위반한 경우로 한정)

답 ❹

019 근로기준법령상 상시 4명 이하의 근로자를 사용하는 사업 또는 사업장에 적용되는 것은?

CHECK ○△×

15 노무

① 해고 등의 제한(제23조 제1항)
② 근로조건 명시(제17조)
③ 휴업수당(제46조)
④ 근로시간(제50조)
⑤ 생리휴가(제73조)

해설

근로조건 명시(제17조)에 대한 규정은 상시 4명 이하의 근로자를 사용하는 사업 또는 사업장에 적용되나, 해고 등의 제한(근기법 제23조 제1항), 휴업수당(제46조), 근로시간(제50조), 생리휴가(제73조)의 규정은 적용되지 아니한다.

답 ❷

020 근로기준법령상 상시 4명 이하의 근로자를 사용하는 사업 또는 사업장에도 적용되는 것은?

CHECK ○△×

19 노무

① 단시간근로자의 근로조건(근로기준법 제18조)
② 경영상 이유에 의한 해고의 제한(근로기준법 제24조)
③ 해고사유의 등의 서면통지(근로기준법 제27조)
④ 부당해고등의 구제신청(근로기준법 제28조)
⑤ 휴업수당(근로기준법 제46조)

해설

① (○), ② (×), ③ (×), ④ (×), ⑤ (×)
단시간근로자의 근로조건(근기법 제18조)은 상시 4명 이하의 근로자를 사용하는 사업 또는 사업장에 적용된다.

답 ❶

021 근로기준법령상 상시 4명 이하의 근로자를 사용하는 사업 또는 사업장에 적용되지 않는 것은?

CHECK ○△×

21 노무

① 근로조건의 명시(근로기준법 제17조)
② 해고의 예고(근로기준법 제26조)
③ 미지급임금에 대한 지연이자(근로기준법 제37조)
④ 근로자의 명부 작성(근로기준법 제41조)
⑤ 근로시간(근로기준법 제50조)

해설

대부분의 근로시간제도는 상시 4명 이하의 근로자를 사용하는 사업 또는 사업장에 적용되지 아니한다.

답 ❺

022 근로기준법령상 상시 4명 이하의 근로자를 사용하는 사업 또는 사업장에 적용되는 규정만을 모두 고르면?

CHECK ○△×

21 국가직 9급

ㄱ. 경영상 이유에 의한 해고의 제한(근로기준법 제24조)
ㄴ. 해고의 예고(근로기준법 제26조)
ㄷ. 휴게(근로기준법 제54조)
ㄹ. 생리휴가(근로기준법 제73조)
ㅁ. 법정근로시간(근로기준법 제50조)
ㅂ. 금품 청산(근로기준법 제36조)

① ㄱ, ㄴ, ㅂ
② ㄱ, ㄷ, ㅁ
③ ㄴ, ㄷ, ㅂ
④ ㄴ, ㄹ, ㅁ

해설

ㄴ. 해고의 예고(근기법 제26조), ㄷ. 휴게(근기법 제54조), ㅂ. 금품 청산(근기법 제36조) 규정은 상시 4명 이하의 근로자를 사용하는 사업 또는 사업장에 적용된다.

답 ❸

023 근로기준법령상 상시 4명 이하의 근로자를 사용하는 사업 또는 사업장에 적용되지 않는 것은?

CHECK ○△×

20 노무

① 공민권 행사의 보장(제10조)
② 근로조건의 명시(제17조)
③ 전차금 상계의 금지(제21조)
④ 휴게(제54조)
⑤ 연차유급휴가(제60조)

해설

① (○), ② (○), ③ (○), ④ (○), ⑤ (×)
근기법 시행령 [별표 1]에 의하면 연차유급휴가는 상시 4명 이하의 근로자를 사용하는 사업 또는 사업장에 적용되지 아니한다.

답 ❺

024 근로기준법상 적용범위에 관한 설명으로 옳지 않은 것은?(다툼이 있으면 판례에 따름) 18 노무

CHECK ○△×

① 동거하는 친족만을 사용하는 사업 또는 사업장과 가사사용인에 대하여는 적용하지 아니한다.
② 상시 사용하는 근로자 수의 산정에 있어 일용근로자는 포함되지 않는다.
③ 근로기준법이 상시 4명 이하의 사업 또는 사업장에 원칙상 적용되지 않는 것은 영세사업장의 현실과 국가의 근로감독능력의 한계를 고려한 것이다.
④ 근로기준법의 적용 사업장은 영리사업인지 여부를 불문한다.
⑤ 야간근로에 대해 통상임금의 100분의 50 이상을 가산하여 지급하는 규정은 상시 4명 이하 사업장에는 적용되지 않는다.

해설

① (○) 근로기준법은 동거하는 친족만을 사용하는 사업 또는 사업장과 가사사용인에 대하여는 적용하지 아니한다(근기법 제11조 제1항 단서).
② (×) 근로기준법의 적용범위를 정한 같은 법 제11조 제1항 소정의 상시 5인 이상의 근로자를 사용하는 사업 또는 사업장이라 함은 상시 근무하는 근로자의 수가 5인 이상인 사업 또는 사업장이 아니라 사용하는 근로자의 수가 상시 5인 이상인 사업 또는 사업장을 뜻하는 것이고, 이 경우 상시라 함은 상태(常態)라고 하는 의미로서 근로자의 수가 때때로 5인 미만이 되는 경우가 있어도 사회통념에 의하여 객관적으로 판단하여 상태적으로 5인 이상이 되는 경우에는 이에 해당하며, 여기의 근로자에는 당해 사업장에 계속 근무하는 근로자뿐만 아니라 그때그때의 필요에 의하여 사용하는 일용근로자를 포함한다(대판 2000.3.14. 99도1243).
③ (○) 상시 사용 근로자 수 5인이라는 기준을 분수령으로 하여 근로기준법의 전면적용 여부를 달리한 것은, 근로기준법의 확대적용을 위한 지속적인 노력을 기울이는 과정에서, 한편으로 영세사업장의 열악한 현실을 고려하고, 다른 한편으로 국가의 근로감독능력의 한계를 아울러 고려하면서 근로기준법의 법규범성을 실질적으로 관철하기 위한 입법정책적 결정으로서 거기에는 나름대로의 합리적 이유가 있다고 할 것이므로 평등원칙에 위배된다고 할 수 없다(헌재 1999.9.16. 98헌마310).
④ (○) 영리사업은 물론 사회단체, 종교단체 등 비영리공익사업에도 적용된다.
⑤ (○) 상시 4인 이하의 근로자를 사용하는 사업장은 대부분의 근로시간제도(근로시간제, 가산임금, 연차휴가 등)가 적용되지 아니한다.

답 ❷

025 근로기준법령상 상시 4명 이하의 근로자를 사용하는 사업 또는 사업장에 적용되는 규정으로 옳은 것은? 20 국가직 9급

CHECK ○△×

① 사용자의 귀책사유로 휴업하는 경우에 사용자는 휴업기간 동안 그 근로자에게 평균임금의 100분의 70 이상의 수당을 지급하여야 한다(법 제46조).
② 사용자는 18세 미만인 자에 대하여는 그 연령을 증명하는 가족관계기록사항에 대한 증명서와 친권자 또는 후견인의 동의서를 사업장에 갖추어 두어야 한다(법 제66조).
③ 사용자가 근로자에게 부당해고등을 하면 근로자는 노동위원회에 구제를 신청할 수 있다(법 제28조).
④ 사용자는 1년간 80퍼센트 이상 출근한 근로자에게 15일의 유급휴가를 주어야 한다(법 제60조).

해설

① (×), ② (○), ③ (×), ④ (×)
연소자증명서(근기법 제66조) 규정은 상시 4명 이하의 근로자를 사용하는 사업 또는 사업장에 적용되나, 휴업수당(근기법 제46조), 부당해고등의 구제신청(근기법 제28조), 연차유급휴가(근기법 제60조)의 규정은 적용되지 아니한다.

답 ❷

026 근로기준법상 용어의 정의로 옳지 않은 것은? 23 국가직 9급

CHECK ○△×

① "근로자"라 함은 직업의 종류를 불문하고 임금·급료 기타 이에 준하는 수입에 의하여 생활하는 자를 말한다.

② "임금"이란 사용자가 근로의 대가로 근로자에게 임금, 봉급, 그 밖에 어떠한 명칭으로든지 지급하는 모든 금품을 말한다.

③ "1주"란 휴일을 포함한 7일을 말한다.

④ "단시간근로자"란 1주 동안의 소정근로시간이 그 사업장에서 같은 종류의 업무에 종사하는 통상 근로자의 1주 동안의 소정근로시간에 비하여 짧은 근로자를 말한다.

해설

① (×) 근기법상 "근로자"란 직업의 종류와 관계없이 임금을 목적으로 사업이나 사업장에 근로를 제공하는 사람을 말한다(근기법 제2조 제1항 제1호). 지문은 노조법 제2조 제1호에서 정한 근로자의 정의에 해당한다.

② (○) 근기법 제2조 제1항 제5호

③ (○) 근기법 제2조 제1항 제7호

④ (○) 근기법 제2조 제1항 제9호

답 ❶

027 근로기준법상 용어의 정의로 옳지 않은 것은?

23 국가직 7급

CHECK ○△×

① "근로자"라 함은 직업의 종류를 불문하고 임금·급료 기타 이에 준하는 수입에 의하여 생활하는 자를 말한다.

② "임금"이란 사용자가 근로의 대가로 근로자에게 임금, 봉급, 그 밖에 어떠한 명칭으로든지 지급하는 모든 금품을 말한다.

③ "1주"란 휴일을 포함한 7일을 말한다.

④ "단시간근로자"란 1주 동안의 소정근로시간이 그 사업장에서 같은 종류의 업무에 종사하는 통상 근로자의 1주 동안의 소정근로시간에 비하여 짧은 근로자를 말한다.

해설

① (×) "근로자"란 직업의 종류와 관계없이 임금을 목적으로 사업이나 사업장에 근로를 제공하는 사람을 말한다(근기법 제2조 제1항 제1호).

② (○) 근기법 제2조 제1항 제5호

③ (○) 근기법 제2조 제1항 제7호

④ (○) 근기법 제2조 제1항 제9호

정의(근기법 제2조)

① 이 법에서 사용하는 용어의 뜻은 다음과 같다.

1. "근로자"란 직업의 종류와 관계없이 임금을 목적으로 사업이나 사업장에 근로를 제공하는 사람을 말한다.
2. "사용자"란 사업주 또는 사업 경영 담당자, 그 밖에 근로자에 관한 사항에 대하여 사업주를 위하여 행위하는 자를 말한다.
3. "근로"란 정신노동과 육체노동을 말한다.
4. "근로계약"이란 근로자가 사용자에게 근로를 제공하고 사용자는 이에 대하여 임금을 지급하는 것을 목적으로 체결된 계약을 말한다.
5. "임금"이란 사용자가 근로의 대가로 근로자에게 임금, 봉급, 그 밖에 어떠한 명칭으로든지 지급하는 모든 금품을 말한다.
6. "평균임금"이란 이를 산정하여야 할 사유가 발생한 날 이전 3개월 동안에 그 근로자에게 지급된 임금의 총액을 그 기간의 총일수로 나눈 금액을 말한다. 근로자가 취업한 후 3개월 미만인 경우도 이에 준한다.
7. "1주"란 휴일을 포함한 7일을 말한다.
8. "소정(所定)근로시간"이란 제50조, 제69조 본문 또는 「산업안전보건법」 제139조 제1항에 따른 근로시간의 범위에서 근로자와 사용자 사이에 정한 근로시간을 말한다.
9. "단시간근로자"란 1주 동안의 소정근로시간이 그 사업장에서 같은 종류의 업무에 종사하는 통상 근로자의 1주 동안의 소정근로시간에 비하여 짧은 근로자를 말한다.

② 제1항 제6호에 따라 산출된 금액이 그 근로자의 통상임금보다 적으면 그 통상임금액을 평균임금으로 한다.

답 ❶

028 근로기준법상 근로자에 대한 설명으로 옳지 않은 것은?(다툼이 있는 경우 판례에 의함)

CHECK ○△×

23 국가직 9급

① 공무원도 임금을 목적으로 근로를 제공하는 근로기준법 소정의 근로자에 해당한다.

② 취업할 의사를 가졌으나 실업(失業) 중인 자는 근로기준법 소정의 근로자에 해당하지 않는다.

③ 근로기준법상 근로자에 해당하는지 여부는 계약 형식이 고용계약인지 도급계약인지보다 그 실질에 있어 근로자가 사업 또는 사업장에 임금을 목적으로 종속적인 관계에서 사용자에게 근로를 제공하였는지 여부에 따라 판단하여야 한다.

④ 사회보장제도에 관한 법령에서 근로자로서 지위를 인정받는지의 사정은 사용자가 경제적으로 우월한 지위를 이용하여 임의로 정할 여지가 크기 때문에 근로기준법상 근로자성 판단의 요소로 삼아서는 안 된다.

해설

① (○) 공무원도 임금을 목적으로 근로를 제공하는 근로기준법 제2조 제1항 제1호 소정의 근로자이므로, 공무원연금법, 공무원보수규정, 공무원수당규정 등에 특별한 규정이 없는 경우에는 공무원에 대하여도 성질에 반하지 아니하는 한 원칙적으로 근로기준법이 적용되므로, 국가의 부당한 면직처분으로 인하여 공무원이 그 의사에 반하여 근로를 제공할 수 없는 경우 공무원의 최저생활을 보장할 필요성은 사기업의 근로자와 동일하므로 근로기준법 제46조는 공무원에게도 적용된다(대판 1996.4.23. 94다446).

② (○) 근기법상 "근로자"란 직업의 종류와 관계없이 임금을 목적으로 사업이나 사업장에 근로를 제공하는 사람을 말하므로(근기법 제2조 제1항 제1호), 사용자에게 현실적으로 고용되어 있는 취업자만이 근로자에 해당하며, 실업자 및 해고자는 이에 해당하지 아니한다.

③ (○)·④ (×) 근로기준법상의 근로자에 해당하는지 여부는 계약의 형식이 고용계약인지 도급계약인지보다 그 실질에 있어 근로자가 사업 또는 사업장에 임금을 목적으로 종속적인 관계에서 사용자에게 근로를 제공하였는지 여부에 따라 판단하여야 하고,❸ 여기에서 종속적인 관계가 있는지 여부는 업무 내용을 사용자가 정하고 취업규칙 또는 복무(인사)규정 등의 적용을 받으며 업무 수행 과정에서 사용자가 상당한 지휘·감독을 하는지, 사용자가 근무시간과 근무장소를 지정하고 근로자가 이에 구속을 받는지, 노무제공자가 스스로 비품·원자재나 작업도구 등을 소유하거나 제3자를 고용하여 업무를 대행케 하는 등 독립하여 자신의 계산으로 사업을 영위할 수 있는지, 노무 제공을 통한 이윤의 창출과 손실의 초래 등 위험을 스스로 안고 있는지, 보수의 성격이 근로 자체의 대상적 성격인지, 기본급이나 고정급이 정하여졌는지 및 근로소득세의 원천징수 여부 등 보수에 관한 사항, 근로 제공 관계의 계속성과 사용자에 대한 전속성의 유무와 그 정도, 사회보장제도에 관한 법령에서 근로자로서 지위를 인정받는지 등의 경제적·사회적 여러 조건을 종합하여 판단하여야 한다.❹ 다만, 기본급이나 고정급이 정하여졌는지, 근로소득세를 원천징수하였는지, 사회보장제도에 관하여 근로자로 인정받는지 등의 사정은 사용자가 경제적으로 우월한 지위를 이용하여 임의로 정할 여지가 크기 때문에, 그러한 점들이 인정되지 않는다는 것만으로 근로자성을 쉽게 부정하여서는 안 된다(대판 2006.12.7. 2004다29736).

답 ❹

제5절 근로기준법상 사용자

029 근로기준법에서 사용하는 용어의 뜻으로 옳은 것은? 17 노무

CHECK ○△×

① 사용자란 사업주 또는 사업경영담당자, 그 밖에 사용자의 이익을 대표하여 행동하는 자를 말한다.
② 근로자란 직업의 종류를 불문하고 임금·급료 기타 이에 준하는 수입에 의하여 생활하는 자를 말한다.
③ 근로계약이란 근로자가 사용자에게 근로를 제공하고 사용자는 이에 대하여 임금을 지급하는 것을 목적으로 체결된 계약을 말한다.
④ 단시간근로자란 1일의 소정근로시간이 통상근로자의 1일의 소정근로시간에 비하여 짧은 근로자를 말한다.
⑤ 평균임금이란 이를 산정하여야 할 사유가 발생한 날 이전 3개월 동안에 전체 근로자에게 지급된 임금의 총액을 그 기간의 총일수로 나눈 금액을 말한다.

해설

① (×) 사용자란 사업주 또는 사업경영담당자, 그 밖에 근로자에 관한 사항에 대하여 사업주를 위하여 행위하는 자를 말한다(근기법 제2조 제1항 제2호).
② (×) 근로자란 직업의 종류와 관계없이 임금을 목적으로 사업이나 사업장에 근로를 제공하는 사람을 말한다(근기법 제2조 제1항 제1호).
③ (○) 근기법 제2조 제1항 제4호
④ (×) 단시간근로자란 1주 동안의 소정근로시간이 그 사업장에서 같은 종류의 업무에 종사하는 통상근로자의 1주 동안의 소정근로시간에 비하여 짧은 근로자를 말한다(근기법 제2조 제1항 제9호).
⑤ (×) 평균임금이란 이를 산정하여야 할 사유가 발생한 날 이전 3개월 동안에 그 근로자에게 지급된 임금의 총액을 그 기간의 총일수로 나눈 금액을 말한다(근기법 제2조 제1항 제6호).

답 ❸

030 근로기준법상 사용자에 대한 설명으로 옳지 않은 것은?(다툼이 있는 경우 판례에 의함)

CHECK ○△×

19 국가직 9급

① 사용자는 사업주 또는 사업 경영 담당자, 그 밖에 근로자에 관한 사항에 대하여 사업주를 위하여 행위하는 자를 말한다.

② 사업의 경영담당자라 함은 사업경영의 일반에 관하여 책임을 지는 자로서 사업주로부터 사업경영의 전부 또는 일부에 대하여 포괄적 위임을 받고 대외적으로 사업을 대표하거나 대리하는 자를 말한다.

③ 실질적으로는 회장으로서 회사를 직접 경영하여 왔더라도 형식상으로는 그 회사의 대표이사 및 이사직에서 사임하였다면 근로기준법상 사용자의 책임을 지지 아니한다.

④ 아파트 입주자 대표회의가 관리사무소 직원들에 대하여 임금지급의무가 있는 사용자로 인정되기 위하여는 그 직원들이 사실상 입주자 대표회의와 종속적인 관계에서 그에게 근로를 제공하며, 입주자 대표회의는 그 대가로 임금을 지급하는 사정 등이 존재하여 관리사무소 직원들과 입주자 대표회의와 사이에 적어도 묵시적인 근로계약관계가 성립되어 있어야 한다.

해설

① (O) 근기법 제2조 제1항 제2호

② (O) 사업경영담당자란 사업경영 일반에 관하여 책임을 지는 자로서 사업주로부터 사업경영의 전부 또는 일부에 대하여 포괄적인 위임을 받고 대외적으로 사업을 대표하거나 대리하는 자를 말하는바, 구 근로기준법이 같은 법 각 조항에 대한 준수의무자로서의 사용자를 사업주에 한정하지 아니하고 사업경영담당자 등으로 확대한 이유가 노동현장에 있어서 근로기준법의 각 조항에 대한 실효성을 확보하기 위한 정책적 배려에 있는 만큼, 사업경영담당자는 원칙적으로 사업경영 일반에 관하여 권한을 가지고 책임을 부담하는 자로서 관계 법규에 의하여 제도적으로 근로기준법의 각 조항을 이행할 권한과 책임이 부여되었다면 이에 해당한다(대판 2008.4.10. 2007도1199).

③ (×) 형식상으로는 회사의 대표이사 및 이사직에서 사임하였으나 실질적으로는 회장으로서 회사를 직접 경영하여 왔으며, 용역의 수주, 자금관리, 근로자들에 대한 임금 등의 지급업무는 피고인과 관리사업담당 대표이사의 소관사항이고, 직원의 채용, 승급, 급여계산 또한 회장인 피고인의 결재사항이라는 것이므로, 피고인은 구 근로기준법 제15조 소정의 사용자에 해당한다고 할 것이다(대판 1997.11.11. 97도813).

④ (O) 아파트 입주자 대표회의와 사이에 위수탁관리계약을 체결한 아파트 관리업자의 대리인인 관리소장이 관리사무소에서 근무하게 된 직원들과 근로계약을 체결하였다면 그 직원들은 아파트 관리업자의 피용인이라고 할 것이므로, 아파트 관리업자와 위수탁관리계약을 체결하였을 뿐인 아파트 입주자 대표회의가 직원들에 대하여 임금지급의무가 있는 사용자로 인정되기 위하여는 그 직원들이 관리사무소장을 상대방으로 하여 체결한 근로계약이 형식적이고 명목적인 것에 지나지 않고, 직원들이 사실상 입주자 대표회의와 종속적인 관계에서 그에게 근로를 제공하며, 입주자 대표회의는 그 대가로 임금을 지급하는 사정 등이 존재하여 관리사무소 직원들과 입주자 대표회의와 사이에 적어도 묵시적인 근로계약관계가 성립되어 있다고 평가되어야 한다(대결 1999.7.12. 99마628).

> 아파트 입주자 대표회의가 아파트 관리업자와 체결한 위수탁관리계약상의 지위에 기한 감독권의 범위를 넘어 일부 직원의 채용과 승진에 관여하거나 관리사무소 업무의 수행상태를 감독하기도 하고, 또 관리사무소 직원들의 근로조건인 임금, 복지비 등의 지급수준을 독자적으로 결정하여 오기는 하였으나, 관리업자 혹은 그를 대리한 관리사무소장이 근로계약 당사자로서 갖는 관리사무소 직원들에 대한 임면, 징계, 배치 등 인사권과 업무지휘명령권이 모두 배제 내지 형해화되어 그 직원들과 체결한 근로계약이 형식적인 것에 지나지 않는다고 할 수 없고, 또 입주자 대표회의가 관리사무소 직원들의 업무내용을 정하고 그 업무수행 과정에 있어 구체적·개별적인 지휘·감독을 행하고 있다고 볼 수도 없는 경우, 입주자 대표회의가 그 관리사무소 직원들과 근로계약관계에 있는 사용자라고 볼 수 없다고 한 사례(대결 1999.7.12. 99마628).

답 ③

031 근로기준법상 근로자인지 여부를 판단하는 기준에 대한 설명으로 옳은 것은?(다툼이 있는 경우 판례에 의함)

CHECK ○△×

20 국가직 9급

① 계약의 형식이 고용계약인지 도급계약인지에 따라 판단한다.
② 계약의 실질에 있어 근로자가 사업 또는 사업장에 임금을 목적으로 종속적인 관계에서 사용자에게 근로를 제공하였는지 여부에 따라 판단한다.
③ 기본급이나 고정급이 정하여져 있어야만 근로기준법상의 근로자로 판단한다.
④ 직업의 종류에 따라 근로자인지 여부를 판단한다.

해설

① (×), ② (○), ③ (×) 근로기준법상의 근로자에 해당하는지 여부는 계약의 형식이 고용계약인지 도급계약인지보다❶ 그 실질에 있어 근로자가 사업 또는 사업장에 임금을 목적으로 종속적인 관계에서 사용자에게 근로를 제공하였는지 여부에 따라 판단하여야 하고,❷ 여기에서 종속적인 관계가 있는지 여부는 업무 내용을 사용자가 정하고 취업규칙 또는 복무(인사)규정 등의 적용을 받으며 업무 수행 과정에서 사용자가 상당한 지휘·감독을 하는지, 사용자가 근무시간과 근무장소를 지정하고 근로자가 이에 구속을 받는지, 노무제공자가 스스로 비품·원자재나 작업도구 등을 소유하거나 제3자를 고용하여 업무를 대행케 하는 등 독립하여 자신의 계산으로 사업을 영위할 수 있는지, 노무 제공을 통한 이윤의 창출과 손실의 초래 등 위험을 스스로 안고 있는지, 보수의 성격이 근로 자체의 대상적 성격인지, 기본급이나 고정급이 정하여졌는지❸ 및 근로소득세의 원천징수 여부 등 보수에 관한 사항, 근로 제공 관계의 계속성과 사용자에 대한 전속성의 유무와 그 정도, 사회보장제도에 관한 법령에서 근로자로서 지위를 인정받는지 등의 경제적·사회적 여러 조건을 종합하여 판단하여야 한다. 다만, 기본급이나 고정급이 정하여졌는지, 근로소득세를 원천징수하였는지, 사회보장제도에 관하여 근로자로 인정받는지 등의 사정은 사용자가 경제적으로 우월한 지위를 이용하여 임의로 정할 여지가 크기 때문에, 그러한 점들이 인정되지 않는다는 것만으로 근로자성을 쉽게 부정하여서는 안 된다(대판 2006.12.7. 2004다29736).

> 대학입시학원 종합반 강사들의 출근시간과 강의시간 및 강의장소의 지정, 사실상 다른 사업장에 대한 노무 제공 가능성의 제한, 강의 외 부수 업무 수행 등에 관한 사정과 그들이 시간당 일정액에 정해진 강의시간수를 곱한 금액을 보수로 지급받았을 뿐 수강생수와 이에 따른 학원의 수입 증감이 보수에 영향을 미치지 아니하였다는 사정 등에 비추어 볼 때 위 강사들이 근로기준법상의 근로자에 해당한다고 하면서, 비록 그들이 학원 측과 매년 '강의용역제공계약'이라는 이름의 계약서를 작성하였고 일반 직원들에게 적용되는 취업규칙 등의 적용을 받지 않았으며 보수에 고정급이 없고 부가가치세법상 사업자등록을 하고 근로소득세가 아닌 사업소득세를 원천징수당하였으며 지역의료보험에 가입하였다고 하더라도 위 강사들의 근로자성을 부정할 수 없다고 한 사례(대판 2006.12.7. 2004다29736).

④ (×) 근로자란 직업의 종류와 관계없이 임금을 목적으로 사업이나 사업장에 근로를 제공하는 사람을 말한다(근기법 제2조 제1항 제1호).

답 ❷

032 근로기준법상 근로자 및 사용자에 대한 설명으로 옳지 않은 것은?(다툼이 있는 경우 판례에 의함)

CHECK ○△×

20 국가직 7급

① 근로자의 개념은 노동조합 및 노동관계조정법상의 근로자 개념과 다르다.
② 사용자에 대한 관계에서 근로자의 지위를 가지고 있으면 일반 근로자에 대해서는 사용자의 지위를 가질 수 없다.
③ 사용자란 사업주 또는 사업 경영 담당자, 그 밖에 근로자에 관한 사항에 대하여 사업주를 위하여 행위하는 자를 말한다.
④ 회사나 법인의 이사 또는 감사 등 임원도 근로기준법상의 근로자가 될 수 있다.

해설

① (○) 근기법상 근로자란 직업의 종류와 관계없이 임금을 목적으로 사업이나 사업장에 근로를 제공하는 사람을 말하나(근기법 제2조 제1항 제1호), 노조법상 근로자는 직업의 종류를 불문하고 임금·급료 기타 이에 준하는 수입에 의하여 생활하는 자를 말한다(노조법 제2조 제1호).
② (×) 근로자에 관한 사항에 대하여 사업주를 위하여 행위하는 자는 자기가 지휘·감독하는 근로자에 대한 관계에서는 사용자의 범위에 속하나, 사업주 또는 사업경영담당자에 대한 관계에서는 근로자에 해당한다고 보아야 한다.
③ (○) 근기법 제2조 제1항 제2호
④ (○) 근로기준법의 적용을 받는 근로자에 해당하는지 여부는 계약의 형식에 관계없이 그 실질에 있어서 임금을 목적으로 종속적 관계에서 사용자에게 근로를 제공하였는지 여부에 따라 판단하여야 할 것이므로, 회사의 이사 또는 감사 등 임원이라고 하더라도 그 지위 또는 명칭이 형식적·명목적인 것이고 실제로는 매일 출근하여 업무집행권을 갖는 대표이사나 사용자의 지휘·감독 아래 일정한 근로를 제공하면서 그 대가로 보수를 받는 관계에 있다거나 또는 회사로부터 위임받은 사무를 처리하는 외에 대표이사 등의 지휘·감독 아래 일정한 노무를 담당하고 그 대가로 일정한 보수를 지급받아 왔다면 그러한 임원은 근로기준법상의 근로자에 해당한다(대판 2003.9.26. 2002다64681).

답 ❷

033 근로기준법상 용어의 뜻으로 옳지 않은 것은?

21 국가직 9급

CHECK ○△×

① '사용자'란 사업주 또는 사업 경영 담당자, 그 밖에 근로자에 관한 사항에 대하여 사업주를 위하여 행위하는 자를 말한다.
② '근로'란 정신노동과 육체노동을 말한다.
③ '임금'이란 사용자가 근로의 대가로 근로자에게 임금, 봉급, 그 밖에 어떠한 명칭으로든지 지급하는 모든 금품을 말한다.
④ '1주'란 휴일을 제외한 5일을 말한다.

해설

① (○) 근기법 제2조 제1항 제2호
② (○) 근기법 제2조 제1항 제3호
③ (○) 근기법 제2조 제1항 제5호
④ (×) '1주'란 휴일을 포함한 7일을 말한다(근기법 제2조 제1항 제7호).

답 ❹

제6절 근로기준법상 근로조건 결정규범

제7절 근로기준법의 기본원리

034 근로기준법상 기본원칙과 근로시간에 대한 설명으로 옳지 않은 것은? 23 국가직 9급

CHECK ○△×

① 사용자는 근로자가 근로시간 중에 선거권, 그 밖의 공민권 행사 또는 공의 직무를 집행하기 위하여 필요한 시간을 청구하면 거부하지 못한다. 다만, 그 권리 행사나 공의 직무를 수행하는 데에 지장이 없으면 청구한 시간을 변경할 수 있다.

② 근로자와 사용자는 각자가 단체협약, 취업규칙과 근로계약을 지키고 성실하게 이행할 의무가 있다.

③ 누구든지 법률에 따르지 아니하고는 영리로 다른 사람의 취업에 개입하거나 중간인으로서 이익을 취득하지 못한다.

④ 1주간의 근로시간은 휴게시간을 제외하고 40시간을 초과할 수 없다. 이를 위반한 자는 3년 이하의 징역 또는 3천만원 이하의 벌금에 처한다.

해설

① (○) 근기법 제10조

② (○) 근기법 제5조

③ (○) 근기법 제9조

④ (×) 1주간의 근로시간은 휴게시간을 제외하고 40시간을 초과할 수 없다(근기법 제50조 제1항). 이를 위반한 자는 2년 이하의 징역 또는 2천만원 이하의 벌금에 처한다(근기법 제110조 각 호 외의 부분, 제1호).

답 ④

035 근로기준법상 기본원칙에 관한 설명으로 옳지 않은 것은?(다툼이 있으면 판례에 따름) 24 노무

CHECK ○△×

① 근로기준법상 균등대우원칙은 헌법상 평등원칙을 근로관계에서 실질적으로 실현하기 위한 것이다.

② 근로기준법 제6조에서 말하는 사회적 신분은 그 지위에 변동가능성이 없어야 한다.

③ 사용자는 근로자가 근로시간 중에 공(公)의 직무를 집행하고자 필요한 시간을 청구하는 경우 그 공(公)의 직무를 수행하는 데에 지장이 없으면 청구한 시간을 변경할 수 있다.

④ 근로자와 사용자는 각자가 단체협약, 취업규칙과 근로계약을 지키고 성실하게 이행할 의무가 있다.

⑤ 누구든지 법률에 따르지 아니하고는 영리로 다른 사람의 취업에 개입하거나 중간인으로서 이익을 취득하지 못한다.

해설

① (O) 근로기준법 제6조에서 정하고 있는 균등대우원칙이나 남녀고용평등과 일·가정 양립 지원에 관한 법률 제8조에서 정하고 있는 동일가치노동 동일임금 원칙 등은 어느 것이나 헌법 제11조 제1항의 평등원칙을 근로관계에서 실질적으로 실현하기 위한 것이다(대판 2019.3.14. 2015두46321).

② (×) 근로기준법 제6조에서 말하는 사회적 신분이 반드시 선천적으로 고정되어 있는 사회적 지위에 국한된다거나 그 지위에 변동가능성이 없을 것까지 요구되는 것은 아니지만, 개별 근로계약에 따른 고용상 지위는 공무원과의 관계에서 근로기준법 제6조가 정한 차별적 처우 사유인 '사회적 신분'에 해당한다고 볼 수 없고, 공무원은 그 근로자와의 관계에서 동일한 근로자 집단에 속한다고 보기 어려워 비교대상 집단이 될 수도 없다(대판 2023.9.21. 2016다255941 [전합]).

③ (O) 사용자는 근로자가 근로시간 중에 선거권, 그 밖의 공민권(公民權) 행사 또는 공(公)의 직무를 집행하기 위하여 필요한 시간을 청구하면 거부하지 못한다. 다만, 그 권리 행사나 공(公)의 직무를 수행하는 데에 지장이 없으면 청구한 시간을 변경할 수 있다(근기법 제10조).

④ (O) 근기법 제5조

⑤ (O) 근기법 제9조

답 ❷

036 근로기준법상 직장 내 괴롭힘의 금지 등에 관한 설명으로 옳은 것을 모두 고른 것은? 24 노무

CHECK ○△×

ㄱ. 사용자는 직장 내 괴롭힘 예방 교육을 매년 실시하여야 한다.

ㄴ. 사용자는 조사 기간 동안 직장 내 괴롭힘과 관련하여 피해를 입은 근로자를 보호하기 위하여 필요한 경우 해당 피해근로자에 대하여 근무장소의 변경 등 적절한 조치를 하여야 한다. 이 경우 사용자는 피해근로자의 의사에 반하는 조치를 하여서는 아니 된다.

ㄷ. 사용자는 조사 결과 직장 내 괴롭힘 발생 사실이 확인된 때에는 피해근로자가 요청하면 배치전환, 유급휴가 명령 등 적절한 조치를 하여야 한다.

① ㄱ
② ㄴ
③ ㄱ, ㄷ
④ ㄴ, ㄷ
⑤ ㄱ, ㄴ, ㄷ

해설

ㄱ. (×) 사용자는 직장 내 괴롭힘을 예방하고 근로자가 안전한 근로환경에서 일할 수 있는 여건을 조성하기 위하여 직장 내 괴롭힘 예방 교육을 실시하는 것이 바람직하나, 근기법에는 예방 교육의 의무적 실시에 대한 규정은 존재하지 아니한다.

ㄴ. (O) 사용자는 조사 기간 동안 직장 내 괴롭힘과 관련하여 피해를 입은 근로자 또는 피해를 입었다고 주장하는 근로자(이하 "피해근로자등")를 보호하기 위하여 필요한 경우 해당 피해근로자등에 대하여 근무장소의 변경, 유급휴가 명령 등 적절한 조치를 하여야 한다. 이 경우 사용자는 피해근로자등의 의사에 반하는 조치를 하여서는 아니 된다(근기법 제76조의3 제3항).

ㄷ. (O) 사용자는 조사 결과 직장 내 괴롭힘 발생 사실이 확인된 때에는 피해근로자가 요청하면 근무장소의 변경, 배치전환, 유급휴가 명령 등 적절한 조치를 하여야 한다(근기법 제76조의3 제4항).

답 ❹

최신유형

037 근로기준법상 직장 내 괴롭힘에 관한 설명으로 옳은 것은? 25 노무

CHECK ○△×

① 사용자 또는 근로자는 직장에서의 지위 또는 관계 등의 우위를 이용하여 사용자 또는 다른 근로자에게 신체적·정신적 고통을 주는 행위를 하여서는 아니 된다.
② 누구든지 직장 내 괴롭힘 발생 사실을 알게 된 경우 그 사실을 사용자에게 신고하여야 한다.
③ 사용자는 조사기간 동안 피해근로자를 보호하기 위하여 행위자를 배치전환 하여야 한다.
④ 사용자는 조사결과 직장 내 괴롭힘 발생사실이 확인된 때에는 피해근로자의 의견을 들어 지체 없이 행위자에 대하여 징계, 근무장소의 변경 등의 조치를 하여야 한다.
⑤ 직장 내 괴롭힘 발생 사실을 조사한 사람은 조사와 관련된 내용을 사용자에게 보고할 수 없다.

해설

① (×) 사용자 또는 근로자는 직장에서의 지위 또는 관계 등의 우위를 이용하여 업무상 적정범위를 넘어 다른 근로자에게 신체적·정신적 고통을 주거나 근무환경을 악화시키는 행위를 하여서는 아니 된다(근기법 제76조의2).
② (×) 누구든지 직장 내 괴롭힘 발생 사실을 알게 된 경우 그 사실을 사용자에게 신고할 수 있다(근기법 제76조의3 제1항).
③ (×) 사용자는 조사 기간 동안 직장 내 괴롭힘과 관련하여 피해를 입은 근로자 또는 피해를 입었다고 주장하는 근로자를 보호하기 위하여 필요한 경우 해당 피해근로자등에 대하여 근무장소의 변경, 유급휴가 명령 등 적절한 조치를 하여야 한다(근기법 제76조의3 제3항 전문). 배치전환은 근로자에 대한 조사 결과 직장 내 괴롭힘 발생 사실이 확인된 경우, 피해근로자가 요청에 의하여 사용자가 하여야 할 적절한 조치의 하나로 인정된다(근기법 제76조의3 제4항 참조).
④ (○) 사용자는 조사 결과 직장 내 괴롭힘 발생 사실이 확인된 때에는 지체 없이 행위자에 대하여 징계, 근무장소의 변경 등 필요한 조치를 하여야 한다. 이 경우 사용자는 징계 등의 조치를 하기 전에 그 조치에 대하여 피해근로자의 의견을 들어야 한다(근기법 제76조의3 제5항).
⑤ (×) 직장 내 괴롭힘 발생 사실을 조사한 사람, 조사 내용을 보고받은 사람 및 그 밖에 조사 과정에 참여한 사람은 해당 조사 과정에서 알게 된 비밀을 피해근로자등의 의사에 반하여 다른 사람에게 누설하여서는 아니 된다. 다만, 조사와 관련된 내용을 사용자에게 보고하거나 관계 기관의 요청에 따라 필요한 정보를 제공하는 경우는 제외한다(근기법 제76조의3 제7항).

답 ④

038 근로기준법상 기본원칙과 근로시간에 대한 설명으로 옳지 않은 것은? 23 국가직 7급

CHECK ○△×

① 사용자는 근로자가 근로시간 중에 선거권, 그 밖의 공민권 행사 또는 공의 직무를 집행하기 위하여 필요한 시간을 청구하면 거부하지 못한다. 다만, 그 권리 행사나 공의 직무를 수행하는 데에 지장이 없으면 청구한 시간을 변경할 수 있다.
② 근로자와 사용자는 각자가 단체협약, 취업규칙과 근로계약을 지키고 성실하게 이행할 의무가 있다.
③ 누구든지 법률에 따르지 아니하고는 영리로 다른 사람의 취업에 개입하거나 중간인으로서 이익을 취득하지 못한다.
④ 1주간의 근로시간은 휴게시간을 제외하고 40시간을 초과할 수 없다. 이를 위반한 자는 3년 이하의 징역 또는 3천만원 이하의 벌금에 처한다.

해설

① (O) 근기법 제10조
② (O) 근기법 제5조
③ (O) 근기법 제9조
④ (X) 1주간의 근로시간은 휴게시간을 제외하고 40시간을 초과할 수 없다(근기법 제50조 제1항). 이를 위반한 자는 2년 이하의 징역 또는 2천만원 이하의 벌금에 처한다(근기법 제110조 각 호 외의 부분, 제1호).

답 ❹

039 근로기준법상 직장 내 괴롭힘의 금지에 관한 설명으로 옳지 않은 것은?

20 노무

CHECK ○△×

① 누구든지 직장 내 괴롭힘 발생사실을 알게 된 경우 그 사실을 사용자에게 신고할 수 있다.
② 사용자는 직장 내 괴롭힘 발생사실을 인지한 경우에는 지체 없이 당사자 등을 대상으로 그 사실확인을 위하여 객관적으로 조사를 실시하여야 한다.
③ 사용자는 직장 내 괴롭힘 발생사실의 확인조사결과 그 사실이 확인된 때에는 피해근로자가 요청하면 근무장소의 변경 등 적절한 조치를 하여야 한다.
④ 사용자는 직장 내 괴롭힘 발생사실을 신고한 근로자 및 피해근로자등에게 해고나 그 밖의 불리한 처우를 하여서는 아니 된다.
⑤ 사용자가 직장 내 괴롭힘 발생사실의 확인조사결과 그 사실이 확인되었음에도 지체 없이 행위자에 대하여 필요한 조치를 하지 아니한 경우에는 1천만원 이하의 과태료를 부과한다.

해설

① (O) 근기법 제76조의3 제1항
② (O) 근기법 제76조의3 제2항
③ (O) 근기법 제76조의3 제4항
④ (O) 근기법 제76조의3 제6항
⑤ (X) 사용자가 직장 내 괴롭힘 발생사실의 확인조사결과 그 사실이 확인되었음에도 지체 없이 행위자에 대하여 필요한 조치를 하지 아니한 경우에는 500만원 이하의 과태료를 부과한다(근기법 제116조 제2항 제2호).

과태료(근기법 제116조)

① 사용자(사용자의 민법 제767조에 따른 친족 중 대통령령으로 정하는 사람이 해당 사업 또는 사업장의 근로자인 경우를 포함)가 제76조의2를 위반하여 직장 내 괴롭힘을 한 경우에는 1천만원 이하의 과태료를 부과한다.
② 다음 각 호의 어느 하나에 해당하는 자에게는 500만원 이하의 과태료를 부과한다.
1. 제13조에 따른 고용노동부장관, 노동위원회 또는 근로감독관의 요구가 있는 경우에 보고 또는 출석을 하지 아니하거나 거짓된 보고를 한 자
2. 제14조, 제39조, 제41조, 제42조, 제48조, 제66조, 제74조 제7항·제9항, 제76조의3 제2항·제4항·제5항·제7항, 제91조, 제93조, 제98조 제2항 및 제99조를 위반한 자
3. 제51조의2 제5항에 따른 임금보전방안을 신고하지 아니한 자
4. 제102조에 따른 근로감독관 또는 그 위촉을 받은 의사의 현장조사나 검진을 거절, 방해 또는 기피하고 그 심문에 대하여 진술을 하지 아니하거나 거짓된 진술을 하며 장부·서류를 제출하지 아니하거나 거짓장부·서류를 제출한 자

답 ❺

040 근로기준법상 직장 내 괴롭힘의 금지에 대한 설명으로 옳지 않은 것은?

21 국가직 9급

CHECK ○△×

① '직장 내 괴롭힘'이라 함은 사용자 또는 근로자가 직장에서의 지위 또는 관계 등의 우위를 이용하여 업무상 적정범위를 넘어 다른 근로자에게 신체적·정신적 고통을 주거나 근무환경을 악화시키는 행위를 말한다.

② 누구든지 직장 내 괴롭힘 발생 사실을 알게 된 경우 그 사실을 사용자에게 신고하여야 한다.

③ 사용자는 직장 내 괴롭힘 발생 사실을 신고한 근로자 및 피해근로자등에게 해고나 그 밖의 불리한 처우를 하여서는 아니 된다.

④ 사용자는 직장 내 괴롭힘 발생 사실을 인지한 경우에는 지체 없이 그 사실 확인을 위한 조사를 실시하여야 한다.

해설

① (○) 근기법 제76조의2

② (×) 누구든지 직장 내 괴롭힘 발생 사실을 알게 된 경우 그 사실을 사용자에게 신고할 수 있다(근기법 제76조의3 제1항).

③ (○) 근기법 제76조의3 제6항

④ (○) 사용자는 직장 내 괴롭힘 발생 사실에 대한 신고를 접수하거나 직장 내 괴롭힘 발생 사실을 인지한 경우에는 지체 없이 당사자 등을 대상으로 그 사실 확인을 위하여 객관적으로 조사를 실시하여야 한다(근기법 제76조의3 제2항).

답 ❷

041 근로기준법상 직장 내 괴롭힘의 금지에 대한 설명으로 옳지 않은 것은?

23 국가직 9급

CHECK ○△×

① 사용자는 직장 내 괴롭힘 발생 사실을 인지한 경우에는 지체 없이 당사자 등을 대상으로 그 사실 확인을 위하여 객관적으로 조사를 실시하여야 한다.

② 사용자는 직장 내 괴롭힘에 대한 조사 기간 동안 직장 내 괴롭힘과 관련하여 피해를 입은 근로자를 보호하기 위하여 필요한 경우 해당 피해근로자에 대하여 근무장소의 변경, 유급휴가 명령 등 적절한 조치를 하여야 한다. 이 경우 사용자는 피해근로자의 의사에 반하는 조치를 하여서는 아니 된다.

③ 사용자는 조사 결과 직장 내 괴롭힘 발생 사실이 확인된 때에는 지체 없이 행위자에 대하여 징계, 근무장소의 변경 등 필요한 조치를 하여야 한다. 이 경우 사용자는 징계 등의 조치를 하기 전에 그 조치에 대하여 피해근로자의 의견을 들어야 한다.

④ 직장 내 괴롭힘 발생 사실을 조사한 사람, 조사 내용을 보고받은 사람 및 그 밖에 조사 과정에 참여한 사람은 해당 조사와 관련된 내용을 사용자에게 보고해서는 아니 된다.

해설

① (○) 근기법 제76조의3 제2항

② (○) 근기법 제76조의3 제3항

③ (○) 근기법 제76조의3 제5항

④ (×) 직장 내 괴롭힘 발생 사실을 조사한 사람, 조사 내용을 보고받은 사람 및 그 밖에 조사 과정에 참여한 사람은 해당 조사 과정에서 알게 된 비밀을 피해근로자등의 의사에 반하여 다른 사람에게 누설하여서는 아니 된다. 다만, 조사와 관련된 내용을 사용자에게 보고하거나 관계 기관의 요청에 따라 필요한 정보를 제공하는 경우는 제외한다(근기법 제76조의3 제7항).

답 ❹

042 근로기준법상 직장 내 괴롭힘에 관한 설명으로 옳지 않은 것은?

23 노무

CHECK ○△×

① 사용자는 직장 내 괴롭힘 발생 사실을 인지한 경우에는 지체 없이 당사자 등을 대상으로 그 사실 확인을 위하여 객관적으로 조사를 실시하여야 한다.

② 사용자는 조사 기간 동안 직장 내 괴롭힘과 관련하여 피해를 입은 근로자를 보호하기 위하여 행위자에 대하여 근무장소의 변경 조치를 하여야 한다.

③ 직장 내 괴롭힘 발생 사실을 조사한 사람은 해당 조사 과정에서 알게 된 비밀을 피해 근로자등의 의사에 반하는 경우에도 관계 기관의 요청에 따라 필요한 정보를 제공할 수 있다.

④ 근로자는 직장에서의 지위 또는 관계 등의 우위를 이용하여 업무상 적정범위를 넘어 다른 근로자에게 신체적·정신적 고통을 주거나 근무환경을 악화시키는 행위를 하여서는 아니 된다.

⑤ 사용자가 직장 내 괴롭힘의 금지를 위반하여 직장 내 괴롭힘을 한 경우에는 1천만원 이하의 과태료를 부과한다.

해설

① (○) 사용자는 직장 내 괴롭힘 발생 사실에 대한 신고를 접수하거나 직장 내 괴롭힘 발생 사실을 인지한 경우에는 지체 없이 당사자 등을 대상으로 그 사실 확인을 위하여 객관적으로 조사를 실시하여야 한다(근기법 제76조의3 제2항).

② (×) 사용자는 조사 기간 동안 직장 내 괴롭힘과 관련하여 피해를 입은 근로자 또는 피해를 입었다고 주장하는 근로자를 보호하기 위하여 필요한 경우 해당 피해근로자등에 대하여 근무장소의 변경, 유급휴가 명령 등 적절한 조치를 하여야 한다(근기법 제76조의3 제3항 전문).

③ (○) 직장 내 괴롭힘 발생 사실을 조사한 사람, 조사 내용을 보고받은 사람 및 그 밖에 조사 과정에 참여한 사람은 해당 조사 과정에서 알게 된 비밀을 피해근로자등의 의사에 반하여 다른 사람에게 누설하여서는 아니 된다. 다만, 조사와 관련된 내용을 사용자에게 보고하거나 관계 기관의 요청에 따라 필요한 정보를 제공하는 경우는 제외한다(근기법 제76조의3 제7항).

④ (○) 근기법 제76조의2

⑤ (○) 사용자(사용자의 민법상 친족 중 대통령령으로 정하는 사람이 해당 사업 또는 사업장의 근로자인 경우를 포함)가 직장 내 괴롭힘을 한 경우에는 1천만원 이하의 과태료를 부과한다(근기법 제116조 제1항).

답 ❷

043 근로기준법상 직장 내 괴롭힘에 대한 설명으로 옳은 것은?

22 국가직 7급

CHECK ○△×

① 사용자 또는 근로자는 직장에서의 지위 또는 관계 등의 우위를 이용하여 업무상 적정범위를 넘어 다른 근로자에게 신체적·정신적 고통을 주거나 근무환경을 악화시키는 행위를 하여서는 아니 되며, 이를 위반한 자는 1년 이하의 징역 또는 1천만원 이하의 벌금에 처한다.

② 누구든지 직장 내 괴롭힘 발생 사실을 알게 된 경우 피해 근로자의 의사에 반하여 그 사실을 사용자에게 신고할 수 없다.

③ 사용자는 직장 내 괴롭힘 조사 결과 직장 내 괴롭힘이 없었다고 확인된 경우라고 하더라도 신고한 근로자가 요청하면 근무장소의 변경, 배치전환, 유급휴가 명령 등 적절한 조치를 하여야 한다.

④ 사용자는 직장 내 괴롭힘 발생 사실에 대한 신고를 접수하거나 직장 내 괴롭힘 발생 사실을 인지한 경우에는 지체 없이 당사자 등을 대상으로 그 사실 확인을 위하여 객관적으로 조사를 실시하여야 한다.

해설

① (×) 사용자(사용자의 민법 제767조에 따른 친족 중 대통령령으로 정하는 사람이 해당 사업 또는 사업장의 근로자인 경우를 포함)가 제76조의2를 위반하여 직장 내 괴롭힘을 한 경우에는 1천만원 이하의 과태료를 부과한다(근기법 제116조 제1항).

② (×) 누구든지 직장 내 괴롭힘 발생 사실을 알게 된 경우, 피해 근로자의 의사에 반하는지 여부와 상관없이 그 사실을 사용자에게 신고할 수 있다(근기법 제76조의3 제1항).

③ (×) 사용자는 직장 내 괴롭힘 발생 사실이 확인된 때에는 피해근로자가 요청하면 근무장소의 변경, 배치전환, 유급휴가 명령 등 적절한 조치를 하여야 한다(근기법 제76조의3 제4항).

④ (○) 근기법 제76조의3 제2항

답 ❹

044 근로기준법상 직장 내 괴롭힘의 금지 및 발생 시 조치에 관한 설명으로 옳은 것은? 22 노무

CHECK ○△×

① 근로자에게 신체적·정신적 고통을 주는 행위 외에 근무환경을 악화시키는 행위는 직장 내 괴롭힘에 관한 규정으로 규율되지 아니한다.

② 직장 내 괴롭힘의 발생 사실을 알게 된 경우 그 피해근로자의 동의가 없으면 누구든지 그 사실을 사용자에게 신고할 수 없다.

③ 사용자는 직장 내 괴롭힘 사실을 인지하더라도 그 신고의 접수가 없으면 사실 확인을 위한 조사를 실시할 수 없다.

④ 사용자는 조사 결과 직장 내 괴롭힘 발생 사실이 확인된 때에는 피해근로자의 요청과 무관하게 피해근로자의 근무장소 변경, 배치전환 등 적절한 조치를 하여야 한다.

⑤ 사용자는 직장 내 괴롭힘의 피해근로자는 물론 그 발생 사실을 신고한 근로자에게도 해고나 그 밖의 불리한 처우를 하여서는 아니 된다.

해설

① (×) 사용자 또는 근로자는 직장에서의 지위 또는 관계 등의 우위를 이용하여 업무상 적정범위를 넘어 다른 근로자에게 신체적·정신적 고통을 주거나 근무환경을 악화시키는 행위를 하여서는 아니 된다(근기법 제76조의2).

② (×) 누구든지 직장 내 괴롭힘 발생 사실을 알게 된 경우 그 사실을 사용자에게 신고할 수 있다(근기법 제76조의3 제1항).

③ (×) 사용자는 직장 내 괴롭힘 발생 사실에 대한 신고를 접수하거나 직장 내 괴롭힘 발생 사실을 인지한 경우에는 지체 없이 당사자 등을 대상으로 그 사실 확인을 위하여 객관적으로 조사를 실시하여야 한다(근기법 제76조의3 제2항).

④ (×) 사용자는 조사 결과 직장 내 괴롭힘 발생 사실이 확인된 때에는 피해근로자가 요청하면 근무장소의 변경, 배치전환, 유급휴가 명령 등 적절한 조치를 하여야 한다(근기법 제76조의3 제4항).

⑤ (○) 근기법 제76조의3 제6항

답 ❺

045 근로기준법상 직장 내 괴롭힘에 관한 설명으로 옳지 않은 것은?

21 노무

CHECK ○△×

① 누구든지 직장 내 괴롭힘 발생사실을 알게 된 경우 그 사실을 사용자에게 신고하여야 한다.

② 사용자는 직장 내 괴롭힘 발생사실을 인지한 경우에는 지체 없이 그 사실확인을 위한 조사를 실시하여야 한다.

③ 사용자는 직장 내 괴롭힘에 대한 조사기간 동안 피해근로자등을 보호하기 위하여 필요한 경우 해당 피해근로자등에 대하여 근무장소의 변경, 유급휴가명령 등 적절한 조치를 하여야 한다. 이 경우 사용자는 피해근로자등의 의사에 반하는 조치를 하여서는 아니 된다.

④ 사용자는 직장 내 괴롭힘과 관련한 조사결과 직장 내 괴롭힘 발생사실이 확인된 때에는 지체 없이 행위자에 대하여 징계, 근무장소의 변경 등 필요한 조치를 하여야 한다. 이 경우 사용자는 징계 등의 조치를 하기 전에 그 조치에 대하여 피해근로자의 의견을 들어야 한다.

⑤ 사용자는 직장 내 괴롭힘에 대한 조사결과 직장 내 괴롭힘 발생사실이 확인된 때에는 피해근로자가 요청하면 근무장소의 변경, 배치전환, 유급휴가명령 등 적절한 조치를 하여야 한다.

해설

① (×) 누구든지 직장 내 괴롭힘 발생사실을 알게 된 경우 그 사실을 사용자에게 신고할 수 있다(근기법 제76조의3 제1항).

② (○) 사용자는 직장 내 괴롭힘에 대한 신고를 접수하거나 직장 내 괴롭힘 발생사실을 인지한 경우에는 지체 없이 당사자 등을 대상으로 그 사실확인을 위하여 객관적으로 조사를 실시하여야 한다(근기법 제76조의3 제2항).

③ (○) 근기법 제76조의3 제3항

④ (○) 근기법 제76조의3 제5항

⑤ (○) 근기법 제76조의3 제4항

답 ❶

046 근로기준법에 규정된 내용으로 옳은 것을 모두 고른 것은?

20 노무

CHECK ○△×

ㄱ. 이 법에서 정하는 근로조건은 최저기준이므로 근로관계당사자는 이 기준을 이유로 근로조건을 낮출 수 없다.

ㄴ. 사용자는 근로자에 대하여 국적·신앙 또는 사회적 신분을 이유로 근로조건에 대한 차별적 처우를 하지 못한다.

ㄷ. 사용자가 근로자를 폭행한 경우 피해자의 명시적인 의사와 다르게 공소를 제기할 수 없다.

ㄹ. 누구든지 법률에 따르지 아니하고는 영리로 다른 사람의 취업에 개입하거나 중간인으로서 이익을 취득하지 못한다.

① ㄱ, ㄴ
② ㄷ, ㄹ
③ ㄱ, ㄴ, ㄹ
④ ㄴ, ㄷ, ㄹ
⑤ ㄱ, ㄴ, ㄷ, ㄹ

해설

ㄱ. (O) 근기법 제3조

ㄴ. (O) 근기법 제6조

ㄷ. (×) 금품청산(제36조), 임금지급(제43조), 도급사업에 대한 임금지급(제44조), 건설업에서의 임금지급연대책임(제44조의2), 휴업수당(제46조), 근로한 기간이 단위기간보다 짧은 경우의 임금정산(제51조의3), 1개월을 초과하는 정산기간을 정하는 경우, 통상임금의 100분의 50 이상을 가산지급(제52조 제2항 제2호) 또는 연장·야간 및 휴일근로(제56조)를 위반한 자에 대하여는 피해자의 명시적인 의사와 다르게 공소를 제기할 수 없다(근기법 제109조 제2항 본문). 따라서 사용자가 근로자를 폭행한 경우에는 명시적인 의사와 다르게 공소를 제기할 수 있다.

ㄹ. (O) 근기법 제9조

답 ❸

047 근로기준법상 기본원리에 관한 설명으로 옳지 않은 것은?

23 노무

CHECK ○△×

① 사용자뿐만 아니라 근로자도 취업규칙과 근로계약을 지키고 성실하게 이행할 의무가 있다.

② 사용자는 근로자에 대하여 국적·신앙 또는 사회적 신분을 이유로 근로조건에 대한 차별적 처우를 하지 못한다.

③ 누구든지 법률에 따르지 아니하고는 영리로 다른 사람의 취업에 개입하지 못한다.

④ 근로기준법에서 정하는 근로조건은 최저기준이므로 근로관계 당사자는 이 기준을 이유로 근로조건을 낮출 수 없다.

⑤ 사용자는 근로자가 근로시간 중에 공(公)의 직무를 집행하기 위하여 필요한 시간을 청구하면 유급으로 보장하여야 한다.

해설

① (O) 근로자와 사용자는 각자가 단체협약, 취업규칙과 근로계약을 지키고 성실하게 이행할 의무가 있다(근기법 제5조).

② (O) 사용자는 근로자에 대하여 남녀의 성(性)을 이유로 차별적 대우를 하지 못하고, 국적·신앙 또는 사회적 신분을 이유로 근로조건에 대한 차별적 처우를 하지 못한다(근기법 제6조).

③ (O) 누구든지 법률에 따르지 아니하고는 영리로 다른 사람의 취업에 개입하거나 중간인으로서 이익을 취득하지 못한다(근기법 제9조).

④ (O) 근기법 제3조

⑤ (×) 근로자가 필요한 시간을 청구하면 사용자는 공민권 행사 등에 필요한 시간을 거부할 수 없다는 것이므로(근기법 제10조) 공민권 행사에 필요하여 근로하지 못한 시간에 대하여 사용자가 임금을 지급하여야 한다는 의미는 아니다. 따라서 임금은 법률에 특별한 규정이 없는 한 취업규칙이나 단체협약에서 정한 바에 따르고, 따로 정함이 없는 경우에는 무급으로 해도 위법이 아니다. 다만, 공직선거법이나 향토예비군 설치법, 민방위기본법에 의한 공민권행사기간은 유급으로 해석된다.

답 ❺

048 근로기준법에서 규정하고 있는 기본원칙이 아닌 것은? 19 노무

CHECK ○△×

① 공민권 행사의 보장
② 균등한 처우
③ 강제근로의 금지
④ 폭행의 금지
⑤ 국제협약의 준수

해설

① (○), ② (○), ③ (○), ④ (○), ⑤ (×)
국제협약의 준수는 근기법에서 규정하고 있는 기본원칙에 해당하지 아니한다.

근기법의 기본원칙

1. 근로조건의 기준 : 이 법에서 정하는 근로조건은 최저기준이므로 근로관계당사자는 이 기준을 이유로 근로조건을 낮출 수 없다(근기법 제3조).
2. 근로조건의 결정 : 근로조건은 근로자와 사용자가 동등한 지위에서 자유의사에 따라 결정한다(근기법 제4조).
3. 근로조건의 준수 : 근로자와 사용자는 각자가 단체협약, 취업규칙과 근로계약을 지키고 성실하게 이행할 의무가 있다(근기법 제5조).
4. 균등한 처우 : 사용자는 근로자에 대하여 남녀의 성(性)을 이유로 차별적 대우를 하지 못하고, 국적・신앙 또는 사회적 신분을 이유로 근로조건에 대한 차별적 처우를 하지 못한다(근기법 제6조).
5. 강제근로의 금지 : 사용자는 폭행, 협박, 감금, 그 밖에 정신상의 자유를 부당하게 구속하는 수단으로써 근로자의 자유의사에 어긋나는 근로를 강요하지 못한다(근기법 제7조).
6. 폭행의 금지 : 사용자는 사고의 발생이나 그 밖의 어떠한 이유로도 근로자에게 폭행을 하지 못한다(근기법 제8조).
7. 중간착취의 배제 : 누구든지 법률에 따르지 아니하고는 영리로 다른 사람의 취업에 개입하거나 중간인으로서 이익을 취득하지 못한다(근기법 제9조).
8. 공민권 행사의 보장 : 사용자는 근로자가 근로시간 중에 선거권, 그 밖의 공민권(公民權) 행사 또는 공(公)의 직무를 집행하기 위하여 필요한 시간을 청구하면 거부하지 못한다. 다만, 그 권리 행사나 공(公)의 직무를 수행하는 데에 지장이 없으면 청구한 시간을 변경할 수 있다(근기법 제10조).

답 ⑤

049 근로기준법상 기본원칙에 관한 설명으로 옳지 않은 것은?(다툼이 있으면 판례에 따름) 18 노무

CHECK ○△×

① 사용자는 근로자에 대하여 국적・신앙 또는 사회적 이유로 근로조건에 대한 차별적 처우를 하지 못한다.
② 영리로 다른 사람의 취업에 개입하는 행위에는 취업을 원하는 사람에게 취업을 알선해 주기로 하면서 그 대가로 금품을 수령하는 정도의 행위는 포함되지 않는다.
③ 사용자는 정신상의 자유를 부당하게 구속하는 수단으로써 근로자의 자유의사에 어긋나는 근로를 강요하지 못한다.
④ 근로자와 사용자는 각자가 단체협약, 취업규칙과 근로계약을 지키고 성실하게 이행할 의무가 있다.
⑤ 사용자는 근로자가 근로시간 중에 선거권 행사를 위해 필요한 시간을 청구한 경우, 그 행사에 지장이 없으면 청구한 시간을 변경할 수 있다.

해설

① (O) 근기법 제6조
② (×) 영리로 타인의 취업에 개입하는 행위, 즉 제3자가 영리로 타인의 취업을 소개 또는 알선하는 등 근로관계의 성립 또는 갱신에 영향을 주는 행위에는 취업을 원하는 사람에게 취업을 알선해 주기로 하면서 그 대가로 금품을 수령하는 정도의 행위도 포함되고, 반드시 근로관계 성립 또는 갱신에 직접적인 영향을 미칠 정도로 구체적인 소개 또는 알선행위에까지 나아가야만 하는 것은 아니다(대판 2008.9.25. 2006도7660).
③ (O) 근기법 제7조
④ (O) 근기법 제5조
⑤ (O) 근기법 제10조 단서

답 ❷

050

CHECK ○△×

근로기준법 제6조에서 사용자가 근로조건에 대한 차별적 처우를 하지 못하는 사유로 명시하고 있지 않은 것은?

21 국가직 7급

① 연 령
② 국 적
③ 사회적 신분
④ 신 앙

해설

사용자는 근로자에 대하여 남녀의 성(性)을 이유로 차별적 대우를 하지 못하고, 국적·신앙 또는 사회적 신분을 이유로 근로조건에 대한 차별적 처우를 하지 못한다(근기법 제6조).

답 ❶

051

CHECK ○△×

근로기준법에 규정된 내용으로 옳지 않은 것은?

16 노무

① 근로기준법에서 정하는 근로조건은 최저기준이므로 근로관계당사자는 이 기준을 이유로 근로조건을 낮출 수 없다.
② 근로조건은 근로자와 사용자가 동등한 지위에서 자유의사에 따라 결정하여야 한다.
③ 사용자는 근로자에 대하여 남녀의 성(性)을 이유로 차별적 대우를 하지 못한다.
④ 누구든지 법률에 따르지 아니하고는 영리로 다른 사람의 취업에 개입하거나 중간인으로서 이익을 취득하지 못한다.
⑤ 사용자는 근로자가 공(公)의 직무를 집행하기 위하여 근로시간 중에 필요한 시간을 청구하면 이를 거부할 수 있다.

해설

① (O) 근기법 제3조
② (O) 근기법 제4조
③ (O) 근기법 제6조
④ (O) 근기법 제9조
⑤ (×) 사용자는 근로자가 근로시간 중에 선거권, 그 밖의 공민권(公民權) 행사 또는 공(公)의 직무를 집행하기 위하여 필요한 시간을 청구하면 거부하지 못한다. 다만, 그 권리 행사나 공(公)의 직무를 수행하는 데에 지장이 없으면 청구한 시간을 변경할 수 있다(근기법 제10조).

답 ❺

052 근로기준법의 총칙에 관한 설명으로 옳은 것은?(다툼이 있는 경우에는 판례에 의함)

15 노무

CHECK ○△×

① 근로기준법은 사용자가 근로자를 모집·채용할 때 차별을 금지하고 있다.
② 노동조합 대의원선거에 입후보하여 그 선거운동을 하는 것은 공민권의 행사 또는 공(公)의 직무에 해당한다.
③ 법률에 따르더라도 타인의 취업에 개입하여 이익을 취득하는 것은 허용되지 않는다.
④ 가사사용인에 대해 차별적 처우를 하면 근로기준법에 따라 벌금형에 처해진다.
⑤ 다른 법률이나 단체협약, 취업규칙 등에서 정함이 없으면 공(公)의 직무를 수행하는 데 필요한 시간은 임금을 지급하지 않아도 무방하다.

해설

① (×) 사용자는 근로자에 대하여 남녀의 성(性)을 이유로 차별적 대우를 하지 못하고, 국적·신앙 또는 사회적 신분을 이유로 근로조건에 대한 차별적 처우를 하지 못한다(근기법 제6조). 모집이나 채용 시의 차별에 대해서는 규정하고 있지 아니하다.
② (×) 공직선거에서 타인을 위한 선거운동, 법원이나 노동위원회 사건에서 당사자로서의 활동, 정당활동, 노동조합활동 등은 공의 직무가 아니라고 해석된다.
③ (×) 누구든지 법률에 따르지 아니하고는 영리로 다른 사람의 취업에 개입하거나 중간인으로서 이익을 취득하지 못한다(근기법 제9조). 따라서 법률에 따라 영리로 다른 사람의 취업에 개입하거나 이익을 취득하는 것은 허용된다.
④ (×) 근로기준법은 가사(家事)사용인에 대하여는 적용하지 아니한다(근기법 제11조 제1항 단서).
⑤ (○) 근기법 제10조에서는 근로자에게 공민권 행사와 직무집행에 필요한 시간을 보장할 뿐 그 시간의 임금에 관해서는 규정하고 있지 아니하므로, 특별한 약정이 없는 한 사용자에게 임금지급의무가 없다.

답 ❺

053 근로기준법상 공민권 행사에 대한 설명으로 옳지 않은 것은?(다툼이 있는 경우 판례에 의함)

19 국가직 9급

CHECK ○△×

① 국회의원 선거 시에 투표하는 것은 공민권 행사에 해당한다.
② 근로자가 스스로 대통령 선거에 입후보하는 것은 공민권 행사에 해당한다.
③ 근로자가 근로시간 중에 공(公)의 직무를 집행하기 위하여 필요한 시간을 청구하면 사용자는 거부할 수 있다.
④ 사용자는 근로자의 권리 행사에 지장이 없으면 근로자가 근로시간 중에 공민권 행사를 위하여 청구한 시간을 변경할 수 있다.

해설

① (○)·② (○) 공민권은 법령에 근거한 공직의 선거권, 선거에 의하여 당선인이 될 수 있는 권리인 피선거권은 물론 국민투표권과 같이 국민으로서 공무에 참가하는 권리를 말하는 것으로, 국회의원 선거 시에 투표하는 것은 공민권 행사에 해당한다.
③ (×)·④ (○) 근기법 제10조 참조

> **공민권 행사의 보장(근기법 제10조)**
> 사용자는 근로자가 근로시간 중에 선거권, 그 밖의 공민권(公民權) 행사 또는 공(公)의 직무를 집행하기 위하여 필요한 시간을 청구하면 거부하지 못한다. 다만, 그 권리 행사나 공(公)의 직무를 수행하는 데에 지장이 없으면 청구한 시간을 변경할 수 있다.

답 ❸

제8절 근로기준법의 실효성 확보

최신유형

054 근로기준법상 근로감독관에 관한 설명으로 옳지 않은 것은? 25 노무

CHECK ○△×

① 근로감독관은 「근로기준법」 위반의 죄에 관하여 사법경찰관의 직무를 수행한다.
② 근로감독관은 사업장, 기숙사, 그 밖의 부속 건물을 현장조사할 수 있다.
③ 근로감독관은 사용자뿐만 아니라 근로자에 대하여도 심문할 수 있다.
④ 근로감독관을 그만 둔 날로부터 1년이 경과한 후에는 직무상 알게 된 비밀을 엄수할 의무가 없다.
⑤ 「근로기준법」에 따른 현장조사, 서류의 제출, 심문 등의 수사는 검사와 근로감독관이 전담하여 수행한다.

해설

① (○) 근로감독관은 근로기준법이나 그 밖의 노동 관계 법령 위반의 죄에 관하여 사법경찰관리의 직무를 행할 자와 그 직무범위에 관한 법률에서 정하는 바에 따라 사법경찰관의 직무를 수행한다(근기법 제102조 제5항).
② (○) 근기법 제102조 제1항
③ (○) 근로감독관은 사업장, 기숙사, 그 밖의 부속 건물을 현장조사하고 장부와 서류의 제출을 요구할 수 있으며 사용자와 근로자에 대하여 심문할 수 있다(근기법 제102조 제1항).
④ (×) 근로감독관은 직무상 알게 된 비밀을 엄수하여야 한다. 근로감독관을 그만 둔 경우에도 또한 같다(근기법 제103조).
⑤ (○) 근로기준법이나 그 밖의 노동 관계 법령에 따른 현장조사, 서류의 제출, 심문 등의 수사는 검사와 근로감독관이 전담하여 수행한다(근기법 제105조 본문).

답 ❹

055 근로기준법상 근로감독관에 대한 설명으로 옳지 않은 것은? 24 국가직 9급

CHECK ○△×

① 근로기준법에 따른 현장조사, 서류의 제출, 근로감독관의 직무에 관한 범죄 등의 수사는 근로감독관이 단독으로 수행한다.
② 의사인 근로감독관이나 근로감독관의 위촉을 받은 의사는 취업을 금지하여야 할 질병에 걸릴 의심이 있는 근로자에 대하여 검진할 수 있다.
③ 근로감독관은 직무상 알게 된 비밀을 엄수하여야 하며, 근로감독관을 그만둔 경우에도 또한 같다.
④ 근로감독관은 기숙사를 현장조사하고 장부와 서류의 제출을 요구할 수 있으며 사용자와 근로자에 대하여 심문할 수 있다.

해설

① (×) 근기법이나 그 밖의 노동관계 법령에 따른 현장조사, 서류의 제출, 심문 등의 수사는 검사와 근로감독관이 전담하여 수행한다. 다만, 근로감독관의 직무에 관한 범죄의 수사는 그러하지 아니하다(근기법 제105조).
② (○) 근기법 제102조 제2항
③ (○) 근기법 제103조
④ (○) 근로감독관은 사업장, 기숙사, 그 밖의 부속 건물을 현장조사하고 장부와 서류의 제출을 요구할 수 있으며 사용자와 근로자에 대하여 심문(尋問)할 수 있다(근기법 제102조 제1항).

답 ❶

056 근로기준법상 근로감독관에 관한 설명으로 옳지 않은 것은?

18 노무

CHECK ○△×

① 근로감독관이 근로기준법을 위반한 사실을 고의로 묵과하면 5년 이하의 징역에 처한다.
② 사용자는 근로기준법의 시행과 관련하여 근로감독관의 요구가 있으면 지체 없이 필요한 사항에 대하여 보고하거나 출석하여야 한다.
③ 근로감독관은 사용자와 근로자에 대하여 심문할 수 있다.
④ 근로감독관은 재직 여부를 불문하고 직무상 알게 된 비밀을 엄수하여야 한다.
⑤ 근로감독관의 위촉을 받은 의사는 취업을 금지하여야 할 질병에 걸릴 의심이 있는 근로자에 대하여 검진할 수 있다.

해설

① (×) 근로감독관이 이 법을 위반한 사실을 고의로 묵과하면 3년 이하의 징역 또는 5년 이하의 자격정지에 처한다(근기법 제108조).
② (○) 근기법 제13조
③ (○) 근기법 제102조 제1항
④ (○) 근기법 제103조
⑤ (○) 근기법 제102조 제2항

답 ❶

057 근로기준법상 근로감독관 등에 관한 설명으로 옳지 않은 것은?

22 노무

CHECK ○△×

① 근로조건의 기준을 확보하기 위하여 고용노동부와 그 소속 기관에 근로감독관을 둔다.
② 근로감독관은 사업장을 현장조사하고 장부와 서류의 제출을 요구할 수 있으며 사용자와 근로자에 대하여 심문(尋問)할 수 있다.
③ 의사인 근로감독관은 취업을 금지하여야 할 질병에 걸릴 의심이 있는 근로자에 대하여 검진할 수 있다.
④ 근로감독관은 근로감독관을 그만 둔 경우에도 직무상 알게 된 비밀을 엄수하여야 한다.
⑤ 근로기준법에 따른 현장조사, 서류의 제출, 근로감독관의 직무에 관한 범죄 등의 수사는 검사와 근로감독관이 전담하여 수행한다.

해설

① (○) 근기법 제101조 제1항
② (○) 근기법 제102조 제1항
③ (○) 근기법 제102조 제2항
④ (○) 근로감독관은 직무상 알게 된 비밀을 엄수하여야 한다. 근로감독관을 그만 둔 경우에도 또한 같다(근기법 제103조).
⑤ (×) 근로기준법이나 그 밖의 노동 관계 법령에 따른 현장조사, 서류의 제출, 심문 등의 수사는 검사와 근로감독관이 전담하여 수행한다. 다만, 근로감독관의 직무에 관한 범죄의 수사는 그러하지 아니하다(근기법 제105조).

답 ❺

058 근로기준법상 근로감독관에 관한 설명으로 옳지 않은 것은?

20 노무

CHECK ○△×

① 근로감독관은 사용자와 근로자에 대하여 심문할 수 있다.
② 근로조건의 기준을 확보하기 위하여 고용노동부와 그 소속 기관에 근로감독관을 둔다.
③ 근로감독관은 사업장, 기숙사, 그 밖의 부속건물을 현장조사하고 장부와 서류의 제출을 요구할 수 있다.
④ 근로감독관의 위촉을 받은 의사는 취업을 금지하여야 할 질병에 걸릴 의심이 있는 근로자에 대하여 검진할 수 있다.
⑤ 근로감독관은 근로기준법 위반의 죄에 관하여 경찰관 직무집행법에서 정하는 바에 따라 사법경찰관의 직무를 수행한다.

해설

① (○) 근기법 제102조 제1항
② (○) 근기법 제101조 제1항
③ (○) 근기법 제102조 제1항
④ (○) 근기법 제102조 제2항
⑤ (×) 근로감독관은 근로기준법이나 그 밖의 노동관계법령 위반의 죄에 관하여 사법경찰관리의 직무를 행할 자와 그 직무범위에 관한 법률에서 정하는 바에 따라 사법경찰관의 직무를 수행한다(근기법 제102조 제5항).

답 ❺

059 근로기준법상 근로감독관에 관한 설명으로 옳지 않은 것은?

14 노무

CHECK ○△×

① 근로조건의 기준을 확보하기 위하여 고용노동부와 그 소속 기관에 근로감독관을 둔다.
② 근로감독관의 직무에 관한 범죄의 수사는 검사와 근로감독관이 전담하여 수행한다.
③ 근로감독관은 기숙사를 현장조사하고 장부와 서류의 제출을 요구할 수 있다.
④ 의사인 근로감독관이나 근로감독관의 위촉을 받은 의사는 취업을 금지하여야 할 질병에 걸릴 의심이 있는 근로자에 대하여 검진할 수 있다.
⑤ 근로감독관은 근로감독관을 그만둔 경우에도 직무상 알게 된 비밀을 엄수하여야 한다.

해설

① (○) 근로조건의 기준을 확보하기 위하여 고용노동부와 그 소속 기관에 근로감독관을 둔다(근기법 제101조 제1항).
② (×) 노동관계법령에 따른 현장조사, 서류의 제출, 심문 등의 수사는 검사와 근로감독관이 전담하여 수행한다. 다만, 근로감독관의 직무에 관한 범죄의 수사는 그러하지 아니하다(근기법 제105조).
③ (○) 근기법 제102조 제1항
④ (○) 근기법 제102조 제2항
⑤ (○) 근로감독관은 직무상 알게 된 비밀을 엄수하여야 한다. 근로감독관을 그만둔 경우에도 또한 같다(근기법 제103조).

답 ❷

060 근로기준법상 근로감독관에 대한 설명으로 옳지 않은 것은?

19 국가직 9급

CHECK ○△×

① 근로감독관이 근로기준법을 위반한 사실을 고의로 묵과하면 3년 이하의 징역 또는 5년 이하의 자격정지에 처한다.

② 근로감독관은 사업장, 기숙사, 그 밖의 부속 건물을 현장조사하고 장부와 서류의 제출을 요구할 수 있으며 사용자를 심문(尋問)할 수 있으나, 근로자를 심문할 수는 없다.

③ 근로기준법이나 그 밖의 노동관계 법령에 따른 현장조사, 서류의 제출, 심문 등의 수사는 검사와 근로감독관이 전담하여 수행한다. 다만, 근로감독관의 직무에 관한 범죄의 수사는 그러하지 아니하다.

④ 근로감독관은 근로감독관을 그만둔 경우에도 직무상 알게 된 비밀을 엄수하여야 한다.

해설

① (○) 근기법 제108조

② (×) 근로감독관은 사업장, 기숙사, 그 밖의 부속 건물을 현장조사하고 장부와 서류의 제출을 요구할 수 있으며 사용자와 근로자에 대하여 심문(尋問)할 수 있다(근기법 제102조 제1항).

③ (○) 근기법 제105조

④ (○) 근로감독관은 직무상 알게 된 비밀을 엄수하여야 한다. 근로감독관을 그만 둔 경우에도 또한 같다(근기법 제103조).

답 ❷

061 근로기준법상 근로감독관에 대한 설명으로 옳지 않은 것은?

21 국가직 9급

CHECK ○△×

① 의사인 근로감독관이나 근로감독관의 위촉을 받은 의사는 취업을 금지하여야 할 질병에 걸릴 의심이 있는 근로자에 대하여 검진하여야 한다.

② 근로조건의 기준을 확보하기 위하여 고용노동부와 그 소속기관에 근로감독관을 둔다.

③ 근로감독관은 사업장을 현장조사하고 장부와 서류의 제출을 요구할 수 있다.

④ 근로기준법이나 그 밖의 노동 관계 법령에 따른 현장조사, 서류의 제출, 심문 등의 수사는 검사와 근로감독관이 전담하여 수행한다. 다만, 근로감독관의 직무에 관한 범죄의 수사는 그러하지 아니하다.

해설

① (×) 의사인 근로감독관이나 근로감독관의 위촉을 받은 의사는 취업을 금지하여야 할 질병에 걸릴 의심이 있는 근로자에 대하여 검진할 수 있다(근기법 제102조 제2항).

② (○) 근기법 제101조 제1항

③ (○) 근로감독관은 사업장, 기숙사, 그 밖의 부속 건물을 현장조사하고 장부와 서류의 제출을 요구할 수 있으며 사용자와 근로자에 대하여 심문(尋問)할 수 있다(근기법 제102조 제1항).

④ (○) 근기법 제105조

답 ❶

CHAPTER

03 근로관계의 성립

제1절 근로계약의 의의 및 법적 성질

제2절 근로계약의 체결

001 근로기준법상 근로계약에 관한 설명으로 옳지 않은 것은?(다툼이 있으면 판례에 따름) 24 노무

CHECK ○△×

① 근로계약 체결에 관한 의사표시에 무효 또는 취소의 사유가 있으면 상대방은 이를 이유로 근로계약의 무효 또는 취소를 주장할 수 있다.

② 사용기간 중에는 사용자의 해약권이 유보되어 있으므로 그 기간 중에 확정적 근로관계는 존재한다고 볼 수 없다.

③ 사용자는 근로계약 체결 후 소정근로시간을 변경하는 경우에 근로자에게 이를 명시하여야 한다.

④ 사용기간 중에 있는 근로자를 해고하는 것은 보통의 해고보다는 넓게 인정된다.

⑤ 피용자가 노무를 제공하는 과정에서 생명을 해치는 일이 없도록 필요한 조치를 강구하여야 할 사용자의 보호의무는 근로계약에 수반되는 신의칙상의 부수적 의무이다.

해설

① (○) 근로계약은 근로자가 사용자에게 근로를 제공하고 사용자는 이에 대하여 임금을 지급하는 것을 목적으로 체결된 계약으로서, 기본적으로 그 법적 성질이 사법상 계약이므로 계약 체결에 관한 당사자들의 의사표시에 무효 또는 취소의 사유가 있으면 상대방은 이를 이유로 근로계약의 무효 또는 취소를 주장하여 그에 따른 법률효과의 발생을 부정하거나 소멸시킬 수 있다(대판 2017.12.22. 2013다25194).

② (×) 사용기간에 있는 근로자의 경우에도 사용자의 해약권이 유보되어 있다는 사정만 다를 뿐 그 기간에 확정적 근로관계는 존재한다(대판 2022.4.14. 2019두55859).

③ (○) 사용자는 근로계약을 체결할 때에 근로자에게 소정근로시간을 명시하여야 한다. 근로계약 체결 후 소정근로시간을 변경하는 경우에도 또한 같다(근기법 제17조 제1항 제2호).

④ (○) 사용기간 중에 있는 근로자를 해고하거나 사용기간 만료 시 본계약의 체결을 거부하는 것은 사용자에게 유보된 해약권의 행사로서, 해당 근로자의 업무능력, 자질, 인품, 성실성 등 업무적격성을 관찰·판단하려는 사용제도의 취지·목적에 비추어 볼 때 보통의 해고보다는 넓게 인정되나, 이 경우에도 객관적으로 합리적인 이유가 존재하여 사회통념상 타당하다고 인정되어야 한다(대판 2023.11.16. 2019두59349).

⑤ (○) 사용자는 근로계약에 수반되는 신의칙상의 부수적 의무로서 근로자가 노무를 제공하는 과정에서 생명, 신체, 건강을 해치는 일이 없도록 인적·물적 환경을 정비하는 등 필요한 조치를 강구하여야 하는 보호의무를 부담하고, 이러한 보호의무를 위반하여 근로자가 손해를 입었다면 이를 배상할 책임을 진다(대판 2021.8.19. 2018다270876).

답 ❷

002 근로기준법상 근로계약에 대한 설명으로 옳은 것만을 모두 고르면?

24 국가직 9급

CHECK ○△×

ㄱ. 친권자나 후견인은 미성년자의 근로계약을 대리할 수 없다.
ㄴ. 사용자는 근로계약을 체결할 때에 근로자에게 근로계약 기간, 임금, 소정근로시간을 명시하여야 한다.
ㄷ. 친권자, 후견인 또는 행정관청은 근로계약이 미성년자에게 불리하다고 인정하는 경우에는 이를 해지할 수 있다.
ㄹ. 사용자는 임신 중이거나 산후 1년이 지나지 아니한 여성과 18세 미만자를 도덕상 또는 보건상 유해·위험한 사업에 사용하지 못한다.

① ㄱ, ㄴ
② ㄱ, ㄹ
③ ㄴ, ㄷ
④ ㄷ, ㄹ

해설

ㄱ. (○) 근기법 제67조 제1항
ㄴ. (×) 사용자는 근로계약을 체결할 때에 근로자에게 임금, 소정근로시간, 휴일, 연차유급휴가, 취업의 장소와 종사하여야 할 업무에 관한 사항, 취업규칙에서 정한 사항을 명시하여야 하나, 근로계약 기간에 대한 명시는 요하지 아니한다(근기법 제17조 제1항, 동법 시행령 제8조 참조).
ㄷ. (×) 친권자, 후견인 또는 고용노동부장관은 근로계약이 미성년자에게 불리하다고 인정하는 경우에는 이를 해지할 수 있다(근기법 제67조 제2항).
ㄹ. (○) 근기법 제65조 제1항

답 ❷

003 근로기준법령상 근로계약을 체결할 때 사용자가 근로자에게 반드시 서면으로 명시하여 교부해야 하는 사항이 아닌 것은?

15 노무

CHECK ○△×

① 임금의 구성항목·계산방법·지급방법
② 종사하여야 할 업무
③ 주휴일
④ 연차유급휴가
⑤ 소정근로시간

해설

종사하여야 할 업무는 근기법 제17조 제2항에서 정한 서면을 근로자에게 교부하여야 할 사항이 아니다.

근로조건의 명시(근기법 제17조)

① 사용자는 근로계약을 체결할 때에 근로자에게 다음 각 호의 사항을 명시하여야 한다. 근로계약 체결 후 다음 각 호의 사항을 변경하는 경우에도 또한 같다.
1. 임 금
2. 소정근로시간

3. 제55조에 따른 휴일
4. 제60조에 따른 연차유급휴가
5. 그 밖에 대통령령으로 정하는 근로조건

② 사용자는 제1항 제1호와 관련한 임금의 구성항목·계산방법·지급방법 및 제2호부터 제4호까지의 사항이 명시된 서면(전자문서 및 전자거래 기본법 제2조 제1호에 따른 전자문서를 포함)을 근로자에게 교부하여야 한다. 다만, 본문에 따른 사항이 단체협약 또는 취업규칙의 변경 등 대통령령으로 정하는 사유로 인하여 변경되는 경우에는 근로자의 요구가 있으면 그 근로자에게 교부하여야 한다.

답 ❷

004 근로기준법상 근로계약의 체결에 관한 설명으로 옳지 않은 것은?(다툼이 있으면 판례에 따름)

CHECK ○△×

18 노무

① 사용자는 특별한 사정이 없는 한 근로자와 사이에 근로계약의 체결을 통하여 자신의 업무지휘권의 행사와 조화를 이루는 범위 내에서 근로자가 인격을 실현시킬 수 있도록 배려하여야 할 신의칙상의 의무를 부담한다.

② 고용노동부장관은 근로계약이 미성년자에게 불리하다고 인정하는 경우에는 이를 해지할 수 있다.

③ 사용자는 근로계약에 덧붙여 저축금의 관리를 규정하는 계약을 체결하지 못하나, 근로자의 위탁으로 저축을 관리할 수는 있다.

④ 취업규칙에 신규채용 근로자에 대한 시용기간의 적용을 선택적 사항으로 규정하고 있는 경우, 근로계약에 시용기간의 적용을 명시하지 아니하고 고용한 근로자는 정식사원으로 채용되었다고 보아야 한다.

⑤ 근로자에 대한 신원보증계약은 근로기준법상 위약 예정의 금지에 해당되어 무효이다.

해설

① (○) 대판 1996.4.23. 95다6823

② (○) 근기법 제67조 제2항

③ (○) 사용자는 근로계약에 덧붙여 강제저축 또는 저축금의 관리를 규정하는 계약을 체결하지 못한다(근기법 제22조 제1항). 사용자가 근로자의 위탁으로 저축을 관리하는 경우에는 다음 각 호의 사항을 지켜야 한다(근기법 제22조 제2항).

1. 저축의 종류·기간 및 금융기관을 근로자가 결정하고, 근로자 본인의 이름으로 저축할 것
2. 근로자가 저축증서 등 관련 자료의 열람 또는 반환을 요구할 때에는 즉시 이에 따를 것

④ (○) 대판 1999.11.12. 99다30473

⑤ (×) 근로기준법 제24조는 사용자가 근로자와의 사이에서 근로계약 불이행에 대한 위약금 또는 손해배상액을 예정하는 계약의 체결을 금지하는 데 그치는 것이므로 근로자에 대한 신원보증계약은 이에 해당되지 아니한다(대판 1980.9.24. 80다1040).

답 ❺

005 근로기준법상 근로계약 등에 관한 설명으로 옳지 않은 것은?

14 노무

CHECK ○△×

① 사용자는 근로계약 불이행에 대한 위약금 또는 손해배상액을 예정하는 계약을 체결하지 못한다.
② 사용자는 전차금이나 그 밖에 근로할 것을 조건으로 하는 전대채권과 임금을 상계하지 못한다.
③ 법 제36조(금품 청산)를 위반한 자에 대하여는 피해자의 명시적인 의사와 다르게 공소를 제기할 수 있다.
④ 근로자는 근로계약 체결 시 명시된 근로조건이 사실과 다를 경우에 근로조건 위반을 이유로 즉시 근로계약을 해제할 수 있다.
⑤ 사용자는 근로계약에 덧붙여 강제 저축 또는 저축금의 관리를 규정하는 계약을 체결하지 못한다.

해설

① (O) 근기법 제20조
② (O) 사용자는 전차금(前借金)이나 그 밖에 근로할 것을 조건으로 하는 전대(前貸)채권과 임금을 상계하지 못한다(근기법 제21조).
③ (×) 금품청산(제36조), 임금지급(제43조), 도급사업에 대한 임금지급(제44조), 건설업에서의 임금지급연대책임(제44조의2), 휴업수당(제46조), 근로한 기간이 단위기간보다 짧은 경우의 임금정산(제51조의3), 1개월을 초과하는 정산기간을 정하는 경우, 통상임금의 100분의 50 이상을 가산지급(제52조 제2항 제2호) 또는 연장·야간 및 휴일근로(제56조)를 위반한 자에 대하여는 피해자의 명시적인 의사와 다르게 공소를 제기할 수 없다(근기법 제109조 제2항).
④ (O) 근기법 제19조 제1항
⑤ (O) 근기법 제22조 제1항

답 ❸

006 근로기준법상 근로계약에 관한 설명으로 옳은 것을 모두 고른 것은?(다툼이 있으면 판례에 따름)

22 노무

CHECK ○△×

ㄱ. 사용자는 근로계약에 덧붙여 강제 저축 또는 저축금의 관리를 규정하는 계약을 체결하지 못한다.
ㄴ. 단시간근로자의 근로조건은 그 사업장의 같은 종류의 업무에 종사하는 통상 근로자의 근로시간을 기준으로 산정한 비율에 따라 결정되어야 한다.
ㄷ. 소정근로시간은 사용자가 근로계약을 체결할 때에 근로자에게 명시하여야 할 사항에 해당한다.
ㄹ. 사용근로관계는 사용자가 본 근로계약 체결의 거절을 구두로 통보하면 그 근로관계 종료의 정당성이 인정된다.

① ㄱ, ㄴ
② ㄷ, ㄹ
③ ㄱ, ㄴ, ㄷ
④ ㄴ, ㄷ, ㄹ
⑤ ㄱ, ㄴ, ㄷ, ㄹ

해설

ㄱ. (O) 근기법 제22조 제1항
ㄴ. (O) 근기법 제18조 제1항
ㄷ. (O) 근기법 제17조 제1항 제2호
ㄹ. (×) 시용근로관계에서 사용자가 본 근로계약 체결을 거부하는 경우에는 근로자에게 거부사유를 파악하여 대처할 수 있도록 구체적·실질적인 거부사유를 서면으로 통지하여야 한다(대판 2015.11.27. 2015두48136).

답 ❸

007 근로기준법상 근로계약에 관한 설명으로 옳지 않은 것은?

21 노무

CHECK ○△×

① 사용자는 전차금(前借金)이나 그 밖에 근로할 것을 조건으로 하는 전대(前貸)채권과 임금을 상계하지 못한다.

② 취업규칙에서 정한 기준에 미달하는 근로조건을 정한 근로계약은 그 부분에 관하여는 무효로 한다. 이 경우 무효로 된 부분은 취업규칙에 정한 기준에 따른다.

③ 근로계약서에 명시된 근로조건이 사실과 다를 경우에 근로자는 근로조건 위반을 이유로 손해의 배상을 청구할 수 있으나 즉시 근로계약을 해제할 수는 없다.

④ 사용자는 근로계약 불이행에 대한 손해배상액을 예정하는 계약을 체결하지 못한다.

⑤ 사용자는 근로계약에 덧붙여 강제저축을 규정하는 계약을 체결하지 못한다.

해설

① (○) 근기법 제21조

② (○) 근기법 제97조

③ (×) 근로계약서에 명시된 근로조건이 사실과 다를 경우에 근로자는 근로조건 위반을 이유로 손해의 배상을 청구할 수 있으며 즉시 근로계약을 해제할 수 있다(근기법 제19조 제1항).

④ (○) 근기법 제20조

⑤ (○) 근기법 제22조 제1항

답 ❸

008 근로기준법상 근로계약에 관한 설명으로 옳지 않은 것은?

23 노무

CHECK ○△×

① 근로기준법에 정하는 기준에 미치지 못하는 근로조건을 정한 근로계약은 그 부분에 한정하여 무효로 한다.

② 사용자는 근로계약에 덧붙여 저축금의 관리를 규정하는 계약을 체결할 수 있다.

③ 근로자는 근로계약 체결 시 명시된 근로조건이 사실과 다를 경우에 근로조건 위반을 이유로 손해의 배상을 청구할 수 있다.

④ 사용자는 근로계약 체결 후 소정근로시간을 변경하는 경우에 근로자에게 명시하여야 한다.

⑤ 단시간근로자의 근로조건은 그 사업장의 같은 종류의 업무에 종사하는 통상 근로자의 근로시간을 기준으로 산정한 비율에 따라 결정되어야 한다.

해설

① (○) 근기법 제15조 제1항

② (×) 사용자는 근로계약에 덧붙여 강제 저축 또는 저축금의 관리를 규정하는 계약을 체결하지 못한다(근기법 제22조 제1항).

③ (○) 명시된 근로조건이 사실과 다를 경우에 근로자는 근로조건 위반을 이유로 손해의 배상을 청구할 수 있으며 즉시 근로계약을 해제할 수 있다(근기법 제19조 제1항).

④ (○) 사용자는 근로계약을 체결할 때에 근로자에게 소정근로시간을 명시하여야 한다. 근로계약 체결 후 소정근로시간을 변경하는 경우에도 또한 같다(근기법 제17조 제1항 제2호).

⑤ (○) 근기법 제18조 제1항

답 ❷

009 근로기준법령에 대한 설명으로 옳지 않은 것은?

23 국가직 9급

CHECK ○△×

① 사용자는 사고의 발생이나 그 밖의 어떠한 이유로도 근로자에게 폭행을 하지 못한다.

② 상시 4명 이하의 근로자를 사용하는 사업 또는 사업장인 경우에도 사용자는 근로계약 불이행에 대한 손해배상액을 예정하는 계약을 체결하지 못한다.

③ "임금"이란 사용자가 근로의 대가로 근로자에게 임금, 봉급, 그 밖에 어떠한 명칭으로든지 지급하는 모든 금품을 말한다.

④ 사용자는 근로계약에 덧붙여 강제 저축 또는 저축금의 관리를 규정하는 계약을 체결하지 못하며 어떠한 경우에도 근로자의 위탁으로 저축을 관리하지 못한다.

해설

① (○) 근기법 제8조

② (○) 위약예정의 금지(근기법 제20조) 규정은 상시 4명 이하의 근로자를 사용하는 사업 또는 사업장인 경우에도 적용된다.

③ (○) 근기법 제2조 제1항 제5호

④ (×) 사용자는 근로계약에 덧붙여 강제 저축 또는 저축금의 관리를 규정하는 계약을 체결하지 못하나, 근로자의 위탁으로 저축을 관리하는 경우는 가능하며 저축의 종류·기간 및 금융기관을 근로자가 결정하고, 근로자 본인의 이름으로 저축할 것, 근로자가 저축증서 등 관련 자료의 열람 또는 반환을 요구할 때에는 즉시 이에 따를 것 등의 사항을 지켜야 한다(근기법 제22조).

답 ④

010 근로계약에 관한 설명 중 옳지 않은 것은?

16 사시

CHECK ○△×

① 근로자가 그의 책임 있는 사유로 근로제공의무를 이행하지 않으면 사용자는 근로계약을 해지할 수 있으나 근로의 이행을 강제할 수는 없다.

② 임금은 근로의 대가이므로 근로자의 책임 있는 사유로 근로를 제공하지 못한 부분에 대하여는 임금지급의무가 발생하지 아니한다.

③ 사용자가 정당한 이유 없이 계속하여 근로자의 근로를 수령 거부하면 손해배상책임을 부담한다.

④ 사용자는 근로계약 불이행에 대한 위약금 또는 손해배상액을 예정하는 계약을 체결할 수 있다.

⑤ 친권자나 후견인은 미성년자의 근로계약을 대리할 수 없다.

해설

① (○) 근로자의 근로제공의무는 민법상 "하는 채무"이므로 근로자가 근로제공의무를 이행하지 아니하는 경우 그 이행을 강제하는 것을 인격권을 침해할 수 있어 허용되지 아니한다.

② (○) 사용자는 근로계약에 따라 근로자에게 임금을 지급하여야 한다. 근로자가 근로를 제공하지 않은 경우, 사용자에게는 임금지급의무가 없다. 다만, 유급휴일, 유급휴가 및 유급휴직 등의 경우에는 임금을 지급해야 한다.

③ (○) 근로수령의무를 부정하는 견해도 없지는 않으나, 근로자는 근로를 함으로써 임금을 받는 이익 이외에도 근로제공 그 자체에 특별한 이익이 있으므로, 특별한 사정이 없는 한 마땅히 사용자에게 근로수령의무가 인정되어야 한다(다수설·판례). 따라서 사용자가 근로자의 의사에 반하여 정당한 이유 없이 근로자의 근로제공을 계속적으로 거부하는 것은 이와 같은 근로자의 인격적 법익을 침해하는 것이 되어 사용자는 이로 인하여 근로자가 입게 되는 정신적 고통에 대하여 배상할 의무가 있다(대판 1996.4.23. 95다6823).

④ (×) 사용자는 근로계약 불이행에 대한 위약금 또는 손해배상액을 예정하는 계약을 체결하지 못한다(근기법 제20조).

⑤ (○) 근기법 제67조 제1항

답 ④

011 근로기준법상 근로계약에 관한 설명으로 옳지 않은 것은?

17 노무

CHECK ○△×

① 친권자는 미성년자의 근로계약을 대리할 수 있다.
② 근로기준법에 따른 연차유급휴가는 사용자가 근로계약을 체결할 때에 근로자에게 명시하여야 할 사항에 해당한다.
③ 사용자는 근로계약 불이행에 대한 손해배상액을 예정하는 계약을 체결하지 못한다.
④ 사용자는 근로계약에 덧붙여 저축금의 관리를 규정하는 계약을 체결하지 못한다.
⑤ 근로계약을 체결할 때에 명시된 임금이 사실과 다를 경우 근로조건 위반을 이유로 근로자가 손해배상을 청구할 경우에는 노동위원회에 신청할 수 있다.

해설

① (×) 친권자나 후견인은 미성년자의 근로계약을 대리할 수 없다(근기법 제67조 제1항).
② (○) 임금, 소정근로시간, 휴일, 연차유급휴가 등은 근로계약을 체결할 때 사용자가 근로자에게 명시하여야 한다(근기법 제17조 제1항).
③ (○) 근기법 제20조
④ (○) 사용자는 근로계약에 덧붙여 강제저축 또는 저축금의 관리를 규정하는 계약을 체결하지 못한다(근기법 제22조 제1항).
⑤ (○) 근기법 제19조

근로조건의 명시(근기법 제17조)

① 사용자는 근로계약을 체결할 때에 근로자에게 다음 각 호의 사항을 명시하여야 한다. 근로계약 체결 후 다음 각 호의 사항을 변경하는 경우에도 또한 같다.
1. 임 금
2. 소정근로시간
3. 제55조에 따른 휴일
4. 제60조에 따른 연차유급휴가
5. 그 밖에 대통령령으로 정하는 근로조건

명시하여야 할 근로조건(근기법 시행령 제8조)

법 제17조 제1항 제5호에서 "대통령령으로 정하는 근로조건"이란 다음 각 호의 사항을 말한다.
1. 취업의 장소와 종사하여야 할 업무에 관한 사항
2. 법 제93조 제1호부터 제12호까지의 규정에서 정한 사항
3. 사업장의 부속기숙사에 근로자를 기숙하게 하는 경우에는 기숙사규칙에서 정한 사항

답 ❶

012 근로기준법상 근로계약에 대한 설명으로 옳지 않은 것은?

21 국가직 9급

CHECK ○△×

① 근로기준법에서 정하는 기준에 미치지 못하는 근로조건을 정한 근로계약은 전부 무효로 한다.
② 사용자는 근로계약을 체결할 때에 근로자에게 소정근로시간을 명시하여야 한다.
③ 사용자는 근로계약을 체결할 때에 근로자에게 제60조에 따른 연차유급휴가를 명시하여야 한다.
④ 사용자는 근로자에게 정당한 이유 없이 해고, 휴직, 정직, 전직, 감봉, 그 밖의 징벌(懲罰)을 하지 못한다.

해설

① (×) 근로기준법에서 정하는 기준에 미치지 못하는 근로조건을 정한 근로계약은 그 부분에 한정하여 무효로 한다(근기법 제15조 제1항).

② (○) · ③ (○) 근기법 제17조 제1항 참조

> **근로조건의 명시(근기법 제17조)**
> ① 사용자는 근로계약을 체결할 때에 근로자에게 다음 각 호의 사항을 명시하여야 한다. 근로계약 체결 후 다음 각 호의 사항을 변경하는 경우에도 또한 같다.
> 1. 임 금
> 2. 소정근로시간
> 3. 제55조에 따른 휴일
> 4. 제60조에 따른 연차유급휴가
> 5. 그 밖에 대통령령으로 정하는 근로조건

④ (○) 근기법 제23조 제1항

답 ❶

013 근로기준법상 근로계약에 대한 설명으로 옳지 않은 것은?

20 국가직 9급

CHECK ○△×

① 국가나 지방자치단체도 근로계약의 당사자가 될 수 있다.
② 친권자나 후견인은 미성년자의 근로계약을 대리할 수 없다.
③ 사용자는 근로계약 불이행에 대한 위약금을 예정하는 계약을 체결하지 못한다.
④ 사용자는 근로자 명부와 대통령령으로 정하는 근로계약에 관한 중요한 서류를 1년간 보존하여야 한다.

해설

① (○) 국가의 행정관청이 사법상 근로계약을 체결한 경우 그 근로계약관계의 권리 · 의무는 행정주체인 국가에 귀속되므로, 국가는 그러한 근로계약관계에 있어서 노조법 제2조 제2호에 정한 사업주로서 단체교섭의 당사자의 지위에 있는 사용자에 해당한다(대판 2008.9.11. 2006다40935).

② (○) 근기법 제67조 제1항

③ (○) 사용자는 근로계약 불이행에 대한 위약금 또는 손해배상액을 예정하는 계약을 체결하지 못한다(근기법 제20조).

④ (×) 사용자는 근로자 명부와 대통령령으로 정하는 근로계약에 관한 중요한 서류를 3년간 보존하여야 한다(근기법 제42조).

답 ❹

014 근로기준법에 규정된 내용으로 옳은 것은?

16 노무

CHECK ○△×

① 단시간근로자의 근로조건은 그 사업장의 같은 종류의 업무에 종사하는 통상 근로자의 근로시간을 기준으로 산정한 비율에 따라 결정되어야 한다.

② 근로자는 근로기준법 제17조에 따라 명시된 근로조건이 사실과 다르더라도 근로계약을 즉시 해제할 수는 없다.

③ 근로기준법 제17조에 따라 근로계약서에 명시된 근로조건이 사실과 다를 경우에 근로자는 근로조건 위반을 이유로 고용노동부장관에게 손해배상의 청구를 신청하여야 한다.

④ 사용자는 근로계약 불이행에 대한 손해배상액을 예정하는 계약을 체결할 수 있다.

⑤ 사용자는 근로계약에 덧붙여 강제저축 또는 저축금의 관리를 규정하는 계약을 체결할 수 있다.

해설

① (○) 근기법 제18조 제1항

② (×) 명시된 근로조건이 사실과 다를 경우에 근로자는 근로조건 위반을 이유로 손해의 배상을 청구할 수 있으며 즉시 근로계약을 해제할 수 있다(근기법 제19조 제1항).

③ (×) 근로자가 손해배상을 청구할 경우에는 노동위원회에 신청할 수 있다(근기법 제19조 제2항).

④ (×) 사용자는 근로계약 불이행에 대한 위약금 또는 손해배상액을 예정하는 계약을 체결하지 못한다(근기법 제20조).

⑤ (×) 사용자는 근로계약에 덧붙여 강제저축 또는 저축금의 관리를 규정하는 계약을 체결하지 못한다(근기법 제22조 제1항).

답 ❶

015 근로기준법령상 근로계약에 대한 설명으로 옳지 않은 것은?(다툼이 있는 경우 판례에 의함)

21 국가직 7급

CHECK ○△×

① 사용자는 근로계약을 체결할 때에 근로자에게 취업의 장소와 종사하여야 할 업무에 관한 사항을 명시하여야 한다.

② 근로계약을 체결할 때에 명시된 임금이 사실과 다를 경우에 근로자는 즉시 근로계약을 해제할 수 있다.

③ 근로자가 소정근로시간을 초과하여 근로를 제공하거나 근로계약에서 제공하기로 정한 근로 외의 근로를 특별히 제공함으로써 사용자로부터 추가로 지급받는 임금은 통상임금에 속한다.

④ 연장근로에 대한 가산임금 산정방식에 관하여 노사 간에 합의한 경우, 노사합의에 따라 계산한 금액이 근로기준법에서 정한 기준에 미치지 못할 때에는 그 부분만큼 노사합의는 무효이고, 무효로 된 부분은 근로기준법이 정하는 기준에 따라야 한다.

해설

① (○) 사용자는 근로계약을 체결할 때에 근로자에게 취업의 장소와 종사하여야 할 업무에 관한 사항을 명시하여야 한다. 근로계약 체결 후 이를 변경하는 경우에도 또한 같다(근기법 제17조 제1항 제5호, 동법 시행령 제8조 제1호).

② (○) 명시된 근로조건이 사실과 다를 경우에 근로자는 근로조건 위반을 이유로 손해의 배상을 청구할 수 있으며 즉시 근로계약을 해제할 수 있다(근기법 제19조 제1항).

③ (×) 근로자가 소정근로시간을 초과하여 근로를 제공하거나 근로계약에서 제공하기로 정한 근로 외의 근로를 특별히 제공함으로써 사용자로부터 추가로 지급받는 임금이나 소정근로시간의 근로와는 관련 없이 지급받는 임금은 소정근로의 대가라 할 수 없으므로 통상임금에 속하지 아니한다(대판 2013.12.18. 2012다89399[전합]).

④ (○) 연장·야간·휴일 근로에 대하여 통상임금의 50% 이상을 가산하여 지급하도록 한 근로기준법의 규정은 각 해당 근로에 대한 임금산정의 최저기준을 정한 것이므로, 통상임금의 성질을 가지는 임금을 일부 제외한 채 연장·야간·휴일 근로에 대한 가산임금을 산정하도록 노사 간에 합의한 경우 그 노사합의에 따라 계산한 금액이 근로기준법에서 정한 위 기준에 미달할 때에는 그 미달하는 범위 내에서 노사합의는 무효이고, 무효로 된 부분은 근로기준법이 정하는 기준에 따라야 한다(대판 2013.12.18. 2012다89399[전합]).

답 ❸

016 근로기준법상 근로계약에 관한 설명으로 옳은 것은?

15 노무

CHECK ○△×

① 사용자는 근로계약 불이행에 대한 손해배상액을 예정하는 계약을 체결할 수 있다.

② 취업규칙에서 정한 기준보다 유리한 내용의 근로조건을 정한 근로계약은 그 부분에 관하여는 이를 무효로 한다.

③ 명시된 근로조건이 사실과 다를 경우에 근로자는 근로조건 위반을 이유로 즉시 근로계약을 해제할 수 있다.

④ 사용자는 미성년자의 근로계약에 덧붙여 사용자 본인의 이름으로 미성년자의 임금을 저축하여 관리하는 계약을 체결할 수 있다.

⑤ 사용자는 근로할 것을 조건으로 하는 전대(前貸)채권과 임금을 상계할 수 있다.

해설

① (×) 사용자는 근로계약 불이행에 대한 위약금 또는 손해배상액을 예정하는 계약을 체결하지 못한다(근기법 제20조).

② (×) 취업규칙에서 정한 기준에 미달하는 근로조건을 정한 근로계약은 그 부분에 관하여는 무효로 한다. 이 경우 무효로 된 부분은 취업규칙에 정한 기준에 따른다(근기법 제97조). 따라서 취업규칙의 기준보다 유리한 내용의 근로조건을 정한 근로계약은 유효하다.

③ (○) 근기법 제19조 제1항

④ (×) 사용자는 근로계약에 덧붙여 강제저축 또는 저축금의 관리를 규정하는 계약을 체결하지 못한다(근기법 제22조 제1항).

⑤ (×) 사용자는 전차금(前借金)이나 그 밖에 근로할 것을 조건으로 하는 전대(前貸)채권과 임금을 상계하지 못한다(근기법 제21조).

답 ❸

017 시용계약에 관한 설명 중 옳은 것들을 바르게 연결한 것은?(다툼이 있는 경우에는 판례에 의함)

CHECK ○△×

08 사시

ㄱ. 신규채용하는 근로자에 대한 시용기간의 적용을 선택적 사항으로 취업규칙에 규정하고 있는데 어떤 근로자와의 계약에서 시용기간의 적용 여부를 명시하지 않았다면 (_____).
- ⓐ 이 근로자는 시용근로자로 채용되었다.
- ⓑ 이 근로자는 정식사원으로 채용되었다.

ㄴ. 시용계약이 체결된 경우에 그 계약의 법적 성질은 (_____).
- ⓐ 근로계약 체결의 예약이다.
- ⓑ 근로계약이다.

ㄷ. 사용자가 시용근로자에 대해 본 채용을 거절하는 기준은 (_____).
- ⓐ 통상의 근로자에 대한 해고의 기준과 동일하여야 한다.
- ⓑ 통상의 근로자에 대한 해고의 기준보다 완화시킬 수 있으나, 객관적이고 합리적인 이유가 있어야 한다.

ㄹ. 시용기간 만료 후 사용자가 근로자를 정식근로자를 채용하는 경우에 기존의 시용기간은 퇴직금, 연차휴가 등의 계산시 계속근로연수에 (_____).
- ⓐ 산입된다.
- ⓑ 산입되지 아니한다.

① ㄱ : ⓐ, ㄴ : ⓐ, ㄷ : ⓐ, ㄹ : ⓐ
② ㄱ : ⓑ, ㄴ : ⓐ, ㄷ : ⓐ, ㄹ : ⓑ
③ ㄱ : ⓑ, ㄴ : ⓐ, ㄷ : ⓑ, ㄹ : ⓐ
④ ㄱ : ⓐ, ㄴ : ⓑ, ㄷ : ⓐ, ㄹ : ⓑ
⑤ ㄱ : ⓑ, ㄴ : ⓑ, ㄷ : ⓑ, ㄹ : ⓐ

해설

- ㄱ : ⓑ 취업규칙에 신규채용하는 근로자에 대한 시용기간의 적용을 선택적 사항으로 규정하고 있는 경우에는 그 근로자에 대하여 시용기간을 적용할 것인가의 여부를 근로계약에 명시하여야 하고, 만약 근로계약에 시용기간이 적용된다고 명시하지 아니한 경우에는 시용근로자가 아닌 정식사원으로 채용되었다고 보아야 한다(대판 1999.11.12. 99다30473).
- ㄴ : ⓑ 시용계약의 법적 성질에 대해 정지조건부 근로계약설, 해제조건부 근로계약설 등의 견해가 주장되고 있으나, 해약권유보부 근로계약설이 통설·판례이다.
- ㄷ : ⓑ 시용(試用)기간 중에 있는 근로자를 해고하거나 시용기간 만료시 본계약(本契約)의 체결을 거부하는 것은 사용자에게 유보된 해약권의 행사로서, 당해 근로자의 업무능력, 자질, 인품, 성실성 등 업무적격성을 관찰·판단하려는 시용제도의 취지·목적에 비추어 볼 때 보통의 해고보다는 넓게 인정되나, 이 경우에도 객관적으로 합리적인 이유가 존재하여 사회통념상 상당하다고 인정되어야 한다(대판 2006.2.24. 2002다62432).

> 사용자인 은행이 시용기간 중의 근로자를 대상으로 근무성적평정을 실시함에 있어서 각 지점별로 씨(C) 또는 디(D)의 평정등급 해당자 수를 할당한 점, 근무성적평정표가 작성·제출된 이후 위 은행으로부터 재작성 요구를 받은 일부 지점장들이 평정자 및 확인자를 달리하도록 정한 위 은행의 근무성적평가요령에 어긋나게 혼자서 근무성적평정표를 재작성하기도 한 점 등 제반 사정에 비추어 볼 때, 위 은행이 시용근로계약을 해지한 데에 정당한 이유가 있다고 보기 어렵다고 한 사례(대판 2006.2.24. 2002다62432).

• ㄹ : ⓐ 기존의 사용기간은 퇴직금, 연차휴가 등의 계산 시 계속근로연수에 산입되고, 정규근로관계의 존속기간으로 산입된다. 최근 판례도 같은 취지에서 사용기간 만료 후 본 근로계약을 체결하여 공백 기간 없이 계속 근무한 경우에도 사용기간과 본 근로계약기간을 통산한 기간을 퇴직금 산정의 기초가 되는 계속근로기간으로 보아야 한다고(대판 2022.2.17. 2021다218083) 판시하고 있다.

답 ❺

018 채용내정 및 시용에 관한 설명으로 옳지 않은 것은?(다툼이 있으면 판례에 따름)

19 노무

CHECK ○△×

① 채용내정자의 해약권유보부 근로계약에는 근로기준법 제23조(해고 등의 제한)가 적용되지 않는다.

② 채용내정 취소가 무효인 경우 채용내정자는 취업하여 근로하였더라면 받을 수 있었을 임금의 지급을 청구할 수 있다.

③ 시용기간의 적용이 선택적 사항임에도 불구하고 근로자에게 시용기간이 명시되지 않았다면 근로자는 시용근로자가 아닌 정식사원으로 채용되었다고 보아야 한다.

④ 시용기간 만료 후 사용자가 근로자에게 단순히 시용기간의 만료로 해고한다는 취지로만 통지한 것은 절차상 하자가 있어 근로계약 종료의 효력이 없다.

⑤ 사용자가 시용기간 만료 후 본 근로계약 체결을 거부하는 경우에도 객관적으로 합리적인 이유가 존재하여 사회통념상 상당성이 있어야 한다.

해설

① (×) 채용내정자의 정식채용을 거부하거나 채용내정을 취소하는 것은 사실상 해고에 해당한다. 따라서 사용자가 채용내정을 취소하기 위해서는 근로기준법 제23조 제1항의 정당한 이유 또는 제24조의 경영상 이유에 의한 해고의 정당성 요건을 갖추어야 한다(대판 2000.11.28. 2000다51476).

② (○) 채용내정 취소사유에 해당하지 아니하는 데도 불구하고 채용내정을 취소한 경우에는 정당한 이유 없는 해고로 무효가 되므로, 채용내정자는 취업하여 근로하였더라면 받을 수 있었을 임금의 지급을 청구할 수 있다.

③ (○) 취업규칙에 신규채용하는 근로자에 대한 시용기간의 적용을 선택적 사항으로 규정하고 있는 경우에는 그 근로자에 대하여 시용기간을 적용할 것인가의 여부를 근로계약에 명시하여야 하고, 만약 근로계약에 시용기간이 적용된다고 명시하지 아니한 경우에는 시용근로자가 아닌 정식사원으로 채용되었다고 보아야 한다(대판 1999.11.12. 99다30473).

④ (○) 본채용 거부 시에는 해고서면통지규정도 적용되며, 사용자가 본근로계약 체결을 거부하는 경우에는 근로자에게 거부사유를 파악하여 대처할 수 있도록 구체적·실질적 거부사유를 서면으로 통지하여야 한다(대판 2015.11.27. 2015두48136).

⑤ (○) 시용기간 중에 있는 근로자를 해고하거나 시용기간 만료 시 본계약의 체결을 거부하는 것은 사용자에게 유보된 해약권의 행사로, 보통의 해고보다는 넓게 인정되나, 이 경우에도 객관적으로 합리적인 이유가 존재하여 사회통념상 상당하다고 인정되어야 한다(대판 2006.2.24. 2002다62432).

답 ❶

019 사용근로관계에 대한 설명으로 옳지 않은 것은?(다툼이 있는 경우 판례에 의함) 18 국가직 7급

CHECK ○△×

① 해고의 예고는 수습 사용한 날부터 3개월 이내인 수습근로자에게는 적용하지 아니한다.

② 취업규칙에 시용기간을 선택적 사항으로 규정하고 있는 경우에는 근로계약에 시용기간을 적용함을 명시하지 않은 경우에도 시용기간을 적용할 수 있다.

③ 시용근로관계에서 사용자가 본 근로계약 체결을 거부하는 경우에는 근로자에게 구체적·실질적인 거부사유를 서면으로 통지하여야 한다.

④ 사용자가 근로자의 시용기간 만료시 본계약의 체결을 거부하는 것은 사용자에게 유보된 해약권의 행사로서, 객관적으로 합리적인 이유가 존재하여 사회통념상 상당하다고 인정되어야 한다.

해설

① (○) 사용자는 근로자를 해고(경영상 이유에 의한 해고를 포함)하려면 적어도 30일 전에 예고를 하여야 하고, 30일 전에 예고를 하지 아니하였을 때에는 30일분 이상의 통상임금을 지급하여야 한다. 다만, 근로자가 계속 근로한 기간이 3개월 미만인 경우에는 그러하지 아니하다(근기법 제26조 제1호).

② (×) 취업규칙에 신규채용하는 근로자에 대한 시용기간의 적용을 선택적 사항으로 규정하고 있는 경우에는 그 근로자에 대하여 시용기간을 적용할 것인가의 여부를 근로계약에 명시하여야 하고, 만약 근로계약에 시용기간이 적용된다고 명시하지 아니한 경우에는 시용근로자가 아닌 정식사원으로 채용되었다고 보아야 한다(대판 1999.11.12. 99다30473).

③ (○) 근로기준법 규정의 내용과 취지, 시용기간 만료 시 본 근로계약 체결 거부의 정당성 요건 등을 종합하면, 시용근로관계에서 사용자가 본 근로계약 체결을 거부하는 경우에는 근로자에게 거부사유를 파악하여 대처할 수 있도록 구체적·실질적인 거부사유를 서면으로 통지하여야 한다(대판 2015.11.27. 2015두48136).

④ (○) 시용(試用)기간 중에 있는 근로자를 해고하거나 시용기간 만료시 본계약(本契約)의 체결을 거부하는 것은 사용자에게 유보된 해약권의 행사로서, 당해 근로자의 업무능력, 자질, 인품, 성실성 등 업무적격성을 관찰·판단하려는 시용제도의 취지·목적에 비추어 볼 때 보통의 해고보다는 넓게 인정되나, 이 경우에도 객관적으로 합리적인 이유가 존재하여 사회통념상 상당하다고 인정되어야 한다(대판 2006.2.24. 2002다62432).

답 ❷

020 근로계약 당사자의 의무에 대한 설명으로 옳지 않은 것은?

07 사시

CHECK ○△×

① 근로제공은 근로자가 자신의 노동력을 사용자가 처분할 수 있는 상태에 두는 것을 의미한다.
② 근로자가 근로제공의무를 게을리 하더라도 그 이행을 위한 직접 강제가 허용되지 아니한다.
③ 근로계약상 구체적인 내용이 없으면 사용자는 근로자에게 대하여 안전배려의무를 부담하지 아니한다.
④ 쟁의행위에 참가하여 근로를 제공하지 아니한 근로자에 대하여 사용자는 그 기간 중의 임금을 지급할 의무가 없다.
⑤ 근로자는 근로제공과 관련하여 알게 된 경영상의 비밀을 타인에게 누설하지 아니할 신의칙상의 의무를 부담한다.

해설

① (○) 근로자의 근로제공은 반드시 근로를 목적에 따라 실현할 것을 요하는 것은 아니고 노동력을 사용자가 처분할 수 있는 상태에 두는 것으로 족하다.
② (○) 근로자의 근로제공의무는 민법상 "하는 채무"이므로 직접강제로 그 이행을 강제하는 것을 인격권을 침해할 수 있어 허용되지 아니한다.
③ (×) 근로자가 사용자의 경영체 또는 사업장 내에 현실적으로 편입됨으로써 안전배려의무의 효력이 발생하기 때문에, 근로계약에 구체적 내용이 정하여 지지 아니하였거나, 근로계약이 무효로 되거나 취소되더라도 이 의무의 효력은 부인될 수 없다.
④ (○) 노조법 제44조 제1항
⑤ (○) 근로자는 근로제공의무 외에도 사용자에 대한 충실의무를 지는데, 이는 사용자 또는 경영상의 이익이 침해되지 아니하도록 특정 행위를 하여야 하는 작위의무와 특정 행위를 하여서는 아니 되는 부작위의무를 말한다. 충실의무의 개념 및 범위는 근로관계의 내용에 따라 구체적·개별적으로 판단되어야 하나, 대체로 명령이행의무, 직무전념의무, 비밀유지의무, 경업금지의무, 기타 진실고지의무 및 회사의 사회적 신용을 훼손하지 아니할 의무 등이 이에 해당된다.

답 ❸

CHAPTER

04 임 금

제1절 임금의 의의

001 근로기준법상 임금 등에 대한 설명으로 옳지 않은 것은?(다툼이 있는 경우 판례에 의함)

CHECK ○△×

20 국가직 7급

① 운송회사가 하루의 운송수입금 중 회사에 납입하는 일정액의 사납금을 공제한 잔액을 그 운전사 개인의 수입으로 하여 자유로운 처분에 맡겨 왔다면 위와 같은 운전사 개인의 수입으로 되는 부분은 근로의 대가인 임금에 해당하지 않는다.

② 차량유지비의 경우 전 직원에 대하여 또는 일정한 직급을 기준으로 일률적으로 지급되었다면 근로의 대상으로 지급된 것으로 볼 수 있다.

③ 사용자는 근로자가 출산, 질병, 재해, 그 밖에 대통령령으로 정하는 비상(非常)한 경우의 비용에 충당하기 위하여 임금지급을 청구하면 지급기일 전이라도 이미 제공한 근로에 대한 임금을 지급하여야 한다.

④ 사용자는 도급이나 그 밖에 이에 준하는 제도로 사용하는 근로자에게 근로시간에 따라 일정액의 임금을 보장하여야 한다.

해설

① (×) 근로자들이 총운송수입금을 전부 운송회사에 납부하는 경우에는 근로자들이 사납금 초과수입금을 개인 자신에게 직접 귀속시킨 경우와 달리, 운송회사로서는 사납금 초과수입금의 발생 여부와 금액범위를 명확히 확인·특정할 수 있어 사납금 초과수입금을 관리하고 지배할 수 있다고 보아야 할 것이고, 운송회사가 추후에 근로자들로부터 납부받은 사납금 초과수입금 상당의 금원을 근로자들에게 지급하였다고 하여 달리 볼 것이 아니라 할 것이므로, 운송회사가 근로자들로부터 납부받은 사납금 초과수입금은 퇴직금 산정의 기초가 되는 평균임금에 포함되는 것으로 보아야 한다(대판 2007.7.12. 2005다25113).

> **[비교판례]**
> 택시운전사들이 하루의 운송수입금 중 사납금 등을 납입하고 남은 금액을 개인 수입으로 자신에게 직접 귀속시킨 경우, 그 개인 수입 부분의 발생 여부나 그 금액 범위 또한 일정하지 않으므로 운송회사로서는 택시운전사들의 개인 수입 부분이 얼마가 되는지 알 수도 없고 이에 대한 관리가능성이나 지배가능성도 없다고 할 것이어서 택시운전사들의 개인 수입 부분은 퇴직금 산정의 기초인 평균임금에 포함되지 않는다고 보아야 한다(대판 1998.3.13. 95다55733).

② (○) 차량유지비의 경우 그것이 전 직원에 대하여 또는 일정한 직급을 기준으로 일률적으로 지급되었다면 근로의 대상으로 지급된 것으로 볼 수 있다고 할 것이나 차량 보유를 조건으로 지급되었거나 직원들 개인 소유의 차량을 업무용으로 사용하는 데 필요한 비용을 보조하기 위해 지급된 것이라면 실비변상적인 것으로서 근로의 대상으로 지급된 것으로 볼 수 없다(대판 1997.10.24. 96다33037).

③ (○) 근기법 제45조

④ (○) 근기법 제47조

답 ❶

002 근로기준법령상 평균임금에 관한 설명으로 옳은 것은?(다툼이 있으면 판례에 따름)

24 노무

CHECK ○△×

① 계속적·정기적으로 지급되고 지급대상, 지급조건 등이 확정되어 있어 사용자에게 지급의무가 있는 경영평가성과급은 평균임금 산정의 기초가 되는 임금에 포함된다.

② 사용자는 연장근로에 대하여는 평균임금의 100분의 50 이상을 가산하여 근로자에게 지급하여야 한다.

③ 평균임금의 산정기간 중에 출산전후휴가 기간이 있는 경우 그 기간은 산정기간에 포함된다.

④ 일용근로자의 평균임금은 최저임금위원회가 정하는 금액으로 한다.

⑤ 평균임금이란 이를 산정하여야 할 사유가 발생한 날 이전 3개월 동안에 그 근로자에게 지급된 임금의 총액을 그 기간의 총 근로시간 수로 나눈 금액을 말한다.

해설

① (○) 경영평가성과급이 계속적·정기적으로 지급되고 지급대상, 지급조건 등이 확정되어 있어 사용자에게 지급의무가 있다면, 이는 근로의 대가로 지급되는 임금의 성질을 가지므로 평균임금 산정의 기초가 되는 임금에 포함된다고 보아야 한다(대판 2018.10.12. 2015두36157).

② (×) 사용자는 연장근로에 대하여는 통상임금의 100분의 50 이상을 가산하여 근로자에게 지급하여야 한다(근기법 제56조 제1항).

③ (×) 평균임금 산정기간 중에 출산전후휴가 기간이 있는 경우에는 그 기간과 그 기간 중에 지급된 임금은 평균임금산정기준이 되는 기간과 임금의 총액에서 각각 뺀다(근기법 시행령 제2조 제1항 제3호).

④ (×) 일용근로자의 평균임금은 고용노동부장관이 사업이나 직업에 따라 정하는 금액으로 한다(근기법 시행령 제3조).

⑤ (×) "평균임금"이란 이를 산정하여야 할 사유가 발생한 날 이전 3개월 동안에 그 근로자에게 지급된 임금의 총액을 그 기간의 총일수로 나눈 금액을 말한다(근기법 제2조 제1항 제6호 전문).

답 ❶

003 근로기준법령상 임금에 관한 설명으로 옳지 않은 것은?(다툼이 있으면 판례에 따름) 22 노무

CHECK ○△×

① 통상임금에는 1개월 이내의 주기마다 정기적으로 지급되는 임금과 수당만이 포함된다.
② 산출된 평균임금액이 그 근로자의 통상임금보다 적으면 그 통상임금액을 평균임금으로 한다.
③ 임금은 매월 1회 이상 일정한 날짜를 정하여 지급하여야 하며, 다만 임시로 지급하는 임금에 대하여는 그러하지 아니하다.
④ 평균임금의 산정기간 중에 출산전후휴가 기간이 있는 경우에는 그 기간과 그 기간 중에 지급된 임금은 평균임금 산정기준이 되는 기간과 임금의 총액에서 각각 뺀다.
⑤ 평균임금이란 이를 산정하여야 할 사유가 발생한 날 이전 3개월 동안에 그 근로자에게 지급된 임금의 총액을 그 기간의 총일수로 나눈 금액을 말한다.

해설

① (×) 정기상여금과 같이 일정한 주기로 지급되는 임금의 경우 단지 그 지급주기가 1개월을 넘는다는 사정만으로 그 임금이 통상임금에서 제외된다고 할 수는 없다(대판 2013.12.18. 2012다89399[전합]). 지문은 2012다89399[전합]판결의 별개의견에서 제시된 견해임을 유의하여야 한다.
② (○) 근기법 제2조 제2항
③ (○) 임금은 매월 1회 이상 일정한 날짜를 정하여 지급하여야 한다. 다만, 임시로 지급하는 임금, 수당, 그 밖에 이에 준하는 것 또는 대통령령으로 정하는 임금에 대하여는 그러하지 아니하다(근기법 제43조 제2항).
④ (○) 근기법 시행령 제2조 제1항 제3호
⑤ (○) 근기법 제2조 제1항 제6호 전문

평균임금의 계산에서 제외되는 기간과 임금(근기법 시행령 제2조)

① 근로기준법(이하 "법") 제2조 제1항 제6호에 따른 평균임금 산정기간 중에 다음 각 호의 어느 하나에 해당하는 기간이 있는 경우에는 그 기간과 그 기간 중에 지급된 임금은 평균임금 산정기준이 되는 기간과 임금의 총액에서 각각 뺀다.
1. 근로계약을 체결하고 수습 중에 있는 근로자가 수습을 시작한 날부터 3개월 이내의 기간
2. 법 제46조에 따른 사용자의 귀책사유로 휴업한 기간
3. 법 제74조 제1항부터 제3항까지의 규정에 따른 출산전후휴가 및 유산·사산 휴가 기간
4. 법 제78조에 따라 업무상 부상 또는 질병으로 요양하기 위하여 휴업한 기간
5. 남녀고용평등과 일·가정 양립 지원에 관한 법률 제19조에 따른 육아휴직 기간
6. 노동조합 및 노동관계조정법 제2조 제6호에 따른 쟁의행위기간
7. 병역법, 예비군법 또는 민방위기본법에 따른 의무를 이행하기 위하여 휴직하거나 근로하지 못한 기간. 다만, 그 기간 중 임금을 지급받은 경우에는 그러하지 아니하다.
8. 업무 외 부상이나 질병, 그 밖의 사유로 사용자의 승인을 받아 휴업한 기간

② 법 제2조 제1항 제6호에 따른 임금의 총액을 계산할 때에는 임시로 지급된 임금 및 수당과 통화 외의 것으로 지급된 임금을 포함하지 아니한다. 다만, 고용노동부장관이 정하는 것은 그러하지 아니하다.

답 ❶

004 임금 등에 관하여 근로기준법령에 규정된 내용으로 옳지 않은 것은? 16 노무

CHECK ○△×

① 임금이란 사용자가 근로의 대가로 근로자에게 임금, 봉급, 그 밖에 어떠한 명칭으로든지 지급하는 모든 금품을 말한다.

② 평균임금이란 이를 산정하여야 할 사유가 발생한 날 이전 3개월 동안에 그 근로자에게 지급된 임금의 총액을 말한다.

③ 사용자는 도급이나 그 밖에 이에 준하는 제도로 사용하는 근로자에게 근로시간에 따라 일정액의 임금을 보장하여야 한다.

④ 사용자는 각 사업장별로 임금대장을 작성하여야 한다.

⑤ 일용근로자의 평균임금은 고용노동부장관이 사업이나 직업에 따라 정하는 금액으로 한다.

해설

① (○) 근기법 제2조 제1항 제5호

② (×) 평균임금이란 이를 산정하여야 할 사유가 발생한 날 이전 3개월 동안에 그 근로자에게 지급된 임금의 총액을 그 기간의 총일수로 나눈 금액을 말한다(근기법 제2조 제1항 제6호).

③ (○) 근기법 제47조

④ (○) 근기법 제48조 제1항

⑤ (○) 일용근로자의 평균임금은 고용노동부장관이 사업이나 직업에 따라 정하는 금액으로 한다(근기법 시행령 제3조).

답 ❷

005 근로기준법상 임금에 관한 설명으로 옳지 않은 것은?(다툼이 있으면 판례에 따름) 20 노무

CHECK ○△×

① 실비변상적 금원은 평균임금 산정의 기초가 되는 임금총액에 포함되지 않는다.

② 산출된 평균임금액이 그 근로자의 통상임금보다 적으면 그 통상임금액을 평균임금으로 한다.

③ 사용자와 근로자는 통상임금의 의미나 범위에 관하여 단체협약 등에 의해 따로 합의할 수 있다.

④ "평균임금"이란 이를 산정하여야 할 사유가 발생한 날 이전 3개월 동안에 그 근로자에게 지급된 임금의 총액을 그 기간의 총일수로 나눈 금액을 말한다.

⑤ 정기상여금의 지급주기가 1개월을 넘는다는 사정만으로 그 임금이 통상임금에서 제외된다고 할 수는 없다.

해설

① (○) 사용자 이외의 자가 지급한 금품이나 근로의 대상으로서 지급되는 것이 아니라 근로자가 특수한 근무조건이나 환경에서 직무를 수행함으로 말미암아 추가로 소요되는 비용을 변상하기 위하여 지급되는 실비변상적 금원 또는 사용자가 지급의무 없이 은혜적으로 지급하는 금원 등은 평균임금 산정의 기초가 되는 임금총액에 포함되지 아니한다(대판 1999.2.9. 97다56235).

② (○) 근기법 제2조 제2항

③ (×) 통상임금은 근로조건의 기준을 마련하기 위하여 법이 정한 도구개념이므로, 사용자와 근로자가 통상임금의 의미나 범위 등에 관하여 단체협약 등에 의해 따로 합의할 수 있는 성질의 것이 아니다(대판 2013.12.18. 2012다89399[전합]).

④ (○) 근기법 제2조 제1항 제6호

⑤ (○) 정기상여금과 같이 일정한 주기로 지급되는 임금의 경우 단지 그 지급주기가 1개월을 넘는다는 사정만으로 그 임금이 통상임금에서 제외된다고 할 수는 없다(대판 2013.12.18. 2012다89399[전합]).

답 ❸

최신유형

006 근로기준법령상 통상임금에 관한 설명으로 옳지 않은 것은?(다툼이 있으면 판례에 따름)

25 노무

CHECK ○△×

① 고정성을 통상임금의 개념적 징표에서 제외하였으므로 주휴수당은 통상임금에 속한다.

② 근로자가 소정근로시간을 초과하여 근로를 제공함으로써 사용자로부터 추가로 지급받는 임금은 통상임금으로 볼 수 없다.

③ 통상임금에 산입될 수당을 통상임금에서 제외하기로 하는 노사합의에 따라 계산한 금액이 「근로기준법」에서 정한 기준에 미달할 때에는 그 미달하는 범위 내에서 노사합의는 무효이다.

④ 통상임금에 속하기 위한 성질을 갖춘 임금이 1개월을 넘는 기간마다 정기적으로 지급되는 경우, 그 임금이 소정근로의 대가로서 성질을 상실하게 되는 것이 아니다.

⑤ 통상임금은 근로자에게 정기적이고 일률적으로 소정근로 또는 총 근로에 대하여 지급하기로 정한 시간급 금액, 일급 금액, 주급 금액, 월급 금액 또는 도급 금액을 말한다.

해설

① (×) 사용자는 1주 동안의 소정근로일을 개근한 근로자에게 1주에 평균 1회 이상의 유급휴일을 보장하여야 하는데(근기법 제55조 제1항, 동법 시행령 제30조 제1항), 이 유급휴일에 지급되는 임금을 통상적으로 주휴수당이라고 한다. 최근 전합판결은 통상임금의 개념적 징표로서의 고정성을 폐기하면서 통상임금을 이루는 개념에는 '임금 지급에 관한 일정한 사전적 규율'의 의미가 내포되어 있으므로, 소정근로의 제공과 관계없이 일시적이거나 변동적으로 지급되는 금품은 여전히 통상임금에서 제외되고, 고정성을 통상임금의 개념적 징표에서 제외하더라도 성질상 통상임금을 기초로 산정되는 주휴수당 등과 같은 법정수당은 개념적으로 통상임금이 될 수 없으므로, 통상임금에 속하지 않는다고 판시하고 있다(대판 2024.12.19. 2020다247190[전합]).

② (○) 근로자가 소정근로시간을 초과하여 근로를 제공하거나 근로계약에서 제공하기로 정한 근로 외의 근로를 특별히 제공함으로써 사용자로부터 추가로 지급받는 임금이나 소정근로시간의 근로와는 관련 없이 지급받는 임금은 소정근로의 대가라 할 수 없으므로 통상임금에 속하지 아니한다(대판 2013.12.18. 2012다89399[전합]).

③ (○) 통상임금의 성질을 가지는 임금을 일부 제외한 채 연장·야간·휴일 근로에 대한 가산임금을 산정하도록 노사 간에 합의한 경우 그 노사합의에 따라 계산한 금액이 근로기준법에서 정한 위 기준에 미달할 때에는 그 미달하는 범위 내에서 노사합의는 무효이고, 무효로 된 부분은 근로기준법이 정하는 기준에 따라야 한다(대판 2013.12.18. 2012다89399[전합]).

④ (○) 통상임금에 속하기 위한 성질을 갖춘 임금이 1개월을 넘는 기간마다 정기적으로 지급되는 경우, 이는 노사 간의 합의 등에 따라 근로자가 소정근로시간에 통상적으로 제공하는 근로의 대가가 1개월을 넘는 기간마다 분할지급되고 있는 것일 뿐, 그러한 사정 때문에 갑자기 그 임금이 소정근로의 대가로서 성질을 상실하거나 정기성을 상실하게 된다고 할 수 없다(대판 2013.12.18. 2012다89399[전합]).

⑤ (○) 근기법 시행령 제6조 제1항

답 ❶

007 근로기준법령상 임금에 대한 설명으로 옳지 않은 것은?

24 국가직 9급

CHECK ○△×

① 단체협약이나 취업규칙 등에 휴직자나 복직자 또는 징계대상자 등에 대하여 특정 임금에 대한 지급 제한사유를 규정하고 있다 하더라도, 이는 해당 근로자의 개인적인 특수성을 고려하여 그 임금 지급을 제한하고 있는 것에 불과하므로, 그러한 사정을 들어 정상적인 근로관계를 유지하는 근로자에 대하여 그 임금 지급의 일률성을 부정할 것은 아니다.

② 성질상 근로기준법상의 통상임금에 속하는 임금을 통상임금에서 제외하기로 노사 간에 합의하였다 하더라도 그 합의는 효력이 없다.

③ 부양가족이 있는 근로자에게만 지급되는 가족수당은 그 조건에 해당하는 모든 근로자에게 지급된 것이므로 일률성을 인정할 수 있다.

④ 사용자는 연차 유급휴가 기간에 대하여는 취업규칙 등에서 정하는 통상임금 또는 평균임금을 지급하여야 한다.

해설

① (○) 대판 2019.8.14. 2016다9704

② (○) 통상임금은 근로조건의 기준을 마련하기 위하여 법이 정한 도구개념이므로, 사용자와 근로자가 통상임금의 의미나 범위 등에 관하여 단체협약 등에 의해 따로 합의할 수 있는 성질의 것이 아니다. 따라서 성질상 근로기준법상의 통상임금에 속하는 임금을 통상임금에서 제외하기로 노사 간에 합의하였다 하더라도 그 합의는 효력이 없다(대판 2013.12.18. 2012다89399[전합]).

③ (×) 일정 범위의 모든 근로자에게 지급된 임금이 일률성을 갖추고 있는지 판단하는 잣대인 '일정한 조건 또는 기준'은 통상임금이 소정근로의 가치를 평가한 개념이라는 점을 고려할 때, 작업 내용이나 기술, 경력 등과 같이 소정근로의 가치 평가와 관련된 조건이라야 한다. 따라서 부양가족이 있는 근로자에게만 지급되는 가족수당과 같이 소정근로의 가치 평가와 무관한 사항을 조건으로 하여 지급되는 임금은 그것이 그 조건에 해당하는 모든 근로자에게 지급되었다 하더라도 여기서 말하는 '일정한 조건 또는 기준'에 따른 것이라 할 수 없어 '일률성'을 인정할 수 없으므로, 통상임금에 속한다고 볼 수 없다. 그러나 모든 근로자에게 기본금액을 가족수당 명목으로 지급하면서 실제 부양가족이 있는 근로자에게는 일정액을 추가적으로 지급하는 경우 그 기본금액은 소정근로에 대한 대가에 다름 아니므로 통상임금에 속한다(대판 2013.12.18. 2012다89399[전합]).

④ (○) 사용자는 연차유급휴가를 근로자가 청구한 시기에 주어야 하고, 그 기간에 대하여는 취업규칙 등에서 정하는 통상임금 또는 평균임금을 지급하여야 한다(근기법 제60조 제5항 본문).

답 ③

008 근로기준법상 통상임금을 기준으로 산정하여야 하는 것만을 모두 고른 것은?

18 국가직 9급

CHECK ○△×

ㄱ. 해고예고수당
ㄴ. 휴업보상
ㄷ. 장해보상
ㄹ. 연장·야간 및 휴일 근로에 대한 가산임금

① ㄱ, ㄴ
② ㄱ, ㄷ
③ ㄱ, ㄹ
④ ㄴ, ㄷ

해설

평균임금의 산정사유	통상임금의 산정사유
• 퇴직금(근기법 제34조, 근퇴법 제8조 제1항) • 휴업수당(근기법 제46조 제1항) • 재해보상금(근기법 제79조 내지 제85조) • 감급액(근기법 제95조)	• 해고예고수당(근기법 제26조) • 연장 · 야간 · 휴일근로수당(근기법 제56조) • 출산전후휴가(근기법 제74조)에 따른 경제적 보상

답 ❸

009 근로기준법령상 임금에 관한 설명으로 옳지 않은 것은?(다툼이 있으면 판례에 따름) 21 노무

CHECK ○△×

① 근로자가 소정근로시간을 초과하여 근로를 제공함으로써 사용자로부터 추가로 지급받는 임금은 통상임금에 속한다.

② 평균임금산정기간 중에 업무 외 질병을 사유로 사용자의 승인을 받아 휴업한 기간이 있는 경우에는 그 기간과 그 기간 중에 지급된 임금은 평균임금산정기준이 되는 기간과 임금의 총액에서 각각 뺀다.

③ 법령 또는 단체협약에 특별한 규정이 있는 경우에는 임금의 일부를 공제하거나 통화 이외의 것으로 지급할 수 있다.

④ 상여금이 계속적 · 정기적으로 지급되고 그 지급액이 확정되어 있다면 이는 근로의 대가로 지급되는 임금의 성질을 가진다.

⑤ 사용자는 근로자가 혼인한 경우의 비용에 충당하기 위하여 임금지급을 청구하면 지급기일 전이라도 이미 제공한 근로에 대한 임금을 지급하여야 한다.

해설

① (×) 근로자가 소정근로시간을 초과하여 근로를 제공하거나 근로계약에서 제공하기로 정한 근로 외의 근로를 특별히 제공함으로써 사용자로부터 추가로 지급받는 임금이나 소정근로시간의 근로와는 관련 없이 지급받는 임금은 소정근로의 대가라 할 수 없으므로 통상임금에 속하지 아니한다(대판 2013.12.18. 2012다89399[전합]).

② (○) 근기법 시행령 제2조 제1항 제8호

③ (○) 임금은 통화(通貨)로 직접 근로자에게 그 전액을 지급하여야 한다. 다만, 법령 또는 단체협약에 특별한 규정이 있는 경우에는 임금의 일부를 공제하거나 통화 이외의 것으로 지급할 수 있다(근기법 제43조 제1항).

④ (○) 상여금이 계속적 · 정기적으로 지급되고 그 지급액이 확정되어 있다면 이는 근로의 대가로 지급되는 임금의 성질을 가지나 그 지급사유의 발생이 불확정이고 일시적으로 지급되는 것은 임금이라고 볼 수 없다(대판 2011.6.9. 2010다50236).

⑤ (○) 근기법 시행령 제25조 제2호

비상시 지급(근기법 제45조)

사용자는 근로자가 출산, 질병, 재해, 그 밖에 대통령령으로 정하는 비상(非常)한 경우의 비용에 충당하기 위하여 임금지급을 청구하면 지급기일 전이라도 이미 제공한 근로에 대한 임금을 지급하여야 한다.

지급기일 전의 임금지급(근기법 시행령 제25조)

법 제45조에서 "그 밖에 대통령령으로 정한 비상(非常)한 경우"란 근로자나 그의 수입으로 생계를 유지하는 자가 다음 각 호의 어느 하나에 해당하게 되는 경우를 말한다.

1. 출산하거나 질병에 걸리거나 재해를 당한 경우
2. 혼인 또는 사망한 경우
3. 부득이한 사유로 1주 이상 귀향하게 되는 경우

답 ❶

제4절 임금지급방법의 보호

010 근로기준법상 임금에 관한 설명으로 옳지 않은 것은?(다툼이 있으면 판례에 따름) 19 노무

CHECK ○△×

① 임금은 통화(通貨)로 직접 근로자에게 그 전액을 지급하여야 한다.
② 임금은 매월 1회 이상 일정한 날짜를 정하여 지급하여야 한다.
③ 사용자가 근로자의 불법행위를 원인으로 한 손해배상채권을 가지고 있더라도 근로자의 임금채권과 상계할 수 없다.
④ 근로자의 임금포기에 관한 약정에 대해서는 문언의 기재내용에 따라 엄격하게 해석해야 하기 때문에 임금포기를 한 경위나 목적 등 여러 사정을 반영하는 합목적적 해석을 해서는 안 된다.
⑤ 근로자로부터 임금채권을 양수받은 자라 하더라도 사용자로부터 직접 임금을 지급받을 수 없다.

해설

① (○) 근기법 제43조 제1항
② (○) 근기법 제43조 제2항
③ (○) 근로자의 퇴직금채권에 대하여 그가 근로자에 대하여 가지고 있는 불법행위를 원인으로 하는 채권으로 상계할 수는 없다(대판 1976.9.28. 75다1768).
④ (×) 근로자의 기본적 생활을 유지하고 인간다운 생활을 보장하기 위하여 마련된 근로기준법상의 임금에 관한 규정의 입법취지에 비추어 보면 근로자의 임금 포기에 관한 약정은 문언의 기재내용을 엄격하게 해석하여야 할 것이나 그 임금 포기를 한 경위나 목적 등 여러 사정에 따라 합목적적으로 해석하는 것이 오히려 근로자들의 의사나 이해에 합치되는 경우도 있다고 할 것이다(대판 2002.11.8. 2002다35867).
⑤ (○) 근로기준법 제43조 제1항에서 임금직접지급의 원칙을 규정하는 한편 동법 제109조에서 그에 위반하는 자는 처벌을 하도록 하는 규정을 두어 그 이행을 강제하고 있는 취지가 임금이 확실하게 근로자 본인의 수중에 들어가게 하여 그의 자유로운 처분에 맡기고 나아가 근로자의 생활을 보호하고자 하는데 있는 점에 비추어 보면 근로자가 그 임금채권을 양도한 경우라 할지라도 그 임금의 지급에 관하여는 같은 원칙이 적용되어 사용자는 직접 근로자에게 임금을 지급하지 아니하면 안 되는 것이고 그 결과 비록 양수인이라고 할지라도 스스로 사용자에 대하여 임금의 지급을 청구할 수는 없다(대판 1988.12.13. 87다카2803[전합]).

답 ❹

011 근로기준법상 임금지급에 관한 설명으로 옳은 것은?(다툼이 있는 경우에는 판례에 의함) 15 노무

CHECK ○△×

① 임금채권의 양수인은 스스로 사용자에 대하여 임금의 지급을 청구할 수 있다.
② 단체협약에 특별한 규정이 있는 경우에는 임금의 일부를 통화(通貨) 이외의 것으로 지급할 수 있다.
③ 노동조합은 조합원인 근로자의 임금을 대리하여 수령할 수 있다.
④ 근로자는 사용자에 대한 임금청구권을 지급기한이 도래한 이후에도 포기하지 못한다.
⑤ 임금 전액을 지급하지 않은 사용자에 대해서는 피해자의 명시적인 의사에 상관없이 처벌이 가능하다.

해설

① (×) 근로자가 임금채권을 양도한 경우라 하더라도, 임금 직접지급 원칙은 적용되어 사용자는 직접 근로자에게 임금을 지급해야 하므로, 양수인이 스스로 사용자에게 임금의 지급을 청구할 수는 없다(대판 1988.12.13. 87다카2803[전합]).

② (○) 근기법 제43조 제1항

③ (×) 친권자, 후견인, 근로자의 위임을 받은 대리인 및 노동조합에게 임금을 대리하여 수령하게 할 수 없다(근기법 제43조 제1항 본문 참조).

④ (×) 현실적으로 지급되었거나 이미 구체적으로 지급청구권이 발생한 임금은 근로자의 사적 재산영역으로 옮겨져 근로자의 처분에 맡겨진 것이기 때문에 노동조합이 근로자들로부터 개별적인 동의나 수권을 받지 않는 이상, 사용자와 사이의 단체협약만으로 이에 대한 반환이나 포기 및 지급유예와 같은 처분행위를 할 수는 없다(대판 2019.10.18. 2015다60207). 따라서 이미 지급청구권이 발생한 임금은 근로자의 사적 재산영역으로 옮겨져 근로자의 처분에 맡겨진 것이므로, 근로자의 개별적인 동의나 수권으로써 임금채권을 포기할 수 있다.

⑤ (×) 임금에 관련된 죄(근기법 제43조 등)는 피해자가 처벌을 희망하지 않는다는 의사를 명백히 한 때에는 처벌할 수 없는 반의사불벌죄에 해당한다(근기법 제109조 제2항).

답 ❷

012 근로기준법령상 임금에 관한 설명으로 옳지 않은 것은?(다툼이 있으면 판례에 따름) 23 노무

CHECK ○△×

① 근로자가 임금채권을 양도한 경우 양수인이 스스로 사용자에 대하여 임금의 지급을 청구할 수 있다.

② 사용자가 근로자의 임금지급에 갈음하여 사용자가 제3자에 대하여 가지는 채권을 근로자에게 양도하기로 하는 약정은 전부 무효임이 원칙이다.

③ 사용자가 근로자에게 퇴직금 명목으로 지급한 금원 상당의 부당이득반환채권을 자동채권으로 하여 근로자의 퇴직금채권을 상계하는 것은 퇴직금채권의 2분의 1을 초과하는 부분에 해당하는 금액에 관하여만 허용된다.

④ 근로기준법에서 정한 통상임금에 산입될 수당을 통상임금에서 제외하기로 하는 노사 간의 합의는 근로기준법에서 정한 기준과 전체적으로 비교하여 그에 미치지 못하는 근로조건이 포함된 부분에 한하여 무효로 된다.

⑤ 근로자가 퇴직하여 더 이상 근로계약 관계에 있지 않은 상황에서 퇴직 시 발생한 퇴직금청구권을 나중에 포기하는 것은 허용된다.

해설

① (×) 근로기준법 제43조 제1항에서 임금직접지급의 원칙을 규정하는 한편 동법 제109조에서 그에 위반하는 자는 처벌을 하도록 하는 규정을 두어 그 이행을 강제하고 있는 취지가 임금이 확실하게 근로자 본인의 수중에 들어가게 하여 그의 자유로운 처분에 맡기고 나아가 근로자의 생활을 보호하고자 하는데 있는 점에 비추어 보면 근로자가 그 임금채권을 양도한 경우라 할지라도 그 임금의 지급에 관하여는 같은 원칙이 적용되어 사용자는 직접 근로자에게 임금을 지급하지 아니하면 안되는 것이고 그 결과 비록 양수인이라고 할지라도 스스로 사용자에 대하여 임금의 지급을 청구할 수는 없다(대판 1988.12.13. 87다카2803[전합]).

② (○) 임금은 법령 또는 단체협약에 특별한 규정이 있는 경우를 제외하고는 통화로 직접 근로자에게 전액을 지급하여야 한다(근로기준법 제43조 제1항). 따라서 사용자가 근로자의 임금지급에 갈음하여 사용자가 제3자에 대하여 가지는 채권을 근로자에게 양도하기로 하는 약정은 전부 무효임이 원칙이다. 다만 당사자 쌍방이 위와 같은 무효를 알았더라면 임금의 지급에 갈음하는 것이 아니라 지급을 위하여 채권을 양도하는 것을 의욕하였으리라고 인정될 때에는 무효행위 전환의 법리(민법 제138조)에 따라 그 채권양도 약정은 '임금의 지급을 위하여 한 것'으로서 효력을 가질 수 있다(대판 2012.3.29. 2011다101308).

③ (○) 근로기준법 제43조 제1항 본문에 의하면 임금은 통화로 직접 근로자에게 그 전액을 지급하여야 하므로 사용자가 근로자에 대하여 가지는 채권으로써 근로자의 임금채권이나 퇴직금과 상계를 하지 못하는 것이 원칙이다. 다만 사용자가 근로자에게 이미 퇴직금 명목의 금원을 지급하였으나 그것이 퇴직금 지급으로서의 효력이 없어 사용자가 같은 금원 상당의 부당이득반환채권을 갖게 된 경우에 이를 자동채권으로 하여 근로자의 퇴직금채권과 상계할 수 있다고 보아야 한다. 한편, 민사집행법 제246조 제1항 제5호는 근로자인 채무자의 생활 보장이라는 공익적, 사회정책적 이유에서 '퇴직금 그 밖에 이와 비슷한 성질을 가진 급여채권의 2분의 1에 해당하는 금액'을 압류금지채권으로 규정하고 있고, 민법 제497조는 압류금지채권의 채무자는 상계로 채권자에게 대항하지 못한다고 규정하고 있으므로, 사용자가 근로자에게 퇴직금 명목으로 지급한 금원 상당의 부당이득반환채권을 자동채권으로 하여 근로자의 퇴직금채권을 상계하는 것은 퇴직금채권의 2분의 1을 초과하는 부분에 해당하는 금액에 관하여만 허용된다고 봄이 상당하다(대판 2010.5.20. 2007다90760[전합]).

④ (○) 근로기준법 제15조는 제1항, 제2항은 근로기준법의 목적을 달성하기 위하여 개별적 노사 간의 합의라는 형식을 빌려 근로자로 하여금 근로기준법에서 정한 기준에 미치지 못하는 근로조건을 감수하도록 하는 것을 저지함으로써 근로자에게 실질적으로 최소한의 근로조건을 유지시켜 주기 위한 것이다. 이러한 위 각 규정의 문언과 취지에 비추어 보면, 근로기준법에서 정한 통상임금에 산입될 수당을 통상임금에서 제외하기로 하는 노사 간의 합의는 그 전부가 무효가 되는 것이 아니라, 근로기준법에서 정한 기준과 전체적으로 비교하여 그에 미치지 못하는 근로조건이 포함된 부분에 한하여 무효로 된다(대판 2019.11.28. 2019다261084).

> 갑 지방자치단체의 단체협약에 '연장노동, 야간노동, 휴일노동이 중복될 때 통상임금의 50%를 각각 가산 지급한다'라고 규정하고 있었는데, 갑 지방자치단체의 근로자인 을 등이 상여금 등을 통상임금에 포함시킨 다음 단체협약에서 정한 가산율을 적용하여 산정한 추가 휴일근로수당 등의 지급을 구한 사안에서, 통상임금은 근로기준법이 정한 바에 따르되 가산율은 위 단체협약 조항에서 정한 바가 그대로 적용된다고 보게 되면, 하나의 근로조건에 포함된 여러 가지 요소들을 개별적으로 비교하게 될 뿐만 아니라 근로자에게 가장 유리한 내용을 각 요소별로 취사선택하는 것을 허용하는 결과가 되어 구 근로기준법 제15조의 취지에 위배된다고 한 사례(대판 2019.11.28. 2019다261084).

⑤ (○) 최종 퇴직 시 발생하는 퇴직금청구권을 미리 포기하는 것은 강행법규인 근로기준법, 근로자퇴직급여 보장법에 위반되어 무효이다. 그러나 근로자가 퇴직하여 더 이상 근로계약관계에 있지 않은 상황에서 퇴직 시 발생한 퇴직금청구권을 나중에 포기하는 것은 허용되고, 이러한 약정이 강행법규에 위반된다고 볼 수 없다(대판 2018.7.12. 2018다21821).

> 갑이 을 주식회사에 고용되어 근무하다가 퇴직한 후 약 10개월에 걸쳐 미지급 급여와 퇴직금 등 명목으로 돈을 지급받으면서 '본인은 귀사에 밀린 급료(퇴직금 포함)를 모두 정리하였으므로 더 이상의 추가 금액을 요구하지 않을 것을 약속합니다'라는 각서를 작성·교부한 사안에서, 갑이 각서를 통해서 퇴직으로 발생한 퇴직금청구권을 사후에 포기한 것으로 보아야 하므로, 을 회사가 갑에게 퇴직금을 지급할 의무가 없다고 본 원심판단이 정당하다고 한 사례(대판 2018.7.12. 2018다21821).

답 ❶

013 근로기준법령상 임금지급에 관한 설명으로 옳지 않은 것은?(다툼이 있으면 판례에 따름)

CHECK ○△×

17 노무

① 사용자가 근로자의 대리인에게 임금을 지급하는 것은 근로기준법에 위반된다.

② 임금은 매월 1회 이상 일정한 날짜를 정하여 근로자에게 지급하여야 하며, 연봉제를 적용하는 경우에도 마찬가지이다.

③ 근로자가 임금채권을 타인에게 양도한 경우 사용자는 임금채권의 양수인에게 임금을 지급할 수 있다.

④ 근로자가 본인의 혼인비용에 충당하기 위하여 임금지급을 청구하면 임금지급기일 전이라도 이미 제공한 근로에 대한 임금을 지급하여야 한다.

⑤ 1개월을 초과하는 기간의 출근성적에 따라 지급하는 정근수당은 매월 1회 이상 일정한 날짜를 정하여 지급하지 아니할 수 있다.

해설

① (○) 임금은 통화(通貨)로 직접 근로자에게 그 전액을 지급하여야 하므로(근기법 제43조 제1항 본문), 근로자의 위임을 받은 대리인에게 임금을 지급하는 것은 직접불의 원칙에 위반된다.

② (○) 임금은 매월 1회 이상 일정한 날짜를 정하여 지급하여야 하며(근기법 제43조 제2항 본문), 연봉제의 경우에도 당해연도의 연봉액을 월별로 나누어 매월 1회 이상 일정한 날짜에 지급해야 한다.

③ (×) 근로자가 그 임금채권을 양도한 경우라 할지라도 그 임금의 지급에 관하여는 같은 원칙이 적용되어 사용자는 직접 근로자에게 임금을 지급하지 아니하면 안 되는 것이고 그 결과 비록 양수인이라고 할지라도 스스로 사용자에 대하여 임금의 지급을 청구할 수는 없다(대판 1988.12.13. 87다카2803[전합]).

④ (○) 혼인의 경우 지급기일 전이라도 이미 제공한 근로에 대한 임금을 지급하여야 한다(근기법 시행령 제25조 제2호).

⑤ (○) 임금은 매월 1회 이상 일정한 날짜를 정하여 통화로 근로자 본인에게 직접 지급하여야 하지만, 임시로 지급하는 임금, 수당, 기타 이에 준하는 것과 1개월을 초과하는 기간의 출근성적에 따라 지급하는 정근수당은 그러하지 아니하다(근기법 시행령 제23조 제1호).

답 ❸

014 근로기준법상 임금 등에 대한 설명으로 옳지 않은 것은?(다툼이 있는 경우 판례에 의함)

CHECK ○△×

21 국가직 7급

① 근로자가 임금채권을 제3자에게 양도한 경우 그 양수인이라고 할지라도 스스로 사용자에 대하여 그 임금의 지급을 청구할 수 없다.

② 사용자는 근로자가 출산, 질병, 재해, 그 밖에 대통령령으로 정하는 비상(非常)한 경우의 비용에 충당하기 위하여 임금지급을 청구하면 지급기일 전이라도 이미 제공한 근로에 대한 임금을 지급하여야 한다.

③ 사용자가 근로자의 동의를 얻어 근로자의 임금채권에 대하여 상계하는 경우에 그 동의가 근로자의 자유로운 의사에 터잡아 이루어진 것이라고 인정할 만한 합리적인 이유가 객관적으로 존재하는 때에는 상계가 허용된다고 할 것이나, 그 동의가 근로자의 자유로운 의사에 기한 것이라는 판단은 엄격하고 신중하게 이루어져야 한다.

④ 임금은 직접 근로자에게 전액을 지급하여야 하는 것이므로, 근로자가 퇴직한 후에 그 재직 중 지급되지 아니한 임금이나 퇴직금을 청구할 경우에 사용자가 초과 지급된 임금의 반환청구권을 자동채권으로 하여 상계하는 것은 허용되지 않는다.

해설

① (○) 근로기준법 제43조 제1항에서 임금직접지급의 원칙을 규정하는 한편 동법 제109조에서 그에 위반하는 자는 처벌을 하도록 하는 규정을 두어 그 이행을 강제하고 있는 취지가 임금이 확실하게 근로자 본인의 수중에 들어가게 하여 그의 자유로운 처분에 맡기고 나아가 근로자의 생활을 보호하고자 하는데 있는 점에 비추어 보면 근로자가 그 임금채권을 양도한 경우라 할지라도 그 임금의 지급에 관하여는 같은 원칙이 적용되어 사용자는 직접 근로자에게 임금을 지급하지 아니하면 안되는 것이고 그 결과 비록 양수인이라고 할지라도 스스로 사용자에 대하여 임금의 지급을 청구할 수는 없다(대판 1988.12.13. 87다카2803[전합]).

② (○) 근기법 제45조

③ (○) 사용자가 근로자에 대하여 가지는 채권을 가지고 일방적으로 근로자의 임금채권을 상계하는 것은 금지된다고 할 것이지만, 사용자가 근로자의 동의를 얻어 근로자의 임금채권에 대하여 상계하는 경우에 그 동의가 근로자의 자유로운 의사에 터잡아 이루어진 것이라고 인정할 만한 합리적인 이유가 객관적으로 존재하는 때에는 근로기준법 제43조 제1항 본문에 위반하지 아니한다고 보아야 할 것이고, 다만 임금 전액지급의 원칙의 취지에 비추어 볼 때 그 동의가 근로자의 자유로운 의사에 기한 것이라는 판단은 엄격하고 신중하게 이루어져야 한다(대판 2001.10.23. 2001다25184).

④ (×) 임금은 직접 근로자에게 전액을 지급하여야 하는 것이므로 사용자가 근로자에 대하여 가지는 채권으로써 근로자의 임금채권과 상계를 하지 못하는 것이 원칙이지만, 계산의 착오 등으로 임금이 초과 지급되었을 때 그 행사의 시기가 초과 지급된 시기와 임금의 정산, 조정의 실질을 잃지 않을 만큼 합리적으로 밀접되어 있고 금액과 방법이 미리 예고되는 등 근로자의 경제생활의 안정을 해할 염려가 없는 경우나 근로자가 퇴직한 후에 그 재직 중 지급되지 아니한 임금이나 퇴직금을 청구할 경우에는, 사용자가 초과 지급된 임금의 반환청구권을 자동채권으로 하여 상계하는 것은 허용되므로, 근로자가 일정기간 동안의 미지급 시간외수당, 휴일근로수당, 월차휴가수당 등 법정수당을 청구하는 경우에 사용자가 같은 기간 동안 법정수당의 초과 지급 부분이 있음을 이유로 상계나 충당을 주장하는 것도 허용된다(대판 1998.6.26. 97다14200).

답 ④

015 근로기준법상 임금에 대한 설명으로 옳지 않은 것은?(다툼이 있는 경우 판례에 의함)

CHECK ○△×

21 국가직 9급

① 사용자가 선택적 복지제도를 시행하면서 직원 전용 온라인 쇼핑사이트에서 물품을 구매하는 방식 등으로 사용할 수 있는 복지포인트를 단체협약, 취업규칙 등에 근거하여 근로자들에게 계속적·정기적으로 배정한 경우라고 하더라도, 이러한 복지포인트는 근로기준법에서 말하는 임금에 해당하지 않는다.

② 근로자가 그 임금채권을 양도한 경우에 양수인은 스스로 사용자에 대하여 임금의 지급을 청구할 수 있다.

③ 상여금이 계속적·정기적으로 지급되고 그 지급액이 확정되어 있다면 이는 근로의 대가로 지급되는 임금의 성질을 가지나, 그 지급사유의 발생이 불확정이고 일시적으로 지급되는 것은 임금이라고 볼 수 없다.

④ 사용자는 각 사업장별로 임금대장을 작성하고 임금과 가족수당 계산의 기초가 되는 사항, 임금액, 그 밖에 대통령령으로 정하는 사항을 임금을 지급할 때마다 적어야 한다.

해설

① (○) 사용자가 근로자에게 지급하는 금품이 임금에 해당하려면 먼저 그 금품이 근로의 대상으로 지급되는 것이어야 하므로 비록 금품이 계속적·정기적으로 지급된 것이라 하더라도 그것이 근로의 대상으로 지급된 것으로 볼 수 없다면 임금에 해당한다고 할 수 없다. 여기서 어떤 금품이 근로의 대상으로 지급된 것이냐를 판단함에 있어서는 금품지급의무의 발생이 근로제공과 직접적으로 관련되거나 그것과 밀접하게 관련된 것으로 볼 수 있어야 한다. 사용자가 선택적 복지제도를 시행하면서 직원 전용 온라인 쇼핑사이트에서 물품을 구매하는 방식 등으로 사용할 수 있는 복지포인트를 단체협약, 취업규칙 등에 근거하여 근로자들에게 계속적·정기적으로 배정한 경우라고 하더라도, 이러한 복지포인트는 근로기준법에서 말하는 임금에 해당하지 않고, 그 결과 통상임금에도 해당하지 않는다(대판 2019.8.22. 2016다48785[전합]).

> **[유사판례]**
> 피고 회사는 직원들의 복리후생을 위하여 매년 모든 직원들에게 1,000,000원 상당의 복리후생포인트(7월 1일 기준 연간 1,000,000포인트 부여, 1포인트 = 1원)를 지급하였고, 직원들은 이와 같이 지급받은 복리후생포인트를 피고 회사의 직원 전용 온라인 쇼핑사이트인 선택적 복리후생 G 복지포탈 사이트 등에서 물품을 구매하는 방식 등으로 사용하여 온 사실을 알 수 있다. 이를 앞서 본 법리에 비추어 살펴보면, 선택적 복지제도에 기초한 이 사건 복리후생포인트는 근로기준법에서 말하는 임금이라고 할 수 없다(대판 2019.9.10. 2015다30886).

② (×) 근로기준법 제43조 제1항에서 임금직접지급의 원칙을 규정하는 한편 동법 제109조에서 그에 위반하는 자는 처벌을 하도록 하는 규정을 두어 그 이행을 강제하고 있는 취지가 임금이 확실하게 근로자 본인의 수중에 들어가게 하여 그의 자유로운 처분에 맡기고 나아가 근로자의 생활을 보호하고자 하는데 있는 점에 비추어 보면 근로자가 그 임금채권을 양도한 경우라 할지라도 그 임금의 지급에 관하여는 같은 원칙이 적용되어 사용자는 직접 근로자에게 임금을 지급하지 아니하면 안되는 것이고 그 결과 비록 양수인이라고 할지라도 스스로 사용자에 대하여 임금의 지급을 청구할 수는 없다(대판 1988.12.13. 87다카2803[전합]).

③ (○) 대판 2011.6.9. 2010다50236

④ (○) 근기법 제48조 제1항

답 ❷

016 근로기준법상 임금에 대한 설명 중 옳지 않은 것은?(다툼이 있는 경우 판례에 의함)

CHECK ○△×

22 국가직 7급

① 임금은 통화로 직접 근로자에게 그 전액을 지급하여야 하지만, 법령 또는 단체협약에 특별한 규정이 있는 경우에는 임금의 일부를 공제하거나 통화 이외의 것으로 지급할 수 있다.

② 사용자가 전차금이나 그 밖에 근로할 것을 조건으로 하는 전대채권과 임금을 상계하는 경우 500만원 이하의 과태료를 부과하는 대상이 되나, 그 상계의 사법상의 효력은 유효하다.

③ 사용자는 근로자가 출산, 질병, 재해, 그 밖에 대통령령으로 정하는 비상한 경우의 비용에 충당하기 위하여 임금 지급을 청구하면 지급기일 전이라도 이미 제공한 근로에 대한 임금을 지급하여야 한다.

④ 이미 구체적으로 그 지급청구권이 발생한 임금은 노동조합이 근로자들로부터 개별적인 동의나 수권을 받지 않는 이상, 사용자와 사이의 단체협약만으로 이에 대한 포기나 지급유예와 같은 처분행위를 할 수는 없다.

해설

① (○) 근기법 제43조 제1항

② (×) 사용자가 전차금이나 그 밖에 근로할 것을 조건으로 하는 전대채권과 임금을 상계하는 경우, 500만원 이하의 벌금에 처하여 지게 되고, 상계의 사법상 효력은 무효가 되므로 사용자는 근로자에게 본래의 임금 전액을 지급하여야 한다.

③ (○) 근기법 제45조

④ (○) 이미 구체적으로 그 지급청구권이 발생한 임금이나 퇴직금은 근로자의 사적재산영역으로 옮겨져 근로자의 처분에 맡겨진 것이기 때문에 노동조합이 근로자들로부터 개별적인 동의나 수권을 받지 않는 이상, 사용자와 사이의 단체협약만으로 이에 대한 포기나 지급유예와 같은 처분행위를 할 수는 없다(대판 2020.1.16. 2019다223129).

답 ❷

최신유형

017 근로기준법령상 휴업수당에 관한 설명으로 옳지 않은 것은?(다툼이 있으면 판례에 따름)

CHECK ○△×

25 노무

① 평균임금의 100분의 70에 해당하는 금액이 통상임금을 초과하는 경우에는 통상임금을 휴업수당으로 지급할 수 있다.

② 휴업에는 근로자가 근로계약에 따라 근로를 제공할 의사가 있음에도 불구하고 그 의사에 반하여 취업이 거부되는 경우도 포함된다.

③ 사용자는 자신의 귀책사유에 해당하는 경영상의 필요에 따라 개별 근로자들에 대하여 대기발령을 한 경우 그 기간에 대한 휴업수당을 지급할 의무가 있다.

④ 부득이한 사유로 사업을 계속하는 것이 불가능한 경우에는 노동위원회의 승인을 얻어 휴업기간 동안 그 근로자에게 평균임금의 100분의 70 미만의 수당을 지급할 수 있다.

⑤ 사용자의 귀책사유로 휴업하는 경우에 지급하는 휴업수당은 임금으로 볼 수 없다.

해설

① (○) 근기법 제46조 제1항 단서

② (○) 근로기준법 제46조 제1항에서 정하는 '휴업'에는, 개개의 근로자가 근로계약에 따라 근로를 제공할 의사가 있는데도 그 의사에 반하여 취업이 거부되거나 불가능하게 된 경우도 포함된다(대판 2013.10.11. 2012다12870).

③ (○) 사용자가 자신의 귀책사유에 해당하는 경영상의 필요에 따라 개별근로자들에 대하여 대기발령을 하였다면, 이는 근로기준법 제46조 제1항에서 정한 휴업을 실시한 경우에 해당하므로, 사용자는 그 근로자들에게 휴업수당을 지급할 의무가 있다(대판 2013.10.11. 2012다12870).

④ (○) 사용자의 귀책사유로 휴업하는 경우에 사용자는 휴업기간 동안 그 근로자에게 평균임금의 100분의 70 이상의 수당을 지급하여야 하나, 부득이한 사유로 사업을 계속하는 것이 불가능하여 노동위원회의 승인을 받은 경우에는 평균임금의 100분의 70 미만의 휴업수당을 지급할 수 있다(근기법 제46조).

⑤ (×) "사용자의 귀책사유로 휴업하는 경우"에 지급하는 휴업수당은 비록 현실적 근로를 제공하지 않았다는 점에서는 근로 제공과의 밀접도가 약하기는 하지만, 근로자가 근로 제공의 의사가 있는데도 자신의 의사와 무관하게 근로를 제공하지 못하게 된 데 대한 대상(代償)으로 지급하는 것이라는 점에서 임금의 일종으로 보아야 한다(대판 2013.10.11. 2012다12870).

답 ⑤

018 상시 5명 이상의 근로자를 사용하는 사업장의 휴업수당 지급과 관련하여 근로기준법령에 위반하지 않은 것을 모두 고른 것은? 20 노무

CHECK ○△×

ㄱ. 사용자 A의 휴업에 귀책사유가 있어 평균임금의 100분의 80에 해당하는 금액을 휴업수당으로 지급하였다.
ㄴ. 사용자 B의 휴업에 귀책사유가 없어 휴업수당을 지급하지 아니하였다.
ㄷ. 사용자 C의 휴업에 귀책사유가 있는데 평균임금의 100분의 70에 해당하는 금액이 통상임금을 초과하므로 통상임금을 휴업수당으로 지급하였다.

① ㄱ
② ㄴ
③ ㄱ, ㄷ
④ ㄴ, ㄷ
⑤ ㄱ, ㄴ, ㄷ

해설

사용자의 귀책사유로 휴업하는 경우에 사용자는 휴업기간 동안 그 근로자에게 평균임금의 100분의 70 이상의 수당을 지급하여야 한다. 다만, 평균임금의 100분의 70에 해당하는 금액이 통상임금을 초과하는 경우에는 통상임금을 휴업수당으로 지급할 수 있다(근기법 제46조 제1항).

답 ⑤

제6절 임금채권의 보호

최신유형

019 근로기준법령상 사용자가 임금대장에 적어야 할 사항으로 명시된 것을 모두 고른 것은? 25 노무

CHECK ○△×

ㄱ. 임금 및 가족수당 계산의 기초가 되는 사항
ㄴ. 근로일수 및 근로시간수
ㄷ. 임금지급일
ㄹ. 임금액

① ㄱ, ㄴ
② ㄷ, ㄹ
③ ㄱ, ㄴ, ㄷ
④ ㄱ, ㄴ, ㄹ
⑤ ㄴ, ㄷ, ㄹ

해설

ㄱ. 임금 및 가족수당 계산의 기초가 되는 사항, ㄴ. 근로일수 및 근로시간수, ㄹ. 임금액 등이 근기법 제48조 제1항, 동법 시행령 제27조 제1항에서 정한 임금대장에 적어야 할 사항에 해당한다.

임금대장 및 임금명세서(근기법 제48조)

① 사용자는 각 사업장별로 임금대장을 작성하고 임금과 가족수당 계산의 기초가 되는 사항, 임금액, 그 밖에 대통령령으로 정하는 사항을 임금을 지급할 때마다 적어야 한다.

② 사용자는 임금을 지급하는 때에는 근로자에게 임금의 구성항목 · 계산방법, 제43조 제1항 단서에 따라 임금의 일부를 공제한 경우의 내역 등 대통령령으로 정하는 사항을 적은 임금명세서를 서면(「전자문서 및 전자거래 기본법」 제2조 제1호에 따른 전자문서를 포함한다)으로 교부하여야 한다.

임금대장의 기재사항(근기법 시행령 제27조)

① 사용자는 법 제48조 제1항에 따른 임금대장에 다음 각 호의 사항을 근로자 개인별로 적어야 한다.

1. 성 명
2. 생년월일, 사원번호 등 근로자를 특정할 수 있는 정보
3. 고용 연월일
4. 종사하는 업무
5. 임금 및 가족수당의 계산기초가 되는 사항
6. 근로일수
7. 근로시간수
8. 연장근로, 야간근로 또는 휴일근로를 시킨 경우에는 그 시간수
9. 기본급, 수당, 그 밖의 임금의 내역별 금액(통화 외의 것으로 지급된 임금이 있는 경우에는 그 품명 및 수량과 평가총액)
10. 법 제43조 제1항 단서에 따라 임금의 일부를 공제한 경우에는 그 금액

답 ④

020 근로기준법령상 임금 등에 대한 설명으로 옳지 않은 것은?

24 국가직 9급

CHECK ○△×

① 임금은 통화로 직접 근로자에게 그 전액을 지급하여야 한다. 다만, 법령 또는 취업규칙에 특별한 규정이 있는 경우에는 임금의 일부를 공제하거나 통화 이외의 것으로 지급할 수 있다.

② 근로 관계로 인한 채권은 사용자의 총재산에 대하여 질권·저당권 또는 동산·채권 등의 담보에 관한 법률에 따른 담보권에 따라 담보된 채권 외에는 조세·공과금 및 다른 채권에 우선하여 변제되어야 한다. 다만, 질권·저당권 또는 동산·채권 등의 담보에 관한 법률에 따른 담보권에 우선하는 조세·공과금에 대하여는 그러하지 아니하다.

③ 사용자는 근로자가 사망한 경우에는 특별한 사정이 없는 경우 그 지급 사유가 발생한 때부터 14일 이내에 임금, 보상금, 그 밖의 모든 금품을 지급하여야 하며, 사용자는 이에 따라 지급하여야 하는 임금의 전부 또는 일부를 그 지급 사유가 발생한 날부터 14일 이내에 지급하지 아니한 경우 그 다음 날부터 지급하는 날까지의 지연 일수에 대하여 연 100분의 20의 이율에 따른 지연이자를 지급하여야 한다.

④ 고용노동부장관은 체불사업주가 명단 공개 기준일 이전 3년 이내 임금등을 체불하여 2회 이상 유죄가 확정된 자로서 명단 공개 기준일 이전 1년 이내 임금등의 체불총액이 3천만원 이상인 경우에는, 체불사업주의 사망·폐업으로 명단 공개의 실효성이 없는 경우 등 대통령령으로 정하는 사유가 있는 경우를 제외하고는 그 인적사항 등을 공개할 수 있다.

해설

① (×) 임금은 통화(通貨)로 직접 근로자에게 그 전액을 지급하여야 한다. 다만, 법령 또는 단체협약에 특별한 규정이 있는 경우에는 임금의 일부를 공제하거나 통화 이외의 것으로 지급할 수 있다(근기법 제43조 제1항).

② (○) 근기법 제38조 제1항

③ (○) 사용자는 근로자가 사망 또는 퇴직한 경우에는 그 지급 사유가 발생한 때부터 14일 이내에 임금, 보상금, 그 밖의 모든 금품을 지급하여야 한다. 다만, 특별한 사정이 있을 경우에는 당사자 사이의 합의에 의하여 기일을 연장할 수 있다. 사용자는 지급하여야 하는 임금 및 근로자퇴직급여 보장법에 따른 급여(일시금만 해당)의 전부 또는 일부를 그 지급 사유가 발생한 날부터 14일 이내에 지급하지 아니한 경우 그 다음 날부터 지급하는 날까지의 지연 일수에 대하여 연 100분의 20의 이율에 따른 지연이자를 지급하여야 한다(근기법 제36조, 제37조 제1항, 동법 시행령 제17조).

④ (○) 고용노동부장관은 임금등을 지급하지 아니한 체불사업주가 명단 공개 기준일 이전 3년 이내 임금등을 체불하여 2회 이상 유죄가 확정된 자로서 명단 공개 기준일 이전 1년 이내 임금등의 체불총액이 3천만원 이상인 경우에는 그 인적사항 등을 공개할 수 있다. 다만, 체불사업주의 사망·폐업으로 명단 공개의 실효성이 없는 경우 등 대통령령으로 정하는 사유가 있는 경우에는 그러하지 아니하다(근기법 제43조의2 제1항).

답 ①

021 근로기준법상 임금에 대한 설명으로 옳지 않은 것은?

23 국가직 9급

CHECK ○△×

① 근로기준법에 따른 임금채권은 3년간 행사하지 아니하면 시효로 소멸한다.

② 사용자의 귀책사유로 휴업하는 경우에 사용자는 휴업기간 동안 그 근로자에게 평균임금의 100분의 70 이상의 수당을 지급하여야 한다. 다만, 평균임금의 100분의 70에 해당하는 금액이 통상임금을 초과하는 경우에는 통상임금을 휴업수당으로 지급할 수 있다.

③ 근로기준법 제37조 제2항(현행 근로기준법 제38조 제2항)에 의하면, 근로관계로 인한 채권 중 최종 3월분의 임금, 최종 3년간의 퇴직금, 재해보상금의 채권은 사용자의 총재산에 대하여 질권 또는 저당권에 의하여 담보된 채권, 조세·공과금 및 다른 채권에 우선하여 변제되어야 한다고 규정하고 있는바, 임금 등에 대한 지연손해금 채권에 대하여는 최우선변제권이 인정된다.

④ 사용자는 근로자가 사망 또는 퇴직한 경우에는 그 지급 사유가 발생한 때부터 14일 이내에 임금, 보상금, 그 밖의 모든 금품을 지급하여야 한다. 다만, 특별한 사정이 있을 경우에는 당사자 사이의 합의에 의하여 기일을 연장할 수 있다.

해설

① (○) 근기법 제49조

② (○) 근기법 제46조 제1항

③ (×) 구 근로기준법 제37조 제2항에 의하면, 근로관계로 인한 채권 중 최종 3월분의 임금, 최종 3년간의 퇴직금, 재해보상금의 채권은 사용자의 총재산에 대하여 질권 또는 저당권에 의하여 담보된 채권, 조세·공과금 및 다른 채권에 우선하여 변제되어야 한다고 규정하고 있는바, 위와 같은 임금 등 채권의 최우선변제권은 근로자의 생활안정을 위한 사회정책적 고려에서 담보물권자 등의 희생 아래 인정되고 있는 점, 민법 제334조, 제360조 등에 의하면 공시방법이 있는 민법상의 담보물권의 경우에도 우선변제권이 있는 피담보채권에 포함되는 이자 등 부대채권 및 그 범위에 관하여 별도로 규정하고 있음에 반하여, 위 근로기준법의 규정에는 최우선변제권이 있는 채권으로 원본채권만을 열거하고 있는 점 등에 비추어 볼 때, 임금 등에 대한 지연손해금 채권에 대하여는 최우선변제권이 인정되지 않는다고 봄이 상당하다 할 것이다(대결 2000.2.12. 99마5143).

④ (○) 근기법 제36조

답 ③

022 근로기준법령상 체불사업주 명단 공개에 관한 설명으로 옳지 않은 것은?

24 노무

CHECK ○△×

① 고용노동부장관은 명단 공개를 할 경우에 체불사업주에게 3개월 이상의 기간을 정하여 소명 기회를 주어야 한다.

② 명단 공개는 공공장소에 1년간 게시한다.

③ 체불사업주가 법인인 경우에는 그 대표자의 성명·나이·주소 및 법인의 명칭·주소를 공개한다.

④ 관련 법령에 따라 임금등 체불자료를 받은 종합신용정보집중기관은 이를 체불사업주의 신용도·신용거래능력 판단과 관련한 업무에 이용할 수 있다.

⑤ 고용노동부장관은 체불사업주의 사망·폐업으로 임금등 체불자료 제공의 실효성이 없는 경우에는 종합신용정보집중기관에 임금등 체불자료를 제공하지 아니할 수 있다.

해설

① (O) 근기법 제43조의2 제2항

② (X) 명단 공개는 관보에 싣거나 인터넷 홈페이지, 관할 지방고용노동관서 게시판 또는 그 밖에 열람이 가능한 공공장소에 3년간 게시하는 방법으로 한다(근기법 시행령 제23조의3 제2항).

③ (O) 근기법 제43조의2 제1항, 동법 시행령 제23조의3 제1항 제1호

④ (O) 고용노동부장관이 제공한 체불사업주의 임금등 체불자료를 제공받은 종합신용정보집중기관은 이를 체불사업주의 신용도·신용거래능력 판단과 관련한 업무 외의 목적으로 이용하거나 누설하여서는 아니 된다(근기법 제43조의3 제1항, 제2항).

⑤ (O) 고용노동부장관은 체불사업주의 사망·폐업으로 임금등 체불자료 제공의 실효성이 없는 경우 등 대통령령으로 정하는 사유가 있는 경우에는 종합신용정보집중기관에 임금등 체불자료를 제공하지 아니할 수 있다(근기법 제43조의3 제1항).

답 ❷

023 근로기준법상 임금에 대한 설명으로 옳지 않은 것은?

23 국가직 7급

CHECK ○△×

① 근로기준법에 따른 임금채권은 3년간 행사하지 아니하면 시효로 소멸한다.

② 사용자의 귀책사유로 휴업하는 경우에 사용자는 휴업기간 동안 그 근로자에게 평균임금의 100분의 70 이상의 수당을 지급하여야 한다. 다만, 평균임금의 100분의 70에 해당하는 금액이 통상임금을 초과하는 경우에는 통상임금을 휴업수당으로 지급할 수 있다.

③ 근로기준법 제37조 제2항(현행 근로기준법 제38조 제2항)에 의하면, 근로관계로 인한 채권 중 최종 3월분의 임금, 최종 3년간의 퇴직금, 재해보상금의 채권은 사용자의 총재산에 대하여 질권 또는 저당권에 의하여 담보된 채권, 조세·공과금 및 다른 채권에 우선하여 변제되어야 한다고 규정하고 있는바, 임금 등에 대한 지연손해금 채권에 대하여는 최우선변제권이 인정된다.

④ 사용자는 근로자가 사망 또는 퇴직한 경우에는 그 지급 사유가 발생한 때부터 14일 이내에 임금, 보상금, 그 밖의 모든 금품을 지급하여야 한다. 다만, 특별한 사정이 있을 경우에는 당사자 사이의 합의에 의하여 기일을 연장할 수 있다.

해설

① (O) 근기법 제49조

② (O) 근기법 제46조 제1항

③ (X) 구 근로기준법 제37조 제2항에 의하면, 근로관계로 인한 채권 중 최종 3월분의 임금, 최종 3년간의 퇴직금, 재해보상금의 채권은 사용자의 총재산에 대하여 질권 또는 저당권에 의하여 담보된 채권, 조세·공과금 및 다른 채권에 우선하여 변제되어야 한다고 규정하고 있는바, 위와 같은 임금 등 채권의 최우선변제권은 근로자의 생활안정을 위한 사회정책적 고려에서 담보물권자 등의 희생 아래 인정되고 있는 점, 민법 제334조, 제360조 등에 의하면 공시방법이 있는 민법상의 담보물권의 경우에도 우선변제권이 있는 피담보채권에 포함되는 이자 등 부대채권 및 그 범위에 관하여 별도로 규정하고 있음에 반하여, 위 근로기준법의 규정에는 최우선변제권이 있는 채권으로 원본채권만을 열거하고 있는 점 등에 비추어 볼 때, 임금 등에 대한 지연손해금 채권에 대하여는 최우선변제권이 인정되지 않는다고 봄이 상당하다(대결 2000.2.12. 99마5143). 2005.1.27. 구 근기법 제37조 제2항의 개정에 따라 최종 3년간의 퇴직금은 근기법상 임금채권 최우선변제의 대상에서 삭제되었으나, 최종 3년간의 퇴직금의 최우선변제권은 2005.1.27. 제정된 근퇴법 제12조 제2항에 의해 동일하게 인정된다.

④ (O) 근기법 제36조

답 ❸

024 근로기준법령상 임금명세서의 기재사항으로 명시된 것을 모두 고른 것은? 22 노무

CHECK ○△×

ㄱ. 임금 총액
ㄴ. 임금지급일
ㄷ. 고용 연월일
ㄹ. 종사하는 업무

① ㄱ, ㄴ
② ㄷ, ㄹ
③ ㄱ, ㄴ, ㄹ
④ ㄴ, ㄷ, ㄹ
⑤ ㄱ, ㄴ, ㄷ, ㄹ

해설

ㄱ. 임금 총액, ㄴ. 임금지급일이 근기법 제48조 제2항, 동법 시행령 제27조의2에서 정한 임금명세서의 기재사항에 해당한다.

임금대장 및 임금명세서(근기법 제48조)

① 사용자는 각 사업장별로 임금대장을 작성하고 임금과 가족수당 계산의 기초가 되는 사항, 임금액, 그 밖에 대통령령으로 정하는 사항을 임금을 지급할 때마다 적어야 한다.

② 사용자는 임금을 지급하는 때에는 근로자에게 임금의 구성항목·계산방법, 제43조 제1항 단서에 따라 임금의 일부를 공제한 경우의 내역 등 대통령령으로 정하는 사항을 적은 임금명세서를 서면(전자문서를 포함)으로 교부하여야 한다.

임금명세서의 기재사항(근기법 시행령 제27조의2)

사용자는 법 제48조 제2항에 따른 임금명세서에 다음 각 호의 사항을 적어야 한다.

1. 근로자의 성명, 생년월일, 사원번호 등 근로자를 특정할 수 있는 정보
2. 임금지급일
3. 임금 총액
4. 기본급, 각종 수당, 상여금, 성과금, 그 밖의 임금의 구성항목별 금액(통화 이외의 것으로 지급된 임금이 있는 경우에는 그 품명 및 수량과 평가총액)
5. 임금의 구성항목별 금액이 출근일수·시간 등에 따라 달라지는 경우에는 임금의 구성항목별 금액의 계산방법(연장근로, 야간근로 또는 휴일근로의 경우에는 그 시간 수를 포함)
6. 법 제43조 제1항 단서에 따라 임금의 일부를 공제한 경우에는 임금의 공제 항목별 금액과 총액 등 공제내역

답 ①

025 근로기준법령상 체불사업주 명단공개 등에 관한 설명으로 옳은 것은?

21 노무

CHECK ○△×

① 고용노동부장관은 체불사업주가 명단공개 기준일 이전 1년 이내 임금등의 체불총액이 2천만원 이상인 경우에는 그 인적사항을 공개하여야 한다.

② 체불사업주의 인적사항 등에 대한 공개 여부를 심의하기 위하여 고용노동부에 임금체불정보심의위원회를 둔다.

③ 고용노동부장관이 체불사업주 명단을 공개할 경우, 체불사업주가 법인이라면 그 대표자의 성명·나이는 명단공개의 내용에 포함되지 않는다.

④ 고용노동부장관은 체불사업주 명단을 공개할 경우에 체불사업주에게 1개월간 소명기회를 주어야 한다.

⑤ 임금등 체불자료를 받은 종합신용정보집중기관은 이를 체불사업주의 신용도·신용거래능력 판단과 관련한 업무 외의 목적으로 이용할 수 있다.

해설

① (×) 고용노동부장관은 임금, 보상금, 수당, 근로자퇴직급여 보장법에 따른 퇴직급여등, 그 밖의 모든 금품(이하 "임금등")을 지급하지 아니한 사업주(법인인 경우에는 그 대표자를 포함한다. 이하 "체불사업주")가 명단공개 기준일 이전 3년 이내 임금등을 체불하여 2회 이상 유죄가 확정된 자로서 명단공개 기준일 이전 1년 이내 임금등의 체불총액이 3천만원 이상인 경우에는 그 인적사항 등을 공개할 수 있다(근기법 제43조의2 제1항 본문).

② (○) 근기법 제43조의2 제3항 전문

③ (×) 고용노동부장관이 체불사업주 명단을 공개할 경우, 체불사업주가 법인이라면 그 대표자의 성명·나이·상호·주소 및 법인의 명칭·주소를 포함한다(근기법 시행령 제23조의3 제1항).

④ (×) 고용노동부장관은 명단공개를 할 경우에 체불사업주에게 3개월 이상의 기간을 정하여 소명기회를 주어야 한다(근기법 제43조의2 제2항).

⑤ (×) 임금등 체불자료를 받은 종합신용정보집중기관은 이를 체불사업주의 신용도·신용거래능력 판단과 관련한 업무 외의 목적으로 이용하거나 누설하여서는 아니 된다(근기법 제43조의3 제2항).

답 ❷

026 근로기준법령상 임금에 관한 설명으로 옳지 않은 것은?

14 노무

CHECK ○△×

① 사용자는 각 사업장별로 임금대장을 작성하고 임금과 가족수당 계산의 기초가 되는 사항, 임금액, 그 밖에 대통령령으로 정하는 사항을 임금을 지급할 때마다 적어야 한다.

② 고용노동부장관은 체불사업주의 명단을 공개할 경우에 해당 체불사업주에게 3개월 이상의 기간을 정하여 소명기회를 주어야 한다.

③ 일용근로자의 통상임금은 고용노동부장관이 사업이나 직업에 따라 근로시간을 고려하여 정하는 금액으로 한다.

④ 사용자는 도급으로 사용하는 근로자에게 근로시간에 따라 일정액의 임금을 보장하여야 한다.

⑤ 근로기준법에 따른 임금채권은 3년간 행사하지 아니하면 시효로 소멸한다.

해설

① (O) 근기법 제48조 제1항
② (O) 근기법 제43조의2 제2항
③ (×) 일용근로자의 평균임금은 고용노동부장관이 사업이나 직업에 따라 정하는 금액으로 한다(근기법 시행령 제3조).
④ (O) 사용자는 도급이나 그 밖에 이에 준하는 제도로 사용하는 근로자에게 근로시간에 따라 일정액의 임금을 보장하여야 한다(근기법 제47조).
⑤ (O) 근기법 제49조

답 ❸

027 근로기준법상 임금에 관한 설명 중 옳지 않은 것은?

15 사시

CHECK ○△×

ㄱ. 임금이란 사용자가 근로의 대가로 근로자에게 임금, 봉급, 그 밖에 어떠한 명칭으로든지 지급하는 일체의 금품을 말한다.
ㄴ. 평균임금이란 이를 산정하여야 할 사유가 발생한 날 이전 1개월 동안에 그 근로자에게 지급된 임금의 총액을 그 기간의 총일수로 나눈 금액을 말한다. 근로자가 취업한 후 1개월 미만인 경우도 이에 준한다.
ㄷ. 사용자는 근로자가 퇴직한 경우에는 퇴직일로부터 10일 이내에 임금을 지급하여야 한다.
ㄹ. 사용자는 근로자가 출산 비용에 충당하기 위하여 임금 지급을 청구하면 지급기일 전이라도 이미 제공한 근로에 대한 임금을 지급하여야 한다.

① ㄱ
② ㄹ
③ ㄱ, ㄴ
④ ㄴ, ㄷ
⑤ ㄴ, ㄷ, ㄹ

해설

ㄱ. (O) 근기법 제2조 제1항 제5호
ㄴ. (×) 평균임금이란 이를 산정하여야 할 사유가 발생한 날 이전 3개월 동안에 그 근로자에게 지급된 임금의 총액을 그 기간의 총일수로 나눈 금액을 말한다. 근로자가 취업한 후 3개월 미만인 경우도 이에 준한다(근기법 제2조 제1항 제6호).
ㄷ. (×) 사용자는 근로자가 사망 또는 퇴직한 경우에는 그 지급사유가 발생한 때부터 14일 이내에 임금, 보상금, 그 밖의 모든 금품을 지급하여야 한다. 다만, 특별한 사정이 있을 경우에는 당사자 사이의 합의에 의하여 기일을 연장할 수 있다(근기법 제36조).
ㄹ. (O) 사용자는 근로자가 출산, 질병, 재해, 그 밖에 대통령령으로 정하는 비상(非常)한 경우의 비용에 충당하기 위하여 임금 지급을 청구하면 지급기일 전이라도 이미 제공한 근로에 대한 임금을 지급하여야 한다(근기법 제45조).

답 ❹

028 금품청산에 관한 설명 중 옳지 않은 것은? 14 사시

CHECK ○△×

① 사용자는 원칙적으로 금품청산의 지급사유가 발생한 때부터 14일 이내에 금품을 지급하여야 한다.
② 청산되어야 할 금품은 임금, 보상금, 그 밖에 일체의 금품이다.
③ 특별한 사정이 있는 경우에는 당사자 사이의 합의에 의하여 기일을 연장할 수 있다.
④ 당사자 사이의 합의에 의하여 기일을 연장할 경우 3개월을 초과하지 못한다.
⑤ 금품청산의무를 위반한 자에 대하여는 피해자의 명시적인 의사와 다르게 공소를 제기할 수 없다.

해설

① (○) · ② (○) · ③ (○) 사용자는 근로자가 사망 또는 퇴직한 경우에는 그 지급사유가 발생한 때부터 14일 이내에❶ 임금, 보상금, 그 밖의 모든 금품을❷ 지급하여야 한다. 다만, 특별한 사정이 있을 경우에는 당사자 사이의 합의에 의하여 기일을 연장할 수 있다❸(근기법 제36조).

④ (×) 근기법 제36조는 당사자 사이의 합의에 의하여 기일을 연장할 경우, 그 연장 기간에 대하여는 규정하고 있지 아니하다.

⑤ (○) 금품청산의무를 위반한 자에 대하여 피해자가 처벌을 희망하지 않는다는 의사를 명백히 한 때에는 공소를 제기할 수 없다(근기법 제109조 제2항, 제36조). 반의사불벌죄는 원칙적으로 공소제기가 가능하나 피해자가 처벌을 원하지 않는다는 의사를 명백하게 한 경우에는 소추가 불가능한 범죄를 말한다. 임금에 관련된 죄는 피해자가 처벌을 희망하지 않는다는 의사를 명백히 한 때에는 처벌할 수 없는 반의사불벌죄에 해당한다(근기법 제109조 제2항).

답 ❹

029 甲은 乙을 비롯한 종업원 10명을 7개월간 고용하여 사업을 경영하다가 2017.1.1. 폐업하였고 동시에 乙등과의 근로계약도 종료되었다. 폐업당시 甲의 재산으로는 경기도 용인시에 있는 $80m^2$ 토지가 유일하였고, 위 토지에는 이미 2016.1.1. 丙을 저당권자로 하는 피담보채권 1억원의 저당권설정등기가 마쳐져 있었다. 甲이 폐업하자 丙의 임의 경매 신청으로 위 토지는 매각되었고 배당할 금액은 2억 1,000만원이 되었다. 한편 경매절차에서는 대한민국이 국세 2,000만원의 배당신청(교부청구)을 하였다. 乙등의 임금은 채용 시부터 폐업 시까지 매월 각 400만원이었고 乙등은 근무기간 동안 임금을 전혀 지급받지 못하였다. 위 경매절차에 참여한 乙을 비롯한 종업원 10명이 배당받을 수 있는 총금액은 얼마인가? 07 사시수정

CHECK ○△×

① 8,000만원
② 1억원
③ 1억 2,000만원
④ 1억 4,000만원
⑤ 배당받을 수 없다.

해설

1순위 : 최종 3개월분의 임금(乙등 종업원 10명) 400만원×3개월×10명 = 1억 2,000만원
2순위 : 대한민국 국세 2,000만원
3순위 : 丙의 피담보채권 7,000만원

답 ❸

030 근로기준법상 임금채권에 관한 설명으로 옳지 않은 것은?

12 사시

CHECK ○△×

① 사용자가 제3자에게 처분한 재산은 원칙적으로 임금채권 우선변제의 대상이 되는 사용자의 총재산에 포함되지 아니한다.

② 사용자가 소유권을 취득하기 전에 설정된 저당권에 따라 담보되는 채권에 대해서는 근로자의 임금채권이 우선할 수 없다.

③ 최종 3개월분의 임금은 사용자의 총재산에 대해서 질권 또는 저당권에 따라 담보되는 채권보다 우선하여 변제된다.

④ 해고무효확인의 소를 제기한 경우에 당해 근로관계에서 발생된 임금채권의 소멸시효는 중단된다.

⑤ 주식회사 대표이사의 개인재산은 임금채권 우선변제의 대상이 되는 사용자의 총재산에 포함된다.

해설

① (○) · ② (○) [1] 근로기준법 제38조 제2항은 근로자의 최저생활을 보장하고자 하는 공익적 요청에서 일반 담보물권의 효력을 일부 제한하고 임금채권의 우선변제권을 규정한 것으로서 그 규정의 취지는 최종 3월분의 임금 등에 관한 채권은 다른 채권과 동시에 사용자의 동일재산으로부터 경합하여 변제받는 경우에 그 성립의 선후나 질권이나 저당권의 설정 여부에 관계없이 우선적으로 변제받을 수 있는 권리가 있음을 밝힌 것일 뿐, 나아가 사용자의 특정재산에 대한 배타적 지배권을 본질로 하는 추급효까지 인정한 것은 아니므로, 사용자의 재산이 제3자에게 양도된 경우에 있어서는 양도인인 사용자에 대한 임금 등 채권의 우선권은 이 재산에 대하여는 더 이상 추구될 수 없고, 양수인의 양수재산에 대하여까지 우선권을 인정할 수는 없다.❶

[2] 사용자가 재산을 취득하기 전에 설정된 담보권에 대하여까지 [1]의 임금채권의 우선변제권을 인정할 수도 없다❷ (대판 1994.1.11. 93다30938).

> **[비교판례]**
> 근로기준법 제38조 제2항은 근로자의 최저생활을 보장하고자 하는 공익적 요청에서 일반 담보물권의 효력을 일부 제한하고 최종 3개월분의 임금과 재해보상금에 해당하는 채권의 우선변제권을 규정한 것이므로, 합리적 이유나 근거 없이 적용 대상을 축소하거나 제한하는 것은 허용되지 않는다. 그런데 근로기준법 제38조 제2항은 최종 3개월분의 임금 채권이 같은 조 제1항에도 불구하고 사용자의 총재산에 대하여 질권 또는 저당권에 따라 담보된 채권에 우선하여 변제되어야 한다고 규정하고 있을 뿐, 사용자가 사용자 지위를 취득하기 전에 설정한 질권 또는 저당권에 따라 담보된 채권에는 우선하여 변제받을 수 없는 것으로 규정하고 있지 않으므로, 최종 3개월분의 임금 채권은 사용자의 총재산에 대하여 사용자가 사용자 지위를 취득하기 전에 설정한 질권 또는 저당권에 따라 담보된 채권에도 우선하여 변제되어야 한다(대판 2011.12.8. 2011다68777).

③ (○) 최종 3개월분의 임금은 사용자의 총재산에 대하여 질권 · 저당권 또는 동산 · 채권 등의 담보에 관한 법률에 따른 담보권에 따라 담보된 채권, 조세 · 공과금 및 다른 채권에 우선하여 변제되어야 한다(근기법 제38조 제2항).

④ (○) 당해 근로관계에서 발생된 임금채권의 소멸시효는 종전 해고무효확인의 소로 중단된다고 보아야 한다. 판례도 같은 취지에서 교직원의 학교법인을 상대로 한 의원면직처분무효확인청구의 소도 교직원의 학교법인에 대한 급여청구의 한 실현수단이 될 수 있어 소멸시효의 중단사유로서의 재판상 청구에 해당한다고(대판 1994.5.10. 93다21606) 한다.

⑤ (×) 임금채권을 변제할 사용자의 총재산이란 사업주 소유의 총재산을 말한다. 즉 법인의 경우에는 법인 자체의 재산이 이에 해당하나, 사업경영담당자(주식회사의 대표이사)등의 개인재산은 제외된다(대판 1996.2.9. 95다719).

답 ❺

031 근로기준법령상 임금에 대한 설명으로 옳지 않은 것은?

22 국가직 9급

CHECK ○△×

① 사용자는 임금을 지급하는 때에는 근로자에게 임금명세서를 서면으로 교부하여야 하며, 이 경우 그 서면에는 전자문서 및 전자거래 기본법 제2조 제1호에 따른 전자문서가 포함되지 아니한다.

② 사용자는 도급으로 사용하는 근로자에게 근로시간에 따라 일정액의 임금을 보장하여야 한다.

③ 사용자는 근로자가 혼인한 경우에 그 비용에 충당하기 위하여 임금 지급을 청구하면 지급기일 전이라도 이미 제공한 근로에 대한 임금을 지급하여야 한다.

④ 최종 3개월분의 임금은 사용자의 총재산에 대하여 질권·저당권 또는 동산 채권 등의 담보에 관한 법률에 따른 담보권에 따라 담보된 채권, 조세 공과금 및 다른 채권에 우선하여 변제되어야 한다.

해설

① (×) 사용자는 임금을 지급하는 때에는 근로자에게 임금의 구성항목·계산방법, 제43조 제1항 단서에 따라 임금의 일부를 공제한 경우의 내역 등 대통령령으로 정하는 사항을 적은 임금명세서를 서면(전자문서 및 전자거래 기본법 제2조 제1호에 따른 전자문서를 포함)으로 교부하여야 한다(근기법 제48조 제2항).

② (○) 사용자는 도급이나 그 밖에 이에 준하는 제도로 사용하는 근로자에게 근로시간에 따라 일정액의 임금을 보장하여야 한다(근기법 제47조).

③ (○) 근기법 제45조, 동법 시행령 제25조 제2호 참조

> **비상시 지급(근기법 제45조)**
> 사용자는 근로자가 출산, 질병, 재해, 그 밖에 대통령령으로 정하는 비상(非常)한 경우의 비용에 충당하기 위하여 임금 지급을 청구하면 지급기일 전이라도 이미 제공한 근로에 대한 임금을 지급하여야 한다.
>
> **지급기일 전의 임금 지급(근기법 시행령 제25조)**
> 법 제45조에서 "그 밖에 대통령령으로 정한 비상(非常)한 경우"란 근로자나 그의 수입으로 생계를 유지하는 자가 다음 각 호의 어느 하나에 해당하게 되는 경우를 말한다.
> 2. 혼인 또는 사망한 경우

④ (○) 근기법 제38조 제2항 제1호

답 ❶

032 근로기준법상 사용자의 금품 청산과 임금채권의 소멸시효에 대한 규정의 내용이다. (　　)에 들어갈 숫자를 바르게 연결한 것은?

21 국가직 9급

CHECK ○△×

> • 사용자는 근로자가 사망 또는 퇴직한 경우에는 그 지급사유가 발생한 때부터 (ㄱ)일 이내에 임금, 보상금, 그 밖의 일체의 금품을 지급하여야 한다(근기법 제36조).
> • 근로기준법에 따른 임금채권은 (ㄴ)년간 행사하지 아니하면 시효로 소멸한다(근기법 제49조).

① ㄱ : 14, ㄴ : 1

② ㄱ : 14, ㄴ : 3

③ ㄱ : 30, ㄴ : 1

④ ㄱ : 30, ㄴ : 3

해설

- 사용자는 근로자가 사망 또는 퇴직한 경우에는 그 지급사유가 발생한 때부터 14일 이내에 임금, 보상금, 그 밖의 모든 금품을 지급하여야 한다. 다만, 특별한 사정이 있을 경우에는 당사자 사이의 합의에 의하여 기일을 연장할 수 있다(근기법 제36조).
- 이 법에 따른 임금채권은 3년간 행사하지 아니하면 시효로 소멸한다(근기법 제49조).

답 ❷

033 근로기준법령상 임금 등에 대한 설명으로 옳지 않은 것은?

22 국가직 9급

CHECK ○△×

① 사용자는 근로자가 퇴직한 경우에는 그 지급사유가 발생한 때부터 14일 이내에 임금, 보상금, 그 밖의 모든 금품을 지급하여야 하지만, 특별한 사정이 있을 경우에는 당사자 사이의 합의에 의하여 기일을 연장할 수 있다.

② 1개월을 초과하는 기간의 출근 성적에 따라 지급하는 정근수당은 매월 1회 이상 일정한 날짜를 정하여 지급하지 않을 수 있다.

③ 평균임금이란 근로자에게 정기적이고 일률적으로 소정근로 또는 총 근로에 대하여 지급하기로 정한 시간급 금액, 일급 금액, 주급 금액, 월급 금액 또는 도급 금액을 말한다.

④ 임금은 통화로 직접 근로자에게 그 전액을 지급하여야 하나, 법령 또는 단체협약에 특별한 규정이 있는 경우에는 임금의 일부를 공제하거나 통화 이외의 것으로 지급할 수 있다.

해설

① (○) 근기법 제36조

② (○) 근기법 제43조 제2항, 동법 시행령 제23조 참조

> **임금 지급(근기법 제43조)**
>
> ② 임금은 매월 1회 이상 일정한 날짜를 정하여 지급하여야 한다. 다만, 임시로 지급하는 임금, 수당, 그 밖에 이에 준하는 것 또는 대통령령으로 정하는 임금에 대하여는 그러하지 아니하다.
>
> **매월 1회 이상 지급하여야 할 임금의 예외(근기법 시행령 제23조)**
>
> 법 제43조 제2항 단서에서 "임시로 지급하는 임금, 수당, 그 밖에 이에 준하는 것 또는 대통령령으로 정하는 임금"이란 다음 각 호의 것을 말한다.
>
> 1. 1개월을 초과하는 기간의 출근 성적에 따라 지급하는 정근수당
> 2. 1개월을 초과하는 일정 기간을 계속하여 근무한 경우에 지급되는 근속수당
> 3. 1개월을 초과하는 기간에 걸친 사유에 따라 산정되는 장려금, 능률수당 또는 상여금
> 4. 그 밖에 부정기적으로 지급되는 모든 수당

③ (×) 근기법과 동법 시행령에서 "통상임금"이란 근로자에게 정기적이고 일률적으로 소정(所定)근로 또는 총 근로에 대하여 지급하기로 정한 시간급 금액, 일급 금액, 주급 금액, 월급 금액 또는 도급 금액을 말한다(근기법 시행령 제6조 제1항).

④ (○) 근기법 제43조 제1항

답 ❸

034 근로기준법령상 임금에 대한 설명으로 옳은 것만을 모두 고르면?(다툼이 있는 경우 판례에 의함)

CHECK ○△×

23 국가직 9급

ㄱ. 사용자는 도급이나 그 밖에 이에 준하는 제도로 사용하는 근로자에게 근로성과에 따라 일정액의 임금을 보장하여야 한다.
ㄴ. 임금은 매월 1회 이상 일정한 날짜를 정하여 지급하여야 한다. 다만, 1개월을 초과하는 기간에 걸친 사유에 따라 산정되는 능률수당은 그러하지 아니하다.
ㄷ. 고용노동부장관은 체불사업주가 명단 공개 기준일 이전 3년 이내 임금등을 체불하여 2회 이상 유죄가 확정된 자로서 명단 공개 기준일 이전 1년 이내 임금등의 체불총액이 2천만원 이상인 경우에는 체불사업주가 사망한 경우에도 그 인적사항 등을 공개할 수 있다.
ㄹ. 단체협약이나 취업규칙 등에 휴직자나 복직자 또는 징계대상자 등에 대하여 특정 임금에 대한 지급 제한사유를 규정하고 있다 하더라도, 그러한 사정을 들어 정상적인 근로관계를 유지하는 근로자에 대하여 그 임금 지급의 일률성을 부정할 것은 아니다.

① ㄱ, ㄴ
② ㄱ, ㄷ
③ ㄴ, ㄹ
④ ㄷ, ㄹ

해설

ㄱ. (×) 사용자는 도급이나 그 밖에 이에 준하는 제도로 사용하는 근로자에게 근로시간에 따라 일정액의 임금을 보장하여야 한다(근기법 제47조).

ㄴ. (○) 근기법 제43조 제2항, 동법 시행령 제23조 참조

ㄷ. (×) 고용노동부장관은 임금, 보상금, 수당, 근로자퇴직급여보장법에 따른 퇴직급여등, 그 밖의 모든 금품(이하 "임금등")을 지급하지 아니한 사업주(법인인 경우에는 그 대표자를 포함. 이하 "체불사업주")가 명단 공개 기준일 이전 3년 이내 임금등을 체불하여 2회 이상 유죄가 확정된 자로서 명단 공개 기준일 이전 1년 이내 임금등의 체불총액이 3천만원 이상인 경우에는 그 인적사항 등을 공개할 수 있다. 다만, 체불사업주의 사망·폐업으로 명단 공개의 실효성이 없는 경우 등 대통령령으로 정하는 사유가 있는 경우에는 그러하지 아니하다(근기법 제43조의2 제1항).

ㄹ. (○) 단체협약이나 취업규칙 등에 휴직자나 복직자 또는 징계대상자 등에 대하여 특정 임금에 대한 지급 제한사유를 규정하고 있다 하더라도, 이는 해당 근로자의 개인적인 특수성을 고려하여 임금 지급을 제한하고 있는 것에 불과하므로, 그러한 사정만을 들어 정상적인 근로관계를 유지하는 근로자에 대하여 그 임금이 고정적 임금에 해당하지 않는다고 할 수는 없다(대판 2019.8.14. 2016다9704).

> 여객자동차운수업을 영위하는 갑 주식회사 등에서 운전기사로 근무한 을 등이 월간 근무일수 15일(만근일)을 초과하는 근로일이 휴일임을 전제로 만근 초과 근로일의 1일 15시간 근로 중 8시간을 넘는 7시간 부분에 대해 휴일근로에 따른 가산수당의 지급을 구한 사안에서, 제반 사정에 비추어 갑 회사 등의 사업장에서는 만근 초과 근로일을 '휴일'로 정하고 있다고 보이므로 을 등의 만근 초과 근로일 근로는 근로기준법상 가산수당이 지급되어야 하는 휴일의 근로라고 보아야 하는데도, 이와 달리 본 원심판결에 법리오해 등의 잘못이 있다고 한 사례(대판 2019.8.14. 2016다9704).

답 ③

CHAPTER

05 근로시간

제1절 근로시간의 개념과 산정

001 근로기준법에 규정된 내용으로 옳지 않은 것은? 16 노무

CHECK ○△×

① 소정근로시간이란 근로기준법 제50조, 제69조 본문에 따른 근로시간의 범위에서 근로자와 사용자 사이에 정한 근로시간을 말한다.

② 사용자는 계속하여 근로한 기간이 1년 미만인 근로자에게 1개월간 80% 이상 출근 시 1일의 유급휴가를 주어야 한다.

③ 야간근로는 오후 10시부터 오전 6시까지 사이의 근로를 말한다.

④ 단시간근로자란 1주 동안의 소정근로시간이 그 사업장에서 같은 종류의 업무에 종사하는 통상근로자의 1주 동안의 소정근로시간에 비하여 짧은 근로자를 말한다.

⑤ 근로시간을 산정하는 경우 작업을 위하여 근로자가 사용자의 지휘·감독 아래에 있는 대기시간 등은 근로시간으로 본다.

해설

① (○) 근기법 제2조 제1항 제8호

② (×) 사용자는 계속하여 근로한 기간이 1년 미만인 근로자 또는 1년간 80% 미만 출근한 근로자에게 1개월 개근 시 1일의 유급휴가를 주어야 한다(근기법 제60조 제2항).

③ (○) 근기법 제56조 제3항

④ (○) 근기법 제2조 제1항 제9호

⑤ (○) 근기법 제50조 제3항

답 ❷

제2절 근로시간의 보호

002 근로기준법상 근로시간에 대한 설명으로 옳은 것은? 23 국가직 9급

CHECK ○△×

① 1주간에 12시간을 한도로 연장근로를 하기 위해서는 사용자가 근로자대표와 서면합의를 하여야 한다.

② 항공운송업에 대하여 사용자가 근로자대표와 서면합의를 한 경우에도 주 12시간을 초과하여 연장근로를 하게 할 수 없다.

③ 사용자는 근로자대표와의 서면합의에 따라 연장근로·야간근로 및 휴일근로 등에 대하여 임금을 지급하는 것을 갈음하여 휴가를 줄 수 있다.

④ 사용자는 야간근로(오후 10시부터 다음 날 오전 6시 사이의 근로를 말한다)에 대하여는 평균임금의 100분의 50 이상을 가산하여 지급하여야 한다.

해설

① (×) 1주간에 12시간을 한도로 근로시간을 연장하기 위해서는 당사자 간의 합의가 필요하나, 사용자가 반드시 근로자대표와 서면합의를 하여야 하는 것은 아니다(근기법 제53조 제1항).

② (×) 항공운송업에 대하여 사용자가 근로자대표와 서면합의를 한 경우, 특례연장근로(근기법 제59조)가 인정되어, 사용자는 근로자로 하여금 주 12시간을 초과하여 연장근로를 하게 할 수 있다.

③ (○) 근기법 제57조

④ (×) 사용자는 야간근로(오후 10시부터 다음 날 오전 6시 사이의 근로)에 대하여는 통상임금의 100분의 50 이상을 가산하여 근로자에게 지급하여야 한다(근기법 제56조 제3항).

답 ❸

003 근로기준법상 근로시간 및 휴게시간의 특례가 적용되는 사업을 모두 고른 것은? 24 노무

CHECK ○△×

ㄱ. 노선여객자동차운송사업
ㄴ. 수상운송업
ㄷ. 보건업
ㄹ. 영화업

① ㄱ, ㄴ
② ㄱ, ㄷ
③ ㄴ, ㄷ
④ ㄴ, ㄷ, ㄹ
⑤ ㄱ, ㄴ, ㄷ, ㄹ

해설

보기 중 수상운송업, 보건업 등이 근기법상 근로시간 및 휴게시간의 특례가 적용되는 사업에 해당한다(근기법 제59조 제1항).

답 ❸

004 근로기준법령상 근로시간과 휴식에 대한 설명으로 옳지 않은 것은?

25 국가직 9급

CHECK ○△×

① 실내장식의 고안 업무는 재량근로의 대상업무에 해당하지 않는다.
② 근로시간을 산정하는 경우 작업을 위하여 근로자가 사용자의 지휘·감독 아래에 있는 대기시간 등은 근로시간으로 본다.
③ 휴가수당은 유급휴가를 주기 전이나 준 직후의 임금지급일에 지급하여야 한다.
④ 1일 8시간을 초과하여 4시간의 연장근로를 하게 할 때에는 연장근로시간 도중에 30분 이상의 휴게시간을 부여하여야 한다.

해설

① (×) 실내장식의 고안 업무는 근기법 제58조 제3항 전문, 동법 시행령 제31조 제4호에서 정한 재량근로의 대상업무에 해당한다.
② (○) 근기법 제50조 제3항
③ (○) 근기법 제60조 제5항, 동법 시행령 제33조
④ (○) 사용자는 근로시간이 4시간인 경우에는 30분 이상, 8시간인 경우에는 1시간 이상의 휴게시간을 근로시간 도중에 주어야 한다(근기법 제54조 제1항).

답 ❶

005 근로기준법상 근로시간에 대한 설명으로 옳은 것은?

23 국가직 7급

CHECK ○△×

① 1주간에 12시간을 한도로 연장근로를 하기 위해서는 사용자가 근로자대표와 서면합의를 하여야 한다.
② 항공운송업에 대하여 사용자가 근로자대표와 서면합의를 한 경우에도 주 12시간을 초과하여 연장근로를 하게 할 수 없다.
③ 사용자는 근로자대표와의 서면합의에 따라 연장근로·야간근로 및 휴일근로 등에 대하여 임금을 지급하는 것을 갈음하여 휴가를 줄 수 있다.
④ 사용자는 야간근로(오후 10시부터 다음 날 오전 6시 사이의 근로를 말한다)에 대하여는 평균임금의 100분의 50 이상을 가산하여 지급하여야 한다.

해설

① (×) 당사자 간에 합의하면 1주간에 12시간을 한도로 근로시간을 연장할 수 있으나(근기법 제53조 제1항), 이때 사용자가 근로자대표와 서면합의를 할 것을 요하는 것은 아니다.
② (×) 육상운송 및 파이프라인 운송업(노선 여객자동차운송사업은 제외), 수상운송업, 항공운송업, 기타 운송관련 서비스업, 보건업 등의 사업에 대하여 사용자가 근로자대표와 서면으로 합의한 경우에는 주 12시간을 초과하여 연장근로를 하게 할 수 있다(근기법 제59조 제1항).
③ (○) 근기법 제57조
④ (×) 사용자는 야간근로(오후 10시부터 다음 날 오전 6시 사이의 근로)에 대하여는 통상임금의 100분의 50 이상을 가산하여 근로자에게 지급하여야 한다(근기법 제56조 제3항).

답 ❸

최신유형

006 근로기준법상 (　　)에 들어갈 내용으로 옳은 것은? 25 노무

CHECK ○△×

> 사용자는 산후 1년이 지나지 아니한 여성에 대하여는 단체협약이 있는 경우라도 1일에 (ㄱ)시간, 1주에 (ㄴ)시간, 1년에 (ㄷ)시간을 초과하는 시간외근로를 시키지 못한다.

① ㄱ : 2, ㄴ : 6, ㄷ : 120
② ㄱ : 2, ㄴ : 8, ㄷ : 120
③ ㄱ : 2, ㄴ : 6, ㄷ : 150
④ ㄱ : 3, ㄴ : 6, ㄷ : 150
⑤ ㄱ : 3, ㄴ : 8, ㄷ : 120

해설

사용자는 산후 1년이 지나지 아니한 여성에 대하여는 단체협약이 있는 경우라도 1일에 2시간, 1주에 6시간, 1년에 150시간을 초과하는 시간외근로를 시키지 못한다(근기법 제71조).

답 ③

007 근로기준법상 근로시간 및 휴게시간의 특례사업이 아닌 것은? 19 노무

CHECK ○△×

① 보건업
② 항공운송업
③ 수상운송업
④ 육상운송 및 파이프라인운송업
⑤ 노선(路線) 여객자동차운송사업

해설

① (○), ② (○), ③ (○), ④ (○), ⑤ (×)
노선(路線) 여객자동차운송사업은 근기법 제59조 제1항 제1호 단서에 의하여 근로시간 및 휴게시간의 특례사업에서 제외된다.

> **근로시간 및 휴게시간의 특례(근기법 제59조)**
> ① 통계법 제22조 제1항에 따라 통계청장이 고시하는 산업에 관한 표준의 중분류 또는 소분류 중 다음 각 호의 어느 하나에 해당하는 사업에 대하여 사용자가 근로자대표와 서면으로 합의한 경우에는 제53조 제1항에 따른 주(週) 12시간을 초과하여 연장근로를 하게 하거나 제54조에 따른 휴게시간을 변경할 수 있다.
> 1. 육상운송 및 파이프라인운송업. 다만, 여객자동차 운수사업 제3조 제1항 제1호에 따른 노선(路線) 여객자동차 운송사업은 제외한다.
> 2. 수상운송업
> 3. 항공운송업
> 4. 기타 운송 관련 서비스업
> 5. 보건업
> ② 제1항의 경우 사용자는 근로일 종료 후 다음 근로일 개시 전까지 근로자에게 연속하여 11시간 이상의 휴식 시간을 주어야 한다.

답 ⑤

008 근로기준법상 통계법에 따라 통계청장이 고시하는 산업에 관한 표준의 중분류 또는 소분류 중 수상운송업에 대하여 사용자가 근로자대표와 서면으로 합의하는 경우에 대한 설명으로 옳은 것만을 모두 고르면? 19 국가직 7급

CHECK ○△×

ㄱ. 주(週) 12시간을 초과하여 연장근로를 하게 할 수 있다.
ㄴ. 휴게시간을 변경할 수 없다.
ㄷ. 근로일 종료 후 다음 근로일 개시 전까지 근로자에게 연속하여 10시간 이상의 휴식 시간을 주어야 한다.

① ㄱ
② ㄱ, ㄴ
③ ㄴ, ㄷ
④ ㄱ, ㄴ, ㄷ

해설

특례연장근로의 경우(근기법 제59조) 사용자가 근로자대표와 서면으로 합의한 경우에 주(週) 12시간을 초과하여 연장근로를 하게 하거나 휴게시간을 변경할 수 있다. 이때 사용자는 근로일 종료 후 다음 근로일 개시 전까지 근로자에게 연속하여 11시간 이상의 휴식 시간을 주어야 한다.

답 ❶

009 근로기준법상 근로시간과 휴식에 대한 설명으로 옳지 않은 것은? 20 국가직 7급

CHECK ○△×

① 통계법 제22조 제1항에 따라 통계청장이 고시하는 산업에 관한 표준의 중분류 또는 소분류 중 보건업에 있어 사용자가 근로자대표와 서면으로 합의한 경우에는 주 12시간을 초과하여 연장근로를 하게 할 수 있다.
② 사용자가 3개월 이내의 탄력적 근로시간제를 실시할 경우에 특정한 주의 근로시간은 52시간을, 특정한 날의 근로시간은 12시간을 초과할 수 없다.
③ 감시 또는 단속적으로 근로에 종사하는 사람으로서 사용자가 고용노동부장관의 승인을 받은 사람에 해당하는 근로자에 대하여는 휴일에 관한 규정을 적용하지 아니한다.
④ 사용자는 개별근로자와의 서면 합의에 따라 연장근로·야간 근로 및 휴일근로에 대하여 임금을 지급하는 것을 갈음하여 휴가를 줄 수 있다.

해설

① (O) 통계법에 따라 통계청장이 고시하는 산업에 관한 표준의 중분류 또는 소분류 중 보건업에 대하여 사용자가 근로자대표와 서면으로 합의한 경우에는 주(週) 12시간을 초과하여 연장근로를 하게 하거나 휴게시간을 변경할 수 있다(근기법 제59조 제1항).
② (O) 사용자는 근로자대표와의 서면 합의에 따라 3개월 이내의 단위기간을 평균하여 1주간의 근로시간이 40시간을 초과하지 아니하는 범위에서 특정한 주에 40시간을, 특정한 날에 8시간을 초과하여 근로하게 할 수 있다. 다만, 특정한 주의 근로시간은 52시간을, 특정한 날의 근로시간은 12시간을 초과할 수 없다(근기법 제51조 제2항).
③ (O) 감시(監視) 또는 단속적(斷續的)으로 근로에 종사하는 사람으로서 사용자가 고용노동부장관의 승인을 받은 근로자에 대하여는 근로시간, 휴게와 휴일에 관한 규정은 적용하지 아니한다(근기법 제63조 제3호).
④ (×) 사용자는 근로자대표와의 서면 합의에 따라 연장근로·야간근로 및 휴일근로 등에 대하여 임금을 지급하는 것을 갈음하여 휴가를 줄 수 있다(근기법 제57조).

답 ❹

010 근로기준법 제59조에 따르면, 통계법 제22조 제1항에 따라 통계청장이 고시하는 산업에 관한 표준의 중분류 또는 소분류 중 보건업에 대하여 사용자가 주 12시간을 초과하여 연장근로를 하게 하거나 휴게시간을 변경할 수 있다. 이 경우 절차상 필요한 것은? 20 국가직 9급

CHECK ○△×

① 근로자대표와의 서면 합의
② 취업규칙의 근거 규정
③ 고용노동부장관의 인가
④ 근로계약에 명시

해설

특례연장근로의 경우(근기법 제59조) 사용자가 동조에서 정한 사업에 대하여 주(週) 12시간을 초과하여 연장근로를 하게 하거나 휴게시간을 변경하려면 근로자대표와 서면으로 합의하여야 한다.

답 ❶

011 밑줄 친 '사업'에 해당하지 않는 것은? 22 국가직 9급

CHECK ○△×

> 근로기준법은 통계법 제22조 제1항에 따라 통계청장이 고시하는 산업에 관한 표준의 중분류 또는 소분류 중 어느 하나에 해당하는 사업에 대하여 사용자가 근로자대표와 서면으로 합의한 경우에는 근로기준법 제54조에 따른 휴게시간을 변경할 수 있다고 규정하고 있다.

① 보건업
② 항공운송업
③ 수상운송업
④ 여객자동차 운수사업법 제3조 제1항 제1호에 따른 노선여객자동차운송사업

해설

특례연장근로(근기법 제59조)의 경우 ① 보건업, ② 항공운송업, ③ 수상운송업은 특례가 적용되나, ④ 노선여객자동차운송사업은 적용되지 아니한다.

답 ❹

012 근로기준법상 사용자가 특별한 사정이 있어 1주 12시간의 연장근로의 한도를 초과하여 근로시간을 연장하고자 할 경우에 요구되는 절차는? 15 노무

CHECK ○△×

① 근로자의 동의만 필요하다.
② 노동위원회의 승인만 필요하다.
③ 고용노동부장관의 인가만 필요하다.
④ 근로자의 동의와 노동위원회의 승인이 모두 필요하다.
⑤ 근로자의 동의와 고용노동부장관의 인가가 모두 필요하다.

해설

사용자는 특별한 사정이 있으면 고용노동부장관의 인가와 근로자의 동의를 받아 근로시간을 연장할 수 있다. 다만, 사태가 급박하여 고용노동부장관의 인가를 받을 시간이 없는 경우에는 사후에 지체 없이 승인을 받아야 한다(근기법 제53조 제4항).

답 ⑤

013 근로기준법 제69조(근로시간)에 관한 규정이다. (　　)에 들어갈 각각의 시간을 모두 합한 시간은? 19 노무

CHECK ○△×

> 15세 이상 18세 미만인 사람의 근로시간은 1일에 (ㄱ)시간, 1주에 (ㄴ)시간을 초과하지 못한다. 다만, 당사자 사이의 합의에 따라 1일에 (ㄷ)시간, 1주에 (ㄹ)시간을 한도로 연장할 수 있다.

① 48시간
② 51시간
③ 56시간
④ 61시간
⑤ 68시간

해설

위의 (　　)에 들어갈 시간은 각각 7, 35, 1, 5이므로 이들의 합은 48시간이 된다.

> 15세 이상 18세 미만인 사람의 근로시간은 1일 7시간, 1주 35시간을 초과할 수 없다. 다만, 당사자 간의 합의에 의하여 1일 1시간, 1주 5시간을 한도로 연장할 수 있다(근기법 제69조).

답 ①

014 근로기준법상 근로시간 및 휴게에 대한 설명으로 옳은 것은?

22 국가직 7급

CHECK ○△×

① 1일의 근로시간은 휴게시간을 포함하여 8시간을 초과할 수 없다.
② 근로시간을 산정하는 경우 작업을 위하여 근로자가 사용자의 지휘·감독 아래에 있는 대기시간 등은 근로시간으로 본다.
③ 1주란 7일 중 휴일을 제외한 날을 말하며, 1주간의 근로시간은 40시간을 초과할 수 없고, 당사자 간에 합의하면 12시간을 한도로 연장할 수 있다.
④ 사용자는 근로시간이 4시간인 경우에는 30분 이상 휴게시간을 근로시간 종료 후에 주어야 한다.

해설

① (×) 1일의 근로시간은 휴게시간을 제외하고 8시간을 초과할 수 없다(근기법 제50조 제2항).
② (○) 근기법 제50조 제3항
③ (×) 근기법 제2조 제1항 제7호, 제50조 제1항, 제53조 제1항 참조

> **정의(근기법 제2조)**
> ① 이 법에서 사용하는 용어의 뜻은 다음과 같다.
> 7. 1주란 휴일을 포함한 7일을 말한다.
>
> **근로시간(근기법 제50조)**
> ① 1주간의 근로시간은 휴게시간을 제외하고 40시간을 초과할 수 없다.
>
> **연장 근로의 제한(근기법 제53조)**
> ① 당사자 간에 합의하면 1주간에 12시간을 한도로 제50조의 근로시간을 연장할 수 있다.

④ (×) 사용자는 근로시간이 4시간인 경우에는 30분 이상, 8시간인 경우에는 1시간 이상의 휴게시간을 근로시간 도중에 주어야 한다(근기법 제54조 제1항).

답 ❷

015 근로기준법상 근로시간과 휴식에 대한 설명으로 옳지 않은 것은?

21 국가직 9급

CHECK ○△×

① 제50조 제1항에 따른 1주간의 근로시간은 휴게시간을 제외하고 40시간을 초과할 수 없다.
② 제50조 제2항에 따른 1일의 근로시간은 휴게시간을 제외하고 8시간을 초과할 수 없다.
③ 업무의 성질에 비추어 업무 수행 방법을 근로자의 재량에 위임할 필요가 있는 업무로서 대통령령으로 정하는 업무는 사용자가 근로자대표와 서면 합의로 정한 시간을 근로한 것으로 본다.
④ 사용자는 근로자에게 1주에 평균 2회의 유급휴일을 보장하여야 한다.

해설

① (○) 근기법 제50조 제1항
② (○) 근기법 제50조 제2항
③ (○) 근기법 제58조 제3항 전문
④ (×) 사용자는 근로자에게 1주에 평균 1회 이상의 유급휴일을 보장하여야 한다(근기법 제55조 제1항).

답 ❹

016 근로기준법령상 근로기준법 제4장에서 정한 근로시간, 휴게와 휴일에 관한 규정의 적용 제외에 대한 설명으로 옳지 않은 것은?

CHECK ○△×

21 국가직 7급

① 감시(監視) 또는 단속적(斷續的)으로 근로에 종사하는 근로자는 사용자의 신청에 의해 고용노동부장관이 노동위원회의 의결을 얻어 승인을 한 경우에 적용이 제외된다.

② 사업의 종류와 관계없이 관리·감독 업무 또는 기밀을 취급하는 업무에 종사하는 근로자는 적용이 제외된다.

③ 토지의 경작·개간, 식물의 식재(植栽)·재배·채취 사업, 그 밖의 농림 사업에 종사하는 근로자는 적용이 제외된다.

④ 동물의 사육, 수산 동식물의 채취·포획·양식 사업, 그 밖의 축산, 양잠, 수산 사업에 종사하는 근로자는 적용이 제외된다.

해설

① (×), ② (○), ③ (○) ④ (○)

감시(監視) 또는 단속적(斷續的)으로 근로에 종사하는 근로자에게는 사용자가 고용노동부장관의 승인을 받음으로써 근로시간, 휴게와 휴일에 관한 규정의 적용이 제외된다.

적용의 제외(근기법 제63조)

이 장과 제5장에서 정한 근로시간, 휴게와 휴일에 관한 규정은 다음 각 호의 어느 하나에 해당하는 근로자에 대하여는 적용하지 아니한다.

1. 토지의 경작·개간, 식물의 식재(植栽)·재배·채취 사업, 그 밖의 농림 사업
2. 동물의 사육, 수산 동식물의 채취·포획·양식 사업, 그 밖의 축산, 양잠, 수산 사업
3. 감시(監視) 또는 단속적(斷續的)으로 근로에 종사하는 사람으로서 사용자가 고용노동부장관의 승인을 받은 사람
4. 대통령령으로 정하는 업무에 종사하는 근로자

근로시간 등의 적용제외 근로자(근기법 시행령 제34조)

법 제63조 제4호에서 "대통령령으로 정한 업무"란 사업의 종류에 관계없이 관리·감독 업무 또는 기밀을 취급하는 업무를 말한다.

답 ①

최신유형

017 근로기준법상 휴일근로에 관한 설명으로 옳은 것을 모두 고른 것은?(단, 야간근로는 제외함)

CHECK ○△×

25 노무

ㄱ. 사용자는 8시간을 초과한 휴일근로에 대하여 통상임금의 100분의 100 이상을 가산하여 지급하여야 한다.
ㄴ. 사용자는 근로자대표와의 서면합의가 있는 경우에는 휴일근로에 대하여 임금을 지급하는 것을 갈음하여 휴가를 줄 수 있다.
ㄷ. 사용자가 18세 미만자의 동의만 얻으면 휴일근로를 시킬 수 있다.

① ㄱ
② ㄱ, ㄴ
③ ㄱ, ㄷ
④ ㄴ, ㄷ
⑤ ㄱ, ㄴ, ㄷ

해설

ㄱ. (○) 사용자는 8시간을 초과한 휴일근로에 대하여는 통상임금의 100분의 100 이상을 가산하여 근로자에게 지급하여야 한다(근기법 제56조 제2항 제2호).
ㄴ. (○) 사용자는 근로자대표와의 서면 합의에 따라 연장근로·야간근로 및 휴일근로 등에 대하여 임금을 지급하는 것을 갈음하여 휴가를 줄 수 있다(근기법 제57조).
ㄷ. (×) 사용자는 18세 미만자를 휴일에 근로시키지 못하나, 18세 미만자의 동의가 있는 경우로서 고용노동부장관의 인가를 받으면 그러하지 아니하다(근기법 제70조 제2항 제1호).

답 ❷

018 근로기준법상 근로시간과 휴식에 대한 설명이다. (　　)에 들어갈 내용을 바르게 연결한 것은?

CHECK ○△×

20 국가직 9급

- 1주간의 기준근로시간은 휴게시간을 제외하고 (ㄱ)시간을 초과할 수 없다.
- 사용자는 계속해서 근로한 기간이 1년 미만인 근로자에게 1개월 개근 시 (ㄴ)일의 유급휴가를 주어야 한다.
- 사용자는 야간근로(오후 10시부터 다음 날 오전 6시 사이의 근로를 말한다)에 대하여는 통상임금의 100분의 (ㄷ) 이상을 가산하여 근로자에게 지급하여야 한다.

① ㄱ : 40, ㄴ : 1, ㄷ : 100
② ㄱ : 40, ㄴ : 1, ㄷ : 50
③ ㄱ : 52, ㄴ : 3, ㄷ : 50
④ ㄱ : 52, ㄴ : 3, ㄷ : 100

해설

- 1주간의 근로시간은 휴게시간을 제외하고 40시간을 초과할 수 없다(근기법 제50조 제1항).
- 사용자는 계속하여 근로한 기간이 1년 미만인 근로자 또는 1년간 80퍼센트 미만 출근한 근로자에게 1개월 개근 시 1일의 유급휴가를 주어야 한다(근기법 제60조 제2항).
- 사용자는 야간근로(오후 10시부터 다음 날 오전 6시 사이의 근로를 말한다)에 대하여는 통상임금의 100분의 50 이상을 가산하여 근로자에게 지급하여야 한다(근기법 제56조 제3항).

답 ❷

최신유형

019 근로기준법령상 단시간근로자의 근로조건에 관한 설명으로 옳지 않은 것은? 25 노무

CHECK ○△×

① 단시간근로자의 1일 소정근로시간 수는 4주 동안의 소정근로시간을 그 기간의 단시간 근로자의 총 소정근로일 수로 나눈 시간 수로 한다.

② 단시간근로자에게만 적용되는 취업규칙을 불이익하게 변경하는 경우에는 적용대상이 되는 단시간 근로자 과반수의 동의를 받아야 한다.

③ 단시간근로자의 연차 유급휴가에 대하여 지급해야 하는 임금은 시간급을 기준으로 한다.

④ 사용자는 단시간근로자와 합의한 경우에만 초과근로를 시킬 수 있다.

⑤ 여성인 단시간근로자의 출산전후휴가에 대하여 지급해야 하는 임금은 일급 통상임금을 기준으로 한다.

해설

① (×) 단시간근로자의 1일 소정근로시간 수는 4주 동안의 소정근로시간을 그 기간의 통상 근로자의 총 소정근로일수로 나눈 시간 수로 한다(근기법 시행령 [별표 2] 제2호 나목).

② (○) 사용자는 단시간근로자에게 적용되는 취업규칙을 통상근로자에게 적용되는 취업규칙과 별도로 작성할 수 있다. 이에 따라 취업규칙을 작성하거나 변경하고자 할 경우에는 적용대상이 되는 단시간근로자 과반수의 의견을 들어야 한다. 다만, 취업규칙을 단시간근로자에게 불이익하게 변경하는 경우에는 그 동의를 받아야 한다(근기법 시행령 [별표 2] 제5호 가목, 나목).

③ (○) 근기법 시행령 [별표 2] 제4호 나목 후문

④ (○) 근기법 시행령 [별표 2] 제3호 나목

⑤ (○) 사용자는 여성인 단시간근로자에 대하여 근기법에 따른 생리휴가 및 출산전후휴가와 유산·사산 휴가를 주어야 한다. 이 경우(생리휴가는 제외)에 사용자가 지급해야 하는 임금은 일급 통상임금을 기준으로 한다(근기법 시행령 [별표 2] 제4호 다목, 라목).

단시간근로자의 근로조건 결정기준 등에 관한 사항(근기법 시행령 [별표 2])

2. 임금의 계산
   가. 단시간근로자의 임금산정 단위는 시간급을 원칙으로 하며, 시간급 임금을 일급 통상임금으로 산정할 경우에는 나목에 따른 1일 소정근로시간 수에 시간급 임금을 곱하여 산정한다.
   나. 단시간근로자의 1일 소정근로시간 수는 4주 동안의 소정근로시간을 그 기간의 통상 근로자의 총소정근로일 수로 나눈 시간 수로 한다.
3. 초과근로
   가. 사용자는 단시간근로자를 소정 근로일이 아닌 날에 근로시키거나 소정근로시간을 초과하여 근로시키고자 할 경우에는 근로계약서나 취업규칙 등에 그 내용 및 정도를 명시하여야 하며, 초과근로에 대하여 가산임금을 지급하기로 한 경우에는 그 지급률을 명시하여야 한다.
   나. 사용자는 근로자와 합의한 경우에만 초과근로를 시킬 수 있다.
4. 휴일·휴가의 적용
   가. 사용자는 단시간근로자에게 법 제55조에 따른 유급휴일을 주어야 한다.
   나. 사용자는 단시간근로자에게 법 제60조에 따른 연차유급휴가를 주어야 한다. 이 경우 유급휴가는 다음의 방식으로 계산한 시간단위로 하며, 1시간 미만은 1시간으로 본다.

$$\text{통상 근로자의 연차휴가일수} \times \frac{\text{단시간근로자의 소정근로시간}}{\text{통상 근로자의 소정근로시간}} \times 8\text{시간}$$

다. 사용자는 여성인 단시간근로자에 대하여 법 제73조에 따른 생리휴가 및 법 제74조에 따른 출산전후휴가와 유산·사산 휴가를 주어야 한다.

라. 가목 및 다목(생리휴가는 제외한다)의 경우에 사용자가 지급해야 하는 임금은 제2호 가목에 따른 일급 통상임금을 기준으로 한다.

5. 취업규칙의 작성 및 변경

가. 사용자는 단시간근로자에게 적용되는 취업규칙을 통상근로자에게 적용되는 취업규칙과 별도로 작성할 수 있다.

나. 가목에 따라 취업규칙을 작성하거나 변경하고자 할 경우에는 적용대상이 되는 단시간근로자 과반수의 의견을 들어야 한다. 다만, 취업규칙을 단시간근로자에게 불이익하게 변경하는 경우에는 그 동의를 받아야 한다.

답 ❶

020 CHECK ○△×

근로기준법상 탄력적 근로시간제에서 임금 정산에 관한 규정이다. (　　)에 들어갈 내용으로 옳은 것은? 24 노무

> 사용자는 제51조 및 제51조의2에 따른 단위기간 중 근로자가 근로한 기간이 그 단위기간보다 짧은 경우에는 그 단위기간 중 해당 근로자가 근로한 (　　) 전부에 대하여 제56조 제1항에 따른 가산임금을 지급하여야 한다.

① 기간에서 1일 8시간을 초과하여 근로한 시간
② 기간에서 1주 40시간을 초과하여 근로한 시간
③ 기간에서 1일 8시간을 초과하거나 1주 40시간을 초과하여 근로한 시간
④ 기간을 평균하여 1일 8시간을 초과하여 근로한 시간
⑤ 기간을 평균하여 1주간에 40시간을 초과하여 근로한 시간

해설

사용자는 단위기간 중 근로자가 근로한 기간이 그 단위기간보다 짧은 경우에는 그 단위기간 중 해당 근로자가 근로한 기간을 평균하여 1주간에 40시간을 초과하여 근로한 시간 전부에 대하여 가산임금을 지급하여야 한다(근기법 제51조의3).

답 ❺

021 근로기준법령상 3개월을 초과하는 탄력적 근로시간제에 관한 규정에 따라 사용자와 근로자대표가 서면 합의로 정하는 사항에 해당하지 않는 것은? 22 노무

CHECK ○△×

① 대상 근로자의 범위
② 단위기간(3개월을 초과하고 6개월 이내의 일정한 기간으로 정하여야 한다)
③ 단위기간의 주별 근로시간
④ 단위기간의 일별 근로시간
⑤ 서면 합의의 유효기간

해설

① (○), ② (○), ③ (○), ④ (×), ⑤ (○)
단위기간의 일별 근로시간은 3개월을 초과하는 탄력적 근로시간제에 관한 규정에 따라 사용자와 근로자대표가 서면 합의로 정하는 사항에 해당하지 아니한다(근기법 제51조의2, 동법 시행령 제28조의2 제1항).

3개월을 초과하는 탄력적 근로시간제(근기법 제51조의2)
① 사용자는 근로자대표와의 서면 합의에 따라 다음 각 호의 사항을 정하면 3개월을 초과하고 6개월 이내의 단위기간을 평균하여 1주간의 근로시간이 제50조 제1항의 근로시간을 초과하지 아니하는 범위에서 특정한 주에 제50조 제1항의 근로시간을, 특정한 날에 제50조 제2항의 근로시간을 초과하여 근로하게 할 수 있다. 다만, 특정한 주의 근로시간은 52시간을, 특정한 날의 근로시간은 12시간을 초과할 수 없다.
1. 대상 근로자의 범위
2. 단위기간(3개월을 초과하고 6개월 이내의 일정한 기간으로 정하여야 한다)
3. 단위기간의 주별 근로시간
4. 그 밖에 대통령령으로 정하는 사항

3개월을 초과하는 탄력적 근로시간제에 관한 합의사항 등(근기법 시행령 제28조의2)
① 법 제51조의2 제1항 제4호에서 "그 밖에 대통령령으로 정하는 사항"이란 서면 합의의 유효기간을 말한다.

답 ④

022 근로기준법상 근로시간에 관한 설명으로 옳은 것은? 23 노무

CHECK ○△×

① 3개월 이내의 탄력적 근로시간제에 따라 근로자를 근로시킬 경우에는 근로일 종료 후 다음 근로일 개시 전까지 근로자에게 연속하여 11시간 이상의 휴식 시간을 주어야 한다.
② 3개월 이내의 탄력적 근로시간제에 따라 근로자를 근로시킬 경우에는 기존의 임금수준이 낮아지지 않도록 임금보전방안을 강구하여 고용노동부장관에게 신고하여야 한다.
③ 3개월 이내의 탄력적 근로시간제는 15세 이상 18세 미만의 근로자에 대하여는 적용하지 아니한다.
④ 3개월을 초과하는 탄력적 근로시간제에 있어 업무량 급증의 불가피한 사유가 발생한 때에는 근로자대표와의 합의를 거쳐 단위기간의 주별 근로시간을 변경해야 한다.
⑤ 15세 이상 18세 미만인 사람의 근로시간은 1일에 6시간, 1주에 30시간을 초과하지 못한다.

해설

① (×) 사용자는 3개월을 초과하는 탄력적 근로시간제에 따라 근로자를 근로시킬 경우에는 근로일 종료 후 다음 근로일 개시 전까지 근로자에게 연속하여 11시간 이상의 휴식 시간을 주어야 한다(근기법 제51조의2 제2항).

② (×) 사용자는 3개월을 초과하는 탄력적 근로시간제에 따라 근로자를 근로시킬 경우에는 기존의 임금 수준이 낮아지지 아니하도록 임금항목을 조정 또는 신설하거나 가산임금 지급 등의 임금보전방안을 마련하여 고용노동부장관에게 신고하여야 하나, 3개월 이내의 탄력적 근로시간제에서는 기존의 임금 수준이 낮아지지 아니하도록 임금보전방안을 강구하는 것으로 족하다(근기법 제51조의2 제5항, 제51조 제4항 참조).

③ (○) 3개월 이내의 탄력적 근로시간제는 15세 이상 18세 미만의 근로자와 임신 중인 여성 근로자에 대하여는 적용하지 아니한다(근기법 제51조 제3항).

④ (×) 사용자는 근로자대표와의 서면 합의 당시에는 예측하지 못한 천재지변, 기계 고장, 업무량 급증 등 불가피한 사유가 발생한 때에는 3개월을 초과하고 6개월 이내의 일정한 기간인 단위기간 내에서 평균하여 1주간의 근로시간이 유지되는 범위에서 근로자대표와의 협의를 거쳐 단위기간의 주별 근로시간을 변경할 수 있다(근기법 제51조의2 제4항).

⑤ (×) 15세 이상 18세 미만인 사람의 근로시간은 1일에 7시간, 1주에 35시간을 초과하지 못한다(근기법 제69조 본문).

3개월 이내의 탄력적 근로시간제(근기법 제51조)

① 사용자는 취업규칙(취업규칙에 준하는 것을 포함)에서 정하는 바에 따라 2주 이내의 일정한 단위기간을 평균하여 1주간의 근로시간이 제50조 제1항의 근로시간을 초과하지 아니하는 범위에서 특정한 주에 제50조 제1항의 근로시간을, 특정한 날에 제50조 제2항의 근로시간을 초과하여 근로하게 할 수 있다. 다만, 특정한 주의 근로시간은 48시간을 초과할 수 없다.

③ 제1항과 제2항은 15세 이상 18세 미만의 근로자와 임신 중인 여성 근로자에 대하여는 적용하지 아니한다.

④ 사용자는 제1항 및 제2항에 따라 근로자를 근로시킬 경우에는 기존의 임금 수준이 낮아지지 아니하도록 임금보전방안(賃金補塡方案)을 강구하여야 한다.

3개월을 초과하는 탄력적 근로시간제(근기법 제51조의2)

① 사용자는 근로자대표와의 서면 합의에 따라 다음 각 호의 사항을 정하면 3개월을 초과하고 6개월 이내의 단위기간을 평균하여 1주간의 근로시간이 제50조 제1항의 근로시간을 초과하지 아니하는 범위에서 특정한 주에 제50조 제1항의 근로시간을, 특정한 날에 제50조 제2항의 근로시간을 초과하여 근로하게 할 수 있다. 다만, 특정한 주의 근로시간은 52시간을, 특정한 날의 근로시간은 12시간을 초과할 수 없다.

1. 대상 근로자의 범위
2. 단위기간(3개월을 초과하고 6개월 이내의 일정한 기간으로 정하여야 한다)
3. 단위기간의 주별 근로시간
4. 그 밖에 대통령령으로 정하는 사항

② 사용자는 제1항에 따라 근로자를 근로시킬 경우에는 근로일 종료 후 다음 근로일 개시 전까지 근로자에게 연속하여 11시간 이상의 휴식 시간을 주어야 한다. 다만, 천재지변 등 대통령령으로 정하는 불가피한 경우에는 근로자대표와의 서면 합의가 있으면 이에 따른다.

④ 사용자는 제1항에 따른 근로자대표와의 서면 합의 당시에는 예측하지 못한 천재지변, 기계 고장, 업무량 급증 등 불가피한 사유가 발생한 때에는 제1항 제2호에 따른 단위기간 내에서 평균하여 1주간의 근로시간이 유지되는 범위에서 근로자대표와의 협의를 거쳐 제1항 제3호의 사항을 변경할 수 있다. 이 경우 해당 근로자에게 변경된 근로일이 개시되기 전에 변경된 근로일별 근로시간을 통보하여야 한다.

⑤ 사용자는 제1항에 따라 근로자를 근로시킬 경우에는 기존의 임금 수준이 낮아지지 아니하도록 임금항목을 조정 또는 신설하거나 가산임금 지급 등의 임금보전방안을 마련하여 고용노동부장관에게 신고하여야 한다. 다만, 근로자대표와의 서면합의로 임금보전방안을 마련한 경우에는 그러하지 아니하다.

답 ❸

023 CHECK ○△×

근로기준법령상 3개월 이내의 단위기간으로 탄력적 근로시간제를 도입하는 경우 사용자와 근로자대표가 서면으로 합의해야 할 사항에 해당하지 않는 것은? 18 국가직 9급

① 서면 합의의 유효기간
② 대상 근로자의 범위
③ 반드시 근로하여야 할 시간의 시작 및 종료 시각
④ 단위기간의 근로일과 그 근로일별 근로시간

해설

반드시 근로하여야 할 시간의 시작 및 종료 시각은 선택적 근로시간제에 있어서의 서면합의사항임에 유의하여야 한다(근기법 제52조 제1항).

3개월 이내의 탄력적 근로시간제(근기법 제51조)

② 사용자는 근로자대표와의 서면 합의에 따라 다음 각 호의 사항을 정하면 3개월 이내의 단위기간을 평균하여 1주간의 근로시간이 제50조 제1항의 근로시간을 초과하지 아니하는 범위에서 특정한 주에 제50조 제1항의 근로시간을, 특정한 날에 제50조 제2항의 근로시간을 초과하여 근로하게 할 수 있다. 다만, 특정한 주의 근로시간은 52시간을, 특정한 날의 근로시간은 12시간을 초과할 수 없다.

1. 대상 근로자의 범위
2. 단위기간(3개월 이내의 일정한 기간으로 정하여야 한다)
3. 단위기간의 근로일과 그 근로일별 근로시간
4. 그 밖에 대통령령으로 정하는 사항

선택적 근로시간제(근기법 제52조)

① 사용자는 취업규칙(취업규칙에 준하는 것을 포함)에 따라 업무의 시작 및 종료 시각을 근로자의 결정에 맡기기로 한 근로자에 대하여 근로자대표와의 서면 합의에 따라 다음 각 호의 사항을 정하면 1개월(신상품 또는 신기술의 연구개발 업무의 경우에는 3개월) 이내의 정산기간을 평균하여 1주간의 근로시간이 제50조 제1항의 근로시간을 초과하지 아니하는 범위에서 1주간에 제50조 제1항의 근로시간을, 1일에 제50조 제2항의 근로시간을 초과하여 근로하게 할 수 있다.

1. 대상 근로자의 범위(15세 이상 18세 미만의 근로자는 제외한다)
2. 정산기간
3. 정산기간의 총 근로시간
4. 반드시 근로하여야 할 시간대를 정하는 경우에는 그 시작 및 종료 시각
5. 근로자가 그의 결정에 따라 근로할 수 있는 시간대를 정하는 경우에는 그 시작 및 종료 시각
6. 그 밖에 대통령령으로 정하는 사항

답 ③

024 근로기준법령상 사용자가 3개월을 초과하는 탄력적 근로시간제의 실시를 위해 근로자대표와의 서면 합의 시에 정해야 하는 사항이 아닌 것은?

CHECK ○△×

22 국가직 7급

① 대상 근로자의 범위
② 단위기간의 근로일과 그 근로일별 근로시간
③ 단위기간(3개월을 초과하고 6개월 이내의 일정한 기간으로 정하여야 한다)
④ 서면 합의의 유효기간

해설

3개월을 초과하는 탄력적 근로시간제(근기법 제51조의2 제1항, 동법 시행령 제28조의2 제1항)에서 근로자대표와 서면 합의하여야 할 사항은 ① 대상 근로자의 범위, ③ 단위기간(3개월을 초과하고 6개월 이내의 일정한 기간으로 정하여야 한다), ④ 서면 합의의 유효기간 등이다. ② 단위기간의 근로일과 그 근로일별 근로시간은 3개월 이내의 탄력적 근로시간제(근기법 제51조 제2항)의 서면합의 사항이다.

답 ❷

025 근로기준법상 근로시간에 대한 설명으로 옳지 않은 것은?(다툼이 있는 경우 판례에 의함)

CHECK ○△×

19 국가직 9급

① 근로시간이란 근로자가 사용자의 지휘·감독을 받으면서 근로계약에 따른 근로를 제공하는 시간을 말한다.
② 근로시간을 산정함에 있어 작업을 위하여 근로자가 사용자의 지휘·감독 아래에 있는 대기시간 등은 근로시간으로 본다.
③ 선택적 근로시간제는 임신 중인 여성 근로자에 대하여 적용하지 아니한다.
④ 1일 근로시간이 8시간이고, 임신 12주 이내 또는 36주 이후에 있는 여성근로자가 1일 2시간의 근로시간 단축을 신청한 경우, 사용자는 근로시간 단축을 이유로 해당 근로자의 임금을 삭감하지 않고 이를 허용하여야 한다.

해설

① (○) 근로기준법상의 근로시간이라 함은 근로자가 사용자의 지휘, 감독 아래 근로계약상의 근로를 제공하는 시간을 말하는바, 근로자가 작업시간의 중도에 현실로 작업에 종사하지 않은 대기시간이나 휴식, 수면시간 등이라 하더라도 그것이 휴게시간으로서 근로자에게 자유로운 이용이 보장된 것이 아니고 실질적으로 사용자의 지휘, 감독하에 놓여 있는 시간이라면 이를 당연히 근로시간에 포함시켜야 할 것이다(대판 1993.5.27. 92다24509).
② (○) 근기법 제50조 제3항
③ (×) 선택적 근로시간제는 임신 중인 여성 근로자에게 적용되나, 탄력적 근로시간제는 적용되지 아니한다(근기법 제52조, 제51조, 제51조의2).
④ (○) 근기법 제74조 제7항·제8항 참조

임산부의 보호(근기법 제74조)

⑦ 사용자는 임신 후 12주 이내 또는 36주 이후에 있는 여성 근로자가 1일 2시간의 근로시간 단축을 신청하는 경우 이를 허용하여야 한다. 다만, 1일 근로시간이 8시간 미만인 근로자에 대하여는 1일 근로시간이 6시간이 되도록 근로시간 단축을 허용할 수 있다.
⑧ 사용자는 제7항에 따른 근로시간 단축을 이유로 해당 근로자의 임금을 삭감하여서는 아니 된다.

답 ❸

026 근로기준법상 근로시간 및 연장근로에 대한 설명으로 옳지 않은 것은?(다툼이 있는 경우 판례에 의함)

CHECK ○△×

22 국가직 7급

① 여객자동차 운수사업법 제3조 제1항 제1호에 따른 노선여객자동차운송사업에 대하여 사용자가 근로자대표와 서면으로 합의한 경우에는 주 12시간을 초과하여 연장근로를 하게 할 수 있다.

② 3개월을 초과하는 탄력적 근로시간제의 경우 특정한 주의 근로시간은 52시간을, 특정한 날의 근로시간은 12시간을 초과할 수 없다.

③ 사용자와 개별 근로자와의 연장근로에 관한 합의는 연장근로를 할 때마다 그때그때 할 필요는 없고 근로계약 등으로 미리 이를 약정하는 것도 가능하다.

④ 신상품 또는 신기술의 연구개발 업무의 경우 선택적 근로시간제의 정산기간을 3개월 이내로 정할 수 있다.

해설

① (×) 근기법 제59조 제1항 제1호 참조

> **근로시간 및 휴게시간의 특례(근기법 제59조)**
>
> ① 통계법 제22조 제1항에 따라 통계청장이 고시하는 산업에 관한 표준의 중분류 또는 소분류 중 다음 각 호의 어느 하나에 해당하는 사업에 대하여 사용자가 근로자대표와 서면으로 합의한 경우에는 제53조 제1항에 따른 주(週) 12시간을 초과하여 연장근로를 하게 하거나 제54조에 따른 휴게시간을 변경할 수 있다.
>
> 1. 육상운송 및 파이프라인 운송업. 다만, 여객자동차 운수사업법 제3조 제1항 제1호에 따른 노선(路線) 여객자동차운송사업은 제외한다.
> 2. 수상운송업

② (○) 근기법 제51조의2 제1항 참조

> **3개월을 초과하는 탄력적 근로시간제(근기법 제51조의2)**
>
> ① 사용자는 근로자대표와의 서면 합의에 따라 다음 각 호의 사항을 정하면 3개월을 초과하고 6개월 이내의 단위기간을 평균하여 1주간의 근로시간이 제50조 제1항의 근로시간을 초과하지 아니하는 범위에서 특정한 주에 제50조 제1항의 근로시간을, 특정한 날에 제50조 제2항의 근로시간을 초과하여 근로하게 할 수 있다. 다만, 특정한 주의 근로시간은 52시간을, 특정한 날의 근로시간은 12시간을 초과할 수 없다.

③ (○) 구 근로기준법 제42조 제1항의 규정은 8시간 근로제에 따른 기준근로시간을 정하면서 아울러 그 예외의 하나로 당사자 간의 합의에 의한 연장근로(시간외근로)를 허용하고 있는바, 여기서 당사자 간의 합의라 함은 원칙적으로 사용자와 근로자와의 개별적 합의를 의미한다 할 것이고, 이와 같은 개별 근로자와의 연장근로에 관한 합의는 연장근로를 할 때마다 그때그때 할 필요는 없고 근로계약 등으로 미리 이를 약정하는 것도 가능하다(대판 1995.2.10. 94다19228).

④ (○) 선택적 근로시간제의 정산기간은 원칙적으로 1개월 이내이나, 신상품 또는 신기술의 연구개발 업무의 경우에는 3개월 이내로 한다(근기법 제52조 제1항).

답 ❶

027 근로기준법령상 재량근로의 대상업무로 명시되지 않은 것은?

22 노무

CHECK ○△×

① 인문사회과학분야의 연구 업무
② 정보처리시스템의 교육 업무
③ 신문 사업에서의 기사의 취재 업무
④ 의복의 디자인 업무
⑤ 영화 제작 사업에서의 프로듀서 업무

해설

① (○), ② (×), ③ (○), ④ (○), ⑤ (○)
정보처리시스템의 교육 업무는 근기법 제58조 제3항, 동법 시행령 제31조에서 정한 재량근로의 대상업무에 해당하지 아니한다.

근로시간 계산의 특례(근기법 제58조)
③ 업무의 성질에 비추어 업무 수행 방법을 근로자의 재량에 위임할 필요가 있는 업무로서 대통령령으로 정하는 업무는 사용자가 근로자대표와 서면 합의로 정한 시간을 근로한 것으로 본다.

재량근로의 대상업무(근기법 시행령 제31조)
법 제58조 제3항 전단에서 "대통령령으로 정하는 업무"란 다음 각 호의 어느 하나에 해당하는 업무를 말한다.
1. 신상품 또는 신기술의 연구개발이나 인문사회과학 또는 자연과학분야의 연구 업무
2. 정보처리시스템의 설계 또는 분석 업무
3. 신문, 방송 또는 출판 사업에서의 기사의 취재, 편성 또는 편집 업무
4. 의복·실내장식·공업제품·광고 등의 디자인 또는 고안 업무
5. 방송 프로그램·영화 등의 제작 사업에서의 프로듀서나 감독 업무
6. 그 밖에 고용노동부장관이 정하는 업무

답 ❷

028 밑줄 친 '대통령령으로 정하는 업무'에 해당하지 않는 것은?

23 국가직 9급

CHECK ○△×

근로기준법은 "업무의 성질에 비추어 업무 수행 방법을 근로자의 재량에 위임할 필요가 있는 업무로서 대통령령으로 정하는 업무는 사용자가 근로자대표와 서면 합의로 정한 시간을 근로한 것으로 본다."라고 규정하고 있다.

① 건설업에서의 관리·감독 업무
② 출판 사업에서의 편집 업무
③ 정보처리시스템의 분석 업무
④ 인문사회과학분야의 연구 업무

해설

건설업에서의 관리·감독 업무는 근기법 제58조 제3항, 동법 시행령 제31조에서 정한 재량근로의 대상업무에 해당하지 아니한다.

답 ❶

029 근로기준법 제51조 제2항의 규정이다. (　　)에 들어갈 내용을 옳게 나열한 것은?

21 노무

CHECK ○△×

> 사용자는 근로자대표와의 서면합의에 따라 다음 각 호의 사항을 정하면 3개월 이내의 단위기간을 평균하여 1주간의 근로시간이 제50조 제1항의 근로시간을 초과하지 아니하는 범위에서 특정한 주에 제50조 제1항의 근로시간을, 특정한 날에 제50조 제2항의 근로시간을 초과하여 근로하게 할 수 있다. 다만, 특정한 주의 근로시간은 (ㄱ)시간을, 특정한 날의 근로시간은 (ㄴ)시간을 초과할 수 없다.

① ㄱ : 48,　ㄴ : 10
② ㄱ : 48,　ㄴ : 12
③ ㄱ : 52,　ㄴ : 10
④ ㄱ : 52,　ㄴ : 12
⑤ ㄱ : 68,　ㄴ : 12

해설

사용자는 근로자대표와의 서면합의에 따라 다음 각 호의 사항을 정하면 3개월 이내의 단위기간을 평균하여 1주간의 근로시간이 제50조 제1항의 근로시간을 초과하지 아니하는 범위에서 특정한 주에 제50조 제1항의 근로시간을, 특정한 날에 제50조 제2항의 근로시간을 초과하여 근로하게 할 수 있다. 다만, 특정한 주의 근로시간은 52시간을, 특정한 날의 근로시간은 12시간을 초과할 수 없다(근기법 제51조 제2항).

1. 대상근로자의 범위
2. 단위기간(3개월 이내의 일정한 기간으로 정하여야 한다)
3. 단위기간의 근로일과 그 근로일별 근로시간
4. 그 밖에 대통령령으로 정하는 사항

답 ④

030 근로기준법상 근로시간 등에 대한 설명으로 옳지 않은 것은?

23 국가직 9급

CHECK ○△×

① 야간근로란 오후 10시부터 다음 날 오전 6시 사이의 근로를 말한다.
② 선택적 근로시간제는 임신 중인 여성근로자에 대하여는 적용하지 아니한다.
③ 통계법 제22조 제1항에 따라 통계청장이 고시하는 산업에 관한 표준의 중분류 또는 소분류 중 보건업에 해당하는 사업에 대하여 사용자가 근로자대표와 서면 합의하여 근로기준법 제53조 제1항에 따른 주(週) 12시간을 초과하여 연장근로를 하게 한 경우, 사용자는 근로일 종료 후 다음 근로일 개시 전까지 근로자에게 연속하여 11시간 이상의 휴식 시간을 주어야 한다.
④ 사용자는 탄력적 근로시간제에 따른 단위기간 중 근로자가 근로한 기간이 그 단위기간보다 짧은 경우에는 그 단위기간 중 해당 근로자가 근로한 기간을 평균하여 1주간에 40시간을 초과하여 근로한 시간 전부에 대하여 근로기준법 제56조 제1항에 따른 가산임금을 지급하여야 한다.

해설

① (○) 근기법 제56조 제3항
② (×) 선택적 근로시간제는 임신 중인 여성 근로자에게 적용되나, 탄력적 근로시간제는 적용되지 아니한다(근기법 제52조, 제51조, 제51조의2).

③ (○) 근기법 제59조 참조

> **근로시간 및 휴게시간의 특례(근기법 제59조)**
> ① 통계법 제22조 제1항에 따라 통계청장이 고시하는 산업에 관한 표준의 중분류 또는 소분류 중 다음 각 호의 어느 하나에 해당하는 사업에 대하여 사용자가 근로자대표와 서면으로 합의한 경우에는 제53조 제1항에 따른 주(週) 12시간을 초과하여 연장근로를 하게 하거나 제54조에 따른 휴게시간을 변경할 수 있다.
> 1. 육상운송 및 파이프라인 운송업. 다만, 여객자동차 운수사업법 제3조 제1항 제1호에 따른 노선(路線) 여객자동차운송사업은 제외한다.
> 2. 수상운송업
> 3. 항공운송업
> 4. 기타 운송관련 서비스업
> 5. 보건업
>
> ② 제1항의 경우 사용자는 근로일 종료 후 다음 근로일 개시 전까지 근로자에게 연속하여 11시간 이상의 휴식시간을 주어야 한다.

④ (○) 근기법 제51조의3

답 ❷

031 근로기준법상 근로시간에 관한 설명 중 옳지 않은 것은?(다툼이 있는 경우 판례에 의함)

CHECK ○△×

16 사시

① 현실로 작업에 종사하지 아니하는 대기시간이라도 사용자의 지휘·감독 아래에 있다면 근로시간이다.

② 근로시간의 산정이 어려운 사정이 없음에도 포괄임금제 약정을 한 경우 포괄임금에 포함된 정액의 제 수당이 근로기준법에 따른 법정수당에 미달하면 그 부분은 무효이다.

③ 사용자는 연장근로이면서 야간근로에 해당하면 연장근로수당과 야간근로수당을 각각 가산하여 지급하여야 한다.

④ 선택적 근로시간제는 18세 미만의 근로자에게도 적용된다.

⑤ 3개월 단위의 탄력적 근로시간제를 실시하려면 사용자는 근로자대표와 서면 합의를 하여야 한다.

해설

① (○) 근로기준법상의 근로시간이란 근로자가 사용자의 지휘·감독 아래 근로계약상의 근로를 제공하는 시간을 말한다. 근로자가 작업시간 도중에 현실로 작업에 종사하지 않은 대기시간이나 휴식·수면시간 등이라 하더라도 그것이 휴게시간으로서 근로자에게 자유로운 이용이 보장된 것이 아니고, 실질적으로 사용자의 지휘·감독 아래 놓여 있는 시간이라면 근로시간에 포함된다(대판 2017.12.13. 2016다243078).

② (○) 근로시간의 산정이 어려운 등의 사정이 없음에도 포괄임금제 방식으로 약정된 경우 그 포괄임금에 포함된 정액의 법정수당이 근로기준법이 정한 기준에 따라 산정된 법정수당에 미달하는 때에는 그에 해당하는 포괄임금제에 의한 임금 지급계약 부분은 근로자에게 불이익하여 무효라 할 것이고, 사용자는 근로기준법의 강행성과 보충성 원칙에 의해 근로자에게 그 미달되는 법정수당을 지급할 의무가 있다(대판 2010.5.13. 2008다6052).

③ (○) 연장근로이면서 야간근로에 해당하면 연장근로수당과 야간근로수당을 각각 가산하여 이를 더한 금액을 지급하여야 한다(근기법 제56조 제1항·제3항).

④ (×) 선택적 근로시간제는 15세 이상 18세 미만의 근로자에게는 적용되지 아니하나, 임신 중인 여성 근로자에게는 적용된다(근기법 제52조 제1항).

⑤ (○) 3개월 단위의 탄력적 근로시간제를 실시하려면 사용자는 근로자대표와 서면 합의를 하여야 한다. 한편 2주 단위 탄력적 근로시간제는 취업규칙(취업규칙에 준하는 것을 포함)에서 정하는 바에 따라 도입할 수 있다(근기법 제51조 제1항·제2항).

답 ❹

032 근로기준법령상 근로시간제도에 관한 설명으로 옳지 않은 것은?

20 노무

CHECK ○△×

① 임신 중인 여성근로자에 대하여는 탄력적 근로시간제를 적용하지 아니한다.
② 선택적 근로시간제의 정산기간은 1개월 이내의 일정한 기간으로 정하여야 한다.
③ 당사자 간에 합의하면 1주간에 12시간을 한도로 제50조의 근로시간을 연장할 수 있다.
④ 재량근로의 대상업무는 사용자가 근로자대표와 서면합의로 정한 시간을 근로한 것으로 본다.
⑤ 사용자는 야간근로에 대하여는 통상임금의 100분의 50 이상을 가산하여 근로자에게 지급하여야 한다.

해설

① (○) 근기법 제51조 제3항, 제51조의2 제6항
② (×) 신상품 또는 신기술의 연구개발업무의 정산기간은 3개월로 한다(근기법 제52조 제1항).
③ (○) 근기법 제53조 제1항
④ (○) 업무의 성질에 비추어 업무수행방법을 근로자의 재량에 위임할 필요가 있는 업무로서 대통령령으로 정하는 업무는 사용자가 근로자대표와 서면합의로 정한 시간을 근로한 것으로 본다(근기법 제58조 제3항 전문).
⑤ (○) 근기법 제56조 제3항

답 ❷

033 근로기준법령상 재량근로의 대상업무로 열거되지 않은 것은?

14 노무

CHECK ○△×

① 기밀을 취급하는 업무
② 신문사업에서의 기사의 취재업무
③ 실내장식의 디자인업무
④ 방송프로그램 제작사업에서의 프로듀서업무
⑤ 정보처리시스템의 설계업무

해설

① (×), ② (○), ③ (○), ④ (○), ⑤ (○)
기밀을 취급하는 업무는 근기법 시행령 제31조에서 정한 재량근로의 대상업무에 해당하지 아니한다.

재량근로의 대상업무(근기법 시행령 제31조)
법 제58조 제3항 전단에서 "대통령령으로 정하는 업무"란 다음 각 호의 어느 하나에 해당하는 업무를 말한다.
1. 신상품 또는 신기술의 연구개발이나 인문사회과학 또는 자연과학분야의 연구업무
2. 정보처리시스템의 설계 또는 분석업무
3. 신문, 방송 또는 출판사업에서의 기사의 취재, 편성 또는 편집업무
4. 의복·실내장식·공업제품·광고 등의 디자인 또는 고안업무
5. 방송프로그램·영화 등의 제작사업에서의 프로듀서나 감독업무
6. 그 밖에 고용노동부장관이 정하는 업무

답 ❶

034 근로기준법령상 단시간근로자에 관한 설명으로 옳은 것은?

14 노무

CHECK ○△×

① 단시간근로자의 근로조건은 다른 사업장의 같은 종류의 업무에 종사하는 단시간근로자와 동일하게 결정되어야 한다.

② 4주 동안을 평균하여 1주 동안의 소정근로시간이 15시간 미만인 근로자에 대하여는 법 제54조(휴게)를 적용하지 아니한다.

③ 단시간근로자란 4주 동안의 총근로시간이 그 사업장에서 같은 종류의 업무에 종사하는 통상근로자의 4주 동안의 총근로시간에 비하여 짧은 근로자를 말한다.

④ 사용자는 단시간근로자에게 적용되는 취업규칙을 통상근로자에게 적용되는 취업규칙과 별도로 작성할 수 있다.

⑤ 4주 동안을 평균하여 1주 동안의 소정근로시간이 15시간 미만인 근로자에 대하여는 법 제55조(휴일)가 적용된다.

해설

① (×) 단시간근로자의 근로조건은 그 사업장의 같은 종류의 업무에 종사하는 통상근로자의 근로시간을 기준으로 산정한 비율에 따라 결정되어야 한다(근기법 제18조 제1항).

② (×) 단시간근로자에게 적용되지 아니하는 규정은 휴일과 연차유급휴가이다(근기법 제18조 제3항). 근기법 제54조 휴게는 적용된다.

③ (×) 단시간근로자란 1주 동안의 소정근로시간이 그 사업장에서 같은 종류의 업무에 종사하는 통상근로자의 1주 동안의 소정근로시간에 비하여 짧은 근로자를 말한다(근기법 제2조 제1항 제9호).

④ (○) 근기법 시행령 [별표 2] 단시간근로자의 근로조건 결정기준 등에 관한 사항 제5호 가목

⑤ (×) 4주 동안(4주 미만으로 근로하는 경우에는 그 기간)을 평균하여 1주 동안의 소정근로시간이 15시간 미만인 근로자에 대하여는 제55조(휴일)와 제60조(연차유급휴가)를 적용하지 아니한다(근기법 제18조 제3항).

답 ④

035 근로기준법령상 근로시간에 관한 설명으로 옳은 것은?

17 노무

CHECK ○△×

① 3개월 이내 탄력적 근로시간제에서 특정한 주의 근로시간의 한도는 56시간이다.

② 사용자가 2주 이내의 탄력적 근로시간제를 시행하려면 근로자대표와 서면합의에 의해 미리 정하여야 한다.

③ 수상운송업에 해당되는 사업에서 사용자가 근로자대표와 서면합의를 한 경우에는 1주간에 12시간을 초과하는 연장근로가 가능하다.

④ 사용자가 근로자대표와 서면합의로 정한 시간을 근로한 것으로 보는 재량근로의 대상업무에 정보처리시스템의 설계업무는 해당하지 않는다.

⑤ 2주 이내의 탄력적 근로시간제를 실시하는 경우 특정한 날의 근로시간은 명시규정에 의하여 12시간으로 제한된다.

해설

① (×) 3개월 이내 탄력적 근로시간제에서 특정한 주의 근로시간은 52시간을, 특정한 날의 근로시간은 12시간을 초과할 수 없다(근기법 제51조 제2항).

② (×) 사용자는 취업규칙(취업규칙에 준하는 것을 포함)에서 정하는 바에 따라 2주 이내의 탄력적 근로시간제를 시행할 수 있다(근기법 제51조 제1항).

③ (○) 수상운송업의 경우 사용자가 근로자대표와 서면으로 합의한 경우에는 주 12시간을 초과하여 연장근로를 하게 할 수 있다(근기법 제59조 제1항).
④ (×) 정보처리시스템의 설계 또는 분석업무는 재량근로의 대상업무에 해당한다(근기법 시행령 제31조 제2호).
⑤ (×) 2주 이내의 탄력적 근로시간제를 실시하는 경우 특정한 날에 대한 규정은 없다.

근로시간 및 휴게시간의 특례(근기법 제59조)

① 통계법 제22조 제1항에 따라 통계청장이 고시하는 산업에 관한 표준의 중분류 또는 소분류 중 다음 각 호의 어느 하나에 해당하는 사업에 대하여 사용자가 근로자대표와 서면으로 합의한 경우에는 제53조 제1항에 따른 주(週) 12시간을 초과하여 연장근로를 하게 하거나 제54조에 따른 휴게시간을 변경할 수 있다.
1. 육상운송 및 파이프라인운송업. 다만, 여객자동차 운수사업 제3조 제1항 제1호에 따른 노선(路線) 여객자동차 운송사업은 제외한다.
2. 수상운송업
3. 항공운송업
4. 기타 운송 관련 서비스업
5. 보건업

답 ❸

036 근로기준법상 근로시간과 휴식에 관한 설명으로 옳지 않은 것은?(다툼이 있으면 판례에 따름)

CHECK ○△×

18 노무

① 근로시간을 산정하는 경우 작업을 위하여 근로자가 사용자의 지휘·감독 아래에 있는 대기시간 등은 근로시간으로 본다.
② 15세 이상 18세 미만의 근로자에게는 탄력적 근로시간제가 적용되지 않는다.
③ 선택적 근로시간제를 시행하려는 사용자는 근로자대표와 서면합의를 하여야 한다.
④ 근로자에 대한 임금을 월급으로 지급할 경우 그 월급에는 근로기준법상 소정의 유급휴일에 대한 임금도 포함된다.
⑤ 사용자는 취업규칙이 정하는 바에 따라 연장근로에 대하여 임금을 지급하는 것을 갈음하여 휴가를 줄 수 있다.

해설

① (○) 근기법 제50조 제3항
② (○) 근기법 제51조 제3항, 제51조의2 제6항
③ (○) 사용자는 취업규칙(취업규칙에 준하는 것을 포함)에 따라 업무의 시작 및 종료시각을 근로자의 결정에 맡기기로 한 근로자에 대하여 근로자대표와의 서면합의에 따라 다음 각 호의 사항을 정하면 1개월(신상품 또는 신기술의 연구개발 업무의 경우에는 3개월) 이내의 정산기간을 평균하여 1주간의 근로시간이 제50조 제1항의 근로시간을 초과하지 아니하는 범위에서 1주간에 제50조 제1항의 근로시간을, 1일에 제50조 제2항의 근로시간을 초과하여 근로하게 할 수 있다(근기법 제52조 제1항).
④ (○) 근로자에 대한 임금을 월급으로 지급한 경우 월급 통상임금에는 근로기준법 제55조가 정한 유급휴일에 대한 임금도 포함된다고 할 것이므로 월급 통상임금을 월 소정근로시간수로 나누는 방법에 의하여 시간급 통상임금을 산정함에 있어서는 월 유급휴일 해당 근로시간수도 월 소정근로시간수에 포함되어야 한다(대판 1990.12.26. 90다카12493).
⑤ (×) 사용자는 근로자대표와의 서면합의에 따라 제51조의3, 제52조 제2항 제2호 및 제56조에 따른 연장근로·야간근로 및 휴일근로 등에 대하여 임금을 지급하는 것을 갈음하여 휴가를 줄 수 있다(근기법 제57조).

답 ❺

037 근로기준법상 단시간근로자에 대한 설명으로 옳지 않은 것은?

19 국가직 9급

CHECK ○△×

① 단시간근로자라 함은 1주 동안의 소정근로시간이 20시간 이하인 근로자를 말한다.
② 단시간근로자의 근로조건은 그 사업장의 같은 종류의 업무에 종사하는 통상 근로자의 근로시간을 기준으로 산정한 비율에 따라 결정되어야 한다.
③ 4주 동안을 평균하여 1주 동안의 소정근로시간이 15시간 미만인 근로자에게는 연차유급휴가를 주지 않아도 된다.
④ 4주 미만으로 근로하는 경우 그 기간을 평균하여 1주 동안의 소정근로시간이 15시간 미만인 근로자에게는 유급휴일을 주지 않아도 된다.

해설

① (×) 단시간근로자란 1주 동안의 소정근로시간이 그 사업장에서 같은 종류의 업무에 종사하는 통상 근로자의 1주 동안의 소정근로시간에 비하여 짧은 근로자를 말한다(근기법 제2조 제1항 제9호).
② (○) 근기법 제18조 제1항
③ (○)·④ (○) 4주 동안(4주 미만으로 근로하는 경우에는 그 기간)을 평균하여 1주 동안의 소정근로시간이 15시간 미만인 근로자에 대하여는 유급휴일 규정❹과 연차유급휴가 규정❸을 적용하지 아니한다(근기법 제18조 제3항). 그 밖에 퇴직급여제도(근퇴법 제4조 제1항)도 적용하지 아니한다.

답 ❶

038 근로기준법상 단시간근로자 등에 대한 설명으로 옳지 않은 것은?

22 국가직 9급

CHECK ○△×

① 단시간근로자란 1주 동안의 소정근로시간이 그 사업장에서 같은 종류의 업무에 종사하는 통상 근로자의 1주 동안의 소정근로시간에 비하여 짧은 근로자를 말한다.
② 단시간근로자의 근로조건은 그 사업장의 같은 종류의 업무에 종사하는 통상 근로자의 업무성과를 기준으로 산정한 비율에 따라 결정되어야 한다.
③ 4주 동안(4주 미만으로 근로하는 경우에는 그 기간)을 평균하여 1주 동안의 소정근로시간이 15시간 미만인 근로자에 대하여는 근로기준법 제55조(휴일)를 적용하지 아니한다.
④ 4주 동안(4주 미만으로 근로하는 경우에는 그 기간)을 평균하여 1주 동안의 소정근로시간이 15시간 미만인 근로자에 대하여는 근로기준법 제60조(연차유급휴가)를 적용하지 아니한다.

해설

① (○) 근기법 제2조 제1항 제9호
② (×) 단시간근로자의 근로조건은 그 사업장의 같은 종류의 업무에 종사하는 통상 근로자의 근로시간을 기준으로 산정한 비율에 따라 결정되어야 한다(근기법 제18조 제1항).
③ (○)·④ (○) 4주 동안(4주 미만으로 근로하는 경우에는 그 기간)을 평균하여 1주 동안의 소정근로시간이 15시간 미만인 근로자에 대하여는 유급휴일 규정과 연차유급휴가 규정을 적용하지 아니한다(근기법 제18조 제3항). 그 밖에 퇴직급여제도(근퇴법 제4조 제1항)도 적용하지 아니한다.

답 ❷

CHAPTER 06

휴게 · 휴일 · 휴가 및 여성과 연소근로자의 보호

제1절 휴게 · 휴일 · 휴가

001 근로기준법상 연차 유급휴가에 대한 설명으로 옳지 않은 것은? 23 국가직 9급

CHECK ○△×

① 사용자는 연차 유급휴가를 근로자가 청구한 시기에 주어야 한다. 다만, 근로자가 청구한 시기에 휴가를 주는 것이 사업 운영에 막대한 지장이 있는 경우에는 그 시기를 변경할 수 있다.

② 사용자는 1년간 80퍼센트 미만 출근한 근로자에게 1개월 개근 시 1일의 유급휴가를 주어야 한다.

③ 근로자가 업무상의 부상 또는 질병으로 휴업한 기간은 장단을 불문하고 소정근로일수와 출근일수에서 모두 제외하고 출근율을 계산하여야 한다.

④ 사용자는 근로자대표와의 서면 합의에 따라 제60조(연차 유급휴가)에 따른 연차 유급휴가일을 갈음하여 특정한 근로일에 근로자를 휴무시킬 수 있다.

해설

① (○) 사용자는 연차유급휴가를 근로자가 청구한 시기에 주어야 하고, 그 기간에 대하여는 취업규칙 등에서 정하는 통상임금 또는 평균임금을 지급하여야 한다. 다만, 근로자가 청구한 시기에 휴가를 주는 것이 사업 운영에 막대한 지장이 있는 경우에는 그 시기를 변경할 수 있다(근기법 제60조 제5항).

② (○) 근기법 제60조 제2항 후단

③ (×) 근로자가 업무상 재해로 휴업한 기간은 장단을 불문하고 소정근로일수와 출근일수에 모두 포함시켜 출근율을 계산하여야 한다. 설령 그 기간이 1년 전체에 걸치거나 소정근로일수 전부를 차지한다고 하더라도, 이와 달리 볼 아무런 근거나 이유가 없다(대판 2017.5.17. 2014다232296).

④ (○) 사용자는 근로자대표와의 서면 합의에 따라 연차 유급휴가일을 갈음하여 특정한 근로일에 근로자를 휴무시킬 수 있다(근기법 제62조).

답 ③

002 근로기준법상 휴식에 관한 설명으로 옳지 않은 것은? 24 노무

CHECK ○△×

① 사용자는 8시간을 초과한 휴일근로에 대하여는 통상임금의 100분의 50 이상을 가산하여 근로자에게 지급하여야 한다.

② 사용자는 근로자에게 1주에 평균 1회 이상의 유급휴일을 보장하여야 한다.

③ 사용자는 근로시간이 4시간인 경우에는 30분 이상의 휴게시간을 근로시간 도중에 주어야 한다.

④ 사용자는 계속하여 근로한 기간이 1년 미만인 근로자에게 1개월 개근 시 1일의 유급휴가를 주어야 한다.

⑤ 휴게(제54조)에 관한 규정은 감시(監視) 근로에 종사하는 사람으로서 사용자가 고용노동부장관의 승인을 받은 사람에 대하여는 적용하지 아니한다.

해설

① (×) 사용자는 8시간을 초과한 휴일근로에 대하여는 통상임금의 100분의 100 이상을 가산하여 근로자에게 지급하여야 한다(근기법 제56조 제2항 제2호).
② (○) 근기법 제55조 제1항
③ (○) 사용자는 근로시간이 4시간인 경우에는 30분 이상, 8시간인 경우에는 1시간 이상의 휴게시간을 근로시간도중에 주어야 한다(근기법 제54조 제1항).
④ (○) 사용자는 계속하여 근로한 기간이 1년 미만인 근로자 또는 1년간 80퍼센트 미만 출근한 근로자에게 1개월 개근 시 1일의 유급휴가를 주어야 한다(근기법 제60조 제2항).
⑤ (○) 휴게(제54조)에 관한 규정은 감시(監視) 또는 단속적(斷續的)으로 근로에 종사하는 사람으로서 사용자가 고용노동부장관의 승인을 받은 사람에 대하여는 적용하지 아니한다(근기법 제63조 제3호).

답 ❶

003

CHECK ○△×

근로기준법이 연차 유급휴가가 주어지는지를 판단하기 위해 출근한 것으로 보는 기간에 해당하지 않는 것은?

24 국가직 9급

① 남녀고용평등과 일·가정 양립 지원에 관한 법률에 따른 육아휴직으로 휴업한 기간
② 노동조합 및 노동관계조정법에 따른 정당한 쟁의행위 기간
③ 임신 중의 여성이 근로기준법에 따른 출산전후휴가로 휴업한 기간
④ 근로자가 업무상의 부상 또는 질병으로 휴업한 기간

해설

① (○), ③ (○), ④ (○) 지문 ①, ③, ④는 근기법 제60조 제6항에서 정한 출근간주기간에 해당한다.
② (×) 판례의 취지를 고려할 때 노조법에 따른 정당한 쟁의행위 기간은 연간 소정근로일수에서 제외되는 기간으로 보는 것이 타당하며, 이에 따라 연간 소정근로일수에서 쟁의행위 등 기간이 차지하는 일수를 제외한 나머지 일수를 기준으로 근로자의 출근율을 산정하게 된다.

> 근로자가 정당한 쟁의행위를 하거나 '남녀고용평등과 일·가정 양립 지원에 관한 법률'(이하 '남녀고용평등법')에 의한 육아휴직(이하 양자를 가리켜 '쟁의행위 등'이라 한다)을 하여 현실적으로 근로를 제공하지 아니한 경우, 쟁의행위 등은 헌법이나 법률에 의하여 보장된 근로자의 정당한 권리행사이고 그 권리행사에 의하여 쟁의행위 등 기간 동안 근로관계가 정지됨으로써 근로자는 근로의무가 없으며, 쟁의행위 등을 이유로 근로자를 부당하거나 불리하게 처우하는 것이 법률상 금지되어 있으므로(노조법 제3조, 제4조, 제81조 제5호, 남녀고용평등법 제19조 제3항), 근로자가 본래 연간 소정근로일수에 포함되었던 쟁의행위 등 기간 동안 근로를 제공하지 아니하였다 하더라도 이를 두고 근로자가 결근한 것으로 볼 수는 없다. 그런데 다른 한편 그 기간 동안 근로자가 현실적으로 근로를 제공한 바가 없고, 근로기준법, 노조법, 남녀고용평등법 등 관련 법령에서 그 기간 동안 근로자가 '출근한 것으로 본다'는 규정을 두고 있지도 아니하므로, 이를 두고 근로자가 출근한 것으로 의제할 수도 없다. 따라서 이러한 경우에는 헌법과 관련 법률에 따라 쟁의행위 등 근로자의 정당한 권리행사를 보장하고, 아울러 근로자에게 정신적·육체적 휴양의 기회를 제공하고 문화적 생활의 향상을 기하려는 연차유급휴가 제도의 취지를 살리는 한편, 연차유급휴가가 1년간의 근로에 대한 대가로서의 성질을 갖고 있고 현실적인 근로의 제공이 없었던 쟁의행위 등 기간에는 원칙적으로 근로에 대한 대가를 부여할 의무가 없는 점 등을 종합적으로 고려할 때, 연간 소정근로일수에서 쟁의행위 등 기간이 차지하는 일수를 제외한 나머지 일수를 기준으로 근로자의 출근율을 산정하여 연차유급휴가 취득 요건의 충족 여부를 판단하되, 그 요건이 충족된 경우에는 본래 평상적인 근로관계에서 8할의 출근율을 충족할 경우 산출되었을 연차유급휴가일수에 대하여 '연간 소정근로일수에서 쟁의행위 등 기간이 차지하는 일수를 제외한 나머지 일수'를 '연간 소정근로일수'로 나눈 비율을 곱하여 산출된 연차유급휴가일수를 근로자에게 부여함이 합리적이다(대판 2013.12.26. 2011다4629).

답 ❷

최신유형

004 근로기준법령상 연차 유급휴가에 관한 설명으로 옳지 않은 것은? 25 노무

CHECK ○△×

① 사용자는 계속하여 근로한 기간이 1년 미만인 근로자에게 1개월 개근 시 1일의 유급휴가를 주어야 한다.

② 근로자가 1년간 80퍼센트 미만 출근한 경우에는 연차 유급휴가를 전혀 부여받을 수 없다.

③ 연차 유급휴가기간에 지급하여야 하는 임금은 유급휴가를 주기 전이나 준 직후의 임금지급일에 지급하여야 한다.

④ 연차 유급휴가의 산정 시 근로자가 업무상의 부상 또는 질병으로 휴업한 기간은 출근한 것으로 본다.

⑤ 사용자는 근로자대표와의 서면합의에 따라 연차 유급휴가일을 갈음하여 특정한 근로일에 근로자를 휴무시킬 수 있다.

해설

① (○) 사용자는 계속하여 근로한 기간이 1년 미만인 근로자 또는 1년간 80퍼센트 미만 출근한 근로자에게 1개월 개근 시 1일의 유급휴가를 주어야 한다(근기법 제60조 제2항).

② (×) 2012.2.1. 근기법 제60조 제2항이 개정됨에 따라 예를 들어 징계처분(직위해제, 정직)이나 불법파업 등의 장기간 결근으로 인하여 근로자가 1년간 80퍼센트 미만 출근하였더라도 그 근로자가 1개월 개근하였다면 1일의 연차유급휴가를 주어야 한다.

③ (○) 근기법 제60조 제5항, 동법 시행령 제33조

④ (○) 근기법 제60조 제6항 제1호

⑤ (○) 근기법 제62조

연차 유급휴가(근기법 제60조)

① 사용자는 1년간 80퍼센트 이상 출근한 근로자에게 15일의 유급휴가를 주어야 한다.

② 사용자는 계속하여 근로한 기간이 1년 미만인 근로자 또는 1년간 80퍼센트 미만 출근한 근로자에게 1개월 개근 시 1일의 유급휴가를 주어야 한다.

⑥ 제1항 및 제2항을 적용하는 경우 다음 각 호의 어느 하나에 해당하는 기간은 출근한 것으로 본다.

1. 근로자가 업무상의 부상 또는 질병으로 휴업한 기간
2. 임신 중의 여성이 제74조 제1항부터 제3항까지의 규정에 따른 휴가로 휴업한 기간
3. 「남녀고용평등과 일·가정 양립 지원에 관한 법률」 제19조 제1항에 따른 육아휴직으로 휴업한 기간
4. 「남녀고용평등과 일·가정 양립 지원에 관한 법률」 제19조의2 제1항에 따른 육아기 근로시간 단축을 사용하여 단축된 근로시간
5. 제74조 제7항에 따른 임신기 근로시간 단축을 사용하여 단축된 근로시간

답 ❷

005 근로기준법령상 연차 유급휴가에 관한 설명으로 옳지 않은 것은?(다툼이 있으면 판례에 따름)

CHECK ○△×

23 노무

① 사용자는 1년간 80퍼센트 미만 출근한 근로자에게 1개월 개근 시 1일의 유급휴가를 주어야 한다.

② 연차 휴가기간에 지급하여야 하는 임금은 유급휴가를 주기 전이나 준 직후의 임금지급일에 지급하여야 한다.

③ 근로자가 업무상 재해 등의 사정으로 말미암아 연차휴가를 사용할 해당 연도에 전혀 출근하지 못한 경우라 하더라도 이미 부여받은 연차휴가를 사용하지 않은 데 따른 연차휴가수당은 청구할 수 있다.

④ 사용자는 근로자대표와의 서면 합의에 따라 연차 유급휴가일을 갈음하여 특정한 근로일에 근로자를 휴무시킬 수 있다.

⑤ 근로자가 업무상 재해로 휴업한 기간은 소정근로일수와 출근일수에 모두 제외시켜 출근율을 계산하여야 한다.

해설

① (○) 사용자는 계속하여 근로한 기간이 1년 미만인 근로자 또는 1년간 80퍼센트 미만 출근한 근로자에게 1개월 개근 시 1일의 유급휴가를 주어야 한다(근기법 제60조 제2항).

② (○) 근기법 시행령 제33조

③ (○) 연차휴가를 사용할 권리 혹은 연차휴가수당 청구권은 근로자가 전년도에 출근율을 충족하면서 근로를 제공하면 당연히 발생하는 것으로서, 연차휴가를 사용할 해당 연도가 아니라 그 전년도 1년간의 근로에 대한 대가에 해당한다. 따라서 근로자가 업무상 재해 등의 사정으로 말미암아 연차휴가를 사용할 해당 연도에 전혀 출근하지 못한 경우라 하더라도, 이미 부여받은 연차휴가를 사용하지 않은 데 따른 연차휴가수당은 청구할 수 있다. 이러한 연차휴가수당의 청구를 제한하는 내용의 단체협약이나 취업규칙은 근로기준법에서 정하는 기준에 미치지 못하는 근로조건을 정한 것으로서, 효력이 없다(대판 2017.5.17. 2014다232296).

④ (○) 근기법 제62조

⑤ (×) 근로기준법 제60조 제6항 제1호는 위와 같이 출근율을 계산할 때 근로자가 업무상의 부상 또는 질병(이하 '업무상 재해')으로 휴업한 기간은 출근한 것으로 간주하도록 규정하고 있다. 이는 근로자가 업무상 재해 때문에 근로를 제공할 수 없었음에도 업무상 재해가 없었을 경우보다 적은 연차휴가를 부여받는 불이익을 방지하려는 데에 취지가 있다. 그러므로 근로자가 업무상 재해로 휴업한 기간은 장단(장단)을 불문하고 소정근로일수와 출근일수에 모두 포함시켜 출근율을 계산하여야 한다. 설령 그 기간이 1년 전체에 걸치거나 소정근로일수 전부를 차지한다고 하더라도, 이와 달리 볼 아무런 근거나 이유가 없다(대판 2017.5.17. 2014다232296).

답 ⑤

006 근로기준법령상 근로시간과 휴식에 관한 설명으로 옳은 것은?

14 노무

CHECK ○△×

① 사용자는 고용노동부장관의 승인을 받으면 법 제56조에 따른 연장근로에 대하여 임금을 지급하는 것을 갈음하여 휴가를 줄 수 있다.

② 사용자는 1년간 80% 이상 출근한 근로자에게 10일의 유급휴가를 주어야 한다.

③ 사용자는 계속하여 근로한 기간이 2년 미만인 근로자 또는 1년간 80% 미만 출근한 근로자에게 1개월 개근 시 1일의 유급휴가를 주어야 한다.

④ 사용자는 고용노동부장관의 승인을 받으면 법 제60조에 따른 연차유급휴가일을 갈음하여 특정한 근로일에 근로자를 휴무시킬 수 있다.

⑤ 법 제55조에 따른 유급휴일은 1주 동안의 소정근로일을 개근한 자에게 주어야 한다.

해설

① (×) 사용자는 근로자대표와의 서면합의에 따라 연장근로·야간근로 및 휴일근로에 대하여 임금을 지급하는 것을 갈음하여 휴가를 줄 수 있다(근기법 제57조).

② (×) 사용자는 1년간 80% 이상 출근한 근로자에게 15일의 유급휴가를 주어야 한다(근기법 제60조 제1항).

③ (×) 사용자는 계속하여 근로한 기간이 1년 미만인 근로자 또는 1년간 80% 미만 출근한 근로자에게 1개월 개근 시 1일의 유급휴가를 주어야 한다(근기법 제60조 제2항).

④ (×) 사용자는 근로자대표와의 서면합의에 따라 제60조에 따른 연차유급휴가일을 갈음하여 특정한 근로일에 근로자를 휴무시킬 수 있다(근기법 제62조).

⑤ (○) 근기법 시행령 제30조 제1항

답 ⑤

007 근로기준법상 근로시간과 휴식에 관한 설명으로 옳은 것은?

22 노무

CHECK ○△×

① 사용자는 모든 근로자에게 근로시간이 8시간인 경우에는 30분의 휴게시간을 근로시간 도중에 주어야 한다.

② 사용자는 근로자에게 매월 평균 1회 이상의 유급휴일을 보장해야 한다.

③ 사용자는 근로자에게 대통령령으로 정하는 휴일을 유급으로 보장하여야 하므로 근로자대표와 서면 합의를 하였더라도 특정한 근로일로 대체할 수 없다.

④ 사용자는 8시간을 초과한 연장근로에 대하여는 통상임금의 100분의 100 이상을 가산하여 지급하여야 한다.

⑤ 사용자는 근로자대표와의 서면 합의에 따라 야간근로에 대하여 임금을 지급하는 것을 갈음하여 휴가를 줄 수 있다.

해설

① (×) 사용자는 근로시간이 4시간인 경우에는 30분 이상, 8시간인 경우에는 1시간 이상의 휴게시간을 근로시간 도중에 주어야 한다(근기법 제54조 제1항).

② (×) 사용자는 근로자에게 1주에 평균 1회 이상의 유급휴일을 보장하여야 한다(근기법 제55조 제1항).

③ (×) 사용자는 근로자에게 대통령령으로 정하는 휴일을 유급으로 보장하여야 한다. 다만, 근로자대표와 서면으로 합의한 경우 특정한 근로일로 대체할 수 있다(근기법 제55조 제2항).

④ (×) 사용자는 연장근로에 대하여는 통상임금의 100분의 50 이상을 가산하여 근로자에게 지급하여야 한다(근기법 제56조 제1항).

⑤ (○) 사용자는 근로자대표와의 서면 합의에 따라 연장근로·야간근로 및 휴일근로 등에 대하여 임금을 지급하는 것을 갈음하여 휴가를 줄 수 있다(근기법 제57조).

답 ⑤

008 근로기준법상 근로시간 및 휴일에 관한 설명으로 옳은 것은?

17 노무

CHECK ○△×

① 사용자는 근로자의 동의와 고용노동부장관의 승인을 받아 연장근로에 대하여 임금을 지급하는 대신에 휴가를 줄 수 있다.

② 사용자는 근로자에게 1주에 평균 1회 이상의 유급휴일을 일요일에 부여하여야 한다.

③ 사용자가 근로자대표와 서면합의를 한 경우 단속적(斷續的)으로 근로에 종사하는 사람에게는 휴일에 관한 규정을 적용하지 아니한다.

④ 18세 이상의 임신 중인 여성근로자에 대하여는 선택적 근로시간제를 적용할 수 있다.

⑤ 사용자는 연장근로에 대하여는 평균임금의 100분의 50 이상을 가산하여 지급하여야 한다.

해설

① (×) 사용자는 근로자대표와의 서면합의에 따라 제51조의3, 제52조 제2항 제2호 및 제56조에 따른 연장근로·야간근로 및 휴일근로 등에 대하여 임금을 지급하는 것을 갈음하여 휴가를 줄 수 있다(근기법 제57조).

② (×) 주휴일이 반드시 일요일일 필요는 없다.

③ (×) 감시(監視) 또는 단속적(斷續的)으로 근로에 종사하는 사람으로서 사용자가 고용노동부장관의 승인을 받은 사람은 근로시간, 휴게와 휴일에 관한 규정을 적용하지 않는다(근기법 제63조 제3호).

④ (○) 18세 이상의 임신 중인 여성근로자에 대하여는 선택적 근로시간제가 적용된다. 선택적 근로시간제가 적용되지 않는 근로자는 15세 이상 18세 미만의 근로자이다(근기법 제52조 제1항 제1호).

⑤ (×) 사용자는 연장근로(제53조·제59조 및 제69조 단서에 따라 연장된 시간의 근로)에 대하여는 통상임금의 100분의 50 이상을 가산하여 근로자에게 지급하여야 한다(근기법 제56조 제1항).

적용의 제외(근기법 제63조)

근로시간, 휴게와 휴일에 관한 규정은 다음 각 호의 어느 하나에 해당하는 근로자에 대하여는 적용하지 아니한다.

1. 토지의 경작·개간, 식물의 식재·재배·채취사업, 그 밖의 농림사업
2. 동물의 사육, 수산 동식물의 채취·포획·양식사업, 그 밖의 축산, 양잠, 수산사업
3. 감시(監視) 또는 단속적(斷續的)으로 근로에 종사하는 사람으로서 사용자가 고용노동부장관의 승인을 받은 사람
4. 대통령령으로 정하는 업무에 종사하는 근로자

답 ④

009 근로기준법상 연차유급휴가에 관한 설명으로 옳지 않은 것은?

22 노무

CHECK ○△×

① 사용자는 계속하여 근로한 기간이 1년 미만인 근로자에게 1개월 개근 시 1일의 연차유급휴가를 주어야 한다.

② 사용자는 1년간 80퍼센트 미만 출근한 근로자에게 1개월 개근 시 1일의 연차유급휴가를 주어야 한다.

③ 연차유급휴가 일수의 산정 시 근로자가 업무상의 질병으로 휴업한 기간은 출근한 것으로 보지 않는다.

④ 사용자가 근로자에게 주어야 하는 연차유급휴가의 총 휴가 일수는 가산휴가를 포함하여 25일을 한도로 한다.

⑤ 사용자는 근로자대표와의 서면 합의에 따라 연차유급휴가일을 갈음하여 특정한 근로일에 근로자를 휴무시킬 수 있다.

해설

① (○) 사용자는 계속하여 근로한 기간이 1년 미만인 근로자 또는 1년간 80퍼센트 미만 출근한 근로자에게 1개월 개근 시 1일의 유급휴가를 주어야 한다(근기법 제60조 제2항).

② (○) 근기법 제60조 제2항

③ (×) 근기법 제60조 제6항 제1호에 의하면 근로자가 업무상의 질병으로 휴업한 기간은 출근한 것으로 본다.

④ (○) 사용자는 3년 이상 계속하여 근로한 근로자에게는 15일의 유급휴가에 최초 1년을 초과하는 계속 근로 연수 매 2년에 대하여 1일을 가산한 유급휴가를 주어야 한다. 이 경우 가산휴가를 포함한 총 휴가 일수는 25일을 한도로 한다(근기법 제60조 제4항).

⑤ (○) 근기법 제62조

연차유급휴가(근기법 제60조)

⑥ 제1항 및 제2항을 적용하는 경우 다음 각 호의 어느 하나에 해당하는 기간은 출근한 것으로 본다.

1. 근로자가 업무상의 부상 또는 질병으로 휴업한 기간
2. 임신 중의 여성이 제74조 제1항부터 제3항까지의 규정에 따른 휴가로 휴업한 기간
3. 남녀고용평등과 일·가정 양립 지원에 관한 법률 제19조 제1항에 따른 육아휴직으로 휴업한 기간

답 ❸

010 근로기준법령상 연차유급휴가에 관한 설명으로 옳지 않은 것은?(다툼이 있으면 판례에 따름)

CHECK ○△×

21 노무

① 근로자가 연차휴가에 관한 권리를 취득한 후 1년이 지나기 전에 퇴직하는 등의 사유로 인하여 더 이상 연차휴가를 사용하지 못하게 될 경우 사용자에게 그 연차휴가일수에 상응하는 연차휴가수당을 청구할 수 없다.

② 연간 소정근로일수에 정당한 쟁의행위기간이 차지하는 일수가 포함되어 있는 경우 연차유급휴가 취득요건과 관련한 출근율은 소정근로일수에서 그 쟁의행위기간이 차지하는 일수를 제외한 나머지 일수를 기준으로 산정한다.

③ 사용자는 근로자대표와의 서면합의에 따라 연차유급휴가일을 갈음하여 특정한 근로일에 근로자를 휴무시킬 수 있다.

④ 사용자는 계속하여 근로한 기간이 1년 미만인 근로자에게 1개월 개근 시 1일의 유급휴가를 주어야 한다.

⑤ 연간 소정근로일수와 출근일수를 계산함에 있어서 사용자의 부당해고로 인하여 근로자가 출근하지 못한 기간은 연간 소정근로일수 및 출근일수에 모두 산입된다.

해설

① (×) 근로기준법 제60조 제1항이 규정한 유급연차휴가는 1년간 80% 이상 출근한 근로자에게 부여되는 것으로, 근로자가 연차휴가에 관한 권리를 취득한 후 1년 이내에 연차휴가를 사용하지 아니하거나 1년이 지나기 전에 퇴직하는 등의 사유로 인하여 더 이상 연차휴가를 사용하지 못하게 될 경우에는 사용자에게 연차휴가일수에 상응하는 임금인 연차휴가수당을 청구할 수 있다. 다만 연차휴가를 사용할 권리는 다른 특별한 정함이 없는 한 전년도 1년간의 근로를 마친 다음 날 발생한다고 보아야 하므로, 그전에 퇴직 등으로 근로관계가 종료한 경우에는 연차휴가를 사용할 권리에 대한 보상으로서의 연차휴가수당도 청구할 수 없다(대판 2018.6.28. 2016다48297).

② (○) 근로자가 정당한 쟁의행위를 하거나 '남녀고용평등과 일·가정 양립 지원에 관한 법률'(이하 '남녀고용평등법')에 의한 육아휴직(이하 양자를 가리켜 '쟁의행위 등')을 하여 현실적으로 근로를 제공하지 아니한 경우, 연간 소정근로일수에서 쟁의행위 등 기간이 차지하는 일수를 제외한 나머지 일수를 기준으로 근로자의 출근율을 산정하여 연차유급휴가 취득요건의 충족 여부를 판단하되, 그 요건이 충족된 경우에는 본래 평상적인 근로관계에서 8할의 출근율을 충족할 경우 산출되었을 연차유급휴가일수에 대하여 '연간 소정근로일수에서 쟁의행위 등 기간이 차지하는 일수를 제외한 나머지 일수'를 '연간 소정근로일수'로 나눈 비율을 곱하여 산출된 연차유급휴가일수를 근로자에게 부여함이 합리적이다(대판 2013.12.26. 2011다4629).

③ (○) 근기법 제62조

④ (○) 근기법 제60조 제2항

⑤ (○) 근로자가 부당해고로 인하여 지급받지 못한 임금이 연차휴가수당인 경우에도 해당 근로자의 연간 소정근로일수와 출근일수를 고려하여 근로기준법 제60조 제1항의 요건을 충족하면 연차유급휴가가 부여되는 것을 전제로 연차휴가수당을 지급하여야 하고, 이를 산정하기 위한 연간 소정근로일수와 출근일수를 계산함에 있어서 사용자의 부당해고로 인하여 근로자가 출근하지 못한 기간을 근로자에 대하여 불리하게 고려할 수는 없으므로 그 기간은 연간 소정근로일수 및 출근일수에 모두 산입되는 것으로 보는 것이 타당하며, 설령 부당해고기간이 연간 총근로일수 전부를 차지하고 있는 경우에도 달리 볼 수는 없다(대판 2014.3.13. 2011다95519).

답 ❶

011 근로기준법상 휴가에 대한 설명으로 옳은 것은?

18 국가직 7급

CHECK ○△×

① 사용자는 해당 근로자와의 서면 합의에 따라 연차유급휴가일을 갈음하여 특정한 근로일에 근로자를 휴무시킬 수 있다.

② 사용자는 계속하여 근로한 기간이 1년 미만인 근로자에게 연차유급휴가의 사용촉진조치를 취하여 사용하지 아니한 휴가에 대한 보상의무를 면할 수 있다.

③ 사용자는 연차유급휴가 기간에 대하여는 취업규칙 등에서 정하는 최저임금을 지급하여야 한다.

④ 연차유급휴가는 사용자의 귀책사유로 사용하지 못한 경우를 제외하고 3년간 행사하지 아니하면 소멸된다.

해설

① (×) 사용자는 근로자대표와의 서면 합의에 따라 제60조에 따른 연차유급휴가일을 갈음하여 특정한 근로일에 근로자를 휴무시킬 수 있다(근기법 제62조).

② (○) 근기법 제61조 제2항 참조

> **연차유급휴가의 사용 촉진(근기법 제61조)**
>
> ② 사용자가 계속하여 근로한 기간이 1년 미만인 근로자의 제60조 제2항에 따른 유급휴가의 사용을 촉진하기 위하여 다음 각 호의 조치를 하였음에도 불구하고 근로자가 휴가를 사용하지 아니하여 제60조 제7항 본문에 따라 소멸된 경우에는 사용자는 그 사용하지 아니한 휴가에 대하여 보상할 의무가 없고, 같은 항 단서에 따른 사용자의 귀책사유에 해당하지 아니하는 것으로 본다.

③ (×) 사용자는 제1항부터 제4항까지의 규정에 따른 휴가를 근로자가 청구한 시기에 주어야 하고, 그 기간에 대하여는 취업규칙 등에서 정하는 통상임금 또는 평균임금을 지급하여야 한다. 다만, 근로자가 청구한 시기에 휴가를 주는 것이 사업 운영에 막대한 지장이 있는 경우에는 그 시기를 변경할 수 있다(근기법 제60조 제5항).

④ (×) 제1항·제2항 및 제4항에 따른 휴가는 1년간(계속하여 근로한 기간이 1년 미만인 근로자의 제2항에 따른 유급휴가는 최초 1년의 근로가 끝날 때까지의 기간) 행사하지 아니하면 소멸된다. 다만, 사용자의 귀책사유로 사용하지 못한 경우에는 그러하지 아니하다(근기법 제60조 제7항).

답 ❷

012 근로기준법상 연차유급휴가에 대한 설명으로 옳지 않은 것은?

19 국가직 7급

CHECK ○△×

① 사용자는 연차유급휴가를 근로자가 청구한 시기에 주어야 하고, 근로자가 청구한 시기에 휴가를 주는 것이 사업 운영에 막대한 지장이 있는 경우에도 그 시기를 변경할 수 없다.

② 7년 계속하여 근로한 근로자에게 연차유급휴가를 주는 경우 가산하여야 하는 유급휴가는 3일이다.

③ 남녀고용평등과 일·가정 양립 지원에 관한 법률에 따른 육아휴직으로 휴업한 기간은 연차유급휴가의 출근율 산정에 관하여 출근한 것으로 본다.

④ 사용자가 근로기준법에 따른 연차유급휴가 사용촉진 조치를 하였음에도 불구하고 근로자가 휴가를 사용하지 아니하여 소멸된 경우, 사용자는 그 사용하지 아니한 휴가에 대하여 보상할 의무가 없다.

해설

① (×) 사용자는 제1항부터 제4항까지의 규정에 따른 휴가를 근로자가 청구한 시기에 주어야 하고, 그 기간에 대하여는 취업규칙 등에서 정하는 통상임금 또는 평균임금을 지급하여야 한다. 다만, 근로자가 청구한 시기에 휴가를 주는 것이 사업 운영에 막대한 지장이 있는 경우에는 그 시기를 변경할 수 있다(근기법 제60조 제5항).

② (○) 사용자는 3년 이상 계속하여 근로한 근로자에게는 15일의 유급휴가에 최초 1년을 초과하는 계속 근로 연수 매 2년에 대하여 1일을 가산한 유급휴가를 주어야 한다. 이 경우 가산휴가를 포함한 총 휴가 일수는 25일을 한도로 한다(근기법 제60조 제4항). 따라서 3년차에 16일, 5년차에 17일, 7년차에 18일의 연차유급휴가가 발생하므로, 7년차에 가산하여야 하는 유급휴가는 3일이다.

③ (○) 근기법 제60조 제6항 참조

> **연차유급휴가(근기법 제60조)**
>
> ⑥ 제1항 및 제2항을 적용하는 경우 다음 각 호의 어느 하나에 해당하는 기간은 출근한 것으로 본다.
> 1. 근로자가 업무상의 부상 또는 질병으로 휴업한 기간
> 2. 임신 중의 여성이 제74조 제1항부터 제3항까지의 규정에 따른 휴가로 휴업한 기간
> 3. 남녀고용평등과 일·가정 양립 지원에 관한 법률 제19조 제1항에 따른 육아휴직으로 휴업한 기간

④ (○) 근기법 제61조 제1항·제2항 참조

> **연차유급휴가의 사용 촉진(근기법 제61조)**
>
> ① 사용자가 제60조 제1항·제2항 및 제4항에 따른 유급휴가(계속하여 근로한 기간이 1년 미만인 근로자의 제60조 제2항에 따른 유급휴가는 제외)의 사용을 촉진하기 위하여 다음 각 호의 조치를 하였음에도 불구하고 근로자가 휴가를 사용하지 아니하여 제60조 제7항 본문에 따라 소멸된 경우에는 사용자는 그 사용하지 아니한 휴가에 대하여 보상할 의무가 없고, 제60조 제7항 단서에 따른 사용자의 귀책사유에 해당하지 아니하는 것으로 본다.
>
> ② 사용자가 계속하여 근로한 기간이 1년 미만인 근로자의 제60조 제2항에 따른 유급휴가의 사용을 촉진하기 위하여 다음 각 호의 조치를 하였음에도 불구하고 근로자가 휴가를 사용하지 아니하여 제60조 제7항 본문에 따라 소멸된 경우에는 사용자는 그 사용하지 아니한 휴가에 대하여 보상할 의무가 없고, 같은 항 단서에 따른 사용자의 귀책사유에 해당하지 아니하는 것으로 본다.

답 ❶

013 근로기준법상 연차유급휴가에 대한 설명 중 옳지 않은 것은?(다툼이 있는 경우 판례에 의함)

CHECK ○△×

20 국가직 7급

① 사용자는 계속하여 근로한 기간이 1년 미만인 근로자에게 1개월 개근 시 1일의 유급휴가를 주어야 한다.

② 연차휴가를 사용할 권리 혹은 연차휴가수당 청구권은 근로자가 전년도에 출근율을 충족하면서 근로를 제공하면 당연히 발생하는 것으로서, 연차휴가를 사용할 해당 연도가 아니라 그 전년도 1년간의 근로에 대한 대가에 해당한다.

③ 출근율 계산 시 근로자가 업무상의 부상 또는 질병으로 휴업한 기간은 출근한 것으로 간주하도록 규정하고 있으나 그 기간이 1년 전체에 걸쳐있으면 출근일수에 포함시키지 않는다.

④ 사용자는 3년 이상 계속하여 근로한 근로자에게는 제60조 제1항에 따른 휴가에 최초 1년을 초과하는 계속 근로 연수 매 2년에 대하여 1일을 가산한 유급휴가를 주어야 한다. 이 경우 가산휴가를 포함한 총 휴가 일수는 25일을 한도로 한다.

해설

① (○) 사용자는 계속하여 근로한 기간이 1년 미만인 근로자 또는 1년간 80퍼센트 미만 출근한 근로자에게 1개월 개근 시 1일의 유급휴가를 주어야 한다(근기법 제60조 제2항).

② (○) 연차휴가를 사용할 권리 혹은 연차휴가수당 청구권은 근로자가 전년도에 출근율을 충족하면서 근로를 제공하면 당연히 발생하는 것으로서, 연차휴가를 사용할 해당 연도가 아니라 그 전년도 1년간의 근로에 대한 대가에 해당한다. 따라서 근로자가 업무상 재해 등의 사정으로 말미암아 연차휴가를 사용할 해당 연도에 전혀 출근하지 못한 경우라 하더라도, 이미 부여받은 연차휴가를 사용하지 않은 데 따른 연차휴가수당은 청구할 수 있다. 이러한 연차휴가수당의 청구를 제한하는 내용의 단체협약이나 취업규칙은 근로기준법에서 정하는 기준에 미치지 못하는 근로조건을 정한 것으로서, 효력이 없다(대판 2017.5.17. 2014다232296).

③ (×) 근로기준법 제60조 제6항 제1호는 위와 같이 출근율을 계산할 때 근로자가 업무상의 부상 또는 질병(이하 '업무상 재해')으로 휴업한 기간은 출근한 것으로 간주하도록 규정하고 있다. 이는 근로자가 업무상 재해 때문에 근로를 제공할 수 없었음에도 업무상 재해가 없었을 경우보다 적은 연차휴가를 부여받는 불이익을 방지하려는 데에 취지가 있다. 그러므로 근로자가 업무상 재해로 휴업한 기간은 장단(장단)을 불문하고 소정근로일수와 출근일수에 모두 포함시켜 출근율을 계산하여야 한다. 설령 그 기간이 1년 전체에 걸치거나 소정근로일수 전부를 차지한다고 하더라도, 이와 달리 볼 아무런 근거나 이유가 없다(대판 2017.5.17. 2014다232296).

④ (○) 근기법 제60조 제4항

답 ❸

014 근로기준법상 연차유급휴가에 관한 설명으로 옳지 않은 것은?(다툼이 있으면 판례에 따름)

CHECK ○△×

20 노무

① 사용자는 계속하여 근로한 기간이 1년 미만인 근로자에게 1개월 개근 시 1일의 유급휴가를 주어야 한다.

② 연차유급휴가의 산정을 위한 출근율의 계산에서 출산전후휴가로 휴업한 기간은 출근한 것으로 본다.

③ 사용자는 근로자대표와의 서면합의에 따라 연차유급휴가일을 갈음하여 특정한 근로일에 근로자를 휴무시킬 수 있다.

④ 근로자가 업무상 재해로 연차유급휴가를 사용할 해당 연도에 전혀 출근하지 못한 경우라면 미사용 연차유급휴가에 대한 연차휴가수당은 청구할 수 없다.

⑤ 미사용 연차유급휴가에 대하여는 통상임금의 100분의 50을 가산하여 지급하지 않아도 된다.

해설

① (○) 근기법 제60조 제2항

② (○) 근기법 제60조 제6항 제2호

③ (○) 근기법 제62조

④ (×) 근로자가 업무상의 부상 또는 질병 등의 사정으로 연차휴가를 사용할 해당 연도에 전혀 출근하지 못한 경우, 이미 부여받은 연차휴가를 사용하지 않은 데 따른 연차휴가수당을 청구할 수 있다(대판 2017.5.17. 2014다232296).

⑤ (○) 구 근로기준법 제46조가 정하는 할증임금지급제도와 구법 제47조, 제48조 소정의 연, 월차휴가제도는 그 취지가 상이한 제도이고, 각 법조문도 휴일과 휴가를 구별하여 규정하고 있는 점에 비추어, 구법 제46조 소정의 '휴일'에는 구법 제47조, 제48조 소정의 연, 월차휴가는 포함되지 않는다고 봄이 상당하고, 또한 구법 제48조 제2항에는 휴가총일수가 20일을 초과하는 경우에는 그 초과일수에 대하여 통상임금을 지급하고 유급휴가를 주지 아니할 수 있도록 되어 있어, 20일 이하인 휴가일수에 대하여 보상을 지급해야 할 경우에도 통상임금을 추가로 지급하면 된다고 보는 것이 균형상 타당하므로, 연, 월차휴가근로수당에 대하여는 구법 제46조 소정의 가산임금(수당)이 포함될 수 없다(대판 1991.7.26. 90다카11636).

답 ④

015 근로기준법상 휴일근로에 관한 규정이다. (　　)에 들어갈 숫자를 옳게 짝지은 것은? 18 노무

CHECK ○△×

> 사용자는 휴일근로에 대하여는 다음 각 호의 기준에 따른 금액 이상을 가산하여 근로자에게 지급하여야 한다.
> 1. 8시간 이내의 휴일근로 : 통상임금의 100분의 (ㄱ)
> 2. 8시간을 초과한 휴일근로 : 통상임금의 100분의 (ㄴ)

① ㄱ : 50, ㄴ : 100
② ㄱ : 50, ㄴ : 150
③ ㄱ : 50, ㄴ : 200
④ ㄱ : 100, ㄴ : 150
⑤ ㄱ : 100, ㄴ : 200

해설

- 8시간 이내의 휴일근로 : 통상임금의 100분의 50(근기법 제56조 제2항 제1호)
- 8시간을 초과한 휴일근로 : 통상임금의 100분의 100(근기법 제56조 제2항 제2호)

답 ❶

016 근로기준법상 연차유급휴가에 관한 설명으로 옳지 않은 것은?(다툼이 있는 경우에는 판례에 의함) 15 노무

CHECK ○△×

① 출근율 산정에 있어 근로자가 정당한 파업에 참가한 기간은 출근한 것으로 본다.
② 1년간 80% 미만 출근한 근로자에게 1개월 개근 시 1일의 연차유급휴가를 주어야 한다.
③ 출근율 산정에 있어 근로자의 정직기간을 연간 소정근로일수에 포함시키되 출근일수에서 제외할 수 있다.
④ 6년차 근로자가 5년차에 80% 이상 출근하였다면 6년차 1년 동안 사용할 수 있는 연차유급휴가는 17일이다.
⑤ 근로자가 연차유급휴가를 언제부터 언제까지 사용할 것인지를 특정하지 않은 연차유급휴가의 청구는 그 효력이 없다.

해설

① (×) 정당한 파업에 참가한 기간은 출근한 것으로 본다는 규정이 없으므로, 그 기간을 출근한 것으로 간주할 수는 없다(대판 2013.12.26. 2011다4629).
② (○) 근기법 제60조 제2항
③ (○) 징계처분으로서의 정직, 직위해제기간은 비록 근로의무가 면제되는 기간이긴 하지만 근로자의 귀책사유에 의한 것이기 때문에 결근으로 처리할 수 있다고 한다(대판 2008.10.9. 2008다41666).
④ (○) 3년차에 16일, 5년차에 17일, 7년차에 18일의 연차유급휴가가 발생하므로, 6년차 1년 동안 사용할 수 있는 연차유급휴가는 17일이다(근기법 제60조 제4항).
⑤ (○) 연·월차휴가권이 근로기준법상의 성립요건을 충족하는 경우에 당연히 발생하는 것이라고 하여도 이와 같이 발생한 휴가권을 구체화하려면 근로자가 자신에게 맡겨진 시기지정권을 행사하여 어떤 휴가를, 언제부터 언제까지 사용할 것인지에 관하여 특정하여야 할 것이고, 근로자가 이와 같은 특정을 하지 아니한 채 시기 지정을 하더라도 이는 적법한 시기 지정이라고 할 수 없어 그 효력이 발생할 수 없다(대판 1997.3.25. 96다4930).

답 ❶

017 근로기준법 제60조 제1항에서 규정하고 있는 1년간 80% 이상 출근한 근로자에게 부여되는 연차유급휴가에 관한 설명으로 옳지 않은 것은?(다툼이 있으면 판례에 따름) 19 노무

CHECK ○△×

① 연차유급휴가를 사용할 권리는 다른 특별한 정함이 없는 한 그 전년도 1년간의 근로를 마친 다음 날 발생한다.

② 연차유급휴가를 사용하기 전에 퇴직 등의 사유로 근로관계가 종료되더라도 연차유급휴가수당을 청구할 권리는 그대로 유지된다.

③ 사용하지 아니한 휴가에 대한 보상을 지급하는 연차유급휴가수당에 대하여는 별도의 휴일근로수당이 적용되지 않는다.

④ 연차유급휴가 규정을 적용하는 경우 육아휴직으로 휴업한 기간은 출근한 것으로 보지 않는다.

⑤ 연차유급휴가 수당청구권의 소멸시효는 연차유급휴가권을 취득한 날부터 1년이 경과하여 그 휴가 불실시가 확정된 다음 날부터 기산한다.

해설

① (○) 2018년에 80% 이상 출근한 근로자의 경우 2019년 1월 1일에 연차유급휴가를 사용할 권리가 발생한다.

② (○) 근로기준법 제60조 제1항이 규정한 유급연차휴가는 1년간 80% 이상 출근한 근로자에게 부여되는 것으로, 근로자가 연차휴가에 관한 권리를 취득한 후 1년 이내에 연차휴가를 사용하지 아니하거나 1년이 지나기 전에 퇴직하는 등의 사유로 인하여 더 이상 연차휴가를 사용하지 못하게 될 경우에는 사용자에게 연차휴가일수에 상응하는 임금인 연차휴가수당을 청구할 수 있다(대판 2018.6.28. 2016다48297).

③ (○) 휴일과 휴가제도는 그 인정취지가 다르고 근기법 제56조의 휴일에는 연차유급휴가가 포함되지 아니하므로 사용자는 연차유급휴가수당에 대하여 가산임금을 지급할 의무가 없다(대판 1991.7.26. 90다카11636).

④ (×) 육아휴직으로 휴업한 기간, 임신 중의 여성이 휴가로 휴업한 기간, 근로자가 업무상의 부상 또는 질병으로 휴업한 기간은 출근한 것으로 본다(근기법 제60조 제6항).

⑤ (○) 연차휴가근로수당 지급청구권은 구 근로기준법 제47조 소정의 연차유급휴가권을 취득한 근로자가 그 휴가권이 발생한 때로부터 1년 이내에 그 연차휴가를 사용하지 아니한 채 근로한 대가로 발생하는 것으로서 그 성질은 임금이므로, 이에 대하여는 구 근로기준법 제41조의 규정에 의한 3년의 소멸시효가 적용되고, 그 기산점은 연차유급휴가권을 취득한 날로부터 1년의 경과로 그 휴가 불실시가 확정된 다음 날이다(대판 1995.6.29. 94다18553).

답 ④

018 근로기준법상 연차유급휴가 및 연차휴가수당에 대한 설명으로 옳지 않은 것은?(다툼이 있는 경우 판례에 의함)

CHECK ○△×

21 국가직 9급

① 근로자가 부당해고로 인하여 지급받지 못한 임금이 연차휴가수당인 경우에 해당 근로자의 연간 소정근로일수와 출근일수를 고려하여 1년간 80퍼센트 이상 출근하는 요건을 충족하면, 사용자는 연차유급휴가가 부여되는 것을 전제로 연차휴가수당을 지급하여야 한다.

② 근로자가 업무상 재해로 휴업한 기간은 장단을 불문하고 소정근로일수와 출근일수에 모두 포함시키지 않고 출근율을 계산하여야 한다.

③ 근로자가 연차휴가에 관한 권리를 취득한 후 1년이 지나기 전에 퇴직하는 등의 사유로 인하여 더 이상 연차휴가를 사용하지 못하게 될 경우에는 사용자에게 연차휴가일수에 상응하는 임금인 연차휴가수당을 청구할 수 있다.

④ 연차유급휴가를 사용할 권리 혹은 연차휴가수당 청구권은 연차휴가를 사용할 해당 연도가 아니라 그 전년도 1년간의 근로에 대한 대가에 해당한다.

해설

① (○) 근로자가 부당해고로 인하여 지급받지 못한 임금이 연차휴가수당인 경우에도 해당 근로자의 연간 소정근로일수와 출근일수를 고려하여 근로기준법 제60조 제1항의 요건을 충족하면 연차유급휴가가 부여되는 것을 전제로 연차휴가수당을 지급하여야 하고, 이를 산정하기 위한 연간 소정근로일수와 출근일수를 계산함에 있어서 사용자의 부당해고로 인하여 근로자가 출근하지 못한 기간을 근로자에 대하여 불리하게 고려할 수는 없으므로 그 기간은 연간 소정근로일수 및 출근일수에 모두 산입되는 것으로 보는 것이 타당하며, 설령 부당해고기간이 연간 총근로일수 전부를 차지하고 있는 경우에도 달리 볼 수는 없다(대판 2014.3.13. 2011다95519).

② (×) 근로자가 업무상 재해로 휴업한 기간은 장단(장단)을 불문하고 소정근로일수와 출근일수에 모두 포함시켜 출근율을 계산하여야 한다. 설령 그 기간이 1년 전체에 걸치거나 소정근로일수 전부를 차지한다고 하더라도, 이와 달리 볼 아무런 근거나 이유가 없다(대판 2017.5.17. 2014다232296).

③ (○) · ④ (○) 근로자가 연차휴가에 관한 권리를 취득한 후 1년 이내에 연차휴가를 사용하지 아니하거나 1년이 지나기 전에 퇴직하는 등의 사유로 인하여 더 이상 연차휴가를 사용하지 못하게 될 경우에는 사용자에게 연차휴가일수에 상응하는 임금인 연차휴가수당을 청구할 수 있다.❸ 한편 연차휴가를 사용할 권리 혹은 연차휴가수당 청구권은 근로자가 전년도에 출근율을 충족하면서 근로를 제공하면 당연히 발생하는 것으로서, 연차휴가를 사용할 해당 연도가 아니라 그 전년도 1년간의 근로에 대한 대가에 해당한다❹(대판 2017.5.17. 2014다232296).

답 ❷

019 근로기준법상 연차유급휴가의 발생 요건과 관련하여 출근율 산정 등에 대한 설명으로 옳지 않은 것은?(다툼이 있는 경우 판례에 의함) 22 국가직 7급

CHECK ○△×

① 남녀고용평등과 일·가정 양립 지원에 관한 법률 제19조 제1항에 따른 육아휴직으로 휴업한 기간은 출근한 것으로 본다.

② 근로자가 업무상의 부상 또는 질병으로 휴업한 기간은 출근한 것으로 본다.

③ 계속하여 근로한 기간이 1년 미만인 근로자에게 부여되는 연차유급휴가는 최초 1년의 근로가 끝날 때까지의 기간에 행사하지 아니하면 소멸되지만, 사용자의 귀책사유로 사용하지 못한 경우에는 그러하지 아니하다.

④ 근로자가 사용자의 부당해고로 인하여 출근하지 못한 기간은 출근율 산정을 위한 연간 소정근로일수 및 출근일수에서 모두 제외되어야 한다.

해설

① (○)·② (○) 근기법 제60조 제6항 참조

> **연차유급휴가(근기법 제60조)**
>
> ⑥ 제1항 및 제2항을 적용하는 경우 다음 각 호의 어느 하나에 해당하는 기간은 출근한 것으로 본다.
>
> 1. 근로자가 업무상의 부상 또는 질병으로 휴업한 기간❷
> 2. 임신 중의 여성이 제74조 제1항부터 제3항까지의 규정에 따른 휴가로 휴업한 기간
> 3. 남녀고용평등과 일·가정 양립 지원에 관한 법률 제19조 제1항에 따른 육아휴직으로 휴업한 기간❶

③ (○) 연차유급휴가는 1년간(계속하여 근로한 기간이 1년 미만인 근로자의 제2항에 따른 유급휴가는 최초 1년의 근로가 끝날 때까지의 기간) 행사하지 아니하면 소멸된다. 다만, 사용자의 귀책사유로 사용하지 못한 경우에는 그러하지 아니하다(근기법 제60조 제7항).

④ (×) 근로자가 부당해고로 인하여 지급받지 못한 임금이 연차휴가수당인 경우에도 해당 근로자의 연간 소정근로일수와 출근일수를 고려하여 근로기준법 제60조 제1항의 요건을 충족하면 연차유급휴가가 부여되는 것을 전제로 연차휴가수당을 지급하여야 하고, 이를 산정하기 위한 연간 소정근로일수와 출근일수를 계산함에 있어서 사용자의 부당해고로 인하여 근로자가 출근하지 못한 기간을 근로자에 대하여 불리하게 고려할 수는 없으므로 그 기간은 연간 소정근로일수 및 출근일수에 모두 산입되는 것으로 보는 것이 타당하며, 설령 부당해고기간이 연간 총근로일수 전부를 차지하고 있는 경우에도 달리 볼 수는 없다(대판 2014.3.13. 2011다95519).

답 ❹

제2절 여성과 연소근로자의 보호

020 밑줄 친 '대통령령으로 정하는 업무'에 해당하지 않는 것은? 24 국가직 9급

CHECK ○△×

> 근로기준법은 사용자는 여성과 18세 미만인 사람을 갱내에서 근로시키지 못하지만, 대통령령으로 정하는 업무를 수행하기 위하여 일시적으로 필요한 경우에는 그러하지 아니하다고 규정하고 있다.

① 정보처리시스템의 설계 또는 분석 업무
② 신문·출판·방송프로그램 제작 등을 위한 보도·취재업무
③ 학술연구를 위한 조사 업무
④ 보건, 의료 또는 복지 업무

해설

① (×), ② (○), ③ (○), ④ (○)
정보처리시스템의 설계 또는 분석 업무는 근기법 제72조, 동법 시행령 제42조에서 정한 갱내근로 허용업무가 아니라, 근기법 시행령 제31조에서 정한 재량근로 대상업무에 해당한다.

> **갱내근로 허용업무(근기법 시행령 제42조)**
> 법 제72조에 따라 여성과 18세 미만인 자를 일시적으로 갱내에서 근로시킬 수 있는 업무는 다음 각 호와 같다.
> 1. 보건, 의료 또는 복지 업무
> 2. 신문·출판·방송프로그램 제작 등을 위한 보도·취재업무
> 3. 학술연구를 위한 조사 업무
> 4. 관리·감독 업무
> 5. 제1호부터 제4호까지의 규정의 업무와 관련된 분야에서 하는 실습 업무

답 ❶

021 근로기준법상 야간근로에 관한 설명으로 옳지 않은 것은? 24 노무

CHECK ○△×

① 사용자는 야간근로에 대하여 통상임금의 100분의 50 이상을 가산하여 근로자에게 지급하여야 한다.
② 사용자는 근로자대표와의 서면 합의에 따라 야간근로에 대하여 임금을 지급하는 것을 갈음하여 휴가를 줄 수 있다.
③ 사용자는 18세 미만자의 경우 그의 동의가 있고 고용노동부장관의 인가를 받으면 야간근로를 시킬 수 있다.
④ 사용자는 18세 이상의 여성에 대하여는 그 근로자의 동의가 있는 경우에도 1일에 2시간, 1주에 6시간, 1년에 150시간을 초과하는 야간근로를 시키지 못한다.
⑤ 사용자는 임신 중의 여성이 명시적으로 청구하고 고용노동부장관의 인가를 받으면 야간근로를 시킬 수 있다.

해설

① (○) 근기법 제56조 제3항
② (○) 사용자는 근로자대표와의 서면 합의에 따라 연장근로·야간근로 및 휴일근로 등에 대하여 임금을 지급하는 것을 갈음하여 휴가를 줄 수 있다(근기법 제57조).
③ (○) 사용자는 임산부와 18세 미만자를 오후 10시부터 오전 6시까지의 시간 및 휴일에 근로시키지 못하나, 18세 미만자의 동의가 있는 경우로서 고용노동부장관의 인가를 받으면 그러하지 아니하다(근기법 제70조 제2항 제1호).
④ (×) 사용자는 18세 이상의 여성을 오후 10시부터 오전 6시까지의 시간 및 휴일에 근로시키려면 그 근로자의 동의를 받아야 한다(근기법 제70조 제1항). 한편 사용자는 산후 1년이 지나지 아니한 여성에 대하여는 단체협약이 있는 경우라도 1일에 2시간, 1주에 6시간, 1년에 150시간을 초과하는 시간외근로를 시키지 못한다(근기법 제71조).
⑤ (○) 사용자는 임산부와 18세 미만자를 오후 10시부터 오전 6시까지의 시간 및 휴일에 근로시키지 못하나, 임신 중의 여성이 명시적으로 청구하는 경우로서 고용노동부장관의 인가를 받으면 그러하지 아니하다(근기법 제70조 제2항 제3호).

답 ④

022 근로기준법상 근로자대표에 대한 설명으로 옳지 않은 것은?

24 국가직 9급

CHECK ○△×

① 16세인 사람의 근로시간은 1일에 7시간, 1주에 35시간을 초과하지 못하지만, 근로자대표와의 서면 합의에 따라 1일에 1시간, 1주에 5시간을 한도로 연장할 수 있다.
② 업무의 성질에 비추어 업무 수행 방법을 근로자의 재량에 위임할 필요가 있는 업무로서 대통령령으로 정하는 업무는 사용자가 근로자대표와 서면 합의로 정한 시간을 근로한 것으로 본다.
③ 사용자는 18세 미만자를 오후 10시부터 오전 6시까지의 시간 및 휴일에 근로시키지 못하나, 18세 미만자의 동의가 있는 경우로서 고용노동부장관의 인가를 받으면 그러하지 아니하다. 사용자는 이 경우 고용노동부장관의 인가를 받기 전에 그 시행 여부와 방법 등에 관하여 그 사업 또는 사업장의 근로자대표와 성실하게 협의하여야 한다.
④ 사용자는 근로자에게 대통령령으로 정하는 휴일을 유급으로 보장하여야 하지만, 근로자대표와 서면으로 합의한 경우 특정한 근로일로 대체할 수 있다.

해설

① (×) 15세 이상 18세 미만인 사람의 근로시간은 1일에 7시간, 1주에 35시간을 초과하지 못한다. 다만, 당사자 사이의 합의에 따라 1일에 1시간, 1주에 5시간을 한도로 연장할 수 있다(근기법 제69조).
② (○) 업무의 성질에 비추어 업무 수행 방법을 근로자의 재량에 위임할 필요가 있는 업무로서 대통령령으로 정하는 업무는 사용자가 근로자대표와 서면 합의로 정한 시간을 근로한 것으로 본다. 이 경우 그 서면 합의에는 대상 업무, 사용자가 업무의 수행 수단 및 시간 배분 등에 관하여 근로자에게 구체적인 지시를 하지 아니한다는 내용, 근로시간의 산정은 그 서면 합의로 정하는 바에 따른다는 내용 등을 명시하여야 한다(근기법 제58조 제3항).
③ (○) 사용자는 임산부와 18세 미만자를 오후 10시부터 오전 6시까지의 시간 및 휴일에 근로시키지 못한다. 다만, 18세 미만자의 동의가 있는 경우, 산후 1년이 지나지 아니한 여성의 동의가 있는 경우, 임신 중의 여성이 명시적으로 청구하는 경우로서 고용노동부장관의 인가를 받으면 그러하지 아니하다. 사용자는 고용노동부장관의 인가를 받기 전에 근로자의 건강 및 모성 보호를 위하여 그 시행 여부와 방법 등에 관하여 그 사업 또는 사업장의 근로자대표와 성실하게 협의하여야 한다(근기법 제70조 제2항, 제3항).
④ (○) 근기법 제55조 제2항

답 ①

023 근로기준법상 임산부의 보호에 관한 설명으로 옳지 않은 것은?

24 노무

CHECK ○△×

① 사용자는 산후 1년이 지나지 아니한 여성 근로자가 1일 소정근로시간을 유지하면서 업무의 시작 및 종료 시각의 변경을 신청하는 경우 이를 허용하여야 한다.

② 사용자는 한 명의 자녀를 임신한 여성에게 출산 전과 출산 후를 통하여 90일의 출산전후휴가를 주어야 한다.

③ 사용자는 만 42세의 임신 중인 여성 근로자가 출산전후휴가를 청구하는 경우 출산 전 어느 때라도 휴가를 나누어 사용할 수 있도록 하여야 한다.

④ 사용자는 임신한 여성 근로자가 모자보건법상 임산부 정기건강진단을 받는 데 필요한 시간을 청구하는 경우 이를 허용하여야 한다.

⑤ 사용자는 임산부를 도덕상 또는 보건상 유해·위험한 사업에 사용하지 못한다.

해설

① (×) 사용자는 임신 중인 여성 근로자가 1일 소정근로시간을 유지하면서 업무의 시작 및 종료 시각의 변경을 신청하는 경우 이를 허용하여야 한다(근기법 제74조 제9항 본문).

② (○) 사용자는 임신 중의 여성에게 출산 전과 출산 후를 통하여 90일(미숙아를 출산한 경우에는 100일, 한 번에 둘 이상 자녀를 임신한 경우에는 120일)의 출산전후휴가를 주어야 한다(근기법 제74조 제1항 전문).

③ (○) 사용자는 임신 중인 여성 근로자가 출산전후휴가를 청구할 당시 연령이 만 40세 이상인 경우 출산 전 어느 때라도 휴가를 나누어 사용할 수 있도록 하여야 한다(근기법 제74조 제2항 전문, 동법 시행령 제43조 제1항 제2호).

④ (○) 근기법 제74조의2 제1항

⑤ (○) 사용자는 임신 중이거나 산후 1년이 지나지 아니한 여성과 18세 미만자(이하 "임산부")를 도덕상 또는 보건상 유해·위험한 사업에 사용하지 못한다(근기법 제65조 제1항).

임산부의 보호(근기법 제74조)

① 사용자는 임신 중의 여성에게 출산 전과 출산 후를 통하여 90일(미숙아를 출산한 경우에는 100일, 한 번에 둘 이상 자녀를 임신한 경우에는 120일)의 출산전후휴가를 주어야 한다. 이 경우 휴가 기간의 배정은 출산 후에 45일(한 번에 둘 이상 자녀를 임신한 경우에는 60일) 이상이 되어야 하고, 미숙아의 범위, 휴가 부여 절차 등에 필요한 사항은 고용노동부령으로 정한다.

② 사용자는 임신 중인 여성 근로자가 유산의 경험 등 대통령령으로 정하는 사유로 제1항의 휴가를 청구하는 경우 출산 전 어느 때 라도 휴가를 나누어 사용할 수 있도록 하여야 한다. 이 경우 출산 후의 휴가 기간은 연속하여 45일(한 번에 둘 이상 자녀를 임신한 경우에는 60일) 이상이 되어야 한다.

유산·사산휴가의 청구 등(근기법 시행령 제43조)

① 법 제74조 제2항 전단에서 "대통령령으로 정하는 사유"란 다음 각 호의 어느 하나에 해당하는 경우를 말한다.

1. 임신한 근로자에게 유산·사산의 경험이 있는 경우
2. 임신한 근로자가 출산전후휴가를 청구할 당시 연령이 만 40세 이상인 경우
3. 임신한 근로자가 유산·사산의 위험이 있다는 의료기관의 진단서를 제출한 경우

답 ❶

024 근로기준법상 근로시간과 휴식 및 여성과 소년에 대한 설명으로 옳지 않은 것은? 24 국가직 7급

CHECK ○△×

① 3개월 이내의 탄력적 근로시간제는 15세 이상 18세 미만의 근로자와 임신 중인 여성 근로자에 대하여는 적용하지 아니한다.

② 사용자는 임신 중이거나 산후 1년이 지나지 아니한 여성(이하 "임산부"라 한다)과 18세 미만자를 도덕상 또는 보건상 유해·위험한 사업에 사용하지 못한다.

③ 사용자는 임산부가 아닌 18세 이상의 여성을 근로기준법 제65조 제1항에 따른 보건상 유해·위험한 사업 중 임신 또는 출산에 관한 기능에 유해·위험한 사업에 사용하지 못한다.

④ 사용자는 산후 1년이 지나지 아니한 여성에 대하여는 단체협약이 있는 경우 1일에 2시간, 1주에 6시간, 1년에 150시간을 초과하는 시간외근로를 시킬 수 있다.

해설

① (○) 근기법 제51조 제3항

② (○) 근기법 제65조 제1항

③ (○) 근기법 제65조 제2항

④ (×) 사용자는 산후 1년이 지나지 아니한 여성에 대하여는 단체협약이 있는 경우라도 1일에 2시간, 1주에 6시간, 1년에 150시간을 초과하는 시간외근로를 시키지 못한다(근기법 제71조).

답 ④

최신유형

025 근로기준법령상 취직인허증에 관한 설명으로 옳지 않은 것은? 25 노무

CHECK ○△×

① 취직인허증의 신청은 학교장(의무교육 대상자와 재학 중인 자로 한정한다) 및 친권자 또는 후견인의 서명을 받아 사용자가 될 자와 연명(連名)으로 하여야 한다.

② 예술공연 참가를 위한 경우에는 13세 미만인 자도 취직인허증을 받을 수 있다.

③ 고용노동부장관은 임산부 등의 사용 금지 직종에 대하여는 취직인허증을 발급할 수 없다.

④ 사용자가 취직인허증을 잃어버린 경우에는 15세 미만인 자의 동의를 얻어 재교부 신청을 하여야 한다.

⑤ 15세 미만인 자를 사용하는 사용자가 취직인허증을 갖추어 둔 경우에는 가족관계기록사항에 관한 증명서와 친권자나 후견인의 동의서를 갖추어 둔 것으로 본다.

해설

① (○) 취직인허증을 받으려는 자는 학교장(의무교육 대상자와 재학 중인 자로 한정) 및 친권자 또는 후견인의 서명을 받아 사용자가 될 자와 연명(連名)으로 고용노동부장관에게 신청하여야 한다(근기법 시행령 제35조 제2항, 제3항).

② (○) 근기법 시행령 제35조 제1항 단서

③ (○) 고용노동부장관은 임산부, 임산부가 아닌 18세 이상인 여성 및 18세 미만인 자의 사용이 금지되는 직종에 대하여는 취직인허증을 발급할 수 없다(근기법 시행령 제37조, 제40조).

④ (×) 사용자 또는 15세 미만인 자는 취직인허증이 못쓰게 되거나 이를 잃어버린 경우에는 취직인허증 재교부 신청서에 취직인허증이 못쓰게 되거나 이를 잃어버리게 된 사유를 적어, 관할 지방고용노동관서의 장에게 제출하여 지체 없이 재교부 신청을 하여야 한다(근기법 시행령 제39조, 동법 시행규칙 제11조 제2항).

⑤ (○) 근기법 시행령 제36조 제2항

답 ④

최신유형

026 근로기준법령상 임산부의 보호에 관한 다음 규정 중 (　　)에 들어갈 내용을 옳게 나열한 것은?

CHECK ○△×

25 노무

> **시행규칙 제12조의2(미숙아의 범위 등)**
> ① 법 제74조 제1항 전단에 따라 임신 중인 여성에게 출산 전과 출산 후를 통하여 (ㄱ)일의 출산전후휴가를 주어야 하는 미숙아의 범위는 임신 (ㄴ)주 미만의 출생아 또는 출생 시 체중이 2천 500그램 미만인 영유아로서, 특별한 의료적 관리를 위해 출생 후 (ㄷ)시간 이내에 신생아중환자실에 입원한 영유아로 한다.

① ㄱ : 100, ㄴ : 28, ㄷ : 12
② ㄱ : 100, ㄴ : 28, ㄷ : 24
③ ㄱ : 100, ㄴ : 37, ㄷ : 24
④ ㄱ : 120, ㄴ : 37, ㄷ : 48
⑤ ㄱ : 120, ㄴ : 40, ㄷ : 48

해설

근로기준법 제74조 제1항 전단에 따라 임신 중인 여성에게 출산 전과 출산 후를 통하여 100일의 출산전후휴가를 주어야 하는 미숙아의 범위는 임신 37주 미만의 출생아 또는 출생 시 체중이 2천 500그램 미만인 영유아로서, 특별한 의료적 관리를 위해 출생 후 24시간 이내에 신생아중환자실에 입원한 영유아로 한다(근기법 시행규칙 제12조의2 제1항).

답 ❸

최신유형

027 근로기준법령상 여성과 소년의 보호에 관한 설명으로 옳지 않은 것은?

25 노무

CHECK ○△×

① 사용자는 18세 이상의 임신 중인 여성을 휴일에 근로시키려면 그 근로자의 동의와 고용노동부장관의 인가를 받아야 한다.
② 15세 이상 18세 미만인 사람의 근로시간은 당사자 사이의 합의에 따라 1일에 1시간, 1주에 5시간을 한도로 연장할 수 있다.
③ 미성년자는 독자적으로 임금을 청구할 수 있다.
④ 고용노동부장관은 근로계약이 미성년자에게 불리하다고 인정하는 경우에는 이를 해지할 수 있다.
⑤ 사용자는 18세 미만인 사람과 근로계약을 체결하는 경우에 취업의 장소와 종사하여야 할 업무에 관한 사항을 서면(「전자문서 및 전자거래 기본법」에 따른 전자문서를 포함한다)으로 명시하여 교부하여야 한다.

해설

① (×) 사용자는 18세 이상의 여성을 오후 10시부터 오전 6시까지의 시간 및 휴일에 근로시키려면 그 근로자의 동의를 받아야 한다(근기법 제70조 제1항). 사용자는 임신 중의 여성을 휴일에 근로시키려면 임신 중의 여성이 명시적으로 청구하는 경우로서 고용노동부장관의 인가를 받아야 한다(근기법 제70조 제2항). 18세 이상의 여성이 임신한 경우에는 근기법 제70조 제2항이 적용됨을 유의하여야 한다.

② (○) 15세 이상 18세 미만인 사람의 근로시간은 1일에 7시간, 1주에 35시간을 초과하지 못한다. 다만, 당사자 사이의 합의에 따라 1일에 1시간, 1주에 5시간을 한도로 연장할 수 있다(근기법 제69조).

③ (○) 근기법 제68조

④ (○) 친권자, 후견인 또는 고용노동부장관은 근로계약이 미성년자에게 불리하다고 인정하는 경우에는 이를 해지할 수 있다(근기법 제67조 제2항).

⑤ (○) 사용자는 18세 미만인 사람과 근로계약을 체결하는 경우에는 임금, 소정근로시간, 휴일, 연차유급휴가, 취업의 장소와 종사하여야 할 업무에 관한 사항 등의 근로조건을 서면(전자문서 포함)으로 명시하여 교부하여야 한다(근기법 제67조 제3항, 동법 제17조 제1항, 동법 시행령 제8조 제1호).

근로계약(근기법 제67조)

① 친권자나 후견인은 미성년자의 근로계약을 대리할 수 없다.

② 친권자, 후견인 또는 고용노동부장관은 근로계약이 미성년자에게 불리하다고 인정하는 경우에는 이를 해지할 수 있다.

③ 사용자는 18세 미만인 사람과 근로계약을 체결하는 경우에는 제17조에 따른 근로조건을 서면(「전자문서 및 전자거래 기본법」 제2조 제1호에 따른 전자문서를 포함한다)으로 명시하여 교부하여야 한다.

근로조건의 명시(근기법 제17조)

① 사용자는 근로계약을 체결할 때에 근로자에게 다음 각 호의 사항을 명시하여야 한다. 근로계약 체결 후 다음 각 호의 사항을 변경하는 경우에도 또한 같다.

1. 임 금
2. 소정근로시간
3. 제55조에 따른 휴일
4. 제60조에 따른 연차 유급휴가
5. 그 밖에 대통령령으로 정하는 근로조건

명시하여야 할 근로조건(근기법 시행령 제8조)

법 제17조 제1항 제5호에서 "대통령령으로 정하는 근로조건"이란 다음 각 호의 사항을 말한다.

1. 취업의 장소와 종사하여야 할 업무에 관한 사항
2. 법 제93조 제1호부터 제12호까지의 규정에서 정한 사항
3. 사업장의 부속 기숙사에 근로자를 기숙하게 하는 경우에는 기숙사 규칙에서 정한 사항

답 ❶

028 근로기준법령상 여성과 소년의 보호에 관한 설명으로 옳지 않은 것은? 23 노무

CHECK ○△×

① 15세 미만인 자를 사용하는 사용자가 취직인허증을 갖추어 둔 경우에는 가족관계기록사항에 관한 증명서와 친권자나 후견인의 동의서를 갖추어 두지 않아도 된다.

② 사용자는 취직인허증이 못쓰게 된 경우에는 고용노동부령으로 정하는 바에 따라 지체 없이 재교부 신청을 하여야 한다.

③ 사용자는 임신 중의 여성이 명시적으로 청구하는 경우로서 고용노동부장관의 인가를 받은 경우 휴일에 근로하게 할 수 있다.

④ 생후 1년 미만의 유아를 가진 여성 근로자가 청구하면 1일 2회 각각 60분 이상의 유급 수유시간을 주어야 한다.

⑤ 사용자는 관리·감독 업무를 수행하기 위하여 일시적으로 필요한 경우 여성을 갱내(坑內)에서 근로시킬 수 있다.

해설

① (○) 근기법 시행령 제36조 제2항

② (○) 사용자 또는 15세 미만인 자는 취직인허증이 못쓰게 되거나 이를 잃어버린 경우에는 고용노동부령으로 정하는 바에 따라 지체 없이 재교부 신청을 하여야 한다(근기법 시행령 제39조).

③ (○) 사용자는 임산부와 18세 미만자를 오후 10시부터 오전 6시까지의 시간 및 휴일에 근로시키지 못한다. 다만, 임신 중의 여성이 명시적으로 청구하는 경우로서 고용노동부장관의 인가를 받으면 그러하지 아니하다(근기법 제70조 제2항 제3호).

④ (×) 생후 1년 미만의 유아(乳兒)를 가진 여성 근로자가 청구하면 1일 2회 각각 30분 이상의 유급 수유 시간을 주어야 한다(근기법 제75조).

⑤ (○) 근기법 제72조, 동법 시행령 제42조 제4호

갱내근로의 금지(근기법 제72조)

사용자는 여성과 18세 미만인 사람을 갱내(坑內)에서 근로시키지 못한다. 다만, 보건·의료, 보도·취재 등 대통령령으로 정하는 업무를 수행하기 위하여 일시적으로 필요한 경우에는 그러하지 아니하다.

갱내근로 허용업무(근기법 시행령 제42조)

법 제72조에 따라 여성과 18세 미만인 자를 일시적으로 갱내에서 근로시킬 수 있는 업무는 다음 각 호와 같다.

1. 보건, 의료 또는 복지 업무
2. 신문·출판·방송프로그램 제작 등을 위한 보도·취재업무
3. 학술연구를 위한 조사 업무
4. 관리·감독 업무
5. 제1호부터 제4호까지의 규정의 업무와 관련된 분야에서 하는 실습 업무

답 ④

029 근로기준법상 임산부의 보호에 관한 설명으로 옳지 않은 것은?

23 노무

CHECK ○△×

① 사용자는 임신 중의 여성 근로자에게 시간외근로를 하게 하여서는 아니 되며, 그 근로자의 요구와 관계없이 쉬운 종류의 근로로 전환하여야 한다.

② 사용자는 임신 중인 여성이 사산한 경우로서 그 근로자가 청구하면 대통령령으로 정하는 바에 따라 사산 휴가를 주어야 한다.

③ 사용자는 한 번에 둘 이상 자녀를 임신 중의 여성에게 출산 전과 출산 후를 통하여 120일의 출산전후휴가를 주어야 한다.

④ 사업주는 출산전후휴가 종료 후에는 휴가 전과 동일한 업무 또는 동등한 수준의 임금을 지급하는 직무에 복귀시켜야 한다.

⑤ 사용자는 1일 근로시간이 8시간인 임신 후 36주 이후에 있는 여성 근로자가 1일 2시간의 근로시간 단축을 신청하는 경우 이를 허용하여야 한다.

해설

① (×) 사용자는 임신 중의 여성 근로자에게 시간외근로를 하게 하여서는 아니 되며, 그 근로자의 요구가 있는 경우에는 쉬운 종류의 근로로 전환하여야 한다(근기법 제74조 제5항).

② (○) 사용자는 임신 중인 여성이 유산 또는 사산한 경우로서 그 근로자가 청구하면 대통령령으로 정하는 바에 따라 유산·사산 휴가를 주어야 한다(근기법 제74조 제3항 본문).

③ (○) 근기법 제74조 제1항 전문

④ (○) 근기법 제74조 제6항

⑤ (○) 사용자는 임신 후 12주 이내 또는 36주 이후에 있는 여성 근로자가 1일 2시간의 근로시간 단축을 신청하는 경우 이를 허용하여야 한다. 다만, 1일 근로시간이 8시간 미만인 근로자에 대하여는 1일 근로시간이 6시간이 되도록 근로시간 단축을 허용할 수 있다(근기법 제74조 제7항).

답 ❶

030 근로기준법령상 임산부의 보호 등에 관한 설명으로 옳지 않은 것은?

14 노무

CHECK ○△×

① 법 제52조(선택적 근로시간제)는 임신 중인 여성근로자에 대하여는 적용하지 아니한다.

② 사용자는 임신 중의 여성이 명시적으로 청구하는 경우로서 고용노동부장관의 인가를 받으면 그 임신 중의 여성근로자를 오후 10시부터 오전 6시까지의 시간에 근로시킬 수 있다.

③ 사용자는 임신 중의 여성이 명시적으로 청구하는 경우로서 고용노동부장관의 인가를 받으면 그 임신 중의 여성근로자를 휴일에 근로시킬 수 있다.

④ 사용자는 산후 1년이 지나지 아니한 여성에 대하여는 단체협약이 있는 경우라도 1일에 2시간, 1주에 6시간, 1년에 150시간을 초과하는 시간외근로를 시키지 못한다.

⑤ 사용자는 임산부를 도덕상 또는 보건상 유해·위험한 사업에 사용하지 못한다.

해설

① (×) 선택적 근로시간제는 15세 이상 18세 미만의 근로자는 제외한다. 임신 중인 여성근로자는 제외대상이 아니다(근기법 제52조 제1항 제1호).

② (○) 임신 중의 여성은 사용자에게 명시적으로 청구하고 고용노동부장관의 인가를 받아야 야간근로가 가능하다(근기법 제70조 제2항).

③ (○) 근기법 제70조 제2항 제3호

④ (○) 근기법 제71조

⑤ (○) 근기법 제65조 제1항

답 ❶

031 근로기준법령상 취직인허증에 관한 설명으로 옳지 않은 것은?

14 노무

CHECK ○△×

① 취직인허증을 받으려는 자가 의무교육 대상자로서 재학 중인 경우에는 학교장이 고용노동부장관에게 신청하여야 한다.

② 고용노동부장관은 거짓이나 그 밖의 부정한 방법으로 취직인허증을 발급받은 사람에게는 그 인허를 취소하여야 한다.

③ 15세 미만인 자를 사용하는 사용자가 취직인허증을 갖추어 둔 경우에는 법 제66조에 따른 가족관계 기록사항에 관한 증명서와 친권자나 후견인의 동의서를 갖추어 둔 것으로 본다.

④ 예술공연 참가를 위한 경우에는 13세 미만인 자도 취직인허증을 받을 수 있다.

⑤ 취직인허증은 본인의 신청에 따라 의무교육에 지장이 없는 경우에는 직종을 지정하여서만 발행할 수 있다.

해설

① (×) 취직인허증을 받으려는 자는 학교장(의무교육 대상자와 재학 중인 자로 한정한다) 및 친권자 또는 후견인의 서명을 받아 사용자가 될 자와 연명(連名)으로 고용노동부장관에게 신청하여야 한다(근기법 시행령 제35조 제2항 및 제3항).

② (○) 근기법 제64조 제3항

③ (○) 근기법 시행령 제36조 제2항

④ (○) 취직인허증을 받을 수 있는 자는 13세 이상 15세 미만인 자로 한다. 다만, 예술공연 참가를 위한 경우에는 13세 미만인 자도 취직인허증을 받을 수 있다(근기법 시행령 제35조 제1항).

⑤ (○) 근기법 제64조 제2항

답 ❶

032 근로기준법령상 임산부의 보호에 관한 설명으로 옳지 않은 것은?

15 노무

CHECK ○△×

① 사용자는 한 번에 둘 이상 자녀를 임신한 여성에게 출산 전과 출산 후를 통하여 120일의 출산전후휴가를 주어야 한다.

② 사용자가 한 번에 둘 이상 자녀를 임신한 여성에게 출산전후휴가를 부여할 경우 최초 90일은 유급으로 한다.

③ 사용자는 임신 중인 여성근로자가 출산전후휴가를 청구할 당시 연령이 만 40세 이상인 경우에는 출산 전 어느 때라도 휴가를 나누어 사용할 수 있도록 하여야 한다.

④ 상시 300명 이상의 근로자를 사용하는 사업 또는 사업장의 사용자는 1일 근로시간이 8시간으로서 임신 후 12주 이내 또는 36주 이후에 있는 여성근로자가 1일 2시간의 근로시간 단축을 신청하는 경우 이를 허용하여야 한다.

⑤ 생후 1년 미만의 유아(乳兒)를 가진 여성근로자가 청구하면 1일 2회 각각 30분 이상의 유급 수유시간을 주어야 한다.

해설

① (○) 근기법 제74조 제1항

② (×) 휴가 중 최초 60일(한 번에 둘 이상 자녀를 임신한 경우에는 75일)은 유급으로 한다(근기법 제74조 제4항).

③ (○) 근기법 제74조 제2항

④ (○) 근기법 제74조 제7항

⑤ (○) 근기법 제75조

답 ❷

033 근로기준법령상 미성년자 또는 연소자의 보호에 관한 설명으로 옳지 않은 것은?

20 노무

CHECK ○△×

① 미성년자는 독자적으로 임금을 청구할 수 있다.
② 친권자나 후견인은 미성년자의 근로계약을 대리할 수 없다.
③ 예술공연 참가를 위한 경우에는 13세 미만인 자도 취직인허증을 받을 수 있다.
④ 15세 이상 18세 미만인 사람의 근로시간은 1일에 6시간, 1주에 34시간을 초과하지 못한다.
⑤ 고용노동부장관은 근로계약이 미성년자에게 불리하다고 인정하는 경우에는 이를 해지할 수 있다.

해설

① (○) 근기법 제68조
② (○) 근기법 제67조 제1항
③ (○) 근기법 시행령 제35조 제1항 단서
④ (×) 15세 이상 18세 미만인 사람의 근로시간은 1일에 7시간, 1주에 35시간을 초과하지 못한다. 다만, 당사자 사이의 합의에 따라 1일에 1시간, 1주에 5시간을 한도로 연장할 수 있다(근기법 제69조).
⑤ (○) 근기법 제67조 제2항

답 ④

034 근로기준법상 여성의 근로에 대한 설명으로 옳지 않은 것은?

23 국가직 9급

CHECK ○△×

① 사용자는 18세 이상의 여성을 휴일에 근로시키려면 그 근로자의 동의를 받아야 한다.
② 사용자는 산후 1년이 지나지 아니한 여성이 동의한 경우 고용노동부장관의 인가를 받으면 휴일에 근로시킬 수 있다.
③ 사용자는 산후 1년이 지나지 아니한 여성에 대하여는 단체협약이 있는 경우라도 1일에 2시간을 초과하는 시간외근로를 시키지 못한다.
④ 사용자는 임신 후 35주에 있는 여성 근로자가 1일 2시간의 근로시간 단축을 신청하는 경우 이를 허용하여야 한다.

해설

① (○) 사용자는 18세 이상의 여성을 오후 10시부터 오전 6시까지의 시간 및 휴일에 근로시키려면 그 근로자의 동의를 받아야 한다(근기법 제70조 제1항).
② (○) 사용자는 임산부와 18세 미만자를 오후 10시부터 오전 6시까지의 시간 및 휴일에 근로시키지 못한다. 다만, 산후 1년이 지나지 아니한 여성의 동의가 있는 경우로서 고용노동부장관의 인가를 받으면 그러하지 아니하다(근기법 제70조 제2항 제2호).
③ (○) 사용자는 산후 1년이 지나지 아니한 여성에 대하여는 단체협약이 있는 경우라도 1일에 2시간, 1주에 6시간, 1년에 150시간을 초과하는 시간외근로를 시키지 못한다(근기법 제71조).
④ (×) 사용자는 임신 후 12주 이내 또는 36주 이후에 있는 여성 근로자가 1일 2시간의 근로시간 단축을 신청하는 경우 이를 허용하여야 한다. 다만, 1일 근로시간이 8시간 미만인 근로자에 대하여는 1일 근로시간이 6시간이 되도록 근로시간 단축을 허용할 수 있다(근기법 제74조 제7항).

답 ④

035 근로기준법령상 임산부의 보호에 관한 설명으로 옳지 않은 것은?

20 노무

CHECK ○△×

① 한 번에 둘 이상 자녀를 임신한 경우 출산전후휴가 기간의 배정은 출산 후에 60일 이상이 되어야 한다.

② 사업주는 출산전후휴가 종료 후에는 휴가 전과 동일한 업무 또는 동등한 수준의 임금을 지급하는 직무에 복귀시켜야 한다.

③ 사용자는 임신 후 36주 이후에 있으며 1일 근로시간이 8시간인 여성근로자가 1일 2시간의 근로시간 단축을 신청하는 경우 이를 허용하여야 한다.

④ 사용자는 임신 중의 여성근로자에게 시간외근로를 하게 하여서는 아니 된다.

⑤ 사업주는 유산휴가를 청구한 근로자에게 임신기간이 28주 이상인 경우 유산한 날부터 30일까지 유산휴가를 주어야 한다.

해설

① (○) 근기법 제74조 제1항 후문
② (○) 근기법 제74조 제6항
③ (○) 근기법 제74조 제7항
④ (○) 근기법 제74조 제5항
⑤ (×) 근기법 시행령 제43조 제3항 제5호

유산 · 사산휴가의 청구 등(근기법 시행령 제43조)

③ 사업주는 유산 · 사산휴가를 청구한 근로자에게 다음의 기준에 따라 유산 · 사산휴가를 주어야 한다.
1. 유산 또는 사산한 근로자의 임신기간이 11주 이내인 경우 : 유산 또는 사산한 날부터 5일까지
2. 임신기간이 12주 이상 15주 이내인 경우 : 유산 또는 사산한 날부터 10일까지
3. 임신기간이 16주 이상 21주 이내인 경우 : 유산 또는 사산한 날부터 30일까지
4. 임신기간이 22주 이상 27주 이내인 경우 : 유산 또는 사산한 날부터 60일까지
5. 임신기간이 28주 이상인 경우 : 유산 또는 사산한 날부터 90일까지

답 ⑤

036 근로기준법상 여성보호에 대한 설명으로 옳지 않은 것은?

18 국가직 7급

CHECK ○△×

① 사용자는 한 번에 둘 이상 자녀를 임신한 여성의 경우 출산전후휴가 기간의 배정은 출산 후에 60일 이상이 되도록 하여야 한다.

② 사용자는 임신 중의 여성이 명시적으로 청구하는 경우로서 고용노동부장관의 인가를 받으면 야간근로를 시킬 수 있다.

③ 사용자는 산후 6개월이 된 30세인 여성에게 탄력적 근로시간제를 적용하지 못한다.

④ 사용자는 생후 1년 미만의 유아(乳兒)를 가진 여성 근로자가 청구하면 1일 2회 각각 30분 이상의 유급 수유시간을 주어야 한다.

해설

① (O) 사용자는 임신 중의 여성에게 출산 전과 출산 후를 통하여 90일(한 번에 둘 이상 자녀를 임신한 경우에는 120일)의 출산전후휴가를 주어야 한다. 이 경우 휴가 기간의 배정은 출산 후에 45일(한 번에 둘 이상 자녀를 임신한 경우에는 60일) 이상이 되어야 한다(근기법 제74조 제1항).

② (O) 근기법 제70조 제2항 참조

> **야간근로와 휴일근로의 제한(근기법 제70조)**
>
> ② 사용자는 임산부와 18세 미만자를 오후 10시부터 오전 6시까지의 시간 및 휴일에 근로시키지 못한다. 다만, 다음 각 호의 어느 하나에 해당하는 경우로서 고용노동부장관의 인가를 받으면 그러하지 아니하다.
>
> 1. 18세 미만자의 동의가 있는 경우
> 2. 산후 1년이 지나지 아니한 여성의 동의가 있는 경우
> 3. 임신 중의 여성이 명시적으로 청구하는 경우

③ (×) 출산 후의 여성근로자에게는 탄력적 근로시간제가 적용되나, 연소근로자와 임신 중인 여성 근로자에 대해서는 적용되지 아니한다(근기법 제51조, 제51조의2).

④ (O) 근기법 제75조

답 ❸

037 근로기준법상 여성 및 소년에 대한 설명으로 옳은 것은?

19 국가직 7급

CHECK ○△×

① 미성년자는 독자적으로 임금을 청구할 수 없다.

② 15세 이상 18세 미만인 자의 근로시간은 1일에 7시간, 1주에 35시간을 초과하지 못하고, 당사자 사이의 합의가 있어도 연장할 수 없다.

③ 사용자는 여성 근로자가 청구하면 월 1일의 유급 생리휴가를 주어야 한다.

④ 사용자는 임신 후 12주 이내 또는 36주 이후에 있는 여성 근로자가 1일 2시간의 근로시간 단축을 신청하는 경우 이를 허용하여야 하며, 이 경우 근로시간 단축을 이유로 해당 근로자의 임금을 삭감하여서는 아니 된다.

해설

① (×) 미성년자는 독자적으로 임금을 청구할 수 있다(근기법 제68조).

② (×) 15세 이상 18세 미만인 사람의 근로시간은 1일에 7시간, 1주에 35시간을 초과하지 못한다. 다만, 당사자 사이의 합의에 따라 1일에 1시간, 1주에 5시간을 한도로 연장할 수 있다(근기법 제69조).

③ (×) 사용자는 여성 근로자가 청구하면 월 1일의 생리휴가를 주어야 한다(근기법 제73조). 근기법이 규정하고 있는 생리휴가는 무급임을 유의하여야 한다.

④ (O) 사용자는 임신 후 12주 이내 또는 36주 이후에 있는 여성 근로자가 1일 2시간의 근로시간 단축을 신청하는 경우 이를 허용하여야 한다. 다만, 1일 근로시간이 8시간 미만인 근로자에 대하여는 1일 근로시간이 6시간이 되도록 근로시간 단축을 허용할 수 있다. 사용자는 근로시간 단축을 이유로 해당 근로자의 임금을 삭감하여서는 아니 된다(근기법 제74조 제7항·제8항).

답 ❹

038 근로기준에 대한 설명으로 옳은 것은?

18 국가직 7급

CHECK ○△×

① 15세 이상 18세 미만 근로자에 대하여는 탄력적 근로시간제는 적용되지 않지만, 선택적 근로시간제는 허용된다.

② 사용자는 18세 미만인 자를 복지업무를 수행하기 위하여 일시적으로 필요한 경우에도 갱내(坑內)에서는 근로시키지 못한다.

③ 15세 미만인 자에게 발급하는 취직인허증은 본인의 신청에 따라 의무교육에 지장이 없는 경우에는 직종(職種)을 지정하지 않고도 발행할 수 있다.

④ 15세 이상 18세 미만인 자의 근로시간은 1일에 7시간, 1주에 35시간을 초과하지 못하나, 당사자 사이의 합의에 따라 1일에 1시간, 1주에 5시간을 한도로 연장할 수 있다.

해설

① (×) 15세 이상 18세 미만 근로자에 대하여는 탄력적 근로시간제뿐만 아니라 선택적 근로시간제도 허용되지 아니한다(근기법 제51조 제3항, 제51조의2 제6항, 제52조 제1항).

② (×) 사용자는 복지업무를 수행하기 위하여 일시적으로 필요한 경우에는 18세 미만인 자를 갱내(坑內)에서는 근로시킬 수 있다(근기법 제72조, 동법 시행령 제42조).

> **갱내근로의 금지(근기법 제72조)**
> 사용자는 여성과 18세 미만인 사람을 갱내(坑內)에서 근로시키지 못한다. 다만, 보건·의료, 보도·취재 등 대통령령으로 정하는 업무를 수행하기 위하여 일시적으로 필요한 경우에는 그러하지 아니하다.
>
> **갱내근로 허용업무(근기법 시행령 제42조)**
> 법 제72조에 따라 여성과 18세 미만인 자를 일시적으로 갱내에서 근로시킬 수 있는 업무는 다음 각 호와 같다.
> 1. 보건, 의료 또는 복지 업무
> 2. 신문·출판·방송프로그램 제작 등을 위한 보도·취재업무
> 3. 학술연구를 위한 조사 업무
> 4. 관리·감독 업무
> 5. 제1호부터 제4호까지의 규정의 업무와 관련된 분야에서 하는 실습 업무

③ (×) 취직인허증은 본인의 신청에 따라 의무교육에 지장이 없는 경우에는 직종(職種)을 지정하여서만 발행할 수 있다(근기법 제64조 제2항).

④ (○) 근기법 제69조

답 ④

039 근로기준법상 여성과 소년에 대한 설명으로 옳은 것은?

20 국가직 7급

CHECK ○△×

① 사용자는 임신 중이거나 산후 6개월이 지나지 아니한 여성과 18세 미만자가 동의하면 도덕상 또는 보건상 유해·위험한 사업에 사용할 수 있다.

② 15세 이상 18세 미만인 자의 근로시간은 1일에 7시간, 1주에 40시간을 초과하지 못한다. 다만, 당사자 사이의 합의에 따라 1주에 12시간을 한도로 연장할 수 있다.

③ 친권자, 후견인 또는 고용노동부장관은 근로계약이 미성년자에게 불리하다고 인정하는 경우에는 이를 해지할 수 있다.

④ 사용자는 임신 후 12주 이내 또는 36주 이후에 있는 여성근로자가 1일 2시간의 근로시간 단축을 신청하는 경우 이를 허용하여야 한다. 이 경우 사용자는 근로시간 단축을 이유로 해당 근로자의 임금을 삭감할 수 있다.

해설

① (×) 사용자는 임신 중이거나 산후 1년이 지나지 아니한 여성(이하 "임산부")과 18세 미만자를 도덕상 또는 보건상 유해·위험한 사업에 사용하지 못한다(근기법 제65조 제1항).

② (×) 15세 이상 18세 미만인 사람의 근로시간은 1일에 7시간, 1주에 35시간을 초과하지 못한다. 다만, 당사자 사이의 합의에 따라 1일에 1시간, 1주에 5시간을 한도로 연장할 수 있다(근기법 제69조).

③ (○) 근기법 제67조 제2항

④ (×) 사용자는 임신 후 12주 이내 또는 36주 이후에 있는 여성 근로자가 1일 2시간의 근로시간 단축을 신청하는 경우 이를 허용하여야 한다. 다만, 1일 근로시간이 8시간 미만인 근로자에 대하여는 1일 근로시간이 6시간이 되도록 근로시간 단축을 허용할 수 있다. 사용자는 근로시간 단축을 이유로 해당 근로자의 임금을 삭감하여서는 아니 된다(근기법 제74조 제7항·제8항).

답 ❸

040 근로기준법상 여성과 소년에 대한 설명으로 옳지 않은 것은?

21 국가직 7급

CHECK ○△×

① 친권자나 후견인은 미성년자의 근로계약을 대리할 수 있다.

② 취직인허증은 본인의 신청에 따라 의무교육에 지장이 없는 경우에는 직종(職種)을 지정하여서만 발행할 수 있다.

③ 사업주는 출산전후휴가 종료 후에는 휴가 전과 동일한 업무 또는 동등한 수준의 임금을 지급하는 직무에 복귀시켜야 한다.

④ 생후 1년 미만의 유아를 가진 여성 근로자가 청구하면 1일 2회 각각 30분 이상의 유급 수유 시간을 주어야 한다.

해설

① (×) 친권자나 후견인은 미성년자의 근로계약을 대리할 수 없다(근기법 제67조 제1항).

② (○) 근기법 제64조 제2항

③ (○) 근기법 제74조 제6항

④ (○) 근기법 제75조

답 ❶

041 근로기준법상 여성의 보호에 관한 설명으로 옳은 것은?

18 노무

CHECK ○△×

① 사용자는 산후 2년이 지나지 아니한 여성을 보건상 유해·위험한 사업에 사용하지 못한다.
② 사용자는 임산부가 아닌 18세 이상의 여성을 보건상 유해·위험한 사업 중 임신 또는 출산에 관한 기능에 유해·위험한 사업에 사용하지 못한다.
③ 사용자는 여성을 휴일에 근로시키려면 근로자대표의 서면동의를 받아야 한다.
④ 여성은 보건·의료, 보도·취재 등의 일시적 사유가 있더라도 갱내(坑內)에서 근로를 할 수 없다.
⑤ 사용자는 여성근로자가 청구하면 월 1일의 유급생리휴가를 주어야 한다.

해설

① (×) 사용자는 임신 중이거나 산후 1년이 지나지 아니한 여성과 18세 미만자를 도덕상 또는 보건상 유해·위험한 사업에 사용하지 못한다(근기법 제65조 제1항).
② (○) 근기법 제65조 제2항
③ (×) 사용자는 18세 이상의 여성을 오후 10시부터 오전 6시까지의 시간 및 휴일에 근로시키려면 그 근로자의 동의를 받아야 한다(근기법 제70조 제1항).
④ (×) 사용자는 여성과 18세 미만인 사람을 갱내(坑內)에서 근로시키지 못한다. 다만, 보건·의료, 보도·취재 등 대통령령으로 정하는 업무를 수행하기 위하여 일시적으로 필요한 경우에는 그러하지 아니하다(근기법 제72조).
⑤ (×) 사용자는 여성근로자가 청구하면 월 1일의 생리휴가[무급(註)]를 주어야 한다(근기법 제73조).

답 ❷

042 근로기준법령상 미성년자 또는 연소자에 관한 설명으로 옳지 않은 것은?

17 노무

CHECK ○△×

① 고용노동부장관은 근로계약이 미성년자에게 불리하다고 인정하는 경우에는 이를 해지할 수 있다.
② 사용자는 고용노동부장관의 허가가 있으면 오후 10시부터 오전 6시까지의 시간에 18세 미만자를 근로시킬 수 있다.
③ 미성년자는 독자적으로 임금을 청구할 수 있다.
④ 사용자는 18세 미만인 사람에 대하여는 그 연령을 증명하는 가족관계기록사항에 관한 증명서를 사업장에 갖추어 두어야 한다.
⑤ 고용노동부장관은 유류를 취급하는 업무 중 주유업무에 대하여는 취직인허증을 발급할 수 있다.

해설

① (○) 근기법 제67조 제2항
② (×) 18세 미만자를 오후 10시부터 오전 6시까지의 시간에 근로시키려면 18세 미만자의 동의와 고용노동부장관의 인가가 필요하다(근기법 제70조 제2항 제1호).
③ (○) 근기법 제68조
④ (○) 근기법 제66조
⑤ (○) 유류를 취급하는 업무는 금지되지만 주유업무는 취직인허증을 발급할 수 있다(근기법 시행령 [별표 4]).

임산부 등의 사용금지직종(근기법 시행령 제40조)

법 제65조에 따라 임산부, 임산부가 아닌 18세 이상인 여성 및 18세 미만인 자의 사용이 금지되는 직종의 범위는 [별표 4]와 같다.

임산부 등의 사용금지직종(근기법 시행령 [별표 4])

구 분	사용금지직종
임신 중인 여성	1. 원자력안전법 제91조 제2항에 따른 방사선작업종사자 등의 피폭방사선량이 선량한도를 초과하는 원자력 및 방사선 관련 업무 2. 납, 수은, 크롬, 비소, 황린, 불소(불화수소산), 염소(산), 시안화수소(시안산), 2-브로모프로판, 아닐린, 수산화칼륨, 페놀, 에틸렌글리콜모노메틸에테르, 에틸렌글리콜모노에틸에테르, 에틸렌글리콜모노에틸에테르 아세테이트, 염화비닐, 벤젠 등 유해물질을 취급하는 업무 3. 사이토메갈로바이러스(Cytomegalovirus)·B형 간염 바이러스 등 병원체로 인하여 오염될 우려가 큰 업무. 다만, 의사·간호사·방사선기사 등의 면허증을 가진 사람 또는 해당 자격 취득을 위한 양성과정 중에 있는 사람의 경우는 제외한다. 4. 신체를 심하게 펴거나 굽히면서 해야 하는 업무 또는 신체를 지속적으로 쭈그려야 하거나 앞으로 구부린 채 해야 하는 업무 5. 연속작업에 있어서는 5킬로그램 이상, 단속(斷續)작업에 있어서는 10킬로그램 이상의 중량물을 취급하는 업무 6. 임신 중인 여성의 안전 및 보건과 밀접한 관련이 있는 업무로서 고용노동부령으로 정하는 업무 7. 그 밖에 고용노동부장관이 산업재해보상보험법 제8조에 따른 산업재해보상보험 및 예방심의위원회(이하 "산업재해보상보험 및 예방심의위원회")의 심의를 거쳐 지정하여 고시하는 업무
산후 1년이 지나지 않은 여성	1. 납, 비소를 취급하는 업무. 다만, 모유 수유를 하지 않는 여성으로서 본인이 취업의사를 사업주에게 서면으로 제출한 여성의 경우는 제외한다. 2. 2-브로모프로판을 취급하거나 2-브로모프로판에 노출될 수 있는 업무 3. 그 밖에 고용노동부장관이 산업재해보상보험 및 예방심의위원회의 심의를 거쳐 지정하여 고시하는 업무
임산부가 아닌 18세 이상인 여성	1. 2-브로모프로판을 취급하거나 2-브로모프로판에 노출될 수 있는 업무. 다만, 의학적으로 임신할 가능성이 전혀 없는 여성인 경우는 제외한다. 2. 그 밖에 고용노동부장관이 산업재해보상보험 및 예방심의위원회의 심의를 거쳐 지정하여 고시하는 업무
18세 미만인 자	1. 건설기계관리법, 도로교통법 등에서 18세 미만인 자에 대하여 운전·조종면허 취득을 제한하고 있는 직종 또는 업종의 운전·조종업무 2. 청소년보호법 등 다른 법률에서 18세 미만인 청소년의 고용이나 출입을 금지하고 있는 직종이나 업종 3. 교도소 또는 정신병원에서의 업무 4. 소각 또는 도살의 업무 5. 유류를 취급하는 업무(주유업무는 제외한다) 6. 2-브로모프로판을취급하거나 2-브로모프로판에 노출될 수 있는 업무 7. 18세 미만인 자의 안전 및 보건과 밀접한 관련이 있는 업무로서 고용노동부령으로 정하는 업무 8. 그 밖에 고용노동부장관이 산업재해보상보험 및 예방심의위원회의 심의를 거쳐 지정하여 고시하는 업무

답 ❷

043 임산부의 보호 등에 관하여 근로기준법에 규정된 내용으로 옳지 않은 것은? 16 노무

CHECK ○△×

① 사용자는 임신한 여성근로자가 모자보건법 제10조에 따른 임산부 정기건강진단을 받는 데 필요한 시간을 청구하는 경우 이를 허용하여 주어야 한다.

② 사용자는 임신 중인 여성이 사산한 경우로서 그 근로자가 청구하면 임신한 근로자에게 대통령령으로 정하는 바에 따라 사산휴가를 주어야 한다.

③ 사용자는 임신 중의 여성에게 근로기준법 제74조 제1항에 따른 출산전후휴가를 주는 경우 휴가기간의 배정은 출산 전에 45일 이상이 되어야 한다.

④ 사업주는 근로기준법 제74조 제1항에 따른 출산전후휴가 종료 후에는 휴가 전과 동일한 업무 또는 동등한 수준의 임금을 지급하는 직무에 복귀시켜야 한다.

⑤ 사용자는 임신 중의 여성근로자의 요구가 있는 경우에는 쉬운 종류의 근로로 전환하여야 한다.

해설

① (○) 근기법 제74조의2 제1항

② (○) 근기법 제74조 제3항

③ (×) 사용자는 임신 중의 여성에게 출산 전과 출산 후를 통하여 90일(한 번에 둘 이상 자녀를 임신한 경우에는 120일)의 출산전후휴가를 주어야 한다. 이 경우 휴가기간의 배정은 출산 후에 45일(한 번에 둘 이상 자녀를 임신한 경우에는 60일) 이상이 되어야 한다(근기법 제74조 제1항).

④ (○) 근기법 제74조 제6항

⑤ (○) 사용자는 임신 중의 여성근로자에게 시간외근로를 하게 하여서는 아니 되며, 그 근로자의 요구가 있는 경우에는 쉬운 종류의 근로로 전환하여야 한다(근기법 제74조 제5항).

답 ❸

044 근로기준법상 18세 미만인 사람에 관한 설명으로 옳지 않은 것은? 22 노무

CHECK ○△×

① 사용자는 18세 미만인 사람을 보건상 유해·위험한 사업에 사용하지 못한다.

② 사용자는 18세 미만인 사람에 대하여는 그 연령을 증명하는 가족관계기록사항에 관한 증명서 또는 친권자나 후견인의 동의서를 사업장에 갖추어 두어야 한다.

③ 사용자는 18세 미만인 사람과 근로계약을 체결하는 경우에는 법령에 따른 근로조건을 서면으로 명시하여 교부하여야 한다.

④ 18세 미만인 사람의 근로시간은 당사자 사이의 합의에 따라 1일에 1시간, 1주에 5시간을 한도로 연장할 수 있다.

⑤ 18세 미만인 사람의 동의가 있는 경우로서 고용노동부장관의 인가를 받으면 사용자는 18세 미만인 사람을 휴일에 근로시킬 수 있다.

해설

① (O) 사용자는 임신 중이거나 산후 1년이 지나지 아니한 여성과 18세 미만자를 도덕상 또는 보건상 유해·위험한 사업에 사용하지 못한다(근기법 제65조 제1항). 사용자는 18세 미만인 사람을 보건상 유해·위험한 사업에 사용하지 못한다.

② (×) 사용자는 18세 미만인 사람에 대하여는 그 연령을 증명하는 가족관계기록사항에 관한 증명서와 친권자 또는 후견인의 동의서를 사업장에 갖추어 두어야 한다(근기법 제66조).

③ (O) 근기법 제67조 제3항

④ (O) 근기법 제69조

⑤ (O) 사용자는 임산부와 18세 미만자를 오후 10시부터 오전 6시까지의 시간 및 휴일에 근로시키지 못한다. 다만, 18세 미만자의 동의가 있는 경우로서 고용노동부장관의 인가를 받으면 그러하지 아니하다(근기법 제70조 제2항 제1호).

답 ❷

045 근로기준법상 18세 미만자 등의 보호에 대한 설명으로 옳은 것은?

21 국가직 9급

CHECK ○△×

① 사용자는 18세 미만인 사람에 대하여는 그 연령을 증명하는 가족관계기록사항에 관한 증명서와 친권자 또는 후견인의 동의서를 사업장에 갖추어 두어야 한다.

② 고용노동부장관은 근로계약이 미성년자에게 불리하다고 인정하는 경우에도 이를 해지할 수 없다.

③ 15세 이상 18세 미만인 사람의 근로시간은 1일에 7시간, 1주에 35시간을 초과하지 못한다. 다만 당사자 사이의 합의에 따라 1일에 2시간, 1주에 10시간을 한도로 연장할 수 있다.

④ 사용자가 고용노동부장관의 인가를 받으면 18세 미만자의 동의 여부와 관계없이 오후 10시부터 오전 6시까지의 시간에 근로를 시킬 수 있다.

해설

① (O) 근기법 제66조

② (×) 친권자, 후견인 또는 고용노동부장관은 근로계약이 미성년자에게 불리하다고 인정하는 경우에는 이를 해지할 수 있다(근기법 제67조 제2항).

③ (×) 15세 이상 18세 미만인 사람의 근로시간은 1일에 7시간, 1주에 35시간을 초과하지 못한다. 다만, 당사자 사이의 합의에 따라 1일에 1시간, 1주에 5시간을 한도로 연장할 수 있다(근기법 제69조).

④ (×) 근기법 제70조 제2항 참조

> **야간근로와 휴일근로의 제한(근기법 제70조)**
>
> ② 사용자는 임산부와 18세 미만자를 오후 10시부터 오전 6시까지의 시간 및 휴일에 근로시키지 못한다. 다만, 다음 각 호의 어느 하나에 해당하는 경우로서 고용노동부장관의 인가를 받으면 그러하지 아니하다.
>
> 1. 18세 미만자의 동의가 있는 경우
> 2. 산후 1년이 지나지 아니한 여성의 동의가 있는 경우
> 3. 임신 중의 여성이 명시적으로 청구하는 경우

답 ❶

046 근로기준법상 17세인, 중학교를 졸업한 미성년자 A의 근로계약 등에 대한 설명으로 옳은 것은?

CHECK ○△×

22 국가직 9급

① A의 근로시간은 1일에 7시간, 1주에 35시간을 초과하지 못하지만, A와 사용자 사이의 합의에 따라 1일에 1시간, 1주에 5시간을 한도로 연장할 수 있다.

② A가 미성년자이므로 A의 친권자는 A의 근로계약을 대리할 수 있고, A는 독자적으로는 임금을 청구할 수 없다.

③ 18세 미만인 사람은 근로자로 사용하지 못하므로, 사용자는 A가 고용노동부장관이 발급한 취직인허증을 지녀야만 A를 근로자로 사용할 수 있다.

④ 사용자는 A의 동의가 있는 경우에는 고용노동부장관의 인가를 받지 않아도 A를 휴일에 근로시킬 수 있다.

해설

① (○) 15세 이상 18세 미만인 사람의 근로시간은 1일에 7시간, 1주에 35시간을 초과하지 못한다. 다만, 당사자 사이의 합의에 따라 1일에 1시간, 1주에 5시간을 한도로 연장할 수 있으므로(근기법 제69조), A의 근로시간은 1일에 7시간, 1주에 35시간을 초과하지 못하지만, A와 사용자 사이의 합의에 따라 1일에 1시간, 1주에 5시간을 한도로 연장할 수 있다.

② (×) A의 친권자는 미성년자인 A의 근로계약을 대리할 수 없고, A는 독자적으로는 임금을 청구할 수 있다(근기법 제67조, 제68조 참조).

③ (×) 취직인허증이 필요한 사람은 15세 미만인 사람(중학교에 재학 중인 18세 미만인 사람을 포함)으로, A는 중학교를 졸업한 미성년자이므로 사용자는 A가 취직인허증이 없더라도 근로자로 사용할 수 있다(근기법 제64조 제1항 참조).

④ (×) 사용자가 17세인 미성년자 A를 휴일에 근로시키기 위해서는 18세 미만자의 동의와 고용노동부장관의 인가가 필요하다(근기법 제70조 제2항 참조).

답 ❶

047 근로기준법령상 취직인허증에 관한 설명으로 옳지 않은 것은?

CHECK ○△×

21 노무

① 예술공연 참가를 위한 경우에는 13세 미만인 자도 취직인허증을 받을 수 있다.

② 의무교육대상자가 취직인허증을 신청하는 경우 신청인은 사용자가 될 자의 취업확인서를 받아 친권자 또는 후견인과 연명으로 고용노동부장관에게 신청하여야 한다.

③ 고용노동부장관은 취직인허증신청에 대하여 취직을 인허할 경우에는 고용노동부령으로 정하는 취직인허증에 직종을 지정하여 신청한 근로자와 사용자가 될 자에게 내주어야 한다.

④ 고용노동부장관은 거짓으로 취직인허증을 발급받은 사람에게는 그 인허를 취소하여야 한다.

⑤ 사용자 또는 15세 미만인 자는 취직인허증이 못 쓰게 되거나 이를 잃어버린 경우에는 고용노동부령으로 정하는 바에 따라 지체 없이 재교부신청을 하여야 한다.

해설

① (○) 취직인허증을 받을 수 있는 자는 13세 이상 15세 미만인 자로 한다. 다만, 예술공연 참가를 위한 경우에는 13세 미만인 자도 취직인허증을 받을 수 있다(근기법 시행령 제35조 제1항).

② (×) 취직인허증을 받으려는 자는 학교장(의무교육대상자와 재학 중인 자로 한정) 및 친권자 또는 후견인의 서명을 받아 사용자가 될 자와 연명(連名)으로 고용노동부장관에게 신청하여야 한다(근기법 시행령 제35조 제2항·제3항).

③ (○) 근기법 시행령 제36조 제1항

④ (○) 근기법 제64조 제3항

⑤ (○) 근기법 시행령 제39조

답 ❷

048 근로기준법상 여성과 소년에 관한 설명으로 옳지 않은 것은?

21 노무

CHECK ○△×

① 사용자는 임신 중인 여성을 도덕상 또는 보건상 유해·위험한 사업에 사용하지 못한다.
② 고용노동부장관은 근로계약이 미성년자에게 불리하다고 인정하는 경우에는 이를 해지할 수 있다.
③ 15세 이상 18세 미만인 사람의 근로시간은 1일에 7시간, 1주에 35시간을 초과하지 못한다. 다만, 당사자 사이의 합의에 따라 1일에 1시간, 1주에 5시간을 한도로 연장할 수 있다.
④ 사용자는 18세 이상의 여성근로자에 대하여는 그 근로자의 동의 없이 휴일근로를 시킬 수 있다.
⑤ 사용자는 산후 1년이 지나지 아니한 여성에 대하여는 단체협약이 있는 경우라도 1일에 2시간, 1주에 6시간, 1년에 150시간을 초과하는 시간외근로를 시키지 못한다.

해설

① (○) 사용자는 임신 중이거나 산후 1년이 지나지 아니한 여성(이하 "임산부")과 18세 미만자를 도덕상 또는 보건상 유해·위험한 사업에 사용하지 못한다(근기법 제65조 제1항).
② (○) 친권자, 후견인 또는 고용노동부장관은 근로계약이 미성년자에게 불리하다고 인정하는 경우에는 이를 해지할 수 있다(근기법 제67조 제2항).
③ (○) 근기법 제69조
④ (×) 사용자는 18세 이상의 여성을 오후 10시부터 오전 6시까지의 시간 및 휴일에 근로시키려면 그 근로자의 동의를 받아야 한다(근기법 제70조 제1항).
⑤ (○) 근기법 제71조

답 ❹

049 근로기준법상 근로계약에 관한 설명으로 옳지 않은 것은?

19 노무

CHECK ○△×

① 15세 미만인 사람이 고용노동부장관이 발급한 취직인허증을 지니고 있으면 근로자로 사용할 수 있다.
② 사용자는 18세 미만인 사람과 근로계약을 체결하는 경우에는 근로기준법 제17조에 따른 근로조건을 서면으로 명시하여 교부하여야 한다.
③ 근로기준법 제17조에 따라 명시된 근로조건이 사실과 다를 경우에 근로자는 근로조건 위반을 이유로 손해의 배상을 청구할 수 있으며 즉시 근로계약을 해제할 수 있다.
④ 친권자, 후견인 또는 고용노동부장관은 근로계약이 미성년자에게 불리하다고 인정하는 경우에는 이를 해지할 수 있다.
⑤ 미성년자의 근로계약은 미성년자의 동의를 얻어 친권자 또는 후견인이 대리할 수 있다.

해설

① (○) 15세 미만인 사람은 근로자로 사용하지 못한다. 다만, 고용노동부장관이 발급한 취직인허증을 지닌 사람은 근로자로 사용할 수 있다(근기법 제64조 제1항).
② (○) 사용자는 18세 미만인 사람과 근로계약을 체결하는 경우 임금, 소정근로시간, 제55조에 따른 휴일(주휴일), 제60조에 따른 연차유급휴가, 그 밖에 대통령령으로 정하는 근로조건을 서면(전자문서를 포함)으로 명시하여 교부하여야 한다(근기법 제67조 제3항).
③ (○) 근기법 제19조 제1항
④ (○) 근기법 제67조 제2항
⑤ (×) 친권자나 후견인은 미성년자의 근로계약을 대리할 수 없다(근기법 제67조 제1항).

답 ❺

050 근로기준법에 관한 설명으로 옳은 것을 모두 고른 것은?

17 노무

CHECK ○△×

ㄱ. 사용자는 산후 1년이 지나지 아니한 여성에 대하여는 단체협약이 있는 경우라도 1일에 2시간, 1주에 6시간, 1년에 150시간을 초과하는 시간외근로를 시키지 못한다.
ㄴ. 4주 동안을 평균하여 1주 동안의 소정근로시간이 15시간 이상인 근로자에 대하여는 제55조에 따른 휴일을 적용하지 아니한다.
ㄷ. 단체협약에 특별한 규정이 있는 경우에는 임금의 일부를 공제할 수 있다.
ㄹ. 계속하여 근로한 기간이 1년 미만인 근로자가 80% 이상 출근한 경우 사용자는 그 근로자에게 15일의 유급휴가를 주어야 한다.

① ㄱ
② ㄱ, ㄷ
③ ㄴ, ㄹ
④ ㄴ, ㄷ, ㄹ
⑤ ㄱ, ㄴ, ㄷ, ㄹ

해설

ㄱ. (○) 근기법 제71조
ㄴ. (×) 4주 동안(4주 미만으로 근로하는 경우에는 그 기간)을 평균하여 1주 동안의 소정근로시간이 15시간 미만인 근로자에 대하여는 휴일과 연차유급휴가를 적용하지 아니한다(근기법 제18조 제3항). 따라서 4주 동안을 평균하여 1주 동안의 소정근로시간이 15시간 이상인 근로자에 대하여는 휴일 규정(근기법 제55조)을 적용할 수 있다.
ㄷ. (○) 법령 또는 단체협약에 특별한 규정이 있는 경우에는 임금의 일부를 공제하거나 통화 이외의 것으로 지급할 수 있다(근기법 제43조 제1항).
ㄹ. (×) 사용자는 계속하여 근로한 기간이 1년 미만인 근로자 또는 1년간 80% 미만 출근한 근로자에게 1개월 개근 시 1일의 유급휴가를 주어야 한다(근기법 제60조 제2항).

답 ❷

051 근로기준법에 규정된 내용으로 옳지 않은 것은?

16 노무

CHECK ○△×

① 사용자는 여성근로자가 청구하면 월 1일의 생리휴가를 주어야 한다.
② 사용자는 기숙사생활의 자치에 필요한 임원선거에 간섭하지 못한다.
③ 생후 1년 미만의 유아(乳兒)를 가진 여성근로자가 청구하면 1일 2회 각각 30분 이상의 유급수유시간을 주어야 한다.
④ 취업규칙에서 근로자에 대하여 감급(減給)의 제재를 정할 경우에 그 감액은 1회의 금액이 통상임금의 1일분의 2분의 1을, 총액이 1임금지급기의 임금총액의 10분의 1을 초과하지 못한다.
⑤ 사용자는 근로자가 출산, 질병, 재해, 그 밖에 대통령령으로 정하는 비상(非常)한 경우의 비용에 충당하기 위하여 임금지급을 청구하면 지급기일 전이라도 이미 제공한 근로에 대한 임금을 지급하여야 한다.

해설

① (O) 근기법 제73조
② (O) 근기법 제98조 제2항
③ (O) 근기법 제75조
④ (×) 취업규칙에서 근로자에 대하여 감급(減給)의 제재를 정할 경우에 그 감액은 1회의 금액이 평균임금의 1일분의 2분의 1을, 총액이 1임금지급기의 임금총액의 10분의 1을 초과하지 못한다(근기법 제95조).
⑤ (O) 근기법 제45조

답 ④

052 소년에 관하여 근로기준법에 규정된 내용으로 옳지 않은 것은?

16 노무

CHECK ○△×

① 사용자는 18세 미만인 사람에 대하여는 그 연령을 증명하는 가족관계기록사항에 관한 증명서와 친권자 또는 후견인의 동의서를 사업장에 갖추어 두어야 한다.
② 미성년자는 독자적으로 임금을 청구할 수 없다.
③ 친권자, 후견인 또는 고용노동부장관은 근로계약이 미성년자에게 불리하다고 인정하는 경우에는 이를 해지할 수 있다.
④ 친권자나 후견인은 미성년자의 근로계약을 대리할 수 없다.
⑤ 15세 이상 18세 미만인 사람의 근로시간은 1일에 7시간, 1주일에 35시간을 초과하지 못한다. 다만, 당사자 사이의 합의에 따라 1일에 1시간, 1주일에 5시간을 한도로 연장할 수 있다.

해설

① (O) 근기법 제66조
② (×) 미성년자는 독자적으로 임금을 청구할 수 있다(근기법 제68조).
③ (O) 근기법 제67조 제2항
④ (O) 근기법 제67조 제1항
⑤ (O) 근기법 제69조

답 ②

CHAPTER

07 취업규칙 및 기숙사

제1절 취업규칙

001 근로기준법령상 취업규칙에 대한 설명으로 옳은 것만을 모두 고르면? 24 국가직 9급

CHECK ○△×

ㄱ. 상시 10명 이상의 근로자를 사용하는 사용자는 취업규칙을 작성하여 노동위원회에 신고하여야 한다.

ㄴ. 사용자는 하나의 사업장에서 근로자의 근로조건, 근로형태, 직종 등의 특수성에 따라 근로자 일부에 적용되는 별도의 취업규칙을 작성할 수 있다.

ㄷ. 사용자가 취업규칙에서 정한 근로조건을 근로자에게 불리하게 변경함에 있어서 근로자의 집단적 의사결정방법에 의한 동의를 얻지 않은 경우에 취업규칙변경 후에 취업한 근로자에게 적용되는 취업규칙과 기존근로자에게 적용되는 취업규칙이 병존하는 것처럼 보이지만, 현행의 법규적 효력을 가진 취업규칙은 변경된 취업규칙이다.

ㄹ. 소정근로시간에 관한 근로조건이 취업규칙의 변경으로 인하여 변경되는 경우에는 사용자는 근로자의 요구가 없더라도 변경된 사항이 명시된 서면을 근로자에게 교부하여야 한다.

① ㄱ, ㄴ
② ㄱ, ㄷ
③ ㄴ, ㄷ
④ ㄷ, ㄹ

해설

ㄱ. (×) 상시 10명 이상의 근로자를 사용하는 사용자는 일정한 사항에 관한 취업규칙을 작성하여 고용노동부장관에게 신고하여야 한다(근기법 제93조 각 호 외 본문).

ㄴ. (○) 취업규칙이라 함은 복무규율과 임금 등 근로조건에 관한 준칙의 내용을 담고 있으면 그 명칭을 불문하는 것으로서, 사용자는 같은 사업장에 소속된 모든 근로자에 대하여 일률적으로 적용되는 하나의 취업규칙만을 작성하여야 하는 것은 아니고, 근로자의 근로조건, 근로형태, 직종 등의 특수성에 따라 근로자 일부에 적용되는 별도의 취업규칙을 작성할 수 있으며, 이 경우 여러 개의 취업규칙을 합한 것이 근로기준법 제93조 소정의 1개의 취업규칙으로 된다(대판 2007.9.6. 2006다83246).

ㄷ. (○) 사용자가 취업규칙에서 정한 근로조건을 근로자에게 불리하게 변경함에 있어서 근로자의 동의를 얻지 않은 경우에 그 변경으로 기득이익이 침해되는 기존의 근로자에 대한 관계에서는 그 변경의 효력이 미치지 않게 되어 종전 취업규칙의 효력이 그대로 유지되지만, 그 변경 후에 변경된 취업규칙에 따른 근로조건을 수용하고 근로관계를 갖게 된 근로자에 대한 관계에서는 당연히 변경된 취업규칙이 적용되어야 하고, 기득이익의 침해라는 효력배제사유가 없는 변경 후의 취업근로자에 대해서까지 그 변경의 효력을 부인하여 종전 취업규칙이 적용되어야 한다고 볼 근거가 없다. 위와 같은 경우에 취업규칙변경 후에 취업한 근로자에게 적용되는 취업규칙과 기존근로자에게 적용되는 취업규칙이 병존하는 것처럼 보이지만, 현행의 법규적 효력을 가진 취업규칙은 변경된 취업규칙이고 다만 기존근로자에 대한 관계에서 기득이익침해로 그 효력이 미치지 않는 범위 내에서 종전 취업규칙이 적용될 뿐이므로, 하나의 사업 내에 둘 이상의 취업규칙을 둔 것과 같이 볼 수는 없다(대판 1992.12.22. 91다45165).

ㄹ. (×) 임금의 구성항목·계산방법·지급방법 및 소정근로시간, 휴일, 연차유급휴가에 관한 사항이 단체협약 또는 취업규칙의 변경 등 대통령령으로 정하는 사유로 인하여 변경되는 경우에는 근로자의 요구가 있으면 그 근로자에게 교부하여야 한다(근기법 제17조 제2항 단서). 따라서 소정근로시간에 관한 근로조건이 취업규칙의 변경으로 인하여 변경되는 경우에는 사용자는 근로자의 요구가 있으면 그 근로자에게 교부하여야 한다.

답 ❸

002 근로기준법상 취업규칙의 불이익변경에서 근로자 측의 집단적 동의권에 관한 설명으로 옳지 않은 것은?(다툼이 있으면 판례에 따름) 24 노무

CHECK ○△×

① 노동조합이나 근로자들이 집단적 동의권을 남용하였다고 볼 만한 특별한 사정이 없는 한 해당 취업규칙의 변경에 사회통념상 합리성이 있다는 이유만으로 그 유효성을 인정할 수는 없다.

② 취업규칙의 불리한 변경에 대하여 근로자가 가지는 집단적 동의권은 변경되는 취업규칙의 내용이 갖는 타당성이나 합리성으로 대체될 수 없다.

③ 권리남용금지 원칙의 적용은 당사자의 주장이 있어야 가능하므로, 집단적 동의권의 남용에 해당하는지에 대하여는 법원이 직권으로 판단할 수 없다.

④ 근로자의 집단적 동의가 없다고 하여 취업규칙의 불리한 변경이 항상 불가능한 것은 아니다.

⑤ 근로자가 가지는 집단적 동의권은 사용자의 일방적 취업규칙의 변경 권한에 한계를 설정하고 헌법 제32조 제3항의 취지와 근로기준법 제4조가 정한 근로조건의 노사대등결정 원칙을 실현하는 데에 중요한 의미를 갖는 절차적 권리이다.

해설

① (○) 사용자가 취업규칙을 근로자에게 불리하게 변경하면서 근로자의 집단적 의사결정방법에 따른 동의를 받지 못한 경우, 노동조합이나 근로자들이 집단적 동의권을 남용하였다고 볼 만한 특별한 사정이 없는 한 해당 취업규칙의 작성 또는 변경에 사회통념상 합리성이 있다는 이유만으로 그 유효성을 인정할 수는 없다(대판 2023.5.11. 2017다35588[전합]).

② (○) 취업규칙의 불리한 변경에 대하여 근로자가 가지는 집단적 동의권은 사용자의 일방적 취업규칙의 변경 권한에 한계를 설정하고 헌법 제32조 제3항의 취지와 근로기준법 제4조가 정한 근로조건의 노사대등결정 원칙을 실현하는 데에 중요한 의미를 갖는 절차적 권리로서, 변경되는 취업규칙의 내용이 갖는 타당성이나 합리성으로 대체될 수 있는 것이라고 볼 수 없다(대판 2023.5.11. 2017다35588[전합]).

③ (×) 신의성실 또는 권리남용금지 원칙의 적용은 강행규정에 관한 것으로서 당사자의 주장이 없더라도 법원이 그 위반 여부를 직권으로 판단할 수 있으므로, 집단적 동의권의 남용에 해당하는지에 대하여도 법원은 직권으로 판단할 수 있다(대판 2023.5.11. 2017다35588[전합]).

④ (○) 근로기준법상 취업규칙의 불이익변경 과정에서 노동조합이나 근로자들이 집단적 동의권을 행사할 때도 신의성실의 원칙과 권리남용금지 원칙이 적용되어야 한다. 따라서 노동조합이나 근로자들이 집단적 동의권을 남용하였다고 볼 만한 특별한 사정이 있는 경우에는 그 동의가 없더라도 취업규칙의 불이익변경을 유효하다고 볼 수 있다(대판 2023.5.11. 2017다35588[전합]).

⑤ (○) 취업규칙의 불리한 변경에 대하여 근로자가 가지는 집단적 동의권은 사용자의 일방적 취업규칙의 변경 권한에 한계를 설정하고 헌법 제32조 제3항의 취지와 근로기준법 제4조가 정한 근로조건의 노사대등결정 원칙을 실현하는 데에 중요한 의미를 갖는 절차적 권리이다(대판 2023.5.11. 2017다35588[전합]).

답 ❸

003 근로기준법상 취업규칙의 작성과 변경에 관한 설명으로 옳지 않은 것은?(다툼이 있으면 판례에 따름)

24 노무

CHECK ○△×

① 취업규칙에서 정한 기준에 미달하는 근로조건을 정한 근로계약은 그 부분에 관하여는 무효로 한다.

② 근로관계 종료 후의 권리·의무에 관한 사항은 사용자와 근로자 사이에 존속하는 근로관계와 직접 관련되는 것으로서 근로자의 대우에 관하여 정한 사항이라도 취업규칙에서 정한 근로조건에 해당한다고 할 수 없다.

③ 취업규칙의 작성·변경에 관한 권한은 원칙적으로 사용자에게 있다.

④ 취업규칙은 원칙적으로 객관적인 의미에 따라 해석하여야 하고, 문언의 객관적 의미를 벗어나는 해석은 신중하고 엄격하여야 한다.

⑤ 사용자가 근로자들에게 불리하게 취업규칙을 변경함에 있어서 근로자들의 집단적 의사결정 방법에 의한 동의를 얻지 아니하였다고 하더라도, 현행의 법규적 효력을 가진 취업규칙은 변경된 취업규칙이다.

해설

① (○) 근기법 제97조 전문

② (×) 취업규칙에서 정한 복무규율과 근로조건은 근로관계의 존속을 전제로 하는 것이지만, 사용자와 근로자 사이의 근로관계 종료 후의 권리·의무에 관한 사항이라고 하더라도 사용자와 근로자 사이에 존속하는 근로관계와 직접 관련되는 것으로서 근로자의 대우에 관하여 정한 사항이라면 이 역시 취업규칙에서 정한 근로조건에 해당한다(대판 2022.9.29. 2018다301527).

③ (○) 취업규칙의 작성·변경에 관한 권한은 원칙적으로 사용자에게 있으므로, 사용자는 그 의사에 따라 취업규칙을 작성·변경할 수 있으나, 근로기준법 제94조에 따라 노동조합 또는 근로자 과반수의 의견을 들어야 하고, 특히 근로자에게 불이익하게 변경하는 경우에는 그 동의를 얻어야 한다(대판 2022.10.14. 2022다245518).

④ (○) 취업규칙은 사용자가 근로자의 복무규율이나 근로조건의 기준을 정립하기 위하여 작성한 것으로서 노사 간의 집단적인 법률관계를 규정하는 법규범의 성격을 가지는데, 이러한 취업규칙의 성격에 비추어 취업규칙은 원칙적으로 객관적인 의미에 따라 해석하여야 하고, 문언의 객관적 의미를 벗어나는 해석은 신중하고 엄격하여야 한다(대판 2022.9.29. 2018다301527).

⑤ (○) 사용자가 근로자들에게 불리하게 취업규칙을 변경함에 있어서 근로자들의 집단적 의사결정 방법에 의한 동의를 얻지 아니하였다고 하더라도, 취업규칙의 작성, 변경권이 사용자에게 있는 이상 현행의 법규적 효력을 가진 취업규칙은 변경된 취업규칙이라고 보아야 한다(대판 2003.12.18. 2002다2843[전합]).

답 ❷

004 근로기준법상 취업규칙의 작성사항으로 구체적으로 명시되어 있지 않은 것은?

15 사시

CHECK ○△×

① 근로자의 식비, 작업용품 등의 부담에 관한 사항

② 근로자의 고충처리에 관한 사항

③ 가족수당의 계산·지급방법에 관한 사항

④ 안전과 보건에 관한 사항

⑤ 표창과 제재에 관한 사항

해설

① 근로자의 식비, 작업용품 등의 부담에 관한 사항(근기법 제93조 제6호), ③ 가족수당의 계산·지급방법에 관한 사항(근기법 제93조 제3호), ④ 안전과 보건에 관한 사항(근기법 제93조 제9호), ⑤ 표창과 제재에 관한 사항(근기법 제93조 제12호) 등은 취업규칙의 작성사항에 해당하나, ② 근로자의 고충처리에 관한 사항은 노사협의회의 협의사항(근참법 제20조 제1항 제3호)에 해당한다.

답 ❷

005 근로기준법상 취업규칙에 관한 설명으로 옳지 않은 것은?

21 노무

CHECK ○△×

① 취업규칙을 작성하여 고용노동부장관에게 신고하여야 하는 사용자는 상시 10명 이상의 근로자를 사용하는 사용자이다.

② 사용자가 취업규칙을 작성하여 고용노동부장관에게 신고하여야 하는 경우, 해당 취업규칙에는 업무상과 업무 외의 재해부조(災害扶助)에 관한 사항이 포함되어야 한다.

③ 사용자는 취업규칙의 작성에 관하여 해당 사업 또는 사업장에 근로자의 과반수로 조직된 노동조합이 있는 경우에는 그 노동조합, 근로자의 과반수로 조직된 노동조합이 없는 경우에는 근로자의 과반수의 의견을 들어야 한다.

④ 취업규칙에서 근로자에 대하여 감급(減給)의 제재를 정할 경우에 그 감액은 1회의 금액이 평균임금의 1일분의 2분의 1을, 총액이 1임금지급기의 임금총액의 10분의 1을 초과하지 못한다.

⑤ 고용노동부장관은 법령이나 단체협약에 어긋나는 취업규칙에 대하여 노동위원회의 의결을 받아 그 변경을 명하여야 한다.

해설

① (○) 상시 10명 이상의 근로자를 사용하는 사용자는 취업규칙을 작성하여 고용노동부장관에게 신고하여야 한다. 이를 변경하는 경우에도 또한 같다(근기법 제93조).

② (○) 근기법 제93조 제10호

③ (○) 근기법 제94조 제1항 본문

④ (○) 근기법 제95조

⑤ (×) 고용노동부장관은 법령이나 단체협약에 어긋나는 취업규칙의 변경을 명할 수 있다(근기법 제96조 제2항). 이때 노동위원회의 의결을 요하지 아니한다.

취업규칙의 작성 · 신고(근기법 제93조)

상시 10명 이상의 근로자를 사용하는 사용자는 다음 각 호의 사항에 관한 취업규칙을 작성하여 고용노동부장관에게 신고하여야 한다. 이를 변경하는 경우에도 또한 같다.

1. 업무의 시작과 종료시각, 휴게시간, 휴일, 휴가 및 교대근로에 관한 사항
2. 임금의 결정 · 계산 · 지급방법, 임금의 산정기간 · 지급시기 및 승급(昇給)에 관한 사항
3. 가족수당의 계산 · 지급방법에 관한 사항
4. 퇴직에 관한 사항
5. 근로자퇴직급여 보장법 제4조에 따라 설정된 퇴직급여, 상여 및 최저임금에 관한 사항
6. 근로자의 식비, 작업용품 등의 부담에 관한 사항
7. 근로자를 위한 교육시설에 관한 사항
8. 출산전후휴가 · 육아휴직 등 근로자의 모성보호 및 일 · 가정 양립 지원에 관한 사항
9. 안전과 보건에 관한 사항

9의2. 근로자의 성별 · 연령 또는 신체적 조건 등의 특성에 따른 사업장환경의 개선에 관한 사항

10. 업무상과 업무 외의 재해부조(災害扶助)에 관한 사항
11. 직장 내 괴롭힘의 예방 및 발생 시 조치 등에 관한 사항
12. 표창과 제재에 관한 사항
13. 그 밖에 해당 사업 또는 사업장의 근로자 전체에 적용될 사항

답 ⑤

006 근로기준법상 취업규칙에 관한 설명으로 옳지 않은 것은?(다툼이 있으면 판례에 따름) 22 노무

CHECK ○△×

① 근로자에게 불이익하게 변경된 취업규칙은 집단적 동의를 받았다고 하더라도 근로자의 개별적 동의가 없는 한 그 취업규칙보다 유리한 근로계약의 내용이 우선하여 적용된다.

② 사용자는 취업규칙의 작성 시 해당 사업 또는 사업장에 근로자의 과반수로 조직된 노동조합이 없는 경우에는 근로자의 과반수의 의견을 들어야 한다.

③ 취업규칙에서 근로자에 대하여 감급(減給)의 제재를 정할 경우에 그 감액은 1회의 금액이 통상임금의 1일분의 2분의 1을, 총액이 1임금지급기의 임금 총액의 5분의 1을 초과하지 못한다.

④ 표창과 제재에 관한 사항이 없는 취업규칙의 경우 고용노동부장관은 그 변경을 명할 수 있다.

⑤ 취업규칙이 기존의 근로자에게 불이익하게 변경되었는지 여부를 불문하고 사용자가 취업규칙을 변경한 후 신규 취업한 근로자에게는 변경된 취업규칙이 적용된다.

해설

① (○) 근로자에게 불리한 내용으로 변경된 취업규칙은 집단적 동의를 받았다고 하더라도 그보다 유리한 근로조건을 정한 기존의 개별 근로계약 부분에 우선하는 효력을 갖는다고 할 수 없다. 이 경우에도 근로계약의 내용은 유효하게 존속하고, 변경된 취업규칙의 기준에 의하여 유리한 근로계약의 내용을 변경할 수 없으며, 근로자의 개별적 동의가 없는 한 취업규칙보다 유리한 근로계약의 내용이 우선하여 적용된다(대판 2019.11.14. 2018다200709).

② (○) 근기법 제94조 제1항 본문

③ (×) 취업규칙에서 근로자에 대하여 감급(減給)의 제재를 정할 경우에 그 감액은 1회의 금액이 평균임금의 1일분의 2분의 1을, 총액이 1임금지급기의 임금 총액의 10분의 1을 초과하지 못한다(근기법 제95조).

④ (○) 취업규칙에는 표창과 제재에 관한 사항이 포함되어 있어야 하므로(근기법 제93조 제12호), 이에 대한 사항이 없는 취업규칙에 대하여 고용노동부장관은 변경을 명할 수 있다(근기법 제96조 제2항).

⑤ (○) 불이익하게 변경된 취업규칙이 동의를 받지 못한 경우, 그 변경으로 기득이익이 침해되는 기존 근로자에게는 그 변경의 효력이 미치지 않게 되어 종전 취업규칙이 적용되지만, 그 변경 후 변경된 취업규칙에 따른 근로조건을 수용하고 근로관계를 갖게 된 신규근로자에게는 변경된 취업규칙이 적용된다(대판 1992.12.22. 91다45165).

답 ❸

007 근로기준법상 취업규칙 불이익 변경에 관한 설명으로 옳지 않은 것은?(다툼이 있으면 판례에 따름)

23 노무

CHECK ○△×

① 취업규칙의 개정이 근로자들에게 불이익하게 변경된 것인지는 취업규칙의 개정이 이루어진 시점을 기준으로 판단하여야 한다.

② 근로조건이 이원화되어 있어 변경된 취업규칙이 적용되어 직접적으로 불이익을 받게 되는 근로자 집단 이외에 변경된 취업규칙의 적용이 예상되는 근로자 집단이 없는 경우에는 변경된 취업규칙이 적용되어 불이익을 받는 근로자 집단만이 동의주체가 된다.

③ 취업규칙이 근로자의 동의 없이 불이익하게 변경된 후에 이루어진 자의에 따른 사직 및 재입사로 근로관계가 단절된 근로자에 대하여 재입사 후 적용되는 취업규칙은 변경 전 취업규칙이다.

④ 근로자의 동의를 얻지 않은 취업규칙 불이익변경의 경우 그 변경으로 기득이익이 침해되는 기존의 근로자에게는 종전 취업규칙의 효력이 그대로 유지되지만, 변경 후에 근로관계를 갖게 된 근로자에게는 변경된 취업규칙이 적용된다.

⑤ 취업규칙 불이익 변경 시 근로자 과반수로 구성된 노동조합이 없는 때에는 근로자들의 회의방식에 의한 과반수 동의가 필요하다.

해설

① (○) 대판 2022.10.14. 2022다245518

② (○) 여러 근로자 집단이 하나의 근로조건 체계 내에 있어 비록 취업규칙의 불이익변경 시점에는 어느 근로자 집단만이 직접적인 불이익을 받더라도 다른 근로자 집단에게도 변경된 취업규칙의 적용이 예상되는 경우에는 일부근로자 집단은 물론 장래 변경된 취업규칙 규정의 적용이 예상되는 근로자 집단을 포함한 근로자 집단이 동의주체가 되고, 그렇지 않고 근로조건이 이원화되어 있어 변경된 취업규칙이 적용되어 직접적으로 불이익을 받게 되는 근로자 집단 이외에 변경된 취업규칙의 적용이 예상되는 근로자 집단이 없는 경우에는 변경된 취업규칙이 적용되어 불이익을 받는 근로자 집단만이 동의주체가 된다(대판 2009.5.28. 2009두2238).

③ (×) 보수규정이 근로자 집단의 동의 없이 불이익하게 변경될 당시 청원경찰로 근무하던 근로자가 다른 직종으로의 전직을 위하여 자유로운 의사에 따라 청원경찰을 사직하고 그 다음 날 신규채용 형식으로 고용원으로 재입사함으로써 근로관계가 단절된 경우, 그 재입사 당시 시행중인 법규적 효력을 가진 취업규칙은 개정된 보수규정이므로 재입사 후의 근속기간에 적용되는 보수규정은 개정된 보수규정이며, 그 근로자의 최초 입사일이 근로자 집단의 동의 없이 불이익하게 변경된 보수규정의 개정 이전이라고 하여 이와 달리 볼 것은 아니다(대판 1996.10.15. 95다53188). 따라서 이러한 판례의 취지를 고려할 때 재입사한 근로자에게 재입사 후 적용되는 취업규칙은 변경 후의 취업규칙이라고 보아야 한다.

④ (○) 사용자가 취업규칙에서 정한 근로조건을 근로자에게 불리하게 변경할 때 근로자의 동의를 얻지 않은 경우에 그 변경으로 기득이익이 침해되는 기존의 근로자에 대한 관계에서는 종전 취업규칙의 효력이 그대로 유지되지만, 변경된 취업규칙에 따른 근로조건을 수용하고 근로관계를 갖게 된 근로자에 대한 관계에서는 당연히 변경된 취업규칙이 적용되고, 기득이익의 침해라는 효력배제사유가 없는 변경 후 취업근로자에 대해서까지 변경의 효력을 부인하여 종전 취업규칙이 적용되어야 한다고 볼 수는 없다(대판 2022.10.14. 2022다245518).

> 갑 의료원의 보수규정이 2000.1.11. 개정·시행되면서 퇴직금 지급과 관련하여 1999.12.31. 이전 입사자에 대하여는 개정 전 보수규정(누진제)을, 2000.1.1. 이후 입사자에 대하여는 개정된 보수규정(단수제)을 적용하기로 하였는데, 2000.1.1. 입사하여 퇴직한 을이 개정 전 보수규정에 따른 퇴직금 지급을 구한 사안에서, 개정된 보수규정은 기존 근로자들에게 불이익하게 변경된 경우에 해당하는데도 갑 의료원이 소속 근로자의 집단적 의사결정방법에 따른 동의를 얻지 못하였으므로, 보수규정이 개정되기 전부터 갑 의료원과 근로관계를 맺고 있었던 을은 개정된 보수규정으로 기득이익이 침해되는 기존 근로자에 해당하여 개정 전 보수규정이 적용된다고 한 사례(대판 2022.10.14. 2022다245518).

⑤ (○) 취업규칙의 작성·변경에 관한 권한은 원칙적으로 사용자에게 있으므로 사용자는 그 의사에 따라서 취업규칙을 작성·변경할 수 있고, 다만 취업규칙의 변경에 의하여 기존 근로조건의 내용을 일방적으로 근로자에게 불이익하게 변경하려면 종전 취업규칙의 적용을 받고 있던 근로자 집단의 집단적 의사결정방법에 의한 동의를 요한다고 할 것인바, 그 동의방법은 근로자 과반수로 조직된 노동조합이 있는 경우에는 그 노동조합의, 그와 같은 노동조합이 없는 경우에는 근로자들의 회의방식에 의한 과반수의 동의가 있어야 하고, 여기서 말하는 근로자의 과반수라 함은 기존 취업규칙의 적용을 받는 근로자 집단의 과반수를 뜻한다(대판 2008.2.29. 2007다85997).

답 ❸

008 근로기준법상 취업규칙에 대한 설명으로 옳은 것만을 모두 고르면?(다툼이 있는 경우 판례에 의함)

CHECK ○△×

23 국가직 9급

ㄱ. 사용자가 취업규칙을 근로자에게 불리하게 변경하는 경우, 근로자의 과반수로 조직된 노동조합이 없는 경우에는 근로자의 과반수를 대표하는 자의 동의를 받아야 한다.

ㄴ. 여러 근로자 집단이 하나의 근로조건 체계 내에 있어 비록 취업규칙의 불이익변경 시점에는 어느 근로자 집단만이 직접적인 불이익을 받더라도 다른 근로자 집단에게도 변경된 취업규칙의 적용이 예상되는 경우에는 일부 근로자집단은 물론 장래 변경된 취업규칙 규정의 적용이 예상되는 근로자 집단을 포함한 근로자 집단이 동의주체가 된다.

ㄷ. 변경된 취업규칙 중 일부가 종전의 근로조건을 불이익하게 변경하였고 이에 대하여 종전 근로조건 또는 취업규칙의 적용을 받고 있던 근로자의 집단적 의사결정방법에 의한 동의를 얻지 못하여 그 변경의 효력이 없는 경우라면, 비록 이와 대가관계나 연계성이 없는 변경된 다른 부분의 경우 종전의 근로조건을 불이익하게 변경한 것이 아니라 하더라도 그 변경은 무효로 보아야 한다.

ㄹ. 노동조합이 근로조건을 결정하는 기준에 관하여 소급적으로 동의하거나 이를 승인하는 내용의 단체협약을 체결한 경우에 그 동의나 승인의 효력은 단체협약이 시행된 이후에 그 사업체에 종사하며 그 협약의 적용을 받게 될 노동조합원이나 근로자들에 대하여 생긴다.

① ㄱ, ㄴ　　② ㄱ, ㄷ
③ ㄴ, ㄹ　　④ ㄷ, ㄹ

해설

ㄱ. (×) 사용자는 취업규칙의 작성 또는 변경에 관하여 해당 사업 또는 사업장에 근로자의 과반수로 조직된 노동조합이 있는 경우에는 그 노동조합, 근로자의 과반수로 조직된 노동조합이 없는 경우에는 근로자의 과반수의 의견을 들어야 한다. 다만, 취업규칙을 근로자에게 불리하게 변경하는 경우에는 그 동의를 받아야 한다(근기법 제94조 제1항).

ㄴ. (○) 취업규칙의 불이익변경 시점에는 어느 근로자집단만이 직접적인 불이익을 받더라도 다른 근로자집단에게도 변경된 취업규칙의 적용이 예상되는 경우에는 일부 근로자집단은 물론 장래 변경된 취업규칙규정의 적용이 예상되는 근로자집단을 포함한 근로자집단이 동의의 주체가 된다(대판 2009.5.28. 2009두2238).

ㄷ. (×) 변경된 취업규칙 중 일부가 종전의 근로조건을 불이익하게 변경하였고 이에 대하여 종전 근로조건 또는 취업규칙의 적용을 받고 있던 근로자의 집단적 의사결정방법에 의한 동의를 얻지 못하여 그 변경의 효력이 없는 경우라고 하더라도, 이와 대가관계나 연계성이 없는 변경된 다른 부분의 경우 종전의 근로조건을 불이익하게 변경한 것이 아니라면 이를 무효라고 할 수 없다(대판 2020.11.26. 2020다237513).

ㄹ. (○) 단체협약은 노동조합이 사용자 또는 사용자단체와 근로조건 기타 노사관계에서 발생하는 사항에 관하여 체결하는 협정으로서, 노동조합이 사용자 측과 기존의 임금, 근로시간, 퇴직금 등 근로조건을 결정하는 기준에 관하여 소급적으로 동의하거나 이를 승인하는 내용의 단체협약을 체결한 경우에 그 동의나 승인의 효력은 단체협약이 시행된 이후에 그 사업체에 종사하며 그 협약의 적용을 받게 될 노동조합원이나 근로자들에 대하여 생긴다고 할 것이다(대판 2005.3.11. 2003다27429).

답 ❸

009 근로기준법상 취업규칙에 관한 설명으로 옳은 것은?(다툼이 있으면 판례에 따름)

20 노무

CHECK ○△×

① 사용자는 취업규칙을 근로자에게 불리하게 변경하는 경우에는 근로자 과반수의 의견을 들어야 한다.

② 상시 5명 이상의 근로자를 사용하는 사용자는 근로기준법에서 정한 사항에 관한 취업규칙을 작성하여 고용노동부장관에게 신고하여야 한다.

③ 사용자가 애초에 취업규칙을 작성함에 있어 근로자 과반수의 의견을 듣지 아니하거나 그 동의를 얻지 아니한 경우 그 취업규칙의 내용이 근로기준법에 위반되는지와 관계없이 그 취업규칙은 전부 무효가 된다.

④ 취업규칙의 일부를 이루는 급여규정의 변경이 일부의 근로자에게는 유리하고 일부의 근로자에게는 불리한 경우 그러한 변경에 근로자집단의 동의를 요하는지를 판단하는 것은 근로자 전체에 대하여 획일적으로 결정되어야 한다.

⑤ 근로자의 집단적 의사결정방법에 의한 동의 없이 이루어진 취업규칙의 불리한 변경은 그 변경 후에 취업한 근로자에 대하여 효력이 없다.

해설

① (×) 취업규칙을 근로자에게 불리하게 변경하는 경우에는 그 동의를 받아야 한다(근기법 제94조 제1항 단서).

② (×) 상시 10명 이상의 근로자를 사용하는 사용자는 근로기준법에서 정한 사항에 관한 취업규칙을 작성하여 고용노동부장관에게 신고하여야 한다. 이를 변경하는 경우에도 또한 같다(근기법 제93조).

③ (×) 사용자가 취업규칙을 작성하거나 변경함에 있어 당해 사업장 근로자의 과반수의 의견을 들어야 하며, 취업규칙을 근로자에게 불이익하게 변경하는 경우에는 그 동의를 얻어야 하고 그 동의를 얻지 못한 경우에는 근로자에게 불이익하게 변경되는 부분은 무효라고 할 것이지만, 애초에 취업규칙을 작성함에 있어 근로자 과반수의 의견을 듣지 아니하거나 그 동의를 얻지 아니하였다 하더라도 그 취업규칙의 내용이 근로기준법에 위반되지 않는 한 그 취업규칙이 전부 무효가 되는 것은 아니다(대판 1991.4.9. 90다16245).

④ (○) 대판 1993.5.14. 93다1893

⑤ (×) 사용자가 취업규칙에서 정한 근로조건을 근로자에게 불리하게 변경함에 있어서 근로자의 동의를 얻지 않은 경우에 그 변경으로 기득이익이 침해되는 기존의 근로자에 대한 관계에서는 변경의 효력이 미치지 않게 되어 종전 취업규칙의 효력이 그대로 유지되지만, 변경 후에 변경된 취업규칙에 따른 근로조건을 수용하고 근로관계를 갖게 된 근로자에 대한 관계에서는 당연히 변경된 취업규칙이 적용되어야 한다(대판 1992.12.22. 91다45165).

답 ④

010 근로기준법령상 취업규칙에 관한 설명으로 옳지 않은 것은?(다툼이 있는 경우에는 판례에 의함)

CHECK ○△×

14 노무

① 근로자의 집단적 의사결정방법에 의한 동의 없이 근로자에게 불리하게 변경된 취업규칙에 법적 규범성을 시인할 수 있을 정도로 사회통념상 합리성이 있다고 인정되는 경우에는 집단적 의사결정방법에 의한 동의가 없다는 이유만으로 그 적용을 부정할 수는 없다.

② 취업규칙에서 정한 기준에 미달하는 근로조건을 정한 근로계약은 그 부분에 관하여는 무효로 한다.

③ 취업규칙에서 근로자에 대하여 감급의 제재를 정할 경우에 그 감액은 1회의 금액이 평균임금의 1일분의 2분의 1을, 총액이 1임금지급기의 임금총액의 10분의 1을 초과하지 못한다.

④ 상시 10명 이상의 근로자를 사용하는 사용자는 취업규칙을 작성하여 고용노동부장관에게 신고하여야 한다.

⑤ 고용노동부장관은 단체협약에 어긋나는 취업규칙의 변경을 명할 수 있다.

해설

① (×) 사용자가 취업규칙을 근로자에게 불리하게 변경하면서 근로자의 집단적 의사결정방법에 따른 동의를 받지 못한 경우, 노동조합이나 근로자들이 집단적 동의권을 남용하였다고 볼 만한 특별한 사정이 없는 한 해당 취업규칙의 작성 또는 변경에 사회통념상 합리성이 있다는 이유만으로 그 유효성을 인정할 수는 없다(대판 2023.5.11. 2017다35588 [전합]). 따라서 변경된 전합 판결에 의하면 집단적 의사결정방법에 의한 동의 없이 근로자에게 불리하게 변경된 취업규칙에 사회통념상 합리성이 있다고 인정되더라도 그 취업규칙은 근로자에게 적용되지 아니한다고 보아야 한다.

② (○) 근기법 제97조

③ (○) 근기법 제95조

④ (○) 근기법 제93조

⑤ (○) 근기법 제96조 제2항

답 ❶

011 근로기준법상 취업규칙에 관한 설명으로 옳지 않은 것은?(다툼이 있으면 판례에 따름)

CHECK ○△×

18 노무

① 고용노동부장관은 법령이나 단체협약에 어긋나는 취업규칙의 변경을 명할 수 있다.

② 상시 10명 이상의 근로자를 사용하는 사용자는 취업규칙을 작성하여 고용노동부장관에게 신고하여야 한다.

③ 사용자는 근로자의 근로조건, 근로형태, 직종 등의 특수성이 있더라도 근로자 일부에 적용되는 별도의 취업규칙을 작성할 수 없다.

④ 사용자는 취업규칙을 근로자에게 불리하게 변경하는 경우에 해당 사업장에 근로자의 과반수로 조직된 노동조합이 있는 경우에는 그 노동조합의 동의를 받아야 한다.

⑤ 취업규칙에서 정한 기준에 미달하는 근로조건을 정한 근로계약은 그 부분에 관하여는 무효로 한다.

해설

① (○) 근기법 제96조 제2항

② (○) 근기법 제93조

③ (×) 사용자는 같은 사업장에 소속된 모든 근로자에 대하여 일률적으로 적용되는 하나의 취업규칙만을 작성하여야 하는 것은 아니고, 근로자의 근로조건, 근로형태, 직종 등의 특수성에 따라 근로자 일부에 적용되는 별도의 취업규칙을 작성할 수 있다(대판 2007.9.6. 2006다83246).

④ (○) 근기법 제94조 제1항

⑤ (○) 근기법 제97조 전문

답 ❸

012 CHECK ○△×

상시 100명의 근로자를 사용하는 A회사에는 근로자의 과반수로 조직된 甲노동조합이 있다. A회사는 2011.4.1. 甲노동조합의 동의 없이 취업규칙을 근로자에게 불이익하게 변경하였다. 이에 관한 설명으로 옳지 않은 것은?(다툼이 있는 경우 판례에 의함) 12 사시

① 취업규칙의 변경된 부분은 2010.5.3. 입사한 근로자에게는 효력이 없다.
② 취업규칙의 변경된 부분은 2011.4.20. 입사한 근로자에게는 효력이 있다.
③ 甲노동조합의 동의 없이 A회사의 근로자에게 불리하게 변경된 취업규칙이 법적 규범성을 시인할 수 있을 정도로 사회통념상 합리성이 있다고 인정되는 경우에는 甲노동조합의 동의가 없다는 이유만으로 그 적용을 부정할 수는 없다.
④ A회사는 500만원 이하의 벌금에 처해질 수 있다.
⑤ 甲노동조합이 변경된 취업규칙 부분을 2011.6.1. 단체협약으로 소급하여 동의한 경우 동의 당시 재직근로자에 대하여 취업규칙 변경 시부터 효력이 있다.

해설

① (○) · ② (○) 판례의 취지를 고려할 때, 2011.4.1. 근로자에게 불이익하게 변경된 A회사의 취업규칙은 변경 전인 2010.5.3.에 입사한 근로자에게는 효력이 없으나, 변경 후인 2011.4.20.에 입사한 근로자에게는 효력이 있다고 보아야 한다.

> 불이익하게 변경된 취업규칙이 동의를 받지 못한 경우, 그 변경으로 기득이익이 침해되는 기존근로자에게는 그 변경을 효력이 미치지 않게 되어 종전 취업규칙이 적용되지만, 그 변경 후 변경된 취업규칙에 따른 근로조건을 수용하고 근로관계를 갖게 된 신규근로자에게는 변경된 취업규칙이 적용된다(대판 1992.12.22. 91다45165).

③ (×) 사용자가 취업규칙을 근로자에게 불리하게 변경하면서 근로자의 집단적 의사결정방법에 따른 동의를 받지 못한 경우, 노동조합이나 근로자들이 집단적 동의권을 남용하였다고 볼 만한 특별한 사정이 없는 한 해당 취업규칙의 작성 또는 변경에 사회통념상 합리성이 있다는 이유만으로 그 유효성을 인정할 수는 없다(대판 2023.5.11. 2017다35588 [전합]). 변경된 전합판결의 취지를 고려할 때 취업규칙의 변경에 甲노동조합의 동의가 없었다면 사회통념상의 합리성이 인정된다고 하더라도 무효이므로 A회사의 근로자에게 적용되지 아니한다고 보는 것이 타당하다.

④ (○) 취업규칙의 작성 또는 변경에 관하여 취업규칙을 근로자에게 불리하게 변경하는 경우, 해당 사업 또는 사업장 근로자의 과반수로 조직된 노동조합의 동의를 받지 아니한 사용자는 500만원 이하의 벌금에 처한다(근기법 제114조 제1호, 제94조 제1항).

⑤ (○) 甲노동조합이 변경된 취업규칙 부분을 단체협약으로 소급하여 동의한 경우 동의의 효력은 단체협약이 시행된 이후에 A회사에 종사하며 그 협약의 적용을 받게 될 근로자들에 대하여 생긴다고 할 것이므로 동의 당시 재직근로자에 대하여 취업규칙 변경 시부터 효력이 있다.

> 단체협약은 노동조합이 사용자 또는 사용자단체와 근로조건 기타 노사관계에서 발생하는 사항에 관하여 체결하는 협정으로서, 노동조합이 사용자 측과 기존의 임금, 근로시간, 퇴직금 등 근로조건을 결정하는 기준에 관하여 소급적으로 동의하거나 이를 승인하는 내용의 단체협약을 체결한 경우에 그 동의나 승인의 효력은 단체협약이 시행된 이후에 그 사업체에 종사하며 그 협약의 적용을 받게 될 노동조합원이나 근로자들에 대하여 생긴다고 할 것이다(대판 2005.3.11. 2003다27429).

답 ❸

013 CHECK ○△×

근로자의 과반수로 조직된 노동조합만이 있는 사업장의 취업규칙 불이익변경에 관한 설명 중 옳지 않은 것은?(다툼이 있는 경우 판례에 의함) 16 사시

① 취업규칙의 변경이 일부 근로자에게 유리하고, 일부 근로자에게 불리하면 불이익변경에 해당하지 아니한다.

② 취업규칙의 불이익변경이 당시 노동조합의 동의가 없더라도 이후 동일한 내용의 단체협약이 체결되었다면 변경된 취업규칙은 유효하다.

③ 노동조합의 동의는 특별한 사정이 없는 한 그 노동조합의 대표자의 동의로 족하다.

④ 노동조합의 동의를 얻어 변경된 취업규칙은 개별적 동의 절차를 거치지 않은 비조합원에게도 적용된다.

⑤ 사용자가 취업규칙을 근로자에게 불리하게 변경하면서 근로자의 집단적 의사결정방법에 따른 동의를 받지 못한 경우, 노동조합이나 근로자들이 집단적 동의권을 남용하였다고 볼 만한 특별한 사정이 없는 한 해당 취업규칙의 작성 또는 변경에 사회통념상 합리성이 있다는 이유만으로 그 유효성을 인정할 수는 없다.

해설

① (×) 근로자 상호 간에 유·불리에 따른 이익이 충돌되는 경우에는 그 변경은 근로자에게 불리한 것으로 취급하여 근로자들 전체의 의사에 따라 결정해야 한다. 따라서 유·불리를 달리하는 근로자집단규모를 비교할 필요 없이 불이익변경으로 보아야 한다(대판 1993.5.14. 93다1893).

② (○) 단체협약은 노동조합이 사용자 또는 사용자단체와 근로조건 기타 노사관계에서 발생하는 사항에 관하여 체결하는 협정으로서, 노동조합이 사용자 측과 기존의 임금, 근로시간, 퇴직금 등 근로조건을 결정하는 기준에 관하여 소급적으로 동의하거나 이를 승인하는 내용의 단체협약을 체결한 경우에 그 동의나 승인의 효력은 단체협약이 시행된 이후에 그 사업체에 종사하며 그 협약의 적용을 받게 될 노동조합원이나 근로자들에 대하여 생긴다고 할 것이다(대판 2005.3.11. 2003다27429).

③ (○) 취업규칙의 작성 또는 변경에 관하여 해당 사업 또는 사업장에 근로자의 과반수로 조직된 노동조합이 있는 경우, 근로자의 과반수로 조직된 노동조합 대표자의 동의를 요할 뿐, 별도로 조합원 과반수의 동의를 받을 필요는 없다.

④ (○) 판례의 취지를 고려할 때 노동조합의 동의를 얻어 변경된 취업규칙은 적법·유효하므로 개별적 동의 절차를 거치지 않은 비조합원에게도 당연히 적용된다.

> 정년퇴직 연령을 단축하는 내용으로 취업규칙의 기존 퇴직규정을 변경하고 이에 관하여 기존 퇴직규정의 적용을 받던 근로자의 과반수로 구성된 노동조합의 동의를 얻은 경우 위 변경 개정은 적법·유효하므로, 일정 직급 이상으로서 노동조합에 가입할 자격은 없지만 기존 퇴직규정의 적용을 받았던 근로자에게도 그의 개별적 동의 여부와 관계없이 당연히 적용된다(대판 2008.2.29. 2007다85997).

⑤ (○) 대판 2023.5.11. 2017다35588[전합]

답 ❶

014 근로기준법상 취업규칙에 관한 설명으로 옳지 않은 것은?(다툼이 있으면 판례에 따름) 19 노무

CHECK ○△×

① 사용자는 근로자의 근로조건, 근로형태, 직종 등의 특수성에 따라 근로자 일부에게 적용되는 별도의 취업규칙을 작성할 수 있다.

② 취업규칙 작성 시 과반수노동조합이 있는 경우 사용자는 노동조합 대표자의 의견과 함께 집단적 회의방식으로 조합원의 의견을 들어야 한다.

③ 취업규칙의 변경이 여러 근로자집단 중 하나의 근로자집단에게만 불이익하지만 향후 다른 근로자집단에게도 변경된 취업규칙의 적용이 예상된다면, 해당 근로자집단을 포함한 근로자집단이 취업규칙 불이익변경의 동의주체가 된다.

④ 사용자가 취업규칙 불이익변경절차를 거치지 않았더라도 노동조합이 불이익변경된 취업규칙에 따르기로 하는 단체협약을 체결한 경우에는 그 단체협약의 적용을 받게 되는 기존의 근로자들에게 변경된 취업규칙이 적용된다.

⑤ 취업규칙이 기존의 근로자들에게 불이익하게 변경되었는지 여부를 불문하고, 사용자가 취업규칙을 변경한 후 신규취업한 근로자에게는 변경된 취업규칙이 적용된다.

해설

① (○) 사용자는 같은 사업장에 소속된 모든 근로자에 대하여 일률적으로 적용되는 하나의 취업규칙만을 작성하여야 하는 것은 아니고, 근로자의 근로조건, 근로형태, 직종 등의 특수성에 따라 근로자 일부에 적용되는 별도의 취업규칙을 작성할 수 있다(대판 2007.9.6. 2006다83246).

② (×) 사용자는 취업규칙의 작성에 관하여 해당 사업 또는 사업장에 근로자의 과반수로 조직된 노동조합이 있는 경우에는 그 노동조합, 근로자의 과반수로 조직된 노동조합이 없는 경우에는 근로자의 과반수의 의견을 들어야 한다(근기법 제94조 제1항 본문). 따라서 노동조합 대표자의 의견을 들은 경우, 조합원의 의견은 들을 필요가 없다.

③ (○) 취업규칙의 불이익변경 시점에는 어느 근로자집단만이 직접적인 불이익을 받더라도 다른 근로자집단에게도 변경된 취업규칙의 적용이 예상되는 경우에는 일부 근로자집단은 물론 장래 변경된 취업규칙규정의 적용이 예상되는 근로자집단을 포함한 근로자집단이 동의의 주체가 된다(대판 2009.5.28. 2009두2238).

④ (○) 판례의 취지를 고려할 때 노동조합이 퇴직금 등 근로조건을 결정하는 기준에 관하여 소급적으로 동의하거나 이를 승인하는 내용의 단체협약을 체결한 경우에 그 동의나 승인의 효력은 단체협약이 시행된 이후에 그 사업체에 종사하며 그 협약의 적용을 받게 될 노동조합원이나 근로자들에 대하여 생긴다고 할 것이므로, 사용자가 취업규칙 불이익변경절차를 거치지 않았더라도 노동조합이 불이익변경된 취업규칙에 따르기로 하는 단체협약을 체결한 경우에는 기존의 근로자들에게 변경된 취업규칙이 적용된다.

> 취업규칙 중 퇴직금에 관한 규정의 변경이 근로자에게 불이익함에도 불구하고, 사용자가 근로자의 집단적 의사결정방법에 의한 동의를 얻지 아니한 채 변경을 함으로써 기득이익을 침해받게 되는 기존의 근로자에 대하여 종전의 퇴직금조항이 적용되어야 하는 경우에도, 노동조합이 사용자 측과 사이에 변경된 퇴직금조항을 따르기로 하는 내용의 단체협약을 체결한 경우에는, 기득이익을 침해받게 되는 기존의 근로자에 대하여 종전의 퇴직금조항이 적용되어야 함을 알았는지의 여부에 관계없이 그 협약의 적용을 받게 되는 기존의 근로자에 대하여도 변경된 퇴직금조항을 적용하여야 할 것이다(대판 2005.3.11. 2003다27429).

⑤ (○) 불이익하게 변경된 취업규칙이 동의를 받지 못한 경우, 그 변경으로 기득이익이 침해되는 기존근로자에게는 그 변경을 효력이 미치지 않게 되어 종전 취업규칙이 적용되지만, 그 변경 후 변경된 취업규칙에 따른 근로조건을 수용하고 근로관계를 갖게 된 신규근로자에게는 변경된 취업규칙이 적용된다(대판 1992.12.22. 91다45165).

답 ❷

015 근로기준법상 취업규칙의 변경에 관한 설명으로 옳은 것은?(다툼이 있으면 판례에 따름)

CHECK ○△×

17 노무

① 근로자의 집단적 의사결정방법에 의한 동의 없이 이루어진 취업규칙의 불리한 변경은 그 변경 후에 취업한 근로자에 대하여 효력이 없다.

② 노동조합이 없는 경우에 취업규칙의 불이익 변경은 근로자들이 직접 선출한 대표의 동의가 있어야 효력이 있다.

③ 근로자 과반수로 조직된 노동조합이 있는 경우 취업규칙의 불이익변경은 근로자 과반수의 동의가 있어야 효력이 있다.

④ 취업규칙의 변경이 일부 근로자에게는 유리하고 일부 근로자에게는 불리한 경우 각 근로자집단의 규모를 비교하여 불이익변경인지 여부를 판단한다.

⑤ 사용자가 취업규칙을 근로자에게 불리하게 변경하면서 근로자의 집단적 의사결정방법에 따른 동의를 받지 못한 경우, 노동조합이나 근로자들이 집단적 동의권을 남용하였다고 볼 만한 특별한 사정이 없는 한 해당 취업규칙의 작성 또는 변경에 사회통념상 합리성이 있다는 이유만으로 그 유효성을 인정할 수는 없다.

해설

① (×) 사용자가 취업규칙에서 정한 근로조건을 근로자에게 불리하게 변경함에 있어서 근로자의 동의를 얻지 않은 경우에 그 변경으로 기득이익이 침해되는 기존의 근로자에 대한 관계에서는 변경의 효력이 미치지 않게 되어 종전 취업규칙의 효력이 그대로 유지되지만, 변경 후에 변경된 취업규칙에 따른 근로조건을 수용하고 근로관계를 갖게 된 근로자에 대한 관계에서는 당연히 변경된 취업규칙이 적용되어야 한다(대판 1992.12.22. 91다45165).

② (×) 사용자는 취업규칙의 작성 또는 변경에 관하여 해당 사업 또는 사업장에 근로자의 과반수로 조직된 노동조합이 있는 경우에는 그 노동조합, 근로자의 과반수로 조직된 노동조합이 없는 경우에는 근로자의 과반수의 의견을 들어야 한다. 다만, 취업규칙을 근로자에게 불리하게 변경하는 경우에는 그 동의를 받아야 한다(근기법 제94조 제1항).

③ (×) 취업규칙을 불이익하게 변경하는 경우 사업 또는 사업장에 근로자의 과반수로 조직된 노동조합이 있으면 그 노동조합의 동의가 필요하다(근기법 제94조 제1항).

④ (×) 근로자 상호 간에 유·불리에 따른 이익이 충돌되는 경우에는 그 변경은 근로자에게 불리한 것으로 취급하여 근로자들 전체의 의사에 따라 결정해야 한다. 따라서 유·불리를 달리하는 근로자집단규모를 비교할 필요 없이 불이익변경으로 보아야 한다(대판 1993.5.14. 93다1893).

⑤ (○) 대판 2023.5.11. 2017다35588[전합]

답 ⑤

016 취업규칙에 관하여 근로기준법에 규정된 내용에 관한 설명으로 옳지 않은 것은?(다툼이 있는 경우에는 판례에 의함) 16 노무

CHECK ○△×

① 취업규칙의 변경이 일부 근로자에게는 유리하지만 다른 일부 근로자에게는 불리할 수 있어서 근로자에게 전체적으로 유리한지 불리한지를 단정적으로 평가하기가 어려운 경우에는 근로자에게 불이익한 경우로 취급하여서는 아니 된다.

② 상시 10명 이상의 근로자를 사용하는 사용자는 근로기준법에서 정한 사항에 관한 취업규칙을 작성하여 고용노동부장관에게 신고하여야 한다.

③ 취업규칙은 법령이나 해당 사업 또는 사업장에 대하여 적용되는 단체협약과 어긋나서는 아니 된다.

④ 고용노동부장관은 법령이나 단체협약에 어긋나는 취업규칙의 변경을 명할 수 있다.

⑤ 취업규칙에서 정한 기준에 미달하는 근로조건을 정한 근로계약은 그 부분에 관하여는 무효로 한다.

해설

① (×) 근로자 상호 간에 유·불리에 따른 이익이 충돌되는 경우에는 그 변경은 근로자에게 불리한 것으로 취급하여 근로자들 전체의 의사에 따라 결정해야 한다. 따라서 유·불리를 달리하는 근로자집단규모를 비교할 필요 없이 불이익변경으로 보아야 한다(대판 1993.5.14. 93다1893).

② (○) 근기법 제93조

③ (○) 근기법 제96조 제1항

④ (○) 근기법 제96조 제2항

⑤ (○) 근기법 제97조 전문

답 ❶

017 근로기준법상 취업규칙에 대한 설명으로 옳지 않은 것은?(다툼이 있는 경우 판례에 의함)

CHECK ○△×

18 국가직 7급

① 취업규칙을 종전보다 근로자에게 불이익하게 변경하는 경우가 아닌 한 근로자의 의견청취절차를 거치지 아니하고 취업규칙을 변경하였다고 하여 그 취업규칙의 효력이 부정될 수는 없다.

② 여러 근로자 집단이 하나의 근로조건 체계 내에 있어 비록 취업규칙의 불이익변경 시점에는 어느 근로자 집단만이 직접적인 불이익을 받더라도 다른 근로자 집단에게도 변경된 취업규칙의 적용이 예상되는 경우에는 일부 근로자 집단은 물론 장래 변경된 취업규칙 규정의 적용이 예상되는 근로자 집단을 포함한 근로자 집단이 동의주체가 된다.

③ 단체협약에서 해고사유를 단체협약에만 의하도록 명시적으로 규정하고 있더라도 사용자는 취업규칙에서 새로운 해고사유를 정할 수 있고 그 해고사유에 터잡아 근로자를 해고할 수 있다.

④ 취업규칙은 사용자가 근로자의 복무규율과 임금 등 근로조건에 관한 준칙을 규정한 것으로서, 그 명칭에 구애받지 않는다.

해설

① (○) 근로기준법 제93조는 취업규칙의 작성 및 변경에 관하여 행정관청에의 신고의무를, 같은 법 제94조 제1항 본문은 노동조합 또는 근로자대표자의 의견청취의무를, 같은 법 제14조 제1항은 취업규칙의 게시 또는 비치에 의한 주지의무를 정하고 있지만 이러한 규정들은 단속법규에 불과할 뿐 효력규정이라고는 볼 수 없으므로 사용자가 이러한 규정들을 준수하지 않았다고 하더라도 그로 인하여 바로 취업규칙의 작성 또는 변경이 무효로 되는 것은 아니다(대판 2004.2.12. 2001다63599).

② (○) 여러 근로자 집단이 하나의 근로조건 체계 내에 있어 비록 취업규칙의 불이익변경 시점에는 어느 근로자 집단만이 직접적인 불이익을 받더라도 다른 근로자 집단에게도 변경된 취업규칙의 적용이 예상되는 경우에는 일부 근로자 집단은 물론 장래 변경된 취업규칙 규정의 적용이 예상되는 근로자 집단을 포함한 근로자 집단이 동의주체가 되고, 그렇지 않고 근로조건이 이원화되어 있어 변경된 취업규칙이 적용되어 직접적으로 불이익을 받게 되는 근로자 집단 이외에 변경된 취업규칙의 적용이 예상되는 근로자 집단이 없는 경우에는 변경된 취업규칙이 적용되어 불이익을 받는 근로자 집단만이 동의 주체가 된다(대판 2009.5.28. 2009두2238).

> 일반직 직원(4급 이하)의 정년을 55세에서 58세로, 관리직 직원(3급 이상)의 정년을 60세에서 58세로 변경하는 내용으로 취업규칙의 정년규정을 개정하고 노동조합의 동의를 얻은 사안에서, 정년규정의 개정은 관리직 직원뿐만 아니라 일반직 직원들을 포함한 전체 직원에게 불이익하여 전체 직원들이 동의의 주체이므로, 근로자의 집단적 의사결정방법에 의한 동의가 있다고 인정한 사례(대판 2009.5.28. 2009두2238).

③ (×) 단체협약에서 "해고에 관하여는 단체협약에 의하여야 하고 취업규칙에 의하여 해고할 수 없다"는 취지로 규정하거나 "단체협약에 정한 사유 외의 사유로는 근로자를 해고할 수 없다"고 규정하는 등 근로자를 해고함에 있어, 해고사유 등을 단체협약에 의하도록 명시적으로 규정하고 있거나 동일한 징계사유에 관하여 단체협약상의 규정과 취업규칙 등의 규정이 상호 저촉되는 경우에는, 사용자는 단체협약 소정의 징계사유에 의하여만 근로자를 징계할 수 있다(대판 1995.2.14. 94누5069).

④ (○) 근로기준법 제93조 소정의 취업규칙은 사용자가 근로자의 복무규율과 임금 등 당해 사업의 근로자 전체에 적용될 근로조건에 관한 준칙을 규정한 것을 말하는 것으로서, 그 명칭에 구애받을 것은 아니다(대판 2004.2.12. 2001다63599).

> 종업원의 근로조건 변경을 내용으로 하는 자구계획서가 명칭에 관계없이 취업규칙에 해당하고, 자구계획서의 내용이 회사 내 홍보매체를 통하여 전 종업원에게 알려지고, 회사근로자 과반수가 가입한 노조도 위와 같은 취업규칙의 변경에 동의하였다면 회사가 이미 존재하던 취업규칙의 개정절차를 거치지 않았다거나 변경된 취업규칙에 대한 신고의무, 게시 및 비치의무를 이행하지 않았다고 하더라도 위 변경된 취업규칙의 효력이 발생하였다고 한 사례(대판 2004.2.12. 2001다63599).

답 ❸

018 근로기준법상 취업규칙에 대한 판례의 입장으로 옳은 것은?

19 국가직 7급

CHECK ○△×

① 정년을 단축시키는 경우와 달리, 취업규칙에 없던 정년규정을 신설하는 것은 취업규칙의 불이익한 변경에 해당하지 아니한다.

② 노사협의회 근로자 위원들이 취업규칙의 불이익한 개정에 동의함에 있어서 사전에 근로자들의 의견을 취합해서 그들의 의사표시를 대리하여 동의권을 행사한 것이 아니라면 노사협의회근로자 위원들의 동의를 얻은 것은 종전의 취업규칙의 적용을 받고 있던 근로자들 과반수의 동의를 얻은 것과 동일시할 수 없다.

③ 종전의 취업규칙의 적용을 받고 있던 근로자의 집단적 의사결정방법에 의한 동의 없이 이루어진 취업규칙의 불이익한 변경은 그 변경 후에 변경된 취업규칙에 따른 근로조건을 수용하고 근로관계를 갖게 된 근로자에 대하여도 효력이 없다.

④ 취업규칙의 불이익한 변경을 위한 요건으로서 동의주체가 되는 '근로자 과반수'란 노동조합 가입자격이 있는 근로자집단의 과반수를 뜻한다.

해설

① (×) 취업규칙에 정년규정이 없던 운수회사에서 55세 정년규정을 신설한 경우, 그 운수회사의 근로자들은 정년제 규정이 신설되기 이전에는 만 55세를 넘더라도 아무런 제한 없이 계속 근무할 수 있었으나, 그 정년규정의 신설로 인하여 만 55세로 정년에 이르고, 회사의 심사에 의하여 일정한 경우에만 만 55세를 넘어서 근무할 수 있도록 되었다면 이와 같은 정년제 규정의 신설은 근로자가 가지고 있는 기득의 권리나 이익을 박탈하는 불이익한 근로조건을 부과하는 것에 해당한다(대판 1997.5.16. 96다2507).

② (○) 노사협의회는 근로자와 사용자 쌍방이 이해와 협조를 통하여 노사공동의 이익을 증진함으로써 산업평화를 도모할 것을 목적으로 하는 제도로서 노동조합과 그 제도의 취지가 다르므로 비록 회사가 근로조건에 관한 사항을 그 협의사항으로 규정하고 있다 하더라도 근로자들이 노사협의회를 구성하는 근로자위원들을 선출함에 있어 그들에게 근로조건을 불이익하게 변경함에 있어서 근로자들을 대신하여 동의를 할 권한까지 포괄적으로 위임한 것이라고 볼 수 없으며, 그 근로자위원들이 퇴직금규정의 개정에 동의를 함에 있어서 사전에 그들이 대표하는 각 부서별로 근로자들의 의견을 집약 및 취합하여 그들의 의사표시를 대리하여 동의권을 행사하였다고 볼 만한 자료도 없다면, 근로자위원들의 동의를 얻은 것을 근로자들 과반수의 동의를 얻은 것과 동일시할 수 없다(대판 1994.6.24. 92다28556).

③ (×) 사용자가 취업규칙에서 정한 근로조건을 근로자에게 불리하게 변경할 때 근로자의 동의를 얻지 않은 경우에 그 변경으로 기득이익이 침해되는 기존의 근로자에 대한 관계에서는 종전 취업규칙의 효력이 그대로 유지되지만, 변경된 취업규칙에 따른 근로조건을 수용하고 근로관계를 갖게 된 근로자에 대한 관계에서는 당연히 변경된 취업규칙이 적용되고, 기득이익의 침해라는 효력배제사유가 없는 변경 후 취업근로자에 대해서까지 변경의 효력을 부인하여 종전 취업규칙이 적용되어야 한다고 볼 수는 없다(대판 2022.10.14. 2022다245518).

> 갑 의료원의 보수규정이 2000.1.11. 개정·시행되면서 퇴직금 지급과 관련하여 1999.12.31. 이전 입사자에 대하여는 개정 전 보수규정(누진제)을, 2000.1.1. 이후 입사자에 대하여는 개정된 보수규정(단수제)을 적용하기로 하였는데, 2000.1.1. 입사하여 퇴직한 을이 개정 전 보수규정에 따른 퇴직금 지급을 구한 사안에서, 개정된 보수규정은 기존 근로자들에게 불이익하게 변경된 경우에 해당하는데도 갑 의료원이 소속 근로자의 집단적 의사결정방법에 따른 동의를 얻지 못하였으므로, 보수규정이 개정되기 전부터 갑 의료원과 근로관계를 맺고 있었던 을은 개정된 보수규정으로 기득이익이 침해되는 기존 근로자에 해당하여 개정 전 보수규정이 적용된다고 한 사례(대판 2022.10.14. 2022다245518).

④ (×) 취업규칙의 작성·변경에 관한 권한은 원칙적으로 사용자에게 있으므로 사용자는 그 의사에 따라서 취업규칙을 작성·변경할 수 있고, 다만 취업규칙의 변경에 의하여 기존 근로조건의 내용을 일방적으로 근로자에게 불이익하게 변경하려면 종전 취업규칙의 적용을 받고 있던 근로자 집단의 집단적 의사결정방법에 의한 동의를 요한다고 할 것인바, 그 동의방법은 근로자 과반수로 조직된 노동조합이 있는 경우에는 그 노동조합의, 그와 같은 노동조합이 없는 경우에는 근로자들의 회의방식에 의한 과반수의 동의가 있어야 하고, 여기서 말하는 근로자의 과반수라 함은 기존 취업규칙의 적용을 받는 근로자 집단의 과반수를 뜻한다(대판 2008.2.29. 2007다85997).

답 ❷

019 근로기준법상 취업규칙의 불이익변경에 대한 설명으로 옳지 않은 것은?(다툼이 있는 경우 판례에 의함)

CHECK ○△×

20 국가직 7급

① 근로자에게 불리한 내용으로 변경된 취업규칙은 근로자의 과반수로 조직된 노동조합이 있는 경우에는 그 노동조합, 근로자의 과반수로 조직된 노동조합이 없는 경우에는 근로자의 과반수의 동의를 받았다고 하더라도 근로자의 개별적 동의가 없는 한 취업규칙보다 유리한 근로계약의 내용이 우선하여 적용된다.

② 해당 사업 또는 사업장에 근로자의 과반수로 조직된 노동조합이 있는 경우에는 그 노동조합, 근로자의 과반수로 조직된 노동조합이 없는 경우에는 근로자의 과반수의 동의를 받지 않고 취업규칙의 불이익변경을 한 사용자는 500만원 이하의 과태료에 처한다.

③ 사용자가 취업규칙에서 정한 근로조건을 근로자에게 불리하게 변경함에 있어서 제94조 제1항 단서에 따른 동의 절차요건을 위반한 경우 그 변경된 취업규칙에 따른 근로조건을 수용하고 근로관계를 갖게 된 근로자에 대한 관계에서는 당연히 변경된 취업규칙이 적용되어야 한다.

④ 취업규칙의 일부를 이루는 급여규정의 변경이 일부의 근로자에게는 유리하고 일부의 근로자에게는 불리한 경우 그러한 변경은 근로자에게 불이익한 것으로 취급한다.

해설

① (○) 근로자에게 불리한 내용으로 변경된 취업규칙은 집단적 동의를 받았다고 하더라도 그보다 유리한 근로조건을 정한 기존의 개별 근로계약 부분에 우선하는 효력을 갖는다고 할 수 없다. 이 경우에도 근로계약의 내용은 유효하게 존속하고, 변경된 취업규칙의 기준에 의하여 유리한 근로계약의 내용을 변경할 수 없으며, 근로자의 개별적 동의가 없는 한 취업규칙보다 유리한 근로계약의 내용이 우선하여 적용된다(대판 2019.11.14. 2018다200709).

> 근로자인 갑과 사용자인 을 주식회사가 기본연봉을 정한 연봉계약으로 근로계약을 체결한 후 을 회사가 소속 근로자의 과반수로 조직된 노동조합의 동의를 받아 취업규칙인 임금피크제 운용세칙을 제정·공고하였는데, 위 취업규칙은 연봉계약이 정하는 기본연봉에 복리후생비를 더한 총연봉을 임금피크 기준연봉으로 정하고, 정년이 2년 미만 남아 있는 근로자에게는 임금피크 기준연봉의 60%, 정년이 1년 미만 남아 있는 근로자에게는 임금피크 기준연봉의 40%를 지급하도록 규정하였고, 이에 대해 갑이 임금피크제의 적용에 동의하지 아니한다는 의사를 표시하였으나 을 회사가 갑에게 취업규칙에 따라 삭감된 임금을 지급한 사안에서, 취업규칙에 대하여 과반수 노동조합의 동의를 받았더라도 기존의 근로계약은 유효하게 존속하고, 취업규칙에 따라 기존의 근로계약에서 정한 연봉액을 삭감할 수 없는데도, 이와 달리 본 원심판단에 법리오해의 잘못이 있다고 한 사례(대판 2019.11.14. 2018다200709).

② (×) 해당 사업 또는 사업장에 근로자의 과반수로 조직된 노동조합이 있는 경우에는 그 노동조합, 근로자의 과반수로 조직된 노동조합이 없는 경우에는 근로자의 과반수의 동의를 받지 않고 취업규칙의 불이익변경을 한 사용자는 500만원 이하의 벌금에 처한다(근기법 제114조 제1호, 제94조 제1항).

③ (○) 불이익하게 변경된 취업규칙이 동의를 받지 못한 경우, 그 변경으로 기득이익이 침해되는 기존 근로자에게는 그 변경의 효력이 미치지 않게 되어 종전 취업규칙이 적용되지만, 그 변경 후 변경된 취업규칙에 따른 근로조건을 수용하고 근로관계를 갖게 된 신규근로자에게는 변경된 취업규칙이 적용된다(대판 1992.12.22. 91다45165).

④ (○) 근로자 상호 간에 유·불리에 따른 이익이 충돌되는 경우에는 그 변경은 근로자에게 불리한 것으로 취급하여 근로자들 전체의 의사에 따라 결정해야 한다. 따라서 유·불리를 달리하는 근로자집단규모를 비교할 필요 없이 불이익변경으로 보아야 한다(대판 1993.5.14. 93다1893).

답 ❷

020 근로기준법상 취업규칙에 대한 설명으로 옳지 않은 것은?(다툼이 있는 경우 판례에 의함)

CHECK ○△×

21 국가직 7급

① 고용노동부장관은 법령이나 단체협약에 어긋나는 취업규칙의 변경을 명할 수 있다.
② 근로자에게 불리한 내용으로 변경된 취업규칙은 집단적 동의를 받은 경우에는 그보다 유리한 근로조건을 정한 기존의 개별근로계약 부분에 우선하는 효력을 갖는다.
③ 취업규칙의 작성 또는 변경에 있어 의견청취절차규정 자체는 훈시규정에 불과하고 효력규정이 아니므로 이를 거치지 않았다고 하여 그 취업규칙이 무효로 되지는 않는다.
④ 취업규칙에서 정한 기준에 미달하는 근로조건을 정한 근로계약은 그 부분에 관하여는 무효로 하며, 이 경우 무효로 된 부분은 취업규칙에 정한 기준에 따른다.

해설

① (○) 근기법 제96조 제2항
② (×) 근로자에게 불리한 내용으로 변경된 취업규칙은 집단적 동의를 받았다고 하더라도 그보다 유리한 근로조건을 정한 기존의 개별 근로계약 부분에 우선하는 효력을 갖는다고 할 수 없다. 이 경우에도 근로계약의 내용은 유효하게 존속하고, 변경된 취업규칙의 기준에 의하여 유리한 근로계약의 내용을 변경할 수 없으며, 근로자의 개별적 동의가 없는 한 취업규칙보다 유리한 근로계약의 내용이 우선하여 적용된다(대판 2019.11.14. 2018다200709).
③ (○) 근로기준법 제93조는 취업규칙의 작성 및 변경에 관하여 행정관청에의 신고의무를, 같은 법 제94조 제1항 본문은 노동조합 또는 근로자대표자의 의견청취의무를, 같은 법 제14조 제1항은 취업규칙의 게시 또는 비치에 의한 주지의무를 정하고 있지만 이러한 규정들은 단속법규에 불과할 뿐 효력규정이라고는 볼 수 없으므로 사용자가 이러한 규정들을 준수하지 않았다고 하더라도 그로 인하여 바로 취업규칙의 작성 또는 변경이 무효로 되는 것은 아니다(대판 2004.2.12. 2001다63599).
④ (○) 근기법 제97조

답 ❷

021 근로기준법상 취업규칙에 대한 설명으로 옳은 것은?

CHECK ○△×

22 국가직 9급

① 사용자는 취업규칙의 작성에 관하여 해당 사업 또는 사업장에 근로자의 과반수로 조직된 노동조합이 없는 경우에는 근로자의 과반수를 대표하는 자의 의견을 들어야 한다.
② 근로자에 대하여 감급(減給)의 제재를 정할 경우에 그 감액은 1회의 금액이 통상임금의 1일분의 3분의 1을 초과하지 못한다.
③ 법령이나 해당 사업 또는 사업장에 대하여 적용되는 단체협약과 어긋나서는 아니 된다.
④ 고용노동부장관은 취업규칙이 법령에 어긋나는 경우에는 노동위원회의 의결을 얻어야 그 변경을 명할 수 있다.

해설

① (×) 사용자는 취업규칙의 작성 또는 변경에 관하여 해당 사업 또는 사업장에 근로자의 과반수로 조직된 노동조합이 있는 경우에는 그 노동조합, 근로자의 과반수로 조직된 노동조합이 없는 경우에는 근로자의 과반수의 의견을 들어야 한다. 다만, 취업규칙을 근로자에게 불리하게 변경하는 경우에는 그 동의를 받아야 한다(근기법 제94조 제1항).
② (×) 취업규칙에서 근로자에 대하여 감급(減給)의 제재를 정할 경우에 그 감액은 1회의 금액이 평균임금의 1일분의 2분의 1을, 총액이 1임금지급기의 임금 총액의 10분의 1을 초과하지 못한다(근기법 제95조).
③ (○) 근기법 제96조 제1항
④ (×) 고용노동부장관은 법령이나 단체협약에 어긋나는 취업규칙의 변경을 명할 수 있다(근기법 제96조 제2항).

답 ❸

022 근로기준법상 취업규칙에 대한 설명으로 옳지 않은 것은?(다툼이 있는 경우 판례에 의함)

CHECK ○△×

21 국가직 9급

① 고용노동부장관은 법령이나 단체협약에 어긋나는 취업규칙의 변경을 명할 수 있다.

② 취업규칙의 불이익 변경에 있어서 해당 사업 또는 사업장에 노동조합이 없는 경우에는, 사용자 측의 개입이나 간섭이 배제된 상태에서 사업장 전체 또는 기구별·단위 부서별로 근로자 간에 의견을 교환하여 찬반의 의사를 모으는 회의방식 기타 집단적 의사결정 방식에 의하여 근로자 과반수의 동의를 받아야 한다.

③ 하나의 취업규칙의 적용을 받는 근로자들 가운데 취업규칙의 변경이 일부 근로자에게는 유리하고 일부 근로자에게는 불리한 경우에는 전체적으로 보아 근로자에게 불리한 취업규칙으로 취급한다.

④ 사용자가 취업규칙에서 정한 근로조건을 근로자에게 불리하게 변경하면서 근로자집단의 동의를 얻지 않은 경우에 변경 후 신규로 입사한 근로자에 대한 관계에서는 당연히 변경 전의 취업규칙이 적용된다.

해설

① (○) 근기법 제96조 제2항

② (○) 사용자가 취업규칙의 변경에 의하여 기존의 근로조건을 근로자에게 불리하게 변경하려면 종전 근로조건 또는 취업규칙의 적용을 받고 있던 근로자의 집단적 의사결정방법에 의한 동의를 요하고, 이러한 동의를 얻지 못한 취업규칙의 변경은 효력이 없으며, 그 동의의 방법은 노동조합이 없는 경우에는 근로자들의 회의방식에 의한 과반수의 동의를 요하고, 회의방식에 의한 동의라 함은 사업 또는 한 사업장의 기구별 또는 단위 부서별로 사용자 측의 개입이나 간섭이 배제된 상태에서 근로자 간에 의견을 교환하여 찬반을 집약한 후 이를 전체적으로 취합하는 방식도 허용된다(대판 2010.1.28. 2009다32362).

> 공기업 구조조정을 진행하면서 각 부서별, 사업소·지부별로 설명회를 개최하여 관련 사업의 포괄승계에 따른 근로조건의 변경 및 퇴직금지급률 변경 사항을 설명하고 근로자들의 동의를 받은 사안에서, 사용자 측이 변경될 내용을 근로자들에게 설명하고 홍보하는 데에 지나쳐 사용자 측의 부당한 개입이나 간섭이 있었다고 볼 수 없으므로, 근로자의 집단적 의사결정방법에 의한 동의가 있었다고 본 사례(대판 2010.1.28. 2009다32362).

③ (○) 근로자 상호 간에 유·불리에 따른 이익이 충돌되는 경우에는 그 변경은 근로자에게 불리한 것으로 취급하여 근로자들 전체의 의사에 따라 결정해야 한다. 따라서 유·불리를 달리하는 근로자집단규모를 비교할 필요 없이 불이익변경으로 보아야 한다(대판 1993.5.14. 93다1893).

④ (×) 사용자가 취업규칙에서 정한 근로조건을 근로자에게 불리하게 변경할 때 근로자의 동의를 얻지 않은 경우에 그 변경으로 기득이익이 침해되는 기존의 근로자에 대한 관계에서는 종전 취업규칙의 효력이 그대로 유지되지만, 변경된 취업규칙에 따른 근로조건을 수용하고 근로관계를 갖게 된 근로자에 대한 관계에서는 당연히 변경된 취업규칙이 적용되고, 기득이익의 침해라는 효력배제사유가 없는 변경 후 취업근로자에 대해서까지 변경의 효력을 부인하여 종전 취업규칙이 적용되어야 한다고 볼 수는 없다(대판 2022.10.14. 2022다245518).

답 ④

023 근로기준법상 취업규칙에 대한 설명으로 옳지 않은 것은?(다툼이 있는 경우 판례에 의함)

CHECK ○△×

22 국가직 7급

① 취업규칙의 일부를 이루는 급여규정의 변경이 일부의 근로자에게는 유리하고 일부의 근로자에게는 불리한 경우 근로자에게 일방적으로 불이익하게 변경된 것이 아니므로 그 변경에 근로자집단의 동의는 필요가 없다.

② 근로자에게 불리한 내용으로 변경된 취업규칙은 집단적 동의를 받았다고 하더라도, 근로자와 사용자가 취업규칙에서 정한 기준을 상회하는 근로조건을 개별 근로계약에서 구체적으로 따로 정한 경우, 근로자의 개별적 동의가 없는 한 취업규칙보다 유리한 근로계약의 내용이 우선하여 적용된다.

③ 사용자는 취업규칙의 작성 또는 변경에 관하여 해당 사업 또는 사업장에 근로자의 과반수로 조직된 노동조합이 있는 경우에는 그 노동조합, 근로자의 과반수로 조직된 노동조합이 없는 경우에는 근로자의 과반수의 의견을 들어야 하지만, 취업규칙을 근로자에게 불리하게 변경하는 경우에는 그 동의를 받아야 한다.

④ 상시 10명 이상의 근로자를 사용하는 사용자는 직장 내 괴롭힘의 예방 및 발생 시 조치 등에 관한 사항을 포함한 취업규칙을 작성하여 고용노동부장관에게 신고하여야 한다.

해설

① (×) 사용자가 취업규칙의 변경에 의하여 기존의 근로조건을 근로자에게 불리하게 변경하려면 종전 근로조건 또는 취업규칙의 적용을 받고 있던 근로자의 집단적 의사결정방법에 의한 동의를 받아야 한다(근로기준법 제94조 제1항 단서). 여기서 근로자에게 불리한 변경에 해당하는지 여부는 근로자 전체에 대하여 획일적으로 결정되어야 할 것이고, 그 변경이 일부 근로자에게는 유리하지만 다른 일부 근로자에게는 불리할 수 있어서 근로자에게 전체적으로 유리한지 불리한지를 단정적으로 평가하기가 어려운 경우에는 근로자에게 불이익한 것으로 취급하여 근로자들 전체의 의사에 따라 결정하게 하는 것이 타당하다(대판 2012.6.28. 2010다17468).

② (○) 근로자에게 불리한 내용으로 변경된 취업규칙은 집단적 동의를 받았다고 하더라도 그보다 유리한 근로조건을 정한 기존의 개별 근로계약 부분에 우선하는 효력을 갖는다고 할 수 없다. 이 경우에도 근로계약의 내용은 유효하게 존속하고, 변경된 취업규칙의 기준에 의하여 유리한 근로계약의 내용을 변경할 수 없으며, 근로자의 개별적 동의가 없는 한 취업규칙보다 유리한 근로계약의 내용이 우선하여 적용된다(대판 2019.11.14. 2018다200709).

③ (○) 근기법 제94조 제1항

④ (○) 근기법 제93조 제11호

답 ❶

최신유형

024 근로기준법령상 기숙사에 관한 설명으로 옳지 않은 것은? 25 노무

CHECK ○△×

① 사용자는 기숙사 생활의 자치에 필요한 임원 선거에 간섭하지 못한다.
② 사용자는 기숙사규칙의 작성 또는 변경에 관하여 기숙사에 기숙하는 근로자의 과반수의 동의를 받아야 한다.
③ 기숙사 침실의 넓이는 1인당 2.5제곱미터 이상으로 한다.
④ 사용자는 소음이나 진동이 심한 장소 등 근로자의 안전하고 쾌적한 거주가 어려운 환경의 장소에 기숙사를 설치해서는 안 된다.
⑤ 기숙사에 기숙하는 근로자가 기숙사규칙 중 안전과 보건에 관한 사항을 위반한 경우에는 500만원 이하의 과태료를 부과한다.

해설

① (○) 근기법 제98조 제2항
② (×) 사용자는 기숙사규칙의 작성 또는 변경에 관하여 기숙사에 기숙하는 근로자의 과반수를 대표하는 자의 동의를 받아야 한다(근기법 제99조 제2항).
③ (○) 근기법 시행령 제58조
④ (○) 사용자는 소음이나 진동이 심한 장소, 산사태나 눈사태 등 자연재해의 우려가 현저한 장소, 습기가 많거나 침수의 위험이 있는 장소, 오물이나 폐기물로 인한 오염의 우려가 현저한 장소 등 근로자의 안전하고 쾌적한 거주가 어려운 환경의 장소에 기숙사를 설치해서는 안 된다(근기법 시행령 제56조).
⑤ (○) 근기법 제116조 제2항 제2호, 동법 제99조 제1항 제4호, 제3항

답 ❷

025 근로기준법상 기숙사에 대한 설명으로 옳지 않은 것은? 23 국가직 9급

CHECK ○△×

① 사용자는 기숙사 생활의 자치에 필요한 임원 선거에 간섭하지 못한다.
② 부속 기숙사에 근로자를 기숙시키는 사용자는 기숙사규칙을 작성하여야 하고, 작성에 관하여 기숙사에 기숙하는 근로자의 과반수를 대표하는 자의 의견을 들어야 한다.
③ 사용자는 부속 기숙사에 대하여 근로자의 건강 유지, 사생활 보호 등을 위한 조치를 하여야 한다.
④ 근로감독관은 기숙사를 현장조사하고 장부와 서류의 제출을 요구할 수 있으며 사용자와 근로자에 대하여 심문(尋問)할 수 있다.

해설

① (○) 근기법 제98조 제2항
② (×) 부속 기숙사에 근로자를 기숙시키는 사용자는 기숙사규칙을 작성하여야 한다. 사용자는 규칙의 작성 또는 변경에 관하여 기숙사에 기숙하는 근로자의 과반수를 대표하는 자의 동의를 받아야 한다(근기법 제99조 제1항·제2항).
③ (○) 근기법 제100조의2
④ (○) 근로감독관은 사업장, 기숙사, 그 밖의 부속 건물을 현장조사하고 장부와 서류의 제출을 요구할 수 있으며 사용자와 근로자에 대하여 심문(尋問)할 수 있다(근기법 제102조 제1항).

답 ❷

CHAPTER

08 근로관계의 변경

제1절 인사이동

제2절 전 직

001 근로기준법상 사용자의 인사명령에 관한 설명으로 옳지 않은 것은?(다툼이 있으면 판례에 따름)

18 노무

CHECK ○△×

① 근로자에 대한 전직이나 전보처분은 원칙적으로 인사권자인 사용자의 권한에 속한다.

② 근로계약에서 근로의 내용이나 근무장소를 특별히 한정한 경우에 사용자가 근로자에 대하여 전보처분을 하려면 원칙적으로 근로자의 동의가 있어야 한다.

③ 근로자의 직무수행능력 부족을 이유로 한 잠정적 직위해제는 기업질서 유지를 목적으로 행하여지는 징벌적 제재로서의 징계와 그 성질이 동일하다.

④ 휴직명령은 근로자가 상당한 기간에 걸쳐 근로의 제공을 할 수 없다거나, 근로제공을 함이 매우 부적당하다고 인정되는 경우에는 정당한 이유에 해당한다.

⑤ 전적 시 당사자 사이에 종전의 근로관계를 승계하기로 하는 특약이 없었다면, 전적(轉籍)으로 근로관계는 단절된다.

해설

① (○) · ② (○) 근로자에 대한 전직이나 전보처분은 근로자가 제공하여야 할 근로의 종류 · 내용 · 장소 등에 변경을 가져온다는 점에서 근로자에게 불이익한 처분이 될 수도 있으나 원칙적으로 인사권자인 사용자의 권한에 속하므로 업무상 필요한 범위 안에서는 상당한 재량을 가지며, 그것이 근로기준법에 위반되거나 권리남용에 해당하는 등 특별한 사정이 없는 한 무효라고는 할 수 없고, 다만 근로계약에서 근로내용이나 근무장소를 특별히 한정한 경우에 사용자가 근로자에 대하여 전보나 전직처분을 하려면 원칙적으로 근로자의 동의가 있어야 한다(대판 2013.2.28. 2010다52041).

③ (×) 직위해제는 일반적으로 근로자가 직무수행능력이 부족하거나 근무성적 또는 근무태도 등이 불량한 경우, 근로자에 대한 징계절차가 진행 중인 경우, 근로자가 형사사건으로 기소된 경우 등에 있어서 당해 근로자가 장래에 있어서 계속 직무를 담당하게 될 경우 예상되는 업무상의 장애 등을 예방하기 위하여 일시적으로 당해 근로자에게 직위를 부여하지 아니함으로써 직무에 종사하지 못하도록 하는 잠정적인 조치로서의 보직의 해제를 의미하므로 과거의 근로자의 비위행위에 대하여 기업질서 유지를 목적으로 행하여지는 징벌적 제재로서의 징계와는 그 성질이 다르다(대판 2007.5.31. 2007두1460).

④ (○) 근로자가 상당한 기간에 걸쳐 근로의 제공을 할 수 없다거나, 근로제공을 함이 매우 부적당하다고 인정되는 경우에는 휴직명령의 정당한 이유에 해당된다(대판 2005.2.18. 2003다63029).

⑤ (○) 전적은 원기업과의 근로계약이 종료되고 전적기업과 새로운 근로계약을 체결하는 것이므로, 근로관계 승계의 특약 등 특별한 사정이 없는 한 근로관계는 승계되지 않는다(대판 1996.12.23. 95다29970).

답 ❸

002 사용자의 인사명령에 대한 설명으로 옳지 않은 것은?(다툼이 있는 경우 판례에 의함)

CHECK ○△×

18 국가직 7급

① 직위해제는 근로자의 과거의 비위행위에 대하여 기업질서 유지를 목적으로 행하여지는 징벌적 제재로서의 징계와 그 성질이 동일하다.

② 근로계약상 근로의 장소가 특정되어 있는 경우에 이를 변경하는 전직이나 전보명령을 하려면 근로자의 동의가 있어야 한다.

③ 전보처분 등이 권리남용에 해당하지 않기 위해서는 전보처분 등의 업무상의 필요성과 전보 등에 따른 근로자의 생활상의 불이익을 비교·교량하여 결정되어야 하고, 그 생활상의 불이익이 근로자가 통상 감수하여야 할 정도를 현저하게 벗어나지 않아야 한다.

④ 전보처분 등을 함에 있어서 근로자 본인과 성실한 협의절차를 거쳤는지 여부는 정당한 인사권의 행사인지 여부를 판단하는 하나의 요소라고는 할 수 있으나, 그러한 절차를 거치지 아니하였다는 사정만으로 전보처분 등이 권리남용에 해당하여 당연히 무효가 된다고는 할 수 없다.

해설

① (×) 근로자에 대한 직위해제는 일반적으로 근로자가 직무수행능력이 부족하거나 근무성적 또는 근무태도 등이 불량한 경우, 근로자에 대한 징계절차가 진행 중인 경우, 근로자가 형사사건으로 기소된 경우 등에 있어서 당해 근로자가 장래에 있어서 계속 직무를 담당하게 될 경우 예상되는 업무상의 장애 등을 예방하기 위하여 일시적으로 당해 근로자에게 직위를 부여하지 아니함으로써 직무에 종사하지 못하도록 하는 잠정적인 조치로서의 보직의 해제를 의미하므로, 과거의 근로자의 비위행위에 대하여 기업질서 유지를 목적으로 행하여지는 징벌적 제재로서의 징계와는 그 성질이 다르다(대판 2007.5.31. 2007두1460).

② (○) 근로자에 대한 전직이나 전보처분은 근로기준법에 위반되거나 권리남용에 해당하는 등 특별한 사정이 없는 한 무효라고는 할 수 없고, 다만 근로계약에서 근로내용이나 근무장소를 특별히 한정한 경우에 사용자가 근로자에 대하여 전보나 전직처분을 하려면 원칙적으로 근로자의 동의가 있어야 한다(대판 2013.2.28. 2010다52041).

③ (○)·④ (○) 전보처분 등이 권리남용에 해당하는지는 전보처분 등의 업무상의 필요성과 전보 등에 따른 근로자의 생활상의 불이익을 비교·교량하여 결정하여야 하고, 업무상의 필요에 의한 전보 등에 따른 생활상의 불이익이 근로자가 통상 감수하여야 할 정도를 현저하게 벗어난 것이 아니라면 이는 정당한 인사권의 범위 내에 속하는 것으로서 권리남용에 해당하지 않는다.❸ 나아가, 전보처분 등을 함에 있어 근로자 본인과 성실한 협의절차를 거쳤는지는 정당한 인사권의 행사인지 여부를 판단하는 하나의 요소라고 할 수 있으나, 그러한 절차를 거치지 아니하였다는 사정만으로 전보처분 등이 권리남용에 해당하여 당연히 무효가 되는 것은 아니다❹(대판 2014.9.4. 2012다35309).

답 ❶

003 전직에 관한 설명 중 옳지 않은 것은?(다툼이 있는 경우 판례에 의함)

CHECK ○△×

14 사시

① 근로계약상 근로의 장소가 특정되어 있는 경우에 이를 변경하는 전직에는 근로자의 동의가 필요하다.

② 전직이 권리남용에 해당하는지 여부는 전직의 업무상 필요성과 전직에 따른 근로자의 생활상의 불이익을 비교·형량하여 판단하여야 한다.

③ 전직은 원칙적으로 인사권자인 사용자의 권한에 속하므로 업무상 필요한 범위 내에서는 사용자는 상당한 재량을 가진다.

④ 사용자가 근로자에게 부당한 전직을 하면 근로자는 노동위원회에 구제를 신청할 수 있다.

⑤ 사용자가 근로자에게 부당한 전직을 하면 근로기준법위반으로 형사처벌을 받을 수 있다.

해설

① (○) · ③ (○) 근로자에 대한 전직이나 전보처분은 근로자가 제공하여야 할 근로의 종류 · 내용 · 장소 등에 변경을 가져온다는 점에서 근로자에게 불이익한 처분이 될 수도 있으나 원칙적으로 인사권자인 사용자의 권한에 속하므로 업무상 필요한 범위 안에서는 상당한 재량을 가지며,❸ 그것이 근로기준법에 위반되거나 권리남용에 해당하는 등 특별한 사정이 없는 한 무효라고는 할 수 없고, 다만 근로계약에서 근로내용이나 근무장소를 특별히 한정한 경우에 사용자가 근로자에 대하여 전보나 전직처분을 하려면 원칙적으로 근로자의 동의가 있어야 한다❶(대판 2013.2.28. 2010다52041).

② (○) 전직이나 전보처분이 권리남용에 해당하는지 여부는 전직등의 업무상의 필요성과 전직등에 따른 근로자의 생활상의 불이익을 비교 · 교량하여 결정되어야 할 것이고, 업무상의 필요에 의한 전직등에 따른 생활상의 불이익이 근로자가 통상 감수하여야 할 정도를 현저하게 벗어난 것이 아니라면 이는 정당한 인사권의 범위 내에 속하는 것으로서 권리남용에 해당하지 아니한다(대판 1996.12.20. 95누18345).

④ (○) 사용자가 근로자에게 부당해고등을 하면 근로자는 노동위원회에 구제를 신청할 수 있다(근기법 제28조 제1항).

⑤ (×) 근기법은 사용자가 행한 부당한 전직에 대하여 사용자를 형사처벌할 수 있다는 규정을 두고 있지 아니하다.

답 ❺

004 근로기준법상 전직처분에 대한 설명으로 옳지 않은 것은?(다툼이 있는 경우 판례에 의함)

CHECK ○△×

22 국가직 9급

① 근로자에 대한 전직처분은 원칙적으로 인사권자인 사용자의 권한에 속하므로 업무상 필요한 범위 내에서는 상당한 재량을 인정하여야 하는 것으로서, 그것이 근로기준법에 위반되거나 권리남용에 해당하는 등의 특별한 사정이 없는 한 무효라고 할 수 없다.

② 업무상 필요에 의한 전직에 따른 생활상의 불이익이 근로자가 통상 감수하여야 할 정도를 현저하게 벗어나지 않으면 이는 정당한 인사권의 범위 내에 속하므로 권리남용에 해당하지 않는다.

③ 전직처분을 할 때 근로자 본인과 성실한 협의절차를 거쳤는지는 정당한 인사권의 행사인지를 판단하는 하나의 요소이므로, 그러한 절차를 거치지 아니한 전직처분은 권리남용에 해당하여 당연히 무효가 된다.

④ 사용자가 전직처분을 할 때 요구되는 업무상의 필요란 인원배치를 변경할 필요성이 있고 그 변경에 어떠한 근로자를 포함시키는 것이 적절할 것인가 하는 인원선택의 합리성을 의미한다.

해설

① (○), ② (○), ③ (×) 근로자에 대한 전보나 전직은 원칙적으로 인사권자인 사용자의 권한에 속하므로 업무상 필요한 범위 내에서는 사용자가 상당한 재량을 가진다. 따라서 그것이 근로기준법 등에 위배되거나 권리남용에 해당하는 등의 특별한 사정이 없으면 유효한바,❶ 전보처분 등이 권리남용에 해당하는지는 전보처분 등의 업무상의 필요성과 전보 등에 따른 근로자의 생활상의 불이익을 비교 · 교량하여 결정하여야 하고, 업무상의 필요에 의한 전보 등에 따른 생활상의 불이익이 근로자가 통상 감수하여야 할 정도를 현저하게 벗어난 것이 아니라면 이는 정당한 인사권의 범위 내에 속하는 것으로서 권리남용에 해당하지 않는다.❷ 나아가, 전보처분 등을 함에 있어 근로자 본인과 성실한 협의절차를 거쳤는지는 정당한 인사권의 행사인지 여부를 판단하는 하나의 요소라고 할 수 있으나, 그러한 절차를 거치지 아니하였다는 사정만으로 전보처분 등이 권리남용에 해당하여 당연히 무효가 되는 것은 아니다❸(대판 2014.9.4. 2012다35309).

④ (○) 사용자가 전직처분 등을 함에 있어서 요구되는 업무상의 필요란 인원 배치를 변경할 필요성이 있고 그 변경에 어떠한 근로자를 포함시키는 것이 적절할 것인가 하는 인원선택의 합리성을 의미하는데, 여기에는 업무능률의 증진, 직장질서의 유지나 회복, 근로자 간의 인화 등의 사정도 포함된다(대판 2013.2.28. 2010다52041).

답 ❸

제3절 전 적

제4절 휴 직

제5절 징 계

005 근로기준법상 인사와 징계에 관한 설명으로 옳지 않은 것은?(다툼이 있으면 판례에 따름)

CHECK ○△×

24 노무

① 인사명령은 원칙적으로 인사권자인 사용자의 고유권한에 속한다.

② 사용자가 근로자 측과 성실한 협의절차를 거쳤는지는 전직처분이 정당한 이유가 있는지를 판단하는 요소의 하나이다.

③ 사용자가 인사처분을 함에 있어 노동조합의 사전 동의를 얻도록 단체협약에 규정하는 것은 사용자의 인사권의 본질적 내용을 침해하는 것으로 무효이다.

④ 근로자의 사생활에서의 비행이 기업의 사회적 평가를 훼손할 염려가 있는 것이라면 정당한 징계사유가 될 수 있다.

⑤ 여러 개의 징계사유 중 인정되는 일부 징계사유만으로 해당 징계처분의 타당성을 인정하기에 충분한지에 대한 증명책임은 사용자가 부담한다.

해설

① (○) 대기발령을 포함한 인사명령은 원칙적으로 인사권자인 사용자의 고유권한에 속한다 할 것이고, 따라서 이러한 인사명령에 대하여는 업무상 필요한 범위 안에서 사용자에게 상당한 재량을 인정하여야 하며, 이것이 근로기준법 등에 위반되거나 권리남용에 해당하는 등의 특별한 사정이 없는 한 위법하다고 할 수 없다(대판 2007.5.31. 2007두1460).

② (○) 업무상 필요에 의한 전직처분 등에 따른 생활상의 불이익이 근로자가 통상 감수하여야 할 정도를 현저하게 벗어나지 않으면 전직처분 등의 정당한 이유가 인정되고, 근로자 측과 성실한 협의절차를 거쳤는지는 정당한 이유의 유무를 판단하는 하나의 요소라고 할 수 있으나, 그러한 절차를 거치지 아니하였다는 사정만으로 전직처분 등이 무효가 된다고 볼 수 없다(대판 2023.9.21. 2022다286755).

③ (×) 사용자가 인사처분을 함에 있어 노동조합의 사전 동의나 승낙을 얻어야 한다거나 노동조합과 인사처분에 관한 논의를 하여 의견의 합치를 보아 인사처분을 하도록 단체협약 등에 규정된 경우에는 그 절차를 거치지 아니한 인사처분은 원칙적으로 무효라고 보아야 할 것이나, 이는 사용자의 노동조합 간부에 대한 부당한 징계권 행사를 제한하자는 것이지 사용자의 본질적 권한에 속하는 피용자에 대한 인사권 내지 징계권의 행사 그 자체를 부정할 수는 없는 것이므로 노동조합의 간부인 피용자에게 징계사유가 있음이 발견된 경우에 어떠한 경우를 불문하고 노동조합 측의 적극적인 찬성이 있어야 그 징계권을 행사할 수 있다는 취지로 해석할 수는 없다(대판 2003.6.10. 2001두3136). 따라서 판례의 취지에 따라 판단하건대 노동조합의 사전동의권은 사용자의 인사권의 본질적 내용을 침해하는 것으로 볼 수 없다.

④ (○) 근로자의 사생활에서의 비행은 사업활동에 직접 관련이 있거나 기업의 사회적 평가를 훼손할 염려가 있는 것에 한하여 정당한 징계사유가 될 수 있다(대판 1994.12.13. 93누23275).

⑤ (○) 여러 개의 징계사유 중 일부가 인정되지 않더라도 인정되는 다른 일부 징계사유만으로 해당 징계처분의 타당성을 인정하기에 충분한 경우, 인정되는 일부 징계사유만으로 해당 징계처분의 타당성을 인정하기에 충분한지에 대한 증명책임은 사용자가 부담한다(대판 2019.11.28. 2017두57318).

답 ③

006 근로기준법상 징계 등에 대한 설명으로 옳지 않은 것은?

24 국가직 9급

CHECK ○△×

① 상시 10명 이상의 근로자를 사용하는 사용자가 취업규칙을 작성하는 경우에는 제재에 관한 사항을 포함하여야 한다.

② 단체협약이나 취업규칙 등에 징계절차에서 피징계자에게 변명의 기회를 부여할 것을 명한 규정이 없더라도 사용자는 피징계자에 대한 징계절차에서 피징계자에게 변명의 기회를 부여하여야 할 의무가 있고 이와 같은 의무를 위배하여 징계해고를 하였다면 그 징계권의 행사는 징계사유가 인정되는지 여부에 관계없이 절차에 관한 정의에 반하는 처사로서 무효이다.

③ 원래의 징계처분에서 징계사유로 삼지 아니한 징계사유를 재심절차에서 추가하는 것은 특별한 사정이 없는 한 허용되지 아니한다.

④ 근로자의 사생활에서의 비행은 사업활동에 직접 관련이 있거나 기업의 사회적 평가를 훼손할 염려가 있는 것에 한하여 정당한 징계사유가 될 수 있다.

해설

① (○) 상시 10명 이상의 근로자를 사용하는 사용자는 표창과 제재에 관한 사항을 포함한 일정한 사항에 관한 취업규칙을 작성하여 고용노동부장관에게 신고하여야 한다(근기법 제93조 제12호).

② (×) 판례의 취지를 고려할 때 징계절차규정이 없는 경우 피징계자에게 변명의 기회를 부여함이 없이 징계해고를 하였더라도 그 징계권의 행사가 무효라고 할 수 없다.

> 회사의 단체협약이나 취업규칙 등에 징계절차에서 피징계자에게 사전에 통고하거나 변명의 기회를 부여할 것을 명한 규정이 없는 이상, 회사의 피징계자에 대한 징계절차에서 그와 같은 절차를 거치지 않았다고 하더라도 징계처분을 무효라고 할 수 없다(대판 1992.4.14. 91다4775).

③ (○) 징계처분을 받은 근로자가 재심을 청구할 수 있는 경우 그 재심절차는 징계처분에 대한 구제절차에 해당하고, 징계처분이 그 요건을 모두 갖추었다 하더라도 재심절차를 전혀 이행하지 않거나 재심절차에 중대한 하자가 있어 재심의 효력을 인정할 수 없는 경우에는 그 징계처분은 무효로 되므로, 원래의 징계처분에서 징계사유로 삼지 아니한 징계사유를 재심절차에서 추가하는 것은 추가된 징계사유에 대한 재심의 기회를 박탈하는 것으로 되어 특별한 사정이 없는 한 허용되지 아니한다(대판 1996.6.14. 95누6410).

④ (○) 사용자가 근로자에 대하여 징계권을 행사할 수 있는 것은 사업활동을 원활하게 수행하는 데 필요한 범위 내에서 규율과 질서를 유지하기 위한 데에 그 근거가 있으므로, 근로자의 사생활에서의 비행은 사업활동에 직접 관련이 있거나 기업의 사회적 평가를 훼손할 염려가 있는 것에 한하여 정당한 징계사유가 될 수 있다(대판 1994.12.13. 93누23275).

답 ②

007 근로기준법상 징계 또는 해고에 대한 설명으로 옳지 않은 것은?

24 국가직 9급

CHECK ○△×

① 해고는 명시적 또는 묵시적 의사표시에 의해서도 이루어질 수 있다.

② 회사의 단체협약상의 징계규정에는 노동조합원을 징계하려면 상벌위원회의 심의를 거쳐야 하고 그 상벌위원회의 구성은 노사 각 4인씩으로 하여 노동조합원들을 참여시키도록 되어 있는 경우, 이러한 징계절차 규정을 위배하여 노동조합 측의 위원 2명만 참석시키고 자격이 없는 상조회 소속 근로자 2명을 포함하여 상벌위원회를 구성한 다음 그 상벌위원회의 결의를 거쳐 징계해고하였더라도, 자격이 없는 위원을 제외하고서도 의결정족수가 충족된다면, 이러한 징계권의 행사는 유효라고 보아야 한다.

③ 단체협약에서 근로자를 해고함에 있어서 해고사유 및 해고절차를 단체협약에 의하도록 명시적으로 규정하고 있거나 동일한 징계사유나 징계절차에 관하여 단체협약상의 규정과 취업규칙 등의 규정이 상호 저촉되는 경우가 아닌 한 사용자는 취업규칙에서 새로운 해고사유를 정할 수 있고 그 해고사유에 터잡아 근로자를 해고할 수 있다.

④ 사용자가 근로기준법 제27조(해고사유 등의 서면통지)에 따라 해고사유 등을 서면으로 통지할 때 명칭과 상관없이 근로자의 처지에서 해고사유가 무엇인지를 구체적으로 알 수 있는 서면이면 충분하다.

해설

① (○) 해고란 실제 사업장에서 불리는 명칭이나 절차에 관계없이 근로자의 의사에 반하여 사용자의 일방적 의사에 의하여 이루어지는 모든 근로계약관계의 종료를 의미한다. 해고는 명시적 또는 묵시적 의사표시에 의해서도 이루어질 수 있으므로, 묵시적 의사표시에 의한 해고가 있는지는 사용자의 노무 수령 거부 경위와 방법, 노무 수령 거부에 대하여 근로자가 보인 태도 등 제반 사정을 종합적으로 고려하여 사용자가 근로관계를 일방적으로 종료할 확정적 의사를 표시한 것으로 볼 수 있는지 여부에 따라 판단해야 한다(대판 2023.2.2. 2022두57695).

② (×) 회사의 단체협약상의 징계규정에는 노동조합원을 징계하려면 상벌위원회의 심의를 거쳐야 하고 그 상벌위원회의 구성은 노사 각 4인씩으로 하여 노동조합원들을 참여시키도록 되어 있는데도 불구하고, 이러한 징계절차 규정을 위배하여 노동조합 측의 위원 2명만 참석시키고 자격이 없는 상조회 소속 근로자 2명을 포함하여 상벌위원회를 구성한 다음 그 상벌위원회의 결의를 거쳐 징계해고하였다면, 이러한 징계권의 행사는 징계사유가 인정되는 여부에 관계없이 절차에 있어서의 정의에 반하는 처사로서 무효라고 보아야 할 것이고, 이는 자격이 없는 위원을 제외하고서도 의결정족수가 충족된다 하더라도 그 상벌위원회의 구성 자체에 위법이 있는 이상 마찬가지이다(대판 1996.6.28. 94다53716).

③ (○) 단체협약에서 "해고에 관하여는 단체협약에 의하여야 하고 취업규칙에 의하여 해고할 수 없다."는 취지로 규정하거나 "단체협약에 정한 사유 외의 사유로는 근로자를 해고할 수 없다."고 규정하는 등 근로자를 해고함에 있어서 해고사유 및 해고절차를 단체협약에 의하도록 명시적으로 규정하고 있거나 동일한 징계사유나 징계절차에 관하여 단체협약상의 규정과 취업규칙 등의 규정이 상호 저촉되는 경우가 아닌 한 사용자는 취업규칙에서 단체협약 소정의 해고사유와는 관련이 없는 새로운 해고사유를 정할 수 있고, 그 해고사유에 터잡아 근로자를 해고할 수 있으며, 비록 단체협약에서 해고사유와 해고 이외의 징계사유를 나누어 구체적으로 열거하고 있다 하더라도 취업규칙에서 이와 다른 사유를 해고사유로 규정하는 것이 단체협약에 반하는 것이라고 할 수 없다(대판 1999.3.26. 98두4672).

④ (○) 근로기준법 제27조는 사용자가 근로자를 해고하려면 해고사유와 해고시기를 서면으로 통지하여야 효력이 있다고 정하고 있다. 이는 해고사유 등의 서면통지를 통하여 사용자로 하여금 근로자를 해고하는 데 신중을 기하도록 하고, 해고의 존부, 시기와 그 사유를 명확하게 하여 나중에 이를 둘러싼 분쟁이 적정하고 용이하게 해결될 수 있도록 하며, 근로자에게도 해고에 적절히 대응할 수 있도록 하려는 데 목적이 있다. 따라서 사용자가 해고사유 등을 서면으로 통지할 때 해고통지서 등 명칭과 상관없이 근로자의 처지에서 해고사유가 무엇인지를 구체적으로 알 수 있는 서면이면 충분하다(대판 2021.7.29. 2021두36103).

답 ❷

008 근로기준법상 징계에 대한 설명으로 옳지 않은 것은?

23 국가직 9급

CHECK ○△×

① 단체협약이나 취업규칙 또는 이에 근거를 둔 징계규정에서 징계위원회의 구성에 관하여 정하고 있는 경우 이와 다르게 징계위원회를 구성한 다음 그 결의를 거쳐 징계처분을 하였더라도 절차상 중대한 하자로 볼 수 없으므로 그 징계처분은 유효하다.

② 취업규칙에 피징계자에게 징계위원회의 개최일시 및 장소를 일정한 기간의 여유를 두고 통지하도록 규정하고 있는 경우 이는 징계의 객관성과 공정성을 확보하기 위한 것이므로 그 절차를 위반하여 한 징계처분은 효력이 없으나, 이러한 절차상의 하자가 있음에도 피징계자가 스스로 징계를 위한 인사위원회에 출석하여 출석통지절차에 대한 이의를 제기함이 없이 충분한 소명을 하였다는 특별한 사정이 있다면 그 절차상의 하자는 치유된다.

③ 근로기준법 제23조 제1항은 사용자는 근로자에게 정당한 이유 없이 해고하지 못한다고 하여 해고를 제한하고 있으므로, 징계해고사유가 인정된다 하더라도 사회통념상 고용관계를 계속할 수 없을 정도로 근로자에게 책임 있는 사유가 있는 경우에 한하여 해고의 정당성이 인정된다.

④ 해고사유 및 해고절차를 단체협약에 의하도록 명시적으로 규정하고 있거나 동일한 징계사유나 징계절차에 관하여 단체협약상의 규정과 취업규칙 등의 규정이 상호 저촉되는 경우가 아닌 한 사용자는 취업규칙에서 단체협약 소정의 해고사유와는 관련이 없는 새로운 해고사유를 정할 수 있다.

해설

① (×) 단체협약이나 취업규칙 또는 이에 근거를 둔 징계규정에서 징계위원회의 구성에 관하여 정하고 있는 경우 이와 다르게 징계위원회를 구성한 다음 그 결의를 거쳐 징계처분을 하였다면, 그 징계처분은 징계사유가 인정되는지 여부와 관계없이 원칙적으로 절차상 중대한 하자가 있어 무효이다(대판 2020.11.26. 2017두70793).

② (○) 대판 2016.11.24. 2015두54759

③ (○) 근로기준법 제23조 제1항은 사용자는 근로자에게 정당한 이유 없이 해고하지 못한다고 하여 해고를 제한하고 있으므로, 징계해고사유가 인정된다고 하더라도 사회통념상 고용관계를 계속할 수 없을 정도로 근로자에게 책임 있는 사유가 있는 경우에 한하여 해고의 정당성이 인정된다. 이는 근로자가 입사 당시 제출한 이력서 등에 학력 등을 허위로 기재한 행위를 이유로 징계해고를 하는 경우에도 마찬가지이고, 그 경우 사회통념상 고용관계를 계속할 수 없을 정도인지는 사용자가 사전에 허위 기재 사실을 알았더라면 근로계약을 체결하지 않았거나 적어도 동일 조건으로는 계약을 체결하지 않았으리라는 등 고용 당시의 사정뿐 아니라, 고용 후 해고에 이르기까지 근로자가 종사한 근로 내용과 기간, 허위기재를 한 학력 등이 종사한 근로의 정상적인 제공에 지장을 가져오는지 여부, 사용자가 학력 등 허위 기재 사실을 알게 된 경위, 알고 난 후 당해 근로자의 태도 및 사용자의 조치 내용, 학력 등이 종전에 알고 있던 것과 다르다는 사정이 드러남으로써 노사간 및 근로자 상호간 신뢰관계 유지와 안정적인 기업경영과 질서유지에 미치는 영향 기타 여러 사정을 종합적으로 고려하여 판단하여야 한다(대판 2012.7.5. 2009두16763).

④ (○) 단체협약에서 "해고에 관하여는 단체협약에 의하여야 하고 취업규칙에 의하여 해고할 수 없다."는 취지로 규정하거나 "단체협약에 정한 사유 외의 사유로는 근로자를 해고할 수 없다."고 규정하는 등 근로자를 해고함에 있어서 해고사유 및 해고절차를 단체협약에 의하도록 명시적으로 규정하고 있거나 동일한 징계사유나 징계절차에 관하여 단체협약상의 규정과 취업규칙 등의 규정이 상호 저촉되는 경우가 아닌 한 사용자는 취업규칙에서 단체협약 소정의 해고사유와는 관련이 없는 새로운 해고사유를 정할 수 있고, 그 해고사유에 터잡아 근로자를 해고할 수 있으며, 비록 단체협약에서 해고사유와 해고 이외의 징계사유를 나누어 구체적으로 열거하고 있다 하더라도 취업규칙에서 이와 다른 사유를 해고사유로 규정하는 것이 단체협약에 반하는 것이라고 할 수 없다(대판 1999.3.26. 98두4672).

답 ①

009 근로기준법상 징계에 대한 설명으로 옳지 않은 것은?

23 국가직 7급

CHECK ○△×

① 단체협약이나 취업규칙 또는 이에 근거를 둔 징계규정에서 징계위원회의 구성에 관하여 정하고 있는 경우 이와 다르게 징계위원회를 구성한 다음 그 결의를 거쳐 징계처분을 하였더라도 절차상 중대한 하자로 볼 수 없으므로 그 징계처분은 유효하다.

② 취업규칙에 피징계자에게 징계위원회의 개최일시 및 장소를 일정한 기간의 여유를 두고 통지하도록 규정하고 있는 경우 이는 징계의 객관성과 공정성을 확보하기 위한 것이므로 그 절차를 위반하여 한 징계처분은 효력이 없으나, 이러한 절차상의 하자가 있음에도 피징계자가 스스로 징계를 위한 인사위원회에 출석하여 출석통지절차에 대한 이의를 제기함이 없이 충분한 소명을 하였다는 특별한 사정이 있다면 그 절차상의 하자는 치유된다.

③ 근로기준법 제23조 제1항은 사용자는 근로자에게 정당한 이유 없이 해고하지 못한다고 하여 해고를 제한하고 있으므로, 징계해고사유가 인정된다 하더라도 사회통념상 고용관계를 계속할 수 없을 정도로 근로자에게 책임 있는 사유가 있는 경우에 한하여 해고의 정당성이 인정된다.

④ 해고사유 및 해고절차를 단체협약에 의하도록 명시적으로 규정하고 있거나 동일한 징계사유나 징계절차에 관하여 단체협약상의 규정과 취업규칙 등의 규정이 상호 저촉되는 경우가 아닌 한 사용자는 취업규칙에서 단체협약 소정의 해고사유와는 관련이 없는 새로운 해고사유를 정할 수 있다.

해설

① (×) 단체협약이나 취업규칙 또는 이에 근거를 둔 징계규정에서 징계위원회의 구성에 관하여 정하고 있는 경우 이와 다르게 징계위원회를 구성한 다음 그 결의를 거쳐 징계처분을 하였다면, 그 징계처분은 징계사유가 인정되는지 여부와 관계없이 원칙적으로 절차상 중대한 하자가 있어 무효이다(대판 2020.11.26. 2017두70793).

② (○) 대판 2016.11.24. 2015두54759

③ (○) 대판 2013.9.12. 2013두11031

④ (○) 단체협약에서 "해고에 관하여는 단체협약에 의하여야 하고 취업규칙에 의하여 해고할 수 없다."는 취지로 규정하거나 "단체협약에 정한 사유 외의 사유로는 근로자를 해고할 수 없다."고 규정하는 등 근로자를 해고함에 있어서 해고사유 및 해고절차를 단체협약에 의하도록 명시적으로 규정하고 있거나 동일한 징계사유나 징계절차에 관하여 단체협약상의 규정과 취업규칙 등의 규정이 상호 저촉되는 경우가 아닌 한 사용자는 취업규칙에서 단체협약 소정의 해고사유와는 관련이 없는 새로운 해고사유를 정할 수 있고, 그 해고사유에 터잡아 근로자를 해고할 수 있으며, 비록 단체협약에서 해고사유와 해고 이외의 징계사유를 나누어 구체적으로 열거하고 있다 하더라도 취업규칙에서 이와 다른 사유를 해고사유로 규정하는 것이 단체협약에 반하는 것이라고 할 수 없다(대판 1999.3.26. 98두4672).

답 ❶

010 징계에 관한 설명으로 옳지 않은 것은?(다툼이 있는 경우에는 판례에 의함)

15 노무

CHECK ○△×

① 경미한 징계사유에 대하여 가혹한 제재를 가하는 것은 징계권의 남용으로서 무효이다.

② 징계규정상 징계절차를 위반하여 이루어진 징계처분은 징계사유가 인정되는지에 관계없이 무효임이 원칙이다.

③ 징계규정에 피징계자의 출석 및 진술의 기회 부여에 관한 절차가 없어도 그러한 절차를 거치지 않은 징계처분은 무효이다.

④ 징계처분에서 징계사유로 삼지 아니한 비위행위라도 징계양정에서의 참작자료로 삼을 수 있다.

⑤ 근로자의 사생활에서의 비행은 사업활동에 직접 관련이 있거나 기업의 사회적 평가를 훼손할 염려가 있는 것에 한하여 정당한 징계사유가 될 수 있다.

해설

① (○) 어떤 징계처분을 선택할 것인지는 징계권자의 재량에 속한다고 할 것이지만 이러한 재량은 징계권자의 자의적이고 편의적인 재량에 맡겨져 있는 것이 아니며 징계사유와 징계처분과의 사이에 사회통념상 상당하다고 보여지는 균형의 존재가 요구되고 경미한 징계사유에 대하여 가혹한 제재를 가한다든가 하는 것은 권리의 남용으로서 무효이다(대판 1991.1.11. 90다카21176).

② (○) 징계대상자에게 징계위원회에 출석하여 변명과 소명자료를 제출할 기회를 부여하도록 되어 있음에도 이러한 징계절차를 위반하여 징계해고하였다면 이러한 징계권의 행사는 징계사유가 인정되는지와 관계없이 절차의 정의에 반하여 무효라고 보아야 한다(대판 2012.1.27. 2010다100919).

③ (×) 취업규칙 등의 징계에 관한 규정에 징계혐의자의 출석 및 진술의 기회부여 등에 관한 절차가 규정되어 있지 않은 경우에는 그러한 절차를 거치지 않고 징계처분을 하였다 하더라도 징계의 효력에는 영향이 없다(대판 1994.9.30. 93다26496).

④ (○) 징계처분에서 징계사유로 삼지 아니한 비위행위라도 징계종류 선택의 자료로서 피징계자의 평소 소행과 근무성적, 해당 징계처분사유 전후에 저지른 비위행위사실 등은 징계양정을 하면서 참작자료로 삼을 수 있다(대판 2014.11.27. 2011다41420).

⑤ (○) 사용자가 근로자에 대하여 징계권을 행사할 수 있는 것은 사업활동을 원활하게 수행하는 데 필요한 범위 내에서 규율과 질서를 유지하기 위한 데에 그 근거가 있으므로, 근로자의 사생활에서의 비행은 사업활동에 직접 관련이 있거나 기업의 사회적 평가를 훼손할 염려가 있는 것에 한하여 정당한 징계사유가 될 수 있다(대판 1994.12.13. 93누23275).

답 ③

011 징계에 관한 설명으로 옳지 않은 것은?(다툼이 있으면 판례에 따름)

17 노무

CHECK ○△×

① 합리적인 사유 없이 같은 정도의 비위행위에 대하여 일반적으로 적용하여 온 기준과 어긋나게 공평을 잃은 과중한 징계처분을 행하는 것은 위법하다.

② 단체협약에서 근로자에게 징계사유와 관련한 소명기회를 주도록 규정하고 있는 경우 근로자에게 그 기회를 제공하면 되는 것이고 소명 그 자체가 반드시 이루어져야 하는 것은 아니다.

③ 여러 개의 징계사유 중 일부가 인정되지 않더라도 인정되는 다른 일부 징계사유만으로도 해당 징계처분의 타당성을 인정하기에 충분한 경우에는 그 징계처분이 위법하지 않다.

④ 징계처분에서 징계사유로 삼지 아니한 비위행위사실은 징계양정의 참작자료로 삼을 수 없다.

⑤ 징계규정에서 징계위원회에 출석하여 소명할 기회를 부여하고 있으면, 출석통보의 시기와 방법에 관한 특별한 규정이 없더라도 소명자료를 준비할 만한 상당한 기간을 두고 개최일시와 장소를 통보하여야 한다.

해설

① (○) 합리적인 사유 없이 같은 정도의 비행에 대하여 일반적으로 적용하여 온 기준과 어긋나게 공평을 잃은 징계처분을 선택함으로써 평등의 원칙에 위반한 경우에 이러한 징계처분은 재량권의 한계를 벗어난 처분으로서 위법하다(대판 2000.6.9. 98두16613).

② (○) 단체협약에서 당사자에게 징계사유와 관련한 소명기회를 주도록 규정하고 있는 경우에도 그 대상자에게 그 기회를 제공하면 되며, 소명 그 자체가 반드시 이루어져야 하는 것은 아니다(대판 2014.11.27. 2011다41420).

③ (○) 수 개의 징계사유 중 일부가 인정되지 않더라도 인정되는 다른 일부 징계사유만으로도 당해 징계처분의 타당성을 인정하기에 충분한 경우에는 그 징계처분을 유지하여도 위법하지 아니하다 할 것이다(대판 2002.9.24. 2002두6620).

④ (×) 근로자의 어떤 비위행위가 징계사유로 되어 있느냐 여부는 구체적인 자료들을 통하여 징계위원회 등에서 그것을 징계사유로 삼았는가 여부에 의하여 결정되어야 하는 것이지 반드시 징계결의서나 징계처분서에 기재된 취업규칙이나 징계규정 소정의 징계근거사유만으로 징계사유가 한정되는 것은 아닐 뿐만 아니라, 징계처분에서 징계사유로 삼지 아니한 비위행위라고 하더라도 징계종류 선택의 자료로서 피징계자의 평소의 소행과 근무성적, 당해 징계처분사유 전후에 저지른 비위행위사실 등은 징계양정에 있어서의 참작자료로 삼을 수 있는 것이다(대판 2002.5.28. 2001두10455).

⑤ (○) 징계규정에 징계대상자에게 징계위원회에 출석하여 변명과 소명자료를 제출할 기회를 부여하도록 되어 있다면 그 통보의 시기와 방법에 관하여 특별히 규정한 바가 없다고 하여도 변명과 소명자료를 준비할 만한 상당한 기간을 두고 개최일시와 장소를 통보하여야 한다(대판 1991.7.9. 90다8077).

답 ④

012 사용자의 징계권 행사에 관한 설명으로 옳지 않은 것은?(다툼이 있으면 판례에 따름) 20 노무

CHECK ○△×

① 징계처분에서 징계사유로 삼은 비위행위가 아닌 평소의 소행과 근무성적, 당해 징계처분사유 전후에 저지른 비위행위사실 등은 징계양정의 참작자료로 삼을 수 없다.

② 학력 등을 허위로 기재한 행위를 이유로 징계해고를 하는 경우에 그 정당성은 고용 당시의 사정뿐 아니라, 고용 이후 해고에 이르기까지 그 근로자가 종사한 근로의 내용과 기간, 허위기재를 한 학력 등이 종사한 근로의 정상적인 제공에 지장을 초래하는지 여부 등을 종합적으로 고려하여 판단하여야 한다.

③ 사생활에서의 비행은 사업활동에 직접 관련이 있거나 기업의 사회적 평가를 훼손할 염려가 있는 것에 한하여 정당한 징계사유가 될 수 있다.

④ 근로기준법 제23조 제1항의 '정당한 이유'란 징계해고의 경우에는 사회통념상 근로계약을 계속시킬 수 없을 정도로 근로자에게 책임 있는 사유가 있는 것을 말한다.

⑤ 여러 개의 징계사유 중 일부가 인정되지 않더라도 인정되는 다른 일부 징계사유만으로도 해당 징계처분의 타당성을 인정하기에 충분한 경우에는 그 징계처분이 위법하지 않다.

해설

① (×) 징계처분에서 징계사유로 삼지 아니한 비위행위라고 하더라도 징계종류 선택의 자료로서 피징계자의 평소의 소행과 근무성적, 당해 징계처분사유 전후에 저지른 비위행위사실 등은 징계양정에 있어서의 참작자료로 삼을 수 있는 것이다(대판 2002.5.28. 2001두10455).

② (○) 대판 2012.7.5. 2009두16763

③ (○) 대판 1994.12.13. 93누23275

④ (○) 대판 1992.4.24. 91다17931

⑤ (○) 대판 2014.11.27. 2011다41420

답 ❶

013 근로기준법상 징계에 대한 판례의 입장으로 옳은 것은? 19 국가직 7급

CHECK ○△×

① 취업규칙 등의 징계에 관한 규정에 피징계자의 출석 및 진술의 기회부여 등에 관한 절차가 규정되어 있는 경우에는 단순히 기회 부여에 그쳐서는 안되며 반드시 소명 자체가 있어야 한다.

② 원래의 징계 과정에 절차 위반의 하자가 있다면 재심 과정에서 보완되었다 하더라도 그 하자가 치유되지 않는다.

③ 단체협약 등에 징계재심에 관한 절차가 규정되어 있는 경우 재심절차를 전혀 이행하지 않거나 재심절차에 중대한 하자가 있어 재심의 효력을 인정할 수 없더라도 원래의 징계처분이 그 요건을 모두 갖추고 있다면 원래의 징계처분은 유효하다.

④ 징계위원회에서 징계대상자에게 징계혐의 사실을 고지하고 그에 대하여 진술할 기회를 부여하면 충분하고, 그 혐의사실 개개의 사항에 대하여 구체적으로 발문하여 징계대상자가 이에 대하여 빠짐없이 진술하도록 조치하여야 하는 것은 아니다.

해설

① (×) 취업규칙 등의 징계에 관한 규정에 피징계자의 출석 및 진술의 기회부여 등에 관한 절차가 규정되어 있는 경우에는 그러한 절차는 징계처분의 유효요건이지만, 그 규정의 취지는 피징계자에게 징계혐의 사실에 관하여 자신에게 이익되는 소명의 기회를 부여하여야 한다는 데 있고 소명 자체가 반드시 있어야 하는 것은 아니므로 그 기회를 부여하였는데도 소명하지 아니하고 연기요청을 하는 경우에는 연기요청에 불구하고 피징계자의 참석과 의견개진 없이 징계위원회를 예정대로 개최할 수 있다(대판 1995.5.23. 94다24763).

② (×) 징계처분에 대한 재심절차는 원래의 징계절차와 함께 전부가 하나의 징계처분 절차를 이루는 것으로서 그 절차의 정당성도 징계 과정 전부에 관하여 판단되어야 할 것이므로, 원래의 징계 과정에 절차 위반의 하자가 있더라도 재심 과정에서 보완되었다면 그 절차 위반의 하자는 치유된다고 할 것이다(대판 2009.2.12. 2008다70336).

③ (×) 징계처분에 대한 재심절차는 징계처분에 대한 구제 내지 확정절차로서 원래의 징계절차와 함께 전부가 하나의 징계처분절차를 이루는 것으로서 그 절차의 정당성도 징계과정 전부에 관하여 판단되어야 하므로, 원래의 징계처분이 그 요건을 갖추었더라도 재심절차를 전혀 이행하지 않거나 재심절차에 중대한 하자가 있어 재심의 효력을 인정할 수 없는 경우에는 그 징계처분은 현저히 절차적 정의에 반하는 것으로서 무효이다(대판 2020.11.26. 2017두70793).

④ (○) 대판 2020.6.25. 2016두56042

답 ❹

014 근로기준법상 징계나 전직처분 등에 대한 설명으로 옳지 않은 것은?(다툼이 있는 경우 판례에 의함)

CHECK ○△×

21 국가직 7급

① 근로자의 사생활에서의 비행은 사업활동에 직접 관련이 있거나 기업의 사회적 평가를 훼손할 염려가 있는 것에 한하여 정당한 징계사유가 될 수 있다.

② 취업규칙 등의 징계에 관한 규정에 징계혐의자의 출석 및 진술의 기회부여 등에 관한 절차가 규정되어 있지 않은 경우라 하더라도 그러한 절차를 거치지 않은 징계처분은 효력이 인정되지 않는다.

③ 사용자가 전직처분 등을 함에 있어서 요구되는 업무상의 필요란 인원 배치를 변경할 필요성이 있고 그 변경에 어떠한 근로자를 포함시키는 것이 적절할 것인가 하는 인원선택의 합리성을 의미하는데, 여기에는 업무능률의 증진, 직장질서의 유지나 회복, 근로자 간의 인화 등의 사정도 포함된다.

④ 근로계약에서 근로 내용이나 근무장소를 특별히 한정한 경우에 사용자가 근로자에 대하여 전보나 전직처분을 하려면 원칙적으로 근로자의 동의가 있어야 한다.

해설

① (○) 근로자의 사생활에서의 비행은 원칙적으로 징계사유가 되지 않으나, 그러한 비행이 사업활동에 직접 관련이 있거나 기업의 사회적 평가를 훼손할 염려가 있는 경우에 한하여 정당한 징계사유가 될 수 있다(대판 1994.12.13. 93누23275).

② (×) 취업규칙 등의 징계에 관한 규정에 징계혐의자의 출석 및 진술의 기회부여 등에 관한 절차가 규정되어 있지 않은 경우에는 그러한 절차를 거치지 않고 징계처분을 하였다 하더라도 징계의 효력에는 영향이 없다(대판 1994.9.30. 93다26496).

③ (○) 대판 2013.2.28. 2010다52041

④ (○) 근로자에 대한 전직이나 전보처분은 근로자가 제공하여야 할 근로의 종류·내용·장소 등에 변경을 가져온다는 점에서 근로자에게 불이익한 처분이 될 수도 있으나 원칙적으로 인사권자인 사용자의 권한에 속하므로 업무상 필요한 범위 안에서는 상당한 재량을 가지며, 그것이 근로기준법에 위반되거나 권리남용에 해당하는 등 특별한 사정이 없는 한 무효라고는 할 수 없고, 다만 근로계약에서 근로내용이나 근무장소를 특별히 한정한 경우에 사용자가 근로자에 대하여 전보나 전직처분을 하려면 원칙적으로 근로자의 동의가 있어야 한다(대판 2013.2.28. 2010다52041).

답 ❷

015 근로기준법상 징계 등에 대한 설명으로 옳지 않은 것은?(다툼이 있는 경우 판례에 의함)

CHECK ○△×

23 국가직 9급

① 취업규칙이나 인사관리규정에 대기발령이 징계처분의 하나로 규정되어 있지 않더라도 대기발령을 함에 있어서 해당자에게 변명의 기회를 부여하는 등의 징계절차를 거쳐야 한다.

② 근로자를 해고함에 있어서 해고사유 및 해고절차를 단체협약에 의하도록 명시적으로 규정하고 있거나 동일한 징계사유나 징계절차에 관하여 단체협약상의 규정과 취업규칙 등의 규정이 상호 저촉되는 경우가 아닌 한, 사용자는 취업규칙에서 단체협약 소정의 해고사유와는 관련이 없는 새로운 해고사유를 정할 수 있다.

③ 여러 개의 징계사유 중 일부가 인정되지 않더라도, 인정되는 다른 일부 징계사유만으로도 해당 징계처분의 타당성을 인정하기에 충분한 경우에는 그 징계처분을 유지하여도 위법하지 않다.

④ 단체협약에서 당사자에게 징계사유와 관련한 소명기회를 주도록 규정하고 있는 경우, 그 대상자에게 그 기회를 제공하면 되는 것이고 소명 그 자체가 반드시 이루어져야 하는 것은 아니다.

해설

① (×) 취업규칙이나 인사관리규정에 대기발령이 징계처분의 하나로 규정되어 있지 아니한 이상 위 처분을 함에 있어서 해당자에게 변명의 기회를 부여하는 등의 징계절차를 거칠 필요는 없다(대판 2000.6.23. 98다54960). 그러나 취업규칙 등에 직위해제처분의 절차를 규정하지 아니한 경우에는 소명기회 부여 등의 절차를 거칠 필요가 없다(대판 1996.10.29. 95누15926).

② (○) 단체협약에서 "해고에 관하여는 단체협약에 의하여야 하고 취업규칙에 의하여 해고할 수 없다."는 취지로 규정하거나 "단체협약에 정한 사유 외의 사유로는 근로자를 해고할 수 없다."고 규정하는 등 근로자를 해고함에 있어서 해고사유 및 해고절차를 단체협약에 의하도록 명시적으로 규정하고 있거나 동일한 징계사유나 징계절차에 관하여 단체협약상의 규정과 취업규칙 등의 규정이 상호 저촉되는 경우가 아닌 한 사용자는 취업규칙에서 단체협약 소정의 해고사유와는 관련이 없는 새로운 해고사유를 정할 수 있고, 그 해고사유에 터잡아 근로자를 해고할 수 있으며, 비록 단체협약에서 해고사유와 해고 이외의 징계사유를 나누어 구체적으로 열거하고 있다 하더라도 취업규칙에서 이와 다른 사유를 해고사유로 규정하는 것이 단체협약에 반하는 것이라고 할 수 없다(대판 1999.3.26. 98두4672).

③ (○) [1] 수 개의 징계사유 중 일부가 인정되지 않더라도 인정되는 다른 징계사유만으로도 당해 징계처분의 타당성을 인정하기에 충분한 경우에는 그 징계처분을 유지하여도 위법하지 아니하다.
[2] 경찰공무원이 담당사건의 고소인으로부터 금품을 수수하고 향응과 양주를 제공받았으며 이를 은폐하기 위하여 고소인을 무고하는 범죄행위를 하였다는 사유로 해임처분을 받은 경우, 위 징계사유 중 금품수수사실이 인정되지 않더라도 나머지 징계사유만으로도 해임처분의 타당성이 인정되어 재량권의 범위를 일탈·남용한 것이 아니라고 한 사례(대판 2002.9.24. 2002두6620).

④ (○) 단체협약이나 취업규칙에서 당사자에게 징계사유와 관련한 소명기회를 주도록 규정하고 있는 경우에도 대상자에게 그 기회를 제공하면 되며, 소명 자체가 반드시 이루어져야 하는 것은 아니다. 그리고 징계위원회에서 징계대상자에게 징계혐의 사실을 고지하고 그에 대하여 진술할 기회를 부여하면 충분하고, 혐의사실 개개의 사항에 대하여 구체적으로 발문하여 징계대상자가 이에 대하여 빠짐없이 진술하도록 조치하여야 하는 것은 아니다(대판 2020.6.25. 2016두56042).

답 ①

016 징계에 관한 설명으로 옳지 않은 것은?(다툼이 있으면 판례에 따름)

19 노무

CHECK ○△×

① 근로자의 사생활에서의 비행은 기업활동에 직접 관련이 있거나 기업의 사회적 평가를 훼손할 염려가 있는 경우 정당한 징계사유가 될 수 있다.

② 징계위원회에 무자격위원이 참여한 상태에서 징계처분이 이루어진 경우 그 위원을 제외하더라도 의결정족수가 충족된다면 그 징계처분은 유효하다.

③ 노동조합 간부에 대한 징계처분을 함에 있어 노동조합과 합의를 하도록 단체협약에 규정된 경우 그 절차를 거치지 않은 징계처분은 원칙적으로 무효이다.

④ 원래의 징계과정에 절차위반의 하자가 있더라도 재심과정에서 보완되었다면 그 절차위반의 하자는 치유된다.

⑤ 취업규칙에서 근로자에 대하여 감급(減給)의 제재를 정할 경우에 그 감액은 1회의 금액이 평균임금의 1일분의 2분의 1을, 총액이 1임금지급기의 임금총액의 10분의 1을 초과하지 못한다.

해설

① (○) 근로자의 사생활에서의 비행은 원칙적으로 징계사유가 되지 않으나, 그러한 비행이 사업활동에 직접 관련이 있거나 기업의 사회적 평가를 훼손할 염려가 있는 경우에 한하여 정당한 징계사유가 될 수 있다(대판 1994.12.13. 93누23275).

② (×) 회사의 단체협약상의 징계규정에는 노동조합원을 징계하려면 상벌위원회의 심의를 거쳐야 하고 그 상벌위원회의 구성은 노사 각 4인씩으로 하여 노동조합원들을 참여시키도록 되어 있는데도 불구하고, 이러한 징계절차규정을 위배하여 노동조합 측의 위원 2명만 참석시키고 자격이 없는 상조회 소속 근로자 2명을 포함하여 상벌위원회를 구성한 다음 그 상벌위원회의 결의를 거쳐 징계해고하였다면, 이러한 징계권의 행사는 징계사유가 인정되는 여부에 관계없이 절차에 있어서의 정의에 반하는 처사로서 무효라고 보아야 할 것이고, 이는 자격이 없는 위원을 제외하고서도 의결정족수가 충족된다 하더라도 그 상벌위원회의 구성 자체에 위법이 있는 이상 마찬가지이다(대판 1996.6.28. 94다53716).

③ (○) 사용자와 노동조합과의 사전동의조항을 둔 경우 그러한 절차를 거치지 않은 해고처분은 원칙적으로 무효이다(대판 2007.9.6. 2005두8788).

④ (○) 징계처분에 대한 재심절차는 원래의 징계절차와 함께 전부가 하나의 징계처분절차를 이루는 것으로서 그 절차의 정당성도 징계과정 전부에 관하여 판단되어야 할 것이므로, 원래의 징계과정에 절차위반의 하자가 있더라도 재심과정에서 보완되었다면 그 절차위반의 하자는 치유된다(대판 1997.11.11. 96다23627).

⑤ (○) 근기법 제95조

답 ❷

017 근로자의 징계 등에 관한 설명으로 옳지 않은 것은?(다툼이 있으면 판례에 따름)

22 노무

CHECK ○△×

① 징계처분에서 징계사유로 삼지 아니한 비위행위라도 피징계자의 평소의 소행과 근무성적, 그 징계처분 사유 전후에 저지른 비위행위사실 등은 징계양정의 참작자료로 삼을 수 있다.

② 취업규칙에 따라 소명기회를 부여하였더라도 징계위원회가 그 개개의 혐의 사항에 대하여 구체적으로 질문하고 징계대상자가 이에 대하여 빠짐없이 진술하도록 조치하지 않았다면 부당한 징계가 된다.

③ 대기발령은 그 사유가 정당한 경우에도 그 기간은 합리적인 범위 내에서 이루어져야 한다.

④ 여러 개의 징계사유 중 일부가 인정되지 않더라도 인정되는 다른 일부 징계사유만으로도 해당 징계처분의 타당성을 인정하기에 충분한 경우에는 그 징계처분이 위법하지 않다.

⑤ 노동조합 간부에 대한 징계처분을 함에 있어 노동조합과 합의하도록 단체협약에 규정된 경우 그 합의를 거치지 않은 징계처분은 원칙적으로 무효이다.

해설

① (○) 징계처분에서 징계사유로 삼지 아니한 비위행위라고 하더라도 징계종류 선택의 자료로서 피징계자의 평소의 소행과 근무성적, 당해 징계처분사유 전후에 저지른 비위행위사실 등은 징계양정에 있어서의 참작자료로 삼을 수 있는 것이다(대판 2002.5.28. 2001두10455).

② (×) 징계위원회에서 징계대상자에게 징계혐의 사실을 고지하고 그에 대하여 진술할 기회를 부여하면 충분하고, 혐의사실 개개의 사항에 대하여 구체적으로 발문하여 징계대상자가 이에 대하여 빠짐없이 진술하도록 조치하여야 하는 것은 아니다(대판 2020.6.25. 2016두56042).

③ (○) 대기발령과 같은 잠정적인 인사명령이 명령 당시에는 정당한 경우라고 하더라도, 그러한 명령의 목적과 실제 기능, 유지의 합리성 여부 및 그로 인하여 근로자가 받게 될 신분상·경제상의 불이익 등 구체적인 사정을 모두 참작하여 그 기간은 합리적인 범위 내에서 이루어져야 한다(대판 2013.5.9. 2012다64833).

④ (○) 대판 2014.11.27. 2011다41420

⑤ (○) 사용자와 노동조합과의 사전 합의 조항을 둔 경우 그러한 절차를 거치지 않은 해고처분은 원칙적으로 무효이다(대판 2007.9.6. 2005두8788).

답 ❷

018 근로기준법상 징계 또는 해고에 대한 설명으로 옳지 않은 것은?(다툼이 있는 경우 판례에 의함)

CHECK ○△×

22 국가직 9급

① 당해 징계처분사유 전후에 저지른 징계사유로 되지 아니한 비위사실도 징계양정에 있어서의 참작자료가 될 수 있다.

② 취업규칙 등의 징계에 관한 규정에 징계혐의자의 출석 및 진술의 기회부여 등에 관한 절차가 규정되어 있지 않더라도 그와 같은 절차를 밟지 아니하고 징계해고하였다면 그 징계는 무효이다.

③ 원래의 징계 과정에 절차 위반의 하자가 있더라도 재심 과정에서 보완되었다면 그 절차 위반의 하자는 치유된다.

④ 인사규정 등에 대기발령 후 일정 기간이 경과하도록 복직발령을 받지 못하는 경우 당연퇴직된다는 규정을 두는 경우, 이에 따른 당연퇴직 처리는 실질상 해고에 해당한다.

해설

① (○) 피징계자의 평소의 소행, 근무성적, 징계처분전력과 아울러 당해 징계처분사유 전후에 저지른 징계사유로 되지 아니한 비위사실도 징계양정에서 참작자료가 될 수 있다(대판 2014.5.16. 2012두11966).

② (×) 취업규칙 등의 징계에 관한 규정에 징계혐의자의 출석 및 진술의 기회부여 등에 관한 절차가 규정되어 있지 않은 경우에는 그러한 절차를 거치지 않고 징계처분을 하였다 하더라도 징계의 효력에는 영향이 없다(대판 1994.9.30. 93다26496).

③ (○) 대판 2009.2.12. 2008다70336

④ (○) 인사규정 등에 대기발령 후 일정 기간이 경과하도록 복직발령을 받지 못하거나 직위를 부여받지 못하는 경우에는 당연퇴직된다는 규정을 두는 경우, 대기발령에 이은 당연퇴직처리를 일체로서 관찰하면 이는 근로자의 의사에 반하여 사용자의 일방적 의사에 따라 근로계약관계를 종료시키는 것으로서 실질상 해고에 해당한다(대판 2007.5.31. 2007두1460).

답 ❷

019 근로기준법상 직위해제에 대한 설명으로 옳지 않은 것은?

24 국가직 9급

CHECK ○△×

① 당해 직위해제처분이 근로자에게 가혹하고 다른 근로자의 유사한 비위행위에 대한 징계처분 등에 비추어 형평에 어긋난다는 사정만으로 그 정당성이 없는 것이라고 단정할 수 없다.

② 직위해제는 근로자의 과거의 비위행위에 대하여 기업질서 유지를 목적으로 행하여지는 징벌적 제재로서의 징계와는 그 성질이 다르다.

③ 근로자에 대한 직위해제처분의 정당성은 근로자에게 당해 직위해제 사유가 존재하는지 여부나 직위해제에 관한 절차규정을 위반한 것이 당해 직위해제처분을 무효로 할 만한 것이냐에 의하여 판단한다.

④ 만일 어떤 사유에 기하여 근로자를 직위해제한 후 그 직위해제 사유와 동일한 사유를 이유로 징계처분을 하였다면 뒤에 이루어진 징계처분에 의하여 그전에 있었던 직위해제처분은 소급하여 그 효력을 상실한다.

해설

① (○), ② (○), ③ (○) 직위해제는 일반적으로 근로자가 직무수행능력이 부족하거나 근무성적 또는 근무태도 등이 불량한 경우, 근로자에 대한 징계절차가 진행 중인 경우, 근로자가 형사사건으로 기소된 경우 등에 있어서 당해 근로자가 장래에 있어서 계속 직무를 담당하게 될 경우 예상되는 업무상의 장애 등을 예방하기 위하여 일시적으로 당해 근로자에게 직위를 부여하지 아니함으로써 직무에 종사하지 못하도록 하는 잠정적인 조치로서의 보직의 해제를 의미하므로 근로자의 과거의 비위행위에 대하여 기업질서 유지를 목적으로 행하여지는 징벌적 제재로서의 징계와는 그 성질이 다르므로,❷ 근로자에 대한 직위해제처분의 정당성은 근로자에게 당해 직위해제사유가 존재하는지 여부나 직위해제에 관한 절차규정을 위반한 것이 당해 직위해제처분을 무효로 할 만한 것이냐에 의하여 판단할 것이고,❸ 단지 당해 직위해제처분이 근로자에게 가혹하고 다른 근로자의 유사한 비위행위에 대한 징계처분 등에 비추어 형평에 어긋난다는 사정만으로 그 정당성이 없는 것이라고 단정할 수 없다❶(대판 2004.10.28. 2003두6665).

④ (×) 직위해제처분은 근로자로서의 지위를 그대로 존속시키면서 다만 그 직위만을 부여하지 아니하는 처분이므로 만일 어떤 사유에 기하여 근로자를 직위해제한 후 그 직위해제 사유와 동일한 사유를 이유로 징계처분을 하였다면 뒤에 이루어진 징계처분에 의하여 그전에 있었던 직위해제처분은 그 효력을 상실한다. 여기서 직위해제처분이 효력을 상실한다는 것은 직위해제처분이 소급적으로 소멸하여 처음부터 직위해제처분이 없었던 것과 같은 상태로 되는 것이 아니라 사후적으로 그 효력이 소멸한다는 의미이다(대판 2010.7.29. 2007두18406).

답 ❹

020 근로기준법상 사용자의 인사명령에 대한 설명으로 옳지 않은 것은?

23 국가직 9급

CHECK ○△×

① 대기발령을 받은 근로자가 상당한 기간에 걸쳐 근로의 제공을 할 수 없다거나, 근로제공을 함이 매우 부적당한 경우가 아닌데도 사회통념상 합리성이 없을 정도로 부당하게 장기간 동안 대기발령 조치를 유지하는 것은 특별한 사정이 없는 한 정당한 이유가 있다고 보기 어려우므로 그와 같은 조치는 무효라고 보아야 할 것이다.

② 전직처분 등을 할 때 근로자 본인과 성실한 협의절차를 거쳤는지는 정당한 인사권의 행사인지를 판단하는 하나의 요소라고 할 수 있으나, 그러한 절차를 거치지 아니하였다는 사정만으로 전직처분 등이 권리남용에 해당하여 당연히 무효가 된다고 볼 수 없다.

③ 사용자가 기업그룹 내의 전적에 관하여 근로자의 포괄적인 사전동의를 받는 경우에는 전적할 기업을 특정하고(복수기업이라도 좋다) 그 기업에서 종사하여야 할 업무에 관한 사항 등의 기본적인 근로조건을 명시하여 근로자의 동의를 얻어야 된다.

④ 취업규칙 등에 직위해제에 관한 특별한 절차규정이 있는 경우가 아니더라도 직위해제를 함에 있어서는 징계에 관한 절차 등을 거쳐야 한다.

해설

① (○) 대기발령과 같은 잠정적인 인사명령이 명령 당시에는 정당한 경우라고 하더라도, 그러한 명령의 목적과 실제 기능, 유지의 합리성 여부 및 그로 인하여 근로자가 받게 될 신분상·경제상의 불이익 등 구체적인 사정을 모두 참작하여 그 기간은 합리적인 범위 내에서 이루어져야 한다. 따라서 대기발령 등의 인사명령을 받은 근로자가 상당한 기간에 걸쳐 근로의 제공을 할 수 없다거나 근로제공을 함이 매우 부적당한 경우가 아닌데도, 사회통념상 합리성이 없을 정도로 부당하게 장기간 동안 잠정적 지위의 상태로 유지하는 것은 특별한 사정이 없는 한 정당한 이유가 있다고 보기 어려우므로 그와 같은 조치는 무효라고 보아야 한다(대판 2013.5.9. 2012다64833).

② (○) 전직처분 등을 할 때 근로자 본인과 성실한 협의절차를 거쳤는지는 정당한 인사권의 행사인지를 판단하는 하나의 요소라고 할 수 있으나, 그러한 절차를 거치지 아니하였다는 사정만으로 전직처분 등이 권리남용에 해당하여 당연히 무효가 된다고 볼 수 없다. 그리고 사용자가 전직처분 등을 할 때 요구되는 업무상의 필요란 인원 배치를 변경할 필요성이 있고 그 변경에 어떠한 근로자를 포함시키는 것이 적절할 것인가 하는 인원선택의 합리성을 의미하는데, 여기에는 업무능률의 증진, 직장질서의 유지나 회복, 근로자 간의 인화 등의 사정도 포함된다(대판 2018.10.25. 2016두44162).

③ (○) 대판 1993.1.26. 92다11695

④ (×) 취업규칙 등에 직위해제에 관한 특별한 절차규정이 있는 경우가 아닌 한 직위해제를 함에 있어서 징계에 관한 절차 등을 거쳐야 하는 것은 아니며 직위해제의 성질 및 근로자의 비위행위에 대하여 여러 종류의 징계처분을 할 수 있도록 되어 있는 징계의 경우와는 달리 사용자로 하여금 직위해제 사유가 존재하는 근로자에 대하여 직위해제처분 외의 다른 처분을 하도록 강제할 수 있는 것이 아닌 점 등에 비추어, 근로자에 대한 직위해제처분의 정당성은 근로자에게 당해 직위해제 사유가 존재하는지 여부나 직위해제에 관한 절차규정을 위반한 것이 당해 직위해제처분을 무효로 할 만한 것이냐에 의하여 판단할 것이고, 단지 당해 직위해제처분이 근로자에게 가혹하고 다른 근로자의 유사한 비위행위에 대한 징계처분 등에 비추어 형평에 어긋난다는 사정만으로 그 정당성이 없는 것이라고 단정할 수 없다(대판 1996.10.29. 95누15926).

답 ④

021 직위해제 또는 대기발령에 관한 설명으로 옳지 않은 것은?(다툼이 있는 경우에는 판례에 의함)

CHECK ○△×

15 노무

① 대기발령의 사유가 해소된 이후에도 부당하게 장기간 동안 대기발령조치를 유지하는 것은 정당성이 없다.

② 직위해제는 잠정적 조치로서의 보직의 해제를 의미하므로 근로자의 비위행위에 대하여 행하는 징벌적 제재로서의 징계와는 그 성질이 다르다.

③ 실효된 직위해제처분이라도 인사규정 등에서 직위해제처분에 따른 효과로 승진·승급에 제한을 가하는 등의 법률상 불이익을 규정하고 있는 경우에는 그 직위해제처분에 대한 구제를 신청할 이익이 있다.

④ 대기발령 후 일정한 기간이 경과하도록 복직발령을 받지 못한 경우에 당연퇴직된다는 인사규정에 따라 행한 당연퇴직처리는 해고에 해당하지 않는다.

⑤ 사용자가 자신의 귀책사유에 해당하는 경영상의 필요에 따라 근로자들에게 대기발령을 한 경우에는 그 근로자들에게 휴업수당을 지급하여야 한다.

해설

① (○) 대기발령을 받은 근로자가 상당한 기간에 걸쳐 근로의 제공을 할 수 없다거나, 근로제공을 함이 매우 부적당한 경우가 아닌데도 사회통념상 합리성이 없을 정도로 부당하게 장기간 동안 대기발령조치를 유지하는 것은 특별한 사정이 없는 한 정당한 이유가 있다고 보기 어려우므로 그와 같은 조치는 무효라고 보아야 할 것이다(대판 2007.2.23. 2005다3991).

② (○) 근로자에 대한 직위해제는 일반적으로 근로자가 직무수행능력이 부족하거나 근무성적 또는 근무태도 등이 불량한 경우, 근로자에 대한 징계절차가 진행 중인 경우, 근로자가 형사사건으로 기소된 경우 등에 있어서 당해 근로자가 장래에 있어서 계속 직무를 담당하게 될 경우 예상되는 업무상의 장애 등을 예방하기 위하여 일시적으로 당해 근로자에게 직위를 부여하지 아니함으로써 직무에 종사하지 못하도록 하는 잠정적인 조치로서의 보직의 해제를 의미하므로, 과거의 근로자의 비위행위에 대하여 기업질서 유지를 목적으로 행하여지는 징벌적 제재로서의 징계와는 그 성질이 다르다(대판 2007.5.31. 2007두1460).

③ (○) 직위해제처분에 기하여 발생한 효과는 당해 직위해제처분이 실효되더라도 소급하여 소멸하는 것이 아니므로, 인사규정 등에서 직위해제처분에 따른 효과로 승진·승급에 제한을 가하는 등의 법률상 불이익을 규정하고 있는 경우에는 직위해제처분을 받은 근로자는 이러한 법률상 불이익을 제거하기 위하여 그 실효된 직위해제처분에 대한 구제를 신청할 이익이 있다(대판 2010.7.29. 2007두18406).

④ (×) 인사규정 등에 대기발령 후 일정 기간이 경과하도록 복직발령을 받지 못하거나 직위를 부여받지 못하는 경우에는 당연퇴직된다는 규정을 두는 경우, 대기발령에 이은 당연퇴직처리를 일체로서 관찰하면 이는 근로자의 의사에 반하여 사용자의 일방적 의사에 따라 근로계약관계를 종료시키는 것으로서 실질상 해고에 해당한다(대판 2007.5.31. 2007두1460).

⑤ (○) 사용자가 자신의 귀책사유에 해당하는 경영상의 필요에 따라 개별근로자들에 대하여 대기발령을 하였다면 이는 근로기준법 제46조 제1항에서 정한 휴업을 실시한 경우에 해당하므로 사용자는 그 근로자들에게 휴업수당을 지급할 의무가 있다(대판 2013.10.11. 2012다12870).

답 ④

022 근로기준법상 근로관계와 영업양도에 관한 설명으로 옳지 않은 것은?(다툼이 있으면 판례에 따름)

CHECK ○△×

24 노무

① 영업양도란 일정한 영업목적에 의하여 조직화된 업체를 그 동일성은 유지하면서 일체로서 이전하는 것이다.

② 영업양도에 의하여 근로계약관계가 포괄적으로 승계된 경우에는 승계 후의 퇴직금 규정이 승계 전의 퇴직금 규정보다 근로자에게 불리하더라도 승계 후의 퇴직금 규정을 적용한다.

③ 영업 전부의 양도가 이루어진 경우 영업양도 당사자 사이에 정당한 이유 없이 해고된 근로자를 승계의 대상에서 제외하기로 하는 특약은 근로기준법 제23조 제1항에서 정한 정당한 이유가 있어야 유효하다.

④ 영업재산의 일부를 유보한 채 영업시설을 양도했어도 그 양도한 부분만으로도 종래의 조직이 유지되어 있다고 사회관념상 인정되면 영업의 양도이다.

⑤ 근로관계의 승계를 거부하는 근로자에 대하여는 그 근로관계가 양수하는 기업에 승계되지 아니하고 여전히 양도하는 기업과 사이에 존속된다.

해설

① (○) 영업의 양도라 함은 일정한 영업목적에 의하여 조직화된 업체, 즉 인적·물적 조직을 그 동일성은 유지하면서 일체로서 이전하는 것으로서 영업의 일부만의 양도도 가능하고, 이러한 영업양도가 이루어진 경우에는 원칙적으로 해당 근로자들의 근로관계가 양수하는 기업에 포괄적으로 승계된다(대판 2005.6.9. 2002다70822).

② (×) 영업양도 등에 의하여 근로계약관계가 포괄적으로 승계된 경우에는 근로자의 종전 근로계약상의 지위도 그대로 승계되는 것이므로, 승계 후의 퇴직금 규정이 승계 전의 퇴직금 규정보다 근로자에게 불리하다면 근로기준법 제94조 제1항 소정의 당해 근로자집단의 집단적인 의사결정 방법에 의한 동의 없이는 승계 후의 퇴직금규정을 적용할 수 없다(대판 1997.12.26. 97다17575).

③ (○) 영업 전부의 양도가 이루어진 경우 영업양도 당사자 사이에 정당한 이유 없이 해고된 근로자를 승계의 대상에서 제외하기로 하는 특약이 있는 경우에는 그에 따라 근로관계의 승계가 이루어지지 않을 수 있으나, 그러한 특약은 실질적으로 또 다른 해고나 다름이 없으므로, 근로기준법 제23조 제1항에서 정한 정당한 이유가 있어야 유효하고, 영업양도 그 자체만으로 정당한 이유를 인정할 수 없다(대판 2020.11.5. 2018두54705).

④ (○) 영업재산의 일부를 유보한 채 영업시설을 양도했어도 그 양도한 부분만으로도 종래의 조직이 유지되어 있다고 사회관념상 인정되면 그것을 영업의 양도라 볼 것이지만, 반면에 영업재산의 전부를 양도했어도 그 조직을 해체하여 양도했다면 영업의 양도로 볼 수 없다(대판 2007.6.1. 2005다5812).

⑤ (○) 영업이 양도된 경우에 근로관계의 승계를 거부하는 근로자에 대하여는 그 근로관계가 양수하는 기업에 승계되지 아니하고 여전히 양도하는 기업과 사이에 존속되는 것이며, 이러한 경우 원래의 사용자는 영업 일부의 양도로 인한 경영상의 필요에 따라 감원이 불가피하게 되는 사정이 있어 정리해고로서의 정당한 요건이 갖추어져 있다면 그 절차에 따라 승계를 거부한 근로자를 해고할 수 있다고 할 것이다(대판 2010.9.30. 2010다41089).

답 ❷

023 영업양도 등 근로관계 승계에 대한 설명으로 옳지 않은 것은?

23 국가직 9급

CHECK ○△×

① 영업양도에 의하여 양도인과 근로자 사이의 근로관계는 원칙적으로 양수인에게 포괄승계되는 것이지만 근로자가 반대의 의사를 표시함으로써 양수기업에 승계되는 대신 양도기업에 잔류하거나 양도기업과 양수기업 모두에서 퇴직할 수도 있다.

② 영업양도 계약에 따라 영업 전부를 동일성을 유지하면서 이전받은 양수인으로서는 양도인으로부터 정당한 이유 없이 해고된 근로자와의 근로관계를 원칙적으로 승계한다.

③ 영업양도나 기업합병 등에 의하여 근로계약 관계가 포괄적으로 승계된 경우에 근로자의 종전 근로계약상의 지위도 그대로 승계되는 것이므로, 승계 후의 퇴직금규정이 승계 전의 퇴직금규정보다 근로자에게 불리하다면 근로기준법 제95조 제1항(현행 근로기준법 제94조 제1항) 소정의 당해 근로자집단의 집단적인 의사결정 방법에 의한 동의 없이는 승계 후의 퇴직금규정을 적용할 수 없다.

④ 영업양도 당사자 사이에 근로관계의 일부를 승계의 대상에서 제외하기로 하는 특약이 있는 경우에는 그에 따라 근로관계의 승계가 이루어지지 않을 수 있으나, 그러한 특약은 실질적으로 해고나 다름이 없으므로 근로기준법 제30조 제1항(현행 근로기준법 제23조 제1항) 소정의 정당한 이유가 있어야 유효하다. 이 경우 영업양도 그 자체만을 사유로 삼아 근로자를 해고하는 것은 정당한 이유가 있는 경우에 해당한다.

해설

① (○) 영업의 양도란 일정한 영업목적에 의하여 조직화된 업체 즉, 인적·물적 조직을 동일성은 유지하면서 일체로서 이전하는 것이어서 영업 일부만의 양도도 가능하고, 이러한 영업양도가 이루어진 경우에는 원칙적으로 해당 근로자들의 근로관계가 양수하는 기업에 포괄적으로 승계되지만 근로자가 반대 의사를 표시함으로써 양수기업에 승계되는 대신 양도기업에 잔류하거나 양도기업과 양수기업 모두에서 퇴직할 수도 있다. 또한 이와 같은 경우 근로자가 자의에 의하여 계속근로관계를 단절할 의사로 양도기업에서 퇴직하고 양수기업에 새로이 입사할 수도 있다(대판 2012.5.10. 2011다45217).

② (○) 근로자가 영업양도일 이전에 정당한 이유 없이 해고된 경우 양도인과 근로자 사이의 근로관계는 여전히 유효하고, 해고 이후 영업 전부의 양도가 이루어진 경우라면 해고된 근로자로서는 양도인과의 사이에서 원직 복직도 사실상 불가능하게 되므로, 영업양도 계약에 따라 영업 전부를 동일성을 유지하면서 이전받는 양수인으로서는 양도인으로부터 정당한 이유 없이 해고된 근로자와의 근로관계를 원칙적으로 승계한다(대판 2020.11.5. 2018두54705).

③ (○) 대판 1997.12.26. 97다17575

④ (×) 영업양도 당사자 사이에 근로관계의 일부를 승계의 대상에서 제외하기로 하는 특약이 있는 경우에는 그에 따라 근로관계의 승계가 이루어지지 않을 수 있으나, 그러한 특약은 실질적으로 해고나 다름이 없으므로, 근로기준법 제23조 제1항 소정의 정당한 이유가 있어야 유효하며, 영업양도 그 자체만을 사유로 삼아 근로자를 해고하는 것은 정당한 이유가 있는 경우에 해당한다고 볼 수 없다(대판 1994.6.28. 93다33173).

답 ④

024 영업양도와 근로관계에 대한 설명으로 옳지 않은 것은?(다툼이 있는 경우 판례에 의함)

CHECK ○△×

22 국가직 9급

① 영업양도 당사자 사이에 근로관계의 일부를 승계의 대상에서 제외하기로 하는 특약이 있는 경우에는 그에 따라 근로관계의 승계가 이루어지지 않을 수 있으나, 그러한 특약은 실질적으로 해고나 다름이 없다.

② 영업양도에 의하여 양도인과 근로자 사이의 근로관계는 원칙적으로 양수인에게 포괄승계되는 것이지만 근로자가 반대의 의사를 표시함으로써 양수기업에 승계되는 대신 양도기업에 잔류하거나 양도기업과 양수기업 모두에서 퇴직할 수도 있다.

③ 영업양도에 의하여 근로계약 관계가 포괄적으로 승계된 경우에 근로자의 종전 근로계약상의 지위도 그대로 승계된다.

④ 영업양도 이전에 민사소송에서 해고가 무효라는 내용의 판결이 확정된 경우라도 영업양도 당시에 근로자에 대한 양도인의 현실적인 복직조치가 없었다면 그 근로자와 양도인의 근로관계는 양수인에게 승계되지 않는다.

해설

① (○) 영업양도당사자 사이에 근로관계의 일부를 승계의 대상에서 제외하기로 하는 특약이 있는 경우에는 그에 따라 근로관계의 승계가 이루어지지 않을 수 있으나, 그러한 특약은 실질적으로 해고나 다름이 없다 할 것이므로, 근로기준법 제23조 제1항 소정의 정당한 이유가 있어야 유효하다 할 것이다(대판 1994.6.28. 93다33173).

② (○) 대판 2012.5.10. 2011다45217

③ (○) 대판 1995.12.26. 95다41659

④ (×) 노조법 제84조 소정의 노동위원회의 사용자에 대한 구제명령은 사용자에게 이에 복종하여야 할 공법상의 의무를 부담시킬 뿐 직접 노사 간의 사법상의 법률관계를 발생 또는 변경시키는 것은 아니지만, 해고처분을 받은 근로자가 별도의 임금청구소송을 제기하여 승소판결이 확정되었으며 이 판결은 해고가 무효여서 여전히 근로자로서의 지위를 가지고 있음을 전제로 해고 이후 복직시까지의 임금의 지급을 명하는 것이라면, 비록 현실적인 복직조치가 없었다 하더라도 위 근로자는 영업양도 당시 양도회사와 적법 유효한 근로관계에 있었다고 보아야 하므로 그 근로자와 양도회사와의 근로관계는 양수회사에게 승계된다(대판 1994.6.28. 93다33173).

답 ④

025 영업양도의 노동법적 효과와 관련한 설명 중 옳은 것은?(다툼이 있는 경우에는 판례에 의함)

CHECK ○△×

07 사시

① 양도회사의 퇴직금 규정보다 양수회사의 퇴직금 규정이 불리하더라도 하나의 사업 내에 퇴직금의 차등제도를 둘 수 없기 때문에, 양도회사의 근로자에게도 양수회사의 퇴직금 제도가 적용된다.

② 양업양도가 아닌 자산양도의 경우에 있어서도 근로관계가 양수인에게 포괄적으로 승계된다.

③ 영업양도의 결과 양도회사의 노동조합은 소멸하고 그 노동조합과 양도회사 간에 체결한 단체협약도 효력을 상실한다.

④ 영업양도 당사자 사이에 양도회사에서의 근속기간은 양수회사의 근로년수에 산입하지 않기로 하는 특약이 존재하더라도 근로자의 동의가 없는 한 효력이 없다.

⑤ 영업양도 당사자 사이에 일부 근로자를 승계의 대상에서 제외하기로 하는 특약이 인정되므로 승계에서 제외된 근로자는 이의를 제기할 수 없다.

해설

① (×) 구 근로기준법 제28조 제2항, 부칙(1980.12.31.) 제2항이 하나의 사업 내에 차등 있는 퇴직금제도의 설정을 금하고 있지만, 이는 하나의 사업 내에서 직종, 직위, 업종별로 퇴직금에 관하여 차별하는 것을 금하고자 하는 데 그 목적이 있으므로, 근로관계가 포괄적으로 승계된 후의 새로운 퇴직금제도가 기존 근로자의 기득이익을 침해하는 것이어서 그들에게는 그 효력이 미치지 않고 부득이 종전의 퇴직금규정을 적용하지 않을 수 없어서 결과적으로 하나의 사업 내에 별개의 퇴직금제도를 운용하는 것으로 되었다고 하더라도, 이러한 경우까지 구 근로기준법 제28조 제2항, 부칙 제2항이 금하는 차등 있는 퇴직금제도를 설정한 경우에 해당한다고는 볼 수 없다(대판 1995.12.26. 95다41659).

② (×) 영업상 인적·물적 조직을 포괄적으로 이전받음으로서 영업을 양도받은 것이 아니라, 자산만 인수했다면 고용승계를 수반하지 않는다(대판 2003.3.14. 2002두10094).

③ (×) 판례의 취지를 고려할 때 양수회사는 종전 노동조합과 양도회사 간에 체결한 단체협약상의 권리·의무를 승계한다고 보아야 한다.

> 사용자가 노동조합에게 단체협약에 따라 무상제공하여 온 노조사무실의 사용관계는 민법상 "사용대차"에 해당한다고 할 것이어서, 노조사무실 제공을 포함하는 단체협약 전체가 해지된지 6월이 경과되어 소멸하였다 하더라도 그 사유만으로 당연히 위와 같은 사용대차 목적물의 반환사유인 사용수익의 종료 또는 사용수익에 족한 기간의 경과가 있다고 할 것은 아니어서, 특히 그 반환을 허용할 특별한 사정(예컨대 기존 사무실의 면적이 과대하여 다른 공간으로 대체할 필요가 있다든지, 사용자가 이를 다른 용도로 사용할 합리적인 사유가 생겼다는 등)이 있어야만 그 사무실의 명도를 구할 수 있다고 보는 것이 상당하다(대판 2002.3.26. 2000다3347).

④ (○) [1] 갑 회사가 을 회사로부터 그 영업의 일부만을 양수하였으나 그 영업에 관련된 모든 자산과 부채 및 관련계약, 채권과 채무 그리고 위 영업에 종사하는 전종업원 및 이에 대한 을 회사의 권리의무 등을 포괄적으로 양수하기로 합의하고 이에 따라 그 종업원들이 계속 근무하여 왔다면 을 회사와 그 종업원 사이의 근로계약관계는 위 합의에 따라 포괄적으로 갑 회사에 승계된 것으로 보아야 한다.
[2] [1]의 경우 그 포괄승계 합의시에 종업원의 퇴직금 산정기간에 한하여 종전의 근속기간은 승계회사의 근속연수에 산입하지 않기로 하는 단서 조항을 삽입하였다 하여도, 이는 종전의 근로계약관계를 포괄적으로 승계하면서 근속기간에 관한 근로자의 기득권을 제한하는 예외 조항을 설정한 것이므로, 근로자의 동의가 없는 한 근로자에게 구속력이 미치지 않는다(대판 1991.11.12. 91다12806).

⑤ (×) 특약에 의하여 근로관계의 승계가 이루어지지 아니하는 것이 부당해고에 해당한다면 근로자는 노동위원회에 사용자의 부당해고에 대한 구제신청을 할 수 있다(근기법 제28조).

> 영업양도 당사자 사이에 근로관계의 일부를 승계의 대상에서 제외하기로 하는 특약이 있는 경우에는 그에 따라 근로관계의 승계가 이루어지지 않을 수 있으나, 그러한 특약은 실질적으로 해고나 다름이 없으므로, 근로기준법 제23조 제1항 소정의 정당한 이유가 있어야 유효하며, 영업양도 그 자체만을 사유로 삼아 근로자를 해고하는 것은 정당한 이유가 있는 경우에 해당한다고 볼 수 없다(대판 1994.6.28. 93다33173).

답 ❹

026 영업양도와 근로관계의 이전에 관한 설명 중 옳지 않은 것은?(다툼이 있는 경우에 판례에 의함)

CHECK ○△×

15 사시

① 영업양도가 이루어지면 양도기업 근로자들의 임금 등 근로조건은 양수기업의 근로조건에 따른다.

② 영업양도가 이루어진 경우에는 원칙적으로 해당 근로자들의 근로관계가 양수하는 기업에 포괄적으로 승계되지만 근로자가 반대 의사를 표시함으로써 양수기업에 승계되는 대신 양도기업에 잔류하거나 양도기업과 양수기업 모두에서 퇴직할 수도 있다.

③ 영업양도 그 자체만을 사유로 삼아 근로자를 해고하는 것은 정당한 이유가 있는 경우에 해당한다고 볼 수 없다.

④ 영업의 양도란 일정한 영업목적에 의하여 조직화된 업체, 즉 인적·물적 조직을 그 동일성을 유지하면서 일체로서 이전하는 것으로 영업 일부만의 양도도 가능하다.

⑤ 영업을 일부 양도한 경우, 영업양도에 의하여 승계되는 근로관계는 계약체결일 현재 실제로 그 영업부문에서 근무하고 있는 근로자와의 근로관계만을 의미하고, 계약체결일 이전에 해당 영업부문에서 근무하다가 해고된 근로자로서 해고의 효력을 다투는 근로자와의 근로관계까지 승계되는 것은 아니다.

해설

① (×) 판례의 취지를 고려할 때 영업양도에 의하여 근로계약 관계가 포괄적으로 승계된 경우에 근로자의 종전 근로계약상의 지위도 그대로 승계되는 것이므로, 양도기업 근로자들의 임금 등 근로조건은 양도기업의 근로조건에 따르게 된다.

> 영업양도나 기업합병 등에 의하여 근로계약 관계가 포괄적으로 승계된 경우에 근로자의 종전 근로계약상의 지위도 그대로 승계되는 것이므로, 승계 후의 퇴직금규정이 승계 전의 퇴직금규정보다 근로자에게 불리하다면 근로기준법 제94조 제1항 소정의 당해 근로자집단의 집단적인 의사결정 방법에 의한 동의 없이는 승계 후의 퇴직금규정을 적용할 수 없다(대판 1995.12.26. 95다41659).

② (○) 영업의 양도란 일정한 영업목적에 의하여 조직화된 업체, 즉 인적·물적 조직을 동일성은 유지하면서 일체로서 이전하는 것이어서 영업 일부만의 양도도 가능하고, 이러한 영업양도가 이루어진 경우에는 원칙적으로 해당 근로자들의 근로관계가 양수하는 기업에 포괄적으로 승계되지만 근로자가 반대 의사를 표시함으로써 양수기업에 승계되는 대신 양도기업에 잔류하거나 양도기업과 양수기업 모두에서 퇴직할 수도 있다. 또한 이와 같은 경우 근로자가 자의에 의하여 계속근로관계를 단절할 의사로 양도기업에서 퇴직하고 양수기업에 새로이 입사할 수도 있다(대판 2012.5.10. 2011다45217).

> 甲 병원을 운영하던 乙 학교법인이 丙 의료법인을 새로 설립하여 甲 병원 영업을 양도하면서 甲 병원 근로자들에게 그 사실을 고지하지 않았는데, 나중에 영업양도 사실을 알게 된 丁 등 甲 병원 근로자 일부가 乙 법인을 상대로 퇴직금 지급을 구한 사안에서, 제반 사정에 비추어 乙 법인과 丙 법인 사이에 丁 등에 대한 근로관계 승계가 이루어지지 않았고 乙 법인과 丁 등의 근로관계도 종료되었으므로, 乙 법인은 丁 등에게 퇴직금을 지급할 의무가 있다고 본 원심판결의 결론을 정당하다고 한 사례(대판 2012.5.10. 2011다45217).

③ (○) 영업양도 당사자 사이에 근로관계의 일부를 승계의 대상에서 제외하기로 하는 특약이 있는 경우에는 그에 따라 근로관계의 승계가 이루어지지 않을 수 있으나, 그러한 특약은 실질적으로 해고나 다름이 없으므로, 근로기준법 제23조 제1항에서 정한 '정당한 이유'가 있어야 유효하고, 영업양도 그 자체만을 사유로 삼아 근로자를 해고하는 것은 정당한 이유가 있는 경우에 해당한다고 볼 수 없다(대판 2020.11.5. 2018두54705).

④ (○) 영업의 양도라 함은 일정한 영업목적에 의하여 조직화된 업체, 즉 인적·물적 조직을 그 동일성은 유지하면서 일체로서 이전하는 것으로서 영업의 일부만의 양도도 가능하고, 이러한 영업양도가 이루어진 경우에는 원칙적으로 해당 근로자들의 근로관계가 양수하는 기업에 포괄적으로 승계된다(대판 2005.6.9. 2002다70822).

⑤ (○) 대판 1996.5.31. 95다33238

답 ❶

CHAPTER

09 근로관계의 종료

제1절 근로관계 종료의 유형

001 근로관계의 종료에 관한 설명으로 옳지 않은 것은?(다툼이 있으면 판례에 따름) 17 노무

CHECK ○△×

① 상시 4인 이하의 근로자를 사용하는 사업장에서 근로자를 해고하려는 사용자는 해고사유와 해고시기를 서면으로 통지하지 아니할 수 있다.

② 영업양도당사자 사이에 근로관계의 일부를 승계의 대상에서 제외하기로 하는 특약은 실질적으로 해고와 다름이 없다.

③ 시용기간 만료 시 본 계약의 체결을 거부하는 것은 사용자에게 유보된 해약권의 행사로서 보통의 해고보다는 넓게 인정될 수 있다.

④ 사직의 의사표시는 특별한 사정이 없는 한 당해 근로계약을 종료시키는 취지의 해약고지로 볼 수 없다.

⑤ 기간을 정한 근로계약관계에서 근로자에게 근로계약의 갱신에 대한 정당한 기대권이 인정되는 경우 사용자가 이에 위반하여 부당하게 근로계약의 갱신을 거절하는 것은 효력이 없다.

해설

① (○) 상시 4인 이하의 근로자를 사용하는 사업장은 해고 시 서면통지의무를 부담하지 아니한다(근기법 제11조 제2항).

② (○) 영업양도당사자 사이에 근로관계의 일부를 승계의 대상에서 제외하기로 하는 특약이 있는 경우에는 그에 따라 근로관계의 승계가 이루어지지 않을 수 있으나, 그러한 특약은 실질적으로 해고나 다름이 없다 할 것이므로, 근로기준법 제23조 제1항 소정의 정당한 이유가 있어야 유효하다 할 것이다(대판 1994.6.28. 93다33173).

③ (○) 시용(試用)기간 중에 있는 근로자를 해고하거나 시용기간 만료 시 본계약(本契約)의 체결을 거부하는 것은 사용자에게 유보된 해약권의 행사로서, 당해 근로자의 업무능력, 자질, 인품, 성실성 등 업무적격성을 관찰·판단하려는 시용제도의 취지·목적에 비추어 볼 때 보통의 해고보다는 넓게 인정되나, 이 경우에도 객관적으로 합리적인 이유가 존재하여 사회통념상 상당하다고 인정되어야 한다(대판 2006.2.24. 2002다62432).

④ (×) 사직의 의사표시는 특별한 사정이 없는 한 당해 근로계약을 종료시키는 취지의 해약고지로 볼 것이다(대판 2000.9.5. 99두8657).

⑤ (○) 갱신기대권이 인정되는 경우, 사용자가 이에 위반하여 부당하게 근로계약의 갱신을 거절하는 것은 부당해고와 마찬가지로 아무런 효력이 없다(대판 2011.4.14. 2007두1729).

답 ④

최신유형

002 **근로기준법령상 해고 등에 관한 설명으로 옳지 않은 것은?(다툼이 있으면 판례에 따름)** 25 노무

CHECK ○△×

① 사용자가 취업규칙에서 정한 해고사유에 해당한다는 이유로 근로자를 해고할 때에도 정당한 이유가 있어야 한다.

② 정년퇴직하게 된 근로자에게 기간제근로자로의 재고용에 대한 기대권이 인정되는 경우, 사용자가 기간제근로자로의 재고용을 합리적 이유 없이 거절하는 것은 근로자에게 효력이 없다.

③ 여러 개의 징계사유 중 일부만 징계사유로 인정되는 경우 해당 징계처분의 타당성을 인정하기에 충분한지에 대한 증명책임은 사용자가 부담한다.

④ 해고는 묵시적 의사표시에 의해서도 이루어질 수 있다.

⑤ 부당해고 구제신청에 관한 중앙노동위원회 명령의 취소를 구하는 소송에서 그 명령의 기초가 된 사실이 동일하더라도 노동위원회에서 주장하지 아니한 사유는 행정소송에서 주장할 수 없다.

해설

① (○) 대판 2023.12.28. 2021두33470

② (○) 정년퇴직하게 된 근로자에게 기간제 근로자로의 재고용에 대한 기대권이 인정되는 경우, 사용자가 기간제근로자로의 재고용을 합리적 이유 없이 거절하는 것은 부당해고와 마찬가지로 근로자에게 효력이 없다. 이러한 법리는, 특별한 사정이 없는 한 기간제 근로자가 정년을 이유로 퇴직하게 된 경우에도 마찬가지로 적용된다(대판 2023.11.2. 2023두41727).

③ (○) 여러 개의 징계사유 중 일부가 인정되지 않더라도 인정되는 다른 일부 징계사유만으로 해당 징계처분의 타당성을 인정하기에 충분한 경우에는 그 징계처분을 유지하여도 위법하지 아니하며, 인정되는 일부 징계사유만으로 해당 징계처분의 타당성을 인정하기에 충분한지에 대한 증명책임도 사용자가 부담한다(대판 2019.11.28. 2017두57318).

④ (○) 해고는 명시적 또는 묵시적 의사표시에 의해서도 이루어질 수 있으므로, 묵시적 의사표시에 의한 해고가 있는지는 사용자의 노무 수령 거부 경위와 방법, 노무 수령 거부에 대하여 근로자가 보인 태도 등 제반 사정을 종합적으로 고려하여 사용자가 근로관계를 일방적으로 종료할 확정적 의사를 표시한 것으로 볼 수 있는지 여부에 따라 판단해야 한다(대판 2023.2.2. 2022두57695).

⑤ (×) 부당해고 구제신청에 관한 중앙노동위원회의 명령 또는 결정의 취소를 구하는 소송에서 그 명령 또는 결정이 적법한지는 그 명령 또는 결정이 이루어진 시점을 기준으로 판단하여야 하고, 그 명령 또는 결정 후에 생긴 사유를 들어 적법 여부를 판단할 수는 없으나, 그 명령 또는 결정의 기초가 된 사실이 동일하다면 노동위원회에서 주장하지 아니한 사유도 행정소송에서 주장할 수 있다(대판 2021.7.29. 2016두64876).

답 ⑤

003 근로기준법상 경영상 이유에 의한 해고에 관한 설명으로 옳지 않은 것은?(다툼이 있으면 판례에 따름)

CHECK ○△×

24 노무

① 경영 악화를 방지하기 위한 사업의 양도·인수·합병은 긴박한 경영상의 필요가 있는 것으로 본다.

② 해고가 요건을 모두 갖추어 정당한지 여부는 각 요건을 구성하는 개별 사정들을 종합적으로 고려하여 판단한다.

③ 사용자가 근로자의 과반수로 조직된 노동조합과의 협의 외에 해고의 대상인 일정 급수 이상 직원들만의 대표를 새로이 선출케 하여 그 대표와 별도로 협의를 하지 않았다고 하여 해고를 협의절차의 흠결로 무효라 할 수는 없다.

④ 사용자는 해고된 근로자에 대하여 생계안정, 재취업, 직업훈련 등 필요한 조치를 우선적으로 취하여야 한다.

⑤ 해고 근로자는 사용자의 우선 재고용의무 불이행에 대하여 우선 재고용의무가 발생한 때부터 고용관계가 성립할 때까지의 임금 상당 손해배상금을 청구할 수 있다.

해설

① (○) 사용자가 경영상 이유에 의하여 근로자를 해고하려면 긴박한 경영상의 필요가 있어야 한다. 이 경우 경영악화를 방지하기 위한 사업의 양도·인수·합병은 긴박한 경영상의 필요가 있는 것으로 본다(근기법 제24조 제1항).

② (○) 근로기준법 제24조 제1항 내지 제3항에서 정한 해고요건의 구체적 내용은 확정적·고정적인 것이 아니라 구체적 사건에서 다른 요건의 충족정도와 관련하여 유동적으로 정해지는 것이므로 구체적 사건에서 경영상 이유에 의한 당해 해고가 위 각 요건을 모두 갖추어 정당한지 여부는 위 각 요건을 구성하는 개별사정들을 종합적으로 고려하여 판단하여야 한다(대판 2002.7.9. 2000두9373).

③ (○) 정리해고가 실시되는 사업장에 근로자의 과반수로 조직된 노동조합이 있는 경우 사용자가 그 노동조합과의 협의 외에 정리해고의 대상인 일정 급수 이상 직원들만의 대표를 새로이 선출케 하여 그 대표와 별도로 협의를 하지 않았다고 하여 그 정리해고를 협의절차의 흠결로 무효라 할 수는 없다(대판 2002.7.9. 2001다29452).

④ (×) 정부는 해고된 근로자에 대하여 생계안정, 재취업, 직업훈련 등 필요한 조치를 우선적으로 취하여야 한다(근기법 제25조 제2항).

⑤ (○) 사용자는 해고 근로자를 우선 재고용할 의무가 있으므로 해고 근로자는 사용자가 우선 재고용의무를 이행하지 아니하는 경우 사용자를 상대로 고용의 의사표시를 갈음하는 판결을 구할 사법상의 권리가 있고, 판결이 확정되면 사용자와 해고 근로자 사이에 고용관계가 성립한다. 또한 해고 근로자는 사용자가 위 규정을 위반하여 우선 재고용의무를 이행하지 않은 데 대하여, 우선 재고용의무가 발생한 때부터 고용관계가 성립할 때까지의 임금 상당 손해배상금을 청구할 수 있다(대판 2020.11.16. 2016다13437).

답 ④

004 근로기준법 상 경영상 이유에 의한 해고에 대한 설명으로 옳지 않은 것은? 25 국가직 9급

CHECK ○△×

① 긴박한 경영상의 필요가 있는지 여부는 법인의 어느 사업부문이 다른 사업부문과 인적·물적·장소적으로 분리·독립되어 있고 재무 및 회계가 분리되어 있으며 경영여건도 서로 달리하는 예외적인 경우가 아니라면 법인의 일부 사업부문의 수지만을 기준으로 할 것이 아니라 법인 전체의 경영사정을 종합적으로 검토하여 판단하여야 한다.

② 사용자가 해고를 회피하기 위한 방법에 관하여 노동조합 또는 근로자대표와 성실하게 협의하여 경영상 이유에 의한 해고실시에 관한 합의에 도달하였다면 이러한 사정도 해고회피노력의 판단에 참작되어야 한다.

③ 정부는 근로기준법 제24조(경영상 이유에 의한 해고의 제한)에 따라 해고된 근로자에 대하여 생계안정, 재취업, 직업훈련 등 필요한 조치를 우선적으로 취하여야 한다.

④ 사업의 폐지를 위하여 해산한 기업이 그 청산과정에서 근로자를 해고하는 것은 경영상 이유에 의한 해고의 요건을 갖추어야 유효하다.

해설

① (O) 대판 2021.7.29. 2016두64876

② (O) 사용자가 정리해고를 실시하기 전에 다하여야 할 해고회피노력의 방법과 정도는 확정적·고정적인 것이 아니라 당해 사용자의 경영위기의 정도, 정리해고를 실시하여야 하는 경영상의 이유, 사업의 내용과 규모, 직급별 인원상황 등에 따라 달라지는 것이고, 사용자가 해고를 회피하기 위한 방법에 관하여 노동조합 또는 근로자대표와 성실하게 협의하여 정리해고 실시에 관한 합의에 도달하였다면 이러한 사정도 해고회피노력의 판단에 참작되어야 한다(대판 2011.9.8. 2009두14682).

③ (O) 근기법 제25조 제2항

④ (X) 정리해고는 긴급한 경영상의 필요에 의하여 기업에 종사하는 인원을 줄이기 위하여 일정한 요건 아래 근로자를 해고하는 것으로서 기업의 유지·존속을 전제로 그 소속 근로자들 중 일부를 해고하는 것을 가리키는 것인바, 이와 달리 사업의 폐지를 위하여 해산한 기업이 그 청산과정에서 근로자를 해고하는 것은 기업 경영의 자유에 속하는 것으로서 정리해고에 해당하지 않으며, 해고에 정당한 이유가 있는 한 유효하다(대판 2001.11.13. 2001다27975).

답 ④

005 근로기준법령상 경영상의 이유에 의한 해고에 관한 설명으로 옳은 것은? 14 노무

CHECK ○△×

① 상시근로자 수가 45명인 사업장의 사용자는 1개월 동안에 9명의 근로자를 경영상 이유에 의하여 해고하려면 최초로 해고하려는 날의 30일 전까지 고용노동부장관에게 신고하여야 한다.

② 경영상의 이유에 의한 해고 계획의 신고를 할 때에는 해고사유, 해고예정인원, 근로자대표와 협의한 내용, 해고일정을 포함하여야 한다.

③ 사용자는 근로자대표에게 해고를 하려는 날의 60일 전까지 해고의 기준을 통보하여야 한다.

④ 경영 악화를 방지하기 위한 사업의 합병은 긴박한 경영상의 필요가 있는 것으로 볼 수 없다.

⑤ 사용자는 경영상 이유에 의하여 해고된 근로자에 대하여 생계안정, 재취업, 직업훈련 등 필요한 조치를 우선적으로 취하여야 한다.

해설

① (×) 근기법 시행령 제10조 제1항에 따르면 99명 이하인 사업 또는 사업장의 경우, 해고하려는 근로자가 10명 이상이면 고용노동부장관에게 해고계획을 신고하여야 하므로, 45명인 사업장의 사용자가 1개월간 9명의 근로자를 경영상의 이유에 의해 해고하는 경우라면 신고하지 아니하여도 된다.

② (○) 근기법 시행령 제10조 제2항

③ (×) 사용자는 근로자대표에게 해고를 하려는 날의 50일 전까지 통보하고 성실하게 협의하여야 한다(근기법 제24조 제3항).

④ (×) 경영 악화를 방지하기 위한 사업의 양도·인수·합병은 긴박한 경영상의 필요가 있는 것으로 본다(근기법 제24조 제1항).

⑤ (×) 정부는 제24조에 따라 해고된 근로자에 대하여 생계안정, 재취업, 직업훈련 등 필요한 조치를 우선적으로 취하여야 한다(근기법 제25조 제2항).

답 ❷

006 근로기준법령상 경영상 이유에 의한 해고에 관한 설명으로 옳지 않은 것은?(다툼이 있으면 판례에 따름)

CHECK ○△×

21 노무

① 경영악화를 방지하기 위한 사업의 양도·인수·합병은 긴박한 경영상의 필요가 있는 것으로 본다.

② 상시근로자 수 99명 이하인 사업 또는 사업장의 사용자는 1개월 동안에 10명 이상의 인원을 경영상의 이유에 의하여 해고하려면 최초로 해고하려는 날의 30일 전까지 고용노동부장관에게 신고하여야 한다.

③ 사용자가 해고를 피하기 위한 방법과 해고의 기준 등에 관하여 근로자대표에게 해고를 하려는 날의 50일 전까지 통보하지 않은 경우 그 이유만으로 경영상 이유에 의한 해고는 부당하다.

④ 경영상의 이유에 의하여 근로자를 해고한 사용자는 근로자를 해고한 날로부터 3년 이내에 해고된 근로자가 해고 당시 담당하였던 업무와 같은 업무를 할 근로자를 채용하려고 할 경우 경영상의 이유에 의하여 해고된 근로자가 원하면 그 근로자를 우선적으로 고용하여야 한다.

⑤ 긴박한 경영상의 필요란 장래에 올 수도 있는 위기에 미리 대처하기 위하여 인원삭감이 필요한 경우도 포함하지만, 그러한 인원삭감은 객관적으로 보아 합리성이 있다고 인정되어야 한다.

해설

① (○) 사용자가 경영상 이유에 의하여 근로자를 해고하려면 긴박한 경영상의 필요가 있어야 한다. 이 경우 경영악화를 방지하기 위한 사업의 양도·인수·합병은 긴박한 경영상의 필요가 있는 것으로 본다(근기법 제24조 제1항).

② (○) 근기법 시행령 제10조 제1항 제1호

③ (×) 해고를 피하기 위한 방법과 해고의 기준을 해고실시 50일 이전까지 근로자대표에게 통보하게 한 취지는, 소속근로자의 소재와 숫자에 따라 그 통보를 전달하는 데 소요되는 시간, 그 통보를 받은 각 근로자들이 통보내용에 따른 대처를 하는 데 소요되는 시간, 근로자대표가 성실한 협의를 할 수 있는 기간을 최대한으로 상정·허여하자는 데 있는 것이고, 50일 기간의 준수는 정리해고의 효력요건은 아니어서, 구체적 사안에서 통보 후 정리해고 실시까지의 기간이 그와 같은 행위를 하는 데 소요되는 시간으로 부족하였다는 등의 특별한 사정이 없으며, 정리해고의 그 밖의 요건은 충족되었다면 그 정리해고는 유효하다(대판 2003.11.13. 2003두4119).

④ (O) 근기법 제25조 제1항

⑤ (O) 정리해고의 요건 중 '긴박한 경영상의 필요'란 반드시 기업의 도산을 회피하기 위한 경우에 한정되지 아니하고, 장래에 올 수도 있는 위기에 미리 대처하기 위하여 인원삭감이 필요한 경우도 포함되지만, 그러한 인원삭감은 객관적으로 보아 합리성이 있다고 인정되어야 한다(대판 2015.5.28. 2012두25873).

경영상의 이유에 의한 해고계획의 신고(근기법 시행령 제10조)

① 법 제24조 제4항에 따라 사용자는 1개월 동안에 다음 각 호의 어느 하나에 해당하는 인원을 해고하려면 최초로 해고하려는 날의 30일 전까지 고용노동부장관에게 신고하여야 한다.

1. 상시근로자 수가 99명 이하인 사업 또는 사업장 : 10명 이상
2. 상시근로자 수가 100명 이상 999명 이하인 사업 또는 사업장 : 상시근로자 수의 10% 이상
3. 상시근로자 수가 1,000명 이상인 사업 또는 사업장 : 100명 이상

답 ❸

007

CHECK ○△×

근로기준법상 경영상 이유에 의한 해고의 제한에 관한 설명으로 옳지 않은 것은?(다툼이 있으면 판례에 따름)

19 노무

① 긴박한 경영상의 필요란 기업의 일부 영업부문 내지 영업소의 수지만을 기준으로 할 것이 아니라 기업 전체의 경영사정을 종합적으로 검토하여 결정되어야 한다.

② 근로자의 과반수로 조직된 노동조합이 있는 경우에도 사용자가 그 노동조합과의 협의 외에 근로자 집단의 대표와 별도로 협의하여야 한다.

③ 사용자는 대통령령으로 정하는 일정한 규모 이상의 인원을 해고하려면 대통령령으로 정하는 바에 따라 고용노동부장관에게 신고하여야 한다.

④ 경영악화를 방지하기 위한 사업의 양도·인수·합병은 긴박한 경영상의 필요가 있는 것으로 본다.

⑤ 사용자가 해고를 회피하기 위한 방법에 관하여 노동조합 또는 근로자대표와 성실하게 협의하여 정리해고 실시에 관한 합의에 도달하였다면 이러한 사정도 해고회피노력의 판단에 참작되어야 한다.

해설

① (O) 긴박한 경영상의 필요가 있는지를 판단할 때는 법인의 어느 사업부문이 다른 사업부문과 인적·물적·장소적으로 분리·독립되어 있고 재무 및 회계가 분리되어 있으며 경영여건도 서로 달리하는 예외적인 경우가 아니라면 법인의 일부 사업부문 내지 사업소의 수지만을 기준으로 할 것이 아니라 법인 전체의 경영사정을 종합적으로 검토하여 결정하여야 한다(대판 2015.5.28. 2012두25873).

② (×) 사용자는 해고를 회피하기 위한 방법 및 해고의 기준 등에 관하여 당해 사업장에 근로자의 과반수로 조직된 노동조합이 있는 경우에는 당해 노동조합과, 이러한 노동조합이 없는 경우에는 근로자의 과반수를 대표하는 근로자대표에 대하여 해고를 하고자 하는 날의 50일 전까지 통보하고 성실하게 협의하여야 한다(근기법 제24조 제3항). 따라서 사용자가 노동조합과 협의한 경우, 별도로 근로자집단의 대표와 협의할 필요는 없다.

③ (O) 근기법 제24조 제4항

④ (O) 근기법 제24조 제1항

⑤ (O) 대판 2002.7.9. 2001다29452

답 ❷

008 근로기준법령상 경영상 이유에 의한 해고에 관한 설명으로 옳은 것은? 18 노무

CHECK ○△×

① 경영악화를 방지하기 위한 사업의 양도는 긴박한 경영상의 필요가 있는 것으로 보지 않는다.
② 사용자가 경영상 이유에 의하여 일정한 규모 이상의 인원을 해고하려면 고용노동부장관에게 지체 없이 통보하여야 한다.
③ 사용자는 해고를 피하기 위한 방법 등에 관하여 해고를 하려는 날의 30일 전까지 근로자대표에게 통보하고 성실하게 협의하여야 한다.
④ 경영상 이유에 의한 해고를 하는 때에도 해고의 예고규정은 적용된다.
⑤ 사용자는 경영상 이유에 의해 해고된 근로자에 대하여 생계안정, 재취업 등 필요한 조치를 우선적으로 취하여야 한다.

해설

① (×) 경영악화를 방지하기 위한 사업의 양도·인수·합병은 긴박한 경영상의 필요가 있는 것으로 본다(근기법 제24조 제1항).
② (×) 일정한 규모 이상의 인원을 해고하려면 대통령령으로 정하는 바에 따라 고용노동부장관에게 신고하여야 한다(근기법 제24조 제4항).
③ (×) 사용자는 해고를 피하기 위한 방법과 해고의 기준 등에 관하여 그 사업 또는 사업장에 근로자의 과반수로 조직된 노동조합이 있는 경우에는 그 노동조합(근로자의 과반수로 조직된 노동조합이 없는 경우에는 근로자의 과반수를 대표하는 자)에 해고를 하려는 날의 50일 전까지 통보하고 성실하게 협의하여야 한다(근기법 제24조 제3항).
④ (○) 사용자는 근로자를 해고(경영상 이유에 의한 해고를 포함)하려면 적어도 30일 전에 예고를 하여야 하고, 30일 전에 예고를 하지 아니하였을 때에는 30일분 이상의 통상임금을 지급하여야 한다(근기법 제26조 본문).
⑤ (×) 정부는 경영상 이유에 의해 해고된 근로자에 대하여 생계안정, 재취업, 직업훈련 등 필요한 조치를 우선적으로 취하여야 한다(근기법 제25조 제2항).

답 ④

009 근로기준법상 해고에 관한 설명 중 옳지 않은 것은?(다툼이 있는 경우 판례에 의함) 15 사시

CHECK ○△×

① 경영상의 이유에 의한 해고의 요건이 되는 긴박한 경영상의 필요에는 장래에 올 수 있는 위기에 미리 대처하기 위하여 인원삭감이 객관적으로 보아 합리성이 있다고 인정되는 경우도 포함된다.
② 일반적으로 사용자가 근로자를 징계해고한 것이 정당하지 못하여 무효로 판단되는 경우 그러한 사유만으로 곧바로 그 해고가 불법행위를 구성하는 것은 아니다.
③ 사용자의 근로자에 대한 해고는 정당한 이유가 없으면 무효이고, 해고에 정당한 이유가 있다는 점은 사용자가 주장·입증하여야 한다.
④ 해고예고의무를 위반한 해고라고 하더라도 해고의 정당한 이유를 갖추고 있는 한 해고의 사법상의 효력에는 영향이 없다.
⑤ 경영상의 이유에 의한 해고와 관련하여 근로자의 과반수로 조직된 노동조합이 없는 경우에, 사용자와의 협의의 상대방이 실질적으로 근로자의 의사를 반영할 수 있는 대표라고 볼 수 있는 사정이 있더라도 형식적으로 근로자의 과반수의 대표로서의 자격을 명확하게 갖추지 못하였다면 적법한 주체가 될 수 없다.

해설

① (O) 정리해고의 요건 중 '긴박한 경영상의 필요'란 반드시 기업의 도산을 회피하기 위한 경우에 한정되지 아니하고, 장래에 올 수도 있는 위기에 미리 대처하기 위하여 인원삭감이 필요한 경우도 포함되지만, 그러한 인원삭감은 객관적으로 보아 합리성이 있다고 인정되어야 한다(대판 2015.5.28. 2012두25873).

② (O) 징계권의 남용이 우리의 건전한 사회통념이나 사회상규상 용인될 수 없음이 분명한 경우에 있어서는 그 해고가 근로기준법 제23조 제1항에서 말하는 정당성을 갖지 못하여 효력이 부정되는 데 그치는 것이 아니라, 위법하게 상대방에게 정신적 고통을 가하는 것이 되어 근로자에 대한 관계에서 불법행위를 구성한다(대판 1999.2.23. 98다12157).

③ (O) 구 근로기준법 제33조에 의한 부당해고구제재심판정을 다투는 소송에 있어서는 해고의 정당성에 관한 입증책임은 이를 주장하는 자[사용자(註)]가 부담한다(대판 1999.4.27. 99두202).

④ (O) 대판 1993.9.24. 93누4199

⑤ (X) 근로자의 과반수로 조직된 노동조합이 없는 경우에 정리해고에 관한 협의의 상대방이 형식적으로는 근로자 과반수의 대표로서의 자격을 명확히 갖추지 못하였더라도 실질적으로 근로자의 의사를 반영할 수 있는 대표자라고 볼 수 있는 사정이 있다면 절차적 요건을 충족하였다고 보아야 한다(대판 2012.5.24. 2010두15964).

답 ⑤

010 근로기준법상 해고에 관한 기술 중 옳지 않은 것은?

07 사시수정

CHECK ○△×

① 18세 미만의 연소근로자를 해고하는 경우 친권자나 후견인의 동의를 얻어야 한다.

② 사용자는 산전·산후 여성이 근로기준법 제74조(임산부의 보호)의 규정에 의하여 휴업한 기간과 그 후 30일간은 해고하지 못한다.

③ 경영상 해고의 경우 경영악화를 방지하기 위한 사업의 합병은 긴박한 경영상의 필요가 있는 것으로 본다.

④ 사용자가 해고를 한 경우 해당 근로자는 해고가 있는 날부터 3개월 이내에 노동위원회에 부당해고 구제를 신청할 수 있다.

⑤ 근로자가 계속 근로한 기간이 3개월 미만인 경우에는 해고예고를 하지 않아도 된다.

해설

① (X) 18세 미만의 연소근로자를 해고하는 경우 친권자나 후견인의 동의를 얻어야 한다는 근기법 규정은 존재하지 아니한다.

② (O) 사용자는 근로자가 업무상 부상 또는 질병의 요양을 위하여 휴업한 기간과 그 후 30일 동안 또는 산전(産前)·산후(産後)의 여성이 이 법에 따라 휴업한 기간과 그 후 30일 동안은 해고하지 못한다(근기법 제23조 제2항 본문).

③ (O) 사용자가 경영상 이유에 의하여 근로자를 해고하려면 긴박한 경영상의 필요가 있어야 한다. 이 경우 경영 악화를 방지하기 위한 사업의 양도·인수·합병은 긴박한 경영상의 필요가 있는 것으로 본다(근기법 제24조 제1항).

④ (O) 사용자가 근로자에게 부당해고등을 하면 근로자는 부당해고등이 있었던 날부터 3개월 이내에 노동위원회에 구제를 신청할 수 있다(근기법 제28조).

⑤ (O) 근기법 제26조 참조

해고의 예고(근기법 제26조)

사용자는 근로자를 해고(경영상 이유에 의한 해고를 포함)하려면 적어도 30일 전에 예고를 하여야 하고, 30일 전에 예고를 하지 아니하였을 때에는 30일분 이상의 통상임금을 지급하여야 한다. 다만, 다음 각 호의 어느 하나에 해당하는 경우에는 그러하지 아니하다.

1. 근로자가 계속 근로한 기간이 3개월 미만인 경우
2. 천재·사변, 그 밖의 부득이한 사유로 사업을 계속하는 것이 불가능한 경우
3. 근로자가 고의로 사업에 막대한 지장을 초래하거나 재산상 손해를 끼친 경우로서 고용노동부령으로 정하는 사유에 해당하는 경우

답 ①

011 다음은 경영상 이유에 의한 해고에 관한 근로기준법령 규정의 내용이다. (　　) 안에 들어갈 내용으로 옳은 것은? 16 노무

CHECK ○△×

- 사용자는 근로기준법 제24조 제2항에 따른 해고를 피하기 위한 방법과 해고의 기준 등에 관하여 그 사업 또는 사업장에 근로자의 과반수로 조직된 노동조합이 있는 경우에는 그 노동조합에 해고를 하려는 날의 (ㄱ) 전까지 통보하고 성실하게 협의하여야 한다.
- 근로기준법 제24조 제4항에 따라 사용자는 1개월 동안에 동법 시행령 제10조 제1항에서 정한 바에 따른 인원을 해고하려면 최초로 해고하려는 날의 (ㄴ) 전까지 고용노동부장관에게 신고하여야 한다.

① ㄱ : 30일, ㄴ : 15일
② ㄱ : 30일, ㄴ : 30일
③ ㄱ : 50일, ㄴ : 20일
④ ㄱ : 50일, ㄴ : 30일
⑤ ㄱ : 60일, ㄴ : 15일

해설

- 사용자는 제2항에 따른 해고를 피하기 위한 방법과 해고의 기준 등에 관하여 그 사업 또는 사업장에 근로자의 과반수로 조직된 노동조합이 있는 경우에는 그 노동조합(근로자의 과반수로 조직된 노동조합이 없는 경우에는 근로자의 과반수를 대표하는 자)에 해고를 하려는 날의 50일 전까지 통보하고 성실하게 협의하여야 한다(근기법 제24조 제3항).
- 법 제24조 제4항에 따라 사용자는 1개월 동안에 다음 각 호의 어느 하나에 해당하는 인원을 해고하려면 최초로 해고하려는 날의 30일 전까지 고용노동부장관에게 신고하여야 한다(근기법 시행령 제10조 제1항).
  1. 상시근로자 수가 99명 이하인 사업 또는 사업장 : 10명 이상
  2. 상시근로자 수가 100명 이상 999명 이하인 사업 또는 사업장 : 상시근로자 수의 10% 이상
  3. 상시근로자 수가 1,000명 이상인 사업 또는 사업장 : 100명 이상

답 ④

012 근로기준법령상 경영상 이유에 의한 해고에 대한 설명으로 옳지 않은 것은?(다툼이 있는 경우 판례에 의함) 21 국가직 7급

CHECK ○△×

① 사용자는 1개월 동안에 상시근로자 수가 99명 이하인 사업 또는 사업장에서 10명 이상의 인원을 해고하려면 최초로 해고하려는 날의 30일 전까지 고용노동부장관에게 신고하여야 한다.
② 긴박한 경영상의 필요가 있는지를 판단할 때에는, 법인의 어느 사업부문이 다른 사업부문과 인적·물적·장소적으로 분리·독립되어 있고 재무 및 회계가 분리되어 있으며 경영여건도 서로 달리하는 예외적인 경우가 아니라면, 법인의 일부 사업부문 내지 사업소의 수지만을 기준으로 할 것이 아니라 법인 전체의 경영사정을 종합적으로 검토하여 결정하여야 한다.
③ 정부는 경영상 이유에 의해 해고된 근로자에 대하여 생계안정, 재취업, 직업훈련 등 필요한 조치를 우선적으로 취하여야 한다.
④ 경영상 이유에 의해 근로자를 해고한 사용자는 근로자를 해고한 날부터 3년 이내에 해고된 근로자가 해고 당시 담당하였던 업무와 같은 업무를 할 근로자를 채용하려고 할 경우, 경영상 이유에 의해 해고된 근로자가 원하면 그 근로자를 우선적으로 고용하도록 노력하여야 한다.

해설

① (O) 근기법 시행령 제10조 제1항 제1호

② (O) 근로기준법 제24조에서 정한 경영상 이유에 의한 해고의 요건 중 긴박한 경영상의 필요란 반드시 기업의 도산을 회피하기 위한 경우에 한정되지 아니하고, 인원감축이 객관적으로 보아 합리성이 있는 경우도 포함되지만, 긴박한 경영상의 필요가 있는지는 법인의 어느 사업 부문이 다른 사업 부문과 인적·물적·장소적으로 분리·독립되어 있고 재무 및 회계가 분리되어 있으며 경영여건도 서로 달리하는 예외적인 경우가 아니라면 법인의 일부 사업 부문의 수지만을 기준으로 할 것이 아니라 법인 전체의 경영사정을 종합적으로 검토하여 판단하여야 한다(대판 2021.7.29. 2016두64876).

③ (O)·④ (×) 근기법 제25조 참조

우선 재고용 등(근기법 제25조)

① 제24조에 따라 근로자를 해고한 사용자는 근로자를 해고한 날부터 3년 이내에 해고된 근로자가 해고 당시 담당하였던 업무와 같은 업무를 할 근로자를 채용하려고 할 경우 제24조에 따라 해고된 근로자가 원하면 그 근로자를 우선적으로 고용하여야 한다.❹

② 정부는 제24조에 따라 해고된 근로자에 대하여 생계안정, 재취업, 직업훈련 등 필요한 조치를 우선적으로 취하여야 한다.❸

답 ❹

013

CHECK ○△×

근로기준법령상 경영상 이유에 의한 해고에 대한 설명으로 옳지 않은 것은?(다툼이 있는 경우 판례에 의함)

21 국가직 9급

① 사용자는 경영상 이유에 의하여 해고된 근로자에 대하여 생계안정, 재취업, 직업훈련 등 필요한 조치를 우선적으로 취하여야 한다.

② 상시근로자 수가 99명 이하인 사업장에서 사용자가 1개월 동안에 10명 이상의 인원을 해고하려면 최초로 해고하려는 날의 30일 전까지 고용노동부장관에게 신고하여야 한다.

③ 경영 악화를 방지하기 위한 사업의 양도는 긴박한 경영상의 필요가 있는 것으로 본다.

④ 사업의 폐지를 위하여 해산한 기업이 그 청산과정에서 근로자를 해고하는 것은 기업 경영의 자유에 속하는 것으로서 정리해고에 해당하지 않는다.

해설

① (×) 정부는 제24조에 따라 해고된 근로자에 대하여 생계안정, 재취업, 직업훈련 등 필요한 조치를 우선적으로 취하여야 한다(근기법 제25조 제2항).

② (O) 근기법 시행령 제10조 제1항 제1호

③ (O) 사용자가 경영상 이유에 의하여 근로자를 해고하려면 긴박한 경영상의 필요가 있어야 한다. 이 경우 경영 악화를 방지하기 위한 사업의 양도·인수·합병은 긴박한 경영상의 필요가 있는 것으로 본다(근기법 제24조 제1항).

④ (O) 기업이 파산선고를 받아 사업의 폐지를 위하여 그 청산과정에서 근로자를 해고하는 것은 위장폐업이 아닌 한 기업경영의 자유에 속하는 것으로서 파산관재인이 파산선고로 인하여 파산자 회사가 해산한 후에 사업의 폐지를 위하여 행하는 해고는 정리해고가 아니라 통상해고에 해당하는 것이어서, 정리해고에 관한 근로기준법 규정이 적용될 여지가 없고, 또한 파산관재인의 근로계약 해지는 해고만을 목적으로 한 위장파산이나 노동조합의 단결권 등을 방해하기 위한 위장폐업이 아닌 한 원칙적으로 부당노동행위에 해당하지 아니한다(대판 2004.2.27. 2003두902).

답 ❶

014 근로기준법상 '경영상 이유에 의한 해고'에 대한 설명으로 옳은 것은?(다툼이 있는 경우 판례에 의함)

CHECK ○△×

22 국가직 7급

① 경영 악화를 방지하기 위한 사업의 양도・인수・합병은 긴박한 경영상의 필요가 있는 것으로 보지 아니한다.

② 법인의 어느 사업부문이 다른 사업부문과 장소적으로 분리되어 있는 경우 긴박한 경영상의 필요가 있는지 여부는 항상 분리된 특정 사업부문의 수지만을 기준으로 판단하여야 한다.

③ 긴박한 경영상의 필요라 함은 장래에 올 수도 있는 위기에 미리 대처하기 위하여 인원삭감이 객관적으로 보아 합리성이 있다고 인정되는 경우도 포함된다.

④ 사용자가 경영상 이유에 의해 해고한 근로자에 대해 근로기준법 제25조 제1항에 따른 우선 재고용 의무를 이행하지 아니하는 경우라고 하여, 해고 근로자가 사용자를 상대로 고용의 의사표시를 갈음하는 판결을 구할 사법상의 권리가 인정되는 것은 아니다.

해설

① (×) 사용자가 경영상 이유에 의하여 근로자를 해고하려면 긴박한 경영상의 필요가 있어야 한다. 이 경우 경영 악화를 방지하기 위한 사업의 양도・인수・합병은 긴박한 경영상의 필요가 있는 것으로 본다(근기법 제24조 제1항).

② (×) 근로기준법 제24조에서 정한 경영상 이유에 의한 해고의 요건 중 긴박한 경영상의 필요란 반드시 기업의 도산을 회피하기 위한 경우에 한정되지 아니하고, 인원감축이 객관적으로 보아 합리성이 있는 경우도 포함되지만, 긴박한 경영상의 필요가 있는지는 법인의 어느 사업 부문이 다른 사업 부문과 인적・물적・장소적으로 분리・독립되어 있고 재무 및 회계가 분리되어 있으며 경영여건도 서로 달리하는 예외적인 경우가 아니라면 법인의 일부 사업 부문의 수지만을 기준으로 할 것이 아니라 법인 전체의 경영사정을 종합적으로 검토하여 판단하여야 한다(대판 2021.7.29. 2016두64876).

③ (○) 정리해고의 요건 중 '긴박한 경영상의 필요'란 반드시 기업의 도산을 회피하기 위한 경우에 한정되지 아니하고, 장래에 올 수도 있는 위기에 미리 대처하기 위하여 인원삭감이 필요한 경우도 포함되지만, 그러한 인원삭감은 객관적으로 보아 합리성이 있다고 인정되어야 한다(대판 2015.5.28. 2012두25873).

④ (×) 근로기준법 제25조 제1항에 따라 사용자는 해고 근로자를 우선 재고용할 의무가 있으므로 해고 근로자는 사용자가 위와 같은 우선 재고용의무를 이행하지 아니하는 경우 사용자를 상대로 고용의 의사표시를 갈음하는 판결을 구할 사법상의 권리가 있고, 판결이 확정되면 사용자와 해고 근로자 사이에 고용관계가 성립한다. 또한 해고 근로자는 사용자가 위 규정을 위반하여 우선 재고용의무를 이행하지 않은 데 대하여, 우선 재고용의무가 발생한 때부터 고용관계가 성립할 때까지의 임금 상당 손해배상금을 청구할 수 있다(대판 2020.11.16. 2016다13437).

답 ❸

015 근로기준법상 해고 등에 대한 설명으로 옳지 않은 것은?(다툼이 있는 경우 판례에 의함)

CHECK ○△×

22 국가직 9급

① 사용자가 근로자로부터 사직서를 제출받고 이를 수리하는 의원면직의 형식을 취하여 근로계약관계를 종료시켰다고 할지라도 사직의 의사가 없는 근로자로 하여금 어쩔 수 없이 사직서를 작성, 제출하게 하였다면, 이는 해고에 해당한다.

② 사용자가 근로자를 징계해고할 만한 사유가 전혀 없는데도 오로지 근로자를 사업장에서 몰아내려는 의도하에 고의로 어떤 명목상의 해고사유를 내세워 징계라는 수단을 동원하여 해고한 경우에는 근로자에 대한 관계에서 불법행위를 구성할 수 있다.

③ 경영상 이유에 의하여 근로자를 해고한 사용자는 근로자를 해고한 날부터 3년 이내에 해고된 근로자가 해고 당시 담당하였던 업무와 같은 업무를 할 근로자를 채용하려고 할 경우 경영상 이유에 의하여 해고된 근로자가 원하면 그 근로자를 우선적으로 고용하여야 한다.

④ 사용자의 부당한 해고처분이 무효이거나 취소된 때에는 근로자는 계속 근로하였을 경우에 받을 수 있는 임금을 청구할 수 있으며, 여기에서 근로자가 지급을 청구할 수 있는 임금은 통상임금으로 국한된다.

해설

① (○) 사용자가 근로자로부터 사직서를 제출받고 이를 수리하는 의원면직의 형식을 취하여 근로계약관계를 종료시킨 것이라 할지라도, 사직의 의사가 없는 근로자로 하여금 어쩔 수 없이 사직서를 작성·제출하게 한 경우에는, 실질적으로 사용자의 일방적 의사에 의하여 근로계약관계를 종료시키는 것이어서 해고에 해당한다고 할 것이다(대판 2005.11.25. 2005다38270).

② (○) 사용자가 근로자에 대하여 징계해고 등을 할 만한 사유가 전혀 없는데도 오로지 근로자를 사업장에서 몰아내려는 의도하에 고의로 어떤 명목상의 해고사유 등을 내세워 징계라는 수단을 동원하여 해고 등의 불이익처분을 한 경우나, 해고 등의 이유로 된 어느 사실이 취업규칙 등 소정의 징계사유에 해당되지 아니하거나 징계사유로 삼을 수 없는 것임이 객관적으로 명백하고 또 조금만 주의를 기울였더라면 이와 같은 사정을 쉽게 알아 볼 수 있는데도 그것을 이유로 징계해고 등의 불이익처분을 한 경우처럼, 사용자에게 부당해고 등에 대한 고의·과실이 인정되는 경우에 있어서는 불법행위가 성립되어 그에 따라 입게 된 근로자의 정신적 고통에 대하여도 이를 배상할 의무가 있다(대판 1996.4.23. 95다6823).

③ (○) 근기법 제25조 제1항

④ (×) 사용자의 부당한 해고처분이 무효이거나 취소된 때에는 그동안 피해고자의 근로자로서 지위는 계속되고, 그간 근로의 제공을 하지 못한 것은 사용자의 귀책사유로 인한 것이므로 근로자는 민법 제538조 제1항에 의하여 계속 근로하였을 경우 받을 수 있는 임금 전부의 지급을 청구할 수 있다. 여기에서 근로자가 지급을 청구할 수 있는 임금은 근로기준법 제2조에서 정하는 임금을 의미하므로, 사용자가 근로의 대가로 근로자에게 지급하는 일체의 금원으로서 계속적·정기적으로 지급되고 이에 관하여 단체협약, 취업규칙, 급여규정, 근로계약, 노동관행 등에 의하여 사용자에게 지급의무가 지워져 있다면 명칭 여하를 불문하고 모두 이에 포함되며, 반드시 통상임금으로 국한되는 것은 아니다(대판 2012.2.9. 2011다20034).

답 ④

제3절 해고의 절차적 정당성

016 근로기준법상 해고에 대한 설명으로 옳지 않은 것은? 24 국가직 7급

CHECK ○△×

① 사용자는 근로기준법 제24조에 따라 근로자를 해고한 날부터 3년 이내의 기간 중에 해고 근로자가 해고 당시에 담당하였던 업무와 같은 업무를 할 근로자를 채용하려고 한다면, 해고 근로자가 반대하는 의사를 표시하거나 고용계약을 체결할 것을 기대하기 어려운 객관적인 사유가 있는 등의 특별한 사정이 있는 경우가 아닌 한 해고 근로자를 우선 재고용할 의무가 있다.

② 취업규칙 등에 면직처분과 징계처분이 따로 규정되어 있으면서도 면직처분에 관하여는 일반의 징계처분과 달리 아무런 절차규정도 두고 있지 아니하고 그 면직사유가 동일하게 징계사유로 규정되어 있는 것도 아니라면, 사용자가 면직처분을 함에 있어 일반의 징계절차를 거쳐야 한다고 할 수 없고, 이는 면직사유가 실질적으로 징계사유로 보여지는 경우에도 달리 해석할 것은 아니다.

③ 근로자에게 변명의 기회가 부여되지 않더라도 해고가 당연시될 정도라는 등의 특별한 사유가 없는 한, 징계해고사유가 통상해고사유에도 해당하여 통상해고의 방법을 취하더라도 징계해고에 따른 소정의 절차는 부가적으로 요구된다고 할 것이고, 나아가 징계해고사유로 통상해고를 한다는 구실로 징계절차를 생략할 수는 없는 것이다.

④ 근로기준법 제26조 본문에 따라 사용자가 근로자를 해고하면서 30일 전에 예고를 하지 아니하였을 때 근로자에게 지급하는 해고예고수당은 해고가 유효한 경우에 지급되는 돈이고, 해고가 부당해고에 해당하여 효력이 없다면 근로자는 해고예고수당을 지급받을 법률상 원인이 없다고 보아야 한다.

해설

① (○) 대판 2020.11.16. 2016다13437

② (○) 대판 2000.6.23. 99두4235

③ (○) 특정사유가 단체협약이나 취업규칙 등에서 징계해고사유와 통상해고사유의 양쪽에 모두 해당하는 경우뿐 아니라 징계해고사유에는 해당하나 통상해고사유에는 해당하지 않는 경우에도, 그 사유를 이유로 징계해고처분의 규정상 근거나 형식을 취하지 아니하고 근로자에게 보다 유리한 통상해고처분을 택하는 것은, 근로기준법 제27조 제1항에 반하지 않는 범위 내에서 사용자의 재량에 속하는 적법한 것이나, 근로자에게 변명의 기회가 부여되지 않더라도 해고가 당연시될 정도라는 등의 특별한 사유가 없는 한, 징계해고사유가 통상해고사유에도 해당하여 통상해고의 방법을 취하더라도 징계해고에 따른 소정의 절차는 부가적으로 요구된다고 할 것이고, 나아가 징계해고사유로 통상해고를 한다는 구실로 징계절차를 생략할 수는 없는 것이니, 절차적 보장을 한 관계규정의 취지가 회피됨으로써 근로자의 지위에 불안정이 초래될 수 있기 때문이다(대판 1994.10.25. 94다25889).

④ (×) 근로기준법 제26조 본문에 따라 사용자가 근로자를 해고하면서 30일 전에 예고를 하지 아니하였을 때 근로자에게 지급하는 해고예고수당은 해고가 유효한지와 관계없이 지급되어야 하는 돈이고, 해고가 부당해고에 해당하여 효력이 없다고 하더라도 근로자가 해고예고수당을 지급받을 법률상 원인이 없다고 볼 수 없다(대판 2018.9.13. 2017다16778).

답 ④

017 근로기준법상 해고에 대한 설명으로 옳은 것은?

25 국가직 9급

CHECK ○△×

① 경영상 이유에 의한 해고의 경우에는 근로기준법 제26조(해고의 예고)가 적용되지 않는다.

② 사용자의 해고예고는 일정 시점을 특정하여 하거나 언제 해고되는지를 근로자가 알 수 있는 방법으로 할 필요는 없다.

③ 사용자는 근로자가 고의로 사업에 막대한 지장을 초래하거나 재산상 손해를 끼친 사유를 원인으로 해고를 하는 경우에도 해고사유와 해고시기를 서면으로 통지하여야 한다.

④ 사용자는 산전(産前)·산후(産後)의 여성이 근로기준법에 따라 휴업한 기간과 그 후 30일 동안은 어떠한 경우에도 해고하지 못한다.

해설

① (×) 사용자는 근로자를 해고(경영상 이유에 의한 해고를 포함)하려면 적어도 30일 전에 예고를 하여야 하고, 30일 전에 예고를 하지 아니하였을 때에는 30일분 이상의 통상임금을 지급하여야 한다(근기법 제26조 각호 외의 부분 본문).

② (×) 근로기준법 제26조에서 사용자가 근로자를 해고하는 경우 적어도 30일 전에 예고를 하여야 하고, 30일 전에 예고를 하지 아니하였을 때에는 30일분 이상의 통상임금을 지급하도록 규정한 취지는 근로자로 하여금 해고에 대비하여 새로운 직장을 구할 수 있는 시간적 또는 경제적 여유를 주려는 것이므로, 사용자의 해고예고는 일정 시점을 특정하여 하거나 언제 해고되는지를 근로자가 알 수 있는 방법으로 하여야 할 것이다(대판 2015.5.28. 2011다53638).

③ (○) 사용자가 근로자가 고의로 사업에 막대한 지장을 초래하거나 재산상 손해를 끼친 사유를 원인으로 해고를 하는 경우에는 근기법 제26조 단서 제3호에 의하여 사용자는 해고예고나 해고예고수당을 지급하지 아니하고 근로자를 즉시해고할 수 있으나, 이 경우에도 사용자가 근로자를 해고하려면 해고사유와 해고시기를 서면으로 통지하여야 한다(근기법 제27조 제1항).

④ (×) 사용자는 근로자가 업무상 부상 또는 질병의 요양을 위하여 휴업한 기간과 그 후 30일 동안 또는 산전(産前)·산후(産後)의 여성이 근로기준법에 따라 휴업한 기간과 그 후 30일 동안은 해고하지 못한다. 다만, 사용자가 일시보상을 하였을 경우 또는 사업을 계속할 수 없게 된 경우에는 그러하지 아니하다(근기법 제23조 제2항).

답 ③

018 다음 (　　) 안에 들어갈 내용으로 옳은 것은?

14 노무

CHECK ○△×

> **근로기준법 제26조(해고의 예고)**
> 사용자는 근로자를 해고(경영상 이유에 의한 해고를 포함한다)하려면 적어도 (ㄱ)일 전에 예고를 하여야 하고, (ㄱ)일 전에 예고를 하지 아니하였을 때에는 (ㄱ)일분 이상의 통상임금을 지급하여야 한다. 다만, 다음 각 호의 어느 하나에 해당하는 경우에는 그러하지 아니하다.
> 1. 근로자가 계속 근로한 기간이 (ㄴ)개월 미만인 경우
> 2. 천재·사변, 그 밖의 부득이한 사유로 사업을 계속하는 것이 불가능한 경우
> 3. 근로자가 고의로 사업에 막대한 지장을 초래하거나 재산상 손해를 끼친 경우로서 고용노동부령으로 정하는 사유에 해당하는 경우

① ㄱ : 30, ㄴ : 3
② ㄱ : 30, ㄴ : 6
③ ㄱ : 50, ㄴ : 3
④ ㄱ : 50, ㄴ : 6
⑤ ㄱ : 60, ㄴ : 6

해설

사용자는 근로자를 해고(경영상 이유에 의한 해고를 포함)하려면 적어도 30일 전에 예고를 하여야 하고, 30일 전에 예고를 하지 아니하였을 때에는 30일분 이상의 통상임금을 지급하여야 한다. 다만 근로자가 계속 근로한 기간이 3개월 미만인 경우에는 그러하지 아니하다(근기법 제26조).

답 ❶

019 근로기준법령상 해고에 관한 설명으로 옳은 것은?(다툼이 있는 경우에는 판례에 의함)

15 노무

CHECK ○△×

① 경영상 이유에 의한 해고의 경우에는 해고사유와 해고시기를 서면으로 통지하여야 할 필요는 없다.
② 경영상 이유에 의한 해고의 경우에는 해고를 하려는 날의 50일 전에 해고를 피하기 위한 방법 등에 관해 근로자대표에게 통보하고 협의하여야 하므로 해고예고규정은 적용되지 않는다.
③ 해고예고를 하지 않았다면 해고의 정당한 이유를 갖추고 있더라도 절차위반으로 무효이다.
④ 경영상 이유에 의한 해고의 경우에는 사용자가 해고를 피하기 위한 방법과 해고의 기준을 반드시 해고실시 50일 이전까지 근로자대표에게 통보하여야만 효력이 있다.
⑤ 사용자가 근로자에게 해고사유와 해고시기를 명시하여 서면으로 30일 전에 해고의 예고를 한 경우에는 근로기준법 제27조 제1항에 따라 해고사유와 해고시기를 서면으로 통지한 것으로 본다.

해설

① (×) 사용자는 근로자를 해고하려면 해고사유와 해고시기를 서면으로 통지하여야 한다(근기법 제27조 제1항).
② (×) 경영상 이유에 의한 해고의 경우도 해고예고규정은 적용된다(근기법 제26조).
③ (×) 근로기준법 제26조 소정의 해고예고의무를 위반한 해고라 하더라도 해고의 정당한 이유를 갖추고 있는 한 해고의 사법상의 효력에는 영향이 없다(대판 1994.12.27. 94누11132).
④ (×) 해고를 피하기 위한 방법과 해고의 기준을 해고실시 50일 이전까지 근로자대표에게 통보하게 한 취지는, 소속근로자의 소재와 숫자에 따라 그 통보를 전달하는 데 소요되는 시간, 그 통보를 받은 각 근로자들이 통보내용에 따른 대처를 하는 데 소요되는 시간, 근로자대표가 성실한 협의를 할 수 있는 기간을 최대한으로 상정·허여하자는 데 있는 것이고, 50일 기간의 준수는 정리해고의 효력요건은 아니어서, 구체적 사안에서 통보 후 정리해고 실시까지의 기간이 그와 같은 행위를 하는 데 소요되는 시간으로 부족하였다는 등의 특별한 사정이 없으며, 정리해고의 그 밖의 요건은 충족되었다면 그 정리해고는 유효하다(대판 2003.11.13. 2003두4119).
⑤ (○) 근기법 제27조 제3항

답 ❺

020 근로기준법에 대한 설명으로 옳지 않은 것은?

20 국가직 7급

CHECK ○△×

① 근로감독관은 사업장, 기숙사, 그 밖의 부속 건물을 현장조사하고 장부와 서류의 제출을 요구할 수 있으며 사용자와 근로자에 대하여 심문할 수 있다.
② 사용자는 근로자가 사망 또는 퇴직한 경우에는 그 지급사유가 발생한 때부터 14일 이내에 임금, 보상금, 그 밖의 모든 금품을 지급하여야 한다. 다만, 특별한 사정이 있을 경우에는 당사자 사이의 합의에 의하여 기일을 연장할 수 있다.
③ 사용자는 직장에서의 지위 등의 우위를 이용하여 업무상 적정범위를 넘어 다른 근로자에게 신체적·정신적 고통을 주거나 근무환경을 악화시키는 행위를 하여서는 아니 된다.
④ 사용자는 근로자를 해고(경영상 이유에 의한 해고를 포함한다)하려면 적어도 30일 전에 예고를 하여야 하고, 30일 전에 예고를 하지 아니하였을 때에는 30일분 이상의 평균임금을 지급하여야 한다.

해설

① (○) 근로감독관은 사업장, 기숙사, 그 밖의 부속 건물을 현장조사하고 장부와 서류의 제출을 요구할 수 있으며 사용자와 근로자에 대하여 심문(尋問)할 수 있다(근기법 제102조 제1항).
② (○) 사용자는 근로자가 사망 또는 퇴직한 경우에는 그 지급사유가 발생한 때부터 14일 이내에 임금, 보상금, 그 밖의 모든 금품을 지급하여야 한다. 다만, 특별한 사정이 있을 경우에는 당사자 사이의 합의에 의하여 기일을 연장할 수 있다(근기법 제36조).
③ (○) 사용자 또는 근로자는 직장에서의 지위 또는 관계 등의 우위를 이용하여 업무상 적정범위를 넘어 다른 근로자에게 신체적·정신적 고통을 주거나 근무환경을 악화시키는 행위(이하 "직장 내 괴롭힘")를 하여서는 아니 된다(근기법 제76조의2).
④ (×) 사용자는 근로자를 해고(경영상 이유에 의한 해고를 포함)하려면 적어도 30일 전에 예고를 하여야 하고, 30일 전에 예고를 하지 아니하였을 때에는 30일분 이상의 통상임금을 지급하여야 한다(근기법 제26조 본문).

답 ❹

021 근로기준법상 해고의 서면통지에 대한 설명으로 옳지 않은 것은?(다툼이 있는 경우 판례에 의함)

CHECK ○△×

19 국가직 7급

① 사용자가 해고사유와 해고시기를 명시하여 서면으로 해고예고를 한 경우라도 별도의 해고사유 등의 서면통지가 있어야 그 해고가 유효하다.

② 징계해고의 경우 사용자가 해고사유와 해고시기를 서면으로 통지할 때에는 해고의 실질적 사유가 되는 구체적 사실 또는 비위내용을 기재하여야 한다.

③ 이메일(e-mail)에 의한 해고통지도 해고사유와 해고시기에 관한 내용이 구체적으로 기재되어 있는 등 서면에 의한 해고통지의 역할과 기능을 충분히 수행하고 있다면, 서면에 의한 해고통지로서 유효하다고 보아야 할 경우가 있다.

④ 사용근로관계에서 사용자가 본 근로계약 체결을 거부하는 경우 근로자에게 구체적·실질적 거부사유를 서면으로 통지하여야 한다.

해설

① (×) 사용자가 해고의 예고를 해고사유와 해고시기를 명시하여 서면으로 한 경우에는 해고의 서면통지를 한 것으로 본다(근기법 제27조 제3항).

② (○) 사용자가 해고사유 등을 서면으로 통지할 때는 근로자의 처지에서 해고사유가 무엇인지를 구체적으로 알 수 있어야 하고, 특히 징계해고의 경우에는 해고의 실질적 사유가 되는 구체적 사실 또는 비위내용을 기재하여야 하며 징계대상자가 위반한 단체협약이나 취업규칙의 조문만 나열하는 것으로는 충분하다고 볼 수 없다(대판 2011.10.27. 2011다42324).

> [1] 사용자가 근로자를 징계해고하면서 해고통보서 등에 근로자의 어떠한 행위가 사규 위반에 해당하여 징계사유와 해고사유가 되는지를 전혀 기재하지 않은 사안에서, 위 해고에는 절차상 근로기준법 제27조를 위반한 위법이 있다고 본 원심판단을 정당하다고 한 사례
> [2] 甲 주식회사가 감사실장인 임원 乙에 대한 징계해고를 하면서, 회사와 경영진에 대한 비방, 감사결과의 독단적 작성, 회사의 업무상 기밀 및 감사 내용 누설, 법인카드 무단사용, 무단결근 등을 징계사유로 삼은 사안에서, 위 징계사유가 인정되지 않을 뿐만 아니라 설령 인정되더라도 그 사유만으로는 사회통념상 고용관계를 계속할 수 없을 정도로 책임 있는 사유가 乙에게 있다고 할 수 없다고 본 원심판단을 정당하다고 한 사례(대판 2011.10.27. 2011다42324).

③ (○) 이메일(e-mail)의 형식과 작성 경위 등에 비추어 사용자의 해고 의사를 명확하게 확인할 수 있고, 이메일에 해고사유와 해고시기에 관한 내용이 구체적으로 기재되어 있으며, 해고에 적절히 대응하는 데 아무런 지장이 없는 등 서면에 의한 해고통지의 역할과 기능을 충분히 수행하고 있다면, 근로자가 이메일을 수신하는 등으로 내용을 알고 있는 이상, 이메일에 의한 해고통지도 해고사유 등을 서면 통지하도록 규정한 근로기준법 제27조의 입법 취지를 해치지 아니하는 범위 내에서 구체적 사안에 따라 서면에 의한 해고통지로서 유효하다고 보아야 할 경우가 있다(대판 2015.9.10. 2015두41401).

④ (○) 근로자의 직업적 능력, 자질, 인품, 성실성 등 업무적격성을 관찰·판단하고 평가하려는 시용제도의 취지·목적에 비추어 볼 때, 사용자가 시용기간 만료 시 본 근로계약 체결을 거부하는 것은 일반적인 해고보다 넓게 인정될 수 있으나, 그 경우에도 객관적으로 합리적인 이유가 존재하여 사회통념상 상당성이 있어야 한다. 위와 같은 근로기준법 규정의 내용과 취지, 시용기간 만료 시 본 근로계약 체결 거부의 정당성 요건 등을 종합하면, 시용근로관계에서 사용자가 본 근로계약 체결을 거부하는 경우에는 근로자에게 거부사유를 파악하여 대처할 수 있도록 구체적·실질적인 거부사유를 서면으로 통지하여야 한다(대판 2015.11.27. 2015두48136).

답 ①

022 근로기준법상 사용자의 해고예고의무에 대한 설명으로 옳지 않은 것은?(다툼이 있는 경우 판례에 의함)

CHECK ○△×

21 국가직 7급

① 사용자의 해고예고는 근로자로 하여금 해고에 대비하여 새로운 직장을 구할 수 있는 시간적 또는 경제적 여유를 주려는 것이므로, 일정 시점을 특정하여 하거나 언제 해고되는지를 근로자가 알 수 있는 방법으로 하여야 할 것이다.

② 해고예고의무를 위반한 해고라 하더라도 해고의 정당한 이유를 갖추고 있는 한 해고의 사법상의 효력에는 영향이 없다.

③ 사용자는 계속 근로한 기간이 3개월 미만인 근로자를 해고하는 경우 해고예고의무를 부담하지 않는다.

④ 사용자가 근로자를 해고하면서 해고예고수당을 지급한 경우, 그 해고가 부당해고에 해당하여 효력이 없다면 근로자는 해고예고수당 상당액을 사용자에게 반환하여야 한다.

해설

① (○) 대판 2010.4.15. 2009도13833

② (○) 대판 1993.9.24. 93누4199

③ (○) 근기법 제26조 참조

> **해고의 예고(근기법 제26조)**
> 사용자는 근로자를 해고(경영상 이유에 의한 해고를 포함)하려면 적어도 30일 전에 예고를 하여야 하고, 30일 전에 예고를 하지 아니하였을 때에는 30일분 이상의 통상임금을 지급하여야 한다. 다만, 다음 각 호의 어느 하나에 해당하는 경우에는 그러하지 아니하다.
> 1. 근로자가 계속 근로한 기간이 3개월 미만인 경우

④ (×) 판례의 취지를 고려할 때 근로자에게 해고예고수당을 지급받을 법률상 원인이 있으므로 근로자는 해고예고수당 상당액을 사용자에게 반환할 필요없다.

> 근로기준법 제26조 본문에 따라 사용자가 근로자를 해고하면서 30일 전에 예고를 하지 아니하였을 때 근로자에게 지급하는 해고예고수당은 해고가 유효한지와 관계없이 지급되어야 하는 돈이고, 해고가 부당해고에 해당하여 효력이 없다고 하더라도 근로자가 해고예고수당을 지급받을 법률상 원인이 없다고 볼 수 없다(대판 2018.9.13. 2017다16778).

답 ④

023 근로기준법령상 해고예고의 예외가 되는 근로자의 귀책사유에 해당하는 것을 모두 고른 것은?

CHECK ○△×

17 노무

ㄱ. 제품 또는 원료 등을 몰래 훔치거나 불법 반출한 경우
ㄴ. 영업용 차량을 임의로 타인에게 대리운전하게 하여 교통사고를 일으킨 경우
ㄷ. 사업의 기밀이나 그 밖의 정보를 경쟁관계에 있는 다른 사업자 등에게 제공하여 사업에 지장을 가져온 경우
ㄹ. 납품업체로부터 금품이나 향응을 제공받고 불량품을 납품받아 생산에 차질을 가져온 경우

① ㄱ
② ㄱ, ㄷ
③ ㄴ, ㄹ
④ ㄴ, ㄷ, ㄹ
⑤ ㄱ, ㄴ, ㄷ, ㄹ

해설

ㄱ, ㄴ, ㄷ, ㄹ 모두 근기법 시행규칙 [별표]에서 정한 해고예고의 예외가 되는 근로자의 귀책사유에 해당한다.

해고예고의 예외가 되는 근로자의 귀책사유(근기법 시행규칙 [별표 1])

- 납품업체로부터 금품이나 향응을 제공받고 불량품을 납품받아 생산에 차질을 가져온 경우
- 영업용 차량을 임의로 타인에게 대리운전하게 하여 교통사고를 일으킨 경우
- 사업의 기밀이나 그 밖의 정보를 경쟁관계에 있는 다른 사업자 등에게 제공하여 사업에 지장을 가져온 경우
- 허위사실을 날조하여 유포하거나 불법집단행동을 주도하여 사업에 막대한 지장을 가져온 경우
- 영업용 차량 운송수입금을 부당하게 착복하는 등 직책을 이용하여 공금을 착복, 장기유용, 횡령 또는 배임한 경우
- 제품 또는 원료 등을 몰래 훔치거나 불법반출한 경우
- 인사·경리·회계 담당 직원이 근로자의 근무상황실적을 조작하거나 허위서류 등을 작성하여 사업에 손해를 끼친 경우
- 사업장의 기물을 고의로 파손하여 생산에 막대한 지장을 가져온 경우
- 그 밖에 사회통념상 고의로 사업에 막대한 지장을 가져오거나 재산상 손해를 끼쳤다고 인정되는 경우

답 ⑤

024 근로기준법령상 해고예고의 예외사유에 해당하지 않는 것은?

19 노무

CHECK ○△×

① 근로자가 계속 근로한 기간이 3개월 미만인 경우
② 6개월을 초과하여 단시간 근로를 계속한 경우
③ 천재·사변, 그 밖의 부득이한 사유로 사업을 계속하는 것이 불가능한 경우
④ 제품 또는 원료 등을 몰래 훔치거나 불법 반출한 경우
⑤ 사업장의 기물을 고의로 파손하여 생산에 막대한 지장을 가져온 경우

해설

① (○) 근기법 제26조 제1호
② (×) 계속 근로한 기간이 3개월 미만이 아니므로 해고예고의 예외사유에 해당하지 않는다.
③ (○) 근기법 제26조 제2호
④ (○)·⑤ (○) 제품 또는 원료 등을 몰래 훔치거나 불법 반출한 경우나 사업장의 기물을 고의로 파손하여 생산에 막대한 지장을 가져온 경우는 근기법 시행규칙 [별표 1]에서 정한 해고예고의 예외사유에 해당한다.

답 ❷

025 근로기준법령상 해고 등에 관한 설명으로 옳지 않은 것은?(다툼이 있는 경우에는 판례에 의함)

16 노무

CHECK ○△×

① 근로기준법 제27조 제1항에 따르면 사용자는 근로자를 해고하려면 해고사유와 해고시기를 서면으로 통지하여야 한다.
② 사용자가 시용기간 만료 시 본 근로계약 체결을 거부하는 것은 일반적인 해고보다 넓게 인정될 수 있으나, 그 경우에도 객관적으로 합리적인 이유가 존재하여 사회통념상 상당성이 있어야 한다.
③ 근로기준법 제26조(해고의 예고)는 근로자가 계속 근로한 기간이 3개월 미만인 경우 적용하지 아니한다.
④ 사용자의 해고의 예고(근로기준법 제26조)는 일정 시점을 특정하여 하거나 언제 해고되는지를 근로자가 알 수 있는 방법으로 하여야 한다.
⑤ 시용근로관계에서 사용자가 본 근로계약 체결을 거부하는 경우에는 구체적·실질적인 거부사유를 서면으로 통지하여야 하는 것은 아니다.

해설

① (○) 근기법 제27조 제1항
② (○) 시용(試用)기간 중에 있는 근로자를 해고하거나 시용기간 만료 시 본계약(本契約)의 체결을 거부하는 것은 사용자에게 유보된 해약권의 행사로서, 당해 근로자의 업무능력, 자질, 인품, 성실성 등 업무적격성을 관찰·판단하려는 시용제도의 취지·목적에 비추어 볼 때 보통의 해고보다는 넓게 인정되나, 이 경우에도 객관적으로 합리적인 이유가 존재하여 사회통념상 상당하다고 인정되어야 한다(대판 2006.2.24. 2002다62432).
③ (○) 근기법 제26조 제1호
④ (○) 대판 2010.4.15. 2009도13833
⑤ (×) 시용근로관계에서 사용자가 본 근로계약 체결을 거부하는 경우에는 근로자에게 거부사유를 파악하여 대처할 수 있도록 구체적·실질적인 거부사유를 서면으로 통지하여야 한다(대판 2015.11.27. 2015두48136).

답 ❺

026 CHECK ○△×

근로기준법 또는 남녀고용평등과 일 · 가정 양립 지원에 관한 법률상 해고가 금지되는 기간에 해당하지 않는 것은? 12 사시

① 임신한 여성근로자가 산전 · 산후의 보호휴가를 사용한 기간
② 근로자가 업무상 부상의 요양을 위하여 휴업한 기간
③ 근로자가 사용한 육아휴직 기간
④ 근로자가 업무상 질병의 요양을 위하여 휴업한 기간 이후 30일 동안의 기간
⑤ 근로자가 배우자의 출산을 이유로 휴가를 사용한 기간

해설

① (○), ② (○), ④ (○) 근기법 제23조 제2항 참조

> **해고 등의 제한(근기법 제23조)**
> ② 사용자는 근로자가 업무상 부상 또는 질병의 요양을 위하여 휴업한 기간❷과 그 후 30일 동안❹ 또는 산전(産前) · 산후(産後)의 여성이 이 법에 따라 휴업한 기간❶과 그 후 30일 동안은 해고하지 못한다. 다만, 사용자가 제84조에 따라 일시보상을 하였을 경우 또는 사업을 계속할 수 없게 된 경우에는 그러하지 아니하다.

③ (○) 사업주는 육아휴직을 이유로 해고나 그 밖의 불리한 처우를 하여서는 아니 되며, 육아휴직 기간에는 그 근로자를 해고하지 못한다. 다만, 사업을 계속할 수 없는 경우에는 그러하지 아니하다(고평법 제19조 제3항).
⑤ (×) 배우자의 출산휴가기간은 해고금지기간으로 규정되어 있지 않음을 유의하여야 한다.

답 ❺

027 근로기준법상 해고 등에 대한 설명으로 옳지 않은 것은?(다툼이 있는 경우 판례에 의함)

CHECK ○△×

23 국가직 9급

① 사용자는 근로자를 해고하려면 해고사유와 해고시기를 서면으로 통지하여야 한다.

② 해고 대상자가 해고사유가 무엇인지 알고 있고 그에 대해 대응할 수 있는 상황이었다고 하더라도, 사용자가 해고를 서면으로 통지하면서 해고사유를 전혀 기재하지 않았다면 이는 근로기준법 제27조(해고사유 등의 서면통지)를 위반한 해고통지에 해당한다고 보아야 한다.

③ 해고 대상자가 이미 해고사유가 무엇인지 구체적으로 알고 있고 그에 대해 충분히 대응할 수 있는 상황이었다면 해고통지서에 해고사유를 상세하게 기재하지 않았더라도 근로기준법 제27조(해고사유 등의 서면통지)를 위반한 것이라고 볼 수 없다.

④ 사용근로관계에서 사용자가 해당 근로자와 본 근로계약의 체결을 거부하는 경우에는 해당 근로자에게 거부사유를 서면으로 통지할 필요는 없다.

해설

① (○) 근기법 제27조 제1항

② (○)·③ (○) 사용자는 해고사유 등을 서면으로 통지할 때는 근로자의 처지에서 해고사유가 무엇인지를 구체적으로 알 수 있도록 해야 한다. 다만 해고 대상자가 이미 해고사유가 무엇인지 구체적으로 알고 있고 그에 대해 충분히 대응할 수 있는 상황이었다면 해고통지서에 해고사유를 상세하게 기재하지 않았더라도 위 조항을 위반한 것이라고 볼 수 없다.❸ 그러나 근로기준법 제27조의 규정 내용과 취지를 고려할 때, 해고 대상자가 해고사유가 무엇인지 알고 있고 그에 대해 대응할 수 있는 상황이었다고 하더라도, 사용자가 해고를 서면으로 통지하면서 해고사유를 전혀 기재하지 않았다면 이는 근로기준법 제27조를 위반한 해고통지에 해당한다고 보아야 한다❷(대판 2021.2.25. 2017다226605).

> 갑이 을 주식회사와 1년으로 기간을 정한 고용계약을 체결하고 근무하다가 고용계약을 새로이 체결하면서 근로계약기간의 종기를 따로 정하지 않았는데, 을 회사가 갑에게 계약종료통지서를 교부하면서 계약종료의 사유나 별도의 근거규정을 기재하지 않은 사안에서, 갑에 대한 해고통지서에 해당하는 계약종료통지서에 해고사유가 전혀 기재되어 있지 않으므로 근로기준법 제27조를 위반한 통지에 해당하는데도, 갑이 해고사유가 무엇인지 구체적으로 알고 있고 그에 대해 적절하게 대응할 수 있는 상황이었다는 등의 이유만으로 위 계약종료통지서에 의한 해고통지가 근로기준법 제27조를 위반한 것이 아니라고 본 원심판결에 법리오해의 잘못이 있다고 한 사례(대판 2021.2.25. 2017다226605).

④ (×) 사용근로관계에서 사용자가 본 근로계약 체결을 거부하는 경우에는 근로자에게 거부사유를 파악하여 대처할 수 있도록 구체적·실질적인 거부사유를 서면으로 통지하여야 한다(대판 2015.11.27. 2015두48136).

답 ❹

제4절 부당해고의 구제

028 근로기준법령상 구제신청과 구제명령에 관한 설명으로 옳은 것을 모두 고른 것은? 24 노무

CHECK ○△×

ㄱ. 노동위원회는 구제신청에 따라 당사자를 심문할 때 직권으로 증인을 출석하게 하여 필요한 사항을 질문할 수 있다.
ㄴ. 노동위원회는 근로계약기간의 만료로 원직복직이 불가능한 경우에도 부당해고가 성립한다고 판정하면 근로자가 해고기간 동안 근로를 제공하였더라면 받을 수 있었던 임금 상당액에 해당하는 금품을 사업주가 근로자에게 지급하도록 명할 수 있다.
ㄷ. 노동위원회가 사용자에게 구제명령을 하는 때에 정하는 이행기간은 사용자가 구제명령을 서면으로 통지받은 날부터 30일 이내로 한다.
ㄹ. 지방노동위원회의 구제명령에 불복하는 사용자는 중앙노동위원회에 재심을 신청하거나 행정소송법의 규정에 따라 소(訴)를 제기할 수 있다.

① ㄱ, ㄴ
② ㄷ, ㄹ
③ ㄱ, ㄴ, ㄷ
④ ㄴ, ㄷ, ㄹ
⑤ ㄱ, ㄴ, ㄷ, ㄹ

해설

ㄱ. (○) 노동위원회는 구제신청에 따라 심문을 할 때에는 관계 당사자의 신청이나 직권으로 증인을 출석하게 하여 필요한 사항을 질문할 수 있다(근기법 제29조 제2항).
ㄴ. (○) 노동위원회는 근로계약기간의 만료, 정년의 도래 등으로 근로자가 원직복직이 불가능한 경우에도 구제명령이나 기각결정을 하여야 한다. 이 경우 노동위원회는 부당해고등이 성립한다고 판정하면 근로자가 해고기간 동안 근로를 제공하였더라면 받을 수 있었던 임금 상당액에 해당하는 금품을 사업주가 근로자에게 지급하도록 명할 수 있다(근기법 제30조 제4항).
ㄷ. (○) 근기법 시행령 제11조
ㄹ. (×) 노동위원회법에 따른 지방노동위원회의 구제명령이나 기각결정에 불복하는 사용자나 근로자는 구제명령서나 기각결정서를 통지받은 날부터 10일 이내에 중앙노동위원회에 재심을 신청할 수 있다. 중앙노동위원회의 재심판정에 대하여 사용자나 근로자는 재심판정서를 송달받은 날부터 15일 이내에 행정소송법의 규정에 따라 소(訴)를 제기할 수 있다(근기법 제31조 제1항, 제2항).

답 ③

029 근로기준법상 부당해고의 구제 및 해고의 효력에 대한 설명으로 옳은 것은?

24 국가직 7급

CHECK ○△×

① 해고된 근로자가 아무런 이의의 유보나 조건 없이 퇴직금을 수령하였다면, 해고의 효력을 인정하지 아니하고 이를 다투고 있었다고 볼 수 있는 객관적인 사정이 있다거나 그 외에 상당한 이유가 있는 상황하에서 이를 수령하는 등의 특별한 사정이 없는 한 그 해고의 효력을 인정하였다고 할 것이다.

② 노동위원회는 구제명령을 받은 후 이행기한까지 구제명령을 이행하지 아니한 사용자에게 5천만원 이하의 이행강제금을 부과한다.

③ 노동위원회는 부당해고에 대한 구제명령을 할 때에 사용자가 원직복직(原職復職)을 원하지 아니하면 원직복직을 명하는 대신 근로자가 해고기간 동안 근로를 제공하였더라면 받을 수 있었던 임금 상당액 이상의 금품을 근로자에게 지급하도록 명할 수 있다.

④ 근로자가 부당해고 구제신청을 하여 해고의 효력을 다투던 중 근로계약기간의 만료로 근로관계가 종료하였다면 근로자로서는 해고기간 중의 지급받지 못한 임금을 지급받을 필요가 있다고 하더라도 임금청구소송 등 민사소송절차를 통하여 해결될 수 있으므로 구제신청을 기각한 재심판정을 다툴 소의 이익은 없다.

해설

① (○) 사용자로부터 해고된 근로자가 퇴직금 등을 수령하면서 아무런 이의의 유보나 조건을 제기하지 않았다면 해고의 효력을 인정하지 아니하고 이를 다투고 있었다고 볼 수 있는 객관적인 사정이 있다거나 그 외에 상당한 이유가 있는 상황하에서 이를 수령하는 등의 특별한 사정이 없는 한 그 해고의 효력을 인정하였다고 할 것이고, 따라서 그로부터 오랜 기간이 지난 후에 그 해고의 효력을 다투는 소를 제기하는 것은 신의칙이나 금반언의 원칙에 위배되어 허용될 수 없다(대판 2000.4.25. 99다34475).

② (×) 노동위원회는 구제명령(구제명령을 내용으로 하는 재심판정 포함)을 받은 후 이행기한까지 구제명령을 이행하지 아니한 사용자에게 3천만원 이하의 이행강제금을 부과한다(근기법 제33조 제1항).

③ (×) 노동위원회는 부당해고에 대한 구제명령을 할 때에 근로자가 원직복직(原職復職)을 원하지 아니하면 원직복직을 명하는 대신 근로자가 해고기간 동안 근로를 제공하였더라면 받을 수 있었던 임금 상당액 이상의 금품을 근로자에게 지급하도록 명할 수 있다(근기법 제30조 제3항).

④ (×) 근로자가 부당해고 구제신청을 하여 해고의 효력을 다투던 중 정년에 이르거나 근로계약기간이 만료하는 등의 사유로 원직에 복직하는 것이 불가능하게 된 경우에도 해고기간 중의 임금 상당액을 지급받을 필요가 있다면 임금 상당액 지급의 구제명령을 받을 이익이 유지되므로 구제신청을 기각한 중앙노동위원회의 재심판정을 다툴 소의 이익이 있다고 보아야 한다(대판 2020.2.20. 2019두52386[전합]).

답 ❶

030 근로기준법상 부당해고등 구제신청 등에 대한 설명으로 옳은 것만을 모두 고르면? 25 국가직 9급

CHECK ○△×

ㄱ. 노동위원회는 최초의 구제명령을 한 날을 기준으로 매년 2회의 범위에서 구제명령이 이행될 때까지 반복하여 이행강제금을 부과·징수할 수 있고, 이 경우 이행강제금은 2년을 초과하여 부과·징수하지 못한다.
ㄴ. 노동위원회는 이행강제금을 부과하기 50일 전까지 이행강제금을 부과·징수한다는 뜻을 사용자에게 미리 문서로써 알려 주어야 한다.
ㄷ. 노동위원회는 구제명령을 받은 자가 구제명령을 이행하면 구제명령을 이행하기 전에 이미 부과된 이행강제금을 징수하지 못한다.
ㄹ. 근로자가 부당해고 구제신청을 하여 구제절차가 진행 중에 근로자가 별도로 사용자를 상대로 같은 사유로 해고무효확인청구의 소를 제기하였다가 청구가 이유 없다 하여 기각판결을 선고받아 확정되었다면, 부당해고가 아니라는 점은 이미 확정되어 더 이상 구제절차를 유지할 필요가 없게 되었으므로 구제이익이 소멸한 것으로 보아야 할 것이다.

① ㄱ, ㄴ　　② ㄱ, ㄹ
③ ㄴ, ㄷ　　④ ㄷ, ㄹ

해설

ㄱ. (○) 근기법 제33조 제5항
ㄴ. (×) 노동위원회는 이행강제금을 부과하기 30일 전까지 이행강제금을 부과·징수한다는 뜻을 사용자에게 미리 문서로써 알려 주어야 한다(근기법 제33조 제2항).
ㄷ. (×) 노동위원회는 구제명령을 받은 자가 구제명령을 이행하면 새로운 이행강제금을 부과하지 아니하되, 구제명령을 이행하기 전에 이미 부과된 이행강제금은 징수하여야 한다(근기법 제33조 제6항).
ㄹ. (○) 대판 1992.7.28. 92누6099

답 ❷

최신유형

031 근로기준법령상 구제명령 등에 관한 설명으로 옳은 것은? 25 노무

CHECK ○△×

① 노동위원회는 천재·사변, 그 밖의 부득이한 사유가 발생하여 납부기한 내에 이행강제금을 납부하기 어려운 경우에는 그 사유가 없어진 날부터 30일 이내의 기간을 납부기한으로 할 수 있다.
② 노동위원회의 기각결정은 중앙노동위원회에 대한 재심 신청에 의하여 그 효력이 정지된다.
③ 노동위원회는 구제명령을 받은 후 이행기한까지 구제명령을 이행하지 아니한 사용자에게 3천만원 이하의 이행강제금을 부과한다.
④ 노동위원회는 법원의 확정판결에 따라 노동위원회의 구제명령이 취소되면 이행강제금의 부과·징수를 즉시 중지하고 이미 징수한 이행강제금은 반환하지 않는다.
⑤ 노동위원회는 구제명령을 받은 자가 구제명령을 이행하면 새로운 이행강제금을 부과하지 아니하고, 구제명령을 이행하기 전에 이미 부과된 이행강제금은 징수하지 않는다.

해설

① (×) 노동위원회는 천재·사변, 그 밖의 부득이한 사유가 발생하여 납부기한 내에 이행강제금을 납부하기 어려운 경우에는 그 사유가 없어진 날부터 15일 이내의 기간을 납부기한으로 할 수 있다(근기법 시행령 제12조 제2항).

② (×) 노동위원회의 구제명령, 기각결정 또는 재심판정은 중앙노동위원회에 대한 재심 신청이나 행정소송 제기에 의하여 그 효력이 정지되지 아니한다(근기법 제32조).

③ (○) 근기법 제33조 제1항

④ (×) 노동위원회는 중앙노동위원회의 재심판정이나 법원의 확정판결에 따라 노동위원회의 구제명령이 취소되면 직권 또는 사용자의 신청에 따라 이행강제금의 부과·징수를 즉시 중지하고 이미 징수한 이행강제금을 반환하여야 한다(근기법 시행령 제15조 제1항).

⑤ (×) 노동위원회는 구제명령을 받은 자가 구제명령을 이행하면 새로운 이행강제금을 부과하지 아니하되, 구제명령을 이행하기 전에 이미 부과된 이행강제금은 징수하여야 한다(근기법 제33조 제6항).

답 ❸

032 근로기준법상 이행강제금에 관한 설명으로 옳은 것은?

18 노무

CHECK ○△×

① 노동위원회는 구제명령을 받은 후 이행기한까지 구제명령을 이행하지 아니한 사용자에게 2천만원 이하의 이행강제금을 부과한다.

② 노동위원회는 2년을 초과하지 않는 범위 내에서 최초의 구제명령을 한 날을 기준으로 매년 2회의 범위에서 행정소송이 제기될 때까지 반복하여 이행강제금을 부과·징수할 수 있다.

③ 노동위원회는 이행강제금 납부의무자가 납부기한까지 이행강제금을 내지 아니하면 즉시 국세체납처분의 예에 따라 징수할 수 있다.

④ 노동위원회는 구제명령을 받은 자가 구제명령을 이행하면 새로운 이행강제금을 부과하지 아니하고, 구제명령을 이행하기 전에 이미 부과된 이행강제금의 부과처분은 취소하여야 한다.

⑤ 근로자는 구제명령을 받은 사용자가 이행기한까지 구제명령을 이행하지 아니하면 이행기한이 지난 때부터 15일 이내에 그 사실을 노동위원회에 알려 줄 수 있다.

해설

① (×) 노동위원회는 구제명령(구제명령을 내용으로 하는 재심판정을 포함)을 받은 후 이행기한까지 구제명령을 이행하지 아니한 사용자에게 3천만원 이하의 이행강제금을 부과한다(근기법 제33조 제1항).

② (×) 노동위원회는 최초의 구제명령을 한 날을 기준으로 매년 2회의 범위에서 구제명령이 이행될 때까지 반복하여 이행강제금을 부과·징수할 수 있다. 이 경우 이행강제금은 2년을 초과하여 부과·징수하지 못한다(근기법 제33조 제5항).

③ (×) 노동위원회는 이행강제금 납부의무자가 납부기한까지 이행강제금을 내지 아니하면 기간을 정하여 독촉을 하고 지정된 기간에 이행강제금을 내지 아니하면 국세 체납처분의 예에 따라 징수할 수 있다(근기법 제33조 제7항).

④ (×) 노동위원회는 구제명령을 받은 자가 구제명령을 이행하면 새로운 이행강제금을 부과하지 아니하되, 구제명령을 이행하기 전에 이미 부과된 이행강제금은 징수하여야 한다(근기법 제33조 제6항).

⑤ (○) 근기법 제33조 제8항

답 ❺

033 근로기준법상 해고 등에 대한 설명으로 옳은 것은?(다툼이 있는 경우 판례에 의함) 18 국가직 7급

CHECK ○△×

① 사용자의 부당한 해고처분이 무효이거나 취소된 때에 근로자가 지급을 청구할 수 있는 임금의 범위는 통상임금으로 국한된다.

② 기업이 파산선고를 받아 사업의 폐지를 위하여 그 청산과정에서 근로자를 해고하는 것은 위장폐업이 아닌 한 정리해고가 아니라 통상해고이다.

③ 근로기준법에 의한 부당해고구제재심판정을 다투는 소송에 있어서 해고의 정당성에 관한 증명책임은 이를 주장하는 자의 상대방이 부담한다.

④ 노동위원회는 해고에 대한 구제명령을 할 때에 근로자 또는 사용자가 원직복직을 원하지 아니하면 원직복직을 명하는 대신 근로자가 해고기간 동안 근로를 제공하였더라면 받을 수 있었던 임금 상당액 이상의 금품을 근로자에게 지급하도록 명할 수 있다.

해설

① (×) 사용자의 부당한 해고처분이 무효이거나 취소된 때에는 그동안 피해고자의 근로자로서 지위는 계속되고, 그간 근로의 제공을 하지 못한 것은 사용자의 귀책사유로 인한 것이므로 근로자는 민법 제538조 제1항에 의하여 계속 근로하였을 경우 받을 수 있는 임금 전부의 지급을 청구할 수 있다. 여기에서 근로자가 지급을 청구할 수 있는 임금은 근로기준법 제2조에서 정하는 임금을 의미하므로, 사용자가 근로의 대가로 근로자에게 지급하는 일체의 금원으로서 계속적·정기적으로 지급되고 이에 관하여 단체협약, 취업규칙, 급여규정, 근로계약, 노동관행 등에 의하여 사용자에게 지급의무가 지워져 있다면 명칭 여하를 불문하고 모두 이에 포함되며, 반드시 통상임금으로 국한되는 것은 아니다(대판 2012.2.9. 2011다20034).

> 甲 주식회사의 단체협약에 조합원이 1년간 개근할 경우 연말에 금 1돈(3.75g)을, 정근(지각 3회 이하)할 경우 금 반 돈을 교부하여 표창하도록 규정되어 있는데, 근로자 乙 등이 甲 회사를 상대로 부당해고기간 중 지급받지 못한 표창의 지급을 구한 사안에서, 위 표창은 특별한 사정이 없는 한 근로자가 계속 근로하였을 경우 받을 수 있는 임금에 포함된다고 보아야 함에도, 이와 달리 본 원심판결에 법리오해의 위법이 있다고 한 사례(대판 2012.2.9. 2011다20034).

② (○) 기업이 파산선고를 받아 사업의 폐지를 위하여 그 청산과정에서 근로자를 해고하는 것은 위장폐업이 아닌 한 기업경영의 자유에 속하는 것으로서 파산관재인이 파산선고로 인하여 파산자 회사가 해산한 후에 사업의 폐지를 위하여 행하는 해고는 정리해고가 아니라 통상해고에 해당하는 것이어서, 정리해고에 관한 근로기준법 규정이 적용될 여지가 없고, 또한 파산관재인의 근로계약 해지는 해고만을 목적으로 한 위장파산이나 노동조합의 단결권 등을 방해하기 위한 위장폐업이 아닌 한 원칙적으로 부당노동행위에 해당하지 아니한다(대판 2004.2.27. 2003두902).

③ (×) 구 근로기준법 제33조에 의한 부당해고구제재심판정을 다투는 소송에 있어서는 해고의 정당성에 관한 입증책임은 이를 주장하는 자[사용자(註)]가 부담한다(대판 1999.4.27. 99두202).

> **[비교판례]**
> 노조법 제81조 제1항 제1호 소정의 부당노동행위가 성립하기 위해서는 근로자가 "노동조합의 업무를 위한 정당한 행위"를 하고, 회사가 이를 이유로 근로자를 해고한 경우라야 하고, 같은 사실의 주장 및 입증책임은 부당노동행위임을 주장하는 근로자에게 있다(대판 1991.7.26. 91누2557).

④ (×) 노동위원회는 구제명령(해고에 대한 구제명령)을 할 때에 근로자가 원직복직(原職復職)을 원하지 아니하면 원직복직을 명하는 대신 근로자가 해고기간 동안 근로를 제공하였더라면 받을 수 있었던 임금 상당액 이상의 금품을 근로자에게 지급하도록 명할 수 있다(근기법 제30조 제3항).

답 ❷

034 근로기준법령상 이행강제금에 관한 설명으로 옳지 않은 것은?

17 노무

CHECK ○△×

① 노동위원회는 이행강제금을 부과하기 30일 전까지 이행강제금을 부과·징수한다는 뜻을 사용자에게 미리 문서로써 알려주어야 한다.

② 노동위원회는 이행강제금을 부과하는 때에는 이행강제금의 부과통지를 받은 날부터 15일 이내의 납부기한을 정하여야 한다.

③ 노동위원회는 구제명령을 받은 자가 구제명령을 이행하더라도 그 이행 전에 이미 부과된 이행강제금은 징수하여야 한다.

④ 노동위원회는 법원의 확정판결에 따라 노동위원회의 구제명령이 취소되는 경우에도 이미 징수한 이행강제금은 반환하지 아니한다.

⑤ 노동위원회는 이행강제금 납부의무자가 납부기한까지 이행강제금을 내지 아니하면 기간을 정하여 독촉을 하고 지정된 기간에 이행강제금을 내지 아니하면 국세체납처분의 예에 따라 징수할 수 있다.

해설

① (○) 근기법 제33조 제2항

② (○) 근기법 시행령 제12조 제1항

③ (○) 근기법 제33조 제6항

④ (×) 노동위원회는 중앙노동위원회의 재심판정이나 법원의 확정판결에 따라 노동위원회의 구제명령이 취소되면 직권 또는 사용자의 신청에 따라 이행강제금의 부과·징수를 즉시 중지하고 이미 징수한 이행강제금을 반환하여야 한다(근기법 시행령 제15조 제1항).

⑤ (○) 근기법 제33조 제7항

답 ❹

035 근로기준법상 이행강제금에 대한 설명으로 옳지 않은 것은?

22 국가직 9급

CHECK ○△×

① 노동위원회는 이행강제금을 부과하기 30일 전까지 이행강제금을 부과 징수한다는 뜻을 사용자에게 미리 문서로써 알려 주어야 한다.

② 노동위원회는 최초의 구제명령을 한 날을 기준으로 매년 2회의 범위에서 구제명령이 이행될 때까지 반복하여 이행강제금을 부과 징수할 수 있으며, 이 경우 이행강제금은 2년을 초과하여 부과 징수하지 못한다.

③ 노동위원회는 구제명령을 받은 후 이행기한까지 구제명령을 이행하지 아니한 사용자에게 5천만원 이하의 이행강제금을 부과한다.

④ 근로자는 구제명령을 받은 사용자가 이행기한까지 구제명령을 이행하지 아니하면 이행기한이 지난 때부터 15일 이내에 그 사실을 노동위원회에 알려줄 수 있다.

해설

① (○) 근기법 제33조 제2항

② (○) 근기법 제33조 제5항

③ (×) 노동위원회는 구제명령(구제명령을 내용으로 하는 재심판정을 포함)을 받은 후 이행기한까지 구제명령을 이행하지 아니한 사용자에게 3천만원 이하의 이행강제금을 부과한다(근기법 제33조 제1항).

④ (○) 근기법 제33조 제8항

답 ❸

036 근로기준법상 해고에 관한 설명 중 옳지 않은 것은?(다툼이 있는 경우 판례에 의함)

16 사시

CHECK ○△×

① 해고의 정당한 이유에 관한 증명책임은 근로자에게 있다.

② 근로자는 부당해고가 있었던 날부터 3개월 이내에 노동위원회에 구제를 신청할 수 있다.

③ 사용자는 근로자를 해고하려면 적어도 30일 전에 예고를 하여야 하고, 30일 전에 예고를 하지 아니하였을 때에는 30일분 이상의 통상임금을 지급하여야 한다.

④ 경영상의 이유에 의한 해고에서 긴박한 경영상의 필요에는 장래에 올 수 있는 위기에 미리 대처하기 위하여 인원삭감이 객관적으로 보아 합리성이 있다고 인정되는 경우도 포함된다.

⑤ 노동위원회는 해고에 대한 구제명령을 할 때에 근로자가 원하지 아니하면 원직복직을 명하는 대신 근로자가 해고기간 동안 근로를 제공하였더라면 받을 수 있었던 임금 상당액 이상의 금품을 근로자에게 지급하도록 명할 수 있다.

해설

① (×) 구 근로기준법 제33조에 의한 부당해고구제재심판정을 다투는 소송에 있어서는 해고의 정당성에 관한 입증책임은 이를 주장하는 자[사용자(註)]가 부담한다(대판 1999.4.27. 99두202).

② (○) 사용자가 근로자에게 부당해고를 하면 근로자는 부당해고가 있었던 날부터 3개월 이내에 노동위원회에 구제를 신청할 수 있다(근기법 제28조).

③ (○) 근기법 제26조 본문

④ (○) 정리해고의 요건 중 '긴박한 경영상의 필요'란 반드시 기업의 도산을 회피하기 위한 경우에 한정되지 아니하고, 장래에 올 수도 있는 위기에 미리 대처하기 위하여 인원삭감이 필요한 경우도 포함되지만, 그러한 인원삭감은 객관적으로 보아 합리성이 있다고 인정되어야 한다(대판 2015.5.28. 2012두25873).

⑤ (○) 근기법 제30조 제3항

답 ❶

037 근로기준법령상 구제명령 등에 관한 설명으로 옳지 않은 것은?

17 노무

CHECK ○△×

① 노동위원회는 사용자에게 구제명령을 하는 때에는 구제명령을 한 날부터 60일 이내의 이행기한을 정하여야 한다.

② 중앙노동위원회의 재심판정에 대하여 사용자나 근로자는 재심판정서를 송달받은 날부터 15일 이내에 행정소송법의 규정에 따라 소를 제기할 수 있다.

③ 노동위원회의 구제명령, 기각결정 또는 재심판정은 중앙노동위원회에 대한 재심신청이나 행정소송 제기에 의하여 그 효력이 정지되지 아니한다.

④ 구제명령을 이행하기 위하여 사용자가 객관적으로 노력하였으나 근로자의 소재불명 등으로 구제명령을 이행하기 어려운 것이 명백한 경우 노동위원회는 직권으로 그 사유가 없어진 뒤에 이행강제금을 부과할 수 있다.

⑤ 노동위원회는 심문을 끝내고 부당해고등이 성립한다고 판정하면 사용자에게 구제명령을 하여야 하며, 부당해고등이 성립하지 아니한다고 판정하면 구제신청을 기각하는 결정을 하여야 한다.

해설

① (×) 노동위원회법에 따른 노동위원회는 법 제30조 제1항에 따라 사용자에게 구제명령을 하는 때에는 이행기한을 정하여야 한다. 이 경우 이행기한은 법 제30조 제2항에 따라 사용자가 구제명령을 서면으로 통지받은 날부터 30일 이내로 한다(근기법 시행령 제11조). 구제명령의 이행기한과 이행강제금의 납부기한은 구별되어야 한다. 즉 노동위원회는 이행강제금을 부과하는 때에는 이행강제금의 부과통지를 받은 날부터 15일 이내의 납부기한을 정하여야 한다(근기법 시행령 제12조 제1항).

② (○) 근기법 제31조 제2항

③ (○) 근기법 제32조

④ (○) 노동위원회는 구제명령을 이행하기 위하여 사용자가 객관적으로 노력하였으나 근로자의 소재불명 등으로 구제명령을 이행하기 어려운 것이 명백한 경우 직권 또는 사용자의 신청에 따라 그 사유가 없어진 뒤에 이행강제금을 부과할 수 있다(근기법 시행령 제14조 제1호).

⑤ (○) 근기법 제30조 제1항

답 ❶

038 근로기준법령상 부당해고 등 구제제도에 대한 설명으로 옳은 것은?

20 국가직 7급

CHECK ○△×

① 노동위원회는 구제명령을 받은 자가 구제명령을 이행하면 구제명령을 이행하기 전에 이미 부과된 이행강제금은 징수하지 아니한다.

② 노동위원회는 중앙노동위원회의 재심판정이나 법원의 확정판결에 따라 노동위원회의 구제명령이 취소되면 직권 또는 사용자의 신청에 따라 이행강제금의 부과·징수를 즉시 중지하고 이미 징수한 이행강제금을 반환하여야 한다.

③ 노동위원회의 구제명령, 기각결정 또는 재심판정은 중앙노동위원회에 대한 재심 신청이나 행정소송 제기에 의하여 그 효력이 정지된다.

④ 사용자가 행정소송을 제기한 경우에 중앙노동위원회는 결정으로써, 판결이 확정될 때까지 노동위원회의 구제명령의 전부 또는 일부를 이행하도록 긴급이행을 명할 수 있다.

해설

① (×) 노동위원회는 구제명령을 받은 자가 구제명령을 이행하면 새로운 이행강제금을 부과하지 아니하되, 구제명령을 이행하기 전에 이미 부과된 이행강제금은 징수하여야 한다(근기법 제33조 제6항).

② (○) 근기법 시행령 제15조 제1항

③ (×) 노동위원회의 구제명령, 기각결정 또는 재심판정은 제31조에 따른 중앙노동위원회에 대한 재심 신청이나 행정소송 제기에 의하여 그 효력이 정지되지 아니한다(근기법 제32조).

④ (×) 긴급이행명령은 부당해고가 아니라 부당노동행위 구제신청의 경우에 인정되는 제도임을 유의하여야 한다.

구제명령의 확정(노조법 제85조)

⑤ 사용자가 제2항의 규정에 의하여 행정소송을 제기한 경우에 관할법원은 중앙노동위원회의 신청에 의하여 결정으로써, 판결이 확정될 때까지 중앙노동위원회의 구제명령의 전부 또는 일부를 이행하도록 명할 수 있으며, 당사자의 신청에 의하여 또는 직권으로 그 결정을 취소할 수 있다.

답 ❷

039 근로기준법상 부당해고 구제제도에 대한 설명으로 옳지 않은 것은?(다툼이 있는 경우 판례에 의함)

CHECK ○△×

21 국가직 7급

① 사용자가 근로자에게 부당해고를 하면 근로자는 부당해고가 있었던 날부터 3개월 이내에 노동위원회에 구제를 신청할 수 있다.

② 지방노동위원회의 구제명령이나 기각결정에 불복하는 사용자나 근로자는 구제명령서나 기각결정서를 통지받은 날부터 10일 이내에 중앙노동위원회에 재심을 신청할 수 있다.

③ 노동위원회는 부당해고에 대한 구제명령을 할 때에 근로자 또는 사용자가 원직복직을 원하지 아니하면 원직복직을 명하는 대신 근로자가 해고기간 동안 근로를 제공하였더라면 받을 수 있었던 임금 상당액 이상의 금품을 근로자에게 지급하도록 명할 수 있다.

④ 사용자의 근로자에 대한 해고가 정당한 이유가 없음을 이유로 노동위원회에 구제신청을 하여 구제절차가 진행 중에 근로자가 별도로 사용자를 상대로 같은 사유로 해고무효확인청구의 소를 제기하였다가 청구가 이유 없다하여 기각판결을 선고받아 확정되었다면, 부당해고가 아니라는 점은 이미 확정되어 더 이상 구제절차를 유지할 필요가 없게 되었으므로 구제이익이 소멸한 것으로 보아야 할 것이다.

해설

① (○) 근기법 제28조

② (○) 근기법 제31조 제1항

③ (×) 노동위원회는 제1항에 따른 구제명령(해고에 대한 구제명령만을 말한다)을 할 때에 근로자가 원직복직(原職復職)을 원하지 아니하면 원직복직을 명하는 대신 근로자가 해고기간 동안 근로를 제공하였더라면 받을 수 있었던 임금 상당액 이상의 금품을 근로자에게 지급하도록 명할 수 있다(근기법 제30조 제3항).

④ (○) 근로기준법 제28조에 의하여 사용자의 근로자에 대한 해고가 정당한 이유가 없음을 이유로 구제신청을 하여 구제절차가 진행 중에 근로자가 별도로 사용자를 상대로 같은 사유로 해고무효확인청구의 소를 제기하였다가 청구가 이유 없다 하여 기각판결을 선고받아 확정되었다면, 부당해고가 아니라는 점은 이미 확정되어 더 이상 구제절차를 유지할 필요가 없게 되었으므로 구제이익이 소멸한 것으로 보아야 할 것이다(대판 1992.7.28. 92누6099).

답 ❸

040 근로기준법상 부당해고 구제제도에 대한 설명으로 옳지 않은 것은?

22 국가직 7급

CHECK ○△×

① 노동위원회는 이행강제금을 부과하기 30일 전까지 이행강제금을 부과·징수한다는 뜻을 사용자에게 미리 문서로써 알려 주어야 한다.

② 노동위원회의 구제명령, 기각결정 또는 재심판정은 중앙노동위원회에 대한 재심 신청이나 행정소송 제기에 의하여 그 효력이 정지되지 아니한다.

③ 노동위원회는 근로계약기간의 만료, 정년의 도래 등으로 근로자가 원직복직이 불가능한 경우에는 각하결정을 하여야 한다.

④ 노동위원회는 해고에 대한 구제명령을 할 때에 근로자가 원직복직을 원하지 아니하면 원직복직을 명하는 대신 근로자가 해고기간 동안 근로를 제공하였더라면 받을 수 있었던 임금 상당액 이상의 금품을 근로자에게 지급하도록 명할 수 있다.

해설

① (○) 근기법 제33조 제2항

② (○) 근기법 제32조

③ (×) 노동위원회는 근로계약기간의 만료, 정년의 도래 등으로 근로자가 원직복직(해고 이외의 경우는 원상회복)이 불가능한 경우에도 구제명령이나 기각결정을 하여야 한다(근기법 제30조 제4항).

④ (○) 근기법 제30조 제3항

답 ❸

041 근로기준법령상 부당해고 구제제도에 관한 설명으로 옳지 않은 것은?

14 노무

CHECK ○△×

① 노동위원회에 대한 구제신청은 부당해고가 있었던 날부터 3개월 이내에 하여야 한다.

② 노동위원회가 심문을 할 때에는 직권으로도 증인을 출석하게 하여 필요한 사항을 질문할 수 있다.

③ 지방노동위원회의 구제명령에 불복하는 사용자는 구제명령서를 통지받은 날부터 10일 이내에 중앙노동위원회에 재심을 신청할 수 있다.

④ 노동위원회의 구제명령은 행정소송 제기에 의하여 그 효력이 정지된다.

⑤ 노동위원회는 사용자에게 구제명령을 하는 때에는 이행기한을 정하여야 한다. 이 경우 이행기한은 사용자가 구제명령을 서면으로 통지받은 날부터 30일 이내로 한다.

해설

① (○) 구제신청은 부당해고등이 있었던 날부터 3개월 이내에 하여야 한다(근기법 제28조 제2항).

② (○) 근기법 제29조 제2항

③ (○) 근기법 제31조 제1항

④ (×) 노동위원회의 구제명령, 기각결정 또는 재심판정은 중앙노동위원회에 대한 재심신청이나 행정소송 제기에 의하여 그 효력이 정지되지 아니한다(근기법 제32조).

⑤ (○) 근기법 시행령 제11조

답 ❹

042 근로기준법령상 부당해고 구제명령을 받은 후 이행기한까지 이행하지 아니한 사용자에게 노동위원회가 2년간 부과할 수 있는 이행강제금의 최대 상한액은? 14 노무

CHECK ○△×

① 4,000만원
② 6,000만원
③ 8,000만원
④ 1억원
⑤ 1억 2,000만원

해설

근기법 제33조 제1항, 제5항에 따르면 노동위원회는 구제명령을 받은 후 이행기한까지 구제명령을 이행하지 아니한 사용자에 대하여 3천만원 이하의 이행강제금을 부과하며, 매년 2회의 범위 안에서 구제명령이 이행될 때까지 반복하여 이행강제금을 부과, 징수할 수 있으며 이 경우 이행강제금은 2년을 초과하여 부과, 징수하지 못한다고 하였다. 따라서 사용자에게 노동위원회가 부과할 수 있는 이행강제금의 최대 상한액은 3,000만원 × 2회 × 2년 = 1억 2,000만원이다.

답 ⑤

043 부당해고 등 구제제도에 관하여 근로기준법에 규정된 내용으로 옳지 않은 것은? 16 노무

CHECK ○△×

① 노동위원회는 구제명령을 받은 자가 구제명령을 이행하면 새로운 이행강제금을 부과하지 아니하되, 구제명령을 이행하기 전에 이미 부과된 이행강제금은 징수하여야 한다.
② 사용자가 근로자에게 부당해고 등을 하면 근로자는 부당해고 등이 있었던 날부터 3개월 이내에 노동위원회에 구제를 신청할 수 있다.
③ 노동위원회가 구제명령을 할 때에 사용자의 신청에 따라 원직복직 대신 해고기간 동안의 임금 상당액 이상의 금품을 근로자에게 지급하도록 명할 수 있다.
④ 지방노동위원회의 구제명령에 불복하는 사용자는 구제명령서를 통지받은 날부터 10일 이내에 중앙노동위원회에 재심을 신청할 수 있다.
⑤ 노동위원회는 최초의 구제명령을 한 날을 기준으로 매년 2회의 범위에서 구제명령이 이행될 때까지 반복하여 이행강제금을 부과·징수할 수 있다. 이 경우 이행강제금은 2년을 초과하여 부과·징수하지 못한다.

해설

① (○) 근기법 제33조 제6항
② (○) 근기법 제28조 제1항·제2항
③ (×) 노동위원회는 제1항에 따른 구제명령을 할 때에 근로자가 원직복직(原職復職)을 원하지 아니하면 원직복직을 명하는 대신 근로자가 해고기간 동안 근로를 제공하였더라면 받을 수 있었던 임금 상당액 이상의 금품을 근로자에게 지급하도록 명할 수 있다(근기법 제30조 제3항).
④ (○) 근기법 제31조 제1항
⑤ (○) 근기법 제33조 제5항

답 ③

044 근로기준법상 구제명령 등에 관한 설명으로 옳은 것은?

22 노무

CHECK ○△×

① 중앙노동위원회의 재심판정에 대하여 사용자나 근로자는 재심판정서를 송달받은 날부터 20일 이내에 행정소송법의 규정에 따라 소(訴)를 제기할 수 있다.

② 노동위원회의 구제명령, 기각결정 또는 재심판정은 중앙노동위원회에 대한 재심 신청이나 행정소송 제기에 의하여 그 효력이 정지된다.

③ 노동위원회는 부당해고에 대한 구제명령을 할 때에 근로자의 의사와 무관하게 사용자가 원하지 아니하면 원직복직을 명하는 대신 해고기간 동안 임금 상당액 이상의 금품을 근로자에게 지급하도록 명하여야 한다.

④ 노동위원회가 이행강제금을 부과할 때에는 이행강제금의 액수, 부과 사유 등을 구두로 통보하여야 한다.

⑤ 노동위원회는 이행강제금 납부의무자가 납부기한까지 이행강제금을 내지 아니하면 기간을 정하여 독촉을 하고 지정된 기간에 이행강제금을 내지 아니하면 국세 체납처분의 예에 따라 징수할 수 있다.

해설

① (×) 중앙노동위원회의 재심판정에 대하여 사용자나 근로자는 재심판정서를 송달받은 날부터 15일 이내에 행정소송법의 규정에 따라 소(訴)를 제기할 수 있다(근기법 제31조 제2항).

② (×) 노동위원회의 구제명령, 기각결정 또는 재심판정은 중앙노동위원회에 대한 재심 신청이나 행정소송 제기에 의하여 그 효력이 정지되지 아니한다(근기법 제32조).

③ (×) 노동위원회는 구제명령을 할 때에 근로자가 원직복직을 원하지 아니하면 원직복직을 명하는 대신 근로자가 해고기간 동안 근로를 제공하였더라면 받을 수 있었던 임금 상당액 이상의 금품을 근로자에게 지급하도록 명할 수 있다(근기법 제30조 제3항).

④ (×) 이행강제금을 부과할 때에는 이행강제금의 액수, 부과 사유, 납부기한, 수납기관, 이의제기방법 및 이의제기기관 등을 명시한 문서로써 하여야 한다(근기법 제33조 제3항).

⑤ (○) 근기법 제33조 제7항

답 ❺

045 근로기준법상 부당해고의 구제에 대한 설명으로 옳지 않은 것은?(다툼이 있는 경우 판례에 의함)

CHECK ○△×

19 국가직 7급

① 부당해고에 대하여 근로자는 노동위원회를 통한 구제신청과 별도로 사법상의 지위의 확보 및 권리의 구제를 받기 위한 민사소송을 제기할 수 있다.

② 노동위원회의 구제명령, 기각결정 또는 재심판정은 중앙노동위원회에 대한 재심 신청이나 행정소송 제기에 의하여 그 효력이 정지된다.

③ 사용자의 근로자에 대한 해고가 무효이면 근로자는 계속 근로하였을 경우에 받을 수 있는 임금 전부의 지급을 청구할 수 있다.

④ 사용자가 해고를 할 만한 사유가 전혀 없는데도 오로지 근로자를 사업장에서 몰아내려는 의도하에 고의로 근로자를 해고한 경우 등 사용자에게 부당해고 등에 대한 고의·과실이 인정되는 경우에는 불법행위가 성립되어 그에 따라 입게 된 근로자의 정신적 고통에 대하여도 배상할 책임이 있다.

해설

① (○) 구 근로기준법 제27조의3의 규정은 부당해고를 당한 근로자에게 노동위원회에 그 구제를 신청할 수 있는 길을 열어 놓고 있으나 그렇다고 해서 해고를 둘러싼 쟁송에 대한 민사소송의 관할권을 박탈한 것으로 해석되지 아니한다(대판 1991.7.12. 90다9353).

② (×) 노동위원회의 구제명령, 기각결정 또는 재심판정은 제31조에 따른 중앙노동위원회에 대한 재심 신청이나 행정소송 제기에 의하여 그 효력이 정지되지 아니한다(근기법 제32조).

③ (○) 사용자의 부당한 해고처분이 무효이거나 취소된 때에는 그동안 피해고자의 근로자로서 지위는 계속되고, 그간 근로의 제공을 하지 못한 것은 사용자의 귀책사유로 인한 것이므로 근로자는 민법 제538조 제1항에 의하여 계속 근로하였을 경우 받을 수 있는 임금 전부의 지급을 청구할 수 있다(대판 2020.7.23. 2020다221396).

> 갑 재단법인에서 근무하다가 부당해고 후 복직한 을이 갑 법인을 상대로 계속 근로하였을 경우 받을 수 있는 임금으로 시간외근무수당 미지급분의 지급을 구한 사안에서, 시간외근무수당은 실제 근무한 경우 지급되는 것임을 전제로 을이 해고기간 중 당연히 받을 수 있었던 임금이라고 보기 어렵다고 한 원심판단에 법리오해의 위법이 있다고 한 사례(대판 2020.7.23. 2020다221396).

④ (○) 사용자가 근로자에 대하여 징계해고 등을 할 만한 사유가 전혀 없는데도 오로지 근로자를 사업장에서 몰아내려는 의도하에 고의로 어떤 명목상의 해고사유 등을 내세워 징계라는 수단을 동원하여 해고 등의 불이익처분을 한 경우나, 해고 등의 이유로 된 어느 사실이 취업규칙 등 소정의 징계사유에 해당되지 아니하거나 징계사유로 삼을 수 없는 것임이 객관적으로 명백하고 또 조금만 주의를 기울였더라면 이와 같은 사정을 쉽게 알아 볼 수 있는데도 그것을 이유로 징계해고 등의 불이익처분을 한 경우처럼, 사용자에게 부당해고 등에 대한 고의·과실이 인정되는 경우에 있어서는 불법행위가 성립되어 그에 따라 입게 된 근로자의 정신적 고통에 대하여도 이를 배상할 의무가 있다(대판 1996.4.23. 95다6823).

답 ❷

046 근로기준법령상 이행강제금에 관한 설명으로 옳지 않은 것은?

21 노무

CHECK ○△×

① 노동위원회는 이행강제금을 부과하기 30일 전까지 이행강제금을 부과·징수한다는 뜻을 사용자에게 미리 문서로써 알려 주어야 한다.

② 노동위원회는 구제명령을 받은 자가 구제명령을 이행하면 구제명령을 이행하기 전에 이미 부과된 이행강제금은 징수하지 아니한다.

③ 노동위원회는 이행강제금을 부과하는 때에는 이행강제금의 부과통지를 받은 날부터 15일 이내의 납부기한을 정하여야 한다.

④ 노동위원회는 천재·사변, 그 밖의 부득이한 사유로 구제명령을 이행하기 어려운 경우에는 직권 또는 사용자의 신청에 따라 그 사유가 없어진 뒤에 이행강제금을 부과할 수 있다.

⑤ 노동위원회는 중앙노동위원회의 재심판정이나 법원의 확정판결에 따라 노동위원회의 구제명령이 취소되면 직권 또는 사용자의 신청에 따라 이행강제금의 부과·징수를 즉시 중지하고 이미 징수한 이행강제금을 반환하여야 한다.

해설

① (○) 근기법 제33조 제2항

② (×) 노동위원회는 구제명령을 받은 자가 구제명령을 이행하면 새로운 이행강제금을 부과하지 아니하되, 구제명령을 이행하기 전에 이미 부과된 이행강제금은 징수하여야 한다(근기법 제33조 제6항).

③ (○) 근기법 시행령 제12조 제1항

④ (○) 근기법 시행령 제14조 제2호

⑤ (○) 근기법 시행령 제15조 제1항

이행강제금의 부과유예(근기법 시행령 제14조)

노동위원회는 다음 각 호의 어느 하나에 해당하는 사유가 있는 경우에는 직권 또는 사용자의 신청에 따라 그 사유가 없어진 뒤에 이행강제금을 부과할 수 있다.

1. 구제명령을 이행하기 위하여 사용자가 객관적으로 노력하였으나 근로자의 소재불명 등으로 구제명령을 이행하기 어려운 것이 명백한 경우
2. 천재·사변, 그 밖의 부득이한 사유로 구제명령을 이행하기 어려운 경우

답 ❷

047 근로기준법령상 구제명령 등에 관한 설명이다. (　　)에 들어갈 내용을 옳게 나열한 것은?

CHECK ○△×

21 노무

> • 중앙노동위원회의 재심판정에 대하여 사용자나 근로자는 재심판정서를 송달받은 날부터 (ㄱ)일 이내에 행정소송법의 규정에 따라 소(訴)를 제기할 수 있다.
> • 노동위원회의 구제명령이행기간은 사용자가 구제명령을 서면으로 통지받은 날부터 (ㄴ)일 이내로 한다.

① ㄱ : 10, ㄴ : 15
② ㄱ : 10, ㄴ : 30
③ ㄱ : 15, ㄴ : 15
④ ㄱ : 15, ㄴ : 30
⑤ ㄱ : 30, ㄴ : 30

해설

• 중앙노동위원회의 재심판정에 대하여 사용자나 근로자는 재심판정서를 송달받은 날부터 15일 이내에 행정소송법의 규정에 따라 소(訴)를 제기할 수 있다(근기법 제31조 제2항).
• 노동위원회는 사용자에게 구제명령을 하는 때에는 이행기한을 정하여야 한다. 이 경우 이행기한은 사용자가 구제명령을 서면으로 통지받은 날부터 30일 이내로 한다(근기법 시행령 제11조).

답 ❹

048 근로기준법상 해고에 관한 설명으로 옳지 않은 것은?(다툼이 있으면 판례에 따름)

20 노무

CHECK ○△×

① 부당해고등의 구제신청은 부당해고등이 있었던 날부터 3개월 이내에 하여야 한다.
② 사용자의 근로자에 대한 해고가 무효로 판단되는 경우에는 그 해고가 곧바로 불법행위를 구성한다.
③ 사용자가 해고사유 등을 서면으로 통지할 때는 근로자의 처지에서 해고사유가 무엇인지를 구체적으로 알 수 있어야 한다.
④ 노동위원회는 최초의 구제명령을 한 날을 기준으로 매년 2회의 범위에서 구제명령이 이행될 때까지 반복하여 최대 2년간 이행강제금을 부과할 수 있다.
⑤ 노동위원회는 해고에 대한 구제명령을 할 때에 근로자가 원직복직을 원하지 아니하면 원직복직 대신 근로자가 해고기간 동안 근로를 제공하였더라면 받을 수 있었던 임금 상당액 이상의 금품을 근로자에게 지급하도록 명할 수 있다.

해설

① (○) 근기법 제28조 제2항
② (×) 일반적으로 사용자의 근로자에 대한 해고 등의 불이익처분이 정당하지 못하여 무효로 판단되는 경우에 그러한 사유만으로 곧바로 그 해고 등이 불법행위를 구성하게 된다고는 할 수 없다(대판 1997.1.21. 95다24821).
③ (○) 대판 2015.11.27. 2015두48136
④ (○) 근기법 제33조 제5항
⑤ (○) 근기법 제30조 제3항

답 ❷

049 근로기준법상 구제명령 등에 관한 설명으로 옳지 않은 것은?

19 노무

CHECK ○△×

① 노동위원회는 심문을 끝내고 부당해고등이 성립한다고 판정하면 사용자에게 구제명령을 하여야 한다.

② 노동위원회의 판정, 구제명령 및 기각결정은 사용자와 근로자에게 각각 서면으로 통지하여야 한다.

③ 지방노동위원회의 구제명령이나 기각결정에 불복하는 사용자나 근로자는 구제명령서나 기각결정서를 통지받은 날부터 10일 이내에 중앙노동위원회에 재심을 신청할 수 있다.

④ 중앙노동위원회의 재심판정에 대하여 사용자나 근로자는 재심판정서를 송달받은 날부터 30일 이내에 행정소송법의 규정에 따라 소(訴)를 제기할 수 있다.

⑤ 노동위원회의 구제명령, 기각결정 또는 재심판정은 중앙노동위원회에 대한 재심신청이나 행정소송의 제기에 의하여 그 효력이 정지되지 아니한다.

해설

① (O) 근기법 제30조 제1항

② (O) 사용자와 근로자 모두에게 각각 서면통지하여야 한다(근기법 제30조 제2항).

③ (O) 지방노동위원회의 구제명령서나 기각결정서를 통지받은 날부터 10일 이내이다(근기법 제31조 제1항).

④ (×) 중앙노동위원회의 재심판정에 대하여 사용자나 근로자는 재심판정서를 송달받은 날부터 15일 이내에 행정소송법의 규정에 따라 소(訴)를 제기할 수 있다(근기법 제31조 제2항).

⑤ (O) 근기법 제32조

답 ❹

050 근로기준법령상 부당해고구제제도에 관한 설명으로 옳지 않은 것은?

18 노무

CHECK ○△×

① 노동위원회는 사용자에게 구제명령을 하는 때에는 구제명령을 한 날부터 15일 이내의 이행기한을 정하여야 한다.

② 중앙노동위원회의 재심판정에 대하여 사용자나 근로자는 재심판정서를 송달받은 날부터 15일 이내에 행정소송을 제기할 수 있다.

③ 노동위원회는 구제명령을 할 때에 근로자가 원직복직을 원하지 아니하면 원직복직 대신 해고기간 동안의 임금 상당액 이상의 금품을 근로자에게 지급하도록 명할 수 있다.

④ 노동위원회의 구제명령은 행정소송 제기에 의하여 그 효력이 정지되지 아니한다.

⑤ 지방노동위원회의 구제명령에 불복하는 사용자는 구제명령서를 통지받은 날부터 10일 이내에 중앙노동위원회에 재심을 신청할 수 있다.

해설

① (×) 노동위원회법에 따른 노동위원회는 사용자에게 구제명령을 하는 때에는 이행기한을 정하여야 한다. 이 경우 이행기한은 사용자가 구제명령을 서면으로 통지받은 날부터 30일 이내로 한다(근기법 시행령 제11조).

② (O) 근기법 제31조 제2항

③ (O) 근기법 제30조 제3항

④ (O) 근기법 제32조

⑤ (O) 근기법 제31조 제1항

답 ❶

최신유형

051 근로기준법령상 근로계약에 관한 설명으로 옳지 않은 것은? 25 노무

CHECK ○△×

① 사용증명서를 청구할 수 있는 자는 계속하여 30일 이상 근무한 근로자로 하되, 청구할 수 있는 기한은 퇴직 후 3년 이내로 한다.
② 사용자는 사용기간이 30일 미만인 일용근로자에 대하여는 근로자 명부를 작성하지 아니할 수 있다.
③ 사용자는 고용・해고에 관한 서류를 3년간 보존하여야 한다.
④ 근로계약서의 보존기간은 근로관계가 끝난 날의 다음 날부터 기산한다.
⑤ 근로계약서에 명시된 근로조건이 사실과 다를 경우에 근로자는 근로조건 위반을 이유로 손해의 배상을 청구할 수 있으며 즉시 근로계약을 해제할 수 있다.

해설

① (○) 근기법 시행령 제19조
② (○) 근기법 시행령 제21조
③ (○) 사용자는 근로자 명부와 고용・해고・퇴직에 관한 서류 등을 3년간 보존하여야 한다(근기법 제42조, 동법 시행령 제22조 제1항 제4호).
④ (×) 근로계약에 관한 중요한 서류 중 근로계약서의 보존기간은 근로관계가 끝난 날로부터 기산한다(근기법 시행령 제22조 제2항 제2호).
⑤ (○) 근기법 제19조 제1항

보존 대상 서류 등(근기법 시행령 제22조)

① 법 제42조에서 "대통령령으로 정하는 근로계약에 관한 중요한 서류"란 다음 각 호의 서류를 말한다.
1. 근로계약서
2. 임금대장
3. 임금의 결정・지급방법과 임금계산의 기초에 관한 서류
4. 고용・해고・퇴직에 관한 서류
5. 승급・감급에 관한 서류
6. 휴가에 관한 서류

② 법 제42조에 따른 근로계약에 관한 중요한 서류의 보존기간은 다음 각 호에 해당하는 날부터 기산한다.
1. 근로자 명부는 근로자가 해고되거나 퇴직 또는 사망한 날
2. 근로계약서는 근로관계가 끝난 날
3. 임금대장은 마지막으로 써 넣은 날
4. 고용, 해고 또는 퇴직에 관한 서류는 근로자가 해고되거나 퇴직한 날
5. 삭제 〈2018.6.29.〉
6. 제1항 제8호의 서면 합의 서류는 서면 합의한 날
7. 연소자의 증명에 관한 서류는 18세가 되는 날(18세가 되기 전에 해고되거나 퇴직 또는 사망한 경우에는 그 해고되거나 퇴직 또는 사망한 날)
8. 그 밖의 서류는 완결한 날

답 ④

052 사용증명서와 근로자명부 등에 관하여 근로기준법령에 규정된 내용으로 옳지 않은 것은?

CHECK ○△×

16 노무

① 근로기준법 제39조 제1항에 따라 사용증명서를 청구할 수 있는 자는 계속하여 30일 이상 근무한 근로자로 하되, 청구할 수 있는 기한은 퇴직 후 3년 이내로 한다.
② 사용증명서에는 근로자가 요구한 사항만을 적어야 한다.
③ 주소는 근로자명부의 기재사항이다.
④ 사용기간이 50일 미만인 일용근로자에 대하여는 근로자명부를 작성하지 아니할 수 있다.
⑤ 사용자는 근로자명부를 3년간 보존하여야 한다.

해설

① (○) 근기법 시행령 제19조
② (○) 근기법 제39조 제2항
③ (○) 성명, 성(性)별, 생년월일, 주소, 이력(履歷), 종사하는 업무의 종류, 고용 또는 고용갱신 연월일, 계약기간을 정한 경우에는 그 기간, 그 밖의 고용에 관한 사항 등은 근로자명부의 기재사항이다(근기법 시행령 제20조).
④ (×) 사용기간이 30일 미만인 일용근로자에 대하여는 근로자명부를 작성하지 아니할 수 있다(근기법 시행령 제21조).
⑤ (○) 근기법 제42조

답 ❹

053 근로기준법령상 사용자가 3년간 보존하여야 하는 근로계약에 관한 중요한 서류가 아닌 것은?

CHECK ○△×

18 노무

① 연소자의 증명에 관한 서류
② 휴가에 관한 서류
③ 승급·감급에 관한 서류
④ 퇴직금 중간정산에 관한 증명서류
⑤ 임금대장

해설

① (○), ② (○), ③ (○), ④ (×), ⑤ (○)
퇴직금 중간정산에 관한 증명서류는 근기법 시행령 제22조에서 정한 보존 대상서류에 해당하지 아니한다.

보존 대상서류(근기법 시행령 제22조)

① 법 제42조에서 "대통령령으로 정하는 근로계약에 관한 중요한 서류"란 다음 각 호의 서류를 말한다.
1. 근로계약서
2. 임금대장
3. 임금의 결정·지급방법과 임금계산의 기초에 관한 서류
4. 고용·해고·퇴직에 관한 서류
5. 승급·감급에 관한 서류
6. 휴가에 관한 서류
7. 삭제 〈2014.12.9.〉
8. 법 제51조 제2항, 제51조의2 제1항, 같은 조 제2항 단서, 같은 조 제5항 단서, 제52조 제1항, 같은 조 제2항 제1호 단서, 제53조 제3항, 제55조 제2항 단서, 제57조, 제58조 제2항·제3항, 제59조 제1항 및 제62조에 따른 서면합의서류
9. 법 제66조에 따른 연소자의 증명에 관한 서류

답 ❹

054 근로기준법령상 근로관계가 종료된 후의 법률관계에 대한 설명으로 옳지 않은 것은?

CHECK ○△×

22 국가직 7급

① 근로기준법 제17조에 따라 명시된 근로조건이 사실과 다를 경우에 근로자가 근로조건 위반을 이유로 즉시 근로계약을 해제한 경우, 사용자는 취업을 목적으로 거주를 변경하는 근로자에게 귀향 여비를 지급하여야 한다.

② 사용자는 근로자가 퇴직한 경우 그 지급사유가 발생한 때부터 14일 이내에 임금, 보상금, 그 밖의 모든 금품을 지급하여야 하는데, 특별한 사정이 있을 경우에는 고용노동부장관의 허가를 얻어 그 기일을 연장할 수 있다.

③ 사용자는 근로자가 퇴직한 후라도 사용 기간, 업무 종류, 지위와 임금, 그 밖에 필요한 사항에 관한 증명서를 청구하면 사실대로 적은 증명서를 즉시 내주어야 하는데, 이 증명서에는 근로자가 요구한 사항만을 적어야 한다.

④ 사용자는 근로자의 퇴직에 관한 서류를 근로자가 퇴직한 날부터 3년간 보존하여야 한다.

해설

① (○) 근기법 제19조 참조

> **근로조건의 위반(근기법 제19조)**
> ① 제17조에 따라 명시된 근로조건이 사실과 다를 경우에 근로자는 근로조건 위반을 이유로 손해의 배상을 청구할 수 있으며 즉시 근로계약을 해제할 수 있다.
> ② 제1항에 따라 근로자가 손해배상을 청구할 경우에는 노동위원회에 신청할 수 있으며, 근로계약이 해제되었을 경우에는 사용자는 취업을 목적으로 거주를 변경하는 근로자에게 귀향 여비를 지급하여야 한다.

② (×) 사용자는 근로자가 사망 또는 퇴직한 경우에는 그 지급사유가 발생한 때부터 14일 이내에 임금, 보상금, 그 밖의 모든 금품을 지급하여야 한다. 다만, 특별한 사정이 있을 경우에는 당사자 사이의 합의에 의하여 기일을 연장할 수 있다(근기법 제36조).

③ (○) 사용자는 근로자가 퇴직한 후라도 사용 기간, 업무 종류, 지위와 임금, 그 밖에 필요한 사항에 관한 증명서를 청구하면 사실대로 적은 증명서를 즉시 내주어야 한다. 이 증명서에는 근로자가 요구한 사항만을 적어야 한다(근기법 제39조).

④ (○) 근기법 제42조, 동법 시행령 제22조 참조

> **계약 서류의 보존(근기법 제42조)**
> 사용자는 근로자 명부와 대통령령으로 정하는 근로계약에 관한 중요한 서류를 3년간 보존하여야 한다.
>
> **보존 대상 서류 등(근기법 시행령 제22조)**
> ① 법 제42조에서 "대통령령으로 정하는 근로계약에 관한 중요한 서류"란 다음 각 호의 서류를 말한다.
> 1. 근로계약서
> 2. 임금대장
> 3. 임금의 결정·지급방법과 임금계산의 기초에 관한 서류
> 4. 고용·해고·퇴직에 관한 서류

답 ❷

055 근로기준법령의 내용으로 옳지 않은 것은?

18 국가직 9급

CHECK ○△×

① 사용자는 근로자 명부를 3년간 보존하여야 한다.
② 누구든지 근로자의 취업을 방해할 목적으로 비밀 기호 또는 명부를 작성·사용하거나 통신을 하여서는 아니 된다.
③ 사용기간이 30일 미만인 일용근로자에 대하여는 근로자 명부를 작성하지 아니할 수 있다.
④ 사용자는 근로자 명부에 적을 사항이 변경된 경우에는 30일 이내에 정정하여야 한다.

해설

① (○) 사용자는 근로자 명부와 대통령령으로 정하는 근로계약에 관한 중요한 서류를 3년간 보존하여야 한다(근기법 제42조).
② (○) 근기법 제40조
③ (○) 근기법 시행령 제21조
④ (×) 근기법 제41조 제2항 참조

> **근로자의 명부(근기법 제41조)**
> ① 사용자는 각 사업장별로 근로자 명부를 작성하고 근로자의 성명, 생년월일, 이력, 그 밖에 대통령령으로 정하는 사항을 적어야 한다. 다만, 대통령령으로 정하는 일용근로자에 대해서는 근로자 명부를 작성하지 아니할 수 있다.
> ② 제1항에 따라 근로자 명부에 적을 사항이 변경된 경우에는 지체 없이 정정하여야 한다.

답 ❹

056 근로관계 종료 후의 사용자의 의무에 관한 설명으로 옳은 것을 모두 묶은 것은?

10 사시

CHECK ○△×

> ㄱ. 근로자가 퇴직한 후라도 사용기간, 업무 종류, 지위와 임금, 그 밖에 필요한 사항에 관한 증명서를 청구하면 근로자가 요구한 사항만을 사실대로 적은 증명서를 즉시 내주어야 한다.
> ㄴ. 퇴직금을 지급하여야 할 경우에는 퇴직일로부터 원칙적으로 14일 이내에 지급하여야 한다.
> ㄷ. 근로기준법 제17조에 따라 명시된 근로조건이 사실과 달라 근로계약이 해제되었을 경우에는 취업을 목적으로 거주를 변경하는 근로자에게 귀향 여비를 지급하여야 한다.

① ㄱ
② ㄱ, ㄴ
③ ㄱ, ㄷ
④ ㄴ, ㄷ
⑤ ㄱ, ㄴ, ㄷ

해설

ㄱ. (○) 근기법 제39조 제1항·제2항
ㄴ. (○) 사용자는 근로자가 퇴직한 경우에는 그 지급사유가 발생한 날부터 14일 이내에 퇴직금을 지급하여야 한다. 다만, 특별한 사정이 있는 경우에는 당사자 간의 합의에 따라 지급기일을 연장할 수 있다(근퇴법 제9조 제1항).
ㄷ. (○) 명시된 근로조건이 사실과 다를 경우에 근로자는 근로조건 위반을 이유로 손해의 배상을 청구할 수 있으며 즉시 근로계약을 해제할 수 있다. 근로자가 손해배상을 청구할 경우에는 노동위원회에 신청할 수 있으며, 근로계약이 해제되었을 경우에는 사용자는 취업을 목적으로 거주를 변경하는 근로자에게 귀향 여비를 지급하여야 한다(근기법 제19조).

답 ❺

CHAPTER

10 형벌 및 과태료

001 근로기준법 또는 노동조합 및 노동관계조정법상 벌칙 조항에 따라 사용자가 처벌되는 경우가 아닌 것은?

CHECK ○△×

23 국가직 7급

① 사용자가 근로자에 대하여 남녀의 성(性)을 이유로 차별적 대우를 한 경우
② 사용자가 근로자를 정당한 이유 없이 해고한 경우(근로기준법 제23조 제1항에 한함)
③ 사용자가 근로자의 근로계약 불이행에 대한 손해배상액을 예정하는 계약을 체결한 경우
④ 사용자가 노동조합의 대표자 또는 노동조합으로부터 위임을 받은 자와의 단체협약체결 기타의 단체교섭을 정당한 이유 없이 거부하는 경우

해설

① (○) 근기법 제6조에 위반하여 사용자가 근로자에 대하여 남녀의 성(性)을 이유로 차별적 대우를 한 경우는 근기법 제114조 제1호에 의하여 500만원 이하의 벌금에 처한다.
② (×) 사용자가 근로자가 업무상 부상 또는 질병의 요양을 위하여 휴업한 기간과 그 후 30일 동안 또는 산전(産前)·산후(産後)의 여성이 근기법에 따라 휴업한 기간과 그 후 30일 동안 해고를 한 경우(근기법 제23조 제2항)에는 근기법 제107조에 의하여 5년 이하의 징역 또는 5천만원 이하의 벌금에 처하도록 규정하고 있으나, 사용자가 근로자를 정당한 이유 없이 해고한 경우(근로기준법 제23조 제1항에 한함)에 대하여는 별도의 처벌규정을 두고 있지 아니하다.
③ (○) 근기법 제20조에 위반하여 사용자가 근로자의 근로계약 불이행에 대한 손해배상액을 예정하는 계약을 체결한 경우는 근기법 제114조 제1호에 의하여 500만원 이하의 벌금에 처한다.
④ (○) 노조법 제81조 제1항 제3호에 위반하여 사용자가 노동조합의 대표자 또는 노동조합으로부터 위임을 받은 자와의 단체협약체결 기타의 단체교섭을 정당한 이유 없이 거부하는 경우는 노조법 제90조에 의하여 2년 이하의 징역 또는 2천만원 이하의 벌금에 처한다.

답 ②

최신유형

002 근로기준법령상 벌칙에 관한 설명으로 옳지 않은 것은?

25 노무

CHECK ○△×

① 근로감독관이 이 법을 위반한 사실을 고의로 묵과하면 3년 이하의 징역 또는 5년 이하의 자격정지에 처한다.

② 휴업수당을 지급하지 않은 자에 대하여는 피해자의 명시적인 의사와 다르게 공소를 제기할 수 없다.

③ 행정소송을 제기하여 확정된 구제명령을 이행하지 아니한 자는 1년 이하의 징역 또는 1천만원 이하의 벌금에 처한다.

④ 해당 사업 또는 사업장의 '사용자의 배우자'인 근로자가 다른 근로자에게 직장 내 괴롭힘을 한 경우에는 1천만원 이하의 과태료를 부과한다.

⑤ 검사는 확정된 구제명령을 이행하지 않은 경우 노동위원회에 통보하여 고발을 요청하여야 한다.

해설

① (○) 근기법 제108조

② (○) 반의사불벌죄는 원칙적으로 공소제기가 가능하나 피해자가 처벌을 원하지 않는다는 의사를 명백하게 한 경우에는 소추가 불가능한 범죄를 말한다. 사용자의 귀책사유로 휴업하면서 휴업수당을 지급하지 않는 경우(근기법 제46조)는 피해자의 명시적인 의사와 다르게 공소를 제기할 수 없는 반의사불벌죄에 해당한다(근기법 제109조 제2항, 동법 제46조).

③ (○) 불복기간 이내에 재심을 신청하지 아니하거나 행정소송을 제기하지 아니하여 확정되거나, 행정소송을 제기하여 확정된 구제명령 또는 구제명령을 내용으로 하는 재심판정을 이행하지 아니한 자는 1년 이하의 징역 또는 1천만원 이하의 벌금에 처한다(근기법 제111조).

④ (○) 사용자(사용자의 배우자, 사용자의 4촌 이내의 혈족, 사용자의 4촌 이내의 인척 등이 해당 사업 또는 사업장의 근로자인 경우를 포함)가 직장 내 괴롭힘을 한 경우에는 1천만원 이하의 과태료를 부과한다(근기법 제116조 제1항, 동법 시행령 제59조의3).

⑤ (×) 불복기간 이내에 재심을 신청하지 아니하거나 행정소송을 제기하지 아니하여 확정되거나, 행정소송을 제기하여 확정된 구제명령 또는 구제명령을 내용으로 하는 재심판정을 이행하지 아니한 자에 대하여는 노동위원회의 고발이 있어야 공소를 제기할 수 있고, 검사는 이러한 위반행위가 있음을 노동위원회에 통보하여 고발을 요청할 수 있다(근기법 제112조).

반의사불벌죄, 형벌 구성요건 및 과태료 부과 사유(근기법 제109조 이하)

1. 근기법상 반의사불벌죄

반의사불벌죄인 경우	근거조문(근기법)
금품 청산 규정을 위반한 경우	제109조 제2항, 제36조
임금 전액을 지급하지 않는 등 임금에 관련된 죄를 범한 경우	제109조 제2항, 제43조
도급 사업에 대한 임금 지급, 건설업에서의 임금 지급 연대책임 규정을 위반한 경우	제109조 제2항, 제44조, 제44조의2
사용자의 귀책사유로 휴업하면서 휴업수당을 지급하지 않는 경우	제109조 제2항, 제46조
근로한 기간이 단위기간보다 짧은 경우의 임금 정산규정을 위반한 경우	제109조 제2항, 제51조의3
1개월을 초과하는 정산기간을 정하는 선택적 근로시간제에서 매 1개월마다 평균하여 1주간의 근로시간이 40시간을 초과한 시간에 대해서는 통상임금의 100분의 50 이상을 가산하여 근로자에게 지급하여야 한다는 규정을 위반한 경우	제109조 제2항, 제52조 제2항 제2호
연장·야간·휴일근로에 대한 가산수당을 지급하지 않는 경우	제109조 제2항, 제56조

2. 주요한 형벌 구성요건

구 분	내 용
5년 이하의 징역 또는 5천만원 이하의 벌금	① 강제 근로의 금지규정에 위반한 자(근기법 제107조, 제7조) ② 폭행의 금지규정에 위반한 자(근기법 제107조, 제8조) ③ 법률에 따르지 아니하고 중간인으로서 이익을 취득한 자(근기법 제107조, 제9조) ④ 해고시기의 제한규정에 위반한 자(근기법 제107조, 제23조 제2항) ⑤ 취업 방해의 금지규정에 위반한 자(근기법 제107조, 제40조)
3년 이하의 징역 또는 5년 이하의 자격정지	근기법을 위반한 사실을 고의로 묵과한 근로감독관(근기법 제108조)
3년 이하의 징역 또는 3천만원 이하의 벌금	① 퇴직한 근로자에게 퇴직한 때부터 14일 이내에 임금을 지급하지 아니한 자(근기법 제109조 제1항, 제36조) ② 임금 전액을 지급하지 않는 등 임금에 관련된 죄를 범한 자(근기법 제109조 제1항, 제43조) ③ 도급 사업에 대한 임금 지급, 건설업에서의 임금 지급 연대책임 규정을 위반한 자(근기법 제109조 제1항, 제44조, 제44조의2) ④ 자기(사용자)의 귀책사유로 휴업하면서 휴업수당을 지급하지 않은 자(근기법 제109조 제1항, 제46조) ⑤ 근로한 기간이 단위기간보다 짧은 경우의 임금 정산규정을 위반한 자(근기법 제109조 제1항, 제51조의3) ⑥ 1개월을 초과하는 정산기간을 정하는 선택적 근로시간제에서 매 1개월마다 평균하여 1주간의 근로시간이 40시간을 초과한 시간에 대해서는 통상임금의 100분의 50 이상을 가산하여 근로자에게 지급하여야 한다는 규정을 위반한 자(근기법 제109조 제1항, 제52조 제2항 제2호) ⑦ 연장・야간・휴일근로에 대한 가산수당을 지급하지 않은 자(근기법 제109조 제1항, 제56조) ⑧ 유해・위험사업에의 사용금지규정을 위반한 자(근기법 제109조 제1항, 제65조) ⑨ 여성과 18세 미만인 사람에 대한 갱내근로금지규정에 위반한 자(근기법 제109조 제1항, 제72조) ⑩ 직장 내 괴롭힘 발생 사실을 신고한 근로자 및 피해근로자등에게 해고나 그 밖의 불리한 처우를 한 자(근기법 제109조 제1항, 제76조의3 제6항)
2년 이하의 징역 또는 2천만원 이하의 벌금 (주요한 구성요건)	① 근로자가 근로시간 중에 공(公)의 직무를 집행하기 위하여 필요한 시간을 청구하였으나 이를 거부한 자(근기법 제110조 제1호, 제10조) ② 근로자를 해고할 때 적어도 해고하려는 날의 30일 전에 예고를 하지 않은 자(근기법 제110조 제1호, 제26조)
1년 이하의 징역 또는 1천만원 이하의 벌금	불복기간 이내에 재심을 신청하지 아니하거나 행정소송을 제기하지 아니하여 확정되거나 행정소송을 제기하여 확정된 구제명령 또는 구제명령을 내용으로 하는 재심판정을 이행하지 아니한 자(근기법 제111조)
1천만원 이하의 벌금	임금의 비상시 지급규정에 위반한 자(근기법 제113조, 제45조)
500만원 이하의 벌금 (주요한 구성요건)	① 근로자의 국적을 이유로 근로조건에 대한 차별적 처우를 한 자(근기법 제114조 제1호, 제6조) ② 근로계약을 체결할 때에 임금의 구성항목・계산방법・지급방법이 명시된 서면을 근로자에게 교부하지 않은 자(근기법 제114조 제1호, 제17조 제2항) ③ 동의 없이 취업규칙을 불리하게 변경한 자(근기법 제114조 제1호, 제94조 제1항)

3. 주요한 과태료 부과 사유

구 분	내 용
1천만원 이하의 과태료	직장 내 괴롭힘을 한 자(사용자의 민법상 친족 중 대통령령으로 정하는 사람이 해당 사업 또는 사업장의 근로자인 경우를 포함)(근기법 제116조 제1항, 제76조의2)
500만원 이하의 과태료	① 사용자가 근로기준법의 시행에 관하여 근로감독관의 요구가 있는 경우에 필요한 사항에 대하여 거짓된 보고를 한 자(근기법 제116조 제2항 제1호, 제13조) ② 사용자가 취업규칙을 근로자가 자유롭게 열람할 수 있는 장소에 항상 게시하거나 갖추어 두지 않음으로써 근로자에게 널리 알리지 않은 자(근기법 제116조 제2항 제2호, 제14조 제1항)

답 ❺

003 근로기준법 위반사항 중 피해자의 명시적인 의사와 다르게 공소를 제기할 수 없는 경우는 몇 개인가?

CHECK ○△×

23 노무

- 근로자에게 1주에 평균 1회 이상의 유급휴일을 보장하지 않는 경우
- 사용자의 귀책사유로 휴업하면서 휴업수당을 지급하지 않는 경우
- 연장·야간·휴일근로에 대한 가산수당을 지급하지 않는 경우
- 친권자나 후견인이 미성년자의 근로계약을 대리하는 경우
- 근로자를 즉시 해고하면서 해고예고수당을 지급하지 않는 경우

① 1개 ② 2개
③ 3개 ④ 4개
⑤ 5개

해설

반의사불벌죄는 원칙적으로 공소제기가 가능하나 피해자가 처벌을 원하지 않는다는 의사를 명백하게 한 경우에는 소추가 불가능한 범죄를 말한다. 사용자가 근로자가 사망 또는 퇴직하여 그 지급사유가 발생한 때부터 14일 이내에 임금 등의 금품을 지급하지 아니한 경우(근기법 제36조), 사용자가 임금지급의 원칙에 위반한 경우(근기법 제43조), 직상 수급인이 하수급인과 연대하여 지급할 임금지급 책임을 부담하지 아니하는 경우(근기법 제44조, 제44조의2), 사용자의 귀책사유로 휴업하면서 휴업수당을 지급하지 않는 경우(근기법 제46조), 사용자가 3개월 이내의 탄력적 근로시간제, 3개월을 초과하는 탄력적 근로시간제에 따른 단위기간 중 근로자가 근로한 기간이 그 단위기간보다 짧은 경우 가산임금을 지급하지 아니하는 경우(근기법 제51조의3), 1개월을 초과하는 정산기간을 정하는 선택적 근로시간제에서 가산임금을 지급하지 아니하는 경우(근기법 제52조 제2항 제2호), 연장·야간·휴일근로에 대한 가산수당을 지급하지 않는 경우(근기법 제56조) 등이 피해자의 명시적인 의사와 다르게 공소를 제기할 수 없는 반의사불벌죄에 해당한다(근기법 제109조 제2항 본문 참조).

답 ❷

004 근로기준법상 사용자에 대해 과태료를 부과할 수 있는 경우에 해당하는 것만을 모두 고르면?

CHECK ○△×

18 국가직 7급

ㄱ. 사용자가 근로기준법의 시행에 관하여 근로감독관의 요구가 있는 경우에 필요한 사항에 대하여 거짓된 보고를 한 경우
ㄴ. 사용자가 근로계약을 체결할 때에 임금의 구성항목·계산방법·지급방법이 명시된 서면을 근로자에게 교부하지 않은 경우
ㄷ. 사용자가 취업규칙을 근로자가 자유롭게 열람할 수 있는 장소에 항상 게시하거나 갖추어 두지 않음으로써 근로자에게 널리 알리지 않은 경우
ㄹ. 사용자가 근로자를 해고할 때 적어도 해고하려는 날의 30일 전에 예고를 하지 않은 경우

① ㄱ, ㄴ
② ㄱ, ㄷ
③ ㄱ, ㄹ
④ ㄴ, ㄷ

해설

ㄱ. (○) 고용노동부장관, 노동위원회 또는 근로감독관의 요구가 있는 경우에 보고 또는 출석을 하지 아니하거나 거짓된 보고를 한 자에게는 500만원 이하의 과태료를 부과한다(근기법 제116조 제2항 제1호).
ㄴ. (×) 근로계약을 체결할 때에 임금의 구성항목·계산방법·지급방법이 명시된 서면을 근로자에게 교부하지 않은 사용자는 500만원 이하의 벌금에 처한다(근기법 제114조 제1호, 제7조).
ㄷ. (○) 취업규칙을 근로자가 자유롭게 열람할 수 있는 장소에 항상 게시하거나 갖추어 두지 않음으로써 근로자에게 널리 알리지 않은 사용자에게는 500만원 이하의 과태료를 부과한다(근기법 제116조 제2항 제2호, 제14조).
ㄹ. (×) 근로자를 해고할 때 적어도 해고하려는 날의 30일 전에 예고를 하지 않은 사용자는 2년 이하의 징역 또는 2천만원 이하의 벌금에 처한다(근기법 제110조 제1호, 제26조).

답 ❷

005 근로기준법상 벌칙에 대한 설명으로 옳은 것은?

CHECK ○△×

23 국가직 9급

① 근로기준법 제36조(금품 청산)를 위반한 자에 대하여는 피해자의 명시적인 의사와 다르게 공소를 제기할 수 없다.
② 근로기준법 제43조(임금 지급)를 위반한 자에 대하여는 피해자의 명시적인 의사와 다르게 공소를 제기할 수 있다.
③ 근로자가 퇴직한 경우 그 퇴직한 때부터 14일 이내에 임금을 지급하지 아니한 사용자에게는 과태료를 부과한다.
④ 사용자가 근로자에게 직장 내 괴롭힘을 한 경우 1천만원 이하의 벌금에 처한다.

해설

① (○)·② (×) 금품청산의무를 위반한 자나 임금 지급의무를 위반한 자에 대하여 피해자가 처벌을 희망하지 않는다는 의사를 명백히 한 때에는 공소를 제기할 수 없다(근기법 제109조 제2항, 제36조, 제43조). 반의사불벌죄는 원칙적으로 공소제기가 가능하나 피해자가 처벌을 원하지 않는다는 의사를 명백하게 한 경우에는 소추가 불가능한 범죄를 말한다. 임금에 관련된 죄는 피해자가 처벌을 희망하지 않는다는 의사를 명백히 한 때에는 처벌할 수 없는 반의사불벌죄에 해당한다(근기법 제109조 제2항).

③ (×) 근로자가 퇴직한 경우 그 퇴직한 때부터 14일 이내에 임금을 지급하지 아니한 사용자는 3년 이하의 징역 또는 3천만원 이하의 벌금에 처한다(근기법 제109조 제1항, 제36조).

④ (×) 사용자(사용자의 민법상 친족 중 대통령령으로 정하는 사람이 해당 사업 또는 사업장의 근로자인 경우를 포함)가 직장 내 괴롭힘을 한 경우에는 1천만원 이하의 과태료를 부과한다(근기법 제116조 제1항).

답 ❶

006 근로기준법상 사용자에 대해 벌칙을 적용하지 않는 경우는?

18 국가직 9급

CHECK ○△×

① 사용자가 근로자의 국적을 이유로 근로조건에 대한 차별적 처우를 한 경우

② 근로기준법상 근로조건이 최저기준임을 이유로 사용자가 근로조건을 낮춘 경우

③ 사용자가 법률에 따르지 아니하고 중간인으로서 이익을 취득한 경우

④ 근로자가 근로시간 중에 공(公)의 직무를 집행하기 위하여 필요한 시간을 청구하였으나 사용자가 이를 거부한 경우

해설

① (○) 근로자에 대하여 남녀의 성(性)을 이유로 하거나 국적·신앙 또는 사회적 신분을 이유로 근로조건에 대한 차별적 처우를 한 사용자는 500만원 이하의 벌금에 처한다(근기법 제114조 제1호, 제6조).

② (×) 근기법 제3조(근로조건의 기준)는 제4조(근로조건의 결정), 제5조(근로조건의 준수)와 마찬가지로 훈시규정으로 벌칙의 제재가 없다.

③ (○) 법률에 따르지 아니하고 영리로 다른 사람의 취업에 개입하거나 중간인으로서 이익을 취득한 자는 5년 이하의 징역 또는 5천만원 이하의 벌금에 처한다(근기법 제107조, 제9조).

④ (○) 근로자가 근로시간 중에 선거권, 그 밖의 공민권(公民權) 행사 또는 공(公)의 직무를 집행하기 위하여 필요한 시간을 청구하였으나 이를 거부한 사용자는 2년 이하의 징역 또는 2천만원 이하의 벌금에 처한다(근기법 제110조 제1호, 제10조).

벌칙(근기법 제107조)

제7조, 제8조, 제9조, 제23조 제2항 또는 제40조를 위반한 자는 5년 이하의 징역 또는 5천만원 이하의 벌금에 처한다.

벌칙(근기법 제110조)

다음 각 호의 어느 하나에 해당하는 자는 2년 이하의 징역 또는 2천만원 이하의 벌금에 처한다.

1. 제10조, 제22조 제1항, 제26조, 제50조, 제51조의2 제2항, 제52조 제2항 제1호, 제53조 제1항·제2항, 같은 조 제4항 본문·제7항, 제54조, 제55조, 제59조 제2항, 제60조 제1항·제2항·제4항 및 제5항, 제64조 제1항, 제69조, 제70조 제1항·제2항, 제71조, 제74조 제1항부터 제5항까지, 제75조, 제78조부터 제80조까지, 제82조, 제83조 및 제104조 제2항을 위반한 자

벌칙(근기법 제114조)

다음 각 호의 어느 하나에 해당하는 자는 500만원 이하의 벌금에 처한다.

1. 제6조, 제16조, 제17조, 제20조, 제21조, 제22조 제2항, 제47조, 제53조 제4항 단서, 제67조 제1항·제3항, 제70조 제3항, 제73조, 제74조 제6항, 제77조, 제94조, 제95조, 제100조 및 제103조를 위반한 자

답 ❷

CHAPTER

11 기타 법령

제1절 파견근로자 보호 등에 관한 법률

001 파견근로자 보호 등에 관한 법률상 근로자파견사업에 대한 설명으로 옳지 않은 것은?

CHECK ○△×

23 국가직 9급

① 선원법 제2조 제1호의 선원의 업무에 대하여는 근로자파견사업을 할 수 있다.
② 산업안전보건법 제58조(유해한 작업의 도급금지)에 따른 유해하거나 위험한 업무에 대하여는 근로자파견사업을 하여서는 아니 된다.
③ 건설공사현장에서 이루어지는 업무에 대하여는 근로자파견사업을 하여서는 아니 된다.
④ 사용사업주는 고용노동부장관의 허가를 받지 않고 근로자파견사업을 하는 자로부터 근로자파견의 역무를 제공받아서는 아니 된다.

해설

① (×) 선원법 제2조 제1호의 선원의 업무는 파견법 제5조 제3항 제3호에서 정한 절대적 파견금지 대상업무에 해당한다.
② (○) 파견법 제5조 제3항 제4호
③ (○) 파견법 제5조 제3항 제1호
④ (○) 근로자파견사업을 하려는 자는 고용노동부령으로 정하는 바에 따라 고용노동부장관의 허가를 받아야 한다. 허가받은 사항 중 고용노동부령으로 정하는 중요사항을 변경하는 경우에도 또한 같다. 사용사업주는 이를 위반하여 근로자파견사업을 하는 자로부터 근로자파견의 역무를 제공받아서는 아니 된다(파견법 제7조 제1항, 제3항).

답 ❶

002 파견근로자 보호 등에 관한 법률상 근로자파견 대상 업무에 해당하지 않는 것을 모두 고른 것은?

CHECK ○△×

24 노무

ㄱ. 건설공사현장에서 이루어지는 업무
ㄴ. 선원법상 선원의 업무
ㄷ. 물류정책기본법상 하역업무로서 직업안정법에 따라 근로자공급사업 허가를 받은 지역의 업무

① ㄱ
② ㄴ
③ ㄱ, ㄷ
④ ㄴ, ㄷ
⑤ ㄱ, ㄴ, ㄷ

해설

ㄱ. 건설공사현장에서 이루어지는 업무, ㄴ. 선원법상 선원의 업무, ㄷ. 물류정책기본법상 하역업무로서 직업안정법에 따라 근로자공급사업 허가를 받은 지역의 업무 등은 파견법 제5조 제3항에서 절대적 파견금지 대상업무로 규정하고 있다.

근로자파견 대상 업무 등(파견법 제5조)

① 근로자파견사업은 제조업의 직접생산공정업무를 제외하고 전문지식·기술·경험 또는 업무의 성질 등을 고려하여 적합하다고 판단되는 업무로서 대통령령으로 정하는 업무를 대상으로 한다.

② 제1항에도 불구하고 출산·질병·부상 등으로 결원이 생긴 경우 또는 일시적·간헐적으로 인력을 확보하여야 할 필요가 있는 경우에는 근로자파견사업을 할 수 있다.

③ 제1항 및 제2항에도 불구하고 다음 각 호의 어느 하나에 해당하는 업무에 대하여는 근로자파견사업을 하여서는 아니 된다.

1. 건설공사현장에서 이루어지는 업무
2. 항만운송사업법 제3조 제1호, 한국철도공사법 제9조 제1항 제1호, 농수산물 유통 및 가격안정에 관한 법률 제40조, 물류정책기본법 제2조 제1항 제1호의 하역(荷役)업무로서 직업안정법 제33조에 따라 근로자공급사업 허가를 받은 지역의 업무
3. 선원법 제2조 제1호의 선원의 업무
4. 산업안전보건법 제58조에 따른 유해하거나 위험한 업무

답 ❺

003 파견근로자 보호 등에 관한 법률상 사용사업주의 직접고용의무에 대한 설명으로 옳지 않은 것은?

CHECK ○△×

23 국가직 9급

① 근로자파견 대상 업무에 해당하지 아니하는 업무에서 파견근로자를 사용하는 경우(파견근로자 보호 등에 관한 법률 제5조 제2항에 따라 출산·질병·부상 등으로 결원이 생긴 경우 또는 일시적·간헐적으로 인력을 확보하여야 할 필요가 있는 경우는 제외한다) 사용사업주는 해당 파견근로자를 직접 고용하여야 한다.

② 파견근로자는 사용사업주가 직접고용의무를 이행하지 아니하는 경우 사용사업주를 상대로 고용의사표시를 갈음하는 판결을 구할 사법상의 권리가 있다.

③ 파견근로자는 사용사업주의 직접고용의무 불이행에 대하여 직접고용의무 발생일부터 직접고용관계가 성립할 때까지 사용사업주에게 직접고용되었다면 받았을 임금 상당의 손해배상금을 청구할 수 있다.

④ 제6조의2 제1항을 위반하여 파견근로자를 직접 고용하지 아니한 자는 3천만원 이하의 벌금에 처한다.

해설

① (○) 근로자파견 대상 업무에 해당하지 아니하는 업무에서 파견근로자를 사용하는 경우(파견법 제5조 제2항에 따라 근로자파견사업을 한 경우는 제외)에는 파견법 제6조의2 제1항 제1호에 의하여 사용사업주의 직접고용의무가 인정된다.

② (○) 파견근로자는 파견법 제6조의2 제1항이 규정한 직접고용의무를 이행하지 아니하는 사용사업주를 상대로 고용의사표시를 갈음하는 판결을 구할 사법상의 권리가 있고, 판결이 확정되면 사용사업주와 파견근로자 사이에 직접고용관계가 성립한다(대판 2024.6.17. 2021다226558).

③ (○) 대판 2020.5.14. 2016다239024

④ (×) 파견법 제6조의2 제1항을 위반하여 파견근로자를 직접 고용하지 아니한 자에게는 3천만원 이하의 과태료를 부과한다(파견법 제46조 제2항).

답 ❹

004 파견근로자 보호 등에 관한 법률에 관한 설명으로 옳지 않은 것은?

24 노무

CHECK ○△×

① 파견사업주는 쟁의행위 중인 사업장에 그 쟁의행위로 중단된 업무의 수행을 위하여 근로자를 파견하여서는 아니 된다.

② 파견사업주는 자기의 명의로 타인에게 근로자파견사업을 하게 하여서는 아니 된다.

③ 결혼중개업의 관리에 관한 법률상 결혼중개업에 해당하는 사업을 하는 자는 근로자파견사업을 할 수 없다.

④ 근로자파견사업을 하려는 자는 고용노동부장관의 허가를 받아야 한다.

⑤ 근로자파견사업 갱신허가의 유효기간은 그 갱신 전의 허가의 유효기간이 끝나는 날부터 기산하여 2년으로 한다.

해설

① (○) 파견법 제16조 제1항

② (○) 파견법 제15조

③ (○) 결혼중개업의 관리에 관한 법률상 결혼중개업을 영위하는 사업자는 겸업으로 근로자파견사업을 할 수 없다(파견법 제14조 제3호).

④ (○) 근로자파견사업을 하려는 자는 고용노동부령으로 정하는 바에 따라 고용노동부장관의 허가를 받아야 한다(파견법 제7조 제1항 전문).

⑤ (×) 근로자파견사업 허가의 유효기간이 끝난 후 계속하여 근로자파견사업을 하려는 자는 고용노동부령으로 정하는 바에 따라 갱신허가를 받아야 하며, 근로자파견사업 갱신허가의 유효기간은 그 갱신 전의 허가의 유효기간이 끝나는 날의 다음 날부터 기산(起算)하여 3년으로 한다(파견법 제10조 제2항, 제3항).

답 ⑤

005 파견근로자 보호 등에 관한 법률상 근로자파견계약 당사자가 근로자파견계약을 서면으로 체결할 때 포함해야 할 사항에 해당하지 않는 것은?

24 국가직 7급

CHECK ○△×

① 파견근로자가 종사할 업무의 내용

② 파견근로자가 받을 임금

③ 휴일·휴가에 관한 사항

④ 연장·야간·휴일근로에 관한 사항

해설

① 파견근로자가 종사할 업무의 내용(제2호), ③ 휴일·휴가에 관한 사항(제8호), ④ 연장·야간·휴일근로에 관한 사항(제9호) 등이 파견법 제20조 제1항에서 정한 바에 따라 근로자파견계약 당사자가 근로자파견계약을 서면으로 체결할 때 포함해야 할 사항에 해당하나, ② 파견근로자가 받을 임금은 그러하지 아니하다.

계약의 내용 등(파견법 제20조)

① 근로자파견계약의 당사자는 고용노동부령으로 정하는 바에 따라 다음 각 호의 사항을 포함하는 근로자파견계약을 서면으로 체결하여야 한다.

1. 파견근로자의 수
2. 파견근로자가 종사할 업무의 내용
3. 파견 사유(제5조 제2항에 따라 근로자파견을 하는 경우만 해당한다)
4. 파견근로자가 파견되어 근로할 사업장의 명칭 및 소재지, 그 밖에 파견근로자의 근로 장소
5. 파견근로 중인 파견근로자를 직접 지휘·명령할 사람에 관한 사항
6. 근로자파견기간 및 파견근로 시작일에 관한 사항
7. 업무 시작 및 업무 종료의 시각과 휴게시간에 관한 사항
8. 휴일·휴가에 관한 사항
9. 연장·야간·휴일근로에 관한 사항
10. 안전 및 보건에 관한 사항
11. 근로자파견의 대가
12. 그 밖에 고용노동부령으로 정하는 사항

답 ❷

006 CHECK ○△×

파견근로자 보호 등에 관한 법률상 파견근로자의 사용자에 대한 설명으로 옳지 않은 것은?(단, 파견사업주와 사용사업주가 근로기준법을 위반하는 내용의 근로자파견계약을 체결하고 그 계약에 따라 파견근로자를 근로하게 함으로써 근로기준법을 위반한 경우는 제외한다) 24 국가직 7급

① 근로기준법 제36조(금품 청산)를 적용할 때에는 파견사업주를 사용자로 본다.
② 근로기준법 제54조(휴게)를 적용할 때에는 사용사업주를 사용자로 본다.
③ 근로기준법 제60조(연차 유급휴가)를 적용할 때에는 사용사업주를 사용자로 본다.
④ 근로기준법 제62조(유급휴가의 대체)를 적용할 때에는 사용사업주를 사용자로 본다.

해설

근로자파견관계에 근기법 제36조(금품 청산), 제60조(연차 유급휴가)의 규정을 적용할 경우에는 파견사업주를 사용자로 간주하나(①, ③), 근기법 제54조(휴게), 제62조(유급휴가의 대체)의 규정을 적용할 경우에는 사용사업주를 사용자로 간주한다(②, ④).

답 ❸

최신유형

007 파견근로자 보호 등에 관한 법률에 관한 설명으로 옳지 않은 것은? 25 노무

CHECK ○△×

① 사용사업주는 파견근로자에게 1주에 평균 1회 이상의 유급휴일을 보장하여야 한다.

② 파견사업주는 1년간 80퍼센트 이상 출근한 파견근로자에게 15일의 유급휴가를 주어야 한다.

③ 생후 1년 미만의 유아를 가진 여성인 파견근로자가 청구하면 사용사업주는 유급 수유시간을 주어야 한다.

④ 파견사업주는 파견근로자와 근로계약 불이행에 대한 위약금 또는 손해배상액을 예정하는 계약을 체결하지 못한다.

⑤ 사용사업주가 파견근로자에게 유급휴일을 주는 경우 그 휴일에 대하여 유급으로 지급되는 임금은 사용사업주가 지급하여야 한다.

해설

① (○) 파견근로자에게 근기법을 적용하는 경우에는, 파견사업주와 사용사업주 양자를 근기법상 사용자로 보는 것이 원칙이다. 다만, 근로자파견관계에 근기법 제55조(휴일)의 규정을 적용할 경우에는 사용사업주를 사용자로 간주한다. 따라서 사용사업주는 파견근로자에게 1주에 평균 1회 이상의 유급휴일을 보장하여야 한다(파견법 제34조 제1항 단서, 근기법 제55조 제1항).

② (○) 근로자파견관계에 근기법 제60조(연차유급휴가)의 규정을 적용할 경우에는 파견사업주를 사용자로 간주하므로, 파견사업주는 1년간 80퍼센트 이상 출근한 파견근로자에게 15일의 유급휴가를 주어야 한다(파견법 제34조 제1항 단서, 근기법 제60조 제1항).

③ (○) 근로자파견관계에 근기법 제75조(육아 시간)의 규정을 적용할 경우에는 사용사업주를 사용자로 간주하므로 생후 1년 미만의 유아를 가진 여성인 파견근로자가 청구하면 사용사업주는 유급 수유시간을 주어야 한다(파견법 제34조 제1항 단서, 근기법 제75조).

④ (○) 근로자파견관계에 근기법 제20조(위약예정의 금지)의 규정을 적용할 경우에는 파견사업주를 사용자로 간주하므로, 파견사업주는 파견근로자와 근로계약 불이행에 대한 위약금 또는 손해배상액을 예정하는 계약을 체결하지 못한다(파견법 제34조 제1항 단서, 근기법 제20조).

⑤ (×) 사용사업주가 파견근로자에게 유급휴일 또는 유급휴가를 주는 경우 그 휴일 또는 휴가에 대하여 유급으로 지급되는 임금은 파견사업주가 지급하여야 한다(파견법 제34조 제3항).

답 ⑤

최신유형

008 파견근로자 보호 등에 관한 법률상 파견사업주가 마련하여야 할 조치에 관한 설명으로 옳지 않은 것은? 25 노무

CHECK ○△×

① 파견근로자는 파견사업주에게 해당 근로자파견의 대가에 관하여 그 내역을 제시할 것을 요구할 수 있다.

② 파견사업주는 파견근로자의 고용관계가 끝난 후 사용사업주가 그 파견근로자를 고용하는 것을 정당한 이유 없이 금지하는 내용의 근로자파견계약을 체결하여서는 아니 된다.

③ 파견사업주는 그가 고용한 근로자 중 파견근로자로 고용하지 아니한 사람을 근로자파견의 대상으로 하려는 경우에는 그의 동의를 받을 필요가 없다.

④ 파견사업주가 근로자파견을 하려는 경우 미리 해당 파견근로자에게 서면으로 알려 주어야 하는 사항에 파견근로자의 수도 포함된다.

⑤ 파견사업주는 근로자파견을 할 경우에는 파견근로자의 성명을 사용사업주에게 통지하여야 한다.

해설

① (○) 파견법 제26조 제2항

② (○) 파견법 제25조 제2항

③ (×) 파견사업주는 그가 고용한 근로자 중 파견근로자로 고용하지 아니한 사람을 근로자파견의 대상으로 하려는 경우에는 미리 해당 근로자에게 그 취지를 서면으로 알리고 그의 동의를 받아야 한다(파견법 제24조 제2항).

④ (○) 파견사업주는 근로자파견을 하려는 경우에는 미리 해당 파견근로자에게 파견근로자의 수 등 일정한 사항과 그 밖에 고용노동부령으로 정하는, 파견근로자가 파견되어 근로할 사업장의 복리후생시설의 이용에 관한 사항을 서면으로 알려 주어야 한다(파견법 제26조 제1항, 동법 시행규칙 제12조).

⑤ (○) 파견법 제27조

취업조건의 고지(파견법 제26조)

① 파견사업주는 근로자파견을 하려는 경우에는 미리 해당 파견근로자에게 제20조 제1항 각 호의 사항과 그 밖에 고용노동부령으로 정하는 사항을 서면으로 알려 주어야 한다.

계약의 내용 등(파견법 제20조)

① 근로자파견계약의 당사자는 고용노동부령으로 정하는 바에 따라 다음 각 호의 사항을 포함하는 근로자파견계약을 서면으로 체결하여야 한다.

1. 파견근로자의 수
2. 파견근로자가 종사할 업무의 내용
3. 파견 사유(제5조 제2항에 따라 근로자파견을 하는 경우만 해당한다)
4. 파견근로자가 파견되어 근로할 사업장의 명칭 및 소재지, 그 밖에 파견근로자의 근로 장소
5. 파견근로 중인 파견근로자를 직접 지휘·명령할 사람에 관한 사항
6. 근로자파견기간 및 파견근로 시작일에 관한 사항
7. 업무 시작 및 업무 종료의 시각과 휴게시간에 관한 사항
8. 휴일·휴가에 관한 사항
9. 연장·야간·휴일근로에 관한 사항
10. 안전 및 보건에 관한 사항
11. 근로자파견의 대가
12. 그 밖에 고용노동부령으로 정하는 사항

답 ❸

009 파견근로자 보호 등에 관한 법률상 사용사업주의 직접고용의무에 대한 설명으로 옳지 않은 것은?

CHECK ○△×

23 국가직 7급

① 근로자파견 대상 업무에 해당하지 아니하는 업무에서 파견근로자를 사용하는 경우(파견근로자 보호 등에 관한 법률 제5조 제2항에 따라 출산·질병·부상 등으로 결원이 생긴 경우 또는 일시적·간헐적으로 인력을 확보하여야 할 필요가 있는 경우는 제외한다) 사용사업주는 해당 파견근로자를 직접 고용하여야 한다.

② 파견근로자는 사용사업주가 직접고용의무를 이행하지 아니하는 경우 사용사업주를 상대로 고용의사표시를 갈음하는 판결을 구할 사법상의 권리가 있다.

③ 파견근로자는 사용사업주의 직접고용의무 불이행에 대하여 직접고용의무 발생일부터 직접고용관계가 성립할 때까지 사용사업주에게 직접고용되었다면 받았을 임금 상당의 손해배상금을 청구할 수 있다.

④ 제6조의2 제1항을 위반하여 파견근로자를 직접 고용하지 아니한 자는 3천만원 이하의 벌금에 처한다.

해설

① (○) 파견법 제6조의2 제1항 제1호

② (○) 파견근로자는 사용사업주가 파견근로자 보호 등에 관한 법률(이하 '파견법')에 따른 직접고용의무를 이행하지 아니하는 경우 사용사업주를 상대로 고용 의사표시를 갈음하는 판결을 구할 사법상의 권리가 있고, 판결이 확정되면 사용사업주와 파견근로자 사이에 직접고용관계가 성립한다(대판 2024.7.25. 2024다211908·2024다211915[병합]·2024다211922[병합]).

③ (○) 대판 2020.5.14. 2016다239024

④ (×) 제6조의2 제1항을 위반하여 파견근로자를 직접 고용하지 아니한 자에게는 3천만원 이하의 과태료를 부과한다(파견법 제46조 제2항).

과태료(파견법 제46조)

① 제21조 제3항, 제21조의2 제4항 및 제21조의3 제2항에 따라 준용되는 「기간제 및 단시간근로자 보호 등에 관한 법률」 제14조 제2항 또는 제3항에 따라 확정된 시정명령을 정당한 이유 없이 이행하지 아니한 자에게는 1억원 이하의 과태료를 부과한다.

② 제6조의2 제1항을 위반하여 파견근로자를 직접 고용하지 아니한 자에게는 3천만원 이하의 과태료를 부과한다.

③ 제26조 제1항을 위반하여 근로자파견을 할 때에 미리 해당 파견근로자에게 제20조 제1항 각 호의 사항 및 그 밖에 고용노동부령으로 정하는 사항을 서면으로 알리지 아니한 파견사업주에게는 1천만원 이하의 과태료를 부과한다.

④ 제21조 제3항, 제21조의2 제4항 및 제21조의3 제2항에 따라 준용되는 「기간제 및 단시간근로자 보호 등에 관한 법률」 제15조 제1항에 따른 고용노동부장관의 이행상황 제출요구를 정당한 이유 없이 따르지 아니한 자에게는 500만원 이하의 과태료를 부과한다.

⑤ 다음 각 호의 어느 하나에 해당하는 자에게는 300만원 이하의 과태료를 부과한다.

1. 제11조 제1항에 따른 신고를 하지 아니하거나 거짓으로 신고한 자
2. 제18조 또는 제38조 제1항에 따른 보고를 하지 아니하거나 거짓으로 보고한 자
3. 제26조 제3항을 위반한 자
4. 제27조, 제29조 또는 제33조를 위반한 자
5. 제35조 제3항 또는 제5항을 위반하여 해당 건강진단 결과를 파견사업주 또는 사용사업주에게 보내지 아니한 자
6. 제37조의 개선명령을 위반한 자
7. 제38조 제2항에 따른 검사를 정당한 이유 없이 거부·방해 또는 기피한 자

답 ④

010 파견근로자 보호 등에 관한 법률상 사용사업주가 파견근로자를 직접 고용할 의무가 발생하는 경우를 모두 고른 것은? 19 노무

CHECK ○△×

ㄱ. 고용노동부장관의 허가를 받지 않고 근로자파견사업을 하는 자로부터 근로자파견의 역무를 제공받은 경우
ㄴ. 제조업의 직접생산공정업무에서 일시적·간헐적으로 사용기간 내에 파견근로자를 사용한 경우
ㄷ. 건설공사현장에서 이루어지는 업무에서 부상으로 결원이 생겨 파견근로자를 사용한 경우
ㄹ. 건설공사현장에서 이루어지는 업무에서 연차유급휴가로 결원이 생겨 파견근로자를 사용한 경우

① ㄱ, ㄷ
② ㄱ, ㄹ
③ ㄱ, ㄴ, ㄷ
④ ㄱ, ㄷ, ㄹ
⑤ ㄱ, ㄴ, ㄷ, ㄹ

해설

ㄱ. (○), ㄴ. (×), ㄷ. (○), ㄹ. (○)

ㄱ.은 파견법 제6조의2 제1항 제5호에 의하여, ㄷ.·ㄹ.은 동조 제1항 제2호에 의하여 사용사업주의 직접고용의무가 인정된다. ㄴ.에 대하여 생각건대 출산, 질병, 부상 등으로 결원이 생기거나 일시적·간헐적으로 인력을 확보할 필요가 있는 경우에는 제조업의 직접생산공정업무에서도 근로자파견을 할 수 있다(파견법 제5조 제2항). 이 경우 사용사업주의 직접고용의무는 인정되지 아니한다(파견법 제6조의2 제1항 제1호).

고용의무(파견법 제6조의2)

① 사용사업주가 다음 각 호의 어느 하나에 해당하는 경우에는 해당 파견근로자를 직접 고용하여야 한다.
1. 근로자파견 대상업무에 해당하지 아니하는 업무에서 파견근로자를 사용한 경우(제5조 제2항에 따라 근로자파견사업을 한 경우는 제외)
2. 절대적 파견금지업무에 파견근로자를 사용한 경우
3. 2년을 초과하여 계속적으로 파견근로자를 사용한 경우
4. 일시적·간헐적으로 사용하는 기간을 초과하여 사용한 경우
5. 파견사업허가를 받지 않은 자로부터 근로자파견의 역무를 제공받은 경우

답 ④

011 파견근로자 보호 등에 관한 법령상 파견이 허용되는 업무는?

21 노무

CHECK ○△×

① 출산으로 결원이 생긴 제조업의 직접생산공정업무
② 건설공사현장에서 이루어지는 업무
③ 선원법 제2조 제1호의 선원의 업무
④ 산업안전보건법 제58조에 따른 유해하거나 위험한 업무
⑤ 여객자동차 운수사업법 제2조 제3호에 따른 여객자동차운송사업에서의 운전업무

해설

① (○) 출산·질병·부상 등으로 결원이 생긴 경우 또는 일시적·간헐적으로 인력을 확보하여야 할 필요가 있는 경우에는 제조업의 직접생산공정업무일지라도 근로자파견사업을 할 수 있다(파견법 제5조 제2항).
② (×) 파견법 제5조 제3항 제1호
③ (×) 파견법 제5조 제3항 제3호
④ (×) 파견법 제5조 제3항 제4호
⑤ (×) 파견법 제5조 제3항 제5호, 동법 시행령 제2조 제2항 제5호

절대적 파견금지 대상업무(파견법 제5조)

③ 다음 각 호의 어느 하나에 해당하는 업무에 대하여는 근로자파견사업을 하여서는 아니 된다.
1. 건설공사현장에서 이루어지는 업무
2. 항만운송사업법 제3조 제1호, 한국철도공사법 제9조 제1항 제1호, 농수산물 유통 및 가격안정에 관한 법률 제40조, 물류정책기본법 제2조 제1항 제1호의 하역(荷役)업무로서 직업안정법 제33조에 따라 근로자공급사업 허가를 받은 지역의 업무
3. 선원법 제2조 제1호의 선원의 업무
4. 산업안전보건법 제58조에 따른 유해하거나 위험한 업무
5. 그 밖에 근로자 보호 등의 이유로 근로자파견사업의 대상으로는 적절하지 못하다고 인정하여 대통령령으로 정하는 업무

절대적 파견금지 대상업무(파견법 시행령 제2조)

② 법 제5조 제3항 제5호에서 "대통령령으로 정하는 업무"란 다음 각 호의 어느 하나에 해당하는 업무를 말한다.
1. 진폐의 예방과 진폐근로자의 보호 등에 관한 법률 제2조 제3호에 따른 분진작업을 하는 업무
2. 산업안전보건법 제137조에 따른 건강관리카드의 발급 대상업무
3. 의료법 제2조에 따른 의료인의 업무 및 간호법 제15조에 따른 간호조무사의 업무
4. 의료기사 등에 관한 법률 제3조에 따른 의료기사의 업무
5. 여객자동차 운수사업법 제2조 제3호에 따른 여객자동차운송사업에서의 운전업무
6. 화물자동차 운수사업법 제2조 제3호에 따른 화물자동차운송사업에서의 운전업무

답 ❶

012 파견근로자 보호 등에 관한 법률상 근로기준법의 적용 특례에 관한 설명으로 옳지 않은 것은?

CHECK ○△×

23 노무

① 휴업수당의 지급에 대해서는 사용사업주를 사용자로 본다.
② 근로자 퇴직 시 금품청산에 대해서는 파견사업주를 사용자로 본다.
③ 휴게시간의 부여에 대해서는 사용사업주를 사용자로 본다.
④ 연차유급휴가의 부여에 대해서는 파견사업주를 사용자로 본다.
⑤ 야간근로수당의 지급에 대해서는 파견사업주를 사용자로 본다.

해설

파견 중인 근로자의 파견근로에 관하여는 파견사업주 및 사용사업주를 근로기준법 제2조 제1항 제2호의 사용자로 보아 같은 법을 적용한다. 다만, 근로기준법 제36조(근로자 퇴직 시 금품청산), 제46조(휴업수당의 지급), 제56조(야간근로수당의 지급), 제60조(연차유급휴가의 부여) 등을 적용할 경우에는 파견사업주를 사용자로 보고, 같은 법 제54조(휴게시간의 부여)를 적용할 경우에는 사용사업주를 사용자로 본다(파견법 제34조 제1항).

답 ①

013 파견근로자보호 등에 관한 법률에 관한 설명으로 옳지 않은 것은?

CHECK ○△×

13 노무

① 근로자파견사업의 허가의 유효기간은 2년으로 한다.
② 고용상 연령차별금지 및 고령자고용촉진에 관한 법률에 따른 고령자인 파견근로자에 대하여는 2년을 초과하여 근로자파견기간을 연장할 수 있다.
③ 사용사업주는 파견근로자를 사용하고 있는 업무에 근로자를 직접 고용하려는 경우에는 해당 파견근로자를 우선적으로 고용하도록 노력하여야 한다.
④ 사용사업주는 출산·질병·부상 등으로 결원이 생긴 경우 또는 일시적·간헐적으로 인력을 확보하여야 할 필요가 있는 경우가 아님에도 제조업의 직접생산공정업무에 파견근로자를 사용하는 경우에 해당 파견근로자를 직접 고용하여야 한다.
⑤ 사용사업주는 고용노동부장관의 허가를 받지 않고 근로자파견사업을 행하는 자로부터 근로자파견의 역무를 제공받은 경우에 해당 파견근로자를 직접 고용하여야 한다.

해설

① (×) 근로자파견사업 허가의 유효기간은 3년으로 한다(파견법 제10조 제1항).
② (○) 고용상 연령차별금지 및 고령자고용촉진에 관한 법률상의 고령자인 파견근로자에 대하여는 2년을 초과하여 근로자파견기간을 연장할 수 있다(파견법 제6조 제3항).
③ (○) 파견법 제6조의2 제4항
④ (○) 출산, 질병, 부상 등으로 결원이 생기거나 일시적·간헐적으로 인력을 확보할 필요가 있는 경우에는 제조업의 직접생산공정업무에서도 근로자파견사업을 할 수 있다(파견법 제5조 제2항). 이 경우는 임시파견에 해당하여 불법파견은 아니므로 사용사업주의 직접고용의무는 인정되지 아니한다(파견법 제6조의2 제1항 제1호). 그러나 출산·질병·부상 등으로 결원이 생긴 경우 또는 일시적·간헐적으로 인력을 확보하여야 할 필요가 있는 경우가 아님에도 제조업의 직접생산공정업무에 파견근로자를 사용하는 경우는 불법파견에 해당하므로 사용사업주는 해당 파견근로자를 직접 고용하여야 한다(파견법 제6조의2 제1항 제1호).
⑤ (○) 파견법 제6조의2 제1항 제5호

답 ①

014 CHECK ○△×

파견근로자보호 등에 관한 법령상 사용사업주가 파견근로자를 직접 고용하여야 하는 경우가 아닌 것은?(단, 당해 파견근로자가 명시적인 반대의사를 표시하거나 대통령령이 정하는 정당한 이유가 있는 경우는 제외) 18 국가직 7급

① 일시적·간헐적으로 인력을 확보하여야 할 필요에 따라 3월 이내의 기간에 여객자동차 운수사업법에 따른 여객자동차 운송사업의 운전업무에 파견근로자를 사용하는 경우
② 건설공사현장에서 이루어지는 업무에 파견근로자를 사용하는 경우
③ 출산·질병·부상으로 결원이 발생함에 따라 그 사유의 해소에 필요한 기간에 제조업의 직접생산공정업무에 파견근로자를 사용하는 경우
④ 고용노동부장관의 허가를 받지 않고 근로자파견사업을 행하는 자로부터 근로자파견의 역무를 제공받은 경우

해설

① (○) 일시적·간헐적으로 인력을 확보하여야 할 필요에 따라 3월 이내의 기간에 여객자동차 운수사업법에 따른 여객자동차 운송사업의 운전업무에 파견근로자를 사용하는 경우는 파견법 제6조의2 제1항 제4호, 제5조 제3항 제5호, 동법 시행령 제2조 제2항 제5호에 의하여 사용사업주의 직접 고용의무가 인정된다.
② (○) 건설공사현장에서 이루어지는 업무에 파견근로자를 사용하는 경우에도 마찬가지로 파견법 제6조의2 제1항 제2호, 제5조 제3항 제1호에 의하여 사용사업주의 직접 고용의무가 인정된다.
③ (×) 출산·질병·부상으로 결원이 발생함에 따라 그 사유의 해소에 필요한 기간에 제조업의 직접생산공정업무에 파견근로자를 사용하는 경우에는 임시파견이 가능한 경우이므로, 불법파견이라고 할 수 없어 사용사업주의 직접 고용의무는 인정되지 아니한다.
④ (○) 고용노동부장관의 허가를 받지 않고 근로자파견사업을 행하는 자로부터 근로자파견의 역무를 제공받은 경우에는 파견법 제6조의2 제1항 제5호에 의하여 사용사업주의 직접 고용의무가 인정된다.

답 ③

015 CHECK ○△×

파견근로자 보호 등에 관한 법령상 근로자파견사업을 하여서는 아니 되는 업무에 해당하는 것만을 모두 고른 것은? 21 국가직 7급

ㄱ. 산업안전보건법 제137조에 따른 건강관리카드의 발급대상 업무
ㄴ. 개인보호 및 관련 종사자의 업무(한국표준직업분류 411)
ㄷ. 여객자동차 운수사업법 제2조 제3호에 따른 여객자동차 운송사업에서의 운전업무
ㄹ. 화물자동차 운수사업법 제2조 제3호에 따른 화물자동차 운송사업에서의 운전업무

① ㄱ, ㄴ
② ㄱ, ㄷ, ㄹ
③ ㄴ, ㄷ, ㄹ
④ ㄱ, ㄴ, ㄷ, ㄹ

해설

ㄱ. (×), ㄴ. (O), ㄷ. (×), ㄹ. (×)

ㄱ. 산업안전보건법 제137조에 따른 건강관리카드의 발급대상 업무(파견법 제5조 제3항 제5호, 동법 시행령 제2조 제2항 제2호), ㄷ. 여객자동차 운수사업법 제2조 제3호에 따른 여객자동차 운송사업에서의 운전업무(파견법 제5조 제3항 제5호, 동법 시행령 제2조 제2항 제5호), ㄹ. 화물자동차 운수사업법 제2조 제3호에 따른 화물자동차 운송사업에서의 운전업무(파견법 제5조 제3항 제5호, 동법 시행령 제2조 제2항 제6호)는 절대적 파견금지 대상업무에 해당한다.

답 ❷

016 파견근로자 보호 등에 관한 법률상 사용사업주의 직접고용의무 등에 대한 설명으로 옳은 것은?(다툼이 있는 경우 판례에 의함)

CHECK ○△×

21 국가직 7급

① 사용사업주는 파견근로자를 사용하고 있는 업무에 근로자를 직접 고용하려는 경우에는 해당 파견근로자를 우선적으로 고용하여야 한다.

② 사용사업주가 파견근로자에 대하여 직접고용의무를 부담하는 경우에는 해당 파견근로자의 의사 여부와 관계없이 사용사업주는 해당 파견근로자를 직접 고용하여야 한다.

③ 사용사업주가 파견기간의 제한을 위반하여 해당 파견근로자로 하여금 대상 업무를 계속 수행하도록 한 경우에는, 특별한 사정이 없는 한 그 파견기간 중 파견사업주가 변경되었다는 이유만으로 직접고용의무 규정의 적용을 배제할 수는 없다.

④ 파견근로자는 사용사업주가 직접고용의무를 이행하지 아니하는 경우, 사용사업주를 상대로 고용의사표시를 갈음하는 판결을 구할 사법상의 권리가 있으나, 그 판결이 확정되었다고 하여 바로 사용사업주와 파견근로자 사이에 직접고용관계가 성립하는 것은 아니다.

해설

① (×) 사용사업주는 파견근로자를 사용하고 있는 업무에 근로자를 직접 고용하려는 경우에는 해당 파견근로자를 우선적으로 고용하도록 노력하여야 한다(파견법 제6조의2 제4항).

② (×) 사용사업주의 직접 고용의무 규정은 해당 파견근로자가 명시적으로 반대의사를 표시하거나 대통령령으로 정하는 정당한 이유가 있는 경우에는 적용하지 아니한다(파견법 제6조의2 제2항).

③ (O) 대판 2015.11.26. 2013다14965

④ (×) 개정된 파견법하에서 파견기간 제한을 위반한 사용사업주는 직접고용의무 규정에 의하여 파견근로자를 직접 고용할 의무가 있으므로, 파견근로자는 사용사업주가 직접고용의무를 이행하지 아니하는 경우 사용사업주를 상대로 고용 의사표시를 갈음하는 판결을 구할 사법상의 권리가 있고, 판결이 확정되면 사용사업주와 파견근로자 사이에 직접고용관계가 성립한다. 또한 파견근로자는 사용사업주의 직접고용의무 불이행에 대하여 직접고용관계가 성립할 때까지의 임금 상당 손해배상금을 청구할 수 있다(대판 2015.11.26. 2013다14965).

답 ❸

017 파견근로자 보호 등에 관한 법령에 대한 설명으로 옳지 않은 것은?

14 노무

CHECK ○△×

① 근로자파견사업의 허가의 유효기간은 3년으로 한다.
② 파견사업주는 그가 고용한 근로자 중 파견근로자로 고용하지 아니한 사람을 근로자 파견의 대상으로 하려는 경우에는 고용노동부장관의 승인을 받아야 한다.
③ 파견사업주는 쟁의행위 중인 사업장에 그 쟁의행위로 중단된 업무의 수행을 위하여 근로자를 파견하여서는 아니 된다.
④ 파견사업주는 근로자파견을 할 경우에는 파견근로자의 성명·성별·연령·학력·자격 그 밖에 직업능력을 사용사업주에게 통지해야 한다.
⑤ 파견사업주는 자기의 명의로 타인에게 근로자파견사업을 하게 하여서는 아니 된다.

해설

① (○) 파견법 제10조 제1항
② (×) 파견사업주는 그가 고용한 근로자 중 파견근로자로 고용하지 아니한 사람을 근로자파견의 대상으로 하려는 경우에는 미리 해당 근로자에게 그 취지를 서면으로 알리고 그의 동의를 받아야 한다(파견법 제24조 제2항).
③ (○) 파견법 제16조 제1항
④ (○) 파견법 시행규칙 제13조
⑤ (○) 파견법 제15조

답 ❷

018 파견근로자 보호 등에 관한 법률에 대한 설명으로 옳지 않은 것은?

22 노무

CHECK ○△×

① 파견사업주는 쟁의행위 중인 사업장에 그 쟁의행위로 중단된 업무의 수행을 위하여 근로자를 파견하여서는 아니 된다.
② 파견사업주는 파견근로자의 고용관계가 끝난 후 사용사업주가 그 파견근로자를 고용하는 것을 정당한 이유 없이 금지하는 내용의 근로자파견계약을 체결하여서는 아니 된다.
③ 파견사업주는 파견근로자의 적절한 파견근로를 위하여 사용사업관리책임자를 선임하여야 한다.
④ 파견사업주의 근로자파견사업을 폐지하는 신고가 있을 때에는 근로자파견사업의 허가는 신고일부터 그 효력을 잃는다.
⑤ 근로자파견사업 허가의 유효기간은 3년으로 한다.

해설

① (○) 파견법 제16조 제1항
② (○) 파견법 제25조 제2항
③ (×) 사용사업주는 파견근로자의 적절한 파견근로를 위하여 사용사업관리책임자를 선임하여야 한다(파견법 제32조 제1항).
④ (○) 파견사업주는 근로자파견사업을 폐지하였을 때에는 고용노동부령으로 정하는 바에 따라 고용노동부장관에게 신고하여야 하고, 그 신고가 있을 때에는 근로자파견사업의 허가는 신고일부터 그 효력을 잃는다(파견법 제11조).
⑤ (○) 파견법 제10조 제1항

답 ❸

019 파견근로자 보호 등에 관한 법률 · 시행령상 근로자파견 대상업무가 아닌 것은? 15 노무

CHECK ○△×

① 수위 및 경비원의 업무
② 행정, 경영 및 재정 전문가의 업무
③ 건물 청소 종사자의 업무
④ 선원법에 따른 선원의 업무
⑤ 음식 조리 종사자의 업무

해설

선원법에 따른 선원의 업무는 근로자파견사업을 하여서는 아니 되는 절대적 파견금지 대상업무이다(파견법 제5조 제3항 제3호 참고).

답 ❹

020 파견근로자 보호 등에 관한 법률에 대한 설명으로 옳지 않은 것은? 20 노무

CHECK ○△×

① 사용사업주는 파견근로자를 사용하고 있는 업무에 근로자를 직접 고용하려는 경우에는 해당 파견근로자를 우선적으로 고용하여야 한다.
② 파견근로자는 차별적 처우를 받은 경우 차별적 처우가 있은 날부터 6개월 이내에 노동위원회에 그 시정을 신청할 수 있다.
③ 차별적 처우의 금지 및 시정에 관한 규정은 사용사업주가 상시 4명 이하의 근로자를 사용하는 경우에는 적용하지 아니한다.
④ 고용노동부장관은 확정된 차별시정명령을 이행할 의무가 있는 파견사업주의 사업장에서 해당 시정명령의 효력이 미치는 근로자 이외의 파견근로자에 대하여 차별적 처우가 있는 경우에는 그 시정을 요구할 수 있다.
⑤ 사용사업주는 파견근로자의 적절한 파견근로를 위하여 사용사업관리책임자를 선임하여야 한다.

해설

① (×) 사용사업주는 파견근로자를 사용하고 있는 업무에 근로자를 직접 고용하려는 경우에는 해당 파견근로자를 우선적으로 고용하도록 노력하여야 한다(파견법 제6조의2 제4항).
② (○) 파견법 제21조 제2항 · 제3항, 기단법 제9조 제1항
③ (○) 파견법 제21조 제4항
④ (○) 파견법 제21조의3 제1항
⑤ (○) 파견법 제32조 제1항

차별적 처우의 금지 및 시정 등(파견법 제21조)

② 파견근로자는 차별적 처우를 받은 경우 노동위원회법에 따른 노동위원회에 그 시정을 신청할 수 있다.
③ 제2항에 따른 시정신청, 그 밖의 시정절차 등에 관하여는 기간제 및 단시간근로자 보호 등에 관한 법률 제9조부터 제15조까지 및 제16조 제2호 · 제3호를 준용한다. 이 경우 "기간제근로자 또는 단시간근로자"는 "파견근로자"로, "사용자"는 "파견사업주 또는 사용사업주"로 본다.

차별적 처우의 시정신청(기단법 제9조)

① 기간제근로자 또는 단시간근로자는 차별적 처우를 받은 경우 노동위원회법 제1조의 규정에 따른 노동위원회에 그 시정을 신청할 수 있다. 다만, 차별적 처우가 있은 날(계속되는 차별적 처우는 그 종료일)부터 6개월이 지난 때에는 그러하지 아니하다.

답 ❶

021 파견근로자 보호 등에 관한 법률의 내용으로 옳은 것은?

17 노무

CHECK ○△×

① 60세인 파견근로자를 근로자파견 대상업무에 파견하는 경우 2년을 초과하여 근로자파견기간을 연장할 수 있다.

② 근로자파견 대상업무에 해당하지 않는 업무에 파견근로자를 사용하는 경우 사용사업주는 해당 파견근로자를 직접 고용한 것으로 간주된다.

③ 근로기준법에 따라 사용사업주가 파견근로자에게 유급휴일을 주는 경우 그 휴일에 대하여 유급으로 지급되는 임금은 사용사업주가 지급하여야 한다.

④ 파견사업주는 근로자대표의 동의가 있으면 쟁의행위 중인 사업장에 그 쟁의행위로 중단된 업무의 수행을 위하여 근로자를 파견할 수 있다.

⑤ 사용사업주는 파견근로자를 사용하고 있는 업무에 근로자를 직접 고용하려면 그 파견근로자를 우선적으로 고용해야 한다.

해설

① (○) 고령자(55세 이상)인 파견근로자에 대하여는 2년을 초과하여 근로자파견기간을 연장할 수 있다(파견법 제6조 제3항).

② (×) 구 파견법상 직접고용 간주규정(구 파견법 제6조 제3항)은 2006.12.21. 파견법 개정으로 직접고용 의무규정(파견법 제6조의2 제1항)으로 대체되었다. 즉 근로자파견 대상업무에 해당하지 아니하는 업무에서 파견근로자를 사용하는 경우, 사용사업주는 해당 파견근로자를 직접 고용하여야 한다(파견법 제6조의2 제1항 제1호).

③ (×) 사용사업주가 파견근로자에게 유급휴일 또는 유급휴가를 주는 경우 그 휴일 또는 휴가에 대하여 유급으로 지급되는 임금은 파견사업주가 지급하여야 한다(파견법 제34조 제3항).

④ (×) 파견사업주는 쟁의행위 중인 사업장에 그 쟁의행위로 중단된 업무의 수행을 위하여 근로자를 파견하여서는 아니 된다(파견법 제16조 제1항).

⑤ (×) 사용사업주는 파견근로자를 사용하고 있는 업무에 근로자를 직접 고용하려는 경우에는 해당 파견근로자를 우선적으로 고용하도록 노력하여야 한다(파견법 제6조의2 제4항).

답 ①

022 파견근로자 보호 등에 관한 법률에 규정된 내용으로 옳지 않은 것은?

16 노무

CHECK ○△×

① 사용사업주는 파견근로자의 정당한 노동조합의 활동을 이유로 근로자파견계약을 해지하여서는 아니 된다.

② 사용사업주는 파견근로자를 사용하고 있는 업무에 근로자를 직접 고용하려는 경우에는 해당 파견근로자를 우선적으로 고용하도록 노력하여야 한다.

③ 건설공사현장에서 이루어지는 업무에 대하여는 일시적·간헐적으로 인력을 확보하여야 할 필요가 있는 경우 근로자파견사업을 행할 수 있다.

④ 파견근로자는 차별적 처우를 받은 경우 노동위원회에 그 시정을 신청할 수 있다.

⑤ 파견사업주는 쟁의행위 중인 사업장에 그 쟁의행위로 중단된 업무의 수행을 위하여 근로자를 파견하여서는 아니 된다.

해설

① (○) 파견법 제22조 제1항

② (○) 파견법 제6조의2 제4항

③ (×) 건설공사현장에서 이루어지는 업무는 절대적 파견 금지 대상업무에 해당한다(파견법 제5조 제3항 제1호).

④ (○) 파견법 제21조 제2항

⑤ (○) 파견법 제16조 제1항

답 ❸

023 파견근로자보호 등에 관한 법률에 대한 설명으로 옳지 않은 것은?

18 국가직 7급

CHECK ○△×

① 사용사업주는 파견근로자의 종교를 이유로 근로자파견계약을 해지하여서는 아니 된다.

② 파견사업주는 그가 고용한 근로자 중 파견근로자로 고용하지 아니한 자를 근로자파견의 대상으로 하고자 할 경우에는 미리 그 취지를 서면으로 알려주고 당해 근로자의 동의를 얻어야 한다.

③ 쟁의행위 중인 사업장에 그 쟁의행위로 중단된 업무의 수행을 위하여 근로자를 파견한 파견사업주는 1천만원 이하의 과태료에 처한다.

④ 파견사업주는 사용사업주가 파견근로에 관하여 산업안전보건법에 위반하는 경우에는 근로자파견을 정지할 수 있다.

해설

① (○) 사용사업주는 파견근로자의 성별, 종교, 사회적 신분, 파견근로자의 정당한 노동조합의 활동 등을 이유로 근로자파견계약을 해지하여서는 아니 된다(파견법 제22조 제1항).

② (○) 파견법 제24조 제2항

③ (×) 쟁의행위 중인 사업장에 그 쟁의행위로 중단된 업무의 수행을 위하여 근로자를 파견한 파견사업주는 1년 이하의 징역 또는 1천만원 이하의 벌금에 처한다(파견법 제44조, 제16조 제1항 제2호).

④ (○) 파견사업주는 사용사업주가 파견근로에 관하여 이 법 또는 이 법에 따른 명령, 근로기준법 또는 같은 법에 따른 명령, 산업안전보건법 또는 같은 법에 따른 명령을 위반하는 경우에는 근로자파견을 정지하거나 근로자파견계약을 해지할 수 있다(파견법 제22조 제2항).

답 ❸

024 파견근로자 보호 등에 관한 법률상의 근로기준법 및 산업안전보건법 적용에 관한 특례의 내용으로 옳지 않은 것은? 19 국가직 7급

CHECK ○△×

① 근로기준법상 임금지급과 관련하여 파견사업주가 대통령령이 정하는 사용사업주의 귀책사유로 인하여 근로자의 임금을 지급하지 못한 때에는 사용사업주는 당해 파견사업주와 연대하여 책임을 진다.

② 근로기준법상 유급휴가와 관련하여 사용사업주가 파견근로자에게 유급휴가를 주는 경우 그 휴가에 대하여 유급으로 지급되는 임금은 파견사업주가 지급하여야 한다.

③ 산업안전보건법에 따른 정기적인 안전·보건에 관한 교육의무에 대해서는 파견사업주를 산업안전보건법상 사업주로 본다.

④ 산업안전보건법에 따라 사업주가 정기적으로 실시하여야 하는 건강진단 중 고용노동부령으로 정하는 건강진단에 대하여는 파견사업주를 산업안전보건법상 사업주로 본다.

해설

① (○) 파견법 제34조 제2항 전문

② (○) 근로기준법에 따라 사용사업주가 파견근로자에게 유급휴일 또는 유급휴가를 주는 경우 그 휴일 또는 휴가에 대하여 유급으로 지급되는 임금은 파견사업주가 지급하여야 한다(파견법 제34조 제3항).

③ (×) 파견 중인 근로자의 파견근로에 관하여는 사용사업주를 산업안전보건법상의 사업주로 보아 같은 법을 적용한다. 이 경우 근로자파견의 역무를 제공받은 경우와 작업내용을 변경할 때에는 그 근로자에게 고용노동부령으로 정하는 바에 따라 해당 작업에 필요한 안전보건교육을 하여야 한다(파견법 제35조 제1항).

④ (○) 파견법 제35조 제4항

답 ❸

025 파견근로자 보호 등에 관한 법률에 대한 설명으로 옳지 않은 것은? 19 국가직 7급

CHECK ○△×

① 근로자파견사업을 하려는 자는 고용노동부장관에게 신고하여야 한다.

② 건설공사현장에서 이루어지는 업무에 대하여는 근로자파견사업을 하여서는 아니 된다.

③ 파견사업주는 파견근로자와 그 고용관계가 끝난 후 그가 사용사업주에게 고용되는 것을 정당한 이유 없이 금지하는 내용의 근로계약을 체결하여서는 아니 된다.

④ 파견사업주는 쟁의행위 중인 사업장에 그 쟁의행위로 중단된 업무의 수행을 위하여 근로자를 파견하여서는 아니 된다.

해설

① (×) 근로자파견사업을 하려는 자는 고용노동부령으로 정하는 바에 따라 고용노동부장관의 허가를 받아야 한다. 허가받은 사항 중 고용노동부령으로 정하는 중요사항을 변경하는 경우에도 또한 같다(파견법 제7조 제1항).

② (○) 건설공사현장에서 이루어지는 업무는 절대적 파견금지 대상업무이다(파견법 제5조 제3항 제1호).

③ (○) 파견사업주는 파견근로자 또는 파견근로자로 고용되려는 사람과 그 고용관계가 끝난 후 그가 사용사업주에게 고용되는 것을 정당한 이유 없이 금지하는 내용의 근로계약을 체결하여서는 아니 된다(파견법 제25조 제1항).

④ (○) 파견법 제16조 제1항

답 ❶

026 파견근로자 보호 등에 관한 법률에 대한 설명으로 옳은 것은?

20 국가직 7급

CHECK ○△×

① 근로자파견계약이라 함은 파견사업주와 파견근로자 간에 근로자파견을 약정하는 계약을 말한다.
② 파견사업주는 쟁의행위 중인 사업장에 그 쟁의행위로 중단된 업무의 수행을 위하여 근로자를 파견할 수 있다.
③ 사용사업주는 파견근로자를 사용하고 있는 업무에 근로자를 직접 고용하고자 하는 경우에는 당해 파견근로자를 우선적으로 고용하여야 한다.
④ 고용상 연령차별금지 및 고령자고용촉진에 관한 법률에 따른 고령자인 파견근로자에 대하여는 2년을 초과하여 근로자파견기간을 연장할 수 있다.

해설

① (×) "근로자파견계약"이란 파견사업주와 사용사업주 간에 근로자파견을 약정하는 계약을 말한다(파견법 제2조 제6호).
② (×) 파견사업주는 쟁의행위 중인 사업장에 그 쟁의행위로 중단된 업무의 수행을 위하여 근로자를 파견하여서는 아니 된다(파견법 제16조 제1항).
③ (×) 사용사업주는 파견근로자를 사용하고 있는 업무에 근로자를 직접 고용하려는 경우에는 해당 파견근로자를 우선적으로 고용하도록 노력하여야 한다(파견법 제6조의2 제4항).
④ (○) 파견법 제6조 제3항

답 ④

027 파견근로자 보호 등에 관한 법률에 대한 설명으로 옳지 않은 것은?(다툼이 있는 경우 판례에 의함)

20 국가직 7급

CHECK ○△×

① 근로자파견사업의 허가취소 또는 영업정지 처분을 받은 파견사업주는 그 처분 전에 파견한 파견근로자와 그 사용사업주에 대하여는 그 파견기간이 끝날 때까지 파견사업주로서의 의무와 권리를 가진다.
② 사용사업주는 파견근로자의 적절한 파견근로를 위하여 사용사업관리책임자를 선임하여야 한다.
③ 고용노동부장관은 파견사업주와 사용사업주가 파견근로자에 대하여 행한 차별적 처우를 인지하는 경우에 노동위원회의 의결을 거쳐 그 차별적 처우의 시정요구를 하여야 하며, 해당 파견사업주 또는 사용사업주 및 근로자에게 그 사실을 통지하여야 한다.
④ 근로자파견관계에서 사용사업주와 파견근로자 사이에는 특별한 사정이 없는 한 파견근로와 관련하여 사용사업주가 파견근로자에 대한 안전배려의무를 부담한다는 점에 관한 묵시적인 의사의 합치가 있다고 할 것이다.

해설

① (○) 파견법 제13조 제1항
② (○) 파견법 제32조 제1항
③ (×) 파견법 제21조의2 제1항·제2항 참조

고용노동부장관의 차별적 처우 시정요구 등(파견법 제21조의2)

① 고용노동부장관은 파견사업주와 사용사업주가 제21조 제1항을 위반하여 차별적 처우를 한 경우에는 그 시정을 요구할 수 있다.
② 고용노동부장관은 파견사업주와 사용사업주가 제1항에 따른 시정요구에 따르지 아니한 경우에는 차별적 처우의 내용을 구체적으로 명시하여 노동위원회에 통보하여야 한다. 이 경우 고용노동부장관은 해당 파견사업주 또는 사용사업주 및 근로자에게 그 사실을 통지하여야 한다.

④ (○) 근로자파견관계에서 사용사업주와 파견근로자 사이에는 특별한 사정이 없는 한 파견근로와 관련하여 사용사업주가 파견근로자에 대한 보호의무 또는 안전배려의무를 부담한다는 점에 관한 묵시적인 의사의 합치가 있다고 할 것이므로 사용사업주의 보호의무 또는 안전배려의무 위반으로 손해를 입은 파견근로자는 사용사업주와 직접 고용 또는 근로계약을 체결하지 아니한 경우에도 위와 같은 묵시적 약정에 근거하여 사용사업주에 대하여 보호의무 또는 안전배려의무 위반을 원인으로 하는 손해배상을 청구할 수 있다(대판 2013.11.28. 2011다60247).

답 ❸

028 파견근로자 보호 등에 관한 법률상 파견 중인 근로자의 파견근로에 관하여 사용사업주를 근로기준법 제2조의 사용자로 보는 근로기준법상 규정은? 18 노무

CHECK ○△×

① 근로조건의 명시(제17조)
② 해고 등의 제한(제23조)
③ 계약서류의 보존(제42조)
④ 연장근로의 제한(제53조)
⑤ 연소자 증명서(제66조)

해설

① (×), ② (×), ③ (×), ④ (○), ⑤ (×)
연장근로의 제한(근기법 제53조) 규정을 적용할 경우에는 사용사업주를 사용자로 본다(파견법 제34조 제1항).

사용사업주를 사용자로 간주하여 적용하는 근기법 규정(파견법 제34조 제1항)

- 제50조(근로시간)
- 제51조(탄력적 근로시간제)
- 제52조(선택적 근로시간제)
- 제53조(연장근로의 제한)
- 제54조(휴게)
- 제55조(휴일)
- 제58조(근로시간 계산의 특례)
- 제59조(근로시간 및 휴게시간의 특례)
- 제62조(유급휴가의 대체)
- 제63조(적용의 제외)
- 제69조(근로시간)
- 제70조(야간근로와 휴일근로의 제한)
- 제71조(시간외근로)
- 제72조(갱내근로의 금지)
- 제73조(생리휴가)
- 제74조(임산부의 보호)
- 제74조의2(태아검진시간의 허용 등)
- 제75조(육아시간)

답 ❹

029 파견근로자 보호 등에 관한 법률상 근로자 파견 등에 대한 설명으로 옳지 않은 것은?

CHECK ○△×

22 국가직 7급

① 건설공사현장에서 이루어지는 업무에 대하여는 근로자파견사업을 하여서는 아니 된다.
② 근로자파견사업의 갱신허가의 유효기간은 그 갱신 전의 허가의 유효기간이 끝나는 날부터 기산하여 3년으로 한다.
③ 파견사업주는 자기의 명의로 타인에게 근로자파견사업을 하게 하여서는 아니 된다.
④ 파견사업주는 근로자를 파견근로자로서 고용하려는 경우에는 미리 해당 근로자에게 그 취지를 서면으로 알려 주어야 한다.

해설

① (○) 건설공사현장에서 이루어지는 업무는 절대적 파견금지 대상업무이다(파견법 제5조 제3항 제1호).
② (×) 근로자파견사업 갱신허가의 유효기간은 그 갱신 전의 허가의 유효기간이 끝나는 날의 다음 날부터 기산(起算)하여 3년으로 한다(파견법 제10조 제3항).
③ (○) 파견법 제15조
④ (○) 파견법 제24조 제1항

답 ❷

030 파견근로자 보호 등에 관한 법률에 대한 설명으로 옳지 않은 것은?

22 국가직 7급

CHECK ○△×

① 일시적·간헐적으로 인력을 확보할 필요가 있는 경우에 파견기간을 3개월 이내로 하나, 해당 사유가 없어지지 아니하고 파견근로자와 사용사업주 간의 합의가 있는 경우에는 3개월의 범위에서 그 기간을 연장할 수 있다.
② 출산·질병·부상 등 그 사유가 객관적으로 명백한 경우에 근로자파견의 기간은 해당 사유가 없어지는 데 필요한 기간이다.
③ 파견사업주는 파견근로자와 그 고용관계가 끝난 후 그가 사용사업주에게 고용되는 것을 정당한 이유 없이 금지하는 내용의 근로계약을 체결하여서는 아니 된다.
④ 금고 이상의 형(집행유예는 제외한다)을 선고받고 그 집행이 끝나거나 집행을 받지 아니하기로 확정된 후 2년이 지나지 아니한 사람은 근로자파견사업의 허가를 받을 수 없다.

해설

① (×)·② (○) 파견법 제6조 제4항 참조

> **파견기간(파견법 제6조)**
> ④ 제5조 제2항에 따른 근로자파견의 기간은 다음 각 호의 구분에 따른다.
> 1. 출산·질병·부상 등 그 사유가 객관적으로 명백한 경우 : 해당 사유가 없어지는 데 필요한 기간❷
> 2. 일시적·간헐적으로 인력을 확보할 필요가 있는 경우 : 3개월 이내의 기간. 다만, 해당 사유가 없어지지 아니하고 파견사업주, 사용사업주, 파견근로자 간의 합의가 있는 경우에는 3개월의 범위에서 한 차례만 그 기간을 연장할 수 있다.❶

③ (○) 파견법 제25조 제1항
④ (○) 파견법 제8조 제2호

답 ❶

031 CHECK ○△×

기간제 및 단시간근로자 보호 등에 관한 법률상 차별적 처우의 금지 및 시정에 대한 설명 중 (ㄱ)~(ㄷ)에 들어갈 내용을 바르게 연결한 것은? 23 국가직 9급

- 기간제근로자 또는 단시간근로자는 차별적 처우를 받은 경우 노동위원회법 제1조의 규정에 따른 노동위원회(이하 "노동위원회"라 한다)에 그 시정을 신청할 수 있다. 다만, 차별적 처우가 있은 날(계속되는 차별적 처우는 그 종료일)부터 (ㄱ)개월이 지난 때에는 그러하지 아니하다.
- 관계당사자 쌍방 또는 일방이 노동위원회에 조정을 신청하는 경우에는 차별적 처우의 시정신청을 한 날부터 (ㄴ)일 이내에 하여야 한다. 다만, 노동위원회의 승낙이 있는 경우에는 (ㄴ)일 후에도 신청할 수 있다.
- 노동위원회는 특별한 사유가 없으면 조정절차를 개시하거나 중재신청을 받은 때부터 (ㄷ)일 이내에 조정안을 제시하거나 중재결정을 하여야 한다.

① ㄱ : 3, ㄴ : 7, ㄷ : 60
② ㄱ : 6, ㄴ : 7, ㄷ : 90
③ ㄱ : 6, ㄴ : 14, ㄷ : 60
④ ㄱ : 6, ㄴ : 14, ㄷ : 90

해설

- 기간제근로자 또는 단시간근로자는 차별적 처우를 받은 경우 노동위원회법 제1조의 규정에 따른 노동위원회에 그 시정을 신청할 수 있다. 다만, 차별적 처우가 있은 날(계속되는 차별적 처우는 그 종료일)부터 6개월이 지난 때에는 그러하지 아니하다(기단법 제9조 제1항).
- 노동위원회는 심문의 과정에서 관계당사자 쌍방 또는 일방의 신청 또는 직권에 의하여 조정(調停)절차를 개시할 수 있고, 관계당사자가 미리 노동위원회의 중재(仲裁)결정에 따르기로 합의하여 중재를 신청한 경우에는 중재를 할 수 있다. 조정 또는 중재를 신청하는 경우에는 차별적 처우의 시정신청을 한 날부터 14일 이내에 하여야 한다. 다만, 노동위원회의 승낙이 있는 경우에는 14일 후에도 신청할 수 있다(기단법 제11조 제1항, 제2항).
- 노동위원회는 특별한 사유가 없으면 조정절차를 개시하거나 중재신청을 받은 때부터 60일 이내에 조정안을 제시하거나 중재결정을 하여야 한다(기단법 제11조 제4항).

답 ❸

032 기간제 및 단시간근로자 보호 등에 관한 법률에 관한 설명으로 옳은 것을 모두 고른 것은?

CHECK ○△×

24 노무

ㄱ. 근로자가 학업, 직업훈련 등을 이수함에 따라 그 이수에 필요한 기간을 정한 경우 2년을 초과하여 기간제근로자로 사용할 수 있다.
ㄴ. 고령자고용촉진법상 고령자와 근로계약을 체결하는 경우 2년을 초과하여 기간제근로자로 사용할 수 있다.
ㄷ. 국가 및 지방자치단체의 기관에 대하여는 상시 사용하는 근로자의 수와 관계없이 이 법을 적용한다.
ㄹ. 휴직·파견 등으로 결원이 발생하여 해당 근로자가 복귀할 때까지 그 업무를 대신할 필요가 있는 경우 2년을 초과하여 기간제근로자로 사용할 수 있다.

① ㄱ, ㄴ, ㄷ
② ㄱ, ㄴ, ㄹ
③ ㄱ, ㄷ, ㄹ
④ ㄴ, ㄷ, ㄹ
⑤ ㄱ, ㄴ, ㄷ, ㄹ

해설

ㄱ. (O) 기단법 제4조 제1항 제3호
ㄴ. (O) 기단법 제4조 제1항 제4호
ㄷ. (O) 기단법 제3조 제3항
ㄹ. (O) 기단법 제4조 제1항 제2호

기간제근로자의 사용(기단법 제4조)

① 사용자는 2년을 초과하지 아니하는 범위 안에서(기간제 근로계약의 반복갱신 등의 경우에는 그 계속근로한 총기간이 2년을 초과하지 아니하는 범위 안에서) 기간제근로자를 사용할 수 있다. 다만, 다음 각 호의 어느 하나에 해당하는 경우에는 2년을 초과하여 기간제근로자로 사용할 수 있다.
1. 사업의 완료 또는 특정한 업무의 완성에 필요한 기간을 정한 경우
2. 휴직·파견 등으로 결원이 발생하여 해당 근로자가 복귀할 때까지 그 업무를 대신할 필요가 있는 경우
3. 근로자가 학업, 직업훈련 등을 이수함에 따라 그 이수에 필요한 기간을 정한 경우
4. 고령자고용촉진법 제2조 제1호의 고령자와 근로계약을 체결하는 경우
5. 전문적 지식·기술의 활용이 필요한 경우와 정부의 복지정책·실업대책 등에 따라 일자리를 제공하는 경우로서 대통령령으로 정하는 경우
6. 그 밖에 제1호부터 제5호까지에 준하는 합리적인 사유가 있는 경우로서 대통령령으로 정하는 경우

답 ⑤

033 기간제 및 단시간근로자 보호 등에 관한 법률에 대한 설명으로 옳은 것만을 모두 고르면?

CHECK ○△×

23 국가직 9급

ㄱ. 사용자는 기간제 근로계약의 반복 갱신 등의 경우에는 그 계속근로한 총기간이 2년을 초과하지 않는 범위 안에서 기간제근로자를 사용할 수 있다.
ㄴ. 사용자는 기간의 정함이 없는 근로계약을 체결하고자 하는 경우에는 해당 사업 또는 사업장의 동종 또는 유사한 업무에 종사하는 기간제근로자를 우선적으로 고용하도록 노력하여야 한다.
ㄷ. 사용자는 단시간근로자에 대하여 근로기준법 제2조의 소정근로시간을 초과하여 근로하게 하는 경우에는 해당 근로자의 동의를 얻어야 한다. 이 경우 1주간에 12시간을 초과하여 근로하게 할 수 있다.

① ㄱ, ㄴ
② ㄱ, ㄷ
③ ㄴ, ㄷ
④ ㄱ, ㄴ, ㄷ

해설

ㄱ. (○) 사용자는 2년을 초과하지 아니하는 범위 안에서(기간제 근로계약의 반복갱신 등의 경우에는 그 계속근로한 총기간이 2년을 초과하지 아니하는 범위 안에서) 기간제근로자를 사용할 수 있다(기단법 제4조 제1항 본문).
ㄴ. (○) 기단법 제5조
ㄷ. (×) 사용자는 단시간근로자에 대하여 근로기준법 제2조의 소정근로시간을 초과하여 근로하게 하는 경우에는 해당 근로자의 동의를 얻어야 한다. 이 경우 1주간에 12시간을 초과하여 근로하게 할 수 없다(기단법 제6조 제1항).

답 ❶

034 기간제 및 단시간근로자 보호 등에 관한 법률상 기간제근로자 차별적 처우의 시정에 관한 설명으로 옳지 않은 것은?(다툼이 있으면 판례에 따름)

CHECK ○△×

24 노무

① 노동위원회는 신청인이 주장한 비교대상 근로자와 동일성이 인정되는 범위 내에서 조사, 심리를 거쳐 적합한 근로자를 비교대상 근로자로 선정할 수 있다.
② 기간제근로자가 차별 시정신청을 하는 때에는 차별적 처우의 내용을 구체적으로 명시하여야 한다.
③ 기간제근로자는 계속되는 차별적 처우를 받은 경우 차별적 처우의 종료일부터 3개월이 지난 때에는 노동위원회에 그 시정을 신청할 수 없다.
④ 고용노동부장관은 사용자가 기간제근로자에 대해 차별적 처우를 한 경우에는 그 시정을 요구할 수 있다.
⑤ 노동위원회는 사용자의 차별적 처우에 명백한 고의가 인정되거나 차별적 처우가 반복되는 경우에는 손해액을 기준으로 3배를 넘지 아니하는 범위에서 배상을 명령할 수 있다.

해설

① (○) 노동위원회 차별시정제도의 취지와 직권주의적 특성, 비교대상성 판단의 성격 등을 고려하면, 노동위원회는 신청인이 주장한 비교대상 근로자와 동일성이 인정되는 범위 내에서 조사, 심리를 거쳐 적합한 근로자를 비교대상 근로자로 선정할 수 있다(대판 2023.11.30. 2019두53952).

② (○) 기단법 제9조 제2항

③ (×) 기간제근로자 또는 단시간근로자는 차별적 처우를 받은 경우 노동위원회에 그 시정을 신청할 수 있다. 다만, 차별적 처우가 있은 날(계속되는 차별적 처우는 그 종료일)부터 6개월이 지난 때에는 그러하지 아니하다(기단법 제9조 제1항).

④ (○) 기단법 제15조의2 제1항, 제8조 제1항

⑤ (○) 기단법 제13조 제2항 단서

답 ❸

035 CHECK ○△×

기간제 및 단시간근로자 보호 등에 관한 법률상 사용자가 기간제근로자와 근로계약을 체결하는 때 서면으로 명시하여야 하는 것을 모두 고른 것은? 24 노무

ㄱ. 휴일·휴가에 관한 사항
ㄴ. 근로시간·휴게에 관한 사항
ㄷ. 취업의 장소와 종사하여야 할 업무에 관한 사항
ㄹ. 근로일 및 근로일별 근로시간

① ㄱ, ㄴ
② ㄴ, ㄹ
③ ㄷ, ㄹ
④ ㄱ, ㄴ, ㄷ
⑤ ㄱ, ㄴ, ㄷ, ㄹ

해설

ㄱ. 휴일·휴가에 관한 사항, ㄴ. 근로시간·휴게에 관한 사항, ㄷ. 취업의 장소와 종사하여야 할 업무에 관한 사항 등은 기간제근로자와 근로계약을 체결할 경우 서면명시사항에 해당하나, ㄹ. 근로일 및 근로일별 근로시간은 단시간근로자에 한정한다(기단법 제17조).

답 ❹

036 기간제 및 단시간근로자 보호 등에 관한 법률에 대한 설명으로 옳은 것만을 모두 고르면?

CHECK ○△×

23 국가직 7급

ㄱ. 사용자는 기간제 근로계약의 반복 갱신 등의 경우에는 그 계속근로한 총기간이 2년을 초과하지 않는 범위 안에서 기간제근로자를 사용할 수 있다.
ㄴ. 사용자는 기간의 정함이 없는 근로계약을 체결하고자 하는 경우에는 해당 사업 또는 사업장의 동종 또는 유사한 업무에 종사하는 기간제근로자를 우선적으로 고용하도록 노력하여야 한다.
ㄷ. 사용자는 단시간근로자에 대하여 근로기준법 제2조의 소정근로시간을 초과하여 근로하게 하는 경우에는 해당 근로자의 동의를 얻어야 한다. 이 경우 1주간에 12시간을 초과하여 근로하게 할 수 있다.

① ㄱ, ㄴ
② ㄱ, ㄷ
③ ㄴ, ㄷ
④ ㄱ, ㄴ, ㄷ

해설

ㄱ. (○) 기단법 제4조 제1항 본문
ㄴ. (○) 기단법 제5조
ㄷ. (×) 사용자는 단시간근로자에 대하여 근로기준법 제2조의 소정근로시간을 초과하여 근로하게 하는 경우에는 해당 근로자의 동의를 얻어야 한다. 이 경우 1주간에 12시간을 초과하여 근로하게 할 수 없다(기단법 제6조 제1항).

답 ❶

037 기간제 및 단시간근로자 보호 등에 관한 법률상 차별적 처우의 금지 및 시정에 대한 설명 중 (ㄱ)~(ㄷ)에 들어갈 내용을 바르게 연결한 것은?

CHECK ○△×

23 국가직 7급

- 기간제근로자 또는 단시간근로자는 차별적 처우를 받은 경우 노동위원회법 제1조의 규정에 따른 노동위원회(이하 "노동위원회"라 한다)에 그 시정을 신청할 수 있다. 다만, 차별적 처우가 있은 날(계속되는 차별적 처우는 그 종료일)부터 (ㄱ)개월이 지난 때에는 그러하지 아니하다.
- 관계당사자 쌍방 또는 일방이 노동위원회에 조정을 신청하는 경우에는 차별적 처우의 시정신청을 한 날부터 (ㄴ)일 이내에 하여야 한다. 다만, 노동위원회의 승낙이 있는 경우에는 (ㄴ)일 후에도 신청할 수 있다.
- 노동위원회는 특별한 사유가 없으면 조정절차를 개시하거나 중재신청을 받은 때부터 (ㄷ)일 이내에 조정안을 제시하거나 중재결정을 하여야 한다.

① ㄱ : 3, ㄴ : 7, ㄷ : 60
② ㄱ : 6, ㄴ : 7, ㄷ : 90
③ ㄱ : 6, ㄴ : 14, ㄷ : 60
④ ㄱ : 6, ㄴ : 14, ㄷ : 90

해설

- 기간제근로자 또는 단시간근로자는 차별적 처우를 받은 경우 노동위원회법 제1조의 규정에 따른 노동위원회에 그 시정을 신청할 수 있다. 다만, 차별적 처우가 있은 날(계속되는 차별적 처우는 그 종료일)부터 6개월이 지난 때에는 그러하지 아니하다(기단법 제9조 제1항).
- 관계당사자 쌍방 또는 일방이 노동위원회에 조정 또는 중재를 신청하는 경우에는 차별적 처우의 시정신청을 한 날부터 14일 이내에 하여야 한다. 다만, 노동위원회의 승낙이 있는 경우에는 14일 후에도 신청할 수 있다(기단법 제11조 제2항).
- 노동위원회는 특별한 사유가 없으면 조정절차를 개시하거나 중재신청을 받은 때부터 60일 이내에 조정안을 제시하거나 중재결정을 하여야 한다(기단법 제11조 제4항).

답 ❸

최신유형

038 기간제 및 단시간근로자 보호 등에 관한 법률상 조정·중재에 관한 설명으로 옳은 것은?

CHECK ○△×

25 노무

① 노동위원회는 차별적 처우의 시정신청에 따른 심문의 과정에서 직권으로 조정절차를 개시할 수 없다.

② 노동위원회의 승낙이 있는 경우에는 차별적 처우의 시정신청을 한 날부터 14일 후에도 조정을 신청할 수 있다.

③ 노동위원회는 특별한 사유가 없으면 조정절차를 개시한 때부터 90일 이내에 조정안을 제시하여야 한다.

④ 중재결정서에는 관계당사자와 중재에 관여한 위원전원이 서명·날인하여야 한다.

⑤ 조정의 내용에는 적절한 배상 등이 포함될 수 없다.

해설

① (×) 노동위원회는 심문의 과정에서 관계당사자 쌍방 또는 일방의 신청 또는 직권에 의하여 조정절차를 개시할 수 있고, 관계당사자가 미리 노동위원회의 중재결정에 따르기로 합의하여 중재를 신청한 경우에는 중재를 할 수 있다(기단법 제11조 제1항).

② (○) 노동위원회에 조정 또는 중재를 신청하는 경우에는 차별적 처우의 시정신청을 한 날부터 14일 이내에 하여야 한다. 다만, 노동위원회의 승낙이 있는 경우에는 14일 후에도 신청할 수 있다(기단법 제11조 제2항).

③ (×) 노동위원회는 특별한 사유가 없으면 조정절차를 개시하거나 중재신청을 받은 때부터 60일 이내에 조정안을 제시하거나 중재결정을 하여야 한다(기단법 제11조 제4항).

④ (×) 조정조서에는 관계당사자와 조정에 관여한 위원전원이 서명·날인하여야 하고, 중재결정서에는 관여한 위원전원이 서명·날인하여야 한다(기단법 제11조 제6항).

⑤ (×) 조정·중재 또는 시정명령의 내용에는 차별적 행위의 중지, 임금 등 근로조건의 개선(취업규칙, 단체협약 등의 제도개선 명령 포함) 또는 적절한 배상 등이 포함될 수 있다(기단법 제13조 제1항).

답 ❷

최신유형

039 기간제 및 단시간근로자 보호 등에 관한 법령상 2년을 초과하여 기간제근로자로 사용할 수 있는 경우를 모두 고른 것은? 25 노무

CHECK ○△×

ㄱ. 기업의 부설 연구기관에서 연구업무에 직접 종사하는 경우
ㄴ. 「국가기술자격법」에 따른 기술사 등급의 국가기술자격을 소지하고 해당 분야에 종사하는 경우
ㄷ. 「고등교육법」에 따른 학교에서 「고등교육법」에 따른 조교의 업무에 종사하는 경우
ㄹ. 4주 동안(4주 미만으로 근로하는 경우에는 그 기간)을 평균하여 1주 동안의 소정근로시간이 15시간 미만인 근로자를 사용하는 경우

① ㄱ, ㄴ
② ㄱ, ㄴ, ㄷ
③ ㄱ, ㄷ, ㄹ
④ ㄴ, ㄷ, ㄹ
⑤ ㄱ, ㄴ, ㄷ, ㄹ

해설

ㄱ. 기업의 부설 연구기관에서 연구업무에 직접 종사하는 경우(기단법 제4조 제1항 제6호, 동법 시행령 제3조 제3항 제8호 바목), ㄴ. 「국가기술자격법」에 따른 기술사 등급의 국가기술자격을 소지하고 해당 분야에 종사하는 경우(기단법 제4조 제1항 제5호, 동법 시행령 제3조 제1항 제2호), ㄷ. 「고등교육법」에 따른 학교에서 「고등교육법」에 따른 조교의 업무에 종사하는 경우(기단법 제4조 제1항 제6호, 동법 시행령 제3조 제3항 제4호 가목), ㄹ. 4주 동안(4주 미만으로 근로하는 경우에는 그 기간)을 평균하여 1주 동안의 소정근로시간이 15시간 미만인 근로자를 사용하는 경우(기단법 제4조 제1항 제6호, 동법 시행령 제3조 제3항 제6호) 등은 모두 기단법 및 동법 시행령에서 정하는 기간제근로자 사용기간 제한의 예외에 해당한다.

기간제근로자 사용기간 제한의 예외(기단법 시행령 제3조)

① 법 제4조 제1항 제5호에서 "전문적 지식·기술의 활용이 필요한 경우로서 대통령령이 정하는 경우"란 다음 각 호의 어느 하나에 해당하는 경우를 말한다.
1. 박사 학위(외국에서 수여받은 박사 학위를 포함한다)를 소지하고 해당 분야에 종사하는 경우
2. 「국가기술자격법」 제9조 제1항 제1호에 따른 기술사 등급의 국가기술자격을 소지하고 해당 분야에 종사하는 경우
3. [별표 2]에서 정한 전문자격을 소지하고 해당 분야에 종사하는 경우

② 법 제4조 제1항 제5호에서 "정부의 복지정책·실업대책 등에 의하여 일자리를 제공하는 경우로서 대통령령이 정하는 경우"란 다음 각 호의 어느 하나에 해당하는 경우를 말한다.
1. 「고용정책 기본법」, 「고용보험법」등 다른 법령에 따라 국민의 직업능력 개발, 취업 촉진 및 사회적으로 필요한 서비스 제공 등을 위하여 일자리를 제공하는 경우
2. 「제대군인 지원에 관한 법률」 제3조에 따라 제대군인의 고용증진 및 생활안정을 위하여 일자리를 제공하는 경우
3. 「국가보훈기본법」 제19조 제2항에 따라 국가보훈대상자에 대한 복지증진 및 생활안정을 위하여 보훈도우미 등 복지지원 인력을 운영하는 경우

③ 법 제4조 제1항 제6호에서 "대통령령이 정하는 경우"란 다음 각 호의 어느 하나에 해당하는 경우를 말한다.
1. 다른 법령에서 기간제근로자의 사용 기간을 법 제4조 제1항과 달리 정하거나 별도의 기간을 정하여 근로계약을 체결할 수 있도록 한 경우
2. 국방부장관이 인정하는 군사적 전문적 지식·기술을 가지고 관련 직업에 종사하거나 「고등교육법」 제2조 제1호에 따른 대학에서 안보 및 군사학 과목을 강의하는 경우
3. 특수한 경력을 갖추고 국가안전보장, 국방·외교 또는 통일과 관련된 업무에 종사하는 경우
4. 「고등교육법」 제2조에 따른 학교(같은 법 제30조에 따른 대학원대학을 포함한다)에서 다음 각 목의 업무에 종사하는 경우
가. 「고등교육법」 제14조에 따른 강사, 조교의 업무
나. 「고등교육법 시행령」 제7조에 따른 명예교수, 겸임교원, 초빙교원 등의 업무

5. 「통계법」 제22조에 따라 고시한 한국표준직업분류의 대분류 1과 대분류 2 직업에 종사하는 자의 「소득세법」 제20조 제1항에 따른 근로소득(최근 2년간의 연평균근로소득을 말한다)이 고용노동부장관이 최근 조사한 고용형태별근로실태조사의 한국표준직업분류 대분류 2 직업에 종사하는 자의 근로소득 상위 100분의 25에 해당하는 경우
6. 「근로기준법」 제18조 제3항에 따른 1주 동안의 소정근로시간이 뚜렷하게 짧은 단시간근로자를 사용하는 경우
7. 「국민체육진흥법」 제2조 제4호에 따른 선수와 같은 조 제6호에 따른 체육지도자 업무에 종사하는 경우
8. 다음 각 목의 연구기관에서 연구업무에 직접 종사하는 경우 또는 실험·조사 등을 수행하는 등 연구업무에 직접 관여하여 지원하는 업무에 종사하는 경우
   가. 국공립연구기관
   나. 「정부출연연구기관 등의 설립·운영 및 육성에 관한 법률」 또는 「과학기술분야 정부출연연구기관 등의 설립·운영 및 육성에 관한 법률」에 따라 설립된 정부출연연구기관
   다. 「특정연구기관 육성법」에 따른 특정연구기관
   라. 「지방자치단체출연 연구원의 설립 및 운영에 관한 법률」에 따라 설립된 연구기관
   마. 「공공기관의 운영에 관한 법률」에 따른 공공기관의 부설 연구기관
   바. 기업 또는 대학의 부설 연구기관
   사. 「민법」 또는 다른 법률에 따라 설립된 법인인 연구기관

답 ❺

최신유형

040 **기간제 및 단시간근로자 보호 등에 관한 법률에 관한 설명으로 옳지 않은 것은?(다툼이 있으면 판례에 따름)** 25 노무

CHECK ○△×

① 근로조건이 명시된 서면을 교부하지 않는 경우 500만원 이하의 과태료를 부과한다.
② 사용자가 근로계약을 체결할 때 서면으로 명시하여야 하는 사항 중 '근로일 및 근로일별 근로시간'은 단시간근로자에 한정한다.
③ 사용자는 단시간근로자의 동의를 얻어 소정근로시간을 초과하여 근로하게 하는 경우에도 1주간에 12시간을 초과하여 근로하게 할 수 없다.
④ 불리한 처우가 '기간의 정함이 없는 근로계약을 체결한 근로자'와 비교하여 기간제근로자만이 가질 수 있는 속성을 원인으로 하는 경우 '기간제근로자임을 이유로 한 불리한 처우'에 해당한다.
⑤ 사용자는 학업을 이유로 근로자가 단시간근로를 신청하는 때에는 해당 근로자를 단시간 근로자로 전환하도록 노력하여야 한다.

해설

① (×) 기간제근로자 또는 단시간근로자와 근로계약을 체결하는 사용자가 근로조건을 서면으로 명시하지 아니한 경우에는 500만원 이하의 과태료를 부과하나(기단법 제24조 제2항 제2호), 근로조건이 명시된 서면을 교부하지 않는 경우 500만원 이하의 과태료를 부과하는 별도의 규정은 존재하지 아니한다.
② (○) 사용자는 기간제근로자 또는 단시간근로자와 근로계약을 체결하는 경우, 근로계약기간에 관한 사항, 근로시간·휴게에 관한 사항, 임금의 구성항목·계산방법 및 지불방법에 관한 사항, 휴일·휴가에 관한 사항, 취업의 장소와 종사하여야 할 업무에 관한 사항, 근로일 및 근로일별 근로시간 등에 관한 사항을 서면으로 명시하여야 하나, 근로일 및 근로일별 근로시간 등에 관한 사항은 단시간근로자에 한정한다(기단법 제17조).

③ (○) 사용자는 단시간근로자에 대하여 소정근로시간을 초과하여 근로하게 하는 경우에는 해당 근로자의 동의를 얻어야 한다. 이 경우 1주간에 12시간을 초과하여 근로하게 할 수 없다(기단법 제6조 제1항).

④ (○) 불리한 처우가 '기간의 정함이 없는 근로계약을 체결한 근로자'와 비교하여 기간제근로자만이 가질 수 있는 속성을 원인으로 하는 경우 '기간제근로자임을 이유로 한 불리한 처우'에 해당하고, 모든 기간제근로자가 아닌 일부 기간제근로자만이 불리한 처우를 받는다고 하더라도 달리 볼 수 없다(대판 2023.6.29. 2019두55262).

⑤ (○) 사용자는 가사, 학업 그 밖의 이유로 근로자가 단시간근로를 신청하는 때에는 해당 근로자를 단시간근로자로 전환하도록 노력하여야 한다(기단법 제7조 제2항).

과태료(기단법 제24조)

① 제14조(제15조의2 제4항 및 제15조의3 제2항에 따라 준용되는 경우를 포함한다)에 따라 확정된 시정명령을 정당한 이유 없이 이행하지 아니한 자에게는 1억원 이하의 과태료를 부과한다.

② 다음 각 호의 어느 하나에 해당하는 자에게는 500만원 이하의 과태료를 부과한다.

1. 제15조 제1항(제15조의2 제4항 및 제15조의3 제2항에 따라 준용되는 경우를 포함한다)을 위반하여 정당한 이유 없이 고용노동부장관의 이행상황 제출요구에 따르지 아니한 자
2. 제17조의 규정을 위반하여 근로조건을 서면으로 명시하지 아니한 자

답 ❶

041 기간제 및 단시간근로자 보호 등에 관한 법령의 내용으로 옳지 않은 것은?

24 국가직 7급

CHECK ○△×

① 외국에서 수여받은 박사 학위를 소지하고 해당 분야에 종사하는 경우에는 2년을 초과하여 기간제근로자로 사용할 수 있다.

② 고령자고용촉진법 제2조 제1호의 고령자와 근로계약을 체결하는 경우에는 2년을 초과하여 기간제근로자로 사용할 수 있다.

③ 사용자는 기간의 정함이 없는 근로계약을 체결하고자 하는 경우에는 해당 사업 또는 사업장의 동종 또는 유사한 업무에 종사하는 기간제근로자를 우선적으로 고용하도록 노력하여야 한다.

④ 상시 4인 이하의 근로자를 사용하는 국가 및 지방자치단체의 기관에 대하여는 기간제 및 단시간근로자 보호 등에 관한 법률이 적용되지 않는다.

해설

① (○) 기단법 제4조 제1항 제5호, 동법 시행령 제3조 제1항 제1호

② (○) 기단법 제4조 제1항 제4호

③ (○) 기단법 제5조

④ (×) 기단법은 원칙적으로 상시 5인 이상의 근로자를 사용하는 모든 사업 또는 사업장에 적용되나(기단법 제3조 제1항 본문), 국가 및 지방자치단체의 기관에 대하여는 상시 사용하는 근로자의 수와 관계없이 기단법을 적용한다(동법 제3조 제3항).

답 ❹

042 기간제 및 단시간근로자 보호 등에 관한 법률에 대한 설명으로 옳은 것은?

22 노무

CHECK ○△×

① 상시 5인 이상의 동거의 친족만을 사용하는 사업 또는 사업장에 적용된다.

② 휴직·파견 등으로 결원이 발생하여 해당 근로자가 복귀할 때까지 그 업무를 대신할 필요가 있는 경우에는 2년을 초과하여 기간제근로자로 사용할 수 있다.

③ 단시간근로자의 초과근로에 대하여 사용자는 평균임금의 100분의 100 이상을 가산하여 지급하여야 한다.

④ 사용자는 단시간근로자와 근로계약을 체결할 때 근로일별 근로시간을 서면으로 명시하지 않아도 된다.

⑤ 사용자는 통상근로자를 채용하고자 하는 경우에는 해당 사업 또는 사업장의 동종 또는 유사한 업무에 종사하는 단시간근로자를 우선적으로 고용하여야 한다.

해설

① (×) 이 법은 상시 5인 이상의 근로자를 사용하는 모든 사업 또는 사업장에 적용한다. 다만, 동거의 친족만을 사용하는 사업 또는 사업장과 가사사용인에 대하여는 적용하지 아니한다(기단법 제3조 제1항).

② (○) 기단법 제4조 제1항 제2호

③ (×) 사용자는 단시간근로자에 대하여 소정근로시간을 초과하여 근로하게 하는 경우에는 초과근로에 대하여 통상임금의 100분의 50 이상을 가산하여 지급하여야 한다(기단법 제6조 제1항·제3항).

④ (×) 기단법 제17조 제6호에 의하면 단시간근로자와 근로계약을 체결할 때 근로일별 근로시간을 서면으로 명시하여야 한다.

⑤ (×) 사용자는 통상근로자를 채용하고자 하는 경우에는 해당 사업 또는 사업장의 동종 또는 유사한 업무에 종사하는 단시간근로자를 우선적으로 고용하도록 노력하여야 한다(기단법 제7조 제1항).

기간제근로자의 사용(기단법 제4조)

① 사용자는 2년을 초과하지 아니하는 범위 안에서(기간제 근로계약의 반복갱신 등의 경우에는 그 계속근로한 총기간이 2년을 초과하지 아니하는 범위 안에서) 기간제근로자를 사용할 수 있다. 다만, 다음 각 호의 어느 하나에 해당하는 경우에는 2년을 초과하여 기간제근로자로 사용할 수 있다.

1. 사업의 완료 또는 특정한 업무의 완성에 필요한 기간을 정한 경우
2. 휴직·파견 등으로 결원이 발생하여 해당 근로자가 복귀할 때까지 그 업무를 대신할 필요가 있는 경우
3. 근로자가 학업, 직업훈련 등을 이수함에 따라 그 이수에 필요한 기간을 정한 경우
4. 고령자고용촉진법 제2조 제1호의 고령자와 근로계약을 체결하는 경우
5. 전문적 지식·기술의 활용이 필요한 경우와 정부의 복지정책·실업대책 등에 따라 일자리를 제공하는 경우로서 대통령령으로 정하는 경우
6. 그 밖에 제1호부터 제5호까지에 준하는 합리적인 사유가 있는 경우로서 대통령령으로 정하는 경우

근로조건의 서면명시(기단법 제17조)

사용자는 기간제근로자 또는 단시간근로자와 근로계약을 체결하는 때에는 다음 각 호의 모든 사항을 서면으로 명시하여야 한다. 다만, 제6호는 단시간근로자에 한정한다.

1. 근로계약기간에 관한 사항
2. 근로시간·휴게에 관한 사항
3. 임금의 구성항목·계산방법 및 지불방법에 관한 사항
4. 휴일·휴가에 관한 사항
5. 취업의 장소와 종사하여야 할 업무에 관한 사항
6. 근로일 및 근로일별 근로시간

답 ❷

043 기간제 및 단시간근로자 보호 등에 관한 법률상 차별적 처우에 대한 설명으로 옳지 않은 것은?(다툼이 있는 경우 판례에 의함)

CHECK ○△×

19 국가직 7급

① 사용자는 기간제근로자임을 이유로 당해 사업 또는 사업장에서 동종 또는 유사한 업무에 종사하는 기간의 정함이 없는 근로계약을 체결한 근로자에 비하여 차별적 처우를 하여서는 아니 된다.

② 기간제근로자에 대하여 차별적 처우가 있었는지를 판단하기 위해 비교 대상 근로자로 선정된 근로자의 업무가 기간제 근로자의 업무와 동종 또는 유사한 업무에 해당하는지 여부는 취업규칙이나 근로계약 등에 명시된 업무 내용이 아니라 근로자가 실제 수행하여 온 업무를 기준으로 판단한다.

③ 복리후생에 관한 사항은 합리적인 이유 없이 불리하게 처우하더라도 차별적 처우에 해당하지 아니한다.

④ 기간제근로자 또는 단시간근로자는 차별적 처우를 받는 경우 차별적 처우가 있은 날(계속되는 차별은 그 종료일)부터 6개월 이내에 노동위원회법에 따른 노동위원회에 그 시정을 신청할 수 있다.

해설

① (○) 기단법 제8조 제1항

② (○) '당해 사업 또는 사업장에서 동종 또는 유사한 업무에 종사하는 기간의 정함이 없는 근로계약을 체결한 근로자'(이하 '비교 대상 근로자')의 업무가 기간제근로자의 업무와 동종 또는 유사한 업무에 해당하는지 여부는 취업규칙이나 근로계약 등에서 정한 업무 내용이 아니라 근로자가 실제 수행하여 온 업무를 기준으로 판단하되, 이들이 수행하는 업무가 서로 완전히 일치하지 않고 업무의 범위나 책임과 권한 등에서 다소 차이가 있더라도 주된 업무의 내용에 본질적인 차이가 없다면, 특별한 사정이 없는 한 이들은 동종 또는 유사한 업무에 종사한다고 보아야 한다(대판 2012.3.29. 2011두2132).

③ (×) 기단법 제2조 참조

> **정의(기단법 제2조)**
>
> 이 법에서 사용하는 용어의 정의는 다음과 같다.
>
> 1. "기간제근로자"라 함은 기간의 정함이 있는 근로계약(이하 "기간제 근로계약")을 체결한 근로자를 말한다.
> 2. "단시간근로자"라 함은 근로기준법 제2조의 단시간근로자를 말한다.
> 3. "차별적 처우"라 함은 다음 각 목의 사항에서 합리적인 이유 없이 불리하게 처우하는 것을 말한다.
> 가. 근로기준법 제2조 제1항 제5호에 따른 임금
> 나. 정기상여금, 명절상여금 등 정기적으로 지급되는 상여금
> 다. 경영성과에 따른 성과금
> 라. 그 밖에 근로조건 및 복리후생 등에 관한 사항

④ (○) 기간제근로자 또는 단시간근로자는 차별적 처우를 받은 경우 노동위원회법 제1조의 규정에 따른 노동위원회에 그 시정을 신청할 수 있다. 다만, 차별적 처우가 있은 날(계속되는 차별적 처우는 그 종료일)부터 6개월이 지난 때에는 그러하지 아니하다(기단법 제9조 제1항).

답 ③

044 기간제 및 단시간근로자 보호 등에 관한 법률상 차별적 처우의 시정에 대한 고용노동부장관의 권한이 아닌 것은?

CHECK ○△×

18 국가직 7급

① 확정된 시정명령에 대하여 사용자에게 그 이행상황을 제출할 것을 요구하는 것
② 차별적 처우 금지의무를 위반하여 차별적 처우를 한 사용자에게 그 시정을 요구하는 것
③ 확정된 시정명령을 이행할 의무가 있는 사용자의 사업장에서 해당 시정명령의 효력이 미치는 근로자 이외의 기간제근로자에 대하여 차별적 처우가 있는지를 조사하여 차별적 처우가 있는 경우에는 그 시정을 요구하는 것
④ 차별적 처우 금지의무를 위반한 사용자에게 명백한 고의가 인정되는 경우 손해액을 기준으로 3배를 넘지 않는 범위에서 배상명령을 내리는 것

해설

① (○) 고용노동부장관은 확정된 시정명령에 대하여 사용자에게 이행상황을 제출할 것을 요구할 수 있다(기단법 제15조 제1항).
② (○) 고용노동부장관은 사용자가 차별적 처우를 한 경우에는 그 시정을 요구할 수 있다(기단법 제15조의2 제1항).
③ (○) 고용노동부장관은 확정된 시정명령을 이행할 의무가 있는 사용자의 사업 또는 사업장에서 해당 시정명령의 효력이 미치는 근로자 이외의 기간제근로자 또는 단시간근로자에 대하여 차별적 처우가 있는지를 조사하여 차별적 처우가 있는 경우에는 그 시정을 요구할 수 있다(기단법 제15조의3 제1항).
④ (×) 노동위원회는 차별적 처우 금지의무를 위반한 사용자에게 명백한 고의가 인정되는 경우 손해액을 기준으로 3배를 넘지 않는 범위에서 배상을 명령할 수 있다(기단법 제13조 제2항 단서).

답 ④

045 기간제 및 단시간근로자 보호 등에 관한 법령상 사용기간의 제한과 관련된 설명으로 옳지 않은 것은? (다툼이 있으면 판례에 따름)

CHECK ○△×

23 노무

① 사용자의 부당한 갱신거절로 인해 근로자가 실제로 근로를 제공하지 못한 기간도 계약갱신에 대한 정당한 기대권이 존속하는 범위에서는 기간제 및 단시간근로자 보호 등에 관한 법률에서 정한 2년의 사용제한기간에 포함된다.
② 사용자는 4주 동안을 평균하여 1주 동안의 소정근로시간이 15시간 미만인 근로자를 2년을 초과하여 기간제근로자로 사용할 수 없다.
③ 사용자는 외국에서 수여받은 박사 학위를 소지하고 해당 분야에 종사하는 근로자를 2년을 초과하여 기간제근로자로 사용할 수 있다.
④ 사용자는 기간의 정함이 없는 근로계약을 체결하고자 하는 경우에는 해당 사업 또는 사업장의 동종 또는 유사한 업무에 종사하는 기간제근로자를 우선적으로 고용하도록 노력하여야 한다.
⑤ 기간제 및 단시간근로자 보호 등에 관한 법률은 총 사용기간을 2년으로 제한할 뿐 그 기간 중에 반복갱신의 횟수는 제한하고 있지 않다.

해설

① (○) 기간제법의 기간제근로자 보호 취지, 사용자의 부당한 갱신거절로 인한 효과 등을 고려하면, 사용자의 부당한 갱신거절로 인해 근로자가 실제로 근로를 제공하지 못한 기간도 계약갱신에 대한 정당한 기대권이 존속하는 범위에서는 기간제법 제4조 제2항에서 정한 2년의 사용제한기간에 포함된다고 보아야 한다(대판 2018.6.19. 2013다85523).

② (×) 사용자가 4주 동안(4주 미만으로 근로하는 경우에는 그 기간)을 평균하여 1주 동안의 소정근로시간이 15시간 미만에 해당하는 등 1주 동안의 소정근로시간이 뚜렷하게 짧은 단시간근로자를 사용하는 경우에는 2년을 초과하여 기간제근로자로 사용할 수 있다(기단법 제4조 제1항 제6호, 동법 시행령 제3조 제3항 제6호).

③ (○) 기단법 제4조 제1항 제5호, 동법 시행령 제3조 제1항 제1호

④ (○) 기단법 제5조

⑤ (○) 사용자는 기간제 근로계약의 반복갱신 등의 경우에는 그 계속근로한 총기간이 2년을 초과하지 아니하는 범위 안에서 기간제근로자를 사용할 수 있다. 그러나 그 범위 안에서의 반복갱신의 횟수는 제한하고 있지 않다(기단법 제4조 제1항 참조).

기간제근로자의 사용(기단법 제4조)

① 사용자는 2년을 초과하지 아니하는 범위 안에서(기간제 근로계약의 반복갱신 등의 경우에는 그 계속근로한 총기간이 2년을 초과하지 아니하는 범위 안에서) 기간제근로자를 사용할 수 있다. 다만, 다음 각 호의 어느 하나에 해당하는 경우에는 2년을 초과하여 기간제근로자로 사용할 수 있다.

1. 사업의 완료 또는 특정한 업무의 완성에 필요한 기간을 정한 경우
2. 휴직·파견 등으로 결원이 발생하여 해당 근로자가 복귀할 때까지 그 업무를 대신할 필요가 있는 경우
3. 근로자가 학업, 직업훈련 등을 이수함에 따라 그 이수에 필요한 기간을 정한 경우
4. 고령자고용촉진법 제2조 제1호의 고령자와 근로계약을 체결하는 경우
5. 전문적 지식·기술의 활용이 필요한 경우와 정부의 복지정책·실업대책 등에 따라 일자리를 제공하는 경우로서 대통령령으로 정하는 경우
6. 그 밖에 제1호부터 제5호까지에 준하는 합리적인 사유가 있는 경우로서 대통령령으로 정하는 경우

기간제근로자 사용기간 제한의 예외(기단법 시행령 제3조)

① 법 제4조 제1항 제5호에서 "전문적 지식·기술의 활용이 필요한 경우로서 대통령령이 정하는 경우"란 다음 각 호의 어느 하나에 해당하는 경우를 말한다.

1. 박사 학위(외국에서 수여받은 박사 학위를 포함)를 소지하고 해당 분야에 종사하는 경우
2. 국가기술자격법 제9조 제1항 제1호에 따른 기술사 등급의 국가기술자격을 소지하고 해당 분야에 종사하는 경우
3. [별표 2]에서 정한 전문자격을 소지하고 해당 분야에 종사하는 경우

③ 법 제4조 제1항 제6호에서 "대통령령이 정하는 경우"란 다음 각 호의 어느 하나에 해당하는 경우를 말한다.

1. 다른 법령에서 기간제근로자의 사용 기간을 법 제4조 제1항과 달리 정하거나 별도의 기간을 정하여 근로계약을 체결할 수 있도록 한 경우
2. 국방부장관이 인정하는 군사적 전문적 지식·기술을 가지고 관련 직업에 종사하거나 고등교육법 제2조 제1호에 따른 대학에서 안보 및 군사학 과목을 강의하는 경우
3. 특수한 경력을 갖추고 국가안전보장, 국방·외교 또는 통일과 관련된 업무에 종사하는 경우
4. 고등교육법 제2조에 따른 학교(같은 법 제30조에 따른 대학원대학을 포함)에서 다음 각 목의 업무에 종사하는 경우
   가. 고등교육법 제14조에 따른 강사, 조교의 업무
   나. 고등교육법 시행령 제7조에 따른 명예교수, 겸임교원, 초빙교원 등의 업무
5. 통계법 제22조에 따라 고시한 한국표준직업분류의 대분류 1과 대분류 2 직업에 종사하는 자의 소득세법 제20조 제1항에 따른 근로소득(최근 2년간의 연평균근로소득)이 고용노동부장관이 최근 조사한 고용형태별 근로실태조사의 한국표준직업분류 대분류 2 직업에 종사하는 자의 근로소득 상위 100분의 25에 해당하는 경우
6. 근로기준법 제18조 제3항에 따른 1주 동안의 소정근로시간이 뚜렷하게 짧은 단시간근로자를 사용하는 경우

답 ❷

046 기간제 및 단시간근로자 보호 등에 관한 법률에 관한 내용으로 옳지 않은 것은? 23 노무

CHECK ○△×

① 사용자는 가사를 이유로 근로자가 단시간근로를 신청하는 때에는 해당 근로자를 단시간근로자로 전환하도록 노력하여야 한다.

② 단시간근로자의 동의를 받으면 소정근로시간을 초과하여 근로를 하게 할 수 있으나, 1주 12시간을 초과할 수는 없다.

③ 사업장에서 기간제 및 단시간근로자 보호 등에 관한 법률을 위반한 사실이 있는 경우 근로자는 그 사실을 고용노동부장관 또는 근로감독관에게 통지할 수 있다.

④ 기간제근로자와 근로계약을 체결할 때 근로계약기간 등 근로조건의 서면명시를 하지 않으면 500만원 이하의 벌금에 처한다.

⑤ 사용자는 단시간근로자와 근로계약을 체결하는 때에는 근로일 및 근로일별 근로시간을 서면으로 명시하여야 한다.

해설

① (○) 사용자는 가사, 학업 그 밖의 이유로 근로자가 단시간근로를 신청하는 때에는 해당 근로자를 단시간근로자로 전환하도록 노력하여야 한다(기단법 제7조 제2항).

② (○) 사용자는 단시간근로자에 대하여 근로기준법 제2조의 소정근로시간을 초과하여 근로하게 하는 경우에는 해당 근로자의 동의를 얻어야 한다. 이 경우 1주간에 12시간을 초과하여 근로하게 할 수 없다(기단법 제6조 제1항).

③ (○) 기단법 제18조

④ (×) 기간제근로자와 근로계약을 체결할 때 근로계약기간 등 근로조건을 서면으로 명시하지 아니한 자에게는 500만원 이하의 과태료를 부과한다(기단법 제24조 제2항 제2호).

⑤ (○) 기단법 제17조 단서

답 ④

047 기간제 및 단시간근로자 보호 등에 관한 법률에 대한 설명으로 옳은 것은? 20 국가직 7급

CHECK ○△×

① 모든 사업 또는 사업장에 적용한다.

② 국가 및 지방자치단체의 기관에 대하여는 이 법을 적용하지 아니한다.

③ 사용자는 학업을 이유로 근로자가 단시간근로를 신청하는 때에는 해당 근로자를 단시간근로자로 전환하여야 한다.

④ 사용자는 근로자가 직업훈련을 이수함에 따라 그 이수에 필요한 기간을 정한 경우에는 2년을 초과하여 기간제근로자로 사용할 수 있다.

해설

① (×) 이 법은 상시 5인 이상의 근로자를 사용하는 모든 사업 또는 사업장에 적용한다. 다만, 동거의 친족만을 사용하는 사업 또는 사업장과 가사사용인에 대하여는 적용하지 아니한다(기단법 제3조 제1항).

② (×) 국가 및 지방자치단체의 기관에 대하여는 상시 사용하는 근로자의 수와 관계없이 이 법을 적용한다(기단법 제3조 제3항).

③ (×) 사용자는 가사, 학업 그 밖의 이유로 근로자가 단시간근로를 신청하는 때에는 해당 근로자를 단시간근로자로 전환하도록 노력하여야 한다(기단법 제7조 제2항).

④ (○) 기단법 제4조 제1항 제3호

답 ④

048 기간제 및 단시간근로자 보호 등에 관한 법률에 대한 설명으로 옳지 않은 것은? 14 노무

CHECK ○△×

① 이 법은 국가 및 지방자치단체의 기관에 대하여는 상시 사용하는 근로자의 수와 관계없이 적용된다.
② 사용자는 기간의 정함이 없는 근로계약을 체결하려는 경우에는 해당 사업 또는 사업장의 동종 또는 유사한 업무에 종사하는 기간제근로자를 우선적으로 고용하도록 노력하여야 한다.
③ 기간제근로자가 노동위원회에 차별적 처우의 시정신청을 하는 경우 차별적 처우와 관련한 분쟁의 입증책임은 근로자가 부담한다.
④ 기간제근로자가 노동위원회에 차별적 처우에 대한 시정신청을 하는 때에는 차별적 처우의 내용을 구체적으로 명시하여야 한다.
⑤ 사용자가 57세인 고령자와 근로계약을 체결하는 경우에는 2년을 초과하여 기간제근로자로 사용할 수 있다.

해설

① (○) 기단법 제3조 제3항
② (○) 사용자는 기간의 정함이 없는 근로계약을 체결하고자 하는 경우에는 해당 사업 또는 사업장의 동종 또는 유사한 업무에 종사하는 기간제근로자를 우선적으로 고용하도록 노력하여야 한다(기단법 제5조).
③ (×) 기간제근로자가 노동위원회에 차별적 처우의 시정신청을 하는 경우 차별적 처우와 관련한 분쟁에 있어서 입증책임은 사용자가 부담한다(기단법 제9조 제4항).
④ (○) 기단법 제9조 제2항
⑤ (○) 55세 이상인 고령자와 근로계약을 체결하는 경우에는 2년을 초과하여 기간제근로자로 사용할 수 있다(기단법 제4조 제1항 제4호).

답 ❸

049 기간제 및 단시간근로자 보호 등에 관한 법률상 차별적 처우의 금지 및 시정에 관한 설명으로 옳지 않은 것은? 15 노무

CHECK ○△×

① 중앙노동위원회 위원장은 확정된 시정명령에 대하여 사용자에게 이행 상황을 제출할 것을 요구할 수 있다.
② 노동위원회는 사용자의 차별적 처우에 명백한 고의가 인정되거나 차별적 처우가 반복되는 경우에는 손해액을 기준으로 3배를 넘지 아니하는 범위에서 배상을 명령할 수 있다.
③ 노동위원회의 시정명령의 내용에는 취업규칙, 단체협약 등의 제도개선 명령이 포함될 수 있다.
④ 고용노동부장관은 확정된 시정명령을 이행할 의무가 있는 사용자의 사업 또는 사업장에서 해당 시정명령의 효력이 미치는 근로자 이외의 기간제근로자 또는 단시간근로자에 대하여 차별적 처우가 있는지를 조사하여 차별적 처우가 있는 경우에는 그 시정을 요구할 수 있다.
⑤ 기간제근로자 또는 단시간근로자는 차별적 처우를 받은 경우 차별적 처우가 있은 날(계속되는 차별적 처우는 그 종료일)부터 6개월 이내에 노동위원회에 그 시정을 신청할 수 있다.

해설

① (×) 고용노동부장관은 확정된 시정명령에 대하여 사용자에게 이행상황을 제출할 것을 요구할 수 있다(기단법 제15조 제1항).
② (○) 기단법 제13조 제2항
③ (○) 기단법 제13조 제1항
④ (○) 기단법 제15의3 제1항
⑤ (○) 기단법 제9조 제1항 단서

답 ❶

050 기간제 및 단시간근로자 보호 등에 관한 법률에 규정된 내용으로 옳지 않은 것은? 16 노무

CHECK ○△×

① 기간제 및 단시간근로자 보호 등에 관한 법률은 기간제근로자 및 단시간근로자에 대한 불합리한 차별을 시정하고 기간제근로자 및 단시간근로자의 근로조건 보호를 강화함으로써 노동시장의 건전한 발전에 이바지함을 목적으로 한다.

② 국가 및 지방자치단체의 기관에 대하여는 상시 사용하는 근로자의 수와 관계없이 기간제 및 단시간근로자 보호 등에 관한 법률을 적용한다.

③ 사용자는 통상근로자를 채용하고자 하는 경우에는 해당 사업 또는 사업장의 동종 또는 유사한 업무에 종사하는 단시간근로자를 우선적으로 고용하도록 노력하여야 한다.

④ 사용자는 가사, 학업 그 밖의 이유로 근로자가 단시간근로를 신청하는 때에는 해당 근로자를 단시간근로자로 전환하여야 한다.

⑤ 사용자는 기간의 정함이 없는 근로계약을 체결하고자 하는 경우에는 해당 사업 또는 사업장의 동종 또는 유사한 업무에 종사하는 기간제근로자를 우선적으로 고용하도록 노력하여야 한다.

해설

① (○) 기단법 제1조
② (○) 기단법 제3조 제3항
③ (○) 기단법 제7조 제1항
④ (×) 사용자는 가사, 학업 그 밖의 이유로 근로자가 단시간근로를 신청하는 때에는 해당 근로자를 단시간근로자로 전환하도록 노력하여야 한다(기단법 제7조 제2항).
⑤ (○) 기단법 제5조

답 ❹

051 기간제 및 단시간근로자 보호 등에 관한 법률에 대한 설명으로 옳지 않은 것은? 20 노무

CHECK ○△×

① 동거의 친족만을 사용하는 사업에 대하여는 적용하지 아니한다.

② 사용자는 가사, 학업 그 밖의 이유로 근로자가 단시간근로를 신청하는 때에는 해당 근로자를 단시간근로자로 전환하도록 노력하여야 한다.

③ 차별적 처우와 관련한 분쟁에 있어서 입증책임은 사용자가 부담한다.

④ 노동위원회는 사용자의 차별적 처우에 명백한 고의가 인정되는 경우에는 손해액을 기준으로 3배를 넘지 아니하는 범위에서 배상을 명령할 수 있다.

⑤ 노동위원회는 차별시정명령을 받은 후 이행기한까지 시정명령을 이행하지 아니한 사용자에게 이행강제금을 부과한다.

해설

① (○) 기단법 제3조 제1항 단서
② (○) 기단법 제7조 제2항
③ (○) 기단법 제9조 제4항
④ (○) 기단법 제13조 제2항 단서
⑤ (×) 확정된 시정명령을 정당한 이유 없이 이행하지 아니한 자에게는 1억원 이하의 과태료를 부과한다(기단법 제24조 제1항).

답 ❺

052 기간제 및 단시간근로자 보호 등에 관한 법령에 관한 설명으로 옳지 않은 것은? 21 노무

CHECK ○△×

① 박사학위를 소지하고 해당 분야에 종사하는 경우에는 2년을 초과하여 기간제근로자로 사용할 수 있다.

② 특정한 업무의 완성에 필요한 기간을 정한 경우에는 2년을 초과하여 기간제근로자로 사용할 수 있다.

③ 사용자는 기간의 정함이 없는 근로계약을 체결하려는 경우에 당해 사업 또는 사업장의 동종 또는 유사한 업무에 종사하는 기간제근로자를 우선적으로 고용하여야 한다.

④ 고용노동부장관은 확정된 시정명령에 대하여 사용자에게 이행상황을 제출할 것을 요구할 수 있다.

⑤ 사용자는 기간제근로자임을 이유로 해당 사업 또는 사업장에서 동종 또는 유사한 업무에 종사하는 기간의 정함이 없는 근로계약을 체결한 근로자에 비하여 차별적 처우를 하여서는 아니 된다.

해설

① (○) 기단법 제4조 제1항, 기단법 시행령 제3조 제1항 제1호

② (○) 기단법 제4조 제1항 제1호

③ (×) 사용자는 기간의 정함이 없는 근로계약을 체결하고자 하는 경우에는 해당 사업 또는 사업장의 동종 또는 유사한 업무에 종사하는 기간제근로자를 우선적으로 고용하도록 노력하여야 한다(기단법 제5조).

④ (○) 기단법 제15조 제1항

⑤ (○) 기단법 제8조 제1항

기간제근로자의 사용(기단법 제4조)

① 사용자는 2년을 초과하지 아니하는 범위 안에서(기간제근로계약의 반복갱신 등의 경우에는 그 계속 근로한 총기간이 2년을 초과하지 아니하는 범위 안에서) 기간제근로자를 사용할 수 있다. 다만, 다음 각 호의 어느 하나에 해당하는 경우에는 2년을 초과하여 기간제근로자로 사용할 수 있다.

1. 사업의 완료 또는 특정한 업무의 완성에 필요한 기간을 정한 경우
2. 휴직·파견 등으로 결원이 발생하여 해당 근로자가 복귀할 때까지 그 업무를 대신할 필요가 있는 경우
3. 근로자가 학업, 직업훈련 등을 이수함에 따라 그 이수에 필요한 기간을 정한 경우
4. 고령자고용촉진법 제2조 제1호의 고령자와 근로계약을 체결하는 경우
5. 전문적 지식·기술의 활용이 필요한 경우와 정부의 복지정책·실업대책 등에 따라 일자리를 제공하는 경우로서 대통령령으로 정하는 경우
6. 그 밖에 제1호부터 제5호까지에 준하는 합리적인 사유가 있는 경우로서 대통령령으로 정하는 경우

기간제근로자 사용기간 제한의 예외(기단법 시행령 제3조)

① 법 제4조 제1항 제5호에서 "전문적 지식·기술의 활용이 필요한 경우로서 대통령령이 정하는 경우"란 다음 각 호의 어느 하나에 해당하는 경우를 말한다.

1. 박사학위(외국에서 수여받은 박사학위를 포함)를 소지하고 해당 분야에 종사하는 경우
2. 국가기술자격법 제9조 제1항 제1호에 따른 기술사 등급의 국가기술자격을 소지하고 해당 분야에 종사하는 경우
3. [별표 2]에서 정한 전문자격을 소지하고 해당 분야에 종사하는 경우

답 ❸

053 기간제 및 단시간근로자 보호 등에 관한 법률상 차별시정제도에 대한 설명으로 옳지 않은 것은?

CHECK ○△×

19 노무

① 기간제근로자는 차별적 처우를 받은 경우 노동위원회에 차별적 처우가 있은 날부터 6개월이 지나기 전에 그 시정을 신청할 수 있다.

② 기간제근로자가 차별적 처우의 시정신청을 하는 때에는 차별적 처우의 내용을 구체적으로 명시하여야 한다.

③ 노동위원회는 차별적 처우의 시정신청에 따른 심문의 과정에서 관계당사자 쌍방 또는 일방의 신청 또는 직권에 의하여 조정(調停)절차를 개시할 수 있다.

④ 노동위원회는 사용자의 차별적 처우에 명백한 고의가 인정되거나 차별적 처우가 반복되는 경우에는 손해액을 기준으로 3배를 넘지 아니하는 범위에서 배상을 명할 수 있다.

⑤ 시정신청을 한 근로자는 사용자가 확정된 시정명령을 이행하지 아니하는 경우 이를 중앙노동위원회에 신고하여야 한다.

해설

① (○) 기간제근로자 또는 단시간근로자는 차별적 처우를 받은 경우 노동위원회에 그 시정을 신청할 수 있다. 다만, 차별적 처우가 있은 날(계속되는 차별적 처우는 그 종료일)부터 6개월이 지난 때에는 그러하지 아니하다(기단법 제9조 제1항).

② (○) 기단법 제9조 제2항

③ (○) 기단법 제11조 제1항

④ (○) 차별적 처우가 인정되는 경우 손해액을 기준으로 3배의 범위에서 배상을 명할 수 있다(기단법 제13조 제2항).

⑤ (×) 시정신청을 한 근로자는 사용자가 확정된 시정명령을 이행하지 아니하는 경우 이를 고용노동부장관에게 신고할 수 있다(기단법 제15조 제2항).

답 ❺

054 기간제 및 단시간근로자 보호 등에 관한 법률에 대한 설명으로 옳지 않은 것은?(다툼이 있는 경우 판례에 의함)

CHECK ○△×

22 국가직 7급

① 특정한 업무의 완성에 필요한 기간을 정한 경우에는 사용자는 2년을 초과하여 기간제근로자로 사용할 수 있다.

② 사용자는 단시간근로자에 대하여 근로기준법 제2조의 소정근로시간을 초과하여 근로하게 하는 경우에는 그 초과근로에 대하여 통상임금의 100분의 50 이상을 가산하여 지급하여야 한다.

③ 차별적 처우의 시정신청 당시에 혹은 시정절차 진행 도중에 근로계약기간이 만료로 종료한 이상 기간제근로자가 차별적 처우의 시정을 구할 시정이익이 소멸한다.

④ 사용자가 기간제근로자의 계속되는 근로 제공에 대하여 차별적인 규정 등을 적용하여 차별적으로 임금을 지급하여 왔다면 특별한 사정이 없는 이상 그와 같은 임금의 차별적 지급은 기간제 및 단시간근로자 보호 등에 관한 법률 제9조 제1항 단서에서 정한 '계속되는 차별적 처우'에 해당한다.

해설

① (○) 사용자는 2년을 초과하지 아니하는 범위 안에서 기간제근로자를 사용할 수 있다. 다만, 사업의 완료 또는 특정한 업무의 완성에 필요한 기간을 정한 경우에는 2년을 초과하여 기간제근로자로 사용할 수 있다(기단법 제4조 제1항 제1호).

② (○) 기단법 제6조 참조

> **단시간근로자의 초과근로 제한(기단법 제6조)**
> ① 사용자는 단시간근로자에 대하여 근로기준법 제2조의 소정근로시간을 초과하여 근로하게 하는 경우에는 해당 근로자의 동의를 얻어야 한다. 이 경우 1주간에 12시간을 초과하여 근로하게 할 수 없다.
> ③ 사용자는 제1항에 따른 초과근로에 대하여 통상임금의 100분의 50 이상을 가산하여 지급하여야 한다.

③ (×) 기간제 및 단시간근로자 보호 등에 관한 법률에 정한 시정절차 관련 규정 등을 종합하면, 시정신청 당시에 혹은 시정절차 진행 도중에 근로계약기간이 만료하였다는 이유만으로 기간제 근로자가 차별적 처우의 시정을 구할 시정이익이 소멸하지는 아니한다고 보아야 한다(대판 2017.9.7. 2016두30194).

④ (○) 대판 2012.3.29. 2011두2132

답 ❸

055 기간제 및 단시간근로자 보호 등에 관한 법률상 차별적 처우의 시정신청 등에 대한 설명으로 옳은 것은?

CHECK ○△×

21 국가직 7급

① 기간제근로자가 노동위원회에 차별적 처우에 대한 시정신청을 하는 때에는 차별적 처우의 내용을 구체적으로 명시하여야 한다.

② 기간제 및 단시간 근로자의 차별적 처우의 시정신청과 관련한 분쟁에서 입증책임은 근로자가 부담한다.

③ 기간제근로자에 대한 차별적 처우에 대해 노동위원회가 시정명령을 내리는 경우, 그 내용에는 임금 등 근로조건의 개선으로서 취업규칙 이외의 단체협약 등의 제도개선 명령을 포함할 수 없다.

④ 고용노동부장관은 사용자가 차별적 처우의 금지를 위반하여 기간제근로자에 대해 차별적 처우를 한 경우, 해당 근로자가 고용노동부장관에게 시정을 요청하는 경우에 한하여 해당 사용자에게 그 시정을 요구할 수 있다.

해설

① (O) 기단법 제9조 제2항
② (×) 차별적 처우에 대한 시정신청과 관련한 분쟁에서 입증책임은 사용자가 부담한다(기단법 제9조 제4항).
③ (×) 조정·중재 또는 시정명령의 내용에는 차별적 행위의 중지, 임금 등 근로조건의 개선(취업규칙, 단체협약 등의 제도개선 명령을 포함) 또는 적절한 배상 등이 포함될 수 있다(기단법 제13조 제1항).
④ (×) 고용노동부장관은 사용자가 기간제·단시간근로자임을 이유로 차별적 처우를 한 경우에는 그 시정을 요구할 수 있다(기단법 제15조의2 제1항).

답 ❶

056 기간제 및 단시간근로자 보호 등에 관한 법률상 단시간근로자에 관한 설명으로 옳지 않은 것은?

CHECK ○△×

18 노무

① "단시간근로자"란 1주 동안의 소정근로시간이 그 사업장에서 같은 종류의 업무에 종사하는 통상근로자의 1주 동안의 소정근로시간에 비하여 짧은 근로자를 말한다.
② 사용자는 통상근로자를 채용하고자 하는 경우에는 해당 사업 또는 사업장의 동종 또는 유사한 업무에 종사하는 단시간근로자를 우선적으로 고용하여야 한다.
③ 사용자는 단시간근로자에 대하여 근로기준법상 소정근로시간을 초과하여 근로하게 하는 경우에는 해당 근로자의 동의를 얻어야 한다.
④ 사용자는 학업을 이유로 근로자가 단시간근로를 신청하는 때에는 해당 근로자를 단시간근로자로 전환하도록 노력하여야 한다.
⑤ 사용자는 단시간근로자임을 이유로 해당 사업 또는 사업장의 동종 또는 유사한 업무에 종사하는 통상근로자에 비하여 차별적 처우를 하여서는 아니 된다.

해설

① (O) 기단법 제2조 제2호
② (×) 사용자는 통상근로자를 채용하고자 하는 경우에는 해당 사업 또는 사업장의 동종 또는 유사한 업무에 종사하는 단시간근로자를 우선적으로 고용하도록 노력하여야 한다(기단법 제7조 제1항).
③ (O) 기단법 제6조 제1항 전문
④ (O) 기단법 제7조 제2항
⑤ (O) 기단법 제8조 제2항

답 ❷

057 기간제 및 단시간근로자 보호 등에 관한 법률의 내용으로 옳은 것은?

17 노무

CHECK ○△×

① 노동위원회가 차별적 처우의 시정신청에 대하여 시정명령을 발하는 경우 그 시정명령의 내용에 취업규칙, 단체협약 등의 제도개선명령은 포함될 수 없다.

② 경영성과에 따른 성과금에 있어서 불리하게 처우하는 것은 합리적인 이유와 무관하게 차별적 처우에 해당하지 아니한다.

③ 사용자는 기간제근로자와 근로계약을 체결하는 때에는 근로일 및 근로일별 근로시간을 서면으로 명시하여야 한다.

④ 사용자는 단시간근로자에 대하여 근로기준법에 따른 소정근로시간을 초과하여 근로하게 하는 경우에는 해당 근로자의 동의를 얻으면 1주간에 12시간을 초과하여 근로하게 할 수 있다.

⑤ 단시간근로자에 대한 차별적 처우의 금지와 관련한 분쟁에 있어서 입증책임은 사용자가 부담한다.

해설

① (×) 시정명령의 내용에는 차별적 행위의 중지, 임금 등 근로조건의 개선(취업규칙, 단체협약 등의 제도개선명령을 포함) 또는 적절한 배상 등이 포함될 수 있다(기단법 제13조 제1항).

② (×) 차별적 처우라 함은 임금, 정기상여금, 명절상여금 등 정기적으로 지급되는 상여금, 경영성과에 따른 성과금, 그 밖에 근로조건 및 복리후생 등에 관한 사항에 있어서 합리적인 이유 없이 불리하게 처우하는 것을 말한다(기단법 제2조 제3호).

③ (×) 근로일 및 근로일별 근로시간은 단시간근로자와 근로계약을 체결하는 때에 서면으로 명시해야 하는 사항이다(기단법 제17조 제6호).

④ (×) 사용자는 단시간근로자에 대하여 근로기준법 제2조의 소정근로시간을 초과하여 근로하게 하는 경우에는 해당 근로자의 동의를 얻어야 한다. 이 경우 1주간에 12시간을 초과하여 근로하게 할 수 없다(기단법 제6조 제1항).

⑤ (○) 차별적 처우와 관련한 분쟁에 있어서 입증책임은 사용자가 부담한다(기단법 제9조 제4항).

근로조건의 서면명시(기단법 제17조)

사용자는 기간제근로자 또는 단시간근로자와 근로계약을 체결하는 때에는 다음 각 호의 모든 사항을 서면으로 명시하여야 한다. 다만, 제6호는 단시간근로자에 한정한다.

1. 근로계약기간에 관한 사항
2. 근로시간 · 휴게에 관한 사항
3. 임금의 구성항목 · 계산방법 및 지불방법에 관한 사항
4. 휴일 · 휴가에 관한 사항
5. 취업의 장소와 종사하여야 할 업무에 관한 사항
6. 근로일 및 근로일별 근로시간

답 ⑤

058 산업안전보건법의 내용으로 옳지 않은 것은?

24 국가직 7급

CHECK ○△×

① "관계수급인"이란 도급이 여러 단계에 걸쳐 체결된 경우에 각 단계별로 도급받은 사업주 전부를 말한다.

② "건설공사발주자"란 건설공사를 도급하는 자로서 건설공사의 시공을 주도하여 총괄·관리하는 자를 말한다. 다만, 도급받은 건설공사를 다시 도급하는 자는 제외한다.

③ "관리감독자"란 사업장의 생산과 관련되는 업무와 그 소속 직원을 직접 지휘·감독하는 직위에 있는 사람을 말한다.

④ "안전보건관리담당자"란 사업장에 안전 및 보건에 관하여 사업주를 보좌하고 관리감독자에게 지도·조언하는 업무를 수행하는 사람을 말한다.

해설

① (○) 산안법 제2조 제9호

② (×) "건설공사발주자"란 건설공사를 도급하는 자로서 건설공사의 시공을 주도하여 총괄·관리하지 아니하는 자를 말한다. 다만, 도급받은 건설공사를 다시 도급하는 자는 제외한다(산안법 제2조 제10호).

③ (○) 사업주는 사업장의 생산과 관련되는 업무와 그 소속 직원을 직접 지휘·감독하는 직위에 있는 사람(이하 "관리감독자")에게 산업 안전 및 보건에 관한 업무로서 대통령령으로 정하는 업무를 수행하도록 하여야 한다(산안법 제16조 제1항).

④ (○) 사업장에 안전 및 보건에 관하여 사업주를 보좌하고 관리감독자에게 지도·조언하는 업무를 수행하는 사람을 안전보건관리담당자라 한다(산안법 제19조 제1항 본문 참조).

답 ❷

059 산업안전보건에 대한 설명으로 옳지 않은 것은?

23 국가직 9급

CHECK ○△×

① 근로의 권리가 "일할 자리에 관한 권리"만이 아니라 "일할 환경에 관한 권리"도 함께 내포하고 있는바, 후자는 인간의 존엄성에 대한 침해를 방어하기 위한 자유권적 기본권의 성격도 갖고 있어 건강한 작업환경, 일에 대한 정당한 보수, 합리적인 근로조건의 보장 등을 요구할 수 있는 권리 등을 포함한다.

② 사용자는 근로계약에 수반되는 신의칙상의 부수적 의무로서 피용자가 노무를 제공하는 과정에서 생명, 신체, 건강을 해치는 일이 없도록 인적·물적 환경을 정비하는 등 필요한 조치를 강구하여야 할 보호의무를 부담한다.

③ 근로자파견관계에서 사용사업주와 파견근로자 사이에 특별한 사정이 없는 한 파견근로와 관련하여 사용사업주가 파견근로자에 대한 보호의무 또는 안전배려의무를 부담한다는 점에 관한 묵시적인 의사의 합치가 있다고 할 수 없다.

④ 보호의무위반을 이유로 사용자에게 손해배상책임을 인정하기 위하여는 특별한 사정이 없는 한 그 사고가 피용자의 업무와 관련성을 가지고 있을 뿐 아니라 또한 그 사고가 통상 발생할 수 있다고 하는 것이 예측되거나 예측할 수 있는 경우라야 할 것이고, 그 예측가능성은 사고가 발생한 때와 장소, 가해자의 분별능력, 가해자의 성행, 가해자와 피해자의 관계 기타 여러 사정을 고려하여 판단하여야 한다.

해설

① (○) 근로의 권리가 "일할 자리에 관한 권리"만이 아니라 "일할 환경에 관한 권리"도 함께 내포하고 있는바, 후자는 인간의 존엄성에 대한 침해를 방어하기 위한 자유권적 기본권의 성격도 갖고 있어 건강한 작업환경, 일에 대한 정당한 보수, 합리적인 근로조건의 보장 등을 요구할 수 있는 권리 등을 포함한다고 할 것이므로 외국인 근로자라고 하여 이 부분에까지 기본권 주체성을 부인할 수는 없다(헌재 2007.8.30. 2004헌마670).

② (○) 사용자는 근로계약에 수반되는 신의칙상의 부수적 의무로서 피용자가 노무를 제공하는 과정에서 생명, 신체, 건강을 해치는 일이 없도록 인적·물적 환경을 정비하는 등 필요한 조치를 강구하여야 할 보호의무를 부담하고, 이러한 보호의무를 위반함으로써 피용자가 손해를 입은 경우 이를 배상할 책임이 있다(대판 2001.7.27. 99다56734).

③ (×) 근로자파견관계에서 사용사업주와 파견근로자 사이에는 특별한 사정이 없는 한 파견근로와 관련하여 사용사업주가 파견근로자에 대한 보호의무 또는 안전배려의무를 부담한다는 점에 관한 묵시적인 의사의 합치가 있다고 할 것이고, 따라서 사용사업주의 보호의무 또는 안전배려의무 위반으로 손해를 입은 파견근로자는 사용사업주와 직접 고용 또는 근로계약을 체결하지 아니한 경우에도 위와 같은 묵시적 약정에 근거하여 사용사업주에 대하여 보호의무 또는 안전배려의무 위반을 원인으로 하는 손해배상을 청구할 수 있다(대판 2013.11.28. 2011다60247).

④ (○) 대판 2001.7.27. 99다56734

답 ❸

060 산업안전보건법령상 안전보건관리규정에 관한 설명으로 옳지 않은 것은? 24 노무

CHECK ○△×

① 취업규칙은 안전보건관리규정에 반할 수 없다. 이 경우 취업규칙 중 안전보건관리규정에 반하는 부분에 관하여는 안전보건관리규정으로 정한 기준에 따른다.

② 상시근로자 수가 300명인 보험업 사업주는 안전보건관리규정을 작성하여야 한다.

③ 사업주는 안전보건관리규정을 작성할 때 산업안전보건위원회가 설치되어 있지 아니한 사업장의 경우에는 근로자대표의 동의를 받아야 한다.

④ 근로자는 안전보건관리규정을 지켜야 한다.

⑤ 사고조사 및 대책수립에 관한 사항은 안전보건관리규정에 포함되어야 한다.

해설

① (×) 안전보건관리규정은 단체협약 또는 취업규칙에 반할 수 없다. 이 경우 안전보건관리규정 중 단체협약 또는 취업규칙에 반하는 부분에 관하여는 그 단체협약 또는 취업규칙으로 정한 기준에 따른다(산안법 제25조 제2항).

② (○) 산안법 제25조 제3항, 동법 시행규칙 제25조 제1항, 동법 시행규칙 [별표 2]

③ (○) 사업주는 안전보건관리규정을 작성하거나 변경할 때에는 산업안전보건위원회의 심의·의결을 거쳐야 한다. 다만, 산업안전보건위원회가 설치되어 있지 아니한 사업장의 경우에는 근로자대표의 동의를 받아야 한다(산안법 제26조).

④ (○) 사업주와 근로자는 안전보건관리규정을 지켜야 한다(산안법 제27조).

⑤ (○) 산안법 제25조 제1항 제4호

안전보건관리규정을 작성해야 할 사업의 종류 및 상시근로자 수(산안법 시행규칙 [별표 2])

사업의 종류	상시근로자의 수
1. 농 업 2. 어 업 3. 소프트웨어 개발 및 공급업 4. 컴퓨터 프로그래밍, 시스템 통합 및 관리업 4의2. 영상·오디오물 제공 서비스업 5. 정보서비스업 6. 금융 및 보험업 7. 임대업 : 부동산 제외 8. 전문, 과학 및 기술 서비스업(연구개발업은 제외) 9. 사업지원 서비스업 10. 사회복지 서비스업	300명 이상
11. 제1호부터 제4호까지, 제4호의2 및 제5호부터 제10호까지의 사업을 제외한 사업	100명 이상

답 ❶

061 산업안전보건법상 용어의 정의로 옳지 않은 것은?

24 노무

CHECK ○△×

① "산업재해"란 노무를 제공하는 사람이 업무에 관계되는 건설물·설비·원재료·가스·증기·분진 등에 의하거나 작업 또는 그 밖의 업무로 인하여 사망 또는 부상하거나 질병에 걸리는 것을 말한다.

② "작업환경측정"이란 산업재해를 예방하기 위하여 잠재적 위험성을 발견하고 그 개선대책을 수립할 목적으로 조사·평가하는 것을 말한다.

③ "관계수급인"이란 도급이 여러 단계에 걸쳐 체결된 경우에 각 단계별로 도급받은 사업주 전부를 말한다.

④ "건설공사발주자"란 건설공사를 도급하는 자로서 건설공사의 시공을 주도하여 총괄·관리하지 아니하는 자를 말한다. 다만, 도급받은 건설공사를 다시 도급하는 자는 제외한다.

⑤ "도급인"이란 물건의 제조·건설·수리 또는 서비스의 제공, 그 밖의 업무를 도급하는 사업주를 말한다. 다만, 건설공사발주자는 제외한다.

해설

① (○) 산안법 제2조 제1호

② (×) "작업환경측정"이란 작업환경 실태를 파악하기 위하여 해당 근로자 또는 작업장에 대하여 사업주가 유해인자에 대한 측정계획을 수립한 후 시료(試料)를 채취하고 분석·평가하는 것을 말한다(산안법 제2조 제13호). 한편 "안전보건진단"이란 산업재해를 예방하기 위하여 잠재적 위험성을 발견하고 그 개선대책을 수립할 목적으로 조사·평가하는 것을 말한다(동법 제2조 제12호).

③ (○) 산안법 제2조 제9호

④ (○) 산안법 제2조 제10호

⑤ (○) 산안법 제2조 제7호

답 ❷

062 산업안전보건법령상 근로자의 보건관리에 관한 설명으로 옳지 않은 것은?

24 노무

CHECK ○△×

① 사업주는 잠수 작업에 종사하는 근로자에게는 1일 5시간을 초과하여 근로하게 해서는 아니 된다.
② 도급인의 사업장에서 관계수급인의 근로자가 작업을 하는 경우에는 도급인이 법정 자격을 가진 자로 하여금 작업환경측정을 하도록 하여야 한다.
③ 사업주는 근로자대표(관계수급인의 근로자대표를 포함한다)가 요구하면 작업환경측정 시 근로자대표를 참석시켜야 한다.
④ 사업주는 건강진단을 실시하는 경우 근로자대표가 요구하면 근로자대표를 참석시켜야 한다.
⑤ 사업주는 근로자(관계수급인의 근로자를 포함한다)가 신체적 피로와 정신적 스트레스를 해소할 수 있도록 휴식시간에 이용할 수 있는 휴게시설을 갖추어야 한다.

해설

① (×) 사업주는 잠수 작업에 종사하는 근로자에게는 1일 6시간을 초과하여 근로하게 해서는 아니 된다(산안법 제139조 제1항, 동법 시행령 제99조 제1항).
② (O) 도급인의 사업장에서 관계수급인 또는 관계수급인의 근로자가 작업을 하는 경우에는 도급인이 고용노동부령으로 정하는 자격을 가진 자로 하여금 작업환경측정을 하도록 하여야 한다(산안법 제125조 제2항).
③ (O) 산안법 제125조 제4항
④ (O) 산안법 제132조 제1항
⑤ (O) 산안법 제128조의2 제1항

답 ❶

063 산업안전보건법상 안전보건관리책임자의 업무에 해당하는 것만을 모두 고르면?

23 국가직 9급

CHECK ○△×

ㄱ. 사업장의 산업재해 예방계획의 수립에 관한 사항
ㄴ. 산업재해의 원인 조사 및 재발 방지대책 수립에 관한 사항
ㄷ. 안전장치 및 보호구 구입 시 적격품 여부 확인에 관한 사항

① ㄱ, ㄴ
② ㄱ, ㄷ
③ ㄴ, ㄷ
④ ㄱ, ㄴ, ㄷ

해설

ㄱ. (O), ㄴ. (O), ㄷ. (O)
ㄱ. 사업장의 산업재해 예방계획의 수립에 관한 사항, ㄴ. 산업재해의 원인 조사 및 재발 방지대책 수립에 관한 사항, ㄷ. 안전장치 및 보호구 구입 시 적격품 여부 확인에 관한 사항 등은 모두 산안법 제15조 제1항에서 정한 안전보건관리책임자의 업무에 해당한다.

안전보건관리책임자(산안법 제15조)

① 사업주는 사업장을 실질적으로 총괄하여 관리하는 사람에게 해당 사업장의 다음 각 호의 업무를 총괄하여 관리하도록 하여야 한다.

1. 사업장의 산업재해 예방계획의 수립에 관한 사항
2. 제25조 및 제26조에 따른 안전보건관리규정의 작성 및 변경에 관한 사항
3. 제29조에 따른 안전보건교육에 관한 사항
4. 작업환경측정 등 작업환경의 점검 및 개선에 관한 사항
5. 제129조부터 제132조까지에 따른 근로자의 건강진단 등 건강관리에 관한 사항
6. 산업재해의 원인 조사 및 재발 방지대책 수립에 관한 사항
7. 산업재해에 관한 통계의 기록 및 유지에 관한 사항
8. 안전장치 및 보호구 구입 시 적격품 여부 확인에 관한 사항
9. 그 밖에 근로자의 유해·위험 방지조치에 관한 사항으로서 고용노동부령으로 정하는 사항

② 제1항 각 호의 업무를 총괄하여 관리하는 사람(이하 "안전보건관리책임자")은 제17조에 따른 안전관리자와 제18조에 따른 보건관리자를 지휘·감독한다.

답 ④

최신유형

064 산업안전보건법령상 산업안전보건위원회에 관한 설명으로 옳은 것을 모두 고른 것은? 25 노무

CHECK ○△×

ㄱ. 산업안전보건위원회에서 심의·의결한 업무는 안전관리자의 업무에 해당한다.
ㄴ. 보호구 구입 시 적격품 여부 확인에 관한 사항은 산업안전보건위원회의 심의·의결 사항에 해당하지 않는다.
ㄷ. 근로자대표는 사업주에게 산업안전보건위원회가 의결한 사항을 통지하여 줄 것을 요청할 수 있고, 사업주는 이에 성실히 따라야 한다.
ㄹ. 사업주는 공정안전보고서를 작성할 때 산업안전보건위원회가 설치되어 있지 아니한 사업장의 경우에는 근로자대표의 동의를 받아야 한다.

① ㄱ, ㄴ
② ㄷ, ㄹ
③ ㄱ, ㄴ, ㄷ
④ ㄴ, ㄷ, ㄹ
⑤ ㄱ, ㄴ, ㄷ, ㄹ

해설

ㄱ. (○) 산업안전보건위원회 또는 안전 및 보건에 관한 노사협의체에서 심의·의결한 업무와 해당 사업장의 안전보건관리규정 및 취업규칙에서 정한 업무는 산안법 제17조 제2항, 동법 시행령 제18조 제1항 제1호에 서 정한 안전관리자의 업무에 해당한다.

ㄴ. (○) 보호구 구입 시 적격품 여부 확인에 관한 사항은 산업안전보건위원회의 심의·의결 사항이 아니라, 산안법 제15조 제1항 제8호에서 정한 안전보건관리책임자의 업무에 해당한다.

ㄷ. (○) 근로자대표는 사업주에게 산업안전보건위원회(노사협의체를 구성·운영하는 경우에는 노사협의체)가 의결한 사항을 통지하여 줄 것을 요청할 수 있고, 사업주는 이에 성실히 따라야 한다(산안법 제35조 제1호).

ㄹ. (×) 사업주는 공정안전보고서를 작성할 때 산업안전보건위원회의 심의를 거쳐야 한다. 다만, 산업안전보건위원회가 설치되어 있지 아니한 사업장의 경우에는 근로자대표의 의견을 들어야 한다(산안법 제44조 제2항).

안전관리자(산안법 제17조)

① 사업주는 사업장에 제15조 제1항 각 호의 사항 중 안전에 관한 기술적인 사항에 관하여 사업주 또는 안전보건관리책임자를 보좌하고 관리감독자에게 지도·조언하는 업무를 수행하는 사람(이하 "안전관리자"라 한다)을 두어야 한다.

② 안전관리자를 두어야 하는 사업의 종류와 사업장의 상시근로자 수, 안전관리자의 수·자격·업무·권한·선임 방법, 그 밖에 필요한 사항은 대통령령으로 정한다.

안전관리자의 업무 등(산안법 시행령 제18조)

① 안전관리자의 업무는 다음 각 호와 같다.

1. 법 제24조 제1항에 따른 산업안전보건위원회(이하 "산업안전보건위원회"라 한다) 또는 법 제75조 제1항에 따른 안전 및 보건에 관한 노사협의체(이하 "노사협의체"라 한다)에서 심의·의결한 업무와 해당사업장의 법 제25조 제1항에 따른 안전보건관리규정(이하 "안전보건관리규정"이라 한다) 및 취업규칙에서 정한 업무
2. 법 제36조에 따른 위험성평가에 관한 보좌 및 지도·조언
3. 법 제84조 제1항에 따른 안전인증대상기계등(이하 "안전인증대상기계등"이라 한다)과 법 제89조 제1항 각 호 외의 부분 본문에 따른 자율안전확인대상기계등(이하 "자율안전확인대상기계등"이라 한다) 구입 시 적격품의 선정에 관한 보좌 및 지도·조언
4. 해당 사업장 안전교육계획의 수립 및 안전교육 실시에 관한 보좌 및 지도·조언
5. 사업장 순회점검, 지도 및 조치 건의
6. 산업재해 발생의 원인 조사·분석 및 재발 방지를 위한 기술적 보좌 및 지도·조언
7. 산업재해에 관한 통계의 유지·관리·분석을 위한 보좌 및 지도·조언
8. 법 또는 법에 따른 명령으로 정한 안전에 관한 사항의 이행에 관한 보좌 및 지도·조언
9. 업무 수행 내용의 기록·유지
10. 그 밖에 안전에 관한 사항으로서 고용노동부장관이 정하는 사항

답 ❸

최신유형

065 산업안전보건법령상 위험성평가에 관한 설명으로 옳지 않은 것은? 25 노무

CHECK ○△×

① 사업주는 위험성평가의 결과와 조치사항에 따른 자료를 3년간 보존해야 한다.

② 사업주가 위험성평가의 결과와 조치사항을 기록·보존할 때에는 위험성 결정의 내용이 포함되어야 한다.

③ 사업주는 위험성평가 시 고용노동부장관이 정하여 고시하는 바에 따라 해당 작업장의 근로자를 참여시켜야 한다.

④ "위험성평가"란 사업주가 유해인자에 대한 측정계획을 수립한 후 시료를 채취하고 분석·평가하는 것을 말한다.

⑤ 사업주는 건설물로 인한 유해·위험 요인을 찾아내어 부상 및 질병으로 이어질 수 있는 위험성의 크기가 허용 가능한 범위인지를 평가하여야 한다.

해설

① (○) 산안법 제36조 제3항, 동법 시행규칙 제37조 제2항

② (○) 사업주가 위험성평가의 결과와 조치사항을 기록·보존할 때에는 위험성평가 대상의 유해·위험요인, 위험성 결정의 내용, 위험성 결정에 따른 조치의 내용, 그 밖에 위험성평가의 실시내용을 확인하기 위하여 필요한 사항으로서 고용노동부장관이 정하여 고시하는 사항 등이 포함되어야 한다(산안법 제36조 제3항, 동법 시행규칙 제37조 제1항).

③ (○) 산안법 제36조 제2항

④ (×) "위험성평가"란 사업주가 건설물, 기계·기구·설비, 원재료, 가스, 증기, 분진, 근로자의 작업행동 또는 그 밖의 업무로 인한 유해·위험 요인을 찾아내어 부상 및 질병으로 이어질 수 있는 위험성의 크기가 허용 가능한 범위인지를 평가하는 것을 말한다(산안법 제36조 제1항). 한편 작업환경 실태를 파악하기 위하여 해당 근로자 또는 작업장에 대하여 사업주가 유해인자에 대한 측정계획을 수립한 후 시료를 채취하고 분석·평가하는 것은 "작업환경측정"이라고 한다(산안법 제2조 제13호).

⑤ (○) 산안법 제36조 제1항 전단

답 ❹

최신유형

066 산업안전보건법상 사업주가 보건조치를 하여야 하는 건강장해에 해당하는 경우는 모두 몇 개인가?

CHECK ○△×

25 노무

- 산소결핍에 의한 건강장해
- 단순반복작업에 의한 건강장해
- 방사선에 의한 건강장해
- 계측감시 작업에 의한 건강장해
- 사업장에서 배출되는 기체에 의한 건강장해

① 1개 ② 2개
③ 3개 ④ 4개
⑤ 5개

해설

산소결핍에 의한 건강장해(제1호), 단순반복작업에 의한 건강장해(제5호), 방사선에 의한 건강장해(제2호), 계측감시 작업에 의한 건강장해(제4호), 사업장에서 배출되는 기체에 의한 건강장해(제3호) 등은 모두 산안법 제39조 제1항에서 정한 보건조치를 하여야 하는 건강장해에 해당한다.

보건조치(산안법 제39조)

① 사업주는 다음 각 호의 어느 하나에 해당하는 건강장해를 예방하기 위하여 필요한 조치(이하 "보건조치"라 한다)를 하여야 한다.

1. 원재료·가스·증기·분진·흄(fume, 열이나 화학반응에 의하여 형성된 고체증기가 응축되어 생긴 미세입자를 말한다)·미스트(mist, 공기 중에 떠다니는 작은 액체방울을 말한다)·산소결핍·병원체 등에 의한 건강장해
2. 방사선·유해광선·고열·한랭·초음파·소음·진동·이상기압 등에 의한 건강장해
3. 사업장에서 배출되는 기체·액체 또는 찌꺼기 등에 의한 건강장해
4. 계측감시(計測監視), 컴퓨터 단말기 조작, 정밀공작(精密工作) 등의 작업에 의한 건강장해
5. 단순반복작업 또는 인체에 과도한 부담을 주는 작업에 의한 건강장해
6. 환기·채광·조명·보온·방습·청결 등의 적정기준을 유지하지 아니하여 발생하는 건강장해
7. 폭염·한파에 장시간 작업함에 따라 발생하는 건강장해

답 ❺

067 산업안전보건법상 안전보건관리책임자의 업무에 해당하는 것만을 모두 고르면? 23 국가직 7급

CHECK ○△×

ㄱ. 사업장의 산업재해 예방계획의 수립에 관한 사항
ㄴ. 산업재해의 원인 조사 및 재발 방지대책 수립에 관한 사항
ㄷ. 안전장치 및 보호구 구입 시 적격품 여부 확인에 관한 사항

① ㄱ, ㄴ
② ㄱ, ㄷ
③ ㄴ, ㄷ
④ ㄱ, ㄴ, ㄷ

해설

ㄱ. 사업장의 산업재해 예방계획의 수립에 관한 사항(제1호), ㄴ. 산업재해의 원인 조사 및 재발 방지대책 수립에 관한 사항(제6호), ㄷ. 안전장치 및 보호구 구입 시 적격품 여부 확인에 관한 사항(제8호)은 모두 산안법 제15조 제1항에서 정한 안전보건관리책임자의 업무에 해당한다.

안전보건관리책임자(산안법 제15조)

① 사업주는 사업장을 실질적으로 총괄하여 관리하는 사람에게 해당 사업장의 다음 각 호의 업무를 총괄하여 관리하도록 하여야 한다.
1. 사업장의 산업재해 예방계획의 수립에 관한 사항
2. 제25조 및 제26조에 따른 안전보건관리규정의 작성 및 변경에 관한 사항
3. 제29조에 따른 안전보건교육에 관한 사항
4. 작업환경측정 등 작업환경의 점검 및 개선에 관한 사항
5. 제129조부터 제132조까지에 따른 근로자의 건강진단 등 건강관리에 관한 사항
6. 산업재해의 원인 조사 및 재발 방지대책 수립에 관한 사항
7. 산업재해에 관한 통계의 기록 및 유지에 관한 사항
8. 안전장치 및 보호구 구입 시 적격품 여부 확인에 관한 사항
9. 그 밖에 근로자의 유해·위험 방지조치에 관한 사항으로서 고용노동부령으로 정하는 사항

② 제1항 각 호의 업무를 총괄하여 관리하는 사람(이하 "안전보건관리책임자"라 한다)은 제17조에 따른 안전관리자와 제18조에 따른 보건관리자를 지휘·감독한다.

답 ④

068 산업안전보건법에 관한 설명으로 옳지 않은 것은?

20 노무

CHECK ○△×

① 근로자는 산업재해가 발생할 급박한 위험이 있는 경우에는 작업을 중지하고 대피할 수 있다.
② 사업주는 사업장에 근로자위원, 사용자위원 및 공익위원이 같은 수로 구성되는 산업안전보건위원회를 운영하여야 한다.
③ 산업재해 예방에 관한 기본계획은 고용노동부장관이 수립하며 산업재해보상보험 및 예방심의위원회의 심의를 거쳐 공표하여야 한다.
④ 고용노동부장관은 산업재해를 예방하기 위하여 대통령령으로 정하는 사업장의 근로자 산업재해 발생건수, 재해율 또는 그 순위 등을 공표하여야 한다.
⑤ 고용노동부장관은 역학조사를 하는 경우 근로자대표가 요구할 때 그를 역학조사에 참석하게 할 수 있다.

해설

① (○) 산안법 제52조 제1항
② (×) 사업주는 사업장의 안전 및 보건에 관한 중요사항을 심의·의결하기 위하여 사업장에 근로자위원과 사용자위원이 같은 수로 구성되는 산업안전보건위원회를 구성·운영하여야 한다(산안법 제24조 제1항).
③ (○) 산안법 제7조 제1항·제2항
④ (○) 산안법 제10조 제1항
⑤ (○) 산안법 제141조 제1항 후문

답 ❷

069 산업안전보건법령에 관한 설명으로 옳지 않은 것은?

14 노무

CHECK ○△×

① 1개월 이상의 요양이 필요한 부상자가 동시에 2명 이상 발생한 재해는 중대재해에 해당된다.
② 작업환경측정이란 작업환경 실태를 파악하기 위하여 해당 근로자 또는 작업장에 대하여 사업주가 측정계획을 수립한 후 시료를 채취하고 분석·평가하는 것을 말한다.
③ 사업주란 근로자를 사용하여 사업을 하는 자를 말한다.
④ 안전·보건진단이란 산업재해를 예방하기 위하여 잠재적 위험성을 발견하고 그 개선대책을 수립할 목적으로 고용노동부장관이 지정하는 자가 하는 조사·평가를 말한다.
⑤ 근로자가 업무에 관계되는 분진에 의하여 질병에 걸리는 것은 산업재해에 해당된다.

해설

① (×) 중대재해란 산업재해 중 사망 등 재해 정도가 심하거나 다수의 재해자가 발생한 경우로서 ㉠ 사망자가 1명 이상 발생한 재해, ㉡ 3개월 이상의 요양이 필요한 부상자가 동시에 2명 이상 발생한 재해, ㉢ 부상자 또는 직업성 질병자가 동시에 10명 이상 발생한 재해를 말한다(산안법 제2조 제2호, 산안법 시행규칙 제3조).
② (○) 산안법 제2조 제13호
③ (○) 산안법 제2조 제4호
④ (○) 산안법 제2조 제12호
⑤ (○) 산안법 제2조 제1호

답 ❶

070 산업안전보건법령상 사업주가 근로자에게 1일 6시간, 1주 34시간을 초과하여 근로하게 하여서는 아니 되는 유해하거나 위험한 작업을 모두 고른 것은? 15 노무

CHECK ○△×

ㄱ. 잠함(潛艦) 또는 잠수 작업 등 높은 기압에서 하는 작업
ㄴ. 갱(坑) 내에서 하는 작업
ㄷ. 유해 방사선을 취급하는 작업

① ㄱ
② ㄱ, ㄴ
③ ㄴ, ㄷ
④ ㄱ, ㄷ
⑤ ㄱ, ㄴ, ㄷ

해설

ㄱ. (○) 사업주는 유해하거나 위험한 작업으로서 잠함(潛函) 또는 잠수작업 등 높은 기압에서 하는 작업에 종사하는 근로자에게는 1일 6시간, 1주 34시간을 초과하여 근로하게 해서는 아니 된다(산안법 제139조 제1항, 동법 시행령 제99조 제1항).

답 ❶

071 산업안전보건법상 (　　) 안에 들어갈 내용으로 옳은 것은? 16 노무

CHECK ○△×

사업주는 유해하거나 위험한 작업으로서 대통령령으로 정하는 작업에 종사하는 근로자에게는 1일 (ㄱ)시간, 1주 (ㄴ)시간을 초과하여 근로하게 하여서는 아니 된다.

① ㄱ : 5, ㄴ : 30
② ㄱ : 5, ㄴ : 32
③ ㄱ : 6, ㄴ : 30
④ ㄱ : 6, ㄴ : 32
⑤ ㄱ : 6, ㄴ : 34

해설

사업주는 유해하거나 위험한 작업으로서 높은 기압에서 하는 작업 등 대통령령으로 정하는 작업에 종사하는 근로자에게는 1일 6시간, 1주 34시간을 초과하여 근로하게 해서는 아니 된다(산안법 제139조 제1항).

답 ❺

072 산업안전보건법상 유해 · 위험 방지 조치 중 사업주의 의무로 명시되어 있지 않은 것은? 23 노무

CHECK ○△×

① 위험성평가의 실시(산업안전보건법 제36조)
② 공정안전보고서의 작성 · 제출(산업안전보건법 제44조)
③ 중대재해 원인조사(산업안전보건법 제56조)
④ 유해위험방지계획서의 작성 · 제출(산업안전보건법 제42조)
⑤ 안전보건표지의 설치 · 부착(산업안전보건법 제37조)

해설

산안법은 제4장 유해 · 위험 방지 조치 중 사업주의 의무로 ① 위험성평가의 실시(산안법 제36조), ② 공정안전보고서의 작성 · 제출(산안법 제44조), ④ 유해위험방지계획서의 작성 · 제출(산안법 제42조), ⑤ 안전보건 표지의 설치 · 부착(산안법 제37조) 등을 규정하고 있으나, ③ 중대재해 원인조사(산안법 제56조)는 고용노동부장관의 권한으로 규정하고 있다.

답 ❸

073 산업안전보건법령에 관한 설명으로 옳지 않은 것은? 22 노무

CHECK ○△×

① 직업성 질병자가 동시에 2명 발생한 재해는 중대재해에 해당한다.
② 사업주는 전기, 열, 그 밖의 에너지에 의한 위험으로 인한 산업재해를 예방하기 위하여 필요한 조치를 하여야 한다.
③ 사업주는 산업재해가 발생할 급박한 위험이 있을 때에는 즉시 작업을 중지시키고 근로자를 작업장소에서 대피시키는 등 안전 및 보건에 관하여 필요한 조치를 하여야 한다.
④ 사업주는 산업재해 예방을 위한 조치를 할 수 있는 능력을 갖춘 사업주에게 도급하여야 한다.
⑤ 사업주는 산업안전보건법과 이 법에 따른 명령의 요지 및 안전보건관리규정을 각 사업장의 근로자가 쉽게 볼 수 있는 장소에 게시하거나 갖추어 두어 근로자에게 널리 알려야 한다.

해설

① (×) 산안법 시행규칙 제3조 제3호에 의하면 직업성 질병자가 동시에 10명 이상 발생한 경우의 재해를 중대재해라고 한다.
② (O) 산안법 제38조 제1항 제3호
③ (O) 산안법 제51조
④ (O) 산안법 제61조
⑤ (O) 산안법 제34조

정의(산안법 제2조)

이 법에서 사용하는 용어의 뜻은 다음과 같다.

2. "중대재해"란 산업재해 중 사망 등 재해 정도가 심하거나 다수의 재해자가 발생한 경우로서 고용노동부령으로 정하는 재해를 말한다.

중대재해의 범위(산안법 시행규칙 제3조)

법 제2조 제2호에서 "고용노동부령으로 정하는 재해"란 다음 각 호의 어느 하나에 해당하는 재해를 말한다.

1. 사망자가 1명 이상 발생한 재해
2. 3개월 이상의 요양이 필요한 부상자가 동시에 2명 이상 발생한 재해
3. 부상자 또는 직업성 질병자가 동시에 10명 이상 발생한 재해

답 ❶

074 산업안전보건법상 작업중지에 관한 설명으로 옳지 않은 것은?

21 노무

CHECK ○△×

① 사업주는 산업재해가 발생할 급박한 위험이 있을 때에는 즉시 작업을 중지시키고 근로자를 작업장소에서 대피시키는 등 안전 및 보건에 관하여 필요한 조치를 하여야 한다.
② 근로자는 산업재해가 발생할 급박한 위험이 있는 경우에는 작업을 중지하고 대피할 수 있다.
③ 사업주는 중대재해가 발생하였을 때에는 즉시 해당 작업을 중지시키고 근로자를 작업장소에서 대피시키는 등 안전 및 보건에 관하여 필요한 조치를 하여야 한다.
④ 중대재해 발생으로 작업이 중지된 경우, 사업주는 작업중지 해제에 관한 전문가 등으로 구성된 심의위원회의 심의를 거쳐 작업중지를 해제하여야 한다.
⑤ 사업주는 산업재해가 발생할 급박한 위험이 있다고 근로자가 믿을 만한 합리적인 이유가 있을 때에는 작업을 중지하고 대피한 근로자에 대하여 해고나 그 밖의 불리한 처우를 해서는 아니 된다.

해설

① (○) 산안법 제51조
② (○) 산안법 제52조 제1항
③ (○) 산안법 제54조 제1항
④ (×) 고용노동부장관은 사업주가 작업중지의 해제를 요청한 경우에는 작업중지 해제에 관한 전문가 등으로 구성된 심의위원회의 심의를 거쳐 고용노동부령으로 정하는 바에 따라 작업중지를 해제하여야 한다(산안법 제55조 제3항).
⑤ (○) 산안법 제52조 제4항

답 ❹

075 산업안전보건법상 작업중지에 대한 설명으로 옳지 않은 것은?

18 국가직 7급

CHECK ○△×

① 사업주는 산업재해가 발생할 급박한 위험이 있을 때에는 근로자의 동의를 얻어 작업을 중지시키고 근로자를 작업장소에서 대피시키는 등 안전 및 보건에 관하여 필요한 조치를 하여야 한다.
② 근로자는 산업재해가 발생할 급박한 위험이 있을 때 작업을 중지하고 대피할 권리를 가진다.
③ 근로자는 산업재해가 발생할 급박한 위험으로 인하여 작업을 중지하고 대피하였을 때에는 지체없이 그 사실을 관리감독자 또는 그 밖에 부서의 장에게 보고하여야 한다.
④ 사업주는 산업재해가 발생할 급박한 위험이 있다고 믿을 만한 합리적인 근거가 있을 때에는 작업을 중지하고 대피한 근로자에 대하여 이를 이유로 해고를 하여서는 아니 된다.

해설

① (×) 사업주는 산업재해가 발생할 급박한 위험이 있을 때에는 즉시 작업을 중지시키고 근로자를 작업장소에서 대피시키는 등 안전 및 보건에 관하여 필요한 조치를 하여야 한다(산안법 제51조).
② (○) 근로자는 산업재해가 발생할 급박한 위험이 있는 경우에는 작업을 중지하고 대피할 수 있다(산안법 제52조 제1항).
③ (○) 산안법 제52조 제2항
④ (○) 산안법 제52조 제4항

답 ❶

076 산업안전보건법상 산업안전보건위원회에서 심의·의결할 사항이 아닌 것은?

18 국가직 7급

CHECK ○△×

① 경미한 산업재해의 원인 조사에 관한 사항
② 유해한 기계·기구를 도입한 경우 안전·보건조치에 관한 사항
③ 근로자의 건강진단 등 건강관리에 관한 사항
④ 작업환경측정 등 작업환경의 점검 및 개선에 관한 사항

해설

① (×), ② (○), ③ (○), ④ (○)
경미한 산업재해의 원인 조사에 관한 사항은 산안법 제24조 제2항에서 정한 산업안전보건위원회의 심의·의결사항에 해당하지 아니한다.

산업안전보건위원회(산안법 제24조)

① 사업주는 사업장의 안전 및 보건에 관한 중요 사항을 심의·의결하기 위하여 사업장에 근로자위원과 사용자위원이 같은 수로 구성되는 산업안전보건위원회를 구성·운영하여야 한다.
② 사업주는 다음 각 호의 사항에 대해서는 제1항에 따른 산업안전보건위원회(이하 "산업안전보건위원회")의 심의·의결을 거쳐야 한다.
1. 제15조 제1항 제1호부터 제5호까지 및 제7호에 관한 사항
   1호. 사업장의 산업재해 예방계획의 수립에 관한 사항
   2호. 제25조 및 제26조에 따른 안전보건관리규정의 작성 및 변경에 관한 사항
   3호. 제29조에 따른 안전보건교육에 관한 사항
   4호. 작업환경측정 등 작업환경의 점검 및 개선에 관한 사항
   5호. 제129조부터 제132조까지에 따른 근로자의 건강진단 등 건강관리에 관한 사항
2. 제15조 제1항 제6호에 따른 사항 중 중대재해에 관한 사항
3. 유해하거나 위험한 기계·기구·설비를 도입한 경우 안전 및 보건 관련 조치에 관한 사항
4. 그 밖에 해당 사업장 근로자의 안전 및 보건을 유지·증진시키기 위하여 필요한 사항

답 ❶

077 산업안전보건법상 안전보건관리규정에 대한 설명으로 옳지 않은 것은?

19 국가직 7급

CHECK ○△×

① 사업주는 사업장의 안전·보건을 유지하기 위하여 안전보건관리규정을 작성하여야 한다.
② 산업안전보건위원회가 설치되어 있는 사업장의 사업주가 안전보건관리규정을 작성하거나 변경할 때에는 산업안전보건위원회의 심의·의결을 거쳐야 한다.
③ 산업안전보건위원회가 설치되어 있지 아니한 사업장의 사업주가 안전보건관리규정을 작성하거나 변경할 때에는 근로자 과반수의 의견을 들어야 한다.
④ 안전보건관리규정은 해당 사업장에 적용되는 단체협약 및 취업규칙에 반할 수 없다.

해설

① (○) 산안법 제25조 제1항
② (○)·③ (×) 사업주는 안전보건관리규정을 작성하거나 변경할 때에는 산업안전보건위원회의 심의·의결을 거쳐야 한다.❷ 다만, 산업안전보건위원회가 설치되어 있지 아니한 사업장의 경우에는 근로자대표의 동의를 받아야 한다❸(산안법 제26조).
④ (○) 산안법 제25조 제2항

안전보건관리규정의 작성(산안법 제25조)

① 사업주는 사업장의 안전 및 보건을 유지하기 위하여 다음 각 호의 사항이 포함된 안전보건관리규정을 작성하여야 한다.

1. 안전 및 보건에 관한 관리조직과 그 직무에 관한 사항
2. 안전보건교육에 관한 사항
3. 작업장의 안전 및 보건 관리에 관한 사항
4. 사고 조사 및 대책 수립에 관한 사항
5. 그 밖에 안전 및 보건에 관한 사항

② 제1항에 따른 안전보건관리규정(이하 "안전보건관리규정")은 단체협약 또는 취업규칙에 반할 수 없다. 이 경우 안전보건관리규정 중 단체협약 또는 취업규칙에 반하는 부분에 관하여는 그 단체협약 또는 취업규칙으로 정한 기준에 따른다.

답 ❸

078 산업안전보건법상 산업안전보건위원회에 대한 설명으로 옳지 않은 것은?

19 국가직 7급

CHECK ○△×

① 사업주와 근로자는 산업안전보건위원회가 심의·의결한 사항을 성실하게 이행하여야 하고, 이를 위반한 자는 벌금에 처한다.

② 산업안전보건위원회는 사업장의 안전 및 보건에 관한 중요 사항을 심의·의결한다.

③ 산업안전보건위원회는 근로자와 사용자가 같은 수로 구성되어야 한다.

④ 산업안전보건위원회는 취업규칙에 반하는 내용으로 심의·의결해서는 아니 된다.

해설

① (×) 산안법 제24조 제4항, 제175조 제5항 제1호 참조

산업안전보건위원회(산안법 제24조)

④ 사업주와 근로자는 제2항에 따라 산업안전보건위원회가 심의·의결한 사항을 성실하게 이행하여야 한다.

과태료(산안법 제175조)

⑤ 다음 각 호의 어느 하나에 해당하는 자에게는 500만원 이하의 과태료를 부과한다.

1. 제15조 제1항, 제16조 제1항, 제17조 제1항·제3항, 제18조 제1항·제3항, 제19조 제1항 본문, 제22조 제1항 본문, 제24조 제1항·제4항, 제25조 제1항, 제26조, 제29조 제1항·제2항(제166조의2에서 준용하는 경우를 포함한다), 제31조 제1항, 제32조 제1항(제1호부터 제4호까지의 경우만 해당한다), 제37조 제1항, 제44조 제2항, 제49조 제2항, 제50조 제3항, 제62조 제1항, 제66조, 제68조 제1항, 제75조 제6항, 제77조 제2항, 제90조 제1항, 제94조 제2항, 제122조 제2항, 제124조 제1항(증명자료의 제출은 제외한다), 제125조 제7항, 제132조 제2항, 제137조 제3항 또는 제145조 제1항을 위반한 자

② (○)·③ (○) 사업주는 사업장의 안전 및 보건에 관한 중요 사항을 심의·의결하기 위하여❷ 사업장에 근로자위원과 사용자위원이 같은 수로 구성되는 산업안전보건위원회를 구성·운영하여야 한다❸(산안법 제24조 제1항).

④ (○) 산업안전보건위원회는 이 법, 이 법에 따른 명령, 단체협약, 취업규칙 및 안전보건관리규정에 반하는 내용으로 심의·의결해서는 아니 된다(산안법 제24조 제5항).

답 ❶

079 산업안전보건법령상 안전보건관리체제에 대한 설명으로 옳지 않은 것은?

20 국가직 7급

CHECK ○△×

① 상시 근로자 300명 미만을 사용하는 모든 사업장의 사업주는 사업장의 안전관리자를 두는 대신 안전관리전문기관에 안전관리자의 업무를 위탁하여 운영할 수 있다.

② 산업재해의 원인 조사 및 재발 방지대책 수립에 관한 사항 중 중대재해에 관한 사항은 산업안전보건위원회에서 심의·의결을 거쳐야 한다.

③ 사업주가 근로자의 건강관리나 그 밖에 보건관리자의 업무를 지도하기 위하여 사업장에 산업보건의를 두어야 하는 경우라도 의료법 제2조에 따른 의사를 보건관리자로 둔 경우에는 산업보건의를 두지 않아도 된다.

④ 사업주는 사업장을 실질적으로 총괄하여 관리하는 사람에게 해당 사업장의 산업안전보건법 제129조부터 제132조까지에 따른 근로자의 건강진단 등 건강관리에 관한 사항의 업무를 총괄하여 관리하도록 하여야 한다.

해설

① (×) 산안법 제17조 제5항, 동법 시행령 제19조 제1항 참조

> **안전관리자(산안법 제17조)**
>
> ⑤ 대통령령으로 정하는 사업의 종류 및 사업장의 상시근로자 수에 해당하는 사업장의 사업주는 제21조에 따라 지정받은 안전관리 업무를 전문적으로 수행하는 기관(이하 "안전관리전문기관")에 안전관리자의 업무를 위탁할 수 있다.
>
> **안전관리자 업무의 위탁 등(산안법 시행령 제19조)**
>
> ① 법 제17조 제5항에서 "대통령령으로 정하는 사업의 종류 및 사업장의 상시근로자 수에 해당하는 사업장"이란 건설업을 제외한 사업으로서 상시근로자 300명 미만을 사용하는 사업장을 말한다.

② (○) 산안법 제24조 제2항 제2호

③ (○) 산안법 제22조 제1항

④ (○) 산안법 제15조 제1항 제5호

> **안전보건관리책임자(산안법 제15조)**
>
> ① 사업주는 사업장을 실질적으로 총괄하여 관리하는 사람에게 해당 사업장의 다음 각 호의 업무를 총괄하여 관리하도록 하여야 한다.
>
> 1. 사업장의 산업재해 예방계획의 수립에 관한 사항
> 2. 제25조 및 제26조에 따른 안전보건관리규정의 작성 및 변경에 관한 사항
> 3. 제29조에 따른 안전보건교육에 관한 사항
> 4. 작업환경측정 등 작업환경의 점검 및 개선에 관한 사항
> 5. 제129조부터 제132조까지에 따른 근로자의 건강진단 등 건강관리에 관한 사항
> 6. 산업재해의 원인 조사 및 재발 방지대책 수립에 관한 사항
> 7. 산업재해에 관한 통계의 기록 및 유지에 관한 사항
> 8. 안전장치 및 보호구 구입 시 적격품 여부 확인에 관한 사항
> 9. 그 밖에 근로자의 유해·위험 방지조치에 관한 사항으로서 고용노동부령으로 정하는 사항
>
> ② 제1항 각 호의 업무를 총괄하여 관리하는 사람(이하 "안전보건관리책임자")은 제17조에 따른 안전관리자와 제18조에 따른 보건관리자를 지휘·감독한다.

답 ❶

080 CHECK ○△×

산업안전보건법령상 고용노동부장관이 산업재해를 예방하기 위하여 산업재해 발생건수, 재해율 또는 그 순위 등을 공표하여야 하는 사업장에 해당하는 것만을 모두 고르면? 20 국가직 7급

ㄱ. 산업안전보건법 제57조 제1항을 위반하여 산업재해발생 사실을 은폐한 사업장
ㄴ. 산업안전보건법 제57조 제3항에 따른 산업재해의 발생에 관한 보고를 최근 5년 이내 3회 이상 하지 않은 사업장
ㄷ. 산업재해로 인한 사망자가 연간 2명 이상 발생한 사업장
ㄹ. 사망만인율(사망재해자 수를 연간 상시근로자 1만명 당 발생하는 사망재해자 수로 환산한 것을 말한다)이 규모별 같은 업종의 평균 사망만인율 이상인 사업장

① ㄱ, ㄴ
② ㄴ, ㄷ
③ ㄱ, ㄷ, ㄹ
④ ㄴ, ㄷ, ㄹ

해설

ㄱ. (○), ㄴ. (×), ㄷ. (○), ㄹ. (○)
ㄱ. 산업안전보건법 제57조 제1항을 위반하여 산업재해발생 사실을 은폐한 사업장, ㄷ. 산업재해로 인한 사망자가 연간 2명 이상 발생한 사업장, ㄹ. 사망만인율(사망재해자 수를 연간 상시근로자 1만명 당 발생하는 사망재해자 수로 환산한 것)이 규모별 같은 업종의 평균 사망만인율 이상인 사업장 등이 산안법 제10조 제1항, 동법 시행령 제10조 제1항에 의한 공표대상 사업장에 해당한다.

산업재해 발생건수 등의 공표(산안법 제10조)
① 고용노동부장관은 산업재해를 예방하기 위하여 대통령령으로 정하는 사업장의 근로자 산업재해 발생건수, 재해율 또는 그 순위 등(이하 "산업재해발생건수등")을 공표하여야 한다.

공표대상 사업장(산안법 시행령 제10조)
① 법 제10조 제1항에서 "대통령령으로 정하는 사업장"이란 다음 각 호의 어느 하나에 해당하는 사업장을 말한다.
1. 산업재해로 인한 사망자(이하 "사망재해자")가 연간 2명 이상 발생한 사업장
2. 사망만인율(死亡萬人率 : 연간 상시근로자 1만명당 발생하는 사망재해자 수의 비율을 말한다)이 규모별 같은 업종의 평균 사망만인율 이상인 사업장
3. 법 제44조 제1항 전단에 따른 중대산업사고가 발생한 사업장
4. 법 제57조 제1항을 위반하여 산업재해 발생 사실을 은폐한 사업장
5. 법 제57조 제3항에 따른 산업재해의 발생에 관한 보고를 최근 3년 이내 2회 이상 하지 않은 사업장

답 ③

081 산업안전보건법상 산업안전지도사 또는 산업보건지도사가 다른 사람에게 자기의 성명이나 사무소의 명칭을 사용하여 그 직무를 수행하게 하거나 자격증·등록증을 대여한 경우에 적용되는 벌칙은?

CHECK ○△×

21 국가직 7급

① 500만원 이하의 벌금
② 1천만원 이하의 벌금
③ 1년 이하의 징역 또는 1천만원 이하의 벌금
④ 3년 이하의 징역 또는 3천만원 이하의 벌금

해설

다른 사람에게 자기의 성명이나 사무소의 명칭을 사용하여 그 직무를 수행하게 하거나 자격증·등록증을 대여한 산업안전지도사 또는 산업보건지도사는 산안법 제170조 제7호에 의하여 1년 이하의 징역 또는 1천만원 이하의 벌금에 처한다.

답 ❸

082 산업안전보건법상 도급인의 안전조치 및 보건조치 등에 대한 설명으로 옳지 않은 것은?

CHECK ○△×

21 국가직 7급

① 관계수급인이란 도급이 여러 단계에 걸쳐 체결된 경우에 각 단계별로 도급받은 사업주 전부를 말한다.
② 도급인은 관계수급인 근로자가 도급인의 사업장에서 작업을 하는 경우에 자신의 근로자와 관계수급인 근로자의 산업재해를 예방하기 위하여, 보호구 착용의 지시 등 관계수급인 근로자의 작업행동에 관한 직접적인 조치를 하여야 한다.
③ 도급인은 관계수급인 근로자가 도급인의 사업장에서 작업을 하는 경우 도급인과 수급인을 구성원으로 하는 안전 및 보건에 관한 협의체를 구성하고 운영하여야 한다.
④ 붕괴의 위험이 있는 작업으로서 대통령령으로 정하는 작업을 도급하는 자는 그 작업을 수행하는 수급인 근로자의 산업재해를 예방하기 위하여 고용노동부령으로 정하는 바에 따라 해당작업 시작 전에 수급인에게 안전 및 보건에 관한 정보를 문서로 제공하여야 한다.

해설

① (○) 산안법 제2조 제9호
② (×) 도급인은 관계수급인 근로자가 도급인의 사업장에서 작업을 하는 경우에 자신의 근로자와 관계수급인 근로자의 산업재해를 예방하기 위하여 안전 및 보건 시설의 설치 등 필요한 안전조치 및 보건조치를 하여야 한다. 다만, 보호구 착용의 지시 등 관계수급인 근로자의 작업행동에 관한 직접적인 조치는 제외한다(산안법 제63조).
③ (○) 산안법 제64조 제1항 제1호
④ (○) 산안법 제65조 제1항 제3호

도급에 따른 산업재해 예방조치(산안법 제64조)

① 도급인은 관계수급인 근로자가 도급인의 사업장에서 작업을 하는 경우 다음 각 호의 사항을 이행하여야 한다.

1. 도급인과 수급인을 구성원으로 하는 안전 및 보건에 관한 협의체의 구성 및 운영
2. 작업장 순회점검
3. 관계수급인이 근로자에게 하는 제29조 제1항부터 제3항까지의 규정에 따른 안전보건교육을 위한 장소 및 자료의 제공 등 지원
4. 관계수급인이 근로자에게 하는 제29조 제3항에 따른 안전보건교육의 실시 확인
5. 다음 각 목의 어느 하나의 경우에 대비한 경보체계 운영과 대피방법 등 훈련
   가. 작업 장소에서 발파작업을 하는 경우
   나. 작업 장소에서 화재·폭발, 토사·구축물 등의 붕괴 또는 지진 등이 발생한 경우
6. 위생시설 등 고용노동부령으로 정하는 시설의 설치 등을 위하여 필요한 장소의 제공 또는 도급인이 설치한 위생시설 이용의 협조
7. 같은 장소에서 이루어지는 도급인과 관계수급인 등의 작업에 있어서 관계수급인 등의 작업시기·내용, 안전조치 및 보건조치 등의 확인
8. 제7호에 따른 확인 결과 관계수급인 등의 작업 혼재로 인하여 화재·폭발 등 대통령령으로 정하는 위험이 발생할 우려가 있는 경우 관계수급인 등의 작업시기·내용 등의 조정

② 제1항에 따른 도급인은 고용노동부령으로 정하는 바에 따라 자신의 근로자 및 관계수급인 근로자와 함께 정기적으로 또는 수시로 작업장의 안전 및 보건에 관한 점검을 하여야 한다.

도급인의 안전 및 보건에 관한 정보 제공 등(산안법 제65조)

① 다음 각 호의 작업을 도급하는 자는 그 작업을 수행하는 수급인 근로자의 산업재해를 예방하기 위하여 고용노동부령으로 정하는 바에 따라 해당 작업 시작 전에 수급인에게 안전 및 보건에 관한 정보를 문서로 제공하여야 한다.

1. 폭발성·발화성·인화성·독성 등의 유해성·위험성이 있는 화학물질 중 고용노동부령으로 정하는 화학물질 또는 그 화학물질을 포함한 혼합물을 제조·사용·운반 또는 저장하는 반응기·증류탑·배관 또는 저장탱크로서 고용노동부령으로 정하는 설비를 개조·분해·해체 또는 철거하는 작업
2. 제1호에 따른 설비의 내부에서 이루어지는 작업
3. 질식 또는 붕괴의 위험이 있는 작업으로서 대통령령으로 정하는 작업

답 ❷

083 산업안전보건법상 건설업 등의 산업재해 예방에 대한 설명으로 옳지 않은 것은? 21 국가직 7급

CHECK ○△×

① 건설공사발주자 또는 건설공사도급인은 설계도서 등에 따라 산정된 공사기간을 단축해서는 아니 된다.

② 건설공사발주자는 산업안전보건관리비의 효율적인 사용을 위하여 건설공사의 진척 정도에 따른 사용비율 등 기준을 정할 수 있다.

③ 건설공사발주자는 건설공사발주자에게 책임이 있는 사유로 시공이 중단됨으로 인해 건설공사가 지연되어 해당 건설공사 도급인이 산업재해 예방을 위하여 공사기간의 연장을 요청하는 경우에는 특별한 사유가 없으면 공사기간을 연장하여야 한다.

④ 2개 이상의 건설공사를 도급한 건설공사발주자는 그 2개 이상의 건설공사가 같은 장소에서 행해지는 경우에 작업의 혼재로 인하여 발생할 수 있는 산업재해를 예방하기 위하여 대통령령이 정하는 바에 따라 건설공사 현장에 안전보건조정자를 두어야 한다.

해설

① (O) 산안법 제69조 제1항

② (×) 산안법 제72조 제2항 참조

> **건설공사 등의 산업안전보건관리비 계상 등(산안법 제72조)**
>
> ② 고용노동부장관은 산업안전보건관리비의 효율적인 사용을 위하여 다음 각 호의 사항을 정할 수 있다.
>
> 1. 사업의 규모별·종류별 계상 기준
> 2. 건설공사의 진척 정도에 따른 사용비율 등 기준
> 3. 그 밖에 산업안전보건관리비의 사용에 필요한 사항

③ (O) 산안법 제70조 제1항 참조

> **건설공사 기간의 연장(산안법 제70조)**
>
> ① 건설공사발주자는 다음 각 호의 어느 하나에 해당하는 사유로 건설공사가 지연되어 해당 건설공사도급인이 산업재해 예방을 위하여 공사기간의 연장을 요청하는 경우에는 특별한 사유가 없으면 공사기간을 연장하여야 한다.
>
> 1. 태풍·홍수 등 악천후, 전쟁·사변, 지진, 화재, 전염병, 폭동, 그 밖에 계약 당사자가 통제할 수 없는 사태의 발생 등 불가항력의 사유가 있는 경우
> 2. 건설공사발주자에게 책임이 있는 사유로 착공이 지연되거나 시공이 중단된 경우

④ (O) 산안법 제68조 제1항

답 ❷

084 산업안전보건법령상 보건관리자의 업무에 해당하지 않는 것은?

22 국가직 7급

CHECK ○△×

① 산업안전보건위원회 또는 노사협의체에서 심의·의결한 업무와 안전보건관리규정 및 취업규칙에서 정한 업무

② 사업장 순회점검, 지도 및 조치 건의

③ 산업재해 발생의 원인 조사·분석 및 재발 방지를 위한 기술적 보좌 및 지도·조언

④ 공정안전보고서의 작성 및 고용노동부장관에게 공정안전 보고서의 제출

해설

① (○), ② (○), ③ (○), ④ (×)

① 산업안전보건위원회 또는 노사협의체에서 심의·의결한 업무와 안전보건관리규정 및 취업규칙에서 정한 업무, ② 사업장 순회점검, 지도 및 조치 건의, ③ 산업재해 발생의 원인 조사·분석 및 재발 방지를 위한 기술적 보좌 및 지도·조언 등은 산안법 시행령 제22조 제1항에 의한 보건관리자의 업무에 해당하나, ④ 공정안전보고서의 작성 및 고용노동부장관에게 공정안전 보고서의 제출은 산안법 제44조 제1항이 규정한 사업주의 의무이다.

보건관리자의 업무 등(산안법 시행령 제22조)

① 보건관리자의 업무는 다음 각 호와 같다.

1. 산업안전보건위원회 또는 노사협의체에서 심의·의결한 업무와 안전보건관리규정 및 취업규칙에서 정한 업무
2. 안전인증대상기계등과 자율안전확인대상기계등 중 보건과 관련된 보호구(保護具) 구입 시 적격품 선정에 관한 보좌 및 지도·조언
3. 법 제36조에 따른 위험성평가에 관한 보좌 및 지도·조언
4. 법 제110조에 따라 작성된 물질안전보건자료의 게시 또는 비치에 관한 보좌 및 지도·조언
5. 제31조 제1항에 따른 산업보건의의 직무(보건관리자가 [별표 6] 제2호에 해당하는 사람인 경우로 한정)
6. 해당 사업장 보건교육계획의 수립 및 보건교육 실시에 관한 보좌 및 지도·조언
7. 해당 사업장의 근로자를 보호하기 위한 다음 각 목의 조치에 해당하는 의료행위(보건관리자가 [별표 6] 제2호 또는 제3호에 해당하는 경우로 한정)
   가. 자주 발생하는 가벼운 부상에 대한 치료
   나. 응급처치가 필요한 사람에 대한 처치
   다. 부상·질병의 악화를 방지하기 위한 처치
   라. 건강진단 결과 발견된 질병자의 요양 지도 및 관리
   마. 가목부터 라목까지의 의료행위에 따르는 의약품의 투여
8. 작업장 내에서 사용되는 전체 환기장치 및 국소 배기장치 등에 관한 설비의 점검과 작업방법의 공학적 개선에 관한 보좌 및 지도·조언
9. 사업장 순회점검, 지도 및 조치 건의
10. 산업재해 발생의 원인 조사·분석 및 재발 방지를 위한 기술적 보좌 및 지도·조언
11. 산업재해에 관한 통계의 유지·관리·분석을 위한 보좌 및 지도·조언
12. 법 또는 법에 따른 명령으로 정한 보건에 관한 사항의 이행에 관한 보좌 및 지도·조언
13. 업무 수행 내용의 기록·유지
14. 그 밖에 보건과 관련된 작업관리 및 작업환경관리에 관한 사항으로서 고용노동부장관이 정하는 사항

답 ④

085 산업안전보건법령상 중대재해 및 유해·위험작업 등에 대한 설명으로 옳지 않은 것은?

CHECK ○△×

22 국가직 7급

① 3개월 이상의 요양이 필요한 부상자가 동시에 2명 이상 발생한 산업재해는 중대재해에 해당한다.
② 사업주는 잠함 또는 잠수 작업 등 높은 기압에서 하는 작업에 종사하는 근로자에게는 1일 6시간, 1주 34시간을 초과하여 근로하게 해서는 아니 된다.
③ 사업주는 유해하거나 위험한 작업으로서 상당한 지식이나 숙련도가 요구되는 고용노동부령으로 정하는 작업의 경우 그 작업에 필요한 자격·면허·경험 또는 기능을 가진 근로자가 아닌 사람에게 그 작업을 하게 해서는 아니 된다.
④ 건설공사의 건설공사도급인이 해당 건설공사 현장에 근로자위원과 사용자위원이 같은 수로 구성되는 안전 및 보건에 관한 협의체를 구성하는 경우 이 노사협의체의 정기회의는 3개월마다 위원장이 소집하며, 임시회의는 위원장이 필요하다고 인정할 때에 소집한다.

해설

① (O) 산안법 시행규칙 제3조 참조

> **중대재해의 범위(산안법 제3조)**
> 법 제2조 제2호에서 "고용노동부령으로 정하는 재해"란 다음 각 호의 어느 하나에 해당하는 재해를 말한다.
> 1. 사망자가 1명 이상 발생한 재해
> 2. 3개월 이상의 요양이 필요한 부상자가 동시에 2명 이상 발생한 재해
> 3. 부상자 또는 직업성 질병자가 동시에 10명 이상 발생한 재해

② (O) 산안법 제139조 제1항, 동법 시행령 제99조 제1항
③ (O) 산안법 제140조 제1항
④ (X) 산안법 제75조 제1항, 동법 시행령 제65조 제1항 참조

> **안전 및 보건에 관한 협의체 등의 구성·운영에 관한 특례(산안법 제75조)**
> ① 대통령령으로 정하는 규모의 건설공사의 건설공사도급인은 해당 건설공사 현장에 근로자위원과 사용자위원이 같은 수로 구성되는 안전 및 보건에 관한 협의체(이하 "노사협의체")를 대통령령으로 정하는 바에 따라 구성·운영할 수 있다.
>
> **노사협의체의 운영 등(산안법 시행령 제65조)**
> ① 노사협의체의 회의는 정기회의와 임시회의로 구분하여 개최하되, 정기회의는 2개월마다 노사협의체의 위원장이 소집하며, 임시회의는 위원장이 필요하다고 인정할 때에 소집한다.

답 ④

제4절 직업안정법

최신유형

086 직업안정법에 관한 설명으로 옳지 않은 것은? 25 노무

CHECK ○△×

① 「노동조합 및 노동관계조정법」에 따른 노동조합은 국내 근로자공급사업의 허가를 받을 수 없다.
② 직업소개사업자는 「공중위생관리법」의 숙박업을 경영할 수 없다.
③ 근로자공급사업에는 「파견근로자 보호 등에 관한 법률」에 따른 근로자파견사업은 제외된다.
④ 직업안정기관의 장은 구인신청의 수리(受理)를 거부하여서는 안 되지만, 구인신청의 내용이 법령을 위반한 경우에는 그러하지 아니하다.
⑤ 무료직업소개사업을 하는 자가 18세 미만의 구직자를 소개하는 경우에는 친권자나 후견인의 취업동의서를 받아야 한다.

해설

① (×) 국내 근로자공급사업의 경우는 노동조합 및 노동관계조정법에 따른 노동조합이 고용노동부장관의 허가를 받을 수 있다(직안법 제33조 제3항 제1호).
② (○) 직업소개사업자(법인의 임원도 포함) 또는 그 종사자는 공중위생관리법의 숙박업을 경영할 수 없다(직안법 제26조 제2호).
③ (○) "근로자공급사업"이란 공급계약에 따라 근로자를 타인에게 사용하게 하는 사업을 말한다. 다만, 파견근로자보호 등에 관한 법률에 따른 근로자파견사업은 제외한다(직안법 제2조의2 제7호).
④ (○) 직안법 제8조 제1호
⑤ (○) 무료직업소개사업 또는 유료직업소개사업을 하는 자와 그 종사자는 구직자의 연령을 확인하여야 하며, 18세 미만의 구직자를 소개하는 경우에는 친권자나 후견인의 취업동의서를 받아야 한다(직안법 제21조의3 제1항).

답 ①

087 직업안정법상 직업소개에 관한 설명으로 옳지 않은 것은? 24 노무

CHECK ○△×

① 국외 무료직업소개사업을 하려는 자는 고용노동부장관에게 신고하여야 한다.
② 근로복지공단이 업무상 재해를 입은 근로자를 대상으로 하는 직업소개의 경우 신고를 하지 아니하고 무료직업소개사업을 할 수 있다.
③ 국내 유료직업소개사업을 하려는 자는 고용노동부장관에게 등록하여야 한다.
④ 유료직업소개사업을 등록한 자는 그 등록증을 대여하여서는 아니 된다.
⑤ 유료직업소개사업을 하는 자는 구직자에게 제공하기 위하여 구인자로부터 선급금을 받아서는 아니 된다.

해설

① (○) 국내 무료직업소개사업을 하려는 자는 주된 사업소의 소재지를 관할하는 특별자치도지사·시장·군수 및 구청장에게 신고하여야 하고, 국외 무료직업소개사업을 하려는 자는 고용노동부장관에게 신고하여야 한다(직안법 제18조 제1항 전문).
② (○) 직안법 제18조 제4항 제4호

③ (×) 국내 유료직업소개사업을 하려는 자는 주된 사업소의 소재지를 관할하는 특별자치도지사·시장·군수 및 구청장에게 등록하여야 하고, 국외 유료직업소개사업을 하려는 자는 고용노동부장관에게 등록하여야 한다(직안법 제19조 제1항 전문).

④ (○) 유료직업소개사업을 등록한 자는 타인에게 자기의 성명 또는 상호를 사용하여 직업소개사업을 하게 하거나 그 등록증을 대여하여서는 아니 된다(직안법 제21조).

⑤ (○) 등록을 하고 유료직업소개사업을 하는 자 및 그 종사자는 구직자에게 제공하기 위하여 구인자로부터 선급금을 받아서는 아니 된다(직안법 제21조의2).

답 ❸

088 직업안정법에 관한 설명으로 옳지 않은 것은?

22 노무

CHECK ○△×

① 직업안정기관의 장은 구인자가 구인조건을 밝히기를 거부하는 경우 구인신청의 수리(受理)를 거부할 수 있다.

② 직업안정기관의 장은 통근할 수 있는 지역에서 구직자에게 그 희망과 능력에 알맞은 직업을 소개할 수 없을 경우에는 광범위한 지역에 걸쳐 직업소개를 할 수 있다.

③ 한국장애인고용공단이 장애인을 대상으로 하는 직업소개의 경우에는 신고를 하지 아니하고 무료직업소개사업을 할 수 있다.

④ 유료직업소개사업의 등록을 하고 유료직업소개사업을 하는 자는 구직자에게 제공하기 위하여 구인자로부터 선급금을 받을 수 있다.

⑤ 근로자를 고용하려는 자는 광고, 문서 또는 정보통신망 등 다양한 매체를 활용하여 자유롭게 근로자를 모집할 수 있다.

해설

① (○) 직안법 제8조 제3호

② (○) 직업안정기관의 장은 통근할 수 있는 지역에서 구직자에게 그 희망과 능력에 알맞은 직업을 소개할 수 없을 경우 또는 구인자가 희망하는 구직자나 구인 인원을 채울 수 없을 경우에는 광범위한 지역에 걸쳐 직업소개를 할 수 있다(직안법 제12조).

③ (○) 직안법 제18조 제4항 제2호

④ (×) 등록을 하고 유료직업소개사업을 하는 자 및 그 종사자는 구직자에게 제공하기 위하여 구인자로부터 선급금을 받아서는 아니 된다(직안법 제21조의2).

⑤ (○) 직안법 제28조

구인의 신청(직안법 제8조)

직업안정기관의 장은 구인신청의 수리(受理)를 거부하여서는 아니 된다. 다만, 다음 각 호의 어느 하나에 해당하는 경우에는 그러하지 아니하다.

1. 구인신청의 내용이 법령을 위반한 경우
2. 구인신청의 내용 중 임금, 근로시간, 그 밖의 근로조건이 통상적인 근로조건에 비하여 현저하게 부적당하다고 인정되는 경우
3. 구인자가 구인조건을 밝히기를 거부하는 경우
4. 구인자가 구인신청 당시 근로기준법 제43조의2에 따라 명단이 공개 중인 체불사업주인 경우

무료직업소개사업(직안법 제18조)

④ 제1항에도 불구하고 다음 각 호의 어느 하나에 해당하는 직업소개의 경우에는 신고를 하지 아니하고 무료직업소개사업을 할 수 있다.

1. 한국산업인력공단법에 따른 한국산업인력공단이 하는 직업소개
2. 장애인고용촉진 및 직업재활법에 따른 한국장애인고용공단이 장애인을 대상으로 하는 직업소개
3. 교육 관계법에 따른 각급 학교의 장, 국민 평생 직업능력 개발법에 따른 공공직업훈련시설의 장이 재학생·졸업생 또는 훈련생·수료생을 대상으로 하는 직업소개
4. 산업재해보상보험법에 따른 근로복지공단이 업무상 재해를 입은 근로자를 대상으로 하는 직업소개

답 ④

089 직업안정법상 근로자공급사업의 허가를 받을 수 있는 자는?

14 노무

CHECK ○△×

① 직업안정법을 위반한 자로서, 벌금형이 확정된 후 2년이 지나지 아니한 자
② 파산선고를 받고 복권되지 아니한 자
③ 금고 이상의 실형을 선고받고 그 집행이 끝나거나 집행을 하지 아니하기로 확정된 날부터 2년이 지나지 아니한 자
④ 금고 이상의 형의 집행유예를 선고받고 그 유예기간이 도과한 후 2년이 지나지 아니한 자
⑤ 근로자공급사업의 허가가 취소된 후 5년이 지나지 아니한 자

해설

① (○), ② (○), ③ (○), ④ (×), ⑤ (○)

직업안정법, 성매매알선 등 행위의 처벌에 관한 법률, 풍속영업의 규제에 관한 법률 또는 청소년 보호법을 위반하거나 직업소개사업과 관련된 행위로 선원법을 위반한 자로서 금고 이상의 형의 집행유예를 선고받고 그 유예기간이 도과한 후 3년이 지나지 아니한 자는 근로자공급사업의 허가를 받을 수 없다(직안법 제38조 제4호 나목). 따라서 위와 같은 법률 위반이 없는 경우 금고 이상의 형의 집행유예를 선고받고 그 유예기간이 도과한 후 2년이 지나지 아니한 자도 근로자공급사업의 허가를 받을 수 있다.

결격사유(직안법 제38조)

다음 각 호의 어느 하나에 해당하는 자는 직업소개사업의 신고·등록을 하거나 근로자공급사업의 허가를 받을 수 없다.

1. 미성년자, 피성년후견인 및 피한정후견인
2. 파산선고를 받고 복권되지 아니한 자
3. 금고 이상의 실형을 선고받고 그 집행이 끝나거나 집행을 하지 아니하기로 확정된 날부터 2년이 지나지 아니한 자
4. 이 법, 성매매알선 등 행위의 처벌에 관한 법률, 풍속영업의 규제에 관한 법률 또는 청소년 보호법을 위반하거나 직업소개사업과 관련된 행위로 선원법을 위반한 자로서 다음 각 목의 어느 하나에 해당하는 자
   가. 금고 이상의 실형을 선고받고 그 집행이 끝나거나 집행을 하지 아니하기로 확정된 날부터 3년이 지나지 아니한 자
   나. 금고 이상의 형의 집행유예를 선고받고 그 유예기간이 끝난 날부터 3년이 지나지 아니한 자
   다. 벌금형이 확정된 후 2년이 지나지 아니한 자
5. 금고 이상의 형의 집행유예를 선고받고 그 유예기간 중에 있는 자
6. 제36조에 따라 해당 사업의 등록이나 허가가 취소된 후 5년이 지나지 아니한 자
7. 임원 중에 제1호부터 제6호까지의 어느 하나에 해당하는 자가 있는 법인

답 ④

090 직업안정법에 관한 설명으로 옳은 것은?

15 노무

CHECK ○△×

① 무료직업소개사업을 하려는 자는 대통령령으로 정하는 비영리법인 또는 공익단체이어야 한다.

② 국내 유료직업소개사업을 하려는 자는 주된 사업소의 소재지를 관할하는 특별자치도지사·시장·군수 및 구청장의 허가를 받아야 한다.

③ 유료직업소개사업을 하는 자는 직업안정법에 따라 타인에게 자기의 성명 또는 상호를 사용하여 직업소개업을 하게 할 수 있다.

④ 노동조합 및 노동관계조정법에 따른 노동조합이 아니더라도 국내 근로자공급사업의 허가를 받을 수 있다.

⑤ 유료직업소개사업을 하는 자는 고용노동부령으로 정하는 고급·전문인력을 소개하는 경우 고용노동부장관이 결정·고시한 요금 외의 금품을 받아서는 아니 된다.

해설

① (○) 무료직업소개사업을 하려는 자는 대통령령으로 정하는 비영리법인 또는 공익단체이어야 한다(직안법 제18조 제2항).

② (×) 유료직업소개사업은 소개대상이 되는 근로자가 취업하려는 장소를 기준으로 하여 국내 유료직업소개사업과 국외 유료직업소개사업으로 구분하되, 국내 유료직업소개사업을 하려는 자는 주된 사업소의 소재지를 관할하는 특별자치도지사·시장·군수 및 구청장에게 등록하여야 하고, 국외 유료직업소개사업을 하려는 자는 고용노동부장관에게 등록하여야 한다(직안법 제19조 제1항).

③ (×) 유료직업소개사업을 등록한 자는 타인에게 자기의 성명 또는 상호를 사용하여 직업소개사업을 하게 하거나 그 등록증을 대여하여서는 아니 된다(직안법 제21조).

④ (×) 노동조합 및 노동관계조정법에 따른 노동조합만이 국내 근로자공급사업의 허가를 받을 수 있다(직안법 제33조 제3항 제1호).

⑤ (×) 유료직업소개사업을 하는 자는 고용노동부장관이 결정·고시한 요금 외의 금품을 받아서는 아니 된다. 다만, 고용노동부령으로 정하는 고급·전문인력을 소개하는 경우에는 당사자 사이에 정한 요금을 구인자로부터 받을 수 있다(직안법 제19조 제3항).

답 ❶

091 직업안정법에 관한 설명으로 옳은 것은?

23 노무

CHECK ○△×

① 고용노동부장관은 직업안정기관에 직업소개, 직업지도 및 고용정보 제공 등의 업무를 담당하는 민간직업상담원을 배치하여야 한다.
② 고용노동부장관은 새로 취업하려는 사람에게 직업지도를 하여야 한다.
③ 누구든지 국외에 취업할 근로자를 모집한 경우에는 고용노동부장관에게 신고하여야 한다.
④ 고용노동부장관은 무료직업소개사업 경비의 전부 또는 일부를 보조하여야 한다.
⑤ 직업안정기관의 장은 구직신청 내용이 법령을 위반한 경우에도 구직신청의 수리를 거부하여서는 아니 된다.

해설

① (×) 고용노동부장관은 직업안정기관에 직업소개, 직업지도 및 고용정보 제공 등의 업무를 담당하는 공무원이 아닌 직업상담원을 배치할 수 있다(직안법 제4조의4 제1항).
② (×) 직업안정기관의 장은 새로 취업하려는 사람에게 직업지도를 하여야 한다(직안법 제14조 제1항 제1호).
③ (○) 직안법 제30조 제1항
④ (×) 고용노동부장관은 무료직업소개사업 경비의 전부 또는 일부를 보조할 수 있다(직안법 제45조).
⑤ (×) 직업안정기관의 장은 구직신청의 수리를 거부하여서는 아니 된다. 다만, 그 신청 내용이 법령을 위반한 경우에는 그러하지 아니하다(직안법 제9조 제1항).

답 ❸

092 직업안정법에 관한 설명으로 옳지 않은 것은?

17 노무

CHECK ○△×

① 직업안정기관의 장은 구인자가 구인조건을 밝히기를 거부하는 경우 구인신청의 수리(受理)를 거부할 수 있다.
② 직업안정기관의 장은 구직자의 취업 기회를 확대하고 산업에 부족한 인력의 수급을 지원하기 위하여 구인·구직의 개척에 노력하여야 한다.
③ 이 법에 따라 등록을 하고 유료직업소개사업을 하는 자 및 그 종사자는 구직자에게 제공하기 위하여 구인자로부터 선급금을 받을 수 있다.
④ 이 법에 따라 무료직업소개사업을 하는 자와 그 종사자는 18세 미만의 구직자를 소개하는 경우 친권자나 후견인의 취업동의서를 받아야 한다.
⑤ 누구든지 고용노동부장관의 허가를 받지 아니하고는 근로자공급사업을 하지 못한다.

해설

① (○) 직업안정기관의 장은 구인신청의 수리를 거부하여서는 아니 되지만, 구인자가 구인조건을 밝히기를 거부하는 경우에는 구인신청의 수리를 거부할 수 있다(직안법 제8조 제3호).
② (○) 직안법 제17조
③ (×) 직업안정법에 따라 등록을 하고 유료직업소개사업을 하는 자 및 그 종사자는 구직자에게 제공하기 위하여 구인자로부터 선급금을 받아서는 아니 된다(직안법 제21조의2).
④ (○) 직안법 제21조의3 제1항
⑤ (○) 직안법 제33조 제1항

답 ❸

093 직업안정법상 근로자공급사업에 관한 설명으로 옳지 않은 것은?

21 노무

CHECK ○△×

① 누구든지 고용노동부장관의 허가를 받지 아니하고는 근로자공급사업을 하지 못한다.
② 근로자공급사업은 공급대상이 되는 근로자가 취업하려는 장소를 기준으로 국내 근로자공급사업과 국외 근로자공급사업으로 구분한다.
③ 파견근로자 보호 등에 관한 법률에 따른 파견사업주는 국내 근로자공급사업의 허가를 받을 수 있다.
④ 국내에서 제조업을 하고 있는 자는 국외 근로자공급사업의 허가를 받을 수 있다.
⑤ 민법에 따른 비영리법인은 연예인을 대상으로 하는 국외 근로자공급사업의 허가를 받을 수 있다.

해설

① (○) 직안법 제33조 제1항
② (○) 직안법 제33조 제3항
③ (×) 국내 근로자공급사업의 허가를 받을 수 있는 자는 노동조합 및 노동관계조정법에 따른 노동조합이다(직안법 제33조 제3항 제1호).
④ (○) 직안법 제33조 제3항 제2호 본문
⑤ (○) 직안법 제33조 제3항 제2호 단서

근로자공급사업(직안법 제33조)

③ 근로자공급사업은 공급대상이 되는 근로자가 취업하려는 장소를 기준으로 국내 근로자공급사업과 국외 근로자공급사업으로 구분하며, 각각의 사업의 허가를 받을 수 있는 자의 범위는 다음 각 호와 같다.
1. 국내 근로자공급사업의 경우는 노동조합 및 노동관계조정법에 따른 노동조합
2. 국외 근로자공급사업의 경우는 국내에서 제조업·건설업·용역업, 그 밖의 서비스업을 하고 있는 자. 다만, 연예인을 대상으로 하는 국외 근로자공급사업의 허가를 받을 수 있는 자는 민법 제32조에 따른 비영리법인으로 한다.

답 ③

094 직업안정법상 용어의 정의로 옳지 않은 것은?

20 노무

CHECK ○△×

① "직업안정기관"이란 직업소개, 직업지도 등 직업안정업무를 수행하는 지방고용노동행정기관을 말한다.

② "직업소개"란 구인 또는 구직의 신청을 받아 구직자 또는 구인자(求人者)를 탐색하거나 구직자를 모집하여 구인자와 구직자 간에 고용계약이 성립되도록 알선하는 것을 말한다.

③ "무료직업소개사업"이란 수수료, 회비 또는 그 밖의 어떠한 금품도 받지 아니하고 하는 직업소개사업을 말한다.

④ "근로자공급사업"이란 근로자파견사업을 포함하여 공급계약에 따라 근로자를 타인에게 사용하게 하는 사업을 말한다.

⑤ "고용서비스"란 구인자 또는 구직자에 대한 고용정보의 제공, 직업소개, 직업지도 또는 직업능력개발 등 고용을 지원하는 서비스를 말한다.

해설

① (○) 직안법 제2조의2 제1호

② (○) 직안법 제2조의2 제2호

③ (○) 직안법 제2조의2 제4호

④ (×) "근로자공급사업"이란 공급계약에 따라 근로자를 타인에게 사용하게 하는 사업을 말한다. 다만, 파견근로자 보호 등에 관한 법률 제2조 제2호에 따른 근로자파견사업은 제외한다(직안법 제2조의2 제7호).

⑤ (○) 직안법 제2조의2 제9호

답 ④

095 직업안정법에 관한 설명으로 옳은 것은?

19 노무

CHECK ○△×

① 국외 무료직업소개사업을 하려는 자는 고용노동부장관의 허가를 받아야 한다.

② 국내 유료직업소개사업을 하려는 자는 주된 사업소의 소재지를 관할하는 관청에 신고하여야 한다.

③ 고용노동부장관에게 등록을 신청하면 누구든지 근로자공급사업을 할 수 있다.

④ 누구든지 성별, 연령, 종교, 신체적 조건, 사회적 신분 또는 혼인 여부 등을 이유로 직업소개 또는 직업지도를 받거나 고용관계를 결정할 때 차별대우를 받지 아니한다.

⑤ 직업안정기관의 장이 필요하다고 인정하면 구직자의 동의가 없어도 직업적성검사를 할 수 있다.

해설

① (×) 국내 무료직업소개사업을 하려는 자는 주된 사업소의 소재지를 관할하는 특별자치도지사·시장·군수 및 구청장에게 신고하여야 하고, 국외 무료직업소개사업을 하려는 자는 고용노동부장관에게 신고하여야 한다(직안법 제18조 제1항).

② (×) 국내 유료직업소개사업을 하려는 자는 주된 사업소의 소재지를 관할하는 특별자치도지사·시장·군수 및 구청장에게 등록하여야 한다(직안법 제19조 제1항).

③ (×) 누구든지 고용노동부장관의 허가를 받지 아니하고는 근로자공급사업을 하지 못한다(직안법 제33조 제1항).

④ (○) 직안법 제2조

⑤ (×) 직업안정기관의 장은 구직자의 요청이 있거나 필요하다고 인정하여 구직자의 동의를 받은 경우에는 직업상담 또는 직업적성검사를 할 수 있다(직안법 제9조 제2항).

답 ④

096 직업안정법상 근로자공급사업에 관한 설명으로 옳지 않은 것은?

18 노무

CHECK ○△×

① 국내에서 용역업을 하고 있는 자는 근로자공급사업의 허가를 받을 수 있다.
② 근로자공급사업에는 파견근로자 보호 등에 관한 법률에 따른 근로자파견사업은 제외한다.
③ 고용노동부장관의 허가를 받지 아니하고는 근로자공급사업을 하지 못한다.
④ 근로자공급사업 연장허가의 유효기간은 연장 전 허가의 유효기간이 끝나는 날부터 3년으로 한다.
⑤ 연예인을 대상으로 하는 국외 근로자공급사업의 허가를 받을 수 있는 자는 민법상 비영리법인으로 한다.

해설

① (×) 근로자공급사업은 공급대상이 되는 근로자가 취업하려는 장소를 기준으로 국내 근로자공급사업과 국외 근로자공급사업으로 구분하며, 국내 근로자공급사업의 경우는 노동조합이, 국외 근로자공급사업의 경우는 국내에서 제조업·건설업·용역업, 그 밖의 서비스업을 하고 있는 자가 사업의 허가를 받을 수 있다(직안법 제33조 제3항).
② (○) 직안법 제2조의2 제7호
③ (○) 직안법 제33조 제1항
④ (○) 직안법 제33조 제2항 후문
⑤ (○) 직안법 제33조 제3항 제2호 단서

답 ❶

097 직업안정법에 관한 설명으로 옳지 않은 것은?

16 노무

CHECK ○△×

① 근로자공급사업이란 공급계약에 따라 근로자를 타인에게 사용하게 하는 것으로서 파견근로자 보호 등에 관한 법률에 따른 근로자파견사업도 포함된다.
② 직업안정기관의 장은 새로 취업하려는 사람에게 직업지도를 하여야 한다.
③ 누구든지 고용노동부장관의 허가를 받지 아니하고는 근로자공급사업을 하지 못한다.
④ 누구든지 국외에 취업할 근로자를 모집한 경우에는 고용노동부장관에게 신고하여야 한다.
⑤ 근로자를 고용하려는 자는 광고, 문서 또는 정보통신망 등 다양한 매체를 활용하여 자유롭게 근로자를 모집할 수 있다.

해설

① (×) 근로자공급사업이란 공급계약에 따라 근로자를 타인에게 사용하게 하는 사업을 말한다. 다만, 파견근로자 보호 등에 관한 법률 제2조 제2호에 따른 근로자파견사업은 제외한다(직안법 제2조의2 제7호).
② (○) 직안법 제14조 제1항 제1호
③ (○) 직안법 제33조 제1항
④ (○) 직안법 제30조 제1항
⑤ (○) 직안법 제28조

답 ❶

제5절 남녀고용평등과 일 · 가정 양립 지원에 관한 법률

098 남녀고용평등과 일 · 가정 양립 지원에 관한 법률의 내용으로 옳지 않은 것은? 24 국가직 7급

CHECK ○△×

① 사업주는 근로자를 모집 · 채용할 때 그 직무의 수행에 필요한 용모 · 키 · 체중 등의 신체적 조건을 제시하거나 요구하여서는 아니 된다.

② 사업주는 여성 근로자의 혼인, 임신 또는 출산을 퇴직 사유로 예정하는 근로계약을 체결하여서는 아니 된다.

③ 사업주는 동일한 사업 내의 동일 가치 노동에 대하여는 동일한 임금을 지급하여야 한다.

④ 사업주는 근로자의 교육 · 배치 및 승진에서 남녀를 차별하여서는 아니 된다.

해설

① (×) 사업주는 근로자를 모집 · 채용할 때 그 직무의 수행에 필요하지 아니한 용모 · 키 · 체중 등의 신체적 조건, 미혼 조건, 그 밖에 고용노동부령으로 정하는 조건을 제시하거나 요구하여서는 아니 되나(고평법 제7조 제2항), 직무의 수행에 필요하다면 이러한 신체적 조건을 제시하거나 요구하는 것도 가능하다고 판단된다.

② (○) 고평법 제11조 제2항

③ (○) 고평법 제8조 제1항

④ (○) 고평법 제10조

답 ❶

099 남녀고용평등과 일 · 가정 양립 지원에 관한 법률에 관한 설명으로 옳지 않은 것은? 24 노무수정

CHECK ○△×

① 사업주는 사업장의 남녀고용평등 이행을 촉진하기 위하여 그 사업장 소속 근로자 중 노사협의회가 추천하는 사람을 명예고용평등감독관으로 위촉하여야 한다.

② 사업주가 동일 가치 노동의 기준을 정할 때에는 노사협의회의 근로자를 대표하는 위원의 의견을 들어야 한다.

③ 사업주가 가족돌봄을 위한 근로시간 단축을 허용하는 경우 단축 후 근로시간은 주당 15시간 이상이어야 하고 30시간을 넘어서는 아니 된다.

④ 사업주는 근로자가 인공수정 등 난임치료를 받기 위하여 휴가를 청구하는 경우에 연간 6일 이내의 휴가를 주어야 하며, 이 경우 최초 2일은 유급으로 한다.

⑤ 사업주는 55세 이상의 근로자에게 은퇴를 준비하기 위한 근로시간 단축을 허용한 경우에 그 근로자가 단축된 근로시간 외에 연장근로를 명시적으로 청구하면 주 12시간 이내에서 연장근로를 시킬 수 있다.

해설

① (×) 고용노동부장관은 사업장의 남녀고용평등 이행을 촉진하기 위하여 그 사업장 소속 근로자 중 노사가 추천하는 사람을 명예고용평등감독관으로 위촉할 수 있다(고평법 제24조 제1항).

② (○) 동일 가치 노동의 기준은 직무 수행에서 요구되는 기술, 노력, 책임 및 작업 조건 등으로 하고, 사업주가 그 기준을 정할 때에는 노사협의회의 근로자를 대표하는 위원의 의견을 들어야 한다(고평법 제8조 제2항).

③ (○) 고평법 제22조의3 제3항

④ (○) 사업주는 근로자가 인공수정 또는 체외수정 등 난임치료를 받기 위하여 휴가를 청구하는 경우에 연간 6일 이내의 휴가를 주어야 하며, 이 경우 최초 2일은 유급으로 한다(고평법 제18조의3 제1항 본문).

⑤ (○) 고평법 제22조의4 제3항, 제22조의3 제1항 제3호

가족돌봄 등을 위한 근로시간 단축(고평법 제22조의3)

① 사업주는 근로자가 다음 각 호의 어느 하나에 해당하는 사유로 근로시간의 단축을 신청하는 경우에 이를 허용하여야 한다. 다만, 대체인력 채용이 불가능한 경우, 정상적인 사업 운영에 중대한 지장을 초래하는 경우 등 대통령령으로 정하는 경우에는 그러하지 아니하다.

1. 근로자가 가족의 질병, 사고, 노령으로 인하여 그 가족을 돌보기 위한 경우
2. 근로자 자신의 질병이나 사고로 인한 부상 등의 사유로 자신의 건강을 돌보기 위한 경우
3. 55세 이상의 근로자가 은퇴를 준비하기 위한 경우
4. 근로자의 학업을 위한 경우

가족돌봄 등을 위한 근로시간 단축 중 근로조건 등(고평법 제22조의4)

① 사업주는 제22조의3에 따라 근로시간 단축을 하고 있는 근로자에게 근로시간에 비례하여 적용하는 경우 외에는 가족돌봄 등을 위한 근로시간 단축을 이유로 그 근로조건을 불리하게 하여서는 아니 된다.

② 제22조의3에 따라 근로시간 단축을 한 근로자의 근로조건(근로시간 단축 후 근로시간을 포함한다)은 사업주와 그 근로자 간에 서면으로 정한다.

③ 사업주는 제22조의3에 따라 근로시간 단축을 하고 있는 근로자에게 단축된 근로시간 외에 연장근로를 요구할 수 없다. 다만, 그 근로자가 명시적으로 청구하는 경우에는 사업주는 주 12시간 이내에서 연장근로를 시킬 수 있다.

④ 근로시간 단축을 한 근로자에 대하여 근로기준법 제2조 제6호에 따른 평균임금을 산정하는 경우에는 그 근로자의 근로시간 단축 기간을 평균임금 산정기간에서 제외한다.

답 ❶

100 남녀고용평등과 일 · 가정 양립 지원에 관한 법률에 대한 설명으로 옳지 않은 것은? 23 국가직 9급

CHECK ○△×

① "직장 내 성희롱"이란 사업주 · 상급자 또는 근로자가 직장 내의 지위를 이용하거나 업무와 관련하여 다른 근로자에게 성적 언동 등으로 성적 굴욕감 또는 혐오감을 느끼게 하거나 성적 언동 또는 그 밖의 요구 등에 따르지 아니하였다는 이유로 근로조건 및 고용에서 불이익을 주는 것을 말한다.

② 남녀고용평등과 일 · 가정 양립 지원에 관한 법률과 관련 분쟁해결에서 입증책임은 사업주가 아닌 근로자가 부담한다.

③ 사업주는 고객 등 업무와 밀접한 관련이 있는 사람이 업무수행 과정에서 성적인 언동 등을 통하여 근로자에게 성적 굴욕감 또는 혐오감 등을 느끼게 하여 해당 근로자가 그로 인한 고충 해소를 요청할 경우 근무 장소 변경, 배치전환, 유급휴가의 명령 등 적절한 조치를 하여야 한다.

④ 사업주는 직장 내 성희롱을 예방하고 근로자가 안전한 근로환경에서 일할 수 있는 여건을 조성하기 위하여 직장 내 성희롱의 예방을 위한 교육을 매년 실시하여야 한다.

해설

① (○) 고평법 제2조 제2호

② (×) 고평법과 관련한 분쟁해결(제26조부터 제29조까지 및 제29조의2부터 제29조의7까지를 포함)에서 입증책임은 사업주가 부담한다(고평법 제30조).

③ (○) 고평법 제14조의2 제1항

④ (○) 고평법 제13조 제1항

답 ❷

101 남녀고용평등과 일 · 가정 양립 지원에 관한 법률상 (　　)에 들어갈 내용을 옳게 나열한 것은?

CHECK ○△×

24 노무수정

- 사업주는 근로자가 배우자의 출산을 이유로 휴가를 고지하는 경우에 (ㄱ)일의 휴가를 주어야 한다.
- 배우자 출산휴가는 근로자의 배우자가 출산한 날부터 (ㄴ)일이 지나면 사용할 수 없다.
- 가족돌봄휴직 기간은 연간 최장 (ㄷ)일로 한다.

① ㄱ : 5, ㄴ : 30, ㄷ : 90
② ㄱ : 10, ㄴ : 120, ㄷ : 60
③ ㄱ : 10, ㄴ : 90, ㄷ : 180
④ ㄱ : 20, ㄴ : 120, ㄷ : 90
⑤ ㄱ : 10, ㄴ : 90, ㄷ : 120

해설

- 사업주는 근로자가 배우자의 출산을 이유로 휴가(이하 "배우자 출산휴가")를 고지하는 경우에 20일의 휴가를 주어야 한다. 이 경우 사용한 휴가기간은 유급으로 한다(고평법 제18조의2 제1항).
- 배우자 출산휴가는 근로자의 배우자가 출산한 날부터 120일이 지나면 사용할 수 없다(고평법 제18조의2 제3항).
- 가족돌봄휴직 기간은 연간 최장 90일로 하며, 이를 나누어 사용할 수 있을 것. 이 경우 나누어 사용하는 1회의 기간은 30일 이상이 되어야 한다(고평법 제22조의2 제4항 제1호).

답 ④

102 남녀고용평등과 일 · 가정 양립 지원에 관한 법률상 육아기 근로시간 단축에 관한 설명으로 옳지 않은 것은?

CHECK ○△×

24 노무

① 육아기 근로시간 단축을 한 근로자의 평균임금을 산정하는 경우에는 그 근로자의 육아기 근로시간 단축 기간을 평균임금 산정기간에서 제외한다.
② 사업주가 육아기 근로시간 단축을 허용하지 아니하는 경우에는 해당 근로자에게 그 사유를 서면으로 통보하여야 한다.
③ 육아기 근로시간 단축을 허용하는 경우 단축 후 근로시간은 주당 10시간 이상이어야 하고 30시간을 넘어서는 아니 된다.
④ 근로자는 육아기 근로시간 단축을 나누어 사용할 수 있다.
⑤ 사업주는 근로자의 육아기 근로시간 단축기간이 끝난 후에 그 근로자를 육아기 근로시간 단축 전과 같은 업무 또는 같은 수준의 임금을 지급하는 직무에 복귀시켜야 한다.

해설

① (O) 고평법 제19조의3 제4항
② (O) 사업주가 육아기 근로시간 단축을 허용하지 아니하는 경우에는 해당 근로자에게 그 사유를 서면으로 통보하고 육아휴직을 사용하게 하거나 출근 및 퇴근 시간 조정 등 다른 조치를 통하여 지원할 수 있는지를 해당 근로자와 협의하여야 한다(고평법 제19조의2 제2항).
③ (X) 해당 근로자에게 육아기 근로시간 단축을 허용하는 경우 단축 후 근로시간은 주당 15시간 이상이어야 하고 35시간을 넘어서는 아니 된다(고평법 제19조의2 제3항).
④ (O) 고평법 제19조의4 제2항 전문
⑤ (O) 고평법 제19조의2 제6항

답 ❸

103 남녀고용평등과 일 · 가정 양립 지원에 관한 법률에 대한 설명으로 옳지 않은 것은? 23 국가직 7급

CHECK ○△×

① "직장 내 성희롱"이란 사업주 · 상급자 또는 근로자가 직장 내의 지위를 이용하거나 업무와 관련하여 다른 근로자에게 성적 언동 등으로 성적 굴욕감 또는 혐오감을 느끼게 하거나 성적 언동 또는 그 밖의 요구 등에 따르지 아니하였다는 이유로 근로조건 및 고용에서 불이익을 주는 것을 말한다.
② 남녀고용평등과 일 · 가정 양립 지원에 관한 법률과 관련분쟁해결에서 입증책임은 사업주가 아닌 근로자가 부담한다.
③ 사업주는 고객 등 업무와 밀접한 관련이 있는 사람이 업무수행 과정에서 성적인 언동 등을 통하여 근로자에게 성적 굴욕감 또는 혐오감 등을 느끼게 하여 해당 근로자가 그로 인한 고충 해소를 요청할 경우 근무 장소 변경, 배치전환, 유급휴가의 명령 등 적절한 조치를 하여야 한다.
④ 사업주는 직장 내 성희롱을 예방하고 근로자가 안전한 근로환경에서 일할 수 있는 여건을 조성하기 위하여 직장 내 성희롱의 예방을 위한 교육을 매년 실시하여야 한다.

해설

① (O) 고평법 제2조 제2호
② (X) 남녀고용평등과 일 · 가정 양립 지원에 관한 법률과 관련한 분쟁해결에서 입증책임은 사업주가 부담한다(고평법 제30조).
③ (O) 고평법 제14조의2 제1항
④ (O) 고평법 제13조 제1항

답 ❷

최신유형

104 남녀고용평등과 일 · 가정 양립 지원에 관한 법령에 관한 설명으로 옳지 않은 것은? 25 노무

CHECK ○△×

① 직무의 성격에 비추어 특정 성(性)이 불가피하게 요구되는 경우, 사업주가 그 성(性)을 이유로 채용 또는 근로의 조건을 다르게 하더라도 이 법에 따른 차별에 해당하지 않는다.
② 가사사용인에 대하여는 이 법의 전부를 적용하지 아니한다.
③ 상시 4명 이하의 근로자를 사용하는 사업 또는 사업장에 대하여는 이 법의 전부를 적용하지 아니한다.
④ 근로자는 상호 이해를 바탕으로 남녀가 동등하게 존중받는 직장문화를 조성하기 위하여 노력하여야 한다.
⑤ 고용노동부장관은 남녀고용평등 실현과 일 · 가정의 양립에 관한 기본계획을 5년마다 수립하여야 한다.

해설

① (O) "차별"이란 사업주가 근로자에게 성별, 혼인, 가족 안에서의 지위, 임신 또는 출산 등의 사유로 합리적인 이유 없이 채용 또는 근로의 조건을 다르게 하거나 그 밖의 불리한 조치를 하는 경우를 말한다. 다만, 직무의 성격에 비추어 특정 성이 불가피하게 요구되는 경우는 제외한다(고평법 제2조 제1호 단서 가목).
② (O) 남녀고용평등과 일 · 가정 양립 지원에 관한 법률에 따라 동거하는 친족만으로 이루어지는 사업 또는 사업장과 가사사용인에 대하여는 이 법의 전부를 적용하지 아니한다(고평법 시행령 제2조 제1항).
③ (×) 고평법은 근로자를 사용하는 모든 사업 또는 사업장에 적용되므로, 상시 4명 이하의 근로자를 사용하는 사업 또는 사업장에 대하여도 고평법 전부가 적용되는 것이 원칙이다(고평법 제3조 제1항 본문).
④ (O) 고평법 제5조 제1항
⑤ (O) 고평법 제6조의2 제1항

답 ❸

최신유형

105 남녀고용평등과 일 · 가정 양립 지원에 관한 법령상 육아휴직에 관한 설명으로 옳지 않은 것은? 25 노무

CHECK ○△×

① 임신 중인 여성 근로자는 유산 또는 사산의 위험이 있는 경우 휴직개시예정일 7일 전까지 육아휴직을 신청할 수 있다.
② 근로자는 육아휴직종료예정일을 연기하려는 경우에는 한 번만 연기할 수 있다.
③ 육아휴직을 신청한 근로자는 휴직개시예정일의 7일 전까지 사유를 밝혀 그 신청을 철회할 수 있다.
④ 사업주는 휴직개시예정일의 전날까지 해당 사업에서 계속 근로한 기간이 6개월 미만인 근로자가 육아휴직을 신청하는 경우에 이를 허용하여야 한다.
⑤ 사업주는 육아휴직 중인 근로자로부터 영유아의 사망 등에 대한 사실을 통지받은 경우에는 통지받은 날부터 30일 이내로 근무개시일을 지정하여 그 근로자에게 알려야 한다.

해설

① (O) 고평법 시행령 제11조 제3항 제1호

② (O) 근로자는 휴직종료예정일을 연기하려는 경우에는 한 번만 연기할 수 있다. 이 경우 당초의 휴직종료예정일 30일 전까지 사업주에게 휴직종료예정일의 연기를 신청해야 한다(고평법 시행령 제12조 제2항).

③ (O) 고평법 시행령 제13조 제1항

④ (×) 사업주는 휴직개시예정일의 전날까지 해당 사업에서 계속 근로한 기간이 6개월 미만인 근로자가 육아휴직을 신청한 경우에는 이를 허용하지 아니한다(고평법 제19조 제1항 단서, 동법 시행령 제10조).

⑤ (O) 고평법 시행령 제14조 제2항

육아휴직의 신청 등(고평법 시행령 제11조)

③ 제1항 및 제2항 후단에도 불구하고 다음 각 호의 어느 하나에 해당하는 경우에는 휴직개시예정일 7일 전까지 육아휴직을 신청할 수 있다.

1. 임신 중인 여성 근로자에게 유산 또는 사산의 위험이 있는 경우
2. 출산 예정일 이전에 자녀가 출생한 경우
3. 배우자의 사망, 부상, 질병 또는 신체적·정신적 장애나 배우자와의 이혼 등으로 해당 영유아를 양육하기 곤란한 경우

육아휴직의 변경신청 등(고평법 시행령 제12조)

① 육아휴직을 신청한 근로자는 휴직 개시예정일 전에 제11조 제3항 각 호의 어느 하나에 해당하는 사유가 발생한 경우에는 사업주에게 그 사유를 명시하여 휴직개시예정일을 당초의 예정일 전으로 변경하여 줄 것을 신청할 수 있다.

② 근로자는 휴직종료예정일을 연기하려는 경우에는 한 번만 연기할 수 있다. 이 경우 당초의 휴직종료예정일 30일 전(제11조 제3항 제1호 또는 제3호의 사유로 휴직종료예정일을 연기하려는 경우에는 당초의 예정일 7일 전)까지 사업주에게 휴직종료예정일의 연기를 신청해야 한다.

육아휴직 신청의 철회 등(고평법 시행령 제13조)

① 육아휴직을 신청한 근로자는 휴직개시예정일의 7일 전까지 사유를 밝혀 그 신청을 철회할 수 있다.

② 근로자가 육아휴직을 신청한 후 휴직개시예정일 전에 다음 각 호의 구분에 따른 사유가 발생하면 그 육아휴직신청은 없었던 것으로 본다.

1. 임신 중인 여성 근로자가 육아휴직을 신청한 경우 : 유산 또는 사산
2. 제1호 외의 근로자가 육아휴직을 신청한 경우
   가. 해당 영유아의 사망
   나. 양자인 영유아의 파양이나 입양의 취소
   다. 육아휴직을 신청한 근로자가 부상 또는 질병이나 신체적·정신적 장애, 배우자와의 이혼 등으로 해당 영유아를 양육할 수 없게 된 경우
   라. 법 제19조 제2항 제2호 또는 제3호의 사유로 6개월 이내에서 추가로 육아휴직을 신청한 근로자가 법 제19조 제2항 제2호 또는 제3호에 해당하지 않게 된 경우

답 ❹

최신유형

106 남녀고용평등과 일 · 가정 양립 지원에 관한 법률상 분쟁의 예방과 해결에 관한 설명으로 옳지 않은 것은? 25 노무

CHECK ○△×

① 노동위원회에 차별적 처우등의 시정 신청을 할 수 있는 자는 사업주에게 고용된 사람과 취업할 의사를 가진 사람이다.

② 직장 내 성희롱 행위를 한 사람에 대하여 징계 등 필요한 조치를 하지 않은 경우 피해근로자는 노동위원회에 차별적 처우등의 시정신청을 할 수 있다.

③ 노동위원회는 차별적 처우등에 해당된다고 판정한 때에는 해당 사업주에게 시정명령을 하여야 한다.

④ 고용노동부장관은 확정된 시정명령에 대하여 사업주에게 이행상황을 제출할 것을 요구할 수 있다.

⑤ 사업주가 성희롱 발생 사실을 신고한 근로자에게 부당한 감봉조치를 한 경우 그 근로자는 노동위원회에 차별적 처우등의 시정신청을 할 수 있다.

해설

① (○) 고평법상 "근로자"란 사업주에게 고용된 사람과 취업할 의사를 가진 사람을 말하며(고평법 제2조 제4호), 이러한 근로자가 사업주로부터 차별적 처우 등을 받은 경우 노동위원회에 그 시정을 신청할 수 있다(고평법 제26조 제1항 본문).

② (×) 직장 내 성희롱 행위를 한 사람에 대하여 징계 등 필요한 조치를 하지 않은 경우는 고평법 제26조 제1항이 규정한 차별적 처우에 해당하지 아니한다. 이는 고평법 제39조 제3항 제1의6호에 따라 500만원 이하의 과태료 부과 사유에 해당한다.

③ (○) 노동위원회는 조사 · 심문을 끝내고 차별적 처우등에 해당된다고 판정한 때에는 해당 사업주에게 시정명령을 하여야 하고, 차별적 처우등에 해당하지 아니한다고 판정한 때에는 그 시정신청을 기각하는 결정을 하여야 한다(고평법 제29조 제1항).

④ (○) 고평법 제29조의4 제1항

⑤ (○) 사업주가 성희롱 발생 사실을 신고한 근로자 및 피해근로자등에게 징계, 정직, 감봉, 강등, 승진 제한 등 부당한 인사조치를 하여, 이러한 근로자 및 피해근로자등이 사업주로부터 차별적 처우 등을 받은 경우 노동위원회에 그 시정을 신청할 수 있다(고평법 제26조 제1항 제3호, 동법 제14조 제6항).

차별적 처우등의 시정신청(고평법 제26조)

① 근로자는 사업주로부터 다음 각 호의 어느 하나에 해당하는 차별적 처우 등(이하 "차별적 처우등"이라 한다)을 받은 경우 「노동위원회법」 제1조에 따른 노동위원회(이하 "노동위원회"라 한다)에 그 시정을 신청할 수 있다. 다만, 차별적 처우등을 받은 날(제1호 및 제3호에 따른 차별적 처우등이 계속되는 경우에는 그 종료일)부터 6개월이 지난 때에는 그러하지 아니하다.

1. 제7조부터 제11조까지 중 어느 하나를 위반한 행위(이하 "차별적 처우"라 한다)
2. 제14조 제4항 또는 제14조의2 제1항에 따른 적절한 조치를 하지 아니한 행위
3. 제14조 제6항을 위반한 불리한 처우 또는 제14조의2 제2항을 위반한 해고나 그 밖의 불이익한 조치

② 근로자가 제1항에 따른 시정신청을 하는 경우에는 차별적 처우등의 내용을 구체적으로 명시하여야 한다.

직장 내 성희롱 발생 시 조치(고평법 제14조)

④ 사업주는 제2항에 따른 조사 결과 직장 내 성희롱 발생 사실이 확인된 때에는 피해근로자가 요청하면 근무장소의 변경, 배치전환, 유급휴가 명령 등 적절한 조치를 하여야 한다.

⑤ 사업주는 제2항에 따른 조사 결과 직장 내 성희롱 발생 사실이 확인된 때에는 지체 없이 직장 내 성희롱행위를 한 사람에 대하여 징계, 근무장소의 변경 등 필요한 조치를 하여야 한다. 이 경우 사업주는 징계등의 조치를 하기 전에 그 조치에 대하여 직장 내 성희롱 피해를 입은 근로자의 의견을 들어야 한다.

⑥ 사업주는 성희롱 발생 사실을 신고한 근로자 및 피해근로자등에게 다음 각 호의 어느 하나에 해당하는 불리한 처우를 하여서는 아니 된다.

1. 파면, 해임, 해고, 그 밖에 신분상실에 해당하는 불이익 조치
2. 징계, 정직, 감봉, 강등, 승진 제한 등 부당한 인사조치
3. 직무 미부여, 직무 재배치, 그 밖에 본인의 의사에 반하는 인사조치
4. 성과평가 또는 동료평가 등에서 차별이나 그에 따른 임금 또는 상여금 등의 차별 지급
5. 직업능력 개발 및 향상을 위한 교육훈련 기회의 제한
6. 집단 따돌림, 폭행 또는 폭언 등 정신적·신체적 손상을 가져오는 행위를 하거나 그 행위의 발생을 방치하는 행위
7. 그 밖에 신고를 한 근로자 및 피해근로자등의 의사에 반하는 불리한 처우

고객 등에 의한 성희롱 방지(고평법 제14조의2)

① 사업주는 고객 등 업무와 밀접한 관련이 있는 사람이 업무수행 과정에서 성적인 언동 등을 통하여 근로자에게 성적 굴욕감 또는 혐오감 등을 느끼게 하여 해당 근로자가 그로 인한 고충 해소를 요청할 경우 근무 장소 변경, 배치전환, 유급휴가의 명령 등 적절한 조치를 하여야 한다.

② 사업주는 근로자가 제1항에 따른 피해를 주장하거나 고객 등으로부터의 성적 요구 등에 따르지 아니하였다는 것을 이유로 해고나 그 밖의 불이익한 조치를 하여서는 아니 된다.

답 ❷

107 근로자의 정의가 근로기준법과 다른 것은?

15 노무

CHECK ○△×

① 근로복지기본법
② 근로자퇴직급여 보장법
③ 산업재해보상보험법
④ 산업안전보건법
⑤ 남녀고용평등과 일·가정 양립 지원에 관한 법률

해설

근로복지기본법, 근로자퇴직급여 보장법, 산업재해보상보험법, 산업안전보건법의 근로자란 근로기준법 제2조 제1항에 따른 근로자를 말한다. 그러나 남녀고용평등과 일·가정 양립 지원에 관한 법률은 제2조 제4호에서 "근로자란 사업주에게 고용된 사람과 취업할 의사를 가진 사람을 말한다"라고 하여 별개로 규정하고 있다.

답 ❺

108 남녀고용평등과 일 · 가정 양립 지원에 관한 법령에 규정된 내용으로 옳지 않은 것은? 16 노무

CHECK ○△×

① 사업주, 상급자 또는 근로자는 직장 내 성희롱을 하여서는 아니 된다.
② 사업주는 직장 내 성희롱 예방 교육을 연 2회 이상 받아야 한다.
③ 사업주는 직장 내 성희롱 예방 교육을 고용노동부장관이 지정하는 기관에 위탁하여 실시할 수 있다.
④ 사업주는 근로자가 배우자의 출산을 이유로 휴가를 청구하는 경우에 10일의 휴가를 주어야 한다. 이 경우 사용한 휴가기간은 유급으로 한다.
⑤ 육아휴직의 기간은 1년 이내로 한다.

해설

① (○) 고평법 제12조
② (×) 사업주는 직장 내 성희롱을 예방하고 근로자가 안전한 근로환경에서 일할 수 있는 여건을 조성하기 위하여 직장 내 성희롱의 예방을 위한 교육을 매년 실시하여야 하고, 사업주 및 근로자는 성희롱 예방 교육을 매년 받아야 한다(고평법 제13조 제1항 · 제2항).
③ (○) 사업주는 성희롱 예방 교육을 고용노동부장관이 지정하는 기관에 위탁하여 실시할 수 있다(고평법 제13조의2 제1항).
④ (○) 고평법 제18조의2 제1항
⑤ (○) 고평법 제19조 제2항

답 ❷

109 남녀고용평등과 일 · 가정 양립 지원에 관한 법률의 내용으로 옳지 않은 것은? 17 노무

CHECK ○△×

① 근로자란 사업주에게 고용된 사람과 취업할 의사를 가진 사람을 말한다.
② 적극적 고용개선조치란 현존하는 남녀 간의 고용차별을 없애거나 고용평등을 촉진하기 위하여 잠정적으로 특정 성을 우대하는 조치를 말한다.
③ 사업주가 임금차별을 목적으로 설립한 별개의 사업은 동일한 사업으로 본다.
④ 사업주는 여성의 직업능력 개발 및 향상을 위하여 모든 직업능력 개발 훈련에서 남녀에게 평등한 기회를 보장하여야 한다.
⑤ 사업주는 근로자가 배우자의 출산을 이유로 출산일로부터 30일 내에 휴가를 청구하는 경우 5일의 유급휴가를 주어야 한다.

해설

① (○) 고평법 제2조 제4호
② (○) 고평법 제2조 제3호
③ (○) 고평법 제8조 제3항
④ (○) 국가, 지방자치단체 및 사업주는 여성의 직업능력 개발 및 향상을 위하여 모든 직업능력 개발 훈련에서 남녀에게 평등한 기회를 보장하여야 한다(고평법 제16조).
⑤ (×) 사업주는 근로자가 배우자의 출산을 이유로 휴가를 청구하는 경우에 10일의 휴가를 주어야 한다. 이 경우 사용한 휴가기간은 유급으로 한다(고평법 제18조의2 제1항).

답 ❺

110 남녀고용평등과 일 · 가정 양립 지원에 관한 법률에 관한 설명 중 옳지 않은 것은? 16 사시

CHECK ○△×

① 현존하는 남녀 간의 고용차별을 없애거나 고용평등을 촉진하기 위하여 법률에 따라 잠정적으로 특정 성(性)을 우대하는 조치는 차별에 해당하지 아니한다.

② 사업주는 근로자를 모집 · 채용할 때 그 직무의 수행에 필요하지 아니한 신체적 조건, 미혼 조건을 요구하여서는 아니 된다.

③ 근로자는 배우자의 출산을 이유로 휴가를 청구할 수 있다.

④ 사업주는 고객에 의한 성희롱을 당한 근로자가 피해를 주장한 것을 이유로 해고나 그 밖의 불이익한 조치를 하여서는 안 된다.

⑤ 육아휴직의 기간은 자녀 당 2년 이내로 한다.

해설

① (○) 고평법 제2조 제1호 다목, 제3호

② (○) 고평법 제7조 제2항

③ (○) 사업주는 근로자가 배우자의 출산을 이유로 휴가(이하 "배우자 출산휴가")를 청구하는 경우에 10일의 휴가를 주어야 한다. 이 경우 사용한 휴가기간은 유급으로 한다(고평법 제18조의2 제1항).

④ (○) 사업주는 근로자가 성적 굴욕감 또는 혐오감 등의 피해를 주장하거나 고객 등으로부터의 성적 요구 등에 따르지 아니하였다는 것을 이유로 해고나 그 밖의 불이익한 조치를 하여서는 아니 된다(고평법 제14조의2 제2항).

⑤ (×) 육아휴직의 기간은 1년 이내로 한다(고평법 제19조 제2항).

답 ❺

111 남녀고용평등과 일 · 가정 양립 지원에 관한 법률에 관한 설명 중 옳은 것(○)과 옳지 않은 것(×)을 올바르게 조합한 것은? 15 사시

CHECK ○△×

ㄱ. 근로자란 사업주에게 고용된 자를 말하므로 취업할 의사를 가진 자는 포함되지 않는다.
ㄴ. 여성 근로자의 임신, 출산, 수유 등 모성보호를 위한 조치를 취하는 경우 이 법에서 말하는 차별로 보지 아니한다.
ㄷ. 이 법률과 관련한 분쟁해결에서 입증책임은 근로자가 부담한다.
ㄹ. 사업주 및 근로자는 성희롱 예방교육을 받아야 한다.

① ㄱ(×), ㄴ(○), ㄷ(×), ㄹ(○)
② ㄱ(○), ㄴ(×), ㄷ(×), ㄹ(○)
③ ㄱ(×), ㄴ(×), ㄷ(○), ㄹ(○)
④ ㄱ(○), ㄴ(○), ㄷ(×), ㄹ(×)
⑤ ㄱ(×), ㄴ(○), ㄷ(○), ㄹ(×)

해설

ㄱ. (×) "근로자"란 사업주에게 고용된 사람과 취업할 의사를 가진 사람을 말한다(고평법 제2조 제4호).
ㄴ. (○) 고평법 제2조 제1호 참조

> **정의(고평법 제2조)**
> 이 법에서 사용하는 용어의 뜻은 다음과 같다.
> 1. "차별"이란 사업주가 근로자에게 성별, 혼인, 가족 안에서의 지위, 임신 또는 출산 등의 사유로 합리적인 이유 없이 채용 또는 근로의 조건을 다르게 하거나 그 밖의 불리한 조치를 하는 경우[사업주가 채용조건이나 근로조건은 동일하게 적용하더라도 그 조건을 충족할 수 있는 남성 또는 여성이 다른 한 성(性)에 비하여 현저히 적고 그에 따라 특정 성에게 불리한 결과를 초래하며 그 조건이 정당한 것임을 증명할 수 없는 경우를 포함]를 말한다. 다만, 다음 각 목의 어느 하나에 해당하는 경우는 제외한다.
> 가. 직무의 성격에 비추어 특정 성이 불가피하게 요구되는 경우
> 나. 여성 근로자의 임신·출산·수유 등 모성보호를 위한 조치를 하는 경우
> 다. 그 밖에 이 법 또는 다른 법률에 따라 적극적 고용개선조치를 하는 경우

ㄷ. (×) 이 법과 관련한 분쟁해결에서 입증책임은 사업주가 부담한다(고평법 제30조).
ㄹ. (○) 고평법 제13조 제2항

답 ❶

112

CHECK ○△×

남녀고용평등과 일·가정 양립 지원에 관한 법률상 (　　)에 들어갈 내용을 바르게 연결한 것은?

18 국가직 7급

> • 사업주가 근로자에게 육아기 근로시간 단축을 허용하는 경우 단축 후 근로시간은 주당 (ㄱ)시간 이상이어야 하고 (ㄴ)시간을 넘어서는 아니 된다.
> • 사업주는 육아기 근로시간 단축을 하고 있는 근로자에게 단축된 근로시간 외에 연장근로를 요구할 수 없다. 다만, 그 근로자가 명시적으로 청구하는 경우에는 사업주는 주 (ㄷ)시간 이내에서 연장근로를 시킬 수 있다.

① ㄱ : 10, ㄴ : 20, ㄷ : 12
② ㄱ : 15, ㄴ : 35, ㄷ : 12
③ ㄱ : 15, ㄴ : 30, ㄷ : 16
④ ㄱ : 20, ㄴ : 30, ㄷ : 16

해설

• 사업주가 해당 근로자에게 육아기 근로시간 단축을 허용하는 경우 단축 후 근로시간은 주당 15시간 이상이어야 하고 35시간을 넘어서는 아니 된다(고평법 제19조의2 제3항).
• 사업주는 제19조의2에 따라 육아기 근로시간 단축을 하고 있는 근로자에게 단축된 근로시간 외에 연장근로를 요구할 수 없다. 다만, 그 근로자가 명시적으로 청구하는 경우에는 사업주는 주 12시간 이내에서 연장근로를 시킬 수 있다(고평법 제19조의3 제3항).

답 ❷

113 남녀고용평등과 일 · 가정 양립 지원에 관한 법률상 분쟁의 예방과 해결에 관한 설명으로 옳지 않은 것은? 23 노무

CHECK ○△×

① 근로자가 노동위원회에 차별적 처우등의 시정신청을 하는 경우에는 차별적 처우등의 내용을 구체적으로 명시하여야 한다.

② 노동위원회는 확정된 시정명령에 대하여 사업주에게 이행상황을 제출할 것을 요구할 수 있다.

③ 노동위원회는 사업주의 차별적 처우등이 반복되는 경우에는 손해액을 기준으로 3배를 넘지 아니하는 범위에서 배상을 명령할 수 있다.

④ 고용노동부장관은 사업주가 차별적 처우를 한 경우에는 그 시정을 요구할 수 있다.

⑤ 근로자는 사업주로부터 차별적 처우등을 받은 경우 노동위원회에 차별적 처우등을 받은 날(차별적 처우등이 계속되는 경우에는 그 종료일)부터 6개월 이내에 그 시정을 신청할 수 있다.

해설

① (○) 고평법 제26조 제2항

② (×) 고용노동부장관은 확정된 시정명령에 대하여 사업주에게 이행상황을 제출할 것을 요구할 수 있다(고평법 제29조의4 제1항).

③ (○) 노동위원회는 사업주의 차별적 처우등에 명백한 고의가 인정되거나 차별적 처우등이 반복되는 경우에는 그 손해액을 기준으로 3배를 넘지 아니하는 범위에서 배상을 명령할 수 있다(고평법 제29조의2 제2항 단서).

④ (○) 고평법 제29조의5 제1항

⑤ (○) 근로자는 사업주로부터 차별적 처우 등을 받은 경우 노동위원회에 그 시정을 신청할 수 있다. 다만, 차별적 처우등을 받은 날(차별적 처우등이 계속되는 경우에는 그 종료일)부터 6개월이 지난 때에는 그러하지 아니하다(고평법 제26조 제1항).

답 ❷

114 남녀고용평등과 일 · 가정 양립 지원에 관한 법령의 내용으로 옳은 것은? 18 노무

CHECK ○△×

① 사업주는 근로자가 초등학교 2학년 이하의 자녀(입양한 자녀를 제외한다)를 양육하기 위하여 휴직을 신청하는 경우에 이를 허용하여야 한다.

② 사업주는 정상적인 사업 운영에 중대한 지장을 초래하는 경우에는 육아휴직 및 육아기 근로시간 단축을 허용하지 아니할 수 있다.

③ 육아기 근로시간 단축기간은 근속기간에 포함되나, 육아휴직기간은 근속기간에 포함되지 않는다.

④ 사업주는 사업을 계속할 수 없는 경우에도 육아휴직 중인 근로자를 육아휴직기간에 해고하지 못한다.

⑤ 사업주는 육아기 근로시간 단축을 하고 있는 근로자의 명시적 청구가 있으면 단축된 근로시간 외에 주 12시간 이내에서 연장근로를 시킬 수 있다.

해설

① (×) 사업주는 임신 중인 여성근로자가 모성을 보호하거나 근로자가 만 8세 이하 또는 초등학교 2학년 이하의 자녀(입양한 자녀를 포함)를 양육하기 위하여 휴직(이하 "육아휴직")을 신청하는 경우에 이를 허용하여야 한다(고평법 제19조 제1항 본문).

② (×) 사업주는 근로자가 만 8세 이하 또는 초등학교 2학년 이하의 자녀를 양육하기 위하여 근로시간의 단축(이하 "육아기 근로시간 단축")을 신청하는 경우에 이를 허용하여야 한다. 다만, 대체인력 채용이 불가능한 경우, 정상적인 사업 운영에 중대한 지장을 초래하는 경우 등 대통령령으로 정하는 경우에는 그러하지 아니하다(고평법 제19조의2 제1항). 즉, 여기서 단서 부분은 육아기 근로시간 단축에만 해당된다.

③ (×) 육아휴직기간은 근속기간에 포함한다(고평법 제19조 제4항).

④ (×) 사업주는 육아휴직을 이유로 해고나 그 밖의 불리한 처우를 하여서는 아니 되며, 육아휴직기간에는 그 근로자를 해고하지 못한다. 다만, 사업을 계속할 수 없는 경우에는 그러하지 아니하다(고평법 제19조 제3항).

⑤ (○) 고평법 제19조의3 제3항

답 ❺

115 CHECK ○△×

남녀고용평등과 일 · 가정 양립 지원에 관한 법률상 가족돌봄 등을 위한 근로시간 단축에 관한 설명으로 옳지 않은 것은? 23 노무

① 사업주는 근로시간 단축을 하고 있는 근로자가 명시적으로 청구하는 경우에는 단축된 근로시간 외에 주 12시간 이내에서 연장근로를 시킬 수 있다.

② 사업주가 해당 근로자에게 근로시간단축을 허용하는 경우 단축 후 근로시간은 주당 15시간 이상이어야 하고 30시간을 넘어서는 아니 된다.

③ 근로자는 근로자의 학업을 위한 경우에는 근로시간 단축의 기간을 연장할 수 없다.

④ 사업주가 근로시간 단축을 허용하지 아니하는 경우에는 해당 근로자에게 그 사유를 서면으로 통보하고 그 밖의 조치를 통하여 지원할 수 있는지를 해당 사업장의 근로자대표와 서면으로 협의하여야 한다.

⑤ 근로시간 단축을 한 근로자의 근로조건은 사업주와 그 근로자 간에 서면으로 정한다.

해설

① (○) 사업주는 근로시간 단축을 하고 있는 근로자에게 단축된 근로시간 외에 연장근로를 요구할 수 없다. 다만, 그 근로자가 명시적으로 청구하는 경우에는 사업주는 주 12시간 이내에서 연장근로를 시킬 수 있다(고평법 제22조의4 제3항).

② (○) 고평법 제22조의3 제3항

③ (○) 근로시간 단축의 기간은 1년 이내로 한다. 다만, 근로자가 가족의 질병, 사고, 노령으로 인하여 그 가족을 돌보기 위한 경우, 근로자 자신의 질병이나 사고로 인한 부상 등의 사유로 자신의 건강을 돌보기 위한 경우, 55세 이상의 근로자가 은퇴를 준비하기 위한 경우 등에 해당하는 근로자는 합리적 이유가 있는 경우에 추가로 2년의 범위 안에서 근로시간 단축의 기간을 연장할 수 있으나, 근로자의 학업을 위한 경우에는 그러하지 아니하다(고평법 제22조의3 제4항 참조).

④ (×) 사업주가 근로시간 단축을 허용하지 아니하는 경우에는 해당 근로자에게 그 사유를 서면으로 통보하고 휴직을 사용하게 하거나 그 밖의 조치를 통하여 지원할 수 있는지를 해당 근로자와 협의하여야 한다(고평법 제22조의3 제2항).

⑤ (○) 고평법 제22조의4 제2항

가족돌봄 등을 위한 근로시간 단축(고평법 제22조의3)

① 사업주는 근로자가 다음 각 호의 어느 하나에 해당하는 사유로 근로시간의 단축을 신청하는 경우에 이를 허용하여야 한다. 다만, 대체인력 채용이 불가능한 경우, 정상적인 사업 운영에 중대한 지장을 초래하는 경우 등 대통령령으로 정하는 경우에는 그러하지 아니하다.

1. 근로자가 가족의 질병, 사고, 노령으로 인하여 그 가족을 돌보기 위한 경우
2. 근로자 자신의 질병이나 사고로 인한 부상 등의 사유로 자신의 건강을 돌보기 위한 경우
3. 55세 이상의 근로자가 은퇴를 준비하기 위한 경우
4. 근로자의 학업을 위한 경우

② 제1항 단서에 따라 사업주가 근로시간 단축을 허용하지 아니하는 경우에는 해당 근로자에게 그 사유를 서면으로 통보하고 휴직을 사용하게 하거나 그 밖의 조치를 통하여 지원할 수 있는지를 해당 근로자와 협의하여야 한다.

③ 사업주가 제1항에 따라 해당 근로자에게 근로시간 단축을 허용하는 경우 단축 후 근로시간은 주당 15시간 이상이어야 하고 30시간을 넘어서는 아니 된다.

④ 근로시간 단축의 기간은 1년 이내로 한다. 다만, 제1항 제1호부터 제3호까지의 어느 하나에 해당하는 근로자는 합리적 이유가 있는 경우에 추가로 2년의 범위 안에서 근로시간 단축의 기간을 연장할 수 있다.

가족돌봄 등을 위한 근로시간 단축 중 근로조건 등(고평법 제22조의4)

① 사업주는 제22조의3에 따라 근로시간 단축을 하고 있는 근로자에게 근로시간에 비례하여 적용하는 경우 외에는 가족돌봄 등을 위한 근로시간 단축을 이유로 그 근로조건을 불리하게 하여서는 아니 된다.

② 제22조의3에 따라 근로시간 단축을 한 근로자의 근로조건(근로시간 단축 후 근로시간을 포함)은 사업주와 그 근로자 간에 서면으로 정한다.

③ 사업주는 제22조의3에 따라 근로시간 단축을 하고 있는 근로자에게 단축된 근로시간 외에 연장근로를 요구할 수 없다. 다만, 그 근로자가 명시적으로 청구하는 경우에는 사업주는 주 12시간 이내에서 연장근로를 시킬 수 있다.

답 ❹

116 남녀고용평등과 일 · 가정 양립 지원에 관한 법률에 대한 설명으로 옳지 않은 것은?(다툼이 있으면 판례에 따름) 19 노무

CHECK ○△×

① 사업주는 근로자를 모집하거나 채용할 때 남녀를 차별하여서는 아니 된다.

② 직장 내 성희롱과 관련된 분쟁해결에서 입증책임은 사업주가 부담한다.

③ 가족돌봄휴직기간은 연간 최장 60일로 하며, 이를 나누어 사용할 수 있다.

④ 동일가치의 노동이라 함은 당해 사업 내의 서로 비교되는 남녀 간의 노동이 그 직무가 다소 다르더라도 객관적인 직무평가 등에 의하여 본질적으로 동일한 가치가 있는 노동을 포함한다.

⑤ 사업주는 근로자가 배우자의 출산을 이유로 휴가를 청구하는 경우에 10일의 휴가를 주어야 한다. 이 경우 사용한 휴가기간은 유급으로 한다.

해설

① (○) 고평법 제7조 제1항

② (○) 고평법 제30조

③ (×) 가족돌봄휴직기간은 연간 최장 90일로 하며, 이를 나누어 사용할 수 있다. 이 경우 나누어 사용하는 1회의 기간은 30일 이상이 되어야 한다(고평법 제22조의2 제4항 제1호).

④ (○) 동일가치의 노동이라 함은 당해 사업장 내의 서로 비교되는 남녀 간의 노동이 동일하거나 실질적으로 거의 같은 성질의 노동 또는 그 직무가 다소 다르더라도 객관적인 직무평가 등에 의하여 본질적으로 동일한 가치가 있다고 인정되는 노동에 해당하는 것을 말한다(대판 2013.3.14. 2010다101011).

⑤ (○) 고평법 제18조의2 제1항

답 ❸

117 남녀고용평등과 일 · 가정 양립 지원에 관한 법률에 대한 설명으로 옳지 않은 것은? 22 노무

CHECK ○△×

① 이 법과 관련한 분쟁에서 입증책임은 사업주와 근로자가 각각 부담한다.
② 사업주는 근로자를 모집 · 채용할 때 그 직무의 수행에 필요하지 아니한 용모 · 키 · 체중 등의 신체적 조건, 미혼 조건을 제시하거나 요구하여서는 아니 된다.
③ 사업주가 임금차별을 목적으로 설립한 별개의 사업은 동일한 사업으로 본다.
④ 누구든지 직장 내 성희롱 발생 사실을 알게 된 경우 그 사실을 해당 사업주에게 신고할 수 있다.
⑤ 적극적 고용개선조치란 현존하는 남녀 간의 고용차별을 없애거나 고용평등을 촉진하기 위하여 잠정적으로 특정 성을 우대하는 조치를 말한다.

해설

① (×) 이 법과 관련한 분쟁해결에서 입증책임은 사업주가 부담한다(고평법 제30조).
② (○) 고평법 제7조 제2항
③ (○) 사업주가 임금차별을 목적으로 설립한 별개의 사업은 동일한 사업으로 본다(고평법 제8조 제3항).
④ (○) 고평법 제14조 제1항
⑤ (○) 고평법 제2조 제3호

답 ❶

118 남녀고용평등과 일 · 가정 양립 지원에 관한 법률상 직장 내 성희롱에 대한 설명으로 옳지 않은 것은? (다툼이 있는 경우에는 판례에 의함) 14 노무

CHECK ○△×

① 근로자가 직장 내의 지위를 이용하여 다른 근로자에게 성적 언동 등으로 성적 굴욕감을 느끼게 하는 것은 직장 내 성희롱에 해당한다.
② 직장 내 성희롱이 성립하기 위해서는 행위자에게 반드시 성적 동기나 의도가 있어야 한다.
③ 사업주는 직장 내 성희롱 발생사실을 알게 된 경우에는 지체 없이 그 사실 확인을 위한 조사를 하여야 한다.
④ 사업주 및 근로자는 직장 내 성희롱 예방교육을 받아야 한다.
⑤ 누구든지 직장 내 성희롱 발생사실을 알게 된 경우 그 사실을 해당 사업주에게 신고할 수 있다.

해설

① (○) 고평법 제2조 제2호
② (×) 성희롱이 성립하기 위해서는 행위자에게 반드시 성적 동기나 의도가 있어야 하는 것은 아니지만, 당사자의 관계, 행위가 행해진 장소 및 상황, 행위에 대한 상대방의 명시적 또는 추정적인 반응의 내용, 행위의 내용 및 정도, 행위가 일회적 또는 단기간의 것인지 아니면 계속적인 것인지 여부 등의 구체적 사정을 참작하여 볼 때, 객관적으로 상대방과 같은 처지에 있는 일반적이고도 평균적인 사람에게 성적 굴욕감이나 혐오감을 느낄 수 있게 하는 행위가 있고, 그로 인하여 행위의 상대방이 성적 굴욕감이나 혐오감을 느꼈음이 인정되어야 한다(대판 2008.7.10. 2007두22498).
③ (○) 고평법 제14조 제2항 전문
④ (○) 고평법 제13조 제2항
⑤ (○) 누구든지 직장 내 성희롱 발생사실을 알게 된 경우 그 사실을 해당 사업주에게 신고할 수 있다(고평법 제14조 제1항).

답 ❷

119 남녀고용평등과 일 · 가정 양립 지원에 관한 법률에 관한 설명으로 옳지 않은 것은? 15 노무

CHECK ○△×

① 사업주는 육아기 근로시간 단축을 하고 있는 근로자에게 단축된 근로시간 외에 연장근로를 요구할 수 없다.

② 가족돌봄휴직기간은 근로기준법상 평균임금 산정기간에서는 제외되고 근속기간에는 포함된다.

③ 사업주는 육아휴직을 마친 근로자를 휴직 전과 같은 업무 또는 같은 수준의 임금을 지급하는 직무에 복귀시켜야 한다.

④ 사업주가 근로자에게 육아기 근로시간 단축을 허용하는 경우 단축 후 근로시간은 주당 15시간 이상이어야 하고 35시간을 넘어서는 아니 된다.

⑤ 사업주는 근로자가 배우자의 출산을 이유로 휴가를 청구하는 경우에 5일의 유급휴가를 주어야 한다.

해설

① (○) 고평법 제19조의3 제3항

② (○) 고평법 제22조의2 제7항

③ (○) 고평법 제19조 제4항 전문

④ (○) 고평법 제19조의2 제3항

⑤ (×) 사업주는 근로자가 배우자의 출산을 이유로 휴가를 청구하는 경우에 10일의 휴가를 주어야 한다. 이 경우 사용한 휴가기간은 유급으로 한다(고평법 제18조의2 제1항).

답 ❺

120 남녀고용평등과 일 · 가정 양립 지원에 관한 법률상 육아기 근로시간 단축에 관한 설명으로 옳지 않은 것은? 21 노무

CHECK ○△×

① 사업주가 해당 근로자에게 육아기 근로시간 단축을 허용하는 경우 단축 후 근로시간은 주당 15시간 이상이어야 하고 35시간을 넘어서는 아니 된다.

② 사업주는 정상적인 사업운영에 중대한 지장을 초래하는 경우에는 육아기 근로시간 단축을 허용하지 아니할 수 있다.

③ 사업주는 육아기 근로시간 단축을 하고 있는 근로자에게 단축된 근로시간 외에 연장근로를 요구할 수 없다. 다만, 그 근로자가 명시적으로 청구하는 경우에는 사업주는 주 12시간 이내에서 연장근로를 시킬 수 있다.

④ 사업주는 근로자의 육아기 근로시간 단축기간이 끝난 후에 그 근로자를 육아기 근로시간 단축 전과 같은 업무 또는 같은 수준의 임금을 지급하는 직무에 복귀시켜야 한다.

⑤ 육아기 근로시간 단축을 한 근로자에 대하여 근로기준법에 따른 평균임금을 산정하는 경우에는 그 근로자의 육아기 근로시간 단축기간은 평균임금산정기간에 포함한다.

해설

① (O) 고평법 제19조의2 제3항
② (O) 사업주는 근로자가 만 8세 이하 또는 초등학교 2학년 이하의 자녀를 양육하기 위하여 근로시간의 단축(이하 "육아기 근로시간 단축")을 신청하는 경우에 이를 허용하여야 한다. 다만, 대체인력 채용이 불가능한 경우, 정상적인 사업운영에 중대한 지장을 초래하는 경우 등 대통령령으로 정하는 경우에는 그러하지 아니하다(고평법 제19조의2 제1항).
③ (O) 고평법 제19조의3 제3항
④ (O) 고평법 제19조의2 제6항
⑤ (X) 육아기 근로시간 단축을 한 근로자에 대하여 근로기준법에 따른 평균임금을 산정하는 경우에는 그 근로자의 육아기 근로시간 단축기간을 평균임금산정기간에서 제외한다(고평법 제19조의3 제4항).

육아기 근로시간 단축의 허용 예외(고평법 시행령 제15조의2)

법 제19조의2 제1항 단서에서 "대통령령으로 정하는 경우"란 다음 각 호의 어느 하나에 해당하는 경우를 말한다.

1. 단축개시예정일의 전날까지 해당 사업에서 계속 근로한 기간이 6개월 미만인 근로자가 신청한 경우
2. 삭제 〈2019.12.24.〉
3. 사업주가 직업안정법 제2조의2 제1호에 따른 직업안정기관에 구인신청을 하고 14일 이상 대체인력을 채용하기 위하여 노력하였으나 대체인력을 채용하지 못한 경우. 다만, 직업안정기관의 장의 직업소개에도 불구하고 정당한 이유 없이 2회 이상 채용을 거부한 경우는 제외한다.
4. 육아기 근로시간 단축을 신청한 근로자의 업무성격상 근로시간을 분할하여 수행하기 곤란하거나 그 밖에 육아기 근로시간 단축이 정상적인 사업운영에 중대한 지장을 초래하는 경우로서 사업주가 이를 증명하는 경우

답 ❺

121 남녀고용평등과 일·가정 양립 지원에 관한 법률상 배우자출산휴가에 대한 설명으로 옳은 것은?

CHECK ○△×

20 노무

① 사업주는 근로자가 배우자출산휴가를 청구하는 경우에 5일의 휴가를 주어야 한다.
② 배우자출산휴가를 사용한 휴가기간 중 3일은 유급으로 한다.
③ 배우자출산휴가는 2회에 한정하여 나누어 사용할 수 있다.
④ 배우자출산휴가는 근로자의 배우자가 출산한 날부터 90일이 지나면 청구할 수 없다.
⑤ 출산전후휴가급여가 지급되었더라도 배우자출산휴가에 대한 급여는 전액지급되어야 한다.

해설

① (X) 사업주는 근로자가 배우자의 출산을 이유로 휴가(이하 "배우자출산휴가")를 청구하는 경우에 10일의 휴가를 주어야 한다(고평법 제18조의2 제1항 전문).
② (X) 사용한 휴가기간은 유급으로 한다(고평법 제18조의2 제1항 후문).
③ (X) 배우자출산휴가는 1회에 한정하여 나누어 사용할 수 있다(고평법 제18조의2 제4항).
④ (O) 고평법 제18조의2 제3항
⑤ (X) 사용한 휴가기간은 유급으로 함에도 불구하고 출산전후휴가급여등이 지급된 경우에는 그 금액의 한도에서 지급의 책임을 면한다(고평법 제18조의2 제2항).

답 ❹

122 남녀고용평등과 일 · 가정 양립 지원에 관한 법률에 대한 설명으로 옳지 않은 것은? 20 국가직 7급

CHECK ○△×

① 사업주는 근로자가 배우자의 출산을 이유로 휴가를 청구하는 경우에 10일의 휴가를 주어야 한다.
② 근로자란 근로기준법상의 근로자를 말한다.
③ 이 법과 관련한 분쟁해결에서 입증책임은 사업주가 부담한다.
④ 근로자는 육아휴직을 2회에 한정하여 나누어 사용할 수 있다.

해설

① (○) 사업주는 근로자가 배우자의 출산을 이유로 휴가(이하 "배우자 출산휴가")를 청구하는 경우에 10일의 휴가를 주어야 한다. 이 경우 사용한 휴가기간은 유급으로 한다(고평법 제18조의2 제1항).
② (×) 고평법상 "근로자"란 사업주에게 고용된 사람과 취업할 의사를 가진 사람을 말한다(고평법 제2조 제4호 참조).
③ (○) 고평법 제30조
④ (○) 근로자는 육아휴직을 2회에 한정하여 나누어 사용할 수 있다. 이 경우 임신 중인 여성 근로자가 모성보호를 위하여 육아휴직을 사용한 횟수는 육아휴직을 나누어 사용한 횟수에 포함하지 아니한다(고평법 제19조의4 제1항).

답 ❷

123 남녀고용평등과 일 · 가정 양립 지원에 관한 법률상 직장 내 성희롱 발생 시 사업주의 조치에 대한 설명으로 옳지 않은 것은? 19 국가직 7급

CHECK ○△×

① 사업주는 직장 내 성희롱과 관련하여 피해를 입은 근로자 또는 피해를 입었다고 주장하는 근로자가 조사 과정에서 성적 수치심 등을 느끼지 아니하도록 하여야 한다.
② 사업주가 성희롱 발생 사실을 신고한 근로자에 대하여 파면 등 불리한 처우를 하는 것은 형사처벌의 대상이 아니다.
③ 사업주는 고객 등 업무와 밀접한 관련이 있는 자가 업무수행 과정에서 성적인 언동 등을 통하여 근로자에게 성적 굴욕감 또는 혐오감 등을 느끼게 하여 해당 근로자가 그로 인한 고충 해소를 요청할 경우 근무장소의 변경 등 적절한 조치를 하여야 한다.
④ 사업주는 사실확인을 위한 조사 결과 직장 내 성희롱 발생사실이 확인된 때에는 피해근로자가 요청하면 근무장소의 변경 등 적절한 조치를 하여야 한다.

해설

① (○) 고평법 제14조 제2항 후문
② (×) 고평법 제37조 제2항, 제14조 제6항 참조

> **벌칙(고평법 제37조)**
> ② 사업주가 다음 각 호의 어느 하나에 해당하는 위반행위를 한 경우에는 3년 이하의 징역 또는 3천만원 이하의 벌금에 처한다.
> 2. 제14조 제6항을 위반하여 직장 내 성희롱 발생 사실을 신고한 근로자 및 피해근로자등에게 불리한 처우를 한 경우

직장 내 성희롱 발생 시 조치(고평법 제14조)

⑥ 사업주는 성희롱 발생 사실을 신고한 근로자 및 피해근로자등에게 다음 각 호의 어느 하나에 해당하는 불리한 처우를 하여서는 아니 된다.

1. 파면, 해임, 해고, 그 밖에 신분상실에 해당하는 불이익 조치
2. 징계, 정직, 감봉, 강등, 승진 제한 등 부당한 인사조치
3. 직무 미부여, 직무 재배치, 그 밖에 본인의 의사에 반하는 인사조치

③ (○) 고평법 제14조의2 제1항
④ (○) 고평법 제14조 제4항

답 ❷

124 남녀고용평등과 일 · 가정 양립 지원에 관한 법률상 직장 내 성희롱에 대한 설명으로 옳지 않은 것은?

CHECK ○△×

21 국가직 7급

① 상급자가 업무와 관련하여 다른 근로자에게 성적 언동 또는 그 밖의 요구 등에 따르지 아니하였다는 이유로 근로조건 및 고용에서 불이익을 주는 것은 직장 내 성희롱에 포함된다.
② 사업주가 직장 내의 지위를 이용하여 다른 근로자에게 성적 언동 등으로 성적 굴욕감 또는 혐오감을 느끼게 하는 것은 직장 내 성희롱에 포함된다.
③ 사업주는 직장 내 성희롱에 대한 사실 확인 조사 기간 동안 피해근로자등을 보호하기 위하여 필요한 경우, 피해근로자등의 의사와 관계없이 해당 피해근로자등에 대하여 근무장소의 변경, 유급휴가 명령 등 적절한 조치를 하여야 한다.
④ 사업주는 고객 등 업무와 밀접한 관련이 있는 사람이 업무수행 과정에서 성적인 언동 등을 통하여 근로자에게 성적 굴욕감 또는 혐오감 등을 느끼게 하여 해당 근로자가 그로 인한 고충해소를 요청할 경우 근무 장소 변경, 배치전환, 유급휴가의 명령 등 적절한 조치를 하여야 한다.

해설

① (○) · ② (○) "직장 내 성희롱"이란 사업주 · 상급자 또는 근로자가 직장 내의 지위를 이용하거나 업무와 관련하여 다른 근로자에게 성적 언동 등으로 성적 굴욕감 또는 혐오감을 느끼게 하거나❷ 성적 언동 또는 그 밖의 요구 등에 따르지 아니하였다는 이유로 근로조건 및 고용에서 불이익을 주는 것을 말한다❶(고평법 제2조 제2호).
③ (×) 사업주는 직장 내 성희롱 발생 사실에 따른 조사 기간 동안 피해근로자등을 보호하기 위하여 필요한 경우 해당 피해근로자등에 대하여 근무장소의 변경, 유급휴가 명령 등 적절한 조치를 하여야 한다. 이 경우 사업주는 피해근로자등의 의사에 반하는 조치를 하여서는 아니 된다(고평법 제14조 제3항).
④ (○) 고평법 제14조의2 제1항

답 ❸

125 남녀고용평등과 일 · 가정 양립 지원에 관한 법률에 대한 설명으로 옳지 않은 것은?(다툼이 있는 경우 판례에 의함)

CHECK ○△×

22 국가직 7급

① 동일 가치 노동의 기준은 직무 수행에서 요구되는 기술, 노력, 책임 및 작업 조건 등으로 한다.

② 동일가치의 노동이라 함은 당해 사업장 내의 서로 비교되는 남녀 간의 노동이 동일하거나 실질적으로 거의 같은 성질의 노동 또는 그 직무가 다소 다르더라도 객관적인 직무평가 등에 의하여 본질적으로 동일한 가치가 있다고 인정되는 노동에 해당하는 것을 말한다.

③ 사업주는 동일한 사업 내의 동일 가치 노동에 대하여는 동일한 임금을 지급하여야 하는데, 동일 가치 노동에 대한 동일한 임금 지급과 관련한 분쟁해결에서 입증책임은 이를 주장하는 근로자가 부담한다.

④ 사업주는 고객 등 업무와 밀접한 관련이 있는 사람이 업무수행 과정에서 성적인 언동 등을 통하여 근로자에게 성적 굴욕감 또는 혐오감 등을 느끼게 하여 해당 근로자가 그로 인한 고충 해소를 요청할 경우 근무 장소 변경, 배치전환, 유급휴가의 명령 등 적절한 조치를 하여야 한다.

해설

① (○) 동일 가치 노동의 기준은 직무 수행에서 요구되는 기술, 노력, 책임 및 작업 조건 등으로 하고, 사업주가 그 기준을 정할 때에는 노사협의회의 근로자를 대표하는 위원의 의견을 들어야 한다(고평법 제8조 제2항).

② (○) 사업주는 동일한 사업 내의 동일 가치 노동에 대하여는 동일한 임금을 지급하여야 한다(남녀고용평등과 일 · 가정 양립 지원에 관한 법률 제8조 제1항). 여기에서 '동일 가치의 노동'이란 당해 사업장 내의 서로 비교되는 노동이 동일하거나 실질적으로 거의 같은 성질의 노동 또는 직무가 다소 다르더라도 객관적인 직무평가 등에 의하여 본질적으로 동일한 가치가 있다고 인정되는 노동에 해당하는 것을 말하고, 동일 가치의 노동인지는 직무 수행에서 요구되는 기술, 노력, 책임 및 작업조건을 비롯하여 근로자의 학력 · 경력 · 근속연수 등의 기준을 종합적으로 고려하여 판단하여야 한다(대판 2019.3.14. 2015두46321).

③ (×) 이 법과 관련한 분쟁해결에서 입증책임은 사업주가 부담한다(고평법 제30조).

④ (○) 고평법 제14조의2 제1항

답 ❸

126 최저임금법에 대한 설명으로 옳지 않은 것은?

23 국가직 9급

CHECK ○△×

① 최저임금액보다 적은 임금을 지급하거나 최저임금을 이유로 종전의 임금을 낮춘 자는 3년 이하의 징역 또는 2천만원 이하의 벌금에 처한다. 이 경우 징역과 벌금은 병과(倂科)할 수 있다.

② 주급제 또는 월급제에서 지급되는 유급휴일에 대한 임금인 주휴수당은 최저임금의 적용을 위한 임금에 산입되지 않는다.

③ 최저임금의 적용을 받는 근로자와 사용자 사이의 근로계약 중 최저임금액에 미치지 못하는 금액을 임금으로 정한 부분은 무효로 하며, 이 경우 무효로 된 부분은 최저임금법으로 정한 최저임금액과 동일한 임금을 지급하기로 한 것으로 본다.

④ 고용노동부장관은 최저임금법의 시행에 필요한 범위에서 근로자나 사용자에게 임금에 관한 사항을 보고하게 할 수 있다. 임금에 관한 사항의 보고를 하지 아니하거나 거짓 보고를 한 자에게는 100만원 이하의 과태료를 부과한다.

해설

① (○) 최임법 제6조 제1항 또는 제2항을 위반하여 최저임금액보다 적은 임금을 지급하거나 최저임금을 이유로 종전의 임금을 낮춘 자는 3년 이하의 징역 또는 2천만원 이하의 벌금에 처한다. 이 경우 징역과 벌금은 병과(倂科)할 수 있다(최임법 제28조 제1항).

② (×) 구 최저임금법 제6조 제4항 및 구 최저임금법 시행규칙 제2조 [별표 1]은 최저임금에 산입하지 아니하는 임금(이하 "최저임금 산입 제외 임금")의 범위를 정하였다. 따라서 지급된 임금이 최저임금에 미달하는지 여부는 지급된 임금 중 "최저임금 산입 제외 임금"을 제외한 임금액(최저임금의 적용을 위한 임금으로서 이하 "비교대상 임금"이라 한다)과 최저임금액을 비교하여 판단하여야 한다. 이때 주급제 혹은 월급제에서 지급되는 유급휴일에 대한 임금인 주휴수당의 경우, 소정 근로에 대해 매월 1회 이상 정기적으로 지급되는 임금이어서 "최저임금 산입 제외 임금"에 해당하지 아니하므로, 비교대상 임금에 포함된다(대판 2023.11.2. 2018도965).

③ (○) 최임법 제6조 제3항

④ (○) 최임법 제25조, 제31조 제1항 제2호

답 ❷

127 최저임금법령상 최저임금의 결정 등에 관한 설명으로 옳지 않은 것은?

24 노무

CHECK ○△×

① 고용노동부장관은 매년 3월 31일까지 최저임금위원회에 최저임금에 관한 심의를 요청하여야 한다.

② 최저임금위원회는 고용노동부장관으로부터 최저임금에 관한 심의 요청을 받은 경우 이를 심의하여 최저임금안을 의결하고 심의 요청을 받은 날부터 90일 이내에 고용노동부장관에게 제출하여야 한다.

③ 고용노동부장관은 최저임금위원회가 심의하여 제출한 최저임금안에 따라 최저임금을 결정하기가 어렵다고 인정되면 20일 이내에 그 이유를 밝혀 위원회에 10일 이상의 기간을 정하여 재심의를 요청할 수 있다.

④ 고용노동부장관은 매년 8월 5일까지 최저임금을 결정하여야 한다.

⑤ 사용자를 대표하는 자는 고시된 최저임금안에 대하여 이의가 있으면 고시된 날부터 30일 이내에 고용노동부장관에게 이의를 제기할 수 있다.

해설

① (○) 최임법 시행령 제7조

② (○) 최임법 제8조 제2항

③ (○) 최임법 제8조 제3항

④ (○) 최임법 제8조 제1항 전문

⑤ (×) 근로자를 대표하는 자나 사용자를 대표하는 자는 고시된 최저임금안에 대하여 이의가 있으면 고시된 날부터 10일 이내에 대통령령으로 정하는 바에 따라 고용노동부장관에게 이의를 제기할 수 있다(최임법 제9조 제2항 전문).

답 ⑤

128 최저임금법에 대한 설명으로 옳지 않은 것은?

23 국가직 9급

CHECK ○△×

① 최저임금법에서 "근로자", "사용자" 및 "임금"이란 근로기준법 제2조에 따른 근로자, 사용자 및 임금을 말한다.

② 최저임금은 근로자의 생계비, 유사 근로자의 임금, 노동생산성 및 소득분배율 등을 고려하여 정한다. 이 경우 사업의 종류별로 구분하여 정할 수 있다.

③ 최저임금액은 시간·일·주 또는 월을 단위로 하여 정한다. 이 경우 일·주 또는 월을 단위로 하여 최저임금액을 정할 때에는 시간급으로도 표시하여야 한다.

④ 최저임금위원회는 매년 8월 5일까지 최저임금을 심의·의결하여 고시하여야 한다.

해설

① (○) 최임법 제2조

② (○) 최임법 제4조 제1항

③ (○) 최임법 제5조 제1항

④ (×) 고용노동부장관은 매년 8월 5일까지 최저임금을 결정하여야 한다. 이 경우 고용노동부장관은 대통령령으로 정하는 바에 따라 최저임금위원회에 심의를 요청하고, 위원회가 심의하여 의결한 최저임금안에 따라 최저임금을 결정하여야 한다(최임법 제8조 제1항). 고용노동부장관은 최저임금을 결정한 때에는 지체 없이 그 내용을 고시하여야 한다(최임법 제10조 제1항).

답 ④

129 최저임금법령상 최저임금위원회에 관한 설명으로 옳지 않은 것은?

24 노무

CHECK ○△×

① 위원장과 부위원장은 공익위원 중에서 위원회가 선출한다.
② 위원회에 2명의 상임위원을 두며, 상임위원은 근로자위원과 사용자위원 각 1명으로 한다.
③ 위원의 임기는 3년으로 하되, 연임할 수 있다.
④ 위원회의 회의는 이 법으로 따로 정하는 경우 외에는 재적위원 과반수의 출석과 출석위원 과반수의 찬성으로 의결한다.
⑤ 위원은 임기가 끝났더라도 후임자가 임명되거나 위촉될 때까지 계속하여 직무를 수행한다.

해설

① (○) 최임법 제15조 제2항
② (×) 위원회에 2명의 상임위원을 두며, 상임위원은 공익위원이 된다(최임법 제14조 제2항). 공익위원의 위촉기준은 최임법 시행령 제13조가 규정하고 있다.
③ (○) 최임법 제14조 제3항
④ (○) 최임법 제17조 제3항
⑤ (○) 최임법 제14조 제5항

답 ❷

130 최저임금법령상 최저임금액에 산입되는 임금에 해당하는 것은?

24 국가직 9급

CHECK ○△×

① 연장근로 또는 휴일근로에 대한 임금
② 근로기준법 제60조에 따른 연차 유급휴가의 미사용수당
③ 근로자의 복리후생을 위한 성질의 임금으로서 통화 이외의 것으로 지급하는 임금
④ 근로기준법 제55조 제1항에 의하여 보장되는 1주에 평균 1회 이상의 유급휴일에 대한 임금

해설

① (×), ② (×), ③ (×), ④ (○)
① 연장근로 또는 휴일근로에 대한 임금, ② 근로기준법 제60조에 따른 연차 유급휴가의 미사용수당, ③ 근로자의 복리후생을 위한 성질의 임금으로서 통화 이외의 것으로 지급하는 임금 등은 최임법 제6조 제4항 제1호, 동법 시행규칙 제2조 제1항에서 정한 최저임금액에 산입되는 임금에 해당하지 아니하나, ④ 근로기준법 제55조 제1항에 의하여 보장되는 1주에 평균 1회 이상의 유급휴일에 대한 임금은 최저임금액에 산입된다.

답 ❹

131 최저임금법상 벌칙에 대한 설명 중 (ㄱ)~(ㄹ)에 들어갈 내용을 바르게 연결한 것은?

CHECK ○△×

24 국가직 9급

> • 최저임금액보다 적은 임금을 지급하거나 최저임금을 이유로 종전의 임금을 낮춘 자는 (ㄱ)년 이하의 징역 또는 (ㄴ)만원 이하의 벌금에 처한다.
> • 도급으로 사업을 행하는 경우 도급인이 책임져야 할 사유로 수급인이 근로자에게 최저임금액에 미치지 못하는 임금을 지급한 경우 도급인은 해당 수급인과 연대(連帶)하여 책임을 지고, 도급인에게 이러한 연대책임이 발생하여 근로감독관이 그 연대책임을 이행하도록 시정지시하였음에도 불구하고 도급인이 시정기한 내에 이를 이행하지 아니한 경우에는 (ㄷ)년 이하의 징역 또는 (ㄹ) 만원 이하의 벌금에 처한다.

① ㄱ : 3, ㄴ : 2천, ㄷ : 3, ㄹ : 2천
② ㄱ : 3, ㄴ : 2천, ㄷ : 2, ㄹ : 1천
③ ㄱ : 2, ㄴ : 1천, ㄷ : 3, ㄹ : 2천
④ ㄱ : 2, ㄴ : 1천, ㄷ : 2, ㄹ : 1천

해설

• 최저임금액보다 적은 임금을 지급하거나 최저임금을 이유로 종전의 임금을 낮춘 자는 3년 이하의 징역 또는 2천만원 이하의 벌금에 처한다. 이 경우 징역과 벌금은 병과(倂科)할 수 있다(최임법 제28조 제1항).
• 도급으로 사업을 행하는 경우 도급인이 책임져야 할 사유로 수급인이 근로자에게 최저임금액에 미치지 못하는 임금을 지급한 경우 도급인은 해당 수급인과 연대책임을 지므로, 근로감독관이 그 연대책임을 이행하도록 시정지시하였음에도 불구하고 도급인이 시정기한 내에 이를 이행하지 아니한 경우 2년 이하의 징역 또는 1천만원 이하의 벌금에 처한다(최임법 제6조 제7항, 제28조 제2항).

답 ❷

132 최저임금법에 대한 설명으로 옳지 않은 것은?

24 국가직 9급

CHECK ○△×

① 고용노동부장관은 근로자의 생계비와 임금실태 등을 3년마다 조사하여야 한다.
② 정부는 근로자와 사용자에게 최저임금제도를 원활하게 실시하는 데에 필요한 자료를 제공하거나 그 밖에 필요한 지원을 하도록 최대한 노력하여야 한다.
③ 고용노동부장관은 최저임금법의 시행에 필요한 범위에서 근로자나 사용자에게 임금에 관한 사항을 보고하게 할 수 있다.
④ 근로감독관은 최저임금법 위반의 죄에 관하여 사법경찰관리의 직무를 행할 자와 그 직무범위에 관한 법률이 정하는 바에 따라 사법경찰관의 직무를 행한다.

해설

① (×) 고용노동부장관은 근로자의 생계비와 임금실태 등을 매년 조사하여야 한다(최임법 제23조).
② (○) 최임법 제24조
③ (○) 최임법 제25조
④ (○) 최임법 제26조 제4항

답 ❶

최신유형

133 최저임금법령에 관한 설명으로 옳지 않은 것은? 25 노무

CHECK ○△×

① 최저임금의 적용을 받는 사용자는 근로자에게 최저임금에 산입하지 아니하는 임금에 관하여 주지시켜야 한다.
② 사용자는 최저임금의 내용을 매년 8월 5일까지 근로자에게 주지시켜야 한다.
③ 동거하는 친족만을 사용하는 사업에는 최저임금법을 적용하지 아니한다.
④ 연장근로에 대한 임금 및 가산임금은 최저임금에 산입하지 아니한다.
⑤ 도급으로 사업을 행하는 경우 도급인이 책임져야 할 사유로 수급인이 근로자에게 최저임금액에 미치지 못하는 임금을 지급한 경우 도급인은 해당 수급인과 연대하여 책임을 진다.

해설

① (○) 최저임금의 적용을 받는 사용자는 적용을 받는 근로자의 최저임금액, 최저임금에 산입하지 아니하는 임금, 해당 사업에서 최저임금의 적용을 제외할 근로자의 범위, 최저임금의 효력발생 연월일 등의 최저임금의 내용을 근로자에게 주지시켜야 한다(최임법 제11조, 동법 시행령 제11조 제1항).
② (×) 사용자는 최저임금의 내용을 최저임금의 효력발생일 전날까지 근로자에게 주지시켜야 한다(최임법 제11조, 동법 시행령 제11조 제2항).
③ (○) 최저임금법은 근로자를 사용하는 모든 사업 또는 사업장에 적용한다. 다만, 동거하는 친족만을 사용하는 사업과 가사사용인에게는 적용하지 아니한다(최임법 제3조 제1항).
④ (○) 소정근로시간 또는 소정의 근로일에 대하여 지급하는 임금 외의 임금으로서 연장근로 또는 휴일근로에 대한 임금 및 연장·야간 또는 휴일 근로에 대한 가산임금 등은 최저임금에 산입하지 아니한다(최임법 제6조 제4항 단서 제1호, 동법 시행규칙 제2조 제1항 제1호).
⑤ (○) 최임법 제6조 제7항

최저임금의 효력(최임법 제6조)

① 사용자는 최저임금의 적용을 받는 근로자에게 최저임금액 이상의 임금을 지급하여야 한다.
② 사용자는 이 법에 따른 최저임금을 이유로 종전의 임금수준을 낮추어서는 아니 된다.
③ 최저임금의 적용을 받는 근로자와 사용자 사이의 근로계약 중 최저임금액에 미치지 못하는 금액을 임금으로 정한 부분은 무효로 하며, 이 경우 무효로 된 부분은 이 법으로 정한 최저임금액과 동일한 임금을 지급하기로 한 것으로 본다.
④ 제1항과 제3항에 따른 임금에는 매월 1회 이상 정기적으로 지급하는 임금을 산입한다. 다만, 다음 각 호의 어느 하나에 해당하는 임금은 산입하지 아니한다.
1. 「근로기준법」 제2조 제1항 제8호에 따른 소정근로시간(이하 "소정근로시간"이라 한다) 또는 소정의 근로일에 대하여 지급하는 임금 외의 임금으로서 고용노동부령으로 정하는 임금
2. 상여금, 그 밖에 이에 준하는 것으로서 고용노동부령으로 정하는 임금의 월 지급액 중 해당 연도 시간급 최저임금액을 기준으로 산정된 월 환산액의 100분의 25에 해당하는 부분
3. 식비, 숙박비, 교통비 등 근로자의 생활 보조 또는 복리후생을 위한 성질의 임금으로서 다음 각 목의 어느 하나에 해당하는 것
가. 통화 이외의 것으로 지급하는 임금
나. 통화로 지급하는 임금의 월 지급액 중 해당 연도 시간급 최저임금액을 기준으로 산정된 월 환산액의 100분의 7에 해당하는 부분

최저임금의 범위(최임법 시행규칙 제2조)

① 「최저임금법」(이하 "법"이라 한다) 제6조 제4항 제1호에서 "고용노동부령으로 정하는 임금"이란 다음 각 호의 어느 하나에 해당하는 것을 말한다.

1. 연장근로 또는 휴일근로에 대한 임금 및 연장·야간 또는 휴일 근로에 대한 가산임금
2. 「근로기준법」 제60조에 따른 연차 유급휴가의 미사용수당
3. 유급으로 처리되는 휴일(「근로기준법」 제55조 제1항에 따른 유급휴일은 제외한다)에 대한 임금
4. 그 밖에 명칭에 관계없이 제1호부터 제3호까지의 규정에 준하는 것으로 인정되는 임금

② 법 제6조 제4항 제2호에서 "고용노동부령으로 정하는 임금"이란 다음 각 호의 어느 하나에 해당하는 것을 말한다.

1. 1개월을 초과하는 기간에 걸친 해당 사유에 따라 산정하는 상여금, 장려가급, 능률수당 또는 근속수당
2. 1개월을 초과하는 기간의 출근성적에 따라 지급하는 정근수당

답 ❷

최신유형

134 최저임금법령상 최저임금위원회에 관한 설명으로 옳은 것은? 25 노무

CHECK ○△×

① 고용노동부장관은 최저임금위원회로 하여금 근로자의 생계비에 관한 조사를 하게 할 수 있다.
② 최저임금위원회의 회의는 공익위원 3분의 1 이상이 소집을 요구하는 경우에 위원장이 소집한다.
③ 최저임금을 심의하기 위하여 기획재정부에 최저임금위원회를 둔다.
④ 사무국에는 최저임금의 심의 등에 필요한 전문적인 사항을 조사·연구하게 하기 위하여 5명의 연구위원을 둘 수 있다.
⑤ 최저임금위원회는 근로자위원, 사용자위원, 공익위원 각 7명으로 구성한다.

해설

① (○) 고용노동부장관은 최저임금위원회로 하여금 근로자의 생계비와 임금실태에 관한 조사를 하게 할 수 있다(최임법 제23조, 동법 시행령 제19조).
② (×) 최저임금위원회의 회의는 고용노동부장관이 소집을 요구하는 경우, 재적위원 3분의 1 이상이 소집을 요구하는 경우, 위원장이 필요하다고 인정하는 경우에 위원장이 소집한다(최임법 제17조 제1항).
③ (×) 최저임금에 관한 심의와 그 밖에 최저임금에 관한 중요 사항을 심의하기 위하여 고용노동부에 최저임금위원회를 둔다(최임법 제12조).
④ (×) 사무국에는 최저임금의 심의 등에 필요한 전문적인 사항을 조사·연구하게 하기 위하여 3명 이내의 연구위원을 둘 수 있다(최임법 제20조 제2항).
⑤ (×) 최저임금위원회는 근로자위원 9명, 사용자위원 9명, 공익위원 9명으로 구성한다(최임법 제14조 제1항).

답 ❶

135 최저임금법상 최저임금위원회에 대한 설명으로 옳지 않은 것은? 24 국가직 7급

CHECK ○△×

① 2명의 상임위원을 두며, 상임위원은 공익위원이 된다.
② 위원의 임기는 3년으로 하되, 연임할 수 없다.
③ 위원은 임기가 끝났더라도 후임자가 임명되거나 위촉될 때까지 계속하여 직무를 수행한다.
④ 위원이 궐위(闕位)되면 그 보궐위원의 임기는 전임자(前任者) 임기의 남은 기간으로 한다.

해설

① (○) 최임법 제14조 제2항
② (×) 최저임금위원회 위원의 임기는 3년으로 하되, 연임할 수 있다(최임법 제14조 제3항).
③ (○) 최임법 제14조 제5항
④ (○) 최임법 제14조 제4항

답 ❷

136 최저임금법령상 최저임금의 결정에 대한 설명으로 옳지 않은 것은? 25 국가직 9급

CHECK ○△×

① 고용노동부장관은 매년 8월 5일까지 최저임금을 결정하여야 한다.
② 고용노동부장관은 매년 3월 31일까지 최저임금위원회에 최저임금에 관한 심의를 요청하여야 한다.
③ 고용노동부장관은 최저임금을 결정한 때에는 지체 없이 그 내용을 고시하여야 한다.
④ 고용노동부장관은 최저임금위원회로부터 최저임금안을 제출받았을 때에는 그 날부터 10일 이내에 사업 또는 사업장의 종류별 최저임금안 및 적용 사업의 범위를 고시하여야 한다.

해설

① (○) 최임법 제8조 제1항 전문
② (○) 최임법 제8조 제1항 후문, 동법 시행령 제7조
③ (○) 최임법 제10조 제1항
④ (×) 고용노동부장관이 최저임금위원회로부터 최저임금안을 제출받았을 때에는 지체 없이 사업 또는 사업장(이하 "사업")의 종류별 최저임금안 및 적용 사업의 범위를 고시하여야 한다(최임법 시행령 제8조).

답 ❹

137 최저임금법령상 최저임금의 적용을 받는 사용자가 근로자에게 주지시켜야 할 최저임금의 내용을 모두 고른 것은? 23 노무

CHECK ○△×

ㄱ. 적용을 받는 근로자의 최저임금액
ㄴ. 최저임금에 산입하지 아니하는 임금
ㄷ. 해당 사업에서 최저임금의 적용을 제외할 근로자의 범위
ㄹ. 최저임금의 효력발생 연월일

① ㄱ, ㄷ
② ㄴ, ㄹ
③ ㄱ, ㄴ, ㄷ
④ ㄱ, ㄴ, ㄹ
⑤ ㄱ, ㄴ, ㄷ, ㄹ

해설

ㄱ. 적용을 받는 근로자의 최저임금액, ㄴ. 최저임금에 산입하지 아니하는 임금, ㄷ. 해당 사업에서 최저임금의 적용을 제외할 근로자의 범위, ㄹ. 최저임금의 효력발생 연월일 모두 최임법 제11조, 동법 시행령 제11조 제1항에서 정한 사용자의 주지의무의 내용에 포함된다.

답 ❺

138 최저임금법에 관한 설명으로 옳은 것은?(다툼이 있는 경우에는 판례에 의함) 15 노무

CHECK ○△×

① 최저임금은 사업의 종류별, 지역별로 구분하여 정하여야 한다.
② 최저임금위원회는 근로자와 사용자 및 정부를 각각 대표하는 위원으로 구성한다.
③ 일반택시운송사업에서 운전업무에 종사하는 근로자의 최저임금에 산입되는 임금의 범위에서 생산고에 따른 임금은 제외된다.
④ 감시 또는 단속적으로 근로에 종사하는 자로서 사용자가 고용노동부장관의 승인을 받은 자의 최저임금은 고용노동부장관이 결정·고시한 최저임금액의 90%로 한다.
⑤ 근로자와 사용자가 최저임금의 적용을 위한 임금에 산입되지 않는 임금을 최저임금의 적용을 위한 임금의 범위에 산입하여 최저임금에 미달하는 부분을 보전하기로 약정한 경우 그 임금 약정은 유효하다.

해설

① (×) 최저임금은 근로자의 생계비, 유사 근로자의 임금, 노동생산성 및 소득분배율 등을 고려하여 정한다. 이 경우 사업의 종류별로 구분하여 정할 수 있다(최임법 제4조 제1항). 사업의 지역별은 해당하지 않는다.
② (×) 최저임금위원회는 근로자와 사용자 및 공익을 각각 대표하는 위원(각 9명)으로 구성한다(최임법 제14조 제1항).
③ (○) 최임법 제6조 제5항
④ (×) 감시 또는 단속적으로 근로에 종사하는 자로서 사용자가 고용노동부장관의 승인을 받은 자의 최저임금에 대하여 규정하고 있던 최임법 시행령 제3조 제2항은, 2014년 12월 31일을 도과함으로써 실효되었으므로, 감시 또는 단속적으로 근로에 종사하는 자에게도 최저임금액을 지급하여야 한다.
⑤ (×) 근로자와 사용자가 최저임금의 적용을 위한 임금에 산입되지 않는 임금을 최저임금의 적용을 위한 임금의 범위에 산입하여 최저임금에 미달하는 부분을 보전하기로 약정한 경우 그 임금 약정은 최저임금법 제6조 제3항에 반하여 무효이다(대판 2007.1.11. 2006다64245).

답 ❸

139 최저임금법에 관한 설명으로 옳지 않은 것은? 17 노무

CHECK ○△×

① 1년 이상의 기간을 정하여 근로계약을 체결하고 수습 중에 있는 근로자로서 수습을 시작한 날부터 6개월 이내인 사람에 대하여는 최저임금액과 다른 금액으로 최저임금액을 정할 수 있다.

② 최저임금은 사업의 종류별로 구분하여 정할 수 있다.

③ 사용자는 이 법에 따른 최저임금을 이유로 종전의 임금수준을 낮추어서는 아니 된다.

④ 신체장애로 근로능력이 현저히 낮은 사람으로서 사용자가 고용노동부장관의 인가를 받은 사람에 대하여는 최저임금을 적용하지 아니한다.

⑤ 도급으로 사업을 행하는 경우 도급인이 책임져야 할 사유로 수급인이 근로자에게 최저임금액에 미치지 못하는 임금을 지급한 경우 도급인은 해당 수급인과 연대하여 책임을 진다.

해설

① (×) 1년 이상의 기간을 정하여 근로계약을 체결하고 수습 중에 있는 근로자로서 수습을 시작한 날부터 3개월 이내인 사람에 대하여는 대통령령으로 정하는 바에 따라 제1항에 따른 최저임금액과 다른 금액으로 최저임금액을 정할 수 있다(최임법 제5조 제2항).

② (○) 최저임금은 근로자의 생계비, 유사 근로자의 임금, 노동생산성 및 소득분배율 등을 고려하여 정한다. 이 경우 사업의 종류별로 구분하여 정할 수 있다(최임법 제4조 제1항).

③ (○) 최임법 제6조 제2항

④ (○) 최임법 제7조 제1호

⑤ (○) 도급으로 사업을 행하는 경우 도급인이 책임져야 할 사유로 수급인이 근로자에게 최저임금액에 미치지 못하는 임금을 지급한 경우 도급인은 해당 수급인과 연대(連帶)하여 책임을 진다(최임법 제6조 제7항).

최저임금의 적용제외(최임법 제7조)

다음 각 호의 어느 하나에 해당하는 사람으로서 사용자가 대통령령으로 정하는 바에 따라 고용노동부장관의 인가를 받은 사람에 대하여는 제6조를 적용하지 아니한다.

1. 정신장애나 신체장애로 근로능력이 현저히 낮은 사람
2. 그 밖에 최저임금을 적용하는 것이 적당하지 아니하다고 인정되는 사람

답 ①

140 최저임금법에 관한 설명으로 옳지 않은 것은?

22 노무

CHECK ○△×

① 선원법의 적용을 받는 선원과 선원을 사용하는 선박의 소유자에게는 적용하지 아니한다.
② 고용노동부장관은 최저임금을 결정한 때에는 지체 없이 그 내용을 고시하여야 한다.
③ 최저임금은 근로자의 생계비, 유사 근로자의 임금, 노동생산성 및 소득분배율 등을 고려하여 정한다.
④ 최저임금액은 시간·일(日)·주(週)·월(月) 또는 연(年)을 단위로 하여 정한다.
⑤ 고용노동부장관은 최저임금위원회가 심의하여 의결한 최저임금안에 따라 최저임금을 결정하여야 한다.

해설

① (○) 최임법 제3조 제2항
② (○) 최임법 제10조 제1항
③ (○) 최임법 제4조 제1항 전문
④ (×) 최저임금액은 시간·일(日)·주(週) 또는 월(月)을 단위로 하여 정한다. 이 경우 일·주 또는 월을 단위로 하여 최저임금액을 정할 때에는 시간급(時間給)으로도 표시하여야 한다(최임법 제5조 제1항).
⑤ (○) 고용노동부장관은 매년 8월 5일까지 최저임금을 결정하여야 한다. 이 경우 고용노동부장관은 대통령령으로 정하는 바에 따라 최저임금위원회에 심의를 요청하고, 위원회가 심의하여 의결한 최저임금안에 따라 최저임금을 결정하여야 한다(최임법 제8조 제1항).

답 ❹

141 최저임금법령상 최저임금위원회에 대한 설명으로 옳지 않은 것은?

23 국가직 9급

CHECK ○△×

① 최저임금위원회에 2명의 상임위원을 두며, 상임위원은 최저임금위원회 위원장의 제청에 의하여 대통령이 임명한다.
② 최저임금에 관한 심의와 그 밖에 최저임금에 관한 중요 사항을 심의하기 위하여 고용노동부에 최저임금위원회를 둔다.
③ 최저임금위원회의 위원이 궐위된 경우에는 궐위된 날부터 30일 이내에 후임자를 위촉하거나 임명하여야 하지만, 전임자의 남은 임기가 1년 미만인 경우에는 위촉하거나 임명하지 아니할 수 있다.
④ 최저임금위원회에 위원장과 부위원장 각 1명을 두며, 위원장과 부위원장은 공익위원 중에서 최저임금위원회가 선출한다.

해설

① (×) 최저임금위원회에 2명의 상임위원을 두며, 상임위원은 공익위원이 된다. 상임위원은 고용노동부장관의 제청에 의하여 대통령이 임명한다(최임법 제14조 제2항, 동법 시행령 제12조 제2항).
② (○) 최임법 제12조
③ (○) 최임법 시행령 제12조 제4항
④ (○) 최임법 제15조 제1항·제2항

답 ❶

142 최저임금법상 최저임금의 결정에 대한 설명으로 옳지 않은 것은? 23 국가직 9급

CHECK ○△×

① 고용노동부장관은 최저임금위원회가 심의하여 제출한 최저임금안에 따라 최저임금을 결정하기 어렵다고 인정되면 재심의를 요청할 수 있고, 고용노동부장관은 최저임금위원회가 재심의에서 재적위원 과반수의 출석과 출석위원 과반수의 찬성으로 당초의 최저임금안을 재의결한 경우에는 그에 따라 최저임금을 결정하여야 한다.

② 근로자를 대표하는 자나 사용자를 대표하는 자는 고용노동부장관이 고시한 최저임금안에 대하여 이의가 있으면 고시된 날부터 10일 이내에 대통령령으로 정하는 바에 따라 고용노동부장관에게 이의를 제기할 수 있다.

③ 최저임금은 근로자의 생계비, 유사 근로자의 임금, 노동생산성 및 소득분배율 등을 고려하여 정하며, 이 경우 사업의 종류별로 구분하여 정할 수 있다.

④ 고용노동부장관이 고시한 최저임금은 다음 연도 1월 1일부터 효력이 발생하지만, 고용노동부장관이 사업의 종류별로 임금교섭시기 등을 고려하여 필요하다고 인정하면 효력발생 시기를 따로 정할 수 있다.

해설

① (×) 고용노동부장관은 최저임금위원회가 심의하여 제출한 최저임금안에 따라 최저임금을 결정하기가 어렵다고 인정되면 20일 이내에 그 이유를 밝혀 위원회에 10일 이상의 기간을 정하여 재심의를 요청할 수 있다. 고용노동부장관은 위원회가 재심의에서 재적위원 과반수의 출석과 출석위원 3분의 2 이상의 찬성으로 당초의 최저임금안을 재의결한 경우에는 그에 따라 최저임금을 결정하여야 한다(최임법 제8조 제3항·제5항).

② (○) 최임법 제9조 제2항 전문

③ (○) 최임법 제4조 제1항

④ (○) 최임법 제10조 제2항

답 ❶

143 최저임금법령상 최저임금의 적용을 받는 사용자가 근로자에게 주지시켜야 할 최저임금의 내용에 해당하지 않는 것은? 23 국가직 9급

CHECK ○△×

① 적용을 받는 근로자의 최저임금액

② 해당 연도 시간급 최저임금액을 기준으로 산정된 월 환산액

③ 최저임금에 산입하지 아니하는 임금

④ 해당 사업에서 최저임금의 적용을 제외할 근로자의 범위

해설

① (○), ② (×), ③ (○), ④ (○)

① 적용을 받는 근로자의 최저임금액, ③ 최저임금에 산입하지 아니하는 임금, ④ 해당 사업에서 최저임금의 적용을 제외할 근로자의 범위 등은 최임법 제11조, 동법 시행령 제11조 제1항에서 정한 주지의무의 내용에 해당하나, ② 해당 연도 시간급 최저임금액을 기준으로 산정된 월 환산액은 그렇지 아니하다.

주지 의무(최임법 제11조)

최저임금의 적용을 받는 사용자는 대통령령으로 정하는 바에 따라 해당 최저임금을 그 사업의 근로자가 쉽게 볼 수 있는 장소에 게시하거나 그 외의 적당한 방법으로 근로자에게 널리 알려야 한다.

주지 의무(최임법 시행령 제11조)

① 법 제11조에 따라 사용자가 근로자에게 주지시켜야 할 최저임금의 내용은 다음 각 호와 같다.
1. 적용을 받는 근로자의 최저임금액
2. 법 제6조 제4항에 따라 최저임금에 산입하지 아니하는 임금
3. 법 제7조에 따라 해당 사업에서 최저임금의 적용을 제외할 근로자의 범위
4. 최저임금의 효력발생 연월일

② 사용자는 제1항에 따른 최저임금의 내용을 법 제10조 제2항에 따른 최저임금의 효력발생일 전날까지 근로자에게 주지시켜야 한다.

답 ❷

144 최저임금법에 대한 설명으로 옳지 않은 것은?(다툼이 있는 경우 판례에 의함) 18 국가직 7급

CHECK ○△×

① 사용자는 최저임금법이 적용되는 경우라도 반드시 근로자가 실제로 근무한 매시간에 대해 최저임금액 이상의 임금을 지급하여야 하는 것은 아니고 근로자와의 근로계약에서 정한 임금산정 기준기간 내에 평균적인 최저임금액 이상을 지급하면 된다.

② 택시운전근로자들의 최저임금에 산입되는 임금의 범위는 생산고에 따른 임금을 제외한 임금으로 한다는 내용의 최저임금법 제6조 제5항이 과잉금지원칙을 위반하여 일반택시 운송사업자들의 계약의 자유를 침해한다고 할 수 없다.

③ 외국인 근로자에 대하여도 국내의 근로자들과 마찬가지로 최저임금법상의 최저임금의 보장에 관한 규정이 그대로 적용된다.

④ 통상임금이 최저임금액보다 적은 경우에는 최저임금법에서 정한 시급 최저임금액을 기준으로 연장근로수당 및 야간근로수당을 산정하여야 한다.

해설

① (○) 대판 2007.6.29. 2004다48836

② (○) 일반택시운송사업에서 운전업무에 종사하는 근로자의 최저임금에 산입되는 임금의 범위는 생산고에 따른 임금을 제외한 대통령령으로 정하는 임금으로 하고 있는 최저임금법 제6조 제5항은 과잉금지원칙에 위배되어 택시운송사업자들의 계약의 자유 및 직업의 자유를 침해하지 아니한다(헌재 2023.2.23. 2020헌바11).

③ (○) 외국인 근로자도 근로기준법상 근로자에 해당하므로 최임법상의 최저임금의 보장에 관한 규정이 그대로 적용된다.

④ (×) 최저임금이나 최저임금의 적용을 위한 비교대상 임금은 통상임금과는 그 기능과 산정 방법이 다른 별개의 개념이므로, 사용자가 최저임금의 적용을 받는 근로자에게 최저임금액 이상의 임금을 지급하여야 한다고 하여 곧바로 통상임금 자체가 최저임금액을 그 최하한으로 한다고 볼 수 없다. 다만 최저임금의 적용을 받는 근로자에게 있어서 비교대상 임금 총액이 최저임금액보다 적은 경우에는 비교대상 임금 총액이 최저임금액으로 증액되어야 하므로, 이에 따라 비교대상 임금에 산입된 개개의 임금도 증액되고 그 증액된 개개의 임금 중 통상임금에 해당하는 임금들을 기준으로 통상임금이 새롭게 산정될 수는 있을 것이다(대판 2017.12.28. 2014다49074).

답 ❹

145 최저임금법령에 관한 설명으로 옳지 않은 것은? 21 노무

CHECK ○△×

① 1년 미만의 기간을 정하여 근로계약을 체결하고 수습 중에 있는 근로자로서 수습을 시작한 날부터 6개월 이내인 사람에 대하여는 고용노동부장관에 의해 고시된 최저임금액보다 적은 최저임금액을 정할 수 있다.

② 사용자가 고용노동부장관의 인가를 받아 최저임금의 적용을 제외할 수 있는 자는 정신 또는 신체의 장애가 업무수행에 직접적으로 현저한 지장을 주는 것이 명백하다고 인정되는 사람으로 한다.

③ 최저임금위원회는 필요하다고 인정하면 사업의 종류별 또는 특정 사항별로 전문위원회를 둘 수 있다.

④ 고용노동부장관은 매년 8월 5일까지 최저임금을 결정하여야 한다.

⑤ 최저임금위원회에는 관계 행정기관의 공무원 중에서 3명 이내의 특별위원을 둘 수 있다.

해설

① (×) 1년 이상의 기간을 정하여 근로계약을 체결하고 수습 중에 있는 근로자로서 수습을 시작한 날부터 3개월 이내인 사람에 대하여는 대통령령으로 정하는 바에 따라 최저임금액과 다른 금액[시간급 최저임금액(최저임금으로 정한 금액)에서 100분의 10을 뺀 금액]으로 최저임금액을 정할 수 있다. 다만, 단순노무업무로 고용노동부장관이 정하여 고시한 직종에 종사하는 근로자는 제외한다(최임법 제5조 제2항, 동법 시행령 제3조).

② (○) 최임법 제7조 제1호

> **최저임금의 적용제외(최임법 제7조)**
> 다음 각 호의 어느 하나에 해당하는 사람으로서 사용자가 대통령령으로 정하는 바에 따라 고용노동부장관의 인가를 받은 사람에 대하여는 제6조를 적용하지 아니한다.
> 1. 정신장애나 신체장애로 근로능력이 현저히 낮은 사람
> 2. 그 밖에 최저임금을 적용하는 것이 적당하지 아니하다고 인정되는 사람

③ (○) 최임법 제19조 제1항

④ (○) 최임법 제8조 제1항 전문

⑤ (○) 최임법 제16조 제1항

답 ❶

146 최저임금법에 관한 설명으로 옳지 않은 것은?

14 노무

CHECK ○△×

① 최저임금은 근로자의 생계비, 유사 근로자의 임금, 노동생산성 및 소득분배율 등을 고려하여 정한다.
② 일·주 또는 월을 단위로 하여 최저임금액을 정할 때에는 시간급으로도 표시하여야 한다.
③ 사용자는 최저임금법에 따른 최저임금을 이유로 종전의 임금수준을 낮추어서는 아니 된다.
④ 선원법의 적용을 받는 선원과 선원을 사용하는 선박의 소유자에게는 적용하지 아니한다.
⑤ 최저임금위원회는 매년 8월 5일까지 최저임금을 결정하고 이를 지체 없이 고시하여야 한다.

해설

① (○) 최임법 제4조 제1항 전문
② (○) 최임법 제5조 제1항 후문
③ (○) 최임법 제6조 제2항
④ (○) 최임법 제3조 제2항
⑤ (×) 고용노동부장관은 매년 8월 5일까지 최저임금을 결정하여야 한다. 이 경우 고용노동부장관은 대통령령으로 정하는 바에 따라 제12조에 따른 최저임금위원회에 심의를 요청하고, 위원회가 심의하여 의결한 최저임금안에 따라 최저임금을 결정하여야 한다(최임법 제8조 제1항). 고용노동부장관은 최저임금을 결정한 때에는 지체 없이 그 내용을 고시하여야 한다(최임법 제10조 제1항).

답 ❺

147 최저임금법에 관한 설명으로 옳은 것을 모두 고른 것은?

20 노무

CHECK ○△×

ㄱ. 선원법의 적용을 받는 선원과 선원을 사용하는 선박의 소유자에게는 적용하지 아니한다.
ㄴ. 최저임금은 매년 12월 31일까지 결정하여 고시한다.
ㄷ. 최저임금위원회는 대통령 소속으로 둔다.
ㄹ. 고용노동부장관은 근로자의 생계비와 임금실태 등을 매년 조사하여야 한다.

① ㄱ, ㄴ
② ㄱ, ㄷ
③ ㄱ, ㄹ
④ ㄴ, ㄷ
⑤ ㄷ, ㄹ

해설

ㄱ. (○) 최임법 제3조 제2항
ㄴ. (×) 고용노동부장관은 매년 8월 5일까지 최저임금을 결정하여야 한다(최임법 제8조 제1항 전문).
ㄷ. (×) 최저임금에 관한 심의와 그 밖에 최저임금에 관한 중요사항을 심의하기 위하여 고용노동부에 최저임금위원회를 둔다(최임법 제12조).
ㄹ. (○) 최임법 제23조

답 ❸

148 최저임금법에 관한 설명으로 옳지 않은 것은?

19 노무

CHECK ○△×

① 최저임금액을 일(日)·주(週) 또는 월(月)을 단위로 하여 정할 때에는 시간급(時間給)으로도 표시하여야 한다.

② 최저임금은 근로자의 생계비, 유사 근로자의 임금, 노동생산성 및 소득분배율 등을 고려하여 정한다. 이 경우 사업의 종류별로 구분하여 정할 수 있다.

③ 사용자는 최저임금법에 따른 최저임금을 이유로 종전의 임금수준을 낮출 수 있다.

④ 도급으로 사업을 행하는 경우 도급인이 책임져야 할 사유로 수급인이 근로자에게 최저임금액에 미치지 못하는 임금을 지급한 경우 도급인은 해당 수급인과 연대(連帶)하여 책임을 진다.

⑤ 최저임금의 적용을 받는 근로자와 사용자 사이의 근로계약 중 최저임금액에 미치지 못하는 금액을 임금으로 정한 부분은 무효이다.

해설

① (○) 최임법 제5조 제1항
② (○) 최임법 제4조 제1항
③ (×) 사용자는 최저임금법에 따른 최저임금을 이유로 종전의 임금수준을 낮추어서는 아니 된다(최임법 제6조 제2항).
④ (○) 도급인은 해당 수급인과 연대하여 책임을 진다(최임법 제6조 제7항).
⑤ (○) 최임법 제6조 제3항

답 ❸

149 최저임금법에 관한 내용으로 옳지 않은 것은?

18 노무

CHECK ○△×

① 최저임금법은 선원법의 적용을 받는 선원과 선원을 사용하는 선박의 소유자에게는 적용하지 아니한다.

② 최저임금액은 시간·일·주 또는 월을 단위로 정하되, 일·주 또는 월을 단위로 하여 최저임금액을 정할 때에는 시간급으로도 표시하여야 한다.

③ 사용자는 최저임금법에 따른 최저임금을 이유로 종전의 임금수준을 낮추어서는 아니 된다.

④ 최저임금에 관한 중요사항을 심의하기 위하여 대통령 직속의 최저임금위원회를 둔다.

⑤ 고용노동부장관은 근로자의 생계비와 임금실태 등을 매년 조사하여야 한다.

해설

① (○) 최임법 제3조 제2항
② (○) 최임법 제5조 제1항
③ (○) 사용자는 이 법에 따른 최저임금을 이유로 종전의 임금수준을 낮추어서는 아니 된다(최임법 제6조 제2항).
④ (×) 최저임금에 관한 심의와 그 밖에 최저임금에 관한 중요사항을 심의하기 위하여 고용노동부에 최저임금위원회를 둔다(최임법 제12조).
⑤ (○) 최임법 제23조

답 ❹

150 최저임금법령상 최저임금에 산입하는 임금의 범위에 포함되는 것은? 16 노무

CHECK ○△×

① 1개월을 초과하는 일정 기간의 계속근무에 대하여 지급하는 근속수당
② 김장수당 등 임시 또는 돌발적인 사유에 따라 지급하는 임금 또는 수당
③ 야간근로에 대한 가산임금
④ 근로자의 복리후생을 위한 성질을 가지는 급식수당 등 근로자의 생활을 보조하는 수당
⑤ 단체협약에 임금항목으로서 지급근거가 명시되어 있는 임금 또는 수당

해설

① (×), ② (×), ③ (×), ④ (×), ⑤ (○)
단체협약·취업규칙 또는 근로계약에 임금항목으로서 지급근거가 명시되어 있거나, 관례에 따라 지급하는 임금 또는 수당은 최임법상 최저임금에 포함된다.

최저임금의 효력(최임법 제6조)

④ 제1항과 제3항에 따른 임금에는 매월 1회 이상 정기적으로 지급하는 임금을 산입(算入)한다. 다만, 다음 각 호의 어느 하나에 해당하는 임금은 산입하지 아니한다.
1. 근로기준법 제2조 제1항 제8호에 따른 소정(所定)근로시간 또는 소정의 근로일에 대하여 지급하는 임금 외의 임금으로서 고용노동부령으로 정하는 임금
2. 상여금, 그 밖에 이에 준하는 것으로서 고용노동부령으로 정하는 임금의 월 지급액 중 해당 연도 시간급 최저임금액을 기준으로 산정된 월 환산액의 100분의 25에 해당하는 부분
3. 식비, 숙박비, 교통비 등 근로자의 생활 보조 또는 복리후생을 위한 성질의 임금으로서 다음 각 목의 어느 하나에 해당하는 것
   가. 통화 이외의 것으로 지급하는 임금
   나. 통화로 지급하는 임금의 월 지급액 중 해당 연도 시간급 최저임금액을 기준으로 산정된 월 환산액의 100분의 7에 해당하는 부분

최저임금의 범위(최임법 시행규칙 제2조)

① 최저임금법 제6조 제4항 제1호에서 "고용노동부령으로 정하는 임금"이란 다음 각 호의 어느 하나에 해당하는 것을 말한다.
1. 연장근로 또는 휴일근로에 대한 임금 및 연장·야간 또는 휴일근로에 대한 가산임금
2. 근로기준법 제60조에 따른 연차유급휴가의 미사용수당
3. 유급으로 처리되는 휴일(근로기준법 제55조 제1항에 따른 유급휴일은 제외)에 대한 임금
4. 그 밖에 명칭에 관계없이 제1호부터 제3호까지의 규정에 준하는 것으로 인정되는 임금

② 법 제6조 제4항 제2호에서 "고용노동부령으로 정하는 임금"이란 다음 각 호의 어느 하나에 해당하는 것을 말한다.
1. 1개월을 초과하는 기간에 걸친 해당 사유에 따라 산정하는 상여금, 장려가급, 능률수당 또는 근속수당
2. 1개월을 초과하는 기간의 출근성적에 따라 지급하는 정근수당

답 ⑤

151 최저임금법상 최저임금에 대한 설명으로 옳지 않은 것은?

21 국가직 9급

CHECK ○△×

① 사용자는 근로자가 정신장애로 근로능력이 현저히 낮은 사람이라고 판단되는 경우에 직권으로 해당 근로자에 대하여 최저임금을 적용하지 않을 수 있다.

② 사용자는 최저임금법에 따른 최저임금을 이유로 종전의 임금수준을 낮추어서는 아니 된다.

③ 최저임금액(최저임금으로 정한 금액을 말한다.)은 시간·일(日)·주(週) 또는 월(月)을 단위로 하여 정한다. 이 경우 일·주 또는 월을 단위로 하여 최저임금액을 정할 때에는 시간급(時間給)으로도 표시하여야 한다.

④ 최저임금은 근로자의 생계비, 유사 근로자의 임금, 노동생산성 및 소득분배율 등을 고려하여 정한다. 이 경우 사업의 종류별로 구분하여 정할 수 있다.

해설

① (×) 정신장애나 신체장애로 근로능력이 현저히 낮은 사람으로서 사용자가 고용노동부장관의 인가를 받은 사람에 대하여는 최저임금을 적용하지 아니한다(최임법 제7조).

② (○) 최임법 제6조 제2항

③ (○) 최임법 제5조 제1항

④ (○) 최임법 제4조 제1항

답 ❶

152 최저임금법상 최저임금 등에 대한 설명으로 옳은 것은?(다툼이 있는 경우 판례에 의함)

21 국가직 7급

CHECK ○△×

① 최저임금은 사업의 종류별로 구분하여 정할 수 없다.

② 고용노동부장관은 근로자의 생계비와 임금실태 등을 2년마다 조사하여야 한다.

③ 고용노동부장관이 고시한 최저임금은 당해 연도 9월 1일부터 효력이 발생하지만, 고용노동부장관은 사업의 종류별로 임금교섭시기 등을 고려하여 필요하다고 인정하면 효력발생 시기를 따로 정할 수 있다.

④ 사용자는 최저임금법이 적용되는 경우라도 반드시 근로자가 실제로 근무한 매시간에 대해 최저임금액 이상의 임금을 지급하여야 하는 것은 아니고 근로자와의 근로계약에서 정한 임금산정 기준기간 내에 평균적인 최저임금액 이상을 지급하면 되지만, 최저임금의 적용을 위한 임금산정 기준기간은 특별한 사정이 없는 한 1개월을 초과할 수 없다.

해설

① (×) 최저임금은 근로자의 생계비, 유사 근로자의 임금, 노동생산성 및 소득분배율 등을 고려하여 정한다. 이 경우 사업의 종류별로 구분하여 정할 수 있다(최임법 제4조 제1항).

② (×) 고용노동부장관은 근로자의 생계비와 임금실태 등을 매년 조사하여야 한다(최임법 제23조).

③ (×) 고시된 최저임금은 다음 연도 1월 1일부터 효력이 발생한다. 다만, 고용노동부장관은 사업의 종류별로 임금교섭시기 등을 고려하여 필요하다고 인정하면 효력발생 시기를 따로 정할 수 있다(최임법 제10조 제2항).

④ (○) 사용자는 최저임금법이 적용되는 경우라도 반드시 근로자가 실제로 근무한 매시간에 대해 최저임금액 이상의 임금을 지급하여야 하는 것은 아니고 근로자와의 근로계약에서 정한 임금산정 기준기간 내에 평균적인 최저임금액 이상을 지급하면 된다. 그리고 최저임금제도가 근로자에 대해 임금의 최저수준을 보장하여 근로자의 생활안정과 노동력의 질적 향상을 기하고자 하는 데 그 목적이 있고(최임법 제1조), 임금은 원칙적으로 매월 1회 이상 일정한 기일을 정하여 지급하여야 하는 것인 점(근기법 제42조 제2항 본문) 등에 비추어 볼 때 최저임금의 적용을 위한 임금산정 기준기간은 특별한 사정이 없는 한 1개월을 초과할 수 없다고 보아야 한다(대판 2007.6.29. 2004다48836).

답 ❹

153 **최저임금법령상 최저임금 또는 최저임금위원회에 대한 설명으로 옳지 않은 것은?** 21 국가직 7급

CHECK ○△×

① 최저임금에 관한 심의와 그 밖에 최저임금에 관한 중요 사항을 심의하기 위하여 고용노동부에 최저임금위원회를 둔다.

② 정신 또는 신체의 장애가 업무 수행에 직접적으로 현저한 지장을 주는 것이 명백하다고 인정되는 사람으로서 사용자가 고용노동부장관의 인가를 받은 근로자에 대하여는 시간급 최저임금액에서 100분의 10을 뺀 금액을 그 근로자의 시간급 최저임금액으로 한다.

③ 최저임금의 적용을 받는 사용자는 대통령령으로 정하는 바에 따라 해당 최저임금을 그 사업의 근로자가 쉽게 볼 수 있는 장소에 게시하거나 그 외의 적당한 방법으로 근로자에게 널리 알려야 한다.

④ 최저임금위원회에는 관계 행정기관의 공무원 중에서 3명 이내의 특별위원을 둘 수 있다.

해설

① (○) 최임법 제12조

② (×) 최저임금액을 감액하는 것이 아니라 최저임금에 관한 최임법 제6조를 적용하지 아니한다.

> **최저임금의 적용 제외(최임법 제7조)**
> 다음 각 호의 어느 하나에 해당하는 사람으로서 사용자가 대통령령으로 정하는 바에 따라 고용노동부장관의 인가를 받은 사람에 대하여는 제6조를 적용하지 아니한다.
> 1. 정신장애나 신체장애로 근로능력이 현저히 낮은 사람
> 2. 그 밖에 최저임금을 적용하는 것이 적당하지 아니하다고 인정되는 사람
>
> **최저임금 적용 제외의 인가 기준(최임법 시행령 제6조)**
> 사용자가 법 제7조에 따라 고용노동부장관의 인가를 받아 최저임금의 적용을 제외할 수 있는 자는 정신 또는 신체의 장애가 업무 수행에 직접적으로 현저한 지장을 주는 것이 명백하다고 인정되는 사람으로 한다.

③ (○) 최임법 제11조

④ (○) 최임법 제16조 제1항

답 ❷

154 최저임금법상 최저임금액 및 최저임금의 효력 등에 대한 설명으로 옳은 것은? 22 국가직 7급

CHECK ○△×

① 수습 중에 있는 근로자의 경우 업무의 종류나 계약 기간과 관계없이 3개월간 최저임금액에서 100분의 10을 뺀 감액된 금액으로 한다.

② 도급으로 사업을 행하는 경우 도급인이 책임져야 할 사유로 수급인이 근로자에게 최저임금액에 미치지 못하는 임금을 지급한 경우 도급인은 해당 수급인과 연대하여 책임을 진다.

③ 근로자가 자기의 사정으로 소정근로시간의 근로를 하지 아니하거나 사용자가 정당한 이유로 근로자에게 소정근로 시간의 근로를 시키지 아니한 경우에도 임금 지급은 강제된다.

④ 주 단위로 정해진 임금의 경우 1주의 최저임금 적용기준 시간 수는 1주 동안의 소정근로시간 수를 말하며 근로기준법 제55조 제1항에 따라 유급으로 처리되는 시간 수가 합산되지 않는다.

해설

① (×) 최임법 제5조 제2항, 동법 시행령 제3조에 따르면 단순노무업무 종사자에 대해서는 수습 중이라고 하더라도 최저임금을 감액하여 적용하는 것은 허용되지 아니한다.

> 1년 이상의 기간을 정하여 근로계약을 체결하고 수습 중에 있는 근로자로서 수습을 시작한 날부터 3개월 이내인 사람에 대하여는 시간급 최저임금액(최저임금으로 정한 금액)에서 100분의 10을 뺀 금액을 그 근로자의 시간급 최저임금액으로 한다. 다만, 단순노무업무로 고용노동부장관이 정하여 고시한 직종에 종사하는 근로자는 제외한다(최임법 제5조 제2항, 동법 시행령 제3조).

② (○) 최임법 제6조 제7항

③ (×) 최임법 제6조 제6항

④ (×) 최임법 시행령 제5조 제1항 제2호

> **최저임금의 효력(최임법 제6조)**
>
> ① 사용자는 최저임금의 적용을 받는 근로자에게 최저임금액 이상의 임금을 지급하여야 한다.
>
> ③ 최저임금의 적용을 받는 근로자와 사용자 사이의 근로계약 중 최저임금액에 미치지 못하는 금액을 임금으로 정한 부분은 무효로 하며, 이 경우 무효로 된 부분은 이 법으로 정한 최저임금액과 동일한 임금을 지급하기로 한 것으로 본다.
>
> ⑥ 제1항과 제3항은 다음 각 호의 어느 하나에 해당하는 사유로 근로하지 아니한 시간 또는 일에 대하여 사용자가 임금을 지급할 것을 강제하는 것은 아니다.
>
> 1. 근로자가 자기의 사정으로 소정근로시간 또는 소정의 근로일의 근로를 하지 아니한 경우
> 2. 사용자가 정당한 이유로 근로자에게 소정근로시간 또는 소정의 근로일의 근로를 시키지 아니한 경우
>
> **최저임금의 적용을 위한 임금의 환산(최임법 시행령 제5조)**
>
> ① 근로자의 임금을 정하는 단위가 된 기간이 그 근로자에게 적용되는 최저임금액을 정할 때의 단위가 된 기간과 다른 경우에는 그 근로자에 대한 임금을 다음 각 호의 구분에 따라 시간에 대한 임금으로 환산한다.
>
> 1. 일(日) 단위로 정해진 임금 : 그 금액을 1일의 소정근로시간 수로 나눈 금액
> 2. 주(週) 단위로 정해진 임금 : 그 금액을 1주의 최저임금 적용기준 시간 수(1주 동안의 소정근로시간 수와 근로기준법 제55조 제1항에 따라 유급으로 처리되는 시간 수를 합산한 시간 수)로 나눈 금액

답 ❷

155 **최저임금법에 대한 설명으로 옳지 않은 것은?** 22 국가직 7급

CHECK ○△×

① 사용자는 최저임금의 적용을 받는 근로자에게 최저임금액 이상의 임금을 지급하여야 한다.

② 최저임금의 적용을 받는 근로자와 사용자 사이의 근로계약 중 최저임금액에 미치지 못하는 금액을 임금으로 정한 부분은 무효로 하며, 이 경우 무효로 된 부분은 최저임금법으로 정한 최저임금액과 동일한 임금을 지급하기로 한 것으로 본다.

③ 식비, 숙박비, 교통비 등 근로자의 생활 보조 또는 복리후생을 위한 성질의 임금으로서 통화 이외의 것으로 지급하는 임금은 최저임금액 이상으로 지급하여야 하는 임금에 산입한다.

④ 사용자는 최저임금법에 따른 최저임금을 이유로 종전의 임금수준을 낮추어서는 아니 된다.

해설

① (○) 최임법 제6조 제1항
② (○) 최임법 제6조 제3항
③ (×) 최임법 제6조 제4항
④ (○) 최임법 제6조 제2항

최저임금의 효력(최임법 제6조)

④ 제1항과 제3항에 따른 임금에는 매월 1회 이상 정기적으로 지급하는 임금을 산입(算入)한다. 다만, 다음 각 호의 어느 하나에 해당하는 임금은 산입하지 아니한다.

1. 근로기준법 제2조 제1항 제8호에 따른 소정(所定)근로시간(이하 "소정근로시간") 또는 소정의 근로일에 대하여 지급하는 임금 외의 임금으로서 고용노동부령으로 정하는 임금
2. 상여금, 그 밖에 이에 준하는 것으로서 고용노동부령으로 정하는 임금의 월 지급액 중 해당 연도 시간급 최저임금액을 기준으로 산정된 월 환산액의 100분의 25에 해당하는 부분
3. 식비, 숙박비, 교통비 등 근로자의 생활 보조 또는 복리후생을 위한 성질의 임금으로서 다음 각 목의 어느 하나에 해당하는 것
   가. 통화 이외의 것으로 지급하는 임금
   나. 통화로 지급하는 임금의 월 지급액 중 해당 연도 시간급 최저임금액을 기준으로 산정된 월 환산액의 100분의 7에 해당하는 부분

답 ③

156 최저임금법령상 수습 중에 있는 근로자(단순 노무업무로 고용 노동부장관이 정하여 고시한 직종에 종사하는 근로자는 제외)에 대한 최저임금액의 내용이다. (　　)에 들어갈 내용을 바르게 연결한 것은?

CHECK ○△×

22 국가직 9급

> (ㄱ)년 이상의 기간을 정하여 근로계약을 체결하고 수습 중에 있는 근로자로서 수습을 시작한 날부터 (ㄴ)개월 이내인 사람에 대하여는 시간급 최저임금액에서 100분의 (ㄷ)을/를 뺀 금액을 그 근로자의 시간급 최저임금액으로 한다.

① ㄱ : 1, ㄴ : 2, ㄷ : 5
② ㄱ : 1, ㄴ : 3, ㄷ : 10
③ ㄱ : 2, ㄴ : 3, ㄷ : 5
④ ㄱ : 2, ㄴ : 3, ㄷ : 10

해설

- 1년 이상의 기간을 정하여 근로계약을 체결하고 수습 중에 있는 근로자로서 수습을 시작한 날부터 3개월 이내인 사람에 대하여는 대통령령으로 정하는 바에 따라 제1항에 따른 최저임금액과 다른 금액으로 최저임금액을 정할 수 있다. 다만, 단순노무업무로 고용노동부장관이 정하여 고시한 직종에 종사하는 근로자는 제외한다(최임법 제5조 제2항).
- 최저임금법 제5조 제2항 본문에 따라 1년 이상의 기간을 정하여 근로계약을 체결하고 수습 중에 있는 근로자로서 수습을 시작한 날부터 3개월 이내인 사람에 대해서는 같은 조 제1항 후단에 따른 시간급 최저임금액(최저임금으로 정한 금액)에서 100분의 10을 뺀 금액을 그 근로자의 시간급 최저임금액으로 한다(최임법 시행령 제3조).

답 ❷

157 최저임금법에 대한 설명으로 옳지 않은 것은?

CHECK ○△×

22 국가직 9급

① 가사사용인에게는 최저임금법을 적용하지 아니한다.
② 동거하는 친족만을 사용하는 사업에는 최저임금법을 적용하지 아니한다.
③ 선원법의 적용을 받는 선원과 선원을 사용하는 선박의 소유자에게는 최저임금법을 적용하지 아니한다.
④ 정신장애나 신체장애로 근로능력이 현저히 낮은 사람으로서 사용자가 보건복지부장관의 인가를 받은 사람에 대하여는 최저임금을 적용하지 아니한다.

해설

① (○), ② (○), ③ (○) 이 법은 근로자를 사용하는 모든 사업 또는 사업장(이하 "사업")에 적용한다. 다만, 동거하는 친족만을 사용하는 사업과 가사(家事) 사용인에게는 적용하지 아니한다.❷❶ 이 법은 선원법의 적용을 받는 선원과 선원을 사용하는 선박의 소유자에게는 적용하지 아니한다❸(최임법 제3조).
④ (×) 정신장애나 신체장애로 근로능력이 현저히 낮은 사람으로서 사용자가 대통령령으로 정하는 바에 따라 고용노동부장관의 인가를 받은 사람에 대하여는 최저임금을 적용하지 아니한다(최임법 제7조).

답 ❹

158 최저임금법에 대한 설명으로 옳은 것만을 모두 고른 것은? 22 국가직 9급

CHECK ○△×

ㄱ. 사용자는 최저임금의 적용을 받는 근로자에게 최저임금액 이상의 임금을 지급하여야 한다는 조항(제6조 제1항)을 위반하여 최저임금액보다 적은 임금을 지급한 자에게는 과태료를 부과한다.

ㄴ. 사용자는 최저임금법에 따른 최저임금을 이유로 종전의 임금수준을 낮추어서는 아니 된다는 조항(제6조 제2항)을 위반하여 최저임금을 이유로 종전의 임금을 낮춘 자에게는 과태료를 부과한다.

ㄷ. 최저임금의 적용을 받는 사용자는 대통령령으로 정하는 바에 따라 해당 최저임금을 그 사업의 근로자가 쉽게 볼 수 있는 장소에 게시하거나 그 외의 적당한 방법으로 근로자에게 널리 알려야 한다는 조항(제11조)을 위반하여 근로자에게 해당 최저임금을 같은 조에서 규정한 방법으로 널리 알리지 아니한 자에게는 과태료를 부과한다.

ㄹ. 고용노동부장관은 최저임금법의 시행에 필요한 범위에서 근로자나 사용자에게 임금에 관한 사항을 보고하게 할 수 있다는 조항(제25조)에 따른 임금에 관한 사항의 보고를 하지 아니하거나 거짓 보고를 한 자에게는 과태료를 부과한다.

① ㄱ, ㄴ
② ㄴ, ㄷ
③ ㄴ, ㄹ
④ ㄷ, ㄹ

해설

ㄱ. (×) · ㄴ. (×) 최임법 제28조 제1항, 제6조 제1항 · 제2항
ㄷ. (○) 최임법 제31조 제1항 제1호
ㄹ. (○) 최임법 제31조 제1항 제2호

벌칙(최임법 제28조)

① 제6조 제1항 또는 제2항을 위반하여 최저임금액보다 적은 임금을 지급하거나 최저임금을 이유로 종전의 임금을 낮춘 자는 3년 이하의 징역 또는 2천만원 이하의 벌금에 처한다. 이 경우 징역과 벌금은 병과(併科)할 수 있다.

과태료(최임법 제31조)

① 다음 각 호의 어느 하나에 해당하는 자에게는 100만원 이하의 과태료를 부과한다.
1. 제11조를 위반하여 근로자에게 해당 최저임금을 같은 조에서 규정한 방법으로 널리 알리지 아니한 자
2. 제25조에 따른 임금에 관한 사항의 보고를 하지 아니하거나 거짓 보고를 한 자

답 ④

제7절 근로자퇴직급여 보장법

159 근로자퇴직급여 보장법상 퇴직급여제도에 관한 설명으로 옳지 않은 것은? 24 노무

CHECK ○△×

① 사용자는 계속근로기간이 1년 미만인 근로자에 대하여는 퇴직급여제도를 설정하지 않아도 된다.

② 퇴직급여제도를 설정하는 경우에 하나의 사업에서 급여 및 부담금 산정방법의 적용 등에 관하여 차등을 두어서는 아니 된다.

③ 사용자가 퇴직급여제도를 다른 종류의 퇴직급여제도로 변경하려는 경우에는 근로자의 과반수를 대표하는 자와 사전협의를 하여야 한다.

④ 사용자는 근로자가 퇴직한 경우에는 그 지급사유가 발생한 날부터 14일 이내에 퇴직금을 지급하여야 하나, 특별한 사정이 있는 경우에는 당사자 간의 합의에 따라 지급기일을 연장할 수 있다.

⑤ 퇴직금을 받을 권리는 3년간 행사하지 아니하면 시효로 인하여 소멸한다.

해설

① (○) 사용자는 퇴직하는 근로자에게 급여를 지급하기 위하여 퇴직급여제도 중 하나 이상의 제도를 설정하여야 한다. 다만, 계속근로기간이 1년 미만인 근로자, 4주간을 평균하여 1주간의 소정근로시간이 15시간 미만인 근로자에 대하여는 그러하지 아니하다(근퇴법 제4조 제1항).

② (○) 근퇴법 제4조 제2항

③ (×) 사용자가 퇴직급여제도를 설정하거나 설정된 퇴직급여제도를 다른 종류의 퇴직급여제도로 변경하려는 경우에는 근로자의 과반수가 가입한 노동조합이 있는 경우에는 그 노동조합, 근로자의 과반수가 가입한 노동조합이 없는 경우에는 근로자 과반수(이하 "근로자대표")의 동의를 받아야 한다(근퇴법 제4조 제3항).

④ (○) 근퇴법 제9조 제1항

⑤ (○) 근퇴법 제10조

답 ❸

160 CHECK ○△×

근로자퇴직급여 보장법령상 확정기여형퇴직연금제도에 가입한 근로자가 적립금을 중도인출할 수 있는 경우를 모두 고른 것은? 24 노무

ㄱ. 무주택자인 가입자가 주거를 목적으로 주택임대차보호법 제3조의2에 따른 보증금을 부담하는 경우(가입자가 하나의 사업 또는 사업장에 근로하는 동안 1회로 한정한다)
ㄴ. 무주택자인 가입자가 본인 명의로 주택을 구입하는 경우
ㄷ. 가입자 배우자의 부양가족의 장례비를 가입자가 부담하는 경우

① ㄱ
② ㄷ
③ ㄱ, ㄴ
④ ㄴ, ㄷ
⑤ ㄱ, ㄴ, ㄷ

해설

ㄱ. 무주택자인 가입자가 주거를 목적으로 주택임대차보호법 제3조의2에 따른 보증금을 부담하는 경우(가입자가 하나의 사업 또는 사업장에 근로하는 동안 1회로 한정), ㄴ. 무주택자인 가입자가 본인 명의로 주택을 구입하는 경우 등이 근퇴법 제22조, 동법 시행령 제14조 제1항 제1호에서 정한 적립금의 중도인출 사유에 해당한다. ㄷ. 가입자 배우자의 부양가족의 장례비를 가입자가 부담하는 경우는 퇴직연금 수급권의 담보제공사유에 해당함을 유의하여야 한다(근퇴법 제7조 제2항 전문, 동법 시행령 제2조 제1항 제4호의2 다목).

확정기여형퇴직연금제도의 중도인출 사유(근퇴법 시행령 제14조)

① 법 제22조에서 "주택구입 등 대통령령으로 정하는 사유"란 다음 각 호의 어느 하나에 해당하는 경우를 말한다.
1. 제2조 제1항 제1호·제1호의2 또는 제5호(재난으로 피해를 입은 경우로 한정)에 해당하는 경우
1의2. 제2조 제1항 제2호에 해당하는 경우로서 가입자가 본인 연간 임금총액의 1천분의 125를 초과하여 의료비를 부담하는 경우
2. 중도인출을 신청한 날부터 거꾸로 계산하여 5년 이내에 가입자가 채무자 회생 및 파산에 관한 법률에 따라 파산선고를 받은 경우
3. 중도인출을 신청한 날부터 거꾸로 계산하여 5년 이내에 가입자가 채무자 회생 및 파산에 관한 법률에 따라 개인회생절차개시 결정을 받은 경우
4. 법 제7조 제2항 후단에 따라 퇴직연금제도의 급여를 받을 권리를 담보로 제공하고 대출을 받은 가입자가 그 대출 원리금을 상환하기 위한 경우로서 고용노동부장관이 정하여 고시하는 사유에 해당하는 경우

② 제1항 제4호에 해당하는 사유로 적립금을 중도인출하는 경우 그 중도인출 금액은 대출 원리금의 상환에 필요한 금액 이하로 한다.

퇴직연금제도 수급권의 담보제공 사유 등(근퇴법 시행령 제2조)

① 근로자퇴직급여 보장법(이하 "법") 제7조 제2항 전단에서 "주택구입 등 대통령령으로 정하는 사유와 요건을 갖춘 경우"란 다음 각 호의 어느 하나에 해당하는 경우를 말한다.
1. 무주택자인 가입자가 본인 명의로 주택을 구입하는 경우
1의2. 무주택자인 가입자가 주거를 목적으로 민법 제303조에 따른 전세금 또는 주택임대차보호법 제3조의2에 따른 보증금을 부담하는 경우. 이 경우 가입자가 하나의 사업 또는 사업장(이하 "사업")에 근로하는 동안 1회로 한정한다.
2. 가입자가 6개월 이상 요양을 필요로 하는 다음 각 목의 어느 하나에 해당하는 사람의 질병이나 부상에 대한 의료비(소득세법 시행령 제118조의5 제1항 및 제2항에 따른 의료비)를 부담하는 경우
가. 가입자 본인
나. 가입자의 배우자
다. 가입자 또는 그 배우자의 부양가족(소득세법 제50조 제1항 제3호에 따른 부양가족)

답 ❸

최신유형

161 근로자퇴직급여 보장법령상 퇴직연금제도의 수급권을 담보로 제공할 수 있는 사유에 해당하는 것을 모두 고른 것은? 25 노무

CHECK ○△×

ㄱ. 무주택자인 가입자가 본인 명의로 주택을 구입하는 경우
ㄴ. 무주택자인 가입자가 주거를 목적으로 「민법」에 따른 전세금을 부담하는 경우(이 경우 가입자가 하나의 사업 또는 사업장에 근로하는 동안 1회로 한정한다)
ㄷ. 가입자가 6개월 이상 요양을 필요로 하는 가입자의 배우자의 질병이나 부상에 대한 의료비(「소득세법 시행령」에 따른 의료비를 말한다)를 부담하는 경우
ㄹ. 가입자 본인의 대학등록금을 가입자가 부담하는 경우
ㅁ. 사용자가 기존의 정년을 연장하는 조건으로 취업규칙을 통하여 일정 나이를 기준으로 임금을 줄이는 제도를 시행하는 경우

① ㄱ, ㄴ, ㅁ
② ㄷ, ㄹ, ㅁ
③ ㄱ, ㄴ, ㄷ, ㄹ
④ ㄴ, ㄷ, ㄹ, ㅁ
⑤ ㄱ, ㄴ, ㄷ, ㄹ, ㅁ

해설

ㄱ, ㄴ, ㄷ, ㄹ은 모두 근퇴법 제7조 제2항 전문, 동법 시행령 제2조 제1항에서 정한 퇴직연금제도 수급권의 담보제공 사유에 해당하나, ㅁ. 사용자가 기존의 정년을 연장하는 조건으로 취업규칙을 통하여 일정 나이를 기준으로 임금을 줄이는 제도를 시행하는 경우는 동법 시행령 제3조 제1항 제6호에서 정한 퇴직금의 중간정산 사유에 해당한다.

퇴직연금제도 수급권의 담보제공 사유 등(근퇴법 시행령 제2조)

① 「근로자퇴직급여 보장법」(이하 "법"이라 한다) 제7조 제2항 전단에서 "주택구입 등 대통령령으로 정하는 사유와 요건을 갖춘 경우"란 다음 각 호의 어느 하나에 해당하는 경우를 말한다.

1. 무주택자인 가입자가 본인 명의로 주택을 구입하는 경우

1의2. 무주택자인 가입자가 주거를 목적으로 「민법」 제303조에 따른 전세금 또는 「주택임대차보호법」 제3조의2에 따른 보증금을 부담하는 경우. 이 경우 가입자가 하나의 사업 또는 사업장(이하 "사업"이라 한다)에 근로하는 동안 1회로 한정한다.

2. 가입자가 6개월 이상 요양을 필요로 하는 다음 각 목의 어느 하나에 해당하는 사람의 질병이나 부상에 대한 의료비(「소득세법 시행령」 제118조의5 제1항 및 제2항에 따른 의료비를 말한다. 이하 같다)를 부담하는 경우
   가. 가입자 본인
   나. 가입자의 배우자
   다. 가입자 또는 그 배우자의 부양가족(「소득세법」 제50조 제1항 제3호에 따른 부양가족을 말한다. 이하 같다)

3. 담보를 제공하는 날부터 거꾸로 계산하여 5년 이내에 가입자가 「채무자 회생 및 파산에 관한 법률」에 따라 파산선고를 받은 경우

4. 담보를 제공하는 날부터 거꾸로 계산하여 5년 이내에 가입자가 「채무자 회생 및 파산에 관한 법률」에 따라 개인회생절차개시 결정을 받은 경우

4의2. 다음 각 목의 어느 하나에 해당하는 사람의 대학등록금, 혼례비 또는 장례비를 가입자가 부담하는 경우
   가. 가입자 본인
   나. 가입자의 배우자
   다. 가입자 또는 그 배우자의 부양가족

5. 사업주의 휴업 실시로 근로자의 임금이 감소하거나 재난(「재난 및 안전관리 기본법」 제3조 제1호에 따른 재난을 말한다. 이하 같다)으로 피해를 입은 경우로서 고용노동부장관이 정하여 고시하는 사유와 요건에 해당하는 경우

답 ③

최신유형

162 근로자퇴직급여 보장법상 확정급여형퇴직연금제도에 관한 설명으로 옳지 않은 것은? 25 노무

CHECK ○△×

① 확정급여형퇴직연금제도란 근로자가 받을 급여의 수준이 사전에 결정되어 있는 퇴직연금제도를 말한다.

② 확정급여형퇴직연금제도의 설정 전에 해당 사업에서 제공한 근로기간에 대하여는 가입기간으로 할 수 없고, 이 경우 퇴직금을 미리 정산한 기간은 제외한다.

③ 확정급여형퇴직연금제도를 설정하려는 사용자는 근로자대표의 동의를 얻거나 의견을 들어 확정급여형퇴직연금규약을 작성하여 고용노동부장관에게 신고하여야 한다.

④ 연금은 55세 이상으로서 가입기간이 10년 이상인 가입자에게 지급하며, 이 경우 연금의 지급기간은 5년 이상이어야 한다.

⑤ 일시금은 연금수급 요건을 갖추지 못하거나 일시금 수급을 원하는 가입자에게 지급한다.

해설

① (○) 근퇴법 제2조 제8호

② (×) 확정급여형퇴직연금제도의 설정 전에 해당 사업에서 제공한 근로기간에 대하여도 가입기간으로 할 수 있다. 이 경우 퇴직금을 미리 정산한 기간은 제외한다(근퇴법 제14조 제2항).

③ (○) 확정급여형퇴직연금제도를 설정하려는 사용자는 근로자대표의 동의를 얻거나 의견을 들어 퇴직연금사업자 선정에 관한 사항 등 일정한 사항을 포함한 확정급여형퇴직연금규약을 작성하여 고용노동부장관에게 신고하여야 한다(근퇴법 제13조).

④ (○) 확정급여형퇴직연금제도의 급여 종류는 연금 또는 일시금으로 하되, 연금은 55세 이상으로서 가입기간이 10년 이상인 가입자에게 지급하며, 이 경우 연금의 지급기간은 5년 이상이어야 한다(근퇴법 제17조 제1항 제1호).

⑤ (○) 확정급여형퇴직연금제도의 급여 종류는 연금 또는 일시금으로 하되, 일시금은 연금수급 요건을 갖추지 못하거나 일시금 수급을 원하는 가입자에게 지급한다(근퇴법 제17조 제1항 제2호).

답 ❷

163 근로자퇴직급여 보장법에 규정된 내용으로 옳은 것은? 16 노무

CHECK ○△×

① 근로자퇴직급여 보장법에 따른 퇴직금을 받을 권리는 1년간 행사하지 아니하면 시효로 인하여 소멸한다.

② 근로자퇴직급여 보장법은 동거하는 친족만을 사용하는 사업 및 가구 내 고용활동에는 적용하지 아니한다.

③ 사용자는 계속근로기간이 1년 미만인 근로자에 대하여 퇴직급여제도 중 하나 이상의 제도를 설정하여야 한다.

④ 퇴직연금사업자는 매년 2회 이상 적립금액 및 운용수익률 등을 고용노동부령으로 정하는 바에 따라 가입자에게 알려야 한다.

⑤ 확정기여형퇴직연금제도란 근로자가 받을 급여의 수준이 사전에 결정되어 있는 퇴직연금제도를 말한다.

해설

① (×) 근로자퇴직급여 보장법에 따른 퇴직금을 받을 권리는 3년간 행사하지 아니하면 시효로 인하여 소멸한다(근퇴법 제10조).

② (○) 근로자퇴직급여 보장법은 근로자를 사용하는 모든 사업 또는 사업장에 적용한다. 다만, 동거하는 친족만을 사용하는 사업 및 가구 내 고용활동에는 적용하지 아니한다(근퇴법 제3조).

③ (×) 사용자는 퇴직하는 근로자에게 급여를 지급하기 위하여 퇴직급여제도 중 하나 이상의 제도를 설정하여야 한다. 다만, 계속근로기간이 1년 미만인 근로자, 4주간을 평균하여 1주간의 소정근로시간이 15시간 미만인 근로자에 대하여는 그러하지 아니하다(근퇴법 제4조 제1항).

④ (×) 퇴직연금사업자는 매년 1회 이상 적립금액 및 운용수익률 등을 고용노동부령으로 정하는 바에 따라 가입자에게 알려야 한다(근퇴법 제18조).

⑤ (×) "확정기여형퇴직연금제도"란 급여의 지급을 위하여 사용자가 부담하여야 할 부담금의 수준이 사전에 결정되어 있는 퇴직연금제도를 말한다(근퇴법 제2조 제9호).

답 ❷

164 근로자퇴직급여 보장법령에 관한 설명으로 옳지 않은 것은?

22 노무

CHECK ○△×

① 사용자가 퇴직급여제도를 설정하려는 경우에 근로자 과반수가 가입한 노동조합이 있는 경우에는 그 노동조합의 동의를 받아야 한다.

② 무주택자인 근로자는 본인 명의로 주택을 구입하는 경우에 퇴직금 중간정산을 요구할 수 있다.

③ 퇴직금을 받을 권리는 3년간 행사하지 아니하면 시효로 인하여 소멸한다.

④ 중소기업퇴직연금기금제도의 급여를 받을 권리는 양도 또는 압류할 수 없다.

⑤ 퇴직연금사업자는 매분기당 1회 이상 적립금액 및 운용수익률 등을 고용노동부령으로 정하는 바에 따라 가입자에게 알려야 한다.

해설

① (○) 사용자가 퇴직급여제도를 설정하거나 설정된 퇴직급여제도를 다른 종류의 퇴직급여제도로 변경하려는 경우에는 근로자의 과반수가 가입한 노동조합이 있는 경우에는 그 노동조합, 근로자의 과반수가 가입한 노동조합이 없는 경우에는 근로자 과반수의 동의를 받아야 한다(근퇴법 제4조 제3항).

② (○) 근퇴법 시행령 제3조 제1항 제1호

③ (○) 근퇴법 제10조

④ (○) 퇴직연금제도(중소기업퇴직연금기금제도를 포함)의 급여를 받을 권리는 양도 또는 압류하거나 담보로 제공할 수 없다(근퇴법 제7조 제1항).

⑤ (×) 퇴직연금사업자는 매년 1회 이상 적립금액 및 운용수익률 등을 고용노동부령으로 정하는 바에 따라 가입자에게 알려야 한다(근퇴법 제18조).

퇴직금의 중간정산 사유(근퇴법 시행령 제3조)

① 법 제8조 제2항 전단에서 "주택구입 등 대통령령으로 정하는 사유"란 다음 각 호의 경우를 말한다.

1. 무주택자인 근로자가 본인 명의로 주택을 구입하는 경우
2. 무주택자인 근로자가 주거를 목적으로 민법 제303조에 따른 전세금 또는 주택임대차보호법 제3조의2에 따른 보증금을 부담하는 경우. 이 경우 근로자가 하나의 사업에 근로하는 동안 1회로 한정한다.
3. 근로자가 6개월 이상 요양을 필요로 하는 다음 각 목의 어느 하나에 해당하는 사람의 질병이나 부상에 대한 의료비를 해당 근로자가 본인 연간 임금총액의 1천분의 125를 초과하여 부담하는 경우
   가. 근로자 본인
   나. 근로자의 배우자
   다. 근로자 또는 그 배우자의 부양가족

4. 퇴직금 중간정산을 신청하는 날부터 거꾸로 계산하여 5년 이내에 근로자가 채무자 회생 및 파산에 관한 법률에 따라 파산선고를 받은 경우
5. 퇴직금 중간정산을 신청하는 날부터 거꾸로 계산하여 5년 이내에 근로자가 채무자 회생 및 파산에 관한 법률에 따라 개인회생절차개시 결정을 받은 경우
6. 사용자가 기존의 정년을 연장하거나 보장하는 조건으로 단체협약 및 취업규칙 등을 통하여 일정나이, 근속시점 또는 임금액을 기준으로 임금을 줄이는 제도를 시행하는 경우
6의2. 사용자가 근로자와의 합의에 따라 소정근로시간을 1일 1시간 또는 1주 5시간 이상 단축함으로써 단축된 소정근로시간에 따라 근로자가 3개월 이상 계속 근로하기로 한 경우
6의3. 법률 제15513호 근로기준법 일부개정법률의 시행에 따른 근로시간의 단축으로 근로자의 퇴직금이 감소되는 경우
7. 재난으로 피해를 입은 경우로서 고용노동부장관이 정하여 고시하는 사유에 해당하는 경우

② 사용자는 제1항 각 호의 사유에 따라 퇴직금을 미리 정산하여 지급한 경우 근로자가 퇴직한 후 5년이 되는 날까지 관련 증명 서류를 보존하여야 한다.

답 ⑤

165 근로자퇴직급여 보장법령상 퇴직급여제도에 관한 설명으로 옳지 않은 것은? 23 노무

CHECK ○△×

① 가입자의 부양가족의 혼례비를 가입자가 부담하는 경우에는 퇴직연금제도의 급여를 받을 권리는 담보로 제공할 수 없다.

② 무주택자인 가입자가 본인 명의로 주택을 구입하는 경우 가입자별 적립금의 100분의 50 한도에서 퇴직연금제도의 급여를 받을 권리를 담보로 제공할 수 있다.

③ 6개월 이상 요양을 필요로 하는 근로자의 부상의료비를 근로자 본인 연간 임금총액의 1천분의 125를 초과하여 부담하는 경우 퇴직금을 미리 정산하여 지급할 수 있다.

④ 퇴직금을 중간정산하여 지급한 후의 퇴직금 산정을 위한 계속근로기간은 정산시점부터 새로 계산한다.

⑤ 사용자는 퇴직금을 미리 정산하여 지급한 경우 근로자가 퇴직한 후 5년이 되는 날까지 관련증명 서류를 보존하여야 한다.

해설

① (×) 가입자는 가입자의 부양가족의 대학등록금, 혼례비 또는 장례비를 가입자가 부담하는 경우, 대통령령으로 정하는 한도에서 퇴직연금제도의 급여를 받을 권리를 담보로 제공할 수 있다(근퇴법 제7조 제2항 전문, 동법 시행령 제2조 제1항 제4의2호).

② (O) 근퇴법 제7조 제2항 전문, 동법 시행령 제2조 제1항 제1호, 제2항 제1호

③ (O) 근퇴법 제8조 제2항 전문, 동법 시행령 제3조 제1항 제3호 가목

④ (O) 근퇴법 제8조 제2항 후문

⑤ (O) 근퇴법 시행령 제3조 제2항

수급권의 보호(근퇴법 제7조)

② 제1항에도 불구하고 가입자는 주택구입 등 대통령령으로 정하는 사유와 요건을 갖춘 경우에는 대통령령으로 정하는 한도에서 퇴직연금제도의 급여를 받을 권리를 담보로 제공할 수 있다. 이 경우 제26조에 따라 등록한 퇴직연금사업자[중소기업퇴직연금기금제도의 경우 산업재해보상보험법 제10조에 따른 근로복지공단(이하 "공단")]은 제공된 급여를 담보로 한 대출이 이루어지도록 협조하여야 한다.

퇴직금제도의 설정 등(근퇴법 제8조)

② 제1항에도 불구하고 사용자는 주택구입 등 대통령령으로 정하는 사유로 근로자가 요구하는 경우에는 근로자가 퇴직하기 전에 해당 근로자의 계속근로기간에 대한 퇴직금을 미리 정산하여 지급할 수 있다. 이 경우 미리 정산하여 지급한 후의 퇴직금 산정을 위한 계속근로기간은 정산시점부터 새로 계산한다.

퇴직연금제도 수급권의 담보제공 사유 등(근퇴법 시행령 제2조)

① 근로자퇴직급여 보장법(이하 "법") 제7조 제2항 전단에서 "주택구입 등 대통령령으로 정하는 사유와 요건을 갖춘 경우"란 다음 각 호의 어느 하나에 해당하는 경우를 말한다.

1. 무주택자인 가입자가 본인 명의로 주택을 구입하는 경우

1의2. 무주택자인 가입자가 주거를 목적으로 민법 제303조에 따른 전세금 또는 주택임대차보호법 제3조의2에 따른 보증금을 부담하는 경우. 이 경우 가입자가 하나의 사업 또는 사업장(이하 "사업")에 근로하는 동안 1회로 한정한다.

2. 가입자가 6개월 이상 요양을 필요로 하는 다음 각 목의 어느 하나에 해당하는 사람의 질병이나 부상에 대한 의료비(소득세법 시행령 제118조의5 제1항 및 제2항에 따른 의료비)를 부담하는 경우
   가. 가입자 본인
   나. 가입자의 배우자
   다. 가입자 또는 그 배우자의 부양가족(소득세법 제50조 제1항 제3호에 따른 부양가족)

3. 담보를 제공하는 날부터 거꾸로 계산하여 5년 이내에 가입자가 채무자 회생 및 파산에 관한 법률에 따라 파산선고를 받은 경우

4. 담보를 제공하는 날부터 거꾸로 계산하여 5년 이내에 가입자가 채무자 회생 및 파산에 관한 법률에 따라 개인회생절차개시 결정을 받은 경우

4의2. 다음 각 목의 어느 하나에 해당하는 사람의 대학등록금, 혼례비 또는 장례비를 가입자가 부담하는 경우
   가. 가입자 본인
   나. 가입자의 배우자
   다. 가입자 또는 그 배우자의 부양가족

5. 사업주의 휴업 실시로 근로자의 임금이 감소하거나 재난(재난 및 안전관리 기본법 제3조 제1호에 따른 재난)으로 피해를 입은 경우로서 고용노동부장관이 정하여 고시하는 사유와 요건에 해당하는 경우

② 법 제7조 제2항 전단에서 "대통령령으로 정하는 한도"란 다음 각 호의 구분에 따른 한도를 말한다.

1. 제1항 제1호, 제1호의2, 제2호부터 제4호까지 및 제4호의2의 경우 : 가입자별 적립금의 100분의 50
2. 제1항 제5호의 경우 : 임금 감소 또는 재난으로 입은 가입자의 피해 정도 등을 고려하여 고용노동부장관이 정하여 고시하는 한도

퇴직금의 중간정산 사유(근퇴법 시행령 제3조)

① 법 제8조 제2항 전단에서 "주택구입 등 대통령령으로 정하는 사유"란 다음 각 호의 경우를 말한다.

1. 무주택자인 근로자가 본인 명의로 주택을 구입하는 경우
2. 무주택자인 근로자가 주거를 목적으로 민법 제303조에 따른 전세금 또는 주택임대차보호법 제3조의2에 따른 보증금을 부담하는 경우. 이 경우 근로자가 하나의 사업에 근로하는 동안 1회로 한정한다.
3. 근로자가 6개월 이상 요양을 필요로 하는 다음 각 목의 어느 하나에 해당하는 사람의 질병이나 부상에 대한 의료비를 해당 근로자가 본인 연간 임금총액의 1천분의 125를 초과하여 부담하는 경우
   가. 근로자 본인
   나. 근로자의 배우자
   다. 근로자 또는 그 배우자의 부양가족

② 사용자는 제1항 각 호의 사유에 따라 퇴직금을 미리 정산하여 지급한 경우 근로자가 퇴직한 후 5년이 되는 날까지 관련 증명 서류를 보존하여야 한다.

답 ❶

166 근로자퇴직급여 보장법에 관한 설명으로 옳지 않은 것은?

14 노무

CHECK ○△×

① 퇴직금제도를 설정하려는 사용자는 계속근로기간 1년에 대하여 30일분 이상의 평균임금을 퇴직금으로 퇴직 근로자에게 지급할 수 있는 제도를 설정하여야 한다.

② 확정급여형퇴직연금제도란 근로자가 받을 급여의 수준이 사전에 결정되어 있는 퇴직연금제도를 말한다.

③ 이 법은 상시 5명 미만의 근로자를 사용하는 사업 또는 사업장에는 적용하지 아니한다.

④ 확정기여형 퇴직연금제도에 가입한 근로자는 주택구입 등 대통령령으로 정하는 사유가 발생하면 적립금을 중도인출할 수 있다.

⑤ 퇴직금을 받을 권리는 3년간 행사하지 아니하면 시효로 인하여 소멸한다.

해설

① (○) 근퇴법 제8조 제1항

② (○) 근퇴법 제2조 제8호

③ (×) 이 법은 근로자를 사용하는 모든 사업 또는 사업장에 적용한다. 다만, 동거하는 친족만을 사용하는 사업 및 가구 내 고용활동에는 적용하지 아니한다(근퇴법 제3조).

④ (○) 근퇴법 제22조

⑤ (○) 근퇴법 제10조

적립금의 중도인출(근퇴법 제22조)

확정기여형퇴직연금제도에 가입한 근로자는 주택구입 등 대통령령으로 정하는 사유가 발생하면 적립금을 중도인출할 수 있다.

확정기여형퇴직연금제도의 중도인출 사유(근퇴법 시행령 제14조)

① 법 제22조에서 "주택구입 등 대통령령으로 정하는 사유"란 다음 각 호의 어느 하나에 해당하는 경우를 말한다.

1. 제2조 제1항 제1호 · 제1호의2 또는 제5호(재난으로 피해를 입은 경우로 한정)에 해당하는 경우

1의2. 제2조 제1항 제2호에 해당하는 경우로서 가입자가 본인 연간 임금총액의 1천분의 125를 초과하여 의료비를 부담하는 경우

2. 중도인출을 신청한 날부터 거꾸로 계산하여 5년 이내에 가입자가 채무자 회생 및 파산에 관한 법률에 따라 파산선고를 받은 경우

3. 중도인출을 신청한 날부터 거꾸로 계산하여 5년 이내에 가입자가 채무자 회생 및 파산에 관한 법률에 따라 개인회생절차개시 결정을 받은 경우

4. 법 제7조 제2항 후단에 따라 퇴직연금제도의 급여를 받을 권리를 담보로 제공하고 대출을 받은 가입자가 그 대출 원리금을 상환하기 위한 경우로서 고용노동부장관이 정하여 고시하는 사유에 해당하는 경우

② 제1항 제4호에 해당하는 사유로 적립금을 중도인출하는 경우 그 중도인출 금액은 대출 원리금의 상환에 필요한 금액 이하로 한다.

답 ❸

167 근로자퇴직급여 보장법에 관한 설명으로 옳은 것은?

15 노무

CHECK ○△×

① 퇴직급여제도의 일시금을 수령한 사람은 개인형퇴직연금제도를 설정할 수 없다.

② 사용자는 계속근로기간이 1년 미만인 근로자, 4주간을 평균하여 1주간의 소정근로시간이 15시간 미만인 근로자에 대하여는 퇴직급여제도를 설정하지 않아도 된다.

③ 확정급여형퇴직연금제도 또는 확정기여형퇴직연금제도의 가입자는 개인형퇴직연금제도를 추가로 설정할 수 없다.

④ 퇴직연금제도를 설정한 사용자는 자산관리업무의 수행을 내용으로 하는 계약을 개별근로자와 체결하여야 한다.

⑤ 상시 10명 미만의 근로자를 사용하는 사업의 경우에는 개별근로자의 동의나 요구와 관계없이 개인형퇴직연금제도를 설정할 수 있으며 이 경우 해당 근로자에 대하여 퇴직급여제도를 설정한 것으로 본다.

해설

① (×) 퇴직급여제도의 일시금을 수령한 사람은 개인형퇴직연금제도를 설정할 수 있다(근퇴법 제24조 제2항 제1호).

② (○) 사용자는 퇴직하는 근로자에게 급여를 지급하기 위하여 퇴직급여제도 중 하나 이상의 제도를 설정하여야 한다. 다만, 계속근로기간이 1년 미만인 근로자, 4주간을 평균하여 1주간의 소정근로시간이 15시간 미만인 근로자에 대하여는 그러하지 아니하다(근퇴법 제4조 제1항).

③ (×) 확정급여형퇴직연금제도 또는 확정기여형퇴직연금제도의 가입자로서 자기의 부담으로 개인형퇴직연금제도를 추가로 설정할 수 있다(근퇴법 제24조 제2항 제2호).

④ (×) 퇴직연금제도를 설정한 사용자는 자기 또는 제3자의 이익을 도모할 목적으로 운용관리업무 및 자산관리업무의 수행계약을 체결하는 행위를 하여서는 아니 된다(근퇴법 제32조 제4항 제1호).

⑤ (×) 상시 10명 미만의 근로자를 사용하는 사업의 경우 제4조 제1항 및 제5조에도 불구하고 사용자가 개별 근로자의 동의를 받거나 근로자의 요구에 따라 개인형퇴직연금제도를 설정하는 경우에는 해당 근로자에 대하여 퇴직급여제도를 설정한 것으로 본다(근퇴법 제25조 제1항).

답 ❷

168 근로자퇴직급여 보장법에 관한 설명으로 옳은 것은?

21 노무

CHECK ○△×

① 확정급여형퇴직연금제도란 급여의 지급을 위하여 사용자가 부담하여야 할 부담금의 수준이 사전에 결정되어 있는 퇴직연금제도를 말한다.

② 확정기여형퇴직연금제도란 근로자가 받을 급여의 수준이 사전에 결정되어 있는 퇴직연금제도를 말한다.

③ 사용자는 계속근로기간이 1년 미만인 근로자에 대하여도 퇴직급여제도를 설정하여야 한다.

④ 사용자는 근로자가 퇴직한 경우에는 그 지급사유가 발생한 날부터 14일 이내에 퇴직금을 지급하여야 하지만, 특별한 사정이 있는 경우에는 당사자 간의 합의에 따라 퇴직금의 지급기일을 연장할 수 있다.

⑤ 퇴직급여제도의 일시금을 수령한 사람은 개인형퇴직연금제도를 설정할 수 없다.

해설

① (×) "확정급여형퇴직연금제도"란 근로자가 받을 급여의 수준이 사전에 결정되어 있는 퇴직연금제도를 말한다(근퇴법 제2조 제8호).

② (×) "확정기여형퇴직연금제도"란 급여의 지급을 위하여 사용자가 부담하여야 할 부담금의 수준이 사전에 결정되어 있는 퇴직연금제도를 말한다(근퇴법 제2조 제9호).

③ (×) 사용자는 퇴직하는 근로자에게 급여를 지급하기 위하여 퇴직급여제도 중 하나 이상의 제도를 설정하여야 한다. 다만, 계속근로기간이 1년 미만인 근로자, 4주간을 평균하여 1주간의 소정근로시간이 15시간 미만인 근로자에 대하여는 그러하지 아니하다(근퇴법 제4조 제1항).

④ (○) 근퇴법 제9조 제1항

⑤ (×) 퇴직급여제도의 일시금을 수령한 사람은 개인형퇴직연금제도를 설정할 수 있다(근퇴법 제24조 제2항 제1호).

> **개인형퇴직연금제도의 설정 및 운영 등(근퇴법 제24조)**
>
> ② 다음 각 호의 어느 하나에 해당하는 사람은 개인형퇴직연금제도를 설정할 수 있다.
>
> 1. 퇴직급여제도의 일시금을 수령한 사람
> 2. 확정급여형퇴직연금제도, 확정기여형퇴직연금제도 또는 중소기업퇴직연금기금제도의 가입자로서 자기의 부담으로 개인형퇴직연금제도를 추가로 설정하려는 사람
> 3. 자영업자 등 안정적인 노후소득 확보가 필요한 사람으로서 대통령령으로 정하는 사람

답 ❹

169 근로자퇴직급여 보장법에 관한 설명으로 옳지 않은 것은?

20 노무

CHECK ○△×

① 퇴직연금제도의 급여를 받을 권리는 양도할 수 없다.

② 퇴직연금사업자는 자산관리업무에 관한 계약 체결과 관련된 약관을 변경하려는 경우 미리 고용노동부장관에게 보고하여야 한다.

③ 퇴직금제도를 설정하려는 사용자는 계속근로기간 1년에 대하여 30일분 이상의 평균임금을 퇴직금으로 퇴직근로자에게 지급할 수 있는 제도를 설정하여야 한다.

④ 퇴직금을 받을 권리는 3년간 행사하지 아니하면 시효로 인하여 소멸한다.

⑤ 확정기여형퇴직연금제도에 가입한 근로자는 주택구입 등 대통령령으로 정하는 사유가 발생하면 적립금을 중도인출할 수 있다.

해설

① (○) 근퇴법 제7조 제1항

② (×) 퇴직연금사업자는 운용관리업무 및 자산관리업무에 따른 계약 체결과 관련된 약관 또는 표준계약서(이하 "약관등")를 제정하거나 변경하려는 경우에는 미리 금융감독원장에게 보고하여야 한다(근퇴법 제33조 제7항).

③ (○) 근퇴법 제8조 제1항

④ (○) 근퇴법 제10조

⑤ (○) 근퇴법 제22조

답 ❷

170 근로자퇴직급여 보장법에 관한 설명으로 옳지 않은 것은?

19 노무

CHECK ○△×

① 퇴직급여제도란 확정급여형퇴직연금제도, 확정기여형퇴직연금제도, 중소기업퇴직연금기금제도 및 퇴직금제도를 말한다.

② 사용자는 퇴직급여제도를 설정하는 경우에 하나의 사업에서 급여 및 부담금 산정방법의 적용 등에 관하여 차등을 두어서는 아니 된다.

③ 사용자는 계속근로기간이 1년 미만인 근로자, 4주간을 평균하여 1주간의 소정근로시간이 15시간 미만인 근로자에 대하여는 퇴직급여제도를 설정하지 않아도 된다.

④ 사용자가 퇴직급여제도를 설정하거나 설정된 퇴직급여제도를 다른 종류의 퇴직급여제도로 변경하려는 경우 근로자의 과반수가 가입한 노동조합이 없는 경우에는 근로자 과반수의 동의를 받아야 한다.

⑤ 퇴직금제도를 설정하려는 사용자는 계속근로기간이 1년에 대하여 30일분 이상의 통상임금을 퇴직금으로 퇴직근로자에게 지급할 수 있는 제도를 설정하여야 한다.

해설

① (○) 퇴직급여제도란 확정급여형퇴직연금제도, 확정기여형퇴직연금제도, 중소기업퇴직연금기금제도 및 제8조에 따른 퇴직금제도를 말한다(근퇴법 제2조 제6호).

② (○) 근퇴법 제4조 제2항

③ (○) 근퇴법 제4조 제1항 단서

④ (○) 근퇴법 제4조 제3항

⑤ (×) 퇴직금제도를 설정하려는 사용자는 계속근로기간 1년에 대하여 30일분 이상의 평균임금을 퇴직금으로 퇴직근로자에게 지급할 수 있는 제도를 설정하여야 한다(근퇴법 제8조 제1항).

답 ⑤

171 근로자퇴직급여 보장법령상 퇴직금의 중간정산사유에 해당하지 않는 것은?

18 노무

CHECK ○△×

① 무주택자인 근로자가 본인 명의로 주택을 구입하는 경우

② 사용자가 기존의 정년을 보장하는 조건으로 단체협약 및 취업규칙을 통하여 일정 나이를 기준으로 임금을 줄이는 제도를 시행하는 경우

③ 퇴직금 중간정산을 신청하는 날부터 역산하여 5년 이내에 근로자가 채무자 회생 및 파산에 관한 법률에 따라 파산선고를 받은 경우

④ 퇴직금 중간정산을 신청하는 날부터 역산하여 5년 이내에 근로자가 채무자 회생 및 파산에 관한 법률에 따라 개인회생절차개시결정을 받은 경우

⑤ 사용자가 근로자와의 합의에 따라 연장근로시간을 1일 1시간 또는 1주 5시간 이상 단축한 경우

해설

① (○), ② (○), ③ (○), ④ (○), ⑤ (×)

사용자가 근로자와의 합의에 따라 소정근로시간을 1일 1시간 또는 1주 5시간 이상 단축함으로써 단축된 소정근로시간에 따라 근로자가 3개월 이상 계속 근로하기로 한 경우 퇴직금의 중간정산사유에 해당한다(근퇴법 시행령 제3조 제1항 제6호의2).

답 ⑤

172 근로자퇴직급여 보장법령에 관한 설명으로 옳지 않은 것은?

17 노무

CHECK ○△×

① 사용자는 4주간을 평균하여 1주간의 소정근로시간이 15시간 미만인 근로자에 대하여는 퇴직급여제도를 설정하여야 할 의무가 없다.

② 상시 10명 미만의 근로자를 사용하는 사업의 경우 사용자가 개별근로자의 동의를 받거나 근로자의 요구에 따라 개인형퇴직연금제도를 설정하는 경우에는 해당 근로자에 대하여 퇴직급여제도를 설정한 것으로 본다.

③ 사용자는 무주택자인 근로자가 본인 명의로 주택을 구입하기 위해 퇴직금중간정산을 요구하는 경우 근로자가 퇴직하기 전에 해당 근로자의 계속근로기간에 대한 퇴직금을 미리 정산하여 지급할 수 있다.

④ 확정기여형퇴직연금제도를 설정한 사용자는 가입자의 연간 임금총액의 12분의 1 이상에 해당하는 부담금을 현금으로 가입자의 확정기여형퇴직연금제도 계정에 납입하여야 한다.

⑤ 확정급여형퇴직연금제도의 경우 55세 이상으로서 가입기간이 10년 이상인 가입자에게 연금으로 지급하되 연금의 지급기간은 10년 이상이어야 한다.

해설

① (○) 사용자는 퇴직하는 근로자에게 급여를 지급하기 위하여 퇴직급여제도 중 하나 이상의 제도를 설정하여야 한다. 다만, 계속근로기간이 1년 미만인 근로자, 4주간을 평균하여 1주간의 소정근로시간이 15시간 미만인 근로자에 대하여는 그러하지 아니하다(근퇴법 제4조 제1항).

② (○) 근퇴법 제25조 제1항

③ (○) 근퇴법 제8조 제2항

④ (○) 근퇴법 제20조 제1항

⑤ (×) 확정급여형퇴직연금제도의 급여종류는 연금 또는 일시금으로 하되, 연금은 55세 이상으로서 가입기간이 10년 이상인 가입자에게 지급할 것. 이 경우 연금의 지급기간은 5년 이상이어야 한다(근퇴법 제17조 제1항 제1호).

답 ⑤

제8절 임금채권보장법

173 임금채권보장법령에 관한 설명으로 옳지 않은 것은? 24 노무

CHECK ○△×

① 도산대지급금을 지급받으려는 사람은 도산등사실인정이 있은 날부터 3년 이내에 근로복지공단에 직접 대지급금의 지급을 청구해야 한다.
② 이 법은 국가와 지방자치단체가 직접 수행하는 사업에 적용하지 아니한다.
③ 재직 근로자에 대한 대지급금은 해당 근로자가 하나의 사업에 근로하는 동안 1회만 지급한다.
④ 임금채권보장기금은 고용노동부장관이 관리·운용한다.
⑤ 고용노동부장관은 사업주로부터 임금등을 지급받지 못한 근로자의 생활안정을 위하여 근로자의 신청에 따라 생계비에 필요한 비용을 융자할 수 있다.

해설

① (×) 도산대지급금을 지급받으려는 사람은 도산등사실인정이 있은 날부터 2년 이내에 고용노동부장관에게 대지급금의 지급을 청구해야 한다(임채법 시행령 제9조 제1항 제1호).
② (○) 임채법 제3조 단서
③ (○) 임채법 제7조의2 제4항
④ (○) 임채법 제20조 제1항
⑤ (○) 임채법 제7조의3 제2항

답 ❶

174 임금채권보장법상 사업주로부터 징수하는 부담금에 관한 설명으로 옳지 않은 것은? 24 노무

CHECK ○△×

① 사업주가 부담하여야 하는 부담금은 그 사업에 종사하는 근로자의 보수총액에 1천분의 2의 범위에서 임금채권보장기금심의위원회의 심의를 거쳐 고용노동부장관이 정하는 부담금비율을 곱하여 산정한 금액으로 한다.
② 이 법은 사업주의 부담금에 관하여 다른 법률에 우선하여 적용한다.
③ 외국인근로자의 고용 등에 관한 법률에 따라 외국인근로자 출국만기보험·신탁에 가입한 사업주에 대하여는 부담금을 경감할 수 있다.
④ 근로기준법 또는 근로자퇴직급여 보장법에 따라 퇴직금을 미리 정산하여 지급한 사업주에 대하여는 부담금을 경감할 수 있다.
⑤ 사업주의 부담금을 산정할 때 해당 연도의 보수총액을 결정하기 곤란한 경우에는 전년도의 보수총액을 기준으로 부담금을 결정한다.

해설

① (○) 임채법 제9조 제2항
② (○) 임채법 제9조 제5항
③ (○) 고용노동부장관은 외국인근로자의 고용 등에 관한 법률에 따라 외국인근로자 출국만기보험·신탁에 가입한 사업주에 대하여는 부담금을 경감할 수 있다. 이 경우 그 경감기준은 고용노동부장관이 위원회의 심의를 거쳐 정한다(임채법 제10조 제4호).

④ (○) 고용노동부장관은 근로기준법 또는 근로자퇴직급여 보장법에 따라 퇴직금을 미리 정산하여 지급한 사업주에 대하여는 부담금을 경감할 수 있다. 이 경우 그 경감기준은 고용노동부장관이 위원회의 심의를 거쳐 정한다(임채법 제10조 제2호).

⑤ (×) 사업주가 부담하여야 하는 부담금은 그 사업에 종사하는 근로자의 보수총액에 1천분의 2의 범위에서 위원회의 심의를 거쳐 고용노동부장관이 정하는 부담금비율을 곱하여 산정한 금액으로 한다. 보수총액을 결정하기 곤란한 경우에는 고용산재보험료징수법에 따라 고시하는 노무비율(勞務比率)에 따라 보수총액을 결정한다(임채법 제9조 제2항, 제3항).

답 ⑤

최신유형

175 임금채권보장법상 퇴직한 근로자가 청구하면 고용노동부장관이 대지급금을 지급해야 하는 경우를 모두 고른 것은? 25 노무

CHECK ○△×

ㄱ. 「채무자 회생 및 파산에 관한 법률」에 따른 회생절차개시의 결정이 있는 경우
ㄴ. 「채무자 회생 및 파산에 관한 법률」에 따른 파산선고의 결정이 있는 경우
ㄷ. 사업주가 근로자에게 미지급 임금등을 지급하라는 「민사집행법」에 따른 확정된 종국판결이 있는 경우
ㄹ. 고용노동부장관이 근로자에게 이 법에 따라 체불임금등과 체불사업주 등을 증명하는 서류를 발급하여 사업주의 미지급임금등이 확인된 경우

① ㄱ, ㄴ
② ㄴ, ㄹ
③ ㄷ, ㄹ
④ ㄱ, ㄴ, ㄷ
⑤ ㄱ, ㄴ, ㄷ, ㄹ

해설

ㄱ. 채무자 회생 및 파산에 관한 법률에 따른 회생절차개시의 결정이 있는 경우(제1호), ㄴ. 채무자 회생 및 파산에 관한 법률에 따른 파산선고의 결정이 있는 경우(제2호), ㄷ. 사업주가 근로자에게 미지급 임금등을 지급하라는 민사집행법에 따른 확정된 종국판결이 있는 경우(제4호), ㄹ. 고용노동부장관이 근로자에게 이 법에 따라 체불임금등과 체불사업주 등을 증명하는 서류를 발급하여 사업주의 미지급임금등이 확인된 경우(제5호) 등은 모두 임채법 제7조 제1항에서 정한 퇴직한 근로자에 대한 대지급금 지급사유에 해당한다.

퇴직한 근로자에 대한 대지급금의 지급(임채법 제7조)

① 고용노동부장관은 사업주가 다음 각 호의 어느 하나에 해당하는 경우에 퇴직한 근로자가 지급받지 못한 임금등의 지급을 청구하면 제3자의 변제에 관한 「민법」 제469조에도 불구하고 그 근로자의 미지급 임금등을 사업주를 대신하여 지급한다.
1. 「채무자 회생 및 파산에 관한 법률」에 따른 회생절차개시의 결정이 있는 경우
2. 「채무자 회생 및 파산에 관한 법률」에 따른 파산선고의 결정이 있는 경우
3. 고용노동부장관이 대통령령으로 정한 요건과 절차에 따라 미지급 임금등을 지급할 능력이 없다고 인정하는 경우

4. 사업주가 근로자에게 미지급 임금등을 지급하라는 다음 각 목의 어느 하나에 해당하는 판결, 명령, 조정 또는 결정 등이 있는 경우
   가. 「민사집행법」 제24조에 따른 확정된 종국판결
   나. 「민사집행법」 제56조 제3호에 따른 확정된 지급명령
   다. 「민사집행법」 제56조 제5호에 따른 소송상 화해, 청구의 인낙(認諾) 등 확정판결과 같은 효력을 가지는 것
   라. 「민사조정법」 제28조에 따라 성립된 조정
   마. 「민사조정법」 제30조에 따른 확정된 조정을 갈음하는 결정
   바. 「소액사건심판법」 제5조의7 제1항에 따른 확정된 이행권고결정
5. 고용노동부장관이 근로자에게 제12조에 따라 체불임금등과 체불사업주 등을 증명하는 서류(이하 "체불임금등·사업주 확인서"라 한다)를 발급하여 사업주의 미지급임금등이 확인된 경우

답 ⑤

최신유형

176 임금채권보장법에 관한 설명으로 옳지 않은 것은? 25 노무

CHECK ○△×

① 대지급금수급계좌의 예금에 관한 채권은 압류할 수 없다.
② 사업주가 이 법을 위반하는 사실이 있으면 근로자는 그 사실을 근로감독관에게 신고하여 시정을 위한 조치를 요구할 수 있다.
③ 대지급금을 반환받을 권리는 3년간 행사하지 아니하면 시효로 소멸한다.
④ 임금채권보장 업무에 종사하였던 자는 누구든지 업무 수행과 관련하여 알게 된 사업주의 정보를 누설하여서는 아니 된다.
⑤ 고용노동부장관이 해당 근로자에게 대지급금을 지급하였을 때에는 「근로기준법」에 따른 임금채권 우선변제권은 대위되는 권리에 존속하지 않는다.

해설

① (○) 임채법 제11조의2 제4항
② (○) 사업주가 임금채권보장법 또는 동 법에 따른 명령을 위반하는 사실이 있으면 근로자는 그 사실을 근로감독관에게 신고하여 시정을 위한 조치를 요구할 수 있다(임채법 제25조).
③ (○) 부담금이나 그 밖에 임금채권보장법에 따른 징수금을 징수하거나 대지급금·부담금을 반환받을 권리는 3년간 행사하지 아니하면 시효로 소멸한다(임채법 제26조 제1항).
④ (○) 임금채권보장 업무에 종사하거나 종사하였던 자는 누구든지 업무 수행과 관련하여 알게 된 사업주 또는 근로자 등의 정보를 누설하거나 다른 용도로 사용하여서는 아니 된다(임채법 제23조의2 제6항).
⑤ (×) 고용노동부장관이 해당 근로자에게 대지급금을 지급하였을 때에는 그 지급한 금액의 한도에서 그 근로자가 해당 사업주에 대하여 미지급 임금등을 청구할 수 있는 권리를 대위할 수 있는데, 근로기준법에 따른 임금채권 우선변제권 및 근로자퇴직급여 보장법에 따른 퇴직급여등 채권 우선변제권은 대위되는 권리에 존속한다(임채법 제8조).

답 ⑤

177 임금채권보장법상 대지급금에 관한 설명으로 옳지 않은 것은? 22 노무

CHECK ○△×

① 고용노동부장관은 근로자에게 대지급금을 지급하였을 때에는 그 지급한 금액의 한도에서 그 근로자가 해당 사업주에 대하여 미지급 임금 등을 청구할 수 있는 권리를 대위(代位)한다.
② 근로기준법에 따른 휴업수당 중 최종 3개월분은 퇴직한 근로자에 대한 대지급금 범위에 든다.
③ 대지급금에 관한 규정은 국가와 지방자치단체가 직접 수행하는 사업에 적용된다.
④ 미성년자인 근로자는 독자적으로 대지급금의 지급을 청구할 수 있다.
⑤ 대지급금수급계좌의 예금에 관한 채권은 압류할 수 없다.

해설

① (○) 임채법 제8조 제1항
② (○) 임채법 제7조 제2항 제2호
③ (×) 이 법은 산업재해보상보험법 제6조에 따른 사업 또는 사업장에 적용한다. 다만, 국가와 지방자치단체가 직접 수행하는 사업은 그러하지 아니하다(임채법 제3조).
④ (○) 임채법 제11조의2 제3항
⑤ (○) 임채법 제11조의2 제4항

퇴직한 근로자에 대한 대지급금의 지급(임채법 제7조)

② 제1항에 따라 고용노동부장관이 사업주를 대신하여 지급하는 체불 임금등 대지급금(이하 "대지급금")의 범위는 다음 각 호와 같다. 다만, 대통령령으로 정하는 바에 따라 제1항 제1호부터 제3호까지의 규정에 따른 대지급금의 상한액과 같은 항 제4호 및 제5호에 따른 대지급금의 상한액은 근로자의 퇴직 당시의 연령 등을 고려하여 따로 정할 수 있으며 대지급금이 적은 경우에는 지급하지 아니할 수 있다.
1. 근로기준법 제38조 제2항 제1호에 따른 임금 및 근로자퇴직급여 보장법 제12조 제2항에 따른 최종 3년간의 퇴직급여등
2. 근로기준법 제46조에 따른 휴업수당(최종 3개월분으로 한정)
3. 근로기준법 제74조 제4항에 따른 출산전후휴가기간 중 급여(최종 3개월분으로 한정)

답 ❸

178 임금채권보장법에 관한 설명으로 옳지 않은 것은?

21 노무

CHECK ○△×

① 임금채권보장기금의 관리·운용에 관한 중요사항을 심의하기 위하여 고용노동부에 임금채권보장기금심의위원회를 둔다.
② 거짓으로 대지급금이 지급된 사실을 지방고용노동관서 또는 수사기관에 신고하거나 고발한 자에게는 대통령령으로 정하는 기준에 따라 포상금을 지급할 수 있다.
③ 미성년자인 근로자는 독자적으로 대지급금의 지급을 청구할 수 있다.
④ 대지급금을 지급받을 권리는 담보로 제공할 수 있다.
⑤ 고용노동부장관이 사업주로부터 부담금을 징수할 권리는 3년간 행사하지 아니하면 시효로 소멸한다.

해설

① (○) 임채법 제6조 제1항
② (○) 거짓이나 그 밖의 부정한 방법으로 대지급금이 지급된 사실을 지방고용노동관서 또는 수사기관에 신고하거나 고발한 자에게는 대통령령으로 정하는 기준에 따라 포상금을 지급할 수 있다(임채법 제15조).
③ (○) 미성년자인 근로자는 독자적으로 대지급금의 지급을 청구할 수 있다(임채법 제11조의2 제3항).
④ (×) 대지급금을 지급받을 권리는 양도 또는 압류하거나 담보로 제공할 수 없다(임채법 제11조의2 제1항).
⑤ (○) 부담금이나 그 밖에 이 법에 따른 징수금을 징수하거나 대지급금·부담금을 반환받을 권리는 3년간 행사하지 아니하면 시효로 소멸한다(임채법 제26조 제1항).

답 ❹

179 임금채권보장법령상 대지급금에 관한 설명으로 옳지 않은 것은?

14 노무

CHECK ○△×

① 대지급금을 지급받을 권리는 양도 또는 압류하거나 담보로 제공할 수 없다.
② 대지급금을 받을 권리가 있는 사람이 부상 또는 질병으로 대지급금을 수령할 수 없는 경우에는 그 가족에게 수령을 위임할 수 있다.
③ 미성년자인 근로자는 독자적으로 대지급금의 지급을 청구할 수 있다.
④ 고용노동부장관은 대지급금의 지급에 충당하기 위하여 임금채권보장기금을 설치한다.
⑤ 재해보상금은 대지급금의 범위에 포함된다.

해설

① (○) 임채법 제11조의2 제1항
② (○) 임채법 시행령 제18조의2 제1항
③ (○) 임채법 제11조의2 제3항
④ (○) 임채법 제17조
⑤ (×) 대지급금의 범위는 최종 3개월분의 임금, 최종 3개월분의 휴업수당, 최종 3개월분의 출산전후휴가기간 중 급여 및 최종 3년간의 퇴직급여 등이다(임채법 제7조 제2항).

답 ❺

180 임금채권보장법상 대지급금에 포함되는 것을 모두 고른 것은?

15 노무

CHECK ○△×

ㄱ. 재해보상금
ㄴ. 최종 3개월분의 임금
ㄷ. 최종 3년간의 퇴직급여 등
ㄹ. 최종 3개월분의 휴업수당

① ㄱ, ㄴ
② ㄴ, ㄷ
③ ㄷ, ㄹ
④ ㄴ, ㄷ, ㄹ
⑤ ㄱ, ㄴ, ㄷ, ㄹ

해설

ㄴ, ㄷ, ㄹ.이 임채법 제7조 제2항에서 정한 대지급금의 범위에 포함된다.

퇴직한 근로자에 대한 대지급금의 지급(임채법 제7조)

② 제1항에 따라 고용노동부장관이 사업주를 대신하여 지급하는 체불 임금등 대지급금(이하 "대지급금")의 범위는 다음 각 호와 같다. 다만, 대통령령으로 정하는 바에 따라 제1항 제1호부터 제3호까지의 규정에 따른 대지급금의 상한액과 같은 항 제4호 및 제5호에 따른 대지급금의 상한액은 근로자의 퇴직 당시의 연령 등을 고려하여 따로 정할 수 있으며 대지급금이 적은 경우에는 지급하지 아니할 수 있다.

1. 근로기준법 제38조 제2항 제1호에 따른 임금 및 근로자퇴직급여 보장법 제12조 제2항에 따른 최종 3년간의 퇴직급여등
2. 근로기준법 제46조에 따른 휴업수당(최종 3개월분으로 한정)
3. 근로기준법 제74조 제4항에 따른 출산전후휴가기간 중 급여(최종 3개월분으로 한정)

답 ❹

181 임금채권보장법령상 대지급금에 관한 설명으로 옳지 않은 것은?

23 노무

CHECK ○△×

① 퇴직한 근로자의 대지급금을 지급받을 권리는 양도 또는 압류하거나 담보로 제공할 수 없다.
② 대지급금을 받을 권리가 있는 사람이 부상으로 대지급금을 수령할 수 없는 경우에는 그 가족에게 수령을 위임할 수 있다.
③ 도산대지급금의 경우 도산등 사실인정이 있은 날부터 1년 이내 고용노동부장관에게 대지급금지급을 청구해야 한다.
④ 대지급금수급계좌의 예금에 관한 채권은 압류할 수 없다.
⑤ 재직 근로자에 대한 대지급금은 해당 근로자가 하나의 사업에 근로하는 동안 1회만 지급한다.

해설

① (○) 임채법 제11조의2 제1항
② (○) 임채법 제11조의2 제2항, 동법 시행령 제18조의2 제1항
③ (×) 도산대지급금의 경우 대지급금을 지급받으려는 사람은 파산선고등 또는 도산 등 사실인정이 있은 날부터 2년 이내에 고용노동부장관에게 대지급금의 지급을 청구해야 한다(임채법 시행령 제9조 제1항 제1호).
④ (○) 임채법 제11조의2 제4항
⑤ (○) 임채법 제7조의2 제4항

답 ❸

182 임금채권보장법에 관한 설명으로 옳지 않은 것은?

16 노무

CHECK ○△×

① 국가는 매 회계연도 예산의 범위에서 임금채권보장법에 따른 임금채권보장을 위한 사무집행에 드는 비용의 일부를 일반회계에서 부담하여야 한다.
② 임금채권보장기금심의위원회는 근로자를 대표하는 사람, 사업주를 대표하는 사람 및 공익을 대표하는 사람으로 구성하되, 각각 같은 수로 한다.
③ 대지급금을 지급받을 권리는 양도할 수 있으나 담보로 제공할 수는 없다.
④ 미성년자인 근로자는 독자적으로 대지급금의 지급을 청구할 수 있다.
⑤ 대지급금의 수령은 대통령령으로 정하는 바에 따라 위임할 수 있다.

해설

① (○) 임채법 제5조
② (○) 임채법 제6조 제2항
③ (×) 대지급금을 지급받을 권리는 양도 또는 압류하거나 담보로 제공할 수 없다(임채법 제11조의2 제1항).
④ (○) 임채법 제11조의2 제3항
⑤ (○) 임채법 제11조의2 제2항

답 ❸

183 임금채권보장법에 관한 설명으로 옳지 않은 것은?

17 노무

CHECK ○△×

① 대지급금의 범위에는 재해보상금이 포함되지 않는다.
② 이 법은 국가와 지방자치단체가 직접 수행하는 사업에 적용된다.
③ 고용노동부장관은 대지급금을 지급하는 데 드는 비용에 충당하기 위하여 사업주로부터 부담금을 징수한다.
④ 임금채권보장기금의 관리·운용에 관한 중요사항을 심의하기 위하여 고용노동부에 임금채권보장기금심의위원회를 둔다.
⑤ 고용노동부장관이 근로자에게 대지급금을 지급하였을 때에는 그 지급한 금액의 한도에서 그 근로자가 해당 사업주에 대하여 미지급 임금 등을 청구할 수 있는 권리를 대위(代位)한다.

해설

① (○) 대지급금의 범위는 최종 3개월분의 임금, 최종 3개월분의 휴업수당, 최종 3개월분의 출산전후휴가기간 중 급여, 최종 3년간 퇴직금이다(임채법 제7조 제2항).
② (×) 이 법은 산업재해보상보험법 제6조에 따른 사업 또는 사업장에 적용한다. 다만, 국가와 지방자치단체가 직접 수행하는 사업은 그러하지 아니하다(임채법 제3조).
③ (○) 임채법 제9조 제1항
④ (○) 임채법 제6조 제1항
⑤ (○) 임채법 제8조 제1항

답 ❷

184 임금채권보장법령상 대지급금에 관한 설명으로 옳지 않은 것은? 20 노무

CHECK ○△×

① 고용노동부장관은 대지급금의 지급에 충당하기 위하여 임금채권보장기금을 설치한다.
② 대지급금은 근로기준법에 따른 휴업수당을 포함하지 않는다.
③ 도산대지급금은 파산선고등 또는 도산등 사실인정이 있는 날부터 2년 이내에 청구하여야 한다.
④ 대지급금을 받을 권리가 있는 사람이 부상으로 대지급금을 수령할 수 없는 경우에는 그 가족에게 수령을 위임할 수 있다.
⑤ 대지급금을 지급받을 권리는 양도 또는 압류할 수 없다.

해설

① (○) 임채법 제17조
② (×) 근로기준법에 따른 휴업수당은 대지급금의 범위에 포함된다.
③ (○) 임채법 시행령 제9조 제1항 제1호
④ (○) 임채법 시행령 제18조의2 제1항
⑤ (○) 임채법 제11조의2 제1항

퇴직한 근로자에 대한 대지급금의 지급(임채법 제7조)

② 제1항에 따라 고용노동부장관이 사업주를 대신하여 지급하는 체불임금등 대지급금(이하 "대지급금")의 범위는 다음 각 호와 같다. 다만, 대통령령으로 정하는 바에 따라 제1항 제1호부터 제3호까지의 규정에 따른 대지급금의 상한액과 같은 항 제4호 및 제5호에 따른 대지급금의 상한액은 근로자의 퇴직 당시의 연령 등을 고려하여 따로 정할 수 있으며 대지급금이 적은 경우에는 지급하지 아니할 수 있다.
1. 근로기준법 제38조 제2항 제1호에 따른 임금 및 근로자퇴직급여 보장법 제12조 제2항에 따른 최종 3년간의 퇴직급여등
2. 근로기준법 제46조에 따른 휴업수당(최종 3개월분으로 한정)
3. 근로기준법 제74조 제4항에 따른 출산전후휴가기간 중 급여(최종 3개월분으로 한정)

답 ❷

185 임금채권보장법에 관한 설명으로 옳지 않은 것은? 19 노무

CHECK ○△×

① 미성년자인 근로자는 독자적으로 대지급금의 지급을 청구할 수 없다.

② 고용노동부장관이 사업주의 신청에 따라 체불임금등을 지급하는 데 필요한 비용을 융자하는 경우, 융자금액은 고용노동부장관이 해당 근로자에게 직접 지급하여야 한다.

③ 고용노동부장관은 근로자에게 대지급금을 지급하였을 때에는 그 지급한 금액의 한도에서 그 근로자가 해당 사업주에 대하여 미지급임금등을 청구할 수 있는 권리를 대위(代位)한다.

④ 사업장 규모 등 고용노동부령으로 정하는 기준에 해당하는 퇴직한 근로자가 대지급금을 청구하는 경우 고용노동부령으로 정하는 공인노무사로부터 대지급금청구서 작성, 사실확인 등에 관한 지원을 받을 수 있다.

⑤ 고용노동부장관은 대지급금을 지급하는 데 드는 비용에 충당하기 위하여 사업주로부터 부담금을 징수한다.

해설

① (×) 미성년자인 근로자는 독자적으로 대지급금의 지급을 청구할 수 있다(임채법 제11조의2 제3항).

② (○) 임채법 제7조의3 제3항

③ (○) 임채법 제8조 제1항

④ (○) 임채법 제7조 제5항

⑤ (○) 임채법 제9조 제1항

답 ❶

186 임금채권보장법상 10년 이하의 징역 또는 1억원 이하의 벌금에 처하는 것은? 18 노무

CHECK ○△×

① 임금채권보장업무에 종사하였던 자로서 업무수행과 관련하여 알게 된 사업주 또는 근로자 등의 정보를 누설한 자
② 거짓으로 대지급금을 받은 자
③ 거짓으로 다른 사람으로 하여금 대지급금을 받게 한 자
④ 정당한 사유 없이 재산목록의 제출을 거부한 자
⑤ 정당한 사유 없이 거짓의 재산목록을 제출한 자

해설

① (○), ② (×), ③ (×), ④ (×), ⑤ (×)

① 임금채권보장업무에 종사하였던 자로서 업무수행과 관련하여 알게 된 사업주 또는 근로자 등의 정보를 누설한 자는 10년 이하의 징역 또는 1억원 이하의 벌금에 처한다(임채법 제27조의2). ② 거짓으로 대지급금을 받은 자나 ③ 거짓으로 다른 사람으로 하여금 대지급금을 받게 한 자는 3년 이하의 징역 또는 3천만원 이하의 벌금에 처하고(임채법 제28조 제1항), ④ 정당한 사유 없이 재산목록의 제출을 거부한 자나 ⑤ 정당한 사유 없이 거짓의 재산목록을 제출한 자에게는 1천만원 이하의 과태료를 부과(임채법 제30조 제1항 제1의2호) 한다.

벌칙(임채법 제27조의2)

임금채권보장 업무에 종사하거나 종사하였던 자로서 업무 수행과 관련하여 알게 된 사업주 또는 근로자 등의 정보를 누설하거나 다른 용도로 사용한 자는 10년 이하의 징역 또는 1억원 이하의 벌금에 처한다.

벌칙(임채법 제28조)

① 다음 각 호의 어느 하나에 해당하는 자는 3년 이하의 징역 또는 3천만원 이하의 벌금에 처한다.
1. 거짓이나 그 밖의 부정한 방법으로 제7조・제7조의2에 따른 대지급금 또는 제7조의3에 따른 융자를 받은 자
2. 거짓이나 그 밖의 부정한 방법으로 다른 사람으로 하여금 제7조・제7조의2에 따른 대지급금 또는 제7조의3에 따른 융자를 받게 한 자
3. 삭제 〈2021.4.13.〉

과태료(임채법 제30조)

① 다음 각 호의 어느 하나에 해당하는 자에게는 1천만원 이하의 과태료를 부과한다.
1. 삭제 〈2015.1.20.〉
1의2. 정당한 사유 없이 제13조에 따른 재산목록의 제출을 거부하거나 거짓의 재산목록을 제출한 자
2. 정당한 사유 없이 제22조에 따른 보고나 관계서류의 제출요구에 따르지 아니한 자 또는 거짓보고를 하거나 거짓서류를 제출한 자
3. 정당한 사유 없이 제24조 제1항에 따른 관계공무원 또는 제27조에 따라 권한을 위탁받은 기관에 소속된 직원의 질문에 답변을 거부하거나 검사를 거부・방해 또는 기피한 자

답 ❶

최신유형

187 근로복지기본법에 관한 설명으로 옳지 않은 것은? 25 노무

CHECK ○△×

① 국가는 근로자의 생활안정을 지원하기 위하여 근로자 및 그 가족의 의료비 등의 융자 등 필요한 지원을 하여야 한다.

② 국가는 경제상황 및 근로자의 생활안정자금이 필요한 시기 등을 고려하여 임금을 받지 못한 근로자 등의 생활안정을 위한 생계비의 융자 등 필요한 지원을 할 수 있다.

③ 국가는 근로자 및 그 자녀의 교육기회를 확대하기 위하여 장학금의 지급 등 필요한 지원을 할 수 있다.

④ 근로복지시설을 설치·운영하는 자는 근로복지시설의 이용료를 차등하여 받을 수 없다.

⑤ 국가는 취업으로 이주하거나 가족과 떨어져 생활하는 근로자의 주거안정을 위하여 필요한 지원을 할 수 있다.

해설

① (○) 국가는 근로자의 생활안정을 지원하기 위하여 근로자 및 그 가족의 의료비·혼례비·장례비 등의 융자 등 필요한 지원을 하여야 한다(근복법 제19조 제1항).

② (○) 근복법 제19조 제2항

③ (○) 국가는 근로자 및 그 자녀의 교육기회를 확대하기 위하여 장학금의 지급 또는 학자금의 융자 등 필요한 지원을 할 수 있다(근복법 제20조 제1항).

④ (×) 근로복지시설을 설치·운영하는 자는 근로자의 소득수준, 가족관계 등을 고려하여 근로복지시설의 이용자를 제한하거나 이용료를 차등하여 받을 수 있다(근복법 제30조).

⑤ (○) 국가는 취업 또는 근무지 변경 등으로 이주하거나 가족과 떨어져 생활하는 근로자의 주거안정을 위하여 필요한 지원을 할 수 있다(근복법 제18조).

답 ④

188 근로복지기본법에 관한 설명으로 옳지 않은 것은?

24 노무

CHECK ○△×

① 누구든지 국가 또는 지방자치단체가 근로자의 주거안정, 생활안정 및 재산형성 등 근로복지를 위하여 이 법에 따라 융자한 자금을 그 목적사업에만 사용하여야 한다.

② 국가 또는 지방자치단체는 근로자가 아니면서 자신이 아닌 다른 사람의 사업을 위하여 다른 사람을 사용하지 아니하고 자신이 직접 노무를 제공하여 노무수령자로부터 대가를 얻는 사람을 대상으로 근로복지사업을 실시할 수 있다.

③ 사업주는 선택적 복지제도를 실시할 때에는 근로자의 직급, 근속연수, 부양가족 등을 고려하여 합리적인 기준에 따라 수혜 수준을 달리할 수 있다.

④ 근로복지시설을 설치·운영하는 자는 근로자의 소득수준, 가족관계 등을 고려하여 근로복지시설의 이용자를 제한하거나 이용료를 차등하여 받을 수 없다.

⑤ 우리사주조합의 규약 제정과 변경에 관한 사항은 반드시 우리사주조합원총회의 의결을 거쳐야 한다.

해설

① (○) 근복법 제6조

② (○) 국가 또는 지방자치단체는 근로자가 아니면서 자신이 아닌 다른 사람의 사업을 위하여 다른 사람을 사용하지 아니하고 자신이 직접 노무를 제공하여 해당 사업주 또는 노무수령자로부터 대가를 얻는 사람을 대상으로 근로복지사업을 실시할 수 있다(근복법 제95조의2 제1항 제1호).

③ (○) 사업주는 선택적 복지제도를 실시할 때에는 해당 사업 내의 모든 근로자가 공평하게 복지혜택을 받을 수 있도록 하여야 한다. 다만, 근로자의 직급, 근속연수, 부양가족 등을 고려하여 합리적인 기준에 따라 수혜 수준을 달리할 수 있다(근복법 제81조 제2항).

④ (×) 근로복지시설을 설치·운영하는 자는 근로자의 소득수준, 가족관계 등을 고려하여 근로복지시설의 이용자를 제한하거나 이용료를 차등하여 받을 수 있다(근복법 제30조).

⑤ (○) 근복법 제35조 제2항 제1호

답 ❹

189 근로복지기본법상 근로복지정책에 따른 근로자 복지향상 지원의 우대 대상이 아닌 자는?

15 노무

CHECK ○△×

① 기간제근로자

② 파견근로자

③ 중소·영세기업 근로자

④ 수습 사용 중인 근로자

⑤ 저소득근로자

해설

근로자의 복지향상을 위한 지원을 할 때에는 중소·영세기업 근로자, 기간제근로자, 단시간근로자, 파견근로자, 하수급인이 고용하는 근로자, 저소득근로자 및 장기근속근로자가 우대될 수 있도록 하여야 한다(근복법 제3조 제3항).

답 ❹

190 근로복지기본법에 관한 설명으로 옳지 않은 것은? 16 노무

CHECK ○△×

① 노동조합 및 근로자는 근로의욕 증진을 통하여 생산성 향상에 노력하고 근로복지정책에 협력하여야 한다.
② 고용노동부장관은 관계 중앙행정기관의 장과 협의하여 근로복지 증진에 관한 기본계획을 5년마다 수립하여야 한다.
③ 사용자는 근로복지기본법에 따른 사내근로복지기금의 설립 및 출연을 이유로 근로관계당사자 간에 정하여진 근로조건을 낮출 수 없다.
④ 사용자는 근로자의 재산형성을 지원하기 위하여 근로자를 우대하는 저축에 관한 제도를 운영하여야 한다.
⑤ 지방자치단체, 국가의 보조를 받는 비영리법인이 근로복지사업을 추진하는 경우에는 고용노동부장관과 협의하여야 한다.

해설

① (○) 근복법 제5조 제2항
② (○) 근복법 제9조 제1항
③ (○) 근복법 제51조
④ (×) 국가는 근로자의 재산형성을 지원하기 위하여 근로자를 우대하는 저축에 관한 제도를 운영하여야 한다(근복법 제21조).
⑤ (○) 근복법 제11조 본문

답 ④

191 근로복지기본법상 규약으로 우리사주조합원 총회를 갈음할 대의원회를 두는 경우에도 반드시 우리사주조합원 총회의 의결을 거쳐야 하는 사항은? 18 노무

CHECK ○△×

① 규약의 제정과 변경에 관한 사항
② 우리사주조합의 대표자 등 임원 선출
③ 우리사주조합기금의 금융기관 예치에 관한 사항
④ 예산 및 결산에 관한 사항
⑤ 우리사주조합기금의 조성에 관한 사항

해설

① (○), ② (×), ③ (×), ④ (×), ⑤ (×)
우리사주조합은 규약으로 우리사주조합원 총회를 갈음할 대의원회를 둘 수 있다. 다만, 규약의 제정과 변경에 관한 사항은 반드시 우리사주조합원 총회의 의결을 거쳐야 한다(근복법 제35조 제3항).

우리사주조합의 운영 등(근복법 제35조)

① 우리사주조합은 전체 우리사주조합원의 의사를 반영하여 민주적으로 운영되어야 한다.

② 다음 각 호의 사항은 우리사주조합원 총회의 의결을 거쳐야 한다.

1. 규약의 제정과 변경에 관한 사항
2. 제36조에 따른 우리사주조합기금의 조성에 관한 사항
3. 예산 및 결산에 관한 사항
4. 우리사주조합의 대표자 등 임원 선출
5. 그 밖에 우리사주조합의 운영에 관하여 중요한 사항

③ 우리사주조합은 규약으로 우리사주조합원 총회를 갈음할 대의원회를 둘 수 있다. 다만, 제2항 제1호에 관한 사항은 반드시 우리사주조합원 총회의 의결을 거쳐야 한다.

답 ❶

192 CHECK ○△×

근로복지기본법에 따라 근로자의 복지향상을 위한 지원을 할 때 우대될 수 있도록 하여야 하는 근로자를 모두 고른 것은? 23 노무

ㄱ. 중소·영세기업 근로자
ㄴ. 저소득근로자
ㄷ. 장기근속근로자
ㄹ. 파견근로자 보호 등에 관한 법률에 따른 파견근로자

① ㄱ, ㄴ
② ㄱ, ㄷ
③ ㄱ, ㄴ, ㄹ
④ ㄴ, ㄷ, ㄹ
⑤ ㄱ, ㄴ, ㄷ, ㄹ

해설

이 법에 따른 근로자의 복지향상을 위한 지원을 할 때에는 중소·영세기업 근로자, 기간제근로자, 단시간근로자, 파견근로자, 하수급인이 고용하는 근로자, 저소득근로자 및 장기근속근로자가 우대될 수 있도록 하여야 한다(근복법 제3조 제3항).

답 ❺

193 근로복지기본법에 관한 설명으로 옳지 않은 것은? 14 노무

CHECK ○△×

① 우리사주조합의 설립 및 운영에 관하여 근로복지기본법에서 규정한 사항을 제외하고는 민법 중 사단법인에 관한 규정을 준용한다.

② 국가는 근로자의 재산형성을 지원하기 위하여 근로자를 우대하는 저축에 관한 제도를 운영하여야 한다.

③ 우리사주조합의 대표자는 우리사주조합원 명부 등 관련 장부와 서류를 3년간 보존하여야 한다.

④ 우리사주조합의 대표자 등 임원과 대의원은 우리사주조합원의 직접·비밀·무기명 투표로 선출한다.

⑤ 우리사주제도 실시회사와 우리사주조합은 우리사주조합에 대한 지원내용, 지원조건 등을 협의하기 위하여 우리사주제도 실시회사와 우리사주조합을 각각 대표하는 같은 수의 위원으로 우리사주운영위원회를 둘 수 있다.

해설

① (○) 근복법 제33조 제2항

② (○) 근복법 제21조

③ (×) 우리사주조합의 대표자는 우리사주조합원이 열람할 수 있도록 장부와 서류를 작성하여 그 주된 사무소에 갖추어 두고, 이를 10년간 보존하여야 한다(근복법 제35조 제7항).

④ (○) 근복법 제35조 제5항

⑤ (○) 근복법 제35조 제6항

답 ❸

194 근로복지기본법에 관한 설명으로 옳은 것은? 22 노무

CHECK ○△×

① 사용자는 사내근로복지기금의 설립 및 출연을 이유로 근로관계 당사자 간에 정하여진 근로조건을 낮출 수 있다.

② 국가가 근로자의 근로복지를 위하여 근로복지기본법에 따라 보조 또는 융자한 자금은 그 목적 외 사업에 사용될 수 있다.

③ 사내근로복지기금은 법인으로 한다.

④ 노동조합 및 근로자가 생산성 향상과 근로복지정책에 협력하도록 사용자는 임금 수준 상향의 조치를 취하여야 한다.

⑤ 사용자는 우리사주조합원의 의사와 무관하게 우리사주조합원을 소속, 계급 등 일정한 기준으로 분류하여 우리사주를 할당할 수 있다.

해설

① (×) 사용자는 이 법에 따른 사내근로복지기금의 설립 및 출연을 이유로 근로관계 당사자 간에 정하여진 근로조건을 낮출 수 없다(근복법 제51조).

② (×) 누구든지 국가 또는 지방자치단체가 근로자의 주거안정, 생활안정 및 재산형성 등 근로복지를 위하여 이 법에 따라 보조 또는 융자한 자금을 그 목적사업에만 사용하여야 한다(근복법 제6조).

③ (○) 근복법 제52조 제1항

④ (×) 사업주는 해당 사업장 근로자의 복지증진을 위하여 노력하고 근로복지정책에 협력하여야 한다(근복법 제5조 제1항).

⑤ (×) 우리사주제도 실시회사의 사용자는 우리사주조합원에게 주식을 우선배정하는 경우 우리사주조합원의 의사에 반하여 우리사주조합원을 소속, 계급 등 일정한 기준으로 분류하여 우리사주를 할당하는 행위를 하여서는 아니 된다(근복법 제42조의2 제1항 제2호).

답 ❸

195 근로복지기본법에 관한 설명으로 옳은 것은? 21 노무

CHECK ○△×

① 누구든지 국가 또는 지방자치단체가 근로자의 주거안정, 생활안정 및 재산형성 등 근로복지를 위하여 이 법에 따라 보조 또는 융자한 자금을 그 목적사업 외에도 사용할 수 있다.

② 고용노동부장관은 관계 중앙행정기관의 장과 협의하여 근로복지 증진에 관한 기본계획을 3년마다 수립하여야 한다.

③ 국가의 보조를 받는 비영리법인이 근로복지사업을 추진하는 경우에는 고용노동부장관의 허가를 받아야 한다.

④ 근로자주택의 종류, 규모, 공급대상근로자, 공급방법과 그 밖에 필요한 사항은 고용노동부장관이 정한다.

⑤ 국가는 근로자의 생활안정을 지원하기 위하여 근로자 및 그 가족의 의료비·혼례비·장례비 등의 융자 등 필요한 지원을 하여야 한다.

해설

① (×) 누구든지 국가 또는 지방자치단체가 근로자의 주거안정, 생활안정 및 재산형성 등 근로복지를 위하여 이 법에 따라 보조 또는 융자한 자금을 그 목적사업에만 사용하여야 한다(근복법 제6조).

② (×) 고용노동부장관은 관계 중앙행정기관의 장과 협의하여 근로복지 증진에 관한 기본계획을 5년마다 수립하여야 한다(근복법 제9조 제1항).

③ (×) 지방자치단체, 국가의 보조를 받는 비영리법인이 근로복지사업을 추진하는 경우에는 고용노동부장관과 협의하여야 한다(근복법 제11조 본문).

④ (×) 근로자주택의 종류, 규모, 공급대상근로자, 공급방법과 그 밖에 필요한 사항은 국토교통부장관이 고용노동부장관과 협의하여 정한다(근복법 제15조 제3항).

⑤ (○) 근복법 제19조 제1항

답 ❺

196 근로복지기본법상 근로복지 증진에 관한 기본계획에 포함되어야 하는 사항이 아닌 것은?

CHECK ○△×

20 노무

① 고용동향과 인력수급전망에 관한 사항
② 사내근로복지기금제도에 관한 사항
③ 근로자의 생활안정에 관한 사항
④ 근로자의 주거안정에 관한 사항
⑤ 우리사주제도에 관한 사항

해설

① (×), ② (○), ③ (○), ④ (○), ⑤ (○)
고용동향과 인력수급전망에 관한 사항은 근복법 제9조 제2항에서 정한 근로복지 증진에 관한 기본계획에 포함되지 아니한다.

기본계획의 수립(근복법 제9조)
② 기본계획에는 다음 각 호의 사항이 포함되어야 한다.
1. 근로자의 주거안정에 관한 사항
2. 근로자의 생활안정에 관한 사항
3. 근로자의 재산 형성에 관한 사항
4. 우리사주제도에 관한 사항
5. 사내근로복지기금제도에 관한 사항
6. 선택적 복지제도 지원에 관한 사항
7. 근로자지원프로그램 운영에 관한 사항
8. 근로자를 위한 복지시설의 설치 및 운영에 관한 사항
9. 근로복지사업에 드는 재원 조성에 관한 사항
10. 직전 기본계획에 대한 평가
11. 그 밖에 근로복지 증진을 위하여 고용노동부장관이 필요하다고 인정하는 사항

답 ❶

197 근로복지기본법상 사내근로복지기금법인이 그 수익금으로 시행할 수 있는 사업이 아닌 것은?

CHECK ○△×

19 노무

① 주택구입자금등의 보조 등 근로자 재산 형성을 위한 지원
② 모성보호 및 일과 가정생활의 양립을 위하여 필요한 비용지원
③ 장학금·재난구호금의 지급 등 근로자의 생활 원조
④ 사업주의 체불임금 지급에 필요한 비용지원
⑤ 해당 사업으로부터 직접 도급받는 업체의 소속 근로자의 복리후생 증진

해설

① (O), ② (O), ③ (O), ④ (×), ⑤ (O)

사업주의 체불임금 지급에 필요한 비용지원은 근복법 제62조 제1항에서 정한 수익금으로 시행할 수 있는 사업에 해당하지 아니한다.

기금법인의 사업(근복법 제62조)

① 기금법인은 그 수익금으로 대통령령으로 정하는 바에 따라 다음의 사업을 시행할 수 있다.

1. 주택구입자금등의 보조, 우리사주 구입의 지원 등 근로자재산 형성을 위한 지원
2. 장학금·재난구호금의 지급, 그 밖에 근로자의 생활 원조
3. 모성보호 및 일과 가정생활의 양립을 위하여 필요한 비용지원
4. 기금법인 운영을 위한 경비 지급
5. 근로복지시설로서 고용노동부령으로 정하는 시설에 대한 출자·출연 또는 같은 시설의 구입·설치 및 운영
6. 해당 사업으로부터 직접 도급받는 업체의 소속 근로자 및 해당 사업에의 파견근로자의 복리후생 증진
6의2. 제86조의2 제1항에 따른 공동근로복지기금 지원
7. 사용자가 임금 및 그 밖의 법령에 따라 근로자에게 지급할 의무가 있는 것 외에 대통령령으로 정하는 사업

답 ❹

198 근로복지기본법에 관한 설명으로 옳은 것은?

17 노무

CHECK ○△×

① 사내근로복지기금법인은 자금차입을 할 수 있다.

② 사업의 합병을 위한 해당 우리사주제도 실시회사의 해산은 우리사주조합의 해산사유에 해당한다.

③ 우리사주조합은 지배관계회사로부터 우리사주 취득자금을 차입하여 우리사주를 취득할 수 없다.

④ 사용자는 사내근로복지기금법인의 설치를 이유로 그 설치 당시에 운영하고 있는 근로복지시설의 운영을 중단할 수 있다.

⑤ 근로복지시설을 설치·운영하는 자는 근로자의 소득수준, 가족관계 등을 고려하여 근로복지시설의 이용자를 제한하거나 이용료를 차등하여 받을 수 없다.

해설

① (×) 사내근로복지기금법인은 자금차입을 할 수 없다(근복법 제64조 제2항).

② (O) 우리사주조합은 사업의 합병·분할·분할합병 등을 위한 해당 우리사주제도 실시회사의 해산사유가 발생한 경우에 우리사주조합은 해산한다(근복법 제47조 제1항 제3호).

③ (×) 우리사주조합은 우리사주제도 실시회사, 지배관계회사, 수급관계회사, 그 회사의 주주 및 대통령령으로 정하는 금융회사 등으로부터 우리사주 취득자금을 차입하여 우리사주를 취득할 수 있다(근복법 제42조 제1항).

④ (×) 사용자는 기금법인의 설치를 이유로 기금법인 설치 당시에 운영하고 있는 근로복지제도 또는 근로복지시설의 운영을 중단하거나, 이를 감축하여서는 아니 된다(근복법 제68조 제1항).

⑤ (×) 근로복지시설을 설치·운영하는 자는 근로자의 소득수준, 가족관계 등을 고려하여 근로복지시설의 이용자를 제한하거나 이용료를 차등하여 받을 수 있다(근복법 제30조).

답 ❷

제10절 외국인근로자의 고용 등에 관한 법률

199 외국인근로자의 고용 등에 관한 법률상 취업활동 기간 제한의 특례에 관한 내용이다. (　　)에 들어갈 내용을 옳게 나열한 것은? 24 노무

CHECK ○△×

> 고용허가를 받은 사용자에게 고용된 외국인근로자로서 취업활동 기간 (ㄱ)이 만료되어 출국하기 전에 사용자가 고용노동부장관에게 재고용 허가를 요청한 근로자는 한 차례만 (ㄴ) 미만의 범위에서 취업활동 기간을 연장받을 수 있다.

① ㄱ : 2년, ㄴ : 1년
② ㄱ : 2년, ㄴ : 2년
③ ㄱ : 3년, ㄴ : 1년
④ ㄱ : 3년, ㄴ : 2년
⑤ ㄱ : 3년, ㄴ : 3년

해설

고용허가를 받은 사용자에게 고용된 외국인근로자로서 취업활동 기간 3년이 만료되어 출국하기 전에 사용자가 고용노동부장관에게 재고용 허가를 요청한 근로자는 한 차례만 2년 미만의 범위에서 취업활동 기간을 연장받을 수 있다(외고법 제18조의2 제1항 제1호).

답 ❹

200 외국인근로자의 고용 등에 관한 법령에 관한 설명으로 옳지 않은 것은? 24 노무

CHECK ○△×

① 직업안정법에 따른 직업안정기관이 아닌 자는 외국인근로자의 선발, 알선, 그 밖의 채용에 개입하여서는 아니 된다.
② 법무부장관은 송출국가가 송부한 송출대상 인력을 기초로 외국인구직자 명부를 작성하고, 관리하여야 한다.
③ 외국인근로자 고용허가를 최초로 받은 사용자는 노동관계법령・인권 등에 관한 교육을 받아야 한다.
④ 외국인근로자는 입국한 후 15일 이내에 외국인 취업교육을 받아야 한다.
⑤ 고용허가에 따라 체결된 근로계약의 효력발생 시기는 외국인근로자가 입국한 날로 한다.

해설

① (○) 외고법 제8조 제6항
② (×) 고용노동부장관은 송출국가가 송부한 송출대상 인력을 기초로 외국인구직자 명부를 작성하고, 관리하여야 한다(외고법 시행령 제12조 제2항).
③ (○) 외고법 제11조의2 제1항
④ (○) 외국인근로자는 입국한 후에 15일 이내에 한국산업인력공단 또는 외국인 취업교육기관에서 국내 취업활동에 필요한 사항을 주지(周知)시키기 위하여 실시하는 교육을 받아야 한다(외고법 제11조 제1항, 동법 시행규칙 제10조).
⑤ (○) 외고법 시행령 제17조 제1항, 동법 제9조 제1항

답 ❷

최신유형

201 외국인근로자의 고용 등에 관한 법령상 외국인근로자의 보호에 관한 설명으로 옳지 않은 것은?

CHECK ○△×

25 노무

① 사용자는 외국인근로자라는 이유로 부당하게 차별하여 처우하여서는 아니 된다.
② 사용자는 외국인근로자에게 기숙사를 제공하여야 한다.
③ 국가는 외국인근로자에 대한 상담과 교육을 하는 기관에 대하여 사업에 필요한 비용의 일부를 예산의 범위에서 지원할 수 있다.
④ 산업별 특성 등을 고려하여 외국인근로자를 고용한 사업 또는 사업장에서 취업하는 외국인근로자는 질병·사망 등에 대비한 상해보험에 가입하여야 한다.
⑤ 외국인근로자의 권익보호에 관한 사항을 협의하기 위하여 직업안정기관에 관할 구역의 노동자단체와 사용자단체 등이 참여하는 외국인근로자 권익보호협의회를 둘 수 있다.

해설

① (○) 외고법 제22조
② (×) 외고법 제22조의2 제1항은 "사용자가 외국인근로자에게 기숙사를 제공하는 경우에는 근로기준법 제100조에서 정하는 기준을 준수하고, 건강과 안전을 지킬 수 있도록 하여야 한다."고 규정하고 있어, 사용자가 외국인근로자에게 의무적으로 기숙사를 제공하여야 하는 것은 아니라고 판단된다.
③ (○) 국가는 외국인근로자에 대한 상담과 교육, 그 밖에 대통령령으로 정하는 사업을 하는 기관 또는 단체에 대하여 사업에 필요한 비용의 일부를 예산의 범위에서 지원할 수 있다(외고법 제24조 제1항).
④ (○) 외고법 제23조 제2항
⑤ (○) 외고법 제24조의2 제1항

답 ❷

최신유형

202 CHECK ○△×

외국인근로자의 고용 등에 관한 법률상 외국인근로자 고용허가의 취소나 고용의 제한에 관한 설명으로 옳지 않은 것은? 25 노무

① 직업안정기관의 장은 거짓으로 고용허가를 받은 경우 고용허가를 취소할 수 있다.

② 직업안정기관의 장은 사용자가 입국 전에 계약한 임금 또는 그 밖의 근로조건을 위반하는 경우 고용허가를 취소할 수 있다.

③ 직업안정기관의 장은 사용자의 임금체불로 근로계약을 유지하기 어렵다고 인정되는 경우 고용허가를 취소할 수 있다.

④ 외국인근로자 고용허가가 취소된 사용자는 취소된 날부터 15일 이내에 그 외국인근로자와의 근로계약을 종료하여야 한다.

⑤ 직업안정기관의 장은 「출입국관리법」을 위반하여 처벌을 받은 사용자에 대하여 그 사실이 발생한 날부터 5년간 외국인근로자의 고용을 제한하여야 한다.

해설

① (○) 직업안정기관의 장은 사용자가 거짓이나 그 밖의 부정한 방법으로 고용허가나 특례고용가능확인을 받은 경우, 고용허가나 특례고용가능확인을 취소할 수 있다(외고법 제19조 제1항 제1호).

② (○) 직업안정기관의 장은 사용자가 입국 전에 계약한 임금 또는 그 밖의 근로조건을 위반하는 경우, 고용허가나 특례고용가능확인을 취소할 수 있다(외고법 제19조 제1항 제2호).

③ (○) 직업안정기관의 장은 사용자가 사용자의 임금체불 또는 그 밖의 노동관계법 위반 등으로 근로계약을 유지하기 어렵다고 인정되는 경우, 고용허가나 특례고용가능확인을 취소할 수 있다(외고법 제19조 제1항 제3호).

④ (○) 외국인근로자 고용허가나 특례고용가능확인이 취소된 사용자는 취소된 날부터 15일 이내에 그 외국인근로자와의 근로계약을 종료하여야 한다(외고법 제19조 제2항).

⑤ (×) 직업안정기관의 장은 외국인근로자의 고용 등에 관한 법률 또는 출입국관리법을 위반하여 처벌을 받은 사용자에 대하여 그 사실이 발생한 날부터 3년간 외국인근로자의 고용을 제한할 수 있다(외고법 제20조 제1항 제3호).

> **외국인근로자 고용의 제한(외고법 제20조)**
>
> ① 직업안정기관의 장은 다음 각 호의 어느 하나에 해당하는 사용자에 대하여 그 사실이 발생한 날부터 3년간 외국인근로자의 고용을 제한할 수 있다.
>
> 1. 제8조 제4항에 따른 고용허가 또는 제12조 제3항에 따른 특례고용가능확인을 받지 아니하고 외국인근로자를 고용한 자
> 2. 제19조 제1항에 따라 외국인근로자의 고용허가나 특례고용가능확인이 취소된 자
> 3. 이 법 또는 「출입국관리법」을 위반하여 처벌을 받은 자
>
> 3의2. 외국인근로자의 사망으로 「산업안전보건법」 제167조 제1항에 따른 처벌을 받은 자
>
> 4. 그 밖에 대통령령으로 정하는 사유에 해당하는 자

답 ⑤

203 외국인근로자의 고용 등에 관한 법률에 관한 설명으로 옳지 않은 것은?

16 노무

CHECK ○△×

① 직업안정법에 따른 직업안정기관이 아닌 자는 외국인근로자의 선발, 알선, 그 밖의 채용에 개입하여서는 아니 된다.

② 사용자는 외국인근로자가 외국인 취업교육을 받을 수 있도록 하여야 한다.

③ 직업안정법에 따른 직업안정기관의 장은 외국인근로자의 고용 등에 관한 법률을 위반하여 처벌을 받은 사용자에 대하여 그 사실이 발생한 날부터 3년간 외국인근로자의 고용을 제한할 수 있다.

④ 사용자는 외국인근로자가 근로관계의 종료로 귀국하는 경우에는 귀국하기 전에 임금 등 금품관계를 청산하는 등 필요한 조치를 하여야 한다.

⑤ 사용자가 외국인근로자와의 근로계약을 해지하고자 할 때에는 고용노동부령으로 정하는 바에 따라 직업안정기관의 장의 허가를 받아야 한다.

해설

① (O) 외고법 제8조 제6항

② (O) 외고법 제11조 제2항

③ (O) 외고법 제20조 제1항 제3호

④ (O) 외고법 제16조

⑤ (X) 사용자는 외국인근로자와의 근로계약을 해지하거나 그 밖에 고용과 관련된 중요사항을 변경하는 등 대통령령으로 정하는 사유가 발생하였을 때에는 고용노동부령으로 정하는 바에 따라 직업안정기관의 장에게 신고하여야 한다(외고법 제17조 제1항).

답 ❺

204 외국인근로자의 고용 등에 관한 법률의 내용으로 옳지 않은 것은?

17 노무

CHECK ○△×

① 사용자는 외국인근로자가 근로관계의 종료, 체류기간의 만료 등으로 귀국하는 경우에는 귀국하기 전에 임금 등 금품관계를 청산하는 등 필요한 조치를 하여야 한다.

② 이 법은 선원법의 적용을 받는 선박에 승무(乘務)하는 선원 중 대한민국 국적을 가지지 아니한 선원에게 적용된다.

③ 외국인력정책위원회는 외국인근로자를 송출할 수 있는 국가의 지정 및 지정취소에 관한 사항을 심의·의결한다.

④ 사용자의 임금체불로 근로계약을 유지하기 어렵다고 인정되는 경우 직업안정기관의 장은 외국인근로자 고용허가를 취소할 수 있다.

⑤ 외국인근로자는 귀국 시 필요한 비용에 충당하기 위하여 보험 또는 신탁에 가입하여야 한다.

해설

① (○) 외고법 제16조

② (×) 이 법은 외국인근로자 및 외국인근로자를 고용하고 있거나 고용하려는 사업 또는 사업장에 적용한다. 다만, 선원법의 적용을 받는 선박에 승무(乘務)하는 선원 중 대한민국 국적을 가지지 아니한 선원 및 그 선원을 고용하고 있거나 고용하려는 선박의 소유자에 대하여는 적용하지 아니한다(외고법 제3조 제1항).

③ (○) 외고법 제4조 제2항 제3호

④ (○) 외고법 제19조 제1항 제3호

⑤ (○) 외국인근로자는 귀국 시 필요한 비용에 충당하기 위하여 보험 또는 신탁에 가입하여야 한다(외고법 제15조 제1항). 이와 출국만기보험·신탁에 대한 규정은 구별되어야 한다. 즉 외국인근로자를 고용한 사업 또는 사업장의 사용자는 외국인근로자의 출국 등에 따른 퇴직금 지급을 위하여 외국인근로자를 피보험자 또는 수익자로 하는 보험 또는 신탁에 가입하여야 한다(외고법 제13조 제1항).

답 ❷

205 외국인근로자의 고용 등에 관한 법령에 대한 설명으로 옳지 않은 것은? 22 노무

CHECK ○△×

① 직업안정기관의 장은 출입국관리법을 위반하여 처벌을 받은 사용자에 대하여 그 사실이 발생한 날부터 6년간 외국인근로자의 고용을 제한할 수 있다.

② 고용허가서를 발급받은 날부터 6개월 이내에 내국인근로자를 고용조정으로 이직시킨 사용자는 외국인근로자의 고용이 제한될 수 있다.

③ 고용허가서를 발급받은 사용자는 고용허가서 발급일로부터 3개월 이내에 외국인근로자와 근로계약을 체결하여야 한다.

④ 외국인근로자는 입국한 날부터 3년의 범위에서 취업활동을 할 수 있다.

⑤ 외국인근로자를 고용하려는 자는 직업안정법에 따른 직업안정기관에 우선 내국인 구인 신청을 하여야 한다.

해설

① (×) 직업안정기관의 장은 이 법 또는 출입국관리법을 위반하여 처벌을 받은 사용자에 대하여 그 사실이 발생한 날부터 3년간 외국인근로자의 고용을 제한할 수 있다(외고법 제20조 제1항 제3호).

② (○) 직업안정기관의 장은 고용허가서를 발급받은 날 또는 외국인근로자의 근로가 시작된 날부터 6개월 이내에 내국인근로자를 고용조정으로 이직시킨 사용자에 대하여 그 사실이 발생한 날부터 3년간 외국인근로자의 고용을 제한할 수 있다(외고법 제20조 제1항 제4호, 동법 시행령 제25조 제1호).

③ (○) 외고법 시행령 제14조 제1항

④ (○) 외고법 제18조

⑤ (○) 외고법 제6조 제1항

답 ❶

206 외국인근로자의 고용 등에 관한 법률에 관한 설명으로 옳지 않은 것은? 21 노무

CHECK ○△×

① 외국인력정책위원회는 외국인근로자 도입업종 및 규모 등에 관한 사항을 심의·의결한다.
② 외국인근로자를 고용하려는 자는 직업안정법에 따른 직업안정기관에 우선 내국인구인신청을 하여야 한다.
③ 사용자는 외국인근로자가 외국인취업교육을 받을 수 있도록 하여야 한다.
④ 외국인근로자를 고용한 사업 또는 사업장의 사용자는 외국인근로자의 출국 등에 따른 퇴직금 지급을 위하여 외국인근로자를 피보험자 또는 수익자로 하는 보험 또는 신탁에 가입하여야 한다.
⑤ 외국인근로자는 고용허가를 받은 날부터 5년의 범위에서 취업활동을 할 수 있다.

해설

① (○) 외고법 제4조 제2항 제2호
② (○) 외고법 제6조 제1항
③ (○) 외고법 제11조 제2항
④ (○) 외국인근로자를 고용한 사업 또는 사업장의 사용자는 외국인근로자의 출국 등에 따른 퇴직금 지급을 위하여 외국인근로자를 피보험자 또는 수익자로 하는 보험 또는 신탁에 가입하여야 한다(외고법 제13조 제1항). 이와 귀국비용보험·신탁에 관한 규정은 구별되어야 한다. 즉 외국인근로자는 귀국 시 필요한 비용에 충당하기 위하여 보험 또는 신탁에 가입하여야 한다(외고법 제15조 제1항).
⑤ (×) 외국인근로자는 입국한 날부터 3년의 범위에서 취업활동을 할 수 있다(외고법 제18조).

답 ❺

207 외국인근로자의 고용 등에 관한 법률에 대한 설명으로 옳지 않은 것은? 20 노무

CHECK ○△×

① 사용자가 법률에 따라 선정한 외국인근로자를 고용하려면 고용노동부령으로 정하는 표준근로 계약서를 사용하여 근로계약을 체결하여야 한다.
② 고용허가를 받은 사용자와 외국인근로자는 입국한 날부터 3년의 범위 내에서 당사자 간의 합의에 따라 근로계약을 체결하거나 갱신할 수 있다.
③ 사용자는 외국인근로자의 귀국 시 필요한 비용에 충당하기 위하여 보험에 가입하여야 한다.
④ 직업안정기관의 장은 사용자의 임금체불로 근로계약을 유지하기 어렵다고 인정되는 경우 외국인근로자고용허가를 취소할 수 있다.
⑤ 직업안정기관의 장은 외국인근로자고용허가 또는 특례고용가능확인을 받지 아니하고 외국인근로자를 고용한 자에 대하여 그 사실이 발생한 날부터 3년간 외국인근로자의 고용을 제한할 수 있다.

해설

① (○) 외고법 제9조 제1항
② (○) 외고법 제9조 제3항
③ (×) 외국인근로자는 귀국 시 필요한 비용에 충당하기 위하여 보험 또는 신탁에 가입하여야 한다(외고법 제15조 제1항). 이와 출국만기보험·신탁에 대한 규정은 구별되어야 한다. 즉 외국인근로자를 고용한 사업 또는 사업장의 사용자는 외국인근로자의 출국 등에 따른 퇴직금 지급을 위하여 외국인근로자를 피보험자 또는 수익자로 하는 보험 또는 신탁에 가입하여야 한다(외고법 제13조 제1항).
④ (○) 외고법 제19조 제1항 제3호
⑤ (○) 외고법 제20조 제1항 제1호

답 ❸

208 외국인근로자의 고용 등에 관한 법령에 대한 설명으로 옳지 않은 것은?

14 노무

CHECK ○△×

① 외국인근로자 고용허가서를 발급받은 사용자는 고용허가서 발급일부터 3개월 이내에 외국인근로자와 근로계약을 체결하여야 한다.
② 외국인근로자를 고용하려는 자는 직업안정기관에 우선 내국인 구인신청을 하여야 한다.
③ 외국인근로자는 귀국 시 필요한 비용에 충당하기 위하여 보험 또는 신탁에 가입하여야 한다.
④ 직업안정기관에 관할 구역의 노동자단체와 사용자단체 등이 참여하는 외국인근로자 권익보호협의회를 두어야 한다.
⑤ 사용자가 출국만기보험 등에 가입한 경우 근로자퇴직급여 보장법상 퇴직금제도를 설정한 것으로 본다.

해설

① (○) 외고법 시행령 제14조 제1항
② (○) 외고법 제6조 제1항
③ (○) 외고법 제15조 제1항
④ (×) 외국인근로자의 권익보호에 관한 사항을 협의하기 위하여 직업안정기관에 관할 구역의 노동자단체와 사용자단체 등이 참여하는 외국인근로자 권익보호협의회를 둘 수 있다(외고법 제24조의2 제1항).
⑤ (○) 외고법 제13조 제2항

답 ④

209 외국인근로자의 고용 등에 관한 법률에 관한 설명으로 옳지 않은 것은?

23 노무

CHECK ○△×

① 사용자는 외국인근로자의 귀국 시 필요한 비용에 충당하기 위해 보험 또는 신탁에 가입해야 한다.
② 외국인근로자를 고용하려는 자는 직업안정법에 따른 직업안정기관에 우선 내국인 구인 신청을 하여야 한다.
③ 외국인근로자는 입국한 후에 국내 취업활동에 필요한 사항을 주지시키기 위하여 실시하는 교육을 받아야 한다.
④ 취업활동 기간이 연장되는 외국인근로자와 사용자는 연장된 취업활동 기간의 범위에서 근로계약을 체결할 수 있다.
⑤ 선원법의 적용을 받는 선박에 승무하는 선원 중 대한민국 국적을 가지지 아니한 선원에 대하여는 외국인근로자의 고용 등에 관한 법률을 적용하지 않는다.

해설

① (×) 외국인근로자는 귀국 시 필요한 비용에 충당하기 위하여 보험 또는 신탁에 가입하여야 한다(외고법 제15조 제1항). 이와 출국만기보험·신탁에 대한 규정은 구별되어야 한다. 즉 외국인근로자를 고용한 사업 또는 사업장의 사용자는 외국인근로자의 출국 등에 따른 퇴직금 지급을 위하여 외국인근로자를 피보험자 또는 수익자로 하는 보험 또는 신탁에 가입하여야 한다(외고법 제13조 제1항).
② (○) 외고법 제6조 제1항
③ (○) 외국인근로자는 입국한 후에 고용노동부령으로 정하는 기간 이내에 한국산업인력공단 또는 외국인 취업교육기관에서 국내 취업활동에 필요한 사항을 주지(周知)시키기 위하여 실시하는 교육을 받아야 한다(외고법 제11조 제1항).

④ (O) 외고법 제9조 제4항
⑤ (O) 이 법은 외국인근로자 및 외국인근로자를 고용하고 있거나 고용하려는 사업 또는 사업장에 적용한다. 다만, 선원법의 적용을 받는 선박에 승무(乘務)하는 선원 중 대한민국 국적을 가지지 아니한 선원 및 그 선원을 고용하고 있거나 고용하려는 선박의 소유자에 대하여는 적용하지 아니한다(외고법 제3조 제1항).

답 ❶

210 외국인근로자의 고용 등에 관한 법률에 관한 설명으로 옳지 않은 것은?

15 노무

CHECK ○△×

① 외국인근로자를 고용하려는 자는 직업안정기관에 우선 내국인 구인신청을 하여야 한다.
② 직업안정기관이 아닌 자는 외국인근로자의 선발, 알선, 그 밖의 채용에 개입하여서는 아니 된다.
③ 사용자는 외국인근로자라는 이유로 부당하게 차별하여 처우하여서는 아니 된다.
④ 사용자가 정당한 사유로 근로계약기간 중 근로계약을 해지하려고 하는 경우에도 외국인근로자는 직업안정기관의 장에게 다른 사업 또는 사업장으로의 변경을 신청할 수 없다.
⑤ 외국인근로자를 고용한 사업 또는 사업장의 사용자는 외국인근로자의 출국 등에 따른 퇴직금 지급을 위하여 외국인근로자를 피보험자 또는 수익자로 하는 보험 또는 신탁에 가입하여야 한다.

해설

① (O) 외국인근로자를 고용하려는 자는 직업안정기관에 우선 내국인 구인신청을 하여야 한다(외고법 제6조 제1항).
② (O) 외고법 제8조 제6항
③ (O) 외고법 제22조
④ (X) 사용자가 정당한 사유로 근로계약기간 중 근로계약을 해지하려고 하거나 근로계약이 만료된 후 갱신을 거절하려는 경우엔 작업안정기관의 장에게 다른 사업 또는 사업장으로의 변경을 신청할 수 있다(외고법 제25조 제1항 제1호).
⑤ (O) 외고법 제13조 제1항

답 ❹

211 외국인근로자의 고용 등에 관한 법률에 대한 설명으로 옳지 않은 것은?

19 노무

CHECK ○△×

① 사용자가 법률에 따라 선정한 외국인근로자를 고용하려면 고용노동부령으로 정하는 표준근로 계약서를 사용하여 근로계약을 체결하여야 한다.
② 사용자는 외국인근로자와 근로계약을 체결하려는 경우 이를 한국산업인력공단 등에 대행하게 할 수 없다.
③ 외국인근로자와 근로계약을 체결한 사용자는 그 외국인근로자를 대리하여 법무부장관에게 사증발급인정서를 신청할 수 있다.
④ 취업활동기간이 연장되는 외국인근로자와 사용자는 연장된 취업활동기간의 범위에서 근로계약을 체결할 수 있다.
⑤ 직업안정기관이 아닌 자는 외국인근로자의 선발, 알선, 그 밖의 채용에 개입하여서는 아니 된다.

해설

① (O) 외고법 제9조 제1항
② (×) 사용자는 외국인근로자와 근로계약을 체결하려는 경우 이를 한국산업인력공단에 대행하게 할 수 있다(외고법 제9조 제2항).
③ (O) 외고법 제10조
④ (O) 외고법 제9조 제4항
⑤ (O) 직업안정기관이 아닌 자는 외국인근로자의 선발, 알선, 그 밖의 채용에 개입하여서는 아니 된다(외고법 제8조 제6항).

답 ❷

212 외국인근로자의 고용 등에 관한 법률의 내용으로 옳은 것은?

18 노무

CHECK ○△×

① 외국인근로자의 고용관리 및 보호에 관한 주요사항을 심의·의결하기 위하여 고용노동부장관 소속으로 외국인력정책위원회를 둔다.
② 고용노동부장관은 외국인근로자 도입계획을 외국인력정책위원회의 심의·의결을 거쳐 매년 1월 31일까지 공표하여야 한다.
③ 외국인근로자를 고용하려는 자는 직업안정법에 따른 직업안정기관에 우선 내국인구인신청을 하여야 한다.
④ 사용자가 외국인근로자를 고용하려면 출입국관리법으로 정하는 표준근로계약서를 사용하여 근로계약을 체결하여야 한다.
⑤ 직업안정기관의 장은 고용허가를 받지 아니하고 외국인근로자를 고용한 사용자에 대하여 5년간 외국인근로자의 고용을 제한할 수 있다.

해설

① (×) 외국인근로자의 고용관리 및 보호에 관한 주요사항을 심의·의결하기 위하여 국무총리 소속으로 외국인력정책위원회를 둔다(외고법 제4조 제1항).
② (×) 고용노동부장관은 외국인근로자 도입계획을 정책위원회의 심의·의결을 거쳐 수립하여 매년 3월 31일까지 대통령령으로 정하는 방법으로 공표하여야 한다(외고법 제5조 제1항).
③ (O) 외국인근로자를 고용하려는 자는 직업안정법에 따른 직업안정기관에 우선 내국인구인신청을 하여야 한다(외고법 제6조 제1항).
④ (×) 사용자가 외국인근로자를 고용하려면 고용노동부령으로 정하는 표준근로계약서를 사용하여 근로계약을 체결하여야 한다(외고법 제9조 제1항).
⑤ (×) 고용허가를 받지 아니하고 외국인근로자를 고용한 경우 3년간 외국인근로자의 고용을 제한할 수 있다(외고법 제20조 제1항).

외국인근로자 고용의 제한(외고법 제20조)

① 직업안정기관의 장은 다음 각 호의 어느 하나에 해당하는 사용자에 대하여 그 사실이 발생한 날부터 3년간 외국인근로자의 고용을 제한할 수 있다.
1. 제8조 제4항에 따른 고용허가 또는 제12조 제3항에 따른 특례고용가능확인을 받지 아니하고 외국인근로자를 고용한 자
2. 제19조 제1항에 따라 외국인근로자의 고용허가나 특례고용가능확인이 취소된 자
3. 이 법 또는 출입국관리법을 위반하여 처벌을 받은 자
3의2. 외국인근로자의 사망으로 산업안전보건법 제167조 제1항에 따른 처벌을 받은 자
4. 그 밖에 대통령령으로 정하는 사유에 해당하는 자

답 ❸

CHAPTER

12 종합문제

001 근로기준법상 근로자가 노동위원회에 신청할 수 있는 사항은?

19 국가직 9급

CHECK ○△×

① 성별을 이유로 한 차별에 따른 정신적 손해의 배상
② 근로계약 체결 시 명시된 근로조건이 사실과 다를 경우에 손해의 배상
③ 사용자의 불법적인 직장폐쇄로 인한 손해의 배상
④ 산업재해로 인한 손해의 배상

해설

① (×), ② (○), ③ (×), ④ (×)

② 명시된 근로조건이 사실과 다를 경우에 근로자는 근로조건 위반을 이유로 손해의 배상을 청구할 수 있으며 즉시 근로계약을 해제할 수 있다. 근로자가 손해배상을 청구할 경우에는 노동위원회에 신청할 수 있으며, 근로계약이 해제되었을 경우에는 사용자는 취업을 목적으로 거주를 변경하는 근로자에게 귀향 여비를 지급하여야 한다(근기법 제19조).

①, ③, ④의 손해배상을 청구하기 위해서는 법원에 소를 제기하여야 한다.

답 ❷

002 근로기준법상 사용자가 근로자대표와 서면으로 합의해야 하는 사항에 해당하지 않는 것은?

22 국가직 9급

CHECK ○△×

① 선택적 근로시간제 실시(제52조)
② 경영상 이유에 의한 해고 시 해고를 피하기 위한 방법 및 해고 기준 결정(제24조)
③ 보상 휴가제 실시(제57조)
④ 연차유급휴가 대체(제62조)

해설

① (○), ② (×), ③ (○), ④ (○)

① 선택적 근로시간제 실시(근기법 제52조), ③ 보상 휴가제 실시(근기법 제57조), ④ 연차유급휴가 대체(근기법 제62조) 등은 사용자가 근로자대표와 서면합의를 하여야 하나, ② 경영상 이유에 의한 해고 시 해고를 피하기 위한 방법 및 해고 기준 결정(근기법 제24조)의 경우에는 노동조합이나 근로자대표와 성실하게 협의하는 것으로 족하다.

> **경영상 이유에 의한 해고의 제한(근기법 제24조)**
> ③ 사용자는 제2항에 따른 해고를 피하기 위한 방법과 해고의 기준 등에 관하여 그 사업 또는 사업장에 근로자의 과반수로 조직된 노동조합이 있는 경우에는 그 노동조합(근로자의 과반수로 조직된 노동조합이 없는 경우에는 근로자의 과반수를 대표하는 자, 이하 "근로자대표")에 해고를 하려는 날의 50일 전까지 통보하고 성실하게 협의하여야 한다.

답 ❷

003 근로기준법상 근로자대표와의 서면합의를 필요로 하는 경우가 아닌 것은?

19 국가직 9급

CHECK ○△×

① 2주 단위 탄력적 근로시간제(제51조 제1항)
② 선택적 근로시간제(제52조)
③ 보상 휴가제(제57조)
④ 유급휴가의 대체(제62조)

해설

① (×) 사용자는 취업규칙(취업규칙에 준하는 것을 포함)에서 정하는 바에 따라 2주 단위 탄력적 근로시간제를 도입할 수 있다(제51조 제1항).
② (O) 사용자는 취업규칙(취업규칙에 준하는 것을 포함)에 따라 업무의 시작 및 종료 시각을 근로자의 결정에 맡기기로 한 근로자에 대하여 근로자대표와의 서면 합의에 따라 다음 각 호의 사항을 정하면 1개월(신상품 또는 신기술의 연구개발 업무의 경우에는 3개월로 한다) 이내의 정산기간을 평균하여 1주간의 근로시간이 제50조 제1항의 근로시간을 초과하지 아니하는 범위에서 1주간에 제50조 제1항의 근로시간을, 1일에 제50조 제2항의 근로시간을 초과하여 근로하게 할 수 있다(근기법 제52조 제1항).
③ (O) 사용자는 근로자대표와의 서면 합의에 따라 제51조의3, 제52조 제2항 제2호 및 제56조에 따른 연장근로·야간근로 및 휴일근로 등에 대하여 임금을 지급하는 것을 갈음하여 휴가를 줄 수 있다(근기법 제57조).
④ (O) 사용자는 근로자대표와의 서면 합의에 따라 제60조에 따른 연차유급휴가일을 갈음하여 특정한 근로일에 근로자를 휴무시킬 수 있다(근기법 제62조).

답 ❶

004 근로기준법상 근로자대표와 서면 합의를 필요로 하는 경우가 아닌 것은?

11 사시

CHECK ○△×

① 3개월 단위의 탄력적 근로시간제의 실시(근로기준법 제51조 제2항)
② 선택적 근로시간제의 실시(근로기준법 제52조)
③ 연장·야간 및 휴일 근로의 가산임금의 지급(근로기준법 제56조)
④ 재량적 근로시간제의 실시(근로기준법 제58조 제3항)
⑤ 연차유급휴가의 대체(근로기준법 제62조)

해설

① (O), ② (O), ③ (×), ④ (O), ⑤ (O)
연장·야간 및 휴일 근로의 가산임금의 지급(근기법 제56조)은 법률의 규정에 의하여 당연히 인정되는 것으로, 별도로 사용자와 근로자대표와의 합의를 요하지 아니한다.

답 ❸

005 근로기준법상 서면으로 하도록 되어 있는 사항을 모두 고른 것은?

15 사시

CHECK ○△×

ㄱ. 개별 근로자와 사용자 간의 연장근로의 합의
ㄴ. 선택적 근로시간제 도입을 위한 사용자와 근로자대표와의 합의
ㄷ. 근로자를 해고하고자 할 경우의 30일 전 해고 예고
ㄹ. 근로자를 해고하고자 할 경우 해고사유와 해고시기의 통지

① ㄱ, ㄴ
② ㄱ, ㄷ
③ ㄴ, ㄷ
④ ㄴ, ㄹ
⑤ ㄷ, ㄹ

해설

ㄱ. (×) 개별 근로자와 사용자 간의 연장근로의 합의는 특별한 합의의 방식을 요하지 아니하므로 서면에 의하든 구두로든 무관하다.
ㄴ. (○) 선택적 근로시간제 도입은 사용자가 근로자대표와 서면 합의로 하여야 한다(근기법 제52조 제1항).
ㄷ. (×) 사용자가 근로자를 해고하고자 할 경우에 하는 30일 전의 해고의 예고는 이를 서면으로 할 의무는 없다.
ㄹ. (○) 사용자는 근로자를 해고하려면 해고사유와 해고시기를 서면으로 통지하여야 한다(근기법 제27조 제1항).

답 ④

M E M O

CHAPTER 01 총 설
CHAPTER 02 단결권
CHAPTER 03 단체교섭권
CHAPTER 04 단체행동권
CHAPTER 05 노동쟁의조정제도
CHAPTER 06 부당노동행위구제제도
CHAPTER 07 형벌 및 과태료
CHAPTER 08 노사협의회
CHAPTER 09 노동위원회
CHAPTER 10 기타 법령
CHAPTER 11 종합문제

PART 2

노동법 Ⅱ

CHAPTER

01 총 설

제1절 집단적 노사관계법

제2절 노동3권

001 노동조합 및 노동관계조정법의 연혁에 관한 설명으로 옳지 않은 것은? 24 노무

CHECK ○△×

① 1953년 제정된 노동조합법에는 복수노조 금지조항이 있었다.
② 1953년 제정된 노동쟁의조정법에는 쟁의행위 민사면책조항이 있었다.
③ 1963년 개정된 노동조합법에는 노동조합의 정치활동 금지 규정이 신설되었다.
④ 1997년에는 노동조합 및 노동관계조정법이 제정되었다.
⑤ 2010년 개정된 노동조합 및 노동관계조정법에는 교섭창구단일화의 절차와 방법에 관한 규정이 신설되었다.

해설

① (×) 1953년 노동조합법이 처음으로 제정되었을 때에는 노동조합의 설립을 제한하는 규정은 없었다. 복수노조 금지조항은 1963년 노동조합법을 개정하면서 "조직이 기존 노동조합의 정상적인 운영을 방해하는 것을 목적으로 하는 경우" 노동조합의 설립을 허용하지 않는다고 규정(1963년 노동조합법 제3조 제5호)하여 노동법에 처음 도입되었다.
② (○) 1953년 노동쟁의조정법은 "사용자는 쟁의행위에 의하여 손해를 받았을 경우에 노동조합 또는 근로자에 대하여 배상을 청구할 수 없다"고 규정(1953년 노동쟁의조정법 제12조)하여 쟁의행위 민사면책조항을 두고 있었다.
③ (○) 1963년 노동조합법은 "노동조합은 공직선거에 있어서 특정정당을 지지하거나 특정인을 당선시키기 위한 행위를 할 수 없다"고 규정(1963년 노동조합법 제12조 제1항)하여 노동조합의 정치활동 금지 규정을 두고 있었다.
④ (○) 헌법에 의한 근로자의 단결권·단체교섭권 및 단체행동권을 보장하여 근로조건의 유지·개선과 근로자의 경제적·사회적 지위의 향상을 도모하고, 노동관계를 공정하게 조정하여 노동쟁의를 예방·해결함으로써 산업평화의 유지와 국민경제의 발전에 이바지함을 목적으로 1997.3.13. 노조법이 제정되어 당일 시행되었다.
⑤ (○) 2010년 노조법에서는 교섭창구를 단일화하도록 하여 근로조건의 통일성 확보 및 교섭이 효율적으로 이루어질 수 있도록 하기 위해 동법 제29조의2 이하에서 교섭창구단일화의 절차와 방법에 관한 규정이 신설되었다.

답 ①

002 헌법상 노동3권에 관한 설명으로 옳지 않은 것은?(다툼이 있으면 판례에 따름)

24 노무

CHECK ○△×

① 노동3권은 근로조건의 향상을 위한다는 생존권의 존재목적에 비추어 볼 때 노동3권 가운데에서도 단체교섭권이 가장 중핵적 권리이다.

② 노동3권의 사회권적 성격은 입법조치를 통하여 근로자의 헌법적 권리를 보장할 국가의 의무에 있다.

③ 근로자의 단결하지 않을 자유, 즉 소극적 단결권은 개인의 자기결정의 이념에 따라 적극적 단결권과 동등하게 보장되어야 한다는 것이 헌법재판소의 입장이다.

④ 법률이 정하는 주요방위산업체에 종사하는 근로자의 단체행동권은 법률이 정하는 바에 의하여 이를 제한하거나 인정하지 아니할 수 있다.

⑤ 단체협약에서 다른 노동조합의 단체교섭권을 사전에 배제하는 이른바 유일교섭단체조항은 단체교섭권의 본질적 내용을 침해할 우려가 있다.

해설

① (○) 노동3권은 다 같이 존중 보호되어야 하고 그 사이에 비중의 차등을 둘 수 없는 권리들임에는 틀림없지만 근로조건의 향상을 위한다는 생존권의 존재목적에 비추어 볼 때 노동3권 가운데에서도 단체교섭권이 가장 중핵적 권리임은 부정할 수 없다(대판 1990.5.15. 90도357).

② (○) 근로3권의 성격은 국가가 단지 근로자의 단결권을 존중하고 부당한 침해를 하지 아니함으로써 보장되는 자유권적 측면인 국가로부터의 자유뿐이 아니라, 근로자의 권리행사의 실질적 조건을 형성하고 유지해야 할 국가의 적극적인 활동을 필요로 한다. 따라서 근로3권의 사회권적 성격은 입법조치를 통하여 근로자의 헌법적 권리를 보장할 국가의 의무에 있다(헌재 1998.2.27. 94헌바13).

③ (×) 헌법상 보장된 근로자의 단결권은 단결할 자유만을 가리킬 뿐이고, 단결하지 아니할 자유 이른바 소극적 단결권은 이에 포함되지 않는다고 보는 것이 우리 재판소의 선례라고 할 것이다. 그렇다면 근로자가 노동조합을 결성하지 아니할 자유나 노동조합에 가입을 강제당하지 아니할 자유, 그리고 가입한 노동조합을 탈퇴할 자유는 근로자에게 보장된 단결권의 내용에 포섭되는 권리로서가 아니라 헌법 제10조의 행복추구권에서 파생되는 일반적 행동의 자유 또는 제21조 제1항의 결사의 자유에서 그 근거를 찾을 수 있다(헌재 2005.11.24. 2002헌바95).

④ (○) 헌법 제33조 제3항

⑤ (○) 이 사건 단체협약 제1조는 그 문언상 산업별 단위노동조합으로서 사용자와 직접 단체협약을 체결해 온 원고만이 단체교섭을 할 수 있는 유일한 노동단체이고, 다른 어떠한 노동단체도 인정하지 않는다는 내용임이 명백하므로, 이는 근로자의 노동조합 결성 및 가입의 자유와 단체교섭권을 침해하여 노조법 제5조, 제29조 제1항에 위배되고, 이와 달리 위 조항의 취지가 단순히 원고가 원고 소속 조합원을 대표하는 단체임을 의미하는 것에 불과하다고 보기는 어렵다(대판 2016.4.15. 2013두11789).

답 ❸

최신유형

003 헌법상 노동3권에 관한 설명으로 옳지 않은 것은?(다툼이 있으면 판례에 따름) 25 노무

CHECK ○△×

① 헌법재판소는 단결권에는 단결하지 아니할 자유가 포함되지 않는다고 보는 입장이다.

② 노동3권은 국가안전보장·질서유지 또는 공공복리를 위하여 필요한 경우에 법률로서 제한할 수 있다.

③ 단체교섭권은 단체교섭을 행할 권한은 포함하나 교섭한 결과에 따라 단체협약을 체결할 권한은 포함하지 않는다.

④ 노동3권은 사회적 보호기능을 담당하는 자유권 또는 사회권적 성격을 띤 자유권으로 분류된다.

⑤ 공무원인 근로자는 법률이 정하는 자에 한하여 단결권·단체교섭권 및 단체행동권을 가진다.

해설

① (○) 헌법상 보장된 근로자의 단결권은 단결할 자유만을 가리킬 뿐이고, 단결하지 아니할 자유 이른바 소극적 단결권은 이에 포함되지 않는다고 보는 것이 우리 재판소의 선례라고 할 것이다(헌재 2005.11.24. 2002헌바95).

② (○) 노동3권을 포함한 국민의 모든 자유와 권리는 국가안전보장·질서유지 또는 공공복리를 위하여 필요한 경우에 한하여 법률로써 제한할 수 있으며, 제한하는 경우에도 자유와 권리의 본질적인 내용을 침해할 수 없다(헌법 제37조 제2항).

③ (×) 구 노동조합법 제33조 제1항 본문은 "노동조합의 대표자 또는 노동조합으로부터 위임을 받은 자는 그 노동자 또는 조합원을 위하여 사용자나 사용자단체와 단체협약의 체결 기타의 사항에 관하여 교섭할 권한이 있다."고 규정하고 있었는데, 판례가 여기서 '교섭할 권한'이라 함은 사실행위로서의 단체교섭의 권한 외에 교섭한 결과에 따라 단체협약을 체결할 권한을 포함하는 것(대판 1998.1.20. 97도588)이라고 함에 따라, 현행 노조법 제29조 제1항은 이러한 판례의 취지를 좇아 "노동조합의 대표자는 그 노동조합 또는 조합원을 위하여 사용자나 사용자단체와 교섭하고 단체협약을 체결할 권한을 가진다."고 규정하고 있다.

④ (○) 근로자는 노동조합과 같은 근로자단체의 결성을 통하여 집단으로 사용자에 대항함으로써 사용자와 대등한 세력을 이루어 근로조건의 형성에 영향을 미칠 수 있는 기회를 가지게 되므로 이러한 의미에서 근로3권은 '사회적 보호기능을 담당하는 자유권' 또는 '사회권적 성격을 띤 자유권'이라고 말할 수 있다(헌재 1998.2.27. 94헌바13).

⑤ (○) 헌법 제33조 제2항

답 ❸

최신유형

004 우리나라가 비준하고 있는 ILO협약에 해당하는 것으로 옳은 것을 모두 고른 것은? 25 노무

CHECK ○△×

ㄱ. 산업재해로 인한 보상에 있어서의 내외국인 평등대우에 관한 협약(제19호)
ㄴ. 결사의 자유 및 단결권 보장에 관한 협약(제87호)
ㄷ. 단결권 및 단체교섭권에 대한 원칙의 적용에 관한 협약(제98호)
ㄹ. 강제노동의 철폐에 관한 협약(제105호)

① ㄱ, ㄴ
② ㄴ, ㄷ
③ ㄱ, ㄴ, ㄷ
④ ㄱ, ㄷ, ㄹ
⑤ ㄱ, ㄴ, ㄷ, ㄹ

해설

보기의 ILO협약 중 ㄹ. 강제노동의 철폐에 관한 협약(제105호)을 제외하고, ㄱ. 산업재해로 인한 보상에 있어서의 내외국인 평등대우에 관한 협약(제19호)은 2001년 3월, ㄴ. 결사의 자유 및 단결권 보장에 관한 협약(제87호) 및 ㄷ. 단결권 및 단체교섭권에 대한 원칙의 적용에 관한 협약(제98호)은 2021년 4월(ILO에의 비준서 기탁)에 각각 우리나라의 비준을 얻었다.

답 ③

005 제헌헌법(헌법 제1호, 1948.7.17. 제정)에 명시된 내용이 아닌 것은? 17 노무

CHECK ○△×

① 근로조건의 기준은 법률로써 정한다.
② 여자와 소년의 근로는 특별한 보호를 받는다.
③ 국가는 사회적·경제적 방법으로 근로자의 고용의 증진에 노력하여야 한다.
④ 근로자의 단결, 단체교섭과 단체행동의 자유는 법률의 범위 내에서 보장된다.
⑤ 영리를 목적으로 하는 사기업에 있어서는 근로자는 법률의 정하는 바에 의하여 이익의 분배에 균점할 권리가 있다.

해설

① (○) 제헌헌법 제17조
② (○) 제헌헌법 제17조
③ (×) 근로자에 대한 고용증진노력의무는 1962.12.26. 개정된 제5차 개정헌법(제3공화국 헌법) 제28조 제1항에 처음으로 규정되었다.
④ (○) 제헌헌법 제18조
⑤ (○) 제헌헌법 제18조

답 ③

006 헌법상 노동3권에 관한 설명으로 옳지 않은 것은?

22 노무

CHECK ○△×

① 헌법재판소는 노동3권의 법적 성격을 사회적 보호기능을 담당하는 자유권 또는 사회권적 성격을 띤 자유권이라고 보는 입장을 취하고 있다.

② 근로자는 근로조건의 향상을 위하여 자주적인 단결권·단체교섭권 및 단체행동권을 가진다.

③ 헌법재판소는 노동조합의 적극적 단결권은 근로자 개인의 단결하지 않을 자유보다 중시된다고 할 것이고, 또 노동조합에게 위와 같은 조직강제권을 부여한다고 하여 이를 근로자의 단결하지 아니할 자유의 본질적인 내용을 침해하는 것으로 단정할 수는 없다는 입장을 취하고 있다.

④ 헌법상 보장된 근로자의 단결권은 단결할 자유만을 가리킬 뿐이고, 단결하지 아니할 자유 이른바 소극적 단결권은 이에 포함되지 않는다고 보는 것이 헌법재판소의 입장이다.

⑤ 헌법재판소는 노동3권 제한에 관한 개별적 제한규정을 두고 있지 않는 경우, 헌법 제37조 제2항의 일반유보조항에 따라 노동3권을 제한할 수 없다는 입장을 취하고 있다.

해설

① (○) 헌재 1998.2.27. 94헌바13

② (○) 헌법 제33조 제1항

③ (○) 노동조합의 적극적 단결권은 근로자 개인의 단결하지 않을 자유보다 중시된다고 할 것이고, 또 노동조합에게 위와 같은 조직강제권을 부여한다고 하여 이를 근로자의 단결하지 아니할 자유의 본질적인 내용을 침해하는 것으로 단정할 수는 없다(헌재 2005.11.24. 2002헌바95).

④ (○) 헌법상 보장된 근로자의 단결권은 단결할 자유만을 가리킬 뿐이고, 단결하지 아니할 자유 이른바 소극적 단결권은 이에 포함되지 않는다고 보는 것이 우리 재판소의 선례라고 할 것이다(헌재 2005.11.24. 2002헌바95).

⑤ (×) 헌법 제33조 제1항에서는 근로자의 단결권·단체교섭권 및 단체행동권을 보장하고 있는바, 현행 헌법에서 공무원 및 법률이 정하는 주요방위산업체에 종사하는 근로자와는 달리 특수경비원에 대해서는 단체행동권 등 근로3권의 제한에 관한 개별적 제한규정을 두고 있지 않다고 하더라도, 헌법 제37조 제2항의 일반유보조항에 따른 기본권제한의 원칙에 의하여 특수경비원의 근로3권 중 하나인 단체행동권을 제한할 수 있다(헌재 2009.10.29. 2007헌마1359). 이러한 헌재 판례의 취지를 고려하건대, 노동3권 제한에 관한 개별적 제한규정을 두고 있지 않은 경우에도, 헌법 제37조 제2항의 일반유보조항에 따라 노동3권을 제한할 수 있다고 보는 것이 타당하다.

답 ⑤

007 헌법재판소의 노동3권 해석에 관한 설명으로 옳지 않은 것은?

14 노무

CHECK ○△×

① 노동조합 및 노동관계조정법상 노동조합 설립신고서 반려제도는 헌법상 금지된 단체결성에 대한 허가제에 해당하지 않는다.
② 헌법상 단결권에는 소극적 단결권, 즉 단결하지 아니할 자유가 포함되지 않는다.
③ 노동3권은 자유권적 측면과 생존권적 측면을 동시에 가지고 있다.
④ 단체교섭권에는 단체협약체결권이 포함되어 있다.
⑤ 헌법이 노동3권의 주체를 '근로자'로 명시하고 있으므로 노동조합은 단결권 행사의 주체에 해당하지 않는다.

해설

① (○) 헌재 2012.3.29. 2011헌바53
② (○) 근로자가 노동조합을 결성하지 아니할 자유나 노동조합에 가입을 강제당하지 아니할 자유, 그리고 가입한 노동조합을 탈퇴할 자유는 근로자에게 보장된 단결권의 내용에 포섭되는 권리로서가 아니라 헌법 제10조의 행복추구권에서 파생되는 일반적 행동의 자유 또는 제21조 제1항의 결사의 자유에서 그 근거를 찾을 수 있다(헌재 2005.11.24. 2002헌바95).
③ (○) 헌재 2005.11.24. 2002헌바95
④ (○) 헌재 1998.2.27. 94헌바13
⑤ (×) 헌법 제33조 제1항에 의하면 단결권의 주체는 단지 개인인 것처럼 표현되어 있지만, 만일 헌법이 개인의 단결권만을 보장하고 조직된 단체의 권리를 인정하지 않는다면, 즉 국가가 임의로 단체의 존속과 활동을 억압할 수 있다면 개인의 단결권 보장은 무의미하게 된다. 따라서 헌법 제33조 제1항은 근로자 개인의 단결권만이 아니라 단체 자체의 단결권도 보장하고 있는 것으로 보아야 한다(헌재 1999.11.25. 95헌마154).

답 ❺

008 우리나라가 비준하지 않은 ILO협약을 모두 고른 것은?

20 노무

CHECK ○△×

ㄱ. 강제근로의 폐지에 관한 협약(제105호)
ㄴ. 공업 및 상업부문에서 근로감독에 관한 협약(제81호)
ㄷ. 결사의 자유 및 단결권 보호에 관한 협약(제87호)
ㄹ. 동일가치에 대한 남녀근로자의 동등보수에 관한 협약(제100호)
ㅁ. 가혹한 형태의 아동노동 철폐에 관한 협약(제182호)

① ㄱ, ㄴ
② ㄱ, ㄹ
③ ㄴ, ㄷ
④ ㄱ
⑤ ㄷ, ㄹ, ㅁ

해설

우리나라는 보기의 ILO협약 중 ㄱ. 강제근로의 폐지에 관한 협약(제105호)을 제외하고, ㄴ. 공업 및 상업부문에서 근로감독에 관한 협약(제81호), ㄷ. 결사의 자유 및 단결권 보호에 관한 협약(제87호), ㄹ. 동일가치에 대한 남녀근로자의 동등보수에 관한 협약(제100호), ㅁ. 가혹한 형태의 아동노동 철폐에 관한 협약(제182호)을 비준하였다. ㄷ. 결사의 자유 및 단결권 보호에 관한 협약(제87호)은 비준동의안이 2021.2.26. 국회본회의를 통과하여 정부가 비준서를 ILO에 기탁한 시점부터 1년(2022.4.20.)이 지나 발효되었으므로, 국내법과 같은 효력을 가진다.

답 ❹

009 헌법상 노동3권에 관한 설명으로 옳지 않은 것은?(다툼이 있으면 판례에 따름)

19 노무

CHECK ○△×

① 노동3권은 국가안전 보장·질서 유지 또는 공공복리를 위하여 필요한 경우 법률로써 제한할 수 있다.

② 단결권은 단결할 자유만을 가리키고, 단결하지 아니할 자유는 일반적 행동의 자유 또는 결사의 자유에 그 근거가 있다.

③ 공무원인 근로자는 법률이 정하는 자에 한하여 단결권·단체교섭권 및 단체행동권을 가진다.

④ 노동3권은 사회적 보호기능을 담당하는 자유권 또는 사회권적 성격을 띤 자유권이라고 말할 수 있다.

⑤ 모든 국민은 근로조건의 향상을 위하여 자주적인 단결권·단체교섭권 및 단체행동권을 가진다.

해설

① (○) 헌법 제37조 제2항

② (○) 근로자가 노동조합을 결성하지 아니할 자유나 노동조합에 가입을 강제당하지 아니할 자유, 그리고 가입한 노동조합을 탈퇴할 자유는 근로자에게 보장된 단결권의 내용에 포섭되는 권리로서가 아니라 헌법 제10조의 행복추구권에서 파생되는 일반적 행동의 자유 또는 제21조 제1항의 결사의 자유에서 그 근거를 찾을 수 있다(헌재 2005.11.24. 2002헌바95).

③ (○) 헌법 제33조 제2항

④ (○) 헌재 1998.2.27. 94헌바13

⑤ (×) 근로자는 근로조건의 향상을 위하여 자주적인 단결권·단체교섭권 및 단체행동권을 가진다(헌법 제33조 제1항).

답 ❺

010 각국 노동법의 연혁에 관한 설명으로 옳지 않은 것은?

18 노무

CHECK ○△×

① 우리나라의 제헌헌법에는 근로자의 단결에 관한 규정이 없었다.

② 독일의 1919년 바이마르헌법은 단결의 자유를 명문화하였다.

③ 미국의 1935년 와그너법은 근로자의 단결권·단체교섭권·단체행동권을 명문화하였다.

④ 우리나라의 노동위원회법은 1953년에 처음 제정되었다.

⑤ 우리나라의 노사협의회제도는 과거 노동조합법에 규정된 적이 있었다.

해설

① (×) 근로자의 단결, 단체교섭과 단체행동의 자유는 법률의 범위 내에서 보장된다(제헌헌법 제18조).

② (○) 근대입헌주의헌법의 효시인 독일의 1919년 바이마르헌법은 단결권, 단체교섭권, 단체행동권을 헌법차원에서 최초로 규정하였다.

③ (○) 와그너법은 근로자의 단결권·단체교섭권·단체행동권을 명문화하였고, 부당노동행위제도를 최초로 규정하였다.

④ (○) 1953년 3월 8일에 노동위원회법의 제정·공포로 중앙노동위원회와 지방노동위원회가 설치되었다.

⑤ (○) 1980년 12월 31일에 노사협의회법이 제정되었고, 이 법이 제정되기 이전에는 구 노동조합법 제6조에 의하여 노사협의제도가 운영되었다.

답 ❶

011 우리나라 노동법의 연혁에 관한 설명으로 옳은 것은?

16 노무

CHECK ○△×

① 노동조합법, 노동쟁의조정법은 1953년에 제정되었다.
② 부당노동행위제도는 최초 도입된 이후 현재까지 구제주의와 처벌주의를 병행하고 있다.
③ 미국의 와그너법을 수용하여 사용자와 노동조합을 부당노동행위주체로 인정하고 있다.
④ 필수유지업무협정제도는 2010년 노동조합 및 노동관계조정법 개정 시에 처음으로 도입되었다.
⑤ 노동조합의 전임자에 대한 급여지급 금지는 1980년 노동조합법 개정 시에 처음으로 도입되었다.

해설

① (○) 1953년에 제정·시행된 노동조합법과 노동쟁의조정법은 그 후 몇 차례의 개정을 거쳐, 1997년에 노동조합 및 노동관계조정법으로 통합되었다.
② (×) 1953년 3월 8일 제정된 노동조합법은 사용자의 부당노동행위와 이에 대한 처벌규정을 두었으나, 1963년 개정으로 사용자의 부당노동행위 유형을 구체화하고, 처벌규정을 삭제하면서 노동위원회를 통한 구제제도(구제주의)를 채택하였다. 이후 1986년에는 처벌규정을 복원하여 구제주의와 처벌주의를 병행하였으며, 1997년에는 노동법을 전면개정하면서 구제주의와 처벌주의는 그대로 유지하되, 법원의 구제명령과 긴급이행명령제도를 도입하였다.
③ (×) 미국의 와그너법은 사용자의 부당노동행위에 대한 법적 제도이며, 태프트-하들리법에서 노동조합의 사용자에 대한 부당노동행위가 추가되었다.
④ (×) 필수유지업무협정제도는 2006년 12월 30일 노조법 제42조의3의 개정 시에 도입되어 2008년 1월 1일부터 시행되고 있다.
⑤ (×) 노동조합의 전임자에 대한 급여지급 금지는 1997년 3월 노조법 제정으로 도입되었고, 노사 간 이견대립으로 13년간 시행이 유예되다가 2010년 노조법 개정으로 타임오프제(노조전임자에 대한 사용자의 임금지급을 원칙적으로 금지)가 도입되었으나, 2021년 개정 노조법은 일정한 경우 근로시간면제자는 사용자 또는 노동조합으로부터 급여를 지급받으면서 근로계약 소정의 근로를 제공하지 아니하고 노동조합의 업무에 종사할 수 있도록 규정하고 있다(노조법 제24조 제1항).

답 ❶

012 노동법 등의 연혁에 관한 설명으로 옳지 않은 것은?

23 노무

CHECK ○△×

① 우리나라의 노동위원회법은 1953년에 처음 제정되었다.
② 우리나라는 1991년에 국제노동기구(ILO)에 가입하였다.
③ 우리나라의 공무원의 노동조합 설립 및 운영 등에 관한 법률은 교원의 노동조합 설립 및 운영 등에 관한 법률보다 먼저 제정되었다.
④ 미국의 1935년 와그너법은 근로자의 단결권·단체교섭권·단체행동권을 명문화하였다.
⑤ 우리나라 제헌헌법에는 영리를 목적으로 하는 사기업에 있어서는 근로자는 법률의 정하는 바에 의하여 이익의 분배에 균점할 권리가 있다는 규정이 있었다.

해설

① (○) 1953년 3월 8일에 노동위원회법의 제정·공포로 중앙노동위원회와 지방노동위원회가 설치되었다.
② (○) 우리나라는 1991년 12월 9일 152번째 회원국으로서 국제노동기구(ILO)에 가입하였다.
③ (×) 공무원의 노동조합 설립 및 운영 등에 관한 법률은 2005.1.27. 제정되었으나, 교원의 노동조합 설립 및 운영 등에 관한 법률은 1999.1.29. 제정되었다.
④ (○) 와그너법은 근로자의 단결권·단체교섭권·단체행동권을 명문화하였고, 부당노동행위제도를 최초로 규정하였다.
⑤ (○) 영리를 목적으로 하는 사기업에 있어서는 근로자는 법률의 정하는 바에 의하여 이익의 분배에 균점할 권리가 있다(제헌헌법 제18조).

답 ❸

013 헌법상 근로3권에 관한 설명으로 옳지 않은 것은?(다툼이 있으면 판례에 따름)

18 노무

CHECK ○△×

① 대법원은 근로3권 중에 단체교섭권이 중핵적 권리라는 입장을 취하고 있다.
② 법률이 정하는 주요방위산업체에 종사하는 근로자의 단체행동권은 법률이 정하는 바에 의하여 이를 제한하거나 인정하지 아니할 수 있다.
③ 헌법재판소는 단체교섭권은 어떠한 제약도 허용되지 아니하는 절대적인 권리가 아니라는 입장을 취하고 있다.
④ 헌법재판소는 단결권에는 단결하지 아니할 자유가 포함된다는 입장을 취하고 있다.
⑤ 헌법이 근로3권을 보장하는 취지는 근로자의 이익과 지위의 향상을 도모하는 사회복지국가 건설의 과제를 달성하고자 함에 있는 것으로 설명될 수 있다.

해설

① (○) 대판 1990.5.15. 90도357
② (○) 헌법 제33조 제3항
③ (○) 헌법 제33조 제1항이 보장하는 근로3권은 어떠한 제약도 허용되지 아니하는 절대적인 권리가 아니라 당연히 국가안전 보장·질서 유지 또는 공공복리 등의 공익상의 이유로 제한이 가능하며, 그 제한은 노동기본권의 보장과 공익상의 필요를 구체적인 경우마다 비교형량하여 양자가 서로 적절한 균형을 유지하는 선에서 결정된다(헌재 1998.2.27. 94헌바13).
④ (×) 노동조합과 각종 단체의 헌법상 차이는, 결사의 자유의 경우 단체를 결성하는 자유, 단체에 가입하는 자유뿐만 아니라 단체를 결성하지 아니할 자유, 단체에의 참가를 강제당하지 아니할 자유, 단체를 탈퇴할 자유를 포함하는데 반하여, 근로자의 단결권은 단결할 자유만을 가리킬 뿐이다(헌재 1999.11.25. 98헌마141).
⑤ (○) 헌재 1993.3.11. 92헌바33

답 ④

014 헌법 제32조에서 명시적으로 규정하고 있는 내용이 아닌 것은?

15 노무

CHECK ○△×

① 국가는 법률이 정하는 바에 의하여 최저임금제를 시행하여야 한다.
② 여자의 근로는 특별한 보호를 받는다.
③ 연소자의 근로는 특별한 보호를 받는다.
④ 국가는 근로의 의무의 내용과 조건을 공공복리의 원칙에 따라 법률로 정한다.
⑤ 국가는 사회적·경제적 방법으로 근로자의 고용의 증진과 적정임금의 보장에 노력하여야 한다.

해설

① (○), ② (○), ③ (○), ④ (×), ⑤ (○)
국가는 근로의 의무의 내용과 조건을 민주주의원칙에 따라 법률로 정한다(헌법 제32조 제2항).

헌법 제32조

① 모든 국민은 근로의 권리를 가진다. 국가는 사회적·경제적 방법으로 근로자의 고용의 증진과 적정임금의 보장에 노력하여야 하며, 법률이 정하는 바에 의하여 최저임금제를 시행하여야 한다.
② 모든 국민은 근로의 의무를 진다. 국가는 근로의 의무의 내용과 조건을 민주주의원칙에 따라 법률로 정한다.
③ 근로조건의 기준은 인간의 존엄성을 보장하도록 법률로 정한다.
④ 여자의 근로는 특별한 보호를 받으며, 고용·임금 및 근로조건에 있어서 부당한 차별을 받지 아니한다.
⑤ 연소자의 근로는 특별한 보호를 받는다.
⑥ 국가유공자·상이군경 및 전몰군경의 유가족은 법률이 정하는 바에 의하여 우선적으로 근로의 기회를 부여받는다.

답 ④

015 노동3권에 관한 설명으로 옳지 않은 것은?(다툼이 있으면 판례에 따름)

17 노무

CHECK ○△×

① 개인택시운전자는 노동3권의 주체가 될 수 없다.
② 단결권은 단결할 자유만을 가리킬 뿐이고, 단결하지 아니할 자유는 이에 포함되지 않는다.
③ 단체교섭권의 정당한 행사에 대해서는 민·형사상 책임이 면제된다.
④ 단체교섭권에는 단체협약체결권이 포함되어 있지 않다.
⑤ 노동3권은 국가안전 보장·질서 유지 또는 공공복리를 위하여 필요한 경우에 한하여 법률로써 제한할 수 있다.

해설

① (○) 개인택시운전자는 임금·급료 기타 이에 준하는 수입에 의하여 생활하는 자라 할 수 없으므로 노동3권의 주체가 될 수 없다(노조법 제2조 제1호).
② (○) 헌재 2005.11.24. 2002헌바95
③ (○) 단체교섭권의 정당한 행사로 손해를 입은 사용자는 노동조합이나 근로자에게 손해배상을 청구할 수 없고 형사상 정당행위에 해당하여 위법성이 조각되므로, 민·형사상 책임이 면제된다(노조법 제3조, 제4조).
④ (×) 교섭할 권한이라 함은 교섭한 결과에 따라 단체협약을 체결할 권한을 포함하는 것이라고 할 것이다(대판 2000.5.12. 98도3299).
⑤ (○) 노동3권도 상대적 권리에 불과하므로, 국가안전 보장·질서 유지 또는 공공복리를 위하여 필요한 경우에 한하여 법률로써 제한할 수 있다고 하여야 한다(헌법 제37조 제2항).

답 ❹

016 헌법에 명시된 노동3권에 관한 규정으로 옳은 것을 모두 고른 것은?

16 노무

CHECK ○△×

ㄱ. 공무원인 근로자는 법률이 정하는 자에 한하여 단결권·단체교섭권 및 단체행동권을 가진다.
ㄴ. 법률이 정하는 주요방위산업체에 종사하는 근로자의 단결권은 법률이 정하는 바에 따라 이를 제한하거나 인정하지 아니할 수 있다.
ㄷ. 노동조합의 조합원은 어떠한 경우에도 인종, 종교, 성별, 연령, 신체적 조건, 고용형태, 정당 또는 신분에 의하여 차별대우를 받지 아니한다.

① ㄱ
② ㄱ, ㄴ
③ ㄱ, ㄷ
④ ㄴ, ㄷ
⑤ ㄱ, ㄴ, ㄷ

해설

ㄱ. (○) 공무원인 근로자는 법률이 정하는 자에 한하여 단결권·단체교섭권 및 단체행동권을 가진다(헌법 제33조 제2항).
ㄴ. (×) 법률이 정하는 주요방위산업체에 종사하는 근로자의 단체행동권은 법률이 정하는 바에 의하여 이를 제한하거나 인정하지 아니할 수 있다(헌법 제33조 제3항).
ㄷ. (×) 노동조합의 조합원은 어떠한 경우에도 인종, 종교, 성별, 연령, 신체적 조건, 고용형태, 정당 또는 신분에 의하여 차별대우를 받지 아니한다(노조법 제9조). ㄷ.은 노조법 제9조와 동일한 내용이나, 문제에서 헌법에 명시된 노동3권에 관한 규정을 묻고 있으므로, 틀린 지문이 됨을 유의하여야 한다.

답 ❶

017 우리나라 노동법 등의 연혁에 관한 설명으로 옳은 것을 모두 고른 것은?

21 노무

CHECK ○△×

ㄱ. 우리나라는 1991년에 국제노동기구(ILO)에 가입하였다.
ㄴ. 1980년에 제정된 노사협의회법에서 노사협의회를 처음으로 규정하였다.
ㄷ. 2005년에 공무원의 노동조합 설립 및 운영 등에 관한 법률이 제정되었다.
ㄹ. 1953년에 제정된 노동조합법에서는 사용자 및 노동조합의 부당노동행위 금지와 그 위반에 대한 처벌을 규정하였다.

① ㄱ, ㄴ
② ㄱ, ㄷ
③ ㄱ, ㄹ
④ ㄴ, ㄷ
⑤ ㄴ, ㄹ

해설

ㄱ. (○) 우리나라는 1991년 12월 9일 152번째 회원국으로서 국제노동기구(ILO)에 가입하였다.
ㄴ. (○) 노사협의회는 1963년 4월 17일 전부개정된 노동조합법에서 처음으로 등장하였다. 다만, 1980년 12월 31일 제정된 노사협의회법에서 노사협의회의 설치, 구성, 운영 및 임무 등을 구체적으로 규정하였으므로, ㄴ.을 옳은 지문으로 이해할 여지가 있어 결국 최종정답에서 이 문제를 전항정답으로 처리한 것으로 보인다.
ㄷ. (○) 공노법은 2005년 1월 27일 제정되었다.
ㄹ. (×) 1953년 3월 8일 제정된 노동조합법에서는 사용자의 부당노동행위 금지만을 규정하였다.

답 전항정답

018 헌법상 노동3권에 관한 설명으로 옳지 않은 것은?(다툼이 있으면 판례에 따름)

20 노무

CHECK ○△×

① 근로자는 근로조건의 향상을 위하여 자주적인 단결권·단체교섭권 및 단체행동권을 가진다.
② 공무원인 근로자는 법률이 정하는 자에 한하여 단결권·단체교섭권 및 단체행동권을 가진다.
③ 단체교섭권은 사실행위로서의 단체교섭의 권한 외에 교섭한 결과에 따라 단체협약을 체결할 권한을 포함한다.
④ 법률이 정하는 주요방위산업체에 종사하는 근로자의 단체행동권은 법률이 정하는 바에 의하여 이를 제한할 수 있다.
⑤ 취업활동을 할 수 있는 체류자격을 받지 않은 외국인은 타인과의 사용종속관계하에서 근로를 제공하고 그 대가로 임금 등을 받아 생활하더라도 노동조합에 가입할 수 없다.

해설

① (○) 헌법 제33조 제1항
② (○) 헌법 제33조 제2항
③ (○) 대판 1993.4.27. 91누12257
④ (○) 헌법 제33조 제3항
⑤ (×) 타인과의 사용종속관계하에서 근로를 제공하고 그 대가로 임금 등을 받아 생활하는 사람은 노조법상 근로자에 해당하고, 노조법상의 근로자성이 인정되는 한, 그러한 근로자가 외국인인지 여부나 취업자격의 유무에 따라 노조법상 근로자의 범위에 포함되지 아니한다고 볼 수는 없다(대판 2015.6.25. 2007두4995[전합]).

답 ⑤

CHAPTER

02 단결권

제1절 서 설

001 노동조합 및 노동관계조정법상 용어의 정의로 옳지 않은 것은? 15 노무

CHECK ○△×

① "근로자"라 함은 직업의 종류를 불문하고 임금·급료 기타 이에 준하는 수입에 의하여 생활하는 자를 말한다.

② "사용자"라 함은 사업주, 사업의 경영담당자 또는 그 사업의 근로자에 관한 사항에 대하여 사업주를 위하여 행동하는 자를 말한다.

③ "사용자단체"라 함은 노동관계에 관하여 그 구성원인 사용자에 대하여 조정 또는 규제할 수 있는 권한을 가진 사용자의 단체를 말한다.

④ "노동조합"이라 함은 근로자가 주체가 되어 자주적으로 단결하여 근로조건의 유지·개선 기타 근로자의 경제적·사회적 지위의 향상을 도모함을 목적으로 조직하는 단체 또는 그 연합단체를 말한다.

⑤ "노동쟁의"라 함은 파업·태업·직장폐쇄 기타 노동관계당사자가 그 주장을 관철할 목적으로 행하는 행위와 이에 대항하는 행위로서 업무의 정상적인 운영을 저해하는 행위를 말한다.

해설

① (○) 노조법 제2조 제1호

② (○) 노조법 제2조 제2호

③ (○) 노조법 제2조 제3호

④ (○) 노조법 제2조 제4호 본문

⑤ (×) 노동쟁의라 함은 노동조합과 사용자 또는 사용자단체 간에 임금·근로시간·복지·해고 기타 대우 등 근로조건의 결정에 관한 주장의 불일치로 인하여 발생한 분쟁상태를 말한다. 이 경우 주장의 불일치라 함은 당사자 간에 합의를 위한 노력을 계속하여도 더 이상 자주적 교섭에 의한 합의의 여지가 없는 경우를 말한다(노조법 제2조 제5호). ⑤는 쟁의행위에 대한 정의이다.

답 ⑤

002 노동조합 및 노동관계조정법령상 근로자와 사용자에 관한 설명으로 옳지 않은 것은?(다툼이 있으면 판례에 따름)

CHECK ○△×

19 노무

① 구직 중인 자도 노동3권을 보장할 필요성이 있는 한 근로자에 포함된다.

② 근로자란 직업의 종류를 불문하고 임금·급료 기타 이에 준하는 수입에 의하여 생활하는 자를 말한다.

③ 노동위원회의 부당노동행위구제명령을 이행할 수 있는 법률적 또는 사실적인 권한이나 능력을 가지는 지위에 있더라도 직접고용관계에 있지 않는 한 사용자에 해당한다고 볼 수 없다.

④ 사용자는 근로자의 인사, 급여, 후생, 노무관리 등 근로조건 결정 또는 업무상 명령이나 지휘감독을 하는 등의 사항에 대하여 사업주로부터 일정한 권한과 책임을 부여받은 자를 포함한다.

⑤ 근로자에 해당하는지는 노무제공관계의 실질에 비추어 판단하여야 하고 반드시 근로기준법상 근로자에 한정된다고 할 것은 아니다.

해설

① (O) 근로자는 특정한 사용자에게 고용되어 현실적으로 취업하고 있는 자뿐만 아니라, 일시적으로 실업상태에 있는 자나 구직 중인 자도 노동3권을 보장할 필요성이 있는 한 그 범위에 포함된다(대판 2004.2.27. 2001두8568).

② (O) 노조법 제2조 제1호

③ (×) 노동위원회의 구제명령을 이행할 수 있는 법률적 또는 사실적인 권한이나 능력이 있는 한 그 한도 내에서는 부당노동행위주체로서 구제명령의 대상자인 사용자에 해당한다고 한다(대판 2010.3.25. 2007두8881).

④ (O) 노조법 제2조 제2호, 제4호 단서 (가)목에 의하면, 노조법상 사용자에 해당하는 사업주, 사업의 경영담당자 또는 그 사업의 근로자에 관한 사항에 대하여 사업주를 위하여 행동하는 자와 항상 사용자의 이익을 대표하여 행동하는 자는 노동조합 참가가 금지되는데, '그 사업의 근로자에 관한 사항에 대하여 사업주를 위하여 행동하는 자'란 근로자의 인사, 급여, 후생, 노무관리 등 근로조건 결정 또는 업무상 명령이나 지휘·감독을 하는 등의 사항에 대하여 사업주로부터 일정한 권한과 책임을 부여받은 자를 말하고, '항상 사용자의 이익을 대표하여 행동하는 자'란 근로자에 대한 인사, 급여, 징계, 감사, 노무관리 등 근로관계 결정에 직접 참여하거나 사용자의 근로관계에 대한 계획과 방침에 관한 기밀사항업무를 취급할 권한이 있는 등과 같이 직무상 의무와 책임이 조합원으로서 의무와 책임에 직접적으로 저촉되는 위치에 있는 자를 의미한다. 따라서 이러한 자에 해당하는지는 일정한 직급이나 직책 등에 의하여 일률적으로 결정되어서는 안 되고, 업무내용이 단순히 보조적·조언적인 것에 불과하여 업무수행과 조합원활동 사이에 실질적인 충돌이 발생할 여지가 없는 자도 여기에 해당하지 않는다(대판 2011.9.8. 2008두13873).

⑤ (O) 대판 2018.6.15. 2014두12598

답 ❸

003 단결권에 관한 설명 중 옳지 않은 것을 모두 고른 것은?(다툼이 있는 경우에는 판례에 의함)

CHECK ○△×

15 사시

ㄱ. 단결권은 사회권적 기본권으로서의 성격을 갖지 않는다.
ㄴ. 단결권에는 집단적 단결권이 포함되지 않는다.
ㄷ. 단결권에는 단결하지 않을 자유가 포함된다.
ㄹ. 단결권은 근로3권 중 가장 중핵적인 권리이다.
ㅁ. 단결권에는 단결선택의 자유가 포함된다.

① ㄱ, ㄹ
② ㄴ, ㄷ
③ ㄷ, ㄹ, ㅁ
④ ㄱ, ㄴ, ㄷ, ㄹ
⑤ ㄴ, ㄷ, ㄹ, ㅁ

해설

ㄱ. (×) 근로자는 노동조합과 같은 근로자단체의 결성을 통하여 집단으로 사용자에 대항함으로써 사용자와 대등한 세력을 이루어 근로조건의 형성에 영향을 미칠 수 있는 기회를 갖게 된다는 의미에서 단결권은 '사회적 보호기능을 담당하는 자유권' 또는 '사회권적 성격을 띤 자유권'으로서의 성격을 가지고 있다(헌재 2005.11.24. 2002헌바95).

ㄴ. (×) 근로3권 중 단결권에는 개별 근로자가 노동조합 등 근로자단체를 조직하거나 그에 가입하여 활동할 수 있는 개별적 단결권뿐만 아니라 근로자단체가 존립하고 활동할 수 있는 집단적 단결권도 포함된다(헌재 2015.5.28. 2013헌마671).

ㄷ. (×) 헌법상 보장된 근로자의 단결권은 단결할 자유만을 가리킬 뿐이고, 단결하지 아니할 자유 이른바 소극적 단결권은 이에 포함되지 않는다고 보는 것이 우리 재판소의 선례라고 할 것이다(헌재 2005.11.24. 2002헌바95).

ㄹ. (×) 노동3권은 다 같이 존중 보호되어야 하고 그 사이에 비중의 차등을 둘 수 없는 권리들임에는 틀림없지만 근로조건의 향상을 위한다는 생존권의 존재목적에 비추어 볼 때 위 노동3권 가운데에서도 단체교섭권이 가장 중핵적 권리임은 부정할 수 없다(대판 1990.5.15. 90도357).

ㅁ. (○) 판례의 취지를 고려할 때 단결권에는 단결선택권이 포함되어 있다고 보아야 한다. 한편 노조법은 새로 노동조합을 조직하거나 다른 노동조합에 가입한 것을 이유로 근로자에게 불이익을 주는 것을 금지하고 있으므로(노조법 제81조 제1항 제2호 단서), 단결선택권 침해의 문제는 입법적으로 해결된 것으로 보아야 할 것이다.

> 이 사건 법률조항은 단체협약을 매개로 하여 특정 노동조합에의 가입을 강제함으로써 근로자의 단결선택권과 노동조합의 집단적 단결권(조직강제권)이 충돌하는 측면이 있으나, 이러한 조직강제를 적법·유효하게 할 수 있는 노동조합의 범위를 엄격하게 제한하고 지배적 노동조합의 권한남용으로부터 개별근로자를 보호하기 위한 규정을 두고 있는 등 전체적으로 상충되는 두 기본권 사이에 합리적인 조화를 이루고 있고 그 제한에 있어서도 적정한 비례관계를 유지하고 있으며, 또 근로자의 단결선택권의 본질적인 내용을 침해하는 것으로도 볼 수 없으므로, 근로자의 단결권을 보장한 헌법 제33조 제1항에 위반되지 않는다(헌재 2005.11.24. 2002헌바95).

답 ④

004 노동조합 및 노동관계조정법상 근로자 및 사용자의 개념에 관한 설명으로 옳지 않은 것은?(다툼이 있는 경우에는 판례에 의함) 14 노무

CHECK ○△×

① 근로자란 임금, 급료 그 밖에 이에 준하는 수입으로 생활하는 자를 말한다.
② 근로기준법상 근로자의 개념과 동일하다.
③ 직접고용관계에 있지 않은 사업주라 하더라도 부당노동행위 구제명령을 이행할 주체로서의 사용자에 해당되는 경우가 있다.
④ 사업의 근로자에 관한 사항에 대하여 사업주를 위하여 행동하는 자는 사용자에 해당된다.
⑤ 구직 중인 자도 근로자에 해당될 수 있다.

해설

① (○) 노조법 제2조 제1호
② (×) 근기법상 근로자란 직업의 종류와 관계없이 임금을 목적으로 사업이나 사업장에 근로를 제공하는 자를 말한다(근기법 제2조 제1호). 반면 노조법상 근로자라 함은 직업의 종류를 불문하고 임금·급료 기타 이에 준하는 수입에 의하여 생활하는 자를 말한다(노조법 제2조 제1호).
③ (○) 노동위원회의 구제명령을 이행할 수 있는 법률적 또는 사실적인 권한이나 능력이 있는 한 그 한도 내에서는 부당노동행위의 주체로서 구제명령의 대상자인 사용자에 해당한다(대판 2010.3.25. 2007두8881). 따라서 직접고용관계에 있지 않은 사업주라 하더라도 사용자에 해당할 수 있다.
④ (○) 노조법 제2조 제2호
⑤ (○) 대판 2004.2.27. 2001두8568

답 ❷

005 노동법상 근로자 및 사용자 개념에 관한 설명 중 옳은 것을 모두 고른 것은?(다툼이 있는 경우 판례에 의함) 16 사시

CHECK ○△×

ㄱ. 근로기준법상 근로자란 직업의 종류를 불문하고 임금·급료 기타 이에 준하는 수입에 의하여 생활하는 자를 말한다.
ㄴ. 주식회사의 이사 등 임원이 대표이사의 지휘·감독 아래 일정한 노무를 담당하고 그 대가로 일정한 보수를 받아 왔다면 근로기준법상 근로자에 해당할 수 있다.
ㄷ. 노동조합 및 노동관계조정법상 근로자의 경우 초기업별 노동조합에서는 직접적인 근로계약의 존재가 요구되지 아니한다.
ㄹ. 근로자에 관한 사항에 대하여 사업주를 위하여 행동하는 자는 노동조합 및 노동관계조정법상 사용자가 아니다.

① ㄱ, ㄴ
② ㄱ, ㄷ
③ ㄴ, ㄷ
④ ㄴ, ㄹ
⑤ ㄷ, ㄹ

해설

ㄱ. (×) "근로자"란 직업의 종류와 관계없이 임금을 목적으로 사업이나 사업장에 근로를 제공하는 사람을 말한다(근기법 제2조 제1호).

ㄴ. (○) 회사의 임원이라 하더라도, 업무의 성격상 회사로부터 위임받은 사무를 처리하는 것으로 보기에 부족하고 실제로는 업무집행권을 가지는 대표이사 등의 지휘·감독 아래 일정한 노무를 담당하면서 그 노무에 대한 대가로 일정한 보수를 지급받아 왔다면, 그 임원은 근로기준법에서 정한 근로자에 해당할 수 있다(대판 2017.11.9. 2012다10959).

ㄷ. (○) 종래 판례는 기업별 단위노조는 별론하고 지역별 노동조합이 그 구성원으로 '구직중인 여성 노동자'를 포함하여 노동조합설립신고를 한 경우, '구직중인 여성 노동자'가 노동조합 및 노동관계조정법상의 근로자가 아니라는 이유로 노동조합설립신고를 반려하는 것은 위법하다고 하여(대판 2004.2.27. 2001두8568), '구직중인 여성 노동자'는 직접적인 근로계약이 없더라도 초기업별 노동조합인 산업별 단위노조에는 가입할 수 있다고 판시하였다. 현재는 노조법 제2조 제4호 라목 단서를 삭제하여 구직자·실업자·퇴직자(해고자)등이 산업별 단위노조는 물론이고 기업별 단위노조에도 가입할 수 있게 되었다.

ㄹ. (×) "사용자"라 함은 사업주, 사업의 경영담당자 또는 그 사업의 근로자에 관한 사항에 대하여 사업주를 위하여 행동하는 자를 말한다(노조법 제2조 제2호).

답 ❸

006 노동조합 및 노동관계조정법에 관한 설명으로 옳지 않은 것은?(다툼이 있으면 판례에 따름)

CHECK ○△×

21 노무

① 사용자라 함은 사업주, 사업의 경영담당자 또는 그 사업의 근로자에 관한 사항에 대하여 사업주를 위하여 행동하는 자를 말한다.

② 사용자단체라 함은 노동관계에 관하여 그 구성원인 사용자에 대하여 조정 또는 규제할 수 있는 권한을 가진 사용자의 단체를 말한다.

③ 노동조합 및 노동관계조정법상 근로자에 해당하는지는 근로조건을 보호할 필요성이 있는지의 관점에서 판단하여야 하므로, 동법상의 근로자는 근로기준법상 근로자에 한정된다.

④ 노동조합에 대하여는 그 사업체를 제외하고는 세법이 정하는 바에 따라 조세를 부과하지 아니한다.

⑤ 이 법에 의하여 설립된 노동조합이 아니면 노동위원회에 노동쟁의의 조정 및 부당노동행위의 구제를 신청할 수 없다.

해설

① (○) 노조법 제2조 제2호

② (○) 노조법 제2조 제3호

③ (×) 노조법의 입법목적과 근로자에 대한 정의규정 등을 고려하면, 노조법상 근로자에 해당하는지는 노무제공관계의 실질에 비추어 노동3권을 보장할 필요성이 있는지의 관점에서 판단하여야 하고, 반드시 근로기준법상 근로자에 한정된다고 할 것은 아니다(대판 2018.10.12. 2015두38092).

④ (○) 노조법 제8조

⑤ (○) 노조법 제7조 제1항

답 ❸

최신유형

007 노동조합 및 노동관계조정법에 의하여 설립된 노동조합에 관한 설명으로 옳지 않은 것은?

CHECK ○△×

25 노무

① 노동조합이라는 명칭을 사용할 수 있다.
② 노동위원회에 노동쟁의의 조정을 신청할 수 있다.
③ 그 사업체는 세법이 정하는 바에 따라 조세를 부과하지 아니한다.
④ 그 규약이 정하는 바에 의하여 법인으로 할 수 있다.
⑤ 사용자의 부당노동행위로 인하여 그 권리를 침해당하는 경우 노동위원회에 그 구제를 신청할 수 있다.

해설

노조법은 행정관청으로부터 설립신고증을 받은 노동조합인 법내노조에 대하여는 법적 보호를 부여하고 있으나, 법외노조에 대하여는 법내노조와 차별하여 불이익을 주는 규정을 두고 있다. 상설하면, 법내노조는 그 규약이 정하는 바에 의하여 법인으로 할 수 있고(노조법 제6조 제1항)(④), 노동조합이라는 명칭을 사용할 수 있고(노조법 제7조 제3항)(①), 노동위원회에 노동쟁의의 조정을 신청할 수 있으며(노조법 제7조 제1항)(②), 사용자의 부당노동행위로 인하여 그 권리를 침해당하는 경우 노동위원회에 그 구제를 신청할 수 있다(노조법 제7조 제1항)(⑤). 또한 노동조합에 대하여는 그 사업체를 제외하고는 세법이 정하는 바에 따라 조세를 부과하지 아니한다(노조법 제8조)(③).

답 ③

최신유형

008 노동조합 및 노동관계조정법령상 연합단체인 노동조합의 설립 및 관리에 관한 설명으로 옳지 않은 것은?

CHECK ○△×

25 노무

① 연합단체인 노동조합을 설립하고자 하는 자는 신고서에 규약을 첨부하여 특별시장·광역시장·도지사에게 제출하여야 한다.
② 총연합단체인 노동조합은 해당 노동조합에 가입한 노동조합의 활동에 대하여 협조·지원 또는 지도할 수 있다.
③ 단위노동조합이 산업별 연합단체인 노동조합에 가입한 경우에는 해당 노동조합은 소속 산업별 연합단체인 노동조합의 규약이 정하는 의무를 성실하게 이행해야 한다.
④ 연합단체인 노동조합은 동종산업의 단위노동조합을 구성원으로 하는 산업별 연합단체와 산업별 연합단체 또는 전국규모의 산업별 단위노동조합을 구성원으로 하는 총연합단체를 말한다.
⑤ 연합단체인 노동조합은 조합설립일부터 30일 이내에 구성단체의 명칭을 기재한 명부를 작성하여 그 주된 사무소에 비치하여야 한다.

해설

① (×) 연합단체인 노동조합과 2 이상의 특별시·광역시·특별자치시·도·특별자치도에 걸치는 단위노동조합을 설립하고자 하는 자는 신고서에 규약을 첨부하여 고용노동부장관에게 제출하여야 한다(노조법 제10조 제1항 참조).

② (○) 총연합단체인 노동조합 또는 산업별 연합단체인 노동조합은 해당 노동조합에 가입한 노동조합의 활동에 대하여 협조·지원 또는 지도할 수 있다(노조법 시행령 제8조 제2항).

③ (○) 단위노동조합이 산업별 연합단체인 노동조합에 가입하거나, 산업별 연합단체 또는 전국규모의 산업별 단위노동조합이 총연합단체인 노동조합에 가입한 경우에는 해당 노동조합은 소속 산업별 연합단체인 노동조합 또는 총연합단체인 노동조합의 규약이 정하는 의무를 성실하게 이행해야 한다(노조법 시행령 제8조 제1항).

④ (○) 노조법 제10조 제2항

⑤ (○) 노동조합은 조합설립일부터 30일 이내에 조합원 명부(연합단체인 노동조합에 있어서는 그 구성단체의 명칭), 규약, 임원의 성명·주소록, 회의록, 재정에 관한 장부와 서류 등을 작성하여 그 주된 사무소에 비치하여야 한다(노조법 제14조 제1항).

답 ❶

009 노동조합 및 노동관계조정법령상 노동조합에 관한 설명으로 옳지 않은 것은? 24 노무

CHECK ○△×

① 사업 또는 사업장에 종사하는 근로자(이하 "종사근로자"라 한다)인 조합원이 해고되어 노동위원회에 부당노동행위의 구제신청을 한 경우에는 중앙노동위원회의 재심판정이 있을 때까지 종사근로자로 본다.

② 법인인 노동조합이 주된 사무소를 이전한 경우 해당 노동조합의 대표자는 이전 후 3주일 이내에 종전 소재지 또는 새 소재지에서 새 소재지와 이전 연월일에 대한 변경등기를 해야 한다.

③ 노동조합에 대하여는 그 사업체를 제외하고는 세법이 정하는 바에 따라 조세를 부과하지 아니한다.

④ 노동조합의 대표자는 명칭이 변경된 경우에는 변경 후 3주일 이내에 주된 사무소의 소재지에서 변경사항을 등기해야 한다.

⑤ 노동관계조정법에 의하여 설립된 노동조합이 아니면 노동조합이라는 명칭을 사용할 수 없다.

해설

① (○) 노조법 제5조 제3항

② (×) 법인인 노동조합이 주된 사무소를 이전한 경우 해당 노동조합의 대표자는 이전 후 3주일 이내에 종전 소재지 또는 새 소재지에서 새 소재지와 이전 연월일을 이전등기해야 한다(동법 시행령 제5조).

④ (×) 노동조합을 설립하려면 소정의 사항을 기재한 설립신고서에 규약을 첨부하여 행정관청에 제출하여야 한다(노조법 제10조 제1항). 설립신고서를 접수한 행정관청은 보완요구나 신고서 반려의 사유가 있는 경우를 제외하고는 3일 이내에 신고증을 교부하여야 하며, 노동조합이 신고증을 교부받은 경우에는 설립신고서가 접수된 때에 설립된 것으로 간주된다(노조법 제12조 제1항, 제4항). 노동조합은 그 규약이 정하는 바에 의하여 법인으로 할 수 있고, 당해 노동조합을 법인으로 하고자 할 경우에는 대통령령이 정하는 바에 의하여 법인등기를 하여야 한다(노조법 제6조 제1항, 제2항). 생각건대 노동조합은 설립신고서가 접수된 때에 설립된 것으로 간주되며 노동조합의 법인등기가 강제되지 아니한다는 점, 법인등기를 전제로 하지 아니할 경우 노동조합은 설립신고서에 기재한 명칭의 변경이 있는 경우에는 그날부터 30일 이내에 행정관청에게 변경신고를 하여야 한다는 점(노조법 제13조 제1항)등을 고려하면, 법인등기를 전제로 출제한 것임을 명시하지 않은 지문 ④를 틀린 지문으로 이해할 여지가 있으므로 지문 ②와 함께 오답으로 처리하여 복수정답을 인정한 것으로 보인다.

⑤ (○) 노조법 제7조 제3항

답 ❷, ❹

010 노동조합 및 노동관계조정법상 노동조합의 설립에 관한 설명으로 옳지 않은 것은? 24 노무

CHECK ○△×

① 노동조합의 설립신고서에는 목적과 사업을 기재해야 한다.
② 노동조합은 매년 1월 31일까지 전년도 12월 31일 현재의 조합원수를 행정관청에 통보하여야 한다.
③ 노동조합이 신고증을 교부받은 경우에는 설립신고서가 접수된 때에 설립된 것으로 본다.
④ 행정관청은 설립신고서 또는 규약이 기재사항의 누락등으로 보완이 필요한 경우에는 대통령령이 정하는 바에 따라 20일 이내의 기간을 정하여 보완을 요구하여야 한다.
⑤ 행정관청은 설립하고자 하는 노동조합이 근로자가 아닌 자의 가입을 허용하는 경우 설립신고서를 반려하여야 한다.

해설

① (×) 노동조합의 설립신고서에는 명칭, 주된 사무소의 소재지, 조합원수, 임원의 성명과 주소, 소속된 연합단체가 있는 경우에는 그 명칭, 연합단체인 노동조합에 있어서는 그 구성노동단체의 명칭, 조합원수, 주된 사무소의 소재지 및 임원의 성명·주소 등을 기재하여야 하나(노조법 제10조 제1항), 목적과 사업은 규약기재사항임을 유의하여야 한다(동법 제11조 제2호).
② (○) 노조법 제13조 제2항 제3호
③ (○) 노조법 제12조 제4항
④ (○) 노조법 제12조 제2항 전문
⑤ (○) 노조법 제12조 제3항 제1호, 제2조 제4호 라목

신고증의 교부(노조법 제12조)

② 행정관청은 설립신고서 또는 규약이 기재사항의 누락등으로 보완이 필요한 경우에는 대통령령이 정하는 바에 따라 20일 이내의 기간을 정하여 보완을 요구하여야 한다. 이 경우 보완된 설립신고서 또는 규약을 접수한 때에는 3일 이내에 신고증을 교부하여야 한다.
③ 행정관청은 설립하고자 하는 노동조합이 다음 각 호의 1에 해당하는 경우에는 설립신고서를 반려하여야 한다.
1. 제2조 제4호 각 목의 1에 해당하는 경우
2. 제2항의 규정에 의하여 보완을 요구하였음에도 불구하고 그 기간 내에 보완을 하지 아니하는 경우
④ 노동조합이 신고증을 교부받은 경우에는 설립신고서가 접수된 때에 설립된 것으로 본다.

정의(노조법 제2조)

이 법에서 사용하는 용어의 정의는 다음과 같다.
4. "노동조합"이라 함은 근로자가 주체가 되어 자주적으로 단결하여 근로조건의 유지·개선 기타 근로자의 경제적·사회적 지위의 향상을 도모함을 목적으로 조직하는 단체 또는 그 연합단체를 말한다. 다만, 다음 각 목의 1에 해당하는 경우에는 노동조합으로 보지 아니한다.
가. 사용자 또는 항상 그의 이익을 대표하여 행동하는 자의 참가를 허용하는 경우
나. 경비의 주된 부분을 사용자로부터 원조받는 경우
다. 공제·수양 기타 복리사업만을 목적으로 하는 경우
라. 근로자가 아닌 자의 가입을 허용하는 경우
마. 주로 정치운동을 목적으로 하는 경우

답 ①

최신유형

011 노동조합 및 노동관계조정법령상 행정관청이 설립하고자 하는 노동조합에 설립신고서를 반려하여야 할 경우로 옳은 것은 모두 몇 개인가? 25 노무

CHECK ○△×

- 규약상 조합원에 관한 사항에서 항상 사용자의 이익을 대표하여 행동하는 자의 참가를 허용하는 경우
- 설립신고서에 조합원수를 허위사실로 기재한 경우
- 규약의 기재사항 중 주된 사무소의 소재지 기재를 누락한 경우
- 행정관청이 20일 이내의 기간을 정하여 설립신고서의 보완을 요구하였음에도 불구하고 그 기간 내에 보완을 하지 아니하는 경우
- 설립신고서에 규약이 첨부되어 있지 아니한 경우

① 1개 ② 2개
③ 3개 ④ 4개
⑤ 5개

해설

규약상 조합원에 관한 사항에서 항상 사용자의 이익을 대표하여 행동하는 자의 참가를 허용하는 경우(제1호), 행정관청이 20일 이내의 기간을 정하여 설립신고서의 보완을 요구하였음에도 불구하고 그 기간 내에 보완을 하지 아니하는 경우(제2호) 등이 노조법 제12조 제3항에서 정한 설립신고서의 반려사유에 해당한다. 설립신고서에 조합원수를 허위사실로 기재한 경우, 규약의 기재사항 중 주된 사무소의 소재지 기재를 누락한 경우, 설립신고서에 규약이 첨부되어 있지 아니한 경우 등은 노조법 제12조 제2항, 동법 시행령 제9조 제1항 제1호에서 정한 설립신고서의 보완사유에 해당한다.

신고증의 교부(노조법 제12조)

② 행정관청은 설립신고서 또는 규약이 기재사항의 누락등으로 보완이 필요한 경우에는 대통령령이 정하는 바에 따라 20일 이내의 기간을 정하여 보완을 요구하여야 한다. 이 경우 보완된 설립신고서 또는 규약을 접수한 때에는 3일 이내에 신고증을 교부하여야 한다.

③ 행정관청은 설립하고자 하는 노동조합이 다음 각 호의 1에 해당하는 경우에는 설립신고서를 반려하여야 한다.

1. 제2조 제4호 각 목의 1에 해당하는 경우
2. 제2항의 규정에 의하여 보완을 요구하였음에도 불구하고 그 기간 내에 보완을 하지 아니하는 경우

설립신고서의 보완요구 등(노조법 시행령 제9조)

① 고용노동부장관, 특별시장·광역시장·도지사·특별자치도지사, 시장·군수 또는 자치구의 구청장(이하 "행정관청"이라 한다)은 법 제12조 제2항에 따라 노동조합의 설립신고가 다음 각 호의 어느 하나에 해당하는 경우에는 보완을 요구하여야 한다.

1. 설립신고서에 규약이 첨부되어 있지 아니하거나 설립신고서 또는 규약의 기재사항 중 누락 또는 허위사실이 있는 경우
2. 임원의 선거 또는 규약의 제정절차가 법 제16조 제2항부터 제4항까지 또는 법 제23조 제1항에 위반되는 경우

② 노동조합이 설립신고증을 교부받은 후 법 제12조 제3항 제1호에 해당하는 설립신고서의 반려사유가 발생한 경우에는 행정관청은 30일의 기간을 정하여 시정을 요구할 수 있다.

③ 행정관청은 노동조합에 설립신고증을 교부한 때에는 지체 없이 그 사실을 관할 노동위원회와 해당 사업 또는 사업장의 사용자나 사용자단체에 통보해야 한다.

정의(노조법 제2조)

이 법에서 사용하는 용어의 정의는 다음과 같다.

4. "노동조합"이라 함은 근로자가 주체가 되어 자주적으로 단결하여 근로조건의 유지·개선 기타 근로자의 경제적·사회적 지위의 향상을 도모함을 목적으로 조직하는 단체 또는 그 연합단체를 말한다. 다만, 다음 각 목의 1에 해당하는 경우에는 노동조합으로 보지 아니한다.
   가. 사용자 또는 항상 그의 이익을 대표하여 행동하는 자의 참가를 허용하는 경우
   나. 경비의 주된 부분을 사용자로부터 원조받는 경우
   다. 공제·수양 기타 복리사업만을 목적으로 하는 경우
   라. 근로자가 아닌 자의 가입을 허용하는 경우
   마. 주로 정치운동을 목적으로 하는 경우

답 ❷

012 CHECK ○△×

노동조합 및 노동관계조정법령상 설립신고증을 교부받은 노동조합이 아닌 근로자단체의 법적 지위에 관한 설명으로 옳지 않은 것은? 20 노무

① 노동위원회에 노동쟁의의 조정(調停)을 신청할 수 없다.
② 노동조합이라는 명칭을 사용할 수 없다.
③ 단체교섭 거부를 이유로 노동위원회에 부당노동행위의 구제를 신청할 수 있다.
④ 노동위원회의 근로자위원을 추천할 수 없다.
⑤ 노동위원회에 노동쟁의의 중재를 신청할 수 없다.

해설

① (○) 노조법 제7조 제1항
② (○) 노조법 제7조 제3항
③ (×) 노조법에 의하여 설립된 노동조합이 아니면 노동위원회에 노동쟁의의 조정 및 부당노동행위의 구제를 신청할 수 없다(노조법 제7조 제1항).
④ (○) 노위법 제6조 제3항
⑤ (○) 법외노동조합인 노동조합이 아닌 근로자단체는 노동위원회에 중재를 신청할 수 없다(노조법 제7조 제1항).

답 ❸

013 노동조합 및 노동관계조정법령상 노동조합의 설립 등에 관한 설명으로 옳지 않은 것은? 21 노무

CHECK ○△×

① 행정관청은 설립신고서에 규약이 첨부되어 있지 아니한 경우에는 설립신고서를 반려하여야 한다.
② 노동조합이 신고증을 교부받은 경우에는 설립신고서가 접수된 때에 설립된 것으로 본다.
③ 노동조합은 설립신고된 사항 중 대표자의 성명에 변경이 있는 때에는 그날부터 30일 이내에 행정관청에게 변경신고를 하여야 한다.
④ 2 이상의 시·군·구(자치구를 말한다)에 걸치는 단위노동조합을 설립하고자 하는 자는 설립신고서에 규약을 첨부하여 특별시장·광역시장·도지사에게 제출하여야 한다.
⑤ 행정관청은 설립신고서 또는 규약이 기재사항의 누락등으로 보완이 필요한 경우에는 대통령령이 정하는 바에 따라 20일 이내의 기간을 정하여 보완을 요구하여야 한다.

해설

① (×) 규약의 미첨부는 설립신고서반려사유에 해당하지 아니한다(노조법 제12조 제3항).
② (○) 노조법 제12조 제4항
③ (○) 노동조합은 설립신고된 사항 중 명칭, 주된 사무소의 소재지, 대표자의 성명 및 소속된 연합단체의 명칭에 변경이 있는 때에는 그날부터 30일 이내에 행정관청에게 변경신고를 하여야 한다(노조법 제13조 제1항).
④ (○) 노조법 제10조 제1항
⑤ (○) 노조법 제12조 제2항 전문

신고증의 교부(노조법 제12조)

② 행정관청은 설립신고서 또는 규약이 기재사항의 누락등으로 보완이 필요한 경우에는 대통령령이 정하는 바에 따라 20일 이내의 기간을 정하여 보완을 요구하여야 한다. 이 경우 보완된 설립신고서 또는 규약을 접수한 때에는 3일 이내에 신고증을 교부하여야 한다.
③ 행정관청은 설립하고자 하는 노동조합이 다음 각 호의 1에 해당하는 경우에는 설립신고서를 반려하여야 한다.
1. 제2조 제4호 각 목의 1에 해당하는 경우
2. 제2항의 규정에 의하여 보완을 요구하였음에도 불구하고 그 기간 내에 보완을 하지 아니하는 경우

정의(노조법 제2조)

4. "노동조합"이라 함은 근로자가 주체가 되어 자주적으로 단결하여 근로조건의 유지·개선 기타 근로자의 경제적·사회적 지위의 향상을 도모함을 목적으로 조직하는 단체 또는 그 연합단체를 말한다. 다만, 다음 각 목의 1에 해당하는 경우에는 노동조합으로 보지 아니한다.
가. 사용자 또는 항상 그의 이익을 대표하여 행동하는 자의 참가를 허용하는 경우
나. 경비의 주된 부분을 사용자로부터 원조받는 경우
다. 공제·수양 기타 복리사업만을 목적으로 하는 경우
라. 근로자가 아닌 자의 가입을 허용하는 경우
마. 주로 정치운동을 목적으로 하는 경우

답 ❶

014 노동조합 및 노동관계조정법령상 노동조합에 관한 설명으로 옳은 것은?(다툼이 있으면 판례에 따름)

CHECK ○△×

16 노무

① 근로조건의 결정권이 있는 독립된 사업 또는 사업장에 조직된 노동단체는 지부·분회 등 명칭이 무엇이든 상관없이 노동조합의 설립신고를 할 수 없다.

② 노동조합이 신고증을 교부받은 경우에는 설립신고서가 접수된 때에 설립된 것으로 본다.

③ 노동조합 및 노동관계조정법에 의하여 설립된 노동조합이 아니더라도 노동위원회에 부당노동행위의 구제를 신청할 수 있다.

④ 지역별 노동조합이 일시적으로 실업 상태에 있는 자를 구성원으로 포함시키고 있는 경우에 행정관청은 설립신고서를 반려하여야 한다.

⑤ 행정관청은 설립하고자 하는 노동조합이 항상 사용자의 이익을 대표하여 행동하는 자의 참가를 허용하는 경우에는 설립신고의 보완을 요구하여야 한다.

해설

① (×) 근로조건의 결정권이 있는 독립된 사업 또는 사업장에 조직된 노동단체는 지부·분회 등 명칭이 무엇이든 상관없이 노동조합의 설립신고를 할 수 있다(노조법 시행령 제7조).

② (○) 노조법 제12조 제4항

③ (×) 노조법에 의하여 설립된 노동조합이 아니면 노동위원회에 노동쟁의의 조정 및 부당노동행위의 구제를 신청할 수 없다(노조법 제7조 제1항).

④ (×) 종전 판례의 취지를 고려할 때 지역별 노동조합이 일시적으로 실업 상태에 있는 자를 구성원으로 포함시키고 있는 경우는 위법하지 아니하므로 행정관청은 설립신고서를 반려하여야 한다고 볼 수 없고, 이는 2021.1.5. 노조법 제2조 제4호 라목이 개정되어 구직자·실업자·퇴직자(해고자)가 산업별·직종별·지역별 노동조합뿐만 아니라 기업별 노동조합에도 가입할 수 있게 된 현재의 경우에도 마찬가지라고 보아야 한다.

> 노조법 제2조 제1호 및 제4호 라목 본문에서 말하는 '근로자'에는 특정한 사용자에게 고용되어 현실적으로 취업하고 있는 자뿐만 아니라, 일시적으로 실업상태에 있는 자나 구직 중인 자도 노동3권을 보장할 필요성이 있는 한 그 범위에 포함되고, 따라서 지역별 노동조합의 성격을 가진 원고가 그 구성원으로 '구직 중인 여성노동자'를 포함시키고 있다 하더라도, '구직 중인 여성노동자' 역시 노조법상의 근로자에 해당하므로, 구직 중인 여성노동자는 근로자가 아니라는 이유로 피고(서울특별시장)가 원고의 노동조합설립신고를 반려한 이 사건 처분은 위법하다(대판 2004.2.27. 2001두8568).

⑤ (×) 행정관청은 설립하고자 하는 노동조합이 항상 사용자의 이익을 대표하여 행동하는 자의 참가를 허용하는 경우에는 설립신고서를 반려하여야 한다(노조법 제12조 제3항, 제2조 제4호 가목).

답 ❷

015 노동조합 및 노동관계조정법령에 관한 설명이다. (　　)에 들어갈 숫자로 옳은 것은? 22 노무

CHECK ○△×

- 노동조합의 대표자는 노동조합의 법인 등기사항 중 변경된 사항이 있는 경우에는 그 변경이 있는 날부터 (ㄱ)주 이내에 변경등기를 해야 한다.
- 행정관청은 설립 신고서 또는 규약이 기재 사항의 누락 등으로 보완이 필요한 경우 (ㄴ)일 이내의 기간을 정하여 보완을 요구하여야 한다.
- 노동조합은 매년 (ㄷ)회 이상 총회를 개최하여야 한다.

① ㄱ : 1, ㄴ : 10, ㄷ : 1
② ㄱ : 2, ㄴ : 10, ㄷ : 1
③ ㄱ : 3, ㄴ : 20, ㄷ : 1
④ ㄱ : 3, ㄴ : 20, ㄷ : 2
⑤ ㄱ : 3, ㄴ : 30, ㄷ : 2

해설

- 노동조합의 대표자는 법인 등기사항 중 변경된 사항이 있는 경우에는 그 변경이 있는 날부터 3주 이내에 변경등기를 해야 한다(노조법 시행령 제6조).
- 행정관청은 설립신고서 또는 규약이 기재사항의 누락 등으로 보완이 필요한 경우에는 대통령령이 정하는 바에 따라 20일 이내의 기간을 정하여 보완을 요구하여야 한다(노조법 제12조 제2항 전문).
- 노동조합은 매년 1회 이상 총회를 개최하여야 한다(노조법 제15조 제1항).

답 ❸

016 노동조합 및 노동관계조정법령상 노동조합에 관한 설명으로 옳지 않은 것은? 18 노무

CHECK ○△×

① 최소한의 규모라 하더라도 사용자로부터 노동조합사무소를 제공받은 경우에는 노동조합으로 보지 아니한다.
② 복리사업만을 목적으로 하는 경우에는 노동조합으로 보지 아니한다.
③ 항상 사용자의 이익을 대표하여 행동하는 자의 참가를 허용하는 경우에는 노동조합으로 보지 아니한다.
④ 주로 정치운동을 목적으로 하는 경우에는 노동조합으로 보지 아니한다.
⑤ 공제사업만을 목적으로 하는 경우에는 노동조합으로 보지 아니한다.

해설

① (×) 경비의 주된 부분을 사용자로부터 원조받는 경우에는 노동조합으로 인정되지 아니한다. 이는 노동조합이 그 경비의 주된 부분을 사용자로부터 원조받으면 노동조합의 자주성이 상실될 것을 우려하여 규정한 것으로(노조법 제2조 제4호 나목 참조), 최소한의 규모의 노동조합 사무소를 사용자로부터 제공받는 것만으로는 경비의 주된 부분을 원조받은 것이라고 할 수 없어, 노동조합으로서의 성격이 부정되지 아니한다.
② (○) 노조법 제2조 제4호 다목
③ (○) 노조법 제2조 제4호 가목
④ (○) 노조법 제2조 제4호 마목
⑤ (○) 노조법 제2조 제4호 다목

답 ❶

017 노동조합 및 노동관계조정법상 노동3권 및 노동조합 설립 등에 대한 설명으로 옳지 않은 것은?(다툼이 있는 경우 판례에 의함)

CHECK ○△×

20 국가직 7급

① 근로자란 특정한 사용자에게 고용되어 현실적으로 취업하고 있는 사람뿐만 아니라 일시적으로 실업상태에 있는 사람이나 구직 중인 사람을 포함하여 노동3권을 보장할 필요성이 있는 사람도 여기에 포함되는 것으로 보아야 한다.

② 근로자성이 인정되는 한, 그러한 근로자가 외국인인지 여부나 취업자격의 유무에 따라 노동조합 및 노동관계조정법상 근로자의 범위에 포함되지 아니한다고 볼 수는 없다.

③ 행정관청으로 하여금 설립신고를 한 단체에 대하여 노동조합 및 노동관계조정법 제2조 제4호 각 목에 해당하는지를 심사하도록 한 취지는 노동조합으로서의 실질적 요건을 갖추지 못한 노동조합의 난립을 방지함으로써 근로자의 자주적이고 민주적인 단결권 행사를 보장하려는 데 있다.

④ 행정관청은 제출된 설립신고서와 규약의 내용을 기준으로 노동조합 및 노동관계조정법 제2조 제4호 각 목의 해당 여부를 심사하여야 하므로 설립신고서와 규약 내용 외의 사항에 대하여는 실질심사나 반려여부를 결정할 수 없다.

해설

① (○) · ② (○) [1] 노조법상 근로자란 타인과의 사용종속관계하에서 근로를 제공하고 그 대가로 임금 등을 받아 생활하는 사람을 의미하며, 특정한 사용자에게 고용되어 현실적으로 취업하고 있는 사람뿐만 아니라 일시적으로 실업 상태에 있는 사람이나 구직 중인 사람을 포함하여 노동3권을 보장할 필요성이 있는 사람도 여기에 포함되는 것으로 보아야 한다.❶

[2] 타인과의 사용종속관계하에서 근로를 제공하고 그 대가로 임금 등을 받아 생활하는 사람은 노조법상 근로자에 해당하고, 노조법상의 근로자성이 인정되는 한, 그러한 근로자가 외국인인지 여부나 취업자격의 유무에 따라 노조법상 근로자의 범위에 포함되지 아니한다고 볼 수는 없다❷(대판 2015.6.25. 2007두4995[전합]).

③ (○) · ④ (×) [1] 노조법이 행정관청으로 하여금 설립신고를 한 단체에 대하여 같은 법 제2조 제4호 각 목에 해당하는지를 심사하도록 한 취지가 노동조합으로서의 실질적 요건을 갖추지 못한 노동조합의 난립을 방지함으로써 근로자의 자주적이고 민주적인 단결권 행사를 보장하려는 데 있다.❸

[2] 행정관청은 일단 제출된 설립신고서와 규약의 내용을 기준으로 노조법 제2조 제4호 각 목의 해당 여부를 심사하되, 설립신고서를 접수할 당시 그 해당 여부가 문제된다고 볼 만한 객관적인 사정이 있는 경우에 한하여 설립신고서와 규약 내용 외의 사항에 대하여 실질적인 심사를 거쳐 반려 여부를 결정할 수 있다❹(대판 2014.4.10. 2011두6998).

답 ❹

018 노동조합 및 노동관계조정법 제14조에 따라 노동조합이 조합설립일부터 30일 이내에 작성하여 그 주된 사무소에 비치하여야 할 서류만을 모두 고른 것은? 21 국가직 7급

CHECK ○△×

ㄱ. 조합원 명부(연합단체인 노동조합에 있어서는 그 구성단체의 명칭)
ㄴ. 규 약
ㄷ. 회의록
ㄹ. 임원의 성명·주소록

① ㄱ, ㄴ
② ㄱ, ㄷ, ㄹ
③ ㄴ, ㄷ, ㄹ
④ ㄱ, ㄴ, ㄷ, ㄹ

해설

ㄱ. 조합원 명부(연합단체인 노동조합에 있어서는 그 구성단체의 명칭), ㄴ. 규약, ㄷ. 회의록, ㄹ. 임원의 성명·주소록 등이 노동조합이 조합설립일부터 30일 이내에 작성하여 그 주된 사무소에 비치하여야 할 서류에 해당한다(노조법 제14조 참조).

답 ④

019 노동조합 및 노동관계조정법령에 의하여 설립된 노동조합에 관한 설명으로 옳은 것은 모두 몇 개인가? 19 노무

CHECK ○△×

- 노동위원회에 노동쟁의의 조정 및 부당노동행위의 구제를 신청할 수 있다.
- 노동조합의 규약이 정하는 바에 의하여 법인으로 할 수 있다.
- 노동조합이라는 명칭을 사용할 수 있다.
- 노동조합에 대하여는 그 사업체를 포함하여 세법이 정하는 바에 따라 조세를 부과하지 아니한다.

① 0개
② 1개
③ 2개
④ 3개
⑤ 4개

해설

- 이 법에 의하여 설립된 노동조합이 아니면 노동위원회에 노동쟁의의 조정 및 부당노동행위의 구제를 신청할 수 없다(노조법 제7조 제1항).
- 노동조합은 그 규약이 정하는 바에 의하여 법인으로 할 수 있다(노조법 제6조 제1항).
- 이 법에 의하여 설립된 노동조합이 아니면 노동조합이라는 명칭을 사용할 수 없다(노조법 제7조 제3항).
- 노동조합에 대하여는 그 사업체를 제외하고는 세법이 정하는 바에 따라 조세를 부과하지 아니한다(노조법 제8조).

답 ④

020 노동조합 및 노동관계조정법령상 노동조합에 관한 설명으로 옳지 않은 것은?(다툼이 있으면 판례에 따름)

CHECK ○△×

23 노무

① 근로조건의 결정권이 있는 독립된 사업 또는 사업장에 조직된 노동단체는 지부·분회 등 명칭이 무엇이든 상관없이 노동조합의 설립신고를 할 수 있다.

② 주로 정치운동을 목적으로 하는 경우에는 노동조합의 설립신고를 마치고 신고증을 교부받았다고 하더라도, 그러한 단체는 적법한 노동조합으로 인정받지 못할 수 있다.

③ 노동조합 및 노동관계조정법상 노동조합이 아님을 통보하는 것을 행정입법으로 규정하려면 반드시 법률의 명시적이고 구체적인 위임이 있어야 한다.

④ 산업별 노동조합의 지회가 기업별로 구성된 노동조합에 준하는 실질을 가지고 있다면 총회의 의결을 거쳐 독립한 기업별 노동조합으로 조직형태를 변경할 수 있다.

⑤ 복수 노동조합 중 어느 한 노동조합은 다른 노동조합을 상대로 그 노동조합의 설립무효확인을 구하는 소를 제기할 수 없다.

해설

① (○) 노조법 시행령 제7조

② (○) 주로 정치운동을 목적으로 하는 경우에는 노동조합으로 보지 아니하므로(노조법 제2조 제4호 마목), 노동조합의 설립신고를 마치고 신고증을 교부받았다고 하더라도 적법한 노동조합으로 인정되지 아니한다.

③ (○) 법외노조 통보는 적법하게 설립된 노동조합의 법적 지위를 박탈하는 중대한 침익적 처분으로서 원칙적으로 국민의 대표자인 입법자가 스스로 형식적 법률로써 규정하여야 할 사항이고, 행정입법으로 이를 규정하기 위하여는 반드시 법률의 명시적이고 구체적인 위임이 있어야 한다. 그런데 구 노조법 시행령 제9조 제2항은 법률의 위임 없이 법률이 정하지 아니한 법외노조 통보에 관하여 규정함으로써 헌법상 노동3권을 본질적으로 제한하고 있으므로 그 자체로 무효이다(대판 2020.9.3. 2016두32992[전합]).

④ (○) 산업별 노동조합의 지부·분회·지회 등의 하부조직(이하 '지회 등')이라고 하더라도 독자적인 단체교섭과 단체협약체결 능력이 있어 기업별 노동조합에 준하는 실질을 가지고 있거나 그렇지 않더라도 기업별 노동조합과 유사한 근로자단체로서 독립성이 인정되어 법인 아닌 사단이라고 볼 수 있는 경우에는 총회의 결의를 통하여 소속을 변경하고 독립한 기업별 노동조합으로 전환할 수 있다고 보아야 한다(대판 2018.1.24. 2014다203045).

⑤ (×) 단체교섭의 주체가 되고자 하는 복수 노동조합 중 어느 한 노동조합으로서는 법적인 제약에 따르는 현재의 권리 또는 법률상 지위에 대한 위험이나 불안을 제거하기 위하여 다른 노동조합을 상대로 해당 노동조합이 설립될 당시부터 노조법 제2조 제4호가 규정한 주체성과 자주성 등의 실질적 요건을 흠결하였음을 들어 설립무효의 확인을 구하거나 노동조합으로서의 법적 지위가 부존재한다는 확인을 구하는 소를 제기할 수 있다고 보는 것이 타당하다(대판 2021.2.25. 2017다51610).

답 ⑤

021 노동조합 및 노동관계조정법령상 노동조합에 관한 설명으로 옳은 것은?(다툼이 있으면 판례에 따름)

CHECK ○△×

23 노무

① 노동조합을 법인으로 하려는 때에는 그 주된 사무소의 소재지를 관할하는 행정관청에 등기해야 한다.
② 노동조합은 그 규약으로 조합비를 납부하지 아니하는 조합원의 권리를 제한할 수 있다.
③ 노동조합 및 노동관계조정법에 의하여 설립되지 아니한 노동조합도 노동위원회에 노동쟁의의 조정을 신청할 수 있다.
④ 노동조합 및 노동관계조정법에 의하여 설립된 노동조합이 아니더라도 노동조합이라는 명칭을 사용할 수 있다.
⑤ 노동조합의 사업체에 대해서는 세법이 정하는 바에 따라 조세를 부과하지 아니한다.

해설

① (×) 노동조합을 법인으로 하려는 때에는 그 주된 사무소의 소재지를 관할하는 등기소에 등기해야 한다(노조법 시행령 제2조).
② (○) 노동조합의 조합원은 균등하게 그 노동조합의 모든 문제에 참여할 권리와 의무를 가진다. 다만, 노동조합은 그 규약으로 조합비를 납부하지 아니하는 조합원의 권리를 제한할 수 있다(노조법 제22조).
③ (×) 이 법에 의하여 설립된 노동조합이 아니면 노동위원회에 노동쟁의의 조정 및 부당노동행위의 구제를 신청할 수 없다(노조법 제7조 제1항).
④ (×) 이 법에 의하여 설립된 노동조합이 아니면 노동조합이라는 명칭을 사용할 수 없다(노조법 제7조 제3항).
⑤ (×) 노동조합에 대하여는 그 사업체를 제외하고는 세법이 정하는 바에 따라 조세를 부과하지 아니한다(노조법 제8조). 따라서 노동조합의 사업체에 대해서는 조세를 부과할 수 있다.

답 ❷

022 노동조합 및 노동관계조정법령상 실질적 요건과 형식적 요건을 모두 갖춘 노동조합에게만 적용되는 것을 모두 고른 것은?(다툼이 있으면 판례에 따름)

CHECK ○△×

17 노무

ㄱ. 단체교섭권
ㄴ. 단체협약체결권
ㄷ. 노동쟁의 조정신청권
ㄹ. 부당노동행위 구제신청권
ㅁ. 법인격 취득

① ㄱ, ㄴ, ㄷ
② ㄱ, ㄹ, ㅁ
③ ㄴ, ㄷ, ㄹ
④ ㄴ, ㄹ, ㅁ
⑤ ㄷ, ㄹ, ㅁ

해설

ㄱ. (×), ㄴ. (×), ㄷ. (○), ㄹ. (○), ㅁ. (○)
노조법상 형식적·실질적 요건을 모두 갖춘 노동조합을 법내노조, 두 요건 중 하나라도 갖추지 않은 조합은 법외노조라고 하며, 후자는 법률상 제약이 따른다. 보기에서 법내노조에게 인정되는 권리는 ㄷ. 노동쟁의 조정신청권, ㄹ. 부당노동행위 구제신청권, ㅁ. 법인격 취득 등이다.

답 ❺

023 노동조합 및 노동관계조정법상 노동조합에 관한 설명으로 옳지 않은 것은?

18 노무

CHECK ○△×

① 규약이 정하는 바에 의하여 법인으로 할 수 있다.
② 노동조합에 대하여는 그 사업체를 제외하고는 세법이 정하는 바에 따라 조세를 부과하지 아니한다.
③ 규약에는 임원의 규약위반에 대한 탄핵에 관한 사항을 기재하여야 한다.
④ 신고증을 교부받은 경우에는 설립신고서가 접수된 때에 설립된 것으로 본다.
⑤ 행정관청은 설립신고서 기재사항 중 허위사실이 있는 경우에는 설립신고서를 즉시 반려하여야 한다.

해설

① (○) 노조법 제6조 제1항
② (○) 노조법 제8조
③ (○) 대표자와 임원의 규약위반에 대한 탄핵에 관한 사항은 규약의 기재사항이다(노조법 제11조 제13호).
④ (○) 노조법 제12조 제4항
⑤ (×) 설립신고서나 규약의 기재사항 중 누락・허위사실이 있는 경우 20일 이내의 기간을 정하여 보완을 요구하여야 한다(노조법 제12조 제2항, 동법 시행령 제9조 제1항 제1호).

설립신고서의 보완요구 등(노조법 시행령 제9조)

① 고용노동부장관, 특별시장・광역시장・도지사・특별자치도지사, 시장・군수 또는 자치구의 구청장(이하 "행정관청")은 법 제12조 제2항에 따라 노동조합의 설립신고가 다음 각 호의 어느 하나에 해당하는 경우에는 보완을 요구하여야 한다.
1. 설립신고서에 규약이 첨부되어 있지 아니하거나 설립신고서 또는 규약의 기재사항 중 누락 또는 허위사실이 있는 경우
2. 임원의 선거 또는 규약의 제정절차가 법 제16조 제2항부터 제4항까지 또는 법 제23조 제1항에 위반되는 경우

② 노동조합이 설립신고증을 교부받은 후 법 제12조 제3항 제1호에 해당하는 설립신고서의 반려사유가 발생한 경우에는 행정관청은 30일의 기간을 정하여 시정을 요구할 수 있다.
③ 행정관청은 노동조합에 설립신고증을 교부한 때에는 지체 없이 그 사실을 관할 노동위원회와 해당 사업 또는 사업장의 사용자나 사용자단체에 통보해야 한다.

설립신고서 반려사유(노조법 제12조 제3항)

③ 행정관청은 설립하고자 하는 노동조합이 다음 각 호의 1에 해당하는 경우에는 설립신고서를 반려하여야 한다.
1. 제2조 제4호 각 목의 1에 해당하는 경우
   가. 사용자 또는 항상 그의 이익을 대표하여 행동하는 자의 참가를 허용하는 경우
   나. 경비의 주된 부분을 사용자로부터 원조받는 경우
   다. 공제・수양 기타 복리사업만을 목적으로 하는 경우
   라. 근로자가 아닌 자의 가입을 허용하는 경우
   마. 주로 정치운동을 목적으로 하는 경우
2. 제2항의 규정에 의하여 보완을 요구하였음에도 불구하고 그 기간 내에 보완을 하지 아니하는 경우

답 ❻

024 노동조합 및 노동관계조정법령에 관한 설명으로 옳은 것은?(다툼이 있으면 판례에 따름)

CHECK ○△×

17 노무

① 출입국관리 법령에 따른 취업자격이 없는 외국인이 타인과의 사용종속관계하에서 근로를 제공하고 그 대가로 임금 등을 받아 생활하는 경우, 노동조합 및 노동관계조정법상 근로자에 해당한다.

② 행정관청이 노동조합의 설립신고서를 접수한 때부터 3일 이내에 설립신고서의 반려 또는 보완지시가 없는 경우에는 설립신고증의 교부가 없어도 노동조합이 성립된 것으로 본다.

③ 노동조합설립신고서의 보완을 요구하거나 그 신고서를 반려하는 경우에는 노동위원회의 의결을 거쳐야 한다.

④ 노동조합의 회의록, 재정에 관한 장부와 서류는 2년간 보존하여야 한다.

⑤ 노동조합에의 참가가 금지되는 자인지 여부는 일정한 직급이나 직책에 의하여 일률적으로 결정된다.

해설

① (○) 타인과의 사용종속관계하에서 근로를 제공하고 그 대가로 임금 등을 받아 생활하는 사람은 노조법상 근로자에 해당하고 노조법상 근로자성이 인정되는 한, 그러한 근로자가 외국인인지 여부나 취업자격의 유무에 따라 노조법상 근로자의 범위에 포함되지 아니한다고 볼 수는 없다(대판 2015.6.25. 2007두4995[전합]).

② (×) 행정관청이 노동조합의 설립신고서를 접수한 때에는 3일 이내에 설립신고증을 교부하도록 되어 있다 하여 그 기간 내에 설립신고서의 반려 또는 보완지시가 없는 경우에는 설립신고증의 교부가 없어도 노동조합이 성립된 것으로 본다는 취지는 아니므로 행정관청은 그 기간 경과 후에도 설립신고서에 대하여 보완지시 또는 반려처분을 할 수 있다 할 것이다(대판 1990.10.23. 89누3243).

③ (×) 노동조합설립신고서의 보완을 요구하거나 그 신고서를 반려하는 경우에는 노동위원회의 의결이 필요 없는 것이므로 노동부장관인 피고가 이 사건 노동조합설립신고서에 대하여 노동위원회의 의결 없이 보완요구를 하고 반려처분하였다 하여 이를 위법하다고 할 수는 없다(대판 1990.10.23. 89누3243).

④ (×) 노동조합은 조합설립일부터 30일 이내에 조합원명부(연합단체인 노동조합에 있어서는 그 구성단체의 명칭), 규약, 임원의 성명·주소록, 회의록, 재정에 관한 장부와 서류를 작성하여 그 주된 사무소에 비치하여야 하며, 회의록과 재정에 관한 장부와 서류는 3년간 보존하여야 한다(노조법 제14조).

⑤ (×) 노조법상 사용자에 해당하는 사업주, 사업의 경영담당자 또는 그 사업의 근로자에 관한 사항에 대하여 사업주를 위하여 행동하는 자와 항상 사용자의 이익을 대표하여 행동하는 자는 노동조합 참가가 금지되는데, 그 취지는 노동조합의 자주성을 확보하려는 데 있다. 따라서 이러한 자에 해당하는지는 일정한 직급이나 직책 등에 의하여 일률적으로 결정되어서는 안 되고, 업무내용이 단순히 보조적·조언적인 것에 불과하여 업무수행과 조합원활동 사이에 실질적인 충돌이 발생할 여지가 없는 자도 여기에 해당하지 않는다(대판 2011.9.8. 2008두13873).

답 ❶

025 노동조합 및 노동관계조정법상 노동조합의 설립 등에 관한 설명으로 옳지 않은 것은? 15 노무

CHECK ○△×

① 연합단체인 노동조합을 설립하고자 하는 자는 설립신고서를 고용노동부장관에게 제출하여야 한다.
② 설립신고서를 접수한 행정관청은 반려·보완사유가 없는 경우 3일 이내에 신고증을 교부하여야 한다.
③ 행정관청은 설립신고서 또는 규약이 기재사항의 누락 등으로 보완이 필요한 경우에는 대통령령이 정하는 바에 따라 20일 이내의 기간을 정하여 보완을 요구하여야 한다.
④ 노동조합 설립신고서에는 임원의 성명과 주소가 기재되어야 한다.
⑤ 노동조합은 신고증을 교부받은 시점에 설립된 것으로 본다.

해설

① (○) 연합단체인 노동조합과 2 이상의 특별시·광역시·특별자치시·도·특별자치도에 걸치는 단위노동조합은 고용노동부장관에게 설립신고서를 제출하여야 한다(노조법 제10조 제1항).
② (○) 노조법 제12조 제1항
③ (○) 노조법 제12조 제2항 전문
④ (○) 노조법 제10조 제1항 제4호
⑤ (×) 노동조합이 신고증을 교부받은 경우에는 설립신고서가 접수된 때에 설립된 것으로 본다(노조법 제12조 제4항).

답 ❺

026 노동조합 및 노동관계조정법상 노동조합의 설립에 관한 설명으로 옳지 않은 것은?(다툼이 있는 경우에는 판례에 의함) 14 노무

CHECK ○△×

① 행정관청은 접수한 노동조합 설립신고서의 기재사항이 누락된 경우에는 설립신고서를 반려하여야 한다.
② 행정관청이 설립신고서를 접수한 때에는 반려·보완사유가 없을 경우 3일 이내에 신고증을 교부하여야 한다.
③ 노동조합이 신고증을 교부받은 경우에는 설립신고서가 접수된 때에 설립된 것으로 본다.
④ 행정관청은 설립하고자 하는 노동조합이 복리사업만을 목적으로 하는 경우에는 설립신고서를 반려하여야 한다.
⑤ 노동조합 및 노동관계조정법에 의하여 설립된 노동조합이 아니면 노동위원회에 부당노동행위의 구제를 신청할 수 없다.

해설

① (×) 행정관청은 설립신고서 또는 규약이 기재사항의 누락 등으로 보완이 필요한 경우에는 대통령령이 정하는 바에 따라 20일 이내의 기간을 정하여 보완을 요구하여야 한다. 이 경우 보완된 설립신고서 또는 규약을 접수한 때에는 3일 이내에 신고증을 교부하여야 한다(노조법 제12조 제2항).
② (○) 노조법 제12조 제1항
③ (○) 노동조합이 신고증을 교부받은 경우에는 설립신고서가 접수된 때에 설립된 것으로 본다(노조법 제12조 제4항).
④ (○) 노조법 제12조 제3항 제1호, 제2조 제4호 다목
⑤ (○) 노조법 제7조 제1항

답 ❶

027 노동조합 및 노동관계조정법상 용어나 노동조합에 관한 설명 중 옳지 않은 것은? 16 사시

CHECK ○△×

① 근로자를 위한 복리사업만을 목적으로 하는 조직은 노동조합이 될 수 없다.
② 행정관청에 설립신고를 마치지 아니한 노동조합도 노동위원회에 부당노동행위의 구제를 신청할 수 있다.
③ 노동조합은 그 규약이 정하는 바에 의하여 법인으로 할 수 있다.
④ 조합비를 납부하지 않은 조합원의 경우에는 노동조합의 규약으로 그 조합원의 권리를 제한할 수 있다.
⑤ 쟁의행위란 노동관계 당사자가 그 주장을 관철할 목적으로 행하는 행위와 이에 대항하는 행위로서 업무의 정상적인 운영을 저해하는 행위를 말한다.

해설

① (○) 공제·수양 기타 복리사업만을 목적으로 하는 단체 또는 그 연합단체는 노동조합으로 보지 아니한다(노조법 제2조 제4호 다목).
② (×) 이 법에 의하여 설립된 노동조합이 아니면 노동위원회에 노동쟁의의 조정 및 부당노동행위의 구제를 신청할 수 없다(노조법 제7조 제1항).
③ (○) 노조법 제6조 제1항
④ (○) 노동조합의 조합원은 균등하게 그 노동조합의 모든 문제에 참여할 권리와 의무를 가진다. 다만, 노동조합은 그 규약으로 조합비를 납부하지 아니하는 조합원의 권리를 제한할 수 있다(노조법 제22조).
⑤ (○) "쟁의행위"라 함은 파업·태업·직장폐쇄 기타 노동관계 당사자가 그 주장을 관철할 목적으로 행하는 행위와 이에 대항하는 행위로서 업무의 정상적인 운영을 저해하는 행위를 말한다(노조법 제2조 제6호).

답 ❷

028 노동조합 및 노동관계조정법상 노동조합에 대한 설명으로 옳은 것은? 20 국가직 7급

CHECK ○△×

① 노동조합 및 노동관계조정법에 의하여 설립된 노동조합이 아니면 노동조합이라는 명칭을 사용할 수 없다.
② 노동조합에 대하여는 그 사업체를 포함하여 세법이 정하는 바에 따라 조세를 부과하지 아니한다.
③ 법인인 노동조합에 대하여는 노동조합 및 노동관계조정법에 규정된 것에 따르며 민법 중 재단법인 및 사단법인에 관한 규정은 그 적용이 배제된다.
④ 신고증을 교부받은 때에 노동조합이 설립된 것으로 본다.

해설

① (○) 노조법 제7조 제3항
② (×) 노동조합에 대하여는 그 사업체를 제외하고는 세법이 정하는 바에 따라 조세를 부과하지 아니한다(노조법 제8조).
③ (×) 법인인 노동조합에 대하여는 이 법에 규정된 것을 제외하고는 민법 중 사단법인에 관한 규정을 적용한다(노조법 제6조 제3항).
④ (×) 노동조합이 신고증을 교부받은 경우에는 설립신고서가 접수된 때에 설립된 것으로 본다(노조법 제12조 제4항).

답 ❶

최신유형

029 CHECK ○△×

노동조합 및 노동관계조정법령상 근로시간면제심의위원회(이하 "위원회"라 한다)에 관한 설명으로 옳은 것은? 25 노무

① 위원회는 근로시간 면제 한도를 심의·의결하고, 5년마다 그 적정성 여부를 재심의하여 의결할 수 있다.

② 위원회는 근로자를 대표하는 위원과 사용자를 대표하는 위원 및 공익을 대표하는 위원 각 5명씩 성별을 고려하여 구성한다.

③ 위원회는 고용노동부장관으로부터 근로시간 면제 한도를 정하기 위한 심의요청을 받은 때에는 그 심의 요청을 받은 날부터 30일 이내에 심의·의결해야 한다.

④ 위원회는 재적위원 과반수의 출석과 재적위원 과반수의 찬성으로 의결한다.

⑤ 위원회 위원의 임기는 3년으로 하고, 임기가 끝났더라도 후임자가 위촉될 때까지 계속하여 그 직무를 수행한다.

해설

① (×) 위원회는 근로시간 면제 한도를 심의·의결하고, 3년마다 그 적정성 여부를 재심의하여 의결할 수 있다(노조법 제24조의2 제2항).

② (○) 노조법 제24조의2 제5항 각 호 외 본문

③ (×) 위원회는 경제사회노동위원회 위원장으로부터 근로시간 면제 한도를 정하기 위한 심의 요청을 받은 때에는 그 심의 요청을 받은 날부터 60일 이내에 심의·의결해야 한다(노조법 시행령 제11조의6 제1항).

④ (×) 위원회는 재적위원 과반수의 출석과 출석위원 과반수의 찬성으로 의결한다(노조법 제24조의2 제7항).

⑤ (×) 위원회 위원의 임기는 2년으로 하고, 위원회의 위원은 임기가 끝났더라도 후임자가 위촉될 때까지 계속하여 그 직무를 수행한다(노조법 시행령 제11조의5).

위원회의 운영(노조법 시행령 제11조의6)

① 위원회는 경제사회노동위원회 위원장으로부터 근로시간 면제 한도를 정하기 위한 심의 요청을 받은 때에는 그 심의 요청을 받은 날부터 60일 이내에 심의·의결해야 한다.

② 위원회의 사무를 처리하기 위하여 위원회에 간사 1명을 두며, 간사는 경제사회노동위원회 소속 직원 중에서 경제사회노동위원회 위원장이 지명한다.

③ 위원회의 위원에 대해서는 예산의 범위에서 그 직무 수행을 위하여 필요한 수당과 여비를 지급할 수 있다.

④ 위원회의 위원장은 필요한 경우에 관계 행정기관 공무원 중 관련 업무를 수행하는 공무원으로 하여금 위원회의 회의에 출석하여 발언하게 할 수 있다.

⑤ 위원회에 근로시간 면제 제도에 관한 전문적인 조사·연구업무를 수행하기 위하여 전문위원을 둘 수 있다.

⑥ 이 영에서 규정한 사항 외에 위원회의 운영에 필요한 사항은 위원회의 의견을 들어 경제사회노동위원회위원장이 정한다.

답 ❷

030 노동조합 및 노동관계조정법상 노동조합의 관리에 관한 설명으로 옳은 것은? 24 노무

CHECK ○△×

① 노동조합은 조합원 명부를 3년간 보존하여야 한다.

② 예산·결산에 관한 사항은 총회에서 재적조합원 과반수의 출석과 출석조합원 3분의 2 이상의 찬성으로 의결한다.

③ 하나의 사업 또는 사업장을 대상으로 조직된 노동조합의 대의원은 그 사업 또는 사업장에 종사하는 조합원 중에서 선출하여야 한다.

④ 노동조합의 대표자는 대의원의 3분의 1 이상이 회의에 부의할 사항을 제시하고 회의의 소집을 요구한 때에는 15일 이내에 임시대의원회를 소집하여야 한다.

⑤ 행정관청은 노동조합에 총회의 소집권자가 없는 경우에 조합원의 3분의 1 이상이 회의에 부의할 사항을 제시하고 소집권자의 지명을 요구한 때에는 지체 없이 회의의 소집권자를 지명하여야 한다.

해설

① (×) 노동조합은 조합설립일부터 30일 이내에 조합원 명부(연합단체인 노동조합에 있어서는 그 구성단체의 명칭)를 작성하여 그 주된 사무소에 비치하여야 하나, 조합원 명부의 보존연한에 대하여는 규정하고 있지 아니하다(노조법 제14조 제1항, 제2항 참조).

② (×) 총회는 예산·결산에 관한 사항을 재적조합원 과반수의 출석과 출석조합원 과반수의 찬성으로 의결한다. 다만, 규약의 제정·변경, 임원의 해임, 합병·분할·해산 및 조직형태의 변경에 관한 사항은 재적조합원 과반수의 출석과 출석조합원 3분의 2 이상의 찬성이 있어야 한다(노조법 제16조 제1항 제4호, 제2항).

③ (○) 노조법 제17조 제3항

④ (×) 노동조합의 대표자는 조합원 또는 대의원의 3분의 1 이상(연합단체인 노동조합에 있어서는 그 구성단체의 3분의 1 이상)이 회의에 부의할 사항을 제시하고 회의의 소집을 요구한 때에는 지체 없이 임시총회 또는 임시대의원회를 소집하여야 한다(노조법 제18조 제2항).

⑤ (×) 행정관청은 노동조합에 총회 또는 대의원회의 소집권자가 없는 경우에 조합원 또는 대의원의 3분의 1 이상이 회의에 부의할 사항을 제시하고 소집권자의 지명을 요구한 때에는 15일 이내에 회의의 소집권자를 지명하여야 한다(노조법 제18조 제4항).

답 ③

031 노동조합 및 노동관계조정법상 노동조합 총회의 의결사항 중 재적조합원 과반수의 출석과 출석조합원 3분의 2 이상의 찬성이 있어야 하는 것만을 모두 고르면? 23 국가직 9급

CHECK ○△×

ㄱ. 임원의 선거
ㄴ. 조직형태의 변경
ㄷ. 연합단체의 가입 또는 탈퇴
ㄹ. 합병·분할

① ㄱ, ㄷ
② ㄱ, ㄹ
③ ㄴ, ㄷ
④ ㄴ, ㄹ

해설

ㄱ. (×), ㄴ. (○), ㄷ. (×), ㄹ. (○)
총회는 재적조합원 과반수의 출석과 출석조합원 과반수의 찬성으로 의결한다. 다만, 규약의 제정·변경, 임원의 해임, 합병·분할·해산 및 조직형태의 변경에 관한 사항은 재적조합원 과반수의 출석과 출석조합원 3분의 2 이상의 찬성이 있어야 한다(노조법 제16조 제2항).

답 ④

032 노동조합 및 노동관계조정법상 대의원회에 대한 설명으로 옳지 않은 것은? 24 국가직 9급

CHECK ○△×

① 하나의 사업 또는 사업장을 대상으로 조직된 노동조합의 대의원은 그 사업 또는 사업장에 종사하는 조합원 중에서 선출하여야 한다.
② 대의원의 임기는 규약으로 정하되 3년을 초과할 수 없다.
③ 대의원회를 둔 때에는 총회에 관한 규정은 대의원회에 이를 준용한다.
④ 총회가 규약의 제·개정결의를 통하여 총회에 갈음할 대의원회를 두고 '규약의 개정에 관한 사항'을 대의원회의 의결사항으로 정한 경우라면 총회의 규약개정권한은 소멸된다.

해설

① (○) 노조법 제17조 제3항
② (○) 노조법 제17조 제4항
③ (○) 노조법 제17조 제5항
④ (×) 규약의 제정은 총회의 의결사항으로서(노조법 제16조 제1항 제1호) 규약의 제·개정권한은 조합원 전원으로 구성되는 총회의 근원적·본질적 권한이라는 점, 대의원회는 규약에 의하여 비로소 설립되는 것으로서(노조법 제17조 제1항) 대의원회의 존재와 권한은 총회의 규약에 관한 결의로부터 유래된다는 점 등에 비추어 볼 때, 총회가 규약의 제·개정결의를 통하여 총회에 갈음할 대의원회를 두고 '규약의 개정에 관한 사항'을 대의원회의 의결사항으로 정한 경우라도 이로써 총회의 규약개정권한이 소멸된다고 볼 수 없고, 총회는 여전히 노조법 제16조 제2항 단서에 정해진 재적조합원 과반수의 출석과 출석조합원 3분의 2 이상의 찬성으로 '규약의 개정에 관한 사항'을 의결할 수 있다(대판 2014.8.26. 2012두6063).

답 ④

033 노동조합 및 노동관계조정법상 노동조합의 운영에 대한 설명으로 옳지 않은 것은? 23 국가직 9급

CHECK ○△×

① 노동조합의 재정에 관한 장부와 서류는 5년간 보존하여야 한다.

② 노동조합 총회의 의결사항 중 단체협약에 관한 사항은 재적조합원 과반수의 출석과 출석조합원 과반수의 찬성으로 의결한다.

③ 하나의 사업 또는 사업장을 대상으로 조직된 노동조합의 대의원은 그 사업 또는 사업장에 종사하는 조합원 중에서 선출하여야 한다.

④ 행정관청은 노동조합에 총회 또는 대의원회의 소집권자가 없는 경우에 조합원 또는 대의원의 3분의 1 이상이 회의에 부의할 사항을 제시하고 소집권자의 지명을 요구한 때에는 15일 이내에 회의의 소집권자를 지명하여야 한다.

해설

① (×) 노동조합은 조합설립일부터 30일 이내에 조합원명부(연합단체인 노동조합에 있어서는 그 구성단체의 명칭), 규약, 임원의 성명·주소록, 회의록, 재정에 관한 장부와 서류를 작성하여 그 주된 사무소에 비치하여야 하며, 회의록과 재정에 관한 장부와 서류는 3년간 보존하여야 한다(노조법 제14조).

② (○) 노동조합 총회의 의결사항 중 단체협약에 관한 사항은 재적조합원 과반수의 출석과 출석조합원 과반수의 찬성으로 의결한다. 다만, 규약의 제정·변경, 임원의 해임, 합병·분할·해산 및 조직형태의 변경에 관한 사항은 재적조합원 과반수의 출석과 출석조합원 3분의 2 이상의 찬성이 있어야 한다(노조법 제16조 제1항 제3호, 제2항).

③ (○) 노조법 제17조 제3항

④ (○) 노조법 제18조 제4항

답 ❶

034 노동조합 및 노동관계조정법령상 근로시간면제심의위원회에 관한 설명으로 옳은 것은? 24 노무

CHECK ○△×

① 근로시간면제심의위원회는 근로시간 면제 한도를 심의·의결하고, 3년마다 그 적정성 여부를 재심의하여 의결해야 한다.

② 근로시간면제심의위원회 위원장은 근로시간면제심의위원회가 의결한 사항을 고용노동부장관에게 즉시 통보하여야 한다.

③ 근로시간면제심의위원회 위원의 임기는 3년으로 한다.

④ 근로시간면제심의위원회의 위원은 임기가 끝났더라도 후임자가 위촉될 때까지 계속하여 그 직무를 수행한다.

⑤ 근로시간면제심의위원회는 경제사회노동위원회 위원장으로부터 근로시간 면제 한도를 정하기 위한 심의 요청을 받은 때에는 그 심의 요청을 받은 날부터 90일 이내에 심의·의결해야 한다.

해설

① (×) 근로시간면제심의위원회는 근로시간 면제 한도를 심의·의결하고, 3년마다 그 적정성 여부를 재심의하여 의결할 수 있다(노조법 제24조의2 제2항).

② (×) 경제사회노동위원회 위원장은 근로시간면제심의위원회가 의결한 사항을 고용노동부장관에게 즉시 통보하여야 한다(노조법 제24조의2 제3항).

③ (×) 근로시간면제심의위원회 위원의 임기는 2년으로 한다(노조법 시행령 제11조의5 제1항).

④ (○) 노조법 시행령 제11조의5 제3항

⑤ (×) 근로시간면제심의위원회는 경제사회노동위원회 위원장으로부터 근로시간 면제 한도를 정하기 위한 심의 요청을 받은 때에는 그 심의 요청을 받은 날부터 60일 이내에 심의·의결해야 한다(노조법 시행령 제11조의6 제1항).

답 ❹

035 노동조합 및 노동관계조정법령상 회계감사원에 대한 설명으로 옳지 않은 것은? 24 국가직 9급

CHECK ○△×

① 노동조합의 대표자는 그 회계감사원으로 하여금 6월에 1회 이상 당해 노동조합의 모든 재원 및 용도, 주요한 기부자의 성명, 현재의 경리 상황 등에 대한 회계감사를 실시하게 하고 그 내용과 감사결과를 전체 조합원에게 공개하여야 한다.

② 노동조합의 회계감사원은 필요하다고 인정할 경우에는 총회의 승인을 얻어 당해 노동조합의 회계감사를 실시하고 그 결과를 공개할 수 있다.

③ 노동조합의 회계감사원은 재무·회계 관련 업무에 종사한 경력이 있거나 전문지식 또는 경험이 풍부한 사람 등으로 한다.

④ 노동조합의 대표자는 조합원 3분의 1 이상의 요구가 있는 경우에는 조합원이 아닌 공인회계사나 회계법인으로 하여금 회계감사를 실시하게 할 수 있으며, 이 경우 회계감사원이 회계감사를 한 것으로 본다.

해설

① (○) 노조법 제25조 제1항

② (×) 노동조합의 회계감사원은 필요하다고 인정할 경우에는 당해 노동조합의 회계감사를 실시하고 그 결과를 공개할 수 있다(노조법 제25조 제2항).

③ (○) 노조법 제25조, 동법 시행령 제11조의7 제1항

④ (○) 노조법 제25조, 동법 시행령 제11조의7 제2항

회계감사원 등(노조법 시행령 제11조의7)

① 법 제25조에 따른 회계감사원(이하 이 조에서 "회계감사원"이라 한다)은 재무·회계 관련 업무에 종사한 경력이 있거나 전문지식 또는 경험이 풍부한 사람 등으로 한다.

② 노동조합의 대표자는 다음 각 호의 어느 하나에 해당하는 경우에는 조합원이 아닌 공인회계사나 「공인회계사법」 제23조에 따른 회계법인(이하 "회계법인"이라 한다)으로 하여금 법 제25조에 따른 회계감사를 실시하게 할 수 있다. 이 경우 회계감사원이 회계감사를 한 것으로 본다.

1. 노동조합의 대표자가 노동조합 회계의 투명성 제고를 위하여 필요하다고 인정하는 경우
2. 조합원 3분의 1 이상의 요구가 있는 경우
3. 연합단체인 노동조합의 경우에는 그 구성노동단체의 3분의 1 이상의 요구가 있는 경우
4. 대의원 3분의 1 이상의 요구가 있는 경우

답 ❷

036 노동조합 및 노동관계조정법령상 노동조합의 관리에 관한 설명으로 옳지 않은 것은? 24 노무

CHECK ○△×

① 근로자는 사용자의 동의가 있는 경우에는 사용자로부터 급여를 지급받으면서 근로계약 소정의 근로를 제공하지 아니하고 노동조합의 업무에 종사할 수 있다.

② 노동조합이 특정 조합원에 관한 사항을 의결할 경우에는 그 조합원은 표결권이 없다.

③ 노동조합의 대표자는 그 회계감사원으로 하여금 회계연도마다 당해 노동조합의 모든 재원 및 용도, 주요한 기부자의 성명, 현재의 경리 상황 등에 대한 회계감사를 실시하게 하고 그 내용과 감사결과를 전체 조합원에게 공개하여야 한다.

④ 노동조합의 대표자는 회계연도마다 결산결과와 운영상황을 공표하여야 하며 조합원의 요구가 있을 때에는 이를 열람하게 하여야 한다.

⑤ 행정관청은 노동조합으로부터 결산결과 또는 운영상황의 보고를 받으려는 경우에는 그 사유와 그 밖에 필요한 사항을 적은 서면으로 10일 이전에 요구해야 한다.

해설

① (O) 근로자는 단체협약으로 정하거나 사용자의 동의가 있는 경우에는 사용자 또는 노동조합으로부터 급여를 지급받으면서 근로계약 소정의 근로를 제공하지 아니하고 노동조합의 업무에 종사할 수 있다(노조법 제24조 제1항).

② (O) 노조법 제20조

③ (×) 노동조합의 대표자는 그 회계감사원으로 하여금 6월에 1회 이상 당해 노동조합의 모든 재원 및 용도, 주요한 기부자의 성명, 현재의 경리 상황 등에 대한 회계감사를 실시하게 하고 그 내용과 감사결과를 전체 조합원에게 공개하여야 한다(노조법 제25조 제1항).

④ (O) 노조법 제26조

⑤ (O) 노조법 시행령 제12조, 동법 제27조

답 ❸

037 노동조합 및 노동관계조정법령상 노동조합의 해산에 관한 설명으로 옳지 않은 것은? 24 노무

CHECK ○△×

① 노동조합의 임원이 없고 계속하여 1년 이상 조합원으로부터 조합비를 징수한 사실이 없어서 행정관청이 노동위원회의 의결을 얻은 경우 노동조합은 해산한다.

② 합병 또는 분할로 소멸한 경우 노동조합은 해산한다.

③ 총회 또는 대의원회의 해산결의가 있는 경우 노동조합은 해산한다.

④ 규약에서 정한 해산사유가 발생하여 노동조합이 해산한 때에는 그 대표자는 해산한 날부터 15일 이내에 행정관청에게 이를 신고하여야 한다.

⑤ 노동조합의 해산사유가 있는 경우, 노동위원회가 의결을 할 때에는 해산사유 발생일 이후의 해당 노동조합의 활동을 고려하여야 한다.

해설

① (O) 노조법 제28조 제1항 제4호, 동법 시행령 제13조 제1항

② (O) 노조법 제28조 제1항 제2호

③ (O) 노조법 제28조 제1항 제3호

④ (O) 노조법 제28조 제1항 제1호, 제2항

⑤ (×) 노동조합의 해산사유가 있는 경우에는 행정관청이 관할 노동위원회의 의결을 얻은 때에 해산된 것으로 본다. 노동위원회는 의결을 할 때에는 해산사유 발생일 이후의 해당 노동조합의 활동을 고려해서는 아니 된다(노조법 시행령 제13조 제2항, 제3항).

답 ❺

038 노동조합 및 노동관계조정법상 노동조합 총회의 의결사항 중 재적조합원 과반수의 출석과 출석조합원 3분의 2 이상의 찬성이 있어야 하는 것만을 모두 고르면? 23 국가직 7급

CHECK ○△×

ㄱ. 임원의 선거
ㄴ. 조직형태의 변경
ㄷ. 연합단체의 가입 또는 탈퇴
ㄹ. 합병·분할

① ㄱ, ㄷ
② ㄱ, ㄹ
③ ㄴ, ㄷ
④ ㄴ, ㄹ

해설

ㄴ(조직형태의 변경)과 ㄹ(합병·분할)은 재적조합원 과반수의 출석과 출석조합원 3분의 2 이상의 찬성이 있어야 하나, ㄱ(임원의 선거)과 ㄷ(연합단체의 가입 또는 탈퇴)은 재적조합원 과반수의 출석과 출석조합원 과반수의 찬성으로 의결한다(노조법 제16조 제2항).

답 ④

최신유형

039 노동조합 및 노동관계조정법상 노동조합의 조합원에 관한 설명으로 옳지 않은 것은? 25 노무

CHECK ○△×

① 노동조합의 조합원은 균등하게 그 노동조합의 모든 문제에 참여할 권리와 의무를 가지지만, 그 규약으로 조합비를 납부하지 아니하는 조합원의 권리를 제한할 수 있다.
② 노동조합이 특정 조합원에 관한 사항을 의결할 경우에는 그 조합원은 표결권이 없다.
③ 종사근로자가 아닌 노동조합의 조합원은 사용자의 효율적인 사업 운영에 지장을 주지 아니하는 범위에서 사업 또는 사업장 내에서 노동조합 활동을 할 수 있다.
④ 종사근로자가 아닌 노동조합의 조합원은 규약이 정한 바에 따라 하나의 사업 또는 사업장을 대상으로 조직된 노동조합의 임원이 될 수 있다.
⑤ 노동조합의 조합원은 어떠한 경우에도 인종, 종교, 성별, 연령, 신체적 조건, 고용형태, 정당 또는 신분에 의하여 차별대우를 받지 아니한다.

해설

① (○) 노조법 제22조
② (○) 노조법 제20조
③ (○) 사업 또는 사업장에 종사하는 근로자가 아닌 노동조합의 조합원은 사용자의 효율적인 사업 운영에 지장을 주지 아니하는 범위에서 사업 또는 사업장 내에서 노동조합 활동을 할 수 있다(노조법 제5조 제2항).
④ (×) 노동조합의 임원 자격은 규약으로 정한다. 이 경우 하나의 사업 또는 사업장을 대상으로 조직된 노동조합의 임원은 그 사업 또는 사업장에 종사하는 조합원 중에서 선출하도록 정한다(노조법 제23조 제1항). 따라서 종사근로자가 아닌 조합원은 기업별 노동조합의 임원이 될 수 없다.
⑤ (○) 노조법 제9조

답 ④

최신유형

040 노동조합 및 노동관계조정법상 노동조합이 노동조합의 규약에 기재하여야 할 사항이 아닌 것은?

CHECK ○△×

25 노무

① 대표자와 임원의 규약위반에 대한 탄핵에 관한 사항
② 직장 내 괴롭힘 예방 및 발생 시 조치 등에 관한 사항
③ 쟁의행위와 관련된 찬반투표 결과의 공개에 관한 사항
④ 규율과 통제에 관한 사항
⑤ 회의에 관한 사항

해설

① 대표자와 임원의 규약위반에 대한 탄핵에 관한 사항(제13호), ③ 쟁의행위와 관련된 찬반투표 결과의 공개에 관한 사항(제12호), ④ 규율과 통제에 관한 사항(제15호), ⑤ 회의에 관한 사항(제7호) 등은 모두 노조법 제11조에서 정한 규약의 기재사항에 해당한다. ② 직장 내 괴롭힘 예방 및 발생 시 조치 등에 관한 사항은 근기법 제93조 제11호에서 정한 취업규칙의 기재사항에 해당한다.

규약(노조법 제11조)

노동조합은 그 조직의 자주적·민주적 운영을 보장하기 위하여 당해 노동조합의 규약에 다음 각 호의 사항을 기재하여야 한다.

1. 명 칭
2. 목적과 사업
3. 주된 사무소의 소재지
4. 조합원에 관한 사항(연합단체인 노동조합에 있어서는 그 구성단체에 관한 사항)
5. 소속된 연합단체가 있는 경우에는 그 명칭
6. 대의원회를 두는 경우에는 대의원회에 관한 사항
7. 회의에 관한 사항
8. 대표자와 임원에 관한 사항
9. 조합비 기타 회계에 관한 사항
10. 규약변경에 관한 사항
11. 해산에 관한 사항
12. 쟁의행위와 관련된 찬반투표 결과의 공개, 투표자 명부 및 투표용지 등의 보존·열람에 관한 사항
13. 대표자와 임원의 규약위반에 대한 탄핵에 관한 사항
14. 임원 및 대의원의 선거절차에 관한 사항
15. 규율과 통제에 관한 사항

답 ❷

최신유형

041 노동조합 및 노동관계조정법상 노동조합의 관리에 관한 설명으로 옳은 것은? 25 노무

CHECK ○△×

① 노동조합의 회계감사원은 필요하다고 인정할 경우에는 당해 노동조합의 회계감사를 실시하고 그 결과를 공개할 수 있다.
② 대의원회를 둔 때에는 총회에 관한 규정은 대의원회에 이를 준용할 수 없다.
③ 노동조합은 회의록 및 재정에 관한 장부와 서류를 작성하여 5년간 보존하여야 한다.
④ 행정관청은 노동위원회의 의결을 얻어 노동조합의 결산결과와 운영상황 보고를 요구할 수 있다.
⑤ 노동조합의 대표자는 그 회계감사원으로 하여금 1년에 1회 이상 회계감사를 실시하게 하여야 한다.

해설

① (○) 노조법 제25조 제2항
② (×) 대의원회를 둔 때에는 총회에 관한 규정은 대의원회에 이를 준용한다(노조법 제17조 제5항).
③ (×) 노동조합은 조합설립일부터 30일 이내에 조합원 명부(연합단체인 노동조합에 있어서는 그 구성단체의 명칭), 규약, 임원의 성명·주소록, 회의록, 재정에 관한 장부와 서류 등을 작성하여 그 주된 사무소에 비치하여야 하고, 작성한 서류 중 회의록, 재정에 관한 장부와 서류는 이를 3년간 보존하여야 한다(노조법 제14조).
④ (×) 노동조합은 행정관청이 요구하는 경우에는 결산결과와 운영상황을 보고하여야 하나(노조법 제27조), 행정관청의 요구에 별도의 노동위원회의 의결은 필요하지 아니하다.
⑤ (×) 노동조합의 대표자는 그 회계감사원으로 하여금 6월에 1회 이상 당해 노동조합의 모든 재원 및 용도, 주요한 기부자의 성명, 현재의 경리 상황 등에 대한 회계감사를 실시하게 하고 그 내용과 감사결과를 전체 조합원에게 공개하여야 한다(노조법 제25조 제1항).

답 ①

최신유형

042 노동조합 및 노동관계조정법령상 노동조합의 해산에 관한 설명으로 옳지 않은 것은? 25 노무

CHECK ○△×

① 노동조합은 총회 또는 대의원회의 해산결의가 있는 경우에 해산한다.
② 노동조합의 임원이 없고 노동조합으로서의 활동을 1년 이상 하지 아니한 것으로 인정되는 경우로서 행정관청이 노동위원회의 의결을 얻은 경우에 해산한다.
③ 규약에서 정한 해산사유가 발생하여 노동조합이 해산한 때에는 그 대표자가 행정관청에 신고할 때에 해산된 것으로 본다.
④ 행정관청은 노동조합이 합병으로 소멸하여 대표자로부터 해산신고를 받은 때에는 지체 없이 그 사실을 관할 노동위원회에 통보해야 한다.
⑤ 총회에서 재적조합원 과반수의 출석과 출석조합원 3분의 2 이상의 찬성에 따라 노동조합이 분할로 소멸하는 경우에 해산한다.

해설

① (○) 노조법 제28조 제1항 제3호
② (○) 노조법 제28조 제1항 제4호
③ (×) 노조법 제28조 제1항 제1호에서 정한 바와 같이 "규약에서 정한 해산사유가 발생한 경우, 해산한다."는 것은 행정관청 등의 어떤 결정 또는 통보가 없더라도 당연히 해산한 것으로 간주한다는 것을 의미한다. 또한 규약에 서 정한 해산사유가 발생하여 노동조합이 해산한 때에는 그 대표자는 해산한 날부터 15일 이내에 행정관청에게 이를 신고하여야 하나(노조법 제28조 제2항), 해산신고가 해산의 요건이 되는 것은 아니고 이는 단순히 해산의 기준시점을 노동행정적 편의를 위해 공시하는 것에 불과하다는 것을 유의하여야 한다.

④ (○) 노동조합이 합병으로 소멸하여 해산한 때에는 그 대표자는 해산한 날부터 15일 이내에 행정관청에게 이를 신고하여야 하고(노조법 제28조 제2항), 해산신고를 받은 행정관청은 지체 없이 그 사실을 관할 노동위원회(해산신고를 받은 경우만 해당)와 해당 사업 또는 사업장의 사용자나 사용자단체에 통보해야 한다(동법 시행령 제13조 제4항).

⑤ (○) 총회가 노동조합의 분할을 의결하는 경우에는 재적조합원 과반수의 출석과 출석조합원 3분의 2 이상의 찬성이 있어야 하므로(노조법 제16조 제2항 단서), 의결정족수를 충족하는 경우 노동조합은 분할로 소멸하여 해산한다(노조법 제28조 제1항 제2호).

답 ❸

최신유형

043 CHECK ○△×

노동조합 및 노동관계조정법상 노동조합의 설립 및 운영에 관한 설명으로 옳지 않은 것은?(다툼이 있으면 판례에 따름) 25 노무

① 법인 아닌 노동조합이 일단 설립되었다고 할지라도 중도에 그 조합원이 1인밖에 남지 아니하게 된 경우에는 그 조합원이 증가될 일반적 가능성이 없는 한, 노동조합으로서의 단체성을 상실하여 청산목적과 관련되지 않는 한 당사자능력이 없다.

② 노동조합은 단결권을 확보하기 위하여 필요하고도 합리적인 범위 내에서 조합원에 대하여 일정한 규제와 강제를 행사하는 내부통제권을 가진다고 해석하는 것이 상당하다.

③ 노동조합의 조직이나 운영을 지배하거나 개입하려는 사용자의 부당노동행위에 의해 노동조합이 설립된 경우, 그 설립신고가 행정관청에 의하여 형식상 수리되었더라도 그 실질적 요건이 흠결된 하자가 해소되거나 치유되는 등의 특별한 사정이 없는 한 그 설립이 무효로서 노동조합으로서의 지위를 가지지 않는다고 보아야 한다.

④ 실질적인 요건은 갖추었으나 형식적인 요건을 갖추지 못한 근로자들의 단결체의 지위를 '법외의 노동조합'으로 보는 한 그 단결체가 전혀 아무런 활동을 할 수 없는 것은 아니고 어느 정도의 단체교섭이나 협약체결 능력을 보유한다 할 것이다.

⑤ 산업별 노동조합의 지회 등이 독자적으로 단체교섭을 진행하고 단체협약을 체결하지 못하였다면 법인 아닌 사단의 실질을 가지고 있어 기업별 노동조합과 유사한 근로자단체로서 독립성이 인정된다 하더라도 그 지회 등은 스스로 고유한 사항에 관하여 산업별 노동조합과 독립하여 의사를 결정할 수 있는 능력을 가지고 있지 않다.

해설

① (○) 노동조합은 그 요건으로 단체성이 요구되므로 복수인이 결합하여 규약을 가지고 그 운영을 위한 조직을 갖추어야 하는바, 법인 아닌 노동조합이 일단 설립되었다고 할지라도 중도에 그 조합원이 1인밖에 남지 아니하게 된 경우에는, 그 조합원이 증가될 일반적 가능성이 없는 한, 노동조합으로서의 단체성을 상실하여 청산목적과 관련되지 않는 한 당사자능력이 없다(대판 1998.3.13. 97누19830).

② (○) 헌법 제33조 제1항에 의하여 단결권을 보장받고 있는 노동조합은 그 조직을 유지하고 목적을 달성하기 위하여는 조합의 내부질서가 확립되고 강고한 단결력이 유지되지 않으면 안되므로, 노동조합은 단결권을 확보하기 위하여 필요하고도 합리적인 범위 내에서 조합원에 대하여 일정한 규제와 강제를 행사하는 내부통제권을 가진다고 해석하는 것이 상당하다(대판 2005.1.28. 2004도227).

③ (○) 노동조합의 조직이나 운영을 지배하거나 개입하려는 사용자의 부당노동행위에 의해 노동조합이 설립된 것에 불과하거나, 노동조합이 설립될 당시부터 사용자가 위와 같은 부당노동행위를 저지르려는 것에 관하여 노동조합 측과 적극적인 통모·합의가 이루어진 경우 등과 같이 해당 노동조합이 헌법 제33조 제1항 및 그 헌법적 요청에 바탕을 둔 노조법 제2조 제4호가 규정한 실질적 요건을 갖추지 못하였다면, 설령 그 설립신고가 행정관청에 의하여 형식상 수리되었더라도 실질적 요건이 흠결된 하자가 해소되거나 치유되는 등의 특별한 사정이 없는 한 이러한 노동조합은 노조법상 그 설립이 무효로서 노동3권을 향유할 수 있는 주체인 노동조합으로서의 지위를 가지지 않는다고 보아야 한다(대판 2021.2.25. 2017다51610).

④ (○) 실질적인 요건은 갖추었으나 형식적인 요건을 갖추지 못한 근로자들의 단결체는 노동조합이라는 명칭을 사용할 수 없음은 물론 그 외 법에서 인정하는 여러 가지 보호를 받을 수 없는 것은 사실이나, 명칭의 사용을 금지하는 것은 이미 형성된 단결체에 대한 보호정도의 문제에 지나지 아니하고 단결체의 형성에 직접적인 제약을 가하는 것도 아니며, 또한 위와 같은 단결체의 지위를 '법외의 노동조합'으로 보는 한 그 단결체가 전혀 아무런 활동을 할 수 없는 것은 아니고 어느 정도의 단체교섭이나 협약체결 능력을 보유한다 할 것이므로, 노동조합의 명칭을 사용할 수 없다고 하여 헌법상 근로자들의 단결권이나 단체교섭권의 본질적인 부분이 침해된다고 볼 수 없다(헌재 2008.7.31. 2004헌바9).

⑤ (×) 산업별 노동조합의 지회 등이 독자적으로 단체교섭을 진행하고 단체협약을 체결하지는 못하더라도, 법인 아닌 사단의 실질을 가지고 있어 기업별 노동조합과 유사한 근로자단체로서 독립성이 인정되는 경우에, 지회 등은 스스로 고유한 사항에 관하여 산업별 노동조합과 독립하여 의사를 결정할 수 있는 능력을 가지고 있다(대판 2016.2.19. 2012다96120[전합]).

답 ⑤

044 노동조합 및 노동관계조정법상 노동조합의 해산에 관한 설명으로 옳지 않은 것은? 23 노무

CHECK ○△×

① 노동조합이 해산한 때에는 그 대표자는 해산한 날부터 30일 이내에 행정관청에게 이를 신고하여야 한다.

② 총회의 해산결의가 있는 경우 노동조합은 해산한다.

③ 분할로 소멸한 경우 노동조합은 해산한다.

④ 규약에서 정한 해산사유가 발생한 경우 노동조합은 해산한다.

⑤ 노동조합의 임원이 없고 노동조합으로서의 활동을 1년 이상 하지 아니한 것으로 인정되는 경우로서 행정관청이 노동위원회의 의결을 얻은 경우 노동조합은 해산한다.

해설

① (×) 규약에서 정한 해산사유가 발생한 경우, 합병 또는 분할로 소멸한 경우, 총회 또는 대의원회의 해산결의가 있는 경우 등으로 노동조합이 해산한 때에는 그 대표자는 해산한 날부터 15일 이내에 행정관청에게 이를 신고하여야 한다(노조법 제28조 제2항).

② (○) 노조법 제28조 제1항 제3호

③ (○) 노조법 제28조 제1항 제2호

④ (○) 노조법 제28조 제1항 제1호

⑤ (○) 노조법 제28조 제1항 제4호

답 ①

045 노동조합 및 노동관계조정법상 노동조합의 해산사유가 아닌 것은? 15 노무

CHECK ○△×

① 규약에서 정한 해산사유가 발생한 경우
② 합병 또는 분할로 소멸한 경우
③ 총회 또는 대의원회의 해산결의가 있는 경우
④ 노동조합의 대표자가 제명된 경우
⑤ 노동조합의 임원이 없고 노동조합으로서의 활동을 1년 이상 하지 아니한 것으로 인정되는 경우로서 행정관청이 노동위원회의 의결을 얻은 경우

해설

노동조합의 대표자가 제명된 경우는 노조법 제28조 제1항에서 정한 노동조합의 해산사유에 해당하지 않는다.

> **해산사유(노조법 제28조)**
> ① 노동조합은 다음 각 호의 1에 해당하는 경우에는 해산한다.
> 1. 규약에서 정한 해산사유가 발생한 경우
> 2. 합병 또는 분할로 소멸한 경우
> 3. 총회 또는 대의원회의 해산결의가 있는 경우
> 4. 노동조합의 임원이 없고 노동조합으로서의 활동을 1년 이상 하지 아니한 것으로 인정되는 경우로서 행정관청이 노동위원회의 의결을 얻은 경우

답 ④

046 노동조합 및 노동관계조정법령상 노동조합 총회의 의결사항 중 '재적조합원 과반수의 출석과 출석조합원 3분의 2 이상의 찬성'으로 의결해야 하는 사항이 아닌 것은? 18 노무

CHECK ○△×

① 규약의 변경
② 해 산
③ 분 할
④ 임원의 선거
⑤ 조직형태의 변경

해설

총회는 재적조합원 과반수의 출석과 출석조합원 과반수의 찬성으로 의결한다. 다만, 규약의 제정·변경, 임원의 해임, 합병·분할·해산 및 조직형태의 변경에 관한 사항은 재적조합원 과반수의 출석과 출석조합원 3분의2 이상의 찬성이 있어야 한다(노조법 제16조 제2항). 따라서 임원의 해임과는 달리 임원의 선거는 재적조합원 과반수의 출석과 출석조합원 과반수의 찬성으로 의결하는 것으로 족하다.

답 ④

047 노동조합 및 노동관계조정법 제9조(차별대우의 금지)의 규정이다. (　　)에 명시되어 있는 내용이 아닌 것은? 20 노무

CHECK ○△×

노동조합의 조합원은 어떠한 경우에도 (　　)에 의하여 차별대우를 받지 아니한다.

① 국 적　　② 성 별
③ 연 령　　④ 종 교
⑤ 고용형태

해설

노동조합의 조합원은 어떠한 경우에도 인종, 종교, 성별, 연령, 신체적 조건, 고용형태, 정당 또는 신분에 의하여 차별대우를 받지 아니한다(노조법 제9조).

답 ❶

048 노동조합 및 노동관계조정법상 노동조합에 관한 설명으로 옳지 않은 것은? 22 노무

CHECK ○△×

① 행정관청은 노동조합의 결의가 규약에 위반된다고 인정할 경우에는 이해관계인의 신청이 있는 경우에 한하여 노동위원회의 의결을 얻어 그 시정을 명할 수 있다.
② 노동조합의 합병·분할 또는 해산, 조직형태 변경을 위해서는 총회의 의결을 거쳐야 한다.
③ 총회는 임원의 해임에 관한 사항을 재적조합원 과반수의 출석과 출석조합원 3분의 2 이상의 찬성으로 의결한다.
④ 단체협약에 관한 사항은 총회의 의결사항이다.
⑤ 종사근로자인 조합원이 해고되어 노동위원회에 부당해고의 구제신청을 한 경우에는 중앙노동위원회의 재심판정이 있을 때까지는 종사근로자로 본다.

해설

① (○) 행정관청은 노동조합의 결의 또는 처분이 노동관계법령 또는 규약에 위반된다고 인정할 경우에는 노동위원회의 의결을 얻어 그 시정을 명할 수 있다. 다만, 규약위반 시의 시정명령은 이해관계인의 신청이 있는 경우에 한한다(노조법 제21조 제2항).
② (○) 노조법 제16조 제1항 제7호·제8호
③ (○) 총회는 재적조합원 과반수의 출석과 출석조합원 과반수의 찬성으로 의결한다. 다만, 규약의 제정·변경, 임원의 해임, 합병·분할·해산 및 조직형태의 변경에 관한 사항은 재적조합원 과반수의 출석과 출석조합원 3분의 2 이상의 찬성이 있어야 한다(노조법 제16조 제2항).
④ (○) 노조법 제16조 제1항 제3호
⑤ (×) 종사근로자인 조합원이 해고되어 노동위원회에 부당노동행위의 구제신청을 한 경우에는 중앙노동위원회의 재심판정이 있을 때까지는 종사근로자로 본다(노조법 제5조 제3항).

총회의 의결사항(노조법 제16조)

① 다음 각 호의 사항은 총회의 의결을 거쳐야 한다.

1. 규약의 제정과 변경에 관한 사항
2. 임원의 선거와 해임에 관한 사항
3. 단체협약에 관한 사항
4. 예산·결산에 관한 사항
5. 기금의 설치·관리 또는 처분에 관한 사항
6. 연합단체의 설립·가입 또는 탈퇴에 관한 사항
7. 합병·분할 또는 해산에 관한 사항
8. 조직형태의 변경에 관한 사항
9. 기타 중요한 사항

답 ❺

049 노동조합 및 노동관계조정법령에 관한 설명으로 옳지 않은 것은?(다툼이 있으면 판례에 따름)

CHECK ○△×

22 노무

① 근로자는 단체협약으로 정하거나 사용자의 동의가 있는 경우에는 사용자 또는 노동조합으로부터 급여를 지급받으면서 근로계약 소정의 근로를 제공하지 아니하고 노동조합의 업무에 종사할 수 있다.

② 노동조합의 하부단체인 분회나 지부가 독자적인 규약 및 집행기관을 가지고 독립된 조직체로서 활동을 하는 경우 당해 조직이나 그 조합원에 고유한 사항에 대하여는 독자적으로 단체교섭하고 단체협약을 체결할 수 있다.

③ 근로조건의 결정권이 있는 독립된 사업 또는 사업장에 조직된 노동단체는 지부·분회 등 명칭이 무엇이든 상관없이 노동조합의 설립신고를 할 수 있다.

④ 근로시간면제자에 대한 근로시간 면제 한도를 정하기 위하여 근로시간면제심의위원회를 고용노동부에 둔다.

⑤ 연합단체인 노동조합을 설립하고자 하는 자는 노동조합의 명칭, 주된 사무소의 소재지, 조합원수 등을 기재한 신고서에 규약을 첨부하여 고용노동부장관에게 제출하여야 한다.

해설

① (○) 노조법 제24조 제1항

② (○) 노동조합의 하부단체인 분회나 지부가 독자적인 규약 및 집행기관을 가지고 독립된 조직체로서 활동을 하는 경우 당해 조직이나 그 조합원에 고유한 사항에 대하여는 독자적으로 단체교섭하고 단체협약을 체결할 수 있고, 이는 그 분회나 지부가 노조법 시행령 제7조의 규정에 따라 그 설립신고를 하였는지 여부에 영향받지 아니한다(대판 2011.5.26. 2011다1842).

③ (○) 노조법 시행령 제7조

④ (×) 근로시간면제자에 대한 근로시간 면제 한도를 정하기 위하여 근로시간면제심의위원회를 경제사회노동위원회법에 따른 경제사회노동위원회에 둔다(노조법 제24조의2 제1항).

⑤ (○) 노조법 제10조 제1항 제6호

설립의 신고(노조법 제10조)

① 노동조합을 설립하고자 하는 자는 다음 각 호의 사항을 기재한 신고서에 제11조의 규정에 의한 규약을 첨부하여 연합단체인 노동조합과 2 이상의 특별시·광역시·특별자치시·도·특별자치도에 걸치는 단위노동조합은 고용노동부장관에게, 2 이상의 시·군·구(자치구)에 걸치는 단위노동조합은 특별시장·광역시장·도지사에게, 그 외의 노동조합은 특별자치시장·특별자치도지사·시장·군수·구청장(자치구의 구청장)에게 제출하여야 한다.

1. 명 칭
2. 주된 사무소의 소재지
3. 조합원수
4. 임원의 성명과 주소
5. 소속된 연합단체가 있는 경우에는 그 명칭
6. 연합단체인 노동조합에 있어서는 그 구성노동단체의 명칭, 조합원수, 주된 사무소의 소재지 및 임원의 성명·주소

답 ❹

050 노동조합 및 노동관계조정법상 노동조합의 운영 등에 관한 설명으로 옳지 않은 것은? 21 노무

CHECK ○△×

① 단체협약에 관한 사항은 총회의 의결을 거쳐야 한다.
② 대의원은 조합원의 직접·비밀·무기명투표에 의하여 선출되어야 한다.
③ 행정관청은 노동조합의 규약이 노동관계법령에 위반한 경우에는 직권으로 그 시정을 명할 수 있다.
④ 임원의 임기는 규약으로 정하되 3년을 초과할 수 없다.
⑤ 노동조합은 그 규약으로 조합비를 납부하지 아니하는 조합원의 권리를 제한할 수 있다.

해설

① (○) 노조법 제16조 제1항 제3호
② (○) 노조법 제17조 제2항
③ (×) 행정관청은 노동조합의 규약이 노동관계법령에 위반한 경우에는 노동위원회의 의결을 얻어 그 시정을 명할 수 있다(노조법 제21조 제1항).
④ (○) 노조법 제23조 제2항
⑤ (○) 노조법 제22조 단서

답 ❸

051 노동조합 및 노동관계조정법상 총회 및 대의원회의 회의 등에 관한 설명으로 옳지 않은 것은?

CHECK ○△×

23 노무

① 총회에서 임원의 선임에 관한 사항을 의결할 때에는 재적조합원 과반수의 출석과 출석조합원 3분의 2 이상의 찬성이 있어야 한다.
② 연합단체인 노동조합의 대표자는 그 구성단체의 3분의 1 이상이 회의에 부의할 사항을 제시하고 회의의 소집을 요구한 때에는 지체 없이 임시총회 또는 임시대의원회를 소집하여야 한다.
③ 노동조합이 특정 조합원에 관한 사항을 의결할 경우에는 그 조합원은 표결권이 없다.
④ 하나의 사업 또는 사업장을 대상으로 조직된 노동조합의 대의원은 그 사업 또는 사업장에 종사하는 조합원 중에서 선출하여야 한다.
⑤ 대의원회는 회의개최일 7일 전까지 그 회의에 부의할 사항을 공고하여야 하나, 노동조합이 동일한 사업장 내의 근로자로 구성된 경우에는 그 규약으로 공고기간을 단축할 수 있다.

해설

① (×) 총회에서 임원의 선임에 관한 사항은 재적조합원 과반수의 출석과 출석조합원 과반수의 찬성으로 의결한다. 다만, 임원의 해임에 관한 사항은 재적조합원 과반수의 출석과 출석조합원 3분의 2 이상의 찬성이 있어야 한다(노조법 제16조 제2항).
② (○) 노조법 제18조 제2항
③ (○) 노조법 제20조
④ (○) 노조법 제17조 제3항
⑤ (○) 총회 또는 대의원회는 회의개최일 7일 전까지 그 회의에 부의할 사항을 공고하고 규약에 정한 방법에 의하여 소집하여야 한다. 다만, 노동조합이 동일한 사업장 내의 근로자로 구성된 경우에는 그 규약으로 공고기간을 단축할 수 있다(노조법 제19조).

답 ❶

052 노동조합 및 노동관계조정법상 근로시간 면제에 관한 설명으로 옳은 것은 몇 개인가?

CHECK ○△×

23 노무

- 근로시간면제심의위원회는 노동위원회법에 따른 중앙노동위원회에 둔다.
- 고용노동부장관이 고시한 근로시간 면제 한도를 초과하는 내용의 단체협약은 그 초과한 부분에 한정하여 무효로 한다.
- 근로시간면제심의위원회는 성별을 고려하여 구성한다.
- 고용노동부장관은 통보받은 근로시간 면제 한도를 합리적인 범위 내에서 조정하여 고시할 수 있다.

① 0개
② 1개
③ 2개
④ 3개
⑤ 4개

해설

- (×) 근로시간면제자에 대한 근로시간 면제 한도를 정하기 위하여 근로시간면제심의위원회를 경제사회노동위원회법에 따른 경제사회노동위원회에 둔다(노조법 제24조의2 제1항).
- (○) 경제사회노동위원회가 의결하고 경제사회노동위원회 위원장이 통보하여 고용노동부장관이 고시한 근로시간 면제 한도를 초과하는 내용을 정한 단체협약 또는 사용자의 동의는 그 부분에 한정하여 무효로 한다(노조법 제24조의2 제3항·제4항, 제24조 제4항).
- (○) 근로시간면제심의위원회는 근로자를 대표하는 위원과 사용자를 대표하는 위원 및 공익을 대표하는 위원 각 5명씩 성별을 고려하여 구성한다(노조법 제24조의2 제5항).
- (×) 고용노동부장관은 경제사회노동위원회 위원장이 통보한 근로시간 면제 한도를 단순히 고시하여야 하므로(노조법 제24조의2 제4항 참조), 합리적인 범위 내에서 조정하여 고시할 수 없다.

답 ❸

053 노동조합 및 노동관계조정법상 노동조합의 관리 등에 관한 설명으로 옳지 않은 것은? 23 노무

CHECK ○△×

① 연합단체인 노동조합은 조합설립일부터 30일 이내에 그 구성단체의 명칭을 기재한 명부를 작성하여 그 주된 사무소에 비치하여야 한다.

② 노동조합의 대표자는 그 회계감사원으로 하여금 3월에 1회 이상 당해 노동조합의 현재의 경리 상황 등에 대한 회계감사를 실시하게 하여야 한다.

③ 노동조합은 재정에 관한 장부와 서류를 3연간 보존하여야 한다.

④ 임원의 임기를 2년으로 정한 규약의 규정은 적법하다.

⑤ 노동조합의 대표자는 필요하다고 인정할 때에는 임시총회 또는 임시대의원회를 소집할 수 있다.

해설

① (○) 노조법 제14조 제1항 제1호

② (×) 노동조합의 대표자는 그 회계감사원으로 하여금 6월에 1회 이상 당해 노동조합의 모든 재원 및 용도, 주요한 기부자의 성명, 현재의 경리 상황 등에 대한 회계감사를 실시하게 하고 그 내용과 감사결과를 전체 조합원에게 공개하여야 한다(노조법 제25조 제1항).

③ (○) 노조법 제14조 제1항 제5호·제2항

④ (○) 임원의 임기는 규약으로 정하되 3년을 초과할 수 없으므로(노조법 제23조 제2항), 임원의 임기를 2년으로 정한 규약의 규정은 적법하다.

⑤ (○) 노조법 제18조 제1항

서류비치등(노조법 제14조)

① 노동조합은 조합설립일부터 30일 이내에 다음 각 호의 서류를 작성하여 그 주된 사무소에 비치하여야 한다.
1. 조합원 명부(연합단체인 노동조합에 있어서는 그 구성단체의 명칭)
2. 규 약
3. 임원의 성명·주소록
4. 회의록
5. 재정에 관한 장부와 서류

② 제1항 제4호 및 제5호의 서류는 3년간 보존하여야 한다.

답 ❷

054 노동조합 및 노동관계조정법령상 노동조합규약의 의무적 기재사항이 아닌 것은? 19 노무

CHECK ○△×

① 단체협약에 관한 사항
② 규율과 통제에 관한 사항
③ 규약변경에 관한 사항
④ 주된 사무소의 소재지
⑤ 회의에 관한 사항

해설

① (×), ② (○), ③ (○), ④ (○), ⑤ (○)
단체협약에 관한 사항은 노조법 제11조에서 정한 노동조합규약의 의무적 기재사항에 해당하지 않는다.

규약(노조법 제11조)
노동조합은 그 조직의 자주적·민주적 운영을 보장하기 위하여 당해 노동조합의 규약에 다음 각 호의 사항을 기재하여야 한다.

1. 명 칭
2. 목적과 사업
3. 주된 사무소의 소재지
4. 조합원에 관한 사항(연합단체인 노동조합에 있어서는 그 구성단체에 관한 사항)
5. 소속된 연합단체가 있는 경우에는 그 명칭
6. 대의원회를 두는 경우에는 대의원회에 관한 사항
7. 회의에 관한 사항
8. 대표자와 임원에 관한 사항
9. 조합비 기타 회계에 관한 사항
10. 규약변경에 관한 사항
11. 해산에 관한 사항
12. 쟁의행위와 관련된 찬반투표결과의 공개, 투표자 명부 및 투표용지 등의 보존·열람에 관한 사항
13. 대표자와 임원의 규약위반에 대한 탄핵에 관한 사항
14. 임원 및 대의원의 선거절차에 관한 사항
15. 규율과 통제에 관한 사항

답 ❶

055 노동조합의 관리에 관한 설명 중 옳은 것은 모두 고른 것은?

14 사시

CHECK ○△×

ㄱ. 노동조합의 임원의 선거와 해임에 관한 사항은 총회의 의결사항이다.
ㄴ. 노동조합의 임원 자격은 규약으로 정한다. 이 경우 하나의 사업 또는 사업장을 대상으로 조직된 노동조합의 임원은 그 사업 또는 사업장에 종사하는 조합원 중에서 선출하도록 정한다.
ㄷ. 노동조합의 최고의결기관은 총회이며 총회에 갈음하여 대의원회를 둘 수 있다.
ㄹ. 노동조합의 임원의 임기는 규약으로 정하되 2년을 초과할 수 없다.
ㅁ. 노동조합은 노동조합 및 노동관계조정법이 반드시 총회의 의결을 거치도록 규정하고 있는 사항 이외에 다른 사항을 규약에 추가할 수 없다.

① ㄱ
② ㄱ, ㄴ
③ ㄱ, ㄴ, ㄷ
④ ㄱ, ㄴ, ㄷ, ㄹ
⑤ ㄱ, ㄴ, ㄷ, ㄹ, ㅁ

해설

ㄱ. (○) 노조법 제16조 제1항 제2호
ㄴ. (○) 노조법 제23조 제1항
ㄷ. (○) 노동조합은 규약으로 총회에 갈음할 대의원회를 둘 수 있다(노조법 제17조 제1항).
ㄹ. (×) 임원의 임기는 규약으로 정하되 3년을 초과할 수 없다(노조법 제23조 제2항).
ㅁ. (×) 조합규약은 노동조합의 자주적이고 민주적인 조직·운영 및 활동 등에 관한 기본사항을 정하고 있는 자주적인 조합규범이므로, 노조법이 반드시 총회의 의결을 거치도록 규정하고 있는 사항 이외에는 다른 사항을 규약에 추가할 수 있다.

답 ❸

056 노동조합 및 노동관계조정법상 노동조합의 관리에 대한 설명으로 옳은 것만을 모두 고르면?(다툼이 있는 경우 판례에 의함)

18 국가직 7급

CHECK ○△×

ㄱ. 대의원의 임기는 규약으로 정하되 3년을 초과할 수 없다.
ㄴ. 대의원을 조합원의 직접·비밀·무기명투표에 의하여 선출하도록 정한 규정은 조합의 민주성을 실현하기 위함에 그 취지가 있고 이 규정은 강행규정이다.
ㄷ. 노동조합 위원장선거를 위한 임시총회에 소집공고 등 절차상 하자가 있는 경우, 위 총회에 총유권자의 약 90.77%(728명/791명)의 조합원이 참여하고 위 총회의 소집으로 위원장 입후보나 조합원들의 총회 참여에 어떠한 지장이 없더라도, 위 총회에서의 위원장 선출결의는 무효이다.
ㄹ. 총회가 규약의 제·개정결의를 통하여 총회에 갈음할 대의원회를 두고 '규약의 개정에 관한 사항'을 대의원회의 의결사항으로 정한 경우 이로써 총회의 규약개정권한이 소멸된다.

① ㄱ, ㄴ
② ㄱ, ㄷ
③ ㄴ, ㄷ
④ ㄴ, ㄹ

해설

ㄱ. (O) 노조법 제17조 제4항

ㄴ. (O) 구 노조법 제20조 제2항이 노동조합의 최고의결기관인 총회에 갈음할 대의원회의 대의원을 조합원의 직접·비밀·무기명투표에 의하여 선출하도록 규정하고 있는 취지는, 노동조합의 구성원인 조합원이 그 조합의 조직과 운영에 관한 의사결정에 관여할 수 있도록 함으로써 조합 내 민주주의, 즉 조합의 민주성을 실현하기 위함에 있고 이는 강행규정이라고 할 것이므로, 다른 특별한 사정이 없는 한 위 법 조항에 위반하여 조합원이 대의원의 선출에 직접 관여하지 못하도록 간접적인 선출방법을 정한 규약이나 선거관리규정 등은 무효이다(대판 2000.1.14. 97다41349).

ㄷ. (×) 노동조합 위원장선거를 위한 임시총회에 소집공고 등 절차상 하자가 있다 하더라도 총유권자 791명 중 약 90.77%에 해당하는 728명이 참여하였고, 위 총회의 소집이 위원장 후보자로서의 입후보나 다른 조합원들의 총회 참여에 어떠한 지장도 없었다고 할 것이므로 위 절차상 하자 역시 경미한 것이어서 위 총회에서의 결의인 위원장 선출은 유효하다(대판 1992.3.27. 91다29071).

ㄹ. (×) 총회가 규약의 제·개정결의를 통하여 총회에 갈음할 대의원회를 두고 '규약의 개정에 관한 사항'을 대의원회의 의결사항으로 정한 경우라도 이로써 총회의 규약개정권한이 소멸된다고 볼 수 없고, 총회는 여전히 노조법 제16조 제2항 단서에 정해진 재적조합원 과반수의 출석과 출석조합원 3분의 2 이상의 찬성으로 '규약의 개정에 관한 사항'을 의결할 수 있다(대판 2014.8.26. 2012두6063).

답 ❶

057 CHECK ○△×

노동조합 및 노동관계조정법상 노동조합의 규약 및 규정에 관한 설명으로 옳지 않은 것은?(다툼이 있으면 판례에 따름) 23 노무

① 행정관청은 노동조합의 규약이 노동관계법령에 위반한 경우에는 고용노동부장관의 승인을 받아 그 시정을 명할 수 있다.

② 노동조합이 규약에 따라 자체적으로 마련한 선거관리규정은 조합 민주주의를 실현하기 위한 강행법규에 적합한 범위 내에서는 일종의 자치적 법규범으로서 국가법질서 내에서 법적 효력을 가진다.

③ 노동조합의 총회가 규약의 제·개정결의를 통하여 총회에 갈음할 대의원회를 두고 규약의 개정에 관한 사항을 대의원회의 의결사항으로 정한 경우라도 이로써 총회의 규약개정권한이 소멸된다고 볼 수 없다.

④ 단체협약 체결 업무 수행에 대한 적절한 통제를 위하여 규약 등에서 내부 절차를 거치도록 하는 등 대표자의 단체협약체결권한의 행사를 절차적으로 제한하는 것은, 그것이 단체협약체결권한을 전면적·포괄적으로 제한하는 것이 아닌 이상 허용된다.

⑤ 조합원의 재산권을 둘러싼 노동조합과 조합원 간의 분쟁에 관하여 그 분쟁이 발생하기 전 조합원이 노동조합을 상대로 일절 소송을 제기할 수 없도록 한 노동조합의 규정은 무효이다.

해설

① (×) 행정관청은 노동조합의 규약이 노동관계법령에 위반한 경우에는 노동위원회의 의결을 얻어 그 시정을 명할 수 있다(노조법 제21조 제1항).

② (O) 노동조합은 근로자들이 자신들의 이익을 옹호하기 위하여 자주적으로 결성한 임의단체로서 그 내부 운영에 있어서 조합규약 및 다수결에 의한 자치가 보장되므로, 노동조합이 자체적으로 마련한 선거관리규정은 조합민주주의를 실현하기 위한 강행법규에 적합한 범위 내에서는 일종의 자치적 법규범으로서 국가법질서 내에서 법적 효력을 가진다(대판 1998.2.27. 97다43567).

③ (O) 총회가 규약의 제·개정결의를 통하여 총회에 갈음할 대의원회를 두고 '규약의 개정에 관한 사항'을 대의원회의 의결사항으로 정한 경우라도 이로써 총회의 규약개정권한이 소멸된다고 볼 수 없고, 총회는 여전히 노조법 제16조 제2항 단서에 정해진 재적조합원 과반수의 출석과 출석조합원 3분의 2 이상의 찬성으로 '규약의 개정에 관한 사항'을 의결할 수 있다(대판 2014.8.26. 2012두6063).

④ (O) 대판 2018.7.26. 2016다205908

⑤ (O) 노동조합이 조합규약에 근거하여 자체적으로 만든 신분보장대책기금관리규정에 기한 위로금의 지급을 둘러싼 노동조합과 조합원 간의 분쟁에 관하여 노동조합을 상대로 일절 소송을 제기할 수 없도록 정한 노동조합의 신분보장대책기금관리규정 제11조는 조합원의 재산권에 속하는 위로금의 지급을 둘러싸고 생기게 될 조합원과 노동조합 간의 법률상의 쟁송에 관하여 헌법상 보장된 조합원의 재판을 받을 권리를 구체적 분쟁이 생기기 전에 미리 일률적으로 박탈한 것으로서 국민의 재판을 받을 권리를 보장한 위의 헌법 및 법원조직법의 규정과 부제소 합의 제도의 취지에 위반되어 무효라고 할 것이다(대판 2002.2.22. 2000다65086). 이와 같은 판례의 취지를 고려할 때, 노동조합과 조합원 간의 분쟁에 관하여 조합원이 일절 소송을 제기할 수 없도록 한 노동조합의 규정은 무효라고 보아야 한다.

답 ❶

058 노동조합 및 노동관계조정법상 노동조합 총회 및 대의원회에 대한 설명으로 옳지 않은 것은?(다툼이 있는 경우 판례에 의함)

CHECK ○△×

21 국가직 7급

① 대의원의 임기는 규약으로 정하되 3년을 초과할 수 없다.

② 대의원은 조합원의 직접·비밀·무기명투표에 의하여 선출되어야 한다.

③ 총회는 규약의 제정·변경, 임원의 해임, 합병·분할·해산, 예산·결산 및 조직형태의 변경에 관한 사항은 재적조합원 과반수의 출석과 출석조합원 3분의 2 이상의 찬성으로 의결한다.

④ 총회가 규약의 제·개정결의를 통하여 총회에 갈음할 대의원회를 두고 '규약의 개정에 관한 사항'을 대의원회의 의결사항으로 정한 경우라도 이로써 총회의 규약개정권한이 소멸된다고 볼 수 없다.

해설

① (O) 노조법 제17조 제4항

② (O) 노조법 제17조 제2항

③ (X) 예산·결산에 관한 사항(노조법 제16조 제1항 제4호)은 총회의 의결사항으로, 총회는 재적조합원 과반수의 출석과 출석조합원 과반수의 찬성으로 의결할 것을 요한다(노조법 제16조 제2항).

④ (O) 대판 2014.8.26. 2012두6063

답 ❸

059 노동조합 및 노동관계조정법상 노동조합 총회의 의결사항 중 재적조합원 과반수의 출석과 출석조합원 과반수의 찬성으로 의결이 가능한 것은?

CHECK ○△×

21 국가직 9급

① 규약의 변경에 관한 사항

② 임원의 해임에 관한 사항

③ 기금의 설치에 관한 사항

④ 조직형태의 변경에 관한 사항

해설

① (×), ② (×), ③ (○), ④ (×)

① 규약의 변경에 관한 사항, ② 임원의 해임에 관한 사항, ④ 조직형태의 변경에 관한 사항 등은 재적조합원 과반수의 출석과 출석조합원 3분의 2 이상의 찬성이 있어야 하나, ③ 기금의 설치에 관한 사항은 재적조합원 과반수의 출석과 출석조합원 과반수의 찬성으로 의결이 가능하다(노조법 제16조 제1항 제5호, 제2항 참조).

답 ❸

060 CHECK ○△×

노동조합 및 노동관계조정법상 명문으로 조합원의 직접 · 비밀 · 무기명투표에 의하여야 한다고 규정하고 있지 않은 것은? 22 국가직 7급

① 규약의 제정 · 변경에 관한 사항
② 대의원의 선출
③ 합병 · 분할 또는 해산에 관한 사항
④ 임원의 선거 · 해임에 관한 사항

해설

① (○), ② (○), ③ (×), ④ (○)

① 규약의 제정 · 변경에 관한 사항, ④ 임원의 선거 · 해임에 관한 사항, ② 대의원의 선출 등은 조합원의 직접 · 비밀 · 무기명투표에 의하여야 하나(노조법 제16조 제4항, 제17조 제2항), ③ 합병 · 분할 또는 해산에 관한 사항에 대하여는 투표방식에 대한 명문의 규정은 없다.

답 ❸

061 CHECK ○△×

노동조합 및 노동관계조정법령상 연합단체인 노동조합에 관한 설명으로 옳지 않은 것은? 14 노무

① 산업별 연합단체인 노동조합을 설립하고자 하는 자는 신고서에 규약을 첨부하여 고용노동부장관에게 제출하여야 한다.
② 단위노동조합이 연합단체인 노동조합에 가입하는 경우에는 그 연합단체인 노동조합의 규약이 정하는 의무를 성실하게 이행해야 한다.
③ 노동조합은 소속된 연합단체가 있는 경우에 그 명칭을 규약에 기재하여야 한다.
④ 총연합단체인 노동조합은 소속 노동조합의 활동에 대하여 협조 · 지원 또는 지도할 수 없다.
⑤ 연합단체인 노동조합은 규약에 그 구성단체에 관한 사항을 기재하여야 한다.

해설

① (○) 노조법 제10조 제1항
② (○) 노조법 시행령 제8조 제1항
③ (○) 노조법 제11조 제5호
④ (×) 총연합단체인 노동조합 또는 산업별 연합단체인 노동조합은 해당 노동조합에 가입한 노동조합의 활동에 대하여 협조 · 지원 또는 지도할 수 있다(노조법 시행령 제8조 제2항).
⑤ (○) 노조법 제11조 제4호

답 ❹

062 노동조합 및 노동관계조정법상 노동조합 전임자 및 근로시간 면제한도에 관한 설명으로 옳지 않은 것은?(다툼이 있는 경우에는 판례에 의함) 14 노무

CHECK ○△×

① 근로시간 면제한도를 정하기 위하여 근로시간면제심의위원회를 경제사회노동위원회에 둔다.
② 노동조합 및 노동관계조정법상 노동조합 전임자 급여지원 행위를 부당노동행위로 규정하고 있다.
③ 전임자가 담당하는 노동조합업무가 사용자의 사업과는 무관한 상부 또는 연합관계에 있는 노동단체와 관련된 활동이라면 그 활동에 따른 재해는 업무상 재해에 해당되지 않는다.
④ 단체협약에 노조전임규정이 있더라도 그 내용상 사용자의 노조전임발령 없이 근로제공의무가 면제됨이 명백한 경우 등의 특별한 사정이 없는 한 원칙적으로 노조전임발령 전에는 근로제공의무가 면제될 수 없다.
⑤ 노동조합이 전임운용권을 갖고 있더라도 노동조합의 전임자 통지가 조합원에 대한 사용자의 인사명령을 거부하기 위한 수단으로 이용된 경우에는 그 전임운용권의 행사는 권리남용에 해당될 수 있다.

해설

① (○) 노조법 제24조의2 제1항
② (×) 노동조합 전임자 급여지원 행위를 부당노동행위로 규정하고 있던 노조법 제81조 제1항 제4호는 2021.1.5. 노조법 개정으로 삭제되었다.
③ (○) 노동조합업무 전임자가 근로계약상 본래 담당할 업무를 면하고 노동조합의 업무를 전임하게 된 것이 사용자인 회사의 승낙에 의한 것이며 재해 발생 당시 근로자의 지위를 보유하고 있었고 그 질병이 노동조합업무 수행 중 육체적·정신적 과로로 인하여 발병된 경우, 특별한 사정이 없는 한 이는 근로기준법상 재해보상이 되는 업무상 재해로 보아야 하고, 다만 그 업무의 성질상 사용자의 사업과는 무관한 상부 또는 연합관계에 있는 노동단체와 관련된 활동이거나 불법적인 노동조합 활동 또는 사용자와 대립관계로 되는 쟁의단계에 들어간 이후의 노동조합활동 중에 생긴 재해 등은 이를 업무상 재해로 볼 수 없다(대판 1996.6.28. 96다12733).
④ (○) 대판 1997.4.25. 97다6926
⑤ (○) 대판 2009.12.24. 2009도9347

답 ❷

063 노동조합 및 노동관계조정법상 노동조합의 규약에 기재하여야 하는 사항으로 명시되어 있지 않은 것은? 21 노무

CHECK ○△×

① 회의에 관한 사항
② 규약변경에 관한 사항
③ 소속된 연합단체가 있는 경우에는 그 명칭
④ 단체협약의 체결에 관한 권한의 위임에 관한 사항
⑤ 쟁의행위와 관련된 찬반투표결과의 공개, 투표자 명부 및 투표용지 등의 보존·열람에 관한 사항

해설

① (×) 노조법 제11조 제7호
② (×) 노조법 제11조 제10호
③ (×) 노조법 제11조 제5호
④ (○) 단체협약의 체결에 관한 권한의 위임에 관한 사항은 노조법 제11조에서 정한 규약의 기재사항에 해당하지 아니한다.
⑤ (×) 노조법 제11조 제12호

답 ❹

064 노동조합 및 노동관계조정법상 노동조합에 관한 설명으로 옳지 않은 것은?(다툼이 있으면 판례에 따름)

CHECK ○△×

21 노무

① 조직형태의 변경에 관한 사항은 총회에서 재적조합원 과반수의 출석과 출석조합원 3분의 2 이상의 찬성이 있어야 한다.

② 노동조합이 존속 중에 그 조합원의 범위를 변경하는 조직변경은 변경 전후의 조합의 실질적 동일성이 인정되는 범위 내에서 인정된다.

③ 산업별 노동조합의 지회는 산업별 노동조합의 활동을 위한 내부적인 조직에 그치더라도 총회의 결의를 통하여 그 소속을 변경하고 독립한 기업별 노동조합으로 전환할 수 있다.

④ 총회의 해산결의로 인하여 노동조합이 해산한 때에는 그 대표자는 해산한 날부터 15일 이내에 행정관청에게 이를 신고하여야 한다.

⑤ 노동조합의 임원이 없고 노동조합으로서의 활동을 1년 이상 하지 아니한 것으로 인정되는 경우로서 행정관청이 노동위원회의 의결을 얻은 경우에 노동조합은 해산한다.

해설

① (○) 총회는 재적조합원 과반수의 출석과 출석조합원 과반수의 찬성으로 의결한다. 다만, 규약의 제정·변경, 임원의 해임, 합병·분할·해산 및 조직형태의 변경에 관한 사항은 재적조합원 과반수의 출석과 출석조합원 3분의 2 이상의 찬성이 있어야 한다(노조법 제16조 제2항).

② (○) 노동조합이 존속 중에 그 조합원의 범위를 변경하는 조직변경은 변경 후의 조합이 변경 전 조합의 재산관계 및 단체협약의 주체로서의 지위를 그대로 승계한다는 조직변경의 효과에 비추어 볼 때 변경 전후의 조합의 실질적 동일성이 인정되는 범위 내에서 인정된다(대판 2002.7.26. 2001두5361).

③ (×) 산업별 노동조합의 지회 등이라 하더라도, 그 외형과 달리 독자적인 노동조합 또는 노동조합 유사의 독립한 근로자단체로서 법인 아닌 사단에 해당하는 경우에는, 자주적·민주적인 총회의 결의를 통하여 그 소속을 변경하고 독립한 기업별 노동조합으로 전환할 수 있다고 보아야 한다. 다만, 산업별 노동조합의 지회 등이 산업별 노동조합의 활동을 위한 내부적인 조직에 그친다면 그와 같은 결의를 허용할 수 없을 것이므로, 먼저 독자적인 노동조합 또는 노동조합 유사의 독립한 근로자단체로서의 실질을 갖추고 있는지에 관하여 신중하게 심리·판단하여야 한다(대판 2016.2.19. 2012다96120[전합]).

④ (○) 노조법 제28조 제2항

⑤ (○) 노조법 제28조 제1항 제4호

해산사유(노조법 제28조)

① 노동조합은 다음 각 호의 1에 해당하는 경우에는 해산한다.
1. 규약에서 정한 해산사유가 발생한 경우
2. 합병 또는 분할로 소멸한 경우
3. 총회 또는 대의원회의 해산결의가 있는 경우
4. 노동조합의 임원이 없고 노동조합으로서의 활동을 1년 이상 하지 아니한 것으로 인정되는 경우로서 행정관청이 노동위원회의 의결을 얻은 경우

② 제1항 제1호 내지 제3호의 사유로 노동조합이 해산한 때에는 그 대표자는 해산한 날부터 15일 이내에 행정관청에게 이를 신고하여야 한다.

답 ③

065

CHECK
○△×

노동조합 및 노동관계조정법령상 근로시간면제제도에 관한 설명으로 옳지 않은 것은?(다툼이 있으면 판례에 따름) 19 노무

① 근로시간면제자에 대한 근로시간면제한도를 정하기 위하여 근로시간면제심의위원회를 경제사회노동위원회법에 따른 경제사회노동위원회에 둔다.

② 단체협약으로 정하거나 사용자의 동의로 사용자 또는 노동조합으로부터 급여를 지급받으면서 근로계약 소정의 근로를 제공하지 아니하고 노동조합의 업무에 종사하는 근로자의 정당한 노동조합활동을 제한하여서는 아니 된다.

③ 노동조합은 노동조합전임자의 급여지급을 요구하고 이를 관철할 목적으로 쟁의행위를 하여서는 아니 된다.

④ 고용노동부장관은 경제사회노동위원회 위원장이 통보한 근로시간면제한도를 고시하여야 한다.

⑤ 근로시간면제심의위원회는 근로자를 대표하는 위원과 사용자를 대표하는 위원 및 공익을 대표하는 위원 각 5명씩 성별을 고려하여 구성한다.

해설

① (○) 노조법 제24조의2 제1항

② (○) 노조법 제24조 제3항

③ (×) 노동조합은 노동조합전임자의 급여지급을 요구하고 이를 관철할 목적으로 쟁의행위를 하여서는 아니 된다고 규정한 노조법 제24조 제5항은 2021.1.5. 노조법 개정으로 삭제되었다.

④ (○) 노조법 제24조의2 제4항

⑤ (○) 노조법 제24조의2 제5항

답 ❸

066

CHECK
○△×

노동조합 및 노동관계조정법상 노동조합의 해산에 관한 설명으로 옳지 않은 것은? 20 노무

① 규약에서 정한 해산사유가 발생한 경우에 노동조합은 해산한다.

② 노동조합이 합병으로 소멸한 경우에 노동조합은 해산한다.

③ 노동조합의 임원이 없고 노동조합으로서의 활동을 1년 이상 하지 아니한 경우에 노동조합은 해산한다.

④ 노동조합규약으로 총회에 갈음하는 대의원회를 둔 때에는 대의원회의 해산결의가 있는 경우에 노동조합은 해산한다.

⑤ 노동조합이 분할로 소멸한 경우에 노동조합은 해산한다.

해설

① (○), ② (○), ③ (×), ④ (○), ⑤ (○)

노동조합은 노동조합의 임원이 없고 노동조합으로서의 활동을 1년 이상 하지 아니한 것으로 인정되는 경우로서 행정관청이 노동위원회의 의결을 얻은 경우에는 해산한다(노조법 제28조 제1항 제4호).

답 ❸

067 노동조합 및 노동관계조정법령상 근로시간면제심의위원회에 대한 설명으로 옳지 않은 것은?

CHECK ○△×

23 국가직 9급

① 근로시간면제자에 대한 근로시간 면제 한도를 정하기 위하여 근로시간면제심의위원회를 경제사회노동위원회에 둔다.

② 근로시간면제심의위원회의 공익을 대표하는 위원은 고용노동부장관이 추천한 15명 중에서 노동단체와 경영자단체가 순차적으로 배제하고 남은 사람으로 한다.

③ 근로시간면제심의위원회는 근로시간 면제 한도를 심의·의결하고, 3년마다 그 적정성 여부를 재심의하여 의결할 수 있다.

④ 근로시간면제심의위원회는 경제사회노동위원회 위원장으로부터 근로시간 면제 한도를 정하기 위한 심의 요청을 받은 때에는 그 심의 요청을 받은 날부터 60일 이내에 심의·의결해야 한다.

해설

① (○) 노조법 제24조의2 제1항
② (×) 노조법 제24조의2 제5항 제3호
③ (○) 노조법 제24조의2 제2항
④ (○) 노조법 시행령 제11조의6 제1항

근로시간면제심의위원회(노조법 제24조의2)

① 근로시간면제자에 대한 근로시간 면제 한도를 정하기 위하여 근로시간면제심의위원회(이하 이 조에서 "위원회")를 경제사회노동위원회법에 따른 경제사회노동위원회(이하 "경제사회노동위원회")에 둔다.
② 위원회는 근로시간 면제 한도를 심의·의결하고, 3년마다 그 적정성 여부를 재심의하여 의결할 수 있다.
③ 경제사회노동위원회 위원장은 제2항에 따라 위원회가 의결한 사항을 고용노동부장관에게 즉시 통보하여야 한다.
④ 고용노동부장관은 제3항에 따라 경제사회노동위원회 위원장이 통보한 근로시간 면제 한도를 고시하여야 한다.
⑤ 위원회는 다음 각 호의 구분에 따라 근로자를 대표하는 위원과 사용자를 대표하는 위원 및 공익을 대표하는 위원 각 5명씩 성별을 고려하여 구성한다.
1. 근로자를 대표하는 위원 : 전국적 규모의 노동단체가 추천하는 사람
2. 사용자를 대표하는 위원 : 전국적 규모의 경영자단체가 추천하는 사람
3. 공익을 대표하는 위원 : 경제사회노동위원회 위원장이 추천한 15명 중에서 제1호에 따른 노동단체와 제2호에 따른 경영자단체가 순차적으로 배제하고 남은 사람
⑥ 위원회의 위원장은 제5항 제3호에 따른 위원 중에서 위원회가 선출한다.
⑦ 위원회는 재적위원 과반수의 출석과 출석위원 과반수의 찬성으로 의결한다.

위원회의 운영(노조법 시행령 제11조의6)

① 위원회는 경제사회노동위원회 위원장으로부터 근로시간 면제 한도를 정하기 위한 심의 요청을 받은 때에는 그 심의 요청을 받은 날부터 60일 이내에 심의·의결해야 한다.
② 위원회의 사무를 처리하기 위하여 위원회에 간사 1명을 두며, 간사는 경제사회노동위원회 소속 직원 중에서 경제사회노동위원회 위원장이 지명한다.
③ 위원회의 위원에 대해서는 예산의 범위에서 그 직무 수행을 위하여 필요한 수당과 여비를 지급할 수 있다.
④ 위원회의 위원장은 필요한 경우에 관계 행정기관 공무원 중 관련 업무를 수행하는 공무원으로 하여금 위원회의 회의에 출석하여 발언하게 할 수 있다.
⑤ 위원회에 근로시간 면제 제도에 관한 전문적인 조사·연구업무를 수행하기 위하여 전문위원을 둘 수 있다.

답 ❷

068 노동조합 및 노동관계조정법령상 노동조합의 해산에 관한 설명으로 옳지 않은 것은? 19 노무

CHECK ○△×

① 노동조합규약에서 정한 해산사유가 발생한 경우에 노동조합은 해산한다.

② 노동조합의 임원이 없고 노동조합으로서의 활동을 1년 이상 하지 아니한 것으로 인정되는 경우로서 행정관청이 노동위원회의 의결을 얻은 경우에 노동조합은 해산한다.

③ 노동조합이 합병으로 소멸한 경우에 노동조합은 해산한다.

④ 노동조합 총회에서 재적조합원 과반수의 출석과 출석조합원 과반수의 찬성으로 노동조합 해산결의가 있는 경우에 노동조합은 해산한다.

⑤ 노동조합 총회의 해산결의를 사유로 노동조합이 해산한 때에는 그 대표자는 해산한 날부터 15일 이내에 행정관청에 이를 신고하여야 한다.

해설

① (○) 노조법 제28조 제1항 제1호

② (○) 노조법 제28조 제1항 제4호

③ (○) 노조법 제28조 제1항 제2호

④ (×) 총회는 재적조합원 과반수의 출석과 출석조합원 과반수의 찬성으로 의결한다. 다만, 규약의 제정·변경, 임원의 해임, 합병·분할·해산 및 조직형태의 변경에 관한 사항은 재적조합원 과반수의 출석과 출석조합원 3분의 2 이상의 찬성이 있어야 한다(노조법 제16조 제2항).

⑤ (○) 노조법 제28조 제2항

해산사유(노조법 제28조)

① 노동조합은 다음 각 호의 1에 해당하는 경우에는 해산한다.

1. 규약에서 정한 해산사유가 발생한 경우
2. 합병 또는 분할로 소멸한 경우
3. 총회 또는 대의원회의 해산결의가 있는 경우
4. 노동조합의 임원이 없고 노동조합으로서의 활동을 1년 이상 하지 아니한 것으로 인정되는 경우로서 행정관청이 노동위원회의 의결을 얻은 경우

② 제1항 제1호 내지 제3호의 사유로 노동조합이 해산한 때에는 그 대표자는 해산한 날부터 15일 이내에 행정관청에게 이를 신고하여야 한다.

답 ❹

069 노동조합 및 노동관계조정법상 근로시간면제심의위원회(이하 "위원회"라 한다)에 관한 설명으로 옳지 않은 것은? 20 노무

CHECK ○△×

① 근로시간면제자에 대한 근로시간면제한도를 정하기 위하여 근로시간면제심의위원회를 경제사회노동위원회법에 따른 경제사회노동위원회에 둔다.

② 위원회는 근로시간면제한도를 심의·의결하고, 3년마다 그 적정성 여부를 재심의하여 의결할 수 있다.

③ 위원회는 근로자를 대표하는 위원과 사용자를 대표하는 위원 및 공익을 대표하는 위원 각 5명씩 성별을 고려하여 구성한다.

④ 위원장은 공익을 대표하는 위원 중에서 고용노동부장관이 지명한다.

⑤ 위원회는 재적위원 과반수의 출석과 출석위원 과반수의 찬성으로 의결한다.

해설

① (O) 노조법 제24조의2 제1항
② (O) 노조법 제24조의2 제2항
③ (O) 노조법 제24조의2 제5항
④ (×) 위원장은 공익을 대표하는 위원 중에서 위원회가 선출한다(노조법 제24조의2 제6항).
⑤ (O) 노조법 제24조의2 제7항

답 ❹

070 노동조합 및 노동관계조정법령상 노동조합활동에 관한 설명으로 옳지 않은 것은?(다툼이 있으면 판례에 따름) 19 노무

CHECK ○△×

① 사업장 내의 노동조합활동은 사용자의 시설관리권에 바탕을 둔 합리적인 규율이나 제약에 따라야 한다.
② 노동조합활동은 근로조건의 유지 개선과 근로자의 경제적 지위의 향상을 도모하기 위하여 필요하고 근로자들의 단결 강화에 도움이 되는 행위이어야 한다.
③ 노동조합활동은 취업규칙이나 단체협약에 별도의 허용규정이 있더라도 취업시간 외에 행하여져야 한다.
④ 단체협약에 유인물의 배포에 허가제를 채택하고 있는 경우 유인물 배포행위가 정당한가 아닌가는 허가가 있었는지 여부만 가지고 판단할 것은 아니고 그 유인물의 내용이나 배포방법 등 제반 사정을 고려하여 판단되어져야 한다.
⑤ 조합원이 조합의 결의에 따라서 한 노동조합의 조직적인 활동 그 자체가 아닐지라도 그 행위의 성질상 노동조합활동으로 볼 수 있을 때에는 노동조합의 업무를 위한 행위로 보아야 한다.

해설

① (O) 사업장 내의 조합활동은 사용자의 시설관리권과 충돌될 수 있기에 사용자의 시설관리권에 바탕을 둔 합리적인 규율이나 제약에 따라야 정당성이 인정된다(대판 1994.2.22. 93도613).
② (O) 대판 1994.2.22. 93도613
③ (×) 조합활동은 취업규칙이나 단체협약에 별도의 허용규정이 있거나 관행 또는 사용자의 승낙이 있는 경우 외에는 취업시간(근무시간) 외에 행하여져야 한다(대판 1994.2.22. 93도613).
④ (O) 대판 1991.11.12. 91누4164
⑤ (O) 노조법 제81조 제1항 제1호 소정의 "노동조합의 업무를 위한 정당한 행위"란 일반적으로는 정당한 노동조합의 활동을 가리킨다고 할 것이나, 조합원이 조합의 결의나 조합의 구체적인 지시에 따라서 한 노동조합의 조직적인 활동 그 자체가 아닐지라도 그 행위의 성질상 노동조합의 활동으로 볼 수 있거나, 노동조합의 묵시적인 수권 혹은 승인을 받았다고 볼 수 있을 때에는 노동조합의 업무를 위한 행위로 보아야 할 것이다(대판 1991.11.12. 91누4164).

답 ❸

071 노동조합 및 노동관계조정법령상 노동조합의 관리에 관한 설명이다. (　　)에 들어갈 내용으로 옳은 것은?

CHECK ○△×

17 노무

> • 행정관청은 노동조합에 총회 또는 대의원회의 소집권자가 없는 경우에 조합원 또는 대의원의 3분의 1 이상이 회의에 부의할 사항을 제시하고 소집권자의 지명을 요구한 때에는 (ㄱ)일 이내에 회의의 소집권자를 지명하여야 한다.
> • 총회 또는 대의원회는 회의개최일 (ㄴ)일 전까지 그 회의에 부의할 사항을 공고하고 규약에 정한 방법에 의하여 소집하여야 한다.

① ㄱ : 10, ㄴ : 5
② ㄱ : 10, ㄴ : 7
③ ㄱ : 15, ㄴ : 7
④ ㄱ : 15, ㄴ : 10
⑤ ㄱ : 30, ㄴ : 10

해설

• 행정관청은 노동조합에 총회 또는 대의원회의 소집권자가 없는 경우에 조합원 또는 대의원의 3분의 1 이상이 회의에 부의할 사항을 제시하고 소집권자의 지명을 요구한 때에는 15일 이내에 회의의 소집권자를 지명하여야 한다(노조법 제18조 제4항).
• 총회 또는 대의원회는 회의개최일 7일 전까지 그 회의에 부의할 사항을 공고하고 규약에 정한 방법에 의하여 소집하여야 한다. 다만, 노동조합이 동일한 사업장 내의 근로자로 구성된 경우에는 그 규약으로 공고기간을 단축할 수 있다(노조법 제19조).

답 ❸

072 노동조합 및 노동관계조정법령상 근로시간면제자 등에 관한 설명으로 옳지 않은 것은?(다툼이 있으면 판례에 따름)

CHECK ○△×

17 노무

① 근로시간면제자에 대한 근로시간면제한도를 정하기 위하여 근로시간면제심의위원회를 경제사회노동위원회법에 따른 경제사회노동위원회에 둔다.
② 노동조합은 노동조합전임자의 급여지급을 요구하고 이를 관철할 목적으로 쟁의행위를 하여서는 아니 된다.
③ 단체협약으로 정하거나 사용자의 동의로 사용자 또는 노동조합으로부터 급여를 지급받으면서 근로계약 소정의 근로를 제공하지 아니하고 노동조합의 업무에 종사하는 근로자의 정당한 노동조합활동을 제한하여서는 아니 된다.
④ 근로시간면제한도를 초과하는 내용을 정한 단체협약 또는 사용자의 동의는 그 부분에 한정하여 무효로 한다.
⑤ 근로자는 단체협약으로 정하거나 사용자의 동의가 있는 경우에는 사용자 또는 노동조합으로부터 급여를 지급받으면서 근로계약 소정의 근로를 제공하지 아니하고 노동조합의 업무에 종사할 수 있다.

해설

① (O) 노조법 제24조의2 제1항
② (×) 노동조합은 노동조합전임자의 급여지급을 요구하고 이를 관철할 목적으로 쟁의행위를 하여서는 아니 된다고 규정한 노조법 제24조 제5항은 2021.1.5. 노조법 개정으로 삭제되었다.
③ (O) 노조법 제24조 제3항
④ (O) 노조법 제24조 제4항
⑤ (O) 노조법 제24조 제1항

답 ❷

073 CHECK ○△×

노동조합 및 노동관계조정법령상 노동조합의 조직변경에 관한 설명으로 옳지 않은 것은?(다툼이 있으면 판례에 따름) 17 노무

① 노동조합이 존속 중에 그 조합원의 범위를 변경하는 조직변경은 변경 전후 노동조합의 실질적 동일성이 인정되는 범위 내에서 인정된다.
② 어느 사업장의 근로자로 구성된 노동조합이 다른 사업장의 노동조합을 결성하거나 그 조직형태 등을 결정할 수는 없다.
③ 노동조합의 조직형태 변경은 총회에서 재적조합원 과반수의 출석과 출석조합원 3분의 2 이상의 찬성이 있어야 한다.
④ 조직변경이 유효하게 이루어진 경우에 변경 후의 노동조합이 변경 전 노동조합의 재산관계 및 단체협약의 주체로서의 지위를 그대로 승계한다.
⑤ 산업별 노동조합의 지회가 노동조합 유사의 독립한 근로자단체로서 법인 아닌 사단에 해당하는 경우, 조직형태 변경 결의를 통하여 기업별 노동조합으로 전환할 수 없다.

해설

① (O) 노동조합이 존속 중에 그 조합원의 범위를 변경하는 조직변경은 변경 후의 조합이 변경 전의 조합의 재산관계 및 단체협약의 주체로서의 지위를 그대로 승계한다는 조직변경의 효과에 비추어 볼 때 변경 전후의 조합의 실질적 동일성이 인정되는 범위 내에서 인정된다(대판 1997.7.25. 95누4377).
② (O) 노동조합은 구성원인 근로자가 주체가 되어 자주적으로 단결하고 민주적으로 운영되어야 하므로 어느 사업장의 근로자로 구성된 노동조합이 다른 사업장의 노동조합을 결성하거나 그 조직형태 등을 결정할 수는 없다(대판 1997.7.25. 95누4377).
③ (O) 규약의 제정·변경, 임원의 해임, 합병·분할·해산 및 조직형태의 변경에 관한 사항은 재적조합원 과반수의 출석과 출석조합원 3분의 2 이상의 찬성이 있어야 한다(노조법 제16조 제2항 단서).
④ (O) 유효한 조직형태 변경이 이루어지면 변경 후 노조가 변경 전 노조의 재산관계의 주체로서의 지위를 그대로 승계한다(대판 1997.7.25. 95누4377).
⑤ (×) 산업별 노동조합의 지회 등이 독자적으로 단체교섭을 진행하고 단체협약을 체결하지는 못하더라도, 법인 아닌 사단의 실질을 가지고 있어 기업별 노동조합과 유사한 근로자단체로서 독립성이 인정되는 경우에, 그 지회 등은 스스로 고유한 사항에 관하여 산업별 노동조합과 독립하여 의사를 결정할 수 있는 능력을 가지고 있다. 따라서 자주적인 총회의 결의를 통하여 그 소속을 변경하고 독립한 기업별 노동조합으로 전환할 수 있다고 한다(대판 2016.2.19. 2012다96120[전합]).

답 ❺

074 노동조합 및 노동관계조정법령상 노동조합 대표자 및 총회에 관한 설명으로 옳지 않은 것은?

CHECK ○△×

16 노무

① 노동조합의 대표자는 총회의 의장이 된다.
② 노동조합의 대표자는 필요하다고 인정할 때에는 임시총회 또는 임시대의원회를 소집할 수 있다.
③ 노동조합은 규약으로 총회에 갈음할 대의원회를 둘 수 있다.
④ 노동조합은 매년 1회 이상 총회를 개최하여야 한다.
⑤ 규약의 변경에 관한 총회의 의결은 재적조합원 과반수의 출석과 출석조합원 과반수의 찬성이 있어야 한다.

해설

① (○) 노조법 제15조 제2항
② (○) 노조법 제18조 제1항
③ (○) 노조법 제17조 제1항
④ (○) 노조법 제15조 제1항
⑤ (×) 총회는 재적조합원 과반수의 출석과 출석조합원 과반수의 찬성으로 의결한다. 다만, 규약의 제정·변경, 임원의 해임, 합병·분할·해산 및 조직형태의 변경에 관한 사항은 재적조합원 과반수의 출석과 출석조합원 3분의 2 이상의 찬성이 있어야 한다(노조법 제16조 제2항).

답 ❺

075 노동조합 및 노동관계조정법상 노동조합의 총회 등에 관한 설명으로 옳지 않은 것은?

15 노무

CHECK ○△×

① 노동조합은 규약으로 총회에 갈음할 대의원회를 둘 수 있다.
② 노동조합 임원을 해임하고자 하는 경우에는 총회에서 재적조합원 과반수 출석과 출석조합원 3분의 2 이상의 찬성이 있어야 한다.
③ 임원의 선거에 있어서 재적조합원 과반수의 찬성을 얻은 자가 없는 경우에는 결선투표에서 다수의 찬성을 얻은 자를 임원으로 선출할 수 있다.
④ 노동조합이 특정 조합원에 관한 사항을 의결할 경우에는 그 조합원은 표결권이 없다.
⑤ 노동조합의 대표자는 총회의 의장이 된다.

해설

① (○) 노조법 제17조 제1항
② (○) 노조법 제16조 제2항 단서
③ (×) 임원의 선거에 있어서 출석조합원 과반수의 찬성을 얻은 자가 없는 경우에는 규약이 정하는 바에 따라 결선투표를 실시하여 다수의 찬성을 얻은 자를 임원으로 선출할 수 있다(노조법 제16조 제3항).
④ (○) 노동조합이 특정 조합원에 관한 사항을 의결할 경우에는 그 조합원은 표결권이 없다(노조법 제20조).
⑤ (○) 노조법 제15조 제2항

답 ❸

076 노동조합 및 노동관계조정법상 근로시간면제자 등에 관한 설명으로 옳지 않은 것은?(다툼이 있는 경우에는 판례에 의함) 15 노무

CHECK ○△×

① 노동조합은 노동조합전임자의 급여지급을 요구하고 이를 관철할 목적으로 쟁의행위를 하여서는 아니 된다.
② 근로시간면제한도를 초과하는 내용을 정한 단체협약 또는 사용자의 동의는 그 부분에 한정하여 무효로 한다.
③ 단체협약으로 정하거나 사용자의 동의로 사용자 또는 노동조합으로부터 급여를 지급받으면서 근로계약 소정의 근로를 제공하지 아니하고 노동조합의 업무에 종사하는 근로자의 정당한 노동조합활동을 제한해서는 아니 된다.
④ 고용노동부장관은 경제사회노동위원회 위원장이 통보한 근로시간면제한도를 고시하여야 한다.
⑤ 근로시간면제심의위원회는 재적위원 과반수의 출석과 출석위원 과반수의 찬성으로 의결한다.

해설

① (×) 노동조합은 노동조합전임자의 급여지급을 요구하고 이를 관철할 목적으로 쟁의행위를 하여서는 아니 된다고 규정한 노조법 제24조 제5항은 2021.1.5. 노조법 개정으로 삭제되었다.
② (○) 노조법 제24조 제4항
③ (○) 노조법 제24조 제3항
④ (○) 노조법 제24조의2 제4항
⑤ (○) 노조법 제24조의2 제7항

답 ❶

077 노동조합 및 노동관계조정법상 노동조합 회계감사 등에 관한 설명으로 옳지 않은 것은? 15 노무

CHECK ○△×

① 노동조합의 대표자는 그 회계감사원으로 하여금 6월에 1회 이상 당해 노동조합의 모든 재원 및 용도 등에 대한 회계감사를 실시하게 하고 그 내용과 감사결과를 전체 조합원에게 공개하여야 한다.
② 노동조합의 회계감사원은 필요하다고 인정할 경우에는 당해 노동조합의 회계감사를 실시하되 그 결과를 공개하여서는 아니 된다.
③ 노동조합의 대표자는 회계연도마다 결산결과와 운영상황을 공표하여야 한다.
④ 노동조합은 행정관청이 요구하는 경우에는 결산결과와 운영상황을 보고하여야 한다.
⑤ 행정관청은 노동조합으로부터 결산결과 또는 운영상황의 보고를 받으려는 경우에는 그 사유와 그 밖에 필요한 사항을 적은 서면으로 10일 이전에 요구해야 한다.

해설

① (○) 노조법 제25조 제1항
② (×) 노동조합의 회계감사원은 필요하다고 인정할 경우에는 당해 노동조합의 회계감사를 실시하고 그 결과를 공개할 수 있다(노조법 제25조 제2항).
③ (○) 노조법 제26조
④ (○) 노동조합은 행정관청이 요구하는 경우에는 결산결과와 운영상황을 보고하여야 한다(노조법 제27조).
⑤ (○) 노조법 시행령 제12조

답 ❷

078 노동조합 및 노동관계조정법상 조합원의 직접 · 비밀 · 무기명투표에 의하여야 하는 것을 모두 고른 것은? 14 노무

CHECK ○△×

ㄱ. 규약의 제정 · 변경
ㄴ. 임원의 선거 · 해임
ㄷ. 대의원의 선출
ㄹ. 노동조합의 쟁의행위 실시

① ㄱ, ㄴ
② ㄱ, ㄷ
③ ㄱ, ㄴ, ㄷ
④ ㄴ, ㄷ, ㄹ
⑤ ㄱ, ㄴ, ㄷ, ㄹ

해설

ㄱ. (○) 규약의 제정에 관한 사항은 조합원의 직접 · 비밀 · 무기명투표에 의하여야 한다(노조법 제16조 제4항).
ㄴ. (○) 임원의 선거 · 해임에 관한 사항은 조합원의 직접 · 비밀 · 무기명투표에 의하여야 한다(노조법 제16조 제4항).
ㄷ. (○) 대의원은 조합원의 직접 · 비밀 · 무기명투표에 의하여 선출되어야 한다(노조법 제17조 제2항).
ㄹ. (○) 노동조합의 쟁의행위는 그 조합원(교섭대표노동조합이 결정된 경우에는 그 절차에 참여한 노동조합의 전체 조합원)의 직접 · 비밀 · 무기명투표에 의한 조합원 과반수의 찬성으로 결정하지 아니하면 이를 행할 수 없다(노조법 제41조 제1항 전문).

답 ❺

079 노동조합 및 노동관계조정법상 총회 또는 대의원회에 관한 설명으로 옳지 않은 것은?(다툼이 있는 경우에는 판례에 의함) 14 노무

CHECK ○△×

① 대의원의 임기는 규약으로 정하되 3년을 초과할 수 없다.
② 임원의 선거에 있어서 출석조합원 과반수의 찬성을 얻은 자가 없는 경우에는 규약이 정하는 바에 따라 결선투표를 실시하여 다수의 찬성을 얻은 자를 임원으로 선출할 수 있다.
③ 연합단체의 설립 · 가입 또는 탈퇴에 관한 사항은 총회의 의결을 거쳐야 한다.
④ 노동조합의 대표자는 조합원의 3분의 1 이상이 회의에 부의할 사항을 제시하고 회의의 소집을 요구한 때에는 지체 없이 임시총회를 소집하여야 한다.
⑤ 노동조합은 매년 2회 이상 총회를 개최하여야 한다.

해설

① (○) 노조법 제17조 제4항
② (○) 임원의 선거에 있어서 출석조합원 과반수의 찬성을 얻은 자가 없는 경우에는 규약이 정하는 바에 따라 결선투표를 실시하여 다수의 찬성을 얻은 자를 임원으로 선출할 수 있다(노조법 제16조 제3항).
③ (○) 노조법 제16조 제1항 제6호
④ (○) 노조법 제18조 제2항
⑤ (×) 노동조합은 매년 1회 이상 총회를 개최하여야 한다(노조법 제15조 제1항).

총회의 의결사항(노조법 제16조)

① 다음 각 호의 사항은 총회의 의결을 거쳐야 한다.
1. 규약의 제정과 변경에 관한 사항
2. 임원의 선거와 해임에 관한 사항
3. 단체협약에 관한 사항
4. 예산・결산에 관한 사항
5. 기금의 설치・관리 또는 처분에 관한 사항
6. 연합단체의 설립・가입 또는 탈퇴에 관한 사항
7. 합병・분할 또는 해산에 관한 사항
8. 조직형태의 변경에 관한 사항
9. 기타 중요한 사항

② 총회는 재적조합원 과반수의 출석과 출석조합원 과반수의 찬성으로 의결한다. 다만, 규약의 제정・변경, 임원의 해임, 합병・분할・해산 및 조직형태의 변경에 관한 사항은 재적조합원 과반수의 출석과 출석조합원 3분의 2 이상의 찬성이 있어야 한다.

③ 임원의 선거에 있어서 출석조합원 과반수의 찬성을 얻은 자가 없는 경우에는 제2항 본문의 규정에 불구하고 규약이 정하는 바에 따라 결선투표를 실시하여 다수의 찬성을 얻은 자를 임원으로 선출할 수 있다.

④ 규약의 제정・변경과 임원의 선거・해임에 관한 사항은 조합원의 직접・비밀・무기명투표에 의하여야 한다.

답 ❺

080 노동조합의 임원에 관한 설명으로 옳지 않은 것은?

12 사시

CHECK ○△×

① 임원의 선거와 해임에 관한 사항은 총회의 의결사항이다.
② 임원의 해임은 재적 조합원 과반수의 출석과 출석 조합원 과반수의 찬성이 있어야 한다.
③ 임원의 선거에 있어서 출석 조합원 과반수의 찬성을 얻은 자가 없는 경우에는 규약이 정하는 바에 따라 결선투표를 실시하여 다수의 찬성을 얻은 자를 임원으로 선출할 수 있다.
④ 임원의 선거와 해임에 관한 사항은 조합원의 직접・비밀・무기명 투표에 의하여야 한다.
⑤ 임원의 자격은 규약으로 정하며, 임원의 임기도 규약으로 정하되, 3년을 초과할 수 없다.

해설

① (○) 노조법 제16조 제1항 제2호
② (×) 총회는 재적조합원 과반수의 출석과 출석조합원 과반수의 찬성으로 의결한다. 다만, 규약의 제정・변경, 임원의 해임, 합병・분할・해산 및 조직형태의 변경에 관한 사항은 재적조합원 과반수의 출석과 출석조합원 3분의 2 이상의 찬성이 있어야 한다(노조법 제16조 제2항).
③ (○) 노조법 제16조 제3항
④ (○) 규약의 제정・변경과 임원의 선거・해임에 관한 사항은 조합원의 직접・비밀・무기명투표에 의하여야 한다(노조법 제16조 제4항).
⑤ (○) 노동조합의 임원 자격은 규약으로 정한다. 이 경우 하나의 사업 또는 사업장을 대상으로 조직된 노동조합의 임원은 그 사업 또는 사업장에 종사하는 조합원 중에서 선출하도록 정한다. 임원의 임기는 규약으로 정하되 3년을 초과할 수 없다(노조법 제23조).

답 ❷

081 노동조합 및 노동관계조정법상 노동조합 등에 대한 설명으로 옳지 않은 것은?

22 국가직 9급

CHECK ○△×

① 노동조합 임원의 임기는 규약으로 정하되 2년을 초과할 수 없다.
② 종사근로자가 아닌 노동조합의 조합원은 사용자의 효율적인 사업 운영에 지장을 주지 아니하는 범위에서 사업 또는 사업장 내에서 노동조합 활동을 할 수 있다.
③ 하나의 사업 또는 사업장을 대상으로 조직된 노동조합의 대의원은 그 사업 또는 사업장에 종사하는 조합원 중에서 선출하여야 한다.
④ 종사근로자인 조합원이 해고되어 노동위원회에 부당노동행위의 구제신청을 한 경우에는 중앙노동위원회의 재심판정이 있을 때까지는 종사근로자로 본다.

해설

① (×) 노동조합의 임원의 임기는 규약으로 정하되 3년을 초과할 수 없다(노조법 제23조 제2항).
② (○) 사업 또는 사업장에 종사하는 근로자(이하 "종사근로자")가 아닌 노동조합의 조합원은 사용자의 효율적인 사업 운영에 지장을 주지 아니하는 범위에서 사업 또는 사업장 내에서 노동조합 활동을 할 수 있다(노조법 제5조 제2항).
③ (○) 노조법 제17조 제3항
④ (○) 노조법 제5조 제3항

답 ❶

082 노동조합 및 노동관계조정법상 노동조합의 관리 등에 대한 설명으로 옳지 않은 것은?

21 국가직 7급

CHECK ○△×

① 행정관청은 노동조합의 규약이 노동관계법령에 위반한 경우에는 노동위원회의 의결을 얻어 그 시정을 명할 수 있다.
② 행정관청은 노동조합의 결의 또는 처분이 규약에 위반된다고 인정할 경우에는 노동위원회의 의결을 얻어 그 시정을 명할 수 있으나, 이러한 시정명령은 이해관계인의 신청이 있는 경우에 한한다.
③ 노동조합은 행정관청이 요구하는 경우에는 결산결과와 운영상황을 보고하여야 한다.
④ 노동조합의 대표자는 그 회계감사원으로 하여금 1년에 1회 이상 당해 노동조합의 모든 재원 및 용도, 주요한 기부자의 성명, 현재의 경리 상황 등에 대한 회계감사를 실시하게 하고 조합원의 요구가 있을 때에는 그 내용과 감사결과를 전체조합원에게 공개하여야 한다.

해설

① (○) 노조법 제21조 제1항
② (○) 노조법 제21조 제2항
③ (○) 노조법 제27조
④ (×) 노조법 제25조 참조

> **회계감사(노조법 제25조)**
> ① 노동조합의 대표자는 그 회계감사원으로 하여금 6월에 1회 이상 당해 노동조합의 모든 재원 및 용도, 주요한 기부자의 성명, 현재의 경리 상황 등에 대한 회계감사를 실시하게 하고 그 내용과 감사결과를 전체 조합원에게 공개하여야 한다.
> ② 노동조합의 회계감사원은 필요하다고 인정할 경우에는 당해 노동조합의 회계감사를 실시하고 그 결과를 공개할 수 있다.

답 ❹

083 노동조합 및 노동관계조정법상 노동조합 전임자에 대한 설명으로 옳지 않은 것은?(다툼이 있는 경우 판례에 의함)

CHECK ○△×

18 국가직 7급

① 노동조합 전임자는 사용자와의 사이에 기본적 노사관계는 유지되고 기업의 근로자로서의 신분도 그대로 가진다.

② 노동조합 전임자들의 퇴직금을 산정함에 있어서는 노동조합 전임자로서 실제 지급받아온 급여를 기준으로 할 수 없고, 그들과 동일 직급 및 호봉 근로자들의 평균임금을 기준으로 하여 퇴직금을 산정하여야 한다.

③ 단체협약이 유효기간의 만료로 효력이 상실되었고, 단체협약상의 노조대표의 전임규정이 새로운 단체협약 체결시까지 효력을 지속시키기로 약정한 규범적 부분도 아닌 경우, 그 단체협약에 따라 노동조합 업무만을 전담하던 노동조합 전임자는 사용자의 원직 복귀명령에 응하여야 한다.

④ 노동조합의 업무는 사용자의 노무관리업무와 무관한 것이므로 근로계약 소정의 본래 업무를 면하고 노동조합의 업무를 전임하는 노동조합 전임자의 경우 출·퇴근에 대한 사규의 적용을 받지 않는다.

해설

① (○) 노동조합 전임자는 사용자와의 사이에 기본적 노사관계는 유지되고 근로자로서의 신분도 그대로 가지지만 근로제공의무가 면제되고 원칙적으로 그에 대한 사용자의 임금지급의무도 면제된다는 점에서 휴직상태에 있는 근로자와 유사하므로, 사용자가 단체협약 등에 따라 노동조합 전임자에게 일정한 금원을 지급하더라도 이를 근로의 대가인 임금이라고 할 수는 없다(대판 2013.11.28. 2011다39946).

② (○) 노동조합 전임자의 퇴직금을 산정함에 있어서는 노동조합 전임자로서 실제로 지급받아 온 급여를 기준으로 할 수는 없고, 근로자의 통상의 생활을 종전과 같이 보장하려는 퇴직금 제도의 취지에 비추어 볼 때, 그들과 동일 직급 및 호봉의 근로자들의 평균임금을 기준으로 하여 퇴직금을 산정함이 상당하다(대판 1998.4.24. 97다54727).

③ (○) 단체협약이 유효기간의 만료로 효력이 상실되었고, 단체협약상의 노조대표의 전임규정이 새로운 단체협약 체결시까지 효력을 지속시키기로 약정한 규범적 부분도 아닌 경우, 그 단체협약에 따라 노동조합 업무만을 전담하던 노조전임자는 사용자의 원직 복귀명령에 응하여야 할 것이므로 그 원직 복귀명령에 불응한 행위는 취업규칙 소정의 해고사유에 해당하고, 따라서 사용자가 원직 복귀명령에 불응한 노조전임자를 해고한 것은 정당한 인사권의 행사로서 그 해고사유가 표면적인 구실에 불과하여 징계권 남용에 의한 부당노동행위에 해당하지 않는다(대판 1997.6.13. 96누17738).

④ (×) 노조전임자라 할지라도 사용자와의 사이에 기본적 근로관계는 유지되는 것으로서 취업규칙이나 사규의 적용이 전면적으로 배제되는 것이 아니므로 단체협약에 조합전임자에 관하여 특별한 규정을 두거나 특별한 관행이 존재하지 아니하는 한 출·퇴근에 대한 사규의 적용을 받게 된다(대판 1995.4.11. 94다58087).

답 ④

084 노동조합 및 노동관계조정법령상 근로시간 면제제도에 대한 설명으로 옳지 않은 것은?(다툼이 있는 경우 판례에 의함)

CHECK ○△×

19 국가직 7급

① 근로시간면제심의위원회는 근로시간 면제 한도를 정할 때 시간과 이를 사용할 수 있는 인원으로 정할 수 있다.

② 근로시간 면제 한도를 초과하는 내용의 단체협약 또는 사용자의 동의는 그 부분에 한하여 무효로 한다.

③ 노동조합 및 노동관계조정법상 노동조합전임자에 대한 급여지원 행위를 부당노동행위로 규정하고 있다.

④ 근로시간 면제 한도를 초과하여 급여를 지급하는 행위는 부당노동행위이다.

해설

① (O) 근로시간면제심의위원회는 근로시간 면제 한도를 정할 때 사업 또는 사업장에 종사하는 근로자인 조합원 수와 해당 업무의 범위 등을 고려하여 시간과 이를 사용할 수 있는 인원으로 정할 수 있다(노조법 시행령 제11조의2).

② (O) 노조법 제24조 제4항

③ (×) · ④ (O) 노동조합의 전임자에게 급여를 지원하는 행위를 부당노동행위로 규정하고 있었던 노조법 제81조 제1항 제4호는 2021.1.5. 사용자가 근로시간 면제한도를 초과하여 급여를 지급하는 경우에 부당노동행위에 해당하는 것으로 개정되었다.

답 ❸

085 **노동조합 및 노동관계조정법상 노동조합 및 노동조합활동 등에 대한 설명으로 옳지 않은 것은?(다툼이 있는 경우 판례에 의함)**

CHECK ○△×

22 국가직 7급

① 사업 또는 사업장에 종사하는 근로자가 아닌 노동조합의 조합원은 사용자의 효율적인 사업 운영에 지장을 주지 아니하는 범위에서 사업 또는 사업장 내에서 노동조합 활동을 할 수 있다.

② 사업 또는 사업장에 종사하는 근로자인 조합원이 해고되어 노동위원회에 부당노동행위의 구제신청을 한 경우에는 중앙노동위원회의 재심판정이 있을 때까지는 사업 또는 사업장에 종사하는 근로자로 본다.

③ 노동조합에 대하여는 그 사업체를 포함하여 세법이 정하는 바에 따라 조세를 부과하지 아니한다.

④ 노동조합활동으로서 문서를 배포한 목적이 타인의 권리나 이익을 침해하려는 것이 아니라 노동조합원들의 단결이나 근로조건의 유지 · 개선과 근로자의 복지증진 기타 경제적 · 사회적 지위의 향상을 도모하기 위한 것이고, 또 그 문서의 내용이 전체적으로 보아 진실한 것이라면, 그 문서의 배포행위는 노동조합의 정당한 활동범위에 속하는 것으로 보아야 한다.

해설

① (O) 노조법 제5조 제2항

② (O) 노조법 제5조 제3항

③ (×) 노동조합에 대하여는 그 사업체를 제외하고는 세법이 정하는 바에 따라 조세를 부과하지 아니한다(노조법 제8조).

④ (O) 노동조합활동으로 문서를 배포한 목적이 타인의 권리나 이익을 침해하려는 것이 아니라 노동조합원들의 단결, 근로조건의 유지 · 개선, 근로자의 복지증진 그 밖의 경제적 · 사회적 지위의 향상을 도모하기 위한 것이고 또 그 문서의 내용이 전체적으로 보아 진실한 것이라면, 그와 같은 문서를 배포하는 행위는 노동조합의 정당한 활동범위에 속하는 것으로 보아야 한다. 문서에 기재되어 있는 문언으로 타인의 인격 · 신용 · 명예 등이 훼손 · 실추되거나 그렇게 될 염려가 있고 또 그 문서에 기재되어 있는 사실관계의 일부가 허위이거나 표현에 다소 과장되거나 왜곡된 점이 있다고 하더라도 마찬가지이다. 따라서 그와 같은 행위를 한 것을 이유로 문서를 작성 · 배포한 근로자를 해고하거나 근로자에게 불이익을 주는 것은 허용되지 않는다(대판 2018.2.13. 2014다33604).

답 ❸

CHAPTER

03 단체교섭권

제1절 단체교섭

최신유형

001 노동조합 및 노동관계조정법령상 교섭단위 결정 및 공정대표의무에 관한 설명으로 옳지 않은 것은? (다툼이 있으면 판례에 따름) 25 노무

CHECK ○△×

① 교섭단위 분리신청에 대한 노동위원회의 결정이 있기 전에 교섭 요구가 있는 때에는 교섭단위를 분리하는 결정이 있을 때까지 교섭요구 사실의 공고 등 교섭창구단일화절차의 진행은 정지된다.

② 공정대표의무는 단체교섭의 과정이나 그 결과물인 단체협약의 내용에는 적용되나 단체협약의 이행 과정에는 적용되지 않는다.

③ 노동조합 또는 사용자는 분리된 교섭단위를 통합하여 교섭하려는 경우에는, 사용자가 교섭요구사실을 공고하기 전에 노동위원회에 분리된 교섭단위를 통합하는 결정을 신청할 수 있다.

④ 사용자가 교섭창구 단일화 절차에 참여한 다른 노동조합을 차별한 것으로 인정되는 경우, 그와 같은 차별에 합리적인 이유가 있다는 점은 사용자에게 주장·증명책임이 있다.

⑤ 노동위원회는 공정대표의무 위반의 시정 신청에 따른 심문을 할 때에는 관계 당사자의 신청이 없는 경우에도 직권으로 증인을 출석하게 하여 질문할 수 있다.

해설

① (○) 교섭단위를 분리하거나 분리된 교섭단위를 통합하는 결정신청에 대한 노동위원회의 결정이 있기 전에 교섭요구가 있는 때에는 교섭단위를 분리하거나 분리된 교섭단위를 통합하는 결정이 있을 때까지 교섭요구 사실의 공고 등 교섭창구단일화절차의 진행은 정지된다(노조법 시행령 제14조의11 제5항).

② (×) 공정대표의무는 헌법이 보장하는 단체교섭권의 본질적 내용이 침해되지 않도록 하기 위한 제도적 장치로 기능하고, 교섭대표노동조합과 사용자가 체결한 단체협약의 효력이 교섭창구단일화절차에 참여한 다른 노동조합에도 미치는 것을 정당화하는 근거가 된다. 따라서 교섭대표노동조합이 사용자와 체결한 단체협약의 내용이 합리적 이유 없이 교섭대표노동조합이 되지 못한 노동조합 또는 그 조합원을 차별하는 경우 공정대표의무 위반에 해당한다. 그리고 이러한 공정대표의무의 취지와 기능 등에 비추어 보면, 공정대표의무는 단체교섭의 과정이나 그 결과물인 단체협약의 내용뿐만 아니라 단체협약의 이행과정에서도 준수되어야 한다(대판 2019.10.31. 2017두37772).

③ (○) 노동조합 또는 사용자는 교섭단위를 분리하거나 분리된 교섭단위를 통합하여 교섭하려는 경우에는 사용자가 교섭요구 사실을 공고하기 전에 노동위원회에 교섭단위를 분리하거나 분리된 교섭단위를 통합하는 결정을 신청할 수 있다(노조법 시행령 제14조의11 제1항 제1호).

④ (○) 교섭대표노동조합이나 사용자가 교섭창구 단일화 절차에 참여한 다른 노동조합 또는 그 조합원을 차별한 것으로 인정되는 경우, 그와 같은 차별에 합리적인 이유가 있다는 점은 교섭대표노동조합이나 사용자에게 그 주장·증명책임이 있다(대판 2018.9.13. 2017두40655).

교섭단위 결정(노조법 시행령 제14조의11)

① 노동조합 또는 사용자는 법 제29조의3 제2항에 따라 교섭단위를 분리하거나 분리된 교섭단위를 통합하여 교섭하려는 경우에는 다음 각 호에 해당하는 기간에 노동위원회에 교섭단위를 분리하거나 분리된 교섭단위를 통합하는 결정을 신청할 수 있다.

1. 제14조의3에 따라 사용자가 교섭요구 사실을 공고하기 전
2. 제14조의3에 따라 사용자가 교섭요구 사실을 공고한 경우에는 법 제29조의2에 따른 교섭대표노동조합이 결정된 날 이후

② 제1항에 따른 신청을 받은 노동위원회는 해당 사업 또는 사업장의 모든 노동조합과 사용자에게 그 내용을 통지해야 하며, 그 노동조합과 사용자는 노동위원회가 지정하는 기간까지 의견을 제출할 수 있다.

③ 노동위원회는 제1항에 따른 신청을 받은 날부터 30일 이내에 교섭단위를 분리하거나 분리된 교섭단위를 통합하는 결정을 하고 해당 사업 또는 사업장의 모든 노동조합과 사용자에게 통지해야 한다.

④ 제3항에 따른 통지를 받은 노동조합이 사용자와 교섭하려는 경우 자신이 속한 교섭단위에 단체협약이 있는 때에는 그 단체협약의 유효기간 만료일 이전 3개월이 되는 날부터 제14조의2 제2항에 따라 필요한 사항을 적은 서면으로 교섭을 요구할 수 있다.

⑤ 제1항에 따른 신청에 대한 노동위원회의 결정이 있기 전에 제14조의2에 따른 교섭 요구가 있는 때에는 교섭단위를 분리하거나 분리된 교섭단위를 통합하는 결정이 있을 때까지 제14조의3에 따른 교섭요구 사실의 공고 등 교섭창구단일화절차의 진행은 정지된다.

공정대표의무 위반에 대한 시정(노조법 시행령 제14조의12)

① 노동조합은 법 제29조의2에 따라 결정된 교섭대표노동조합과 사용자가 법 제29조의4 제1항을 위반하여 차별한 경우에는 고용노동부령으로 정하는 바에 따라 노동위원회에 공정대표의무 위반에 대한 시정을 신청할 수 있다.

② 노동위원회는 제1항에 따른 공정대표의무 위반의 시정 신청을 받은 때에는 지체 없이 필요한 조사와 관계당사자에 대한 심문(審問)을 하여야 한다.

③ 노동위원회는 제2항에 따른 심문을 할 때에는 관계 당사자의 신청이나 직권으로 증인을 출석하게 하여 필요한 사항을 질문할 수 있다.

④ 노동위원회는 제2항에 따른 심문을 할 때에는 관계 당사자에게 증거의 제출과 증인에 대한 반대심문을 할 수 있는 충분한 기회를 주어야 한다.

⑤ 노동위원회는 제1항에 따른 공정대표의무 위반의 시정 신청에 대한 명령이나 결정을 서면으로 하여야 하며, 그 서면을 교섭대표노동조합, 사용자 및 그 시정을 신청한 노동조합에 각각 통지하여야 한다.

⑤ (○) 노동위원회는 공정대표의무위반의 시정신청 따른 심문을 할 때에는 관계 당사자의 신청이나 직권으로 증인을 출석하게 하여 필요한 사항을 질문할 수 있다(노조법 시행령 제14조의12 제3항).

답 ❷

002 노동조합 및 노동관계조정법령상 교섭단위 결정 등에 관한 설명으로 옳지 않은 것은? 24 노무

CHECK ○△×

① 노동조합 또는 사용자는 사용자가 교섭요구 사실을 공고하기 전에는 노동위원회에 교섭단위를 분리하는 결정을 신청할 수 없다.

② 노동위원회는 법령에 따라 교섭단위 분리의 결정 신청을 받은 때에는 해당 사업 또는 사업장의 모든 노동조합과 사용자에게 그 내용을 통지하여야 한다.

③ 하나의 사업 또는 사업장에서 현격한 근로조건의 차이, 고용형태, 교섭 관행 등을 고려하여 교섭단위를 분리할 필요가 있다고 인정되는 경우에 노동위원회는 노동관계 당사자의 양쪽 또는 어느 한쪽의 신청을 받아 교섭단위를 분리하는 결정을 할 수 있다.

④ 교섭단위의 분리결정 신청은 사용자가 교섭요구 사실을 공고한 경우에는 교섭대표노동조합이 결정된 날 이후에 할 수 있다.

⑤ 교섭단위의 분리결정을 통지 받은 노동조합이 사용자와 교섭하려는 경우 자신이 속한 교섭단위에 단체협약이 있는 때에는 그 단체협약의 유효기간 만료일 이전 3개월이 되는 날부터 법령에 따라 필요한 사항을 적은 서면으로 교섭을 요구할 수 있다.

해설

① (×) 노동조합 또는 사용자는 교섭단위를 분리하거나 분리된 교섭단위를 통합하여 교섭하려는 경우에는 사용자가 교섭요구 사실을 공고하기 전에 노동위원회에 교섭단위를 분리하거나 분리된 교섭단위를 통합하는 결정을 신청할 수 있다(노조법 시행령 제14조의11 제1항 제1호).

② (○) 노동조합 또는 사용자로부터 교섭단위를 분리하거나 분리된 교섭단위를 통합하는 결정의 신청을 받은 노동위원회는 해당 사업 또는 사업장의 모든 노동조합과 사용자에게 그 내용을 통지해야 하며, 그 노동조합과 사용자는 노동위원회가 지정하는 기간까지 의견을 제출할 수 있다(노조법 시행령 제14조의11 제1항, 제2항).

③ (○) 하나의 사업 또는 사업장에서 현격한 근로조건의 차이, 고용형태, 교섭 관행 등을 고려하여 교섭단위를 분리하거나 분리된 교섭단위를 통합할 필요가 있다고 인정되는 경우에 노동위원회는 노동관계 당사자의 양쪽 또는 어느 한쪽의 신청을 받아 교섭단위를 분리하거나 분리된 교섭단위를 통합하는 결정을 할 수 있다(노조법 제29조의3 제2항).

④ (○) 노동조합 또는 사용자는 교섭단위를 분리하거나 분리된 교섭단위를 통합하여 교섭하려는 경우 사용자가 교섭요구 사실을 공고한 경우에는 교섭대표노동조합이 결정된 날 이후 노동위원회에 교섭단위를 분리하거나 분리된 교섭단위를 통합하는 결정을 신청할 수 있다(노조법 시행령 제14조의11 제1항 제2호).

⑤ (○) 노조법 시행령 제14조의11 제4항

답 ❶

003 노동조합 및 노동관계조정법상 단체교섭 및 단체협약에 대한 설명으로 옳지 않은 것은?

CHECK ○△×

23 국가직 9급

① 공동교섭대표단에 참여할 수 있는 노동조합은 그 조합원 수가 교섭창구 단일화 절차에 참여한 노동조합의 전체 조합원 100분의 10 이상인 노동조합으로 한다.

② 단체협약에서 업무상 재해로 인해 조합원이 사망한 경우에 직계가족 등 1인을 특별채용하도록 한 규정은 사용자의 채용의 자유를 과도하게 제한하고 채용 기회의 공정성을 현저히 해하는 결과를 초래하므로 민법 제103조에 의한 "선량한 풍속 기타 사회질서"에 위반되어 무효이다.

③ 교섭대표노동조합이 사용자와 단체교섭 과정에서 마련한 단체협약 잠정합의안에 대해 조합원 총회 또는 총회에 갈음할 대의원회의 찬반투표 절차를 거치면서 교섭창구 단일화 절차에 참여한 다른 노동조합의 조합원들에게 절차에 참여할 기회를 부여하지 않거나 그들의 찬반의사를 고려하여 가결 여부를 결정하지 않았다는 사정만으로 교섭대표노동조합의 절차적 공정대표의무 위반이라고 단정할 수 없다.

④ 노동조합과 사용자 사이에 근로조건 기타 노사관계에 관한 합의가 노사협의회의 협의를 거쳐서 성립되었더라도, 당사자 쌍방이 이를 단체협약으로 할 의사로 문서로 작성하여 당사자 쌍방의 대표자가 각 노동조합과 사용자를 대표하여 서명날인하는 등으로 단체협약의 실질적·형식적 요건을 갖추었다면 이는 단체협약이라고 보아야 한다.

해설

① (○) 교섭대표노동조합을 결정하지 못한 경우에는 공동교섭대표단을 구성하여 사용자와 교섭하여야 한다. 이때 공동교섭대표단에 참여할 수 있는 노동조합은 그 조합원 수가 교섭창구 단일화 절차에 참여한 노동조합의 전체 조합원 100분의 10 이상인 노동조합으로 한다(노조법 제29조의2 제5항).

② (×) 갑 주식회사 등이 노동조합과 체결한 각 단체협약에서 업무상 재해로 인해 조합원이 사망한 경우에 직계가족 등 1인을 특별채용하도록 규정한 이른바 '산재 유족 특별채용 조항'은 갑 회사 등의 채용의 자유를 과도하게 제한하는 정도에 이르거나 채용 기회의 공정성을 현저히 해하는 결과를 초래하였다고 볼 특별한 사정을 인정하기 어려우므로, 선량한 풍속 기타 사회질서에 위반되어 무효라고 볼 수 없다(대판 2020.8.27. 2016다248998[전합]).

③ (○) 대판 2020.10.29. 2019다262582

④ (○) 단체협약은 노동조합이 사용자 또는 사용자단체와 근로조건 기타 노사관계에서 발생하는 사항에 관한 합의를 문서로 작성하여 당사자 쌍방이 서명날인함으로써 성립하는 것이고, 그 합의가 반드시 정식의 단체교섭절차를 거쳐서 이루어져야만 하는 것은 아니다. 따라서 노동조합과 사용자 사이에 근로조건 기타 노사관계에 관한 합의가 노사협의회의 협의를 거쳐서 성립되었더라도, 당사자 쌍방이 이를 단체협약으로 할 의사로 문서로 작성하여 당사자 쌍방의 대표자가 각 노동조합과 사용자를 대표하여 서명날인하는 등으로 단체협약의 실질적·형식적 요건을 갖추었다면 이는 단체협약이라고 보아야 한다(대판 2018.7.26. 2016다205908).

답 ❷

004 노동조합 및 노동관계조정법상 단체교섭 및 단체협약에 관한 설명으로 옳지 않은 것은?(다툼이 있으면 판례에 따름)

CHECK ○△×

24 노무

① 교섭대표노동조합과 사용자는 교섭창구 단일화 절차에 참여한 노동조합 또는 그 조합원 간에 합리적 이유 없이 차별을 하여서는 아니 된다.

② 사용자가 단체협약 등에 따라 교섭대표노동조합에게 상시적으로 사용할 수 있는 노동조합 사무실을 제공한 이상, 특별한 사정이 없는 한 교섭창구 단일화 절차에 참여한 다른 노동조합에게도 반드시 일률적이거나 비례적이지는 않더라도 상시적으로 사용할 수 있는 일정한 공간을 노동조합 사무실로 제공하여야 한다.

③ 노동조합과 사용자 또는 사용자단체는 신의에 따라 성실히 교섭하고 단체협약을 체결하여야 하며 그 권한을 남용하여서는 아니 된다.

④ 국가 및 지방자치단체는 기업·산업·지역별 교섭 등 다양한 교섭방식을 노동관계 당사자가 자율적으로 선택할 수 있도록 지원하고 이에 따른 단체교섭이 활성화될 수 있도록 노력하여야 한다.

⑤ 교섭대표노동조합이나 사용자가 교섭창구 단일화 절차에 참여한 다른 노동조합을 차별한 것으로 인정되는 경우, 그와 같은 차별에 합리적인 이유가 있다는 점에 대하여 교섭대표노동조합이나 사용자에게는 주장·증명책임이 없다.

해설

① (○) 노조법 제29조의4 제1항

② (○) 사용자가 단체협약 등에 따라 교섭대표노동조합에게 상시적으로 사용할 수 있는 노동조합 사무실을 제공한 이상, 특별한 사정이 없는 한 교섭창구 단일화 절차에 참여한 다른 노동조합에게도 반드시 일률적이거나 비례적이지는 않더라도 상시적으로 사용할 수 있는 일정한 공간을 노동조합 사무실로 제공하여야 한다고 봄이 타당하다. 이와 달리 교섭대표노동조합에게는 노동조합 사무실을 제공하면서 교섭창구 단일화 절차에 참여한 다른 노동조합에는 물리적 한계나 비용 부담 등을 이유로 노동조합 사무실을 전혀 제공하지 않거나 일시적으로 회사 시설을 사용할 수 있는 기회만을 부여하였다면, 이는 차별에 합리적인 이유가 있는 것으로 볼 수 없다(대판 2018.9.13. 2017두40655).

③ (○) 노조법 제30조 제1항

④ (○) 노조법 제30조 제3항

⑤ (×) 교섭대표노동조합이나 사용자가 교섭창구 단일화 절차에 참여한 다른 노동조합 또는 그 조합원을 차별한 것으로 인정되는 경우, 그와 같은 차별에 합리적인 이유가 있다는 점은 교섭대표노동조합이나 사용자에게 그 주장·증명책임이 있다(대판 2018.9.13. 2017두40655).

답 ⑤

005 노동조합 및 노동관계조정법령상 교섭창구 단일화 절차에 관한 설명으로 옳지 않은 것은?(다툼이 있으면 판례에 따름)

CHECK ○△×

24 노무

① 노동조합은 해당 사업 또는 사업장에 단체협약이 2개 이상 있는 경우에는 먼저 이르는 단체협약의 유효기간 만료일 이전 3개월이 되는 날부터 사용자에게 교섭을 요구할 수 있다.

② 하나의 사업 또는 사업장 단위에서 유일하게 존재하는 노동조합은, 설령 노동조합 및 노동관계조정법 및 그 시행령이 정한 절차를 형식적으로 거쳤다고 하더라도, 교섭대표노동조합의 지위를 취득할 수 없다.

③ 사용자는 노동조합으로부터 교섭 요구를 받은 때에는 그 요구를 받은 날부터 7일간 그 교섭을 요구한 노동조합의 명칭 등 고용노동부령으로 정하는 사항을 해당 사업 또는 사업장의 게시판 등에 공고하여 다른 노동조합과 근로자가 알 수 있도록 하여야 한다.

④ 교섭대표노동조합의 지위 유지기간이 만료되었음에도 불구하고 새로운 교섭대표노동조합이 결정되지 못할 경우 기존 교섭대표노동조합은 새로운 교섭대표노동조합이 결정될 때까지 기존 단체협약의 갱신을 위한 교섭대표노동조합의 지위를 유지한다.

⑤ 교섭대표노동조합으로 결정된 노동조합이 그 결정된 날부터 1년 동안 단체협약을 체결하지 못한 경우에는 어느 노동조합이든지 사용자에게 교섭을 요구할 수 있다.

해설

① (○) 노동조합은 해당 사업 또는 사업장에 단체협약이 있는 경우에는 유효기간 만료일 이전 3개월이 되는 날부터 사용자에게 교섭을 요구할 수 있다. 다만, 단체협약이 2개 이상 있는 경우에는 먼저 이르는 단체협약의 유효기간 만료일 이전 3개월이 되는 날부터 사용자에게 교섭을 요구할 수 있다(노조법 시행령 제14조의2 제1항).

② (○) 교섭창구 단일화 제도의 취지 내지 목적, 교섭창구 단일화 제도의 체계 내지 관련 규정의 내용, 교섭대표노동조합의 개념 등을 종합하여 보면, 하나의 사업 또는 사업장 단위에서 유일하게 존재하는 노동조합은, 설령 노조법 및 그 시행령이 정한 절차를 형식적으로 거쳤다고 하더라도, 교섭대표노동조합의 지위를 취득할 수 없다고 해석함이 타당하다(대판 2017.10.31. 2016두36956).

③ (○) 노조법 시행령 제14조의3 제1항

④ (×) 교섭대표노동조합의 지위 유지기간이 만료되었음에도 불구하고 새로운 교섭대표노동조합이 결정되지 못할 경우 기존 교섭대표노동조합은 새로운 교섭대표노동조합이 결정될 때까지 기존 단체협약의 이행과 관련해서는 교섭대표노동조합의 지위를 유지한다(노조법 시행령 제14조의10 제2항).

⑤ (○) 노조법 시행령 제14조의10 제3항

노동조합의 교섭 요구 시기 및 방법(노조법 시행령 제14조의2)

① 노동조합은 해당 사업 또는 사업장에 단체협약이 있는 경우에는 법 제29조 제1항 또는 제29조의2 제1항에 따라 그 유효기간 만료일 이전 3개월이 되는 날부터 사용자에게 교섭을 요구할 수 있다. 다만, 단체협약이 2개 이상 있는 경우에는 먼저 이르는 단체협약의 유효기간 만료일 이전 3개월이 되는 날부터 사용자에게 교섭을 요구할 수 있다.

② 노동조합은 제1항에 따라 사용자에게 교섭을 요구하는 때에는 노동조합의 명칭, 그 교섭을 요구한 날 현재의 종사근로자인 조합원 수 등 고용노동부령으로 정하는 사항을 적은 서면으로 해야 한다.

노동조합 교섭요구 사실의 공고(노조법 시행령 제14조의3)

① 사용자는 노동조합으로부터 제14조의2에 따라 교섭 요구를 받은 때에는 그 요구를 받은 날부터 7일간 그 교섭을 요구한 노동조합의 명칭 등 고용노동부령으로 정하는 사항을 해당 사업 또는 사업장의 게시판 등에 공고하여 다른 노동조합과 근로자가 알 수 있도록 하여야 한다.

② 노동조합은 사용자가 제1항에 따른 교섭요구 사실의 공고를 하지 아니하거나 다르게 공고하는 경우에는 고용노동부령으로 정하는 바에 따라 노동위원회에 시정을 요청할 수 있다.

③ 노동위원회는 제2항에 따라 시정 요청을 받은 때에는 그 요청을 받은 날부터 10일 이내에 그에 대한 결정을 하여야 한다.

교섭대표노동조합의 지위 유지기간 등(노조법 시행령 제14조의10)

① 법 제29조의2 제3항부터 제6항까지의 규정에 따라 결정된 교섭대표노동조합은 그 결정이 있은 후 사용자와 체결한 첫 번째 단체협약의 효력이 발생한 날을 기준으로 2년이 되는 날까지 그 교섭대표노동조합의 지위를 유지하되, 새로운 교섭대표노동조합이 결정된 경우에는 그 결정된 때까지 교섭대표노동조합의 지위를 유지한다.

② 제1항에 따른 교섭대표노동조합의 지위 유지기간이 만료되었음에도 불구하고 새로운 교섭대표노동조합이 결정되지 못할 경우 기존 교섭대표노동조합은 새로운 교섭대표노동조합이 결정될 때까지 기존 단체협약의 이행과 관련해서는 교섭대표노동조합의 지위를 유지한다.

③ 법 제29조의2에 따라 결정된 교섭대표노동조합이 그 결정된 날부터 1년 동안 단체협약을 체결하지 못한 경우에는 어느 노동조합이든지 사용자에게 교섭을 요구할 수 있다. 이 경우 제14조의2 제2항 및 제14조의3부터 제14조의9까지의 규정을 적용한다.

답 ❹

최신유형

006 노동조합 및 노동관계조정법령상 단체교섭에 관한 설명으로 옳지 않은 것은? 25 노무

CHECK ○△×

① 사용자에게 교섭대표노동조합의 통지가 있은 이후에는 그 교섭대표노동조합의 결정절차에 참여한 노동조합 중 일부 노동조합이 그 이후의 절차에 참여하지 않더라도 교섭대표노동조합의 지위는 유지된다.

② 노동조합이 교섭 또는 단체협약의 체결에 관한 권한을 위임하는 경우에는 교섭사항과 권한범위를 정하여 위임하여야 한다.

③ 노동조합이 단체협약의 체결에 관한 권한을 위임한 때에는 그 사실을 노동위원회에 통보하여야 한다.

④ 사용자는 노동조합으로부터 교섭 요구를 받은 때에는 그 요구를 받은 날부터 7일간 그 교섭을 요구한 노동조합의 명칭 등 고용노동부령으로 정하는 사항을 해당 사업 또는 사업장의 게시판 등에 공고하여 다른 노동조합과 근로자가 알 수 있도록 하여야 한다.

⑤ 노동조합은 사용자가 교섭요구 사실의 공고를 하지 아니하거나 다르게 공고하는 경우에는 고용노동부령으로 정하는 바에 따라 노동위원회에 시정을 요청할 수 있다.

해설

① (○) 노조법 시행령 제14조의6 제2항

② (○) 노동조합과 사용자 또는 사용자단체는 교섭 또는 단체협약의 체결에 관한 권한을 위임하는 경우에는 교섭사항과 권한범위를 정하여 위임하여야 한다(노조법 시행령 제14조 제1항).

③ (×) 노동조합과 사용자 또는 사용자단체는 교섭 또는 단체협약의 체결에 관한 권한을 위임한 때에는 그 사실을 상대방에게 통보하여야 한다(노조법 제29조 제4항).

④ (○) 노조법 시행령 제14조의3 제1항

⑤ (○) 노조법 시행령 제14조의3 제2항

답 ❸

007 노동조합 및 노동관계조정법상 단체교섭 및 단체협약에 대한 설명으로 옳지 않은 것은?

CHECK ○△×

23 국가직 7급

① 공동교섭대표단에 참여할 수 있는 노동조합은 그 조합원 수가 교섭창구 단일화 절차에 참여한 노동조합의 전체 조합원 100분의10 이상인 노동조합으로 한다.

② 단체협약에서 업무상 재해로 인해 조합원이 사망한 경우에 직계가족 등 1인을 특별채용하도록 한 규정은 사용자의 채용의 자유를 과도하게 제한하고 채용 기회의 공정성을 현저히 해하는 결과를 초래하므로 민법 제103조에 의한 "선량한 풍속 기타 사회질서"에 위반되어 무효이다.

③ 교섭대표노동조합이 사용자와 단체교섭 과정에서 마련한 단체협약 잠정합의안에 대해 조합원 총회 또는 총회에 갈음할 대의원회의 찬반투표 절차를 거치면서 교섭창구 단일화 절차에 참여한 다른 노동조합의 조합원들에게 절차에 참여할 기회를 부여하지 않거나 그들의 찬반의사를 고려하여 가결 여부를 결정하지 않았다는 사정만으로 교섭대표노동조합의 절차적 공정대표의무 위반이라고 단정할 수 없다.

④ 노동조합과 사용자 사이에 근로조건 기타 노사관계에 관한 합의가 노사협의회의 협의를 거쳐서 성립되었더라도, 당사자 쌍방이 이를 단체협약으로 할 의사로 문서로 작성하여 당사자 쌍방의 대표자가 각 노동조합과 사용자를 대표하여 서명날인하는 등으로 단체협약의 실질적·형식적 요건을 갖추었다면 이는 단체협약이라고 보아야 한다.

해설

① (○) 공동교섭대표단에 참여할 수 있는 노동조합은 그 조합원 수가 교섭창구 단일화 절차에 참여한 노동조합의 전체 조합원 100분의 10 이상인 노동조합으로 한다(노조법 제29조의2 제5항 후단).

② (×) 갑 주식회사 등이 노동조합과 체결한 각 단체협약에서 업무상 재해로 인해 조합원이 사망한 경우에 직계가족 등 1인을 특별채용하도록 규정한 이른바 '산재 유족 특별채용 조항'이 민법 제103조에 의하여 무효인지 문제된 경우, 산재 유족 특별채용 조항이 갑 회사 등의 채용의 자유를 과도하게 제한하는 정도에 이르거나 채용 기회의 공정성을 현저히 해하는 결과를 초래하였다고 볼 특별한 사정을 인정하기 어려우므로, 선량한 풍속 기타 사회질서에 위반되어 무효라고 볼 수 없다(대판 2020.8.27. 2016다248998[전합]).

③ (○) 대판 2020.10.29. 2019다262582

④ (○) 대판 2018.7.26. 2016다205908

답 ❷

008 노동조합 및 노동관계조정법상 교섭창구 단일화 제도에 대한 설명으로 옳지 않은 것은?(조합원 수 산정은 종사근로자인 조합원을 기준으로 함) 25 국가직 9급

CHECK ○△×

① 교섭대표노동조합을 자율적으로 결정하는 기한 내에 사용자가 교섭창구 단일화 절차를 거치지 아니하기로 동의한 경우에 사용자는 노동위원회의 결정에 따라 정해진 교섭대표노동조합과 성실히 교섭하여야 한다.

② 노동조합의 교섭요구·참여 방법, 교섭대표노동조합 결정을 위한 조합원 수 산정 기준 등 교섭창구 단일화 절차와 교섭비용 증가 방지 등에 관하여 필요한 사항은 대통령령으로 정한다.

③ 공동교섭대표단에 참여할 수 있는 노동조합은 그 조합원 수가 교섭창구 단일화 절차에 참여한 노동조합의 전체 조합원 100분의 10 이상인 노동조합이다.

④ 공동교섭대표단의 구성에 합의하지 못할 경우에 노동위원회는 해당 노동조합의 신청에 따라 조합원 비율을 고려하여 이를 결정할 수 있다.

해설

① (×) 교섭대표노동조합을 자율적으로 결정하는 기한 내에 사용자가 교섭창구 단일화 절차를 거치지 아니하기로 동의한 경우에는 사용자는 교섭을 요구한 모든 노동조합과 성실히 교섭하여야 하고, 차별적으로 대우해서는 아니 된다(노조법 제29조의2 제1항 단서, 제2항).

② (○) 노조법 제29조의2 제9항

③ (○) 공동교섭대표단에 참여할 수 있는 노동조합은 그 조합원 수가 교섭창구 단일화 절차에 참여한 노동조합의 전체 조합원 100분의 10 이상인 노동조합으로 한다(노조법 제29조의2 제5항 후단).

④ (○) 노조법 제29조의2 제6항

답 ❶

009 노동조합 및 노동관계조정법상 공정대표의무 등에 관한 설명으로 옳지 않은 것은? 15 노무

CHECK ○△×

① 교섭대표노동조합은 교섭창구 단일화절차에 참여한 노동조합 또는 그 조합원 간에 합리적 이유 없이 차별을 하여서는 아니 된다.

② 사용자는 교섭창구 단일화절차에 참여한 노동조합 또는 그 조합원 간에 합리적 이유 없이 차별을 하여서는 아니 된다.

③ 노동조합의 조합원은 교섭대표노동조합이 공정대표의무를 위반하여 차별한 경우에는 그 행위가 있은 날부터 6개월 이내에 대통령령으로 정하는 방법과 절차에 따라 노동위원회에 그 시정을 요청할 수 있다.

④ 노동위원회는 공정대표의무 위반의 시정신청을 받은 때에는 지체 없이 필요한 조사와 관계당사자에 대한 심문을 하여야 한다.

⑤ 노동위원회는 공정대표의무 위반의 시정신청에 대한 명령이나 결정을 서면으로 하여야 하며, 그 서면을 교섭대표노동조합, 사용자 및 그 시정을 신청한 노동조합에 각각 통지하여야 한다.

해설

① (O) 노조법 제29조의4 제1항
② (O) 노조법 제29조의4 제1항
③ (×) 노동조합은 교섭대표노동조합과 사용자가 공정대표의무를 위반하여 차별한 경우에는 그 행위가 있은 날부터 3개월 이내에 대통령령으로 정하는 방법과 절차에 따라 노동위원회에 그 시정을 요청할 수 있다(노조법 제29조의4 제2항).
④ (O) 노조법 시행령 제14조의12 제2항
⑤ (O) 노동위원회는 공정대표의무 위반의 시정신청에 대한 명령이나 결정을 서면으로 하여야 하며, 그 서면을 교섭대표노동조합, 사용자 및 그 시정을 신청한 노동조합에 각각 통지하여야 한다(노조법 시행령 제14조의12 제5항).

답 ③

010 노동조합 및 노동관계조정법상 교섭단위결정 등에 관한 설명으로 옳지 않은 것은? 15 노무

CHECK ○△×

① 교섭대표노동조합 결정단위는 하나의 사업 또는 사업장으로 한다.
② 하나의 사업장에서 현격한 근로조건의 차이 등을 고려하여 교섭단위를 분리할 필요가 있다고 인정되는 경우에 노동위원회는 노동관계당사자의 양쪽 또는 어느 한 쪽의 신청을 받아 교섭단위를 분리하는 결정을 할 수 있다.
③ 노동위원회의 교섭단위 분리결정에 대하여는 불복할 수 없다.
④ 노동위원회는 교섭단위 분리의 결정신청을 받은 때에는 해당 사업 또는 사업장의 모든 노동조합과 사용자에게 그 내용을 통지해야 한다.
⑤ 노동위원회는 교섭단위분리결정신청을 받은 날부터 30일 이내에 교섭단위 분리에 관한 결정을 하고 해당 사업 또는 사업장의 모든 노동조합과 사용자에게 통지해야 한다.

해설

① (O) 노조법 제29조의3 제1항
② (O) 노조법 제29조의3 제2항
③ (×) 교섭단위 분리신청에 대한 노동위원회의 결정에 불복할 경우 노조법 제69조를 준용하도록 하고 있다. 따라서 교섭단위 분리신청에 대한 노동위원회의 결정에 관하여는 그 절차가 위법하거나, 노조법 제29조의3 제2항이 정한 교섭단위 분리결정의 요건에 관한 법리를 오해하여 교섭단위를 분리할 필요가 있다고 인정되는 경우인데도 그 신청을 기각하는 등 내용이 위법한 경우, 그 밖에 월권에 의한 것인 경우에 한하여 불복할 수 있다(노조법 제29조의3 제3항).
④ (O) 노조법 시행령 제14조의11 제2항
⑤ (O) 노동위원회는 신청을 받은 날부터 30일 이내에 교섭단위를 분리하거나 분리된 교섭단위를 통합하는 결정을 하고 해당 사업 또는 사업장의 모든 노동조합과 사용자에게 통지해야 한다(노조법 시행령 제14조의11 제3항).

답 ③

011 노동조합 및 노동관계조정법상 교섭 및 단체협약 체결권한에 관한 설명으로 옳지 않은 것은?

CHECK ○△×

15 노무

① 교섭대표노동조합의 대표자는 교섭을 요구한 모든 노동조합 또는 조합원을 위하여 사용자와 교섭하고 단체협약을 체결할 권한을 가진다.

② 교섭대표노동조합이 결정된 날부터 그 교섭대표노동조합이 6개월 동안 단체협약을 체결하지 못한 경우에는 어느 노동조합이든지 사용자에게 교섭을 요구할 수 있다.

③ 노동조합과 사용자로부터 교섭 또는 단체협약의 체결에 관한 권한을 위임받은 자는 그 노동조합과 사용자를 위하여 위임받은 범위 안에서 그 권한을 행사할 수 있다.

④ 노동조합은 사용자에게 교섭을 요구하는 때에는 노동조합의 명칭, 그 교섭을 요구한 날 현재의 종사근로자인 조합원 수 등 고용노동부령으로 정하는 사항을 적은 서면으로 해야 한다.

⑤ 노동조합은 단체협약이 2개 이상 있는 경우에는 먼저 이르는 단체협약의 유효기간 만료일 이전 3개월이 되는 날부터 사용자에게 교섭을 요구할 수 있다.

해설

① (O) 노조법 제29조 제2항

② (×) 결정된 교섭대표노동조합이 그 결정된 날부터 1년 동안 단체협약을 체결하지 못한 경우에는 어느 노동조합이든지 사용자에게 교섭을 요구할 수 있다(노조법 시행령 제14조의10 제3항 전문).

③ (O) 노조법 제29조 제3항

④ (O) 노조법 시행령 제14조의2 제2항

⑤ (O) 노조법 시행령 제14조의2 제1항 단서

답 ❷

012 노동조합 및 노동관계조정법령상 교섭단위 결정 및 공정대표의무에 관한 설명으로 옳지 않은 것은?

CHECK ○△×

16 노무

① 교섭단위는 하나의 사업 또는 사업장으로 한다.

② 노동위원회는 노동관계당사자의 신청이나 직권으로 교섭단위를 분리하는 결정을 할 수 있다.

③ 노동조합 또는 사용자는 교섭단위를 분리하여 교섭하려는 경우에는 사용자가 교섭요구사실을 공고하기 전에도 노동위원회에 교섭단위 분리의 결정을 신청할 수 있다.

④ 교섭대표노동조합과 사용자는 교섭창구단일화절차에 참여한 노동조합 또는 그 조합원 간에 합리적 이유 없이 차별을 하여서는 아니 된다.

⑤ 교섭창구단일화절차에 참여한 노동조합은 교섭대표노동조합과 사용자가 체결한 단체협약의 내용의 일부 또는 전부가 공정대표의무에 위반되는 경우에는 단체협약 체결일부터 3개월 이내에 대통령령으로 정하는 방법과 절차에 따라 노동위원회에 그 시정을 요청할 수 있다.

해설

① (O) 노조법 제29조의3 제1항

② (X) 하나의 사업 또는 사업장에서 현격한 근로조건의 차이, 고용형태, 교섭관행 등을 고려하여 교섭단위를 분리하거나 분리된 교섭단위를 통합할 필요가 있다고 인정되는 경우에 노동위원회는 노동관계당사자의 양쪽 또는 어느 한쪽의 신청을 받아 교섭단위를 분리하거나 분리된 교섭단위를 통합하는 결정을 할 수 있다(노조법 제29조의3 제2항).

③ (O) 사용자가 교섭요구사실을 공고하기 전이나, 사용자가 교섭요구사실을 공고한 경우에는 교섭대표노동조합이 결정된 날 이후에 노동위원회에 교섭단위를 분리하거나 분리된 교섭단위를 통합하는 결정을 신청할 수 있다(노조법 시행령 제14조의11 제1항).

④ (O) 노조법 제29조의4 제1항

⑤ (O) 노동조합은 교섭대표노동조합과 사용자가 차별한 경우에는 그 행위가 있은 날(단체협약의 내용의 일부 또는 전부가 제1항에 위반되는 경우에는 단체협약 체결일을 말한다)부터 3개월 이내에 대통령령으로 정하는 방법과 절차에 따라 노동위원회에 그 시정을 요청할 수 있다(노조법 제29조의4 제2항).

답 ❷

013 노동조합 및 노동관계조정법령상 단체교섭에 관한 설명으로 옳은 것은?(다툼이 있으면 판례에 의함)

CHECK ○△×

16 노무

① 단체교섭의 노동조합 측 당사자는 해당 노동조합의 대표자이다.

② 노동조합은 단체협약의 체결에 관한 권한을 위임할 수 없다.

③ 사용자는 쟁의기간 중이라는 사정만을 이유로 단체교섭을 거부할 수 있다.

④ 노동조합은 대표자의 단체협약체결권한을 전면적·포괄적으로 제한할 수 있다.

⑤ 사용자단체라 함은 노동관계에 관하여 그 구성원인 사용자에 대하여 조정 또는 규제할 수 있는 권한을 가진 사용자의 단체를 말한다.

해설

① (X) 단체교섭의 당사자란 자기 이름으로 단체교섭을 하고 단체협약을 체결할 수 있는 자를 뜻하며, 노동조합이 당사자가 된다. 노동조합의 대표자는 교섭담당자이다.

② (X) 단체협약의 체결에 권한 권한을 위임할 수 있다. 다만, 위임한 때에는 그 사실을 상대방에게 통보하여야 하고 권한을 위임받은 자는 위임받은 범위안에서 그 권한을 행사할 수 있다(노조법 제29조 제3항·제4항).

③ (X) 쟁의행위는 단체교섭을 촉진하기 위한 수단으로서의 성질을 가지므로 쟁의기간 중이라는 사정이 사용자가 단체교섭을 거부할 만한 정당한 이유가 될 수 없다(대판 2006.2.24. 2005도8606).

④ (X) 노동조합 규약에서 노동조합의 대표자가 단체교섭의 결과에 따라 사용자와 단체협약의 내용을 합의한 후 다시 그 협약안의 가부에 관하여 조합원 총회의 의결을 거치도록 규정하고 있다면, 그 노동조합 규약은 노동조합 대표자의 단체협약체결권한을 전면적, 포괄적으로 제한함으로써 사실상 단체협약체결권한을 형해화하여 명목에 불과한 것으로 만드는 것이어서 노동조합 대표자의 단체협약체결권한을 규정한 노조법 제29조 제1항의 취지에 반한다(대판 1993.4.27. 91누12257).

⑤ (O) 노조법 제2조 제3호

답 ❺

014 단체교섭의 당사자에 관한 설명 중 옳지 않은 것은?

07 사시

CHECK ○△×

① 사용자 측의 단체교섭의 당사자는 개별 사용자 또는 사용자단체이다.

② 사용자단체가 교섭당사자의 지위를 가지면 그 구성원인 사용자에 대하여 조정 또는 규제할 수 있는 권한을 가져야 한다.

③ 노동조합 및 노동관계조정법 제2조 제4호의 요건을 갖춘 연합단체는 단체교섭의 당사자가 될 수 있다.

④ 판례에 따르면 지부·분회라 하더라도 독자적인 규약과 집행기관을 가지고 독립한 조직체로서 활동하는 경우에는 단체교섭의 당사자가 될 수 있다.

⑤ 노동조합의 대표자도 단체교섭의 당사자이다.

해설

① (○)·② (○) 사용자 측의 단체교섭의 당사자로 사용자는 사업주를 의미하고,❶ 사용자단체는 노동관계에 관하여 그 구성원인 사용자에 대하여 조정 또는 규제할 수 있는 권한을 가진 사용자의 단체를 말한다❷(노조법 제2조 제3호 참조).

③ (○) 판례의 취지를 고려할 때 연합단체인 노동조합으로서 산업별 연합단체와 총연합단체는 단체교섭의 당사자가 될 수 있다고 이해하여야 한다.

> 노조법에 의하면, 노동조합은 근로자가 주체가 되어 자주적으로 단결하여 근로조건의 유지·개선 기타 근로자의 경제적·사회적 지위의 향상을 도모함을 목적으로 조직하는 단체 또는 그 연합단체를 말하고(제2조 제4호 본문), 연합단체인 노동조합은 동종 산업의 단위노동조합을 구성원으로 하는 산업별 연합단체와 산업별 연합단체 또는 전국 규모의 산업별 단위노동조합을 구성원으로 하는 총연합단체를 말하며(제10조 제2항), 한편 노동조합의 대표자는 그 노동조합 또는 조합원을 위하여 사용자나 사용자단체와 교섭하고 단체협약을 체결할 권한을 가진다(제29조 제1항)(대판 2014.12.11. 2010두5097).

④ (○) 노동조합의 하부단체인 분회나 지부가 독자적인 규약 및 집행기관을 가지고 독립된 조직체로서 활동을 하는 경우 당해 조직이나 그 조합원에 고유한 사항에 대하여는 독자적으로 단체교섭하고 단체협약을 체결할 수 있고, 이는 그 분회나 지부가 노조법 시행령 제7조의 규정에 따라 그 설립신고를 하였는지 여부에 영향받지 아니한다(대판 2011.5.26. 2011다1842).

⑤ (×) 노동조합의 대표자는 단체교섭의 담당자이다.

답 ❺

015 산업별 노동조합의 하부단체인 지부가 독자적인 규약 및 집행기관을 가지고 독립된 조직체로서 활동하는 경우에 관한 설명 중 옳은 것을 모두 고른 것은?(다툼이 있는 경우 판례에 의함) 15 사시

CHECK ○△×

ㄱ. 해당 지부나 그 조합원에 고유한 사항에 대하여 독자적으로 단체교섭을 할 수 있다.
ㄴ. 노동조합 설립신고를 하여야 단체협약을 체결할 수 있다.
ㄷ. 총파업이 아닌 이상 쟁의행위를 예정하고 있는 해당 지부 소속 조합원의 직접·비밀·무기명 투표에 의한 과반수의 찬성이 있으면 쟁의행위는 절차적으로 적법하다.
ㄹ. 법인등기를 하여야 노동위원회에 부당노동행위의 구제신청을 할 수 있다.

① ㄱ, ㄴ
② ㄱ, ㄷ
③ ㄱ, ㄹ
④ ㄴ, ㄹ
⑤ ㄷ, ㄹ

해설

ㄱ. (○)·ㄴ. (×) 노동조합의 하부단체인 분회나 지부가 독자적인 규약 및 집행기관을 가지고 독립된 조직체로서 활동을 하는 경우 당해 조직이나 그 조합원에 고유한 사항에 대하여는 독자적으로 단체교섭하고 단체협약을 체결할 수 있고,❶ 이는 그 분회나 지부가 노조법 시행령 제7조의 규정에 따라 그 설립신고를 하였는지 여부에 영향받지 아니한다❷(대판 2011.5.26. 2011다1842).

ㄷ. (○) 지역별·산업별·업종별 노동조합의 경우에는 총파업이 아닌 이상 쟁의행위를 예정하고 있는 당해 지부나 분회 소속 조합원의 과반수의 찬성이 있으면 쟁의행위는 절차적으로 적법하다고 보아야 한다(대판 2009.6.23. 2007두12859).

> 산업별 노동조합이 총파업이 아닌 사내하청지회에 한정한 쟁의행위를 예정하고 지회에 소속된 조합원을 대상으로 찬반투표를 실시하여 그 조합원 과반수의 찬성을 얻어 쟁의행위를 하자 사업주가 쟁의행위기간 중에 근로자를 신규 채용한 사안에서, 사업주의 근로자 신규채용이 부당노동행위에 해당하지 않는다고 한 원심판결을 파기한 사례(대판 2009.6.23. 2007두12859).

ㄹ. (×) 법인등기와는 관계 없이 노조법에 의한 설립등기를 마치지 아니하였다면 노동조합은 노동위원회에 노동쟁의의 조정 및 부당노동행위의 구제를 신청할 수 없다(노조법 제7조 제1항).

답 ❷

016 노동조합 및 노동관계조정법상 단체교섭에 대한 판례의 입장으로 옳은 것은? 19 국가직 7급

CHECK ○△×

① 노동조합이 조합원들의 의사를 반영하고 대표자의 단체교섭 및 단체협약 체결 업무 수행에 대한 적절한 통제를 위한 경우라도 규약 등에서 내부 절차를 거치도록 하는 등 대표자의 단체협약체결권한의 행사를 절차적으로 제한하는 것은 허용되지 아니한다.

② 단위 노동조합이 연합단체에 단체교섭권한을 위임한 경우에도 단위 노동조합의 단체교섭권한은 여전히 그 수임자의 단체교섭권한과 중복하여 경합적으로 남아 있다.

③ 노동조합의 지부는 독자적인 규약 및 집행기관을 가지고 독립된 조직체로서 활동을 하는 경우라도 단체교섭권한이 없다.

④ 정리해고에 관한 노동조합의 요구내용이 사용자는 정리해고를 하여서는 아니 된다는 취지라도 이는 원칙적으로 단체교섭의 대상이 될 수 있다.

해설

① (×) 노동조합이 조합원들의 의사를 반영하고 대표자의 단체교섭 및 단체협약 체결 업무 수행에 대한 적절한 통제를 위하여 규약 등에서 내부 절차를 거치도록 하는 등 대표자의 단체협약체결권한의 행사를 절차적으로 제한하는 것은, 그것이 단체협약체결권한을 전면적·포괄적으로 제한하는 것이 아닌 이상 허용된다(대판 2018.7.26. 2016다205908).

② (○) 구 노조법 제33조 제1항에서 규정하고 있는 단체교섭권한의 '위임'이라고 함은 노동조합이 조직상의 대표자 이외의 자에게 조합 또는 조합원을 위하여, 조합의 입장에서 사용자 측과 사이에 단체교섭을 하는 사무처리를 맡기는 것을 뜻하고, 그 위임 후 이를 해지하는 등의 별개의 의사표시가 없더라도 노동조합의 단체교섭권한은 여전히 수임자의 단체교섭권한과 중복하여 경합적으로 남아 있다고 할 것이며, 같은 조 제2항의 규정에 따라 단위노동조합이 당해 노동조합이 가입한 상부단체인 연합단체에 그러한 권한을 위임한 경우에 있어서도 달리 볼 것은 아니다(대판 1998.11.13. 98다20790).

③ (×) 노동조합의 하부단체인 분회나 지부가 독자적인 규약 및 집행기관을 가지고 독립된 조직체로서 활동을 하는 경우 당해 조직이나 그 조합원에 고유한 사항에 대하여는 독자적으로 단체교섭하고 단체협약을 체결할 수 있고, 이는 그 분회나 지부가 노조법 시행령 제7조의 규정에 따라 그 설립신고를 하였는지 여부에 영향받지 아니한다(대판 2011.5.26. 2011다1842).

④ (×) 긴박한 경영상의 필요에 의하여 하는 이른바 정리해고의 실시는 사용자의 경영상의 조치라고 할 것이므로, 정리해고에 관한 노동조합의 요구내용이 사용자는 정리해고를 하여서는 아니 된다는 취지라면 이는 사용자의 경영권을 근본적으로 제약하는 것이 되어 원칙적으로 단체교섭의 대상이 될 수 없고, 단체교섭사항이 될 수 없는 사항을 달성하려는 쟁의행위는 그 목적의 정당성을 인정할 수 없다(대판 2001.4.24. 99도4893).

답 ❷

017 CHECK ○△×

노동조합 및 노동관계조정법상 단체교섭의 당사자 및 담당자에 대한 설명으로 옳지 않은 것은?(다툼이 있는 경우 판례에 의함) 21 국가직 9급

① 노동조합의 하부단체인 분회나 지부가 독자적인 규약 및 집행기관을 가지고 독립된 조직체로서 활동을 하는 경우 당해 조직이나 그 조합원에 고유한 사항에 대하여는 독자적으로 단체교섭하고 단체협약을 체결할 수 있다.

② 노동조합의 대표자는 그 노동조합 또는 조합원을 위하여 사용자나 사용자단체와 교섭하고 단체협약을 체결할 권한을 가진다.

③ 노동조합이 단체교섭 권한을 위임할 경우 그 위임을 해지하는 등 별도의 의사표시를 하지 않는 한 그 노동조합의 교섭 권한은 소멸한다.

④ 노동조합과 단체교섭을 할 상대방인 사용자단체는 노동관계에 관하여 그 구성원인 사용자에 대하여 조정 또는 규제할 수 있는 권한을 가진 자이어야 하는데, 사용자단체가 이러한 권한을 갖기 위하여는 노동조합과의 단체교섭 및 단체협약을 체결하는 것을 그 목적으로 하고 또 그 구성원인 각 사용자에 대하여 통제력을 가지고 있어야 한다.

해설

① (○) 대판 2011.5.26. 2011다1842

② (○) 노조법 제29조 제1항

③ (×) 구 노조법 제33조 제1항에서 규정하고 있는 단체교섭권한의 '위임'이라고 함은 노동조합이 조직상의 대표자 이외의 자에게 조합 또는 조합원을 위하여, 조합의 입장에서 사용자 측과 사이에 단체교섭을 하는 사무처리를 맡기는 것을 뜻하고, 그 위임 후 이를 해지하는 등의 별개의 의사표시가 없더라도 노동조합의 단체교섭권한은 여전히 수임자의 단체교섭권한과 중복하여 경합적으로 남아 있다고 할 것이며, 같은 조 제2항의 규정에 따라 단위노동조합이 당해 노동조합이 가입한 상부단체인 연합단체에 그러한 권한을 위임한 경우에 있어서도 달리 볼 것은 아니다(대판 1998.11.13. 98다20790).

④ (○) 대판 1999.6.22. 98두137

답 ❸

018 단체교섭의 대상에 관한 설명으로 옳지 않은 것은?(다툼이 있는 경우 판례에 의함) 12 사시

CHECK ○△×

① 기업의 구조조정 실시 여부는 경영주체에 의한 고도의 경영상의 결단에 속하는 사항으로서 원칙적으로 단체교섭의 대상이 될 수 없다.

② 경영악화 등을 이유로 한 부서폐지결정은 단체교섭의 대상이 되지 아니하나, 부서폐지결정이 근로조건에 영향을 미치는 경우에는 단체교섭의 대상이 될 수 있다.

③ 연구소장 퇴진요구가 근로조건의 개선요구에 주된 목적이 있다면 단체교섭의 대상이 될 수 있다.

④ 단체적 노사관계의 운영에 관한 사항은 사용자가 처분할 수 있다 하더라도 단체교섭의 대상이 될 수 없다.

⑤ 비조합원에 관한 사항이라도 그것이 조합원의 근로조건에 영향을 미치는 경우에는 단체교섭의 대상이 될 수 있다.

해설

① (○) 정리해고나 사업조직의 통폐합 등 기업의 구조조정의 실시 여부는 경영주체에 의한 고도의 경영상 결단에 속하는 사항으로서 이는 원칙적으로 단체교섭의 대상이 될 수 없고, 그것이 긴박한 경영상의 필요나 합리적인 이유 없이 불순한 의도로 추진되는 등의 특별한 사정이 없는 한, 노동조합이 실질적으로 그 실시 자체를 반대하기 위하여 쟁의행위에 나아간다면, 비록 그 실시로 인하여 근로자들의 지위나 근로조건의 변경이 필연적으로 수반된다 하더라도 그 쟁의행위는 목적의 정당성을 인정할 수 없다(대판 2003.12.11. 2001도3429).

② (○) 판례의 취지를 고려할 때 경영악화 등을 이유로 한 부서폐지결정은 단체교섭의 대상이 되지 아니한다고 보아야 하나, 부서폐지결정과 같은 경영사항이 근로자들의 근로조건에 영향을 미치는 경우에는 단체교섭의 대상이 될 수 있다고 판단된다.

> 회사가 그 산하 시설관리사업부를 폐지시키기로 결정한 것은 적자가 누적되고 시설관리계약이 감소할 뿐 아니라 계열사와의 재계약조차 인건비 상승으로 인한 경쟁력 약화로 불가능해짐에 따라 불가피하게 취해진 조치로서 이는 경영주체의 경영의사 결정에 의한 경영조직의 변경에 해당하여 그 폐지 결정 자체는 단체교섭사항이 될 수 없다(대판 1994.3.25. 93다30242).

③ (○) 근로자들이 쟁의행위를 함에 있어 연구소장의 퇴진을 요구하였다 하더라도 이는 부차적인 것이고 주된 목적은 일부 근로자들에 대한 파면처분이 노동조합의 핵심적 관심사항인 연구자율수호운동을 주동한 것에 대한 보복조치라고 하여 이의 철회를 구하는 것이고 그 뜻은 조합원의 근로조건의 개선요구에 있다고도 볼 수 있다면 이는 단체교섭사항이 될 수 있는 것이다(대판 1992.5.12. 91다34523).

> 근로자들이 쟁의행위를 함에 있어 그 주된 목적이 일부 근로자들에 대한 파면처분이 노동조합의 연구자율수호운동을 주동한 것에 대한 보복조치라고 하여 이의 철회를 구하는 것이고 그 뜻이 조합원의 근로조건의 개선요구에 있다고도 볼 수 있다면 위 쟁의행위는 그 목적에 있어 정당하나, 근로자들이 연구소장실에 침입하고, 페인트로 연구소장실 입구 벽면 및 복도 등에 그의 명예를 훼손하는 내용을 쓰고 같은 내용의 벽보를 부착하는 등 그 쟁의행위의 방법 내지 태양이 사회적 상당성을 갖추었다고 볼 수 없어 그 쟁의행위가 부당하다고 한 사례(대판 1992.5.12. 91다34523).

④ (×) 단체교섭의 대상이 되는 단체교섭사항에 해당하는지 여부는 헌법 제33조 제1항과 노조법 제29조에서 근로자에게 단체교섭권을 보장한 취지에 비추어 판단하여야 하므로, 일반적으로 구성원인 근로자의 근로조건 기타 근로자의 대우 또는 당해 단체적 노사관계의 운영에 관한 사항으로 사용자가 처분할 수 있는 사항은 단체교섭의 대상인 단체교섭사항에 해당한다(대판 2022.12.16. 2015도8190).

⑤ (○) 비조합원의 근로조건은 단체교섭의 대상이 아니지만, 비조합원의 근로조건이라도 그것이 조합원의 근로조건 및 집단적 노동관계에 영향을 주는 경우에는 단체교섭의 대상이 된다.

답 ④

019 단체교섭에 관한 설명 중 옳지 않은 것은?(다툼이 있는 경우 판례에 의함)

16 사시

CHECK ○△×

① 노동조합은 정당한 이유 없이 교섭을 거부하거나 해태하여서는 안 된다.

② 교섭단위를 분리할 필요가 있다고 인정되는 경우에 노동위원회는 노동관계 당사자의 양쪽 또는 어느 한 쪽의 신청을 받아 분리결정을 할 수 있다.

③ 파업 중이라는 사정은 사용자가 단체교섭을 거부할 만한 정당한 이유가 될 수 있다.

④ 사용자가 "노동조합과의 단체교섭을 거부하여서는 아니 된다"라는 취지의 가처분결정을 받은 후에도 해당 노동조합의 단체교섭을 거부하면 불법행위가 된다.

⑤ 사용자가 교섭창구 단일화 절차를 거치지 아니하기로 동의한 경우에는 하나의 사업장에 설립된 복수의 노동조합은 각자 교섭을 요구할 수 있다.

해설

① (○) 노동조합과 사용자 또는 사용자단체는 정당한 이유 없이 교섭 또는 단체협약의 체결을 거부하거나 해태하여서는 아니 된다(노조법 제30조 제2항).

② (○) 하나의 사업 또는 사업장에서 현격한 근로조건의 차이, 고용형태, 교섭 관행 등을 고려하여 교섭단위를 분리하거나 분리된 교섭단위를 통합할 필요가 있다고 인정되는 경우에 노동위원회는 노동관계 당사자의 양쪽 또는 어느 한쪽의 신청을 받아 교섭단위를 분리하거나 분리된 교섭단위를 통합하는 결정을 할 수 있다(노조법 제29조의3 제2항).

③ (×) 쟁의행위는 단체교섭을 촉진하기 위한 수단으로서의 성질을 가지므로 쟁의기간 중이라는 사정이 사용자가 단체교섭을 거부할 만한 정당한 이유가 될 수 없고, 한편 당사자가 성의 있는 교섭을 계속하였음에도 단체교섭이 교착상태에 빠져 교섭의 진전이 더 이상 기대될 수 없는 상황이라면 사용자가 단체교섭을 거부하더라도 그 거부에 정당한 이유가 있다고 할 것이지만, 위와 같은 경우에도 노동조합 측으로부터 새로운 타협안이 제시되는 등 교섭재개가 의미 있을 것으로 기대할 만한 사정변경이 생긴 경우에는 사용자로서는 다시 단체교섭에 응하여야 하므로, 위와 같은 사정변경에도 불구하고 사용자가 단체교섭을 거부하는 경우에는 그 거부에 정당한 이유가 있다고 할 수 없다(대판 2006.2.24. 2005도8606).

④ (○) 사용자가 노동조합과의 단체교섭을 정당한 이유 없이 거부하다가 법원으로부터 노동조합과의 단체교섭을 거부하여서는 아니 된다는 취지의 집행력 있는 판결이나 가처분결정을 받고도 이를 위반하여 노동조합과의 단체교섭을 거부하였다면, 그 단체교섭 거부행위는 건전한 사회통념이나 사회상규상 용인할 수 없는 행위로서 헌법이 보장하고 있는 노동조합의 단체교섭권을 침해하는 위법한 행위이므로 노동조합에 대하여 불법행위가 된다(대판 2006.10.26. 2004다11070).

⑤ (○) 교섭대표노동조합을 자율적으로 결정하는 기한 내에 사용자가 교섭창구 단일화 절차를 거치지 아니하기로 동의한 경우에는 복수의 노동조합은 각자 교섭을 요구할 수 있다(노조법 제29조의2 제1항 단서).

답 ③

020

CHECK
○△×

노동조합 및 노동관계조정법령상 단체교섭 및 단체협약에 관한 설명으로 옳지 않은 것은?(다툼이 있으면 판례에 따름)

22 노무

① 노동조합은 정당한 이유 없이 교섭 또는 단체협약의 체결을 거부하거나 해태하여서는 아니 된다.
② 사용자로부터 교섭의 체결에 관한 권한을 위임받은 자는 그 사용자를 위하여 위임받은 범위 안에서 그 권한을 행사할 수 있다.
③ 교섭대표노동조합의 대표자는 단체협약 체결 여부에 대해 원칙적으로 소수노동조합이나 그 조합원의 의사에 기속된다고 볼 수 없다.
④ 노동조합은 해당 사업에 단체협약이 2개 이상 있는 경우에는 나중에 이르는 단체협약의 유효기간 만료일 이전 3개월이 되는 날부터 사용자에게 교섭을 요구할 수 있다.
⑤ 국가 및 지방자치단체는 다양한 교섭방식을 노동관계 당사자가 자율적으로 선택할 수 있도록 지원하고 이에 따른 단체교섭이 활성화될 수 있도록 노력하여야 한다.

해설

① (○) 노동조합과 사용자 또는 사용자단체는 정당한 이유 없이 교섭 또는 단체협약의 체결을 거부하거나 해태하여서는 아니 된다(노조법 제30조 제2항).
② (○) 노동조합과 사용자 또는 사용자단체로부터 교섭 또는 단체협약의 체결에 관한 권한을 위임받은 자는 그 노동조합과 사용자 또는 사용자단체를 위하여 위임받은 범위 안에서 그 권한을 행사할 수 있다(노조법 제29조 제3항).
③ (○) 교섭대표노동조합의 대표자는 교섭창구 단일화 절차에 참여한 노동조합 및 조합원 전체를 대표하여 독자적인 단체협약체결권을 가지므로, 단체협약 체결 여부에 대해 원칙적으로 소수노동조합이나 그 조합원의 의사에 기속된다고 볼 수 없다(대판 2020.10.29. 2019다262582).
④ (×) 노동조합은 해당 사업 또는 사업장에 단체협약이 있는 경우에는 그 유효기간 만료일 이전 3개월이 되는 날부터 사용자에게 교섭을 요구할 수 있다. 다만, 단체협약이 2개 이상 있는 경우에는 먼저 이르는 단체협약의 유효기간 만료일 이전 3개월이 되는 날부터 사용자에게 교섭을 요구할 수 있다(노조법 시행령 제14조의2 제1항).
⑤ (○) 국가 및 지방자치단체는 기업·산업·지역별 교섭 등 다양한 교섭방식을 노동관계 당사자가 자율적으로 선택할 수 있도록 지원하고 이에 따른 단체교섭이 활성화될 수 있도록 노력하여야 한다(노조법 제30조 제3항).

답 ❹

021

CHECK
○△×

노동조합 및 노동관계조정법령상 교섭창구 단일화 절차 등에 관한 설명으로 옳지 않은 것은?

22 노무

① 하나의 사업장에서 조직형태에 관계없이 근로자가 설립하거나 가입한 노동조합이 2개 이상인 경우 노동조합은 교섭대표노동조합을 정하여 교섭을 요구하여야 한다.
② 교섭대표노동조합을 자율적으로 결정하는 기한 내에 사용자가 교섭창구 단일화 절차를 거치지 아니하기로 동의한 경우에는 사용자는 교섭을 요구한 모든 노동조합과 성실히 교섭하여야 한다.
③ 교섭대표노동조합을 자율적으로 결정하는 기한까지 교섭대표노동조합을 정하지 못하고 사용자의 동의를 얻지 못한 경우에는 교섭창구 단일화 절차에 참여한 노동조합의 종사 근로자가 아닌 조합원을 포함한 전체 조합원 과반수로 조직된 노동조합이 교섭대표노동조합이 된다.
④ 공동교섭대표단의 구성에 합의하지 못할 경우에 노동위원회는 해당 노동조합의 신청에 따라 조합원 비율을 고려하여 이를 결정할 수 있다.
⑤ 사용자에게 공동교섭대표단의 통지가 있은 이후에는 그 공동교섭대표단 결정 절차에 참여한 노동조합 중 일부 노동조합이 그 이후의 절차에 참여하지 않더라도 교섭대표노동조합의 지위는 유지된다.

해설

① (O) 노조법 제29조의2 제1항 본문
② (O) 노조법 제29조의2 제1항 단서, 제2항
③ (X) 교섭대표노동조합을 자율적으로 결정하는 기한까지 교섭대표노동조합을 정하지 못하고 사용자의 동의를 얻지 못한 경우에는 교섭창구 단일화 절차에 참여한 노동조합의 전체 조합원 과반수로 조직된 노동조합이 교섭대표노동조합이 된다. 이때 조합원 수 산정은 종사근로자인 조합원을 기준으로 한다(노조법 제29조의2 제4항·제10항).
④ (O) 노조법 제29조의2 제6항
⑤ (O) 노조법 시행령 제14조의8 제2항

답 ❸

022 노동조합 및 노동관계조정법령상 교섭단위 결정 등에 관한 설명으로 옳은 것은? 22 노무

CHECK ○△×

① 노동조합 또는 사용자는 사용자가 교섭요구 사실을 공고하기 전에는 노동위원회에 교섭단위를 분리하는 결정을 신청할 수 없다.
② 노동조합 또는 사용자는 분리된 교섭단위를 통합하여 교섭하려는 경우에는 노동위원회에 분리된 교섭단위를 통합하는 결정을 신청할 수 없다.
③ 노동위원회는 노동관계 당사자의 어느 한쪽이 신청한 경우에는 교섭단위를 분리하는 결정을 할 수 없다.
④ 노동위원회는 교섭단위를 분리하는 결정을 하고 해당 사업 또는 사업장의 모든 노동조합과 사용자에게 통지해야 한다.
⑤ 교섭단위 분리신청에 대한 노동위원회의 결정이 있기 전에 교섭 요구가 있는 때에는 교섭단위 분리 결정과 관계없이 교섭요구 사실의 공고 등 교섭창구단일화절차는 진행된다.

해설

① (X) 노동조합 또는 사용자는 교섭단위를 분리하거나 분리된 교섭단위를 통합하여 교섭하려는 경우, 사용자가 교섭요구 사실을 공고하기 전에 노동위원회에 교섭단위를 분리하거나 분리된 교섭단위를 통합하는 결정을 신청할 수 있다(노조법 시행령 제14조의11 제1항 제1호).
② (X) 노동조합 또는 사용자는 교섭단위를 분리하거나 분리된 교섭단위를 통합하여 교섭하려는 경우, 노동위원회에 교섭단위를 분리하거나 분리된 교섭단위를 통합하는 결정을 신청할 수 있다(노조법 시행령 제14조의11 제1항).
③ (X) 하나의 사업 또는 사업장에서 현격한 근로조건의 차이, 고용형태, 교섭 관행 등을 고려하여 교섭단위를 분리하거나 분리된 교섭단위를 통합할 필요가 있다고 인정되는 경우에 노동위원회는 노동관계 당사자의 양쪽 또는 어느 한쪽의 신청을 받아 교섭단위를 분리하거나 분리된 교섭단위를 통합하는 결정을 할 수 있다(노조법 제29조의3 제2항).
④ (O) 노동위원회는 신청을 받은 날부터 30일 이내에 교섭단위를 분리하거나 분리된 교섭단위를 통합하는 결정을 하고 해당 사업 또는 사업장의 모든 노동조합과 사용자에게 통지해야 한다(노조법 시행령 제14조의11 제3항).
⑤ (X) 교섭단위를 분리하거나 분리된 교섭단위를 통합하는 결정의 신청에 대한 노동위원회의 결정이 있기 전에 교섭요구가 있는 때에는 교섭단위를 분리하거나 분리된 교섭단위를 통합하는 결정이 있을 때까지 교섭요구 사실의 공고 등 교섭창구단일화절차의 진행은 정지된다(노조법 시행령 제14조의11 제5항).

답 ❹

023 노동조합 및 노동관계조정법령상 교섭단위 결정 등에 관한 설명으로 옳지 않은 것은? 23 노무

CHECK ○△×

① 교섭대표노동조합을 결정하여야 하는 단위는 하나의 사업 또는 사업장으로 한다.
② 노동위원회는 사용자의 신청을 받아 교섭단위를 분리하는 결정을 할 수 있다.
③ 노동위원회는 노동조합의 신청을 받아 분리된 교섭단위를 통합하는 결정을 할 수 있다.
④ 노동조합이 교섭단위를 분리하여 교섭하려는 경우 사용자가 교섭요구 사실을 공고하기 전에는 교섭단위를 분리하는 결정을 신청할 수 있다.
⑤ 사용자는 분리된 교섭단위를 통합하여 교섭하려는 경우 교섭대표노동조합이 결정된 날 이후에는 그 통합하는 결정을 신청할 수 없다.

해설

① (○) 노조법 제29조의3 제1항
② (○) 하나의 사업 또는 사업장에서 현격한 근로조건의 차이, 고용형태, 교섭 관행 등을 고려하여 교섭단위를 분리하거나 분리된 교섭단위를 통합할 필요가 있다고 인정되는 경우에 노동위원회는 노동관계 당사자의 양쪽 또는 어느 한쪽의 신청을 받아 교섭단위를 분리하거나 분리된 교섭단위를 통합하는 결정을 할 수 있다(노조법 제29조의3 제2항).
③ (○) 노조법 제29조의3 제2항
④ (○) 사용자가 교섭요구사실을 공고하기 전이나, 사용자가 교섭요구사실을 공고한 경우에는 교섭대표노동조합이 결정된 날 이후에 노동위원회에 교섭단위를 분리하거나 분리된 교섭단위를 통합하는 결정을 신청할 수 있다(노조법 시행령 제14조의11 제1항).
⑤ (×) 사용자가 교섭요구사실을 공고하기 전이나, 사용자가 교섭요구사실을 공고한 경우에는 교섭대표노동조합이 결정된 날 이후에 노동위원회에 교섭단위를 분리하거나 분리된 교섭단위를 통합하는 결정을 신청할 수 있다(노조법 시행령 제14조의11 제1항).

교섭단위 결정(노조법 시행령 제14조의11)

① 노동조합 또는 사용자는 법 제29조의3 제2항에 따라 교섭단위를 분리하거나 분리된 교섭단위를 통합하여 교섭하려는 경우에는 다음 각 호에 해당하는 기간에 노동위원회에 교섭단위를 분리하거나 분리된 교섭단위를 통합하는 결정을 신청할 수 있다.
  1. 제14조의3에 따라 사용자가 교섭요구 사실을 공고하기 전
  2. 제14조의3에 따라 사용자가 교섭요구 사실을 공고한 경우에는 법 제29조의2에 따른 교섭대표노동조합이 결정된 날 이후
② 제1항에 따른 신청을 받은 노동위원회는 해당 사업 또는 사업장의 모든 노동조합과 사용자에게 그 내용을 통지해야 하며, 그 노동조합과 사용자는 노동위원회가 지정하는 기간까지 의견을 제출할 수 있다.
③ 노동위원회는 제1항에 따른 신청을 받은 날부터 30일 이내에 교섭단위를 분리하거나 분리된 교섭단위를 통합하는 결정을 하고 해당 사업 또는 사업장의 모든 노동조합과 사용자에게 통지해야 한다.

답 ⑤

024 노동조합 및 노동관계조정법상 단체교섭 등에 관한 설명으로 옳지 않은 것은?(다툼이 있으면 판례에 따름)

CHECK ○△×

21 노무

① 교섭대표노동조합을 결정하여야 하는 단위는 하나의 사업 또는 사업장으로 한다.

② 노동조합의 하부단체인 분회나 지부가 독자적인 규약 및 집행기관을 가지고 독립된 조직체로서 활동을 하더라도 당해 조직이나 그 조합원에 고유한 사항에 대하여 독자적으로 단체교섭하고 단체협약을 체결할 수는 없다.

③ 일반적으로 구성원인 근로자의 노동조건 기타 근로자의 대우 또는 당해 단체적 노사관계의 운영에 관한 사항으로 사용자가 처분할 수 있는 사항은 단체교섭의 대상인 단체교섭사항에 해당한다.

④ 기업의 구조조정 실시 여부는 경영주체에 의한 고도의 경영상 결단에 속하는 사항으로서 원칙적으로 단체교섭의 대상이 될 수 없다.

⑤ 노동조합이 조합원들의 의사를 반영하고 대표자의 단체교섭 및 단체협약 체결업무 수행에 대한 적절한 통제를 위하여 대표자의 단체협약체결권한의 행사를 절차적으로 제한하는 것은, 그것이 단체협약체결권한을 전면적·포괄적으로 제한하는 것이 아닌 이상 허용된다.

해설

① (○) 노조법 제29조의3 제1항

② (×) 노동조합의 하부단체인 분회나 지부가 독자적인 규약 및 집행기관을 가지고 독립된 조직체로서 활동을 하는 경우 당해 조직이나 그 조합원에 고유한 사항에 대하여는 독자적으로 단체교섭하고 단체협약을 체결할 수 있고, 이는 그 분회나 지부가 노조법 시행령 제7조의 규정에 따라 그 설립신고를 하였는지 여부에 영향받지 아니한다(대판 2011.5.26. 2011다1842).

③ (○) 단체교섭의 대상이 되는 단체교섭사항에 해당하는지 여부는 헌법 제33조 제1항과 노조법 제29조에서 근로자에게 단체교섭권을 보장한 취지에 비추어 판단하여야 하므로 일반적으로 구성원인 근로자의 노동조건 기타 근로자의 대우 또는 당해 단체적 노사관계의 운영에 관한 사항으로 사용자가 처분할 수 있는 사항은 단체교섭의 대상인 단체교섭사항에 해당한다(대판 2003.12.26. 2003두8906).

④ (○) 정리해고나 사업조직의 통폐합 등 기업의 구조조정의 실시 여부는 경영주체에 의한 고도의 경영상 결단에 속하는 사항으로서 이는 원칙적으로 단체교섭의 대상이 될 수 없고, 그것이 긴박한 경영상의 필요나 합리적인 이유 없이 불순한 의도로 추진되는 등의 특별한 사정이 없는 한, 노동조합이 실질적으로 그 실시 자체를 반대하기 위하여 쟁의행위에 나아간다면, 비록 그 실시로 인하여 근로자들의 지위나 근로조건의 변경이 필연적으로 수반된다 하더라도 그 쟁의행위는 목적의 정당성을 인정할 수 없다(대판 2003.12.11. 2001도3429).

⑤ (○) 노동조합이 조합원들의 의사를 반영하고 대표자의 단체교섭 및 단체협약 체결업무 수행에 대한 적절한 통제를 위하여 규약 등에서 내부절차를 거치도록 하는 등 대표자의 단체협약체결권한의 행사를 절차적으로 제한하는 것은, 그것이 단체협약체결권한을 전면적·포괄적으로 제한하는 것이 아닌 이상 허용된다(대판 2018.7.26. 2016다205908).

답 ❷

025 노동조합 및 노동관계조정법상 교섭대표노동조합 등에 관한 설명으로 옳지 않은 것은?(다툼이 있으면 판례에 따름) 21 노무

CHECK ○△×

① 교섭대표노동조합의 대표자는 교섭을 요구한 모든 노동조합 또는 조합원을 위하여 사용자와 교섭하고 단체협약을 체결할 권한을 가진다.

② 교섭대표노동조합결정절차에 참여한 모든 노동조합은 대통령령으로 정하는 기한 내에 자율적으로 교섭대표노동조합을 정한다.

③ 교섭창구단일화절차에서 교섭대표노동조합이 가지는 대표권은 법령에서 특별히 권한으로 규정하지 아니한 이상 단체교섭 및 단체협약 체결(보충교섭이나 보충협약 체결을 포함한다)과 체결된 단체협약의 구체적인 이행과정에만 미치는 것이고, 이와 무관하게 노사관계 전반에까지 당연히 미친다고 볼 수는 없다.

④ 공동교섭대표단에 참여할 수 있는 노동조합은 그 조합원 수가 교섭창구단일화절차에 참여한 노동조합의 전체 조합원 100분의 10 이상인 노동조합으로 한다.

⑤ 공동교섭대표단의 구성에 합의하지 못할 경우에 고용노동부장관은 해당 노동조합의 신청에 따라 조합원 비율을 고려하여 이를 결정할 수 있다.

해설

① (○) 노조법 제29조 제2항

② (○) 노조법 제29조의2 제3항

③ (○) 교섭창구단일화 및 공정대표의무에 관련된 법령규정의 문언, 교섭창구단일화제도의 취지와 목적, 교섭대표노동조합이 아닌 노동조합 및 그 조합원의 노동3권 보장 필요성 등을 고려하면, 교섭창구단일화절차에서 교섭대표노동조합이 가지는 대표권은 법령에서 특별히 권한으로 규정하지 아니한 이상 단체교섭 및 단체협약 체결(보충교섭이나 보충협약 체결을 포함한다)과 체결된 단체협약의 구체적인 이행과정에만 미치는 것이고, 이와 무관하게 노사관계 전반에까지 당연히 미친다고 볼 수는 없다(대판 2019.10.31. 2017두37772).

④ (○) 노조법 제29조의2 제5항 후문

⑤ (×) 공동교섭대표단의 구성에 합의하지 못할 경우에 노동위원회는 해당 노동조합의 신청에 따라 조합원 비율을 고려하여 이를 결정할 수 있다(노조법 제29조의2 제6항).

답 ⑤

026 노동조합 및 노동관계조정법상 공정대표의무에 관한 설명으로 옳지 않은 것은?(다툼이 있으면 판례에 따름) 21 노무

CHECK ○△×

① 교섭대표노동조합은 교섭창구단일화절차에 참여한 노동조합 또는 그 조합원 간에 합리적 이유 없이 차별을 하여서는 아니 된다.

② 교섭창구단일화절차에 참여한 노동조합은 교섭대표노동조합이 공정대표의무를 위반하여 차별한 경우에는 그 행위가 있은 날(단체협약내용의 일부 또는 전부가 공정대표의무에 위반되는 경우에는 단체협약 체결일을 말한다)부터 3개월 이내에 대통령령으로 정하는 방법과 절차에 따라 노동위원회에 그 시정을 요청할 수 있다.

③ 노동위원회는 공정대표의무 위반의 시정신청에 대하여 합리적 이유 없이 차별하였다고 인정한 때에는 그 시정에 필요한 명령을 하여야 한다.

④ 공정대표의무는 단체교섭의 과정이나 그 결과물인 단체협약의 내용에 한하여 인정되므로 단체협약의 이행과정에서도 준수되어야 하는 것은 아니다.

⑤ 사용자의 공정대표의무 위반에 대한 벌칙규정은 없다.

해설

① (O) 노조법 제29조의4 제1항
② (O) 노조법 제29조의4 제2항
③ (O) 노조법 제29조의4 제3항
④ (X) 공정대표의무는 헌법이 보장하는 단체교섭권의 본질적 내용이 침해되지 않도록 하기 위한 제도적 장치로 기능하고, 교섭대표노동조합과 사용자가 체결한 단체협약의 효력이 교섭창구단일화절차에 참여한 다른 노동조합에도 미치는 것을 정당화하는 근거가 된다. 따라서 교섭대표노동조합이 사용자와 체결한 단체협약의 내용이 합리적 이유 없이 교섭대표노동조합이 되지 못한 노동조합 또는 그 조합원을 차별하는 경우 공정대표의무 위반에 해당한다. 그리고 이러한 공정대표의무의 취지와 기능 등에 비추어 보면, 공정대표의무는 단체교섭의 과정이나 그 결과물인 단체협약의 내용뿐만 아니라 단체협약의 이행과정에서도 준수되어야 한다(대판 2019.10.31. 2017두37772).
⑤ (O) 노조법에는 사용자의 공정대표의무 위반에 대한 벌칙규정이 명시되어 있지 아니하다.

답 ❹

027 노동조합 및 노동관계조정법령상 단체교섭에 관한 설명으로 옳지 않은 것은? 20 노무

CHECK ○△×

① 교섭대표노동조합의 대표자는 교섭을 요구한 모든 노동조합을 위하여 사용자와 교섭하고 단체협약을 체결할 권한을 가진다.
② 노동조합으로부터 단체교섭에 관한 권한을 위임받은 자는 자유롭게 권한을 행사할 수 있다.
③ 사용자는 단체교섭에 관한 권한을 위임한 때에는 그 사실을 노동조합에게 통보하여야 한다.
④ 노동조합은 해당 사업 또는 사업장에 단체협약이 2개 이상 있는 경우에는 먼저 이르는 단체협약의 유효기간 만료일 이전 3개월이 되는 날부터 사용자에게 교섭을 요구할 수 있다.
⑤ 교섭대표노동조합과 사용자가 교섭창구단일화절차에 참여한 노동조합과 그 조합원 간에 합리적 이유 없이 차별한 경우에는 노동조합은 그 행위가 있은 날부터 3개월 이내에 노동위원회에 그 시정을 요청할 수 있다.

해설

① (O) 노조법 제29조 제2항
② (X) 노동조합과 사용자 또는 사용자단체로부터 교섭 또는 단체협약의 체결에 관한 권한을 위임받은 자는 그 노동조합과 사용자 또는 사용자단체를 위하여 위임받은 범위 안에서 그 권한을 행사할 수 있다(노조법 제29조 제3항).
③ (O) 노조법 제29조 제4항
④ (O) 노조법 시행령 제14조의2 제1항 단서
⑤ (O) 노조법 제29조의4 제2항

답 ❷

028 노동조합 및 노동관계조정법령상 단체교섭 및 단체협약에 대한 설명으로 옳지 않은 것은?

CHECK ○△×

23 국가직 9급

① 노동위원회는 분리된 교섭단위를 통합하는 결정의 신청을 받은 날부터 30일 이내에 분리된 교섭단위를 통합하는 결정을 하고 해당 사업 또는 사업장의 모든 노동조합과 사용자에게 통지해야 한다.

② 국가 및 지방자치단체는 기업·산업·지역별 교섭 등 다양한 교섭방식을 노동관계 당사자가 자율적으로 선택할 수 있도록 지원하고 이에 따른 단체교섭이 활성화될 수 있도록 노력하여야 한다.

③ 노동조합 또는 사용자가 교섭단위를 분리하여 교섭하려는 경우, 사용자가 교섭요구 사실을 공고한 경우에는 교섭대표노동조합이 결정되기 전에 노동위원회에 교섭단위를 분리하는 결정을 신청하여야 한다.

④ 단체협약의 유효기간은 3년을 초과하지 않는 범위에서 노사가 합의하여 정할 수 있다.

해설

① (○) 노동위원회는 노동조합 또는 사용자가 노동위원회에 교섭단위를 분리하거나 분리된 교섭단위를 통합하는 결정을 신청한 경우, 신청을 받은 날부터 30일 이내에 교섭단위를 분리하거나 분리된 교섭단위를 통합하는 결정을 하고 해당 사업 또는 사업장의 모든 노동조합과 사용자에게 통지해야 한다(노조법 시행령 제14조의11 제3항).

② (○) 노조법 제30조 제3항

③ (×) 교섭단위의 분리·통합 결정 신청은 사용자가 교섭요구사실을 공고하기 이전에 하여야 한다. 공고하였다면 교섭대표노동조합이 결정된 날 이후에 신청할 수 있다(노조법 시행령 제14조의11 제1항 제2호).

> **교섭단위 결정(노조법 시행령 제14조의11)**
>
> ① 노동조합 또는 사용자는 법 제29조의3 제2항에 따라 교섭단위를 분리하거나 분리된 교섭단위를 통합하여 교섭하려는 경우에는 다음 각 호에 해당하는 기간에 노동위원회에 교섭단위를 분리하거나 분리된 교섭단위를 통합하는 결정을 신청할 수 있다.
>
> 1. 제14조의3에 따라 사용자가 교섭요구 사실을 공고하기 전
> 2. 제14조의3에 따라 사용자가 교섭요구 사실을 공고한 경우에는 법 제29조의2에 따른 교섭대표노동조합이 결정된 날 이후

④ (○) 노조법 제32조 제1항

답 ③

029 노동조합 및 노동관계조정법상 단체교섭에 대한 설명으로 옳지 않은 것은?(다툼이 있는 경우 판례에 의함)

CHECK ○△×

23 국가직 9급

① 일반적으로 구성원인 근로자의 노동조건 기타 근로자의 대우에 관한 사항으로 사용자가 처분할 수 있는 사항은 단체교섭의 대상에 해당한다.

② 정리해고나 사업조직의 통폐합 등 기업의 구조조정의 실시 여부는 경영주체에 의한 고도의 경영상 결단에 속하는 사항으로서 이는 원칙적으로 단체교섭의 대상이 될 수 없다.

③ 파업 중이라는 사정은 사용자가 단체교섭을 거부할 만한 정당한 이유가 된다.

④ 사용자가 노동조합과의 단체교섭을 정당한 이유 없이 거부하다가 법원으로부터 노동조합과의 단체교섭을 거부하여서는 아니 된다는 취지의 집행력 있는 판결이나 가처분결정을 받고서도 이를 위반하여 노동조합과의 단체교섭을 거부하였다면, 그 단체교섭 거부행위는 노동조합에 대하여 불법행위를 구성한다.

해설

① (○) 단체교섭의 대상이 되는 단체교섭사항에 해당하는지 여부는 헌법 제33조 제1항과 노조법 제29조에서 근로자에게 단체교섭권을 보장한 취지에 비추어 판단하여야 하므로 일반적으로 구성원인 근로자의 노동조건 기타 근로자의 대우 또는 당해 단체적 노사관계의 운영에 관한 사항으로 사용자가 처분할 수 있는 사항은 단체교섭의 대상인 단체교섭사항에 해당한다(대판 2003.12.26. 2003두8906).

② (○) 정리해고나 사업조직의 통폐합 등 기업의 구조조정의 실시 여부는 경영주체에 의한 고도의 경영상 결단에 속하는 사항으로서 이는 원칙적으로 단체교섭의 대상이 될 수 없고, 그것이 긴박한 경영상의 필요나 합리적인 이유 없이 불순한 의도로 추진되는 등의 특별한 사정이 없는 한, 노동조합이 실질적으로 그 실시 자체를 반대하기 위하여 쟁의행위에 나아간다면, 비록 그 실시로 인하여 근로자들의 지위나 근로조건의 변경이 필연적으로 수반된다 하더라도 그 쟁의행위는 목적의 정당성을 인정할 수 없다(대판 2003.12.11. 2001도3429).

③ (×) 쟁의행위는 단체교섭을 촉진하기 위한 수단으로서의 성질을 가지므로 쟁의기간 중이라는 사정이 사용자가 단체교섭을 거부할 만한 정당한 이유가 될 수 없고, 한편 당사자가 성의 있는 교섭을 계속하였음에도 단체교섭이 교착상태에 빠져 교섭의 진전이 더 이상 기대될 수 없는 상황이라면 사용자가 단체교섭을 거부하더라도 그 거부에 정당한 이유가 있다고 할 것이지만, 위와 같은 경우에도 노동조합 측으로부터 새로운 타협안이 제시되는 등 교섭 재개가 의미 있을 것으로 기대할 만한 사정변경이 생긴 경우에는 사용자로서는 다시 단체교섭에 응하여야 하므로, 위와 같은 사정변경에도 불구하고 사용자가 단체교섭을 거부하는 경우에는 그 거부에 정당한 이유가 있다고 할 수 없다(대판 2006.2.24. 2005도8606).

④ (○) 사용자가 노동조합과의 단체교섭을 정당한 이유 없이 거부하다가 법원으로부터 노동조합과의 단체교섭을 거부하여서는 아니 된다는 취지의 집행력 있는 판결이나 가처분결정을 받고도 이를 위반하여 노동조합과의 단체교섭을 거부하였다면, 그 단체교섭 거부행위는 건전한 사회통념이나 사회상규상 용인할 수 없는 행위로서 헌법이 보장하고 있는 노동조합의 단체교섭권을 침해하는 위법한 행위이므로 노동조합에 대하여 불법행위가 된다(대판 2006.10.26. 2004다11070).

답 ❸

030 노동조합 및 노동관계조정법령상 단체교섭에 관한 설명으로 옳지 않은 것은?(다툼이 있으면 판례에 따름) 18 노무

CHECK ○△×

① 단체교섭의 대상에 해당하는지 여부는 헌법과 노동조합 및 노동관계조정법상 근로자에게 단체교섭권을 보장한 취지에 비추어 판단하여야 한다.

② 근로조건 그 자체는 아니지만 근로조건과 밀접한 관련을 가지는 사항은 사용자의 경영권을 근본적으로 제약하지 않는 경우 단체교섭 대상이 될 수 있다.

③ 보건에 관한 사항은 노사협의회의 협의사항일 뿐 단체교섭 대상이 될 수 없다.

④ 비조합원의 근로조건이라도 그것이 조합원의 근로조건 및 집단적 노동관계에 영향을 주는 경우에는 단체교섭 대상이 될 수 있다.

⑤ 집단적 노동관계에 관한 사항은 근로조건과 밀접한 관계가 있기 때문에 강행법규나 공서양속에 반하지 않는 이상 단체교섭 대상이 될 수 있다.

해설

① (○) 단체교섭의 대상이 되는 단체교섭사항에 해당하는지 여부는 헌법 제33조 제1항과 노조법 제29조에서 근로자에게 단체교섭권을 보장한 취지에 비추어 판단하여야 하므로 일반적으로 구성원인 근로자의 노동조건 기타 근로자의 대우 또는 당해 단체적 노사관계의 운영에 관한 사항으로 사용자가 처분할 수 있는 사항은 단체교섭의 대상인 단체교섭사항에 해당한다(대판 2003.12.26. 2003두8906).

② (○) 단체협약 중 조합원의 차량별 고정승무발령, 배차시간, 대기기사 배차순서 및 일당기사 배차에 관하여 노조와 사전합의를 하도록 한 조항은 그 내용이 한편으로는 사용자의 경영권에 속하는 사항이지만 다른 한편으로는 근로자들의 근로조건과도 밀접한 관련이 있는 부분으로서 사용자의 경영권을 근본적으로 제약하는 것은 아니라고 보여지므로 단체협약의 대상이 될 수 있고 그 내용 역시 헌법이나 노조법 기타 노동관계법규에 어긋나지 아니하므로 정당하다(대판 1994.8.26. 93누8993).

③ (×) 근참법 제20조 제4호에서 협의회가 보건에 관한 사항을 협의하여야 한다고 규정하고 있으나, 근참법 제5조에서 노동조합의 단체교섭이나 그 밖의 모든 활동은 근참법에 의하여 영향을 받지 아니한다고 규정하고 있으므로, 보건에 관한 사항도 단체교섭의 대상이 될 수 있다.

④ (○) 비조합원의 근로조건은 원칙적으로 단체교섭의 대상은 아니나, 그것이 조합원의 근로조건 및 집단적 노동관계에 영향을 주는 경우에는 단체교섭 대상이 될 수 있다.

⑤ (○) 단체적 노사관계의 운영에 관한 사항으로 사용자가 처분할 수 있는 사항은 근로조건과 밀접한 관계가 있는 경우, 강행법규나 공서양속에 반하지 않는 이상 단체교섭 대상이 될 수 있다고 하여야 한다.

답 ❸

031 노동조합 및 노동관계조정법령상 교섭단위 결정에 관한 설명으로 옳은 것은? 20 노무

CHECK ○△×

① 노동위원회는 사용자의 신청을 받아 교섭단위를 분리하는 결정을 할 수 없다.

② 교섭대표노동조합을 결정하여야 하는 단위는 하나의 사업 또는 사업장으로 한다.

③ 사용자가 교섭요구사실을 공고한 경우에는 교섭대표노동조합이 결정된 날 이후부터 교섭단위 분리 신청을 할 수 없다.

④ 노동위원회는 교섭단위 분리신청을 받은 날부터 60일 이내에 교섭단위 분리에 관한 결정을 하여야 한다.

⑤ 교섭단위 분리에 관한 노동위원회의 결정에 대하여 중앙노동위원회에 재심을 신청하려는 자는 그 결정서를 송달받은 날로부터 15일 이내에 할 수 있다.

해설

① (×) 하나의 사업 또는 사업장에서 현격한 근로조건의 차이, 고용형태, 교섭관행 등을 고려하여 교섭단위를 분리하거나 분리된 교섭단위를 통합할 필요가 있다고 인정되는 경우에 노동위원회는 노동관계당사자의 양쪽 또는 어느 한쪽의 신청을 받아 교섭단위를 분리하거나 분리된 교섭단위를 통합하는 결정을 할 수 있다(노조법 제29조의3 제2항).

② (○) 노조법 제29조의3 제1항

③ (×) 사용자가 교섭단위를 분리하거나 분리된 교섭단위를 통합하여 교섭하려는 경우, 사용자가 교섭요구사실을 공고한 경우에는 교섭대표노동조합이 결정된 날 이후에 노동위원회에 교섭단위를 분리하거나 분리된 교섭단위를 통합하는 결정을 신청할 수 있다(노조법 시행령 제14조의11 제1항 제2호).

④ (×) 노동위원회는 신청을 받은 날부터 30일 이내에 교섭단위를 분리하거나 분리된 교섭단위를 통합하는 결정을 하고 해당 사업 또는 사업장의 모든 노동조합과 사용자에게 통지해야 한다(노조법 시행령 제14조의11 제3항).

⑤ (×) 관계당사자는 지방노동위원회 또는 특별노동위원회의 중재재정이 위법이거나 월권에 의한 것이라고 인정하는 경우에는 그 중재재정서의 송달을 받은 날부터 10일 이내에 중앙노동위원회에 그 재심을 신청할 수 있다(노조법 제69조 제1항).

교섭단위 결정(노조법 제29조의3)

② 하나의 사업 또는 사업장에서 현격한 근로조건의 차이, 고용형태, 교섭관행 등을 고려하여 교섭단위를 분리하거나 분리된 교섭단위를 통합할 필요가 있다고 인정되는 경우에 노동위원회는 노동관계당사자의 양쪽 또는 어느 한쪽의 신청을 받아 교섭단위를 분리하거나 분리된 교섭단위를 통합하는 결정을 할 수 있다.

③ 제2항에 따른 노동위원회의 결정에 대한 불복절차 및 효력은 제69조와 제70조 제2항을 준용한다.

답 ❷

032 CHECK ○△×

상시근로자 100명을 고용하고 있는 A사업장에는 갑, 을, 병, 정 노동조합이 설립되어 있으며 각각 26명, 15명, 14명, 5명의 조합원이 가입되어 있다. 정 노동조합을 제외한 갑, 을, 병 3개의 노동조합이 교섭창구단일화절차에 참여하였다. 사용자가 교섭창구단일화절차를 거치지 아니하기로 별도로 동의하지 아니한 상황에서 자율적으로 결정하는 기한 내에 교섭대표노동조합을 결정하지 못한 경우 교섭대표노동조합이 될 수 없는 것은? 20 노무

① 갑, 을, 병의 연합
② 갑, 병의 연합
③ 을의 위임을 받은 갑
④ 병의 위임을 받은 을
⑤ 정의 위임을 받은 갑

해설

① (○), ② (○), ③ (○), ④ (○), ⑤ (×)

자율적 교섭대표노조 결성기한 내에 교섭대표노조를 정하지 못하고 사용자의 개별교섭동의를 얻지 못한 경우에는, 2개 이상의 노조가 위임 또는 연합 등의 방법으로 교섭창구단일화절차에 참여한 노조 전체 조합원의 과반수가 되는 경우를 포함하여 교섭창구단일화절차에 참여한 노조 전체 조합원 과반수로 조직된 노조인 과반수노조를 교섭대표노조로 인정하고 있다(노조법 제29조의2 제4항). 따라서 갑, 을, 병의 연합은 당연히 교섭대표노조가 될 수 있고, 갑, 병의 연합은 40/55, 을의 위임을 받은 갑은 41/55, 병의 위임을 받은 을은 29/55로 단일화절차에 참여한 노조 전체 조합원의 과반수라는 점에서 교섭대표노조가 될 수 있다. 그러나 노조 정은 교섭창구단일화절차에 참여하지 아니하였다는 점에서 노조법 제29조의2 제4항이 적용되지 아니하므로, 정의 위임을 받은 갑은 26/55로 과반수에 미치지 아니하여 교섭대표노조가 될 수 없다.

교섭창구단일화절차(노조법 제29조의2)

③ 교섭대표노동조합결정절차(이하 "교섭창구단일화절차")에 참여한 모든 노동조합은 대통령령으로 정하는 기한 내에 자율적으로 교섭대표노동조합을 정한다.

④ 제3항에 따른 기한까지 교섭대표노동조합을 정하지 못하고 제1항 단서에 따른 사용자의 동의를 얻지 못한 경우에는 교섭창구단일화절차에 참여한 노동조합의 전체 조합원 과반수로 조직된 노동조합(2개 이상의 노동조합이 위임 또는 연합 등의 방법으로 교섭창구단일화절차에 참여한 노동조합 전체 조합원의 과반수가 되는 경우를 포함)이 교섭대표노동조합이 된다.

답 ⑤

033 노동조합 및 노동관계조정법령상 단체교섭에 관한 설명으로 옳지 않은 것은?(다툼이 있으면 판례에 따름)

CHECK ○△×

19 노무

① 노동조합 대표자는 그 노동조합 또는 조합원을 위하여 사용자나 사용자단체와 교섭할 권한을 가진다.
② 단위노동조합이 당해 노동조합이 가입한 상부단체인 연합단체에 단체교섭권한을 위임한 경우 단위노동조합의 단체교섭권한은 소멸한다.
③ 노동조합과 사용자 또는 사용자단체는 신의에 따라 성실히 교섭하여야 한다.
④ 노동조합과 사용자 또는 사용자단체는 정당한 이유 없이 교섭을 거부하여서는 아니 된다.
⑤ 노동조합의 하부단체인 지부가 독자적인 규약 및 집행기관을 가지고 독립된 조직체로서 활동하는 경우 당해 조직이나 그 조합원에 고유한 사항에 대하여는 독자적으로 단체교섭을 할 수 있다.

해설

① (○) 노조법 제29조 제1항
② (×) 구 노조법 제33조 제1항에서 규정하고 있는 단체교섭권한의 '위임'이라고 함은 노동조합이 조직상의 대표자 이외의 자에게 조합 또는 조합원을 위하여, 조합의 입장에서 사용자 측과 사이에 단체교섭을 하는 사무처리를 맡기는 것을 뜻하고, 그 위임 후 이를 해지하는 등의 별개의 의사표시가 없더라도 노동조합의 단체교섭권한은 여전히 수임자의 단체교섭권한과 중복하여 경합적으로 남아 있다고 할 것이며, 같은 조 제2항의 규정에 따라 단위노동조합이 당해 노동조합이 가입한 상부단체인 연합단체에 그러한 권한을 위임한 경우에 있어서도 달리 볼 것은 아니다(대판 1998.11.13. 98다20790).
③ (○) 노조법 제30조 제1항
④ (○) 노조법 제30조 제2항
⑤ (○) 노동조합의 하부단체인 분회나 지부가 독자적인 규약 및 집행기관을 가지고 독립된 조직체로서 활동을 하는 경우 당해 조직이나 그 조합원에 고유한 사항에 대하여는 독자적으로 단체교섭하고 단체협약을 체결할 수 있고, 이는 그 분회나 지부가 노조법 시행령 제7조의 규정에 따라 그 설립신고를 하였는지 여부에 영향받지 아니한다(대판 2001.2.23. 2000도4299).

답 ❷

034 노동조합 및 노동관계조정법령상 공정대표의무 등에 관한 설명으로 옳지 않은 것은?(다툼이 있으면 판례에 따름)

CHECK ○△×

23 노무

① 교섭창구 단일화 절차에 참여한 노동조합은 단체협약의 내용의 일부가 공정대표의무에 위반되는 경우에는 단체협약 체결일부터 3개월 이내에 그 시정을 요청할 수 있다.
② 교섭대표노동조합과 사용자는 교섭창구 단일화 절차에 참여한 노동조합의 조합원 간에 합리적 이유 없이 차별을 하여서는 아니 된다.
③ 노동위원회는 공정대표의무 위반의 시정 신청을 받은 때에는 지체 없이 필요한 조사와 관계당사자에 대한 심문(審問)을 하여야 한다.
④ 노동위원회는 공정대표의무 위반의 시정 신청에 따른 심문을 할 때에는 관계 당사자의 신청이 없는 경우 직권으로 증인을 출석하게 하여 질문할 수 없다.
⑤ 교섭대표노동조합이 교섭창구 단일화 절차에 참여한 다른 노동조합을 차별한 것으로 인정되는 경우, 그와 같은 차별에 합리적인 이유가 있다는 점은 교섭대표노동조합에게 주장·증명책임이 있다.

해설

① (○) 노동조합은 교섭대표노동조합과 사용자가 공정대표의무를 위반하여 차별한 경우에는 그 행위가 있은 날(단체협약의 내용의 일부 또는 전부가 공정대표의무에 위반되는 경우에는 단체협약 체결일)부터 3개월 이내에 대통령령으로 정하는 방법과 절차에 따라 노동위원회에 그 시정을 요청할 수 있다(노조법 제29조의4 제2항).

② (○) 노조법 제29조의4 제1항

③ (○) 노조법 시행령 제14조의12 제2항

④ (×) 노동위원회는 공정대표의무위반의 시정신청 따른 심문을 할 때에는 관계 당사자의 신청이나 직권으로 증인을 출석하게 하여 필요한 사항을 질문할 수 있다(노조법 시행령 제14조의12 제3항).

⑤ (○) 교섭대표노동조합이나 사용자가 교섭창구단일화절차에 참여한 다른 노동조합 또는 그 조합원을 차별한 것으로 인정되는 경우, 그와 같은 차별에 합리적인 이유가 있다는 점은 교섭대표노동조합이나 사용자에게 주장·증명책임이 있다(대판 2018.8.30. 2017다218642).

공정대표의무 등(노조법 제29조의4)

① 교섭대표노동조합과 사용자는 교섭창구 단일화 절차에 참여한 노동조합 또는 그 조합원 간에 합리적 이유 없이 차별을 하여서는 아니 된다.

② 노동조합은 교섭대표노동조합과 사용자가 제1항을 위반하여 차별한 경우에는 그 행위가 있은 날(단체협약의 내용의 일부 또는 전부가 제1항에 위반되는 경우에는 단체협약 체결일)부터 3개월 이내에 대통령령으로 정하는 방법과 절차에 따라 노동위원회에 그 시정을 요청할 수 있다.

③ 노동위원회는 제2항에 따른 신청에 대하여 합리적 이유 없이 차별하였다고 인정한 때에는 그 시정에 필요한 명령을 하여야 한다.

④ 제3항에 따른 노동위원회의 명령 또는 결정에 대한 불복절차 등에 관하여는 제85조 및 제86조를 준용한다.

공정대표의무 위반에 대한 시정(노조법 시행령 제14조의12)

① 노동조합은 법 제29조의2에 따라 결정된 교섭대표노동조합과 사용자가 법 제29조의4 제1항을 위반하여 차별한 경우에는 고용노동부령으로 정하는 바에 따라 노동위원회에 공정대표의무 위반에 대한 시정을 신청할 수 있다.

② 노동위원회는 제1항에 따른 공정대표의무 위반의 시정 신청을 받은 때에는 지체 없이 필요한 조사와 관계당사자에 대한 심문(審問)을 하여야 한다.

③ 노동위원회는 제2항에 따른 심문을 할 때에는 관계 당사자의 신청이나 직권으로 증인을 출석하게 하여 필요한 사항을 질문할 수 있다.

④ 노동위원회는 제2항에 따른 심문을 할 때에는 관계 당사자에게 증거의 제출과 증인에 대한 반대심문을 할 수 있는 충분한 기회를 주어야 한다.

⑤ 노동위원회는 제1항에 따른 공정대표의무 위반의 시정 신청에 대한 명령이나 결정을 서면으로 하여야 하며, 그 서면을 교섭대표노동조합, 사용자 및 그 시정을 신청한 노동조합에 각각 통지하여야 한다.

답 ④

035 노동조합 및 노동관계조정법령상 공정대표의무에 관한 설명으로 옳지 않은 것은?(다툼이 있으면 판례에 따름) 19 노무

CHECK ○△×

① 사용자는 교섭창구단일화절차에 참여한 노동조합 또는 그 조합원 간에 합리적 이유 없이 차별을 하여서는 아니 된다.

② 노동조합은 교섭대표노동조합이 공정대표의무를 위반하여 차별한 경우에는 그 행위가 있은 날부터 6개월 이내에 노동위원회에 그 시정을 요청할 수 있다.

③ 공정대표의무 위반에 대한 형사벌칙규정이 없다.

④ 사용자가 교섭창구단일화절차에 참여한 다른 노동조합 또는 그 조합원을 차별한 것으로 인정되는 경우, 차별에 합리적인 이유가 있다는 점은 사용자에게 주장·증명책임이 있다.

⑤ 공정대표의무는 단체교섭의 과정이나 그 결과물인 단체협약의 내용뿐만 아니라 단체협약의 이행과정에서도 준수되어야 한다.

해설

① (○) 노조법 제29조의4 제1항

② (×) 노동조합은 교섭대표노동조합이 공정대표의무를 위반하여 차별한 경우에는 그 행위가 있은 날부터 3개월 이내에 대통령령으로 정하는 방법과 절차에 따라 노동위원회에 그 시정을 요청할 수 있다(노조법 제29조의4 제2항).

③ (○) 노조법은 공정대표의무 위반행위에 대해 따로 형사처벌규정을 두고 있지 아니하다.

④ (○) 교섭대표노동조합이나 사용자가 교섭창구단일화절차에 참여한 다른 노동조합 또는 그 조합원을 차별한 것으로 인정되는 경우, 그와 같은 차별에 합리적인 이유가 있다는 점은 교섭대표노동조합이나 사용자에게 주장·증명책임이 있다(대판 2018.8.30. 2017다218642).

⑤ (○) 공정대표의무의 취지와 기능 등에 비추어 보면, 공정대표의무는 단체교섭의 과정이나 그 결과물인 단체협약의 내용뿐만 아니라 단체협약의 이행과정에서도 준수되어야 한다고 봄이 타당하다(대판 2018.8.30. 2017다218642).

답 ❷

036 노동조합 및 노동관계조정법령상 교섭창구단일화제도에 관한 설명으로 옳은 것은?(다툼이 있으면 판례에 따름) 19 노무

CHECK ○△×

① 하나의 사업 또는 사업장 단위에서 유일하게 존재하는 노동조합이 교섭창구단일화절차를 형식적으로 거쳤다면 교섭대표노동조합의 지위를 취득할 수 있다.

② 교섭창구단일화절차에 따라 결정된 교섭대표노동조합이 그 결정된 날부터 6개월 동안 단체협약을 체결하지 못한 경우에는 어느 노동조합이든지 사용자에게 교섭을 요구할 수 있다.

③ 하나의 사업 또는 사업장에서 교섭단위를 분리할 필요가 있다고 인정되는 경우에 노동관계당사자는 합의를 통하여 교섭단위를 분리할 수 있다.

④ 공동교섭대표단에 참여할 수 있는 노동조합은 그 조합원 수가 교섭창구단일화절차에 참여한 노동조합의 전체 조합원 100분의 5 이상인 노동조합으로 한다.

⑤ 교섭대표노동조합의 지위 유지기간이 만료되었음에도 불구하고 새로운 교섭대표노동조합이 결정되지 못할 경우 기존 교섭대표노동조합은 새로운 교섭대표노동조합이 결정될 때까지 기존 단체협약의 이행과 관련해서는 교섭대표노동조합의 지위를 유지한다.

해설

① (×) 하나의 사업장 단위에서 유일하게 존재하는 노조는 설령 노조법과 그 시행령이 정한 절차를 형식적으로 거쳤더라도 교섭대표노조의 지위를 취득할 수 없다고 해석함이 타당하다(대판 2017.10.31. 2016두36956).
② (×) 결정된 교섭대표노동조합이 그 결정된 날부터 1년 동안 단체협약을 체결하지 못한 경우에는 어느 노동조합이든지 사용자에게 교섭을 요구할 수 있다(노조법 시행령 제14조의10 제3항).
③ (×) 하나의 사업 또는 사업장에서 현격한 근로조건의 차이, 고용형태, 교섭관행 등을 고려하여 교섭단위를 분리하거나 분리된 교섭단위를 통합할 필요가 있다고 인정되는 경우에 노동위원회는 노동관계당사자의 양쪽 또는 어느 한쪽의 신청을 받아 교섭단위를 분리하거나 분리된 교섭단위를 통합하는 결정을 할 수 있다(노조법 제29조의3 제2항).
④ (×) 공동교섭대표단에 참여할 수 있는 노동조합은 그 조합원 수가 교섭창구단일화절차에 참여한 노동조합의 전체 조합원 100분의 10 이상인 노동조합으로 한다(노조법 제29조의2 제5항 후문).
⑤ (○) 노조법 시행령 제14조의10 제2항

답 ⑤

037 노동조합 및 노동관계조정법령상 교섭단위 분리에 관한 설명으로 옳지 않은 것은? 18 노무

CHECK ○△×

① 하나의 사업 또는 사업장에서 교섭단위를 분리할 필요가 있다고 인정되는 경우에 노동위원회는 노동관계당사자의 신청을 받아 교섭단위를 분리하는 결정을 할 수 있다.
② 노동위원회는 노동관계당사자 양쪽의 신청이 있으면 교섭단위를 분리하는 결정을 하여야 한다.
③ 노동위원회는 법령에 따라 교섭단위 분리의 결정신청을 받은 때에는 해당 사업 또는 사업장의 모든 노동조합과 사용자에게 그 내용을 통지해야 한다.
④ 노동위원회는 법령에 따른 신청을 받은 날부터 30일 이내에 교섭단위 분리에 관한 결정을 하고 해당 사업 또는 사업장의 모든 노동조합과 사용자에게 통지해야 한다.
⑤ 노동조합 또는 사용자는 법령에 따라 사용자가 교섭요구사실을 공고하기 전에 노동위원회에 교섭단위 분리의 결정을 신청할 수 있다.

해설

① (○) 하나의 사업 또는 사업장에서 현격한 근로조건의 차이, 고용형태, 교섭관행 등을 고려하여 교섭단위를 분리하거나 분리된 교섭단위를 통합할 필요가 있다고 인정되는 경우에 노동위원회는 노동관계당사자의 양쪽 또는 어느 한쪽의 신청을 받아 교섭단위를 분리하거나 분리된 교섭단위를 통합하는 결정을 할 수 있다(노조법 제29조의3 제2항).
② (×) 노동위원회는 노동관계당사자의 양쪽 또는 어느 한쪽의 신청을 받아 교섭단위를 분리하거나 분리된 교섭단위를 통합하는 결정을 할 수 있다(노조법 제29조의3 제2항).
③ (○) 노조법 시행령 제14조의11 제2항
④ (○) 노조법 시행령 제14조의11 제3항
⑤ (○) 노조법 시행령 제14조의11 제1항 제1호

답 ②

038 노동조합 및 노동관계조정법상 교섭창구 단일화에 관한 설명으로 옳지 않은 것은? 14 노무

CHECK ○△×

① 공동교섭대표단에 참여할 수 있는 노동조합은 그 조합원 수가 교섭창구 단일화절차에 참여한 노동조합의 전체 조합원 100분의 10 이상인 노동조합이다.

② 사용자는 교섭창구 단일화절차에 참여한 노동조합 또는 그 조합원 간에 합리적 이유 없이 차별을 하여서는 아니 된다.

③ 교섭대표노동조합을 결정하여야 하는 단위는 노동위원회가 교섭단위를 분리하는 결정을 하지 않는 한, 하나의 사업 또는 사업장으로 한다.

④ 하나의 사업 또는 사업장에서 조직형태에 관계없이 근로자가 설립하거나 가입한 노동조합이 2개 이상인 경우 사용자가 교섭창구 단일화절차를 거치지 아니하기로 동의한 경우가 아닌 한, 노동조합은 교섭대표노동조합을 정하여 교섭을 요구하여야 한다.

⑤ 교섭대표노동조합의 대표자는 그 절차에 참여한 노동조합으로부터 위임받은 범위 안에서 사용자와 교섭하고 단체협약을 체결할 권한을 가진다.

해설

① (○) 노조법 제29조의2 제5항 후문

② (○) 노조법 제29조의4 제1항

③ (○) 노조법 제29조의3 제1항

④ (○) 노조법 제29조의2 제1항

⑤ (×) 교섭대표노동조합은 단체교섭의 당사자이며, 대표자는 단체교섭의 담당자가 되므로, 수임자의 법적 지위를 가지는 것이 아니다. 따라서 교섭을 요구한 모든 노동조합 또는 조합원을 위하여 사용자와 교섭하고 단체협약을 체결할 권한을 가진다(노조법 제29조 제2항).

답 ❺

039 노동조합 및 노동관계조정법상 단체교섭의 당사자가 될 수 있는 자로 옳지 않은 것은? 14 노무

CHECK ○△×

① 노동조합 대표자

② 단위노동조합

③ 연합단체인 노동조합

④ 사업주 개인

⑤ 사용자단체

해설

노조법은 노동조합의 대표자는 그 노동조합 또는 조합원을 위하여 사용자나 사용자단체와 교섭하고 단체협약을 체결할 권한을 가진다(노조법 제29조 제1항)고 명시함으로써 노동조합 대표자의 단체교섭의 담당자로서의 지위를 확인해 주고 있으므로, 노동조합 대표자를 단체교섭의 당사자라고 볼 수는 없다.

답 ❶

040 CHECK ○△×

노동조합 및 노동관계조정법상 단체교섭에 관한 설명으로 옳지 않은 것은?(다툼이 있는 경우에는 판례에 의함) 14 노무

① 노동조합의 대표자가 사용자와 단체협약의 내용을 합의한 후 다시 협약안의 가부에 관하여 조합원 총회의 의결을 거치도록 하는 소위 인준투표제는 위법하다.

② 노동조합의 구성원인 근로자의 노동조건 기타 근로자의 대우 또는 당해 단체적 노사관계의 운영에 관한 사항으로 사용자가 처분할 수 있는 사항은 단체교섭의 대상이 된다.

③ 쟁의행위 중이더라도 노동조합 측으로부터 새로운 타협안이 제시되는 등 교섭 재개가 의미 있을 것으로 기대할 만한 사정변경이 생긴 경우에는 사용자로서는 다시 단체교섭에 응하여야 한다.

④ 산업별 노동조합의 지부가 독자적인 규약과 집행기관을 가지고 독립한 조직체로 활동하고 있더라도 설립신고를 하지 않았다면 독자적인 단체교섭 및 단체협약을 체결할 권한을 갖지 못한다.

⑤ 노동조합은 신의에 따라 성실히 교섭하고 단체협약을 체결하여야 하며 그 권한을 남용하여서는 아니 된다.

해설

① (○) 노동조합의 대표자 또는 수임자가 단체교섭의 결과에 따라 사용자와 단체협약의 내용을 합의한 후 다시 협약안의 가부에 관하여 조합원 총회의 의결을 거쳐야 한다는 것은 대표자의 단체협약체결권한을 전면적·포괄적으로 제한함으로써 사실상 단체협약체결권한을 형해화하여 명목에 불과한 것으로 만드는 것이어서 노조법 제29조 제1항의 취지에 위반된다(대판 2002.11.26. 2001다36504).

② (○) 대판 2003.12.26. 2003두8906

③ (○) 쟁의행위는 단체교섭을 촉진하기 위한 수단으로서의 성질을 가지므로 쟁의기간 중이라는 사정이 사용자가 단체교섭을 거부할 만한 정당한 이유가 될 수 없고, 한편 당사자가 성의 있는 교섭을 계속하였음에도 단체교섭이 교착상태에 빠져 교섭의 진전이 더 이상 기대될 수 없는 상황이라면 사용자가 단체교섭을 거부하더라도 그 거부에 정당한 이유가 있다고 할 것이지만, 위와 같은 경우에도 노동조합 측으로부터 새로운 타협안이 제시되는 등 교섭 재개가 의미 있을 것으로 기대할 만한 사정변경이 생긴 경우에는 사용자로서는 다시 단체교섭에 응하여야 하므로, 위와 같은 사정변경에도 불구하고 사용자가 단체교섭을 거부하는 경우에는 그 거부에 정당한 이유가 있다고 할 수 없다(대판 2006.2.24. 2005도8606).

④ (×) 노동조합의 하부단체인 분회나 지부가 독자적인 규약 및 집행기관을 가지고 독립된 조직체로서 활동을 하는 경우 당해 조직이나 그 조합원에 고유한 사항에 대하여는 독자적으로 단체교섭하고 단체협약을 체결할 수 있다(대판 2001.2.23. 2000도4299).

⑤ (○) 노조법 제30조 제1항

답 ④

041 노동조합 및 노동관계조정법령상 교섭대표노동조합에 관한 설명으로 옳지 않은 것은? 17 노무

CHECK ○△×

① 교섭대표노동조합의 대표자는 교섭을 요구한 모든 노동조합 또는 조합원을 위하여 사용자와 교섭하고 단체협약을 체결할 권한을 가진다.

② 교섭대표노동조합은 교섭창구단일화절차에 참여한 노동조합 또는 그 조합원 간에 합리적 이유 없이 차별을 하여서는 아니 된다.

③ 교섭대표노동조합이 결정된 날부터 1년 동안 단체협약을 체결하지 못한 경우에도 교섭대표노동조합만이 사용자에게 교섭을 요구할 수 있다.

④ 교섭대표노동조합은 그 지위 유지기간이 만료되었더라도 새로운 교섭대표노동조합이 결정될 때까지 기존 단체협약의 이행과 관련하여서는 그 지위를 유지한다.

⑤ 자율적으로 교섭대표노동조합을 결정하여 그 결과를 사용자에게 통지한 이후에는 그 교섭대표노동조합의 결정절차에 참여한 노동조합 중 일부 노동조합이 그 이후의 절차에 참여하지 않더라도 교섭대표노동조합의 지위는 유지된다.

해설

① (○) 노조법 제29조 제2항

② (○) 노조법 제29조의4 제1항

③ (×) 교섭대표노동조합이 그 결정된 날부터 1년 동안 단체협약을 체결하지 못한 경우에는 어느 노동조합이든지 사용자에게 교섭을 요구할 수 있다(노조법 시행령 제14조의10 제3항).

④ (○) 노조법 시행령 제14조의10 제2항

⑤ (○) 노조법 시행령 제14조의6 제2항

답 ❸

042 노동조합 및 노동관계조정법령상 단체교섭 등에 관한 설명으로 옳지 않은 것은?(다툼이 있으면 판례에 따름) 18 노무

CHECK ○△×

① 노동조합의 대표자는 단체교섭의 당사자이다.

② 사용자단체는 법령에 따라 교섭 또는 단체협약의 체결에 관한 권한을 위임하는 경우에는 교섭사항과 권한범위를 정하여 위임하여야 한다.

③ 노동조합과 사용자 또는 사용자단체는 법령에 따라 교섭 또는 단체협약의 체결에 관한 권한을 위임한 때에는 그 사실을 상대방에게 통보하여야 한다.

④ 노동조합과 사용자 또는 사용자단체는 정당한 이유 없이 교섭 또는 단체협약의 체결을 거부하거나 해태하여서는 아니 된다.

⑤ 노동조합의 하부단체인 분회나 지부가 독자적인 규약 및 집행기관을 가지고 독립된 조직체로서 활동을 하는 경우 당해 조직이나 그 조합원에 고유한 사항에 대하여는 독자적으로 단체교섭하고 단체협약을 체결할 수 있다.

해설

① (×) 노동조합의 대표자는 그 노동조합 또는 조합원을 위하여 사용자나 사용자단체와 교섭하고 단체협약을 체결할 권한을 가진다(노조법 제29조 제1항). 노동조합의 대표자는 단체교섭의 담당자이다.
② (○) 노조법 시행령 제14조 제1항
③ (○) 노조법 제29조 제4항
④ (○) 노조법 제30조 제2항
⑤ (○) 대판 2001.2.23. 2000도4299

답 ❶

043 CHECK ○△×

노동조합 및 노동관계조정법령상 단체교섭 및 단체협약에 관한 설명으로 옳지 않은 것을 모두 고른 것은?(다툼이 있으면 판례에 따름) 17 노무

ㄱ. 단체교섭의 결과 노사가 특정의 노동조합이 유일한 교섭주체임을 인정하는 취지의 단체협약을 체결했다면 노사자치원리에 따라 유효하다.
ㄴ. 노동관계당사자는 교섭이나 단체협약 체결의 권한을 위임하는 경우에는 교섭사항과 교섭범위를 정하지 않고 교섭진행과정에서 구체화시키면 충분하다.
ㄷ. 노동조합의 대표자가 사용자와 단체교섭 결과 합의에 이른 경우에 단체교섭위원들이 연명으로 서명하지 않는 한 단체협약을 체결할 수 없도록 규정한 노동조합규약은 노동조합 및 노동관계조정법에 위반되지 않는다.
ㄹ. 단체교섭권의 위임이 이루어진 경우에는 그 위임 후 이를 해지하는 등의 별개의 의사표시가 없더라도 노동조합의 단체교섭권한은 여전히 수임자의 단체교섭권한과 중복하여 경합적으로 남아 있다.

① ㄱ, ㄴ
② ㄷ, ㄹ
③ ㄱ, ㄴ, ㄷ
④ ㄴ, ㄷ, ㄹ
⑤ ㄱ, ㄴ, ㄷ, ㄹ

해설

ㄱ. (×) 단체협약에서 특정의 노동조합을 유일한 교섭주체로 인정하여 다른 노동조합을 교섭 상대방에서 배제하는 경우, 헌법 제33조에 따른 단체교섭권을 침해하기 때문에 부당노동행위가 되어 무효이다.
ㄴ. (×) 노동조합과 사용자 또는 사용자단체는 교섭 또는 단체협약의 체결에 관한 권한을 위임하는 경우에는 교섭사항과 권한범위를 정하여 위임하여야 한다(노조법 시행령 제14조 제1항).
ㄷ. (×) 노동조합이 노동조합 규약에서 노동조합의 대표자가 사용자와 단체교섭 결과 합의에 이른 경우에도 단체교섭위원들이 연명으로 서명하지 않는 한 단체협약을 체결할 수 없도록 규정한 경우, 위 규약은 노동조합 대표자에게 단체협약체결권을 부여한 노조법 제29조 제1항을 위반한 것이라고 보아야 한다(대판 2013.9.27. 2011두15404).
ㄹ. (○) 단체교섭권을 위임한 경우 기존 노동조합의 단체교섭권한은 수임자의 단체교섭권한과 중복하여 경합적으로 남아 있다(대판 1998.11.13. 98다20790).

답 ❸

044 노동조합 및 노동관계조정법령상 교섭창구단일화제도에 관한 설명으로 옳은 것은? 16 노무

CHECK ○△×

① 교섭대표노동조합의 대표자는 해당 교섭단위 내의 비조합원을 포함한 모든 근로자를 위하여 사용자와 교섭하고 단체협약을 체결할 권한을 가진다.

② 교섭대표노동조합 결정절차에 참여한 노동조합들이 교섭대표노동조합을 자율적으로 결정하는 기한 내에 교섭창구단일화절차를 거치지 아니하기로 합의한 경우에 사용자는 개별교섭에 응하여야 한다.

③ 교섭대표노동조합이 결정된 날로부터 6개월 동안 단체협약을 체결하지 못한 경우 어느 노동조합이든지 사용자에게 교섭을 요구할 수 있다.

④ 공동교섭대표단의 구성에 합의하지 못할 경우에 노동위원회는 해당 노동조합의 신청에 따라 조합원 비율을 고려하여 이를 결정할 수 있다.

⑤ 교섭창구단일화절차에 참여한 노동조합의 전체 조합원 과반수로 조직된 노동조합에 해당하는지를 결정할 때 2개 이상의 노동조합이 연합하는 방법은 허용되지 않는다.

해설

① (×) 교섭대표노동조합의 대표자는 교섭을 요구한 모든 노동조합 또는 조합원을 위하여 사용자와 교섭하고 단체협약을 체결할 권한을 가진다(노조법 제29조 제2항).

② (×) 하나의 사업 또는 사업장에서 조직형태에 관계없이 근로자가 설립하거나 가입한 노동조합이 2개 이상인 경우 노동조합은 교섭대표노동조합을 정하여 교섭을 요구하여야 한다. 다만, 교섭대표노동조합을 자율적으로 결정하는 기한 내에 사용자가 교섭창구단일화절차를 거치지 아니하기로 동의한 경우에는 그러하지 아니하다(노조법 제29조의2 제1항).

③ (×) 교섭대표노동조합이 그 결정된 날부터 1년 동안 단체협약을 체결하지 못한 경우에는 어느 노동조합이든지 사용자에게 교섭을 요구할 수 있다(노조법 시행령 제14조의10 제3항 전문).

④ (○) 노조법 제29조의2 제6항

⑤ (×) 기한 내에 교섭대표노동조합을 정하지 못하고 사용자의 동의를 얻지 못한 경우에는 교섭창구단일화절차에 참여한 노동조합의 전체 조합원 과반수로 조직된 노동조합(2개 이상의 노동조합이 위임 또는 연합 등의 방법으로 교섭창구단일화절차에 참여한 노동조합 전체 조합원의 과반수가 되는 경우를 포함)이 교섭대표노동조합이 된다(노조법 제29조의2 제4항).

답 ④

045 노동조합 및 노동관계조정법령상 교섭창구단일화절차 등에 관한 설명으로 옳지 않은 것은?

CHECK ○△×

18 노무

① 하나의 사업 또는 사업장에 2개 이상의 노동조합이 있더라도 교섭대표노동조합을 자율적으로 결정하는 기한 내에 사용자가 교섭창구단일화절차를 거치지 아니하기로 동의한 경우에는 해당 노동조합은 사용자와 개별적으로 교섭할 수 있다.

② 노동조합 교섭요구사실의 공고는 사용자가 법령에 따라 교섭을 요구받은 날부터 7일간 하여야 한다.

③ 교섭대표노동조합이 그 결정된 날부터 1년 동안 단체협약을 체결하지 못한 경우에는 어느 노동조합이든지 사용자에게 교섭을 요구할 수 있다.

④ 교섭창구단일화절차에 참여한 노동조합이 자율적으로 교섭대표노동조합을 정하지 못한 경우에는 해당 사업 또는 사업장 근로자 전체의 과반수로 조직된 노동조합이 교섭대표노동조합이 된다.

⑤ 교섭대표노동조합을 결정함에 있어 교섭요구사실 등에 대한 이의가 있는 때에는 노동위원회는 대통령령으로 정하는 바에 따라 노동조합의 신청을 받아 그 이의에 대한 결정을 할 수 있다.

해설

① (○) 노조법 제29조의2 제1항 단서

② (○) 노조법 시행령 제14조의3 제1항

③ (○) 노조법 시행령 제14조의10 제3항 전문

④ (×) 기한 내에 교섭대표노동조합을 정하지 못하고 사용자의 동의를 얻지 못한 경우에는 교섭창구단일화절차에 참여한 노동조합의 전체 조합원 과반수로 조직된 노동조합(2개 이상의 노동조합이 위임 또는 연합 등의 방법으로 교섭창구단일화절차에 참여한 노동조합 전체 조합원의 과반수가 되는 경우를 포함)이 교섭대표노동조합이 된다(노조법 제29조의2 제4항).

⑤ (○) 교섭대표노동조합을 결정함에 있어 교섭요구사실, 조합원 수 등에 대한 이의가 있는 때에는 노동위원회는 대통령령으로 정하는 바에 따라 노동조합의 신청을 받아 그 이의에 대한 결정을 할 수 있다(노조법 제29조의2 제7항).

답 ④

046 노동조합 및 노동관계조정법령상 단체교섭 및 단체협약에 관한 설명으로 옳은 것은? 23 노무

CHECK ○△×

① 교섭대표노동조합의 대표자는 교섭요구와 무관하게 사업장 내 모든 노동조합 또는 조합원을 위하여 사용자와 교섭하고 단체협약을 체결할 권한을 가진다.

② 교섭대표노동조합이 결정된 후 교섭창구단일화절차가 개시된 날부터 1년 동안 단체협약을 체결하지 못한 경우에는 어느 노동조합이든지 사용자에게 교섭을 요구할 수 있다.

③ 노동조합으로부터 적법한 교섭 요구를 받은 사용자는 그 요구를 받은 날부터 5일간 그 교섭요구 사실을 공고하여야 한다.

④ 노동조합은 사용자가 교섭요구 사실의 공고를 하지 아니하거나 다르게 공고하는 경우에는 고용노동부령으로 정하는 바에 따라 행정관청에 그 시정을 요청할 수 있다.

⑤ 단체협약의 당사자가 하여야 할 단체협약의 신고는 당사자 쌍방이 연명으로 해야 한다.

해설

① (×) 교섭대표노동조합의 대표자는 교섭을 요구한 모든 노동조합 또는 조합원을 위하여 사용자와 교섭하고 단체협약을 체결할 권한을 가진다(노조법 제29조 제2항).

② (×) 교섭대표노동조합이 그 결정된 날부터 1년 동안 단체협약을 체결하지 못한 경우에는 어느 노동조합이든지 사용자에게 교섭을 요구할 수 있다(노조법 시행령 제14조의10 제3항).

③ (×) 사용자는 노동조합으로부터 교섭 요구를 받은 때에는 그 요구를 받은 날부터 7일간 그 교섭을 요구한 노동조합의 명칭 등 고용노동부령으로 정하는 사항을 해당 사업 또는 사업장의 게시판 등에 공고하여 다른 노동조합과 근로자가 알 수 있도록 하여야 한다(노조법 시행령 제14조의3 제1항).

④ (×) 노동조합은 사용자가 교섭요구 사실의 공고를 하지 아니하거나 다르게 공고하는 경우에는 고용노동부령으로 정하는 바에 따라 노동위원회에 시정을 요청할 수 있다(노조법 시행령 제14조의3 제2항).

⑤ (○) 노조법 시행령 제15조

노동조합 교섭요구 사실의 공고(노조법 시행령 제14조의3)

① 사용자는 노동조합으로부터 제14조의2에 따라 교섭 요구를 받은 때에는 그 요구를 받은 날부터 7일간 그 교섭을 요구한 노동조합의 명칭 등 고용노동부령으로 정하는 사항을 해당 사업 또는 사업장의 게시판 등에 공고하여 다른 노동조합과 근로자가 알 수 있도록 하여야 한다.

② 노동조합은 사용자가 제1항에 따른 교섭요구 사실의 공고를 하지 아니하거나 다르게 공고하는 경우에는 고용노동부령으로 정하는 바에 따라 노동위원회에 시정을 요청할 수 있다.

③ 노동위원회는 제2항에 따라 시정 요청을 받은 때에는 그 요청을 받은 날부터 10일 이내에 그에 대한 결정을 하여야 한다.

교섭대표노동조합의 지위 유지기간 등(노조법 시행령 제14조의10)

① 법 제29조의2 제3항부터 제6항까지의 규정에 따라 결정된 교섭대표노동조합은 그 결정이 있은 후 사용자와 체결한 첫 번째 단체협약의 효력이 발생한 날을 기준으로 2년이 되는 날까지 그 교섭대표노동조합의 지위를 유지하되, 새로운 교섭대표노동조합이 결정된 경우에는 그 결정된 때까지 교섭대표노동조합의 지위를 유지한다.

② 제1항에 따른 교섭대표노동조합의 지위 유지기간이 만료되었음에도 불구하고 새로운 교섭대표노동조합이 결정되지 못할 경우 기존 교섭대표노동조합은 새로운 교섭대표노동조합이 결정될 때까지 기존 단체협약의 이행과 관련해서는 교섭대표노동조합의 지위를 유지한다.

③ 법 제29조의2에 따라 결정된 교섭대표노동조합이 그 결정된 날부터 1년 동안 단체협약을 체결하지 못한 경우에는 어느 노동조합이든지 사용자에게 교섭을 요구할 수 있다. 이 경우 제14조의2 제2항 및 제14조의3부터 제14조의9까지의 규정을 적용한다.

답 ❺

047 노동조합 및 노동관계조정법령상 단체교섭에 관한 설명으로 옳지 않은 것은?(다툼이 있으면 판례에 따름)

CHECK ○△×

16 노무

① 일반적으로 구성원인 근로자의 노동조건 기타 근로자의 대우에 관한 사항으로 사용자가 처분할 수 있는 사항은 단체교섭의 대상에 해당한다.

② 정리해고나 사업조직의 통폐합 등 기업의 구조조정의 실시 여부는 경영주체에 의한 고도의 경영상 결단에 속하는 사항으로서 이는 원칙적으로 단체교섭의 대상이 될 수 없다.

③ 단위노동조합이 상부단체인 연합단체에 단체교섭권한을 위임한 경우에 그 위임의 범위 내에서는 단체교섭권한이 없다.

④ 노동조합과 사용자 또는 사용자단체는 신의에 따라 성실히 교섭하고 단체협약을 체결하여야 하며 그 권한을 남용하여서는 아니 된다.

⑤ 사용자가 노동조합과의 단체교섭을 정당한 이유 없이 거부하였다고 하여 그 단체교섭거부행위가 바로 위법한 행위로 평가되어 불법행위의 요건을 충족하게 되는 것은 아니다.

해설

① (○) 일반적으로 구성원인 근로자의 노동조건 기타 근로자의 대우 또는 당해 단체적 노사관계의 운영에 관한 사항으로 사용자가 처분할 수 있는 사항은 단체교섭의 대상인 단체교섭사항에 해당한다(대판 2003.12.26. 2003두8906).

② (○) 정리해고나 사업조직의 통폐합 등 기업의 구조조정의 실시 여부는 경영주체의 고도의 경영상 결단에 속하는 사항으로서 이는 원칙적으로 단체교섭의 대상이 될 수 없고, 그것이 긴박한 경영상의 필요나 합리적 이유 없이 불순한 의도로 추진되는 등의 특별한 사정이 없는 한, 노동조합이 실질적으로 그 실시 자체를 반대하기 위하여 쟁의행위에 나아간다면, 비록 그 실시로 인하여 근로자들의 지위나 근로조건의 변경이 필연적으로 수반된다고 하더라도 그 쟁의행위는 목적의 정당성을 인정할 수 없다(대판 2011.1.27. 2010도11030).

③ (×) 단체교섭권한의 위임이라고 함은 노동조합이 그 조직상의 대표자 이외의 자에게 그 조합 또는 조합원을 위하여, 그 조합의 입장에서 사용자 측과 사이에 단체교섭을 하는 사무처리를 맡기는 것을 뜻하고, 그 위임 후 이를 해지하는 등의 별개의 의사표시가 없더라도 그 노동조합의 단체교섭권한은 여전히 그 수임자의 단체교섭권한과 중복하여 경합적으로 남아 있다고 할 것이다(대판 1998.11.13. 98다20790).

④ (○) 노조법 제30조 제1항

⑤ (○) 사용자가 노동조합과의 단체교섭을 정당한 이유 없이 거부하였다고 하여 그 단체교섭거부행위가 바로 위법한 행위로 평가되어 불법행위의 요건을 충족하게 되는 것은 아니지만, 그 단체교섭거부행위가 그 원인과 목적, 그 과정과 행위태양, 그로 인한 결과 등에 비추어 건전한 사회통념이나 사회상규상 용인될 수 없는 정도에 이른 것으로 인정되는 경우에는 그 단체교섭거부행위는 부당노동행위로서 단체교섭권을 침해하는 위법한 행위로 평가되어 불법행위의 요건을 충족하게 된다(대판 2006.10.26. 2004다11070).

답 ③

048 **노동조합 및 노동관계조정법상 공정대표의무에 관한 설명 중 옳지 않은 것은?** 16 사시

CHECK ○△×

① 교섭대표노동조합과 사용자는 교섭창구 단일화 절차에 참여한 노동조합 또는 그 조합원 간에 합리적 이유 없이 차별을 하여서는 아니 된다.

② 교섭대표노동조합과 사용자가 합리적 이유 없이 차별을 한 경우 교섭창구 단일화 절차에 참여한 노동조합의 조합원은 노동위원회에 그 시정을 요청할 수 있다.

③ 단체협약의 내용이 공정대표의무 위반인 경우 노동위원회에 대한 차별시정 요청은 단체협약 체결일로부터 3개월 이내에 이루어져야 한다.

④ 노동위원회의 시정명령에 대한 불복절차는 부당노동행위 구제명령에 대한 불복절차를 준용한다.

⑤ 노동위원회의 시정명령이 확정된 경우 그 시정명령에 위반한 자에 대하여 형벌을 부과한다.

해설

① (○) 노조법 제29조의4 제1항

② (×)·③ (○) 노조법 제29조의4 제2항 참조

> **공정대표의무 등(노조법 제29조의4)**
>
> ② 노동조합은 교섭대표노동조합과 사용자가 제1항을 위반하여 차별한 경우에는 그 행위가 있은 날(단체협약의 내용의 일부 또는 전부가 제1항에 위반되는 경우에는 단체협약 체결일을 말한다)부터 3개월 이내에 대통령령으로 정하는 방법과 절차에 따라 노동위원회에 그 시정을 요청할 수 있다.

④ (○)·⑤ (○) 노동위원회의 시정명령 또는 결정에 대한 불복절차 등에 관하여는 부당노동행위 구제명령에 대한 불복절차를 준용하고,❹ 시정명령이 확정된 경우 그 시정명령에 위반한 자에 대하여 3년 이하의 징역 또는 3천만원 이하의 벌금에 처한다❺(노조법 제29조의4 제4항, 제89조 제2호).

답 ❷

049 **노동조합 및 노동관계조정법상 공정대표의무에 대한 설명으로 옳지 않은 것은?(다툼이 있는 경우 판례에 의함)** 20 국가직 9급

CHECK ○△×

① 교섭대표노동조합과 사용자는 교섭창구 단일화 절차에 참여한 노동조합 또는 그 조합원 간에 합리적 이유 없이 차별을 하여서는 아니 된다.

② 공정대표의무는 헌법이 보장하는 단체교섭권의 본질적 내용이 침해되지 않도록 하기 위한 제도적 장치로 기능한다.

③ 공정대표의무는 단체협약의 이행과정에서도 준수되어야 한다.

④ 사용자가 단체협약에 따라 교섭대표노동조합에 노동조합 사무실을 제공한 이상 교섭창구 단일화 절차에 참여한 다른 노동조합에는 노동조합 사무실을 제공할 의무가 없다.

해설

① (O) 노조법 제29조의4 제1항

② (O)·③ (O) 공정대표의무는 헌법이 보장하는 단체교섭권의 본질적 내용이 침해되지 않도록 하기 위한 제도적 장치로 기능하고,❷ 교섭대표노동조합과 사용자가 체결한 단체협약의 효력이 교섭창구 단일화 절차에 참여한 다른 노동조합에게도 미치는 것을 정당화하는 근거가 된다. 이러한 공정대표의무의 취지와 기능 등에 비추어 보면, 공정대표의무는 단체교섭의 과정이나 그 결과물인 단체협약의 내용뿐만 아니라 단체협약의 이행과정에서도 준수되어야 한다고 봄이 타당하다❸(대판 2018.8.30. 2017다218642).

④ (×) 사용자가 단체협약 등에 따라 교섭대표노동조합에 상시적으로 사용할 수 있는 노동조합 사무실을 제공한 이상, 특별한 사정이 없는 한 교섭창구 단일화 절차에 참여한 다른 노동조합에도 반드시 일률적이거나 비례적이지는 않더라도 상시적으로 사용할 수 있는 일정한 공간을 노동조합 사무실로 제공하여야 한다고 봄이 타당하다. 이와 달리 교섭대표노동조합에는 노동조합 사무실을 제공하면서 교섭창구 단일화 절차에 참여한 다른 노동조합에는 물리적 한계나 비용 부담 등을 이유로 노동조합 사무실을 전혀 제공하지 않거나 일시적으로 회사 시설을 사용할 수 있는 기회를 부여하였다고 하여 차별에 합리적인 이유가 있다고 볼 수 없다(대판 2018.8.30. 2017다218642).

답 ❹

050

CHECK ○△×

노동조합 및 노동관계조정법상 단체교섭 등에 대한 설명으로 옳지 않은 것은?(다툼이 있는 경우 판례에 의함)

20 국가직 7급

① 노동조합의 대표자는 그 노동조합 또는 조합원을 위하여 사용자나 사용자단체와 교섭하고 단체협약을 체결할 권한을 가진다.

② 공동교섭대표단을 구성하여 사용자와 교섭을 하여야 하는 경우, 공동교섭대표단에 참여할 수 있는 노동조합은 그 조합원 수가 교섭창구 단일화 절차에 참여한 노동조합의 전체 조합원 100분의 5 이상인 노동조합으로 한다.

③ 하나의 사업 또는 사업장에서 현격한 근로조건의 차이, 고용형태, 교섭 관행 등을 고려하여 교섭단위를 분리할 필요가 있다고 인정되는 경우에 노동위원회는 노동관계 당사자의 양쪽 또는 어느 한 쪽의 신청을 받아 교섭단위를 분리하는 결정을 할 수 있다.

④ 노동조합과 사용자 또는 사용자단체는 교섭 또는 단체협약의 체결에 관한 권한을 위임한 때에는 그 사실을 상대방에게 통보하여야 한다.

해설

① (O) 노조법 제29조 제1항

② (×) 교섭대표노동조합을 결정하지 못한 경우에는 교섭창구 단일화 절차에 참여한 모든 노동조합은 공동으로 교섭대표단(이하 "공동교섭대표단")을 구성하여 사용자와 교섭하여야 한다. 이때 공동교섭대표단에 참여할 수 있는 노동조합은 그 조합원 수가 교섭창구 단일화 절차에 참여한 노동조합의 전체 조합원 100분의 10 이상인 노동조합으로 한다(노조법 제29조의2 제5항).

③ (O) 노조법 제29조의3 제2항

④ (O) 노조법 제29조 제4항

답 ❷

051 노동조합 및 노동관계조정법상 공정대표의무에 대한 설명으로 옳은 것은?

21 국가직 9급

CHECK ○△×

① 교섭대표노동조합은 교섭창구 단일화 절차에 참여하지 않았으나 해당 사업 또는 사업장 내에 합법적으로 설립되어 있는 노동조합에 대하여 공정대표의무를 부담한다.

② 공정대표의무 위반과 관련하여 중앙노동위원회의 재심판정에 대하여 관계 당사자는 그 재심판정서의 송달을 받은 날부터 15일 이내에 행정소송법이 정하는 바에 의하여 소를 제기할 수 있다.

③ 사용자는 공정대표의무를 부담하지 않는다.

④ 공정대표의무를 위반하여 차별을 받은 노동조합의 조합원은 노동위원회에 그 시정을 요청할 수 있다.

해설

① (×) · ③ (×) 교섭대표노동조합과 사용자는 교섭창구단일화절차에 참여한 노동조합 또는 그 조합원 간에 합리적 이유 없이 차별을 하여서는 아니 된다(노조법 제29조의4 제1항). 공정대표의무란 교섭대표노동조합이 절차에 참여한 노동조합이나 그 조합원을 차별하지 아니하고 공정하게 대표할 의무로,❶ 교섭대표노동조합의 권한에 따른 의무라고 할 수 있으나, 노조법은 교섭대표노동조합뿐만 아니라 사용자에게도 공정대표의무를 부과하고 있다.❸

② (○) 공정대표의무 위반과 관련된 지방노동위원회 또는 특별노동위원회의 구제명령 또는 기각결정에 불복이 있는 관계 당사자는 그 명령서 또는 결정서의 송달을 받은 날부터 10일 이내에 중앙노동위원회에 그 재심을 신청할 수 있다. 중앙노동위원회의 재심판정에 대하여 관계 당사자는 그 재심판정서의 송달을 받은 날부터 15일 이내에 행정소송법이 정하는 바에 의하여 소를 제기할 수 있다(노조법 제29조의4 제4항, 제85조 제1항 · 제2항).

④ (×) 노동위원회에 그 시정을 요청할 수 있는 자는 조합원이 아니라 노동조합임을 유의하여야 한다.

> **공정대표의무 등(노조법 제29조의4)**
>
> ② 노동조합은 교섭대표노동조합과 사용자가 제1항을 위반하여 차별한 경우에는 그 행위가 있은 날(단체협약의 내용의 일부 또는 전부가 제1항에 위반되는 경우에는 단체협약 체결일을 말한다)부터 3개월 이내에 대통령령으로 정하는 방법과 절차에 따라 노동위원회에 그 시정을 요청할 수 있다.

답 ❷

052 노동조합 및 노동관계조정법상 공정대표의무에 대한 설명으로 옳지 않은 것은?(다툼이 있는 경우 판례에 의함)

22 국가직 7급

CHECK ○△×

① 근로자는 교섭대표노동조합과 사용자가 체결한 단체협약의 내용의 일부가 공정대표의무를 위반한 경우에는 단체협약 체결일부터 3개월 이내에 노동위원회에 그 시정을 요청할 수 있다.

② 교섭대표노동조합과 사용자는 교섭창구 단일화 절차에 참여한 노동조합 또는 그 조합원 간에 합리적 이유 없이 차별을 하여서는 아니 된다.

③ 공정대표의무는 단체교섭의 과정이나 그 결과물인 단체협약의 내용뿐만 아니라 단체협약의 이행과정에서도 준수되어야 한다.

④ 공정대표의무는 헌법이 보장하는 단체교섭권의 본질적 내용이 침해되지 않도록 하기 위한 제도적 장치로 기능하고, 교섭대표노동조합과 사용자가 체결한 단체협약의 효력이 교섭창구단일화 절차에 참여한 다른 노동조합에게도 미치는 것을 정당화하는 근거가 된다.

해설

① (×) 노동위원회에 그 시정을 요청할 수 있는 자는 조합원이 아니라 노동조합임을 유의하여야 한다.

> **공정대표의무 등(노조법 제29조의4)**
> ② 노동조합은 교섭대표노동조합과 사용자가 제1항을 위반하여 차별한 경우에는 그 행위가 있은 날(단체협약의 내용의 일부 또는 전부가 제1항에 위반되는 경우에는 단체협약 체결일을 말한다)부터 3개월 이내에 대통령령으로 정하는 방법과 절차에 따라 노동위원회에 그 시정을 요청할 수 있다.

② (○) 노조법 제29조의4 제1항

③ (○)·④ (○) 공정대표의무는 헌법이 보장하는 단체교섭권의 본질적 내용이 침해되지 않도록 하기 위한 제도적 장치로 기능하고, 교섭대표노동조합과 사용자가 체결한 단체협약의 효력이 교섭창구 단일화 절차에 참여한 다른 노동조합에게도 미치는 것을 정당화하는 근거가 된다.❹ 이러한 공정대표의무의 취지와 기능 등에 비추어 보면, 공정대표의무는 단체교섭의 과정이나 그 결과물인 단체협약의 내용뿐만 아니라 단체협약의 이행과정에서도 준수되어야 한다고 봄이 타당하다❸(대판 2018.8.30. 2017다218642).

답 ❶

053 노동조합 및 노동관계조정법상 교섭창구 단일화 등에 대한 설명으로 옳지 않은 것은?

CHECK ○△×

22 국가직 9급

① 교섭대표노동조합의 대표자는 교섭을 요구한 모든 노동조합 또는 조합원을 위하여 사용자와 교섭하고 단체협약을 체결할 권한을 가진다.

② 교섭대표노동조합과 사용자는 교섭창구 단일화 절차에 참여한 노동조합 또는 그 조합원 간에 합리적 이유 없이 차별을 하여서는 아니 된다.

③ 하나의 사업 또는 사업장에서 현격한 근로조건의 차이, 고용형태, 교섭 관행 등을 고려하여 교섭단위를 분리하거나 분리된 교섭단위를 통합할 필요가 있다고 인정되는 경우에 노동위원회는 노동관계 당사자의 어느 한쪽의 신청을 받아 교섭단위를 분리하거나 분리된 교섭단위를 통합하는 결정을 할 수 있다.

④ 교섭창구 단일화 절차에서 조합원 수 산정은 해당 사업 또는 사업장에 종사하지 않는 조합원을 포함하여 모든 조합원을 기준으로 한다.

해설

① (○) 노조법 제29조 제2항

② (○) 노조법 제29조의4 제1항

③ (○) 노조법 제29조의3 제2항

④ (×) 교섭창구 단일화 절차에서 조합원 수 산정은 종사근로자인 조합원을 기준으로 한다(노조법 제29조의2 제10항).

답 ❹

최신유형

054 **노동조합 및 노동관계조정법상 단체교섭 및 단체협약에 관한 설명으로 옳지 않은 것은?(다툼이 있으면 판례에 따름)** 25 노무

CHECK ○△×

① 노사가 합의하여 단체협약의 유효기간을 4년으로 정하더라도 그 유효기간은 3년으로 한다.

② 단체협약에 그 유효기간이 경과한 후에도 새로운 단체협약이 체결되지 아니한 때에는 새로운 단체협약이 체결될 때까지 종전 단체협약의 효력을 존속시킨다는 취지의 별도의 약정이 있는 경우에는 그에 따른다.

③ 노사는 일정한 조건이 성취되거나 기한이 도래할 때까지 특정 단체협약 조항에 따른 합의의 효력이 유지되도록 명시하여 단체협약을 체결할 수 있다.

④ 단체협약의 당사자인 노동조합은 단체협약의 유효기간 중에 단체협약에서 정한 근로조건 등에 관한 내용의 변경이나 폐지를 요구하는 쟁의행위를 행하지 않을 평화의무를 부담하지 않는다.

⑤ 단체협약의 해지권을 정한 이 법 제32조 제3항 단서의 규정은 성질상 강행규정이어서, 당사자 사이의 합의에 의하더라도 단체협약의 해지권을 행사하지 못하도록 하는 등 적용을 배제하는 것은 허용되지 않는다.

해설

① (○) 단체협약에 그 유효기간을 정하지 아니한 경우 또는 3년을 초과하는 유효기간을 정한 경우에 그 유효기간은 3년으로 한다(노조법 제32조 제2항).

② (○) 단체협약에 그 유효기간이 경과한 후에도 새로운 단체협약이 체결되지 아니한 때에는 새로운 단체협약이 체결될 때까지 종전 단체협약의 효력을 존속시킨다는 취지의 별도의 약정이 있는 경우에는 그에 따르되, 당사자일방은 해지하고자 하는 날의 6월 전까지 상대방에게 통고함으로써 종전의 단체협약을 해지할 수 있다(노조법 제32조 제3항 단서).

③ (○) 노사가 일정한 조건이 성취되거나 기한이 도래할 때까지 특정 단체협약 조항에 따른 합의의 효력이 유지되도록 명시하여 단체협약을 체결할 수 있고, 그 단체협약 조항에 따른 합의는 노사의 합치된 의사에 따라 해제조건의 성취로 효력을 잃는다(대판 2018.11.29. 2018두41532).

④ (×) 단체협약의 당사자인 노동조합은 단체협약의 유효기간 중에 단체협약에서 정한 근로조건 등에 관한 내용의 변경이나 폐지를 요구하는 쟁의행위를 행하지 아니하여야 함은 물론, 조합원들에 대하여도 통제력을 행사하여 그와 같은 쟁의행위를 행하지 못하게 방지하여야 할 이른바 평화의무를 지고 있다고 할 것이다(대판 1992.9.1. 92누7733).

⑤ (○) 단체협약의 유효기간을 제한한 노조법 제32조 제1항, 제2항이나 단체협약의 해지권을 정한 노조법 제32조 제3항 단서는 모두 성질상 강행규정이라고 볼 것이어서, 당사자 사이의 합의에 의하더라도 단체협약의 해지권을 행사하지 못하도록 하는 등 그 적용을 배제하는 것은 허용되지 않는다고 할 것이다(대판 2016.3.10. 2013두3160).

답 ④

최신유형

055 노동조합 및 노동관계조정법상 단체협약에 관한 설명으로 옳지 않은 것은?(다툼이 있으면 판례에 따름)

25 노무

CHECK ○△×

① 단체협약의 해석에 관하여 관계 당사자 간에 의견의 불일치가 있는 때에는 당사자 쌍방이 노동위원회에 그 해석에 관한 견해의 제시를 요청하여 노동위원회가 해석을 제시한 경우, 그 해석은 중재재정과 동일한 효력을 가진다.

② 하나의 사업 또는 사업장에 상시 사용되는 동종의 근로자 반수 이상이 하나의 단체협약의 적용을 받게 된 때에는 당해 사업 또는 사업장에 사용되는 다른 동종의 근로자에 대하여도 당해 단체협약이 적용된다.

③ 하나의 지역에 있어서 종업하는 동종의 근로자 3분의 2 이상이 하나의 단체협약의 적용을 받게 된 때에는 행정관청은 직권으로 노동위원회의 의결을 얻어 당해 지역에서 종업하는 다른 동종의 근로자와 그 사용자에 대하여도 당해 단체협약을 적용한다는 결정을 할 수 있다.

④ 사용자의 경영권에 속하는 사항이라 하더라도 노사는 임의로 단체교섭을 진행하여 단체협약을 체결할 수 있다.

⑤ 서로 다른 종류의 사업을 운영하던 회사들이 합병한 이후 그중 한 사업부문의 근로자들로 구성된 노동조합이 회사와 체결한 단체협약은 다른 사업부문의 근로자들에게도 적용된다.

해설

① (○) 단체협약의 해석 또는 이행방법에 관하여 관계 당사자 간에 의견의 불일치가 있는 때에는 당사자 쌍방 또는 단체협약에 정하는 바에 의하여 어느 일방이 노동위원회에 그 해석 또는 이행방법에 관한 견해의 제시를 요청할 수 있고, 이에 대해 노동위원회가 제시한 해석 또는 이행방법에 관한 견해는 중재재정과 동일한 효력을 가진다(노조법 제34조).

② (○) 노조법 제35조

③ (○) 하나의 지역에 있어서 종업하는 동종의 근로자 3분의 2 이상이 하나의 단체협약의 적용을 받게 된 때에는 행정관청은 당해 단체협약의 당사자의 쌍방 또는 일방의 신청에 의하거나 그 직권으로 노동위원회의 의결을 얻어 당해 지역에서 종업하는 다른 동종의 근로자와 그 사용자에 대하여도 당해 단체협약을 적용한다는 결정을 할 수 있다(노조법 제36조 제1항).

④ (○) 정리해고나 사업조직의 통폐합 등 기업의 구조조정의 실시 여부는 경영주체에 의한 고도의 경영상 결단에 속하는 사항으로서 이는 원칙적으로 단체교섭의 대상이 될 수 없으나, 사용자의 경영권에 속하는 사항이라 하더라도 그에 관하여 노사는 임의로 단체교섭을 진행하여 단체협약을 체결할 수 있고, 그 내용이 강행법규나 사회질서에 위배되지 아니하는 이상 단체협약으로서의 효력이 인정된다(대판 2014.3.27. 2011두20406).

⑤ (×) 서로 다른 종류의 사업을 운영하던 회사들이 합병한 이후 근로자들의 근로관계 내용을 단일화하기로 변경·조정하는 새로운 합의가 있기 전에 그 중 한 사업부문의 근로자들로 구성된 노동조합이 회사와 체결한 단체협약은 그 사업부문의 근로자들에 대하여만 적용될 것이 예상되는 것이라 할 것이어서 다른 사업부문의 근로자들에게는 적용될 수 없다(대판 2004.5.14. 2002다23185).

답 ⑤

056 노동조합 및 노동관계조정법상 단체협약의 효력에 대한 설명으로 옳지 않은 것은? 24 국가직 7급

CHECK ○△×

① 단체협약이 유효기간의 만료로 효력이 상실된 경우에 단체협약의 채무적 부분은 새로운 단체협약이 체결될 때까지 그 단체협약의 적용을 받던 근로자의 개별적 근로계약의 내용이 되어 유효하게 존속한다.

② 단체협약의 유효기간이 경과한 후에도 새로운 단체협약이 체결되지 아니한 때에는 새로운 단체협약이 체결될 때까지 종전 단체협약의 효력을 존속시킨다는 취지의 약정도 가능하다.

③ 근로조건을 불리하게 변경하는 내용의 단체협약이 현저히 합리성을 결하여 노동조합의 목적을 벗어난 것으로 볼 수 있는 것과 같은 특별한 사정이 없는 한 무효라고 볼 수 없다.

④ 단체협약의 일반적 구속력으로서 그 적용을 받게 되는 '동종의 근로자'라 함은 당해 단체협약의 규정에 의하여 그 협약의 적용이 예상되는 자를 가리키며, 단체협약의 규정에 의하여 조합원의 자격이 없는 자는 단체협약의 적용이 예상된다고 할 수 없어 단체협약의 적용을 받지 아니한다.

해설

① (×) 단체협약이 유효기간의 만료로 효력이 상실된 경우에 단체협약의 채무적 부분은 소멸한다. 그러나 판례는 임금, 퇴직금이나 노동시간, 그 밖에 개별적인 노동조건에 관한 부분은 그 단체협약의 적용을 받고 있던 근로자의 근로계약의 내용이 되어 그것을 변경하는 새로운 단체협약, 취업규칙이 체결, 작성되거나 또는 개별적인 근로자의 동의를 얻지 아니하는 한 개별적인 근로자의 근로계약의 내용으로서 여전히 남아 있어 사용자와 근로자를 규율한다고 판시하고 있다(대판 2000.6.9. 98다13747). 따라서 단체협약의 규범적 부분은 새로운 단체협약이 체결될 때까지 그 단체협약의 적용을 받던 근로자의 개별적 근로계약의 내용이 되어 유효하게 존속한다고 보아야 한다.

② (○) 단체협약에 그 유효기간이 경과한 후에도 새로운 단체협약이 체결되지 아니한 때에는 새로운 단체협약이 체결될 때까지 종전 단체협약의 효력을 존속시킨다는 취지의 별도의 약정이 있는 경우에는 그에 따르되, 당사자 일방은 해지하고자 하는 날의 6월전까지 상대방에게 통고함으로써 종전의 단체협약을 해지할 수 있다(노조법 제32조 제3항 단서).

③ (○) 협약자치의 원칙상 노동조합은 사용자와 사이에 근로조건을 유리하게 변경하는 내용의 단체협약뿐만 아니라 근로조건을 불리하게 변경하는 내용의 단체협약을 체결할 수 있으므로, 근로조건을 불리하게 변경하는 내용의 단체협약이 현저히 합리성을 결하여 노동조합의 목적을 벗어난 것으로 볼 수 있는 경우와 같은 특별한 사정이 없는 한 그러한 노사 간의 합의를 무효라고 볼 수는 없고, 노동조합으로서는 그러한 합의를 위하여 사전에 근로자들로부터 개별적인 동의나 수권을 받을 필요가 없다 할 것이며, 단체협약이 현저히 합리성을 결하였는지 여부는 단체협약의 내용과 그 체결경위, 당시 사용자의 경영상태 등 여러 사정에 비추어 판단할 것이다(대판 2014.12.24. 2012다107334).

④ (○) 대판 2003.12.26. 2001두10264

답 ❶

057 노동조합 및 노동관계조정법상 단체교섭 및 단체협약에 관한 설명으로 옳지 않은 것은?(다툼이 있으면 판례에 따름) 24 노무

CHECK ○△×

① 노동조합과 사용자 또는 사용자단체는 정당한 이유 없이 교섭 또는 단체협약의 체결을 거부하거나 해태하여서는 아니 된다.

② 단체협약의 유효기간이 만료되는 때를 전후하여 당사자 쌍방이 새로운 단체협약을 체결하고자 단체교섭을 계속하였음에도 불구하고 새로운 단체협약이 체결되지 아니한 경우에는 별도의 약정이 있더라도 종전의 단체협약은 그 효력만료일부터 3월까지 계속 효력을 갖는다.

③ 단체협약의 일반적 구속력으로서 그 적용을 받게 되는 '동종의 근로자'라 함은 당해 단체협약의 규정에 의하여 그 협약의 적용이 예상되는 자를 가리키며, 단체협약의 규정에 의하여 조합원의 자격이 없는 자는 단체협약의 적용이 예상된다고 할 수 없어 단체협약의 적용을 받지 아니한다.

④ 단체협약에 그 유효기간을 정하지 아니한 경우에 그 유효기간은 3년으로 한다.

⑤ 노동조합과 사용자 또는 사용자단체는 교섭 또는 단체협약의 체결에 관한 권한을 위임한 때에는 그 사실을 상대방에게 통보하여야 한다.

해설

① (○) 노조법 제30조 제2항

② (×) 단체협약의 유효기간이 만료되는 때를 전후하여 당사자 쌍방이 새로운 단체협약을 체결하고자 단체교섭을 계속하였음에도 불구하고 새로운 단체협약이 체결되지 아니한 경우에는 별도의 약정이 있는 경우를 제외하고는 종전의 단체협약은 그 효력만료일부터 3월까지 계속 효력을 갖는다(노조법 제32조 제3항 본문).

③ (○) 대판 2004.1.29. 2001다5142

④ (○) 단체협약에 그 유효기간을 정하지 아니한 경우 또는 3년을 초과하는 유효기간을 정한 경우에 그 유효기간은 3년으로 한다(노조법 제32조 제2항).

⑤ (○) 노조법 제29조 제4항

답 ❷

058 노동조합 및 노동관계조정법령상 단체협약에 대한 설명으로 옳지 않은 것은? 24 국가직 9급

CHECK ○△×

① 단체협약의 해석에 관하여 관계 당사자 간에 의견의 불일치가 있는 때에는 당사자 쌍방 또는 단체협약에 정하는 바에 의하여 어느 일방이 노동위원회에 그 해석에 관한 견해의 제시를 요청할 수 있고, 이 요청은 해당 단체협약의 내용과 당사자의 의견 등을 적은 서면으로 해야 한다.

② 단체협약의 당사자는 단체협약의 체결일부터 15일 이내에 이를 행정관청에게 신고하여야 하고, 이 신고는 당사자 일방이 서명의 방법으로 할 수 있다.

③ 행정관청은 단체협약 중 위법한 내용이 있는 경우에는 노동위원회의 의결을 얻어 그 시정을 명할 수 있다.

④ 단체협약의 유효기간은 3년을 초과하지 않는 범위에서 노사가 합의하여 정할 수 있다.

해설

① (O) 단체협약의 해석 또는 이행방법에 관하여 관계 당사자 간에 의견의 불일치가 있는 때에는 당사자 쌍방 또는 단체협약에 정하는 바에 의하여 어느 일방이 노동위원회에 그 해석 또는 이행방법에 관한 견해의 제시를 요청할 수 있다. 단체협약의 해석 또는 이행방법에 관한 견해제시의 요청은 해당 단체협약의 내용과 당사자의 의견 등을 적은 서면으로 해야 한다(노조법 제34조 제1항, 동법 시행령 제16조).

② (×) 단체협약의 당사자는 단체협약의 체결일부터 15일 이내에 이를 행정관청에게 신고하여야 하며, 이 신고는 당사자 쌍방이 연명으로 해야 한다(노조법 제31조 제2항, 동법 시행령 제15조).

③ (O) 노조법 제31조 제3항

④ (O) 노조법 제32조 제1항

답 ❷

059 노동조합 및 노동관계조정법상 단체협약 등에 관한 설명으로 옳지 않은 것은? 24 노무

CHECK ○△×

① 노동위원회는 단체협약 중 위법한 내용이 있는 경우에는 그 시정을 명할 수 있다.

② 노동조합의 대표자는 그 노동조합 또는 조합원을 위하여 사용자나 사용자단체와 교섭하고 단체협약을 체결할 권한을 가진다.

③ 단체협약의 당사자는 단체협약의 체결일부터 15일 이내에 단체협약을 행정관청에게 신고하여야 한다.

④ 단체협약의 이행방법에 관하여 관계 당사자 간에 의견의 불일치가 있는 때에는 단체협약에 정하는 바에 의하여 사용자가 노동위원회에 그 이행방법에 관한 견해의 제시를 요청할 수 있다.

⑤ 노동위원회는 단체협약의 이행방법에 관한 견해 제시를 요청받은 때에는 그날부터 30일 이내에 명확한 견해를 제시하여야 한다.

해설

① (×) 행정관청은 단체협약 중 위법한 내용이 있는 경우에는 노동위원회의 의결을 얻어 그 시정을 명할 수 있다(노조법 제31조 제3항).

② (O) 노조법 제29조 제1항

③ (O) 노조법 제31조 제2항

④ (O) 단체협약의 해석 또는 이행방법에 관하여 관계 당사자 간에 의견의 불일치가 있는 때에는 당사자 쌍방 또는 단체협약에 정하는 바에 의하여 어느 일방이 노동위원회에 그 해석 또는 이행방법에 관한 견해의 제시를 요청할 수 있다(노조법 제34조 제1항).

⑤ (O) 노조법 제34조 제2항

답 ❶

최신유형

060 노동조합 및 노동관계조정법상 단체교섭 및 단체협약에 관한 설명으로 옳지 않은 것은?(다툼이 있으면 판례에 따름) 25 노무

CHECK ○△×

① 단체교섭에 대한 사용자의 거부나 해태에 정당한 이유가 있는지 여부는 사회통념상 사용자에게 단체교섭의무의 이행을 기대하는 것이 어렵다고 인정되는지 여부에 따라 판단하여야 한다.

② 단체교섭권은 법률이 없더라도 헌법의 규정만으로 직접 법규범으로서 효력을 발휘할 수 있는 구체적 권리이다.

③ 단체협약은 서면으로 작성하여 당사자 쌍방이 서명 또는 날인하여야 하며, 단체협약의 당사자는 단체협약의 체결일부터 15일 이내에 이를 노동위원회에 신고하여야 한다.

④ 사용자가 업무상 재해로 사망한 조합원의 직계가족 등을 채용하기로 하는 내용의 단체협약을 체결하였다면, 그와 같은 단체협약이 사용자의 채용의 자유를 과도하게 제한하는 정도에 이르거나 채용기회의 공정성을 현저히 해하는 결과를 초래하는 등의 특별한 사정이 없는 한 선량한 풍속 기타 사회질서에 반한다고 단정할 수 없다.

⑤ 행정관청은 단체협약 중 위법한 내용이 있는 경우에는 노동위원회의 의결을 얻어 그 시정을 명할 수 있으며, 그 명령을 위반한 자는 형사처벌을 받을 수 있다.

해설

① (○) 단체교섭에 대한 사용자의 거부나 해태에 정당한 이유가 있는지 여부는 노동조합 측의 교섭권자, 노동조합 측이 요구하는 교섭시간, 교섭장소 및 그의 교섭태도 등을 종합하여 사회통념상 사용자에게 단체교섭의무의 이행을 기대하는 것이 어렵다고 인정되는지 여부에 따라 판단하여야 한다(대판 2010.4.29. 2007두11542).

② (○) 노동3권은 법률의 제정이라는 국가의 개입을 통하여 비로소 실현될 수 있는 권리가 아니라, 법률이 없더라도 헌법의 규정만으로 직접 법규범으로서 효력을 발휘할 수 있는 구체적 권리라고 보아야 한다(대판 2020.9.3. 2016두32992[전합]).

③ (×) 단체협약은 서면으로 작성하여 당사자 쌍방이 서명 또는 날인하여야 하며, 단체협약의 당사자는 단체협약의 체결일부터 15일 이내에 이를 행정관청에게 신고하여야 한다(노조법 제31조 제1항, 제2항).

④ (○) 대판 2020.8.27. 2016다248998[전합]

⑤ (○) 행정관청은 단체협약 중 위법한 내용이 있는 경우에는 노동위원회의 의결을 얻어 그 시정을 명할 수 있고(노조법 제31조 제3항), 이러한 행정관청의 시정명령을 위반한 자는 500만원 이하의 벌금에 처한다(노조법 제93조 제2호).

답 ❸

061 노동조합 및 노동관계조정법상 노동조합과 조합원 등에 관한 설명으로 옳은 것은?(다툼이 있으면 판례에 따름)

CHECK ○△×

23 노무

① 사업 또는 사업장에 종사하는 근로자가 아닌 노동조합의 조합원은 사용자의 사업 운영 지장 여부와 무관하게 사업 또는 사업장 내에서 노동조합 활동을 할 수 없다.

② 유니언 숍 협정이 체결된 사업장의 사용자는 단체협약에 명문규정이 있는 경우에도 노동조합에서 제명된 것을 이유로 근로자에게 신분상 불이익한 행위를 할 수 없다.

③ 유니언 숍 협정에 따라 사용자가 노동조합을 탈퇴한 근로자를 해고한 경우에 해고된 근로자가 조합원지위확인을 구하는 소를 제기하여 승소하면 그 해고는 취소된 것으로 본다.

④ 일정 범위의 근로자에 대하여만 단체협약을 적용하기로 규정하였더라도 단체협약은 조합원 모두에게 현실적으로 적용된다.

⑤ 헌법재판소는 헌법 제33조 제1항에서 정한 근로자의 단결권은 단결할 자유뿐 아니라 단결하지 아니할 자유를 포함한다고 해석한다.

해설

① (×) 사업 또는 사업장에 종사하는 근로자가 아닌 노동조합의 조합원은 사용자의 효율적인 사업 운영에 지장을 주지 아니하는 범위에서 사업 또는 사업장 내에서 노동조합 활동을 할 수 있다(노조법 제5조 제2항).

② (○) 노동조합이 당해 사업장에 종사하는 근로자의 3분의 2 이상을 대표하고 있을 때에는 근로자가 그 노동조합의 조합원이 될 것을 고용조건으로 하는 단체협약의 체결은 예외로 하며, 이 경우 사용자는 근로자가 그 노동조합에서 제명된 것 또는 그 노동조합을 탈퇴하여 새로 노동조합을 조직하거나 다른 노동조합에 가입한 것을 이유로 근로자에게 신분상 불이익한 행위를 할 수 없다(노조법 제81조 제1항 제2호 단서).

③ (×) 유니언 숍 협약에 따라 사용자가 노동조합을 탈퇴한 근로자를 해고한 경우에 해고근로자가 노동조합을 상대로 하여 조합원지위확인을 구하는 소를 제기하여 승소한다고 하더라도 바로 해고의 효력이 부정되는 것은 아닐 뿐 아니라, 사용자 또한 그 해고가 적법한 것이라고 주장하고 있고 해고무효확인소송에서도 그 선결문제로 조합원지위의 존부에 관하여 판단을 할 수 있으므로, 근로자가 노동조합을 상대로 조합원지위의 확인을 구하지 아니하고 막바로 해고무효확인소송을 제기하였다고 하더라도 그 소가 소익이 없다고 할 수는 없다(대판 1995.2.28. 94다15363).

④ (×) 사용자와 노동조합 사이에 체결된 단체협약은 특약에 의하여 일정 범위의 근로자에 대하여만 적용하기로 정하고 있는 등의 특별한 사정이 없는 한 협약당사자로 된 노동조합의 구성원으로 가입한 조합원 모두에게 현실적으로 적용되는 것이 원칙이다(대판 2004.1.29. 2001다5142). 따라서 일정범위의 근로자에 대하여만 단체협약을 적용하기로 규정하였다면 단체협약은 그 범위에 속한 근로자에게만 적용된다.

⑤ (×) 헌법상 보장된 근로자의 단결권은 단결할 자유만을 가리킬 뿐이고, 단결하지 아니할 자유 이른바 소극적 단결권은 이에 포함되지 않는다고 보는 것이 우리 재판소의 선례라고 할 것이다(헌재 2005.11.24. 2002헌바95).

답 ❷

062 노동조합 및 노동관계조정법상 단체협약에 관한 설명으로 옳지 않은 것은?

15 노무

CHECK ○△×

① 단체협약은 서면으로 작성하여 당사자 쌍방이 서명 또는 날인하여야 한다.
② 단체협약의 당사자는 체결일부터 15일 이내에 노동위원회에 단체협약을 신고하여야 한다.
③ 행정관청은 단체협약 중 위법한 내용이 있는 경우에는 노동위원회의 의결을 얻어 그 시정을 명할 수 있다.
④ 단체협약에 정한 근로조건 기타 근로자의 대우에 관한 기준에 위반하는 취업규칙 또는 근로계약의 부분은 무효로 한다.
⑤ 단체협약의 해석 또는 이행방법에 관하여 관계당사자 간에 의견의 불일치가 있는 때에는 당사자 쌍방 또는 단체협약에 정하는 바에 의하여 어느 일방이 노동위원회에 그 해석 또는 이행방법에 관한 견해의 제시를 요청할 수 있다.

해설

① (○) 노조법 제31조 제1항
② (×) 단체협약의 당사자는 단체협약의 체결일부터 15일 이내에 이를 행정관청에게 신고하여야 한다(노조법 제31조 제2항).
③ (○) 노조법 제31조 제3항
④ (○) 노조법 제33조 제1항
⑤ (○) 노조법 제34조 제1항

답 ❷

063 노동조합 및 노동관계조정법상 단체협약에 관한 규정 중 (　　)에 들어갈 내용으로 옳은 것은?

23 노무

CHECK ○△×

> **제31조(단체협약의 작성)**
> ② 단체협약의 당사자는 단체협약의 체결일부터 (ㄱ)일 이내에 이를 행정관청에게 신고하여야 한다.
>
> **제32조(단체협약 유효기간의 상한)**
> ① 단체협약의 유효기간은 (ㄴ)년을 초과하지 않는 범위에서 노사가 합의하여 정할 수 있다.

① ㄱ : 10, ㄴ : 2
② ㄱ : 10, ㄴ : 3
③ ㄱ : 15, ㄴ : 2
④ ㄱ : 15, ㄴ : 3
⑤ ㄱ : 20, ㄴ : 2

해설

- 단체협약의 당사자는 단체협약의 체결일부터 15일 이내에 이를 행정관청에게 신고하여야 한다(노조법 제31조 제2항).
- 단체협약의 유효기간은 3년을 초과하지 않는 범위에서 노사가 합의하여 정할 수 있다(노조법 제32조 제1항).

답 ❹

064 노동조합 및 노동관계조정법상 단체협약에 관한 설명으로 옳지 않은 것은? 14 노무

CHECK ○△×

① 단체협약은 서면으로 작성하여 당사자 쌍방이 서명 또는 날인하여야 한다.
② 사용자는 정당한 이유 없이 단체협약의 체결을 거부하거나 해태하여서는 아니 된다.
③ 단체협약의 당사자는 체결일부터 15일 이내에 노동위원회에 신고하여야 한다.
④ 행정관청은 단체협약 중 위법한 내용이 있는 경우에는 노동위원회의 의결을 얻어 그 시정을 명할 수 있다.
⑤ 단체협약에 정한 근로조건에 관한 기준에 위반하는 취업규칙의 부분은 무효이다.

해설

① (○) 노조법 제31조 제1항
② (○) 노조법 제30조 제2항
③ (×) 단체협약의 당사자는 단체협약의 체결일부터 15일 이내에 이를 행정관청에게 신고하여야 한다(노조법 제31조 제2항).
④ (○) 노조법 제31조 제3항
⑤ (○) 노조법 제33조 제1항

답 ❸

065 노동조합 및 노동관계조정법상 단체협약에 대한 설명으로 옳지 않은 것은? 22 국가직 9급

CHECK ○△×

① 단체협약은 당사자의 구두의 합의로도 성립한다.
② 행정관청은 단체협약 중 위법한 내용이 있는 경우에는 노동위원회의 의결을 얻어 그 시정을 명할 수 있다.
③ 단체협약에 정한 근로조건 기타 근로자의 대우에 관한 기준에 위반하는 취업규칙 또는 근로계약의 부분은 무효로 한다.
④ 단체협약의 당사자는 단체협약의 체결일부터 15일 이내에 이를 행정관청에게 신고하여야 한다.

해설

① (×) 단체협약은 서면으로 작성하여 당사자 쌍방이 서명 또는 날인하여야 한다(노조법 제31조 제1항).
② (○) 노조법 제31조 제3항
③ (○) 노조법 제33조 제1항
④ (○) 노조법 제31조 제2항

답 ❶

066 노동조합 및 노동관계조정법상 단체협약의 효력 등에 관한 설명으로 옳지 않은 것은?(다툼이 있는 경우에는 판례에 의함) 15 노무

CHECK ○△×

① 단체협약의 유효기간은 3년을 초과하지 않는 범위에서 노사가 합의하여 정할 수 있다.
② 단체협약에 그 유효기간을 정하지 아니한 경우에 그 유효기간은 3년으로 한다.
③ 단체협약의 유효기간이 만료되는 때를 전후하여 당사자 쌍방이 새로운 단체협약을 체결하고자 단체교섭을 계속하였음에도 불구하고 새로운 단체협약이 체결되지 아니한 경우에는 별도의 약정이 있는 경우를 제외하고는 종전의 단체협약은 그 효력만료일부터 6월까지 계속 효력을 갖는다.
④ 단체협약이 실효되었다고 하더라도 임금, 퇴직금이나 노동시간, 그 밖에 개별적인 노동조건에 관한 부분은 그 단체협약의 적용을 받고 있던 근로자의 근로계약의 내용이 되어 그것을 변경하는 새로운 단체협약, 취업규칙이 체결·작성되거나 또는 개별적인 근로자의 동의를 얻지 아니하는 한 개별적인 근로자의 근로계약의 내용으로서 여전히 남아 있어 사용자와 근로자를 규율한다.
⑤ 단체협약에 그 유효기간이 경과한 후에도 새로운 단체협약이 체결되지 아니한 때에는 새로운 단체협약이 체결될 때까지 종전 단체협약의 효력을 존속시킨다는 취지의 별도의 약정이 있는 경우에는 그에 따른다.

해설

① (○) 노조법 제32조 제1항
② (○) 노조법 제32조 제2항
③ (×) 단체협약의 유효기간이 만료되는 때를 전후하여 당사자 쌍방이 새로운 단체협약을 체결하고자 단체교섭을 계속하였음에도 불구하고 새로운 단체협약이 체결되지 아니한 경우에는 별도의 약정이 있는 경우를 제외하고는 종전의 단체협약은 그 효력만료일부터 3월까지 계속 효력을 갖는다(노조법 제32조 제3항 본문).
④ (○) 단체협약이 실효되었다고 하더라도 임금, 퇴직금이나 노동시간, 그 밖에 개별적인 노동조건에 관한 부분은 단체협약의 적용을 받고 있던 근로자의 근로계약내용이 되어 그것을 변경하는 새로운 단체협약, 취업규칙이 체결·작성되거나 또는 개별적인 근로자 동의가 없는 한 여전히 사용자와 근로자를 규율하게 된다(대판 2011.7.28. 2009두2665).
⑤ (○) 노조법 제32조 제3항 단서

답 ❸

067 노동조합 및 노동관계조정법령상 단체협약 중 규범적 부분에 해당하는 것은? 16 노무

CHECK ○△×

① 조합비 공제
② 소정근로시간
③ 단체교섭의 절차
④ 노동조합전임자의 수
⑤ 노동조합사무소의 제공

해설

단체협약의 규범적 부분이란 단체협약 중 근로조건 기타 근로자의 대우에 관한 기준을 의미한다. 일반적으로 임금에 관한 사항, 근로시간에 관한 사항, 휴일·휴가, 인사와 관련한 사항 등이 규범적 부분에 포함된다.

답 ❷

068 노동조합 및 노동관계조정법령상 단체협약의 채무적 부분에 해당하는 것은?

17 노무

CHECK ○△×

① 휴가에 관한 조항
② 승진 및 승급에 관한 조항
③ 퇴직금에 관한 조항
④ 평화조항
⑤ 재해보상에 관한 조항

해설

단체협약의 채무적 부분이란 단체협약에서 협약당사자 상호 간의 권리·의무를 규정하는 부분을 의미한다. 일반적으로 평화의무, 평화조항, 조합활동에 관한 편의제공조항, 단체교섭의 절차 및 기타 규칙, 숍 조항, 쟁의행위에 관한 사항 등이 있다.

답 ❹

069 노동조합 및 노동관계조정법상 단체협약에 관한 설명으로 옳지 않은 것은?(다툼이 있으면 판례에 따름)

21 노무

CHECK ○△×

① 단체협약에 자동연장협정규정이 있더라도 당초의 유효기간이 만료된 후 3월까지에 한하여 단체협약의 효력이 유효하다.
② 단체협약의 내용 중 임금·복리후생비, 퇴직금에 관한 사항을 위반한 자는 1천만원 이하의 벌금에 처한다.
③ 행정관청은 단체협약 중 위법한 내용이 있는 경우에는 노동위원회의 의결을 얻어 그 시정을 명할 수 있다.
④ 단체협약의 해석에 관하여 관계당사자 간에 의견의 불일치가 있는 때에는 당사자 쌍방 또는 단체협약에 정하는 바에 의하여 어느 일방이 노동위원회에 그 해석에 관한 견해의 제시를 요청할 수 있다.
⑤ 단체협약과 같은 처분문서를 해석함에 있어서는 그 명문의 규정을 근로자에게 불리하게 변형해석할 수 없다.

해설

① (×) 노조법 제32조 제3항의 규정은 종전의 단체협약에 유효기간 만료 이후 협약갱신을 위한 단체교섭이 진행 중일 때에는 종전의 단체협약이 계속 효력을 갖는다는 규정이 없는 경우에 대비하여 둔 규정이므로, 종전의 단체협약에 자동연장협정의 규정이 있다면 위 법조항은 적용되지 아니하고, 당초의 유효기간이 만료된 후 위 법조항에 규정된 3월까지에 한하여 유효하다고 볼 것은 아니다(대판 1993.2.9. 92다27102).
② (○) 노조법 제92조 제2호 가목
③ (○) 노조법 제31조 제3항
④ (○) 노조법 제34조 제1항
⑤ (○) 단체협약과 같은 처분문서를 해석함에 있어서는, 단체협약이 근로자의 근로조건을 유지·개선하고 복지를 증진하여 그 경제적·사회적 지위를 향상시킬 목적으로 근로자의 자주적 단체인 노동조합과 사용자 사이에 단체교섭을 통하여 이루어지는 것이므로, 그 명문의 규정을 근로자에게 불리하게 변형해석할 수 없다(대판 2018.11.29. 2018두41532).

답 ❶

070 CHECK ○△×

노동조합 및 노동관계조정법령상 단체협약에 관한 설명으로 옳지 않은 것은?(다툼이 있으면 판례에 따름) 18 노무

① 단체협약에 정한 근로자의 대우에 관한 기준에 위반하는 취업규칙 또는 근로계약의 부분은 무효로 한다.

② 하나의 사업 또는 사업장에 상시 사용되는 동종의 근로자 반수 이상이 하나의 단체협약의 적용을 받게 된 때에는 당해 사업 또는 사업장에 사용되는 다른 동종의 근로자에 대하여도 당해 단체협약이 적용된다.

③ 일반적 구속력과 관련하여 사업장 단위로 체결되는 단체협약의 적용범위가 특정되지 않았거나 단체협약 조항이 모든 직종에 걸쳐서 공통적으로 적용되는 경우에는 직종의 구분 없이 사업장 내의 모든 근로자가 동종의 근로자에 해당된다.

④ 단체협약에 그 유효기간이 경과한 후에도 새로운 단체협약이 체결되지 아니한 때에는 새로운 단체협약이 체결될 때까지 종전 단체협약의 효력을 존속시킨다는 취지의 별도의 약정이 있는 경우에는 당사자 일방은 종전의 단체협약을 해지할 수 없다.

⑤ 단체협약이 실효되었다 하더라도 임금 등 개별적인 노동조건에 관한 부분은 그 단체협약의 적용을 받고 있던 개별적인 근로자의 근로계약의 내용으로 남아서 사용자와 근로자를 규율하게 되는 경우가 있다.

해설

① (○) 노조법 제33조 제1항

② (○) 노조법 제35조

③ (○) 단체협약의 적용을 받지 않는 근로자에게 노조법 제35조 소정의 일반적 구속력에 의하여 단체협약이 적용되기 위하여는 하나의 공장, 사업장 기타 직장에 상시 사용되는 동종의 근로자의 반수 이상의 근로자가 하나의 단체협약의 적용을 받게 됨을 필요로 하는바, 여기에서 상시 사용되는 동종의 근로자라 함은 하나의 단체협약의 적용을 받는 근로자가 반수 이상이라는 비율을 계산하기 위한 기준이 되는 근로자의 총수로서 근로자의 지위나 종류, 고용기간의 정함의 유무 또는 근로계약상의 명칭에 구애됨이 없이 사업장에서 사실상 계속적으로 사용되고 있는 동종의 근로자 전부를 의미하므로, 단기의 계약기간을 정하여 고용된 근로자라도 기간 만료 시마다 반복갱신되어 사실상 계속 고용되어 왔다면 여기에 포함되고, 또한 사업장 단위로 체결되는 단체협약의 적용범위가 특정되지 않았거나 협약 조항이 모든 직종에 걸쳐서 공통적으로 적용되는 경우에는 직종의 구분 없이 사업장 내의 모든 근로자가 동종의 근로자에 해당된다(대판 1992.12.22. 92누13189).

④ (×) 새로운 단체협약이 체결될 때까지 종전 단체협약의 효력을 존속시킨다는 취지의 별도의 약정이 있는 경우엔 새로운 단체협약이 체결될 때까지 계속 효력을 유지한다. 다만, 단체협약을 해지하고자 하는 자는 해지하고자 하는 날의 6월 전까지 상대방에게 통고함으로써 종전의 단체협약을 해지할 수 있다(노조법 제32조 제3항).

⑤ (○) 단체협약이 실효되었다고 하더라도 임금, 퇴직금이나 노동시간, 그 밖에 개별적인 노동조건에 관한 부분은 그 단체협약의 적용을 받고 있던 근로자의 근로계약의 내용이 되어 그것을 변경하는 새로운 단체협약, 취업규칙이 체결·작성되거나 또는 개별적인 근로자의 동의를 얻지 아니하는 한 개별적인 근로자의 근로계약의 내용으로서 여전히 남아 있어 사용자와 근로자를 규율하게 된다(대판 2009.2.12. 2008다70336).

답 ④

071 노동조합 및 노동관계조정법령상 단체협약에 관한 설명으로 옳지 않은 것은?

22 노무

CHECK ○△×

① 행정관청은 단체협약 중 위법한 내용이 있는 경우에는 노동위원회의 의결을 얻어 그 시정을 명할 수 있다.

② 하나의 사업장에 상시 사용되는 동종의 근로자 반수 이상이 하나의 단체협약의 적용을 받게 된 때에는 행정관청은 직권으로 다른 동종의 근로자에 대하여도 당해 단체협약을 적용한다는 결정을 하여야 한다.

③ 단체협약에 그 유효기간을 정하지 아니한 경우 그 유효기간은 3년으로 한다.

④ 단체협약의 신고는 당사자 쌍방이 연명으로 해야 한다.

⑤ 단체협약의 이행방법에 관하여 노동위원회가 제시한 이행방법에 관한 견해는 중재재정과 동일한 효력을 가진다.

해설

① (○) 노조법 제31조 제3항

② (×) 하나의 사업 또는 사업장에 상시 사용되는 동종의 근로자 반수 이상이 하나의 단체협약의 적용을 받게 된 때에는 당해 사업 또는 사업장에 사용되는 다른 동종의 근로자에 대하여도 당해 단체협약이 적용된다(노조법 제35조).

③ (○) 단체협약에 그 유효기간을 정하지 아니한 경우 또는 3년을 초과하는 유효기간을 정한 경우에 그 유효기간은 3년으로 한다(노조법 제32조 제2항).

④ (○) 노조법 시행령 제15조

⑤ (○) 노동위원회가 단체협약의 해석 또는 이행방법에 관한 견해의 제시를 요청받은 경우, 노동위원회가 제시한 해석 또는 이행방법에 관한 견해는 중재재정과 동일한 효력을 가진다(노조법 제34조).

답 ❷

072 노동조합 및 노동관계조정법상 단체교섭 및 단체협약에 대한 설명으로 옳지 않은 것은?(다툼이 있는 경우 판례에 의함)

18 국가직 7급

CHECK ○△×

① 하나의 사업 또는 사업장에서 현격한 근로조건의 차이, 고용형태, 교섭 관행 등을 고려하여 교섭단위를 분리할 필요가 있다고 인정되는 경우에 노동위원회는 노동관계 당사자의 양쪽 또는 어느 한 쪽의 신청을 받아 교섭단위를 분리하는 결정을 할 수 있다.

② 기업별 단위노동조합과 사용자가 체결한 단체협약에서 징계위원회를 노사 각 3명의 위원으로 구성하기로 정하면서 근로자 측 징계위원의 자격에 관하여 아무런 규정을 두지 않은 경우, 근로자 측 징계위원은 사용자 회사에 소속된 근로자에 한정된다.

③ 이미 구체적으로 그 지급청구권이 발생한 임금이나 퇴직금은 노동조합이 근로자들로부터 개별적인 동의나 수권을 받지 않는 이상, 사용자와 사이의 단체협약만으로 이에 대한 포기나 지급유예와 같은 처분행위를 할 수는 없다.

④ 사용자의 경영권에 속하는 사항에 대하여 노사가 임의로 단체교섭을 진행하여 단체협약을 체결하였다면, 그 내용이 강행법규나 사회질서에 위배되지 않더라도 단체협약으로서의 효력이 인정되지 아니한다.

해설

① (○) 노조법 제29조의3 제2항

② (○) 기업별 단위노동조합과 사용자가 체결한 단체협약에서 징계위원회를 노사 각 3명의 위원으로 구성하기로 정하면서 근로자 측 징계위원의 자격에 관하여 아무런 규정을 두지 않은 경우, 근로자 측 징계위원은 사용자 회사에 소속된 근로자에 한정된다. 나아가 기업별 단위노동조합이 단체협약을 체결한 후 산업별 단위노동조합의 지부 또는 분회로 조직이 변경되고 그에 따라 산업별 단위노동조합이 단체협약상의 권리·의무를 승계한다고 하더라도, 노동조합의 조직이 변경된 후 새로운 단체협약이 체결되지 아니하였다면 근로자의 징계절차에는 기업별 단위노동조합일 때 체결된 단체협약이 그대로 적용되어야 하므로 징계절차에서도 근로자 측 징계위원은 사용자 회사에 소속된 근로자에 한정되어야 한다(대판 2015.5.28. 2013두3351).

③ (○) 이미 구체적으로 그 지급청구권이 발생한 임금이나 퇴직금은 근로자의 사적재산영역으로 옮겨져 근로자의 처분에 맡겨진 것이기 때문에 노동조합이 근로자들로부터 개별적인 동의나 수권을 받지 않는 이상, 사용자와 사이의 단체협약만으로 이에 대한 포기나 지급유예와 같은 처분행위를 할 수는 없다(대판 2020.1.16. 2019다223129).

④ (×) 정리해고나 사업조직의 통폐합 등 기업의 구조조정의 실시 여부는 경영주체에 의한 고도의 경영상 결단에 속하는 사항으로서 원칙적으로 단체교섭의 대상이 될 수 없으나, 사용자의 경영권에 속하는 사항이라 하더라도 노사는 임의로 단체교섭을 진행하여 단체협약을 체결할 수 있고, 그 내용이 강행법규나 사회질서에 위배되지 않는 이상 단체협약으로서의 효력이 인정된다(대판 2014.3.27. 2011두20406).

답 ❹

073 단체협약에 관한 설명 중 옳은 것은?(다툼이 있는 경우 판례에 의함)

16 사시

CHECK ○△×

① 단체협약의 내용 중 해고사유에 관한 부분은 규범적 효력이 없다.

② 단체협약의 해석 또는 이행방법에 관하여 관계 당사자 간에 의견의 불일치가 있는 때에 노동위원회는 직권으로 그 해석 또는 이행방법에 관한 견해를 제시할 수 있다.

③ 노동위원회는 단체협약 중 위법한 내용이 있는 경우에는 그 시정을 명할 수 있다.

④ 경영상 해고는 사용자의 경영권에 속하는 사항으로 이를 제한하기로 하는 내용의 단체협약은 효력이 없다.

⑤ 단체협약의 내용 중 임금·퇴직금에 관한 사항을 위반한 자에 대하여는 형벌을 부과한다.

해설

① (×) 단체협약 가운데 근로조건, 기타 근로자의 대우에 관한 기준을 정한 부분에 인정되는 효력을 규범적 효력이라고 한다. 해고사유에 관한 부분은 이에 해당하므로 규범적 효력이 있다.

② (×) 단체협약의 해석 또는 이행방법에 관하여 관계 당사자 간에 의견의 불일치가 있는 때에는 당사자 쌍방 또는 단체협약에 정하는 바에 의하여 어느 일방이 노동위원회에 그 해석 또는 이행방법에 관한 견해의 제시를 요청할 수 있다(노조법 제34조 제1항).

③ (×) 행정관청은 단체협약 중 위법한 내용이 있는 경우에는 노동위원회의 의결을 얻어 그 시정을 명할 수 있다(노조법 제31조 제3항).

④ (×) 정리해고나 사업조직의 통폐합 등 기업의 구조조정의 실시 여부는 경영주체에 의한 고도의 경영상 결단에 속하는 사항으로서 원칙적으로 단체교섭의 대상이 될 수 없으나, 사용자의 경영권에 속하는 사항이라 하더라도 노사는 임의로 단체교섭을 진행하여 단체협약을 체결할 수 있고, 그 내용이 강행법규나 사회질서에 위배되지 않는 이상 단체협약으로서의 효력이 인정된다(대판 2014.3.27. 2011두20406).

⑤ (○) 노조법 제92조 제2호 가목

답 ❺

074 노동조합 및 노동관계조정법령상 단체교섭 및 단체협약에 관한 설명이다. (　　)에 들어갈 내용으로 옳은 것은?

CHECK ○△×

22 노무

> • 교섭창구 단일화 절차에 따라 결정된 교섭대표노동조합은 그 결정이 있은 후 사용자와 체결한 첫 번째 단체협약의 효력이 발생한 날을 기준으로 (ㄱ)년이 되는 날까지 그 교섭대표노동조합의 지위를 유지한다.
> • 단체협약에 그 유효기간이 경과한 후에도 새로운 단체협약이 체결되지 아니한 때에는 새로운 단체협약이 체결될 때까지 종전 단체협약의 효력을 존속시킨다는 취지의 별도의 약정이 있는 경우에는 그에 따르되, 당사자 일방은 해지하고자 하는 날의 (ㄴ)월 전까지 상대방에게 통고함으로써 종전의 단체협약을 해지할 수 있다.

① ㄱ : 2, ㄴ : 2
② ㄱ : 2, ㄴ : 3
③ ㄱ : 2, ㄴ : 6
④ ㄱ : 3, ㄴ : 3
⑤ ㄱ : 3, ㄴ : 6

해설

• 교섭대표노동조합은 그 결정이 있은 후 사용자와 체결한 첫 번째 단체협약의 효력이 발생한 날을 기준으로 2년이 되는 날까지 그 교섭대표노동조합의 지위를 유지하되, 새로운 교섭대표노동조합이 결정된 경우에는 그 결정된 때까지 교섭대표노동조합의 지위를 유지한다(노조법 시행령 제14조의10 제1항).
• 단체협약에 그 유효기간이 경과한 후에도 새로운 단체협약이 체결되지 아니한 때에는 새로운 단체협약이 체결될 때까지 종전 단체협약의 효력을 존속시킨다는 취지의 별도의 약정이 있는 경우에는 그에 따르되, 당사자 일방은 해지하고자 하는 날의 6월 전까지 상대방에게 통고함으로써 종전의 단체협약을 해지할 수 있다(노조법 제32조 제3항 단서).

답 ❸

075 노동조합 및 노동관계조정법상 단체협약에 관한 설명으로 옳지 않은 것은?(다툼이 있으면 판례에 따름)

CHECK ○△×

22 노무

① 노동조합은 신의에 따라 성실히 교섭하고 단체협약을 체결하여야 하며 그 권한을 남용하여서는 아니 된다.
② 단체협약에 정한 근로조건 기타 근로자의 대우에 관한 기준에 위반하는 취업규칙 또는 근로계약의 부분은 무효로 한다.
③ 단체협약의 당사자인 노동조합은 단체협약의 유효기간 중에 단체협약에서 정한 근로조건 등에 관한 내용의 변경이나 폐지를 요구하는 쟁의행위를 행하지 않을 평화의무를 지고 있다.
④ 사용자가 인사처분을 할 때 노동조합의 사전 동의나 승낙을 얻어 인사처분을 하도록 단체협약 등에 규정된 경우 그 절차를 거치지 아니한 인사처분은 원칙적으로 무효로 보아야 한다.
⑤ 노동조합은 근로조건의 향상을 목적으로 하므로 사용자와 사이에 근로조건을 불리하게 변경하는 내용의 단체협약을 체결할 수 없다.

해설

① (○) 노조법 제30조 제1항

② (○) 노조법 제33조 제1항

③ (○) 단체협약의 당사자인 노동조합은 단체협약의 유효기간 중에 단체협약에서 정한 근로조건 등에 관한 내용의 변경이나 폐지를 요구하는 쟁의행위를 행하지 아니하여야 함은 물론, 조합원들에 대하여도 통제력을 행사하여 그와 같은 쟁의행위를 행하지 못하게 방지하여야 할 이른바 평화의무를 지고 있다고 할 것이다(대판 1992.9.1. 92누7733).

④ (○) 사용자가 인사처분을 함에 있어 노동조합의 사전 동의나 승낙을 얻어야 한다거나 노동조합과 인사처분에 관한 논의를 하여 의견의 합치를 보아 인사처분을 하도록 단체협약에 규정된 경우에는 그 절차를 거치지 아니한 인사처분은 원칙적으로 무효라고 보아야 할 것이다(대판 1993.7.13. 92다45735).

⑤ (×) 협약자치의 원칙상 노동조합은 사용자와 사이에 근로조건을 유리하게 변경하는 내용의 단체협약뿐만 아니라 근로조건을 불리하게 변경하는 내용의 단체협약을 체결할 수 있으므로, 근로조건을 불리하게 변경하는 내용의 단체협약이 현저히 합리성을 결하여 노동조합의 목적을 벗어난 것으로 볼 수 있는 경우와 같은 특별한 사정이 없는 한 그러한 노사 간의 합의를 무효라고 볼 수는 없다(대판 2000.9.29. 99다67536).

답 ⑤

076 노동조합 및 노동관계조정법령상 단체협약에 관한 설명으로 옳지 않은 것은?(다툼이 있으면 판례에 따름)

CHECK ○△×

21 노무

① 노동조합과 사용자 또는 사용자단체는 정당한 이유 없이 단체협약의 체결을 거부하거나 해태하여서는 아니 된다.

② 이미 구체적으로 지급청구권이 발생한 임금은 노동조합이 근로자들로부터 개별적인 동의나 수권을 받지 않더라도, 단체협약만으로 이에 반환이나 포기 및 지급유예와 같은 처분행위를 할 수 있다.

③ 단체협약의 당사자는 단체협약의 체결일부터 15일 이내에 당사자 쌍방의 연명으로 단체협약을 행정관청에게 신고하여야 한다.

④ 단체협약은 노동조합이 사용자 또는 사용자단체와 근로조건 기타 노사관계에서 발생하는 사항에 관한 합의를 문서로 작성하여 당사자 쌍방이 서명날인함으로써 성립하는 것이고, 그 합의가 반드시 정식의 단체교섭절차를 거쳐서 이루어져야만 하는 것은 아니다.

⑤ 단체협약이 실효되었다고 하더라도 임금 등 그 밖에 개별적인 노동조건에 관한 부분은 그 단체협약의 적용을 받고 있던 근로자의 근로계약내용이 되어 그것을 변경하는 새로운 단체협약, 취업규칙이 체결·작성되거나 또는 개별적인 근로자의 동의를 얻지 아니하는 한 개별적인 근로자의 근로계약내용으로서 효력을 갖는다.

해설

① (O) 노조법 제30조 제2항

② (×) 이미 구체적으로 그 지급청구권이 발생한 임금이나 퇴직금은 근로자의 사적재산영역으로 옮겨져 근로자의 처분에 맡겨진 것이기 때문에 노동조합이 근로자들로부터 개별적인 동의나 수권을 받지 않는 이상, 사용자와 사이의 단체협약만으로 이에 대한 포기나 지급유예와 같은 처분행위를 할 수는 없다(대판 2020.1.16. 2019다223129).

③ (O) 노조법 제31조 제2항, 동법 시행령 제15조

④ (O) 단체협약은 노동조합이 사용자 또는 사용자단체와 근로조건 기타 노사관계에서 발생하는 사항에 관한 합의를 문서로 작성하여 당사자 쌍방이 서명날인함으로써 성립하는 것이고, 그 합의가 반드시 정식의 단체교섭절차를 거쳐서 이루어져야만 하는 것은 아니다. 따라서 노동조합과 사용자 사이에 근로조건 기타 노사관계에 관한 합의가 노사협의회의 협의를 거쳐서 성립되었더라도, 당사자 쌍방이 이를 단체협약으로 할 의사로 문서로 작성하여 당사자 쌍방의 대표자가 각 노동조합과 사용자를 대표하여 서명날인하는 등으로 단체협약의 실질적·형식적 요건을 갖추었다면 이는 단체협약이라고 보아야 한다(대판 2018.7.26. 2016다205908).

⑤ (O) 단체협약이 실효되었다고 하더라도 임금, 퇴직금이나 노동시간, 그 밖에 개별적인 노동조건에 관한 부분은 그 단체협약의 적용을 받고 있던 근로자의 근로계약의 내용이 되어 그것을 변경하는 새로운 단체협약, 취업규칙이 체결, 작성되거나 또는 개별적인 근로자의 동의를 얻지 아니하는 한 개별적인 근로자의 근로계약의 내용으로서 여전히 남아 있어 사용자와 근로자를 규율한다(대판 2018.11.29. 2018두41532).

답 ❷

077 노동조합 및 노동관계조정법상 단체협약에 관한 설명으로 옳지 않은 것은?

20 노무

CHECK ○△×

① 단체협약은 서면으로 작성하여 당사자 쌍방이 서명 또는 날인하여야 한다.

② 단체협약의 당사자는 단체협약의 체결일부터 15일 이내에 이를 행정관청에게 신고하여야 한다.

③ 행정관청은 단체협약 중 위법·부당한 내용이 있는 경우에는 노동위원회의 의결을 얻어 그 시정을 명하여야 한다.

④ 단체협약에 정한 근로조건 기타 근로자의 대우에 관한 기준에 위반하는 취업규칙 또는 근로계약의 부분은 무효로 한다.

⑤ 근로계약에 규정되지 아니한 사항은 단체협약에 정한 기준에 의한다.

해설

① (O) 노조법 제31조 제1항

② (O) 노조법 제31조 제2항

③ (×) 행정관청은 단체협약 중 위법한 내용이 있는 경우에는 노동위원회의 의결을 얻어 그 시정을 명할 수 있다(노조법 제31조 제3항).

④ (O) 노조법 제33조 제1항

⑤ (O) 노조법 제33조 제2항

답 ❸

078 노동조합 및 노동관계조정법령상 단체협약에 관한 설명으로 옳지 않은 것은?(다툼이 있으면 판례에 따름)

CHECK ○△×

19 노무

① 단체협약은 서면으로 작성하여 당사자 쌍방이 서명 또는 날인하여야 한다.
② 근로계약에 규정되지 아니한 사항은 단체협약에 정한 기준에 의한다.
③ 행정관청은 단체협약 중 위법한 내용이 있는 경우에는 노동위원회의 의결을 얻어 그 시정을 명할 수 있다.
④ 노동조합이 조합원들의 의사를 반영하고 대표자의 단체협약 체결업무수행에 대한 적절한 통제를 위하여 대표자의 단체협약체결권한의 행사를 절차적으로 제한하는 것은, 그것이 단체협약체결권한을 전면적·포괄적으로 제한하는 것이 아닌 이상 허용된다.
⑤ 노동조합과 사용자 쌍방이 노사협의회를 거쳐 실질적·형식적 요건을 갖춘 합의가 있더라도 단체교섭을 거치지 않고 체결한 것은 단체협약으로 볼 수 없다.

해설

① (O) 노조법 제31조 제1항
② (O) 노조법 제33조 제2항
③ (O) 노조법 제31조 제3항
④ (O) 노조대표자의 협약체결권한에 대한 전면적·포괄적 제한은 위법하지만, 노동조합이 조합원들의 의사를 반영하고 대표자의 단체교섭 및 협약 체결업무수행에 대한 적절한 통제를 위하여 규약 등에서 대표자의 단체협약체결권한의 행사를 절차적으로 제한하는 것은 허용된다(대판 2014.4.24. 2010다24534).
⑤ (×) 그 협정(합의)이 반드시 정식의 단체교섭절차를 거쳐서 이루어져야만 하는 것은 아니라고 할 것이므로 노동조합과 사용자 사이에 근로조건 기타 노사관계에 관한 합의가 노사협의회의 협의를 거쳐서 성립되었더라도, 당사자 쌍방이 이를 단체협약으로 할 의사로 문서로 작성하여 당사자 쌍방의 대표자가 각 노동조합과 사용자를 대표하여 서명날인하는 등으로 단체협약의 실질적·형식적 요건을 갖추었다면 이는 단체협약이라고 보아야 할 것이다(대판 2005.3.11. 2003다27429).

답 ⑤

079 노동조합 및 노동관계조정법령상 단체협약의 해석에 관한 설명으로 옳지 않은 것은?(다툼이 있으면 판례에 따름)

CHECK ○△×

19 노무

① 단체협약과 같은 처분문서를 해석함에 있어서는 명문의 규정을 근로자에게 불리하게 변형해석할 수 없다.
② 단체협약의 해석에 관한 지방노동위원회의 제시견해가 위법 또는 월권에 의한 경우에는 중앙노동위원회에 재심을 신청할 수 있다.
③ 단체협약의 해석에 관하여 관계당사자 간에 의견을 불일치가 있는 때에는 노동위원회가 직권으로 그 해석에 관한 견해를 제시할 수 있다.
④ 노동위원회는 단체협약의 해석요청을 받은 때에는 그날부터 30일 이내에 명확한 견해를 제시하여야 한다.
⑤ 노동위원회가 단체협약의 해석요청에 대하여 제시한 견해는 중재재정과 동일한 효력을 가진다.

해설

① (O) 대판 2011.10.13. 2009다102452

② (O) 노조법 제34조 제3항은 단체협약의 해석 또는 이행방법에 관하여 단체협약당사자의 견해 제시의 요청에 응하여 노동위원회가 제시한 견해는 중재재정과 동일한 효력을 가진다고 정하고 있으므로, 단체협약의 해석 또는 이행방법에 관한 노동위원회의 제시견해의 효력을 다투고자 할 때에는 노동위원회가 행한 중재재정의 효력을 다투는 절차를 정한 위 법 제69조에 의하여야 할 것이고, 노동위원회가 단체협약의 의미를 오해하여 그 해석 또는 이행방법에 관하여 잘못된 견해를 제시하였다면 이는 법률행위인 단체협약의 해석에 관한 법리를 오해한 위법을 범한 것으로 위 법 제69조에서 정한 불복사유인 위법사유가 있는 경우에 해당된다(대판 2005.9.9. 2003두896). 따라서 제시견해가 위법이거나 월권에 의한 경우, 의견서의 송달을 받은 날부터 10일 이내에 중앙노동위원회에 그 재심을 신청할 수 있다(노조법 제69조 제1항).

③ (×) 단체협약의 해석 또는 이행방법에 관하여 관계당사자 간에 의견의 불일치가 있는 때에는 당사자 쌍방 또는 단체협약에 정하는 바에 의하여 어느 일방이 노동위원회에 그 해석 또는 이행방법에 관한 견해의 제시를 요청할 수 있다(노조법 제34조 제1항).

④ (O) 노조법 제34조 제2항

⑤ (O) 노조법 제34조 제3항

답 ❸

080 노동조합 및 노동관계조정법령상 단체협약에 관한 설명으로 옳지 않은 것은? 18 노무

CHECK ○△×

① 단체협약에 그 유효기간을 정하지 아니한 경우 그 유효기간은 3년으로 한다.

② 단체협약의 해석에 관하여 관계당사자 간에 의견의 불일치가 있는 때에는 당사자 쌍방은 고용노동부에 그 해석에 관한 견해의 제시를 요청할 수 있다.

③ 단체협약의 당사자는 단체협약의 체결일부터 15일 이내에 당사자 쌍방의 연명으로 단체협약을 행정관청에게 신고하여야 한다.

④ 행정관청은 단체협약 중 위법한 내용이 있는 경우에는 노동위원회의 의결을 얻어 그 시정을 명할 수 있다.

⑤ 단체협약은 서면으로 작성하여 당사자 쌍방이 서명 또는 날인하여야 한다.

해설

① (O) 노조법 제32조 제2항

② (×) 단체협약의 해석 또는 이행방법에 관하여 관계당사자 간에 의견의 불일치가 있는 때에는 당사자 쌍방 또는 단체협약에 정하는 바에 의하여 어느 일방이 노동위원회에 그 해석 또는 이행방법에 관한 견해의 제시를 요청할 수 있다(노조법 제34조 제1항).

③ (O) 단체협약은 서면으로 작성하여 당사자 쌍방이 서명 또는 날인하여야 하고, 단체협약의 당사자는 단체협약의 체결일부터 15일 이내에 이를 행정관청에게 신고하여야 한다(노조법 제31조 제1항·제2항).

④ (O) 노조법 제31조 제3항

⑤ (O) 노조법 제31조 제1항

답 ❷

081 노동조합 및 노동관계조정법령상 단체협약의 지역적 구속력에 관한 설명으로 옳은 것은?

CHECK ○△×

18 노무

① 하나의 지역에 있어서 종업하는 동종의 근로자 3분의 2 이상이 하나의 단체협약의 적용을 받게 된 때에 행정관청이 법령에 따라 당해 단체협약의 지역적 구속력 적용을 결정하면 당해 지역에서 종업하는 다른 동종의 근로자와 그 사용자에 대하여도 당해 단체협약이 적용된다.

② 행정관청은 직권으로 노동위원회의 의결을 얻어 단체협약의 지역적 구속력 적용결정을 할 수 없다.

③ 단체협약의 당사자 쌍방의 신청으로 행정관청이 단체협약의 지역적 구속력 적용결정을 하는 경우에는 노동위원회의 의결을 얻지 아니할 수 있다.

④ 단체협약의 당사자 일방의 신청으로 행정관청이 단체협약의 지역적 구속력 적용결정을 하는 경우에는 중앙노동위원회의 조정을 거쳐야 한다.

⑤ 행정관청이 단체협약의 지역적 확장적용의 결정을 한 때에는 3개월 이내에 이를 공고하여야 한다.

해설

① (○) 노조법 제36조 제1항

② (×) 행정관청은 당해 단체협약의 당사자의 쌍방 또는 일방의 신청에 의하거나 그 직권으로 노동위원회의 의결을 얻어 단체협약의 지역적 구속력 적용결정을 할 수 있다(노조법 제36조 제1항).

③ (×) 노동위원회의 의결을 얻어야 한다(노조법 제36조 제1항).

④ (×) 중앙노동위원회의 조정을 거칠 필요는 없다.

⑤ (×) 행정관청이 지역적 확장적용의 결정을 한 때에는 지체 없이 이를 공고하여야 한다(노조법 제36조 제2항).

답 ①

082 노동조합 및 노동관계조정법상 단체협약의 효력에 관한 설명으로 옳은 것은?(다툼이 있는 경우에는 판례에 의함)

CHECK ○△×

14 노무

① 동종의 근로자 반수 이상이 하나의 단체협약의 적용을 받게 된 때에는 지역적 구속력을 적용한다는 결정을 할 수 있다.

② 단체협약에 2년을 초과하는 유효기간을 정할 수 없다.

③ 단체협약의 유효기간이 경과한 후에도 새로운 단체협약이 체결되지 아니한 때에는 새로운 단체협약이 체결될 때까지 종전 단체협약의 효력을 존속시킨다는 취지의 약정은 무효이다.

④ 단체협약이 실효되었다고 하더라도 임금 등 개별적 노동조건에 관한 부분은 그 단체협약의 적용을 받고 있던 근로자의 근로계약의 내용이 되어 그것을 변경하는 새로운 단체협약이 체결·작성되거나 또는 개별근로자의 동의를 얻지 아니하는 한 개별적인 근로자의 근로계약의 내용으로서 남아 있게 된다.

⑤ 일반적 구속력에 따라 단체협약의 적용을 받게 되는 '동종의 근로자'에는 단체협약규정에 의하여 조합원의 자격이 없는 자도 포함된다.

해설

① (×) 하나의 사업 또는 사업장에 상시 사용되는 동종의 근로자 반수 이상이 하나의 단체협약의 적용을 받게 된 때에는 당해 사업 또는 사업장에 사용되는 다른 동종의 근로자에 대하여도 당해 단체협약이 적용된다(노조법 제35조).
② (×) 단체협약의 유효기간은 3년을 초과하지 않는 범위에서 노사가 합의하여 정할 수 있다(노조법 제32조 제1항).
③ (×) 사용자와 노동조합이 이와 같은 경우에 단체협약의 공백상태가 발생하는 것을 방지하기 위하여 종전 단체협약의 효력이 일정한 기간 자동적으로 연장되도록 약정하는 것도 가능하다(대판 1992.4.14. 91누8364).
④ (○) 대판 2007.12.27. 2007다51758
⑤ (×) 단체협약의 일반적 구속력으로서 그 적용을 받게 되는 동종의 근로자라 함은 당해 단체협약의 규정에 의하여 그 협약의 적용이 예상되는 자를 가리키며, 단체협약의 규정에 의하여 조합원의 자격이 없는 자는 단체협약의 적용이 예상된다고 할 수 없어 단체협약의 적용을 받지 아니한다(대판 2004.1.29. 2001다5142).

답 ❹

083

CHECK ○△×

노동조합 및 노동관계조정법 제36조에서 규정하고 있는 단체협약의 지역적 구속력의 요건과 효과에 관한 설명 중 옳게 묶인 것은? 07 사시

[X군 : 요건]
- A : 하나의 지역에 있어서 동종의 근로자 반수 이상이 하나의 단체협약의 적용을 받음
- B : 행정관청이 당해 단체협약의 당사자의 쌍방 또는 일방의 신청에 의하거나 그 직권으로 노동위원회의 의결을 얻어 지역적 구속력 인정
- C : 행정관청은 공고 후 지체 없이 노동위원회의 승인을 받아야 함

[Y군 : 효과]
ㄱ. 당해 지역에서 종업하는 다른 동종의 근로자와 그 사용자에 대하여 당해 단체협약의 내용 중 근로조건에 관한 규정 적용
ㄴ. 당해 지역에서 종업하는 다른 동종의 근로자를 조직하고 있는 노동조합과 그 사용자에 대하여 당해 단체협약의 내용 중 조합활동등의 보장에 관한 규정 적용
ㄷ. 당해 지역에서 종업하는 다른 동종의 근로자가 원하는 경우에만 그 사용자에 대하여 당해 단체협약 적용

① A - ㄱ
② A - ㄴ
③ B - ㄱ
④ B - ㄷ
⑤ C - ㄷ

해설

- 하나의 사업 또는 사업장에 상시 사용되는 동종의 근로자 반수 이상이 하나의 단체협약의 적용을 받게 된 때에는 당해 사업 또는 사업장에 사용되는 다른 동종의 근로자에 대하여도 당해 단체협약이 적용된다(노조법 제35조).
- 하나의 지역에 있어서 종업하는 동종의 근로자 3분의 2 이상이 하나의 단체협약의 적용을 받게 된 때에는 행정관청은 당해 단체협약의 당사자의 쌍방 또는 일방의 신청에 의하거나 그 직권으로 노동위원회의 의결을 얻어 당해 지역에서 종업하는 다른 동종의 근로자와 그 사용자에 대하여도 당해 단체협약을 적용한다는 결정을 할 수 있다(노조법 제36조 제1항).

답 ❸

084 CHECK ○△×

노동조합 및 노동관계조정법상 단체협약의 일반적 구속력(제35조) 및 지역적 구속력(제36조)에 관한 설명 중 옳은 것은?(다툼이 있는 경우 판례에 의함) 15 사시

① 노동위원회가 지역적 구속력 결정을 한 때에는 지체 없이 이를 공고하여야 한다.

② 일반적 구속력이 발생하기 위해서는 상시 사용되는 동종의 근로자 3분의 2 이상이 하나의 단체협약의 적용을 받아야 한다.

③ 일반적 구속력에 따라 단체협약의 적용을 받게 되는 동종의 근로자란 당해 단체협약의 규정에 의하여 그 협약의 적용이 예상되는 자이다.

④ 일반적 구속력은 일정한 지역에서 사용자 간 부당경쟁방지를 목적으로 한다.

⑤ 지역적 구속력 결정의 효력은 이미 별도의 단체협약을 체결하여 그 협약의 적용을 받고 있는 근로자에게도 미친다.

해설

① (×) 행정관청이 지역적 구속력에 대한 결정을 한 때에는 지체 없이 이를 공고하여야 한다(노조법 제36조 제2항).

② (×) 하나의 사업 또는 사업장에 상시 사용되는 동종의 근로자 반수 이상이 하나의 단체협약의 적용을 받게 된 때에는 당해 사업 또는 사업장에 사용되는 다른 동종의 근로자에 대하여도 당해 단체협약이 적용된다(노조법 제35조).

③ (○) 노조법 제35조의 규정에 따라 단체협약의 일반적 구속력으로서 그 적용을 받게 되는 '동종의 근로자'라 함은 당해 단체협약의 규정에 의하여 그 협약의 적용이 예상되는 자를 가리키며, 단체협약의 규정에 의하여 조합원의 자격이 없는 자는 단체협약의 적용이 예상된다고 할 수 없어 단체협약의 적용을 받지 아니한다(대판 2003.12.26. 2001두10264).

④ (×) 지역적 구속력은 일정 지역에서 다수의 근로자에게 적용되는 단체협약상의 근로조건을 다른 근로자에게도 확장적용함으로써 근로자 간의 근로조건에 형평성을 도모하고, 근로조건이 지나치게 높거나 낮은 수준의 근로자를 고용한 기업이 다른 기업에 비하여 부정경쟁력을 확보하는 것을 방지하기 위한 것이다.

⑤ (×) 노조법 제36조가 규정하는 지역적 구속력 제도의 목적을 어떠한 것으로 파악하건 적어도 교섭권한을 위임하거나 협약체결에 관여하지 아니한 협약 외의 노동조합이 독자적으로 단체교섭권을 행사하여 이미 별도의 단체협약을 체결한 경우에는 그 협약이 유효하게 존속하고 있는 한 지역적 구속력 결정의 효력은 그 노동조합이나 그 구성원인 근로자에게는 미치지 않는다고 해석하여야 할 것이고, 또 협약 외의 노동조합이 위와 같이 별도로 체결하여 적용받고 있는 단체협약의 갱신체결이나 보다 나은 근로조건을 얻기 위한 단체교섭이나 단체행동을 하는 것 자체를 금지하거나 제한할 수는 없다고 보아야 할 것이다(대판 1993.12.21. 92도2247).

답 ❸

085 노동조합 및 노동관계조정법령상 단체협약에 관한 설명으로 옳은 것은?(다툼이 있으면 판례에 따름)

CHECK ○△×

17 노무

① 단체협약은 특별한 사정이 없는 한 명문의 규정을 근로자에게 불리하게 해석할 수 있다.

② 단체협약 중 근로조건 기타 근로자의 대우에 관하여 정한 부분은 근로자와 사용자 사이의 근로계약관계를 직접 규율하는 효력을 가진다.

③ 근로조건을 불리하게 변경하는 내용의 단체협약이 현저히 합리성을 결하여 노동조합의 목적을 벗어난 것으로 볼 수 있는 경우와 같은 특별한 사정이 없는 한 그러한 노사 간의 합의를 무효라고 볼 수는 없으나, 노동조합으로서는 그러한 합의를 위하여 사전에 근로자들로부터 개별적인 동의나 수권을 받아야 한다.

④ 노동조합이 기존의 임금, 근로시간, 퇴직금 등 근로조건을 결정하는 기준에 관하여 소급적으로 동의하는 내용의 단체협약을 사용자와 체결한 경우에, 동의의 효력은 단체협약 체결 이전에 퇴직한 근로자에게도 미친다.

⑤ 단체협약의 유효기간이 경과한 후에도 새로운 단체협약이 체결되지 않은 때에는 새로운 단체협약이 체결될 때까지 단체협약의 해지권을 행사하지 못하도록 하는 취지의 약정은 유효하다.

해설

① (×) 단체협약은 근로자의 경제적·사회적 지위 향상을 위하여 노동조합과 사용자가 단체교섭을 거쳐 체결하는 것이므로, 명문규정을 근로자에게 불리하게 해석하여서는 안 된다(대판 2017.2.15. 2016다32193).

② (○) 노조법 제33조 제1항은 "단체협약에 정한 근로조건 기타 근로자의 대우에 관한 기준에 위반하는 취업규칙 또는 근로계약의 부분은 무효로 한다"고 규정하고 있고, 같은 조 제2항은 "근로계약에 규정되지 아니한 사항 또는 제1항의 규정에 의하여 무효로 된 부분은 단체협약에 정한 기준에 의한다"고 규정하고 있다. 따라서 단체협약 중 근로조건 기타 근로자의 대우에 관하여 정한 부분, 즉 규범적 부분은 근로자와 사용자 사이의 근로계약관계를 직접 규율하는 효력을 가진다(대판 2016.7.22. 2013두24396).

③ (×) 협약자치의 원칙상 노동조합은 사용자와 사이에 근로조건을 유리하게 변경하는 내용의 단체협약뿐만 아니라 근로조건을 불리하게 변경하는 내용의 단체협약을 체결할 수 있으므로, 근로조건을 불리하게 변경하는 내용의 단체협약이 현저히 합리성을 결하여 노동조합의 목적을 벗어난 것으로 볼 수 있는 경우와 같은 특별한 사정이 없는 한 그러한 노사 간의 합의를 무효라고 볼 수는 없고, 노동조합으로서는 그러한 합의를 위하여 사전에 근로자들로부터 개별적인 동의나 수권을 받을 필요가 없으며, 단체협약이 현저히 합리성을 결하였는지 여부는 단체협약의 내용과 그 체결경위, 당시 사용자 측의 경영상태 등 여러 사정에 비추어 판단해야 한다(대판 2000.9.29. 99다67536).

④ (×) 노동조합이 기존의 임금, 근로시간, 퇴직금 등 근로조건을 결정하는 기준에 관하여 소급적으로 동의하거나 이를 승인하는 내용의 단체협약을 사용자와 체결한 경우에, 동의나 승인의 효력은 단체협약이 시행된 이후 해당 사업장에서 근무하면서 단체협약의 적용을 받게 될 조합원이나 근로자에 대해서만 생길 뿐, 단체협약 체결 이전에 퇴직한 근로자에게는 효력이 미칠 여지가 없다(대판 2017.2.15. 2016다32193).

⑤ (×) 단체협약의 유효기간을 제한한 노조법 제32조 제1항, 제2항이나 단체협약의 해지권을 정한 노조법 제32조 제3항 단서는 모두 성질상 강행규정이어서, 당사자 사이의 합의에 의하더라도 단체협약의 해지권을 행사하지 못하도록 하는 등 적용을 배제하는 것은 허용되지 않는다(대판 2016.3.10. 2013두3160).

답 ❷

086 노동조합 및 노동관계조정법령상 단체협약에 관한 설명으로 옳지 않은 것은? 16 노무

CHECK ○△×

① 단체협약에 3년을 초과하는 유효기간을 정한 경우에 그 유효기간은 3년으로 한다.

② 단체협약의 당사자는 단체협약의 체결일부터 15일 이내에 이를 행정관청에 신고하여야 한다.

③ 단체협약의 해석에 관하여 관계당사자 간에 의견의 불일치가 있는 때에는 당사자 쌍방 또는 단체협약에 정하는 바에 의하여 어느 일방이 노동위원회에 그 해석에 관한 견해의 제시를 요청할 수 있다.

④ 단체협약에 정한 근로조건 기타 근로자의 대우에 관한 기준에 위반하는 취업규칙의 부분은 무효이며, 무효로 된 부분은 단체협약에 정한 기준에 의한다.

⑤ 하나의 지역에 있어서 종업하는 동종의 근로자 반수 이상이 하나의 단체협약의 적용을 받게 된 때에는 당해 지역에서 종업하는 다른 동종의 근로자에 대하여도 당해 단체협약이 적용된다.

해설

① (○) 단체협약의 유효기간은 3년을 초과하지 않는 범위에서 노사가 합의하여 정할 수 있다. 단체협약에 그 유효기간을 정하지 아니한 경우 또는 3년을 초과하는 유효기간을 정한 경우에 그 유효기간은 3년으로 한다(노조법 제32조 제1항·제2항).

② (○) 단체협약의 당사자는 단체협약의 체결일부터 15일 이내에 이를 행정관청에게 신고하여야 한다(노조법 제31조 제2항).

③ (○) 노조법 제34조 제1항

④ (○) 노조법 제33조 제1항·제2항

⑤ (×) 하나의 지역에 있어서 종업하는 동종의 근로자 3분의 2 이상이 하나의 단체협약의 적용을 받게 된 때에는 행정관청은 당해 단체협약의 당사자의 쌍방 또는 일방의 신청에 의하거나 그 직권으로 노동위원회의 의결을 얻어 당해 지역에서 종업하는 다른 동종의 근로자와 그 사용자에 대하여도 당해 단체협약을 적용한다는 결정을 할 수 있다(노조법 제36조 제1항). 이를 지역적 구속력이라 한다.

답 ⑤

087 노동조합 및 노동관계조정법령상 단체협약에 관한 설명으로 옳지 않은 것은?(다툼이 있으면 판례에 따름)

CHECK ○△×

16 노무

① 근로조건을 불리하게 변경하는 내용의 단체협약이 현저히 합리성을 결하여 노동조합의 목적을 벗어난 것으로 볼 수 있는 특별한 사정이 있는 경우에는 그러한 합의는 무효이다.

② 사용자가 노동조합과의 협상에 따라 정리해고를 제한하기로 하는 내용의 단체협약을 체결하였다면 특별한 사정이 없는 한 그 단체협약이 강행법규나 사회질서에 위배된다고 볼 수 없다.

③ 단체협약의 개정에도 불구하고 종전의 단체협약과 동일한 내용의 취업규칙이 있을 경우에 개정된 단체협약에는 당연히 취업규칙상의 유리한 조건의 적용을 배제하고 개정된 단체협약이 우선적으로 적용된다는 내용의 합의가 포함된 것으로 보아야 한다.

④ 단체협약에 조합원의 인사나 징계에 대해 노동조합의 의견을 청취하도록 규정하고 있는 경우, 사용자가 노동조합의 의견을 청취하지 않고 조합원에 대한 인사나 징계처분을 하더라도 그 처분의 효력에는 영향이 없다.

⑤ 이미 구체적으로 그 지급청구권이 발생한 임금은 노동조합이 근로자들로부터 개별적인 동의나 수권을 받지 않고, 사용자와 사이의 단체협약만으로 이에 대한 포기나 지급유예와 같은 처분행위를 할 수 있다.

해설

① (○) 협약자치의 원칙상 노동조합은 사용자와 근로조건을 유리하게 변경하는 내용의 단체협약뿐만 아니라 근로조건을 불리하게 변경하는 내용의 단체협약을 체결할 수 있으므로, 근로조건을 불리하게 변경하는 내용의 단체협약이 현저히 합리성을 결하여 노동조합의 목적을 벗어난 것으로 볼 수 있는 경우와 같은 특별한 사정이 없는 한 그러한 노사 간의 합의를 무효라고 볼 수는 없다(대판 2007.12.14. 2007다18584).

② (○) 정리해고나 사업조직의 통폐합 등 기업의 구조조정의 실시 여부는 경영주체에 의한 고도의 경영상 결단에 속하는 사항으로서 원칙적으로 단체교섭의 대상이 될 수 없으나, 사용자의 경영권에 속하는 사항이라 하더라도 노사는 임의로 단체교섭을 진행하여 단체협약을 체결할 수 있고, 그 내용이 강행법규나 사회질서에 위배되지 않는 이상 단체협약으로서의 효력이 인정된다. 따라서 사용자가 노동조합과의 협상에 따라 정리해고를 제한하기로 하는 내용의 단체협약을 체결하였다면 특별한 사정이 없는 한 단체협약이 강행법규나 사회질서에 위배된다고 볼 수 없고, 나아가 이는 근로조건 기타 근로자에 대한 대우에 관하여 정한 것으로서 그에 반하여 이루어지는 정리해고는 원칙적으로 정당한 해고라고 볼 수 없다. 다만 정리해고의 실시를 제한하는 단체협약을 두고 있더라도, 단체협약을 체결할 당시의 사정이 현저하게 변경되어 사용자에게 단체협약의 이행을 강요한다면 객관적으로 명백하게 부당한 결과에 이르는 경우에는 사용자가 단체협약에 의한 제한에서 벗어나 정리해고를 할 수 있다(대판 2014.3.27. 2011두20406).

③ (○) 대판 2002.12.27. 2002두9063

④ (○) 단체협약 등에 규정된 인사협의(합의)조항의 구체적 내용이 사용자가 인사처분을 함에 있어서 신중을 기할 수 있도록 노동조합이 의견을 제시할 수 있는 기회를 주어야 하도록 규정된 경우에는 그 절차를 거치지 아니하였다고 하더라도 인사처분의 효력에는 영향이 없다고 보아야 할 것이지만, 사용자가 인사처분을 함에 있어 노동조합의 사전동의나 승낙을 얻어야 한다거나 노동조합과 인사처분에 관한 논의를 하여 의견의 합치를 보아 인사처분을 하도록 규정된 경우에는 그 절차를 거치지 아니한 인사처분은 원칙적으로 무효라고 보아야 할 것이다(대판 1993.7.13. 92다45735).

⑤ (×) 이미 구체적으로 그 지급청구권이 발생한 임금(상여금 포함)은 근로자의 사적 재산영역으로 옮겨져 근로자의 처분에 맡겨진 것이기 때문에, 노동조합이 근로자들로부터 개별적인 동의나 수권을 받지 않는 이상, 사용자와 사이의 단체협약만으로 이에 대한 포기나 지급유예와 같은 처분행위를 할 수 없다(대판 2002.4.12. 2001다41384).

답 ⑤

088 노동조합 및 노동관계조정법상 단체협약에 관한 설명으로 옳은 것은?(다툼이 있는 경우에는 판례에 의함) 14 노무

CHECK ○△×

① 기존의 근로조건을 불리하게 변경하는 내용의 단체협약을 체결하기 위해서는 조합원인 근로자들로부터 개별적인 동의나 수권을 받아야 한다.

② 단체협약의 내용 중 편의제공에 관한 사항을 위반한 자에 대해서는 벌칙규정이 적용된다.

③ 단체협약과 취업규칙이 동일한 내용의 근로조건을 규정하고 있었으나, 단체협약만이 불리하게 개정된 경우에는 보다 유리한 내용을 규정하고 있는 취업규칙이 우선적으로 적용된다.

④ 단체협약의 해석 또는 이행방법에 관하여 관계당사자 사이에 의견의 불일치가 있는 경우 당사자 쌍방은 노동위원회에 그 해석 또는 이행방법에 관한 견해의 제시를 요청할 수 있으며, 이때의 해석 또는 이행방법에 관한 견해는 조정과 동일한 효력을 가진다.

⑤ 인사처분을 함에 있어서 노동조합이 의견을 제시할 수 있는 기회를 주도록 단체협약에 규정된 경우에 사용자가 제시된 노동조합의 의견을 참작하지 않고 인사처분을 하였다면 그 인사처분은 무효이다.

해설

① (×) 협약자치의 원칙상 노동조합은 사용자와 사이에 근로조건을 유리하게 변경하는 내용의 단체협약뿐만 아니라 근로조건을 불리하게 변경하는 내용의 단체협약을 체결할 수 있으므로, 근로조건을 불리하게 변경하는 내용의 단체협약이 현저히 합리성을 결하여 노동조합의 목적을 벗어난 것으로 볼 수 있는 경우와 같은 특별한 사정이 없는 한 그러한 노사 간의 합의를 무효라고 볼 수는 없고, 노동조합으로서는 그러한 합의를 위하여 사전에 근로자들로부터 개별적인 동의나 수권을 받을 필요가 없다(대판 2003.9.5. 2001다14665).

② (○) 단체협약의 내용 중 시설·편의 제공 및 근무시간 중 회의참석에 관한 사항을 위반한 자에 대하여는 1천만원 이하의 벌금에 처한다(노조법 제92조 제2호 마목).

③ (×) 근로조건을 불리하게 변경하는 내용의 단체협약이 현저히 합리성을 결하여 노동조합의 목적을 벗어난 것으로 볼 수 있는 것과 같은 특별한 사정이 없는 한 그러한 노사 간의 합의를 무효라고 볼 수는 없고, 단체협약의 개정에도 불구하고 종전의 단체협약과 동일한 내용의 취업규칙이 그대로 적용된다면 단체협약의 개정은 그 목적을 달성할 수 없으므로 개정된 단체협약에는 당연히 취업규칙상의 유리한 조건의 적용을 배제하고 개정된 단체협약이 우선적으로 적용된다는 내용의 합의가 포함된 것이라고 봄이 당사자의 의사에 합치한다(대판 2002.12.27. 2002두9063).

④ (×) 노동위원회가 제시한 해석 또는 이행방법에 관한 견해는 중재재정과 동일한 효력을 가진다(노조법 제34조 제1항·제3항).

⑤ (×) 단체협약 등에 규정된 인사협의(합의)조항의 구체적 내용이 사용자가 인사처분을 함에 있어서 신중을 기할 수 있도록 노동조합이 의견을 제시할 수 있는 기회를 주어야 하도록 규정된 경우에는 그 절차를 거치지 아니하였다고 하더라도 인사처분의 효력에는 영향이 없다고 보아야 할 것이지만, 사용자가 인사처분을 함에 있어 노동조합의 사전동의나 승낙을 얻어야 한다거나 노동조합과 인사처분에 관한 논의를 하여 의견의 합치를 보아 인사처분을 하도록 규정된 경우에는 그 절차를 거치지 아니한 인사처분은 원칙적으로 무효라고 보아야 할 것이다(대판 1993.7.13. 92다45735).

답 ❷

089 노동조합 및 노동관계조정법상 단체협약 등에 관한 설명으로 옳지 않은 것은?(다툼이 있는 경우에는 판례에 의함)

CHECK ○△×

15 노무

① 하나의 지역에 있어서 종업하는 동종의 근로자 3분의 2 이상이 하나의 단체협약의 적용을 받게 된 때에는 노동위원회는 그 직권으로 당해 지역에서 종업하는 다른 동종의 근로자와 그 사용자에 대하여도 당해 단체협약을 적용한다는 결정을 할 수 있다.

② 하나의 사업 또는 사업장에 상시 사용되는 동종의 근로자 반수 이상이 하나의 단체협약의 적용을 받게 된 때에는 당해 사업 또는 사업장에 사용되는 다른 동종의 근로자에 대하여도 당해 단체협약이 적용된다.

③ 노사 간의 협상을 통해 사용자가 그 해고권한을 제한하기로 합의하고 노동조합이 동의할 경우에 한하여 해고권을 행사하겠다는 의미로 해고의 사전합의조항을 단체협약에 두었다면, 그러한 절차를 거치지 아니한 해고처분은 원칙적으로 무효이다.

④ 노동조합의 하부단체인 분회나 지부가 독자적인 규약 및 집행기관을 가지고 독립된 조직체로서 활동을 하는 경우 당해 조직이나 그 조합원에 고유한 사항에 대하여는 독자적으로 단체교섭하고 단체협약을 체결할 수 있다.

⑤ 단체협약과 같은 처분문서를 해석할 때에는, 단체협약이 근로자의 근로조건을 유지·개선하고 복지를 증진하여 경제적·사회적 지위를 향상시킬 목적으로 근로자의 자주적 단체인 노동조합과 사용자 사이에 단체교섭을 통하여 이루어지는 것이므로, 명문의 규정을 근로자에게 불리하게 변형해석할 수 없다.

해설

① (×) 하나의 지역에 있어서 종업하는 동종의 근로자 3분의 2 이상이 하나의 단체협약의 적용을 받게 된 때에는 행정관청은 당해 단체협약의 당사자의 쌍방 또는 일방의 신청에 의하거나 그 직권으로 노동위원회의 의결을 얻어 당해 지역에서 종업하는 다른 동종의 근로자와 그 사용자에 대하여도 당해 단체협약을 적용한다는 결정을 할 수 있다(노조법 제36조 제1항).

② (○) 노조법 제35조

③ (○) 노사 간의 협상을 통해 사용자가 그 해고권한을 제한하기로 합의하고 노동조합이 동의할 경우에 한하여 해고권을 행사하겠다는 의미로 해고의 사전합의조항을 단체협약에 두었다면, 그러한 절차를 거치지 아니한 해고처분은 원칙적으로 무효이다(대판 2007.9.6. 2005두8788).

④ (○) 노동조합의 하부단체인 분회나 지부가 독자적인 규약 및 집행기관을 가지고 독립된 조직체로서 활동을 하는 경우 당해 조직이나 그 조합원에 고유한 사항에 대하여는 독자적으로 단체교섭하고 단체협약을 체결할 수 있고, 이는 그 분회나 지부가 노조법 시행령 제7조의 규정에 따라 그 설립신고를 하였는지 여부에 영향받지 아니한다(대판 2011.5.26. 2011다1842).

⑤ (○) 단체협약과 같은 처분문서를 해석할 때에는, 단체협약이 근로자의 근로조건을 유지·개선하고 복지를 증진하여 경제적·사회적 지위를 향상시킬 목적으로 근로자의 자주적 단체인 노동조합과 사용자 사이에 단체교섭을 통하여 이루어지는 것이므로, 명문의 규정을 근로자에게 불리하게 변형해석할 수 없다(대판 2011.10.13. 2009다102452).

답 ❶

090 단체협약에 관한 설명 중 옳지 않은 것은?(다툼이 있는 경우 판례에 의함)

15 사시

CHECK ○△×

① 행정관청은 단체협약 중 위법한 내용이 있는 경우에는 노동위원회의 의결을 얻어 그 시정을 명할 수 있다.

② 단체협약에 반하는 내용의 취업규칙이라도 단체협약의 일반적 구속력이 인정되지 않는 경우에는 그 협약의 적용을 받지 아니하는 근로자에 대하여 적용된다.

③ 노동조합과 사용자가 단체협약의 유효기간을 4년으로 정하여도 그 유효기간은 3년이다.

④ 협약자치의 원칙상 노동조합은 사용자와 사이에 근로조건을 불리하게 변경하는 내용의 단체협약을 체결할 수 있으므로 특별한 사정이 없는 한 그러한 노사 간의 합의를 무효라고 볼 수는 없다.

⑤ 단체협약이 실효되었다고 하더라도 단체협약의 채무적 부분은 유효하게 존속한다.

해설

① (○) 노조법 제31조 제3항

② (○) 판례의 취지를 고려할 때 단체협약의 일반적 구속력이 인정되지 않는 경우에는 그 협약의 적용을 받지 아니하는 근로자에 대하여 종전의 취업규칙이 적용된다고 보아야 한다.

> 노동조합 및 노동관계조정법 제35조의 규정에 따라 단체협약의 일반적 구속력으로서 그 적용을 받게 되는 '동종의 근로자'라 함은 당해 단체협약의 규정에 의하여 그 협약의 적용이 예상되는 자를 가리키며, 단체협약의 규정에 의하여 조합원의 자격이 없는 자는 단체협약의 적용이 예상된다고 할 수 없어 단체협약의 적용을 받지 아니한다(대판 2003.12.26. 2001두10264).

③ (○) 단체협약에 그 유효기간을 정하지 아니한 경우 또는 3년을 초과하는 유효기간을 정한 경우에 그 유효기간은 3년으로 한다(노조법 제32조 제2항). 따라서 단체협약의 유효기간을 4년으로 정하여도 그 유효기간은 3년이 된다.

④ (○) 협약자치의 원칙상 노동조합은 사용자와 근로조건을 유리하게 변경하는 내용의 단체협약뿐만 아니라 근로조건을 불리하게 변경하는 내용의 단체협약을 체결할 수 있으므로, 특별한 사정이 없는 한 그러한 노사 간의 합의를 무효라고 볼 수 없고 노동조합으로서는 그러한 합의를 위하여 사전에 근로자들에게서 개별적인 동의나 수권을 받을 필요가 없다. 그러나 근로조건을 불리하게 변경하는 내용의 단체협약이 현저히 합리성을 결하여 노동조합 목적을 벗어난 것으로 볼 수 있는 특별한 사정이 있는 경우에는 그러한 합의는 무효라고 보아야 하고, 이때 단체협약이 현저히 합리성을 결하였는지는 단체협약 내용과 체결경위, 협약체결 당시 사용자 측 경영상태 등 여러 사정에 비추어 판단하여야 한다(대판 2011.7.28. 2009두7790).

> 학교법인 甲이 자신이 운영하는 병원 소속 근로자들로 구성된 노동조합과 '임·단 특별협약'을 체결하면서 근로자들의 정년을 60세에서 54세로 단축하기로 합의하고 취업규칙의 정년 규정도 같은 내용으로 변경한 후, 그에 따라 54세 이상인 乙을 포함한 일반직원 22명을 정년퇴직으로 처리한 사안에서, 특별협약 중 정년에 관한 부분 및 그에 근거하여 개정된 취업규칙은 무효이고, 乙 등에게 한 퇴직처리는 사실상 해고에 해당한다고 한 사례(대판 2011.7.28. 2009두7790).

⑤ (×) 원칙적으로 단체협약의 채무적 부분은 그 협약의 실효와 함께 종료된다.

답 ⑤

091 CHECK ○△×

노동조합 및 노동관계조정법상 단체협약의 유효기간에 대한 설명으로 옳지 않은 것은?(다툼이 있는 경우 판례에 의함) 19 국가직 7급

① 단체협약에는 3년을 초과하는 유효기간을 정할 수 없다.

② 단체협약이 실효되었다고 하더라도 임금, 퇴직금이나 노동시간 그 밖에 개별적인 노동조건에 관한 부분은 그 단체협약의 적용을 받고 있던 근로자의 근로계약의 내용이 되어 개별적인 근로자의 근로계약의 내용으로서 여전히 남아 사용자와 근로자를 규율하지만, 단체협약 중 해고사유 및 해고의 절차에 관한 부분은 그러하지 아니하다.

③ 단체협약에 그 유효기간이 경과한 후에도 새로운 단체협약이 체결되지 아니한 때에는 새로운 단체협약이 체결될 때까지 종전 단체협약의 효력을 존속시킨다는 취지의 별도의 약정이 있는 경우에는 그에 따른다.

④ 노사가 일정한 조건이 성취될 때까지 특정 단체협약 조항에 따른 합의의 효력이 유지되도록 명시하여 단체협약을 체결한 경우에 그 단체협약 조항에 따른 합의는 해제조건의 성취로 효력을 잃는다.

해설

① (○) 단체협약의 유효기간은 3년을 초과하지 않는 범위에서 노사가 합의하여 정할 수 있다(노조법 제32조 제1항).

② (×) 단체협약이 실효되었다고 하더라도 임금, 퇴직금이나 노동시간, 그 밖에 개별적인 노동조건에 관한 부분은 그 단체협약의 적용을 받고 있던 근로자의 근로계약의 내용이 되어 그것을 변경하는 새로운 단체협약, 취업규칙이 체결·작성되거나 또는 개별적인 근로자의 동의를 얻지 아니하는 한 개별적인 근로자의 근로계약의 내용으로서 여전히 남아 있어 사용자와 근로자를 규율하게 되고, 단체협약 중 해고사유 및 해고의 절차에 관한 부분에 대하여도 이와 같은 법리가 그대로 적용되는 것이다(대판 2009.2.12. 2008다70336).

③ (○) 단체협약에 그 유효기간이 경과한 후에도 새로운 단체협약이 체결되지 아니한 때에는 새로운 단체협약이 체결될 때까지 종전 단체협약의 효력을 존속시킨다는 취지의 별도의 약정이 있는 경우에는 그에 따르되, 당사자 일방은 해지하고자 하는 날의 6월 전까지 상대방에게 통고함으로써 종전의 단체협약을 해지할 수 있다(노조법 제32조 제3항 단서).

④ (○) 유효기간이 경과하는 등으로 단체협약이 실효되었다고 하더라도 임금, 퇴직금이나 노동시간, 그 밖에 개별적인 노동조건에 관한 부분은 그 단체협약의 적용을 받고 있던 근로자의 근로계약의 내용이 되어 그것을 변경하는 새로운 단체협약, 취업규칙이 체결·작성되거나 또는 개별적인 근로자의 동의를 얻지 아니하는 한 개별적인 근로자의 근로계약의 내용으로서 여전히 남아 있어 사용자와 근로자를 규율한다. 그러나 노사가 일정한 조건이 성취되거나 기한이 도래할 때까지 특정 단체협약 조항에 따른 합의의 효력이 유지되도록 명시하여 단체협약을 체결한 경우에는, 그 단체협약 조항에 따른 합의는 노사의 합치된 의사에 따라 해제조건의 성취로 효력을 잃는다(대판 2018.11.29. 2018두41532).

답 ❷

CHAPTER

04 단체행동권

제1절 서 설

001 노동법의 목적과 정의에 관한 규정에서 (　　)에 들어갈 내용으로 옳은 것은? 14 사시

CHECK ○△×

ㄱ. 근로기준법은 헌법에 따라 (A)의 기준을 정함으로써 근로자의 기본적 생활을 보장·향상시키며 균형 있는 국민경제의 발전을 꾀하는 것을 목적으로 한다.
ㄴ. 남녀고용평등과 일·가정 양립 지원에 관한 법률상 "적극적 고용개선조치"란 현존하는 남녀 간의 고용차별을 없애거나 고용평등을 촉진하기 위하여 잠정적으로 특정 (B)을 우대하는 조치를 말한다.
ㄷ. 노동조합 및 노동관계조정법상 "쟁의행위"라 함은 파업·태업·(C)기타 노동관계당사자가 그 주장을 관철할 목적으로 행하는 행위와 이에 대항하는 행위로서 업무의 정상적인 운영을 저해하는 행위를 말한다.

① A : 근로계약, B : 여성, C : 직장점거
② A : 근로계약, B : 여성, C : 직장폐쇄
③ A : 근로조건, B : 성, C : 직장점거
④ A : 근로조건, B : 여성, C : 직장폐쇄
⑤ A : 근로조건, B : 성, C : 직장폐쇄

해설

ㄱ. 이 법은 헌법에 따라 근로조건의 기준을 정함으로써 근로자의 기본적 생활을 보장, 향상시키며 균형 있는 국민경제의 발전을 꾀하는 것을 목적으로 한다(근기법 제1조).
ㄴ. "적극적 고용개선조치"란 현존하는 남녀 간의 고용차별을 없애거나 고용평등을 촉진하기 위하여 잠정적으로 특정 성을 우대하는 조치를 말한다(고평법 제2조 제3호).
ㄷ. "쟁의행위"라 함은 파업·태업·직장폐쇄 기타 노동관계 당사자가 그 주장을 관철할 목적으로 행하는 행위와 이에 대항하는 행위로서 업무의 정상적인 운영을 저해하는 행위를 말한다(노조법 제2조 제6호).

답 ⑤

최신유형

002 노동조합 및 노동관계조정법상 쟁의행위에 관한 설명으로 옳지 않은 것은?(다툼이 있으면 판례에 따름) 25 노무

CHECK ○△×

① 필수공익사업의 사용자는 쟁의행위 기간 중에 그 쟁의행위로 중단된 업무를 당해 사업 또는 사업장 파업참가자의 100분의 50을 초과하지 않는 범위 안에서 도급 줄 수 있다.

② 사업장의 안전보호시설에 대하여 정상적인 유지·운영을 방해하는 쟁의행위에 대하여 노동위원회는 행정관청에 알리고 그 행위를 중지할 것을 통보하여야 한다.

③ 사용자인 수급인에 대한 정당성을 갖춘 쟁의행위가 도급인의 사업장에서 이루어져 형법상 보호되는 도급인의 법익을 침해한 경우라도 그것이 항상 위법한 것은 아니다.

④ 쟁의행위에 대한 조합원 찬반투표가 이 법 제45조가 정한 노동위원회의 조정절차를 거치지 않고 실시되었다는 사정만으로는 그 쟁의행위의 정당성이 상실된다고 보기 어렵다.

⑤ 파업이 전격적으로 이루어져 사용자의 사업운영에 심대한 혼란 내지 막대한 손해를 초래할 위험이 있는 등의 사정으로 사용자의 사업계속에 관한 자유의사가 제압·혼란될 수 있다고 평가할 수 있다면 그러한 집단적 노무제공의 거부는 업무방해죄를 구성한다.

해설

① (○) 필수공익사업의 사용자는 쟁의행위 기간 중에 한하여 그 쟁의행위로 중단된 업무의 수행을 위하여 당해 사업과 관계없는 자를 채용 또는 대체하거나 그 업무를 도급 또는 하도급 주는 경우에, 당해 사업 또는 사업장 파업참가자의 100분의 50을 초과하지 않는 범위 안에서 채용 또는 대체하거나 도급 또는 하도급 줄 수 있다(노조법 제43조 제3항, 제4항).

② (×) 행정관청은 쟁의행위가 사업장의 안전보호시설에 대하여 정상적인 유지·운영을 정지·폐지 또는 방해하는 행위에 해당한다고 인정하는 경우에는 노동위원회의 의결을 얻어 그 행위를 중지할 것을 통보하여야 한다(노조법 제42조 제2항, 제3항 본문).

③ (○) 사용자인 수급인에 대한 정당성을 갖춘 쟁의행위가 도급인의 사업장에서 이루어져 형법상 보호되는 도급인의 법익을 침해한 경우, 그것이 항상 위법하다고 볼 것은 아니고, 법질서 전체의 정신이나 그 배후에 놓여있는 사회윤리 내지 사회통념에 비추어 용인될 수 있는 행위에 해당하는 경우에는 형법 제20조의 '사회상규에 위배되지 아니하는 행위'로서 위법성이 조각된다(대판 2020.9.3. 2015도1927).

④ (○) 대판 2020.10.15. 2019두40345

⑤ (○) 파업이 업무방해죄에서 말하는 위력에 해당하는 요소를 포함하고 있다는 점은 인정하나, 근로자는 헌법상 보장된 기본권으로서 단체행동권을 갖기 때문에, 파업이 언제나 업무방해죄에 해당하는 것으로 볼 것은 아니고, 전후 사정과 경위 등에 비추어 사용자가 예측할 수 없는 시기에 전격적으로 이루어져 사용자의 사업운영에 심대한 혼란 내지 막대한 손해를 초래하는 등으로 사용자의 사업 계속에 관한 자유의사가 제압·혼란될 수 있다고 평가할 수 있는 경우에 비로소 그 집단적 노무 제공의 거부가 위력에 해당하여 업무방해죄가 성립한다(대판 2011.3.17. 2007도482[전합]).

답 ②

003 노동조합 및 노동관계조정법상 쟁의행위의 정당성에 대한 설명으로 옳은 것은? 24 국가직 7급

CHECK ○△×

① 교섭창구 단일화 절차에 따라 결정된 교섭대표노동조합의 쟁의행위는 그 교섭대표노동조합에 소속된 조합원의 직접·비밀·무기명투표에 의한 조합원 과반수의 찬성으로 결정하지 아니하면 이를 행할 수 없다.

② 쟁의행위에서 추구되는 목적이 여러 가지이고 그 중 일부가 정당하지 못한 경우에는 언제나 쟁의행위의 정당성이 인정되지 않는다.

③ 조합원 찬반투표를 거치지 않은 쟁의행위도 조합원의 민주적 의사결정이 실질적으로 확보된 경우에는 그 절차를 따를 수 없는 객관적 사정의 여부와 관계없이 정당성이 인정된다.

④ 주요방위산업체로 지정된 회사가 사내하도급 방식으로 사업의 일부를 주요방위산업체로 지정되지 않은 독립된 사업자인 하수급업체에 맡겨 방산물자를 생산하는 경우, 그 하수급업체에 소속된 근로자는 노동조합 및 노동관계조정법 제41조 제2항이 쟁의행위를 금지하는 '주요방위산업체에 종사하는 근로자'에 해당한다고 볼 수 없다.

해설

① (×) 노동조합의 쟁의행위는 그 조합원(교섭대표노동조합이 결정된 경우에는 그 절차에 참여한 노동조합의 전체 조합원)의 직접·비밀·무기명투표에 의한 조합원 과반수의 찬성으로 결정하지 아니하면 이를 행할 수 없다. 이 경우 조합원 수 산정은 종사근로자인 조합원을 기준으로 한다(노조법 제41조 제1항).

② (×) 쟁의행위에서 추구되는 목적이 여러 가지이고 그 중 일부가 정당하지 못한 경우에는 주된 목적 내지 진정한 목적의 당부에 의하여 그 쟁의목적의 당부를 판단하여야 할 것이고, 부당한 요구사항을 뺐더라면 쟁의행위를 하지 않았을 것이라고 인정되는 경우에는 그 쟁의행위 전체가 정당성을 갖지 못한다고 보아야 한다(대판 2003.12.26. 2001도3380).

③ (×) 노동조합이 쟁의행위를 할 때에 조합원의 직접·비밀·무기명투표에 의한 과반수의 찬성결정이라는 절차를 거치도록 한 노조법 제41조 제1항은 노동조합의 자주적이고 민주적인 운영을 도모함과 아울러 쟁의행위에 참가한 근로자들이 사후에 쟁의행위의 정당성 유무와 관련하여 어떠한 불이익을 당하지 않도록 그 개시에 관한 조합의사의 결정에 보다 신중을 기하기 위하여 마련된 규정이므로 위의 절차를 위반한 쟁의행위는 그 절차를 따를 수 없는 객관적인 사정이 인정되지 않는 한 정당성이 상실된다(대판 2020.10.15. 2019두40345).

④ (○) 대판 2017.7.18. 2016도3185

답 ④

004 노동조합 및 노동관계조정법상 쟁의행위에 대한 설명으로 옳지 않은 것은? 23 국가직 9급

CHECK ○△×

① 노동조합은 사용자의 점유를 배제하여 조업을 방해하는 형태로 쟁의행위를 해서는 아니 된다.

② 노동조합이 주도한 쟁의행위 자체의 정당성과 이를 구성하거나 여기에 부수되는 개개 행위의 정당성이 구별되는 것은 아니므로, 일부 소수의 근로자가 폭력행위 등의 위법행위를 하였다면 전체로서의 쟁의행위는 당연히 위법하다고 보아야 한다.

③ 쟁의행위는 그 쟁의행위와 관계없는 자 또는 근로를 제공하고자 하는 자의 출입·조업 기타 정상적인 업무를 방해하는 방법으로 행하여져서는 아니 되며 쟁의행위의 참가를 호소하거나 설득하는 행위로서 폭행·협박을 사용하여서는 아니 된다.

④ 노동조합의 쟁의행위는 그 조합원(노동조합 및 노동관계조정법 제29조의2에 따라 교섭대표노동조합이 결정된 경우에는 그 절차에 참여한 노동조합의 전체 조합원)의 직접·비밀·무기명투표에 의한 조합원 과반수의 찬성으로 결정하지 아니하면 이를 행할 수 없다. 이 경우 조합원 수 산정은 종사근로자인 조합원을 기준으로 한다.

해설

① (O) 노조법 제37조 제3항

② (×) 노동조합이 주도한 쟁의행위 자체의 정당성과 이를 구성하거나 여기에 부수되는 개개 행위의 정당성은 구별하여야 하므로, 일부 소수의 근로자가 폭력행위 등의 위법행위를 하였더라도, 전체로서의 쟁의행위마저 당연히 위법하게 되는 것은 아니다(대판 2017.7.11. 2013도7896).

③ (O) 노조법 제38조 제1항

④ (O) 노조법 제41조 제1항

답 ❷

005 노동조합 및 노동관계조정법령상 쟁의행위에 관한 설명으로 옳지 않은 것은? 24 노무

CHECK ○△×

① 작업시설의 손상이나 원료·제품의 변질 또는 부패를 방지하기 위한 작업은 쟁의행위 기간 중에도 정상적으로 수행되어야 한다.

② 행정관청은 쟁의행위가 그 쟁의행위와 관계없는 자의 정상적인 업무를 방해하는 방법으로 행하여지는 경우 즉시 관할 노동위원회에 신고하여야 한다.

③ 쟁의행위는 근로를 제공하고자 하는 자의 출입·조업을 방해하는 방법으로 행하여져서는 아니 된다.

④ 근로자는 쟁의행위 기간 중에는 현행범 외에는 노동조합 및 노동관계조정법 위반을 이유로 구속되지 아니한다.

⑤ 사용자는 노동조합이 쟁의행위를 개시한 이후에만 직장폐쇄를 할 수 있다.

해설

① (O) 노조법 제38조 제2항

② (×) 사용자는 쟁의행위가 그 쟁의행위와 관계없는 자의 정상적인 업무를 방해하는 방법으로 행하여지는 경우 즉시 그 상황을 행정관청과 관할 노동위원회에 신고하여야 한다(노조법 시행령 제18조 제1항, 노조법 제38조 제1항).

③ (O) 쟁의행위는 그 쟁의행위와 관계없는 자 또는 근로를 제공하고자 하는 자의 출입·조업 기타 정상적인 업무를 방해하는 방법으로 행하여져서는 아니 되며 쟁의행위의 참가를 호소하거나 설득하는 행위로서 폭행·협박을 사용하여서는 아니 된다(노조법 제38조 제1항).

④ (O) 노조법 제39조

⑤ (O) 노조법 제46조 제1항

답 ❷

006 노동조합 및 노동관계조정법상 쟁의행위에 관한 설명으로 옳지 않은 것은? 24 노무

CHECK ○△×

① 노동조합은 쟁의행위 기간에 대한 임금의 지급을 요구하여 이를 관철할 목적으로 쟁의행위를 하여서는 아니 된다.

② 방위사업법에 의하여 지정된 주요방위산업체에 종사하는 근로자 중 전력, 용수 및 주로 방산물자를 생산하는 업무에 종사하는 자는 쟁의행위를 할 수 없다.

③ 쟁의행위는 생산 기타 주요업무에 관련되는 시설과 이에 준하는 시설로서 대통령령이 정하는 시설을 점거하는 형태로 이를 행할 수 없다.

④ 노동관계 당사자는 노동쟁의가 발생한 때에는 어느 일방이 이를 상대방에게 서면으로 통보하여야 한다.

⑤ 노동위원회는 쟁의행위가 안전보호시설에 대하여 정상적인 유지·운영을 정지·폐지 또는 방해하는 행위에 해당한다고 인정하는 경우에는 그 행위를 중지할 것을 통보하여야 한다.

해설

① (○) 노조법 제44조 제2항

② (○) 방위사업법에 의하여 지정된 주요방위산업체에 종사하는 근로자 중 전력, 용수 및 주로 방산물자를 생산하는 업무에 종사하는 자는 쟁의행위를 할 수 없으며 주로 방산물자를 생산하는 업무에 종사하는 자의 범위는 대통령령으로 정한다(노조법 제41조 제2항).

③ (○) 쟁의행위는 폭력이나 파괴행위 또는 생산 기타 주요업무에 관련되는 시설과 이에 준하는 시설로서 대통령령이 정하는 시설을 점거하는 형태로 이를 행할 수 없다(노조법 제42조 제1항).

④ (○) 노조법 제45조 제1항

⑤ (×) 사업장의 안전보호시설에 대하여 정상적인 유지·운영을 정지·폐지 또는 방해하는 행위는 쟁의행위로서 이를 행할 수 없다. 행정관청은 쟁의행위가 이에 해당한다고 인정하는 경우에는 노동위원회의 의결을 얻어 그 행위를 중지할 것을 통보하여야 한다(노조법 제42조 제2항, 제3항 본문).

답 ⑤

최신유형

007 노동조합 및 노동관계조정법령상 쟁의행위에 관한 설명으로 옳지 않은 것은? 25 노무

CHECK ○△×

① 노동조합은 쟁의행위를 하고자 할 경우에는 고용노동부령이 정하는 바에 따라 행정관청에 쟁의행위의 목적·일시·장소·참가인원 및 그 방법을 미리 서면으로 신고하여야 한다.

② 사용자는 쟁의행위가 근로를 제공하고자 하는 자의 출입을 방해하는 방법으로 행하여지는 경우에는 즉시 그 상황을 행정관청과 관할 노동위원회에 신고하여야 하며, 그 방법으로 구두 신고도 가능하다.

③ 노동조합의 쟁의행위는 조합원의 직접·비밀·무기명투표에 의한다.

④ 「방위사업법」에 의하여 지정된 주요방위산업체에 종사하는 근로자 중 방산물자의 완성에 필요한 정비 업무에 종사하는 자는 쟁의행위를 할 수 없다.

⑤ 근로자는 쟁의행위 기간 중에는 현행범 외에는 이 법 위반을 이유로 구속되지 아니한다.

해설

① (×) 노동조합은 쟁의행위를 하고자 할 경우에는 고용노동부령이 정하는 바에 따라 행정관청과 관할노동위원회에 쟁의행위의 일시·장소·참가인원 및 그 방법을 미리 서면으로 신고하여야 한다(노조법 시행령 제17조).

② (○) 사용자는 쟁의행위가 그 쟁의행위와 관계없는 자 또는 근로를 제공하고자 하는 자의 출입·조업 기타 정상적인 업무를 방해하는 방법으로 행하여지거나, 쟁의행위의 참가를 호소하거나 설득하는 행위로서 폭행·협박이 사용되는 경우에는 즉시 그 상황을 행정관청과 관할 노동위원회에 서면·구두 또는 전화 기타의 적당한 방법으로 신고하여야 한다(노조법 시행령 제18조, 동법 제38조 제1항).

③ (○) 노동조합의 쟁의행위는 그 조합원의 직접·비밀·무기명투표에 의한 조합원 과반수의 찬성으로 결정하지 아니하면 이를 행할 수 없다. 이 경우 조합원 수 산정은 종사근로자인 조합원을 기준으로 한다(노조법 제41조 제1항). 조합원의 직접·비밀·무기명투표에 의한 조합원 과반수의 찬성으로 결정하지 아니한 쟁의행위를 행한 경우, 1년 이하의 징역 또는 1천만원 이하의 벌금에 처한다(노조법 제91조, 제41조 제1항).

④ (○) 방위사업법에 의하여 지정된 주요방위산업체에 종사하는 근로자 중 전력, 용수 및 방산물자의 완성에 필요한 제조·가공·조립·정비·재생·개량·성능검사·열처리·도장·가스취급 등의 업무에 종사하는 자는 쟁의행위를 할 수 없다(노조법 제41조 제2항, 동법 시행령 제20조).

⑤ (○) 노조법 제39조

답 ❶

008

CHECK ○△×

노동조합 및 노동관계조정법령상 쟁의행위에 관한 설명으로 옳지 않은 것은?(다툼이 있으면 판례에 따름)

23 노무

① 노동조합은 사용자의 점유를 배제하여 조업을 방해하는 형태로 쟁의행위를 해서는 아니 된다.

② 쟁의행위가 사업장의 안전보호시설에 대하여 정상적인 운영을 방해하는 행위로 행하여지는 경우에 사용자가 행정관청과 관할 노동위원회에 하여야 할 신고는 전화로도 가능하다.

③ 피케팅은 파업에 가담하지 않고 조업을 계속하려는 자에 대하여 평화적 설득, 구두와 문서에 의한 언어적 설득의 범위 내에서 정당성이 인정되는 것이 원칙이고, 위력에 의한 물리적 강제는 정당화될 수 없다.

④ 사업장의 안전보호시설의 정상적인 유지·운영을 정지하는 쟁의행위에 대하여 노동위원회는 그 의결로 쟁의행위의 중지를 통보하여야 한다.

⑤ 방위사업법에 의하여 지정된 주요방위산업체에 종사하는 근로자 중 방산물자의 완성에 필요한 정비 업무에 종사하는 자는 쟁의행위를 할 수 없다.

해설

① (○) 노조법 제37조 제3항

② (○) 사용자는 쟁의행위가 사업장의 안전보호시설에 대하여 정상적인 유지·운영을 정지·폐지 또는 방해하는 행위로 행하여지는 경우에는 즉시 그 상황을 서면·구두 또는 전화 기타의 적당한 방법으로 행정관청과 관할 노동위원회에 신고하여야 한다(노조법 제42조 제2항, 동법 시행령 제18조).

③ (○) 파업의 보조적 쟁의수단인 피케팅은 파업에 가담하지 않고 조업을 계속하려는 자에 대하여 평화적 설득, 구두와 문서에 의한 언어적 설득의 범위 내에서 정당성이 인정되는 것이고, 폭행, 협박 또는 위력에 의한 실력저지나 물리적 강제는 정당화될 수 없다(대판 1990.10.12. 90도1431).

④ (×) 행정관청은 쟁의행위가 사업장의 안전보호시설에 대하여 정상적인 유지·운영을 정지·폐지 또는 방해하는 행위에 해당한다고 인정하는 경우에는 노동위원회의 의결을 얻어 그 행위를 중지할 것을 통보하여야 한다(노조법 제42조 제3항 본문).

⑤ (○) 방위사업법에 의하여 지정된 주요방위산업체에 종사하는 근로자 중 전력, 용수 및 방산물자의 완성에 필요한 제조·가공·조립·정비·재생·개량·성능검사·열처리·도장·가스취급 등의 업무에 종사하는 자는 쟁의행위를 할 수 없다(노조법 제41조 제2항, 동법 시행령 제20조).

답 ❹

009 노동조합 및 노동관계조정법상 쟁의행위 등에 관한 설명으로 옳지 않은 것은?(다툼이 있는 경우에는 판례에 의함) 15 노무

CHECK ○△×

① 노동조합은 그 대표자가 필요하다고 판단하는 경우 조합원의 찬반투표 없이 쟁의행위를 할 수 있다.

② 노동조합은 쟁의행위가 적법하게 수행될 수 있도록 지도·관리·통제할 책임이 있다.

③ 사업장의 안전보호시설에 대하여 정상적인 유지·운영을 정지·폐지 또는 방해하는 행위는 쟁의행위로서 이를 행할 수 없다.

④ 노동조합은 쟁의행위기간에 대한 임금의 지급을 요구하여 이를 관철할 목적으로 쟁의행위를 하여서는 아니 된다.

⑤ 사용자는 쟁의행위기간 중 그 쟁의행위로 중단된 업무의 수행을 위하여 당해 사업과 관계없는 자를 채용 또는 대체할 수 없다.

해설

① (×) 노동조합의 쟁의행위는 그 조합원의 직접·비밀·무기명투표에 의한 조합원 과반수의 찬성으로 결정하지 아니하면 이를 행할 수 없다. 이 경우 조합원 수 산정은 종사근로자인 조합원을 기준으로 한다(노조법 제41조 제1항 전문).

② (○) 노동조합은 쟁의행위가 적법하게 수행될 수 있도록 지도·관리·통제할 책임이 있다(노조법 제38조 제3항).

③ (○) 노조법 제42조 제2항

④ (○) 노조법 제44조 제2항

⑤ (○) 노조법 제43조 제1항

답 ❶

010 노동조합 및 노동관계조정법상 쟁의행위에 관한 설명으로 옳지 않은 것은?(다툼이 있으면 판례에 따름) 23 노무

CHECK ○△×

① 조합원은 노동조합에 의하여 주도되지 아니한 쟁의행위를 하여서는 아니 된다.

② 노동조합은 쟁의행위가 적법하게 수행될 수 있도록 지도·관리·통제할 책임이 있다.

③ 조합원의 민주적 의사결정이 실질적으로 확보된 때에는 쟁의행위 찬반투표절차를 거치지 아니하였다는 사정만으로 쟁의행위의 정당성이 상실되지 아니한다.

④ 사용자는 노동조합이 쟁의행위를 개시한 이후에만 직장폐쇄를 할 수 있다.

⑤ 노동조합은 쟁의행위 기간에 대한 임금의 지급을 요구하여 이를 관철할 목적으로 쟁의행위를 하여서는 아니 된다.

해설

① (○) 노조법 제37조 제2항

② (○) 노조법 제38조 제3항

③ (×) 조합원의 직접·비밀·무기명 투표에 의한 과반수의 찬성결정을 거치지 아니하고 쟁의행위에 나아간 경우에 조합원의 민주적 의사결정이 실질적으로 확보되었더라도 위와 같은 투표절차를 거치지 아니하였다면 쟁의행위는 정당성을 상실한다고 보아야 한다(대판 2001.10.25. 99도4837[전합]).

④ (○) 노조법 제46조 제1항

⑤ (○) 노조법 제44조 제2항

답 ❸

011 노동조합 및 노동관계조정법령상 쟁의행위에 관한 설명으로 옳지 않은 것은?

16 노무

CHECK ○△×

① 조합원은 노동조합에 의하여 주도되지 아니한 쟁의행위를 하여서는 아니 된다.
② 근로자는 쟁의행위기간 중에는 현행범 외에는 노동조합 및 노동관계조정법 위반을 이유로 구속되지 아니한다.
③ 사용자는 쟁의행위기간 중 그 쟁의행위로 중단된 업무의 수행을 위하여 당해 사업과 관계있는 자를 채용 또는 대체할 수 없다.
④ 작업시설의 손상을 방지하기 위한 작업은 쟁의행위기간 중에도 정상적으로 수행되어야 한다.
⑤ 사용자는 노동조합 및 노동관계조정법에 의한 쟁의행위로 인하여 손해를 입은 경우에 노동조합 또는 근로자에 대하여 그 배상을 청구할 수 없다.

해설

① (○) 노조법 제37조 제2항
② (○) 노조법 제39조
③ (×) 사용자는 쟁의행위기간 중 그 쟁의행위로 중단된 업무의 수행을 위하여 당해 사업과 관계없는 자를 채용 또는 대체할 수 없다(노조법 제43조 제1항).
④ (○) 작업시설의 손상이나 원료·제품의 변질 또는 부패를 방지하기 위한 작업은 쟁의행위기간 중에도 정상적으로 수행되어야 한다(노조법 제38조 제2항).
⑤ (○) 노조법 제3조

답 ❸

012 노동조합 및 노동관계조정법상 쟁의행위에 대한 설명으로 옳지 않은 것은?

21 국가직 9급

CHECK ○△×

① 조합원은 노동조합에 의하여 주도되지 아니한 쟁의행위를 하여서는 아니 된다.
② 노동조합은 쟁의행위가 적법하게 수행될 수 있도록 지도·관리·통제할 책임이 있다.
③ 사용자는 쟁의행위 기간 중 그 쟁의행위로 중단된 업무를 도급 줄 수 있다.
④ 근로자는 쟁의행위 기간 중에는 현행범 외에는 노동조합 및 노동관계조정법 위반을 이유로 구속되지 아니한다.

해설

① (○) 노조법 제37조 제2항
② (○) 노조법 제38조 제3항
③ (×) 사용자는 쟁의행위기간 중 그 쟁의행위로 중단된 업무를 도급 또는 하도급 줄 수 없다(노조법 제43조 제2항).
④ (○) 노조법 제39조

답 ❸

013 쟁의행위에 관한 설명 중 옳은 것은?(다툼이 있는 경우 판례에 의함)

16 사시

CHECK ○△×

① 노동조합은 쟁의행위 기간에 대한 임금의 지급을 요구하여 이를 관철할 목적으로 쟁의행위를 할 수 있다.

② 노동조합이 다소 무리한 임금 인상을 요구하면서 쟁의행위를 하면 그 자체로 쟁의행위는 목적의 정당성을 상실한다.

③ 조합원의 쟁의행위 찬반투표는 대의원회의 투표로 대신할 수 있다.

④ 노동조합이 노동위원회에 노동쟁의 조정신청을 하여 조정기간이 만료되었더라도 조정종료 결정이 없으면 쟁의행위를 할 수 없다.

⑤ 쟁의행위는 그 쟁의행위와 관계없는 자의 출입·조업을 방해하는 방법으로 행하여져서는 안 된다.

해설

① (×) 노동조합은 쟁의행위 기간에 대한 임금의 지급을 요구하여 이를 관철할 목적으로 쟁의행위를 하여서는 아니 된다(노조법 제44조 제2항).

② (×) 노동조합이 사용자에게 다소 무리한 임금인상을 요구함으로써 분쟁이 발생하였으며 또한 노동조합의 쟁의행위 결과 사용자의 정상적인 업무수행이 저해되었다 하더라도, 그것만으로 노동조합의 쟁의행위가 정당성을 결하는 것은 아니라 할 것이다(대판 2000.5.26. 98다34331).

> 평균임금이 도내 택시회사 중 가장 높은 수준임에도 노동조합이 최고 수준의 임금인상을 요구하여 임금협상이 결렬되었으나 노동조합이 준법투쟁에 돌입한 지 3일 만에 전격적으로 단행한 사용자의 직장폐쇄는 정당성을 결여하였다고 본 사례(대판 2000.5.26. 98다34331).

③ (×) 노동조합이 규약으로 총회에 갈음할 대의원회를 두는 경우, 대의원회는 총회의 의결사항에 대하여 결의할 수 있으나(노조법 제17조 제1항·제5항), 조합원의 쟁의행위 찬반투표는 총회의 의결사항이 아니므로 대의원회의 투표로 대신할 수 없다고 판단된다.

④ (×) 노동조합이 노동위원회에 노동쟁의 조정신청을 하여 조정절차가 마쳐지거나 조정이 종료되지 아니한 채 조정기간이 끝나면 노동조합은 쟁의행위를 할 수 있는 것으로 노동위원회가 반드시 조정결정을 한 뒤에 쟁의행위를 하여야지 그 절차가 정당한 것은 아니다(대판 2001.6.26. 2000도2871).

⑤ (○) 쟁의행위는 그 쟁의행위와 관계없는 자 또는 근로를 제공하고자 하는 자의 출입·조업 기타 정상적인 업무를 방해하는 방법으로 행하여져서는 아니 되며 쟁의행위의 참가를 호소하거나 설득하는 행위로서 폭행·협박을 사용하여서는 아니 된다(노조법 제38조 제1항).

답 ⑤

014 노동조합 및 노동관계조정법상 쟁의행위에 대한 설명으로 옳지 않은 것은?(다툼이 있는 경우 판례에 의함)

CHECK ○△×

23 국가직 9급

① 사용자는 쟁의행위 기간 중 그 쟁의행위로 중단된 업무의 수행을 위하여 당해 사업과 관계없는 자를 채용 또는 대체할 수 없다.

② 쟁의행위에 대한 조합원 찬반투표가 노동위원회의 조정절차를 거치지 않고 실시되었다는 사정만으로는 그 쟁의행위의 정당성이 상실된다고 보기 어렵다.

③ 근로조건에 관한 노동관계 당사자 간 주장의 불일치로 인하여 근로자들이 조정전치절차 및 찬반투표절차를 거쳐 정당한 쟁의행위를 개시한 후 쟁의사항과 밀접하게 관련된 새로운 쟁의사항이 부가된 경우에는, 근로자들이 새로이 부가된 사항에 대하여 쟁의행위를 위한 별도의 조정절차 및 찬반투표절차를 거쳐야 할 의무가 있다고 할 수 없다.

④ 필수공익사업의 사용자라 하더라도 쟁의행위기간 중 그 쟁의행위로 중단된 업무를 도급 또는 하도급 줄 수 없다.

해설

① (○) 노조법 제43조 제1항

② (○) 노동조합이 쟁의행위를 할 때에 조합원의 직접·비밀·무기명투표에 의한 과반수의 찬성결정이라는 절차를 거치도록 한 노조법 제41조 제1항은 노동조합의 자주적이고 민주적인 운영을 도모함과 아울러 쟁의행위에 참가한 근로자들이 사후에 쟁의행위의 정당성 유무와 관련하여 어떠한 불이익을 당하지 않도록 그 개시에 관한 조합의사의 결정에 보다 신중을 기하기 위하여 마련된 규정이므로 위의 절차를 위반한 쟁의행위는 그 절차를 따를 수 없는 객관적인 사정이 인정되지 않는 한 정당성이 상실된다. 하지만 쟁의행위에 대한 조합원 찬반투표가 노조법 제45조가 정한 노동위원회의 조정절차를 거치지 않고 실시되었다는 사정만으로는 그 쟁의행위의 정당성이 상실된다고 보기 어렵다(대판 2020.10.15. 2019두40345).

③ (○) [1] 근로조건에 관한 노동관계 당사자 간 주장의 불일치로 인하여 근로자들이 조정전치절차 및 찬반투표절차를 거쳐 정당한 쟁의행위를 개시한 후 쟁의사항과 밀접하게 관련된 새로운 쟁의사항이 부가된 경우에는, 근로자들이 새로이 부가된 사항에 대하여 쟁의행위를 위한 별도의 조정절차 및 찬반투표절차를 거쳐야 할 의무가 있다고 할 수 없다.

[2] 피고인들이 甲 생명보험회사의 노조원들과 공모하여 파업의 주된 목적인 '성과급제 도입 반대나 철회'에 관하여 쟁의 조정절차 및 쟁의행위 찬반투표를 거치지 아니한 채 파업에 돌입하였다고 하여 구 노조법 위반으로 기소된 사안에서, 피고인들이 주도한 파업의 목적은 이전에 정당하게 개시된 쟁의행위의 목적인 단체협약의 갱신과 단절되고 관련 없는 것이라고 보기 어려워 노동조합이 파업을 위하여 새로이 조정절차나 찬반투표를 거칠 필요가 없으므로, 위 행위가 같은 법 제91조, 제41조 제1항, 제45조 제2항 본문에 해당하지 아니한다고 보아 무죄를 선고한 원심판결을 수긍한 사례(대판 2012.1.27. 2009도8917).

④ (×) 필수공익사업의 경우 사용자는 쟁의행위로 중단된 업무의 수행을 위하여 쟁의행위 기간 중에 한하여 당해 사업과 관계없는 자를 채용 또는 대체하거나 그 업무를 도급 또는 하도급을 줄 수 있고, 이 경우 사용자는 당해 사업 또는 사업장 파업참가자의 100분의 50을 초과하지 않는 범위 안에서 채용 또는 대체하거나 도급 또는 하도급 줄 수 있다(노조법 제43조 참조).

답 ④

015 노동조합 및 노동관계조정법상 쟁의행위 등에 대한 설명으로 옳지 않은 것은?(다툼이 있는 경우 판례에 의함)

CHECK ○△×

18 국가직 7급

① 정당한 직장폐쇄 개시 이후 근로자가 쟁의행위를 중단하고 진정으로 업무에 복귀할 의사를 사용자가 경영의 예측가능성과 안정을 이룰 수 있는 정도로 집단적·객관적으로 표시하였음에도 사용자가 직장폐쇄를 계속 유지한다면, 그 직장폐쇄는 공격적 직장폐쇄로 성격이 변질된다.

② 지역별·산업별·업종별 노동조합의 경우에는 총파업이 아닌 이상 쟁의행위를 예정하고 있는 당해 지부나 분회 소속 조합원의 과반수의 찬성이 있으면 쟁의행위는 절차적으로 적법하다.

③ 노동조합은 단체협약의 유효기간 중에 단체협약에서 정한 근로조건 등에 관한 내용의 변경이나 폐지를 요구하는 쟁의행위를 행하지 아니하여야 할 의무를 지고 있지만, 단체협약이 체결된 직후 노동조합 조합원들이 자신들에게 불리하다는 이유만으로 위 단체협약의 무효화를 주장하면서 쟁의행위를 한 경우 그 쟁의행위는 정당하다.

④ 조합원은 노동조합에 의하여 주도되지 아니한 쟁의행위는 하여서는 아니 되는 것이므로, 조합원 전체가 아닌 소속 부서 조합원만의 의사로 이루어진 작업거부 결의에 따라 다른 근로자의 작업거부를 선동하여 회사의 업무를 방해한 행위는 노동조합의 결의나 구체적인 지시에 따른 노동조합의 조직적인 활동 그 자체가 될 수 없다.

해설

① (○) [1] 근로자의 쟁의행위 등 구체적인 사정에 비추어 직장폐쇄의 개시 자체는 정당하더라도 어느 시점 이후에 근로자가 쟁의행위를 중단하고 진정으로 업무에 복귀할 의사를 표시하였음에도 사용자가 직장폐쇄를 계속 유지함으로써 근로자의 쟁의행위에 대한 방어적인 목적에서 벗어나 공격적 직장폐쇄로 성격이 변질되었다고 볼 수 있는 경우에는 그 이후의 직장폐쇄는 정당성을 상실하게 되므로, 사용자는 그 기간 동안의 임금에 대해서는 지불의무를 면할 수 없다.

[2] 노동조합이 쟁의행위를 하기 위해서는 투표를 거쳐 조합원 과반수의 찬성을 얻어야 하고(노조법 제41조 제1항) 사용자의 직장폐쇄는 노동조합의 쟁의행위에 대한 방어수단으로 인정되는 것이므로, 근로자가 업무에 복귀하겠다는 의사 역시 일부 근로자들이 개별적·부분적으로 밝히는 것만으로는 부족하다. 복귀 의사는 반드시 조합원들의 찬반투표를 거쳐 결정되어야 하는 것은 아니지만 사용자가 경영의 예측가능성과 안정을 이룰 수 있는 정도로 집단적·객관적으로 표시되어야 한다(대판 2017.4.7. 2013다101425).

> 갑 주식회사가 노동조합의 쟁의행위가 불법파업에 해당한다는 이유로 조합원 전원에 대하여 직장폐쇄를 실시하자, 노동조합이 직장폐쇄가 이루어진 다음 날부터 갑 회사에 여러 차례 근로복귀 의사를 표명하는 서면을 보내고, 을 등을 포함한 조합원 일부의 근로제공 확약서를 발송하였으며, 그 후 지방노동위원회에 쟁의행위 철회신고를 제출하여 지방고용노동청이 갑 회사에 '직장폐쇄의 지속 여부에 대한 재검토 및 성실한 교섭을 촉구'하는 서면을 발송하였고, 갑 회사가 같은 날 위 서면을 확인하였는데, 그로부터 22일 후 직장폐쇄가 종료되자, 을 등이 갑 회사를 상대로 직장폐쇄 기간 동안 미지급 임금의 지급을 구한 사안에서, 갑 회사가 지방고용노동청이 발송한 서면을 받은 날부터 22일간 직장폐쇄를 계속 유지한 것은 위법한 직장폐쇄에 해당한다는 이유로 그 기간 동안 갑 회사의 을 등에 대한 임금지불의무를 인정한 원심판단을 수긍한 사례(대판 2017.4.7. 2013다101425).

② (○) 대판 2009.6.23. 2007두12859

③ (×) 단체협약의 당사자인 노동조합은 단체협약의 유효기간 중에 단체협약에서 정한 근로조건 등에 관한 내용의 변경이나 폐지를 요구하는 쟁의행위를 행하지 아니하여야 함은 물론, 조합원들에 대하여도 통제력을 행사하여 그와 같은 쟁의행위를 행하지 못하게 방지하여야 할 이른바 평화의무를 지고 있다고 할 것인바, 이와 같은 평화의무가 노사관계의 안정과 단체협약의 질서 형성적 기능을 담보하는 것인 점에 비추어 보면, 단체협약이 새로 체결된 직후부터 뚜렷한 무효사유를 내세우지도 아니한 채 단체협약의 전면무효화를 주장하면서 평화의무에 위반되는 쟁의행위를 행하는 것은 이미 노동조합활동으로서의 정당성을 결여한 것이라고 하지 아니할 수 없다(대판 1992.9.1. 92누7733).

④ (○) 조합원은 노동조합에 의하여 주도되지 아니한 쟁의행위는 하여서는 아니 되는 것이므로, 조합원 전체가 아닌 소속 부서 조합원만의 의사로 이루어진 작업거부 결의에 따라 다른 근로자의 작업거부를 선동하여 회사의 업무를 방해한 행위는 노동조합의 결의나 구체적인 지시에 따른 노동조합의 조직적인 활동 그 자체가 될 수 없음은 물론 그 행위의 성질상 노동조합의 활동으로 볼 수 있다거나 노동조합의 묵시적인 수권 혹은 승인을 받았다고 볼 수도 없고, 단지 조합원으로서의 자발적인 행동에 불과할 뿐이어서 정당한 노동조합 활동이라고 볼 수 없다(대판 1999.9.17. 99두5740).

답 ❸

016

CHECK ○△×

노동조합 및 노동관계조정법령상 쟁의행위 등에 대한 설명으로 옳지 않은 것은?(다툼이 있는 경우 판례에 의함)

22 국가직 7급

① 근로자는 쟁의행위 기간 중에는 현행범 외에는 노동조합 및 노동관계조정법 위반을 이유로 구속되지 아니한다.

② 쟁의행위가 그 쟁의행위와 관계없는 자 또는 근로를 제공하고자 하는 자의 출입·조업·기타 정상적인 업무를 방해하는 방법으로 행하여지는 경우 사용자는 즉시 그 상황을 행정관청과 관할 노동위원회에 신고하여야 한다.

③ 사용자가 쟁의기간 중 쟁의행위로 중단된 업무를 수행하기 위해 당해 사업과 관계있는 자로 대체하였는데 그 대체한 근로자마저 사직함에 따라 사용자가 신규채용하게 되었다면, 특별한 사정이 없는 한 이를 두고 사용자가 노동조합 및 노동관계조정법 제43조 제1항에 규정된 사용자의 채용제한을 위반한 것이라고 볼 수 없다.

④ 노동조합의 쟁의행위는 사업 또는 사업장에 종사하는 근로자가 아닌 조합원을 포함하여 전체 조합원의 직접·비밀·무기명투표에 의한 조합원 과반수의 찬성으로 결정하지 아니하면 이를 행할 수 없다.

해설

① (○) 노조법 제39조

② (○) 노조법 시행령 제18조 제1항, 동법 제38조 제1항 참조

> **폭력행위 등의 신고(노조법 시행령 제18조)**
>
> ① 사용자는 쟁의행위가 법 제38조 제1항·제2항, 제42조 제1항 또는 제2항에 위반되는 경우에는 즉시 그 상황을 행정관청과 관할 노동위원회에 신고하여야 한다.
>
> **노동조합의 지도와 책임(노조법 제38조)**
>
> ① 쟁의행위는 그 쟁의행위와 관계없는 자 또는 근로를 제공하고자 하는 자의 출입·조업 기타 정상적인 업무를 방해하는 방법으로 행하여져서는 아니 되며 쟁의행위의 참가를 호소하거나 설득하는 행위로서 폭행·협박을 사용하여서는 아니 된다.

③ (○) 사용자가 쟁의기간 중 쟁의행위로 중단된 업무를 수행하기 위해 당해 사업과 관계있는 자인 비노동조합원이나 쟁의행위에 참가하지 아니한 노동조합원 등 당해 사업의 근로자로 대체하였는데 대체한 근로자마저 사직함에 따라 사용자가 신규채용하게 되었다면, 이는 사용자의 정당한 인사권 행사에 속하는 자연감소에 따른 인원충원에 불과하고 노조법 제43조 제1항 위반죄를 구성하지 않는다(대판 2008.11.13. 2008도4831).

④ (×) 노동조합의 쟁의행위는 그 조합원(교섭대표노동조합이 결정된 경우에는 그 절차에 참여한 노동조합의 전체 조합원)의 직접·비밀·무기명투표에 의한 조합원 과반수의 찬성으로 결정하지 아니하면 이를 행할 수 없다. 이 경우 조합원 수 산정은 종사근로자인 조합원을 기준으로 한다(노조법 제41조 제1항).

답 ❹

017 노동조합 및 노동관계조정법령상 쟁의행위의 절차에 관한 설명으로 옳지 않은 것은?(다툼이 있으면 판례에 따름) 17 노무

CHECK ○△×

① 노동조합의 쟁의행위는 그 조합원의 직접·비밀·무기명투표에 의한 조합원 과반수의 찬성으로 결정하지 아니하면 이를 행할 수 없다.

② 교섭대표노동조합이 결정된 경우에는 그 절차에 참여한 노동조합의 전체 조합원의 직접·비밀·무기명투표에 의한 과반수의 찬성으로 결정하지 아니하면 쟁의행위를 할 수 없다.

③ 업종별 노동조합의 경우에는 총파업이 아닌 이상 쟁의행위를 예정하고 있는 당해 지부나 분회소속 조합원의 과반수의 찬성이 있으면 쟁의행위는 절차적으로 적법하다.

④ 쟁의행위를 위한 찬반투표절차를 거치지 아니한 경우 조합원의 민주적 의사결정이 실질적으로 확보되었다고 볼 수 있는 때에는 그 절차를 따를 수 없는 객관적인 사정이 없더라도 그 쟁의행위는 정당성을 상실하지 않는다.

⑤ 근로자들이 찬반투표절차를 거쳐 정당한 쟁의행위를 개시한 후 쟁의사항과 밀접하게 관련된 새로운 쟁의사항이 부가된 경우에는, 근로자들이 새로이 부가된 사항에 대하여 쟁의행위를 위한 별도의 찬반투표절차를 거쳐야 할 의무가 있다고 할 수 없다.

해설

① (○) 노조법 제41조 제1항

② (○) 노조법 제41조 제1항

③ (○) 지역별·산업별·업종별 노동조합의 경우에는 총파업이 아닌 이상 쟁의행위를 예정하고 있는 당해 지부나 분회소속 조합원의 과반수의 찬성이 있으면 쟁의행위는 절차적으로 적법하다고 보아야 한다(대판 2009.6.23. 2007두12859).

④ (×) 쟁의행위를 함에 있어 조합원의 직접·비밀·무기명투표에 의한 찬성결정이라는 절차를 거쳐야 한다는 노조법 규정은 노동조합의 자주적이고 민주적인 운영을 도모함과 아울러 쟁의행위에 참가한 근로자들이 사후에 그 쟁의행위의 정당성 유무와 관련하여 어떠한 불이익을 당하지 않도록 그 개시에 관한 조합의사의 결정에 보다 신중을 기하기 위하여 마련된 규정이므로 위의 절차를 위반한 쟁의행위는 그 절차를 따를 수 없는 객관적인 사정이 인정되지 아니하는 한 정당성이 상실된다(대판 2001.10.25. 99도4837[전합]).

⑤ (○) 대판 2012.1.27. 2009도8917

답 ④

018 노동조합 및 노동관계조정법령상 쟁의행위에 관한 설명으로 옳지 않은 것은?(다툼이 있으면 판례에 따름) 18 노무

CHECK ○△×

① 단체교섭사항이 될 수 없는 사항을 달성하려는 쟁의행위는 그 목적의 정당성을 인정할 수 없다.

② 조합원은 노동조합에 의하여 주도되지 아니한 쟁의행위를 하여서는 아니 된다.

③ 쟁의행위의 목적 중 일부가 정당하지 못한 경우에는 주된 목적 내지 진정한 목적의 당부에 의하여 그 쟁의 목적의 당부를 판단하여야 한다.

④ 구조조정이 불순한 의도로 추진되는 등의 특별한 사정이 없는 한, 노동조합이 실질적으로 그 실시 자체를 반대하기 위하여 쟁의행위에 나아간다면 그 쟁의행위는 목적의 정당성을 인정할 수 없다.

⑤ 부당노동행위를 이유로 한 쟁의행위의 경우 그 쟁의행위에 앞서 부당노동행위 구제절차를 밟아야만 정당성이 인정될 수 있다.

해설

① (O) 대판 2001.4.24. 99도4893
② (O) 노조법 제37조 제2항
③ (O) 대판 2002.2.26. 99도5380
④ (O) 대판 2002.2.26. 99도5380
⑤ (X) 판례의 취지를 고려할 때 쟁의행위를 행하기 전에 부당노동행위 구제절차를 거치지 아니하더라도 정당성이 인정될 수 있다고 이해하여야 한다.

> 사용자 측이 정당한 이유 없이 근로자의 단체협약 체결요구를 거부하거나 해태한 경우에 노조법 제40조의 규정에 의한 구제신청을 하지 아니하고 노동쟁의의 방법을 택하였다고 하여 노조법을 위반한 것이라고 할 수 없다(대판 1991.5.14. 90누4006).

답 ⑤

019 노동조합 및 노동관계조정법령상 쟁의행위에 관한 설명으로 옳지 않은 것은? 18 노무

CHECK ○△×

① 교섭대표노동조합이 결정된 경우에는 교섭대표노동조합의 전체 조합원의 직접·비밀·무기명투표에 의한 과반수의 찬성으로 결정하지 아니하면 쟁의행위를 할 수 없다.
② 쟁의행위는 생산 기타 주요업무에 관련되는 시설과 이에 준하는 시설로서 대통령령이 정하는 시설을 점거하는 형태로 이를 행할 수 없다.
③ 사업장의 안전보호시설에 대하여 정상적인 유지·운영을 방해하는 행위는 쟁의행위로서 이를 행할 수 없다.
④ 사용자는 쟁의행위에 참가하여 근로를 제공하지 아니한 근로자에 대하여는 그 기간 중의 임금을 지급할 의무가 없다.
⑤ 노동조합은 쟁의행위기간에 대한 임금의 지급을 요구하여 이를 관철할 목적으로 쟁의행위를 하여서는 아니 된다.

해설

① (X) 노동조합의 쟁의행위는 그 조합원(교섭대표노동조합이 결정된 경우에는 그 절차에 참여한 노동조합의 전체 조합원)의 직접·비밀·무기명투표에 의한 조합원 과반수의 찬성으로 결정하지 아니하면 이를 행할 수 없다. 이 경우 조합원수 산정은 종사근로자인 조합원을 기준으로 한다(노조법 제41조 제1항). 따라서 전체 조합원이 아닌 그 절차에 참여한 노동조합의 전체 조합원이 옳은 표현이다.
② (O) 노조법 제42조 제1항
③ (O) 노조법 제42조 제2항
④ (O) 노조법 제44조 제1항
⑤ (O) 노조법 제44조 제2항

답 ①

020 노동조합 및 노동관계조정법상 쟁의행위에 관한 설명으로 옳지 않은 것은?(다툼이 있으면 판례에 따름) 20 노무

CHECK ○△×

① 쟁의행위 자체의 정당성과 이를 구성하거나 부수되는 개개의 행위의 정당성은 구별되어야 하므로 일부 소수의 근로자가 폭력행위 등의 위법행위를 하였다고 하더라도 전체로서의 쟁의행위가 위법하게 되는 것은 아니다.

② 노동위원회는 사업장의 안전보호시설에 대하여 정상적인 유지·운영을 정지·폐지 또는 방해하는 쟁의행위에 해당한다고 인정하는 경우 직권으로 그 행위를 중지할 것을 통보하여야 한다.

③ 노동조합은 쟁의행위가 적법하게 수행될 수 있도록 지도·관리·통제할 책임이 있다.

④ 근로자는 쟁의행위기간 중에는 현행범 외에는 노동조합 및 노동관계조정법 위반을 이유로 구속되지 아니한다.

⑤ 쟁의행위는 그 쟁의행위와 관계없는 자 또는 근로를 제공하고자 하는 자의 출입·조업 기타 정상적인 업무를 방해하는 방법으로 행하여져서는 아니 되며 쟁의행위의 참가를 호소하거나 설득하는 행위로서 폭행·협박을 사용하여서는 아니 된다.

해설

① (○) 대판 2003.12.26. 2003두8906

② (×) 행정관청은 쟁의행위가 사업장의 안전보호시설에 대하여 정상적인 유지·운영을 정지·폐지 또는 방해하는 행위에 해당한다고 인정하는 경우에는 노동위원회의 의결을 얻어 그 행위를 중지할 것을 통보하여야 한다(노조법 제42조 제3항).

③ (○) 노조법 제38조 제3항

④ (○) 노조법 제39조

⑤ (○) 노조법 제38조 제1항

답 ❷

021 노동조합 및 노동관계조정법령상 노동조합이 쟁의행위를 하고자 할 경우에 행정관청과 관할 노동위원회에 신고하여야 할 사항이 아닌 것은? 22 노무

CHECK ○△×

① 쟁의행위의 목적

② 쟁의행위의 일시

③ 쟁의행위의 장소

④ 쟁의행위의 참가인원

⑤ 쟁의행위의 방법

해설

① (×), ② (○), ③ (○), ④ (○), ⑤ (○)

노동조합은 쟁의행위를 하고자 할 경우에는 고용노동부령이 정하는 바에 따라 행정관청과 관할 노동위원회에 쟁의행위의 일시·장소·참가인원 및 그 방법을 미리 서면으로 신고하여야 한다(노조법 시행령 제17조). 쟁의행위의 목적은 신고사항에 해당하지 아니한다.

답 ❶

022 노동조합 및 노동관계조정법상 쟁의행위에 관한 설명으로 옳은 것은?

22 노무

CHECK ○△×

① 근로자는 쟁의행위 기간 중에는 어떠한 경우라도 노동조합 및 노동관계조정법 위반을 이유로 구속되지 아니한다.

② 노동조합의 쟁의행위는 직접·비밀·무기명투표에 의한 종사근로자인 조합원 과반수의 찬성으로 결정하지 아니하면 이를 행할 수 없다.

③ 노동조합은 쟁의행위의 본질상 사용자의 점유를 배제하여 조업을 방해하는 형태로 쟁의행위를 할 수 있다.

④ 노동조합은 쟁의행위 기간에 대한 임금의 지급을 요구하여 이를 관철할 목적으로 쟁의행위를 할 수 있다.

⑤ 필수공익사업의 사용자는 쟁의행위 기간 중 그 쟁의행위로 중단된 업무의 수행을 위하여 당해 사업과 관계없는 자를 채용 또는 대체할 수 없다.

해설

① (×) 근로자는 쟁의행위 기간 중에는 현행범 외에는 이 법 위반을 이유로 구속되지 아니므로(노조법 제39조), 현행범의 경우에는 구속될 수 있음을 유의하여야 한다.

② (○) 노동조합의 쟁의행위는 그 조합원의 직접·비밀·무기명투표에 의한 조합원 과반수의 찬성으로 결정하지 아니하면 이를 행할 수 없다. 이 경우 조합원 수 산정은 종사근로자인 조합원을 기준으로 한다(노조법 제41조 제1항).

③ (×) 노동조합은 사용자의 점유를 배제하여 조업을 방해하는 형태로 쟁의행위를 해서는 아니 된다(노조법 제37조 제3항).

④ (×) 노동조합은 쟁의행위 기간에 대한 임금의 지급을 요구하여 이를 관철할 목적으로 쟁의행위를 하여서는 아니 된다(노조법 제44조 제2항).

⑤ (×) 필수공익사업의 사용자는 쟁의행위 기간 중에 한하여 당해 사업과 관계없는 자를 채용 또는 대체할 수 있다(노조법 제43조).

답 ❷

023 노동조합 및 노동관계조정법상 쟁의행위에 관한 설명으로 옳지 않은 것은?(다툼이 있으면 판례에 따름)

22 노무

CHECK ○△×

① 근로자의 쟁의행위가 정당한 것으로 인정받기 위해서는 그 목적이 근로조건의 향상을 위한 노사 간의 자치적 교섭을 조성하는 데에 있어야 한다.

② 노동조합 및 노동관계조정법상 적법한 절차를 거친 후 이루어진 쟁의행위에 대하여 쟁의발생 신고 절차의 미준수만을 이유로 그 정당성을 부정할 수는 없다.

③ 쟁의행위 수단으로서 피케팅은 파업에 가담하지 않고 조업을 계속하려는 자에 대하여 평화적 설득, 구두와 문서에 의한 언어적 설득의 범위 내에서 정당성이 인정되는 것이 원칙이다.

④ 쟁의행위가 조정전치의 규정에 따른 절차를 거치지 않았더라도 무조건 정당성을 결여한 쟁의행위가 되는 것은 아니다.

⑤ 노동조합이 사용자가 수용할 수 없는 과다한 요구를 하였다면 그 쟁의행위의 목적의 정당성은 부정된다.

해설

① (O) 대판 2018.2.13. 2014다33604

② (O) 노조법 시행령 제17조에서 규정하고 있는 쟁의행위의 일시·장소·참가인원 및 그 방법에 관한 서면신고의무는 쟁의행위를 함에 있어 그 세부적·형식적 절차를 규정한 것으로서, 쟁의행위에 적법성을 부여하기 위하여 필요한 본질적인 요소라고 할 것은 아니므로, 노동쟁의 조정신청이나 조합원들에 대한 쟁의행위 찬반투표 등의 절차를 거친 후 이루어진 이 사건 쟁의행위에 대하여 위와 같은 신고절차의 미준수만을 이유로 그 정당성을 부정할 수는 없다고 할 것이다(대판 2007.12.28. 2007도5204).

③ (O) 대판 1990.10.12. 90도1431

④ (O) 쟁의행위가 조정전치의 규정에 따른 절차를 거치지 아니하였다고 하여 무조건 정당성이 결여된 쟁의행위라고 볼 것이 아니고, 그 위반행위로 말미암아 사회·경제적 안정이나 사용자의 사업운영에 예기치 않은 혼란이나 손해를 끼치는 등 부당한 결과를 초래할 우려가 있는지의 여부 등 구체적 사정을 살펴서, 그 정당성 유무를 가려 형사상 죄책 유무를 판단하여야 할 것이다(대판 2000.10.13. 99도4812).

⑤ (×) 노동조합이 회사로서는 수용할 수 없는 요구를 하고 있었다고 하더라도 이는 단체교섭의 단계에서 조정할 문제이지 노동조합 측으로부터 과다한 요구가 있었다고 하여 막바로 그 쟁의행위의 목적이 부당한 것이라고 해석할 수는 없다(대판 1992.1.21. 91누5204).

답 ❺

024 노동조합 및 노동관계조정법령상 쟁의행위에 관한 설명으로 옳지 않은 것은? 21 노무

CHECK ○△×

① 방위사업법에 의하여 지정된 주요방위산업체에 종사하는 근로자 중 방산물자의 완성에 필요한 개량업무에 종사하는 자는 쟁의행위를 할 수 없다.

② 근로자는 쟁의행위기간 중에는 현행범 외에는 노동조합 및 노동관계조정법 위반을 이유로 구속되지 아니한다.

③ 교섭대표노동조합이 결정된 경우에는 그 절차에 참여한 노동조합의 전체 조합원의 직접·비밀·무기명투표에 의한 과반수의 찬성으로 결정하지 아니하면 쟁의행위를 할 수 없다.

④ 필수공익사업의 사용자라 하더라도 쟁의행위기간 중에 그 쟁의행위로 중단된 업무를 도급 줄 수 없다.

⑤ 쟁의행위는 그 쟁의행위와 관계없는 자 또는 근로를 제공하고자 하는 자의 출입·조업 기타 정상적인 업무를 방해하는 방법으로 행하여져서는 아니 된다.

해설

① (O) 방위사업법에 의하여 지정된 주요방위산업체에 종사하는 근로자 중 전력, 용수 및 방산물자의 완성에 필요한 제조·가공·조립·정비·재생·개량·성능검사·열처리·도장·가스취급 등의 업무에 종사하는 자는 쟁의행위를 할 수 없다(노조법 제41조 제2항, 동법 시행령 제20조).

② (O) 노조법 제39조

③ (O) 노조법 제41조 제1항 전문

④ (×) 사용자의 채용제한에 대한 규정은 필수공익사업의 사용자가 쟁의행위기간 중에 한하여 당해 사업과 관계없는 자를 채용 또는 대체하거나 그 업무를 도급 또는 하도급 주는 경우에는 적용하지 아니한다(노조법 제43조 제3항).

⑤ (O) 노조법 제38조 제1항

답 ❹

025 노동조합 및 노동관계조정법령상 쟁의행위 등에 관한 설명으로 옳지 않은 것은?(다툼이 있으면 판례에 따름) 21 노무

CHECK ○△×

① 하나의 쟁의행위에서 추구되는 목적이 여러 가지이고 그중 일부가 정당하지 못한 경우에는 주된 목적 내지 진정한 목적의 당부에 의하여 그 쟁의목적의 당부를 판단하여야 한다.

② 산업별 노동조합의 경우에는 총파업이 아닌 이상 쟁의행위를 예정하고 있는 당해 지부나 분회 소속 조합원의 과반수의 찬성이 있으면 쟁의행위는 절차적으로 적법하다.

③ 조합원의 과반수의 찬성결정을 거치지 아니하고 쟁의행위에 나아간 경우 조합원의 민주적 의사결정이 실질적으로 확보되었다면 쟁의행위가 정당성을 상실하지 않는다.

④ 쟁의행위가 폭력이나 파괴행위의 형태로 행하여질 경우 사용자는 즉시 그 상황을 행정관청과 관할 노동위원회에 신고하여야 한다.

⑤ 사용자는 노동조합 및 노동관계조정법에 의한 쟁의행위로 인하여 손해를 입은 경우에 노동조합 또는 근로자에 대하여 그 배상을 청구할 수 없다.

해설

① (○) 대판 1992.5.12. 91다34523

② (○) 대판 2009.6.23. 2007두12859

③ (×) 쟁의행위를 함에 있어 조합원의 직접·비밀·무기명투표에 의한 찬성결정이라는 절차를 거쳐야 한다는 노조법 제41조 제1항의 규정은 노동조합의 자주적이고 민주적인 운영을 도모함과 아울러 쟁의행위에 참가한 근로자들이 사후에 그 쟁의행위의 정당성 유무와 관련하여 어떠한 불이익을 당하지 않도록 그 개시에 관한 조합의사의 결정에 보다 신중을 기하기 위하여 마련된 규정이므로 위의 절차를 위반한 쟁의행위는 그 절차를 따를 수 없는 객관적인 사정이 인정되지 아니하는 한 정당성이 상실된다(대판 2001.10.25. 99도4837[전합]).

④ (○) 노조법 제42조 제1항, 동법 시행령 제18조 제1항

⑤ (○) 노조법 제3조

답 ❸

026 노동조합 및 노동관계조정법령상 쟁의행위에 관한 설명으로 옳지 않은 것은? 19 노무

CHECK ○△×

① 근로자는 쟁의행위기간 중에는 현행범 외에는 노동조합 및 노동관계조정법 위반을 이유로 구속되지 아니한다.

② 방위사업법에 의하여 지정된 주요방위산업체에 종사하는 근로자 중 전력, 용수 및 주로 방산물자를 생산하는 업무에 종사하는 자는 쟁의행위를 할 수 없다.

③ 작업시설의 손상이나 원료·제품의 변질 또는 부패를 방지하기 위한 작업은 쟁의행위기간 중에도 정상적으로 수행되어야 한다.

④ 노동조합은 쟁의행위가 적법하게 수행될 수 있도록 지도·관리·통제할 책임이 있다.

⑤ 노동조합의 쟁의행위는 그 조합원의 직접·비밀·무기명투표에 의한 조합원 3분의 2 이상의 찬성으로 결정하지 아니하면 이를 행할 수 없다.

해설

① (O) 노조법 제39조
② (O) 노조법 제41조 제2항
③ (O) 노조법 제38조 제2항
④ (O) 노조법 제38조 제3항
⑤ (×) 노동조합의 쟁의행위는 그 조합원(제29조의2에 따라 교섭대표노동조합이 결정된 경우에는 그 절차에 참여한 노동조합의 전체 조합원)의 직접·비밀·무기명투표에 의한 조합원 과반수의 찬성으로 결정하지 아니하면 이를 행할 수 없다. 이 경우 조합원 수 산정은 종사근로자인 조합원을 기준으로 한다(노조법 제41조 제1항).

답 ⑤

027

CHECK ○△×

노동조합 및 노동관계조정법령상 점거가 금지되는 시설로 옳은 것을 모두 고른 것은? 17 노무

ㄱ. 전기시설
ㄴ. 철도의 차량
ㄷ. 항행안전시설
ㄹ. 항공기

① ㄱ, ㄴ
② ㄷ, ㄹ
③ ㄱ, ㄴ, ㄷ
④ ㄴ, ㄷ, ㄹ
⑤ ㄱ, ㄴ, ㄷ, ㄹ

해설

ㄱ. (O), ㄴ. (O), ㄷ. (O), ㄹ. (O)
모두 노조법 시행령 제21조에서 정한 점거가 금지되는 시설에 해당한다.

점거가 금지되는 시설(노조법 시행령 제21조)
법 제42조 제1항에서 "대통령령이 정하는 시설"이란 다음 각 호의 시설을 말한다.
1. 전기·전산 또는 통신시설
2. 철도(도시철도를 포함)의 차량 또는 선로
3. 건조·수리 또는 정박 중인 선박. 다만, 선원법에 의한 선원이 당해 선박에 승선하는 경우를 제외한다.
4. 항공기·항행안전시설 또는 항공기의 이·착륙이나 여객·화물의 운송을 위한 시설
5. 화약·폭약 등 폭발위험이 있는 물질 또는 화학물질관리법 제2조 제2호에 따른 유독물질을 보관·저장하는 장소
6. 기타 점거될 경우 생산 기타 주요업무의 정지 또는 폐지를 가져오거나 공익상 중대한 위해를 초래할 우려가 있는 시설로서 고용노동부장관이 관계중앙행정기관의 장과 협의하여 정하는 시설

답 ⑤

028 노동조합 및 노동관계조정법령상 쟁의행위에 관한 설명으로 옳지 않은 것은? 16 노무

CHECK ○△×

① 쟁의행위는 그 쟁의행위와 관계없는 자 또는 근로를 제공하고자 하는 자의 출입·조업 기타 정상적인 업무를 방해하는 방법으로 행하여져서는 아니 된다.

② 단체협약이 새로 체결된 직후부터 뚜렷한 무효사유를 내세우지도 아니한 채 단체협약의 전면무효화를 주장하면서 평화의무에 위반되는 쟁의행위를 행하는 것은 이미 노동조합활동으로서의 정당성을 결여한 것이다.

③ 임금인상 주장을 관철하기 위하여 종래 통상적으로 실시해 오던 휴일근무를 집단적으로 거부하여 회사업무의 정상적인 운영을 저해하더라도 이는 쟁의행위에 해당하지 않는다.

④ 불법쟁의행위에 대한 귀책사유가 있는 노동조합이나 불법쟁의행위를 기획·지시·지도하는 등 이를 주도한 노동조합 간부 개인이 그 배상책임을 지는 배상액의 범위는 불법쟁의행위와 상당인과관계에 있는 모든 손해이다.

⑤ 직장 또는 사업장시설을 전면적, 배타적으로 점거하여 조합원 이외의 자의 출입을 저지하거나 사용자 측의 관리지배를 배제하여 업무의 중단 또는 혼란을 야기케 하는 것과 같은 행위는 정당한 쟁의행위로 볼 수 없다.

해설

① (○) 노조법 제38조 제1항

② (○) 평화의무 위반의 쟁의행위는 노사관계를 평화적·자주적으로 규율하기 위한 단체협약의 본질적 기능을 해치는 것일 뿐 아니라 노사관계에서 요구되는 신의성실의 원칙에도 반하는 것이므로 정당성이 없다(대판 1994.9.30. 94다4042).

③ (×) 종래 통상적으로 실시되어 오던 휴일근무를 근로자들이 집단적으로 거부하였다면 이는 회사업무의 정상적인 운영을 저해하는 쟁의행위에 해당한다(대판 1995.4.7. 94다27342).

④ (○) 불법쟁의행위에 대한 귀책사유가 있는 노동조합이나 불법쟁의행위를 기획·지시·지도하는 등 이를 주도한 노동조합 간부 개인이 그 배상책임을 지는 배상액의 범위는 불법쟁의행위와 상당인과관계에 있는 모든 손해이고, 그러한 노동조합 간부 개인의 손해배상책임과 노동조합 자체의 손해배상책임은 부진정연대채무관계에 있는 것이므로 노동조합의 간부도 불법쟁의행위로 인하여 발생한 손해 전부를 배상할 책임이 있다. 다만, 사용자가 노동조합과의 성실교섭의무를 다하지 않거나 노동조합과의 기존합의를 파기하는 등 불법쟁의행위에 원인을 제공하였다고 볼 사정이 있는 경우 등에는 사용자의 과실을 손해배상액을 산정함에 있어 참작할 수 있다(대판 2006.9.22. 2005다30610).

⑤ (○) 직장 또는 사업장시설의 점거는 적극적인 쟁의행위의 한 형태로서 그 점거의 범위가 직장 또는 사업장시설의 일부분이고 사용자 측의 출입이나 관리지배를 배제하지 않는 병존적인 점거에 지나지 않을 때에는 정당한 쟁의행위로 볼 수 있으나, 이와 달리 직장 또는 사업장시설을 전면적, 배타적으로 점거하여 조합원 이외의 자의 출입을 저지하거나 사용자 측의 관리지배를 배제하여 업무의 중단 또는 혼란을 야기케 하는 것과 같은 행위는 정당한 쟁의행위로 볼 수 없다(대판 2007.12.28. 2007도5204).

답 ❸

029 노동조합 및 노동관계조정법령에 관한 설명으로 옳은 것은 모두 몇 개인가?(다툼이 있으면 판례에 따름) 17 노무

CHECK ○△×

- 조합원은 노동조합이 주도하지 않더라도 쟁의행위를 할 수 있다.
- 근로자는 쟁의행위기간 중에는 현행범 외에는 노동조합 및 노동관계조정법 위반을 이유로 구속되지 아니한다.
- 노동조합이 사업장의 안전보호시설의 정상적인 운영을 정지하는 쟁의행위를 하는 경우 사태가 급박하지 않더라도 행정관청은 직권으로 그 행위를 중지할 것을 통보할 수 있다.
- 파업기간 중 파업참가자에게 임금을 지급하기로 한 단체협약상의 규정이 있더라도 사용자는 파업참가자에게 임금지급의무가 없다.
- 방위사업법에 의하여 지정된 주요방위산업체에 종사하는 모든 근로자는 쟁의행위를 할 수 없다.

① 1개 ② 2개
③ 3개 ④ 4개
⑤ 5개

해설

- (×) 조합원은 노동조합에 의하여 주도되지 아니한 쟁의행위를 하여서는 아니 된다(노조법 제37조 제2항).
- (○) 근로자는 쟁의행위기간 중에는 현행범 외에는 이 법위반을 이유로 구속되지 아니한다(노조법 제39조).
- (×) 행정관청은 쟁의행위가 제2항의 행위에 해당한다고 인정하는 경우에는 노동위원회의 의결을 얻어 그 행위를 중지할 것을 통보하여야 한다. 다만, 사태가 급박하여 노동위원회의 의결을 얻을 시간적 여유가 없을 때에는 그 의결을 얻지 아니하고 즉시 그 행위를 중지할 것을 통보할 수 있다(노조법 제42조 제3항).
- (×) 쟁의행위 시의 임금지급에 관하여 단체협약이나 취업규칙 등에서 이를 규정하거나 그 지급에 관한 당사자 사이의 약정이나 관행이 있다고 인정되지 아니하는 한, 근로자의 근로제공의무 등의 주된 권리·의무가 정지되어 근로자가 근로를 제공하지 아니한 쟁의행위기간 동안에는 근로제공의무와 대가관계에 있는 근로자의 주된 권리로서의 임금청구권은 발생하지 아니한다(대판 2013.11.28. 2011다39946).
- (×) 방위사업법에 의하여 지정된 주요방위산업체에 종사하는 근로자중 전력, 용수 및 주로 방산물자를 생산하는 업무에 종사하는 자는 쟁의행위를 할 수 없으며 주로 방산물자를 생산하는 업무에 종사하는 자의 범위는 대통령령으로 정한다(노조법 제41조 제2항).

답 ❶

030 노동조합 및 노동관계조정법령상 쟁의행위에 관한 설명으로 옳지 않은 것은?(다툼이 있으면 판례에 따름)

CHECK ○△×

16 노무

① 단체협약의 내용 중 쟁의행위에 관한 사항을 위반한 자는 1천만원 이하의 벌금에 처한다.

② 노동조합은 규약에 쟁의행위와 관련된 찬반투표결과의 공개, 투표자 명부 및 투표용지 등의 보존·열람에 관한 사항을 기재하여야 한다.

③ 단순히 노동조합이 사용자에게 다소 무리한 임금인상을 요구함으로써 분쟁이 발생하였고, 노동조합의 쟁의행위 결과 사용자의 정상적인 업무수행이 저해되었다면, 노동조합의 쟁의행위는 그것만으로 정당성이 결여된다.

④ 교섭대표노동조합이 결정된 경우에는 교섭창구단일화절차에 참여한 노동조합의 전체 조합원의 직접·비밀·무기명투표에 의한 과반수의 찬성으로 결정하지 아니하면 쟁의행위를 할 수 없다.

⑤ 하나의 쟁의행위에서 추구되는 목적이 여러 가지이고 그중 일부가 정당하지 못한 경우에는 주된 목적 내지 진정한 목적의 당부에 의하여 그 쟁의목적의 당부를 판단하여야 한다.

해설

① (○) 노조법 제92조 제2호 바목

② (○) 쟁의행위와 관련된 찬반투표결과의 공개, 투표자 명부 및 투표용지 등의 보존·열람에 관한 사항은 규약의 기재사항이다(노조법 제11조 제12호).

③ (×) 단순히 노동조합이 사용자에게 다소 무리한 임금인상을 요구함으로써 분쟁이 발생하였으며 또한 노동조합의 쟁의행위 결과 사용자의 정상적인 업무수행이 저해되었다 하더라도, 그것만으로 노동조합의 쟁의행위가 정당성을 결하는 것은 아니다(대판 2000.5.26. 98다34331).

④ (○) 노조법 제41조 제1항

⑤ (○) 대판 1992.5.12. 91다34523

답 ❸

031 쟁의행위에 관한 설명 중 옳지 않은 것은?(다툼이 있는 경우 판례에 의함)

14 사시

CHECK ○△×

① 쟁의행위에서 추구하는 목적이 여러 개이고 그중 일부가 정당하지 못한 경우 주된 목적 내지 진정한 목적의 당부에 의하여 그 쟁의 목적의 당부를 판단한다.

② 불법쟁의행위 시 일반 조합원이 노동조합의 지시에 따라 단순히 노무를 정지한 경우에도 노동조합 또는 노동조합 간부들과 함께 공동불법행위책임을 진다.

③ 단체협약의 유효기간 중에 단체협약에서 이미 정한 근로조건이나 기타 사항의 변경·개폐를 요구하는 쟁의행위는 정당성이 없다.

④ 쟁의행위가 주체의 면에서 형법상 정당행위가 되기 위해서는 그 주체가 단체교섭의 주체로 될 수 있는 자이어야 한다.

⑤ 직장점거는 그 점거의 범위가 사업장 시설의 일부분이고 사용자 측의 출입이나 관리·지배를 배제하지 않는 병존적인 점거에 지나지 않을 때에 정당한 쟁의행위로 볼 수 있다.

해설

① (○) 쟁의행위가 추구하는 목적이 여러 가지로서 그중 일부가 정당하지 못한 경우에는 주된 목적 내지 진정한 목적을 기준으로 쟁의행위 목적의 정당성 여부를 판단하여야 하는데, 만일 부당한 요구사항을 뺐더라면 쟁의행위를 하지 않았을 것이라고 인정될 때에는 그 쟁의행위 전체가 정당성을 갖지 못한다고 보아야 한다(대판 2014.11.13. 2011도393).

② (×) 일반조합원이 불법쟁의행위 시 노동조합 등의 지시에 따라 단순히 노무를 정지한 것만으로는 노동조합 또는 조합간부들과 함께 공동불법행위책임을 진다고 할 수 없다. 다만, 근로자의 근로내용 및 공정의 특수성과 관련하여 그 노무를 정지할 때에 발생할 수 있는 위험 또는 손해 등을 예방하기 위하여 그가 노무를 정지할 때에 준수하여야 할 사항 등이 정하여져 있고, 근로자가 이를 준수함이 없이 노무를 정지함으로써 그로 인하여 손해가 발생하였거나 확대되었다면, 그 근로자가 일반조합원이라고 할지라도 그와 상당인과관계에 있는 손해를 배상할 책임이 있다(대판 2006.9.22. 2005다30610).

③ (○) 단체협약에서 이미 정한 근로조건이나 기타 사항의 변경·개폐를 요구하는 쟁의행위를 단체협약의 유효기간 중에 하여서는 아니 된다는 이른바 평화의무를 위반하여 이루어진 쟁의행위는 노사관계를 평화적·자주적으로 규율하기 위한 단체협약의 본질적 기능을 해치는 것일 뿐 아니라 노사관계에서 요구되는 신의성실의 원칙에도 반하는 것이므로 정당성이 없다(대판 1994.9.30. 94다4042).

④ (○) 대판 2009.6.23. 2007두12859

⑤ (○) 직장 또는 사업장시설의 점거는 적극적인 쟁의행위의 한 형태로서 그 점거의 범위가 직장 또는 사업장시설의 일부분이고 사용자 측의 출입이나 관리지배를 배제하지 않는 병존적인 점거에 지나지 않을 때에는 정당한 쟁의행위로 볼 수 있으나, 이와 달리 직장 또는 사업장시설을 전면적, 배타적으로 점거하여 조합원 이외의 자의 출입을 저지하거나 사용자 측의 관리지배를 배제하여 업무의 중단 또는 혼란을 야기케 하는 것과 같은 행위는 이미 정당성의 한계를 벗어난 것이라고 볼 수밖에 없다(대판 2007.12.28. 2007도5204).

답 ❷

032 쟁의행위에 관한 설명으로 옳지 않은 것은?(다툼이 있는 경우에는 판례에 의함)

14 노무

CHECK ○△×

① 정당성이 없는 쟁의행위는 불법행위를 구성하고 이로 말미암아 손해를 입은 사용자는 노동조합이나 근로자에 대하여 그 손해배상을 청구할 수 있다.

② 정당성 없는 쟁의행위로 인하여 손해를 입은 사용자는 노동조합의 책임 외에 불법행위를 기획, 지시, 지도하는 등으로 주도한 조합의 간부들 개인에 대하여도 책임을 지울 수 있다.

③ 근로자들이 집단적으로 근로의 제공을 거부하여 사용자의 정상적인 업무운영을 저해하고 손해를 발생하게 한 행위는 당연히 위력에 해당하여 정당한 쟁의행위로서의 위법성이 조각되는 경우가 아닌 한 업무방해죄를 구성한다.

④ 불법쟁의행위 시 노동조합 등의 지시에 따라 단순히 노무를 정지한 일반조합원은 노동조합 또는 조합간부들과 함께 공동불법행위책임을 지지 않는다.

⑤ 사용자가 제3자와 공동으로 관리·사용하는 공간을 사용자에 대한 정당한 쟁의행위를 이유로 근로자들이 관리자의 의사에 반하여 침입·점거한 경우, 위 제3자에 대하여도 정당행위로서 주거 침입의 위법성이 조각되지 않는다.

해설

① (○) 대판 1994.3.25. 93다32828

② (○) 노동조합의 간부들이 불법쟁의행위를 기획, 지시, 지도하는 등으로 주도한 경우에 이와 같은 간부들의 행위는 조합의 집행기관으로서의 행위라 할 것이므로 이러한 경우 민법 제35조 제1항의 유추적용에 의하여 노동조합은 그 불법쟁의행위로 인하여 사용자가 입은 손해를 배상할 책임이 있고, 한편 조합간부들의 행위는 일면에 있어서는 노동조합 단체로서의 행위라고 할 수 있는 외에 개인의 행위라는 측면도 아울러 지니고 있고, 일반적으로 쟁의행위가 개개 근로자의 노무 정지를 조직하고 집단화하여 이루어지는 집단적 투쟁행위라는 그 본질적 특징을 고려하여 볼 때 노동조합의 책임 외에 불법쟁의행위를 기획, 지시, 지도하는 등으로 주도한 조합의 간부들 개인에 대하여도 책임을 지우는 것이 상당하다(대판 1994.3.25. 93다32828).

③ (×) 근로자는 원칙적으로 헌법상 보장된 기본권으로서 근로조건 향상을 위한 자주적인 단결권·단체교섭권 및 단체행동권을 가지므로(헌법 제33조 제1항), 쟁의행위로서 파업이 언제나 업무방해죄에 해당하는 것으로 볼 것은 아니고, 전후 사정과 경위 등에 비추어 사용자가 예측할 수 없는 시기에 전격적으로 이루어져 사용자의 사업운영에 심대한 혼란 내지 막대한 손해를 초래하는 등으로 사용자의 사업 계속에 관한 자유의사가 제압·혼란될 수 있다고 평가할 수 있는 경우에 비로소 집단적 노무 제공의 거부가 위력에 해당하여 업무방해죄가 성립한다고 보는 것이 타당하다. 이와 달리, 근로자들이 집단적으로 근로의 제공을 거부하여 사용자의 정상적인 업무운영을 저해하고 손해를 발생하게 한 행위가 당연히 위력에 해당하는 것을 전제로 노동관계법령에 따른 정당한 쟁의행위로서 위법성이 조각되는 경우가 아닌 한 업무방해죄를 구성한다는 취지로 판시한 종전 판결 등은 이 판결의 견해에 배치되는 범위 내에서 변경한다(대판 2011.3.17. 2007도482[전합]).

④ (○) 일반조합원이 불법쟁의행위 시 노동조합 등의 지시에 따라 단순히 노무를 정지한 것만으로는 노동조합 또는 조합간부들과 함께 공동불법행위책임을 진다고 할 수 없다. 다만, 근로자의 근로내용 및 공정의 특수성과 관련하여 그 노무를 정지할 때에 발생할 수 있는 위험 또는 손해 등을 예방하기 위하여 그가 노무를 정지할 때에 준수하여야 할 사항 등이 정하여져 있고, 근로자가 이를 준수함이 없이 노무를 정지함으로써 그로 인하여 손해가 발생하였거나 확대되었다면, 그 근로자가 일반조합원이라고 할지라도 그와 상당인과관계에 있는 손해를 배상할 책임이 있다(대판 2006.9.22. 2005다30610).

⑤ (○) 대판 2010.3.11. 2009도5008

답 ③

033 노동조합 및 노동관계조정법상 쟁의행위가 정당하지 않은 경우의 법적 책임 등에 대한 설명으로 옳지 않은 것은?(다툼이 있는 경우 판례에 의함) 22 국가직 7급

CHECK ○△×

① 근로내용 및 공정의 특수성과 관련하여 노무를 정지할 때에 발생할 수 있는 위험 또는 손해 등을 예방하기 위하여 노무를 정지할 때에 준수하여야 할 사항 등이 정하여져 있는 근로자가 이를 준수함이 없이 일반조합원으로서 노동조합 등의 지시에 따라 쟁의행위로서 단순히 노무를 정지한 것이라면 그 노무정지와 상당인과관계에 있는 손해에 대하여 이를 배상할 책임이 없다.

② 사용자가 노동조합과의 성실교섭의무를 다하지 않은 경우 등 불법쟁의행위에 원인을 제공하였다고 볼 사정이 있는 경우 그러한 사용자의 과실을 손해배상액을 산정함에 있어 참작할 수 있다.

③ 쟁의행위로서의 파업이 전후 사정과 경위 등에 비추어 사용자가 예측할 수 없는 시기에 전격적으로 이루어져 사용자의 사업운영에 심대한 혼란 내지 막대한 손해를 초래하는 등으로 사용자의 사업계속에 관한 자유의사가 제압·혼란될 수 있다고 평가할 수 있는 경우에 비로소 그 집단적 노무제공의 거부가 위력에 해당하여 업무방해죄가 성립한다.

④ 노동조합은 쟁의행위 기간에 대한 임금의 지급을 요구하여 이를 관철할 목적으로 쟁의행위를 하여서는 아니 되며, 이를 위반한 자는 2년 이하의 징역 또는 2천만원 이하의 벌금에 처한다.

해설

① (×) 일반 조합원이 불법쟁의행위시 노동조합 등의 지시에 따라 단순히 노무를 정지한 것만으로는 노동조합 또는 조합 간부들과 함께 공동불법행위책임을 진다고 할 수 없다. 다만, 근로자의 근로내용 및 공정의 특수성과 관련하여 그 노무를 정지할 때에 발생할 수 있는 위험 또는 손해 등을 예방하기 위하여 그가 노무를 정지할 때에 준수하여야 할 사항 등이 정하여져 있고, 근로자가 이를 준수함이 없이 노무를 정지함으로써 그로 인하여 손해가 발생하였거나 확대되었다면, 그 근로자가 일반 조합원이라고 할지라도 그와 상당인과관계에 있는 손해를 배상할 책임이 있다(대판 2006.9.22. 2005다30610).

② (○) 불법쟁의행위에 대한 귀책사유가 있는 노동조합이나 불법쟁의행위를 기획·지시·지도하는 등 이를 주도한 노동조합 간부 개인이 그 배상책임을 지는 배상액의 범위는 불법쟁의행위와 상당인과관계에 있는 모든 손해이고, 그러한 노동조합 간부 개인의 손해배상책임과 노동조합 자체의 손해배상책임은 부진정연대채무관계에 있는 것이므로 노동조합의 간부도 불법쟁의행위로 인하여 발생한 손해 전부를 배상할 책임이 있다. 다만, 사용자가 노동조합과의 성실교섭의무를 다하지 않거나 노동조합과의 기존합의를 파기하는 등 불법쟁의행위에 원인을 제공하였다고 볼 사정이 있는 경우 등에는 사용자의 과실을 손해배상액을 산정함에 있어 참작할 수 있다(대판 2006.9.22. 2005다30610).

③ (○) 근로자는 원칙적으로 헌법상 보장된 기본권으로서 근로조건 향상을 위한 자주적인 단결권·단체교섭권 및 단체행동권을 가지므로(헌법 제33조 제1항), 쟁의행위로서 파업이 언제나 업무방해죄에 해당하는 것으로 볼 것은 아니고, 전후 사정과 경위 등에 비추어 사용자가 예측할 수 없는 시기에 전격적으로 이루어져 사용자의 사업운영에 심대한 혼란 내지 막대한 손해를 초래하는 등으로 사용자의 사업 계속에 관한 자유의사가 제압·혼란될 수 있다고 평가할 수 있는 경우에 비로소 집단적 노무 제공의 거부가 위력에 해당하여 업무방해죄가 성립한다고 보는 것이 타당하다(대판 2011.3.17. 2007도482[전합]).

④ (○) 노조법 제90조, 제44조 제2항 참조

> **벌칙(노조법 제90조)**
> 제44조 제2항, 제69조 제4항, 제77조 또는 제81조 제1항의 규정에 위반한 자는 2년 이하의 징역 또는 2천만원 이하의 벌금에 처한다.
>
> **쟁의행위 기간중의 임금지급 요구의 금지(노조법 제44조)**
> ② 노동조합은 쟁의행위 기간에 대한 임금의 지급을 요구하여 이를 관철할 목적으로 쟁의행위를 하여서는 아니 된다.

답 ❶

034 쟁의행위와 근로계약관계에 대한 설명 중 옳지 않은 것은?

97 사시

CHECK ○△×

① 파업참가 전에 근로자가 이미 그 청구권을 취득한 임금은 파업기간 중이라도 이를 지급해야 한다.
② 조업이 가능한 경우에는 파업에 참가하지 않은 근로희망자의 노무제공이 있음에도 불구하고 사용자가 이를 수령하지 않으면 수령지체가 된다.
③ 파업기간 중 근로계약관계는 존속하지 않으므로 성실의무·배려의무는 정지된다.
④ 근로자가 파업에 참가하는 것을 이유로 불이익취급을 하는 것은 부당노동행위가 된다.
⑤ 우리나라에서는 직장폐쇄에 대해서 근로관계의 소급적 효력을 인정할 수 없다.

해설

① (○) 사용자는 파업에 참가하여 근로를 제공하지 아니한 근로자에 대하여는 그 기간 중의 임금을 지급할 의무가 없으나, 파업참가 전에 근로자가 이미 그 청구권을 취득한 임금은 파업기간 중이라도 이를 지급해야 한다.
② (○) 근로희망자의 노무제공이 있음에도 불구하고 사용자가 이를 수령하지 않으면 채권자의 수령지체로서 민법 제538조 제1항이 정한 채권자에게 책임있는 이행불능에 해당한다.
③ (×) 노사 쌍방은 쟁의행위기간 중 근로계약상 부담하는 각자의 주된 의무(근로자의 노무제공의무와 사용자의 임금지급의무)에 한하여 이를 면하게 될 뿐 부수적 의무인 근로자의 성실의무와 사용자의 배려의무는 그대로 존속한다.
④ (○) 노조법 제81조 제1항 제5호
⑤ (○) 헌법상 단체행동권을 보장하는 우리나라에서는 쟁의행위와 근로관계의 병존을 인정하는 근로관계 정지설이 일반적인 견해로 보인다. 따라서 직장폐쇄로 근로관계가 정지되는 것에 불과하므로 근로관계가 소급적으로 소멸한다고 이해할 수 없다.

답 ③

035 노동조합 및 노동관계조정법령상 쟁의행위와 임금에 관한 설명으로 옳지 않은 것은?(다툼이 있으면 판례에 따름)

CHECK ○△×

19 노무

① 사용자는 쟁의행위에 참가하여 근로를 제공하지 아니한 근로자에 대하여는 그 기간 중의 임금을 지급할 의무가 없다.

② 근로기준법상 유급휴일에 대한 법리는 휴직 등과 동일하게 근로자의 근로제공의무 등의 주된 권리·의무가 정지되어 근로자의 임금청구권이 발생하지 아니하는 쟁의행위인 파업에도 적용된다.

③ 근로를 불완전하게 제공하는 형태의 쟁의행위인 태업에도 근로제공이 일부 정지되는 것이라고 할 수 있으므로 무노동 무임금 원칙이 적용된다.

④ 노동조합은 쟁의행위기간에 대한 임금의 지급을 요구하여 이를 관철할 목적으로 쟁의행위를 하여서는 아니 된다.

⑤ 근로자가 유급휴가를 이용하여 파업에 참여하는 것은 정당한 유급휴가권의 행사로 볼 수 있으므로 파업기간 중에 포함된 유급휴가에 대한 임금청구권이 발생한다.

해설

① (○) 노조법 제44조 제1항

② (○) 근로자의 근로제공의무 등의 주된 권리·의무가 정지되는 쟁의행위기간은 그 기간 중의 임금청구권이 발생하지 않고, 파업기간 중에 포함된 유급휴일에 대한 임금의 지급 역시 구할 수 없다(대판 2009.12.24. 2007다73277).

③ (○) 쟁의행위 시의 임금지급에 관하여 단체협약이나 취업규칙 등에서 이를 규정하거나 그 지급에 관한 당사자 사이의 약정이나 관행이 있다고 인정되지 아니하는 한, 근로자의 근로제공의무 등의 주된 권리·의무가 정지되어 근로자가 근로를 제공하지 아니한 쟁의행위기간 동안에는 근로제공의무와 대가관계에 있는 근로자의 주된 권리로서의 임금청구권은 발생하지 아니한다. 근로를 불완전하게 제공하는 형태의 쟁의행위인 태업(怠業)도 근로제공이 일부 정지되는 것이라고 할 수 있으므로, 여기에도 이러한 무노동 무임금 원칙이 적용된다고 봄이 타당하다(대판 2013.11.28. 2011다39946).

④ (○) 노조법 제44조 제2항

⑤ (×) 근로자가 유급휴가를 이용하여 파업에 참여하는 것은 평상적인 근로관계를 전제로 하는 유급휴가권의 행사라고 볼 수 없으므로 파업기간 중에 포함된 유급휴가에 대한 임금청구권 역시 발생하지 않는다(대판 2010.7.15. 2008다33399).

답 ⑤

036 노동조합 및 노동관계조정법상 쟁의행위에 대한 설명으로 옳은 것은?

24 국가직 9급

CHECK ○△×

① 쟁의행위를 위한 찬반투표절차를 거치지 아니하고 쟁의행위에 나아간 경우에 그 절차를 따를 수 없는 객관적인 사정이 인정되지 않는 상태이더라도 조합원의 민주적 의사결정이 실질적으로 확보된 경우에는 위와 같은 투표절차를 거치지 아니하였다는 사정만으로 쟁의행위가 정당성을 상실한다고 볼 수 없다.

② 쟁의행위의 목적에 따라 노동조합은 사용자의 점유를 배제하여 조업을 방해하는 형태로 쟁의행위를 하는 것도 가능하다.

③ 노동쟁의라 함은 파업·태업·직장폐쇄 기타 노동관계 당사자가 그 주장을 관철할 목적으로 행하는 행위와 이에 대항하는 행위로서 업무의 정상적인 운영을 저해하는 행위를 말한다.

④ 사용자의 직장폐쇄는 근로자의 쟁의행위에 대한 방어수단으로서 상당성이 있어야만 사용자의 정당한 쟁의행위로 인정될 수 있다.

해설

① (×) 조합원의 직접·비밀·무기명 투표에 의한 과반수의 찬성결정을 거치지 아니하고 쟁의행위에 나아간 경우에 조합원의 민주적 의사결정이 실질적으로 확보되었더라도 위와 같은 투표절차를 거치지 아니하였다면 쟁의행위는 정당성을 상실한다고 보아야 한다(대판 2001.10.25. 99도4837[전합]).

② (×) 노동조합은 사용자의 점유를 배제하여 조업을 방해하는 형태로 쟁의행위를 해서는 아니 된다(노조법 제37조 제3항).

③ (×) "노동쟁의"라 함은 노동조합과 사용자 또는 사용자단체 간에 임금·근로시간·복지·해고 기타 대우등 근로조건의 결정에 관한 주장의 불일치로 인하여 발생한 분쟁상태를 말한다. "쟁의행위"라 함은 파업·태업·직장폐쇄 기타 노동관계 당사자가 그 주장을 관철할 목적으로 행하는 행위와 이에 대항하는 행위로서 업무의 정상적인 운영을 저해하는 행위를 말한다(노조법 제2조 제5호, 제6호).

④ (○) 사용자의 직장폐쇄는 사용자와 근로자의 교섭태도와 교섭과정, 근로자의 쟁의행위의 목적과 방법 및 그로 인하여 사용자가 받는 타격의 정도 등 구체적인 사정에 비추어 근로자의 쟁의행위에 대한 방어수단으로서 상당성이 있어야만 사용자의 정당한 쟁의행위로 인정될 수 있다(대판 2002.9.24. 2002도2243).

답 ④

최신유형

037 노동조합 및 노동관계조정법상 직장폐쇄에 관한 설명으로 옳은 것은?(다툼이 있으면 판례에 따름)

CHECK ○△×

25 노무

① 사용자의 직장폐쇄가 정당한 쟁의행위로 인정되지 아니하더라도 적법한 쟁의행위로서 사업장을 점거 중인 근로자들이 직장폐쇄를 단행한 사용자로부터 퇴거 요구를 받고 이에 불응하면 퇴거불응죄가 성립한다.

② 직장폐쇄를 할 경우 사용자는 미리 행정관청에는 신고하여야 하나, 노동위원회에는 신고하지 않아도 된다.

③ 근로자가 쟁의행위를 중단하고 진정으로 업무에 복귀할 의사를 표시하였음에도 사용자가 적극적으로 노동조합의 조직력을 약화시키기 위한 목적으로 공격적 직장폐쇄를 유지하더라도 그 정당성을 잃은 것은 아니다.

④ 직장폐쇄가 정당한 쟁의행위로 평가받기 위하여는 구체적 사정에 비추어 형평의 견지에서 근로자 측의 쟁의행위에 대한 대항·방위 수단으로서 상당성이 인정되는 경우에 한한다.

⑤ 사용자는 직장폐쇄가 정당한 쟁의행위로 평가받는지에 관계없이 직장폐쇄 기간 동안의 대상 근로자에 대한 임금지불의무를 면한다.

해설

① (×) 사용자의 직장폐쇄가 정당한 쟁의행위로 인정되지 아니하는 때에는 적법한 쟁의행위로서 사업장을 점거 중인 근로자들이 직장폐쇄를 단행한 사용자로부터 퇴거 요구를 받고 이에 불응한 채 직장점거를 계속하더라도 퇴거불응죄가 성립하지 아니한다(대판 2007.12.28. 2007도5204).

② (×) 사용자는 직장폐쇄를 할 경우에는 미리 행정관청 및 노동위원회에 각각 신고하여야 한다(노조법 제46조 제2항).

③ (×) 근로자의 쟁의행위 등 구체적인 사정에 비추어 직장폐쇄의 개시 자체는 정당하지만, 어느 시점 이후에 근로자가 쟁의행위를 중단하고 진정으로 업무에 복귀할 의사를 표시하였음에도 사용자가 직장폐쇄를 계속 유지하면서 근로자의 쟁의행위에 대한 방어적인 목적에서 벗어나 적극적으로 노동조합의 조직력을 약화시키기 위한 목적 등을 갖는 공격적 직장폐쇄의 성격으로 변질된 경우에는 그 이후의 직장폐쇄는 정당성을 상실한 것이다(대판 2016.5.24. 2012다85335).

④ (○) 사용자의 직장폐쇄는 노사 간의 교섭태도, 경과, 근로자 측 쟁의행위의 태양, 그로 인하여 사용자 측이 받는 타격의 정도 등에 관한 구체적 사정에 비추어 형평상 근로자 측의 쟁의행위에 대한 대항·방위 수단으로서 상당성이 인정되는 경우에 한하여 정당한 쟁의행위로 평가받을 수 있는 것이다(대판 2007.12.28. 2007도5204).

⑤ (×) 사용자의 직장폐쇄가 사용자와 근로자의 교섭태도와 교섭과정, 근로자의 쟁의행위의 목적과 방법 및 그로 인하여 사용자가 받는 타격의 정도 등 구체적인 사정에 비추어 근로자의 쟁의행위에 대한 방어수단으로서 상당성이 있으면 사용자의 정당한 쟁의행위로 인정될 수 있고, 그 경우 사용자는 직장폐쇄기간 동안 대상근로자에 대한 임금지불의무를 면한다(대판 2017.4.7. 2013다101425).

답 ④

038 노동조합 및 노동관계조정법상 사용자의 직장폐쇄에 관한 설명으로 옳지 않은 것은?(다툼이 있으면 판례에 따름)

CHECK ○△×

22 노무

① 사용자의 직장폐쇄가 정당한 쟁의행위로 평가받는 경우에는 사업장 내의 노조사무실 등 정상적인 노조활동에 필요한 시설이라 하더라도 조합원의 출입은 허용되지 않는다.

② 직장폐쇄의 개시 자체는 정당하더라도 근로자가 쟁의행위를 중단하고 진정으로 업무에 복귀할 의사를 표시하였음에도 사용자가 직장폐쇄를 계속 유지하면서 공격적 직장폐쇄의 성격으로 변질된 경우에는 그 이후의 직장폐쇄는 정당성을 상실하게 된다.

③ 사용자의 직장폐쇄는 근로자 측의 쟁의행위에 대한 대항·방위 수단으로서 상당성이 인정되는 경우에 한하여 정당한 쟁의행위로 평가받을 수 있다.

④ 사용자의 직장폐쇄가 정당한 쟁의행위로 인정되지 아니하는 때에는 적법한 쟁의행위로서 사업장을 점거 중인 근로자들이 사용자로부터 퇴거 요구를 받고 이에 불응한 채 직장점거를 계속하더라도 퇴거불응죄가 성립하지 아니한다.

⑤ 사용자의 직장폐쇄가 정당한 쟁의행위로 평가받을 때 비로소 사용자는 직장폐쇄 기간 동안의 대상 근로자에 대한 임금지불의무를 면한다.

해설

① (×) 사용자의 직장폐쇄가 정당한 쟁의행위로 평가받는 경우에도 사업장 내의 노조사무실 등 정상적인 노조활동에 필요한 시설, 기숙사 등 기본적인 생활근거지에 대한 출입은 허용되어야 한다(대판 2010.6.10. 2009도12180).

② (○) 대판 2017.4.7. 2013다101425

③ (○) 사용자의 직장폐쇄는 노사 간의 교섭태도, 경과, 근로자 측 쟁의행위의 태양, 그로 인하여 사용자 측이 받는 타격의 정도 등에 관한 구체적 사정에 비추어 형평상 근로자 측의 쟁의행위에 대한 대항·방위 수단으로서 상당성이 인정되는 경우에 한하여 정당한 쟁의행위로 평가받을 수 있는 것이고, 사용자의 직장폐쇄가 정당한 쟁의행위로 인정되지 아니하는 때에는 적법한 쟁의행위로서 사업장을 점거 중인 근로자들이 직장폐쇄를 단행한 사용자로부터 퇴거 요구를 받고 이에 불응한 채 직장점거를 계속하더라도 퇴거불응죄가 성립하지 아니한다(대판 2007.12.28. 2007도5204).

④ (○) 대판 2007.12.28. 2007도5204

⑤ (○) 대판 2010.1.28. 2007다76566

답 ❶

039 노동조합 및 노동관계조정법령상 직장폐쇄에 관한 설명으로 옳지 않은 것은?(다툼이 있으면 판례에 따름)

CHECK ○△×

19 노무

① 직장폐쇄가 사용자의 정당한 쟁의행위로 인정되는 경우 사용자는 직장폐쇄기간 동안 대상근로자에 대한 임금지불의무를 면한다.

② 사용자의 직장폐쇄는 근로자의 쟁의행위에 대한 방어수단으로서 상당성이 있어야만 사용자의 정당한 쟁의행위로 인정할 수 있다.

③ 직장폐쇄의 개시 자체가 정당하면 근로자의 쟁의행위에 대한 방어적인 목적에서 벗어나 공격적 직장폐쇄의 성격으로 변질되었더라도 정당성이 상실되는 것은 아니다.

④ 헌법은 근로자의 쟁의권에 관하여는 이를 적극적으로 보장하는 명문의 규정을 두고 있는 반면 사용자의 쟁의권에 관하여는 이에 관한 명문의 규정을 두고 있지 않다.

⑤ 직장폐쇄가 정당한 쟁의행위로 평가받는 경우 사용자의 사업장에 대한 물권적 지배권이 전면적으로 회복되므로 사용자는 직장폐쇄의 효과로서 사업장의 출입을 제한할 수 있다.

해설

① (○) 사용자는 직장폐쇄기간 동안 대상근로자에 대한 임금지불의무를 면한다(대판 2005.5.26. 98다34331).

② (○) 사용자의 직장폐쇄는 사용자와 근로자의 교섭태도와 교섭과정, 근로자의 쟁의행위의 목적과 방법 및 그로 인하여 사용자가 받는 타격의 정도 등 구체적인 사정에 비추어 근로자의 쟁의행위에 대한 방어수단으로서 상당성이 있어야만 사용자의 정당한 쟁의행위로 인정될 수 있다(대판 2003.6.13. 2003두1097).

③ (×) 쟁의행위에 대한 방어적인 목적을 벗어나 적극적으로 참가인의 조직력을 약화시키기 위한 목적 등을 갖는 선제적, 공격적 직장폐쇄에 해당하면 그 정당성이 인정될 수 없다(대판 2003.6.13. 2003두1097).

④ (○) 우리 헌법과 노동관계법은 근로자의 쟁의권에 관하여는 이를 적극적으로 보장하는 명문의 규정을 두고 있는 반면 사용자의 쟁의권에 관하여는 이에 관한 명문의 규정을 두고 있지 않다(대판 2000.5.26. 98다34331).

⑤ (○) 사용자의 직장폐쇄는 사용자와 근로자의 교섭태도와 교섭과정, 근로자의 쟁의행위의 목적과 방법 및 그로 인하여 사용자가 받는 타격의 정도 등 구체적인 사정에 비추어 쟁의행위에 대한 방어수단으로서 상당성이 있어야만 사용자의 정당한 쟁의행위로 인정될 수 있고, 직장폐쇄가 정당한 쟁의행위로 평가받는 경우 사용자의 사업장에 대한 물권적 지배권이 전면적으로 회복되므로 사용자는 직장폐쇄의 효과로서 사업장의 출입을 제한할 수 있다고 할 것이다(대판 2010.6.10. 2009도12180).

답 ③

040 노동조합 및 노동관계조정법상 쟁의행위에 대한 설명으로 옳지 않은 것은?(다툼이 있는 경우 판례에 의함)

CHECK ○△×

22 국가직 9급

① 근로자들의 직장점거가 개시 당시 적법한 경우에는 사용자가 이에 대응하여 적법하게 직장폐쇄를 하더라도 사용자는 점거 중인 근로자들에 대하여 정당하게 사업장으로부터의 퇴거를 요구할 수 없다.

② 직장폐쇄의 개시 자체는 정당하더라도 어느 시점 이후에 근로자가 쟁의행위를 중단하고 진정으로 업무에 복귀할 의사를 표시하였음에도 사용자가 직장폐쇄를 계속 유지함으로써 근로자의 쟁의행위에 대한 방어적인 목적에서 벗어나 공격적 직장폐쇄로 성격이 변질되었다고 볼 수 있는 경우에는 그 이후의 직장폐쇄는 정당성을 상실하게 된다.

③ 노동조합은 사용자의 점유를 배제하여 조업을 방해하는 형태로 쟁의행위를 해서는 아니 된다.

④ 직장폐쇄가 정당한 쟁의행위로 평가받지 못하는 경우 사용자는 직장폐쇄 기간 동안의 대상 근로자에 대한 임금 지급 의무를 면할 수 없다.

해설

① (×) 판례의 취지를 고려할 때 사용자는 자기의 퇴거 요구로 인해 퇴거불응죄를 구성하는 위법한 직장점거를 계속하고 있는 근로자들에 대하여 사업장으로부터의 퇴거를 요구할 수 있다고 판단된다.

> 근로자들의 직장점거가 개시 당시 적법한 것이었다 하더라도 사용자가 이에 대응하여 적법하게 직장폐쇄를 하게 되면, 사용자의 사업장에 대한 물권적 지배권이 전면적으로 회복되는 결과 사용자는 점거 중인 근로자들에 대하여 정당하게 사업장으로부터의 퇴거를 요구할 수 있고 퇴거를 요구받은 이후의 직장점거는 위법하게 되므로, 적법하게 직장폐쇄를 단행한 사용자로부터 퇴거 요구를 받고도 불응한 채 직장점거를 계속한 행위는 퇴거불응죄를 구성한다(대판 1991.8.13. 91도1324).

② (○) 근로자의 쟁의행위 등 구체적인 사정에 비추어 직장폐쇄의 개시 자체는 정당하더라도 어느 시점 이후에 근로자가 쟁의행위를 중단하고 진정으로 업무에 복귀할 의사를 표시하였음에도 사용자가 직장폐쇄를 계속 유지함으로써 근로자의 쟁의행위에 대한 방어적인 목적에서 벗어나 공격적 직장폐쇄로 성격이 변질되었다고 볼 수 있는 경우에는 그 이후의 직장폐쇄는 정당성을 상실하게 되므로, 사용자는 그 기간 동안의 임금에 대해서는 지불의무를 면할 수 없다(대판 2017.4.7. 2013다101425).

③ (○) 노조법 제37조 제3항

④ (○) 노조법 제46조에서 정하는 사용자의 직장폐쇄는 사용자와 근로자의 교섭태도와 교섭과정, 근로자의 쟁의행위의 목적과 방법, 그로 인하여 사용자가 받는 타격의 정도 등 구체적인 사정에 비추어 근로자의 쟁의행위에 대한 방어수단으로서 상당성이 있어야만 사용자의 정당한 쟁의행위로 인정될 수 있다. 노동조합의 쟁의행위에 대한 방어적인 목적을 벗어나 적극적으로 노동조합의 조직력을 약화시키기 위한 목적이 있는 선제적, 공격적 직장폐쇄에 해당하는 경우에는 정당성이 인정되지 않는다. 직장폐쇄가 정당한 쟁의행위로 평가받지 못하는 경우에는 사용자는 원칙적으로 직장폐쇄기간 동안 대상 근로자에 대한 임금지급의무를 면할 수 없다(대판 2019.6.13. 2015다65561).

답 ❶

041 사용자의 쟁의행위 및 대체근로의 제한에 관한 설명 중 옳지 않은 것은?(다툼이 있는 경우 판례에 의함)

CHECK ○△×

16 사시

① 사용자의 직장폐쇄는 노동조합이 쟁의행위를 개시한 후에 방어적으로만 할 수 있다.
② 사용자는 직장폐쇄가 정당하더라도 직장폐쇄의 대상인 근로자에 대한 임금지급의무를 부담한다.
③ 사용자는 직장폐쇄를 할 경우에는 미리 행정관청 및 노동위원회에 각각 신고하여야 한다.
④ 일반사업의 사용자는 쟁의행위 기간 중 그 쟁의행위로 중단된 업무의 수행을 위하여 당해 사업과 관계없는 자를 채용 또는 대체할 수 없다.
⑤ 필수공익사업의 사용자는 쟁의행위 기간 중에 파업참가자의 100분의 50을 초과하지 않는 범위 안에서 당해 사업과 관계없는 자를 채용 또는 대체할 수 있다.

해설

① (○) 사용자는 노동조합이 쟁의행위를 개시한 이후에만 직장폐쇄를 할 수 있다(노조법 제46조 제1항).
② (×) 노조법 제46조에서 규정하는 사용자의 직장폐쇄가 사용자와 근로자의 교섭태도와 교섭과정, 근로자의 쟁의행위의 목적과 방법 및 그로 인하여 사용자가 받는 타격의 정도 등 구체적인 사정에 비추어 근로자의 쟁의행위에 대한 방어수단으로서 상당성이 있으면 사용자의 정당한 쟁의행위로 인정될 수 있고, 그 경우 사용자는 직장폐쇄기간 동안 대상근로자에 대한 임금지불의무를 면한다(대판 2017.4.7. 2013다101425).
③ (○) 노조법 제46조 제2항
④ (○) 노조법 제43조 제1항
⑤ (○) 노조법 제43조 제3항

답 ❷

042 노동조합 및 노동관계조정법상 직장폐쇄에 관한 설명으로 옳지 않은 것은?(다툼이 있는 경우에는 판례에 의함)

CHECK ○△×

14 노무

① 직장폐쇄는 노동조합이 쟁의행위를 개시한 이후에만 행할 수 있다.
② 사용자는 직장폐쇄를 한 이후에 지체 없이 행정관청 및 노동위원회에 신고하여야 한다.
③ 사용자는 적법한 직장폐쇄를 한 경우에 임금지급의무를 면한다.
④ 사용자의 직장폐쇄에 대해서는 근로자의 단체행동권과 달리 헌법적 보장규정이 없다.
⑤ 정당한 직장점거 후 적법하게 직장폐쇄를 단행한 사용자로부터 퇴거요구를 받고도 불응한 채 직장점거를 계속한 행위는 퇴거불응죄를 구성한다.

해설

① (○) 노조법 제46조 제1항
② (×) 사용자는 제1항의 규정에 의한 직장폐쇄를 할 경우에는 미리 행정관청 및 노동위원회에 각각 신고하여야 한다(노조법 제46조 제2항).
③ (○) 직장폐쇄가 정당한 쟁의행위로 평가받는 경우 사용자는 직장폐쇄기간 동안의 대상근로자에 대한 임금지불의무를 면한다(대판 2010.1.28. 2007다76566).
④ (○) 우리 헌법은 사용자의 직장폐쇄를 적극적으로 보장하는 규정을 두고 있지 않다. 그러나 판례는 '쟁의행위의 대등성'이라는 형평의 원칙에 입각하여 사용자의 직장폐쇄를 인정하고 있음을 유의해야 한다.
⑤ (○) 대판 1991.8.13. 91도1324

답 ❷

043 노동조합 및 노동관계조정법상 직장폐쇄 등에 관한 설명으로 옳지 않은 것은?(다툼이 있으면 판례에 따름)

CHECK ○△×

21 노무

① 노동조합의 쟁의행위에 대한 방어적인 목적을 벗어나 적극적으로 노동조합의 조직력을 약화시키기 위한 목적 등을 갖는 공격적 직장폐쇄는 정당성이 인정될 수 없다.

② 적법하게 사업장을 점거 중인 근로자들이 사용자로부터 퇴거요구를 받고도 이에 불응한 채 직장점거를 계속하면 직장폐쇄의 정당성 여부와 관계없이 퇴거불응죄가 성립한다.

③ 사용자는 노동조합이 쟁의행위를 개시한 이후에만 직장폐쇄를 할 수 있다.

④ 직장폐쇄를 할 경우 사용자는 미리 행정관청 및 노동위원회에 각각 신고하여야 한다.

⑤ 직장폐쇄가 정당한 쟁의행위로 인정되는 경우 사용자는 직장폐쇄기간 동안의 대상근로자에 대한 임금지불의무를 면한다.

해설

① (○) 대판 2003.6.13. 2003두1097

② (×) 근로자들의 직장점거가 개시 당시 적법한 것이었다 하더라도 사용자가 이에 대응하여 적법하게 직장폐쇄를 하게 되면, 사용자의 사업장에 대한 물권적 지배권이 전면적으로 회복되는 결과 사용자는 점거 중인 근로자들에 대하여 정당하게 사업장으로부터의 퇴거를 요구할 수 있고 퇴거를 요구받은 이후의 직장점거는 위법하게 되므로, 적법하게 직장폐쇄를 단행한 사용자로부터 퇴거요구를 받고도 불응한 채 직장점거를 계속한 행위는 퇴거불응죄를 구성한다(대판 1991.8.13. 91도1324). 따라서 퇴거불응죄가 성립하기 위하여는 그 직장폐쇄의 정당성을 요한다고 할 것이다.

③ (○) 노조법 제46조 제1항

④ (○) 노조법 제46조 제2항

⑤ (○) 노조법 제46조에서 규정하는 사용자의 직장폐쇄가 사용자와 근로자의 교섭태도와 교섭과정, 근로자의 쟁의행위의 목적과 방법 및 그로 인하여 사용자가 받는 타격의 정도 등 구체적인 사정에 비추어 근로자의 쟁의행위에 대한 방어수단으로서 상당성이 있으면 사용자의 정당한 쟁의행위로 인정될 수 있고, 그 경우 사용자는 직장폐쇄기간 동안 대상근로자에 대한 임금지불의무를 면한다(대판 2017.4.7. 2013다101425).

답 ❷

044 노동조합 및 노동관계조정법상 쟁의행위에 관한 설명으로 옳지 않은 것은?(다툼이 있으면 판례에 따름)

CHECK ○△×

20 노무

① 직장폐쇄는 사용자의 쟁의행위로서 노동조합이 쟁의행위를 개시하기 전에도 직장폐쇄를 할 수 있다.

② 노동조합은 쟁의행위기간에 대한 임금의 지급을 요구하여 이를 관철할 목적으로 쟁의행위를 하여서는 아니 된다.

③ 근로자가 쟁의행위를 중단하고 진정으로 업무에 복귀할 의사를 표시하였음에도 사용자가 직장폐쇄를 계속 유지하면서 근로자의 쟁의행위에 대한 방어적인 목적에서 벗어나 공격적 직장폐쇄의 성격으로 변질된 경우에는 그 이후의 직장폐쇄는 정당성을 상실한다.

④ 사용자는 쟁의행위에 참가하여 근로를 제공하지 아니한 근로자에 대하여는 그 기간 중의 임금을 지급할 의무가 없다.

⑤ 쟁의행위는 그 조합원의 직접·비밀·무기명투표에 의한 조합원 과반수의 찬성으로 결정하지 아니하면 이를 행할 수 없다.

해설

① (×) 사용자는 노동조합이 쟁의행위를 개시한 이후에만 직장폐쇄를 할 수 있다(노조법 제46조 제1항).
② (○) 노조법 제44조 제2항
③ (○) 대판 2017.4.7. 2013다101425
④ (○) 노조법 제44조 제1항
⑤ (○) 노조법 제41조 제1항 전문

답 ❶

045

CHECK ○△×

노동조합 및 노동관계조정법령상 직장폐쇄에 관한 설명으로 옳지 않은 것은?(다툼이 있으면 판례에 따름)

16 노무

① 사용자는 노동조합이 쟁의행위를 개시하기 이전이라도 직장폐쇄를 할 수 있다.
② 사용자는 직장폐쇄를 할 경우에는 미리 행정관청 및 노동위원회에 각각 신고하여야 한다.
③ 직장폐쇄가 정당한 쟁의행위로 평가받을 때 사용자는 직장폐쇄기간 동안의 대상근로자에 대한 임금지불의무를 면한다.
④ 근로자들의 직장점거가 개시 당시 적법한 것이었다 하더라도 이에 대응하여 적법하게 직장폐쇄를 단행한 사용자로부터 퇴거 요구를 받고도 불응한 채 직장점거를 계속한 행위는 퇴거불응죄를 구성한다.
⑤ 사용자의 직장폐쇄는 사용자와 근로자의 교섭태도와 교섭과정, 근로자의 쟁의행위의 목적과 방법 및 그로 인하여 사용자가 받는 타격의 정도 등 구체적인 사정에 비추어 근로자의 쟁의행위에 대한 방어수단으로서 상당성이 있어야만 정당성이 인정될 수 있다.

해설

① (×) 사용자는 노동조합이 쟁의행위를 개시한 이후에만 직장폐쇄를 할 수 있다(노조법 제46조 제1항).
② (○) 노조법 제46조 제2항
③ (○) 구체적인 노동쟁의의 장에서 단행된 사용자의 직장폐쇄가 정당한 쟁의행위로 평가받기 위하여는 노사 간의 교섭태도, 경과, 근로자 측 쟁의행위의 태양, 그로 인하여 사용자 측이 받는 타격의 정도 등에 관한 구체적 사정에 비추어 형평의 견지에서 근로자 측의 쟁의행위에 대한 대항·방위수단으로서 상당성이 인정되는 경우에 한한다 할 것이고, 그 직장폐쇄가 정당한 쟁의행위로 평가받을 때 비로소 사용자는 직장폐쇄기간 동안의 대상근로자에 대한 임금지불의무를 면한다(대판 2000.5.26. 98다34331).
④ (○) 근로자들의 직장점거가 개시 당시 적법한 것이었다 하더라도 사용자가 이에 대응하여 적법하게 직장폐쇄를 하게 되면, 사용자의 사업장에 대한 물권적 지배권이 전면적으로 회복되는 결과 사용자는 점거 중인 근로자들에 대하여 정당하게 사업장으로부터의 퇴거를 요구할 수 있고 퇴거를 요구받은 이후의 직장점거는 위법하게 되므로, 적법하게 직장폐쇄를 단행한 사용자로부터 퇴거 요구를 받고도 불응한 채 직장점거를 계속한 행위는 퇴거불응죄를 구성한다(대판 1991.8.13. 91도1324).
⑤ (○) 사용자의 직장폐쇄는 사용자와 근로자의 교섭태도와 교섭과정, 근로자의 쟁의행위의 목적과 방법 및 그로 인하여 사용자가 받는 타격의 정도 등 구체적인 사정에 비추어 근로자의 쟁의행위에 대한 방어수단으로서 상당성이 있어야만 사용자의 정당한 쟁의행위로 인정될 수 있다(대판 2003.6.13. 2003두1097).

답 ❶

046 노동조합 및 노동관계조정법상 쟁의행위 등에 관한 설명으로 옳지 않은 것은?(다툼이 있는 경우에는 판례에 의함)

CHECK ○△×

15 노무

① 사용자가 적법하게 직장폐쇄를 하게 되면, 사용자의 사업장에 대한 물권적 지배권이 전면적으로 회복된다.

② 사용자는 직장폐쇄를 할 경우에는 미리 행정관청 또는 노동위원회 어느 한 곳에 신고하여야 한다.

③ 사업장시설의 점거는 그 점거의 범위가 사업장시설의 일부분이고 사용자 측의 출입이나 관리지배를 배제하지 않는 병존적인 점거에 지나지 않을 때에는 정당한 쟁의행위로 볼 수 있다.

④ 사용자의 직장폐쇄는 형평상 근로자 측의 쟁의행위에 대한 대항·방위수단이다.

⑤ 적법하게 직장폐쇄를 하게 되면, 사용자는 사업장을 점거 중인 근로자들에 대하여 정당하게 사업장으로부터의 퇴거를 요구할 수 있고 퇴거를 요구받은 이후의 직장점거는 위법하게 된다.

해설

① (○) 직장폐쇄가 정당한 쟁의행위로 평가받는 경우 사용자의 사업장에 대한 물권적 지배권이 전면적으로 회복되므로 사용자는 직장폐쇄의 효과로서 사업장의 출입을 제한할 수 있다고 할 것이다(대판 2010.6.10. 2009도12180).

② (×) 사용자는 직장폐쇄를 할 경우에는 미리 행정관청 및 노동위원회에 각각 신고하여야 한다(노조법 제46조 제2항).

③ (○) 직장 또는 사업장시설의 점거는 적극적인 쟁의행위의 한 형태로서 그 점거의 범위가 직장 또는 사업장시설의 일부분이고 사용자 측의 출입이나 관리지배를 배제하지 않는 병존적인 점거에 지나지 않을 때에는 정당한 쟁의행위로 볼 수 있으나, 이와 달리 직장 또는 사업장시설을 전면적, 배타적으로 점거하여 조합원 이외의 자의 출입을 저지하거나 사용자 측의 관리지배를 배제하여 업무의 중단 또는 혼란을 야기케 하는 것과 같은 행위는 이미 정당성의 한계를 벗어난 것이라고 볼 수밖에 없다(대판 1991.6.11. 91도383).

④ (○) 사용자의 직장폐쇄는 사용자와 근로자의 교섭태도와 교섭과정, 근로자의 쟁의행위의 목적과 방법 및 그로 인하여 사용자가 받는 타격의 정도 등 구체적인 사정에 비추어 쟁의행위에 대한 방어수단으로서 상당성이 있어야만 사용자의 정당한 쟁의행위로 인정될 수 있다(대판 2010.6.10. 2009도12180).

⑤ (○) 사용자가 적법하게 직장폐쇄를 하게 되면, 사용자의 사업장에 대한 물권적 지배권이 전면적으로 회복되는 결과 사용자는 사업장을 점거 중인 근로자들에 대하여 정당하게 사업장으로부터의 퇴거를 요구할 수 있고 퇴거를 요구받은 이후의 직장점거는 위법하게 되므로, 적법하게 직장폐쇄를 단행한 사용자로부터 퇴거 요구를 받고도 불응한 채 직장점거를 계속한 행위는 퇴거불응죄를 구성한다(대판 2005.6.9. 2004도7218).

답 ❷

제6절 안전보호시설과 필수유지업무

최신유형

047 노동조합 및 노동관계조정법령상 필수유지업무 등에 관한 설명으로 옳은 것은? 25 노무

CHECK ○△×

① 도시철도의 안전 운행을 위하여 필요한 차량의 일상적인 점검 업무는 필수유지업무가 아니다.
② 노동위원회는 필수유지업무 수준 등 결정을 하면 지체 없이 이를 서면으로 행정관청에 통보하여야 한다.
③ 관계 당사자는 지방노동위원회의 필수유지업무결정이 위법이거나 월권에 의한 것이라고 인정하는 경우에는 중앙노동위원회에 그 재심을 신청할 수 있다.
④ 필수유지업무 수준 등 결정신청은 노동관계 당사자 일방이 할 수 없고, 쌍방이 공동으로 하여야 한다.
⑤ 필수유지업무의 정당한 유지·운영을 정지·폐지하는 행위는 쟁의행위로서 이를 행할 수 없으나, 방해하는 행위는 그러하지 아니하다.

해설

① (×) 도시철도의 안전 운행을 위하여 필요한 차량의 일상적인 점검 업무는 노조법 시행령 [별표 1] 제1호 바목에서 정한 도시철도사업의 필수유지업무에 해당한다.
② (×) 노동위원회는 필수유지업무 수준 등 결정을 하면 지체 없이 이를 서면으로 노동관계 당사자("노동조합과 사용자 또는 사용자단체")에게 통보하여야 한다(노조법 시행령 제22조의3 제2항).
③ (○) 필수유지업무결정에 대한 신청을 받은 노동위원회는 사업 또는 사업장별 필수유지업무의 특성 및 내용 등을 고려하여 필수유지업무의 필요 최소한의 유지·운영 수준, 대상직무 및 필요인원 등을 결정할 수 있다(노조법 제42조의4 제2항). 관계 당사자는 지방노동위원회의 필수유지업무결정이 위법이거나 월권에 의한 것이라고 인정하는 경우에는 그 결정을 송달을 받은 날부터 10일 이내에 중앙노동위원회에 그 재심을 신청할 수 있다(노조법 제42조의4 제5항, 동법 제69조 제1항).
④ (×) 노동관계 당사자 쌍방 또는 일방은 필수유지업무협정이 체결되지 아니하는 때에는 노동위원회에 필수유지업무의 필요 최소한의 유지·운영 수준, 대상직무 및 필요인원 등의 결정을 신청하여야 한다(노조법 제42조의4 제1항).
⑤ (×) 필수유지업무의 정당한 유지·운영을 정지·폐지 또는 방해하는 행위는 쟁의행위로서 이를 행할 수 없다(노조법 제42조의2 제2항).

필수공익사업별 필수유지업무(노조법 시행령 [별표 1])

1. 철도사업과 도시철도사업의 필수유지업무
   가. 철도·도시철도 차량의 운전 업무
   나. 철도·도시철도 차량 운행의 관제 업무(정거장·차량기지 등에서 철도신호 등을 취급하는 운전취급업무를 포함한다)
   다. 철도·도시철도 차량 운행에 필요한 전기시설·설비를 유지·관리하는 업무
   라. 철도·도시철도 차량 운행과 이용자의 안전에 필요한 신호시설·설비를 유지·관리하는 업무
   마. 철도·도시철도 차량 운행에 필요한 통신시설·설비를 유지·관리하는 업무
   바. 안전 운행을 위하여 필요한 차량의 일상적인 점검이나 정비 업무
   사. 선로점검·보수 업무

답 ③

048 노동조합 및 노동관계조정법령상 필수유지업무에 관한 설명으로 옳지 않은 것은? 24 노무

CHECK ○△×

① 객실승무 업무는 항공운수사업의 필수유지업무에 해당한다.
② 필수유지업무의 정당한 유지·운영을 정지·폐지 또는 방해하는 쟁의행위는 할 수 없다.
③ 노동관계 당사자는 쟁의행위기간 동안 필수유지업무의 정당한 유지·운영을 위하여 필수유지업무 협정을 쌍방이 서명 또는 날인하여 서면으로 체결하여야 한다.
④ 사용자는 필수유지업무협정이 체결된 경우 필수유지업무에 근무하는 조합원 중 쟁의행위기간 동안 근무하여야 할 조합원을 노동위원회에 통보하여야 한다.
⑤ 노동관계 당사자가 필수유지업무 유지·운영 수준, 대상직무 및 필요인원 등의 결정을 신청하면 관할 노동위원회는 지체 없이 그 신청에 대한 결정을 위한 특별조정위원회를 구성하여야 한다.

해설

① (○) 객실승무 업무는 노조법 시행령 [별표 1]에서 정한 필수유지업무에 해당한다.
② (○) 노조법 제42조의2 제2항
③ (○) 노동관계 당사자는 쟁의행위기간 동안 필수유지업무의 정당한 유지·운영을 위하여 필수유지업무의 필요최소한의 유지·운영 수준, 대상직무 및 필요인원 등을 정한 협정(이하 "필수유지업무협정")을 서면으로 체결하여야 한다. 이 경우 필수유지업무협정에는 노동관계 당사자 쌍방이 서명 또는 날인하여야 한다(노조법 제42조의3).
④ (×) 노동조합은 필수유지업무협정이 체결되거나 필수유지업무에 대한 노동위원회의 결정이 있는 경우 사용자에게 필수유지업무에 근무하는 조합원 중 쟁의행위기간 동안 근무하여야 할 조합원을 통보하여야 하며, 사용자는 이에 따라 근로자를 지명하고 이를 노동조합과 그 근로자에게 통보하여야 한다(노조법 제42조의6 제1항 본문).
⑤ (○) 노조법 시행령 제22조의3 제1항

필수공익사업별 필수유지업무 중 항공운수사업의 필수유지업무(노조법 시행령 [별표 1])

2. 항공운수사업의 필수유지업무
   가. 승객 및 승무원의 탑승수속 업무
   나. 승객 및 승무원과 수하물 등에 대한 보안검색 업무
   다. 항공기 조종 업무
   라. 객실승무 업무
   마. 비행계획 수립, 항공기 운항 감시 및 통제 업무
   바. 항공기 운항과 관련된 시스템·통신시설의 유지·보수 업무
   사. 항공기의 정비[창정비(Depot Maintenance, 대규모 정비시설 및 장비를 운영하여 수행하는 최상위정비 단계)는 제외] 업무

답 ④

049 필수공익사업에 관한 설명 중 옳지 않은 것은?

12 사시

CHECK ○△×

① 필수공익사업의 사용자는 쟁의행위 기간 중에 당해 사업과 관계 없는 자를 채용 또는 대체할 수 없다.

② 필수유지업무의 정당한 유지·운영을 정지·폐지 또는 방해하는 행위는 쟁의행위로서 이를 행할 수 없다.

③ 노동관계 당사자는 필수유지업무협정을 서면으로 체결하고 쌍방이 서명 또는 날인하여야 한다.

④ 노동관계 당사자 쌍방 또는 일방은 필수유지업무협정이 체결되지 아니하는 때에는 노동위원회에 필수유지업무의 필요 최소한의 유지·운영 수준, 대상직무 및 필요인원 등의 결정을 신청하여야 한다.

⑤ 석유정제사업과 혈액공급사업은 필수공익사업이다.

해설

① (×) 필수공익사업의 경우 사용자는 쟁의행위로 중단된 업무의 수행을 위하여 쟁의행위 기간 중에 한하여 당해 사업과 관계없는 자를 채용 또는 대체하거나 그 업무를 도급 또는 하도급을 줄 수 있고, 이 경우 사용자는 당해 사업 또는 사업장 파업참가자의 100분의 50을 초과하지 않는 범위 안에서 채용 또는 대체하거나 도급 또는 하도급 줄 수 있다(노조법 제43조 참조).

② (○) 노조법 제42조의2 제2항

③ (○) 노동관계 당사자는 쟁의행위기간 동안 필수유지업무의 정당한 유지·운영을 위하여 필수유지업무의 필요 최소한의 유지·운영 수준, 대상직무 및 필요인원 등을 정한 협정(이하"필수유지업무협정")을 서면으로 체결하여야 한다. 이 경우 필수유지업무협정에는 노동관계 당사자 쌍방이 서명 또는 날인하여야 한다(노조법 제42조의3).

④ (○) 노조법 제42조의4 제1항

⑤ (○) 노조법 제71조 제2항 제2호·제3호

답 ❶

050 노동조합 및 노동관계조정법상 필수유지업무에 관한 설명으로 옳지 않은 것은?

14 노무

CHECK ○△×

① 필수유지업무란 필수공익사업의 업무 중 고용노동부장관이 정하는 업무를 말한다.

② 노동관계당사자는 필수유지업무협정을 서면으로 체결하여야 한다.

③ 필수유지업무협정에는 필수유지업무의 필요 최소한의 유지·운영 수준, 대상 직무 및 필요인원 등을 정하여야 한다.

④ 필수유지업무의 정당한 유지·운영을 정지·폐지 또는 방해하는 행위는 쟁의행위로서 이를 행할 수 없다.

⑤ 노동위원회가 필수유지업무 수준 등을 결정할 경우 특별조정위원회가 담당한다.

해설

① (×) 필수유지업무라 함은 필수공익사업의 업무 중 그 업무가 정지되거나 폐지되는 경우 공중의 생명·건강 또는 신체의 안전이나 공중의 일상생활을 현저히 위태롭게 하는 업무로서 대통령령이 정하는 업무를 말한다(노조법 제42조의2 제1항).

② (○) 노조법 제42조의3 전문

③ (○) 노조법 제42조의3 전문

④ (○) 노조법 제42조의2 제2항

⑤ (○) 노동위원회는 사업 또는 사업장별 필수유지업무의 특성 및 내용 등을 고려하여 필수유지업무의 필요 최소한의 유지·운영 수준, 대상직무 및 필요인원 등을 결정할 수 있고, 이러한 노동위원회의 결정은 특별조정위원회가 담당한다(노조법 제42조의4 제2항·제3항).

답 ❶

051 노동조합 및 노동관계조정법상 필수유지업무에 관한 설명으로 옳지 않은 것은?

15 노무

CHECK ○△×

① 필수유지업무라 함은 필수공익사업의 업무 중 그 업무가 정지되거나 폐지되는 경우 공중의 생명·건강 또는 신체의 안전이나 공중의 일상생활을 현저히 위태롭게 하는 업무로서 대통령령이 정하는 업무를 말한다.

② 필수유지업무협정은 노동관계당사자 쌍방이 서명 또는 날인하여야 하는 것은 아니다.

③ 노동관계당사자 쌍방 또는 일방은 필수유지업무협정이 체결되지 아니하는 때에는 노동위원회에 필수유지업무의 필요 최소한의 유지·운영 수준, 대상직무 및 필요인원 등의 결정을 신청하여야 한다.

④ 노동위원회는 노동조합 및 노동관계조정법상의 규정에 따라 필수유지업무 수준 등 결정을 하면 지체 없이 이를 서면으로 노동관계당사자에게 통보하여야 한다.

⑤ 노동조합은 필수유지업무협정이 체결된 경우 사용자에게 필수유지업무에 근무하는 조합원 중 쟁의행위기간 동안 근무하여야 할 조합원을 통보하여야 한다.

해설

① (○) 노조법 제42조의2 제1항

② (×) 노동관계당사자는 쟁의행위기간 동안 필수유지업무의 정당한 유지·운영을 위하여 필수유지업무의 필요 최소한의 유지·운영 수준, 대상직무 및 필요인원 등을 정한 협정을 서면으로 체결하여야 한다. 이 경우 필수유지업무협정에는 노동관계당사자 쌍방이 서명 또는 날인하여야 한다(노조법 제42조의3).

③ (○) 노조법 제42조의4 제1항

④ (○) 노조법 시행령 제22조의3 제2항

⑤ (○) 노조법 제42조의6 제1항 본문

답 ❷

052 노동조합 및 노동관계조정법령상 필수유지업무 및 필수유지업무협정 등에 관한 설명으로 옳지 않은 것은? 23 노무

CHECK ○△×

① 철도 차량 운행에 필요한 통신시설을 유지·관리하는 업무는 철도사업의 필수유지 업무에 해당한다.

② 필수유지업무협정은 노동관계 당사자가 서면으로 체결하여야 하고, 쌍방이 서명 또는 날인하여야 한다.

③ 노동관계 당사자 쌍방 또는 일방은 필수유지업무협정이 체결되지 아니하는 때에는 노동위원회에 필수유지업무의 대상직무 등의 결정을 신청하여야 한다.

④ 노동관계 당사자가 필수유지업무 수준 등 결정 신청을 하는 경우 그 결정은 공익사업의 노동쟁의 조정을 위한 노동위원회의 특별조정위원회가 담당한다.

⑤ 노동조합이 쟁의행위 개시 전까지 쟁의행위기간 동안 근무하여야 할 조합원을 통보하지 아니한 경우 사용자의 신청에 의하여 노동위원회가 필수유지업무에 근무하여야 할 근로자를 지명하고 이를 노동조합과 그 근로자에게 통보하여야 한다.

해설

① (○) 노조법 제42조의2 제1항, 동법 시행령 제22조의2에 의한 [별표 1]

② (○) 노동관계 당사자는 쟁의행위기간 동안 필수유지업무의 정당한 유지·운영을 위하여 필수유지업무의 필요최소한의 유지·운영 수준, 대상직무 및 필요인원 등을 정한 협정을 서면으로 체결하여야 한다. 이 경우 필수유지업무협정에는 노동관계 당사자 쌍방이 서명 또는 날인하여야 한다(노조법 제42조의3).

③ (○) 노동관계 당사자 쌍방 또는 일방은 필수유지업무협정이 체결되지 아니하는 때에는 노동위원회에 필수유지업무의 필요 최소한의 유지·운영 수준, 대상직무 및 필요인원 등의 결정을 신청하여야 한다(노조법 제42조의4 제1항).

④ (○) 노동관계 당사자가 필수유지업무 수준 등 결정신청을 하는 경우 그 결정은 공익사업의 노동쟁의의 조정을 위하여 노동위원회에 설치한 특별조정위원회가 담당한다(노조법 제42조의4 제3항, 제72조).

⑤ (×) 노동조합은 필수유지업무협정이 체결되거나 필수유지업무 수준 등 결정신청에 따른 노동위원회의 결정이 있는 경우, 사용자에게 필수유지업무에 근무하는 조합원 중 쟁의행위기간 동안 근무하여야 할 조합원을 통보하여야 하며, 사용자는 이에 따라 근로자를 지명하고 이를 노동조합과 그 근로자에게 통보하여야 한다. 다만, 노동조합이 쟁의행위 개시 전까지 이를 통보하지 아니한 경우에는 사용자가 필수유지업무에 근무하여야 할 근로자를 지명하고 이를 노동조합과 그 근로자에게 통보하여야 한다(노조법 제42조의6 제1항).

필수공익사업별 필수유지업무(노조법 시행령 [별표 1])

1. 철도사업과 도시철도사업의 필수유지업무
   가. 철도·도시철도 차량의 운전업무
   나. 철도·도시철도 차량 운행의 관제 업무(정거장·차량기지 등에서 철도신호 등을 취급하는 운전취급업무를 포함)
   다. 철도·도시철도 차량 운행에 필요한 전기시설·설비를 유지·관리하는 업무
   라. 철도·도시철도 차량 운행과 이용자의 안전에 필요한 신호시설·설비를 유지·관리하는 업무
   마. 철도·도시철도 차량 운행에 필요한 통신시설·설비를 유지·관리하는 업무
   바. 안전운행을 위하여 필요한 차량의 일상적인 점검이나 정비업무
   사. 선로점검·보수 업무

답 ⑤

053 노동조합 및 노동관계조정법령상 필수유지업무가 아닌 것은?

18 노무

CHECK ○△×

① 철도사업의 업무 중 철도 차량의 운전업무
② 통신사업의 업무 중 기간망의 운영·관리업무
③ 항공운수사업의 업무 중 창 정비업무
④ 혈액공급사업의 업무 중 채혈업무
⑤ 수도사업의 업무 중 배수시설의 운영업무

해설

① (○), ② (○), ③ (×), ④ (○), ⑤ (○)
항공기의 정비업무 중 창 정비는 노조법 시행령 [별표 1] 제2호 사목에서 정한 필수유지업무에 해당하지 아니한다.

필수공익사업별 중요 필수유지업무(노조법 시행령 [별표 1])

1. 철도사업과 도시철도사업의 필수유지업무
   가. 철도·도시철도차량의 운전업무
   나. 철도·도시철도차량 운행의 관제업무(정거장·차량기지 등에서 철도신호 등을 취급하는 운전취급업무를 포함)
2. 항공운수사업의 필수유지업무
   사. 항공기의 정비[창 정비(Depot Maintenance, 대규모 정비시설 및 장비를 운영하여 수행하는 최상위 정비단계)는 제외]업무
   하. 항공법 제2조 제16호에 따른 항행안전시설과 항공기 이·착륙시설의 유지·운영(관제를 포함)을 위한 업무
3. 수도사업의 필수유지업무
   가. 취수·정수(소규모 자동화 정수설비를 포함)·가압·배수시설의 운영업무
4. 전기사업의 필수유지업무
   가. 발전부문의 필수유지업무
      1) 발전설비의 운전(운전을 위한 기술지원을 포함)업무
      2) 발전설비의 점검 및 정비(정비를 위한 기술·행정지원은 제외)업무와 안전관리업무
   나. 송전·변전 및 배전부문의 필수유지업무
      1) 지역전기 공급업무(무인변전소 순회·점검업무는 제외)
      4) 전력계통 보호를 위한 통신센터(전력계통원방감시제어장치를 포함) 운영업무
   다. 전력거래부문의 필수유지업무
      3) 전력계통 등의 운영을 위한 전산실 운영(출입보안관리를 포함)업무
5. 가스사업(액화석유가스사업은 제외)의 필수유지업무
6. 석유정제사업과 석유공급사업(액화석유가스사업을 포함)의 필수유지업무
   가. 석유(천연가스는 제외)의 인수, 제조, 저장 및 공급업무
7. 병원사업의 필수유지업무
   나. 중환자 치료·분만(신생아 간호를 포함)·수술·투석업무
   다. 가목과 나목의 업무수행을 지원하기 위한 마취, 진단검사(영상검사를 포함), 응급약제, 치료식 환자급식, 산소 공급, 비상발전 및 냉난방업무
8. 혈액공급사업의 필수유지업무
   가. 채혈 및 채혈된 혈액의 검사업무
   나. 혈액관리법 제2조 제6호에 따른 혈액제제(수혈용에 한정) 제조업무
9. 한국은행사업의 필수유지업무
10. 통신사업의 필수유지업무
   가. 기간망과 가입자망의 운영·관리업무

답 ❸

054 노동조합 및 노동관계조정법령상 필수유지업무에 관한 설명으로 옳은 것은?

17 노무

CHECK ○△×

① 필수유지업무에 대한 쟁의행위의 제한 규정을 위반한 자는 2년 이하의 징역 또는 2천만원 이하의 벌금에 처한다.

② 필수유지업무란 국민경제에 미치는 영향이 크거나 공중의 일상생활을 현저히 위태롭게 하는 업무를 말한다.

③ 필수유지업무협정은 서면으로 작성하여 노동관계당사자 쌍방이 서명 또는 날인하여야 한다.

④ 노동관계당사자 쌍방 또는 일방은 필수유지업무협정이 체결되지 아니한 경우 고용노동부에 필수유지업무의 필요 최소한의 유지·운영 수준, 대상 직무 및 필요인원 등의 결정을 신청할 수 있다.

⑤ 필수유지업무의 정당한 유지·운영을 정지·폐지하는 행위는 쟁의행위로서 이를 행할 수 없으나 방해하는 행위는 쟁의행위로서 이를 행할 수 있다.

해설

① (×) 3년 이하의 징역 또는 3천만원 이하의 벌금에 처한다(노조법 제89조 제1호, 제42조의2 제2항).

② (×) 필수유지업무라 함은 필수공익사업의 업무 중 그 업무가 정지되거나 폐지되는 경우 공중의 생명·건강 또는 신체의 안전이나 공중의 일상생활을 현저히 위태롭게 하는 업무로서 대통령령이 정하는 업무를 말한다(노조법 제42조의2 제1항).

③ (○) 노조법 제42조의3

④ (×) 노동관계당사자 쌍방 또는 일방은 필수유지업무협정이 체결되지 아니하는 때에는 노동위원회에 필수유지업무의 필요 최소한의 유지·운영 수준, 대상직무 및 필요인원 등의 결정을 신청하여야 한다(노조법 제42조의4 제1항).

⑤ (×) 필수유지업무의 정당한 유지·운영을 정지·폐지 또는 방해하는 행위는 쟁의행위로서 이를 행할 수 없다(노조법 제42조의2 제2항).

답 ③

055 노동조합 및 노동관계조정법상 필수유지업무에 관한 설명으로 옳지 않은 것은?(다툼이 있으면 판례에 따름)

20 노무

CHECK ○△×

① 필수유지업무란 필수공익사업의 업무 중 그 업무가 정지되거나 폐지되는 경우 공중의 생명·건강 또는 신체의 안전이나 공중의 일상생활을 현저히 위태롭게 하는 업무로서 대통령령이 정하는 업무를 말한다.

② 노동관계당사자는 필수유지업무의 필요 최소한의 유지·운영수준, 대상직무 및 필요인원 등을 정한 협정을 서면으로 체결하여야 한다.

③ 필수유지업무협정에는 노동관계당사자 쌍방이 서명 또는 날인하여야 한다.

④ 노동관계당사자 쌍방 또는 일방은 필수유지업무협정이 체결되지 아니하는 때에는 노동위원회에 필수유지업무의 필요 최소한의 유지·운영수준, 대상직무 및 필요인원 등의 결정을 신청하여야 한다.

⑤ 필수유지업무가 공중의 생명·건강 또는 신체의 안전이나 공중의 일상생활을 현저히 위태롭게 하는 업무라 하더라도 다른 업무영역의 근로자보다 쟁의권 행사에 더 많은 제한을 가하는 것은 평등원칙에 위반된다.

해설

① (O) 노조법 제42조의2 제1항
② (O) 노조법 제42조의3 전문
③ (O) 노조법 제42조의3 후문
④ (O) 노조법 제42조의4 제1항
⑤ (×) 필수유지업무는 공중의 생명·건강 또는 신체의 안전이나 공중의 일상생활을 현저히 위태롭게 하는 업무이므로 이에 대한 쟁의권 행사는 그 영향이 치명적일 수밖에 없다는 점에서 다른 업무영역의 근로자보다 쟁의권 행사에 더 많은 제한을 가한다고 하더라도 그 차별의 합리성이 인정되므로 평등원칙을 위반한다고 볼 수 없다(헌재 2011.12.29. 2010헌바385).

답 ⑤

056 노동조합 및 노동관계조정법령상 필수유지업무 등에 관한 설명으로 옳지 않은 것은? 21 노무

CHECK ○△×

① 필수공익사업의 모든 업무는 필수유지업무에 해당한다.
② 필수유지업무협정에는 노동관계당사자 쌍방이 서명 또는 날인하여야 한다.
③ 노동위원회는 노동조합 및 노동관계조정법상의 규정에 따라 필수유지업무수준 등 결정을 하면 지체 없이 이를 서면으로 노동관계당사자에게 통보하여야 한다.
④ 노동관계당사자 쌍방 또는 일방은 필수유지업무협정이 체결되지 아니하는 때에는 노동위원회에 필수유지업무의 필요 최소한의 유지·운영수준, 대상직무 및 필요인원 등의 결정을 신청하여야 한다.
⑤ 노동위원회의 필수유지업무수준 등 결정에 따라 쟁의행위를 한 때에는 필수유지업무를 정당하게 유지·운영하면서 쟁의행위를 한 것으로 본다.

해설

① (×) 필수유지업무라 함은 필수공익사업의 업무 중 그 업무가 정지되거나 폐지되는 경우 공중의 생명·건강 또는 신체의 안전이나 공중의 일상생활을 현저히 위태롭게 하는 업무로서 대통령령이 정하는 업무를 말한다(노조법 제42조의2 제1항).
② (O) 노동관계당사자는 쟁의행위기간 동안 필수유지업무의 정당한 유지·운영을 위하여 필수유지업무의 필요 최소한의 유지·운영수준, 대상직무 및 필요인원 등을 정한 협정(이하 "필수유지업무협정")을 서면으로 체결하여야 한다. 이 경우 필수유지업무협정에는 노동관계당사자 쌍방이 서명 또는 날인하여야 한다(노조법 제42조의3).
③ (O) 노조법 시행령 제22조의3 제2항
④ (O) 노조법 제42조의4 제1항
⑤ (O) 노조법 제42조의5

답 ①

제7절 쟁의기간 중 대체근로 등의 제한

057 노동조합 및 노동관계조정법령상 사용자의 채용제한에 관한 내용으로 옳지 않은 것은? 20 노무

CHECK ○△×

① 사용자는 쟁의행위기간 중 그 쟁의행위로 중단된 업무를 도급 또는 하도급 줄 수 없다.
② 필수공익사업의 사용자는 쟁의행위기간 중에 한하여 당해 사업과 관계없는 자를 채용 또는 대체할 수 있다.
③ 필수공익사업의 경우 사용자는 당해 사업 또는 사업장 파업참가자의 100분의 50을 초과하지 않는 범위 안에서 도급 또는 하도급 줄 수 있다.
④ 필수공익사업의 사업 또는 사업장 파업참가자수는 근로의무가 있는 근로시간 중 파업 참가를 이유로 근로의 일부 또는 전부를 제공하지 아니한 자의 수를 7일 단위로 산정한다.
⑤ 사용자는 쟁의행위기간 중 그 쟁의행위로 중단된 업무의 수행을 위하여 당해 사업과 관계없는 자를 채용 또는 대체할 수 없다.

해설

① (○) 노조법 제43조 제2항
② (○) 노조법 제43조 제3항
③ (○) 노조법 제43조 제4항
④ (×) 필수공익사업의 사업 또는 사업장 파업참가자수는 근로의무가 있는 근로시간 중 파업 참가를 이유로 근로의 일부 또는 전부를 제공하지 아니한 자의 수를 1일 단위로 산정한다(노조법 시행령 제22조의4 제1항).
⑤ (○) 노조법 제43조 제1항

답 ④

058 노동조합 및 노동관계조정법령상 사용자의 채용제한에 관한 설명으로 옳은 것을 모두 고른 것은? 18 노무

CHECK ○△×

ㄱ. 필수공익사업의 사용자는 쟁의행위기간 중에 한하여 그 쟁의행위로 중단된 업무의 수행을 위하여 당해 사업과 관계없는 자를 채용할 수 있으나 그 수의 제한이 있다.
ㄴ. 필수공익사업의 사용자라 하더라도 쟁의행위기간 중에 그 쟁의행위로 중단된 업무를 도급 줄 수 없다.
ㄷ. 필수공익사업의 파업참가자수는 근로의무가 있는 근로시간 중 파업참가를 이유로 근로의 일부 또는 전부를 제공하지 아니한 자의 수를 1일 단위로 산정한다.
ㄹ. 사용자는 당해 사업과 관계있는 자라 하더라도 비노동조합원을 쟁의기간 중 쟁의행위로 중단된 업무의 수행을 위하여 대체할 수 없다.

① ㄱ, ㄴ
② ㄱ, ㄷ
③ ㄱ, ㄹ
④ ㄴ, ㄷ
⑤ ㄴ, ㄹ

해설

ㄱ. (O) 필수공익사업의 사용자가 쟁의행위기간 중에 한하여 당해 사업과 관계없는 자를 채용 또는 대체하거나 그 업무를 도급 또는 하도급 주는 경우, 사용자는 당해 사업 또는 사업장 파업참가자의 100분의 50을 초과하지 않는 범위 안에서 채용 또는 대체하거나 도급 또는 하도급 줄 수 있다. 이 경우 파업참가자수의 산정방법 등은 대통령령으로 정한다(노조법 제43조 제4항).

ㄴ. (×) 필수공익사업의 사용자가 쟁의행위기간 중에 한하여 당해 사업과 관계없는 자를 채용 또는 대체하거나 그 업무를 도급 또는 하도급을 주는 경우에는 적용하지 아니한다(노조법 제43조 제3항).

ㄷ. (O) 노조법 시행령 제22조의4 제1항

ㄹ. (×) 사용자는 쟁의행위기간 중 그 쟁의행위로 중단된 업무의 수행을 위하여 당해 사업과 관계없는 자를 채용 또는 대체할 수 없다(노조법 제43조 제1항).

답 ❷

059 노동조합 및 노동관계조정법령에 관한 설명이다. (　　)에 들어갈 내용으로 옳은 것은? 17 노무

CHECK ○△×

- 노동조합은 설립신고된 사항 중 노동조합의 명칭에 해당하는 사항에 변경이 있는 때에는 그날부터 (ㄱ)일 이내에 행정관청에게 변경신고를 하여야 한다.
- 필수공익사업의 사용자는 쟁의행위기간 중에 당해 사업 또는 사업장 파업참가자의 100분의 (ㄴ)을 초과하지 않는 범위 안에서 당해 사업과 관계없는 자를 채용 또는 대체하거나 그 업무를 도급 또는 하도급을 줄 수 있다.

① ㄱ : 15, ㄴ : 15
② ㄱ : 30, ㄴ : 30
③ ㄱ : 30, ㄴ : 50
④ ㄱ : 50, ㄴ : 50
⑤ ㄱ : 50, ㄴ : 70

해설

- 노동조합은 설립신고된 사항 중 노동조합의 명칭에 해당하는 사항에 변경이 있는 때에는 그날부터 30일 이내에 행정관청에게 변경신고를 하여야 한다(노조법 제13조 제1항).
- 필수공익사업의 사용자는 당해 사업 또는 사업장 파업참가자의 100분의 50을 초과하지 않는 범위 안에서 채용 또는 대체하거나 도급 또는 하도급 줄 수 있다(노조법 제43조 제4항).

답 ❸

CHAPTER

05 노동쟁의조정제도

제1절 서 설

제2절 노동쟁의조정제도

최신유형

001 노동조합 및 노동관계조정법령상 노동쟁의의 조정에 관한 설명으로 옳지 않은 것은? 25 노무

CHECK ○△×

① 조정위원회가 작성한 조정안이 관계 당사자의 쌍방에 의하여 수락된 후 그 해석에 관하여 관계당사자 간에 의견의 불일치가 있는 때에는 관계 당사자는 당해 조정위원회에 그 해석에 관한 명확한 견해의 제시를 요청하여야 한다.

② 노동관계당사자는 조정안의 해석에 관하여 견해의 제시를 요청하는 경우에는 해당 조정안의 내용과 당사자의 의견 등을 적은 서면으로 해야 한다.

③ 단독조정인이 작성한 조정안이 관계 당사자의 쌍방에 의하여 수락된 후 이행방법에 관하여 관계당사자 간에 의견의 불일치가 있어 관계 당사자가 당해 단독조정인에게 그 이행방법에 관한 명확한 견해의 제시를 요청한 때에는 그 요청을 받은 날부터 7일 이내에 명확한 견해를 제시하여야 한다.

④ 조정안의 이행방법에 관한 조정위원회의 견해가 제시될 때까지는 관계 당사자는 당해 조정안의 이행에 관하여 쟁의행위를 할 수 없다.

⑤ 조정위원회 또는 단독조정인은 관계 당사자가 수락을 거부하여 더 이상 조정이 이루어질 여지가 없다고 판단되어 조정의 종료를 결정한 이후에는 노동쟁의의 해결을 위하여 조정을 할 수 없다.

해설

① (○) 조정위원회가 작성한 조정안이 관계 당사자의 쌍방에 의하여 수락된 후 그 해석 또는 이행방법에 관하여 관계당사자 간에 의견의 불일치가 있는 때에는 관계 당사자는 당해 조정위원회 또는 단독조정인에게 그 해석 또는 이행방법에 관한 명확한 견해의 제시를 요청하여야 한다(노조법 제60조 제3항).

② (○) 노동관계당사자는 조정안의 해석 또는 그 이행방법에 관하여 견해의 제시를 요청하는 경우에는 해당 조정안의 내용과 당사자의 의견 등을 적은 서면으로 해야 한다(노조법 시행령 제27조).

③ (○) 조정위원회 또는 단독조정인이 조정안의 해석 또는 이행방법에 관한 명확한 견해의 제시를 요청 받은 때에는 그 요청을 받은 날부터 7일 이내에 명확한 견해를 제시하여야 한다(노조법 제60조 제4항).

④ (○) 조정안의 해석 또는 이행방법에 관한 견해가 제시될 때까지는 관계 당사자는 당해 조정안의 해석 또는 이행에 관하여 쟁의행위를 할 수 없다(노조법 제60조 제5항).

⑤ (×) 노동위원회는 조정위원회 또는 단독조정인이 관계 당사자가 수락을 거부하여 더 이상 조정이 이루어질 여지가 없다고 판단하여 조정의 종료를 결정한 후라도 노동쟁의의 해결을 위하여 조정을 할 수 있다(노조법 제61조의2 제1항).

답 ⑤

최신유형

002 **노동조합 및 노동관계조정법상 노동쟁의의 조정에 관한 설명으로 옳지 않은 것은?** 25 노무

CHECK ○△×

① 노동쟁의의 조정에 관한 규정(제5장)은 노동관계 당사자가 직접 노사협의 또는 단체교섭에 의하여 근로조건 기타 노동관계에 관한 사항을 정하거나 노동관계에 관한 주장의 불일치를 조정하고 이에 필요한 노력을 하는 것을 방해하지 아니한다.

② 노동관계의 조정을 할 경우에는 노동관계 당사자와 노동위원회는 사건을 신속히 처리하도록 노력하여야 한다.

③ 공익사업에 있어서의 노동쟁의의 조정은 우선적으로 취급하고 신속히 처리하여야 한다.

④ 국가 및 지방자치단체는 노동관계 당사자 간에 노동관계에 관한 주장이 일치하지 아니할 경우에 노동관계 당사자가 이를 자주적으로 조정할 수 있도록 조력함으로써 쟁의행위를 가능한 한 예방하고 노동쟁의의 신속·공정한 해결에 노력하여야 한다.

⑤ 노동관계 당사자는 단체협약에 노동관계의 적정화를 위한 노사협의 기타 단체교섭의 절차와 방식을 규정하고 노동쟁의가 발생한 때에는 이를 자주적으로 해결하여야 한다.

해설

① (○) 노조법 제47조

② (○) 노조법에 의하여 노동관계의 조정을 할 경우에는 노동관계 당사자와 노동위원회 기타 관계기관은 사건을 신속히 처리하도록 노력하여야 한다(노조법 제50조).

③ (○) 국가·지방자치단체·국공영기업체·방위산업체 및 공익사업에 있어서의 노동쟁의의 조정은 우선적으로 취급하고 신속히 처리하여야 한다(노조법 제51조).

④ (○) 노조법 제49조

⑤ (×) 노동관계 당사자는 단체협약에 노동관계의 적정화를 위한 노사협의 기타 단체교섭의 절차와 방식을 규정하고 노동쟁의가 발생한 때에는 이를 자주적으로 해결하도록 노력하여야 한다(노조법 제48조).

답 ❺

최신유형

003 **노동조합 및 노동관계조정법령상 긴급조정에 관한 설명으로 옳지 않은 것은?** 25 노무

CHECK ○△×

① 고용노동부장관은 쟁의행위가 공익사업에 관한 것이거나 그 규모가 크거나 그 성질이 특별한 것으로서 현저히 국민경제를 해하거나 국민의 일상생활을 위태롭게 할 위험이 현존하는 때에는 긴급조정의 결정을 할 수 있다.

② 고용노동부장관은 중앙노동위원회 위원장의 의견을 들어 긴급조정을 결정한 때에는 지체없이 그 이유를 붙여 이를 공표함과 동시에 중앙노동위원회와 관계 당사자에게 각각 통고하여야 한다.

③ 관계 당사자는 긴급조정의 결정이 공표된 때에는 그날부터 30일 이내에 쟁의행위를 중지하여야 한다.

④ 긴급조정 결정의 공표는 신문·라디오 그 밖에 공중이 신속히 알 수 있는 방법으로 해야 한다.

⑤ 중앙노동위원회의 위원장은 조정이 성립될 가망이 없다고 인정한 경우에는 공익위원의 의견을 들어 그 사건을 중재에 회부할 것인가의 여부를 결정하여야 한다.

해설

① (○) 노조법 제76조 제1항
② (○) 노조법 제76조 제2항, 제3항
③ (×) 관계 당사자는 긴급조정의 결정이 공표된 때에는 즉시 쟁의행위를 중지하여야 하며, 공표일부터 30일이 경과하지 아니하면 쟁의행위를 재개할 수 없다(노조법 제77조).
④ (○) 노조법 시행령 제32조
⑤ (○) 노조법 제79조 제1항

답 ❸

004 노동조합 및 노동관계조정법상 긴급조정에 대한 설명으로 옳지 않은 것은?

25 국가직 9급

CHECK ○△×

① 고용노동부장관은 쟁의행위가 공익사업에 관한 것으로서 현저히 국민경제를 해하는 때에는 긴급조정의 결정을 할 수 있다.
② 고용노동부장관은 긴급조정을 결정한 때에는 지체 없이 그 이유를 붙여 이를 공표함과 동시에 중앙노동위원회와 관계 당사자에게 각각 통고하여야 한다.
③ 관계 당사자는 긴급조정의 결정이 공표된 때에는 즉시 쟁의행위를 중지하여야 하며, 공표일부터 30일이 경과하지 아니하면 쟁의행위를 재개할 수 없다.
④ 고용노동부장관은 긴급조정의 결정을 하고자 할 때에는 미리 노동위원회의 의결을 얻어야 한다.

해설

① (○) 고용노동부장관은 쟁의행위가 공익사업에 관한 것이거나 그 규모가 크거나 그 성질이 특별한 것으로서 현저히 국민경제를 해하거나 국민의 일상생활을 위태롭게 할 위험이 현존하는 때에는 긴급조정의 결정을 할 수 있다(노조법 제76조 제1항).
② (○) 노조법 제76조 제3항
③ (○) 노조법 제77조
④ (×) 고용노동부장관은 긴급조정의 결정을 하고자 할 때에는 미리 중앙노동위원회 위원장의 의견을 들어야 한다(노조법 제76조 제2항).

답 ❹

005 노동조합 및 노동관계조정법령상 사적 조정·중재에 관한 설명으로 옳지 않은 것은?

24 노무

CHECK ○△×

① 사적 조정의 신고는 조정이 진행되기 전에 하여야 한다.
② 노동관계 당사자는 사적 조정에 의하여 노동쟁의를 해결하기로 한 때에는 이를 노동위원회에 신고하여야 한다.
③ 사적 조정에 의하여 조정이 이루어진 경우에 그 내용은 단체협약과 동일한 효력을 가진다.
④ 노동조합 및 노동관계조정법 제2절(조정) 및 제3절(중재)의 규정은 노동관계 당사자가 쌍방의 합의 또는 단체협약이 정하는 바에 따라 각각 다른 조정 또는 중재방법에 의하여 노동쟁의를 해결하는 것을 방해하지 아니한다.
⑤ 사적 조정을 수행하는 자는 노동관계 당사자로부터 수수료, 수당 및 여비 등을 받을 수 있다.

해설

① (×) 노동관계당사자는 사적 조정·중재에 의하여 노동쟁의를 해결하기로 한 경우에는 고용노동부령이 정하는 바에 따라 관할 노동위원회에 신고해야 한다. 신고는 공적 조정 또는 중재가 진행 중인 경우에도 할 수 있다(노조법 시행령 제23조 제1항, 제2항).

② (○) 노조법 제52조 제2항

③ (○) 사적 조정등에 의하여 조정 또는 중재가 이루어진 경우에 그 내용은 단체협약과 동일한 효력을 가진다(노조법 제52조 제4항).

④ (○) 노조법 제52조 제1항

⑤ (○) 노조법 제52조 제5항 후문

답 ❶

006 노동조합 및 노동관계조정법상 노동쟁의의 조정 등에 관한 설명이다. (　　)에 들어갈 내용으로 옳은 것은?

CHECK ○△×

24 노무

- 조정위원회는 조정안이 관계 당사자의 쌍방에 의하여 수락된 후 그 해석 또는 이행방법에 관하여 관계 당사자 간에 의견의 불일치가 있어 명확한 견해의 제시를 요청받은 때에는 그 요청을 받은 날부터 (ㄱ)일 이내에 명확한 견해를 제시하여야 한다.
- 노동쟁의가 중재에 회부된 때에는 그날부터 (ㄴ)일간은 쟁의행위를 할 수 없다.
- 관계 당사자는 긴급조정의 결정이 공표된 때에는 즉시 쟁의행위를 중지하여야 하며, 공표일부터 (ㄷ)일이 경과하지 아니하면 쟁의행위를 재개할 수 없다.

① ㄱ : 7, ㄴ : 7, ㄷ : 10
② ㄱ : 7, ㄴ : 15, ㄷ : 30
③ ㄱ : 10, ㄴ : 10, ㄷ : 15
④ ㄱ : 10, ㄴ : 15, ㄷ : 30
⑤ ㄱ : 15, ㄴ : 30, ㄷ : 30

해설

- 조정안이 관계 당사자의 쌍방에 의하여 수락된 후 그 해석 또는 이행방법에 관하여 관계 당사자 간에 의견의 불일치가 있는 때에는 관계 당사자는 당해 조정위원회 또는 단독조정인에게 그 해석 또는 이행방법에 관한 명확한 견해의 제시를 요청하여야 한다. 조정위원회 또는 단독조정인은 요청을 받은 때에는 그 요청을 받은 날부터 7일 이내에 명확한 견해를 제시하여야 한다(노조법 제60조 제3항, 제4항).
- 노동쟁의가 중재에 회부된 때에는 그날부터 15일간은 쟁의행위를 할 수 없다(노조법 제63조).
- 관계 당사자는 긴급조정의 결정이 공표된 때에는 즉시 쟁의행위를 중지하여야 하며, 공표일부터 30일이 경과하지 아니하면 쟁의행위를 재개할 수 없다(노조법 제77조).

답 ❷

007 노동조합 및 노동관계조정법상 노동쟁의의 조정에 관한 설명으로 옳은 것은? 24 노무

CHECK ○△×

① 조정위원회의 조정위원은 당해 노동위원회의 공익을 대표하는 위원 중에서 관계 당사자의 합의로 선정한 자에 대하여 그 노동위원회의 위원장이 지명한다.

② 노동위원회의 위원장은 조정위원회의 구성이 어려운 경우 노동위원회의 각 근로자를 대표하는 위원, 사용자를 대표하는 위원 및 공익을 대표하는 위원 각 1인씩 3인을 조정위원으로 지명할 수 있다.

③ 단독조정인은 그 노동위원회의 공익을 대표하는 위원 중에서 노동조합과 사용자가 순차적으로 배제하고 남은 4인 내지 6인 중에서 노동위원회의 위원장이 지명한다.

④ 중재위원회의 중재위원은 당해 노동위원회의 위원 중에서 사용자를 대표하는 자, 근로자를 대표하는 자 및 공익을 대표하는 자 각 1인을 그 노동위원회의 위원장이 지명한다.

⑤ 특별조정위원회의 특별조정위원은 관계 당사자가 합의로 당해 노동위원회의 위원이 아닌 자를 추천하는 경우에는 그 추천된 자를 노동위원회의 위원장이 지명한다.

해설

① (×) 조정위원회의 조정위원은 당해 노동위원회의 위원 중에서 사용자를 대표하는 자, 근로자를 대표하는 자 및 공익을 대표하는 자 각 1인을 그 노동위원회의 위원장이 지명하되, 근로자를 대표하는 조정위원은 사용자가, 사용자를 대표하는 조정위원은 노동조합이 각각 추천하는 노동위원회의 위원 중에서 지명하여야 한다(노조법 제55조 제3항 본문).

② (×) 노동위원회의 위원장은 근로자를 대표하는 위원 또는 사용자를 대표하는 위원의 불참 등으로 인하여 조정위원회의 구성이 어려운 경우 노동위원회의 공익을 대표하는 위원 중에서 3인을 조정위원으로 지명할 수 있다(노조법 제55조 제4항 본문).

③ (×) 단독조정인은 당해 노동위원회의 위원 중에서 관계 당사자의 쌍방의 합의로 선정된 자를 그 노동위원회의 위원장이 지명한다(노조법 제57조 제2항).

④ (×) 중재위원회의 중재위원은 당해 노동위원회의 공익을 대표하는 위원 중에서 관계 당사자의 합의로 선정한 자에 대하여 그 노동위원회의 위원장이 지명한다(노조법 제64조 제3항 본문).

⑤ (○) 특별조정위원회의 특별조정위원은 그 노동위원회의 공익을 대표하는 위원 중에서 노동조합과 사용자가 순차적으로 배제하고 남은 4인 내지 6인 중에서 노동위원회의 위원장이 지명한다. 다만, 관계 당사자가 합의로 당해 노동위원회의 위원이 아닌 자를 추천하는 경우에는 그 추천된 자를 지명한다(노조법 제72조 제3항).

답 ❺

008 노동조합 및 노동관계조정법령상 중재재정에 관한 설명으로 옳지 않은 것은? 24 노무

CHECK ○△×

① 중재재정은 서면으로 작성하며 그 서면에는 효력발생 기일을 명시하여야 한다.

② 중재재정의 해석 또는 이행방법에 관하여 관계 당사자 간에 의견의 불일치가 있는 때에는 당해 중재위원회의 해석에 따르며 그 해석은 중재재정과 동일한 효력을 가진다.

③ 중앙노동위원회는 지방노동위원회 또는 특별노동위원회의 중재재정을 재심한 때에는 지체 없이 그 재심결정서를 관계 당사자와 관계 노동위원회에 각각 송달해야 한다.

④ 관계 당사자는 중앙노동위원회의 중재재정이나 재심결정이 위법이거나 월권에 의한 것이라고 인정하는 경우에는 중재재정 또는 재심결정을 한 날부터 15일 이내에 행정소송을 제기할 수 있다.

⑤ 노동위원회의 중재재정 또는 재심결정은 중앙노동위원회에의 재심신청 또는 행정소송의 제기에 의하여 그 효력이 정지되지 아니한다.

해설

① (○) 노조법 제68조 제1항
② (○) 노조법 제68조 제2항
③ (○) 노조법 시행령 제29조 제2항
④ (×) 관계 당사자는 중앙노동위원회의 중재재정이나 중재재정에 대한 재심결정이 위법이거나 월권에 의한 것이라고 인정하는 경우에는 그 중재재정서 또는 재심결정서의 송달을 받은 날부터 15일 이내에 행정소송을 제기할 수 있다(노조법 제69조 제2항).
⑤ (○) 노조법 제70조 제2항

답 ❹

009 노동조합 및 노동관계조정법상 필수공익사업에 해당하지 않는 사업을 모두 고른 것은? 24 노무

CHECK ○△×

ㄱ. 철도사업
ㄴ. 수도사업
ㄷ. 공중위생사업
ㄹ. 조폐사업
ㅁ. 방송사업

① ㄱ
② ㄱ, ㄴ
③ ㄴ, ㄷ
④ ㄴ, ㄹ, ㅁ
⑤ ㄷ, ㄹ, ㅁ

해설

ㄱ. 철도사업, ㄴ. 수도사업 등은 노조법 제71조 제2항에서 정한 필수공익사업에 해당하나, ㄷ. 공중위생사업, ㄹ. 조폐사업, ㅁ. 방송사업 등은 필수공익사업이 아니라 동법 제71조 제1항에서 정한 공익사업에 해당한다.

공익사업의 범위등(노조법 제71조)

① 이 법에서 "공익사업"이라 함은 공중의 일상생활과 밀접한 관련이 있거나 국민경제에 미치는 영향이 큰 사업으로서 다음 각 호의 사업을 말한다.
1. 정기노선 여객운수사업 및 항공운수사업
2. 수도사업, 전기사업, 가스사업, 석유정제사업 및 석유공급사업
3. 공중위생사업, 의료사업 및 혈액공급사업
4. 은행 및 조폐사업
5. 방송 및 통신사업

② 이 법에서 "필수공익사업"이라 함은 제1항의 공익사업으로서 그 업무의 정지 또는 폐지가 공중의 일상생활을 현저히 위태롭게 하거나 국민경제를 현저히 저해하고 그 업무의 대체가 용이하지 아니한 다음 각 호의 사업을 말한다.
1. 철도사업, 도시철도사업 및 항공운수사업
2. 수도사업, 전기사업, 가스사업, 석유정제사업 및 석유공급사업
3. 병원사업 및 혈액공급사업
4. 한국은행사업
5. 통신사업

답 ❺

최신유형

010 노동조합 및 노동관계조정법상 노동쟁의의 중재에 관한 설명으로 옳지 않은 것은? 25 노무

CHECK ○△×

① 중재위원회의 위원장은 관계 당사자와 참고인외의 자의 회의출석을 금할 수 있다.
② 노동쟁의가 중재에 회부된 때에는 그날부터 15일간은 쟁의행위를 할 수 없다.
③ 중재위원회의 중재위원은 당해 노동위원회의 공익을 대표하는 위원 중에서 관계 당사자의 합의로 선정한 자에 대하여 그 노동위원회의 위원장이 지명한다.
④ 중재위원회의 위원장은 노동위원회의 위원장이 지명한다.
⑤ 노동위원회는 관계 당사자의 일방이 단체협약에 의하여 중재를 신청한 때에는 지체 없이 해당 사건의 중재를 위한 중재위원회를 구성해야 한다.

해설

① (○) 노조법 제67조
② (○) 노조법 제63조
③ (○) 노조법 제64조 제3항 본문
④ (×) 중재위원회에 위원장을 두며, 위원장은 중재위원 중에서 호선한다(노조법 제65조).
⑤ (○) 노동위원회는 관계 당사자의 쌍방이 함께 중재를 신청하거나, 관계 당사자의 일방이 단체협약에 의하여 중재를 신청함에 따라 노동쟁의의 중재를 하게 된 경우에는 지체 없이 해당 사건의 중재를 위한 중재위원회를 구성해야 한다(노조법 시행령 제28조, 동법 제62조).

답 ④

최신유형

011 노동조합 및 노동관계조정법령상 중재재정에 관한 설명으로 옳지 않은 것은? 25 노무

CHECK ○△×

① 중재재정은 서면으로 작성하여 이를 행하며 그 서면에는 효력발생 기일을 명시하여야 한다.
② 관계 당사자는 특별노동위원회의 중재재정이 위법에 의한 것이라고 인정하는 경우에는 그 중재재정서의 송달을 받은 날부터 10일 이내에 중앙노동위원회에 그 재심을 신청할 수 있다.
③ 중앙노동위원회는 지방노동위원회의 중재재정을 재심한 때에는 지체 없이 그 재심결정서를 관계당사자와 지방 노동위원회에 각각 송달해야 한다.
④ 중재재정의 해석 또는 이행방법에 관하여 관계 당사자 간에 의견의 불일치가 있는 때에는 당해중재위원회의 해석에 따르며 그 해석은 중재재정과 동일한 효력을 가진다.
⑤ 노동위원회의 중재재정 또는 재심결정은 중앙노동위원회에의 재심신청 또는 행정소송의 제기에 의하여 그 효력이 정지된다.

해설

① (O) 노조법 제68조 제1항

② (O) 관계 당사자는 지방노동위원회 또는 특별노동위원회의 중재재정이 위법이거나 월권에 의한 것이라고 인정하는 경우에는 그 중재재정서의 송달을 받은 날부터 10일 이내에 중앙노동위원회에 그 재심을 신청할 수 있다(노조법 제69조 제1항).

③ (O) 중앙노동위원회는 지방노동위원회 또는 특별노동위원회의 중재재정을 재심한 때에는 지체 없이 그 재심결정서를 관계 당사자와 관계 노동위원회에 각각 송달해야 한다(노조법 시행령 제29조 제2항).

④ (O) 노조법 제68조 제2항

⑤ (×) 노동위원회의 중재재정 또는 재심결정은 중앙노동위원회에의 재심신청 또는 행정소송의 제기에 의하여 그 효력이 정지되지 아니한다(노조법 제70조 제2항).

답 ❺

012

CHECK ○△×

노동조합 및 노동관계조정법상 노동위원회가 행하는 노동쟁의의 조정 등에 관한 설명으로 옳지 않은 것은?

22 노무

① 노동위원회는 관계당사자의 일방이 노동쟁의의 조정을 신청한 때에는 지체 없이 조정을 개시하여야 한다.

② 조정은 조정의 신청이 있은 날부터 일반사업에 있어서는 10일, 공익사업에 있어서는 15일 이내에 종료하여야 한다.

③ 노동위원회는 조정신청 전에는 교섭을 주선하는 등 관계당사자의 자주적인 분쟁해결을 지원할 수 없다.

④ 노동위원회는 관계당사자 쌍방의 신청 또는 동의를 얻은 경우에는 조정위원회에 갈음하여 단독조정인에게 조정을 행하게 할 수 있다.

⑤ 조정서의 내용을 준수하지 아니한 자는 벌칙에 처한다.

해설

① (O) 노동위원회는 관계당사자의 일방이 노동쟁의의 조정을 신청한 때에는 지체 없이 조정을 개시하여야 하며 관계당사자 쌍방은 이에 성실히 임하여야 한다(노조법 제53조 제1항).

② (O) 노조법 제54조 제1항

③ (×) 노동위원회는 조정신청 전이라도 원활한 조정을 위하여 교섭을 주선하는 등 관계당사자의 자주적인 분쟁해결을 지원할 수 있다(노조법 제53조 제2항).

④ (O) 노조법 제57조 제1항

⑤ (O) 조정서의 내용 또는 중재재정서의 내용을 준수하지 아니한 자는 1천만원 이하의 벌금에 처한다(노조법 제92조 제3호).

답 ❸

013 노동조합 및 노동관계조정법상 노동위원회가 행하는 노동쟁의의 중재에 관한 설명으로 옳은 것은?

CHECK ○△×

22 노무

① 노동쟁의가 중재에 회부된 때에는 그날부터 20일간은 쟁의행위를 할 수 없다.
② 관계당사자의 일방이 단체협약에 의하여 중재를 신청한 때에도 노동위원회는 중재를 행한다.
③ 중재는 조정을 거치지 않으면 신청할 수 없다.
④ 관계당사자는 지방노동위원회의 중재재정이 월권에 의한 것이라고 인정하는 경우에는 중앙노동위원회에 재심을 신청할 수 없다.
⑤ 중재재정의 내용은 관계당사자의 동의를 받아야 단체협약과 동일한 효력을 가진다.

해설

① (×) 노동쟁의가 중재에 회부된 때에는 그날부터 15일간은 쟁의행위를 할 수 없다(노조법 제63조).
② (○) 노동위원회는 관계당사자의 쌍방이 함께 중재를 신청한 때, 관계당사자의 일방이 단체협약에 의하여 중재를 신청한 때에는 중재를 행한다(노조법 제62조).
③ (×) 중재는 일반적으로 조정이 실패한 경우에 신청하지만 조정을 거치지 않고 신청할 수도 있다.
④ (×) 관계당사자는 지방노동위원회 또는 특별노동위원회의 중재재정이 위법이거나 월권에 의한 것이라고 인정하는 경우에는 그 중재재정서의 송달을 받은 날부터 10일 이내에 중앙노동위원회에 그 재심을 신청할 수 있다(노조법 제69조 제1항).
⑤ (×) 중재재정의 내용은 단체협약과 동일한 효력을 가진다(노조법 제70조 제1항). 중재재정의 확정으로 단체협약과 동일한 효력을 가지게 되며 별도로 당사자의 동의는 필요로 하지 아니한다.

답 ❷

014 노동조합 및 노동관계조정법상 필수공익사업에 해당하는 것을 모두 고른 것은?

CHECK ○△×

22 노무

ㄱ. 공중위생사업	ㄴ. 통신사업
ㄷ. 방송사업	ㄹ. 한국은행사업
ㅁ. 조폐사업	ㅂ. 병원사업

① ㄱ, ㄹ, ㅂ
② ㄴ, ㄷ, ㅁ
③ ㄴ, ㄹ, ㅂ
④ ㄷ, ㄹ, ㅁ
⑤ ㄷ, ㅁ, ㅂ

해설

ㄱ. (×), ㄴ. (○), ㄷ. (×), ㄹ. (○), ㅁ. (×), ㅂ (○)
ㄱ. 공중위생사업, ㄷ. 방송사업, ㅁ. 조폐사업 등은 공익사업에 해당한다(노조법 제71조 제1항).

필수공익사업(노조법 제71조 제2항)
- 철도사업, 도시철도사업 및 항공운수사업
- 수도사업, 전기사업, 가스사업, 석유정제사업 및 석유공급사업
- 병원사업 및 혈액공급사업
- 한국은행사업
- 통신사업

답 ❸

015 노동조합 및 노동관계조정법령상 긴급조정에 관한 설명으로 옳지 않은 것은?

14 노무

CHECK ○△×

① 고용노동부장관은 쟁의행위가 공익사업에 관한 것이거나 그 규모가 크거나 그 성질이 특별한 것으로서 현저히 국민경제를 해하거나 국민의 일상생활을 위태롭게 할 위험이 현존하는 때에는 긴급조정의 결정을 할 수 있다.

② 고용노동부장관은 긴급조정의 결정을 하고자 할 때에는 미리 중앙노동위원회 위원장의 의견을 들어야 한다.

③ 고용노동부장관은 긴급조정을 결정한 때에는 지체 없이 그 이유를 붙여 이를 공표함과 동시에 중앙노동위원회와 관계당사자에게 각각 통고하여야 한다.

④ 관계당사자는 긴급조정의 결정이 공표된 때에는 즉시 쟁의행위를 중지하여야 하며, 공표일부터 15일이 경과하지 아니하면 쟁의행위를 재개할 수 없다.

⑤ 긴급조정 결정의 공표는 신문·라디오 기타 공중이 신속히 알 수 있는 방법으로 하여야 한다.

해설

① (○) 노조법 제76조 제1항

② (○) 노조법 제76조 제2항

③ (○) 노조법 제76조 제3항

④ (×) 관계당사자는 긴급조정의 결정이 공표된 때에는 즉시 쟁의행위를 중지하여야 하며, 공표일부터 30일이 경과하지 아니하면 쟁의행위를 재개할 수 없다(노조법 제77조).

⑤ (○) 긴급조정 결정의 공표는 신문·라디오 그 밖에 공중이 신속히 알 수 있는 방법으로 해야 한다(노조법 시행령 제32조).

답 ④

016 노동조합 및 노동관계조정법상 노동쟁의의 조정 등에 관한 설명이다. (　　)에 들어갈 내용으로 옳은 것은?

21 노무

CHECK ○△×

- 노동쟁의가 중재에 회부된 때에는 그날부터 (ㄱ)일간은 쟁의행위를 할 수 없다.
- 관계당사자는 긴급조정의 결정이 공표된 때에는 즉시 쟁의행위를 중지하여야 하며, 공표일부터 (ㄴ)일이 경과하지 아니하면 쟁의행위를 재개할 수 없다.

① ㄱ : 10, ㄴ : 10

② ㄱ : 10, ㄴ : 15

③ ㄱ : 15, ㄴ : 15

④ ㄱ : 15, ㄴ : 30

⑤ ㄱ : 30, ㄴ : 30

해설

- 노동쟁의가 중재에 회부된 때에는 그날부터 15일간은 쟁의행위를 할 수 없다(노조법 제63조).
- 관계당사자는 긴급조정의 결정이 공표된 때에는 즉시 쟁의행위를 중지하여야 하며, 공표일부터 30일이 경과하지 아니하면 쟁의행위를 재개할 수 없다(노조법 제77조).

답 ④

017 노동조합 및 노동관계조정법령상 노동쟁의의 조정에 대한 설명으로 옳지 않은 것은?

CHECK ○△×

23 국가직 9급

① 노동위원회는 관계 당사자의 일방이 노동쟁의의 조정을 신청한 때에는 지체 없이 조정을 개시하여야 하며 관계 당사자 쌍방은 이에 성실히 임하여야 한다.

② 조정위원회의 조정위원은 당해 노동위원회의 위원장이 지명하되, 근로자를 대표하는 조정위원은 노동조합이, 사용자를 대표하는 조정위원은 사용자가 각각 추천하는 노동위원회의 위원 중에서 지명하여야 한다.

③ 노동쟁의 조정 또는 중재의 신청을 받은 노동위원회는 그 신청내용이 조정 또는 중재의 대상이 아니라고 인정할 경우에는 그 사유와 다른 해결방법을 알려주어야 한다.

④ 노동위원회는 관계 당사자 쌍방의 신청이 있거나 관계 당사자 쌍방의 동의를 얻은 경우에는 조정위원회에 갈음하여 단독조정인에게 조정을 행하게 할 수 있다.

해설

① (O) 노조법 제53조 제1항

② (×) 조정위원회의 조정위원은 당해 노동위원회의 위원 중에서 사용자를 대표하는 자, 근로자를 대표하는 자 및 공익을 대표하는 자 각 1인을 그 노동위원회의 위원장이 지명하되, 근로자를 대표하는 조정위원은 사용자가, 사용자를 대표하는 조정위원은 노동조합이 각각 추천하는 노동위원회의 위원 중에서 지명하여야 한다. 다만, 조정위원회의 회의 3일 전까지 관계 당사자가 추천하는 위원의 명단제출이 없을 때에는 당해 위원을 위원장이 따로 지명할 수 있다(노조법 제55조 제3항).

③ (O) 노조법 시행령 제24조 제2항

④ (O) 노조법 제57조 제1항

답 ❷

018 노동조합 및 노동관계조정법상 노동쟁의의 조정 등에 관한 설명으로 옳지 않은 것은?

21 노무

CHECK ○△×

① 노동위원회는 관계당사자 쌍방의 신청이 있는 경우에는 조정위원회에 갈음하여 단독조정인에게 조정을 행하게 할 수 있다.

② 조정서의 내용은 단체협약과 동일한 효력을 가진다.

③ 노동위원회는 관계당사자의 일방이 단체협약에 의하여 중재를 신청한 때에는 중재를 행한다.

④ 중재재정은 서면으로 작성하여 이를 행하며 그 서면에는 효력발생기일을 명시하여야 한다.

⑤ 노동위원회의 중재재정은 중앙노동위원회에의 재심신청에 의하여 그 효력이 정지된다.

해설

① (O) 노조법 제57조 제1항

② (O) 노조법 제61조 제2항

③ (O) 노조법 제62조

④ (O) 노조법 제68조 제1항

⑤ (×) 노동위원회의 중재재정 또는 재심결정은 중앙노동위원회에의 재심신청 또는 행정소송의 제기에 의하여 그 효력이 정지되지 아니한다(노조법 제70조 제2항).

답 ❺

019 노동조합 및 노동관계조정법상 공익사업 등의 조정에 관한 특칙의 내용으로 옳지 않은 것은?

CHECK ○△×

21 노무

① 의료사업은 공익사업에 해당한다.
② 방송사업은 필수공익사업에 해당한다.
③ 공익사업의 노동쟁의의 조정을 위하여 노동위원회에 특별조정위원회를 둔다.
④ 특별조정위원회는 특별조정위원 3인으로 구성한다.
⑤ 공익을 대표하는 위원인 특별조정위원이 1인인 경우에는 당해 위원이 특별조정위원회의 위원장이 된다.

해설

① (○) 노조법 제71조 제1항 제3호
② (×) 방송사업은 공익사업에 해당한다(노조법 제71조 제1항 제5호).
③ (○) 노조법 제72조 제1항
④ (○) 노조법 제72조 제2항
⑤ (○) 위원장은 공익을 대표하는 노동위원회의 위원인 특별조정위원 중에서 호선하고, 당해 노동위원회의 위원이 아닌 자만으로 구성된 경우에는 그중에서 호선한다. 다만, 공익을 대표하는 위원인 특별조정위원이 1인인 경우에는 당해 위원이 위원장이 된다(노조법 제73조 제2항).

공익사업(노조법 제71조 제1항)
- 정기노선 여객운수사업 및 항공운수사업
- 수도사업, 전기사업, 가스사업, 석유정제사업 및 석유공급사업
- 공중위생사업, 의료사업 및 혈액공급사업
- 은행 및 조폐사업
- 방송 및 통신사업

필수공익사업(노조법 제71조 제2항)
- 철도사업, 도시철도사업 및 항공운수사업
- 수도사업, 전기사업, 가스사업, 석유정제사업 및 석유공급사업
- 병원사업 및 혈액공급사업
- 한국은행사업
- 통신사업

답 ❷

020 노동조합 및 노동관계조정법상 노동쟁의의 조정(調停)에 관한 설명으로 옳지 않은 것은?

CHECK ○△×

20 노무

① 노동위원회는 관계당사자의 일방이 노동쟁의의 조정을 신청한 때에는 지체 없이 조정을 개시하여야 하며 관계당사자 쌍방은 이에 성실히 임하여야 한다.
② 조정은 그 신청이 있은 날부터 일반사업에 있어서는 10일 이내에, 공익사업에 있어서는 15일 이내에 종료하여야 한다.
③ 근로자를 대표하는 조정위원은 사용자가 추천하는 당해 노동위원회의 위원 중에서 그 노동위원회의 위원장이 지명하여야 한다.
④ 노동위원회는 관계당사자 쌍방의 신청이 있거나 관계당사자 쌍방의 동의를 얻은 경우에는 조정위원회에 갈음하여 단독조정인에게 조정을 행하게 할 수 있다.
⑤ 조정위원회의 조정안의 해석 또는 이행방법에 관한 견해가 제시되기 전이라도 관계당사자는 당해 조정안의 해석 또는 이행에 관하여 쟁의행위를 할 수 있다.

해설

① (O) 노조법 제53조 제1항
② (O) 노조법 제54조 제1항
③ (O) 노조법 제55조 제3항 본문
④ (O) 노조법 제57조 제1항
⑤ (×) 조정위원회의 조정안의 해석 또는 이행방법에 관한 견해가 제시될 때까지는 관계당사자는 당해 조정안의 해석 또는 이행에 관하여 쟁의행위를 할 수 없다(노조법 제60조 제5항).

답 ❺

021 노동조합 및 노동관계조정법상 노동쟁의의 중재에 관한 설명으로 옳은 것은?

CHECK ○△×

20 노무

① 노동쟁의의 조정(調整)에서 사적 중재는 허용되지 않는다.
② 중재재정은 서면으로 작성하여 이를 행하며 그 서면에는 효력발생기일을 명시하여야 한다.
③ 중재위원회 위원장은 중재위원 중에서 당해 노동위원회 위원장이 지명한다.
④ 노동쟁의가 중재에 회부된 때에는 그날부터 30일간은 쟁의행위를 할 수 없다.
⑤ 노동위원회의 중재재정은 중앙노동위원회에의 재심신청 또는 행정소송의 제기에 의하여 그 효력이 정지된다.

해설

① (×) 조정 및 중재의 규정은 노동관계당사자가 쌍방의 합의 또는 단체협약이 정하는 바에 따라 각각 다른 조정 또는 중재방법(이하 "사적 조정 등")에 의하여 노동쟁의를 해결하는 것을 방해하지 아니한다(노조법 제52조 제1항).
② (O) 노조법 제68조 제1항
③ (×) 중재위원회 위원장은 중재위원 중에서 호선한다(노조법 제65조 제2항).
④ (×) 노동쟁의가 중재에 회부된 때에는 그날부터 15일간은 쟁의행위를 할 수 없다(노조법 제63조).
⑤ (×) 노동위원회의 중재재정 또는 재심결정은 중앙노동위원회에의 재심신청 또는 행정소송의 제기에 의하여 그 효력이 정지되지 아니한다(노조법 제70조 제2항).

답 ❷

022 노동조합 및 노동관계조정법상 긴급조정에 관한 설명으로 옳지 않은 것은? 20 노무

CHECK ○△×

① 고용노동부장관은 쟁의행위가 공익사업에 관한 것이거나 그 규모가 크거나 그 성질이 특별한 것으로서 현저히 국민경제를 해하거나 국민의 일상생활을 위태롭게 할 위험이 현존하는 때에는 긴급조정의 결정을 할 수 있다.

② 고용노동부장관은 긴급조정을 결정한 때에는 지체 없이 그 이유를 붙여 이를 공표함과 동시에 중앙노동위원회와 관계당사자에게 각각 통고하여야 한다.

③ 관계당사자는 긴급조정의 결정이 공표된 때에는 즉시 쟁의행위를 중지하여야 하며, 공표일부터 30일이 경과하지 아니하면 쟁의행위를 재개할 수 없다.

④ 중앙노동위원회의 위원장은 긴급조정이 성립될 가망이 없다고 인정한 경우에는 관계당사자의 의견을 들어 그 사건을 중재에 회부할 것인가의 여부를 결정하여야 한다.

⑤ 중앙노동위원회의 위원장이 중재회부의 결정을 한 때에는 중앙노동위원회는 지체 없이 중재를 행하여야 한다.

해설

① (○) 노조법 제76조 제1항
② (○) 노조법 제76조 제3항
③ (○) 노조법 제77조
④ (×) 중앙노동위원회의 위원장은 중앙노동위원회의 조정이 성립될 가망이 없다고 인정한 경우에는 공익위원의 의견을 들어 그 사건을 중재에 회부할 것인가의 여부를 결정하여야 한다(노조법 제79조 제1항).
⑤ (○) 노조법 제80조

답 ❹

023 노동조합 및 노동관계조정법령상 노동쟁의 조정의 기본 원칙으로 옳지 않은 것은? 19 노무

CHECK ○△×

① 공익사업에 있어서의 노동쟁의의 조정은 우선적으로 취급하고 신속히 처리하도록 노력하여야 한다.

② 노동관계당사자는 노동쟁의가 발생한 때에는 이를 자주적으로 해결하도록 노력하여야 한다.

③ 국가 및 지방자치단체는 노동관계당사자 간에 노동관계에 관한 주장이 일치하지 아니할 경우에 쟁의행위를 가능한 한 예방하고 노동쟁의의 신속·공정한 해결에 노력하여야 한다.

④ 노동관계의 조정을 할 경우에는 노동관계당사자와 노동위원회 기타 관계기관은 사건을 신속히 처리하도록 노력하여야 한다.

⑤ 노동쟁의 조정에 관한 규정은 노동관계당사자가 직접 노사협의 또는 단체교섭에 의하여 근로조건 기타 노동관계에 관한 사항을 정하거나 노동관계에 관한 주장의 불일치를 조정하고 이에 필요한 노력을 하는 것을 방해하지 아니한다.

해설

① (×) 국가·지방자치단체·국공영기업체·방위산업체 및 공익사업에 있어서의 노동쟁의의 조정은 우선적으로 취급하고 신속히 처리하여야 한다(노조법 제51조).
② (○) 노조법 제48조
③ (○) 노조법 제49조
④ (○) 노조법 제50조
⑤ (○) 노조법 제47조

답 ❶

024 노동조합 및 노동관계조정법상 공익사업등의 우선적 취급에 관한 규정에서 (　　)에 들어갈 내용으로 옳은 것은? 23 노무

CHECK ○△×

> **제51조(공익사업등의 우선적 취급)**
> 국가 · 지방자치단체 · 국공영기업체 · 방위산업체 및 공익사업에 있어서의 (　　)은(는) 우선적으로 취급하고 신속히 처리하여야 한다.

① 쟁의행위의 조정
② 부당노동행위의 구제
③ 단체협약의 해석
④ 노동쟁의의 조정
⑤ 노동조합 해산의 의결

해설

국가 · 지방자치단체 · 국공영기업체 · 방위산업체 및 공익사업에 있어서의 노동쟁의의 조정은 우선적으로 취급하고 신속히 처리하여야 한다(노조법 제51조).

답 ④

025 노동조합 및 노동관계조정법령상 긴급조정에 관한 설명으로 옳지 않은 것은? 16 노무

CHECK ○△×

① 중앙노동위원회는 고용노동부장관으로부터 긴급조정결정의 통고를 받은 때에는 지체 없이 조정을 개시하여야 한다.
② 관계당사자는 긴급조정의 결정이 공표된 때에는 즉시 쟁의행위를 중지하여야 하며, 공표일로부터 30일이 경과하지 아니하면 쟁의행위를 재개할 수 없다.
③ 중앙노동위원회의 위원장은 조정이 성립될 가망이 없다고 인정한 경우에는 공익위원의 의견을 들어 그 사건을 중재에 회부할 것인가의 여부를 결정하여야 한다.
④ 고용노동부장관은 긴급조정의 결정을 하고자 할 때에는 미리 중앙노동위원회 위원장의 동의를 얻어야 한다.
⑤ 고용노동부장관은 쟁의행위가 공익사업에 관한 것이거나 그 규모가 크거나 그 성질이 특별한 것으로서 현저히 국민경제를 해하거나 국민의 일상생활을 위태롭게 할 위험이 현존하는 때에는 긴급조정의 결정을 할 수 있다.

해설

① (○) 노조법 제78조
② (○) 노조법 제77조
③ (○) 노조법 제79조 제1항
④ (×) 고용노동부장관은 긴급조정의 결정을 하고자 할 때에는 미리 중앙노동위원회 위원장의 의견을 들어야 한다(노조법 제76조 제2항).
⑤ (○) 노조법 제76조 제1항

답 ④

026 노동조합 및 노동관계조정법령상 노동쟁의의 조정(調整)에 관한 설명으로 옳지 않은 것은?

CHECK ○△×

16 노무

① 사적 조정 등을 수행하는 자는 노동관계당사자로부터 수수료 등을 받을 수 없다.
② 사적 조정 등에 의하여 조정 또는 중재가 이루어진 경우 그 내용은 단체협약과 동일한 효력을 가진다.
③ 국가·지방자치단체·국공영기업체·방위산업체 및 공익사업에 있어서의 노동쟁의의 조정은 우선적으로 취급하고 신속히 처리하여야 한다.
④ 노동위원회는 조정신청 전이라도 원활한 조정을 위하여 교섭을 주선하는 등 관계당사자의 자주적인 분쟁 해결을 지원할 수 있다.
⑤ 노동위원회는 관계당사자 쌍방의 신청이 있거나 관계당사자 쌍방의 동의를 얻은 경우에는 조정위원회에 갈음하여 단독조정인에게 조정을 행하게 할 수 있다.

해설

① (×) 사적 조정 등을 수행하는 자는 노동관계당사자로부터 수수료, 수당 및 여비 등을 받을 수 있다(노조법 제52조 제5항).
② (○) 노조법 제52조 제4항
③ (○) 노조법 제51조
④ (○) 노조법 제53조 제2항
⑤ (○) 노조법 제57조 제1항

답 ❶

027 노동조합 및 노동관계조정법상 노동쟁의 조정에 관한 설명으로 옳은 것은?

CHECK ○△×

23 노무

① 사적 조정 등을 수행하는 자는 노동관계 당사자로부터 수수료, 수당 및 여비 등을 받을 수 있다.
② 노동관계 당사자가 노동쟁의를 단체협약에서 정하는 바에 따라 해결하기로 한 경우 이를 행정관청에 신고하여야 한다.
③ 노동관계 당사자가 단체협약이 정하는 바에 따라 노동쟁의의 조정을 한 경우 그 내용은 재판상 화해와 같은 효력을 가진다.
④ 고용노동부장관은 긴급조정의 결정을 하고자 할 때에는 중앙노동위원회 의결을 거쳐야 한다.
⑤ 중앙노동위원회는 고용노동부장관의 긴급조정결정 통고를 받은 때에는 지체 없이 중재를 개시하여야 한다.

해설

① (○) 노조법 제52조 제5항 후문
② (×) 노조법 제2절 및 제3절의 규정은 노동관계 당사자가 쌍방의 합의 또는 단체협약이 정하는 바에 따라 각각 다른 조정 또는 중재방법("사적 조정 등")에 의하여 노동쟁의를 해결하는 것을 방해하지 아니한다. 노동관계 당사자가 이에 의하여 노동쟁의를 해결하기로 한 때에는 노동위원회에 신고하여야 한다(노조법 제52조 제1항·제2항).
③ (×) 노동관계 당사자가 단체협약이 정하는 바에 따라 노동쟁의의 조정을 한 경우 그 내용은 단체협약과 동일한 효력을 가진다(노조법 제52조 제4항).
④ (×) 고용노동부장관은 긴급조정의 결정을 하고자 할 때에는 미리 중앙노동위원회 위원장의 의견을 들어야 한다(노조법 제76조 제2항).
⑤ (×) 중앙노동위원회는 고용노동부장관의 긴급조정결정 통고를 받은 때에는 지체 없이 조정을 개시하여야 한다(노조법 제78조).

답 ❶

028 노동조합 및 노동관계조정법상 노동쟁의의 조정(調停)에 관한 설명으로 옳지 않은 것은?

CHECK ○△×

15 노무

① 노동위원회는 관계당사자의 일방이 노동쟁의의 조정을 신청한 때에는 지체 없이 조정을 개시하여야 한다.
② 조정은 조정의 신청이 있은 날부터 일반사업에 있어서는 10일 이내에 종료하여야 한다.
③ 조정기간은 관계당사자의 일방의 신청으로 공익사업에 있어서는 15일 이내에서 연장할 수 있다.
④ 노동위원회는 관계당사자 쌍방의 신청이 있는 경우 조정위원회에 갈음하여 단독조정인에게 조정을 행하게 할 수 있다.
⑤ 조정서의 내용은 단체협약과 동일한 효력을 가진다.

해설

① (○) 노조법 제53조 제1항
② (○) 조정은 조정의 신청이 있은 날부터 일반사업에 있어서는 10일, 공익사업에 있어서는 15일 이내에 종료하여야 한다(노조법 제54조 제1항).
③ (×) 조정기간은 관계당사자 간의 합의로 일반사업에 있어서는 10일, 공익사업에 있어서는 15일 이내에서 연장할 수 있다(노조법 제54조 제2항).
④ (○) 노조법 제57조 제1항
⑤ (○) 노조법 제61조 제2항

답 ❸

029 노동조합 및 노동관계조정법상 긴급조정에 관한 설명으로 옳지 않은 것은?

15 노무

CHECK ○△×

① 고용노동부장관은 쟁의행위가 공익사업에 관한 것이거나 그 규모가 크거나 그 성질이 특별한 것으로서 현저히 국민경제를 해하거나 국민의 일상생활을 위태롭게 할 위험이 현존하는 때에는 긴급조정의 결정을 할 수 있다.
② 고용노동부장관은 긴급조정의 결정을 하고자 할 때에는 미리 중앙노동위원회의 의결을 거쳐야 한다.
③ 긴급조정결정의 공표는 신문·라디오 그 밖에 공중이 신속히 알 수 있는 방법으로 해야 한다.
④ 고용노동부장관은 노동조합 및 노동관계조정법상의 소정 절차를 거쳐 긴급조정을 결정한 때에는 지체 없이 그 이유를 붙여 이를 공표함과 동시에 중앙노동위원회와 관계당사자에게 각각 통고하여야 한다.
⑤ 관계당사자는 긴급조정의 결정이 공표된 때에는 즉시 쟁의행위를 중지하여야 한다.

해설

① (○) 노조법 제76조 제1항
② (×) 고용노동부장관은 긴급조정의 결정을 하고자 할 때에는 미리 중앙노동위원회 위원장의 의견을 들어야 한다(노조법 제76조 제2항).
③ (○) 노조법 시행령 제32조
④ (○) 노조법 제76조 제3항
⑤ (○) 관계당사자는 긴급조정의 결정이 공표된 때에는 즉시 쟁의행위를 중지하여야 하며, 공표일부터 30일이 경과하지 아니하면 쟁의행위를 재개할 수 없다(노조법 제77조).

답 ❷

030 노동조합 및 노동관계조정법령상 조정 및 중재에 관한 설명으로 옳지 않은 것은? 18 노무

CHECK ○△×

① 조정이 이루어진 경우에 그 내용은 단체협약과 동일한 효력을 가진다.
② 노동위원회는 관계당사자 쌍방의 신청이 있는 경우에는 조정위원회에 갈음하여 단독조정인에게 조정을 행하게 할 수 있다.
③ 노동쟁의가 중재에 회부된 때에는 그날부터 15일간은 쟁의행위를 할 수 없다.
④ 노동관계당사자는 법령에 의한 사적 조정·중재에 의하여 노동쟁의를 해결하기로 한 경우에는 고용노동부령이 정하는 바에 따라 관할 노동위원회에 신고해야 한다.
⑤ 노동위원회는 노동쟁의에 대한 조정이 실패한 경우에 한하여 중재를 행할 수 있다.

해설

① (○) 노조법 제52조 제4항, 제61조 제2항
② (○) 노조법 제57조 제1항
③ (○) 노동쟁의가 중재에 회부된 때에는 그날부터 15일간은 쟁의행위를 할 수 없다(노조법 제63조).
④ (○) 노조법 시행령 제23조 제1항
⑤ (×) 노동위원회는 관계당사자의 쌍방이 함께 중재를 신청한 때, 관계당사자의 일방이 단체협약에 의하여 중재를 신청한 때에는 중재를 행한다(노조법 제62조).

답 ❺

031 노동조합 및 노동관계조정법상 필수공익사업에 해당하는 것을 모두 고른 것은? 20 노무

CHECK ○△×

ㄱ. 도시철도사업	ㄴ. 공중위생사업
ㄷ. 혈액공급사업	ㄹ. 방송사업
ㅁ. 은행사업	ㅂ. 석유공급사업

① ㄱ, ㄴ, ㄷ
② ㄱ, ㄷ, ㅂ
③ ㄱ, ㅁ, ㅂ
④ ㄴ, ㄷ, ㄹ
⑤ ㄷ, ㅁ, ㅂ

해설

ㄱ. (○), ㄴ. (×), ㄷ. (○), ㄹ. (×), ㅁ. (×), ㅂ. (○)
ㄴ. 공중위생사업, ㄹ. 방송사업, ㅁ. 은행사업은 노조법 제71조 제2항에서 정한 필수공익사업에 해당하지 아니한다.

공익사업의 범위등(노조법 제71조)

② 노동조합 및 노동관계조정법에서 "필수공익사업"이라 함은 공익사업으로서 그 업무의 정지 또는 폐지가 공중의 일상생활을 현저히 위태롭게 하거나 국민경제를 현저히 저해하고 그 업무의 대체가 용이하지 아니한 다음의 사업을 말한다.
1. 철도사업, 도시철도사업 및 항공운수사업
2. 수도사업, 전기사업, 가스사업, 석유정제사업 및 석유공급사업
3. 병원사업 및 혈액공급사업
4. 한국은행사업
5. 통신사업

답 ❷

032 노동조합 및 노동관계조정법령상 조정 및 중재에 관한 설명으로 옳은 것은? 19 노무

CHECK ○△×

① 노동위원회는 조정위원회 또는 단독조정인이 조정의 종료를 결정한 후에도 노동쟁의 해결을 위하여 조정을 할 수 있다.

② 노동쟁의가 노동위원회의 중재에 회부된 때에는 그날부터 10일간은 쟁의행위를 할 수 없다.

③ 노동쟁의의 중재를 위하여 당해 노동위원회의 위원 중에서 사용자를 대표하는 자, 근로자를 대표하는 자 및 공익을 대표하는 자 각 1인으로 구성된 중재위원회를 둔다.

④ 중앙노동위원회 위원장은 긴급조정의 결정을 하고자 할 때에는 미리 고용노동부장관의 의견을 들어야 한다.

⑤ 관계당사자는 긴급조정의 결정이 공표된 때에는 즉시 쟁의행위를 중지하여야 하며, 공표일부터 15일이 경과하지 아니하면 쟁의행위를 재개할 수 없다.

해설

① (○) 노동위원회는 조정의 종료가 결정된 후에도 노동쟁의의 해결을 위하여 조정을 할 수 있다(노조법 제61조의2 제1항).

② (×) 노동쟁의가 중재에 회부된 때에는 그날부터 15일간은 쟁의행위를 할 수 없다(노조법 제63조).

③ (×) 노동쟁의의 중재 또는 재심을 위하여 노동위원회에 중재위원 3인으로 구성되는 중재위원회를 둔다(노조법 제64조 제1항·제2항). 중재위원은 당해 노동위원회의 공익을 대표하는 위원 중에서 관계당사자의 합의로 선정한 자에 대하여 그 노동위원회의 위원장이 지명한다. 다만, 관계당사자 간에 합의가 성립되지 아니한 경우에는 노동위원회의 공익을 대표하는 위원 중에서 지명한다(노조법 제64조 제3항).

④ (×) 고용노동부장관은 긴급조정의 결정을 하고자 할 때에는 미리 중앙노동위원회 위원장의 의견을 들어야 한다(노조법 제76조 제2항).

⑤ (×) 관계당사자는 긴급조정의 결정이 공표된 때에는 즉시 쟁의행위를 중지하여야 하며, 공표일부터 30일이 경과하지 아니하면 쟁의행위를 재개할 수 없다(노조법 제77조).

답 ❶

033 노동조합 및 노동관계조정법령상 노동쟁의의 조정에 관한 설명으로 옳지 않은 것은? 17 노무

CHECK ○△×

① 사적 중재에 의하여 해결하기로 한 경우 쟁의행위의 금지기간은 중재를 개시한 날부터 기산한다.

② 노동관계당사자는 사적 조정 등에 의하여 노동쟁의를 해결하기로 한 때에는 이를 고용노동부장관에게 신고하여야 한다.

③ 공익사업의 노동쟁의의 조정을 위하여 노동위원회에 특별조정위원회를 둔다.

④ 노동위원회는 조정의 종료가 결정된 후에도 노동쟁의의 해결을 위하여 조정을 할 수 있다.

⑤ 사적 조정에 의하여 해결하기로 한 때에는 그 조정은 조정을 개시한 날부터 기산하여 일반사업에 있어서는 10일, 공익사업에 있어서는 15일 이내에 종료하여야 한다.

해설

① (○) 노조법 제52조 제3항 제2호

② (×) 노동관계당사자는 사적 조정 등의 규정에 의하여 노동쟁의를 해결하기로 한 때에는 이를 노동위원회에 신고하여야 한다(노조법 제52조 제2항).

③ (○) 노조법 제72조 제1항

④ (○) 노조법 제61조의2 제1항

⑤ (○) 노조법 제52조, 제54조 제1항

답 ❷

034 노동조합 및 노동관계조정법령상 필수공익사업에 해당하지 않는 것은? 17 노무

CHECK ○△×

① 철도사업
② 조폐사업
③ 혈액공급사업
④ 항공운수사업
⑤ 통신사업

해설

① (○), ② (×), ③ (○), ④ (○), ⑤ (○)
조폐사업은 노조법 제71조 제1항 제4호에서 정한 공익사업에 해당한다.

공익사업(노조법 제71조 제1항)
- 정기노선 여객운수사업 및 항공운수사업
- 수도사업, 전기사업, 가스사업, 석유정제사업 및 석유공급사업
- 공중위생사업, 의료사업 및 혈액공급사업
- 은행 및 조폐사업
- 방송 및 통신사업

필수공익사업(노조법 제71조 제2항)
- 철도사업, 도시철도사업 및 항공운수사업
- 수도사업, 전기사업, 가스사업, 석유정제사업 및 석유공급사업
- 병원사업 및 혈액공급사업
- 한국은행사업
- 통신사업

답 ❷

035 노동조합 및 노동관계조정법령상 긴급조정에 관한 설명으로 옳지 않은 것은? 18 노무

CHECK ○△×

① 고용노동부장관은 쟁의행위가 그 성질이 특별한 것으로서 현저히 국민경제를 해하거나 국민의 일상생활을 위태롭게 할 위험이 현존하는 때에는 긴급조정의 결정을 할 수 있다.
② 고용노동부장관은 긴급조정의 결정을 하고자 할 때에는 미리 중앙노동위원회 위원장의 의견을 들어야 한다.
③ 긴급조정이 결정되면 관계당사자는 즉시 쟁의행위를 중지하여야 하며, 결정일부터 30일이 경과하지 아니하면 쟁의행위를 재개할 수 없다.
④ 고용노동부장관은 긴급조정을 결정한 때에는 지체 없이 이를 공표하여야 한다.
⑤ 중앙노동위원회는 법령에 따라 긴급조정결정의 통고를 받은 때에는 지체 없이 조정을 개시하여야 한다.

해설

① (O) 고용노동부장관은 쟁의행위가 공익사업에 관한 것이거나 그 규모가 크거나 그 성질이 특별한 것으로서 현저히 국민경제를 해하거나 국민의 일상생활을 위태롭게 할 위험이 현존하는 때에는 긴급조정의 결정을 할 수 있다(노조법 제76조 제1항).

② (O) 노조법 제76조 제2항

③ (×) 관계당사자는 긴급조정의 결정이 공표된 때에는 즉시 쟁의행위를 중지하여야 하며, 공표일부터 30일이 경과하지 아니하면 쟁의행위를 재개할 수 없다(노조법 제77조).

④ (O) 고용노동부장관은 긴급조정을 결정한 때에는 지체 없이 그 이유를 붙여 이를 공표함과 동시에 중앙노동위원회와 관계당사자에게 각각 통고하여야 한다(노조법 제76조 제3항).

⑤ (O) 노조법 제78조

답 ❸

036 노동조합 및 노동관계조정법령상 노동쟁의의 조정(調整)에 관한 설명으로 옳은 것은? 14 노무

CHECK ○△×

① 노동위원회는 직권으로 조정위원회에 갈음하여 단독조정인에게 조정을 행하게 할 수 있다.

② 공익사업에 있어서 특별조정위원회 위원은 그 노동위원회의 공익을 대표하는 위원 중에서 노동조합과 사용자가 추천한 자 중에서 고용노동부장관이 지명한다.

③ 조정안이 관계당사자에 의하여 수락된 때에는 조정위원 전원 또는 단독조정인은 조정서를 작성하고 관계당사자와 함께 서명 또는 날인하여야 하며 조정서의 내용은 단체협약과 동일한 효력을 가진다.

④ 사적 중재에 의하여 노동쟁의를 해결하기로 한 경우에는 중재 시 쟁의행위의 금지기간에 관한 노동조합 및 노동관계조정법 규정이 적용되지 않는다.

⑤ 노동위원회에 의한 조정절차가 개시된 이후에는 관계당사자가 합의하더라도 사적 조정절차가 개시될 수 없다.

해설

① (×) 노동위원회는 관계당사자 쌍방의 신청이 있거나 관계당사자 쌍방의 동의를 얻은 경우에는 조정위원회에 갈음하여 단독조정인에게 조정을 행하게 할 수 있다(노조법 제57조 제1항).

② (×) 특별조정위원은 그 노동위원회의 공익을 대표하는 위원 중에서 노동조합과 사용자가 순차적으로 배제하고 남은 4인 내지 6인 중에서 노동위원회의 위원장이 지명한다. 다만, 관계당사자가 합의로 당해 노동위원회의 위원이 아닌 자를 추천하는 경우에는 그 추천된 자를 지명한다(노조법 제72조 제3항).

③ (O) 노조법 제61조 제1항·제2항

④ (×) 노동쟁의가 중재에 회부된 때에는 그날부터 15일간은 쟁의행위를 할 수 없다는 규정(노조법 제63조)은 사적 중재에 의하여 노동쟁의를 해결하기로 한 때에도 적용된다(노조법 제52조 제3항 제2호).

⑤ (×) 조정 및 중재의 규정은 노동관계당사자가 쌍방의 합의 또는 단체협약이 정하는 바에 따라 각각 다른 조정 또는 중재방법에 의하여 노동쟁의를 해결하는 것을 방해하지 아니한다(노조법 제52조 제1항).

답 ❸

037 노동조합 및 노동관계조정법상 쟁의행위가 금지되는 기간으로 옳게 묶인 것은?

07 사시

CHECK ○△×

[X군]

A. 일반사업의 경우 조정전치주의에 따라 쟁의행위가 금지되는 조정기간
B. 공익사업의 경우 조정전치주의에 따라 쟁의행위가 금지되는 조정기간
C. 중재에 회부된 때에 쟁의행위가 금지되는 기간
D. 긴급조정의 결정이 공표된 때에 쟁의행위가 금지되는 기간

[Y군]

ㄱ. 10일
ㄴ. 15일
ㄷ. 20일
ㄹ. 30일
ㅁ. 60일

① A - ㄱ, B - ㄴ, C - ㄴ, D - ㄷ
② A - ㄱ, B - ㄴ, C - ㄴ, D - ㄹ
③ A - ㄱ, B - ㄴ, C - ㄷ, D - ㄹ
④ A - ㄴ, B - ㄷ, C - ㄹ, D - ㄹ
⑤ A - ㄴ, B - ㄷ, C - ㄹ, D - ㅁ

해설

- 조정은 조정의 신청이 있은 날부터 일반사업에 있어서는 10일, 공익사업에 있어서는 15일 이내에 종료하여야 한다(노조법 제54조 제1항).
- 노동쟁의가 중재에 회부된 때에는 그날부터 15일간은 쟁의행위를 할 수 없다(노조법 제63조).
- 관계 당사자는 긴급조정의 결정이 공표된 때에는 즉시 쟁의행위를 중지하여야 하며, 공표일부터 30일이 경과하지 아니하면 쟁의행위를 재개할 수 없다(노조법 제77조).

답 ❷

CHAPTER 06

부당노동행위구제제도

제1절 서 설

제2절 부당노동행위의 유형

최신유형

001 노동조합 및 노동관계조정법상 부당노동행위에 관한 설명으로 옳지 않은 것은?(다툼이 있으면 판례에 따름) 25 노무

CHECK ○△×

① 부당노동행위 구제의 신청은 부당노동행위가 있은 날(계속하는 행위는 그 종료일)부터 6월 이내에 이를 행하여야 한다.

② 확정된 부당노동행위 구제명령에 위반한 자는 3년 이하의 징역 또는 3천만원 이하의 벌금에 처한다.

③ 지방노동위원회의 부당노동행위 구제신청에 대한 기각결정에 대하여는 결정서의 송달을 받은 날로부터 10일 이내에 중앙노동위원회에 재심을 신청할 수 있다.

④ 근로자가 '노동조합의 업무를 위한 정당한 행위'를 하고 사용자가 이를 이유로 근로자에 대하여 해고 등의 불이익을 주는 차별적 취급 행위를 한 경우에는 부당노동행위가 성립하고, 그 사실의 주장 및 증명책임은 부당노동행위임을 주장하는 측에 있다.

⑤ 부당노동행위의 예방·제거는 노동위원회의 구제명령을 통해서 이루어지는 것이므로, 구제명령을 이행할 수 있는 법률적 또는 사실적인 권한이나 능력을 가지는 지위에 있는 한 그 한도 내에서는 부당노동행위의 주체로서 구제명령의 대상자인 사용자에 해당한다고 볼 수 있을 것이다.

해설

① (×) 부당노동행위 구제의 신청은 부당노동행위가 있은 날(계속하는 행위는 그 종료일)부터 3월 이내에 이를 행하여야 한다(노조법 제82조 제2항).

② (○) 노조법 제89조 각 호 외의 부분, 제2호

③ (○) 지방노동위원회 또는 특별노동위원회의 구제명령 또는 기각결정에 불복이 있는 관계당사자는 그 명령서 또는 결정서의 송달을 받은 날부터 10일 이내에 중앙노동위원회에 그 재심을 신청할 수 있다(노조법 제85조 제1항).

④ (○) 부당노동행위가 성립하기 위해서는 근로자가 '노동조합의 업무를 위한 정당한 행위'를 하고 사용자가 이를 이유로 근로자에 대하여 해고 등의 불이익을 주는 차별적 취급행위를 한 경우라야 하며, 그 사실의 주장 및 증명책임은 부당노동행위임을 주장하는 측에 있다(대판 2018.12.27. 2017두37031).

⑤ (○) 대판 2010.3.25. 2007두8881

답 ❶

최신유형

002 노동조합 및 노동관계조정법상 부당노동행위에 관한 설명으로 옳지 않은 것은?(다툼이 있으면 판례에 따름)

25 노무

CHECK ○△×

① 회사 대표이사가 조합원에게 해고 또는 불이익한 대우를 하겠다는 의사표시를 하였으나 이를 현실화하지 않았더라도 이 법 제81조 제1항 제1호에서 정한 부당노동행위에 해당한다.

② 특정 노동조합에 가입하려고 하거나 특정 노동조합과 연대하려고 하는 노동조합에 대한 부당노동행위로 인하여 특정 노동조합의 권리가 침해당할 수 있는 경우에는 그 특정 노동조합이 부당노동행위의 직접 상대방이 아닌 경우에도 자신의 명의로 부당노동행위에 대한 구제신청을 할 수 있다.

③ 노동조합의 자주적인 운영 또는 활동을 침해할 위험이 없는 범위에서의 운영비 원조행위는 부당노동행위로 보지 않는다.

④ 노동조합의 대표자 또는 노동조합으로부터 위임을 받은 자와의 단체협약체결 기타의 단체교섭을 정당한 이유 없이 거부하거나 해태하는 행위는 부당노동행위에 해당한다.

⑤ 중앙노동위원회의 재심판정에 대하여 사용자가 행정소송을 제기한 경우에 관할법원은 중앙노동위원회의 신청에 의하여 결정으로써, 판결이 확정될 때까지 중앙노동위원회의 구제명령의 전부 또는 일부를 이행하도록 명할 수 있다.

해설

① (×) 회사 대표이사가 노동조합 위원장, 부위원장 및 조합원에게 해고 또는 불이익한 대우를 하겠다는 의사표시를 하였으나 이를 현실화하지 않았다면 노조법 제81조 제1항 제1호에서 정한 부당노동행위에 해당하지 않는다(대판 2004.8.30. 2004도3891).

② (○) 대판 2022.5.12. 2017두54005

③ (○) 노동조합의 운영비를 원조하는 행위는 사용자의 부당노동행위에 해당하나, 노동조합의 자주적인 운영 또는 활동을 침해할 위험이 없는 범위에서의 운영비 원조행위는 부당노동행위에 해당하지 아니하므로 예외적으로 허용된다(노조법 제81조 제1항 제4호 단서).

④ (○) 노조법 제81조 제1항 제3호

⑤ (○) 사용자가 중앙노동위원회의 재심판정에 대하여 행정소송을 제기한 경우에 관할법원은 중앙노동위원회의 신청에 의하여 결정으로써, 판결이 확정될 때까지 중앙노동위원회의 구제명령의 전부 또는 일부를 이행하도록 명할 수 있으며, 당사자의 신청에 의하여 또는 직권으로 그 결정을 취소할 수 있다(노조법 제85조 제5항).

답 ❶

003 노동조합 및 노동관계조정법상 부당노동행위에 대한 설명으로 옳지 않은 것은? 25 국가직 9급

CHECK ○△×

① 사용자가 노동조합의 조직 또는 운영에 지배·개입하는 행위가 건전한 사회통념이나 사회상규상 용인될 수 없는 정도에 이른 부당노동행위로 인정되더라도, 사용자는 이로 인한 노동조합의 비재산적 손해에 대하여 위자료 배상책임까지 부담하지는 않는다.

② 근로자에 대한 인사고과가 상여금의 지급기준이 되는 사업장에서 사용자가 특정 노동조합의 조합원이라는 이유로 다른 노동조합의 조합원 또는 비조합원보다 불리하게 인사고과를 하여 상여금을 적게 지급하는 불이익을 주었다면 그러한 사용자의 행위도 부당노동행위에 해당할 수 있다.

③ 개별 교섭 절차가 진행되던 중에 사용자가 다른 노동조합의 운영에 개입하는 의사로 특정 노동조합과 체결한 단체협약의 내용에 따라 해당 노동조합의 조합원에게만 금품을 지급하면 이는 부당노동행위에 해당할 수 있다.

④ 부당노동행위 구제신청과 구제명령의 상대방인 사용자에는 노동조합 및 노동관계조정법 제2조 제2호에서 정한 그 사업의 근로자에 관한 사항에 대하여 사업주를 위하여 행동하는 사람도 포함된다.

해설

① (×) 사용자가 노동조합의 조직 또는 운영에 지배·개입하는 행위가 건전한 사회통념이나 사회상규상 용인될 수 없는 정도에 이른 부당노동행위로 인정되는 경우 그 지배·개입행위는 헌법이 보장하고 있는 노동조합의 단결권을 침해하는 위법한 행위로 평가되어 노동조합에 대한 불법행위가 되고, 사용자는 이로 인한 노동조합의 비재산적 손해에 대하여 위자료 배상책임을 부담한다(대판 2020.12.24. 2017다51603).

② (○) 대판 2018.12.27. 2017두47311

③ (○) 노동조합법 제29조의2 제1항 단서에 따라 개별 교섭 절차가 진행되던 중에 사용자가 특정 노동조합과 체결한 단체협약의 내용에 따라 해당 노동조합의 조합원에게만 금품을 지급한 경우, 사용자의 이러한 금품 지급 행위가 다른 노동조합의 조직이나 운영을 지배하거나 이에 개입하는 의사에 따른 것이라면 부당노동행위에 해당할 수 있다(대판 2019.4.25. 2017두33510).

④ (○) 부당노동행위 구제신청과 구제명령의 상대방인 사용자에는 노조법 제2조 제2호에서 정한 사업주, 사업의 경영담당자 또는 그 사업의 근로자에 관한 사항에 대하여 사업주를 위하여 행동하는 사람 모두 포함된다고 해석함이 타당하다(대판 2022.5.12. 2017두54005).

답 ❶

004 노동조합 및 노동관계조정법상 부당노동행위에 대한 설명으로 옳지 않은 것은? 24 국가직 7급

CHECK ○△×

① 근로자의 기본적인 근로조건 등에 관하여 그 근로자를 고용한 사업주로서의 권한과 책임을 일정 부분 담당하고 있다고 볼 정도로 실질적이고 구체적으로 지배·결정할 수 있는 지위에 있는 자가, 노동조합을 조직 또는 운영하는 것을 지배하거나 이에 개입하는 등으로 노동조합 및 노동관계조정법 제81조 제1항 제4호에서 정한 행위를 하였다면, 그 시정을 명하는 구제명령을 이행하여야 할 사용자에 해당한다.

② 노동조합으로서는 자신에 대한 사용자의 부당노동행위가 있는 경우뿐만 아니라, 그 소속 조합원으로 가입한 근로자 또는 그 소속 조합원으로 가입하려고 하는 근로자에 대하여 사용자의 부당노동행위가 있는 경우에도 노동조합의 권리가 침해당할 수 있으므로, 그 경우에도 자신의 명의로 부당노동행위에 대한 구제신청을 할 수 있는 권리를 가진다.

③ 사용자가 한 발언의 내용, 그것이 행하여진 상황과 시점, 그것이 노동조합의 운영이나 활동에 미치거나 미칠 수 있는 영향 등을 종합하여 노동조합의 조직이나 운영 및 활동을 지배하거나 이에 개입하는 의사가 인정되는 경우에는 '근로자가 노동조합을 조직 또는 운영하는 것을 지배하거나 이에 개입하는 행위'로서 부당노동행위가 성립하지만, 그 지배·개입으로서의 부당노동행위가 성립하기 위해서는 반드시 근로자의 단결권 침해라는 결과의 발생까지 요구된다.

④ 사용자가 비록 파업이 예정된 상황이라 하더라도 파업의 정당성과 적법성 여부 및 파업이 회사나 근로자에 미치는 영향 등을 설명하는 행위는 거기에 징계 등 불이익의 위협 또는 이익제공의 약속 등이 포함되어 있거나 다른 지배·개입의 정황 등 노동조합의 자주성을 해칠 수 있는 요소가 연관되어 있지 않는 한, 사용자에게 노동조합의 조직이나 운영 및 활동을 지배하거나 이에 개입하는 의사가 있다고 가볍게 단정할 것은 아니다.

해설

① (○) 대판 2010.3.25. 2007두8881

② (○) 대판 2008.9.11. 2007두19249

③ (×) 사용자가 한 발언의 내용, 그것이 행하여진 상황과 시점, 그것이 노동조합의 운영이나 활동에 미치거나 미칠 수 있는 영향 등을 종합하여 노동조합의 조직이나 운영 및 활동을 지배하거나 이에 개입하는 의사가 인정되는 경우에는 '근로자가 노동조합을 조직 또는 운영하는 것을 지배하거나 이에 개입하는 행위'로서 부당노동행위가 성립하고, 또 그 지배·개입으로서의 부당노동행위의 성립에 반드시 근로자의 단결권 침해라는 결과의 발생까지 요하는 것은 아니다(대판 2022.5.12. 2017두54005).

④ (○) 사용자가 노동조합의 활동에 대하여 단순히 비판적 견해를 표명하거나 근로자를 상대로 집단적인 설명회 등을 개최하여 회사의 경영상황 및 정책방향 등 입장을 설명하고 이해를 구하는 행위 또는 비록 파업이 예정된 상황이라 하더라도 파업의 정당성과 적법성 여부 및 파업이 회사나 근로자에 미치는 영향 등을 설명하는 행위는 거기에 징계 등 불이익의 위협 또는 이익제공의 약속 등이 포함되어 있거나 다른 지배·개입의 정황 등 노동조합의 자주성을 해칠 수 있는 요소가 연관되어 있지 않는 한, 사용자에게 노동조합의 조직이나 운영 및 활동을 지배하거나 이에 개입하는 의사가 있다고 가볍게 단정할 것은 아니다(대판 2013.1.10. 2011도15497).

답 ❸

005 노동조합 및 노동관계조정법상 유니언숍(Union Shop) 협정에 대한 설명으로 옳지 않은 것은?

CHECK ○△×

25 국가직 9급

① 노동조합이 당해 사업장에 종사하는 근로자의 3분의 2 이상을 대표하고 있을 때에는 근로자가 그 노동조합의 조합원이 될 것을 고용조건으로 하는 단체협약의 체결은 허용되며 이는 부당노동행위에 해당하지 않는다.

② 유니언숍 협정이 있는 사업장의 일부 조합원이 노동조합에 불만을 품고 탈퇴하였다가 다시 재가입 신청을 하였으나 그들 중 일부만의 가입을 승인하고 나머지의 승인을 거부한 것은 권리남용 내지 신의칙 위반이다.

③ 사용자는 근로자가 유니언숍 협정을 체결한 노동조합을 탈퇴하여 새로 노동조합을 조직하거나 다른 노동조합에 가입한 것을 이유로 근로자에게 신분상 불이익한 행위를 할 수 없다.

④ 신규로 입사한 근로자가 지배적 노동조합이 아닌 노동조합에 이미 가입한 경우에는 지배적 노동조합에 대한 가입 및 탈퇴 절차를 별도로 경유하지 아니하였다는 이유로 사용자가 유니언숍 협정을 들어 신규 입사 근로자를 해고하는 것은 정당한 이유가 있는 해고로서 유효하다.

해설

① (O) 노동조합이 당해 사업장에 종사하는 근로자의 3분의 2 이상을 대표하고 있을 때에는 근로자가 그 노동조합의 조합원이 될 것을 고용조건으로 하는 단체협약의 체결은 예외로 하며, 이 경우 사용자는 근로자가 그 노동조합에서 제명된 것 또는 그 노동조합을 탈퇴하여 새로 노동조합을 조직하거나 다른 노동조합에 가입한 것을 이유로 근로자에게 신분상 불이익한 행위를 할 수 없다(노조법 제81조 제1항 제2호 단서).

② (O) 대판 1996.10.29. 96다28899

③ (O) 노조법 제81조 제1항 제2호 단서 후단

④ (×) 신규로 입사한 근로자가 노동조합 선택의 자유를 행사하여 지배적 노동조합이 아닌 노동조합에 이미 가입한 경우에는 유니온 숍 협정의 효력이 해당 근로자에게까지 미친다고 볼 수 없고, 비록 지배적 노동조합에 대한 가입 및 탈퇴 절차를 별도로 경유하지 아니하였더라도 사용자가 유니온 숍 협정을 들어 신규 입사 근로자를 해고하는 것은 정당한 이유가 없는 해고로서 무효로 보아야 한다(대판 2019.11.28. 2019두47377).

답 ④

006 노동조합 및 노동관계조정법상 부당노동행위에 관한 설명으로 옳지 않은 것은?(다툼이 있으면 판례에 따름)

CHECK ○△×

24 노무

① 사용자는 노동조합의 운영비를 원조하는 행위를 할 수 없으나, 노동조합의 자주적인 운영 또는 활동을 침해할 위험이 없는 범위에서의 운영비 원조행위는 할 수 있다.

② 노동조합 및 노동관계조정법 제81조(부당노동행위) 제1항 제4호 단서에 따른 "노동조합의 자주적인 운영 또는 활동을 침해할 위험" 여부를 판단할 때 원조된 운영비 금액과 원조방법을 고려할 필요가 없다.

③ 노동위원회는 부당노동행위가 성립한다고 판정한 때에는 사용자에게 구제명령을 발하여야 하며, 부당노동행위가 성립되지 아니한다고 판정한 때에는 그 구제신청을 기각하는 결정을 하여야 한다.

④ 지배·개입으로서의 부당노동행위의 성립에 반드시 근로자의 단결권의 침해라는 결과의 발생까지 요하는 것은 아니다.

⑤ 지방노동위원회의 구제명령은 중앙노동위원회에의 재심신청에 의하여 그 효력이 정지되지 아니한다.

해설

① (O) 노동조합의 운영비를 원조하는 행위는 사용자의 부당노동행위에 해당하나, 노동조합의 자주적인 운영 또는 활동을 침해할 위험이 없는 범위에서의 운영비 원조행위는 부당노동행위에 해당하지 아니하므로 예외적으로 허용된다(노조법 제81조 제1항 제4호 단서).

② (×) "원조된 운영비 금액과 원조방법"도 "노동조합의 자주적 운영 또는 활동을 침해할 위험" 여부를 판단할 때 고려할 사항에 포함된다(노조법 제81조 제2항 제3호).

③ (O) 노동위원회는 구제신청에 따른 심문을 종료하고 부당노동행위가 성립한다고 판정한 때에는 사용자에게 구제명령을 발하여야 하며, 부당노동행위가 성립되지 아니한다고 판정한 때에는 그 구제신청을 기각하는 결정을 하여야 한다(노조법 제84조 제1항).

④ (O) 대판 2019.4.25. 2017두33510

⑤ (O) 노동위원회의 구제명령·기각결정 또는 재심판정은 중앙노동위원회에의 재심신청이나 행정소송의 제기에 의하여 그 효력이 정지되지 아니한다(노조법 제86조).

답 ❷

007 노동조합 및 노동관계조정법상 부당노동행위에 대한 설명으로 옳은 것은? 24 국가직 9급

CHECK ○△×

① 사용자가 근로시간 면제자에게 근로시간 면제한도를 초과하여 급여를 지급하더라도 부당노동행위가 성립하지 않는다.

② 사용자가 노동조합의 간부를 승진시켜 조합원 자격을 잃게 한 경우에는 노동조합활동을 방해하려는 의사가 있더라도 부당노동행위가 성립되지 않는다.

③ 부당노동행위에 대한 증명책임은 이를 주장하는 근로자 또는 노동조합에 있다.

④ 사용자가 노동조합사무소를 최소한의 규모로 제공하더라도 부당노동행위가 성립한다.

해설

① (×) 근로자가 노동조합을 조직 또는 운영하는 것을 지배하거나 이에 개입하는 행위와 근로시간 면제한도를 초과하여 급여를 지급하거나 노동조합의 운영비를 원조하는 사용자의 행위는 부당노동행위에 해당한다(노조법 제81조 제1항 제4호 본문).

② (×) 사용자가 근로자의 노동조합활동을 혐오하거나 노동조합활동을 방해하려는 의사로 노동조합의 간부이거나 노동조합활동에 적극적으로 관여하는 근로자를 승진시켜 조합원 자격을 잃게 한 경우에는 노동조합활동을 하는 근로자에게 불이익을 주는 행위로서 부당노동행위가 성립될 수 있을 것인바, 이 경우에 근로자의 승진이 사용자의 부당노동행위 의사에 의하여 이루어진 것인지의 여부는 승진의 시기와 조합활동과의 관련성, 업무상 필요성, 능력의 적격성과 인선의 합리성 등의 유무와 당해 근로자의 승진이 조합활동에 미치는 영향 등 제반 사정을 고려하여 판단하여야 할 것이다(대판 1998.12.23. 97누18035).

③ (O) 사용자의 행위가 노조법에서 정한 부당노동행위에 해당하는지는 사용자의 부당노동행위 의사의 존재 여부를 추정할 수 있는 모든 사정을 전체적으로 심리 검토하여 종합적으로 판단하여야 하고, 부당노동행위에 대한 증명책임은 이를 주장하는 근로자 또는 노동조합에 있다(대판 2018.6.15. 2014두12598).

④ (×) 근로자의 후생자금 또는 경제상의 불행 그 밖에 재해의 방지와 구제 등을 위한 기금의 기부와 최소한의 규모의 노동조합사무소의 제공 및 그 밖에 이에 준하여 노동조합의 자주적인 운영 또는 활동을 침해할 위험이 없는 범위에서 운영비를 원조하는 사용자의 행위는 부당노동행위에 해당하지 아니한다(노조법 제81조 제1항 제4호 단서).

답 ❸

008 노동조합 및 노동관계조정법상 부당노동행위에 대한 설명으로 옳지 않은 것은? 23 국가직 9급

CHECK ○△×

① 특정 노동조합에 가입하려고 하거나 특정 노동조합과 연대하려고 하는 노동조합에 대한 부당노동행위로 인하여 특정 노동조합의 권리가 침해당할 수 있는 경우라도 그 특정 노동조합이 부당노동행위의 직접 상대방이 아닌 경우에는 자신의 명의로 부당노동행위에 대한 구제신청을 할 수 없다.

② 부당노동행위 구제신청과 구제명령의 상대방인 사용자에는 노동조합 및 노동관계조정법 제2조 제2호에서 정한 사업주, 사업의 경영담당자 또는 그 사업의 근로자에 관한 사항에 대하여 사업주를 위하여 행동하는 사람이 모두 포함된다.

③ 사용자의 행위가 노동조합 및 노동관계조정법에서 정한 부당노동행위에 해당한다는 점은 이를 주장하는 근로자나 노동조합이 증명하여야 한다.

④ 노동조합의 조직이나 운영 및 활동을 지배하거나 이에 개입하는 의사가 사용자에게 인정되는 경우에는 '근로자가 노동조합을 조직 또는 운영하는 것을 지배하거나 이에 개입하는 행위'로서 사용자의 부당노동행위가 성립하고, 또 그 지배·개입으로서의 부당노동행위의 성립에 반드시 근로자의 단결권의 침해라는 결과의 발생까지 요하는 것은 아니다.

해설

① (×) 노동조합으로서는 자신에 대한 사용자의 부당노동행위가 있는 경우뿐만 아니라, 그 소속 조합원으로 가입한 근로자 또는 그 소속 조합원으로 가입하려고 하는 근로자에 대하여 사용자의 부당노동행위가 있는 경우에도 노동조합의 권리가 침해당할 수 있으므로, 그 경우에도 자신의 명의로 부당노동행위에 대한 구제신청을 할 수 있는 권리를 가진다. 이러한 법리는 다른 노동조합에 가입하려고 하거나 다른 노동조합과 연대하려고 하는 노동조합에 대하여 사용자의 부당노동행위가 있는 경우에도 적용된다. 따라서 특정 노동조합에 가입하려고 하거나 특정 노동조합과 연대하려고 하는 노동조합에 대한 부당노동행위로 인하여 특정 노동조합의 권리가 침해당할 수 있는 경우에는 그 특정 노동조합이 부당노동행위의 직접 상대방이 아닌 경우에도 자신의 명의로 부당노동행위에 대한 구제신청을 할 수 있다(대판 2022.5.12. 2017두54005).

② (○) 대판 2022.5.12. 2017두54005

③ (○) 사용자의 행위가 노조법에 정한 부당노동행위에 해당한다는 점은 이를 주장하는 근로자 또는 노동조합이 증명하여야 하므로, 필요한 심리를 다하였어도 사용자에게 부당노동행위의사가 존재하였는지 여부가 분명하지 아니하여 그 존재 여부를 확정할 수 없는 경우에는 그로 인한 위험이나 불이익은 이를 주장하는 근로자 또는 노동조합이 부담할 수밖에 없다(대판 2011.7.28. 2009두9574).

④ (○) 사용자가 연설, 사내방송, 게시문, 서한 등을 통하여 의견을 표명할 수 있는 언론의 자유를 가지고 있음은 당연하나, 그 표명된 의견의 내용과 함께 그것이 행하여진 상황, 시점, 장소, 방법 및 그것이 노동조합의 운영이나 활동에 미치거나 미칠 수 있는 영향 등을 종합하여 노동조합의 조직이나 운영 및 활동을 지배하거나 이에 개입하는 의사가 인정되는 경우에는 '근로자가 노동조합을 조직 또는 운영하는 것을 지배하거나 이에 개입하는 행위'로서 부당노동행위가 성립하고, 또 그 지배·개입으로서의 부당노동행위의 성립에 반드시 근로자의 단결권의 침해라는 결과의 발생까지 요하는 것은 아니다(대판 2013.5.23. 2010도15499).

답 ❶

009 노동조합 및 노동관계조정법령상 부당노동행위에 관한 설명으로 옳지 않은 것은?(다툼이 있으면 판례에 따름) 16 노무

CHECK ○△×

① 부당노동행위금지규정은 효력규정인 강행법규이므로 이에 위반된 법률행위는 사법상으로도 그 효력이 없다.

② 지배·개입으로서의 부당노동행위의 성립에 반드시 근로자의 단결권의 침해라는 결과의 발생까지 요하는 것은 아니다.

③ 노동조합을 조직하려고 하였다는 이유로 근로자에 대하여 한 부당노동행위에 대하여 후에 설립된 노동조합은 독자적인 구제신청권을 가지지 않는다.

④ 사용자가 근로자의 정당한 노동조합활동을 실질적인 이유로 삼으면서도 표면적으로는 업무상 필요성을 들어 배치전환한 것으로 인정되는 경우에는 부당노동행위라고 보아야 한다.

⑤ 사용자가 단체교섭을 거부할 정당한 이유가 없고 불성실한 단체교섭으로 판정되는 경우에는 부당노동행위가 성립한다.

해설

① (○) 대판 1993.12.21. 93다11463

② (○) 대판 1997.5.7. 96누2057

③ (×) 사용자의 부당노동행위로 인하여 그 권리를 침해당한 근로자 또는 노동조합은 노동위원회에 그 구제를 신청할 수 있도록 되어 있으므로 노동조합을 조직하려고 하였다는 것을 이유로 근로자에 대하여 한 부당노동행위에 대하여는 후에 설립된 노동조합도 독자적인 구제신청권을 가지고 있다고 보아야 할 것이다(대판 1991.1.25. 90누4952).

④ (○) 대판 1998.12.23. 97누18035

⑤ (○) 대판 1998.5.22. 97누8076

답 ❸

010 노동조합 및 노동관계조정법령상 부당노동행위로서의 경비원조에 해당하는 것을 모두 고른 것은?(다툼이 있으면 판례에 따름) 17 노무

CHECK ○△×

ㄱ. 근로시간면제한도를 초과하여 급여를 지급하는 행위
ㄴ. 최소한의 규모의 노동조합사무소의 제공
ㄷ. 근로자의 후생자금을 위한 기금의 기부

① ㄱ
② ㄱ, ㄴ
③ ㄱ, ㄷ
④ ㄴ, ㄷ
⑤ ㄱ, ㄴ, ㄷ

해설

ㄱ. (○) 근로자가 노동조합을 조직 또는 운영하는 것을 지배하거나 이에 개입하는 행위와 근로시간면제한도를 초과하여 급여를 지급하거나 노동조합의 운영비를 원조하는 행위는 부당노동행위가 된다(노조법 제81조 제1항 제4호 본문).

ㄴ. (×), ㄷ. (×) 근로자의 후생자금 또는 경제상의 불행 그 밖에 재해의 방지와 구제 등을 위한 기금의 기부와 최소한의 규모의 노동조합사무소의 제공 및 그 밖에 이에 준하여 노동조합의 자주적인 운영 또는 활동을 침해할 위험이 없는 범위에서의 운영비원조행위는 경비원조에 해당하지 아니한다(노조법 제81조 제1항 제4호 단서).

답 ❶

011 노동조합 및 노동관계조정법상 부당노동행위에 관한 설명으로 옳지 않은 것은? 22 노무

CHECK ○△×

① 근로시간 면제한도를 초과하여 사용자가 급여를 지급하더라도 부당노동행위가 성립하지 않는다.
② 사용자가 근로자의 후생자금을 위해 기금을 기부하는 경우에 부당노동행위가 성립하지 않는다.
③ 노동조합이 해당 사업장에 종사하는 근로자의 3분의 2 이상을 대표하고 있을 때에 근로자가 그 노동조합의 조합원이 될 것을 고용조건으로 하는 단체협약의 체결은 부당노동행위에 해당하지 않는다.
④ 사용자가 최소한의 규모의 노동조합 사무소를 제공하는 경우 부당노동행위가 성립하지 않는다.
⑤ 사용자가 노동조합으로부터 위임을 받은 자와의 단체협약체결 기타의 단체교섭을 정당한 이유 없이 거부하거나 해태하는 경우 부당노동행위가 성립할 수 있다.

해설

① (×) 근로자가 노동조합을 조직 또는 운영하는 것을 지배하거나 이에 개입하는 행위와 근로시간 면제한도를 초과하여 급여를 지급하거나 노동조합의 운영비를 원조하는 행위는 부당노동행위에 해당한다(노조법 제81조 제1항 제4호 본문).
② (O) 노조법 제81조 제1항 제4호 단서
③ (O) 노조법 제81조 제1항 제2호 단서
④ (O) 노조법 제81조 제1항 제4호 단서
⑤ (O) 노조법 제81조 제1항 제3호

부당노동행위(노조법 제81조)

① 사용자는 다음 각 호의 어느 하나에 해당하는 행위(이하 "부당노동행위")를 할 수 없다.
1. 근로자가 노동조합에 가입 또는 가입하려고 하였거나 노동조합을 조직하려고 하였거나 기타 노동조합의 업무를 위한 정당한 행위를 한 것을 이유로 그 근로자를 해고하거나 그 근로자에게 불이익을 주는 행위
2. 근로자가 어느 노동조합에 가입하지 아니할 것 또는 탈퇴할 것을 고용조건으로 하거나 특정한 노동조합의 조합원이 될 것을 고용조건으로 하는 행위. 다만, 노동조합이 당해 사업장에 종사하는 근로자의 3분의 2 이상을 대표하고 있을 때에는 근로자가 그 노동조합의 조합원이 될 것을 고용조건으로 하는 단체협약의 체결은 예외로 하며, 이 경우 사용자는 근로자가 그 노동조합에서 제명된 것 또는 그 노동조합을 탈퇴하여 새로 노동조합을 조직하거나 다른 노동조합에 가입한 것을 이유로 근로자에게 신분상 불이익한 행위를 할 수 없다.
3. 노동조합의 대표자 또는 노동조합으로부터 위임을 받은 자와의 단체협약 체결 기타의 단체교섭을 정당한 이유 없이 거부하거나 해태하는 행위
4. 근로자가 노동조합을 조직 또는 운영하는 것을 지배하거나 이에 개입하는 행위와 근로시간면제한도를 초과하여 급여를 지급하거나 노동조합의 운영비를 원조하는 행위. 다만, 근로자가 근로시간 중에 제24조 제2항에 따른 활동을 하는 것을 사용자가 허용함은 무방하며, 또한 근로자의 후생자금 또는 경제상의 불행 그 밖에 재해의 방지와 구제 등을 위한 기금의 기부와 최소한의 규모의 노동조합사무소의 제공 및 그 밖에 이에 준하여 노동조합의 자주적인 운영 또는 활동을 침해할 위험이 없는 범위에서의 운영비원조행위는 예외로 한다.
5. 근로자가 정당한 단체행위에 참가한 것을 이유로 하거나 또는 노동위원회에 대하여 사용자가 이 조의 규정에 위반한 것을 신고하거나 그에 관한 증언을 하거나 기타 행정관청에 증거를 제출한 것을 이유로 그 근로자를 해고하거나 그 근로자에게 불이익을 주는 행위

답 ❶

012 노동조합 및 노동관계조정법 제81조(부당노동행위) 제1항 제4호 단서에 따른 "노동조합의 자주적인 운영 또는 활동을 침해할 위험" 여부를 판단할 때 고려하여야 하는 사항이 아닌 것은? 22 노무

CHECK ○△×

① 원조된 운영비의 관리방법 및 사용처
② 원조된 운영비가 노동조합의 총지출에서 차지하는 비율
③ 원조된 운영비 금액과 원조방법
④ 원조된 운영비 횟수와 기간
⑤ 운영비 원조의 목적과 경위

해설

① (○), ② (×), ③ (○), ④ (○), ⑤ (○)
원조된 운영비가 노동조합의 총지출에서 차지하는 비율은 노조법 제81조 제2항에서 정한 고려사항에 해당하지 아니한다.

> **부당노동행위(노조법 제81조)**
> ② 제1항 제4호 단서에 따른 "노동조합의 자주적 운영 또는 활동을 침해할 위험" 여부를 판단할 때에는 다음 각 호의 사항을 고려하여야 한다.
> 1. 운영비 원조의 목적과 경위
> 2. 원조된 운영비 횟수와 기간
> 3. 원조된 운영비 금액과 원조방법
> 4. 원조된 운영비가 노동조합의 총수입에서 차지하는 비율
> 5. 원조된 운영비의 관리방법 및 사용처 등

답 ❷

013 노동조합 및 노동관계조정법상 부당노동행위에 관한 설명으로 옳지 않은 것은?(다툼이 있으면 판례에 따름) 21 노무

CHECK ○△×

① 노동조합을 조직하려고 하였다는 이유로 근로자에 대하여 한 부당노동행위에 대하여는 후에 설립된 노동조합은 독자적인 구제신청권을 가지지 않는다.
② 단체협약 등 노사 간 합의에 의한 경우라도 타당한 근거 없이 과다하게 책정된 급여를 근로시간면제자에게 지급하는 사용자의 행위는 부당노동행위가 될 수 있다.
③ 근로자가 노동조합의 업무를 위한 정당한 행위를 한 것을 이유로 그 근로자에게 불이익을 주는 사용자의 행위는 부당노동행위에 해당한다.
④ 특정 근로자가 파업에 참가하였거나 노조활동에 적극적이라는 이유로 해당 근로자에게 연장근로 등을 거부하는 것은 해당 근로자에게 경제적 내지 업무상의 불이익을 주는 행위로서 부당노동행위에 해당할 수 있다.
⑤ 부당노동행위에 대한 사실의 주장 및 증명책임은 부당노동행위임을 주장하는 측에 있다.

해설

① (×) 노조법 제82조 제1항에 의하면, 사용자의 부당노동행위로 인하여 그 권리를 침해당한 근로자 또는 노동조합은 노동위원회에 그 구제를 신청할 수 있도록 되어 있으므로 노동조합을 조직하려고 하였다는 것을 이유로 근로자에 대하여 한 부당노동행위에 대하여는 후에 설립된 노동조합도 독자적인 구제신청권을 가지고 있다고 보아야 할 것이다(대판 1991.1.25. 90누4952).

② (O) 단체협약 등 노사 간 합의에 의한 경우라도 타당한 근거 없이 과다하게 책정된 급여를 근로시간면제자에게 지급하는 사용자의 행위는 노조법 제81조 제1항 제4호 단서에서 허용하는 범위를 벗어나는 것으로서 노조전임자급여지원행위나 노동조합운영비원조행위에 해당하는 부당노동행위가 될 수 있다(대판 2018.5.15. 2018두33050).

③ (O) 근로자가 노동조합에 가입 또는 가입하려고 하였거나 노동조합을 조직하려고 하였거나 기타 노동조합의 업무를 위한 정당한 행위를 한 것을 이유로 그 근로자를 해고하거나 그 근로자에게 불이익을 주는 행위는 부당노동행위에 해당한다(노조법 제81조 제1항 제1호).

④ (O) 일반적으로 근로자가 연장 또는 휴일근로(이하 '연장근로 등')를 희망할 경우 회사에서 반드시 이를 허가하여야 할 의무는 없지만, 특정 근로자가 파업에 참가하였거나 노조활동에 적극적이라는 이유로 해당 근로자에게 연장근로 등을 거부하는 것은 해당 근로자에게 경제적 내지 업무상의 불이익을 주는 행위로서 부당노동행위에 해당할 수 있다(대판 2006.9.8. 2006도388).

⑤ (O) 부당노동행위가 성립하기 위해서는 근로자가 '노동조합의 업무를 위한 정당한 행위'를 하고 사용자가 이를 이유로 근로자에 대하여 해고 등의 불이익을 주는 차별적 취급행위를 한 경우라야 하며, 그 사실의 주장 및 증명책임은 부당노동행위임을 주장하는 측에 있다(대판 2018.12.27. 2017두37031).

답 ❶

014

CHECK ○△×

노동조합 및 노동관계조정법령상 부당노동행위에 관한 설명으로 옳지 않은 것은?(다툼이 있으면 판례에 따름)

18 노무

① 정당한 해고사유가 있어 근로자를 해고한 경우에 있어서는 비록 사용자에게 반노동조합의사가 추정된다고 하더라도 부당노동행위에 해당한다고 할 수 없다.

② 영업활동을 하지 아니하는 노조전임자를 다른 영업사원과 동일하게 판매실적에 따른 승격기준만을 적용하여 승격에서 배제한 것은 부당노동행위에 해당한다.

③ 노동조합이 당해 사업장에 종사하는 근로자의 3분의 2 이상을 대표하고 있을 때에는 근로자가 그 노동조합의 조합원이 될 것을 고용조건으로 하는 단체협약의 체결은 부당노동행위에 해당하지 아니한다.

④ 지배·개입으로서의 부당노동행위의 성립에는 반드시 근로자의 단결권의 침해라는 결과의 발생을 요하는 것은 아니다.

⑤ 타당한 근거 없이 과다하게 책정된 급여를 근로시간면제자에게 지급하는 사용자의 행위가 단체협약 등 노사 간 합의에 의한 경우에는 부당노동행위가 될 수 없다.

해설

① (O) 사용자가 근로자에 대하여 해고를 함에 있어서 표면적으로 내세우는 해고사유와는 달리 실질적으로는 근로자의 정당한 조합활동을 이유로 해고한 것으로 인정되는 경우에 있어서 그 해고는 부당노동행위라고 보아야 하고, 정당한 해고사유가 있어 해고한 경우에 있어서는 비록 사용자가 근로자의 조합활동을 못마땅하게 여긴 흔적이 있다거나 사용자에게 반노동조합의 의사가 추정된다고 하여 당해 해고사유가 단순히 표면상의 구실에 불과하다고 할 수는 없는 터이므로, 그것이 부당노동행위에 해당한다고 할 수 없다(대판 1996.4.23. 95누6151).

② (O) 전임자라는 이유로 승진가능성을 사실상 배제한 것으로 부당노동행위에 해당한다(대판 2011.7.28. 2009두9574).

③ (O) 노조법 제81조 제1항 제2호 단서

④ (O) 지배·개입의 부당노동행위는 조합활동에 대한 사용자의 개입 내지 간섭행위가 존재하면 인정되는 것이고, 그러한 사용자의 행위로 인하여 일정한 단결권의 침해의 현실적인 결과 내지 손해가 반드시 발생해야 하는 것은 아니다(대판 1997.5.7. 96누2057).

⑤ (X) 단체협약 등 노사 간 합의에 의한 경우라도 타당한 근거 없이 과다하게 책정된 급여를 근로시간면제자에게 지급하는 사용자의 행위는 노조법 제81조 제1항 제4호 단서에서 허용하는 범위를 벗어나는 것으로서 노조전임자급여지원행위나 노동조합운영비원조행위에 해당하는 부당노동행위가 될 수 있다(대판 2016.4.28. 2014두11137).

답 ❺

015 부당노동행위에 관한 설명 중 옳은 것을 모두 고른 것은?(다툼이 있는 경우 판례에 의함)

CHECK ○△×

16 사시

ㄱ. 부당노동행위에 대한 증명책임은 이를 주장하는 근로자 또는 노동조합에 있다.
ㄴ. 근로자의 단결권 침해라는 결과 발생이 없더라도 지배・개입으로서의 부당노동행위가 성립할 수 있다.
ㄷ. 유니언 숍 협정에 의하여 사용자가 노동조합을 탈퇴한 근로자를 해고할 의무를 이행하지 않았다면 사용자의 지배・개입의 의사가 없었더라도 그 불이행 자체가 노동조합에 대한 지배・개입의 부당노동행위에 해당한다.
ㄹ. 사용자가 단체교섭에 성실히 응하였다고 믿었더라도 객관적으로 불성실한 단체교섭으로 판정되는 경우에는 단체교섭 해태의 부당노동행위가 성립한다.

① ㄱ, ㄹ
② ㄱ, ㄴ, ㄷ
③ ㄱ, ㄴ, ㄹ
④ ㄴ, ㄷ, ㄹ
⑤ ㄱ, ㄴ, ㄷ, ㄹ

해설

ㄱ. (○) 판례의 취지를 고려할 때 부당노동행위에 대한 증명책임은 부당노동행위임을 주장하는 근로자 또는 노동조합에게 있다고 보는 것이 타당하다. 반면 부당해고구제재심판정을 다투는 소송에 있어서 해고의 정당성에 관한 입증책임은 사용자가 부담한다(대판 1999.4.27. 99두202).

> 노조법 제81조 제1항 제1호 소정의 부당노동행위가 성립하기 위해서는 근로자가 "노동조합의 업무를 위한 정당한 행위"를 하고, 회사가 이를 이유로 근로자를 해고한 경우라야 하고, 같은 사실의 주장 및 입증책임은 부당노동행위임을 주장하는 근로자에게 있다(대판 1991.7.26. 91누2557).

ㄴ. (○) 지배・개입의 부당노동행위는 조합활동에 대한 사용자의 개입 내지 간섭행위가 존재하면 인정되는 것이고, 그러한 사용자의 행위로 인하여 일정한 단결권의 침해의 현실적인 결과 내지 손해가 반드시 발생해야 하는 것은 아니다(대판 1997.5.7. 96누2057).

ㄷ. (×) 단체협약상의 유니언 숍 협정에 의하여 사용자가 노동조합을 탈퇴한 근로자를 해고할 의무는 단체협약상의 채무일 뿐이고, 이러한 채무의 불이행 자체가 바로 노조법 제81조 제1항 제4호 소정 노동조합에 대한 지배・개입의 부당노동행위에 해당한다고 단정할 수 없다(대판 1998.3.24. 96누16070).

ㄹ. (○) 노조법 제81조 제1항 제3호가 정하는 부당노동행위는, 사용자가 아무런 이유 없이 단체교섭을 거부 또는 해태하는 경우는 물론이고, 사용자가 단체교섭을 거부할 정당한 이유가 있다거나 단체교섭에 성실히 응하였다고 믿었더라도 객관적으로 정당한 이유가 없고 불성실한 단체교섭으로 판정되는 경우에도 성립한다고 할 것이고, 한편 정당한 이유인지의 여부는 노동조합 측의 교섭권자, 노동조합 측이 요구하는 교섭시간, 교섭장소, 교섭사항 및 그의 교섭태도 등을 종합하여 사회통념상 사용자에게 단체교섭의무의 이행을 기대하는 것이 어렵다고 인정되는지 여부에 따라 판단할 것이다(대판 1998.5.22. 97누8076).

답 ❸

016 CHECK ○△×

노동조합 및 노동관계조정법상 부당노동행위에 대한 설명으로 옳지 않은 것은?(다툼이 있는 경우 판례에 의함) 19 국가직 7급

① 근로자가 어느 노동조합에서 탈퇴할 것을 고용조건으로 하는 사용자의 행위는 부당노동행위이다.
② 사용자가 정당한 이유 없이 단체교섭을 거부하거나 해태하면 부당노동행위가 성립한다.
③ 노동조합에 가입하려고 하는 근로자들에 대하여 사용자가 부당노동행위를 하였다면, 그 노동조합도 자신의 권리를 침해당할 수 있으므로 독자적으로 그 부당노동행위에 대한 구제신청권을 가진다.
④ 지배·개입으로서의 부당노동행위가 성립하려면 근로자의 단결권의 침해라는 결과의 발생을 요한다.

해설

① (○)·② (○) 노조법 제81조 제1항 제2호·제3호 참조

> **부당노동행위(노조법 제81조)**
> ① 사용자는 다음 각 호의 어느 하나에 해당하는 행위(이하 "부당노동행위")를 할 수 없다.
> 2. 근로자가 어느 노동조합에 가입하지 아니할 것 또는 탈퇴할 것을 고용조건으로 하거나 특정한 노동조합의 조합원이 될 것을 고용조건으로 하는 행위. 다만, 노동조합이 당해 사업장에 종사하는 근로자의 3분의 2 이상을 대표하고 있을 때에는 근로자가 그 노동조합의 조합원이 될 것을 고용조건으로 하는 단체협약의 체결은 예외로 하며, 이 경우 사용자는 근로자가 그 노동조합에서 제명된 것 또는 그 노동조합을 탈퇴하여 새로 노동조합을 조직하거나 다른 노동조합에 가입한 것을 이유로 근로자에게 신분상 불이익한 행위를 할 수 없다.
> 3. 노동조합의 대표자 또는 노동조합으로부터 위임을 받은 자와의 단체협약체결 기타의 단체교섭을 정당한 이유 없이 거부하거나 해태하는 행위

③ (○) 노동조합으로서는 자신에 대한 사용자의 부당노동행위가 있는 경우뿐만 아니라, 그 소속 조합원으로 가입한 근로자 또는 그 소속 조합원으로 가입하려고 하는 근로자에 대하여 사용자의 부당노동행위가 있는 경우에도 노동조합의 권리가 침해당할 수 있으므로, 그 경우에도 노동조합은 자신의 명의로 그 부당노동행위에 대한 구제신청을 할 수 있는 권리를 가진다고 할 것이다(대판 2008.9.11. 2007두19249).

④ (×) 지배·개입의 부당노동행위는 조합활동에 대한 사용자의 개입 내지 간섭행위가 존재하면 인정되는 것이고, 그러한 사용자의 행위로 인하여 일정한 단결권의 침해의 현실적인 결과 내지 손해가 반드시 발생해야 하는 것은 아니다(대판 1997.5.7. 96누2057).

답 ④

017 노동조합 및 노동관계조정법상 부당노동행위에 대한 설명으로 옳지 않은 것은?(다툼이 있는 경우 판례에 의함)

20 국가직 7급

CHECK ○△×

① 정당한 해고사유가 있어 근로자를 해고한 경우에 있어서는 비록 사용자가 근로자의 노동조합 활동을 못마땅하게 여긴 흔적이 있다거나 사용자에게 반노동조합의사가 추정된다고 하더라도 당해 해고사유가 단순히 표면상의 구실에 불과하다고 할 수는 없을 것이므로 부당노동행위에 해당한다고 할 수 없다.

② 노동조합은 그 소속 조합원으로 가입하려고 하는 근로자에 대하여 사용자의 부당노동행위가 있는 경우에 근로자 개인의 구제신청권과 달리 별개의 독자적인 구제신청권을 가질 수 없다.

③ 단체협약 등 노사 간 합의에 의한 경우라도 타당한 근거 없이 과다하게 책정된 급여를 근로시간 면제자에게 지급하는 사용자의 행위는 부당노동행위가 될 수 있다.

④ 지배·개입으로서의 부당노동행위의 성립에 반드시 근로자의 단결권의 침해라는 결과의 발생까지 요하는 것은 아니다.

해설

① (○) 사용자가 근로자를 해고함에 있어서 표면적으로 내세우는 해고사유와는 달리 실질적으로 근로자의 정당한 조합활동을 이유로 해고한 것으로 인정되는 경우에는 그 해고는 부당노동행위라고 보아야 하고, 정당한 해고사유가 있어 해고한 경우에 있어서는 비록 사용자가 근로자의 조합활동을 못마땅하게 여긴 흔적이 있다거나 사용자에게 반노동조합의 의사가 추정된다고 하여도 당해 해고사유가 단순히 표면상의 구실에 불과하다고 할 수 없는 것이므로 부당노동행위에 해당한다고 할 수 없다(대판 2017.11.14. 2017두52924).

② (×) 노동조합으로서는 자신에 대한 사용자의 부당노동행위가 있는 경우뿐만 아니라, 그 소속 조합원으로 가입한 근로자 또는 그 소속 조합원으로 가입하려고 하는 근로자에 대하여 사용자의 부당노동행위가 있는 경우에도 노동조합의 권리가 침해당할 수 있으므로, 그 경우에도 노동조합은 자신의 명의로 그 부당노동행위에 대한 구제신청을 할 수 있는 권리를 가진다고 할 것이다(대판 2008.9.11. 2007두19249).

③ (○) 단체협약 등 노사 간 합의에 의한 경우라도 타당한 근거 없이 과다하게 책정된 급여를 근로시간 면제자에게 지급하는 사용자의 행위는 노조법 제81조 제1항 제4호 단서에서 허용하는 범위를 벗어나는 것으로서 노조전임자 급여 지원 행위나 노동조합 운영비 원조 행위에 해당하는 부당노동행위가 될 수 있다(대판 2016.4.28. 2014두11137).

④ (○) 대판 1997.5.7. 96누2057

답 ❷

018 노동조합 및 노동관계조정법상 부당노동행위에 대한 설명으로 옳지 않은 것은?

22 국가직 9급

CHECK ○△×

① 근로자가 노동조합에 가입 또는 가입하려고 한 것을 이유로 사용자가 그 근로자를 해고하거나 그 근로자에게 불이익을 주는 행위는 부당노동행위에 해당한다.

② 노동위원회는 구제신청에 대한 심문을 종료하고 부당노동행위가 성립한다고 판정한 때에는 사용자에게 구제명령을 발하여야 하며, 부당노동행위가 성립되지 아니한다고 판정한 때에는 그 구제신청을 기각하는 결정을 하여야 한다.

③ 노동위원회는 구제신청에 대한 심문을 할 때에 그 직권으로 증인을 출석하게 하여 필요한 사항을 질문할 수 없다.

④ 사용자가 근로자의 후생자금 또는 경제상의 불행 그 밖에 재해의 방지와 구제 등을 위한 기금을 기부하는 것과 최소한의 규모의 노동조합사무소를 제공하는 것 및 그 밖에 이에 준하여 노동조합의 자주적인 운영 또는 활동을 침해할 위험이 없는 범위에서의 운영비를 원조하는 행위는 부당노동행위에 해당하지 않는다.

해설

① (O) 근로자가 노동조합에 가입 또는 가입하려고 하였거나 노동조합을 조직하려고 하였거나 기타 노동조합의 업무를 위한 정당한 행위를 한 것을 이유로 그 근로자를 해고하거나 그 근로자에게 불이익을 주는 행위는 부당노동행위에 해당한다(노조법 제81조 제1항 제1호 참조).

② (O) 노조법 제84조 제1항

③ (×) 노동위원회는 구제신청에 대한 심문을 할 때에는 관계 당사자의 신청에 의하거나 그 직권으로 증인을 출석하게 하여 필요한 사항을 질문할 수 있다(노조법 제83조 제2항).

④ (O) 노조법 제81조 제1항 제4호 단서

답 ❸

019 부당노동행위에 관한 설명으로 옳지 않은 것은?(다툼이 있는 경우에는 판례에 의함) 14 노무

CHECK ○△×

① 사용자의 행위가 부당노동행위에 해당한다는 점은 이를 주장하는 근로자 또는 노동조합이 증명하여야 한다.

② 부당노동행위 의사가 존재하는지 여부는 이를 추정할 수 있는 객관적 사정을 종합하여 판단한다.

③ 부당노동행위가 성립되기 위해서는 근로자의 단결권의 침해라는 결과의 발생이 요구된다.

④ 부당노동행위인 법률행위는 사법상(私法上)으로도 그 효력이 없다.

⑤ 부당노동행위에 대한 노동위원회의 구제명령은 노사 간의 사법상(私法上)의 법률관계를 발생 또는 변경시키는 것은 아니다.

해설

① (O) 대판 2014.2.13. 2011다78804

② (O) 사용자가 노조전임자의 노동조합활동을 혐오하거나 노동조합활동을 방해하려는 의사로 노조전임자를 승진에서 배제시켰다면 이러한 행위는 노동조합활동을 하는 근로자에게 불이익을 주는 것이어서 부당노동행위에 해당할 것이나, 사용자의 노조전임자에 대한 승진배제행위가 위와 같이 부당노동행위의사에 의하여 이루어진 부당노동행위에 해당하는지 여부는 사용자와 노동조합의 관계, 노조전임자와 비전임자 사이에 승진기준의 실질적인 차별이 존재하는지, 종래의 승진관행에 부합하는지 등과 같이 부당노동행위의사의 존재 여부를 추정할 수 있는 여러 객관적 사정을 종합하여 판단하여야 할 것이다(대판 2011.7.28. 2009두9574).

③ (×) 부당노동행위의 성립에 반드시 근로자의 단결권의 침해라는 결과의 발생을 요하는 것은 아니다(대판 2006.9.8. 2006도388).

④ (O) 대판 1993.12.21. 93다11463

⑤ (O) 대판 1996.4.23. 95다53102

답 ❸

020 노동조합 및 노동관계조정법상 부당노동행위에 관한 설명으로 옳지 않은 것은?(다툼이 있으면 판례에 따름) 20 노무

CHECK ○△×

① 사용자가 근로자를 해고함에 있어서 표면적으로 내세우는 해고사유와는 달리 실질적으로 근로자의 정당한 조합활동을 이유로 해고한 것으로 인정되는 경우에는 그 해고는 부당노동행위라고 보아야 한다.

② 근로자에 대한 인사고과가 상여금의 지급기준이 되는 사업장에서 사용자가 특정 노동조합의 조합원이라는 이유로 다른 노동조합의 조합원 또는 비조합원보다 불리하게 인사고과를 하여 상여금을 적게 지급하는 불이익을 주었다면 그러한 사용자의 행위도 부당노동행위에 해당할 수 있다.

③ 지배·개입으로서의 부당노동행위가 성립하기 위해서는 근로자의 단결권의 침해라는 결과의 발생을 요한다.

④ 노동조합의 자주성을 저해하거나 저해할 위험이 현저하지 않은 운영비원조행위를 부당노동행위로 규제하는 것은 헌법에 합치되지 아니한다.

⑤ 단체협약 등 노사 간 합의에 의한 경우라도 타당한 근거 없이 과다하게 책정된 급여를 근로시간면제자에게 지급하는 사용자의 행위는 부당노동행위가 될 수 있다.

해설

① (○) 대판 1997.7.8. 96누6431

② (○) 대판 2018.12.27. 2017두37031

③ (×) 사용자가 연설, 사내방송, 게시문, 서한 등을 통하여 의견을 표명할 수 있는 언론의 자유를 가지고 있음은 당연하나, 그 표명된 의견의 내용과 함께 그것이 행하여진 상황, 시점, 장소, 방법 및 그것이 노동조합의 운영이나 활동에 미치거나 미칠 수 있는 영향 등을 종합하여 노동조합의 조직이나 운영 및 활동을 지배하거나 이에 개입하는 의사가 인정되는 경우에는 '근로자가 노동조합을 조직 또는 운영하는 것을 지배하거나 이에 개입하는 행위'로서 부당노동행위가 성립하고, 또 그 지배·개입으로서의 부당노동행위의 성립에 반드시 근로자의 단결권의 침해라는 결과의 발생까지 요하는 것은 아니다(대판 2006.9.8. 2006도388).

④ (○) 헌재 2018.5.31. 2012헌바90, 헌법불합치

⑤ (○) 대판 2018.5.15. 2018두33050

답 ❸

021 사용자의 행위 중에서 노동조합 및 노동관계조정법상 부당노동행위 유형으로 명시되어 있지 않은 행위는? 15 노무

CHECK ○△×

① 근로자가 노동조합의 업무를 위한 정당한 행위를 한 것을 이유로 그 근로자를 해고하는 행위

② 노동조합의 대표자와의 단체협약 체결 기타의 단체교섭을 정당한 이유 없이 해태하는 행위

③ 근로자가 노동조합에 가입하려는 행위를 이유로 그 근로자에게 불이익을 주는 행위

④ 근로자가 정당한 단체행위에 참가한 것을 이유로 하여 그 근로자에게 불이익을 주는 행위

⑤ 근로자의 경제상의 불행 그 밖에 재해의 방지와 구제 등을 위한 기금의 기부행위

해설

① (○), ② (○), ③ (○), ④ (○), ⑤ (×)

근로자의 후생자금 또는 경제상의 불행 그 밖에 재해의 방지와 구제 등을 위한 기금의 기부와 최소한의 규모의 노동조합사무소의 제공은 노조법 제81조 제1항 제4호 단서에 의하여 부당노동행위에 해당하지 않는다.

부당노동행위(노조법 제81조)

① 사용자는 다음 각 호의 어느 하나에 해당하는 행위(이하 "부당노동행위")를 할 수 없다.

1. 근로자가 노동조합에 가입 또는 가입하려고 하였거나 노동조합을 조직하려고 하였거나 기타 노동조합의 업무를 위한 정당한 행위를 한 것을 이유로 그 근로자를 해고하거나 그 근로자에게 불이익을 주는 행위
2. 근로자가 어느 노동조합에 가입하지 아니할 것 또는 탈퇴할 것을 고용조건으로 하거나 특정한 노동조합의 조합원이 될 것을 고용조건으로 하는 행위. 다만, 노동조합이 당해 사업장에 종사하는 근로자의 3분의 2 이상을 대표하고 있을 때에는 근로자가 그 노동조합의 조합원이 될 것을 고용조건으로 하는 단체협약의 체결은 예외로 하며, 이 경우 사용자는 근로자가 그 노동조합에서 제명된 것 또는 그 노동조합을 탈퇴하여 새로 노동조합을 조직하거나 다른 노동조합에 가입한 것을 이유로 근로자에게 신분상 불이익한 행위를 할 수 없다.
3. 노동조합의 대표자 또는 노동조합으로부터 위임을 받은 자와의 단체협약 체결 기타의 단체교섭을 정당한 이유 없이 거부하거나 해태하는 행위
4. 근로자가 노동조합을 조직 또는 운영하는 것을 지배하거나 이에 개입하는 행위와 근로시간면제한도를 초과하여 급여를 지급하거나 노동조합의 운영비를 원조하는 행위. 다만, 근로자가 근로시간 중에 제24조 제2항에 따른 활동을 하는 것을 사용자가 허용함은 무방하며, 또한 근로자의 후생자금 또는 경제상의 불행 그 밖에 재해의 방지와 구제 등을 위한 기금의 기부와 최소한의 규모의 노동조합사무소의 제공 및 그 밖에 이에 준하여 노동조합의 자주적인 운영 또는 활동을 침해할 위험이 없는 범위에서의 운영비원조행위는 예외로 한다.
5. 근로자가 정당한 단체행위에 참가한 것을 이유로 하거나 또는 노동위원회에 대하여 사용자가 이 조의 규정에 위반한 것을 신고하거나 그에 관한 증언을 하거나 기타 행정관청에 증거를 제출한 것을 이유로 그 근로자를 해고하거나 그 근로자에게 불이익을 주는 행위

② 제1항 제4호 단서에 따른 "노동조합의 자주적 운영 또는 활동을 침해할 위험" 여부를 판단할 때에는 다음 각 호의 사항을 고려하여야 한다.

1. 운영비원조의 목적과 경위
2. 원조된 운영비횟수와 기간
3. 원조된 운영비금액과 원조방법
4. 원조된 운영비가 노동조합의 총수입에서 차지하는 비율
5. 원조된 운영비의 관리방법 및 사용처 등

답 ⑤

022 노동조합 및 노동관계조정법령상 부당노동행위에 관한 설명으로 옳지 않은 것은?(다툼이 있으면 판례에 따름) 19 노무

CHECK ○△×

① 부당노동행위에 대한 증명책임은 이를 주장하는 근로자 또는 노동조합에 있다.

② 사용자가 근로자를 해고함에 있어서 표면적으로 내세우는 해고사유와는 달리 실질적으로 근로자의 정당한 조합활동을 이유로 해고한 것으로 인정되는 경우에는 그 해고는 부당노동행위로 보아야 한다.

③ 불이익취급의 부당노동행위는 현실적인 행위나 조치로 나타날 것을 요하지 않으므로 그 근로자에게 향후 불이익한 대우를 하겠다는 의사를 말로써 표시하는 것으로 성립한다.

④ 근로자가 노동조합의 업무를 위한 정당한 행위를 하고 사용자가 이를 이유로 근로자에 대하여 해고 등의 불이익을 주는 차별적 취급행위는 부당노동행위에 해당한다.

⑤ 일반적으로 근로자가 연장근로를 희망할 경우 회사에서 반드시 이를 허가하여야 할 의무는 없지만, 특정 근로자가 파업에 참가하였다는 이유로 해당 근로자에게 연장근로를 거부하는 것은 해당 근로자에게 경제적 불이익을 주는 행위로서 부당노동행위에 해당할 수 있다.

해설

① (O) 사용자의 행위가 노조법에 정한 부당노동행위에 해당하는지 여부는 사용자의 부당노동행위의사의 존재 여부를 추정할 수 있는 모든 사정을 전체적으로 심리 검토하여 종합적으로 판단하여야 하고, 부당노동행위에 대한 증명책임은 이를 주장하는 근로자 또는 노동조합에게 있으므로, 필요한 심리를 다하였어도 사용자에게 부당노동행위의사가 존재하였는지 여부가 분명하지 아니하여 그 존재 여부를 확정할 수 없는 경우에는 그로 인한 위험이나 불이익은 그것을 주장한 근로자 또는 노동조합이 부담할 수밖에 없다(대판 2007.11.15. 2005두4120).

② (O) 대판 1991.4.23. 90누7685

③ (×) 불이익을 주는 행위란 해고 이외에 그 근로자에게 휴직·전직·배치전환·감봉 등 법률적·경제적으로 불이익한 대우를 하는 것을 의미하는 것으로서 어느 것이나 현실적인 행위나 조치로 나타날 것을 요한다고 할 것이므로, 단순히 그 근로자에게 향후 불이익한 대우를 하겠다는 의사를 말로써 표시하는 것만으로는, 소정의 불이익을 주는 행위에 해당한다고는 볼 수 없다(대판 2004.8.30. 2004도3891).

④ (O) 대판 2009.3.26. 2007두25695

⑤ (O) 근로자가 파업에 참가하였다는 이유로 연장근로를 거부하는 것은 부당노동행위에 해당할 수 있다(대판 2006.9.8. 2006도388).

답 ❸

023 노동조합 및 노동관계조정법상 부당노동행위에 대한 설명으로 옳지 않은 것은?(다툼이 있는 경우 판례에 의함)

CHECK ○△×

21 국가직 7급

① 지배·개입으로서의 부당노동행위의 성립에 반드시 근로자의 단결권의 침해라는 결과의 발생까지 요하는 것은 아니다.

② 부당노동행위를 한 사용자는 3년 이하의 징역 또는 3천만원 이하의 벌금에 처하도록 규정하고 있다.

③ 특정 근로자가 파업에 참가하였거나 노동조합 활동에 적극적이라는 이유로 해당 근로자에게 연장근로 등을 거부하는 것은 해당 근로자에게 경제적 내지 업무상의 불이익을 주는 행위로서 부당노동행위에 해당할 수 있다.

④ 부당노동행위의 예방·제거는 노동위원회의 구제명령을 통해서 이루어지는 것이므로, 구제명령을 이행할 수 있는 법률적 또는 사실적인 권한이나 능력을 가지는 지위에 있는 한, 그 한도 내에서는 부당노동행위의 주체로서 구제명령의 대상자인 사용자에 해당한다고 볼 수 있다.

해설

① (O) 지배·개입의 부당노동행위는 조합활동에 대한 사용자의 개입 내지 간섭행위가 존재하면 인정되는 것이고, 그러한 사용자의 행위로 인하여 일정한 단결권의 침해의 현실적인 결과 내지 손해가 반드시 발생해야 하는 것은 아니다(대판 1997.5.7. 96누2057).

② (×) 부당노동행위 금지규정에 위반한 자는 2년 이하의 징역 또는 2천만원 이하의 벌금에 처한다(노조법 제90조). 다만, 부당노동행위의 경우 확정되거나 행정소송을 제기하여 확정된 구제명령에 위반한 자는 3년 이하의 징역 또는 3천만원 이하의 벌금에 처한다(노조법 제89조 제2호).

③ (O) 일반적으로 근로자가 연장 또는 휴일근로(이하 '연장근로 등')를 희망할 경우 회사에서 반드시 이를 허가하여야 할 의무는 없지만, 특정 근로자가 파업에 참가하였거나 노조활동에 적극적이라는 이유로 해당 근로자에게 연장근로 등을 거부하는 것은 해당 근로자에게 경제적 내지 업무상의 불이익을 주는 행위로서 부당노동행위에 해당할 수 있다(대판 2006.9.8. 2006도388).

④ (O) 대판 2010.3.25. 2007두8881

답 ❷

024 노동조합 및 노동관계조정법상 단체협약 및 부당노동행위에 대한 설명으로 옳지 않은 것은?(다툼이 있는 경우 판례에 의함)

CHECK ○△×

22 국가직 7급

① 사용자는 노동조합의 대표자 또는 노동조합으로부터 위임을 받은 자와의 단체협약체결 기타의 단체교섭을 정당한 이유 없이 거부하거나 해태하는 행위를 할 수 없다.

② 노사 합의에 의하더라도 노동조합 및 노동관계조정법 제32조 제3항 단서 규정에 따른 단체협약의 해지권을 행사하지 못하도록 하는 등 그 규정의 적용을 배제하는 것은 허용되지 않는다.

③ 단체협약의 유효기간은 3년을 초과하지 않는 범위에서 노사가 합의하여 정할 수 있다.

④ 부당노동행위에 대한 형사처벌은 피해자의 의사에 반하여 처벌할 수 없다.

해설

① (○) 노조법 제81조 제1항 제3호

② (○) 단체협약의 유효기간을 제한한 노조법 제32조 제1항, 제2항이나 단체협약의 해지권을 정한 노조법 제32조 제3항 단서는 모두 성질상 강행규정이어서, 당사자 사이의 합의에 의하더라도 단체협약의 해지권을 행사하지 못하도록 하는 등 적용을 배제하는 것은 허용되지 않는다(대판 2016.3.10. 2013두3160).

③ (○) 노조법 제32조 제1항

④ (×) 1997년 노조법을 전면적으로 개정하면서 구법상의 반의사불벌죄 조항을 삭제하였으므로 현재는 피해자의 의사와 관계없이 부당노동행위금지규정에 위반한 자를 처벌할 수 있게 되었다(구 노조법 제46조의2, 현행 노조법 제90조 참조).

답 ④

025 노동조합 및 노동관계조정법상 부당노동행위에 관한 설명으로 옳은 것은 모두 몇 개인가?

CHECK ○△×

24 노무

- 사용자의 부당노동행위로 인하여 그 권리를 침해당한 근로자 또는 노동조합은 노동위원회에 그 구제를 신청할 수 있다.
- 노동위원회는 부당노동행위 구제신청을 받은 때에는 지체 없이 필요한 조사와 관계 당사자의 심문을 하여야 한다.
- 근로자가 노동조합의 업무를 위한 정당한 행위를 한 것을 이유로 그 근로자에게 불이익을 주는 사용자의 행위는 부당노동행위에 해당한다.
- 부당노동행위 구제의 신청은 부당노동행위가 있은 날(계속하는 행위는 그 종료일)부터 3월 이내에 이를 행하여야 한다.

① 0개
② 1개
③ 2개
④ 3개
⑤ 4개

해설

- (○) 노조법 제82조 제1항
- (○) 노조법 제83조 제1항
- (○) 근로자가 노동조합에 가입 또는 가입하려고 하였거나 노동조합을 조직하려고 하였거나 기타 노동조합의 업무를 위한 정당한 행위를 한 것을 이유로 그 근로자를 해고하거나 그 근로자에게 불이익을 주는 사용자의 행위는 부당노동행위에 해당한다(노조법 제81조 제1항 제1호).
- (○) 노조법 제82조 제2항

답 ⑤

026 노동조합 및 노동관계조정법령상 부당노동행위에 관한 설명으로 옳지 않은 것은? 16 노무

CHECK ○△×

① 사용자가 중앙노동위원회의 재심판정에 대하여 행정소송을 제기한 경우에 관할 법원은 중앙노동위원회의 신청에 의하여 결정으로써, 판결이 확정될 때까지 중앙노동위원회의 구제명령의 전부 또는 일부를 이행하도록 명할 수 있다.

② 노동위원회는 부당노동행위 구제신청의 심문을 함에 있어서는 관계당사자에 대하여 증거의 제출과 증인에 대한 반대심문을 할 수 있는 충분한 기회를 주어야 한다.

③ 노동위원회의 구제명령·기각결정 또는 재심판정은 중앙노동위원회에의 재심신청이나 행정소송의 제기에 의하여 그 효력이 정지되지 아니한다.

④ 노동위원회는 부당노동행위 구제신청의 심문을 할 때에 증인의 출석과 질문은 관계당사자의 신청에 의하여야 하며 그 직권으로는 할 수 없다.

⑤ 법인 또는 단체의 대표자, 법인·단체 또는 개인의 대리인·사용인 기타의 종업원이 그 법인·단체 또는 개인의 업무에 관하여 부당노동행위를 한 때에는 행위자를 벌하는 외에 그 법인·단체 또는 개인에 대하여도 벌금형을 과한다. 다만, 법인·단체 또는 개인이 그 위반행위를 방지하기 위하여 해당 업무에 관하여 상당한 주의와 감독을 게을리하지 아니한 경우에는 그러하지 아니하다.

해설

① (○) 노조법 제85조 제5항
② (○) 노조법 제83조 제3항
③ (○) 노조법 제86조
④ (×) 노동위원회는 부당노동행위 구제신청의 심문을 할 때에는 관계당사자의 신청에 의하거나 그 직권으로 증인을 출석하게 하여 필요한 사항을 질문할 수 있다(노조법 제83조 제2항).
⑤ (○) 노조법 제94조

답 ❹

027 노동조합 및 노동관계조정법령상 부당노동행위 구제명령의 확정에 관한 내용이다. ( ) 안에 들어갈 내용으로 옳은 것은? 16 노무

CHECK ○△×

> 중앙노동위원회의 재심판정에 대하여 관계당사자는 그 재심판정서의 송달을 받은 날부터 ( ) 일 이내에 행정소송법이 정하는 바에 의하여 소를 제기할 수 있다.

① 15
② 20
③ 30
④ 50
⑤ 60

해설

중앙노동위원회의 재심판정에 대하여 관계당사자는 그 재심판정서의 송달을 받은 날부터 15일 이내에 행정소송법이 정하는 바에 의하여 소를 제기할 수 있다(노조법 제85조 제2항).

답 ❶

028 노동조합 및 노동관계조정법상 부당노동행위 구제에 관한 설명으로 옳은 것은?

22 노무

CHECK ○△×

① 사용자의 부당노동행위로 인하여 그 권리를 침해당한 근로자는 노동위원회에 그 구제를 신청할 수 없다.

② 노동위원회가 관계당사자의 심문을 할 때에는 관계당사자의 신청 없이는 증인을 출석하게 하여 필요한 사항을 질문할 수 없다.

③ 부당노동행위 구제의 신청은 계속하는 부당노동행위의 경우 그 종료일부터 3월 이내에 행하여야 한다.

④ 지방노동위원회의 기각결정에 불복이 있는 관계당사자는 그 결정이 있은 날부터 10일 이내에 중앙노동위원회에 그 재심을 신청할 수 있다.

⑤ 중앙노동위원회의 재심판정은 행정소송의 제기에 의하여 그 효력이 정지된다.

해설

① (×) 사용자의 부당노동행위로 인하여 그 권리를 침해당한 근로자 또는 노동조합은 노동위원회에 그 구제를 신청할 수 있다(노조법 제82조 제1항).

② (×) 노동위원회는 관계당사자의 심문을 할 때에는 관계당사자의 신청에 의하거나 그 직권으로 증인을 출석하게 하여 필요한 사항을 질문할 수 있다(노조법 제83조 제2항).

③ (○) 노조법 제82조 제2항

④ (×) 지방노동위원회 또는 특별노동위원회의 구제명령 또는 기각결정에 불복이 있는 관계당사자는 그 명령서 또는 결정서의 송달을 받은 날부터 10일 이내에 중앙노동위원회에 그 재심을 신청할 수 있다(노조법 제85조 제1항).

⑤ (×) 노동위원회의 구제명령·기각결정 또는 재심판정은 중앙노동위원회에의 재심신청이나 행정소송의 제기에 의하여 그 효력이 정지되지 아니한다(노조법 제86조).

답 ❸

029 노동조합 및 노동관계조정법상 부당노동행위에 관한 설명으로 옳은 것은?(다툼이 있으면 판례에 따름)

23 노무

CHECK ○△×

① 부당노동행위에 대한 입증책임은 사용자가 부담한다.

② 노동위원회가 부당노동행위의 구제신청을 받고 심문을 할 때에는 그 직권으로 증인을 출석하게 하여 필요한 사항을 질문할 수 있다.

③ 부당노동행위를 한 사용자는 3년 이하의 징역 또는 3천만원 이하의 벌금에 처한다.

④ 중앙노동위원회의 재심판정에 대하여 행정소송을 제기한 경우에 관할법원은 부당노동 행위구제 신청자의 신청에 의하여 판결이 확정될 때까지 중앙노동위원회의 구제명령의 전부를 이행하도록 명할 수 있다.

⑤ 부당노동행위 규정 위반에 관한 명문의 양벌규정은 존재하지 아니한다.

해설

① (×) 노조법 제81조 제1항 제1호 소정의 부당노동행위가 성립하기 위해서는 근로자가 "노동조합의 업무를 위한 정당한 행위"를 하고, 회사가 이를 이유로 근로자를 해고한 경우라야 하고, 같은 사실의 주장 및 입증책임은 부당노동행위임을 주장하는 근로자에게 있다(대판 1991.7.26. 91누2557). 판례의 취지를 고려할 때 부당노동행위에 대한 증명책임은 부당노동행위임을 주장하는 근로자 또는 노동조합에게 있다고 보는 것이 타당하다. 반면 부당해고구제재심판정을 다투는 소송에 있어서 해고의 정당성에 관한 입증책임은 사용자가 부담한다(대판 1999.4.27. 99두202).

② (○) 노동위원회는 부당노동행위의 구제신청을 받고 심문을 할 때에는 관계 당사자의 신청에 의하거나 그 직권으로 증인을 출석하게 하여 필요한 사항을 질문할 수 있다(노조법 제83조 제2항).

③ (×) 부당노동행위를 한 사용자는 2년 이하의 징역 또는 2천만원 이하의 벌금에 처한다(노조법 제90조, 제81조 제1항).
④ (×) 사용자가 중앙노동위원회의 재심판정에 대하여 행정소송을 제기한 경우에 관할법원은 중앙노동위원회의 신청에 의하여 결정으로써, 판결이 확정될 때까지 중앙노동위원회의 구제명령의 전부 또는 일부를 이행하도록 명할 수 있으며, 당사자의 신청에 의하여 또는 직권으로 그 결정을 취소할 수 있다(노조법 제85조 제5항).
⑤ (×) 법인 또는 단체의 대표자, 법인·단체 또는 개인의 대리인·사용인 기타의 종업원이 그 법인·단체 또는 개인의 업무에 관하여 제88조 내지 제93조의 위반행위를 한 때에는 행위자를 벌하는 외에 그 법인·단체 또는 개인에 대하여도 각 해당 조의 벌금형을 과한다(노조법 제94조 본문). 따라서 법인 등의 대표자 등이 부당노동행위를 한 경우에는 행위자를 벌하는 외에 양벌규정에 의하여 그 법인 등을 각 해당 조의 벌금형으로 처벌할 수 있다.

답 ❷

030 우리나라의 부당노동행위제도에 관한 설명으로 옳지 않은 것은?

07 사시

CHECK ○△×

① 노동조합의 부당노동행위는 인정되지 아니한다.
② 법외노조(노동조합 및 노동관계조정법에 의하여 설립된 노동조합이 아닌 노동단체)는 부당노동행위 구제신청을 할 수 없다.
③ 구제명령은 재심·행정소송의 제기에 의하여 그 효력이 정지되지 않는다.
④ 사용자가 노동위원회의 구제명령을 이행하지 않는 경우 현행법상 구제명령이 확정되기 전에는 이를 이행하도록 강제할 방법이 없다.
⑤ 근로자 또는 노동조합은 노동위원회의 구제 외에 직접 민사소송을 통한 사법적 구제를 신청할 수 있다.

해설

① (○) 현행 노조법 제81조에서는 사용자의 부당노동행위를 규정하고 있을 뿐이다.
② (○) 노조법에 의하여 설립된 노동조합이 아니면 노동위원회에 노동쟁의의 조정 및 부당노동행위의 구제를 신청할 수 없으므로(노조법 제7조 제1항), 법외노조는 부당노동행위 구제신청을 할 수 없다.
③ (○) 노동위원회의 구제명령·기각결정 또는 재심판정은 중앙노동위원회에의 재심신청이나 행정소송의 제기에 의하여 그 효력이 정지되지 아니한다(노조법 제86조).
④ (×) 사용자가 중앙노동위원회의 재심판정에 대하여 재심판정서의 송달을 받은 날부터 15일 이내에 행정소송을 제기한 경우에 관할법원은 중앙노동위원회의 신청에 의하여 결정으로써, 판결이 확정될 때까지 중앙노동위원회의 구제명령의 전부 또는 일부를 이행하도록 명할 수 있으며, 당사자의 신청에 의하여 또는 직권으로 그 결정을 취소할 수 있다(노조법 제85조 제2항·제5항).
⑤ (○) 노조법 제82조 이하의 구제절차에 따른 구제명령은 사용자에 대하여 명령에 복종하여야 할 공법상의 의무를 부담시킬 뿐 직접 근로자와 사용자 간의 사법상의 법률관계를 발생 또는 변경시키는 것은 아니므로 노조법 제82조 이하의 규정에 의한 구제절차에서 구제신청을 기각하는 노동위원회의 결정이 확정되었다 할지라도 근로자는 사법상의 지위의 확보 및 권리의 구제를 받기 위하여 별도로 민사소송을 제기할 수 있다(대판 1992.5.22. 91다22100).

답 ❹

031 CHECK ○△×

노동조합 및 노동관계조정법상 부당노동행위 구제에 대한 설명으로 옳은 것은?(다툼이 있는 경우 판례에 의함) 21 국가직 7급

① 부당노동행위에 대한 입증책임은 이를 주장하는 근로자 또는 노동조합에게 있다.

② 설립신고증을 교부받지 아니한 노동조합이라 하더라도 노동위원회에 그 노동조합을 조직 또는 운영하는 것을 지배하거나 이에 개입하는 행위에 대하여 부당노동행위의 구제신청을 할 수 있다.

③ 부당노동행위 구제신청은 부당노동행위가 있은 날(계속하는 행위는 그 종료일)부터 6월 이내에 하여야 한다.

④ 노동위원회의 구제명령·기각결정 또는 재심판정은 중앙노동위원회에의 재심신청이나 행정소송의 제기에 의하여 그 효력이 정지된다.

해설

① (○) 판례의 취지를 고려할 때 부당노동행위에 대한 증명책임은 부당노동행위임을 주장하는 근로자 또는 노동조합에게 있다고 보는 것이 타당하다. 반면 부당해고구제재심판정을 다투는 소송에 있어서 해고의 정당성에 관한 입증책임은 사용자가 부담한다(대판 1999.4.27. 99두202).

> 노조법 제81조 제1항 제1호 소정의 부당노동행위가 성립하기 위해서는 근로자가 "노동조합의 업무를 위한 정당한 행위"를 하고, 회사가 이를 이유로 근로자를 해고한 경우라야 하고, 같은 사실의 주장 및 입증책임은 부당노동행위임을 주장하는 근로자에게 있다(대판 1991.7.26. 91누2557).

② (×) 노조법에 의하여 설립된 노동조합이 아니면 노동위원회에 노동쟁의의 조정 및 부당노동행위의 구제를 신청할 수 없으므로(노조법 제7조 제1항), 설립신고증을 교부받지 아니한 노동조합은 부당노동행위의 구제신청을 할 수 없다.

③ (×) 부당노동행위 구제신청은 부당노동행위가 있은 날(계속하는 행위는 그 종료일)부터 3월 이내에 이를 행하여야 한다(노조법 제82조 제2항).

④ (×) 노동위원회의 구제명령·기각결정 또는 재심판정은 중앙노동위원회에의 재심신청이나 행정소송의 제기에 의하여 그 효력이 정지되지 아니한다(노조법 제86조).

답 ❶

032 노동조합 및 노동관계조정법상 부당노동행위 구제신청, 구제명령 등에 대한 설명으로 옳지 않은 것은? 21 국가직 9급

CHECK ○△×

① 사용자의 부당노동행위로 인하여 그 권리를 침해당한 근로자 또는 노동조합은 노동위원회에 그 구제를 신청할 수 있다.

② 노동위원회는 부당노동행위 구제신청을 받은 때에는 지체 없이 필요한 조사와 관계 당사자의 심문을 하여야 한다.

③ 노동위원회는 부당노동행위가 성립한다고 판정한 때에는 사용자에게 구제명령을 발하여야 하는데 이는 구두로 할 수 있다.

④ 지방노동위원회의 구제명령에 불복이 있는 관계 당사자는 그 명령서의 송달을 받은 날부터 10일 이내에 중앙노동위원회에 그 재심을 신청할 수 있다.

해설

① (○) 노조법 제82조 제1항

② (○) 노조법 제83조 제1항

③ (×) 노동위원회는 구제신청에 대한 심문을 종료하고 부당노동행위가 성립한다고 판정한 때에는 사용자에게 구제명령을 발하여야 하며, 부당노동행위가 성립되지 아니한다고 판정한 때에는 그 구제신청을 기각하는 결정을 하여야 한다. 이때 판정·명령 및 결정은 서면으로 하되, 이를 당해 사용자와 신청인에게 각각 교부하여야 한다(노조법 제84조 제1항·제2항).

④ (○) 지방노동위원회 또는 특별노동위원회의 구제명령 또는 기각결정에 불복이 있는 관계 당사자는 그 명령서 또는 결정서의 송달을 받은 날부터 10일 이내에 중앙노동위원회에 그 재심을 신청할 수 있다(노조법 제85조 제1항).

답 ❸

033 노동조합 및 노동관계조정법상 지방노동위원회의 부당노동행위 구제명령 또는 기각결정에 불복이 있는 관계 당사자가 중앙노동위원회에 그 재심을 신청할 수 있는 기간은? 22 국가직 7급

CHECK ○△×

① 지방노동위원회의 그 심판결정 내용 문자수신일로부터 10일 이내

② 지방노동위원회의 그 명령서 또는 결정서의 송달을 받은 날부터 10일 이내

③ 지방노동위원회의 그 심판결정 내용 문자수신일로부터 15일 이내

④ 지방노동위원회의 그 명령서 또는 결정서의 송달을 받은 날부터 15일 이내

해설

①(×), ②(○), ③(×), ④(×)

지방노동위원회 또는 특별노동위원회의 구제명령 또는 기각결정에 불복이 있는 관계 당사자는 그 명령서 또는 결정서의 송달을 받은 날부터 10일 이내에 중앙노동위원회에 그 재심을 신청할 수 있다(노조법 제85조 제1항).

답 ❷

034 노동조합 및 노동관계조정법상 부당노동행위 구제제도에 관한 설명으로 옳지 않은 것은?

CHECK ○△×

14 노무

① 부당노동행위에 대하여 구제주의 이외에 처벌주의를 병용하는 입법정책을 취하고 있다.
② 노동위원회는 관계당사자에 대하여 증거의 제출과 증인에 대한 반대심문을 할 수 있는 충분한 기회를 주어야 한다.
③ 구제명령은 재심 또는 행정소송에 의하여 그 효력이 정지되지 아니한다.
④ 노동위원회는 관계당사자의 신청이 없는 경우에는 증인을 출석하게 하여 필요한 사항을 질문할 수 없다.
⑤ 구제신청은 부당노동행위가 있은 날(계속하는 행위는 그 종료일)부터 3월 이내에 이를 행하여야 한다.

해설

① (○) 1953년 3월 8일 제정된 노동조합법은 사용자의 부당노동행위와 이에 대한 처벌규정을 두었으나, 1963년 개정으로 사용자의 부당노동행위 유형을 구체화하고, 처벌규정을 삭제하면서 노동위원회를 통한 구제제도(구제주의)를 채택하였다. 이후 1986년에는 처벌규정을 복원하여 구제주의와 처벌주의를 병행하였으며, 1997년에는 노동법을 전면개정하면서 구제주의와 처벌주의는 그대로 유지하되, 법원의 구제명령과 긴급이행명령제도를 도입하였다.
② (○) 노조법 제83조 제3항
③ (○) 노조법 제86조
④ (×) 노동위원회는 심문을 할 때에는 관계당사자의 신청에 의하거나 그 직권으로 증인을 출석하게 하여 필요한 사항을 질문할 수 있다(노조법 제83조 제2항).
⑤ (○) 노조법 제82조 제2항

답 ❹

035 부당노동행위에 관한 설명으로 옳지 않은 것은?(다툼이 있는 경우에는 판례에 의함)

CHECK ○△×

14 노무

① 소속 조합원으로 가입하려고 하는 것을 이유로 근로자에 대해 사용자가 불이익취급을 한 경우 노동조합은 자신의 명의로 부당노동행위 구제신청을 할 수 없다.
② 사용자가 연설 등을 통하여 의견을 표명하는 경우 노동조합의 조직이나 운영을 지배하거나 이에 개입하는 의사가 인정된다면 부당노동행위가 성립할 수 있다.
③ 부당노동행위는 노동위원회에 그 구제신청을 할 수 있고, 이와 별도로 불이익처분이 부당노동행위에 해당함을 이유로 민사소송을 제기할 수 있다.
④ 사업체가 실질적으로 폐업한 경우 불이익취급에 대한 원상회복의 구제명령을 신청할 구제이익은 없다.
⑤ 사용자가 노동조합활동을 방해하려는 의사로 노동조합의 간부를 승진시켜 조합원자격을 잃게 한 경우에는 부당노동행위가 성립될 수 있다.

해설

① (×) 노동조합으로서는 자신에 대한 사용자의 부당노동행위가 있는 경우뿐만 아니라, 그 소속 조합원으로 가입한 근로자 또는 그 소속 조합원으로 가입하려고 하는 근로자에 대하여 사용자의 부당노동행위가 있는 경우에도 노동조합의 권리가 침해당할 수 있으므로, 그 경우에도 노동조합은 자신의 명의로 그 부당노동행위에 대한 구제신청을 할 수 있는 권리를 가진다고 할 것이다(대판 2008.9.11. 2007두19249).

② (O) 대판 2006.9.8. 2006도388

③ (O) 대판 1992.5.22. 91다22100

④ (O) 근로자를 해고한 회사가 실질적으로 폐업하여 법인격까지 소멸됨으로써 그 복귀할 사업체의 실체가 없어졌다면 기업의 존재를 전제로 하여 기업에 있어서의 노사의 대립관계를 유지하는 것을 목적으로 하는 부당노동행위 구제신청의 이익도 없다(대판 1991.12.24. 91누2762).

⑤ (O) 대판 1998.12.23. 97누18035

답 ❶

036 노동조합 및 노동관계조정법상 부당노동행위 구제절차 등에 관한 설명으로 옳지 않은 것은?

CHECK ○△×

15 노무

① 부당노동행위로 인하여 그 권리를 침해당한 근로자는 노동위원회에 그 구제를 신청할 수 있다.

② 부당노동행위의 구제신청은 부당노동행위가 있은 날(계속하는 행위는 그 종료일)부터 3월 이내에 이를 행하여야 한다.

③ 특별노동위원회의 구제명령에 불복이 있는 관계당사자는 그 명령서의 송달을 받은 날부터 10일 이내에 중앙노동위원회에 그 재심을 신청할 수 있다.

④ 사용자가 중앙노동위원회 재심판정에 불복하여 행정소송을 제기한 경우에 중앙노동위원회는 법원의 판결이 확정될 때까지 중앙노동위원회의 구제명령의 전부 또는 일부를 이행하도록 명할 수 있다.

⑤ 지방노동위원회의 구제명령은 노동조합 및 노동관계조정법 규정에 의한 중앙노동위원회에의 재심신청에 의하여 그 효력이 정지되지 아니한다.

해설

① (O) 사용자의 부당노동행위로 인하여 그 권리를 침해당한 근로자 또는 노동조합은 노동위원회에 그 구제를 신청할 수 있다(노조법 제82조 제1항).

② (O) 노조법 제82조 제2항

③ (O) 노조법 제85조 제1항

④ (×) 사용자가 행정소송을 제기한 경우에 관할 법원은 중앙노동위원회의 신청에 의하여 결정으로써, 판결이 확정될 때까지 중앙노동위원회의 구제명령의 전부 또는 일부를 이행하도록 명할 수 있으며, 당사자의 신청에 의하여 또는 직권으로 그 결정을 취소할 수 있다(노조법 제85조 제5항).

⑤ (O) 노조법 제86조

답 ❹

037 노동조합 및 노동관계조정법상 부당노동행위 구제에 관한 설명으로 옳지 않은 것은? 21 노무

CHECK ○△×

① 부당노동행위 구제의 신청은 부당노동행위가 있은 날(계속하는 행위는 그 종료일)부터 3월 이내에 이를 행하여야 한다.

② 노동위원회는 부당노동행위구제신청을 받은 때에는 지체 없이 필요한 조사와 관계당사자의 심문을 하여야 한다.

③ 사용자의 부당노동행위로 인하여 그 권리를 침해당한 노동조합은 노동위원회에 그 구제를 신청할 수 있다.

④ 노동위원회는 부당노동행위구제신청에 따른 심문을 할 때에는 직권으로 증인을 출석하게 하여 필요한 사항을 질문할 수 있다.

⑤ 지방노동위원회의 구제명령에 불복이 있는 관계당사자는 그 명령서의 송달을 받은 날부터 15일 이내에 중앙노동위원회에 그 재심을 신청할 수 있다.

해설

① (○) 노조법 제82조 제2항

② (○) 노조법 제83조 제1항

③ (○) 사용자의 부당노동행위로 인하여 그 권리를 침해당한 근로자 또는 노동조합은 노동위원회에 그 구제를 신청할 수 있다(노조법 제82조 제1항).

④ (○) 노동위원회는 부당노동행위구제신청에 따른 심문을 할 때에는 관계당사자의 신청에 의하거나 그 직권으로 증인을 출석하게 하여 필요한 사항을 질문할 수 있다(노조법 제83조 제2항).

⑤ (×) 지방노동위원회 또는 특별노동위원회의 구제명령 또는 기각결정에 불복이 있는 관계당사자는 그 명령서 또는 결정서의 송달을 받은 날부터 10일 이내에 중앙노동위원회에 그 재심을 신청할 수 있다(노조법 제85조 제1항).

답 ❺

038 노동조합 및 노동관계조정법상 부당노동행위 구제에 관한 설명으로 옳지 않은 것은? 20 노무

CHECK ○△×

① 지방노동위원회의 구제명령 또는 기각결정에 불복이 있는 관계당사자는 그 명령서 또는 결정서의 송달을 받은 날부터 10일 이내에 중앙노동위원회에 그 재심을 신청할 수 있다.

② 중앙노동위원회의 재심판정에 대하여 관계당사자는 그 재심판정서의 송달을 받은 날부터 15일 이내에 행정소송법이 정하는 바에 의하여 소를 제기할 수 있다.

③ 노동위원회의 판정·명령 및 결정은 서면으로 하되, 이를 당해 사용자와 신청인에게 각각 교부하여야 한다.

④ 사용자가 행정소송을 제기한 경우 관할 법원은 노동조합의 신청에 의하여 결정으로써, 판결이 확정될 때까지 중앙노동위원회의 구제명령의 전부 또는 일부를 이행하도록 명할 수 있다.

⑤ 노동위원회의 구제명령·기각결정 또는 재심판정은 중앙노동위원회에의 재심신청이나 행정소송의 제기에 의하여 효력이 정지되지 아니한다.

해설

① (O) 노조법 제85조 제1항
② (O) 노조법 제85조 제2항
③ (O) 노조법 제84조 제2항
④ (×) 사용자가 행정소송을 제기한 경우에 관할 법원은 중앙노동위원회의 신청에 의하여 결정으로써, 판결이 확정될 때까지 중앙노동위원회의 구제명령의 전부 또는 일부를 이행하도록 명할 수 있으며, 당사자의 신청에 의하여 또는 직권으로 그 결정을 취소할 수 있다(노조법 제85조 제5항).
⑤ (O) 노조법 제86조

답 ❹

039 노동조합 및 노동관계조정법령상 부당노동행위 구제에 관한 설명으로 옳은 것은? 18 노무

CHECK ○△×

① 부당노동행위로 그 권리를 침해당한 근로자는 노동조합을 통해서만 노동위원회에 구제를 신청할 수 있다.
② 부당노동행위가 계속하는 행위인 경우에는 그 종료일부터 6월 이내에 구제신청을 하여야 한다.
③ 지방노동위원회의 구제명령에 불복이 있는 관계당사자는 그 명령서의 송달을 받은 날부터 15일 이내에 중앙노동위원회에 재심을 신청할 수 있다.
④ 중앙노동위원회의 재심판정에 대하여 관계당사자는 그 재심판정서의 송달을 받은 날부터 20일 이내에 행정소송법이 정하는 바에 의하여 소를 제기할 수 있다.
⑤ 지방노동위원회의 구제명령은 중앙노동위원회에의 재심신청에 의하여 그 효력이 정지되지 아니한다.

해설

① (×) 사용자의 부당노동행위로 인하여 그 권리를 침해당한 근로자 또는 노동조합은 노동위원회에 그 구제를 신청할 수 있다(노조법 제82조 제1항).
② (×) 구제의 신청은 부당노동행위가 있은 날(계속하는 행위는 그 종료일)부터 3월 이내에 이를 행하여야 한다(노조법 제82조 제2항).
③ (×) 지방노동위원회 또는 특별노동위원회의 구제명령 또는 기각결정에 불복이 있는 관계당사자는 그 명령서 또는 결정서의 송달을 받은 날부터 10일 이내에 중앙노동위원회에 그 재심을 신청할 수 있다(노조법 제85조 제1항).
④ (×) 중앙노동위원회의 재심판정에 대하여 관계당사자는 그 재심판정서의 송달을 받은 날부터 15일 이내에 행정소송법이 정하는 바에 의하여 소를 제기할 수 있다(노조법 제85조 제2항).
⑤ (O) 노조법 제86조

답 ❺

040 노동조합 및 노동관계조정법령상 부당노동행위 구제제도에 관한 설명으로 옳지 않은 것은?(다툼이 있으면 판례에 따름) 19 노무

CHECK ○△×

① 노동위원회의 사용자에 대한 부당노동행위구제명령은 사용자에게 공법상의 의무를 부담시킬 뿐, 직접 노사 간의 사법상의 법률관계를 발생 또는 변경시키는 것은 아니다.

② 사용자의 부당노동행위로 인하여 그 권리를 침해당한 근로자 또는 노동조합은 부당노동행위가 있은 날(계속하는 행위는 그 종료일)부터 3월 이내에 구제를 신청해야 한다.

③ 노동위원회는 부당노동행위에 대한 심문을 함에 있어서는 관계당사자에 대하여 증거의 제출과 증인에 대한 반대심문을 할 수 있는 충분한 기회를 주어야 한다.

④ 노동위원회는 부당노동행위구제명령을 받은 후 이행기한까지 구제명령을 이행하지 아니한 사용자에게 이행강제금을 부과한다.

⑤ 중앙노동위원회의 재심판정에 불복하여 사용자가 행정소송을 제기한 경우 관할 법원은 중앙노동위원회의 신청에 의하여 결정으로써, 판결이 확정될 때까지 중앙노동위원회의 구제명령의 전부 또는 일부를 이행하도록 명할 수 있다.

해설

① (○) 대판 1996.4.23. 95다53102

② (○) 노조법 제82조 제2항

③ (○) 노조법 제83조 제3항

④ (×) 이행강제금제도는 정당한 이유 없는 부당해고에 대한 구제명령에 대하여만 적용되고, 부당노동행위 구제명령에 대하여는 적용되지 아니한다.

⑤ (○) 노조법 제85조 제5항

답 ❹

041 노동조합 및 노동관계조정법령상 사용자가 중앙노동위원회의 구제명령에 대하여 행정소송을 제기한 경우 그 구제명령에 관한 설명으로 옳지 않은 것은? 18 노무

CHECK ○△×

① 관할 법원은 중앙노동위원회의 신청에 의하여 판결이 확정될 때까지 중앙노동위원회 구제명령의 전부 또는 일부를 이행하도록 명할 수 있다.

② 관할 법원은 당사자의 신청이나 직권으로 중앙노동위원회 구제명령의 이행을 명한 결정을 취소할 수 있다.

③ 관할 법원이 중앙노동위원회 구제명령의 이행을 명한 경우 그 명령을 위반한 자에 대하여는 노동조합 및 노동관계조정법상 벌금형이 규정되어 있다.

④ 관할 법원이 중앙노동위원회 구제명령의 이행을 명하는 경우 결정으로써 한다.

⑤ 중앙노동위원회 구제명령은 행정소송의 제기에 의하여 그 효력이 정지되지 아니한다.

해설

① (O) · ② (O) 노조법 제85조 제5항

③ (×) 관할 법원의 중앙노동위원회 구제명령에 대한 이행명령을 위반한 자는 500만원 이하의 금액(당해 명령이 작위를 명하는 것일 때에는 그 명령의 불이행 일수 1일에 50만원 이하의 비율로 산정한 금액)의 과태료에 처한다(노조법 제95조).

④ (O) 행정소송을 제기한 경우에 관할 법원은 중앙노동위원회의 신청에 의하여 결정으로써, 판결이 확정될 때까지 중앙노동위원회의 구제명령의 전부 또는 일부를 이행하도록 명할 수 있으며, 당사자의 신청에 의하여 또는 직권으로 그 결정을 취소할 수 있다(노조법 제85조 제5항).

⑤ (O) 노동위원회의 구제명령 · 기각결정 또는 재심판정은 중앙노동위원회에의 재심신청이나 행정소송의 제기에 의하여 그 효력이 정지되지 아니한다(노조법 제86조).

답 ❸

042

CHECK ○△×

사실관계가 다음과 같은 경우 노동조합의 보호요건에 관한 설명 중 옳은 것(O)과 옳지 않은 것(×)을 바르게 조합한 것은?

14 사시

[사실관계]

- A는 노동조합 설립신고증을 교부받지 못한 노동단체이다.
- B는 A의 구성원인 근로자이고, C는 B의 사용자이다.
- C는 A에 가입하였음을 이유로 B를 해고하였다.

ㄱ. A는 노동위원회에 부당노동행위의 구제를 신청할 수 없다.
ㄴ. B는 노동위원회에 부당노동행위의 구제를 신청할 수 없다.
ㄷ. C는 부당노동행위로 형사처벌을 받을 수 있다.

① ㄱ(O), ㄴ(O), ㄷ(O)
② ㄱ(O), ㄴ(O), ㄷ(×)
③ ㄱ(O), ㄴ(×), ㄷ(O)
④ ㄱ(×), ㄴ(O), ㄷ(O)
⑤ ㄱ(×), ㄴ(×), ㄷ(×)

해설

ㄱ. (O) 노조법에 의하여 설립된 노동조합이 아니면 노동위원회에 노동쟁의의 조정 및 부당노동행위의 구제를 신청할 수 없다(노조법 제7조 제1항).

ㄴ. (×) A가 노동조합 설립신고증을 교부받지 못한 법외노조라고 할지라도 A의 구성원인 근로자 B는 노동위원회에 부당노동행위의 구제를 신청할 수 있다(노조법 제82조 제1항).

ㄷ. (O) 부당노동행위금지규정에 위반한 자는 2년 이하의 징역 또는 2천만원 이하의 벌금에 처한다(노조법 제90조, 제81조 제1항).

답 ❸

CHAPTER

07 형벌 및 과태료

001 **노동조합 및 노동관계조정법상 위반 행위에 대하여 벌칙이 적용되지 않는 것은?** 24 노무

CHECK ○△×

① 조합원이 노동조합에 의하여 주도되지 아니한 쟁의행위를 한 경우

② 노동조합 및 노동관계조정법에 의하여 설립된 노동조합이 아니면서 노동조합이라는 명칭을 사용한 경우

③ 노동조합이 사용자의 점유를 배제하여 조업을 방해하는 형태로 쟁의행위를 한 경우

④ 확정된 부당노동행위 구제명령에 위반한 경우

⑤ 조합원의 직접·비밀·무기명투표에 의한 조합원 과반수의 찬성으로 결정하지 아니한 쟁의행위를 행한 경우

해설

① (○) 3년 이하의 징역 또는 3천만원 이하의 벌금에 처한다(노조법 제89조 제1호, 제37조 제2항).

② (○) 500만원 이하의 벌금에 처한다(노조법 제93조 제1호, 제7조 제3항).

③ (×) 노조법 제37조 제3항의 규정("노동조합은 사용자의 점유를 배제하여 조업을 방해하는 형태로 쟁의행위를 해서는 아니 된다")을 위반한 자에 대한 벌칙규정은 규정되어 있지 아니하다.

④ (○) 3년 이하의 징역 또는 3천만원 이하의 벌금에 처한다(노조법 제89조 제2호, 제85조 제3항, 제29조의4 제4항).

⑤ (○) 1년 이하의 징역 또는 1천만원 이하의 벌금에 처한다(노조법 제91조, 제41조 제1항).

답 ❸

002 근로기준법 또는 노동조합 및 노동관계조정법상 벌칙 조항에 따라 사용자가 처벌되는 경우가 아닌 것은?

CHECK ○△×

23 국가직 9급

① 사용자가 근로자에 대하여 남녀의 성(性)을 이유로 차별적 대우를 한 경우
② 사용자가 근로자를 정당한 이유 없이 해고한 경우(근로기준법 제23조 제1항에 한함)
③ 사용자가 근로자의 근로계약 불이행에 대한 손해배상액을 예정하는 계약을 체결한 경우
④ 사용자가 노동조합의 대표자 또는 노동조합으로부터 위임을 받은 자와의 단체협약체결 기타의 단체교섭을 정당한 이유 없이 거부하는 경우

해설

① (○) 근로자에 대하여 남녀의 성(性)을 이유로 차별적 대우를 한 사용자는 500만원 이하의 벌금에 처한다(근기법 제114조 제1호, 제6조).
② (×) 근기법에 근로자를 정당한 이유 없이 해고한 사용자를 처벌하는 벌칙규정은 존재하지 아니한다.
③ (○) 근로자의 근로계약 불이행에 대한 손해배상액을 예정하는 계약을 체결한 사용자는 500만원 이하의 벌금에 처한다(근기법 제114조 제1호, 제20조).
④ (○) 노동조합의 대표자 또는 노동조합으로부터 위임을 받은 자와의 단체협약체결 기타의 단체교섭을 정당한 이유 없이 거부한 사용자는 2년 이하의 징역 또는 2천만원 이하의 벌금에 처한다(노조법 제90조, 제81조 제1항).

답 ❷

003 단체협약 내용으로서 그 위반한 자에 대하여 노동조합 및 노동관계조정법상 형사처벌의 대상사항이 아닌 것은?

CHECK ○△×

15 노무

① 복리후생비에 관한 사항
② 재해부조에 관한 사항
③ 쟁의행위에 관한 사항
④ 조합원자격에 관한 사항
⑤ 징계사유에 관한 사항

해설

조합원자격에 관한 사항을 위반한 경우 노조법 제92조에서 정한 형사처벌의 대상에 해당하지 않는다.

> **벌칙(노조법 제92조)**
> 다음 각 호의 1에 해당하는 자는 1천만원 이하의 벌금에 처한다.
> 2. 제31조 제1항의 규정에 의하여 체결된 단체협약의 내용 중 다음 각 목의 1에 해당하는 사항을 위반한 자
> 가. 임금·복리후생비, 퇴직금에 관한 사항
> 나. 근로 및 휴게시간, 휴일, 휴가에 관한 사항
> 다. 징계 및 해고의 사유와 중요한 절차에 관한 사항
> 라. 안전보건 및 재해부조에 관한 사항
> 마. 시설·편의 제공 및 근무시간 중 회의 참석에 관한 사항
> 바. 쟁의행위에 관한 사항

답 ❹

004 단체협약의 내용 중 노동조합 및 노동관계조정법 제92조 제2호에서 규정한 사항을 위반한 자는 벌금에 처한다. 이에 해당하지 않는 사항은? 16 노무

CHECK ○△×

① 재해부조
② 편의제공
③ 휴게시간
④ 교섭창구단일화
⑤ 근무시간 중 회의참석

해설

교섭창구단일화는 노조법 제92조 제2호에서 정한 벌금형에 처할 수 있는 경우에 해당하지 아니한다.

답 ❹

005 노동조합 및 노동관계조정법령 위반행위에 대하여 벌칙이 적용되지 않는 것을 모두 고른 것은? 17 노무

CHECK ○△×

ㄱ. 노동조합의 대표자가 성별, 연령을 이유로 조합원에게 차별대우를 한 경우
ㄴ. 사용자가 노동조합의 대표자와의 단체교섭을 정당한 이유 없이 거부하는 행위를 한 경우
ㄷ. 서면으로 작성하여 당사자 쌍방이 서명한 단체협약의 내용 중 사용자가 휴일에 관한 사항을 위반한 경우
ㄹ. 노동조합 및 노동관계조정법에 의하여 설립된 노동조합이 아님에도 노동조합이라는 명칭을 사용한 경우

① ㄱ
② ㄴ
③ ㄷ
④ ㄹ
⑤ ㄱ, ㄹ

해설

ㄱ. (×) 노동조합의 대표자가 차별대우를 한 경우에는 벌칙이 적용되지 않는다.
ㄴ. (○) 2년 이하의 징역 또는 2천만원 이하의 벌금(노조법 제90조, 제81조 제1항 제3호)
ㄷ. (○) 1천만원 이하의 벌금(노조법 제92조 제2호 나목)
ㄹ. (○) 500만원 이하의 벌금(노조법 제93조 제1호, 제7조 제3항)

답 ❶

006 노동조합 및 노동관계조정법령상 단체협약내용을 위반한 경우 형사처벌의 대상이 아닌 것은?

CHECK ○△×

19 노무

① 퇴직금에 관한 사항
② 휴가에 관한 사항
③ 쟁의행위에 관한 사항
④ 조직강제에 관한 사항
⑤ 안전보건에 관한 사항

해설

① (○), ② (○), ③ (○), ④ (×), ⑤ (○)
조직강제에 관한 사항은 노조법 제92조에서 정한 형사처벌의 대상이 아니다.

답 ❹

007 다음 노동조합 및 노동관계조정법 조항의 규정을 위반한 자에 대해 동법에 벌칙규정이 없는 것은?

CHECK ○△×

21 노무

① 제37조 제2항(조합원은 노동조합에 의하여 주도되지 아니한 쟁의행위를 하여서는 아니 된다)
② 제38조 제2항(작업시설의 손상이나 원료・제품의 변질 또는 부패를 방지하기 위한 작업은 쟁의행위기간 중에도 정상적으로 수행되어야 한다)
③ 제38조 제3항(노동조합은 쟁의행위가 적법하게 수행될 수 있도록 지도・관리・통제할 책임이 있다)
④ 제42조의2 제2항(필수유지업무의 정당한 유지・운영을 정지・폐지 또는 방해하는 행위는 쟁의행위로서 이를 행할 수 없다)
⑤ 제44조 제2항(노동조합은 쟁의행위기간에 대한 임금의 지급을 요구하여 이를 관철할 목적으로 쟁의행위를 하여서는 아니 된다)

해설

① (×) 3년 이하의 징역 또는 3천만원 이하의 벌금에 처한다(노조법 제89조 제1호).
② (×) 1년 이하의 징역 또는 1천만원 이하의 벌금에 처한다(노조법 제91조).
③ (○) 노조법 제38조 제3항의 규정을 위반한 자에 대한 벌칙규정은 명시되어 있지 아니하다.
④ (×) 3년 이하의 징역 또는 3천만원 이하의 벌금에 처한다(노조법 제89조 제1호).
⑤ (×) 2년 이하의 징역 또는 2천만원 이하의 벌금에 처한다(노조법 제90조).

벌칙(노조법 제88조)

제41조 제2항의 규정에 위반한 자는 5년 이하의 징역 또는 5천만원 이하의 벌금에 처한다.

벌칙(노조법 제89조)

다음 각 호의 어느 하나에 해당하는 자는 3년 이하의 징역 또는 3천만원 이하의 벌금에 처한다.

1. 제37조 제2항, 제38조 제1항, 제42조 제1항 또는 제42조의2 제2항의 규정에 위반한 자
2. 제85조 제3항(제29조의4 제4항에서 준용하는 경우를 포함한다)에 따라 확정되거나 행정소송을 제기하여 확정된 구제명령에 위반한 자

벌칙(노조법 제90조)

제44조 제2항, 제69조 제4항, 제77조 또는 제81조 제1항의 규정에 위반한 자는 2년 이하의 징역 또는 2천만원 이하의 벌금에 처한다.

벌칙(노조법 제91조)

제38조 제2항, 제41조 제1항, 제42조 제2항, 제43조 제1항·제2항·제4항, 제45조 제2항 본문, 제46조 제1항 또는 제63조의 규정을 위반한 자는 1년 이하의 징역 또는 1천만원 이하의 벌금에 처한다.

벌칙(노조법 제92조)

다음 각 호의 1에 해당하는 자는 1천만원 이하의 벌금에 처한다.

1. 삭제 〈2021.1.5.〉
2. 제31조 제1항의 규정에 의하여 체결된 단체협약의 내용 중 다음 각 목의 1에 해당하는 사항을 위반한 자
   가. 임금·복리후생비, 퇴직금에 관한 사항
   나. 근로 및 휴게시간, 휴일, 휴가에 관한 사항
   다. 징계 및 해고의 사유와 중요한 절차에 관한 사항
   라. 안전보건 및 재해부조에 관한 사항
   마. 시설·편의 제공 및 근무시간 중 회의참석에 관한 사항
   바. 쟁의행위에 관한 사항
3. 제61조 제1항의 규정에 의한 조정서의 내용 또는 제68조 제1항의 규정에 의한 중재재정서의 내용을 준수하지 아니한 자

벌칙(노조법 제93조)

다음 각 호의 1에 해당하는 자는 500만원 이하의 벌금에 처한다.

1. 제7조 제3항의 규정에 위반한 자
2. 제21조 제1항·제2항 또는 제31조 제3항의 규정에 의한 명령에 위반한 자

답 ❸

CHAPTER

08 노사협의회

제1절 서 설

제2절 노사협의제도

001 근로자참여 및 협력증진에 관한 법률상 노사협의회의 운영에 관한 설명으로 옳지 않은 것은?

CHECK ○△×

24 노무

① 노사협의회는 3개월마다 정기적으로 회의를 개최하여야 하며, 필요에 따라 임시회의를 개최할 수 있다.

② 노사협의회 의장은 회의 개최 7일 전에 회의 일시, 장소, 의제 등을 각 위원에게 통보하여야 한다.

③ 노사협의회는 그 조직과 운영에 관한 규정을 제정하고 노사협의회를 설치한 날부터 30일 이내에 고용노동부장관에게 제출하여야 한다.

④ 노사협의회의 회의는 공개한다. 다만, 노사협의회의 의결로 공개하지 아니할 수 있다.

⑤ 노사협의회 회의는 근로자위원과 사용자위원 각 과반수의 출석으로 개최하고 출석위원 3분의 2 이상의 찬성으로 의결한다.

해설

① (○) 근참법 제12조

② (○) 근참법 제13조 제3항

③ (×) 노사협의회는 그 조직과 운영에 관한 규정(이하 "협의회규정")을 제정하고 협의회를 설치한 날부터 15일 이내에 고용노동부장관에게 제출하여야 한다(근참법 제18조 제1항 전문).

④ (○) 근참법 제16조

⑤ (○) 근참법 제15조

답 ❸

002 근로자참여 및 협력증진에 관한 법률상 벌칙 등에 관한 설명으로 옳지 않은 것은? 24 노무

CHECK ○△×

① 제4조(노사협의회의 설치) 제1항에 따른 노사협의회의 설치를 정당한 사유 없이 거부하거나 방해한 자는 1천만원 이하의 벌금에 처한다.

② 제24조(의결 사항의 이행)를 위반하여 노사협의회에서 의결된 사항을 정당한 사유 없이 이행하지 아니한 자는 1천만원 이하의 벌금에 처한다.

③ 제25조(임의 중재) 제2항을 위반하여 중재 결정의 내용을 정당한 사유 없이 이행하지 아니한 자는 1천만원 이하의 벌금에 처한다.

④ 사용자가 정당한 사유 없이 제11조(시정명령)에 따른 시정명령을 이행하지 아니하면 1천만원 이하의 벌금에 처한다.

⑤ 사용자가 제18조(협의회규정)를 위반하여 노사협의회규정을 제출하지 아니한 때에는 200만원 이하의 과태료를 부과한다.

해설

① (○) 근참법 제30조 제1호, 제4조 제1항
② (○) 근참법 제30조 제2호, 제24조
③ (○) 근참법 제30조 제3호, 제25조 제2항
④ (×) 사용자가 정당한 사유 없이 시정명령을 이행하지 아니하거나 사용자가 정기회의에 보고와 설명을 이행하지 아니하는 경우 인정되는 자료제출 의무를 이행하지 아니하면 500만원 이하의 벌금에 처한다(근참법 제31조, 제11조).
⑤ (○) 근참법 제33조 제1항, 제18조

벌칙(근참법 제30조)

다음 각 호의 어느 하나에 해당하는 자는 1천만원 이하의 벌금에 처한다.

1. 제4조 제1항에 따른 협의회의 설치를 정당한 사유 없이 거부하거나 방해한 자
2. 제24조를 위반하여 협의회에서 의결된 사항을 정당한 사유 없이 이행하지 아니한 자
3. 제25조 제2항을 위반하여 중재 결정의 내용을 정당한 사유 없이 이행하지 아니한 자

벌칙(근참법 제31조)

사용자가 정당한 사유 없이 제11조에 따른 시정명령을 이행하지 아니하거나 제22조 제3항에 따른 자료제출의무를 이행하지 아니하면 500만원 이하의 벌금에 처한다.

과태료(근참법 제33조)

① 사용자가 제18조를 위반하여 협의회규정을 제출하지 아니한 때에는 200만원 이하의 과태료를 부과한다.
② 제1항에 따른 과태료는 대통령령으로 정하는 바에 따라 고용노동부장관이 부과·징수한다.

답 ④

003 근로자참여 및 협력증진에 관한 법률상 노사협의회의 협의 사항으로 옳은 것은? 24 노무

CHECK ○△×

① 인력계획에 관한 사항
② 근로자의 복지증진
③ 사내근로복지기금의 설치
④ 각종 노사공동위원회의 설치
⑤ 복지시설의 설치와 관리

해설

② 근로자의 복지증진은 근참법 제20조 제1항 제13호에서 정한 노사협의회의 협의사항에 해당하나, ① 인력계획에 관한 사항은 동법 제22조 제1항 제3호의 사용자의 정기회의에의 보고사항이고, ③ 사내근로복지기금의 설치, ④ 각종 노사공동위원회의 설치, ⑤ 복지시설의 설치와 관리 등은 동법 제21조에서 정한 협의회의 의결사항에 해당한다.

답 ❷

004 근로자참여 및 협력증진에 관한 법률상 고충처리에 관한 설명으로 옳은 것은? 24 노무

CHECK ○△×

① 고충처리위원이 처리하기 곤란한 사항은 노사협의회의 회의에 부쳐 협의 처리한다.
② 고충처리위원은 노사를 대표하는 5명 이내의 위원으로 구성한다.
③ 고충처리위원은 근로자로부터 고충사항을 청취한 경우에는 15일 이내에 조치 사항과 그 밖의 처리 결과를 해당 근로자에게 통보하여야 한다.
④ 고충처리위원은 임기가 끝난 경우에는 후임자가 선출되기 전이라도 계속 그 직무를 담당하지 못한다.
⑤ 모든 사업 또는 사업장에는 근로자의 고충을 청취하고 이를 처리하기 위하여 고충처리위원을 두어야만 한다.

해설

① (○) 근참법 제28조 제2항
② (×) 고충처리위원은 노사를 대표하는 3명 이내의 위원으로 구성하되, 협의회가 설치되어 있는 사업이나 사업장의 경우에는 협의회가 그 위원 중에서 선임하고, 협의회가 설치되어 있지 아니한 사업이나 사업장의 경우에는 사용자가 위촉한다(근참법 제27조 제1항).
③ (×) 고충처리위원은 근로자로부터 고충사항을 청취한 경우에는 10일 이내에 조치 사항과 그 밖의 처리결과를 해당 근로자에게 통보하여야 한다(근참법 제28조 제1항).
④ (×) 고충처리위원은 임기가 끝난 경우라도 후임자가 선출될 때까지 계속 그 직무를 담당한다(근참법 제27조 제2항, 제8조 제3항).
⑤ (×) 모든 사업 또는 사업장에는 근로자의 고충을 청취하고 이를 처리하기 위하여 고충처리위원을 두어야 한다. 다만, 상시 30명 미만의 근로자를 사용하는 사업이나 사업장은 그러하지 아니하다(근참법 제26조).

답 ❶

최신유형

005 근로자참여 및 협력증진에 관한 법령상 노사협의회규정에 포함되어야 하는 내용으로 옳지 않은 것은?

CHECK ○△×

25 노무

① 노사협의회의 위원의 성명
② 근로자를 대표하는 위원의 선출 절차와 후보 등록에 관한 사항
③ 사용자를 대표하는 위원의 자격에 관한 사항
④ 노사협의회의 회의 소집, 회기(會期), 그 밖에 노사협의회의 운영에 관한 사항
⑤ 고충처리에 관한 사항

해설

② 근로자를 대표하는 위원의 선출 절차와 후보 등록에 관한 사항(제2호), ③ 사용자를 대표하는 위원의 자격에 관한 사항(제3호), ④ 노사협의회의 회의 소집, 회기, 그 밖에 노사협의회의 운영에 관한 사항(제5호), ⑤ 고충처리에 관한 사항(제7호) 등은 근참법 시행령 제5조 제1항에서 정한 협의회 규정에 포함될 내용에 해당한다. ① '노사협의회의 위원의 성명'이 아니라 '노사협의회의 위원의 수'(제1호)가 협의회 규정에 포함될 내용임을 유의하여야 한다.

협의회규정(근참법 시행령 제5조)

① 법 제18조에 따른 협의회규정(이하 "협의회규정"이라 한다)에는 다음 각 호의 사항이 포함되어야 한다.
1. 협의회의 위원의 수
2. 근로자위원의 선출 절차와 후보 등록에 관한 사항
3. 사용자위원의 자격에 관한 사항
4. 법 제9조 제3항에 따라 협의회 위원이 근로한 것으로 보는 시간에 관한 사항
5. 협의회의 회의 소집, 회기(會期), 그 밖에 협의회의 운영에 관한 사항
6. 법 제25조에 따른 임의 중재의 방법·절차 등에 관한 사항
7. 고충처리위원의 수 및 고충처리에 관한 사항

② 협의회규정을 제정하거나 변경할 경우에는 협의회의 의결을 거쳐야 한다.

답 ❶

최신유형

006 근로자참여 및 협력증진에 관한 법령상 노사협의회 구성에 관한 설명으로 옳지 않은 것은?

CHECK ○△×

25 노무

① 노사협의회는 근로자와 사용자를 대표하는 같은 수의 위원으로 구성하되, 각 3명 이상 10명 이하로 한다.
② 사업 또는 사업장에 근로자의 과반수로 조직된 노동조합이 있는 경우에는 근로자를 대표하는 위원은 노동조합의 대표자와 그 노동조합이 위촉하는 자로 한다.
③ 사용자를 대표하는 위원은 해당 사업이나 사업장의 대표자와 그 대표자가 위촉하는 자로 한다.
④ 근로자를 대표하는 위원의 선출에 입후보하려는 사람은 해당 사업이나 사업장의 근로자여야 한다.
⑤ 근로자를 대표하는 위원의 결원이 생기면 50일 이내에 보궐위원을 위촉하거나 선출한다.

해설

① (○) 근참법 제6조 제1항
② (○) 근참법 제6조 제3항
③ (○) 근참법 제6조 제4항
④ (○) 근참법 시행령 제3조
⑤ (×) 근로자위원의 결원이 생기면 30일 이내에 보궐위원을 위촉하거나 선출하되, 근로자의 과반수로 구성된 노동조합이 조직되어 있지 아니한 사업 또는 사업장에서는 근로자위원 선출 투표에서 선출되지 못한 사람 중 득표순에 따른 차점자를 근로자위원으로 할 수 있다(근참법 시행령 제4조).

답 ❺

최신유형

007 근로자참여 및 협력증진에 관한 법령에 관한 설명으로 옳은 것은? 25 노무

CHECK ○△×

① "노사협의회"란 헌법에 의한 근로자의 단결권·단체교섭권 및 단체행동권을 보장하여 근로조건의 유지·개선과 근로자의 경제적·사회적 지위의 향상을 도모하기 위하여 구성하는 협의기구를 말한다.
② "근로자"란 「노동조합 및 노동관계조정법」 제2조에 따른 근로자를 말한다.
③ 노사협의회는 상시(常時) 30명 미만의 근로자를 사용하는 근로조건에 대한 결정권이 있는 사업이나 사업장 단위로 설치하여야 한다.
④ 노동조합의 단체교섭이나 그 밖의 모든 활동은 이 법에 의하여 영향을 받지 아니한다.
⑤ 노사협의회의 간사는 노사협의회 위원 중에서 1명을 선출한다.

해설

① (×) "노사협의회"란 근로자와 사용자가 참여와 협력을 통하여 근로자의 복지증진과 기업의 건전한 발전을 도모하기 위하여 구성하는 협의기구를 말한다(근참법 제3조 제1호). 헌법에 의한 근로자의 단결권·단체교섭권 및 단체행동권을 보장하여 근로조건의 유지·개선과 근로자의 경제적·사회적 지위의 향상을 도모하기 위하여 조직하는 단체는 노동조합을 의미한다(노조법 제2조 제4호 참조).
② (×) "근로자"란 노조법상의 근로자가 아니라, 근로기준법 제2조에 따른 근로자를 말한다(근참법 제3조 제2호).
③ (×) 노사협의회는 근로조건에 대한 결정권이 있는 사업이나 사업장 단위로 설치하여야 한다. 다만, 상시 30명 미만의 근로자를 사용하는 사업이나 사업장은 그러하지 아니하다(근참법 제4조 제1항).
④ (○) 근참법 제5조
⑤ (×) 노사 쌍방은 회의 결과의 기록 등 사무를 담당하는 간사 1명을 각각 두어야 하는데, 간사는 노사협의회의 근로자를 대표하는 위원들과 사용자를 대표하는 위원들이 근로자위원과 사용자위원 중에서 각각 1명씩 선출한다(근참법 제7조 제3항, 동법 시행규칙 제2조).

답 ❹

최신유형

008 근로자참여 및 협력증진에 관한 법률에 관한 설명으로 옳지 않은 것은? 25 노무

CHECK ○△×

① 노사협의회에 의장을 두며, 의장은 위원 중에서 호선(互選)한다.
② 노사협의회 위원의 임기는 3년으로 하되, 연임할 수 없다.
③ 사용자는 노사협의회 위원으로서의 직무 수행과 관련하여 근로자를 대표하는 위원에게 불이익을 주는 처분을 하여서는 아니 된다.
④ 사용자는 근로자를 대표하는 위원의 선출에 개입하거나 방해하여서는 아니 된다.
⑤ 사용자는 근로자를 대표하는 위원의 업무를 위하여 장소의 사용 등 기본적인 편의를 제공하여야 한다.

해설

① (○) 협의회에 의장을 두며, 의장은 위원 중에서 호선(互選)한다. 이 경우 근로자위원과 사용자위원 중 각 1명을 공동의장으로 할 수 있다(근참법 제7조 제1항).
② (×) 노사협의회 위원의 임기는 3년으로 하되, 연임할 수 있다(근참법 제8조 제1항).
③ (○) 근참법 제9조 제2항
④ (○) 근참법 제10조 제1항
⑤ (○) 근참법 제10조 제2항

답 ❷

최신유형

009 근로자참여 및 협력증진에 관한 법률상 노사협의회의 의결 사항이 아닌 것은? 25 노무

CHECK ○△×

① 근로자의 교육훈련 및 능력개발 기본계획의 수립
② 복지시설의 설치와 관리
③ 안전, 보건, 그 밖의 작업환경 개선과 근로자의 건강증진
④ 고충처리위원회에서 의결되지 아니한 사항
⑤ 각종 노사공동위원회의 설치

해설

① 근로자의 교육훈련 및 능력개발 기본계획의 수립(제1호), ② 복지시설의 설치와 관리(제2호), ④ 고충처리위원회에서 의결되지 아니한 사항(제4호), ⑤ 각종 노사공동위원회의 설치(제5호) 등은 모두 근참법 제21조에서 정한 노사협의회의 의결사항에 해당한다. ③ '안전, 보건, 그 밖의 작업환경 개선과 근로자의 건강증진'은 근참법 제20조 제1항 제4호에서 정한 노사협의회의 협의사항에 해당한다.

답 ❸

010 근로자참여 및 협력증진에 관한 법률상 노사협의회에 관한 설명으로 옳지 않은 것은? 15 노무

CHECK ○△×

① 노사협의회에 의장을 두며, 의장은 위원 중에서 호선(互選)한다.
② 사용자는 근로자위원의 업무를 위하여 장소의 사용 등 기본적인 편의를 제공하여야 한다.
③ 위원은 비상임·무보수로 한다.
④ 보궐위원의 임기는 전임자 임기의 남은 기간으로 한다.
⑤ 회의는 근로자위원과 사용자위원 각 과반수의 출석으로 개최하고 출석위원 과반수의 찬성으로 의결한다.

해설

① (○) 근참법 제7조 제1항 전문
② (○) 근참법 제10조 제2항
③ (○) 근참법 제9조 제1항
④ (○) 근참법 제8조 제2항
⑤ (×) 회의는 근로자위원과 사용자위원 각 과반수의 출석으로 개최하고 출석위원 3분의 2 이상의 찬성으로 의결한다(근참법 제15조).

답 ⑤

011 근로자참여 및 협력증진에 관한 법률의 내용으로 옳지 않은 것은? 16 노무

CHECK ○△×

① 근로자란 근로기준법상 근로자를 말한다.
② 고충처리위원이 처리하기 곤란한 사항은 노사협의회의 회의에 부쳐 협의 처리한다.
③ 사용자는 근로자의 교육훈련 및 능력개발 기본계획의 수립에 대하여는 노사협의회의 의결을 거쳐야 한다.
④ 상시 30명 미만의 근로자를 사용하는 사업이나 사업장은 노사협의회를 설치할 의무가 없다.
⑤ 노사협의회가 의결사항에 관하여 의결하지 못한 경우에는 노동위원회는 근로자위원과 사용자위원의 어느 일방의 신청으로 중재를 행한다.

해설

① (○) 근참법 제3조 제2호
② (○) 고충처리위원이 처리하기 곤란한 사항은 협의회의 회의에 부쳐 협의 처리한다(근참법 제28조 제2항).
③ (○) 근참법 제21조 제1호
④ (○) 노사협의회는 근로조건에 대한 결정권이 있는 사업이나 사업장 단위로 설치하여야 한다. 다만, 상시(常時) 30명 미만의 근로자를 사용하는 사업이나 사업장은 그러하지 아니하다(근참법 제4조 제1항).
⑤ (×) 의결사항에 관하여 협의회가 의결하지 못한 경우, 협의회는 근로자위원과 사용자위원의 합의로 협의회에 중재기구를 두어 해결하거나 노동위원회나 그 밖의 제3자에 의한 중재를 받을 수 있다(근참법 제25조 제1항).

답 ⑤

012 근로자참여 및 협력증진에 관한 법률상 노사협의회에 관한 설명으로 옳지 않은 것은? 18 노무

CHECK ○△×

① 노사협의회는 근로조건에 대한 결정권이 있는 사업이나 사업장 단위로 설치하여야 한다. 다만, 상시 30명 미만의 근로자를 사용하는 사업이나 사업장은 그러하지 아니하다.

② 노사협의회는 근로자와 사용자를 대표하는 같은 수의 위원으로 구성하되, 각 3명 이상 10명 이하로 한다.

③ 중앙노동위원회 위원장은 노사협의회 위원으로서의 직무수행과 관련하여 사용자가 근로자위원에게 불이익을 주는 처분을 하는 경우에는 그 시정을 명할 수 있다.

④ 노사협의회의 사용자를 대표하는 위원은 해당 사업이나 사업장의 대표자와 그 대표자가 위촉하는 자로 한다.

⑤ 노사협의회의 근로자를 대표하는 위원은 근로자 과반수가 참여하여 직접·비밀·무기명 투표로 선출하되, 근로자의 과반수로 조직된 노동조합이 있는 경우에는 노동조합의 대표자와 그 노동조합이 위촉하는 자로 한다.

해설

① (○) 근참법 제4조 제1항

② (○) 근참법 제6조 제1항

③ (×) 고용노동부장관은 사용자가 근로자위원에게 불이익을 주는 처분을 하거나 근로자위원의 선출에 개입하거나 방해하는 경우에는 그 시정(是正)을 명할 수 있다(근참법 제11조).

④ (○) 근참법 제6조 제4항

⑤ (○) 근참법 제6조 제2항·제3항

답 ❸

013 근로자참여 및 협력증진에 관한 법령상 노사협의회의 위원 등에 관한 설명으로 옳지 않은 것은? 23 노무

CHECK ○△×

① 노사협의회는 근로자와 사용자를 대표하는 같은 수의 위원으로 구성하여야 하며 위원 수에 대한 제한이 있다.

② 노사협의회의 근로자위원의 선출에 입후보하려는 사람은 해당 사업이나 사업장의 근로자여야 한다.

③ 노사협의회의 근로자위원의 결원이 생기면 30일 이내에 보궐위원을 위촉하거나 선출하되, 근로자의 과반수로 구성된 노동조합이 조직되어 있지 아니한 사업 또는 사업장에서는 근로자위원 선출 투표에서 선출되지 못한 사람 중 득표순에 따른 차점자를 근로자위원으로 할 수 있다.

④ 노사협의회의 위원은 무보수로 한다는 명문의 규정상 위원의 노사협의회 출석 시간과 이와 관련된 시간은 노사협의회 규정으로 정한 경우에도 근로한 시간으로 볼 수 없다.

⑤ 사용자는 근로자위원의 업무를 위하여 장소의 사용 등 기본적인 편의를 제공하여야 할 의무가 있다.

해설

① (O) 노사협의회는 근로자와 사용자를 대표하는 같은 수의 위원으로 구성하되, 각 3명 이상 10명 이하로 한다(근참법 제6조 제1항).
② (O) 근참법 시행령 제3조
③ (O) 근참법 시행령 제4조
④ (×) 노사협의회의 위원은 비상임·무보수로 한다. 위원의 협의회 출석 시간과 이와 직접 관련된 시간으로서 노사협의회 규정으로 정한 시간은 근로한 시간으로 본다(근참법 제9조 제1항·제3항).
⑤ (O) 근참법 제10조 제2항

답 ❹

014 근로자참여 및 협력증진에 관한 법률상 노사협의회에 관한 설명으로 옳지 않은 것은? 23 노무

CHECK ○△×

① 노사협의회란 근로자와 사용자가 참여와 협력을 통하여 근로자의 복지증진과 기업의 건전한 발전을 도모하기 위하여 구성하는 협의기구를 말한다.
② 사업장 내 근로자 감시 설비의 설치는 노사협의회가 협의하여야 할 사항에 해당한다.
③ 사용자는 고충처리위원회에서 의결되지 아니한 사항에 대하여는 노사협의회의 의결을 거쳐야 한다.
④ 노사협의회는 노사협의회에서 의결된 사항의 해석에 관하여 의견이 일치하지 아니하는 경우 노동위원회의 중재를 받을 수 있다.
⑤ 법령에 따른 노사협의회의 설치를 정당한 사유 없이 거부하거나 방해한 자는 1년 이하의 징역 또는 1천만원 이하의 벌금에 처한다.

해설

① (O) 근참법 제3조 제1호
② (O) 근참법 제20조 제1항 제14호
③ (O) 근참법 제21조 제4호
④ (O) 노사협의회는 의결 사항에 관하여 협의회가 의결하지 못한 경우, 협의회에서 의결된 사항의 해석이나 이행방법 등에 관하여 의견이 일치하지 아니하는 경우에는 근로자위원과 사용자위원의 합의로 협의회에 중재기구(仲裁機構)를 두어 해결하거나 노동위원회나 그 밖의 제3자에 의한 중재를 받을 수 있다(근참법 제25조 제1항).
⑤ (×) 노사협의회의 설치를 정당한 사유 없이 거부하거나 방해한 자는 1천만원 이하의 벌금에 처한다(근참법 제30조 제1호, 제4조 제1항).

협의 사항(근참법 제20조)

① 협의회가 협의하여야 할 사항은 다음 각 호와 같다.
1. 생산성 향상과 성과 배분
2. 근로자의 채용·배치 및 교육훈련
3. 근로자의 고충처리
4. 안전, 보건, 그 밖의 작업환경 개선과 근로자의 건강증진
5. 인사·노무관리의 제도 개선
6. 경영상 또는 기술상의 사정으로 인한 인력의 배치전환·재훈련·해고 등 고용조정의 일반원칙
7. 작업과 휴게 시간의 운용
8. 임금의 지불방법·체계·구조 등의 제도 개선
9. 신기계·기술의 도입 또는 작업 공정의 개선

10. 작업 수칙의 제정 또는 개정
11. 종업원지주제(從業員持株制)와 그 밖에 근로자의 재산형성에 관한 지원
12. 직무 발명 등과 관련하여 해당 근로자에 대한 보상에 관한 사항
13. 근로자의 복지증진
14. 사업장 내 근로자 감시 설비의 설치
15. 여성근로자의 모성보호 및 일과 가정생활의 양립을 지원하기 위한 사항
16. 남녀고용평등과 일·가정 양립 지원에 관한 법률 제2조 제2호에 따른 직장 내 성희롱 및 고객 등에 의한 성희롱 예방에 관한 사항
17. 그 밖의 노사협조에 관한 사항

② 협의회는 제1항 각 호의 사항에 대하여 제15조의 정족수에 따라 의결할 수 있다.

답 ❺

015 근로자참여 및 협력증진에 관한 법령상 노사협의회에 관한 설명으로 옳지 않은 것은?(다툼이 있으면 판례에 따름)

CHECK ○△×

22 노무

① 노사협의회는 근로조건에 대한 결정권이 있는 사업이나 사업장 단위로 설치하여야 한다.
② 하나의 사업에 종사하는 전체 근로자 수가 30명 이상이면 해당 근로자가 지역별로 분산되어 있더라도 그 주된 사무소에 노사협의회를 설치하여야 한다.
③ 근로자의 교육훈련 및 능력개발 기본계획의 수립에 대하여는 노사협의회의 의결을 거쳐야 한다.
④ 임금의 지불방법·체계·구조 등의 제도 개선은 노사협의회의 협의사항이다.
⑤ 근로조건 기타 노사관계에 관한 합의가 노사협의회의 협의를 거쳐서 단체협약의 실질적·형식적 요건을 갖추었다 하더라도 이는 단체협약이라고 볼 수 없다.

해설

① (○) 근참법 제4조 제1항 본문
② (○) 근참법 시행령 제2조
③ (○) 근참법 제21조 제1호
④ (○) 근참법 제20조 제1항 제8호
⑤ (×) 단체협약은 노동조합이 사용자 또는 사용자단체와 근로조건 기타 노사관계에서 발생하는 사항에 관한 합의를 문서로 작성하여 당사자 쌍방이 서명날인함으로써 성립하는 것이고, 그 합의가 반드시 정식의 단체교섭절차를 거쳐서 이루어져야만 하는 것은 아니다. 따라서 노동조합과 사용자 사이에 근로조건 기타 노사관계에 관한 합의가 노사협의회의 협의를 거쳐서 성립되었더라도, 당사자 쌍방이 이를 단체협약으로 할 의사로 문서로 작성하여 당사자 쌍방의 대표자가 각 노동조합과 사용자를 대표하여 서명날인하는 등으로 단체협약의 실질적·형식적 요건을 갖추었다면 이는 단체협약이라고 보아야 한다(대판 2018.7.26. 2016다205908).

답 ❺

016 근로자참여 및 협력증진에 관한 법률상 노사협의회에 관한 설명으로 옳지 않은 것은? 21 노무

CHECK ○△×

① 노사협의회는 근로자와 사용자를 대표하는 같은 수의 위원으로 구성하되, 각 3명 이상 10명 이하로 한다.

② 노사협의회는 3개월마다 정기적으로 회의를 개최하여야 한다.

③ 노사협의회 의장은 노사 일방의 대표자가 회의의 목적을 문서로 밝혀 회의의 소집을 요구하면 그 요구에 따라야 한다.

④ 노사협의회 회의는 근로자위원과 사용자위원 각 과반수의 출석으로 개최하고 출석위원 과반수의 찬성으로 의결한다.

⑤ 사용자는 각종 노사공동위원회의 설치에 해당하는 사항에 대하여는 노사협의회의 의결을 거쳐야 한다.

해설

① (O) 근참법 제6조 제1항

② (O) 근참법 제12조 제1항

③ (O) 근참법 제13조 제2항

④ (×) 노사협의회 회의는 근로자위원과 사용자위원 각 과반수의 출석으로 개최하고 출석위원 3분의 2 이상의 찬성으로 의결한다(근참법 제15조).

⑤ (O) 근참법 제21조 제5호

의결사항(근참법 제21조)

사용자는 다음 각 호의 어느 하나에 해당하는 사항에 대하여는 협의회의 의결을 거쳐야 한다.

1. 근로자의 교육훈련 및 능력개발 기본계획의 수립
2. 복지시설의 설치와 관리
3. 사내근로복지기금의 설치
4. 고충처리위원회에서 의결되지 아니한 사항
5. 각종 노사공동위원회의 설치

답 ④

017 근로자참여 및 협력증진에 관한 법률상 노사협의회의 의결 사항에 해당하는 것을 모두 고른 것은?

CHECK ○△×

16 사시

ㄱ. 사업장 내 근로자 감시 설비의 설치
ㄴ. 근로자의 채용·배치
ㄷ. 근로자의 교육훈련 기본계획의 수립
ㄹ. 고충처리위원회에서 의결되지 아니한 사항

① ㄱ, ㄴ
② ㄱ, ㄷ
③ ㄴ, ㄷ
④ ㄴ, ㄹ
⑤ ㄷ, ㄹ

해설

ㄷ. 근로자의 교육훈련 기본계획의 수립, ㄹ. 고충처리위원회에서 의결되지 아니한 사항 등이 근참법 제21조 제1호, 제4호에서 정한 노사협의회의 의결 사항에 해당한다.

답 ❺

018 근로자참여 및 협력증진에 관한 법률상 노사협의회에 관한 설명으로 옳지 않은 것은?

20 노무

CHECK ○△×

① 노사협의회는 근로조건에 대한 결정권이 있는 사업이나 사업장 단위로 설치하여야 한다. 다만, 상시(常時) 30명 미만의 근로자를 사용하는 사업이나 사업장은 그러하지 아니하다.
② 노사협의회는 근로자와 사용자를 대표하는 같은 수의 위원으로 구성하되, 각 3명 이상 10명 이하로 한다.
③ 노사협의회에 의장을 두며, 의장은 위원 중에서 사용자가 지명한다. 이 경우 근로자위원과 사용자위원 중 각 1명을 공동의장으로 할 수 있다.
④ 사용자는 노사협의회 위원으로서의 직무수행과 관련하여 근로자위원에게 불이익을 주는 처분을 하여서는 아니 된다.
⑤ 노사협의회 위원은 비상임·무보수로 하며, 위원의 협의회 출석시간과 이와 직접 관련된 시간으로서 노사협의회규정으로 정한 시간은 근로한 시간으로 본다.

해설

① (○) 근참법 제4조 제1항
② (○) 근참법 제6조 제1항
③ (×) 노사협의회에 의장을 두며, 의장은 위원 중에서 호선(互選)한다. 이 경우 근로자위원과 사용자위원 중 각 1명을 공동의장으로 할 수 있다(근참법 제7조 제1항).
④ (○) 근참법 제9조 제2항
⑤ (○) 근참법 제9조 제1항·제3항

답 ❸

019 근로자참여 및 협력증진에 관한 법률상 노사협의회에 관한 설명으로 옳지 않은 것은? 17 노무

CHECK ○△×

① 근로조건에 대한 결정권이 있는 상시 30명 이상의 근로자를 사용하는 사업이나 사업장 단위로 설치하여야 한다.

② 하나의 사업에 지역을 달리하는 사업장이 있을 경우에는 그 사업장에도 설치할 수 있다.

③ 근로자위원은 근로자 과반수가 참여하여 직접·비밀·무기명 투표로 선출하되, 근로자의 과반수로 조직된 노동조합이 있는 경우에는 노동조합의 대표자와 그 노동조합이 위촉하는 자로 한다.

④ 사용자위원은 해당 사업이나 사업장의 대표자와 그 대표자가 위촉하는 자로 한다.

⑤ 근로자위원은 근로자 과반수가 참여하여 직접·비밀·무기명 투표로 선출하되, 사업의 특수성으로 인하여 부득이한 경우에는 위원선거인을 근로자 과반수가 참여한 직접·비밀·무기명 투표로 선출하고 위원선거인 과반수가 참여한 간접·비밀·무기명 투표로 근로자위원을 선출할 수 있다.

해설

① (○) 노사협의회는 근로조건에 대한 결정권이 있는 사업이나 사업장 단위로 설치하여야 한다. 다만, 상시(常時) 30명 미만의 근로자를 사용하는 사업이나 사업장은 그러하지 아니하다(근참법 제4조 제1항).

② (○) 하나의 사업에 지역을 달리하는 사업장이 있을 경우에는 그 사업장에도 설치할 수 있다(근참법 제4조 제2항).

③ (○) 근참법 제6조 제2항·제3항

④ (○) 사용자를 대표하는 위원은 해당 사업이나 사업장의 대표자와 그 대표자가 위촉하는 자로 한다(근참법 제6조 제4항).

⑤ (×) 근로자위원은 근로자 과반수가 참여하여 직접·비밀·무기명 투표로 선출한다. 다만, 사업 또는 사업장의 특수성으로 인하여 부득이한 경우에는 부서별로 근로자 수에 비례하여 근로자위원을 선출할 근로자(이하 "위원선거인")를 근로자 과반수가 참여한 직접·비밀·무기명 투표로 선출하고 위원선거인 과반수가 참여한 직접·비밀·무기명 투표로 근로자위원을 선출할 수 있다(근참법 제6조 제2항).

답 ⑤

020 근로자참여 및 협력증진에 관한 법률상 사용자가 노사협의회 정기회의에 보고할 사항이 아닌 것은?

19 노무

CHECK ○△×

① 경영계획 전반 및 실적에 관한 사항
② 사내근로복지기금의 설치에 관한 사항
③ 분기별 생산계획과 실적에 관한 사항
④ 인력계획에 관한 사항
⑤ 기업의 경제적·재정적 상황

해설

① (○), ② (×), ③ (○), ④ (○), ⑤ (○)
사내근로복지기금의 설치에 관한 사항은 근참법 제22조 제1항에서 정한 정기회의에 보고할 사항에 해당하지 아니한다.

> **보고사항 등(근참법 제22조)**
> ① 사용자는 정기회의에 다음 각 호의 어느 하나에 해당하는 사항에 관하여 성실하게 보고하거나 설명하여야 한다.
> 1. 경영계획 전반 및 실적에 관한 사항
> 2. 분기별 생산계획과 실적에 관한 사항
> 3. 인력계획에 관한 사항
> 4. 기업의 경제적·재정적 상황

답 ❷

021 근로자참여 및 협력증진에 관한 법률상 노사협의회의 의결사항으로 옳은 것은?

14 노무

CHECK ○△×

① 근로자의 교육훈련 및 능력개발 기본계획의 수립
② 사업장 내 근로자 감시 설비의 설치
③ 기업의 경제적·재정적 상황
④ 인력계획에 관한 사항
⑤ 근로자의 고충처리

해설

근로자의 교육훈련 및 능력개발 기본계획의 수립이 근참법 제21조 제1호에서 정한 노사협의회의 의결사항이다.

> **의결사항(근참법 제21조)**
> 사용자는 다음 각 호의 어느 하나에 해당하는 사항에 대하여는 협의회의 의결을 거쳐야 한다.
> 1. 근로자의 교육훈련 및 능력개발 기본계획의 수립
> 2. 복지시설의 설치와 관리
> 3. 사내근로복지기금의 설치
> 4. 고충처리위원회에서 의결되지 아니한 사항
> 5. 각종 노사공동위원회의 설치

답 ❶

CHAPTER

09 노동위원회

제1절 서 설

제2절 노동위원회의 종류와 소관사무 및 조직

최신유형

001 노동위원회법상 지방노동위원회의 심판담당 공익위원의 자격기준에 관한 설명으로 옳지 않은 것은?

25 노무

CHECK ○△×

① 노동문제와 관련된 학문을 전공한 사람으로서 「고등교육법」 제2조 제1호부터 제6호까지의 학교에서 조교수 이상으로 재직하고 있거나 재직하였던 사람

② 판사·검사·군법무관·변호사 또는 공인노무사로 3년 이상 재직하고 있거나 재직하였던 사람

③ 노동관계 업무에 3년 이상 종사한 사람으로서 3급 또는 3급 상당 이상의 공무원이나 고위공무원단에 속하는 공무원으로 재직하고 있거나 재직하였던 사람

④ 노동관계 업무에 4년 이상 종사한 사람으로서 4급 또는 4급 상당 이상의 공무원으로 재직하고 있거나 재직하였던 사람

⑤ 노동관계 업무에 10년 이상 종사한 사람으로서 심판담당 공익위원으로 적합하다고 인정되는 사람

해설

①, ②, ③, ⑤ 모두 노위법 제8조 제2항 제1호에서 정하는 지방노동위원회의 심판담당 공익위원의 자격기준에 해당한다. 지문 ④는 '노동관계 업무에 10년 이상 종사한 사람으로서 4급 또는 4급 상당 이상의 공무원으로 재직하고 있거나 재직하였던 사람'이 심판담당 공익위원의 자격기준에 해당한다.

공익위원의 자격기준 등(노위법 제8조)

② 지방노동위원회의 공익위원은 다음 각 호의 구분에 따라 노동문제에 관한 지식과 경험이 있는 사람을 위촉하되, 여성의 위촉이 늘어날 수 있도록 노력하여야 한다.

1. 심판담당 공익위원 및 차별시정담당 공익위원
   가. 노동문제와 관련된 학문을 전공한 사람으로서 「고등교육법」 제2조 제1호부터 제6호까지의 학교에서 조교수 이상으로 재직하고 있거나 재직하였던 사람
   나. 판사·검사·군법무관·변호사 또는 공인노무사로 3년 이상 재직하고 있거나 재직하였던 사람
   다. 노동관계 업무에 3년 이상 종사한 사람으로서 3급 또는 3급 상당 이상의 공무원이나 고위공무원단에 속하는 공무원으로 재직하고 있거나 재직하였던 사람
   라. 노동관계 업무에 10년 이상 종사한 사람으로서 4급 또는 4급 상당 이상의 공무원으로 재직하고 있거나 재직하였던 사람
   마. 그 밖에 노동관계 업무에 10년 이상 종사한 사람으로서 심판담당 공익위원 또는 차별시정담당 공익위원으로 적합하다고 인정되는 사람

답 ④

최신유형

002 노동위원회법상 노동위원회의 소관 사무로 옳은 것을 모두 고른 것은?

25 노무

CHECK ○△×

ㄱ. 「노동조합 및 노동관계조정법」에 따른 판정・결정
ㄴ. 「노동조합 및 노동관계조정법」에 따른 노동쟁의 조정(調停)・중재
ㄷ. 「노동조합 및 노동관계조정법」에 따른 관계 당사자의 자주적인 노동쟁의해결 지원에 관한 업무
ㄹ. 「노동조합 및 노동관계조정법」에 따른 노동쟁의 조정(調停)・중재 업무수행과 관련된 조사・연구・교육 및 홍보 등에 관한 업무

① ㄱ
② ㄴ, ㄷ
③ ㄴ, ㄹ
④ ㄱ, ㄷ, ㄹ
⑤ ㄱ, ㄴ, ㄷ, ㄹ

해설

ㄱ. 노조법에 따른 판정・결정(제1호), ㄴ. 노조법에 따른 노동쟁의 조정・중재(제2호), ㄷ. 노조법에 따른 관계 당사자의 자주적인 노동쟁의해결 지원에 관한 업무(제2호), ㄹ. 노조법에 따른 노동쟁의 조정・중재업무수행과 관련된 조사・연구・교육 및 홍보 등에 관한 업무(제3호) 등은 모두 노위법 제2조의2에서 정한 노동위원회의 소관 사무에 해당한다.

노동위원회의 소관 사무(노위법 제2조의2)

노동위원회의 소관 사무는 다음 각 호와 같다.

1. 「노동조합 및 노동관계조정법」, 「근로기준법」, 「근로자참여 및 협력증진에 관한 법률」, 「교원의 노동조합 설립 및 운영 등에 관한 법률」, 「공무원의 노동조합 설립 및 운영 등에 관한 법률」, 「기간제 및 단시간근로자 보호 등에 관한 법률」, 「파견근로자 보호 등에 관한 법률」, 「산업현장 일학습병행 지원에 관한 법률」 및 「남녀고용평등과 일・가정 양립 지원에 관한 법률」에 따른 판정・결정・의결・승인・인정 또는 차별적 처우 시정 등에 관한 업무
2. 「노동조합 및 노동관계조정법」, 「교원의 노동조합 설립 및 운영 등에 관한 법률」 및 「공무원의 노동조합설립 및 운영 등에 관한 법률」에 따른 노동쟁의 조정(調停)・중재 또는 관계 당사자의 자주적인 노동쟁의해결 지원에 관한 업무
3. 제1호 및 제2호의 업무수행과 관련된 조사・연구・교육 및 홍보 등에 관한 업무
4. 그 밖에 다른 법률에서 노동위원회의 소관으로 규정된 업무

답 ⑤

최신유형

003 노동위원회법상 노동위원회 위원장과 상임위원에 관한 설명으로 옳지 않은 것은? 25 노무

CHECK ○△×

① 노동위원회에 위원장 1명을 둔다.
② 노동위원회 위원장과 상임위원은 해당 노동위원회의 공익위원이 되며, 심판사건, 차별적 처우 시정사건, 조정사건을 담당할 수 있다.
③ 노동위원회 위원장은 해당 노동위원회를 대표하며, 노동위원회의 사무를 총괄한다.
④ 노동위원회에 상임위원을 두며, 상임위원은 해당 노동위원회의 공익위원이 될 수 있는 자격을 갖춘 사람 중에서 중앙노동위원회 위원장의 추천과 고용노동부장관의 제청으로 대통령이 임명한다.
⑤ 노동위원회 위원장 또는 상임위원이 궐위(闕位)되어 후임자를 임명한 경우 후임자의 임기는 전임자 임기의 남은 기간으로 한다.

해설

① (○) 노위법 제9조 제1항
② (○) 노위법 제9조 제4항, 동법 제11조 제2항
③ (○) 노위법 제10조 제1항
④ (○) 노위법 제11조 제1항
⑤ (×) 노동위원회 위원이 궐위(闕位)된 경우 보궐위원의 임기는 전임자 임기의 남은 기간으로 한다. 다만, 노동위원회 위원장 또는 상임위원이 궐위되어 후임자를 임명한 경우 후임자의 임기는 새로 시작된다(노위법 제7조 제2항).

답 ❺

004 노동위원회법상 노동위원회의 권한 등에 관한 설명으로 옳지 않은 것은? 24 노무

CHECK ○△×

① 노동위원회는 그 사무집행을 위하여 필요하다고 인정하는 경우에 관계 행정기관에 협조를 요청할 수 있으며, 협조를 요청받은 관계 행정기관은 특별한 사유가 없으면 이에 따라야 한다.
② 노동위원회는 관계 행정기관으로 하여금 근로조건의 개선에 필요한 조치를 하도록 명령하여야 한다.
③ 중앙노동위원회는 지방노동위원회 또는 특별노동위원회에 대하여 노동위원회의 사무처리에 관한 기본방침 및 법령의 해석에 관하여 필요한 지시를 할 수 있다.
④ 중앙노동위원회는 당사자의 신청이 있는 경우 지방노동위원회 또는 특별노동위원회의 처분을 재심하여 이를 인정·취소 또는 변경할 수 있다.
⑤ 중앙노동위원회의 처분에 대한 소송은 중앙노동위원회 위원장을 피고로 하여 처분의 송달을 받은 날부터 15일 이내에 제기하여야 한다.

해설

① (○) 노위법 제22조 제1항
② (×) 노동위원회는 관계 행정기관으로 하여금 근로조건의 개선에 필요한 조치를 하도록 권고할 수 있다(노위법 제22조 제2항).
③ (○) 노위법 제24조
④ (○) 노위법 제26조 제1항
⑤ (○) 노위법 제27조 제1항

답 ❷

005 노동위원회법상 노동위원회에 관한 설명으로 옳지 않은 것은?

18 노무

CHECK ○△×

① 특별노동위원회는 관계법률에서 정하는 사항을 관장하기 위하여 필요한 경우에 해당 사항을 관장하는 중앙행정기관의 장 소속으로 둔다.

② 둘 이상의 지방노동위원회의 관할 구역에 걸친 노동쟁의의 조정사건은 주된 사업장의 소재지를 관할하는 지방노동위원회에서 관장한다.

③ 지방노동위원회의 근로자위원은 노동조합이 추천한 사람 중에서 지방노동위원회 위원장의 제청으로 중앙노동위원회 위원장이 위촉한다.

④ 상임위원은 해당 노동위원회의 공익위원이 된다.

⑤ 노동위원회의 전원회의는 재적위원 과반수의 출석으로 개의한다.

해설

① (○) 노위법 제2조 제3항

② (×) 둘 이상의 지방노동위원회의 관할구역에 걸친 노동쟁의의 조정사건은 중앙노동위원회가 관장한다(노위법 제3조 제1항 제2호). 한편 지방노동위원회는 해당 관할구역에서 발생하는 사건을 관장하되, 둘 이상의 관할구역에 걸친 사건(조정사건은 제외)은 주된 사업장의 소재지를 관할하는 지방노동위원회에서 관장한다(노위법 제3조 제2항).

③ (○) 노위법 제6조 제3항 제2호

④ (○) 상임위원은 해당 노동위원회의 공익위원이 되며, 심판사건, 차별적 처우 시정사건, 조정사건을 담당할 수 있다(노위법 제11조 제2항).

⑤ (○) 노위법 제17조 제1항

답 ❷

006 노동위원회법상 노동위원회에 관한 설명으로 옳지 않은 것은?

17 노무

CHECK ○△×

① 둘 이상의 관할 구역에 걸친 사건은 신청인의 주소지를 관할하는 지방노동위원회가 관장한다.

② 노동위원회는 접수된 사건이 다른 노동위원회의 관할인 경우에는 지체 없이 해당 사건을 관할 노동위원회로 이송하여야 한다.

③ 중앙노동위원회 근로자위원은 노동조합이 추천한 사람 중에서 고용노동부장관의 제청으로 대통령이 위촉한다.

④ 노동위원회는 노동조합 및 노동관계조정법에 따른 판정에 관한 사건에서 사회취약계층을 위하여 변호사나 공인노무사로 하여금 권리구제업무를 대리하게 할 수 있다.

⑤ 노동위원회는 공익위원의 자격기준에 따라 노동문제에 관한 지식과 경험이 있는 사람을 공익위원으로 위촉하되, 여성의 위촉이 늘어날 수 있도록 노력하여야 한다.

해설

① (×) 지방노동위원회는 해당 관할 구역에서 발생하는 사건을 관장하되, 둘 이상의 관할 구역에 걸친 사건은 주된 사업장의 소재지를 관할하는 지방노동위원회에서 관장한다(노위법 제3조 제2항). 한편 둘 이상의 지방노동위원회의 관할 구역에 걸친 노동쟁의의 조정(調整)사건은 중앙노동위원회가 관장한다(노위법 제3조 제1항 제2호).

② (○) 노위법 제3조의2 제1항 전문

③ (○) 노위법 제6조 제3항 제1호

④ (○) 노위법 제6조의2 제1항

⑤ (○) 노위법 제8조 제1항

답 ❶

007 노동위원회법상 노동위원회에 관한 설명으로 옳지 않은 것은?

14 노무

CHECK ○△×

① 중앙노동위원회와 지방노동위원회는 고용노동부장관 소속하에 둔다.
② 2 이상의 지방노동위원회의 관할구역에 걸친 노동쟁의의 조정사건은 중앙노동위원회가 관장한다.
③ 고용노동부장관은 중앙노동위원회 및 지방노동위원회의 예산·인사·교육훈련 기타 행정사무를 총괄하며, 소속공무원을 지휘·감독한다.
④ 노동위원회 위원의 임기는 3년으로 하되, 연임할 수 있다.
⑤ 노동위원회는 판정·결정·승인·인정 또는 차별시정 등에 관한 사건에 있어서 사회취약계층을 위하여 공인노무사로 하여금 권리구제업무를 대리하게 할 수 있다.

해설

① (○) 노위법 제2조 제2항
② (○) 노위법 제3조 제1항 제2호
③ (×) 중앙노동위원회위원장은 중앙노동위원회 및 지방노동위원회의 예산·인사·교육훈련 기타 행정사무를 총괄하며, 소속공무원을 지휘·감독한다(노위법 제4조 제2항).
④ (○) 노위법 제7조 제1항
⑤ (○) 노위법 제6조의2 제1항

답 ❸

008 노동위원회법상 노동위원회에 관한 설명으로 옳지 않은 것은?

20 노무

CHECK ○△×

① 노동위원회는 중앙노동위원회, 지방노동위원회 및 특별노동위원회로 구분한다.
② 중앙노동위원회와 지방노동위원회는 고용노동부장관 소속으로 둔다.
③ 노동위원회는 그 권한에 속하는 업무를 독립적으로 수행한다.
④ 중앙노동위원회는 지방노동위원회 및 특별노동위원회의 처분에 대한 재심사건을 관장한다.
⑤ 고용노동부장관은 중앙노동위원회 및 지방노동위원회의 예산·인사·교육훈련, 그 밖의 행정사무를 총괄하며, 소속 공무원을 지휘·감독한다.

해설

① (○) 노위법 제2조 제1항
② (○) 노위법 제2조 제2항
③ (○) 노위법 제4조 제1항
④ (○) 노위법 제3조 제1항 제1호
⑤ (×) 중앙노동위원회 위원장은 중앙노동위원회 및 지방노동위원회의 예산·인사·교육훈련, 그 밖의 행정사무를 총괄하며, 소속 공무원을 지휘·감독한다(노위법 제4조 제2항).

답 ❺

009 노동위원회법상 노동위원회에 관한 설명으로 옳은 것을 모두 고른 것은?

23 노무

CHECK ○△×

ㄱ. 중앙노동위원회와 지방노동위원회는 고용노동부장관 소속으로 둔다.
ㄴ. 특별노동위원회는 관계 법률에서 정하는 사항을 관장하기 위하여 필요한 경우에 해당 사항을 관장하는 중앙행정기관의 장 소속으로 둔다.
ㄷ. 중앙노동위원회 위원장은 중앙노동위원회 및 지방노동위원회의 예산・인사・교육훈련, 그 밖의 행정사무를 총괄한다.
ㄹ. 노동위원회 위원장은 해당 노동위원회의 공익위원이 되며, 심판사건, 차별적 처우 시정사건을 담당하되 조정사건은 담당할 수 없다.

① ㄱ
② ㄴ, ㄷ
③ ㄱ, ㄴ, ㄷ
④ ㄱ, ㄴ, ㄹ
⑤ ㄴ, ㄷ, ㄹ

해설

ㄱ. (○) 중앙노동위원회와 지방노동위원회는 고용노동부장관 소속으로 두며, 지방노동위원회의 명칭・위치 및 관할구역은 대통령령으로 정한다(노위법 제2조 제2항).
ㄴ. (○) 노위법 제2조 제3항
ㄷ. (○) 중앙노동위원회 위원장은 중앙노동위원회 및 지방노동위원회의 예산・인사・교육훈련, 그 밖의 행정사무를 총괄하며, 소속 공무원을 지휘・감독한다(노위법 제4조 제2항).
ㄹ. (×) 노동위원회 위원장은 해당 노동위원회(중앙노동위원회, 지방노동위원회)의 공익위원이 되며, 심판사건, 차별적 처우 시정사건, 조정사건을 담당할 수 있다(노위법 제9조 제2항・제4항).

답 ❸

010 노동조합 및 노동관계조정법상 행정관청이 노동위원회의 의결을 얻어 할 수 있는 사항을 모두 묶은 것은?

09 사시

CHECK ○△×

ㄱ. 노동관계법령에 위반된 노동조합 규약의 시정명령
ㄴ. 노동조합에 대한 자료제출 요구
ㄷ. 지역단위에서 단체협약의 효력확장 결정
ㄹ. 사업장 단위에서 단체협약의 효력확장 결정

① ㄱ
② ㄱ, ㄷ
③ ㄴ, ㄷ
④ ㄴ, ㄷ, ㄹ
⑤ ㄱ, ㄴ, ㄷ, ㄹ

해설

ㄱ. (○) 행정관청은 노동조합의 규약이 노동관계법령에 위반한 경우에는 노동위원회의 의결을 얻어 그 시정을 명할 수 있다(노조법 제21조 제1항).

ㄴ. (×) 노동조합은 행정관청이 요구하는 경우에는 결산결과와 운영상황을 보고하여야 한다(노조법 제27조).

ㄷ. (○) 하나의 지역에 있어서 종업하는 동종의 근로자 3분의 2 이상이 하나의 단체협약의 적용을 받게 된 때에는 행정관청은 당해 단체협약의 당사자의 쌍방 또는 일방의 신청에 의하거나 그 직권으로 노동위원회의 의결을 얻어 당해 지역에서 종업하는 다른 동종의 근로자와 그 사용자에 대하여도 당해 단체협약을 적용한다는 결정을 할 수 있다(노조법 제36조 제1항).

ㄹ. (×) 하나의 사업 또는 사업장에 상시 사용되는 동종의 근로자 반수 이상이 하나의 단체협약의 적용을 받게 된 때에는 당해 사업 또는 사업장에 사용되는 다른 동종의 근로자에 대하여도 당해 단체협약이 적용된다(노조법 제35조).

답 ❷

011 CHECK ○△×

다음 각 사항을 신고하여야 할 기관과 옳게 짝지은 것은?(행정관청은 노동조합 및 노동관계조정법상 행정관청임) 08 사시

① 취업규칙의 작성·변경 – 노동위원회
② 노동조합의 해산 – 행정관청과 노동위원회
③ 단체협약 – 노동위원회
④ 직장폐쇄 – 행정관청과 노동위원회
⑤ 노사협의회의 의결사항 – 행정관청

해설

① (×) 상시 10명 이상의 근로자를 사용하는 사용자는 취업규칙을 작성하여 고용노동부장관에게 신고하여야 한다. 이를 변경하는 경우에도 또한 같다(근기법 제93조).

② (×) 규약에서 정한 해산사유가 발생한 경우, 합병 또는 분할로 소멸한 경우, 총회 또는 대의원회의 해산결의가 있는 경우 등의 사유로 노동조합이 해산한 때에는 그 대표자는 해산한 날부터 15일 이내에 행정관청에게 이를 신고하여야 한다(노조법 제28조 제2항).

③ (×) 단체협약의 당사자는 단체협약의 체결일부터 15일 이내에 이를 행정관청에게 신고하여야 한다(노조법 제31조 제2항).

④ (○) 사용자는 직장폐쇄를 할 경우에는 미리 행정관청 및 노동위원회에 각각 신고하여야 한다(노조법 제46조 제2항).

⑤ (×) 노사협의회의 의결사항을 행정관청에 신고하도록 하는 근참법 규정은 존재하지 아니한다.

답 ❹

제3절 노동위원회의 회의

012 노동위원회법상 노동위원회의 화해의 권고 등에 관한 설명으로 옳지 않은 것은? 24 노무

CHECK ○△×

① 노동위원회는 노동조합 및 노동관계조정법 제84조에 따른 판정·명령 또는 결정이 있기 전까지 관계 당사자의 신청을 받아 화해를 권고하거나 화해안을 제시할 수 있다.

② 노동위원회는 노동조합 및 노동관계조정법 제84조에 따른 판정·명령 또는 결정이 있기 전까지 직권으로 화해를 권고하거나 화해안을 제시할 수 있다.

③ 노동위원회는 관계 당사자가 화해안을 수락하였을 때에는 화해조서를 작성하여야 한다.

④ 노동위원회법에 따라 작성된 화해조서는 민사소송법에 따른 재판상 화해의 효력을 갖는다.

⑤ 단독심판의 위원을 제외하고 화해에 관여한 부문별 위원회의 위원 전원은 화해조서에 모두 서명하거나 날인하여야 한다.

해설

① (○) 노동위원회는 노동조합 및 노동관계조정법 제29조의4 및 제84조, 근로기준법 제30조에 따른 판정·명령 또는 결정이 있기 전까지 관계 당사자의 신청을 받아 또는 직권으로 화해를 권고하거나 화해안을 제시할 수 있다(노위법 제16조의3 제1항).

② (○) 노동위원회는 노동조합 및 노동관계조정법 제29조의4 및 제84조, 근로기준법 제30조에 따른 판정·명령 또는 결정이 있기 전까지 관계 당사자의 신청을 받아 또는 직권으로 화해를 권고하거나 화해안을 제시할 수 있다(노위법 제16조의3 제1항).

③ (○) 노위법 제16조의3 제3항

④ (○) 노위법 제16조의3 제5항

⑤ (×) 관계 당사자뿐만 아니라 화해에 관여한 부문별 위원회(단독심판 포함)의 위원 전원은 화해조서에 모두 서명하거나 날인하여야 한다(노위법 제16조의3 제4항).

답 ⑤

013 노동위원회법상 노동위원회의 공시송달에 관한 설명으로 옳은 것은? 24 노무

CHECK ○△×

① 노동위원회는 서류의 송달을 받아야 할 자의 주소가 분명하지 아니한 경우에는 공시송달을 하여야 한다.

② 노동위원회는 서류의 송달을 받아야 할 자의 주소가 통상적인 방법으로 확인할 수 없어 서류의 송달이 곤란한 경우에는 공시송달을 하여야 한다.

③ 공시송달은 노동위원회의 게시판이나 인터넷 홈페이지에 게시하는 방법으로 하며, 게시한 날부터 14일이 지난 때에 효력이 발생한다.

④ 노동위원회는 서류의 송달을 받아야 할 자에게 등기우편 등으로 송달하였으나 송달을 받아야 할 자가 없는 것으로 확인되어 반송되는 경우에는 공시송달을 하여야 한다.

⑤ 노동위원회는 서류의 송달을 받아야 할 자의 주소가 국외에 있어서 서류의 송달이 곤란한 경우에는 공시송달을 하여야 한다.

해설

① (×) 노동위원회는 서류의 송달을 받아야 할 자의 주소가 분명하지 아니한 경우에는 공시송달을 할 수 있다(노위법 제17조의3 제1항 제1호).
② (×) 노동위원회는 서류의 송달을 받아야 할 자의 주소가 국외에 있거나 통상적인 방법으로 확인할 수 없어 서류의 송달이 곤란한 경우에는 공시송달을 할 수 있다(노위법 제17조의3 제1항 제2호).
③ (○) 노위법 제17조의3 제2항, 제3항
④ (×) 노동위원회는 서류의 송달을 받아야 할 자가 등기우편 등으로 송달하였으나 송달을 받아야 할 자가 없는 것으로 확인되어 반송되는 경우에는 공시송달을 할 수 있다(노위법 제17조의3 제1항 제3호).
⑤ (×) 노동위원회는 서류의 송달을 받아야 할 자의 주소가 국외에 있거나 통상적인 방법으로 확인할 수 없어 서류의 송달이 곤란한 경우에는 공시송달을 할 수 있다(노위법 제17조의3 제1항 제2호).

답 ❸

014 노동위원회법상 위원이 해당 사건에 관한 직무집행에서 제척(除斥)되는 경우를 모두 고른 것은?

CHECK ○△×

24 노무

ㄱ. 위원이 해당 사건의 당사자와 친족이었던 경우
ㄴ. 위원이 해당 사건에 관하여 진술한 경우
ㄷ. 위원이 당사자의 대리인으로서 업무에 관여하였던 경우
ㄹ. 위원 또는 위원이 속한 법인, 단체 또는 법률사무소가 해당 사건의 원인이 된 처분 또는 부작위에 관여한 경우

① ㄱ
② ㄱ, ㄴ
③ ㄱ, ㄷ, ㄹ
④ ㄴ, ㄷ, ㄹ
⑤ ㄱ, ㄴ, ㄷ, ㄹ

해설

ㄱ. 위원이 해당 사건의 당사자와 친족이었던 경우, ㄴ. 위원이 해당 사건에 관하여 진술한 경우, ㄷ. 위원이 당사자의 대리인으로서 업무에 관여하였던 경우, ㄹ. 위원 또는 위원이 속한 법인, 단체 또는 법률사무소가 해당 사건의 원인이 된 처분 또는 부작위에 관여한 경우 등은 모두 노위법 제21조 제1항에서 정한 노위법상 위원의 제척사유에 해당한다.

위원의 제척 · 기피 · 회피 등(노위법 제21조)

① 위원은 다음 각 호의 어느 하나에 해당하는 경우에 해당 사건에 관한 직무집행에서 제척(除斥)된다.
1. 위원 또는 위원의 배우자이거나 배우자였던 사람이 해당 사건의 당사자가 되거나 해당 사건의 당사자와 공동권리자 또는 공동의무자의 관계에 있는 경우
2. 위원이 해당 사건의 당사자와 친족이거나 친족이었던 경우
3. 위원이 해당 사건에 관하여 진술이나 감정을 한 경우
4. 위원이 당사자의 대리인으로서 업무에 관여하거나 관여하였던 경우
4의2. 위원이 속한 법인, 단체 또는 법률사무소가 해당 사건에 관하여 당사자의 대리인으로서 관여하거나 관여하였던 경우
5. 위원 또는 위원이 속한 법인, 단체 또는 법률사무소가 해당 사건의 원인이 된 처분 또는 부작위에 관여한 경우

답 ❺

최신유형

015 노동위원회법상 노동위원회의 부문별 위원회에 관한 설명으로 옳은 것은? 25 노무

CHECK ○△×

① 부문별 위원회 위원장은 다른 법률에 특별한 규정이 있는 경우를 제외하고는 부문별 위원회의 위원 중에서 호선(互選)한다.

② 부문별 위원회를 소집할 수 있는 권한은 부문별 위원회 위원장에 한한다.

③ 부문별 위원회 위원장은 부문별 위원회를 구성하는 위원의 3분의 1이 회의 소집을 요구하는 경우에 이에 따라야 한다.

④ 부문별 위원회 위원장은 업무수행과 관련된 조사 등 노동위원회의 원활한 운영을 위하여 필요한 경우라 할지라도 노동위원회가 설치된 위치 외의 장소에서는 부문별 위원회를 소집하게 할 수 없다.

⑤ 부문별 위원회 회의는 재적위원 3분의 1의 출석으로 개의하고, 출석위원 과반수의 찬성으로 의결한다.

해설

① (○) 노위법 제16조 제1항

② (×) 노동위원회 위원장 또는 부문별 위원회 위원장은 전원회의 또는 부문별 위원회를 각각 소집하고 회의를 주재한다. 다만, 노동위원회 위원장은 필요하다고 인정하는 경우에 부문별 위원회를 소집할 수 있다(노위법 제16조 제2항).

③ (×) 위원장 또는 부문별 위원회 위원장은 전원회의 또는 부문별 위원회를 구성하는 위원의 과반수가 회의 소집을 요구하는 경우에 이에 따라야 한다(노위법 제16조 제3항).

④ (×) 위원장 또는 부문별 위원회 위원장은 업무수행과 관련된 조사 등 노동위원회의 원활한 운영을 위하여 필요한 경우 노동위원회가 설치된 위치 외의 장소에서 부문별 위원회를 소집하게 하거나 단독심판을 하게 할 수 있다(노위법 제16조 제4항).

⑤ (×) 부문별 위원회의 회의는 구성위원 전원의 출석으로 개의하고, 출석위원 과반수의 찬성으로 의결한다(노위법 제17조 제2항). 한편 노동위원회의 전원회의는 재적위원 과반수의 출석으로 개의하고, 출석위원 과반수의 찬성으로 의결한다(동법 제17조 제1항).

답 ❶

016 노동위원회법상 노동위원회에 관한 설명으로 옳지 않은 것은?

15 노무

CHECK ○△×

① 노동위원회는 중앙노동위원회 · 지방노동위원회 및 특별노동위원회로 구분한다.
② 노동위원회 위원의 임기는 3년으로 하되, 연임할 수 있다.
③ 위원장 또는 상임위원이 궐위되어 후임자를 임명한 경우 후임자의 임기는 새로이 개시된다.
④ 노동위원회의 전원회의는 재적위원 과반수의 출석으로 개의하고 출석위원 과반수의 찬성으로 의결한다.
⑤ 노동위원회는 그 처분에 관하여 당사자에게 서면으로 통지하여야 하며, 처분의 효력은 명령서 · 결정서 또는 재심판정서를 송달한 날부터 발생한다.

해설

① (O) 노위법 제2조 제1항
② (O) 노위법 제7조 제1항
③ (O) 노동위원회 위원이 궐위(闕位)된 경우 보궐위원의 임기는 전임자 임기의 남은 기간으로 한다. 다만, 노동위원회 위원장 또는 상임위원이 궐위되어 후임자를 임명한 경우 후임자의 임기는 새로 시작된다(노위법 제7조 제2항).
④ (O) 노위법 제17조 제1항
⑤ (×) 노동위원회는 처분결과를 당사자에게 서면으로 송달하여야 하며, 처분의 효력은 판정서 · 명령서 · 결정서 또는 재심판정서를 송달받은 날부터 발생한다(노위법 제17조의2 제2항).

답 ⑤

017 노동위원회법상 노동위원회에 관한 설명으로 옳지 않은 것은?

22 노무

CHECK ○△×

① 공익위원은 해당 노동위원회 위원장, 노동조합 및 사용자단체가 각각 추천한 사람 중에서 노동조합과 사용자단체가 순차적으로 배제하고 남은 사람을 위촉대상 공익위원으로 한다.
② 관계당사자 양쪽이 모두 단독심판을 신청하거나 단독심판으로 처리하는 것에 동의한 경우 단독심판으로 사건을 처리할 수 있다.
③ 노동위원회 위원의 임기는 3년으로 하되, 연임할 수 없다.
④ 중앙노동위원회의 처분에 대한 소송은 중앙노동위원회 위원장을 피고(被告)로 하여 제기하여야 한다.
⑤ 노동위원회법에 따라 작성된 화해조서는 민사소송법에 따른 재판상 화해의 효력을 갖는다.

해설

① (O) 노위법 제6조 제4항
② (O) 위원장은 관계당사자 양쪽이 모두 단독심판을 신청하거나 단독심판으로 처리하는 것에 동의한 경우에 심판담당 공익위원 또는 차별시정담당 공익위원 중 1명을 지명하여 사건을 처리하게 할 수 있다(노위법 제15조의2).
③ (×) 노동위원회 위원의 임기는 3년으로 하되, 연임할 수 있다(노위법 제7조 제1항).
④ (O) 중앙노동위원회의 처분에 대한 소송은 중앙노동위원회 위원장을 피고(被告)로 하여 처분의 송달을 받은 날부터 15일 이내에 제기하여야 한다(노위법 제27조 제1항).
⑤ (O) 노위법 제16조의3 제5항

답 ③

018 노동위원회법상 노동위원회에 관한 설명으로 옳은 것은?

23 노무

CHECK ○△×

① 중앙노동위원회 및 지방노동위원회에는 사무처를 둔다.
② 중앙노동위원회 상임위원은 사무처장을 겸직할 수 없다.
③ 부문별 위원회 위원장은 부문별 위원회의 원활한 운영을 위하여 필요하다고 인정하는 경우에 주심위원을 지명하여 사건의 처리를 주관하게 하여야 한다.
④ 노동위원회는 판정·명령 또는 결정이 있기 전까지 화해안을 제시할 수 있으며 관계 당사자가 화해안을 수락하였을 때에는 취하조서를 작성하여야 한다.
⑤ 노동위원회의 부문별 위원회의 회의는 구성위원 전원의 출석으로 개의한다.

해설

① (×) 중앙노동위원회에는 사무처를 두고, 지방노동위원회에는 사무국을 둔다(노위법 제14조 제1항).
② (×) 사무처장은 중앙노동위원회 상임위원 중 1명이 겸직한다(노위법 제14조의2 제2항).
③ (×) 부문별 위원회 위원장은 부문별 위원회의 원활한 운영을 위하여 필요하다고 인정하는 경우에 주심위원을 지명하여 사건의 처리를 주관하게 할 수 있다(노위법 제16조의2).
④ (×) 노동위원회는 판정·명령 또는 결정이 있기 전까지 관계 당사자의 신청을 받아 또는 직권으로 화해를 권고하거나 화해안을 제시할 수 있고, 관계 당사자가 화해안을 수락하였을 때에는 화해조서를 작성하여야 한다(노위법 제16조의3 제1항·제3항).
⑤ (○) 부문별 위원회의 회의는 구성위원 전원의 출석으로 개의하고, 출석위원 과반수의 찬성으로 의결한다(노위법 제17조 제2항).

답 ❺

019 노동위원회법상 노동위원회에 관한 설명으로 옳은 것은?

21 노무

CHECK ○△×

① 노동위원회 상임위원은 심판사건을 담당할 수 있으나, 차별적 처우 시정사건을 담당할 수 없다.
② 지방노동위원회 공익위원은 중앙노동위원회 위원장의 제청으로 고용노동부장관이 위촉한다.
③ 노동위원회 처분의 효력은 판정·명령·결정 또는 재심판정을 한 날부터 발생한다.
④ 노동위원회의 사건처리에 관여한 위원이나 직원 또는 그 위원이었거나 직원이었던 변호사·공인노무사 등은 영리를 목적으로 그 사건에 관한 직무를 하면 아니 된다.
⑤ 차별시정위원회는 남녀고용평등과 일·가정 양립 지원에 관한 법률, 기간제 및 단시간근로자 보호 등에 관한 법률에 따른 차별적 처우의 시정과 관련된 사항을 처리한다.

해설

① (×) 상임위원은 해당 노동위원회의 공익위원이 되며, 심판사건, 차별적 처우 시정사건, 조정사건을 담당할 수 있다(노위법 제11조 제2항).
② (×) 지방노동위원회 공익위원은 지방노동위원회 위원장의 제청으로 중앙노동위원회 위원장이 위촉한다(노위법 제6조 제4항 제2호).
③ (×) 노동위원회는 처분결과를 당사자에게 서면으로 송달하여야 하며, 처분의 효력은 판정서·명령서·결정서 또는 재심판정서를 송달받은 날부터 발생한다(노위법 제17조의2 제2항).
④ (○) 노위법 제28조 제2항
⑤ (×) 차별시정위원회는 차별시정담당 공익위원 중 위원장이 지명하는 3명으로 구성하며, 기간제 및 단시간근로자 보호 등에 관한 법률, 파견근로자 보호 등에 관한 법률, 산업현장 일학습병행 지원에 관한 법률 또는 남녀고용평등과 일·가정 양립 지원에 관한 법률에 따른 차별적 처우의 시정 등과 관련된 사항을 처리한다(노위법 제15조 제4항).

답 ❹

020 노동위원회법상 노동위원회에 관한 설명으로 옳지 않은 것은?

19 노무

CHECK ○△×

① 노동위원회는 중앙노동위원회, 지방노동위원회 및 특별노동위원회로 구분한다.
② 노동위원회는 관계 행정기관으로 하여금 근로조건의 개선에 필요한 조치를 하도록 권고할 수 있고, 권고를 받은 관계 행정기관은 특별한 사유가 없으면 이에 따라야 한다.
③ 노동위원회의 처분의 효력은 판정서·명령서·결정서를 송달받은 날부터 발생한다.
④ 중앙노동위원회의 처분에 대한 소송은 중앙노동위원회 위원장을 피고로 한다.
⑤ 노동위원회의 보고 또는 서류 제출 요구에 응하지 아니하는 자는 형사처벌 대상이 된다.

해설

① (○) 노위법 제2조 제1항
② (×) 노동위원회는 그 사무집행을 위하여 필요하다고 인정하는 경우에 관계 행정기관에 협조를 요청할 수 있으며, 협조를 요청받은 관계 행정기관은 특별한 사유가 없으면 이에 따라야 한다. 노동위원회는 관계 행정기관으로 하여금 근로조건의 개선에 필요한 조치를 하도록 권고할 수 있다(노위법 제22조 제1항·제2항).
③ (○) 노위법 제17조의2 제2항
④ (○) 노위법 제27조 제1항
⑤ (○) 노동위원회의 보고 또는 서류제출 요구에 응하지 아니하거나 거짓으로 보고하거나 거짓의 서류를 제출한 자는 500만원 이하의 벌금에 처한다(노위법 제31조 제1호).

답 ❷

021 노동위원회법상 노동위원회에 관한 설명으로 옳지 않은 것은?

16 노무

CHECK ○△×

① 중앙노동위원회는 둘 이상의 지방노동위원회의 관할 구역에 걸친 노동쟁의의 조정(調整)사건을 관장한다.
② 노동위원회는 판정·명령 또는 결정이 있기 전까지 관계당사자의 신청이 있는 경우에 한하여 화해를 권고할 수 있다.
③ 노동위원회는 관계 행정기관으로 하여금 근로조건의 개선에 필요한 조치를 하도록 권고할 수 있다.
④ 노동위원회 위원의 임기는 3년으로 하되, 연임할 수 있다.
⑤ 노동위원회의 사건처리에 관여한 위원이나 직원 또는 그 위원이었거나 직원이었던 변호사·공인노무사 등은 영리를 목적으로 그 사건에 관한 직무를 하면 아니 된다.

해설

① (○) 노위법 제3조 제1항 제2호
② (×) 노동위원회는 판정·명령 또는 결정이 있기 전까지 관계당사자의 신청을 받아 또는 직권으로 화해를 권고하거나 화해안을 제시할 수 있다(노위법 제16조의3 제1항).
③ (○) 노위법 제22조 제2항
④ (○) 노위법 제7조 제1항
⑤ (○) 노위법 제28조 제2항

답 ❷

022 노동위원회에 관한 설명 중 옳지 않은 것은?(다툼이 있는 경우 판례에 의함)

16 사시

CHECK ○△×

① 노동위원회의 화해조서는 민사소송법에 따른 재판상 화해의 효력을 가진다.

② 노동위원회는 판정・결정・승인・인정 또는 차별시정 등에 관한 사건에서 사회취약계층을 위하여 변호사나 공인노무사로 하여금 권리구제업무를 대리하게 할 수 있다.

③ 노동위원회에 부당해고 구제신청을 하였더라도 민사소송법에서 해고의 효력을 다툴 수 있다.

④ 노동위원회는 처분 결과를 당사자에게 서면으로 송달하여야 하며 처분의 효력은 판정서 등을 송달받은 날부터 발생한다.

⑤ 중앙노동위원회 위원장은 지방노동위원회 또는 중앙노동위원회의 공익위원 자격을 갖춘 자 중에서 고용노동부장관의 제청으로 대통령이 임명한다.

해설

① (O) 노위법 제16조의3 제5항

② (O) 노위법 제6조의2 제1항

③ (O) 판례의 취지를 고려할 때 노동위원회의 구제 외에 직접 민사소송을 통해 해고의 효력을 다투는 것도 가능한 법리이다.

> 노동위원회의 사용자에 대한 구제명령은 사용자에게 이에 복종하여야 할 공법상의 의무를 부담시킬 뿐, 직접 노사 간의 사법상의 법률관계를 발생 또는 변경시키는 것은 아니라고 할 것이므로, 노동위원회로부터 부당해고라는 구제명령이 있었고 이것이 확정되었다는 사정만으로 새로이 제기된 민사소송에서 사용자가 이를 다투는 것이 신의칙이나 금반언의 원칙에 반하여 허용될 수 없는 것이라고 하기 어렵다(대판 2006.11.23. 2006다49901).

④ (O) 노동위원회는 처분 결과를 당사자에게 서면으로 송달하여야 하며, 처분의 효력은 판정서・명령서・결정서 또는 재심판정서를 송달받은 날부터 발생한다(노위법 제17조의2 제2항).

⑤ (×) 중앙노동위원회 위원장은 중앙노동위원회의 공익위원이 될 수 있는 자격을 갖춘 사람 중에서 고용노동부장관의 제청으로 대통령이 임명하고, 지방노동위원회 위원장은 지방노동위원회의 공익위원이 될 수 있는 자격을 갖춘 사람 중에서 중앙노동위원회 위원장의 추천과 고용노동부장관의 제청으로 대통령이 임명한다(노위법 제9조 제2항).

답 ⑤

CHAPTER

10 기타 법령

제1절 공무원의 노동조합 및 운영에 관한 법률

001 공무원의 노동조합 설립 및 운영 등에 관한 법률의 내용으로 옳은 것은? 24 노무

CHECK ○△×

① 교원과 교육공무원은 공무원의 노동조합에 가입할 수 없다.

② 업무의 주된 내용이 다른 공무원에 대하여 지휘·감독권을 행사하거나 다른 공무원의 업무를 총괄하는 업무에 종사하는 공무원 중 대통령령으로 정하는 공무원은 공무원의 노동조합에 가입할 수 없다.

③ 교정·수사 등 공공의 안녕과 국가안전보장에 관한 업무에 종사하는 공무원은 공무원의 노동조합에 가입할 수 있다.

④ 공무원의 노동조합이 있는 경우 공무원이 공무원직장협의회를 설립·운영할 수 없다.

⑤ 공무원은 임용권자의 동의를 받아 노동조합으로부터 급여를 지급받으면서 노동조합의 업무에만 종사할 수 있으며, 그 기간 중 휴직명령을 받은 것으로 본다.

해설

① (×) 교원을 제외한 교육공무원은 공무원의 노동조합에 가입할 수 있다(공노법 제6조 제1항 제2호).

② (○) 업무의 주된 내용이 다른 공무원에 대하여 지휘·감독권을 행사하거나 다른 공무원의 업무를 총괄하는 업무에 종사하는 공무원으로서 법령·조례 또는 규칙에 따라 다른 공무원을 지휘·감독하며 그 복무를 관리할 권한과 책임을 부여받은 공무원(직무 대리자를 포함)이거나, 훈령 또는 사무 분장 등에 따라 부서장을 보조하여 부서 내 다른 공무원의 업무 수행을 지휘·감독하거나 총괄하는 업무에 주로 종사하는 공무원 등은 공무원의 노동조합에 가입할 수 없다(공노법 제6조 제2항 제1호, 동법 시행령 제3조 제1호).

③ (×) 교정·수사 등 공공의 안녕과 국가안전보장에 관한 업무에 종사하는 공무원은 공무원의 노동조합에 가입할 수 없다(공노법 제6조 제2항 제3호).

④ (×) 공노법의 규정에 의한 노동조합이 있는 경우, 공무원이 공무원직장협의회의 설립·운영에 관한 법률에 따라 직장협의회를 설립·운영하는 것을 방해하지 아니한다(공노법 제17조 제1항 참조).

⑤ (×) 임용권자의 동의를 받아 노동조합으로부터 급여를 지급받으면서 노동조합의 업무에만 종사하는 사람[이하 "전임자"]에 대하여는 그 기간 중 국가공무원법 또는 지방공무원법에 따라 휴직명령을 하여야 한다(공노법 제7조 제2항).

노동조합 가입이 금지되는 공무원의 범위(공노법 시행령 제3조)

법 제6조 제2항 및 제4항에 따라 노동조합에 가입할 수 없는 공무원의 범위는 다음 각 호와 같다.

1. 업무의 주된 내용이 다른 공무원에 대하여 지휘·감독권을 행사하거나 다른 공무원의 업무를 총괄하는 업무에 종사하는 공무원으로서 다음 각 목의 어느 하나에 해당하는 공무원
   가. 법령·조례 또는 규칙에 따라 다른 공무원을 지휘·감독하며 그 복무를 관리할 권한과 책임을 부여받은 공무원(직무 대리자를 포함)
   나. 훈령 또는 사무 분장 등에 따라 부서장을 보조하여 부서 내 다른 공무원의 업무 수행을 지휘·감독하거나 총괄하는 업무에 주로 종사하는 공무원

2. 인사·보수에 관한 업무를 수행하는 공무원 등 노동조합과의 관계에서 행정기관의 입장에서 업무를 수행하는 공무원으로서 다음 각 목의 어느 하나에 해당하는 업무에 주로 종사하는 공무원(자료 정리 등 단순히 업무를 보조하는 사람은 제외)
   가. 공무원의 임용·복무·징계·소청심사·보수·연금 또는 그 밖에 후생복지에 관한 업무
   나. 노동조합 및 공무원직장협의회의 설립·운영에 관한 법률에 따른 직장협의회에 관한 업무
   다. 예산·기금의 편성 및 집행(단순 집행은 제외)에 관한 업무
   라. 행정기관의 조직과 정원의 관리에 관한 업무
   마. 감사에 관한 업무
   바. 보안업무, 질서유지업무, 청사시설의 관리 및 방호(防護)에 관한 업무, 비서·운전 업무
3. 업무의 주된 내용이 노동관계의 조정·감독 등 노동조합의 조합원 지위를 가지고 수행하기에 적절하지 아니하다고 인정되는 업무에 종사하는 공무원으로서 다음 각 목의 어느 하나에 해당하는 공무원
   가. 노동위원회법에 따른 노동위원회의 사무국에서 조정사건이나 심판사건의 업무를 담당하는 공무원
   나. 근로기준법에 따라 고용노동부 및 그 소속 기관에서 근로기준법, 산업안전보건법, 그 밖의 노동관계법령 위반의 죄에 관하여 사법경찰관의 직무를 수행하는 근로감독관
   다. 선원법에 따라 선원법, 근로기준법, 그 밖의 선원근로관계 법령 위반의 죄에 관하여 사법경찰관의 직무를 수행하는 선원근로감독관
   라. 지방자치단체에서 노동조합 및 노동관계조정법에 따른 노동조합 설립신고, 단체협약 및 쟁의행위 등에 관한 업무에 주로 종사하는 공무원
4. 교정·수사 등 공공의 안녕과 국가안전보장에 관한 업무에 종사하는 공무원으로서 다음 각 목의 어느 하나에 해당하는 공무원
   가. 공무원임용령 [별표 1]의 공무원 중 교정·보호·검찰사무·마약수사·출입국관리 및 철도경찰 직렬의 공무원
   나. 조세범 처벌절차 법령에 따라 검찰총장 또는 검사장의 지명을 받아 조세에 관한 범칙사건(犯則事件)의 조사를 전담하는 공무원
   다. 수사업무에 주로 종사하는 공무원
   라. 국가정보원에 근무하는 공무원

답 ❷

002 **공무원의 노동조합 설립 및 운영 등에 관한 법률상 단체교섭 및 단체협약에 관한 설명으로 옳지 않은 것은?** 24 노무

CHECK ○△×

① 공무원의 노동조합 설립 및 운영 등에 관한 법률은 단체교섭에 대하여 개별교섭방식만을 인정하고 있다.
② 단체협약의 유효기간은 3년을 초과하지 않는 범위에서 노사가 합의하여 정할 수 있다.
③ 정부교섭대표는 교섭을 요구하는 노동조합이 둘 이상인 경우에는 해당 노동조합에 교섭창구를 단일화하도록 요청할 수 있으며, 교섭창구가 단일화된 때에는 교섭에 응하여야 한다.
④ 법령 또는 조례에 의하여 위임을 받아 규정되는 내용은 단체협약으로 체결되더라도 효력을 가지지 않지만, 정부교섭대표는 그 내용이 이행될 수 있도록 성실하게 노력하여야 한다.
⑤ 법령 등에 따라 국가나 지방자치단체가 그 권한으로 행하는 정책결정에 관한 사항, 임용권의 행사 등 그 기관의 관리·운영에 관한 사항으로서 근무조건과 직접 관련되지 아니 하는 사항은 교섭의 대상이 될 수 없다.

해설

① (×) 개별교섭은 같은 교섭단위에서 복수노조가 있는 경우 사용자가 각 노동조합과 개별적으로 교섭하는 것을 의미한다. 공무원의 교섭노동조합이 둘 이상인 경우 교섭노동조합 사이의 합의에 따라 교섭위원을 선임하여 교섭창구를 단일화해야 하므로(공노법 시행령 제8조 제2항 본문), 공노법은 개별교섭을 금지하고 있다고 이해해야 한다.

② (○) 공무원에게 적용할 노동조합 및 노동관계 조정에 관하여 공노법에서 정하지 아니한 사항에 대해서는 동법 제17조 제3항에서 정하는 경우를 제외하고는 노조법에서 정하는 바에 따르게 되므로, 공무원 노동조합의 대표자와 정부교섭대표에 의해 체결된 단체협약의 유효기간은 3년을 초과하지 않는 범위에서 노사가 합의하여 정할 수 있다(공노법 제17조 제2항 전문, 노조법 제32조 제1항).

③ (○) 공노법 제9조 제4항

④ (○) 체결된 단체협약의 내용 중 법령·조례 또는 예산에 의하여 규정되는 내용과 법령 또는 조례에 의하여 위임을 받아 규정되는 내용은 단체협약으로서의 효력을 가지지 아니하나, 정부교섭대표는 단체협약으로서의 효력을 가지지 아니하는 내용에 대하여는 그 내용이 이행될 수 있도록 성실하게 노력하여야 한다(공노법 제10조 제1항, 제2항).

⑤ (○) 공노법 제8조 제1항 단서

답 ❶

003 공무원의 노동조합 설립 및 운영 등에 관한 법률상 조정 및 중재에 관한 설명으로 옳은 것은?

CHECK ○△×

24 노무

① 단체교섭이 결렬된 경우 이를 조정·중재하기 위하여 중앙노동위원회에 특별조정위원회를 둔다.

② 중앙노동위원회 위원장이 직권으로 중재에 회부한다는 결정을 하는 경우 지체 없이 중재를 한다.

③ 관계 당사자는 중앙노동위원회의 중재재정이 위법하거나 월권에 의한 것이라고 인정하는 경우에는 중재재정서를 송달받은 날부터 30일 이내에 중앙노동위원회 위원장을 피고로 하여 행정소송을 제기할 수 있다.

④ 관계 당사자는 확정된 중재재정을 따라야 하나, 위반에 대한 벌칙 규정은 없다.

⑤ 중앙노동위원회의 중재재정에 대한 행정소송이 제기되면 중재재정의 효력은 정지된다.

해설

① (×) 단체교섭이 결렬된 경우 이를 조정·중재하기 위하여 중앙노동위원회에 공무원 노동관계 조정위원회를 둔다(공노법 제14조 제1항).

② (×) 공무원 노동관계 조정위원회 전원회의에서 중재 회부를 결정한 경우, 중앙노동위원회는 지체 없이 중재를 한다(공노법 제13조 제2호).

③ (×) 관계 당사자는 중앙노동위원회의 중재재정이 위법하거나 월권에 의한 것이라고 인정하는 경우에는 행정소송법 제20조에도 불구하고 중재재정서를 송달받은 날부터 15일 이내에 중앙노동위원회 위원장을 피고로 하여 행정소송을 제기할 수 있다(공노법 제16조 제1항).

④ (○) 중재재정이 확정되면 관계 당사자는 이에 따라야 하나(공노법 제16조 제3항), 확정된 중재재정을 위반한 행위에 대한 벌칙 규정은 없다.

⑤ (×) 중앙노동위원회의 중재재정은 이에 대한 행정소송의 제기에 의하여 그 효력이 정지되지 아니한다(공노법 제16조 제4항).

답 ❹

004 노동조합 및 노동관계조정법의 내용 중 공무원의 노동조합 설립 및 운영 등에 관한 법률에 적용되는 것으로 옳은 것은? 24 노무

CHECK ○△×

① 공정대표의무 등(노동조합 및 노동관계조정법 제29조의4)
② 일반적 구속력(노동조합 및 노동관계조정법 제35조)
③ 조정의 전치(노동조합 및 노동관계조정법 제45조)
④ 사적 조정·중재(노동조합 및 노동관계조정법 제52조)
⑤ 긴급조정의 결정(노동조합 및 노동관계조정법 제76조)

해설

공무원에게 적용할 노동조합 및 노동관계 조정에 관하여 공노법에서 정하지 아니한 사항에 대해서는 동법 제17조 제3항에서 정하는 경우를 제외하고는 노조법에서 정하는 바에 따르게 되어 있어, 노조법상 일반적 구속력에 관한 규정(노조법 제35조)은 공노법상의 노동조합에 적용되나, ① 공정대표의무 등(노조법 제29조의4), ③ 조정의 전치(노조법 제45조), ④ 사적 조정·중재(노조법 제52조), ⑤ 긴급조정의 결정(노조법 제76조) 규정은 동법 제17조 제3항에서 공노법상의 노동조합에의 적용을 배제하고 있으므로 이들 규정은 적용되지 아니한다(공노법 제17조 제2항 전문, 제3항).

답 ❷

최신유형

005 공무원의 노동조합 설립 및 운영 등에 관한 법률에 관한 설명으로 옳지 않은 것은? 25 노무

CHECK ○△×

① 단체협약의 내용 중 법령·조례 또는 예산에 의하여 규정되는 내용은 단체협약으로서의 효력을 가지지 아니한다.
② 단체협약의 내용 중 조례에 의하여 위임을 받아 규정되는 내용은 단체협약으로서의 효력을 가지지 아니한다.
③ 노동조합과 그 조합원은 파업, 태업 또는 그 밖에 업무의 정상적인 운영을 방해하는 어떠한 행위도 하여서는 아니 된다.
④ 단체교섭이 결렬되어 관계 당사자 어느 한쪽이 중재를 신청한 경우 중앙노동위원회는 지체 없이 중재(仲裁)를 한다.
⑤ 조정은 당사자들이 조정기간의 연장에 관하여 합의하지 않는 경우에는 조정신청을 받은 날부터 30일 이내에 마쳐야 한다.

해설

① (○) 단체협약의 내용 중 법령·조례 또는 예산에 의하여 규정되는 내용과 법령 또는 조례에 의하여 위임을 받아 규정되는 내용은 단체협약으로서의 효력을 가지지 아니한다(공노법 제10조 제1항).
② (○) 공노법 제10조 제1항 후단
③ (○) 공노법 제11조
④ (×) 중앙노동위원회는 단체교섭이 결렬되어 관계 당사자 양쪽이 함께 중재를 신청한 경우나 조정이 이루어지지 아니하여 공무원 노동관계 조정위원회 전원회의에서 중재 회부를 결정한 경우에는 지체 없이 중재를 한다(공노법 제13조).
⑤ (○) 조정은 조정신청을 받은 날부터 30일 이내에 마쳐야 한다. 다만, 당사자들이 합의한 경우에는 30일 이내의 범위에서 조정기간을 연장할 수 있다(공노법 제12조 제4항).

답 ❹

최신유형

006 공무원의 노동조합 설립 및 운영 등에 관한 법률에 관한 설명으로 옳은 것은? 25 노무

CHECK ○△×

① 공무원 노동조합이 있는 경우 공무원이 공무원직장협의회를 설립·운영할 수 없다.

② 노동조합 전임자에 대하여는 그 기간 중 「국가공무원법」 제71조 또는 「지방공무원법」 제63조에 따라 휴직명령을 하여야 한다.

③ 공무원은 근무시간 면제한도를 초과하여 보수의 손실 없이 정부교섭대표와의 협의·교섭, 고충처리, 안전·보건활동 등 업무를 할 수 있다.

④ 근무시간 면제심의위원회는 근무시간 면제 한도를 심의·의결하고 2년마다 그 적정성 여부를 재심의하여 의결하여야 한다.

⑤ 정부교섭대표는 전년도에 노동조합별로 근무시간을 면제받은 시간 및 사용인원, 지급된 보수 등에 관한 정보를 대통령령으로 정하는 바에 따라 국회에 보고하여야 한다.

해설

① (×) 공무원의 노동조합 설립 및 운영 등에 관한 법률의 규정은 공무원이 공무원직장협의회의 설립·운영에 관한 법률에 따라 직장협의회를 설립·운영하는 것을 방해하지 아니한다(공노법 제17조 제1항). 따라서 공무원노동조합이 있는 경우에도 공무원은 공무원직장협의회를 설립·운영할 수 있다.

② (○) 임용권자의 동의를 받아 노동조합으로부터 급여를 지급받으면서 노동조합의 업무에만 종사하는 공무원인 전임자에 대하여는 그 기간 중 국가공무원법 또는 지방공무원법에 따라 휴직명령을 하여야 한다(공노법 제7조 제1항, 제2항).

③ (×) 공무원은 단체협약으로 정하거나 정부교섭대표가 동의하는 경우 근무시간 면제 한도를 초과하지 아니하는 범위에서 보수의 손실 없이 정부교섭대표와의 협의·교섭, 고충처리, 안전·보건활동 등 이 법 또는 다른 법률에서 정하는 업무와 건전한 노사관계 발전을 위한 노동조합의 유지·관리업무를 할 수 있다(공노법 제7조의2 제1항).

④ (×) 근무시간 면제심의위원회는 노동조합 설립 최소 단위를 기준으로 조합원의 수를 고려하되 노동조합의 조직형태, 교섭구조·범위 등 공무원 노사관계의 특성을 반영하여 근무시간 면제 한도를 심의·의결하고, 3년마다 그 적정성 여부를 재심의하여 의결할 수 있다(공노법 제7조의2 제3항).

⑤ (×) 정부교섭대표는 국민이 알 수 있도록 전년도에 노동조합별로 근무시간을 면제받은 시간 및 사용인원, 지급된 보수 등에 관한 정보를 대통령령으로 정하는 바에 따라 공개하여야 한다. 이 경우 정부교섭대표가 아닌 임용권자는 정부교섭대표에게 해당 기관의 근무시간 면제 관련 자료를 제출하여야 한다(공노법 제7조의3).

답 ❷

007 공무원의 노동조합 설립 및 운영 등에 관한 법률에 관한 설명으로 옳지 않은 것은? 14 노무

CHECK ○△×

① 공무원은 임용권자의 동의를 받아 노동조합으로부터 급여를 지급받으면서 노동조합의 업무에만 종사할 수 있다.

② 노동조합을 설립하려는 사람은 행정안전부장관에게 설립신고서를 제출하여야 한다.

③ 공무원은 노동조합 활동을 할 때 다른 법령에서 규정하는 공무원의 의무에 반하는 행위를 하여서는 아니 된다.

④ 노동조합과 그 조합원은 정치활동을 하여서는 아니 된다.

⑤ 노동조합과 그 조합원은 파업, 태업 또는 그 밖에 업무의 정상적인 운영을 방해하는 어떠한 행위도 하여서는 아니 된다.

해설

① (O) 공노법 제7조 제1항

② (×) 노동조합을 설립하려는 사람은 고용노동부장관에게 설립신고서를 제출하여야 한다(공노법 제5조 제2항).

③ (O) 공노법 제3조 제2항

④ (O) 공노법 제4조

⑤ (O) 공노법 제11조

답 ❷

008 공무원의 노동조합 설립 및 운영 등에 관한 법률에 관한 설명으로 옳지 않은 것은? 22 노무

CHECK ○△×

① 정부교섭대표는 다른 정부교섭대표와 공동으로 교섭할 수 있지만, 다른 정부교섭대표에게 교섭 및 단체협약 체결 권한을 위임할 수 없다.

② 전임자에 대하여는 그 기간 중 국가공무원법 제71조 또는 지방공무원법 제63조에 따라 휴직명령을 하여야 한다.

③ 정부교섭대표는 법령 등에 따라 스스로 관리하거나 결정할 수 있는 권한을 가진 사항에 대하여 노동조합이 교섭을 요구할 때에는 정당한 사유가 없으면 그 요구에 따라야 한다.

④ 단체교섭이 결렬된 경우 이를 조정·중재하기 위하여 중앙노동위원회에 공무원 노동관계 조정위원회를 둔다.

⑤ 정부교섭대표는 단체협약으로서의 효력을 가지지 아니하는 내용에 대하여는 그 내용이 이행될 수 있도록 성실하게 노력하여야 한다.

해설

① (×) 정부교섭대표는 효율적인 교섭을 위하여 필요한 경우 다른 정부교섭대표와 공동으로 교섭하거나, 다른 정부교섭대표에게 교섭 및 단체협약 체결 권한을 위임할 수 있다(공노법 제8조 제3항).

② (O) 공노법 제7조 제2항

③ (O) 공노법 제8조 제2항

④ (O) 공노법 제14조 제1항

⑤ (O) 공노법 제10조 제2항

답 ❶

009 공무원의 노동조합 설립 및 운영 등에 관한 법률에 관한 설명으로 옳지 않은 것은? 21 노무

CHECK ○△×

① 노동조합과 그 조합원은 정치활동을 하여서는 아니 된다.
② 정부교섭대표는 효율적인 교섭을 위하여 필요한 경우 다른 정부교섭대표와 공동으로 교섭하거나, 다른 정부교섭대표에게 교섭 및 단체협약체결권한을 위임할 수 있다.
③ 노동조합은 단체교섭을 위하여 노동조합의 대표자와 조합원으로 교섭위원을 구성하여야 한다.
④ 국가와 지방자치단체는 공무원이 전임자임을 이유로 승급이나 그 밖에 신분과 관련하여 불리한 처우를 하여서는 아니 된다.
⑤ 단체교섭이 결렬된 경우에는 당사자 어느 한쪽 또는 양쪽은 중앙노동위원회에 조정을 신청할 수 있고, 조정은 신청을 받은 날부터 15일 이내에 마쳐야 한다.

해설

① (○) 공노법 제4조
② (○) 공노법 제8조 제3항
③ (○) 공노법 제9조 제1항
④ (○) 공노법 제7조 제4항
⑤ (×) 단체교섭이 결렬(決裂)된 경우에는 당사자 어느 한쪽 또는 양쪽은 노동위원회법 제2조에 따른 중앙노동위원회에 조정을 신청할 수 있다. 조정은 조정신청을 받은 날부터 30일 이내에 마쳐야 한다. 다만, 당사자들이 합의한 경우에는 30일 이내의 범위에서 조정기간을 연장할 수 있다(공노법 제12조 제1항·제4항).

답 ⑤

010 공무원의 노동조합 설립 및 운영 등에 관한 법률에 관한 설명으로 옳지 않은 것은? 23 노무

CHECK ○△×

① 공무원은 노동조합 활동을 할 때 다른 법령에서 규정하는 공무원의 의무에 반하는 행위를 하여서는 아니 된다.
② 교정·수사 등 공공의 안녕과 국가안전보장에 관한 업무에 종사하는 공무원은 노동조합에 가입할 수 없다.
③ 단체협약의 내용 중 법령·조례 또는 예산에 의하여 규정되는 내용과 법령 또는 조례에 의하여 위임을 받아 규정되는 내용은 단체협약으로서의 효력을 가지지 아니한다.
④ 정부교섭대표는 효율적인 교섭을 위하여 필요한 경우 다른 정부교섭대표와 공동으로 교섭할 수 있으나 정부교섭대표가 아닌 관계 기관의 장으로 하여금 교섭에 참여하게 할 수 없다.
⑤ 단체교섭이 결렬된 경우 이를 조정·중재하기 위하여 중앙노동위원회에 공무원 노동관계 조정위원회를 둔다.

해설

① (○) 공노법 제3조 제2항
② (○) 공노법 제6조 제2항 제3호
③ (○) 공노법 제10조 제1항
④ (×) 정부교섭대표는 효율적인 교섭을 위하여 필요한 경우 다른 정부교섭대표와 공동으로 교섭하거나, 다른 정부교섭대표에게 교섭 및 단체협약 체결 권한을 위임할 수 있다. 정부교섭대표는 효율적인 교섭을 위하여 필요한 경우 정부교섭대표가 아닌 관계 기관의 장으로 하여금 교섭에 참여하게 할 수 있고, 다른 기관의 장이 관리하거나 결정할 권한을 가진 사항에 대하여는 해당 기관의 장에게 교섭 및 단체협약 체결 권한을 위임할 수 있다(공노법 제8조 제3항·제4항).
⑤ (○) 공노법 제14조 제1항

가입 범위(공노법 제6조)

① 노동조합에 가입할 수 있는 사람의 범위는 다음 각 호와 같다.

1. 일반직공무원
2. 특정직공무원 중 외무영사직렬 · 외교정보기술직렬 외무공무원, 소방공무원 및 교육공무원(다만, 교원은 제외)
3. 별정직공무원
4. 제1호부터 제3호까지의 어느 하나에 해당하는 공무원이었던 사람으로서 노동조합 규약으로 정하는 사람
5. 삭제 〈2011.5.23.〉

② 제1항에도 불구하고 다음 각 호의 어느 하나에 해당하는 공무원은 노동조합에 가입할 수 없다.

1. 업무의 주된 내용이 다른 공무원에 대하여 지휘 · 감독권을 행사하거나 다른 공무원의 업무를 총괄하는 업무에 종사하는 공무원
2. 업무의 주된 내용이 인사 · 보수 또는 노동관계의 조정 · 감독 등 노동조합의 조합원 지위를 가지고 수행하기에 적절하지 아니한 업무에 종사하는 공무원
3. 교정 · 수사 등 공공의 안녕과 국가안전보장에 관한 업무에 종사하는 공무원
4. 삭제 〈2021.1.5.〉

답 ❹

011 공무원의 노동조합 설립 및 운영 등에 관한 법률의 설명으로 옳지 않은 것은? 19 노무

CHECK ○△×

① 공무원은 노동조합활동을 할 때 다른 법령에서 규정하는 공무원의 의무에 반하는 행위를 하여서는 아니 된다.

② 정부교섭대표는 교섭을 요구하는 노동조합이 둘 이상인 경우에는 해당 노동조합에 교섭창구를 단일화하도록 요청할 수 있고, 교섭창구가 단일화된 때에는 교섭에 응하여야 한다.

③ 노동조합의 대표자는 정부교섭대표와 교섭하려는 경우에는 교섭하려는 사항에 대하여 권한을 가진 정부교섭대표에게 서면으로 교섭을 요구하여야 한다.

④ 공무원은 단체협약으로 정하거나 정부교섭대표가 동의하는 경우 공무원근무시간면제심의위원회에서 결정된 근무시간 면제 한도를 초과하지 아니하는 범위에서 보수의 손실 없이 정부교섭대표와의 협의 · 교섭, 고충처리, 안전 · 보건활동 등의 업무와 건전한 노사관계 발전을 위한 노동조합의 유지 · 관리업무를 할 수 있다.

⑤ 정부교섭대표는 효율적인 교섭을 위하여 관계기관의 장을 교섭에 참여하게 하여야 한다.

해설

① (○) 공노법 제3조 제2항

② (○) 정부교섭대표는 교섭을 요구하는 노동조합이 둘 이상인 경우에는 해당 노동조합에 교섭창구를 단일화하도록 요청할 수 있다. 이 경우 교섭창구가 단일화된 때에는 교섭에 응하여야 한다(공노법 제9조 제4항).

③ (○) 공노법 제9조 제2항

④ (○) 공노법 제7조의2 제1항

⑤ (×) 정부교섭대표는 효율적인 교섭을 위하여 필요한 경우 정부교섭대표가 아닌 관계기관의 장으로 하여금 교섭에 참여하게 할 수 있다(공노법 제8조 제4항).

답 ❺

012 공무원의 노동조합 설립 및 운영 등에 관한 법률의 내용으로 옳지 않은 것은?

20 노무

CHECK ○△×

① 노동조합과 그 조합원은 정치활동을 하여서는 아니 되며, 파업, 태업 또는 그 밖에 업무의 정상적인 운영을 방해하는 어떠한 행위도 하여서는 아니 된다.

② 교정·수사 등 공공의 안녕과 국가안전 보장에 관한 업무에 종사하는 공무원은 노동조합에 가입할 수 없다.

③ 국가와 지방자치단체는 공무원이 전임자임을 이유로 승급이나 그 밖에 신분과 관련하여 불리한 처우를 하여서는 아니 된다.

④ 국가와 지방자치단체는 전임자에게 그 전임기간 중 보수를 지급하여서는 아니 되나, 근로시간면제 한도를 초과하지 아니하는 범위에서 임금의 손실 없이 노동조합의 유지·관리업무를 담당하게 할 수 있다.

⑤ 단체협약의 내용 중 법령·조례 또는 예산에 의하여 규정되는 내용과 법령 또는 조례에 의하여 위임을 받아 규정되는 내용은 단체협약으로서의 효력을 가지지 아니한다.

해설

① (○) 공노법 제4조, 제11조

② (○) 공노법 제6조 제2항 제3호

③ (○) 공노법 제7조 제4항

④ (×) 종래 공노법은 국가와 지방자치단체는 전임자에게 그 전임기간 중 보수를 지급하여서는 아니 된다고 규정하고 있었으나(구 공노법 제7조 제3항), 2022.6.10. 개정 공노법에 의하면 공무원은 임용권자의 동의를 받아 노동조합으로부터 급여를 지급받으면서 노동조합의 업무에만 종사할 수 있고, 단체협약으로 정하거나 정부교섭대표가 동의하는 경우 근무시간 면제 한도를 초과하지 아니하는 범위에서 보수의 손실 없이 정부교섭대표와의 협의·교섭, 고충처리, 안전·보건활동 등 이 법 또는 다른 법률에서 정하는 업무와 건전한 노사관계 발전을 위한 노동조합의 유지·관리업무를 할 수 있다(공노법 제7조 제1항, 제7조의2 제1항).

⑤ (○) 공노법 제10조 제1항

노동조합의 조직·가입(노조법 제5조)

① 근로자는 자유로이 노동조합을 조직하거나 이에 가입할 수 있다. 다만, 공무원과 교원에 대하여는 따로 법률로 정한다.

근로시간 면제 등(노조법 제24조)

① 근로자는 단체협약으로 정하거나 사용자의 동의가 있는 경우에는 사용자 또는 노동조합으로부터 급여를 지급받으면서 근로계약 소정의 근로를 제공하지 아니하고 노동조합의 업무에 종사할 수 있다.

② 제1항에 따라 사용자로부터 급여를 지급받는 근로자(이하 "근로시간면제자")는 사업 또는 사업장별로 종사근로자인 조합원 수 등을 고려하여 제24조의2에 따라 결정된 근로시간면제한도를 초과하지 아니하는 범위에서 임금의 손실 없이 사용자와의 협의·교섭, 고충처리, 산업안전활동 등 이 법 또는 다른 법률에서 정하는 업무와 건전한 노사관계 발전을 위한 노동조합의 유지·관리업무를 할 수 있다.

노동조합 전임자의 지위(공노법 제7조)

① 공무원은 임용권자의 동의를 받아 노동조합으로부터 급여를 지급받으면서 노동조합의 업무에만 종사할 수 있다.

② 제1항에 따른 동의를 받아 노동조합의 업무에만 종사하는 사람[이하 "전임자"(專任者)]에 대하여는 그 기간 중 국가공무원법 제71조 또는 지방공무원법 제63조에 따라 휴직명령을 하여야 한다.

③ 삭제 〈2022.6.10.〉

④ 국가와 지방자치단체는 공무원이 전임자임을 이유로 승급이나 그 밖에 신분과 관련하여 불리한 처우를 하여서는 아니 된다.

근무시간 면제자 등(공노법 제7조의2)

① 공무원은 단체협약으로 정하거나 제8조 제1항의 정부교섭대표(이하 이 조 및 제7조의3에서 "정부교섭대표")가 동의하는 경우 제2항 및 제3항에 따라 결정된 근무시간 면제 한도를 초과하지 아니하는 범위에서 보수의 손실 없이 정부교섭대표와의 협의·교섭, 고충처리, 안전·보건활동 등 이 법 또는 다른 법률에서 정하는 업무와 건전한 노사관계 발전을 위한 노동조합의 유지·관리업무를 할 수 있다.

② 근무시간 면제 시간 및 사용인원의 한도(이하 "근무시간 면제 한도")를 정하기 위하여 공무원근무시간면제심의위원회(이하 이 조에서 "심의위원회")를 경제사회노동위원회법에 따른 경제사회노동위원회에 둔다.

③ 심의위원회는 제5조 제1항에 따른 노동조합 설립 최소 단위를 기준으로 조합원(제6조 제1항 제1호부터 제3호까지의 규정에 해당하는 조합원)의 수를 고려하되 노동조합의 조직형태, 교섭구조·범위 등 공무원 노사관계의 특성을 반영하여 근무시간 면제 한도를 심의·의결하고, 3년마다 그 적정성 여부를 재심의하여 의결할 수 있다.

④ 제1항을 위반하여 근무시간 면제 한도를 초과하는 내용을 정한 단체협약 또는 정부교섭대표의 동의는 그 부분에 한정하여 무효로 한다.

답 ❹

013 공무원의 노동조합 설립 및 운영에 관한 법률의 내용으로 옳지 않은 것은? 18 노무

CHECK ○△×

① 법령상 '사실상 노무에 종사하는 공무원'은 공무원의 노동조합 설립 및 운영에 관한 법률에 따른 공무원의 노동조합에 가입할 수 없다.

② 공무원의 노동조합은 정치활동을 하여서는 아니 된다.

③ 다른 공무원에 대하여 지휘·감독권을 행사하는 일반직공무원은 공무원의 노동조합에 가입할 수 있다.

④ 정부교섭대표는 법령에 따라 교섭을 요구하는 노동조합이 둘 이상인 경우에는 해당 노동조합에 교섭창구를 단일화하도록 요청할 수 있다.

⑤ 법령에 따라 체결된 단체협약의 내용 중 예산에 의하여 규정되는 내용은 단체협약으로서의 효력을 가지지 아니한다.

해설

① (○) 공노법 제2조 단서

② (○) 공노법 제4조

③ (×) 일반직공무원은 노동조합에 가입할 수 있는 공무원의 범위에 속하나, 업무의 주된 내용이 다른 공무원에 대하여 지휘·감독권을 행사하거나 다른 공무원의 업무를 총괄하는 업무에 종사하는 공무원은, 일반직공무원이라 하더라도 노동조합에 가입할 수 없다(공노법 제6조 제2항 제1호).

④ (○) 공노법 제9조 제4항 전문

⑤ (○) 공노법 제10조 제1항

답 ❸

014 공무원의 노동조합 설립 및 운영 등에 관한 법률의 내용으로 옳지 않은 것은? 17 노무

CHECK ○△×

① 정부교섭대표는 효율적인 교섭을 위하여 필요한 경우 정부교섭대표가 아닌 관계기관의 장으로 하여금 교섭에 참여하게 할 수 있다.
② 노동조합은 단체교섭을 위하여 노동조합의 조합원 외의 자를 교섭위원으로 구성할 수 있다.
③ 단체교섭이 결렬된 경우에는 당사자 어느 한쪽 또는 양쪽은 중앙노동위원회에 조정을 신청할 수 있다.
④ 정부교섭대표는 단체협약의 내용 중 법령·조례 또는 예산에 의하여 규정되는 내용일지라도 그 내용이 이행될 수 있도록 성실하게 노력하여야 한다.
⑤ 노동조합을 설립하려는 사람은 고용노동부장관에게 설립신고서를 제출하여야 한다.

해설

① (○) 공노법 제8조 제4항
② (×) 노동조합은 단체교섭을 위하여 노동조합의 대표자와 조합원으로 교섭위원을 구성하여야 한다(공노법 제9조 제1항).
③ (○) 공노법 제12조 제1항
④ (○) 공노법 제10조 제2항
⑤ (○) 공노법 제5조 제2항

답 ❷

015 공무원의 노동조합 설립 및 운영 등에 관한 법률의 내용으로 옳은 것은? 16 노무

CHECK ○△×

① 노동조합과 그 조합원은 정치활동을 할 수 있다.
② 노동조합을 설립하려는 사람은 행정안전부장관에게 설립신고서를 제출하여야 한다.
③ 정부교섭대표는 다른 정부교섭대표에게 교섭 및 단체협약 체결권한을 위임할 수 없다.
④ 단체협약의 내용 중 법령 또는 조례에 의하여 위임을 받아 규정되는 내용은 단체협약으로서의 효력을 가지지 아니한다.
⑤ 지방노동위원회는 단체교섭이 결렬되어 관계당사자 양쪽이 함께 중재를 신청한 경우에는 지체 없이 중재를 한다.

해설

① (×) 노동조합과 그 조합원은 정치활동을 하여서는 아니 된다(공노법 제4조).
② (×) 노동조합을 설립하려는 사람은 고용노동부장관에게 설립신고서를 제출하여야 한다(공노법 제5조 제2항).
③ (×) 정부교섭대표는 효율적인 교섭을 위하여 필요한 경우 다른 정부교섭대표와 공동으로 교섭하거나, 다른 정부교섭대표에게 교섭 및 단체협약 체결권한을 위임할 수 있다(공노법 제8조 제3항).
④ (○) 공노법 제10조 제1항
⑤ (×) 중앙노동위원회는 단체교섭이 결렬되어 관계당사자 양쪽이 함께 중재를 신청한 경우에는 지체 없이 중재를 한다(공노법 제13조 제1호).

답 ❹

016 공무원의 노동조합 설립 및 운영 등에 관한 법률의 내용으로 옳지 않은 것은? 15 노무

CHECK ○△×

① 공무원은 임용권자의 동의를 받아 노동조합으로부터 급여를 지급받으면서 노동조합의 업무에만 종사할 수 있다.

② 정부교섭대표는 법령 등에 따라 스스로 관리하거나 결정할 수 있는 권한을 가진 사항에 대하여 노동조합이 교섭을 요구할 때에는 정당한 사유가 없으면 그 요구에 따라야 한다.

③ 노동조합을 설립하려는 사람은 고용노동부장관에게 설립신고서를 제출하여야 한다.

④ 정부교섭대표가 다른 정부교섭대표에게 교섭 및 단체협약 체결권한을 위임하는 것은 금지된다.

⑤ 노동조합과 그 조합원은 파업, 태업 또는 그 밖에 업무의 정상적인 운영을 방해하는 어떠한 행위도 하여서는 아니 된다.

해설

① (O) 공노법 제7조 제1항

② (O) 공노법 제8조 제2항

③ (O) 노동조합을 설립하려는 사람은 고용노동부장관에게 설립신고서를 제출하여야 한다(공노법 제5조 제2항).

④ (×) 정부교섭대표는 효율적인 교섭을 위하여 필요한 경우 다른 정부교섭대표와 공동으로 교섭하거나, 다른 정부교섭대표에게 교섭 및 단체협약 체결권한을 위임할 수 있다(공노법 제8조 제3항).

⑤ (O) 공노법 제11조

답 ④

제2절 교원의 노동조합 및 운영에 관한 법률

최신유형

017 교원의 노동조합 설립 및 운영 등에 관한 법률에 관한 설명으로 옳지 않은 것은? 25 노무

CHECK ○△×

① 「유아교육법」 제20조 제1항에 따른 교원을 대상으로 한다.
② 「초·중등교육법」 제19조 제1항에 따른 교원을 대상으로 한다.
③ 「고등교육법」 제14조 제2항 및 제4항에 따른 교원을 대상으로 하되, 강사는 제외한다.
④ 교원의 노동조합은 어떠한 정치활동도 하여서는 아니 된다.
⑤ 노동조합을 설립하려는 사람은 교육부장관에게 설립신고서를 제출하여야 한다.

해설

① (○) 교노법 제2조 제1호
② (○) 교노법 제2조 제2호
③ (○) 교노법 제2조 제3호
④ (○) 교노법 제3조
⑤ (×) 노동조합을 설립하려는 사람은 고용노동부장관에게 설립신고서를 제출하여야 한다(교노법 제4조 제3항).

답 ⑤

최신유형

018 교원의 노동조합 설립 및 운영 등에 관한 법률에 관한 설명으로 옳은 것은? 25 노무

CHECK ○△×

① 법 제8조(쟁의행위의 금지)를 위반하여 쟁의행위를 한 자는 5년 이하의 징역 또는 5천만원 이하의 벌금에 처한다.
② 교원의 노동쟁의를 조정·중재하기 위하여 각 지방노동위원회에 교원 노동관계 조정위원회를 둔다.
③ 관계당사자는 중재재정서를 송달받은 날부터 30일 이내에 행정소송을 제기할 수 있다.
④ 중앙노동위원회 위원장은 직권으로 중재에 회부한다는 결정을 할 수 없다.
⑤ 중재재정은 관계당사자 쌍방이 수락한 경우에 효력을 가진다.

해설

① (○) 교노법 제15조 제1항
② (×) 교원의 노동쟁의를 조정·중재하기 위하여 중앙노동위원회에 교원 노동관계 조정위원회를 둔다(교노법 제11조 제1항).
③ (×) 관계 당사자는 중앙노동위원회의 중재재정이 위법하거나 월권에 의한 것이라고 인정하는 경우에는 중재재정서를 송달받은 날부터 15일 이내에 중앙노동위원회 위원장을 피고로 하여 행정소송을 제기할 수 있다(교노법 제12조 제1항).
④ (×) 중앙노동위원회는 단체교섭이 결렬되어 관계 당사자 양쪽이 함께 중재를 신청한 경우, 중앙노동위원회가 제시한 조정안을 당사자의 어느 한쪽이라도 거부한 경우, 중앙노동위원회 위원장이 직권으로 또는 고용노동부장관의 요청에 따라 중재에 회부한다는 결정을 한 경우에는 중재를 한다(교노법 제10조).
⑤ (×) 교노법상 중재재정은 서면으로 작성하여 이를 행하며 그 중재재정서에는 효력발생기일을 명시하여야 하므로(교노법 제14조 제1항 전문, 노조법 제68조 제1항), 중재재정결정에 따라 중재재정서에 명시된 기일에 그 효력이 발생한다. 중재는 조정과는 달리 관계당사자에 의해 수락될 것을 요하지 아니한다.

답 ①

019 교원의 노동조합 설립 및 운영 등에 관한 법률의 내용으로 옳지 않은 것은?

24 노무

CHECK ○△×

① 교원의 노동조합은 어떠한 정치활동도 하여서는 아니 된다.

② 교원은 임용권자의 동의를 받아 노동조합으로부터 급여를 지급받으면서 노동조합의 업무에만 종사할 수 있다.

③ 교원의 노동조합과 그 조합원은 노동운동이나 그 밖에 공무 외의 일을 위한 어떠한 집단행위도 하여서는 아니 된다.

④ 법령·조례 및 예산에 의하여 규정되는 내용은 단체협약으로 체결되더라도 효력을 가지지 아니한다.

⑤ 교원의 노동조합의 전임자는 그 전임기간 중 전임자임을 이유로 승급 또는 그 밖의 신분상의 불이익을 받지 아니한다.

해설

① (○) 교노법 제3조

② (○) 교노법 제5조 제1항

③ (×) 교노법은 일정한 범위의 교원이 국가공무원법 제66조 제1항("공무원은 노동운동이나 그 밖에 공무 외의 일을 위한 집단 행위를 하여서는 아니 된다. 다만, 사실상 노무에 종사하는 공무원은 예외로 한다.")에도 불구하고 교원의 노동조합 설립에 관한 사항을 정하고 교원에 적용할 노조법에 대한 특례를 규정함을 목적으로 한다(교노법 제1조). 따라서 교노법 제2조에서 정한 교원은 노동조합을 설립하여 단체교섭에 나설 수 있다(교노법 제4조, 제6조 참조).

④ (○) 체결된 단체협약의 내용 중 법령·조례 및 예산에 의하여 규정되는 내용과 법령 또는 조례에 의하여 위임을 받아 규정되는 내용은 단체협약으로서의 효력을 가지지 아니한다(교노법 제7조 제1항).

⑤ (○) 교노법 제5조 제4항

답 ❸

020 교원의 노동조합 설립 및 운영 등에 관한 법령상 근무시간 면제에 관한 설명으로 옳지 않은 것은?

24 노무

CHECK ○△×

① 근무시간 면제 시간 및 사용인원의 한도를 정하기 위하여 경제사회노동위원회에 교원근무시간면제심의위원회를 둔다.

② 고등교육법에 따른 교원에 대해서는 시·도 단위를 기준으로 근무시간 면제 한도를 심의·의결한다.

③ 교원근무시간면제심의위원회는 3년마다 근무시간 면제 한도의 적정성 여부를 재심의하여 의결할 수 있다.

④ 근무시간 면제 한도를 초과하는 내용을 정한 단체협약 또는 임용권자의 동의는 그 부분에 한정하여 무효로 한다.

⑤ 임용권자는 전년도에 노동조합별로 근무시간을 면제받은 시간 및 사용인원, 지급된 보수 등에 관한 정보를 고용노동부장관이 지정하는 인터넷 홈페이지에 3년간 게재하는 방법으로 공개하여야 한다.

해설

① (O) 교노법 제5조의2 제2항

② (×) 심의위원회는 고등교육법에 따른 교원의 경우, 개별학교 단위를 기준으로 조합원의 수를 고려하되, 노동조합의 조직형태, 교섭구조·범위 등 교원 노사관계의 특성을 반영하여 근무시간 면제 한도를 심의·의결하고, 3년마다 그 적정성 여부를 재심의하여 의결할 수 있다(교노법 제5조의2 제3항 제2호).

③ (O) 심의위원회는 유아교육법, 초중등교육법에 따른 교원의 경우 시·도 단위를 기준으로, 고등교육법에 따른 교원의 경우 개별학교 단위를 기준으로 조합원의 수를 고려하되, 노동조합의 조직형태, 교섭구조·범위 등 교원 노사관계의 특성을 반영하여 근무시간 면제 한도를 심의·의결하고, 3년마다 그 적정성 여부를 재심의하여 의결할 수 있다(교노법 제5조의2 제3항).

④ (O) 교노법 제5조의2 제4항

⑤ (O) 교노법 제5조의3, 동법 시행령 제2조의6

답 ❷

021 교원의 노동조합 설립 및 운영 등에 관한 법령상 단체교섭에 관한 설명으로 옳지 않은 것은?

CHECK ○△×

24 노무

① 노동조합의 대표자는 교섭하려는 사항에 대하여 권한을 가진 자에게 서면으로 교섭을 요구하여야 한다.

② 초·중등교육법 제19조 제1항에 따른 교원의 노동조합의 대표자는 교육부장관, 시·도 교육감 또는 사립학교 설립·경영자와 교섭하고 단체협약을 체결할 권한을 가진다.

③ 교섭위원의 수는 교섭노동조합의 조직 규모 등을 고려하여 정하되, 10명 이내로 한다.

④ 노동조합의 교섭위원은 해당 노동조합의 대표자와 그 조합원으로 구성하여야 한다.

⑤ 교섭노동조합이 둘 이상인 경우 교섭창구 단일화 합의가 이루어지지 않으면 교섭창구단일화 절차에 참여한 노동조합의 전체 조합원 과반수로 조직된 노동조합이 교섭대표노동조합이 된다.

해설

① (O) 노동조합의 대표자는 교육부장관, 시·도지사, 시·도 교육감, 국·공립학교의 장 또는 사립학교 설립·경영자와 단체교섭을 하려는 경우에는 교섭하려는 사항에 대하여 권한을 가진 자에게 서면으로 교섭을 요구하여야 한다(교노법 제6조 제4항).

② (O) 초·중등교육법 제19조 제1항에 따른 교원의 노동조합의 대표자는 그 노동조합 또는 조합원의 임금, 근무조건, 후생복지 등 경제적·사회적 지위 향상에 관하여 교육부장관, 시·도 교육감 또는 사립학교 설립·경영자등과 교섭하고 단체협약을 체결할 권한을 가진다(교노법 제6조 제1항 제1호).

③ (O) 교노법 시행령 제3조의2 제2항

④ (O) 교노법 제6조 제2항

⑤ (×) 교섭노동조합이 둘 이상인 경우에는 교섭노동조합 사이의 합의에 따라 교섭위원을 선임하여 교섭창구를 단일화하되, 교섭노동조합에 대한 공고일부터 20일 이내에 자율적으로 합의하지 못했을 때에는 교섭노동조합의 조합원 수(교원인 조합원의 수)에 비례하여 교섭위원을 선임하여 교섭을 하여야 한다(교노법 시행령 제3조의2 제3항 전문).

답 ❺

022 교원의 노동조합 설립 및 운영 등에 관한 법률상 조정 및 중재에 관한 설명으로 옳은 것은?

CHECK ○△×

24 노무

① 중앙노동위원회가 제시한 조정안을 당사자의 어느 한쪽이라도 거부한 경우 중앙노동위원회는 중재를 하며, 중재기간에 대하여는 법률의 정함이 없다.
② 관계 당사자 쌍방의 동의를 얻은 경우에는 교원 노동관계 조정위원회에 갈음하여 단독조정인에게조정을 행하게 할 수 있다.
③ 조정은 신청을 받은 날부터 30일 이내에 마쳐야 하며, 다만 당사자들이 합의한 경우에는 30일 이내의 범위에서 조정기간을 연장할 수 있다.
④ 관계 당사자의 일방이 단체협약에 의하여 중재를 신청한 때 중앙노동위원회는 중재를 한다.
⑤ 중앙노동위원회 위원장은 직권으로 중재에 회부한다는 결정을 할 수 없다.

해설

① (○) 중앙노동위원회가 제시한 조정안을 당사자의 어느 한쪽이라도 거부한 경우 중앙노동위원회는 중재를 하며(교노법 제10조 제2호), 중재기간에 대하여는 교노법에 특별히 규정하고 있지 아니하다.
② (×) 교원의 노동쟁의를 조정·중재하기 위하여 중앙노동위원회에 교원 노동관계 조정위원회를 둔다고 규정(교노법 제11조 제1항)하고 있을 뿐 단독조정인에 의한 조정 규정은 존재하지 아니한다.
③ (×) 조정은 중앙노동위원회가 조정신청을 받은 날로부터 30일 이내에 마쳐야 하나(교노법 제9조 제3항), 별도의 조정기간 연장 규정은 존재하지 아니한다.
④ (×) "관계 당사자의 일방이 단체협약에 의하여 중재를 신청한 때"는 교노법 제10조가 정한 중재개시 사유에 해당하지 아니하므로 지문의 경우 중앙노동위원회는 중재를 할 수 없다. 교노법 제10조 제1호는 "단체교섭이 결렬되어 관계 당사자 양쪽이 함께 중재를 신청한 경우"를 중재개시 사유의 하나로 규정하고 있다.
⑤ (×) 중앙노동위원회는 중앙노동위원회 위원장이 직권으로 또는 고용노동부장관의 요청에 따라 중재에 회부한다는 결정을 한 경우, 중재를 한다(교노법 제10조 제3호).

답 ❶

023 교원의 노동조합 설립 및 운영 등에 관한 법률에 관한 설명으로 옳지 않은 것은?

23 노무

CHECK ○△×

① 교원으로 임용되어 근무하였던 사람으로서 노동조합 규약으로 정하는 사람은 노동조합에 가입할 수 있다.
② 전임자는 그 전임기간 중 전임자임을 이유로 승급 또는 그 밖의 신분상의 불이익을 받지 아니한다.
③ 단체교섭이 결렬된 경우 중앙노동위원회는 당사자 양쪽이 조정을 신청하는 경우에 한하여 조정을 시작할 수 있다.
④ 중앙노동위원회가 제시한 조정안을 당사자의 어느 한쪽이라도 거부한 경우에는 중앙노동위원회는 중재를 한다.
⑤ 관계 당사자는 중앙노동위원회의 중재재정이 위법하거나 월권에 의한 것이라고 인정하는 경우에는 중재재정서를 송달받은 날부터 15일 이내에 중앙노동위원회 위원장을 피고로 하여 행정소송을 제기할 수 있다.

해설

① (O) 교노법 제4조의2 제2호
② (O) 교노법 제5조 제4항
③ (×) 단체교섭이 결렬된 경우에는 당사자 어느 한쪽 또는 양쪽은 중앙노동위원회에 조정(調停)을 신청할 수 있다(교노법 제9조 제1항).
④ (O) 중앙노동위원회는 단체교섭이 결렬되어 관계 당사자 양쪽이 함께 중재를 신청한 경우, 중앙노동위원회가 제시한 조정안을 당사자의 어느 한쪽이라도 거부한 경우, 중앙노동위원회 위원장이 직권으로 또는 고용노동부장관의 요청에 따라 중재에 회부한다는 결정을 한 경우 등에 해당하는 경우에는 중재(仲裁)를 한다(교노법 제10조).
⑤ (O) 교노법 제12조 제1항

답 ❸

024 교원의 노동조합 설립 및 운영 등에 관한 법률에 관한 설명으로 옳은 것은? 22 노무

CHECK ○△×

① 초·중등교육법에 따른 교원은 개별학교 단위로 노동조합을 설립할 수 있다.
② 교원으로 임용되어 근무하였던 사람은 규약에 정함이 있더라도 노동조합에 가입할 수 없다.
③ 노동조합과 그 조합원은 파업, 태업 또는 그 밖에 업무의 정상적인 운영을 방해하는 쟁의행위를 할 수 있다.
④ 단체교섭을 하거나 단체협약을 체결하는 경우에 관계당사자는 국민여론과 학부모의 의견을 수렴하여 성실하게 교섭하고 단체협약을 체결하여야 한다.
⑤ 교원은 임용권자의 동의를 받아 노동조합의 업무에만 종사할 수 있으나, 노동조합으로부터 급여를 지급받을 수는 없다.

해설

① (×) 유아교육법에 따른 교원, 초·중등교육법에 따른 교원은 특별시·광역시·특별자치시·도·특별자치도 단위 또는 전국 단위로만 노동조합을 설립할 수 있다(교노법 제4조 제1항).
② (×) 교원으로 임용되어 근무하였던 사람으로서 노동조합 규약으로 정하는 사람은 노동조합에 가입할 수 있다(교노법 제4조의2 제2호).
③ (×) 노동조합과 그 조합원은 파업, 태업 또는 그 밖에 업무의 정상적인 운영을 방해하는 어떠한 쟁의행위도 하여서는 아니 된다(교노법 제8조).
④ (O) 단체교섭을 하거나 단체협약을 체결하는 경우에 관계당사자는 국민여론과 학부모의 의견을 수렴하여 성실하게 교섭하고 단체협약을 체결하여야 하며, 그 권한을 남용하여서는 아니 된다(교노법 제6조 제8항).
⑤ (×) 교원은 임용권자의 동의를 받아 노동조합으로부터 급여를 지급받으면서 노동조합의 업무에만 종사할 수 있다(교노법 제5조 제1항).

노동조합 전임자의 지위(교노법 제5조)

① 교원은 임용권자의 동의를 받아 노동조합으로부터 급여를 지급받으면서 노동조합의 업무에만 종사할 수 있다.
② 제1항에 따라 동의를 받아 노동조합의 업무에만 종사하는 사람[이하 "전임자"(專任者)]은 그 기간 중 교육공무원법 제44조 및 사립학교법 제59조에 따른 휴직명령을 받은 것으로 본다.
③ 삭제 〈2022.6.10.〉
④ 전임자는 그 전임기간 중 전임자임을 이유로 승급 또는 그 밖의 신분상의 불이익을 받지 아니한다.

근무시간 면제자 등(교노법 제5조의2)

① 교원은 단체협약으로 정하거나 임용권자가 동의하는 경우 제2항 및 제3항에 따라 결정된 근무시간 면제 한도를 초과하지 아니하는 범위에서 보수의 손실 없이 제6조 제1항 각 호의 구분에 따른 자와의 협의·교섭, 고충처리, 안전·보건활동 등 이 법 또는 다른 법률에서 정하는 업무와 건전한 노사관계 발전을 위한 노동조합의 유지·관리업무를 할 수 있다.

② 근무시간 면제 시간 및 사용인원의 한도(이하 "근무시간 면제 한도")를 정하기 위하여 교원근무시간면제심의위원회(이하 이 조에서 "심의위원회")를 경제사회노동위원회법에 따른 경제사회노동위원회에 둔다.

③ 심의위원회는 다음 각 호의 구분에 따른 단위를 기준으로 조합원(제4조의2 제1호에 해당하는 조합원)의 수를 고려하되 노동조합의 조직형태, 교섭구조·범위 등 교원 노사관계의 특성을 반영하여 근무시간 면제 한도를 심의·의결하고, 3년마다 그 적정성 여부를 재심의하여 의결할 수 있다.

1. 제2조 제1호·제2호에 따른 교원 : 시·도 단위
2. 제2조 제3호에 따른 교원 : 개별학교 단위

④ 제1항을 위반하여 근무시간 면제 한도를 초과하는 내용을 정한 단체협약 또는 임용권자의 동의는 그 부분에 한정하여 무효로 한다.

근무시간 면제 사용의 정보 공개(교노법 제5조의3)

임용권자는 국민이 알 수 있도록 전년도에 노동조합별로 근무시간을 면제받은 시간 및 사용인원, 지급된 보수 등에 관한 정보를 대통령령으로 정하는 바에 따라 공개하여야 한다.

답 ❹

025 교원의 노동조합 설립 및 운영 등에 관한 법률에 관한 설명으로 옳은 것은? 14 노무

CHECK ○△×

① 교원의 노동쟁의를 조정·중재하기 위하여 지방노동위원회에 교원 노동관계 조정위원회를 둔다.

② 고등교육법에 따른 교원은 특별시·광역시·특별자치시·도·특별자치도 단위 또는 전국 단위로만 노동조합을 설립할 수 있다.

③ 교원은 교육부장관의 허가를 받은 경우에 한하여 노동조합의 업무에만 종사할 수 있다.

④ 교원이란 초·중등교육법 및 고등교육법에서 규정하고 있는 교원을 말한다.

⑤ 단체협약의 내용 중 법령·조례 및 예산에 의하여 규정되는 내용과 법령 또는 조례에 의하여 위임을 받아 규정되는 내용은 단체협약으로서의 효력을 가지지 아니한다.

해설

① (×) 교원의 노동쟁의를 조정·중재하기 위하여 중앙노동위원회에 교원 노동관계 조정위원회를 둔다(교노법 제11조 제1항).

② (×) 고등교육법에 따른 교원은 개별학교 단위, 시·도 단위 또는 전국 단위로 노동조합을 설립할 수 있다(교노법 제4조 제2항).

③ (×) 교원은 임용권자의 동의를 받아 노동조합으로부터 급여를 지급받으면서 노동조합의 업무에만 종사할 수 있다(교노법 제5조 제1항).

④ (×) 교노법에서 교원이란 유아교육법, 초·중등교육법, 고등교육법(강사는 제외)에 따른 교원을 말한다(교노법 제2조).

⑤ (○) 교노법 제7조 제1항

답 ❺

026 교원의 노동조합 설립 및 운영 등에 관한 법률의 내용으로 옳지 않은 것은? 15 노무

CHECK ○△×

① 고등교육법에 따른 교원은 특별시·광역시·특별자치시·도·특별자치도 단위 또는 전국 단위로만 노동조합을 설립할 수 있다.
② 교원은 임용권자의 동의를 받아 노동조합으로부터 급여를 지급받으면서 노동조합의 업무에만 종사할 수 있다.
③ 교원의 노동쟁의를 조정·중재하기 위하여 중앙노동위원회에 교원 노동관계 조정위원회를 둔다.
④ 임용권자의 동의를 받아 노동조합의 업무에만 종사하는 교원은 그 기간 중 교육공무원법 및 사립학교법에 따른 휴직명령을 받은 것으로 본다.
⑤ 전임자는 그 전임기간 중 전임자임을 이유로 승급 또는 그 밖의 신분상의 불이익을 받지 아니한다.

해설

① (×) 고등교육법에 따른 교원은 개별학교 단위, 시·도 단위 또는 전국 단위로 노동조합을 설립할 수 있다(교노법 제4조 제2항).
② (○) 교노법 제5조 제1항
③ (○) 교노법 제11조 제1항
④ (○) 교노법 제5조 제2항
⑤ (○) 교노법 제5조 제4항

답 ❶

027 교원의 노동조합 설립 및 운영 등에 관한 법률의 내용으로 옳지 않은 것은? 16 노무

CHECK ○△×

① 고등교육법에 따른 교원은 특별시·광역시·특별자치시·도·특별자치도 단위 또는 전국 단위로만 노동조합을 설립할 수 있다.
② 교원은 단체협약으로 정하거나 임용권자가 동의하는 경우 근무시간 면제 한도를 초과하지 아니하는 범위에서 보수의 손실 없이 교육부장관, 시·도지사, 시·도 교육감 등과의 협의·교섭, 고충처리, 안전·보건활동 등의 업무와 건전한 노사관계 발전을 위한 노동조합의 유지·관리업무를 할 수 있다.
③ 근무시간 면제 한도를 정하기 위하여 교원근무시간면제심의위원회를 경제사회노동위원회법에 따른 경제사회노동위원회에 둔다.
④ 교원으로 임용되어 근무하였던 사람으로서 노동조합 규약으로 정하는 사람은 노동조합에 가입할 수 있다.
⑤ 유아교육법이나 초·중등교육법에 따른 교원이 설립한 노동조합의 대표자가 사립학교 설립·경영자와 교섭하고 단체협약을 체결하고자 할 경우 사립학교 설립·경영자는 전국 또는 시·도 단위로 연합하여 교섭에 응하여야 한다.

해설

① (×) 고등교육법에 따른 교원은 개별학교 단위, 시·도 단위 또는 전국 단위로 노동조합을 설립할 수 있다(교노법 제4조 제2항).
② (○) 교노법 제5조의2 제1항
③ (○) 교노법 제5조의2 제2항
④ (○) 교노법 제4조의2 제2호
⑤ (○) 교노법 제6조 제1항 제1호

답 ❶

028 교원의 노동조합 설립 및 운영에 관한 법률에 관한 설명으로 옳지 않은 것은? 21 노무

CHECK ○△×

① 교원의 노동조합을 설립하려는 사람은 교육부장관에게 설립신고서를 제출하여야 한다.
② 교원의 노동조합과 그 조합원은 업무의 정상적인 운영을 방해하는 어떠한 쟁의행위도 하여서는 아니 된다.
③ 교원의 노동쟁의를 조정·중재하기 위하여 중앙노동위원회에 교원 노동관계조정위원회를 둔다.
④ 교원은 임용권자의 동의를 받아 노동조합으로부터 급여를 지급받으면서 노동조합의 업무에만 종사할 수 있다.
⑤ 중앙노동위원회가 제시한 조정안을 당사자의 어느 한쪽이라도 거부한 경우 중앙노동위원회는 중재를 한다.

해설

① (×) 교원의 노동조합을 설립하려는 사람은 고용노동부장관에게 설립신고서를 제출하여야 한다(교노법 제4조 제3항).
② (○) 교원의 노동조합과 그 조합원은 파업, 태업 또는 그 밖에 업무의 정상적인 운영을 방해하는 어떠한 쟁의행위(爭議行爲)도 하여서는 아니 된다(교노법 제8조).
③ (○) 교노법 제11조 제1항
④ (○) 교노법 제5조 제1항
⑤ (○) 교노법 제10조 제2호

중재의 개시(교노법 제10조)

중앙노동위원회는 다음 각 호의 어느 하나에 해당하는 경우에는 중재(仲裁)를 한다.
1. 제6조에 따른 단체교섭이 결렬되어 관계당사자 양쪽이 함께 중재를 신청한 경우
2. 중앙노동위원회가 제시한 조정안을 당사자의 어느 한쪽이라도 거부한 경우
3. 중앙노동위원회 위원장이 직권으로 또는 고용노동부장관의 요청에 따라 중재에 회부한다는 결정을 한 경우

답 ❶

029 교원의 노동조합 설립 및 운영 등에 관한 법률의 내용으로 옳지 않은 것은?

20 노무

CHECK ○△×

① 노동조합을 설립하려는 사람은 고용노동부장관에게 설립신고서를 제출하여야 한다.
② 노동조합의 대표자는 그 노동조합 또는 조합원의 임금, 근무조건, 후생복지 등 경제적·사회적 지위 향상에 관하여 교육부장관 등과 교섭하고 단체협약을 체결할 권한을 가진다.
③ 노동조합의 대표자가 사립학교 설립·경영자와 교섭하고 단체협약을 체결할 경우 사립학교 설립·경영자가 개별적으로 교섭에 응하여야 한다.
④ 노동조합의 교섭위원은 해당 노동조합의 대표자와 그 조합원으로 구성하여야 한다.
⑤ 단체교섭을 하거나 단체협약을 체결하는 경우에 관계당사자는 국민여론과 학부모의 의견을 수렴하여 성실하게 교섭하고 단체협약을 체결하여야 한다.

해설

① (○) 교노법 제4조 제3항
② (○) 교노법 제6조 제1항
③ (×) 노동조합의 대표자가 사립학교 설립·경영자와 교섭하고 단체협약을 체결할 경우 사립학교 설립·경영자는 전국 또는 시·도 단위로 연합하여 교섭에 응하여야 한다(교노법 제6조 제1항 제1호).
④ (○) 교노법 제6조 제2항
⑤ (○) 교노법 제6조 제8항

답 ❸

030 교원의 노동조합 설립 및 운영 등에 관한 법률의 설명으로 옳은 것은?

19 노무

CHECK ○△×

① 노동조합은 교육제도 개선을 목적으로 하는 정치활동을 할 수 있다.
② 노동조합을 설립하려는 사람은 교육부장관에게 설립신고서를 제출하여야 한다.
③ 노동조합과 그 조합원은 파업을 제외한 그 밖의 쟁의행위를 할 수 있다.
④ 노동조합 대표자와 사립학교 설립·경영자 간 체결된 단체협약의 내용 중 법령·조례 및 예산에 의하여 규정되는 내용은 단체협약으로서의 효력을 가지지 아니한다.
⑤ 단체교섭이 결렬된 경우에는 당사자 어느 한쪽 또는 양쪽은 중앙노동위원회에 조정을 신청할 수 있고, 조정은 신청을 받은 날부터 15일 이내에 마쳐야 한다.

해설

① (×) 교원의 노동조합은 어떠한 정치활동도 하여서는 아니 된다(교노법 제3조).
② (×) 노동조합을 설립하려는 사람은 고용노동부장관에게 설립신고서를 제출하여야 한다(교노법 제4조 제3항).
③ (×) 노동조합과 그 조합원은 파업, 태업 또는 그 밖에 업무의 정상적인 운영을 방해하는 어떠한 쟁의행위(爭議行爲)도 하여서는 아니 된다(교노법 제8조).
④ (○) 교노법 제7조 제1항
⑤ (×) 조정은 신청을 받은 날부터 30일 이내에 마쳐야 한다(교노법 제9조 제3항).

답 ❹

031 교원의 노동조합 설립 및 운영에 관한 법률의 내용으로 옳지 않은 것은? 18 노무

CHECK ○△×

① 고등교육법에 따른 교원은 개별학교 단위, 시·도 단위 또는 전국 단위로 노동조합을 설립할 수 있다.

② 교원은 임용권자의 동의를 받아 노동조합의 업무에만 종사할 수 있으나, 노동조합으로부터 급여를 지급받을 수는 없다.

③ 법령에 따른 단체교섭을 하는 경우에 관계당사자는 국민여론과 학부모의 의견을 수렴하여 성실하게 교섭하여야 한다.

④ 교원의 노동조합과 그 조합원은 업무의 정상적인 운영을 방해하는 어떠한 쟁의행위도 하여서는 아니 된다.

⑤ 교원의 노동쟁의를 조정·중재하기 위하여 중앙노동위원회에 교원 노동관계 조정위원회를 둔다.

해설

① (○) 교노법 제4조 제2항

② (×) 교원은 임용권자의 동의를 받아 노동조합으로부터 급여를 지급받으면서 노동조합의 업무에만 종사할 수 있다(교노법 제5조 제1항).

③ (○) 교노법 제6조 제8항

④ (○) 교노법 제8조

⑤ (○) 교노법 제11조 제1항

답 ❷

032 교원의 노동조합 설립 및 운영 등에 관한 법률의 내용으로 옳은 것은? 17 노무

CHECK ○△×

① 고등교육법에 따른 교원은 특별시·광역시·특별자치시·도·특별자치도 단위 또는 전국 단위로만 노동조합을 설립할 수 있다.

② 노동조합을 설립하려는 사람은 교육부장관에게 설립신고서를 제출해야 한다.

③ 교원은 교육부장관의 허가가 있는 경우 노동조합의 업무에만 종사할 수 있다.

④ 단체교섭을 하거나 단체협약을 체결하는 경우에 관계당사자는 국민여론과 학부모의 의견을 수렴하여 성실하게 교섭하고 단체협약을 체결하여야 한다.

⑤ 교원 노동관계 조정위원회는 당사자가 합의하여 지명하는 조정담당 공익위원 5명으로 구성된다.

해설

① (×) 고등교육법에 따른 교원은 개별학교 단위, 시·도 단위 또는 전국 단위로 노동조합을 설립할 수 있다(교노법 제4조 제2항).

② (×) 노동조합을 설립하려는 사람은 고용노동부장관에게 설립신고서를 제출하여야 한다(교노법 제4조 제3항).

③ (×) 교원은 임용권자의 동의를 받아 노동조합으로부터 급여를 지급받으면서 노동조합의 업무에만 종사할 수 있다(교노법 제5조 제1항).

④ (○) 교노법 제6조 제8항

⑤ (×) 위원회는 중앙노동위원회 위원장이 지명하는 조정담당 공익위원 3명으로 구성한다. 다만, 관계당사자가 합의하여 중앙노동위원회의 조정담당 공익위원이 아닌 사람을 추천하는 경우에는 그 사람을 지명하여야 한다(교노법 제11조 제2항).

답 ❹

CHAPTER

11 종합문제

001 노동조합 및 노동관계조정법상 기한이 다른 하나는?

22 노무

CHECK ○△×

① 노동조합의 처분이 노동관계법령에 위반하여 행정관청의 시정명령을 받은 노동조합이 이를 이행하여야 할 기한

② 노동조합에 임시총회 소집권자가 없는 경우 행정관청의 회의소집권자 지명 기한

③ 노동조합의 대표자가 회의의 소집을 고의로 기피하거나 이를 해태하여 조합원 또는 대의원의 3분의 1 이상이 소집권자의 지명을 요구할 때 행정관청의 노동위원회에 대한 의결 요청 기한

④ 합병 또는 분할로 소멸하여 노동조합이 해산한 때 노동조합 대표자가 해산한 날부터 이를 행정관청에게 신고하여야 할 기한

⑤ 단체협약 당사자가 단체협약의 체결일부터 이를 행정관청에게 신고하여야 할 기한

해설

① 노동조합의 처분이 노동관계법령에 위반된다고 인정되어 행정관청의 시정명령을 받은 노동조합은 30일 이내에 이를 이행하여야 한다(노조법 제21조 제3항).

② 행정관청은 노동조합에 총회 또는 대의원회의 소집권자가 없는 경우에 조합원 또는 대의원의 3분의 1 이상이 회의에 부의할 사항을 제시하고 소집권자의 지명을 요구한 때에는 15일 이내에 회의의 소집권자를 지명하여야 한다(노조법 제18조 제4항).

③ 행정관청은 노동조합의 대표자가 회의의 소집을 고의로 기피하거나 이를 해태하여 조합원 또는 대의원의 3분의 1 이상이 소집권자의 지명을 요구한 때에는 15일 이내에 노동위원회의 의결을 요청하고 노동위원회의 의결이 있는 때에는 지체 없이 회의의 소집권자를 지명하여야 한다(노조법 제18조 제3항).

④ 합병 또는 분할로 소멸하여 노동조합이 해산한 때에는 그 대표자는 해산한 날부터 15일 이내에 행정관청에게 이를 신고하여야 한다(노조법 제28조 제2항).

⑤ 단체협약의 당사자는 단체협약의 체결일부터 15일 이내에 이를 행정관청에게 신고하여야 한다(노조법 제31조 제2항).

답 ❶

002 노동조합 및 노동관계조정법상 이해관계인의 신청이 있는 경우에 한하여 행정관청이 노동위원회의 의결을 얻어 시정을 명할 수 있는 경우는? 20 노무

CHECK ○△×

① 노동조합의 결의 또는 처분이 규약에 위반된다고 인정할 경우
② 노동조합의 결의 또는 처분이 노동관계법령에 위반된다고 인정할 경우
③ 노동조합의 규약이 노동관계법령에 위반한 경우
④ 노동조합의 결의 또는 처분이 단체협약에 위반된다고 인정할 경우
⑤ 노동조합의 규약이 취업규칙에 위반한 경우

해설

① (○), ② (×), ③ (×), ④ (×), ⑤ (×)
행정관청은 노동조합의 결의 또는 처분이 노동관계법령 또는 규약에 위반된다고 인정할 경우에는 노동위원회의 의결을 얻어 그 시정을 명할 수 있다. 다만, 규약위반 시의 시정명령은 이해관계인의 신청이 있는 경우에 한한다(노조법 제21조 제2항).

답 ❶

003 노동조합 및 노동관계조정법령상 명시적으로 서면을 요구하지 않는 것은? 17 노무

CHECK ○△×

① 단체협약의 작성
② 행정관청에 대한 노동조합의 쟁의행위 신고
③ 상대방에 대한 노동쟁의 발생의 통보
④ 노동위원회의 부당노동행위 구제신청 판정
⑤ 관계당사자에 대한 긴급조정 결정의 통고

해설

① (○) 노조법 제31조 제1항
② (○) 노조법 시행령 제17조
③ (○) 노조법 제45조 제1항
④ (○) 노조법 제84조 제2항
⑤ (×) 고용노동부장관은 긴급조정을 결정한 때에는 지체 없이 그 이유를 붙여 이를 공표함과 동시에 중앙노동위원회와 관계당사자에게 각각 통고하여야 한다(노조법 제76조 제3항).

답 ❺

004 노동위원회의 조정과 중재의 비교에 관한 설명 중 옳은 것은?

16 사시

CHECK ○△×

① 일반사업에서 조정기간과 중재로 쟁의행위가 금지되는 기간은 동일하다.
② 조정안과 중재재정 모두 관계 당사자가 서명 또는 날인함으로써 효력이 발생한다.
③ 조정위원회의 조정위원과 중재위원회의 중재위원을 선임하는 방법은 동일하다.
④ 노동위원회의 조정과 중재는 각각 사적 조정과 사적 중재로 대신할 수 있다.
⑤ 조정위원회의 조정서에 대한 해석과 중재위원회의 중재재정에 대한 해석은 그 효력이 다르다.

해설

① (×) 일반사업에서 조정기간은 10일이나(노조법 제54조 제1항), 중재로 쟁의행위가 금지되는 기간은 15일간이다(노조법 제63조).

② (×) 조정안이 관계 당사자에 의하여 수락된 때에는 조정위원 전원 또는 단독조정인은 조정서를 작성하고 관계 당사자와 함께 서명 또는 날인함으로써 효력이 발생한다(노조법 제61조 제1항 참조). 중재재정은 서면으로 작성하여 이를 행하며 그 서면에는 효력발생 기일을 명시하여야 하고, 명문의 규정은 없으나 중재위원 전원의 서명 또는 날인을 요한다고 보아야 한다. 이때 관계 당사자의 서명 또는 날인은 필요하지 아니하다.

③ (×) 노조법 제55조, 제64조 참조

> **조정위원회의 구성(노조법 제55조)**
>
> ③ 제2항의 규정에 의한 조정위원은 당해 노동위원회의 위원 중에서 사용자를 대표하는 자, 근로자를 대표하는 자 및 공익을 대표하는 자 각 1인을 그 노동위원회의 위원장이 지명하되, 근로자를 대표하는 조정위원은 사용자가, 사용자를 대표하는 조정위원은 노동조합이 각각 추천하는 노동위원회의 위원 중에서 지명하여야 한다. 다만, 조정위원회의 회의 3일 전까지 관계 당사자가 추천하는 위원의 명단제출이 없을 때에는 당해 위원을 위원장이 따로 지명할 수 있다.
>
> ④ 노동위원회의 위원장은 근로자를 대표하는 위원 또는 사용자를 대표하는 위원의 불참 등으로 인하여 제3항의 규정에 따른 조정위원회의 구성이 어려운 경우 노동위원회의 공익을 대표하는 위원 중에서 3인을 조정위원으로 지명할 수 있다. 다만, 관계 당사자 쌍방의 합의로 선정한 노동위원회의 위원이 있는 경우에는 그 위원을 조정위원으로 지명한다.
>
> **중재위원회의 구성(노조법 제64조)**
>
> ③ 제2항의 중재위원은 당해 노동위원회의 공익을 대표하는 위원 중에서 관계 당사자의 합의로 선정한 자에 대하여 그 노동위원회의 위원장이 지명한다. 다만, 관계 당사자 간에 합의가 성립되지 아니한 경우에는 노동위원회의 공익을 대표하는 위원 중에서 지명한다.

④ (○) 제2절(노조법 제53조 내지 제61조의2) 및 제3절(노조법 제62조 내지 제70조)의 규정은 노동관계 당사자가 쌍방의 합의 또는 단체협약이 정하는 바에 따라 각각 다른 조정 또는 중재방법에 의하여 노동쟁의를 해결하는 것을 방해하지 아니한다(노조법 제52조 제1항).

⑤ (×) 조정위원회 또는 단독조정인이 제시한 조정서에 대한 해석 또는 이행방법에 관한 견해는 중재재정과 동일한 효력을 가진다(노조법 제61조 제3항). 중재재정의 해석 또는 이행방법에 관하여 관계 당사자 간에 의견의 불일치가 있는 때에는 당해 중재위원회의 해석에 따르며 그 해석은 중재재정과 동일한 효력을 가진다(노조법 제68조 제2항).

답 ④

005 부당해고 구제제도와 부당노동행위 구제제도에 관한 설명 중 옳지 않은 것은? 16 사시

CHECK ○△×

① 중앙노동위원회의 재심판정이 행정소송의 제기에 의하여 그 효력이 정지되지 아니함은 양 제도 모두 동일하다.

② 부당해고 구제명령에 관한 이행강제금 제도는 부당노동행위 구제명령에는 적용되지 아니한다.

③ 양 제도 모두 확정된 구제명령을 불이행한 사용자에 대하여 형벌을 부과하도록 되어 있다.

④ 부당해고 및 부당노동행위 모두 그 자체에 대하여 형벌을 부과하지 아니한다.

⑤ 해고가 불이익취급의 부당노동행위에 해당하는 경우 노동위원회는 구제명령으로 복직명령과 임금 상당액 지급명령을 할 수 있다.

해설

① (○) 중앙노동위원회의 재심판정이 행정소송의 제기에 의하여 그 효력이 정지되지 아니함은 양 제도 모두 동일하다(근기법 제32조, 노조법 제86조).

② (○) 이행강제금제도는 부당해고 구제명령과 관련된 제도이고(근기법 제33조), 부당노동행위 구제명령에는 적용되지 아니하나 후자에는 긴급이행명령제도가 인정된다(노조법 제85조 제5항).

③ (○) 부당해고의 경우 확정되거나 행정소송을 제기하여 확정된 부당해고에 대한 구제명령 또는 구제명령을 내용으로 하는 재심판정을 이행하지 아니한 자는 1년 이하의 징역 또는 1천만원 이하의 벌금에 처한다(근기법 제111조). 부당노동행위의 경우 확정되거나 행정소송을 제기하여 확정된 구제명령에 위반한 자는 3년 이하의 징역 또는 3천만원 이하의 벌금에 처한다(노조법 제89조 제2호).

④ (×) 근기법은 부당해고 그 자체만으로 형벌을 부과하지 아니하나, 노조법은 부당노동행위를 한 자에 대하여 2년 이하의 징역 또는 2천만원 이하의 벌금에 처한다(노조법 제90조).

⑤ (○) 현행법상 부당노동행위 구제명령의 내용을 제한하는 특별한 규정은 없어 구제명령의 내용은 노동위원회의 재량에 맡겨져 있다. 해고 등의 불이익처분을 경우 일반적으로 원직복직명령과 그 기간에 근로자가 받을 수 있었던 임금상당액을 지급하라는 명령을 발하는 것이 보통이다.

답 ❹

006 노동조합 및 노동관계조정법상 노동위원회의 의결을 필요로 하지 않는 사항은? 07 사시

CHECK ○△×

① 노동조합에 대한 자료제출 요구

② 조합규약의 시정명령

③ 휴면노조의 해산

④ 동조합의 결의·처분의 시정명령

⑤ 단체협약의 시정명령

해설

① (×) 노동조합은 행정관청이 요구하는 경우에는 결산결과와 운영상황을 보고하여야 한다(노조법 제27조).

② (○) 행정관청은 노동조합의 규약이 노동관계법령에 위반한 경우에는 노동위원회의 의결을 얻어 그 시정을 명할 수 있다(노조법 제21조 제1항).

③ (○) 노동조합의 임원이 없고 노동조합으로서의 활동을 1년 이상 하지 아니한 것으로 인정되는 경우로서 행정관청이 노동위원회의 의결을 얻은 경우 노동조합은 해산한다(노조법 제28조 제1항 제4호).

④ (○) 행정관청은 노동조합의 결의 또는 처분이 노동관계법령 또는 규약에 위반된다고 인정할 경우에는 노동위원회의 의결을 얻어 그 시정을 명할 수 있다. 다만, 규약위반시의 시정명령은 이해관계인의 신청이 있는 경우에 한한다(노조법 제21조 제2항).

⑤ (○) 행정관청은 단체협약 중 위법한 내용이 있는 경우에는 노동위원회의 의결을 얻어 그 시정을 명할 수 있다(노조법 제31조 제3항).

답 ❶

007 노동조합 및 노동관계조정법상 행정관청 및 노동위원회에 각각 신고하여야 하는 경우는?

CHECK ○△×

19 국가직 9급

① 직장폐쇄의 신고
② 노동조합 설립의 신고
③ 노동관계 당사자가 합의하여 사적 조정으로 노동쟁의를 해결할 때의 신고
④ 총회 또는 대의원회의 해산결의에 의한 노동조합의 해산 신고

해설

① (○) 사용자는 직장폐쇄를 할 경우에는 미리 행정관청 및 노동위원회에 각각 신고하여야 한다(노조법 제46조 제2항).
② (×) 노동조합을 설립하고자 하는 자는 신고서에 규약을 첨부하여 연합단체인 노동조합과 2 이상의 특별시·광역시·특별자치시·도·특별자치도에 걸치는 단위노동조합은 고용노동부장관에게, 2 이상의 시·군·구(자치구)에 걸치는 단위노동조합은 특별시장·광역시장·도지사에게, 그 외의 노동조합은 특별자치시장·특별자치도지사·시장·군수·구청장(자치구의 구청장)에게 제출하여야 한다(노조법 제10조 제1항).
③ (×) 노동관계 당사자는 당사자가 합의하여 사적 조정으로 노동쟁의를 해결하기로 한 때에는 이를 노동위원회에 신고하여야 한다(노조법 제52조 제2항).
④ (×) 총회 또는 대의원회의 해산결의가 있는 경우 등의 사유로 노동조합이 해산한 때에는 그 대표자는 해산한 날부터 15일 이내에 행정관청에게 이를 신고하여야 한다(노조법 제28조 제2항).

답 ❶

008 노동관계법의 제정이 빠른 순서로 옳게 나열된 것은?

CHECK ○△×

19 노무

ㄱ. 파견근로자 보호 등에 관한 법률
ㄴ. 기간제 및 단시간근로자 보호 등에 관한 법률
ㄷ. 공무원의 노동조합 설립 및 운영 등에 관한 법률
ㄹ. 교원의 노동조합 설립 및 운영 등에 관한 법률

① ㄱ – ㄹ – ㄷ – ㄴ
② ㄴ – ㄱ – ㄷ – ㄹ
③ ㄷ – ㄴ – ㄹ – ㄱ
④ ㄹ – ㄱ – ㄴ – ㄷ
⑤ ㄹ – ㄷ – ㄱ – ㄴ

해설

ㄱ. 파견근로자 보호 등에 관한 법률[1998.2.20. 제정]
ㄹ. 교원의 노동조합 설립 및 운영 등에 관한 법률[1999.1.29. 제정]
ㄷ. 공무원의 노동조합 설립 및 운영 등에 관한 법률[2005.1.27. 제정]
ㄴ. 기간제 및 단시간근로자 보호 등에 관한 법률[2006.12.21. 제정]

답 ❶

합격의 공식
시대에듀

나는 젊었을 때, 10번 시도하면 9번 실패했다.

그래서 10번씩 시도했다.

- 조지 버나드 쇼 -

2026 시대에듀 EBS 공인노무사 1차 노동법 기출문제 한권으로 끝내기

개정2판1쇄 발행	2025년 08월 20일(인쇄 2025년 07월 18일)
초 판 발 행	2023년 10월 25일(인쇄 2023년 09월 26일)
발 행 인	박영일
책 임 편 집	이해욱
편 저	EBS 교수진
편 집 진 행	안효상 · 이재성 · 김민지
표지디자인	박종우
편집디자인	표미영 · 하한우
발 행 처	(주)시대고시기획
출 판 등 록	제10-1521호
주 소	서울시 마포구 큰우물로 75 [도화동 538 성지 B/D] 9F
전 화	1600-3600
팩 스	02-701-8823
홈 페 이 지	www.sdedu.co.kr
I S B N	979-11-383-9588-5(13360)
정 가	38,000원

※ 이 책은 저작권법의 보호를 받는 저작물이므로 동영상 제작 및 무단전재와 배포를 금합니다.
※ 잘못된 책은 구입하신 서점에서 바꾸어 드립니다.

합격의 공식
시대에듀

자격증 • 공무원 • 금융/보험 • 면허증 • 언어/외국어 • 검정고시/독학사 • 기업체/취업
이 시대의 모든 합격! 시대에듀에서 합격하세요!
www.youtube.com ➜ 시대에듀 ➜ 구독